“社会心理”
百科丛书

体验心理学

（第2版）

EXPERIENCE PSYCHOLOGY

(*SECOND EDITION*)

［美］劳拉·A. 金（Laura A. King） 著

曲可佳 译

电子工业出版社·
Publishing House of Electronics Industry
北京·BEIJING

版权贸易合同登记号　图字：01-2016-5561

图书在版编目（CIP）数据

体验心理学：第 2 版 /（美）劳拉・A. 金（Laura A. King）著；曲可佳译 . —北京：电子工业出版社，2018.2
书名原文：Experience Psychology (Second Edition)

ISBN 978-7-121-33280-7

Ⅰ . ①体… 　Ⅱ . ①劳… ②曲… 　Ⅲ . ①体验 　Ⅳ . ① B842.6

中国版本图书馆 CIP 数据核字（2017）第 308909 号

书　　　名：体验心理学（第 2 版）
作　　　者：［美］劳拉・A. 金（Laura A. King）
译　　　者：曲可佳

策划编辑：郭景瑶　　张　昭
责任编辑：李　影
印　　刷：北京捷迅佳彩印刷有限公司
装　　订：北京捷迅佳彩印刷有限公司
出版发行：电子工业出版社
　　　　　北京市海淀区万寿路 173 信箱　邮编：100036
开　　本：850×1168　1/16　印张：34　字数：992 千字
版　　次：2018 年 2 月第 1 版（原著第 2 版）
印　　次：2018 年 2 月第 1 次印刷
定　　价：188.00 元

凡所购买电子工业出版社图书有缺损问题，请向购买书店调换。若书店售缺，请与本社发行部联系，联系及邮购电话：(010) 88254888，88258888。
质量投诉请发邮件至 zlts@phei.com.cn，盗版侵权举报请发邮件至 dbqq@phei.com.cn。
本书咨询联系方式：(010) 88254210，influence@phei.com.cn，微信号：yingxianglibook。

关于作者

劳拉·A.金（Laura A.King）

劳拉·A.金在美国凯尼恩学院接受本科教育，主修英语专业。在大学三年级的第二个学期时，她选修心理学作为第二专业。1986年，她以优异的成绩获得英文学士学位，并以出色的成绩获得心理学学士学位。随后，劳拉在密歇根州立大学和加州大学戴维斯分校攻读研究生课程，并于1991年获得人格心理学的博士学位。

劳拉最初就职于达拉斯的南卫理公会大学，2001年转入密苏里大学哥伦比亚分校，现在于Frederick A. Middlebush当年所在的职位就职，任该校心理学教授。她除了开设性格发展研讨课、社会心理学和人格心理学研讨课外，也教授本科课程，包括心理学导论、人格心理学和社会心理学导论。在南卫理公会大学，她获得6项教学奖，其中包括1999年的持续卓越奖；2004年，她于密苏里大学获杰出研究和创造性活动大学校长奖。

在研究方面，劳拉获得美国国家心理健康研究所和国家科学基金会的研究基金，主要研究领域是与幸福生活有关的系列课题。她从事过的研究包括目标、生活故事、快乐、幸福感和人生意义等方面。总之，其研究反映了她对与人们有益和健康的领域所表现出的持续兴趣。2001年，她的研究成果获得了积极心理学的坦普顿奖。2011年，她获得了卡罗尔·迪纳人格心理学杰出贡献奖。劳拉的研究（通常是与本科生和研究生合作）曾发表在《美国心理学家》《人格与社会心理学》《人格与社会心理学公报》以及《心理科学》等期刊上。

劳拉现在是《人格与社会心理学：人格与个体差异》杂志的编辑。劳拉还担任《人格研究》杂志的编辑，同时也是《人格与社会心理学公报》《人格与社会心理学》期刊和《社会与人格心理学指南》以及众多研究基金会的编辑。她还是《人格杂志》《美国心理学家》专刊内容的编辑或合作编辑。

在现实生活中，劳拉擅长厨艺，喜欢听音乐（主要听爵士乐歌手和创作歌手的作品），喜欢与她忠实的小狗比尔一起跑步、游泳，以及和她8岁的儿子山姆一起滑旱冰。

关于译者

曲可佳，毕业于北京师范大学心理学院，现就职于辽宁师范大学心理学院，研究领域为发展与教育心理学。

曹以、王淼、张鑫、徐彤、杨小彤、黄绍舒、单婷、方家琪、王景玉、杨立娜、刘颖英、姜会娜、邵婷婷在本书翻译过程中做出了重要的贡献。

序　言

《体验心理学》是一部内容丰富、生动有趣的心理学导论书籍。从第一版出版至今，一直深受读者欢迎。

本书作者劳拉·A.金（Laura A. King）是密苏里大学哥伦比亚分校的心理学教授，长期从事心理学的教学与研究工作，为本科生和研究生讲授心理学导论课程。鉴于教学和科研上的杰出贡献，她曾于南卫理公会大学获得六项教学奖，于密苏里大学获杰出研究和创造性活动大学校长奖。同时，她还是《人格与社会心理学：人格与个体差异》和《人格研究》杂志的编辑，并兼任多个学术期刊的副编辑。

本书于2010年首次出版，距今已有7年时间。在这期间，心理学领域涌现出大量新的研究和发现。在这次修订中，作者在精简内容的同时，立足于学科研究的前沿，吸收了诸多最新的研究成果，每一章都囊括了该领域中的一些最新趋势和研究发现。

本书有如下几方面特色：

一、强调学生对心理学的体验，而不仅仅是学习这门学科。作者扎根于有意义的真实生活环境，结合生活中的实际案例、个性化的问题和形式各样的应用练习，使读者亲自体验心理学的乐趣。

二、关注学生批判性思维的培养。本书设置多个学习模块来引发学生的批判性思维和分析，作者通过呈现当代心理学中一些有争论的研究成果，使学生在阅读本书时，能对一些复杂的心理学问题进行批判性的思考。

三、强调理论联系实际。作者在阐述心理学知识的同时，结合大量生活中的案例，启发读者体会各种理论和原理的实践意义和价值，并鼓励学习者运用所学的知识反思之前的学习或将其应用到新的情境中，做到学以致用。

最后，该书在撰写方式上通俗易懂、语言生动活泼，能极大地激发读者的兴趣，具有很强的可读性。

总之，这本书不仅有利于读者掌握心理学导论方面的丰富知识，而且还能大大促进他们将心理学的知识应用到实践之中，是一本优秀的心理学导论书籍。

邹晓燕
辽宁师范大学教育学院教授，硕士生导师
学前教育与特殊教育系主任

前　言

体验心理学

一些人学习心理学导论，而另一些人则在体验它。

　　《体验心理学》是一个完整的学习系统，使学生能够个性化、批判性且主动地在日常生活中体验心理学的影响，并掌握最难的课程主题。第二版《体验心理学》也，将体验如下的过程——我们的行为；我们在家庭、社区、学校和工作中的关系；我们在不同学习环境中的相互作用。《体验心理学》扎根于有意义的真实生活环境，结合当前发生的案例、个性化的学习笔记、应用练习，使读者亲身体验心理学领域，并通过阅读、观察、行动进行语言、视觉和经验上的学习。新版本秉持了第一版的一些优点：在介绍某种心理问题之前，先介绍适应良好的现象；在探讨不常见的、较少亲身经历以及罕见和异常的行为之前，先通过介绍典型的日常行为帮助学生进行理解。第二版《体验心理学》将心理学的科学性和一些前沿研究作为课程的学术基础。

　　《体验心理学》的学习系统不仅让学生们学习心理学，还有助于他们积极主动地体验这门学科。

体验个性化的方式

　　有很多学生自认为了解心理学导论中的一切知识，但是在第一次考试中却栽了跟头。聪明学习（LearnSmart）是McGraw-Hill开发的自适应学习支持体系，能够精准定位学生的认知能力和不足，明确他们已知的内容，更重要的是，确定学生未知的知识。根据布鲁姆的学习分类和一个高度复杂的"聪明"的算法，聪明学习体系创建了一个满足每个学生需求的个性化、定制化的学习计划。使用聪明学习体系的老师们报告说，该体系几乎没有任何管理费用，而学生的成绩在使用之后至少提高了一个等级水平，甚至更多。

　　聪明学习体系是McGraw-Hill的联结心理学的一部分，含有丰富的师生课程互动材料。通过视频、互动性评估、模拟使得学生将心理学导论的知识与实际生活联系在一起。细节性的报告有助于学生和教师对学习的理解与记忆情况进行评估，而不会增加管理上的负担。

　　《体验心理学》强调个性化的方法，作者Laura通过大量个性化的"旁白"使学生在阅读本书时，能够与作者进行直接的交流，以促进学生的理解，激发他们的兴趣。本书还通过一些标签突出重要的术语和概念；利用一些提示帮助学生对一些复杂的问题进行批判性的思考；鼓励学生运用所学的知识反思之前的学习或将这些新

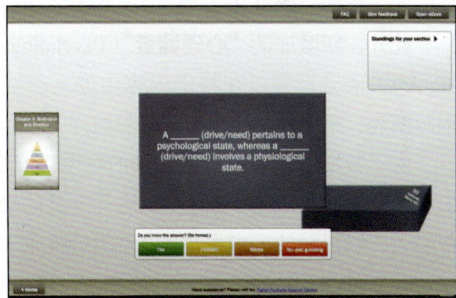

❝ 注意，这前两项研究考察的是两种文化，后者关注的是某种文化中的文化。这些研究体现了社会文化的取向。**❞**

知识运用到新的情境中。作者与读者间的这些小对话有助于学生更好地锻炼自我的分析能力，并更好地进行课程的应用。

体验和关注批判性思维

《体验心理学》强调批判性反思和分析。**"挑战你的思维"**（Challenge Your Thinking）部分使学生能够了解当代心理学研究中的一些有争论的研究成果。令人深思的问题会引发学生对争议或问题的不同方面的证据进行考察。比方说，第7章"挑战你的思维"中的内容，引导学生反思智力是否与偏见思维有关，而第11章中的该部分内容则促使学生去思考，在现实生活中玩暴力视频游戏是否会导致暴力。

文本中的**"交叉研究"**（Intersection）部分的内容设计也是旨在激发批判性思维。该部分内容主要是关于心理学同一主题在不同领域中的研究，例如，第9章中的交叉研究部分——"动机和社会心理学：自杀式炸弹的动机是什么？"促使学生去思考研究者是否可以弄清自杀式袭击者的动机以预防其恐怖行动的发生，同时，学生也可能会去思考对宗教背景中的爆炸事件进行研究的意义。

此外，新增加的**"心理调查"**（Psychological Inquiry）部分，通过在特定内容中加入一些数据与图表，来引发学生的批判性思维。

为了帮助学生理解一些较难的概念，第二版《体验心理学》中还加入了一个特殊的部分——"遨游神经系统和大脑"，对一些重要的图解进行细致的描述。基于不同特定领域专家的观点，全方位地促进学生的动手实践能力，以帮助他们掌握关键的生物结构和过程，这对于学生取得好成绩至关重要。**"心理学在生活中的应用"**（Apply It to Our World）部分的特征是，将一些主题内容与常见的现实生活情境联系在一起（如对蜘蛛的恐惧）。页面内的一些测试问题和答案以及一些需要思考的关键问题，都配有相对应的图片。

体验主动性学习

有了新增的"体验一下！"内容，学生们可以利用移动设备随时随地对关键概念进行练习。通过扫描二维码，学生能够随时观看一些视频或概念的剪辑片段，这些丰富而身临其境的体验将有力地增强学生对不同内容的学习。

体验一下：记忆的三个阶段

　　通过在侧边栏反复出现的一系列简短的**"试一试！"**（Do It!）活动，学生在学习某段文本内容时，能够找到机会来检验自己的假设，并通过实践进行探索和发现学习。要加强心理学的科学性，学生需要积极主动地参与其中，例如，通过"试一试！"活动，学生在公共场合进行一些非正式调查的练习，对行为进行观察和归类，该模块内容还引导学生对"幸福基因"进行研究。这些练习为学生提供了有趣且可参与的体验，使其可以像心理学家那样思考。

　　教学设计师团队创新出**"概念剪辑"**（Concept Clips）内容，以帮助学生理解心理学导论中一些最难懂的观点。该部分内容通过丰富多彩的图片和有趣的动画，逐步描述核心的概念，帮助学生理解和记忆。McGraw-Hill联结心理学技术中的概念剪辑，可用作课堂演示工具或者学生评估的工具。通过将心理学与学生自身生活之间建立联系，该部分内容使得学生能够用概念更好地解释实际，并加强对概念的理解。McGraw-Hill联结心理学技术中的**"新闻快报"**（Newsflash）部分，将当前新闻故事与关键的心理原则和学习目标联系起来。通过了解相关的时事新闻报道，学生能够将一些研究成果与现实生活联系在一起。很多案例在不同章节中反复出现，以鼓励学生从多角度对其进行思考。例如，在第2章中出现的案例——"众议员加布里埃尔·吉福兹于2011年枪击中受到脑损伤"，在第7章"思维、智力和语言"中会再次重提。

　　McGraw-Hill新增了**"心理学互动"**（PsychInteractive）的内容，使学生能够有机会亲身体验科学的方法，积极主动地学会观测数据、提出和验证假设、探讨研究发现，并将其对心理学的理解运用到真实生活中。McGraw-Hill联结心理学技术中的"心理学互动"内容有很强的实用性。

每章的变化

　　《体验心理学》在精简内容的同时，增加了一些重要材料，每章都囊括了该领域的一些最新趋势和研究发现。以下内容包括但不限于每章变化的主要内容。

第1章　心理科学

■ 对科学研究的本质进行修订及扩展。

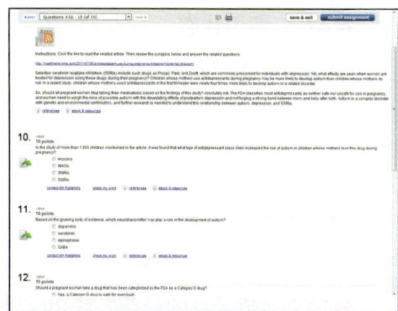

■ 对研究中一些违反直觉的结果进行新的讨论。

■ 增加有关可证伪性的新资料。

■ 对被试内设计和准实验设计进行更详细的新讨论。

■ 在线提供有关批判性地评价心理学研究的新技巧。

■ "挑战你的思维"部分增加新内容"在研究中使用欺骗行为符合伦理准则吗？"

■ "交叉研究"部分增加新内容"社会心理学和跨文化心理学：文化如何影响成功的定义？"

■ "生活中的心理学"部分增加新内容"关于幸福的全球科学研究"。

第2章　大脑与行为

■ 在大脑功能的研究中增加关于经颅磁刺激的新讨论。

■ 增加关于大脑半球不同功能的新内容。

■ 增加有关儿童颅脑损伤后的恢复能力的最新研究。

■ 扩展和更新了关于神经元再生方面的内容。

■ 增加了关于基因（e）与环境（g）相互作用（g×e）的最新研究。

■ "挑战你的思维"部分增加新内容"镜像神经元是社会理解的关键吗？"

■ "交叉研究"部分增加新内容"神经科学和人格：一些人的大脑比其他人的更好吗？"

■ "生活中的心理学"部分增加新内容"保护运动员的大脑。"

第3章　感觉与知觉

■ 增加有关阈下知觉的最新讨论。

■ 增加关于信号检测论的新内容。

■ 增加关于非注意视盲的新研究，即最新研究表明了同时处理多项任务的危险性，驾车便是其中之一。

■ 增加关于捆绑及其在视觉感知中的作用的新研究。

■ 增加关于文化、注意力和感知的新研究，着眼于探讨文化如何影响人们对世界的感知。

■ 增加关于"性别和文化期望在痛苦体验和报告中的作用"的新内容。

■ "挑战你的思维"部分增加新内容"我们可以感知未来吗？"

■ "交叉研究"部分增加新内容"社会心理学与认知：感觉温暖的社会力量"。

■ "生活中的心理学"部分增加新内容"世界上为何有盐？"

第4章　意识状态

■ 增加关于"人类为何需要睡眠以及睡眠在人一生中的作用"的最新理论。

■ 修订关于"各种睡眠障碍和问题，包括梦游、梦呓、嗜睡症、睡眠呼吸暂停综合征、婴儿猝死综合征等"内容的讨论。

■ 增加关于美国青少年吸毒的讨论和数据。

■ 更新关于酒精使用的相关内容——酒精的影响与滥用。

■ 增加关于美国和全球烟草产品使用状况的新数据。

■ 更新催眠治疗的最新方法和应用。

■ "挑战你的思维"部分增加新内容"为什么我们要有意识觉知？"

■ "交叉研究"部分增加新内容"意识、跨文化和发展心理学：文化如何影响心理理论的发展？"

第5章　学习

■ 增加并扩展关于经典性条件反射的应用分析和讨论，具体包括打破习惯、安慰剂效应、味觉厌恶学习和药物成瘾的治疗方法。

■ 更新关于回避学习的讨论。

■ 修订并扩展关于顿悟学习的内容。

■ "挑战你的思维"部分增加新内容"学习风格对学习起重要作用吗？"

■ "交叉研究"部分增加新内容"教育与跨文化心理学：文化多样性如何影响学习？"

■ "生活中的心理学"部分增加新内容"字里行间的营销"。

第6章　记忆

■ 修订关于"注意在记忆编码中的作用"的内容。

■ 更新关于"心理意象促进记忆效果"的内容。

■ 增加关于工作记忆的最新研究，具体包括考察其作为有用框架解决实际问题的研究。

■ 增加关于"互联网上随处可用的信息是如何影响记忆的"的思考。

■ 增加对闪光灯记忆的最新讨论。

■ 更新关于自传体记忆提取的最新讨论。

■ 增加关于发现记忆的最新讨论。

■ 增加关于"现代便利设备，如GPS如何阻碍大脑思考"的最新研究成果。

■ "挑战你的思维"部分增加新内容"儿童是受虐待事件的可靠目击者吗？"

■ "交叉研究"部分增加新内容"认知与跨文化心理学：文化如何影响情景记忆？"

■ "生活中的心理学"部分增加新内容"运用心理学的研究促进嫌疑人辨别"。

第7章　思维、智力和语言

■ 增加有关推理和决策的最新研究。

■ 重新审视影响决策的各种偏见和启示。

■ 增加关于斯皮尔曼g因素的最新信息。

■ 增加关于影响智力的遗传和环境因素的最新研究成果。

■ 修订和扩展关于智力障碍的讨论。

■ "挑战你的思维"部分增加新内容"智力与偏见和政治信仰有关吗？"

■ "交叉研究"部分增加新内容"语言、文化和认知：语言如何影响'在哪里'的问题回答？"

第8章　人的发展

■ 重新组织本章内容，按照躯体、认知和社会情感这三大发展领域，而非发育阶段进行整体的内容组织。使学生通过学习一些重要的发展理论，建立坚实的理论基础，更好地掌握所学的内容。

■ 新增性别发展的研究：从生物、认知以及社会情感三大方面进行整合。

■ 新增Kübler-Ross和Bonanno关于死亡、临终与哀伤的最新成果以及有关恐惧管理理论的分析。

■ 新增关于婴儿运动和感知能力发展的内容。

■ 更新和扩展关于成年期身体发展的研究，包括有关更年期的新研究成果。

■ 新增关于成年期认知过程的最新讨论。

■ 新增关于教养方式的文化背景的新内容。

■ 修订关于成年晚期社会情感发展的研究，包括对Carstensen的社会情绪选择理论的探讨。

■ "挑战你的思维"部分增加新内容"基因或超级父母，哪个对孩子更重要？"

■ "交叉研究"部分增加新内容"发展与社会心理学：依恋与诚实"。

第9章　动机与情绪

■ 新增关于肥胖问题的最新讨论。

■ 新增关于性教育的理论与实践的内容。

■ 增加关于性行为研究的最新信息，包括美国性行为发展趋势的详细内容。

■ 新增关于影响性取向的因素的最新讨论。

■ 更新关于全球和美国男女同性恋及双性恋人数的数据。

■ "挑战你的思维"部分增加新内容"男性和女性在性方面有哪些不同呢？"

■ "交叉研究"部分增加新内容"动机与社会心理学：自杀式炸弹的动机是什么？"

第10章　人格

■ 整合关于大五人格因素的最新发现。

■ 增加关于Mischel的CAPS理论的最新分析。

■ 扩展关于神经递质对人格影响的新研究。

■ "挑战你的思维"部分增加新内容"人格测验准确吗？"

■ "交叉内容"部分增加新内容"人格心理学和健康心理学：特质与肥胖有关吗？"

■ "生活中的心理学"部分增加新内容"防御机制与虚伪心理学"。

第11章　社会心理学

■ 增加关于从众的文化差异的新内容。

■ 新增关于斯坦福监狱实验的新内容。

■ 新增关于Facebook作为社会比较场所的新讨论。

■ 新增关于攻击行为的性别差异的新内容，其中包括有关关系攻击的最新信息。

■ 新增关于亲密关系中的成人依恋的新内容。

■ 新增关于亲密关系模型的新讨论。

■ "交叉内容"部分增加新内容"社会心理学和跨文化心理学：为什么一些国家的从众水平比其他国家更高？"

■ "生活中的心理学"部分增加新内容"从众与美国购物中心"。

第12章　心理障碍

■ 新增关于文化、情境和异常行为意义的新讨论。

■ 新增关于不同文化如何以不同方式解释相同行为模式的新内容。

■ 增加关于《精神障碍诊断和统计手册》第五版（2013）的重要修订以及相关的批评。

■ 更新关于《精神障碍诊断和统计手册》第四版的评价的最新讨论。

■ 修订与扩展关于惊恐障碍的病因的内容。

■ 新增关于恐惧症和抑郁症的文化影响的最新讨论。

■ 更新有关美国自杀行为的数据，并扩展关于自杀的社会文化影响因素的最新研究。

■ 新增关于多重人格障碍原因的跨文化比较研究结果的详细内容。

■ 增加关于文化影响精神分裂症症状的新内容。

■ 新增关于"发展中国家及发达国家中精神分裂症的成因发展差异"的最新研究及讨论和分析。

■ 增加《精神疾病诊断和统计手册》第五版中关于人格障碍分类变化的新内容。

■ "挑战你的思维"部分增加新内容"每个人都有注意缺陷多动障碍吗？"

■ "交叉研究"部分增加新内容"临床和发展心理学：儿童也会得抑郁和焦虑吗？"

第13章　心理治疗

■ 新增关于文化影响心理治疗过程的最新讨论。

■ 新增关于三环类抗抑郁药物的新讨论。

■ 新增关于抗抑郁药处方发展趋势的最新调查。

■ 新增关于脑部深层刺激术治疗抑郁和其他疾病的新信息。

■ 新增关于在线支持小组的利与弊的最新讨论。

■ 新增关于特定治疗技术适于特定疾病的新观点，并新增关于"以证据为本的实践"的最新发展分析。

■ "交叉研究"部分增加新内容"临床与文化心理学：认知行为疗法在不同信仰体系中如何发挥作用？"

■ "生活中的心理学"部分增加新内容"寻求治疗？这里也许有个应用软件适合你。"

第14章　健康心理学

■ 新增关于乐观促进积极功能发展的新研究。

■ 新增关于D型行为模式及其影响的新资料。

■ 新增关于定期进行身体运动与各种积极结果间关系的新内容。

■ 更新超重与肥胖问题的最新数据。

■ 精简关于安全性行为的内容。

■ 更新关于美国和全球艾滋病毒/艾滋感染率的数据。

■ "挑战你的思维"部分增加新内容"积极思考的力量有多强大？"

■ "交叉研究"部分增加新内容"健康与跨文化心理学：文化如何影响社会支持的意义？"

■ "生活中的心理学"部分增加新内容"支持健康生活方式的环境"。

体验你想教的课程——致教师

McGraw-Hill/BB/ 做得更多

鉴于McGraw-Hill和Blackboard的合作关系，《体验心理学》第二版将为我们提供一个关于学习内容和学习工具的理想整合：

■ 提供Blackboard和McGraw-Hill联结心理学的成绩册。

■ 登录之后就能体验Blackboard和McGraw-Hill学习内容的完美结合。

■ 简化课程材料的分配，使学生参与到课程学习中来。

创新板块

要想使教学资源与教学方法相匹配，你可以登录www.mcgrawhillcreate.com，在其中，你可以轻易实现章节的重新安排，并做到与其他部分的内容材料进行有机的结合，同时迅速上传你的课程大纲或教学笔记。在Create中，你可以从成千上万的McGraw-Hill教科书中搜索找到你所需要的内容，根据你的教学风格安排教学内容。Create甚至允许你自行选择封面并附上你的姓名、学校和课程信息等内容，使你的书籍更为个性化。订阅Create的书后，你会在3-5个工作日内得到一个免费打印的校对副本，或在大约一个小时左右通过电子邮件得到免费的电子校对副本（eComp）。现在就登录www.mcgrawhillcreate.com，体验McGraw-Hill的Create，学习如何用自己的方式教学生吧！

完整校园

Tegrity Campus这项服务能够自动记录课程内容，而且学生可以通过搜索模式学习和复习课程内容，自由选择上课时间。通过简单的一键式启动-停止呈现，用户能够捕捉到电脑屏幕的所有内容及相应的音频。学生可以在电脑或者笔记本的浏览器及视频播放器中重复播放学过的内容。教师们都知道，学生能够看、听、体验的课堂资源越多，学习的效果就越好。通过Tegrity Campus独特的搜索功能，学生能快速回忆起学习重点。这种搜索能帮助学生在有需求的时候，高效地找到所需要的内容，甚至是整个学期的课堂录音。Tegrity Campus能够帮助学生充分利用教师所讲授课程的每一分钟。

智能课程

CourseSmart是一种电子教材，可以通过www.CourseSmart.com网站获得。使用电子教材，学生可以节省纸质教材的成本，以降低对于环境的影响，另一方面，电子教材还能提供强大的网络学习工具。学生可以在线阅读CourseSmart中的电子教材，也可以下载到电脑上阅读。电子教材使学生能够对教材进行全文搜索，添加高亮和笔记，并且与同学分享讨论。CourseSmart 中拥有大量可供选择的电子教材。访问www.CourseSmart.com，了解更多相关内容并阅读样章。

教师资源

下面所描述的所有教师资源，都可以在《体验心理学》第二版的在线学习中心的教师一栏找到，不过其中都设有密码保护。请联系您当地的McGraw-Hill出版代表，在www.mhhe.com/kingep2e上登录您的信息。

测试程序　在前一版中，Laura King就提高了学生测试的标准。这一版中，我们又进一步提高了标准。在这一版中，我们得到了专门的教育辅助开发公司——ANSR的帮助，更新了所有的教师资源。该版本的题库在准确性、清晰性、有效性和可访问性方面都有了极大的提升。为与第一版保持一致，我们还分析了问题的难度水平和布鲁姆分类。题库与McGraw-Hill的计算机测试程序、EZ测试以及大多数课程管理系统都兼容。

教师指导手册　教师指导手册提供了多种工具和资源，帮助您提高课程质量，包括学习目标、讲课思路和讲义。教师指导手册还提供课堂讨论中的讨论思路。

幻灯片演示文稿　我们的幻灯片演示文稿包括每个章节中的重点，文章中的所有图片和图表。这些演示文稿作为组织和导航的工具，能够与实例和活动相结合。为满足教师的个性化需求，演示文稿既可以直接使用，也可以经修改后使用。

图片库　图片库中包括本书中的所有图表。教师可以下载这些图片，并且应用到课堂教学的幻灯片中。

个人致谢

能够出版第二版的《体验心理学》，真是一个神奇的经历，这在很大程度上是众多McGraw-Hill人热情、鼓励和创新的结果。我向所有为第二版《体验心理学》做出贡献的人们表示感谢，是他们，使这本书的第二版成为众多"心理学导论"书籍中独特和令人兴奋的一本。

同样，我对Sylvia Mallory表示由衷的感激之情，他惊人的工作在本书的每一处中都能看到。还要感谢Mike Sugarman、Dawn Groundwater、Sheryl Adams, Beth Mejia和 Mark Georgiev等人，他们对第二版的更新做了大量的工作。Catherine Morris和Preston Thomas为本书的制作做出了令人振奋的贡献，我相信，将会有很多学生和教师因此爱上这本书。第二版《体验心理学》因为他们的创新和智慧而如此美轮美奂，令人心驰神往。我也要对Jennifer Gordon 表示由衷感谢，他的审稿工作非常艰辛，但对我的帮助却极其之大。同样感谢McGraw-Hill的销售代表，他们全心全意地激励着我。我希望你们同我一样爱上这一版。我还要对Julia Flohr表示特别的感谢，他积极帮我联系销售、教师和学生，使我认识到《体验心理学》对一些人的帮助。最后，我要感谢Kim Nentwig一直的鼓励及在我需要时所提供的建议和意见!

感谢密苏里大学同事们的热情、建议、耐心和支持。我还要对我的研究生Samantha Heintzelman和Jason Trent表示特别的感谢，作为身兼数职的导师，我既是编辑，又是作家和老师，他们默默地承受这一切，但同时也通过自己的努力获得了奖学金。感谢我在过去一年所拜访的全国各地的老师和学生们——尤其是米德尔塞克斯社区学院和阿内阿伦德尔社区学院的人们。当时正值我为第二版《体验心理学》努力工作的时候，和这些学院的老师和学生们的会面令人兴奋。曾有学生对我说"与你聊天，就像看你的书一样"，这些话语对我来说意义非凡。是这些成就了《体验心理学》，实在是感谢至极!

最后，我要对我的家人和朋友，尤其是Lisa和Sam表示发自肺腑的感谢，感谢他们给予我的支持和鼓励。

目 录

1 科学心理学

2 大脑与行为

3　感觉与知觉

4　意识状态

8 人的发展

9 动机与情绪

10 人格

11 社会心理学

12 心理障碍

13 心理治疗

14 健康心理学

真人秀与现实：哪一个才是人们的真爱？

你有没有觉得真人秀虽然不错、很好看，但却不切实际呢？回忆一下，诸如《单身汉》《单身女郎》以及《与卡戴珊姐妹同行》这些节目，它们利用浪漫且（有时）盛大奢华的婚礼去满足观众的眼球。然而，这些盛大奢华的婚礼最多也只能维持数月。2011年，超过四百万人关注了卡戴珊的盛大婚礼（Ng，2011），然而令人唏嘘的是，这场婚姻仅维持了72天便宣告结束。一般来说，新人在订婚17个月之后才会喜结连理（Fairchild Bridal Group，2005），而平均的婚姻长度为7年（OECD Family Database，2010）。

在真人秀《真实主妇》中，人际冲突是整个节目的主线和标配。一项研究发现，在美国的一档电视节目《飞黄腾达》里，类似辱骂、争吵、时不时的肢体碰触等人际冲突行为每小时内约发生85次（Coyne，Robinson，& Nelson，2010）。该研究还发现，真人秀中至少有一半以上的激烈冲突都是由制作人精心设计的。那么，真相到底如何？研究者们对日常生活中朋友之间的冲突进行追踪分析后发现，朋友间在一周内发生冲突的次数几乎接近于零（Burk & others，2009）。

真人秀或许给人们带来一种略带愧疚的愉悦感或窥视感（Baruh，2010），所以大部分人不愿意承认自己会看这种节目（Nabi & others，2006）。但不可否认的是，许多人对这类节目依然津津乐道，并且想一探别人的"真实生活"。在这个过程中，我们会不自觉地把自己的生活和明星们的生活进行对比，不自觉地学习明星间的互动和交往方式，了解明星们在出乎意料的情况下做出的真实反应。套用Bravo的话，我们出于好奇去看这些节目，是因为我们有想要了解他人生活的基本需要。

满足好奇心的方式有许许多多，比如Twitter。当下有超过1.75亿人通过Twitter去了解别人的生活，即使Twitter有140字的字数限制，也丝毫没有削减人们对它的兴趣。通过脸谱网（Facebook）、博客以及youtube视频，我们去观看和了解人们生活的迷人之处——与其他人的互动。心理学的一个至关重要的目标和目的就是了解他人。

心理学家对"观察正在发生的事"兴趣盎然，但他们探知人们的方式和我们在电视机上看到的真人秀截然不同。心理学家带着科研的好奇心，用科学的方法来解释人们的行为。就如粉丝关注自己喜爱明星的微博一样，心理学家也会关注自己的研究对象，而他们的研究对象是所有人。总而言之，心理学家对世界上每一件事情都充满了好奇。

预览

本章将首先介绍心理学的概念并重温心理学的历史。接下来将介绍当代心理学的7种研究取向。然后，我们将对科学研究方法中的每一种要素进行分析，紧接着是回顾不同心理学家的研究，进而根据伦理准则考量心理学研究的重要性。这本书的核心焦点是心理学在日常生活中的应用。

1　心理学的定义及其历史起源

❝ 你对心理学的定义是什么？当你想到心理学这个词语的时候，首先进入脑海的是什么？❞

心理学是研究行为和心理过程的科学。在这个定义中，有三个重要的关键词：科学、行为和心理过程。

作为一门**科学**，心理学运用系统的研究方法来观察人们的行为，进而得出结论。心理学的目标就是描述、预测和解释行为。此外，心理学家对控制和改变人们的行为极为感兴趣，并且使用科学的方法来干预人们的行为，例如减少暴力和提升幸福感。

研究者对人们是否会扶起摔倒的陌生人感兴趣，他们通过设计实验来观察当人们经过需要帮助者时的行为。通过在某个特定场合下的多次观察，研究者就可以根据救助行为的发生次数来描述人们的助人行为。在这个过程中，研究者也会尝试通过被试的性格特征来预测哪些人、什么时候会对需要帮助者施以援手。心情愉快的人们会更愿意帮助有需要的人吗？男性和女性，谁会更愿意帮助人呢？在分析这些数据后，心理学家将对这些行为发生的原因进行解释。最后，他们会致力于改变人们的救助行为，如提出激发助人行为的策略等。

行为是可被直接观测到的、人们所做的每一件事，例如接吻、小孩哭泣、学生骑着摩托车上学等。**心理过程**包括思维、感觉以及动机，这些都是无法被直接观察到的。虽然我们不能够直接地看到思维和感觉，但它们却是真实存在的，例如，满脑子都是和某人接吻的想法、当妈妈离开房间时小孩的感受，以及学生对骑摩托车旅行的回忆。

心理的心理学界定

如何定义一份好工作、一段美好婚姻以及幸福的生活？心理学家从科学家的视角来研究这些生活中的大问题。心理学是一门严密的学科，致力于用科学的数据来检验与人们生活息息相关的问题假设（Gravetter & Forzano，2012；Stanovich，2010）。心理学家

心理学　是研究行为和心理过程的科学。

科学　使用系统的方法观察涵盖人类行为的外部自然世界，并得出结论。

行为　可被直接观测到的、人们所做的每一件事。

心理过程　人们所经历的不能被直接观测到的思想、情感和动机。

进行研究，并且根据这些研究得出相应的结论。他们考察所获得的有关心理与行为方面的证据，评估数据是否能够强有力地支撑这些假设，分析相互矛盾的数据，并认真考量是否已经对每个可能的因素和解释都进行了探究（Leary，2012）。科学研究方法有四个关键的特征：评判性思维、好奇心、怀疑性以及客观性。

批判性思维 是对事实进行深入主动思考、质疑以及评价的过程

与所有科学家一样，心理学家也是批判性思考者。**批判性思维**是对事实进行深入主动思考、质疑以及评价的过程（Bonney & Sternberg，2011）。批判性思考者会质疑并验证人们所说的话语中有哪些是事实。他们通过研究来考察这些事实是否支撑某种观点（Jackson，2012）。批判性思维减少了人们根据个人信念、个人观点以及个人情感而得出结论的可能性。当科学家们根据研究调查得出结论时，批判性思维就会发挥其作用。批判性思维者乐于接受新信息，因而科学家们必须容忍不确定性，知道即使是长久存在的观点也可能会被重新定义。

你需要运用批判性思维来阅读本书。书上的一些内容可能会和你的信念相吻合，但是也会存在一些与你的信念相违背的内容，因而你需要重新思考你的假设。对于心理学来说，批判性思维的灵活运用是至关重要的。当你学习这个领域时，试着将你所学的知识和你的生活经验，以及你对人们行为及心理的猜想联系起来。

科学家还是充满好奇心的一群人。他们仔细观察世界上的每一种事物（天空中的一颗星星、一种昆虫、一个幸福的人），并且不断探究其中的本质和原因。科学意味着对任何事情都不断地提出问题，甚至是提出非常大的问题，如地球来自于哪里？两个人之间的爱情如何能够维持50年？像心理学家那样思考意味着你要尽情敞开思维和想象的翅膀，来思索事物为何会这样发展。

此外，科学家还是具有怀疑精神的人（Stanovich，2010）。具有怀疑精神的人敢于质疑所谓的支撑事实是否真实。他们敢于挑战和质疑固有的、普遍认同的观念，例如，人们曾经普遍认为女性的道德水平低于男性、种族会影响人们的智力、地球是平的。心理学家像所有的科学家那样，以新的、质疑的方式看待一些假设和猜想。心理学不同于常识，心理学家对所谓的常识性回答持有怀疑的态度。

心理学对人们行为的研究结果往往出乎人们的意料。由于这些结果与我们对世界是如何运转的固定印象相冲突，因此被称为是违反常理的。就拿下面的研究来说，一点负面信息反而能提升消费者对产品的信心（Ein-Gar，Shiv，& Tormala，2012）。实验者给正在上学去考试的学生销售巧克力棒。所有被试都被告知这是一款最受消费者欢迎的产品，并且产品公司推出学生优惠价格（实验是在加利福尼亚炎热的一天进行的），每个巧克力棒都可以享受50美分的折扣。此外，一半被试还被告知巧克力棒有一点碎掉了。实验者给他们看了看有些碎掉的巧克力棒。出乎意料的是，与单纯接受积极信息的被试相比，接收到负面信息的被试反而购买了更多的巧克力棒。这是为什么呢？

实验者对此的解释是，当我们听到有关某事物的积极信息时，一点负面信息会让我们质疑那些积极信息的准确性和可信度。我们再三思索后的结果便是，把具有小小瑕疵的产品归类为确实不错的产品。当然，我们也注意到这样的结果仅仅限于参与的对象是赶着考试的学生。那些不着急考试并被告知巧克力棒有些碎掉的学生，买的巧克力数量同样较少。实验者解释道：如果我们没有足够的时间或者精力去思考清楚一件事情，一

> 你可能会对括号中的名字和日期感到好奇。它们是对参考文献的引用，标注的是特定的研究者和每个研究的出版年份。如果你看到一个特别有趣的研究，你可以在书后的参考目录里查找它，并在网络或者学校图书馆里把它检索出来。

个小小的缺陷反而会提升人们对产品的评价。

最后，科学意味着客观。客观就是，看事情要看到事情的本质，并且不受观察者的喜好影响。科学知识最终是建立于客观事实上的。

实证方法 通过对事件的观察、数据的收集、逻辑的推理来获得知识。

为了获得客观的事实证据，科学家一般采用实证研究的方法。**实证方法**，即通过对事件的观察、数据的收集、逻辑的推理来获得知识。对科学家来说，客观性意味着让事实证据说话，而不是用主观因素来导出结论。对于"最近流行的草药理疗是否真的能够帮助人们走出沮丧？"的问题，科学家会这样回答："这是个实证性的问题"，意思是需要有力的证据才能够回答这个问题。一个客观的思考者在做出结论前，要坚持用事实说话。像批判性思维一样，客观性把证据作为结论的基石，也就意味着要接受不确定性。毋庸置疑，实证证据在任何时刻都是对问题的最好解答。

当你开始以心理学家的思维方式进行思考时，你会发现世界原来如此不同。而这是简单的回答和假设所无法做到的。正如你所想象的，心理学家是一群对许多不同事情有着不同观点的人。所以不难想象，如果这一大群批判性思考者聚集在同一张桌子前，一场精彩的辩论也将拉开帷幕。

实际上，当你通读全书，你会发现心理学家们在某些问题上也存在着争议。心理学和其他科学一样，是一门充满了争论的学科。例如，心理学家们在所谓"当代我"的问题上存在着争议（Twenge，2006）。Jean Twenge和她的同事（Twenge，2006；Twenge & Campbell，2010）认为20世纪80年代的美国人和当前的一代是不同的，20世纪80年代的美国人没有现在这么自信、自我为中心和个人主义。根据过去多年的关于自我为中心的研究，Twenge（2006）把这些个体称之为"当代我"。她认为我们生活在自我为中心的流行风潮中。然而，面对这一说法，其他心理学家却提出了质疑，并且用数据证明在过去的30年里，自我为中心的浪潮并没有发生任何的改变（Trzesniewski & Donnellan，2010）。

因此，与心理学家一样，争辩和争议是心理学的一部分。心理学之所以成为一个先进的领域，就在于心理学家们在"心理和行为为何如此"上存在异议。正因为心理学融合了冲突和矛盾，才促进了心理学家们对事实诸多方面有着更深刻和更全面的思考。所以心理学家能够更透彻地了解人们的行为。一个提升你的批判性思维能力的好方法就是重新审视心理学的定义。

心理学是研究人类行为的科学

如果你认为心理学的一般定义就是人类行为活动的科学，那么你也许会思索，那咨询室在哪里？心理疾病又在哪里？毋庸置疑，心理学包含了心理治疗和心理疾病的研究，尤其是临床心理学家，他们专门研究和治疗心理障碍。虽然心理学从定义上看属于基础科学，但是心理学的运用并不局限于临床的研究和治疗（Shiraev，2011），也会实践应用于其他方面（图1.1）。从何时起，人们不再认为心理学仅仅是有关心理疾病的？不可否认，人们对心理障碍的话题一直充满了兴趣，就连媒体也经常称心理学家为治疗师。其实早在电视发明之前，关于"心理学是研究人们问题行为的科学"这一想法就已经存在了。

当谈到心理学时，人们就会想到西格蒙德·弗洛伊德（1856–1939）。弗洛伊德坚信人们的大部行为是因为灰暗、不愉快以及天生想

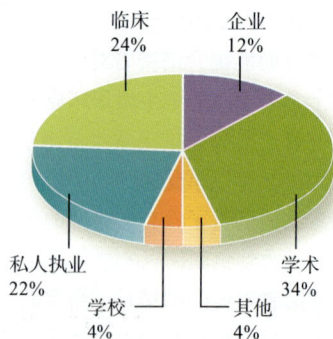

图 1.1 心理学者的工作环境 在学术环境（如大学）（34%）中工作的心理学家的人数要多于其他环境。然而，临床（24%）和私人执业（22%）环境两者加起来几乎占了所有环境的一半，许多心理学家在此环境中从事心理健康的工作。

（饼图标注：临床 24%、企业 12%、学术 34%、其他 4%、学校 4%、私人执业 22%）

要表达自我的冲动而产生的。对弗洛伊德来说，即使是走在大街上的平凡人，他的潜意识也像一口井那般深不可测、充满神秘。弗洛伊德在心理学和社会学研究上有着深远的影响。虽然他对人性的观点是基于他诊疗过的那些和心理问题作斗争的临床病人，但是他的理论和观点仍然是心理学家的研究参照。他对病人的研究，以及对自身的分析，给所有的人性分析研究增添了重要的一笔。弗洛伊德曾经写道："在人们身上，我只看到一点点闪光点，因为通过实验，我发现他们中的大部分都是垃圾"（1918/1996）。

弗洛伊德对人性的看法已成为心理学定义的重要组成部分。想想看，当你坐飞机时，你和坐在身边的女士（一个陌生人）聊得非常愉快，于是你问她是做什么的？她回答道她是个心理学家。此时你可能会懊悔，"天啊，我刚刚和这个人聊了什么？她是不是知道了连我自己也不知道的秘密？她是不是一直在分析我？"当你发现这位心理学家是研究幸福感的时候，你会感到惊讶吗？如果是研究智力呢？或者视觉经验？心理障碍研究是心理学研究的重要内容，但只是心理学研究的一个方面。

心理学致力于了解人们生活的方方面面，包括人们遇到过的最棒的体验，以及最恶劣的遭遇。心理学家承认世上存在相携到老、幸福美满的夫妻，同时也不否认婚姻给人们带来的极大伤害，就如卡戴珊的短命婚姻。而一项对人们宽容度的研究恰好证实了这一点（Balliet，Li，& Joireman，2011；McCullough，Kurzban，& Tabak，2011；McCullough & others，2010）。宽容意味着看淡曾经的伤害、原谅曾经伤害过自己的人、摆脱愤怒和憎恨的情绪。怀着宽容的情怀，我们不再报复、不再躲避曾经伤害过我们的人，甚至会希望他们也过得很好。

2006年10月，Charles Carl Roberts在宾夕法尼亚乡村村舍挟持了10个安曼女孩作为人质，他在最终自杀之前，杀害了5个女孩，其余的孩子也都伤痕累累。这个事件带来的伤痛袭击了整个安曼家族，但是最终他们没有选择憎恨，也没有进行报复，而是选择原谅。受害者家庭的抚恤基金成立了，安曼家族也希望为作恶者的家庭成立基金。安曼家族为死去的女孩们办了一场简简单单的葬礼，也邀请了作恶者的妻子出席和参与。心理学有助于我们理解作恶者的暴力行为，以及受害者对宽容和大度的选择。

> 你可能听说过"弗洛伊德式口误"，弗洛伊德的名字已经成为我们日常语言的一部分。

2006年，5个孟诺教派女学生被谋杀的事件在该社区中没有激起任何的怨恨或者复仇，取而代之的是原谅。

安曼家族做出这样的选择，震惊了世界，也带来了疑惑。人们的这种原谅能力，是否能用科学来解释呢？带着这个疑惑，许多心理学家开始对宽容进行学术研究和临床实践（Jacinto & Edwards，2011；Worthington & others，2011）。Michael McCullough及其同事（McCullough & others，2010）研究发现，宽容的心态不是天生存在的，需要后天慢慢培养积累而成。对于安曼家族来说，他们宽容的气度源于根深蒂固的宗教信仰，所以他们不会像其他人那样寻求报复和补偿。研究者同时还对宗教承诺和宽容之间的关系（McCullough，Bono，& Root，2007）、宽容所需要的认知能力（Pronk & others，2010）、甚至是宽容的负面影响进行了研究。宽容不仅仅有美好的一面，也有其坏处。例如，当一个有虐待癖好的配偶知道其行为最终会被原谅时，就会变得肆无忌惮（McNulty，2011）。

因此一些心理学家认为：心理学过于关注人性的恶，而忽略了人性中的善（Seligman & Csikszentmihalyi，2000；Snyder，Lopez & Pedrotti，2010）。而其他心理学家则坚称人性的弱点是研究中最重要的一面（Lazarus，2003）。然而作为一门真正的科学学科，心理学应该关注人类生活的方方面面，不应该过多地关注或忽略某一方面。众所周知，任何一门科学都会存在争议。健康的争论会促进心理学领域的发展。当某个科学家对其他科学家提出质疑时，一个新的心理学研究方向便由此产生。诸如此类的辩论是学科活跃的一个标志。实际上，任何领域的产生，都来源于讨论和争辩。即使是伟人之间，英雄所见略同的情形也不常见，更何况是心理学这样高深的学科。

心理学的历史视角

心理学致力于解答千百年来人们一直询问的问题，诸如：

■ 我们是如何学习的？

■ 记忆是何物？

■ 为什么有些人在痛苦挣扎，而另一些人却不断成长？

如今，人们运用科学来解答这些问题。从人类语言中出现"为什么"这个词汇开始，人们就不断地探索过去。人们创造了神话，来解释事物为什么这样发展，而不是那样。在古老的神话故事中，人们认为许多重大事情的发生都源自于神的喜怒哀乐：如果火山爆发，人们会说是神在生气；当两个人相爱时，人们会说他们是被丘比特之箭射中。然而，随着时间的推移，神话开始让位于哲学思想，这些哲学思想对存在和知识的基本原则进行理性研究。人们开始试图用自然现象来解释事件，超自然的解释说法也随之被抛弃。

在公元前4世纪和5世纪的希腊，西方哲学日趋走向成熟，涌现出一批伟大的思想家，其中包括苏格拉底、柏拉图和亚里士多德。这些思想家对人们的思想和行为，以及大脑和身体之间可能存在的联系展开辩论。后来的哲学家，尤其是勒奈·笛卡尔认为思想和身体是完全分开的，他们更多关注于对思想的研究。心理学不断走向成熟，不再仅仅局限于对思想和身体的单一研究。直至今天，研究情绪的研究者仍然谈论笛卡尔，研究如何给人们带来幸福的科学家仍然谈及亚里士多德，可见，哲学对当代心理学仍然有着不可忽视的影响力（McMahan & Estes，2011）。

除哲学之外，心理学还根植于自然生物科学以及物理学（Schultz & Schultz，2012）。事实上，是德国的哲学家和物理学家——威廉·冯特（1832–1920）把生理和自然科学的碎片整合到一起，从而创造出心理学学科。然而，一些历史学家更乐于这样去解释心理学的起源，他们认为心理学诞生于1879年12月的莱比锡大学，当时冯特和他的学生们正在进行时间差的实验。在这个实验中，他们对人们从听到声音到按下电报信号这个过程的时间差进行实验研究。

看到这里，或许此时你的心头会产生一个疑虑：该实验有何特别之处？冯特所进行的是关于大脑加工的研究：测量大脑以及神经系统传达出信息到个体发出动作的时间。其实这个实验的特别之处就在于，发现了心理过程是可以被测量的。之后，这个重大的发现开启了新的心理科学。

冯特及其同事的研究集中于发现心理过程中的基本元素或者说是心理过程的基本结构。他们的研究取向被称之为**结构主义**，因为心理结构是其研究的重点。而他们这种研究心理结构的方法被称之为内省法（字面上的意思是"探索内部"）。研究中，被试进入实验室环境中，被告知对正在发生的事情进行心理思考（内省）。例如，一个人处于嘈杂、尖锐的敲击声中，然后告诉实验者此时自己心中的感觉。这项实验的科学之处在于使被试处于可控制的实验室环境中，并要求其进行系统细致地自我报告。

冯特被视为现代心理学之父，但是，心理学家以及哲学家威廉·詹姆斯（1842–1910）让心理学这门学科真正开始在美国占有一席之地。詹姆斯认为心理学的关键不在于心理的内涵，而在于它的功能和用处。因而詹姆斯的观点被称之为机能主义。

结构主义关注的是心理的构成，而**机能主义**恰恰相反，重点关注心理和行为的功能以及个人对环境的适应性。结构主义探究的是心理的内部，寻求结构，而机能主义探究的是心理与外部世界的交互作用，以及思维的目的。如果说结构主义是对关于什么是心理的研究，那么机能主义研究的就是心理过程的原因。

机能主义的一个核心问题就是，人类思维为什么会有适应性？每当我们谈到某一人格特征是否具有适应性时，其实我们的关注点是这种特征是如何使有机体更好地存活的。所以，机能主义者会问：为什么有些人会更富有，因为他们比其他人更会思考吗？冯特认为心理存在着一个稳定的结构，但詹姆斯却不这样认为。相反，詹姆斯认为心理是灵活、流动、不断改变和调整的，这样才足以应对外界不断涌入的信息。所以，詹姆斯称思想的流动为"意识流"。

英国自然学家查尔斯·达尔文（1809–1882）提出自然选择理论，机能主义的原则适用于进化论。1859年，达尔文在《物种起源》一书中发表了他的观点，提出**自然选择**的原则，认为自然选择就是进化的过程，在这个过程中，适应环境的有机体能够存活下来，繁衍后代。达尔文还提到任何物种都面临着食物以及住处等稀缺资源的残酷竞争。在自然选择的过程中，环境决定了谁将是胜者。达尔文还坚称，有机体中有助于生存和繁衍的生物特征也会在下一代中更好地发展和壮大。经过数代之后，有着这些存活和繁衍特征的有机体的数量将会持续增多，并最终改变整个物种的形态。然而如果环境发生了改变，那么将会有利于其他物种特征被自然选择，进而导致了物种的形态朝不同的方向发展。

如果你不熟悉达尔文的进化论，那么下面的问题或许对你会有所帮助。为什么长颈鹿有着长长的脖子？人们早期对此的解释是因为长颈鹿居住的地方长着高高的树，它们需要伸长脖子才能够吃到树上的树叶。这样不断地伸长脖子也就导致了成年的长颈鹿有着长长的脖子。然而这样的回答却不能够真正地解释为什么长颈鹿天生就有着长长的脖子。一般情况下，一个特征，只有它已经被记录在基因中，才能够遗传到下一代。

根据进化论，物种因为基因变异而发生改变。这就意味着某些物种成员身上有着某种基因特征，从而使得它们不同于其他的成员（例如，一些特别的长颈鹿并没有长脖

结构主义 冯特所使用的探索心理过程的基本元素或基本结构的方法。

机能主义 詹姆斯关于心理过程的研究取向，强调心理和行为在个体适应环境中的功能和目的。

自然选择 达尔文进化过程的法则，在进化过程中，那些能够适应其生存环境的有机体能够生存下来，继续繁衍。

子）。如果这些改变具有适应性（例如，如果它们有助于长颈鹿争夺食物、生存和繁衍），那么它们就会在物种群中变得更加普遍。所以，我们可以由此推测，在很久很久以前，基因决定了一些鹿拥有长的脖子，而另外一些则是短的脖子。而只有长脖子的鹿存活了下来，进行繁衍，进而有了今天我们所看到的长颈鹿。长颈鹿能够生存下来就是自然选择的产物。所以，依据进化论，我们可以在一定程度上预测自己的生存方式是否有利于在这个环境中生存（Buss，2012）。

达尔文的理论对现代心理学的发展仍有着深远的影响，原因在于他的理论被实践观察所支持，而这样的观察在我们的日常生活中随处可见。就拿现在来说，在你的厨房水槽中，各种各样的细菌在为稀缺的资源而斗争，抢夺诱惑它们的剩饭和残渣。当你使用抗菌清洁剂时，你扮演了自然选择的角色，那些不能适应清洁剂的细菌，就会被你一一杀死。这样做，会使得那些能够适应和抵抗清洁剂的细菌最终占领整个厨房水槽。你最初出现咽喉或者耳朵痛的症状时服用抗生素，也是同样的原理，通过杀死造成疾病的细菌，从而为它们之间的竞争（所谓的抗生素抗性细菌）创造了有利的生存和繁衍的环境。这些观察有力地证明了达尔文的自然选择论。

如果说在结构主义和机能主义的辩论中，结构主义赢得了心理学发源地的战役，那么机能主义可以说是赢得了整个战事。因为直到今天，心理学家仍旧在探讨人类特征的可调节性。事实上，从一开始，心理学对人类行为的研究就比冯特和詹姆斯想象中的要多。接下来我们谈论当代心理学研究取向。

> ❝ 结果发现，长颈鹿并不是用它们的长脖子从高高的树上吃食物，而是使用长脖子进行战斗。❞

自我测试

1. 下面的陈述正确的是：_____。

A. 心理学存在许多的争议

B. 心理学家对心理学许多方面的问题达成了一致

C. 心理学不会运用批判性思维

D. 心理学中的争议并不多

2. 下面哪一个不是科学方法的核心特点_____。

A. 怀疑性   B. 批判思维

C. 预测   D. 好奇心

3. 查尔斯·达尔文的理论和心理学相关，原因在于___。

A. 达尔文的研究证明了人类和动物之间没有什么不同

B. 达尔文的自然选择论认为人类的行为部分是努力生存的结果

C. 达尔文认为人类的祖先是猿，这有助于心理学家了解人类的行为

D. 达尔文创造了功能主义

小应用！

4. 两个心理学家，克莱顿和山姆对情感表达非常感兴趣。克莱顿想要了解情感表达是否健康以及情感表达是否与幸福快乐有关。山姆对情感表达的类型感兴趣，并把所有的情感和情感表达进行分类，从这个例子中，我们看出克莱顿更像_____，而山姆更像_____。

A. 威廉·冯特，威廉·詹姆斯

B. 威廉·詹姆斯，威廉·冯特

C. 威廉·冯特，西格蒙德·弗洛伊德

D. 西格蒙德·弗洛伊德，威廉·冯特

2　当代心理学研究取向

在该部分中，我们罗列了7种不同的研究取向，其中包括生物、行为、心理动力、人本主义、认知、进化以及社会文化取向。这些研究取向是心理科学的主要支撑。

生物学取向

一些心理学家通过**生物学取向**来研究行为和心理过程。这种取向关注生理，尤其是大脑和神经系统。例如，研究者通过观察一个人的心跳速度来研究他的害怕情绪，又或者是当一个人撒谎时他手心出汗的程度。虽然思维和感觉的研究中会涉及生理系统，但是神经系统科学的出现，才是对生理心理学的最大贡献（Bavelier & others，2012；Koch，2011）。

神经科学是关于神经系统的结构、功能、发展、基因和生物化学的科学研究。神经科学强调大脑和神经系统是理解行为、思想和情感的核心。神经科学家认为，大脑是思维和情感的生理基础。电脉冲通过大脑细胞来释放促使我们思考、感觉和行动的化学物质。大脑和神经系统包含了最错综复杂又非常简洁的系统，没有大脑和神经系统，人类引以为傲的能力便不存在。虽然生物学取向有时将复杂的行为简单化为生理结构，但是神经系统学的发展也让心理学家了解到大脑是相当复杂的器官，正如大脑功能对应的心理过程一样复杂。

行为主义取向

行为主义取向强调对可观察行为的科学研究及环境决定论。行为主义理论关注的是有机体与环境之间可观测到的相互作用，即行为，而非思想和情感。行为主义理论被广泛运用于改善人们的行为（Miltenberger，2012）。采用该取向的心理学家被称为行为主义学家。在约翰·华生（1878–1958）和斯金纳（1904–1990）的领导下，20世纪上半叶，行为主义占据了心理学研究的主导地位。

斯金纳（1938）强调心理学是关于人们的行动和行为的科学，认为不应该把诸如思想、感觉以及目标等无法观察的事物和心理学联系在一起。他也相信奖励和惩罚对我们的行为有着决定性的作用。例如，一个小孩举止得当，是因为他的父母表扬了他的这些行为。行为主义学家认为，我们之所以有着现在的行为，是受到我们过去和即将经历的环境因素的影响。

直至今天，行为主义学家仍旧强调行为观察对理解一个人的重要性，仍旧沿用华生和斯金纳提倡的研究方法（Rehfeldt，2011）。同时他们也强调环境对行为的决定作用（Martin & Pear，2011）。但是，随着时代的发展和进步，并非每个当代行为学家都会认同早期行为学家对心理过程（即认知）的否定（Bandura，2011）。

生物学取向　关注生理，尤其是大脑和神经系统的心理学取向。

神经科学　关于神经系统的结构、功能、发展、基因和生物化学的科学研究，强调大脑和神经系统是理解行为、思想和情感的核心。

行为主义取向　一种心理学取向，强调对可观察行为的科学研究及环境决定论。

心理动力取向

心理动力取向强调无意识思维、生理驱动（例如性冲动）、社会要求以及儿童早期家庭经历之间的冲突。心理动力取向的从业者们认为性和侵略性冲动隐藏在人们的潜意识深处，影响着人们的思维、感觉以及行动。

西格蒙德·弗洛伊德，心理动力取向之父，其理论强调早期亲子关系对个体性格的重要影响。弗洛伊德的理论（1917）基于临床治疗技术，也就是被他称为精神分析的理论基础。通过与人们谈论儿时的记忆、梦想、思想及感觉，分析师就能够解锁个体的潜意识冲突。虽然弗洛伊德的理论引起了很大的争议，但其仍旧是当代心理学的重要组成部分。当今的心理动力取向不再重点强调性冲动，而是更多地强调文化背景或社会因素对行为的决定性作用（Borden & Clark，2012）。

人本主义取向

人本主义取向强调个体的积极品质、心灵的成长及对自我命运的自由选择。心理学家认为人们能够掌控自己的生活，而不是被环境所控制（Maslow，1971；Rogers，1961）。他们认为，与其说人们是受潜意识的驱使（心理动力取向），或被外部的奖励推动（行为主义观点），不如说人们是为了追求更高的人生价值，例如对他人福祉的无私精神和自由意志。这种积极的研究取向主要体现在动机、情感以及人格心理学的研究中（Sheldon，Cheng，& Hilpert，2011；Sheldon & Schüler，2011）。

认知主义取向

认知心理学家认为，大脑中存在着心理加工区域，使我们能够记忆、做出决定、制定计划、设立目标，并变得有创造性（Friedenberg & Silverman，2012；Sternberg，2012a，2012b）。**认知主义取向**强调认知的心理过程，包括如何集中注意力、如何构思、如何记忆、如何思考以及如何解决问题。认知心理学家想要知道人们如何解决数学问题，我们为何能够短暂地记住某些事情而长久地记住另外一些事情，以及人们如何运用想象力来构建未来的蓝图。

认知心理学家把大脑视为一个活跃的、有意识的问题解决系统。这个观点和行为主义的观点恰恰相反，行为主义认为行为是受到外部环境的控制，而从认知视角来看，心理过程是通过记忆、感知、意象及思维控制个体的行为。

进化论取向

虽然人们对于所有的心理学都源于进化论的说法存在争议，但有些心理学家还是强调进化论的取向。**进化论取向**强调进化的观点，例如适应、繁衍和自然选择，并把这些作为解释人类特定行为的基础。David Buss（2012）认为进化论决定了我们的身体特征，例如体型，同时也影响了我们的决策、攻击性、恐惧及交配模式。因此，进化心理学家

心理动力取向 一种心理学取向，强调无意识思维、生理驱动（例如性冲动）、社会要求以及儿童早期家庭经历之间的冲突。

人本主义取向 强调个体的积极品质，心灵的成长及对自我命运的自由选择。

认知主义取向 强调认知的心理加工过程，即我们如何进行注意、理解、记忆、思考和问题解决。

进化论取向 强调进化的观点，例如适应、再生产和自然选择，并把这些作为解释人类特定行为的基础。

认为，通过我们当前的生活方式，可以追溯早期人类在适应环境中所面临的问题（Cosmides，2011）。

进化心理学家认为这种研究取向就像一把伞，联结了心理学的各个不同领域（Bjorklund，2012）。而这个说法并没有得到所有心理学家的认同。一些心理学家对这个说法提出了批评，他们认为，进化论就男性和女性为什么有着不同的社会角色的问题做出了不正确的解释。同时，它也不能够对文化多样性做出充分的解释（Matlin，2012；Wood & Eagly，2010）。虽然这些心理学家对运用进化论来解释一些心理问题表示异议，但是这并不表示他们否定进化论。

社会文化取向

社会文化取向强调社会和文化环境对行为的影响。社会文化学家强调通过了解一个人的文化背景来理解其行为（Matsumoto & Juang，2013；Matthews & Gallo，2011）（文化指的是共享知识、经验和群体的态度，包括语言、风俗和信仰以及什么行为是适当的、什么行为是不适当的）。社会文化取向包括跨文化研究，也就是说把个体放在不同的文化背景下进行比较研究，进而了解文化对心理特征的不同作用。跨文化研究可以验证某种文化中发现的一些现象是否可以推广到其他不同的文化中，正因如此，跨文化研究也能够对文化的某些特征是否具有普遍性进行检验（Cai & others，2011）。

> **社会文化取向** 一种心理取向，考察社会和文化环境对人类行为的影响。

社会文化取向不仅关注不同国家之间的行为比较，同时也研究同一个国家之中，不同民族和文化群体中的个体行为（Cheah & Leung，2011）。近年来，美国文化的多样性不断丰富，研究开始关注非裔美国人、拉美裔美国人和亚裔美国人的行为，尤其是关于其在非拉丁白人社会中生活的限制和促进因素的研究（Aguayo & others，2011；Banks，2010）。文化对行为的影响使得对心理过程的研究有了重大发现，尤其是关于文化在个体自身的心理体验中的角色（Wan & others，2011）。

当代 7 种取向的总结与归纳

这7种心理学研究取向给我们提供了有关人类行为的不同视角，有利于人们更深入地了解心理学。回忆一下你曾经看到过的可爱的小狗，当你看着它的时候，其实你的眼睛、神经系统、大脑——心理学中的生物取向会做出一系列的生理反应。当那只小狗出现在你的视野中时，你会不自觉地微笑，并且不假思索地弯下腰来抚摸那只小狗。这个反应可能来自于以前你和家里的小狗玩耍时的习惯（行为学视角），或者是对儿时的小狗的潜意识里的回忆（心理动力学视角），或者是你喜欢这样饲养小狗的有意识记忆（认知视角），更甚至是通过提升狗狗的可爱度这一进化过程来帮助小狗的后代更好地生存（进化论理论）。因为对小狗的喜欢，你乐于和主人攀谈（人本主义观点）。不仅如此，因为社会文化的因素，你会考虑向主人询问拥有这只狗是否合适，是否该和其他人分享与小狗相处时的温暖感觉，甚至是否（在一些文化中）该把小狗当成食物来看待。

这些取向反映在不同心理学家的特定研究领域中（图1.2），这些领域将会在下面的章节中详细讲述。

阅读此书时，谨记心理学是一门心理学家们共同合作、对一系列广泛问题进行研究的科学。实际上，许多时候不同领域的心理学学者会就某些方面的人类行为问题进行共同研究。这就是本书中的交叉研究部分的目的，这部分内容会针对不同领域的研究者对相同问题进行的研究进行介绍。

本书中包括的领域和相关章节	领域主要关注点
行为神经科学 （第2章）	行为神经科学强调对生理过程，尤其是大脑在行为中的作用的研究。
感觉和知觉 （第3章）	感觉和知觉研究者的重点在于研究个体在体验世界的过程中的视觉、听觉、触觉以及味觉等生理系统和心理过程。
学习 （第5章）	学习专家研究个体为适应不断变化的环境而进行的行为改变这一复杂的过程。
认知 （第4/6/7章）	认知心理学关注注意力、意识、信息加工过程以及记忆。认知心理学家还对问题解决、决策制定、专业技能和智力等认知技巧和能力有着浓厚的兴趣。
发展 （第8章）	发展心理学研究人们是如何逐渐长大的，关注从出生到死亡的生物和环境因素。
动机与情绪 （第9章）	不同领域的研究者都对动机和情绪这两方面有着浓厚的兴趣。动机研究者研究与个人如何完成复杂而困难的目标有关的问题。情绪方面的研究者研究情绪体验的生理和大脑加工过程、情绪表达对健康的影响以及情绪是否具有普遍性。
人格 （第10章）	人格心理学强调个体相对持久的特征，这些特征包括特质、目标、动机、基因以及人格发展。
社会 （第11章）	社会心理学研究社会因素是如何影响知觉、社会认知和态度的。社会心理学家研究群体是如何影响态度和行为的。
临床和咨询 （第11/12章）	临床和咨询心理学被广泛应用于实践之中，包括心理疾病的诊断和治疗。
健康	健康心理学强调影响健康的心理因素、生活方式及行为。
工业化和组织化	工业心理学把心理学不同领域中的发现运用到工作领域中。
社区	社区心理学给心理问题的个体提供力所能及的照顾。 社区心理健康中心提供这样的服务。
学校和教育	学校和教育心理学主要关注学生在学校中的学习和适应能力。学校心理学家在小学和初中的学校系统中对学生进行测试，对学生的教育安置提出建议，并从事教育计划方面的工作。
环境	环境心理学研究自然环境在一些心理学研究领域，如知觉、认知、学习及其他重要方面中的影响。环境心理学家研究不同的房间设置对行为的影响或者如何减少人们对环境的伤害行为。
女性	女性心理学强调当前心理学知识与女性知识的整合及其在社会和相关机构中应用的重要性。
法律	法律心理学主要应用于法律系统中。法律心理学家有时可以帮助陪审团进行筛选工作或者在审判中提供专家建议。
运动	运动心理学运用于提高运动表现和增加运动参与的乐趣。
跨文化	跨文化心理学研究文化在行为、思维、情感理解中的作用，以及心理现象是具有普遍性还是文化特异性。

图1.2 心理学的专业领域（一些专业心理学领域存在重叠部分）

自我测试

1. 关注儿童早期家庭关系的心理学是_____。
   A. 进化心理学　　　　　B. 认知心理学
   C. 心理动力心理学　　　D. 行为主义心理学
2. 认为心理疾病是长期的消极思想的结果的心理学研究取向是_____。
   A. 人本主义理论　　　　B. 行为主义理论
   C. 社会文化理论　　　　D. 认知主义理论
3. 关注自我实现、利他主义、个人成长的心理学取向是_____。
   A. 认知主义理论　　　　B. 行为主义理论
   C. 心理动力理论　　　　D. 人本主义理论

小应用！

4. 在 2007 年，一位父亲把孩子的视频放在 youtube 上，名为"查理咬我的手指"。虽然这个视频是 youtube 上最不专业的音乐视频，但是这个视频像病毒一样，迅速传播开来。人们看到一个咬着哭泣的哥哥的手指的英国小孩，笑得非常兴奋。如果你还没看过，也想一览究竟的话，可以点击下面的网址 http：// www.youtube.com/watch7v：he5fpsmH — 2g. 为何这个视频那么有吸引力？当代哪种取向可以解释这个现象呢？心理动力学研究者会怎么说呢？
   A. 人们观看小孩咬其他人，可以得到奖励
   B. 可爱的小孩，全世界人都会喜欢
   C. 视频中的幽默，其实是人们潜意识渴望伤害自己的兄弟姐妹的伪装
   D. 视频表明，可爱有重要的适应性机制。可爱的孩子更可能生存下来，繁衍后代

3　心理学的科学研究方法

　　科学的定义不是基于它所研究的内容，而是由如何进行研究来定义。无论你是研究光合作用、蝴蝶、土星的卫星还是幸福感，你所采取的方式决定你的研究方法是否科学。科学的方法是指心理学家是如何获取有关大脑和行为的知识。科学方法的关键就是知识要源于实证研究。

　　正是使用了科学的研究方法，心理学才成为一门科学（Ray，2012）。事实上，心理学家发表在期刊上的研究大部分都运用了科学的方法。图1.3列举了科学的研究方法的5个步骤：

1. 观察现象
2. 做出假设和推测
3. 采取实证研究进行检验
4. 得出结论
5. 评价结论

1. 观察现象　科学方法的第一步就是观察世界中的各种现象。具有批判性思维和好奇心理的心理学家们在看到某种现象的时候，会想要探究其原因及其形成的方式。当代的社会问题、新闻动态和个人经历等都可以引发科学探究的愿望。科学家所研究的现象被称为变量，强调变化。**变量**就是指可以发生变化的事物。

　　例如，心理学家感兴趣的变量之一就是幸福。一些人总是看起来会比其

科学的定义不是基于它所研究的内容，而是由如何进行研究来定义。光合作用、蝴蝶和人际关系，都可以采用科学的方法进行研究。

> **变量**　可以发生变化的事物。

他人开心，那么如何解释这个现象呢？当科学家深思这些答案时，他们就会形成一些理论。**理论**就是观点或观点的集合，试图对观察到的现象予以解释，并对以后的观测结果进行预测。理论能够解释事物为什么是这样，以及为什么发生。根据理论，人们可以对未来的观察结果做出推测。例如，一些心理学家提出理论认为，人类最重要的需要就是对社会群体的归属感（Leary & Guadagno，2011）。那么这个理论就会通过归属感来解释人们的行为。

心理调查

在他人身上的花费

自己身上的花费

1
观察现象
向他人馈赠礼物时，我们会感到开心，然而，是否赠予会比拥有让我们更开心呢？Elizabeth Dunn，Lara Aknin和Michael Norton决定就这个问题进行研究。

2
做出假设和推测
这些研究者们假设：把钱花在别人的身上会比花在自己身上，让人们感到更开心。

3
通过实证研究
设计实验检验该假设，研究者随机分给每位本科生被试5美元或20美元，告诉他们在今天5点之前将钱花掉，被试可以选择把钱花在自己身上或是他人身上。那些把钱花在他人身上的人，觉得自己更快乐。

4
做出结论
实验结果证明了研究者的假设，在别人身上花钱，会带来人们更大的快乐。钱或许不能买到快乐，但是以一种特殊的形式花出去，也就是说，把钱花在别人的身上，会增加人们的幸福感。

5
评估结论
实验结果会在顶级杂志《科学》上发表。公众都可以看到这个研究结果，那么其他的科学家就可以围绕相关的主题进行研究，提出问题，他们的实验或许会进一步影响这些最初的结论。

图1.3 科学方法的步骤：给予是否比接受更好？
这个图表告诉我们这一实验中（把钱花在自己身上还是别人身上，这两种不同的方式会给人们的快乐带来怎样的影响），是如何运用科学的方法进行每一步的研究的（Dunn，Aknin，& Norton，2008）。研究者总结道：虽然金钱不能买到快乐，但是通过花钱的方式可以推测人们快乐与否。在实验过程的每一环节中，研究者做出了什么样的决定，这个决定是如何影响研究的？研究结果是否和直觉相反？这个调查来源于人们常说的"赠人玫瑰，手有余香"，该研究是否能够很好地验证这一俗语？研究人员还可以如何考察这个问题？

> ❝ 一名科学家必须能够预测可能的错误，并对这种错误持开放的态度。❞

理论 观点或观点的集合，试图对观察到的现象予以解释，并对以后的观测结果进行预测。

假设 通过理论推导出的可进行验证的预测。

科学理论的一个重要的特征就是可证伪性。也就是说，即使科学家相信这个理论是正确的，他也需要想出可能会证明这个理论错误的观点，进而对这些观点一一进行测试。而这也是科学理论与信念和观点不同的地方。

2. 形成假设和预测 科学方法的第二步就是提出假设。**假设**就是通过理论推导出的可进行验证的预测。一个理论可以产生许多假设。如果与理论相关的诸多假设均被证实是正确的，那么这个理论的可信度就会更高。因此，如果一位研究者认为人们最重要的需要是社会归属感的话，那么他会预测有社会归属感的人会比其他人更幸福，而被社会群体排斥的人将会更具有侵略性。在特定的实证研究中，这些假设就会成为具体的预测。

3. 通过实证研究进行检验　科学方法的第三步就是通过实证研究来检验假设。换句话说，就是收集和分析数据。此时，研究者需要设计一份研究方案来检验其假设。在后面的章节中，我们将谈论验证假设的具体研究方法。无论用何种方法来验证推测，研究者需要做的第一件事情就是明确测量变量的具体方法。

操作性定义就是对特定研究中如何测量和观测变量的客观描述。操作性定义消除了问题的模糊性。试想一下，在心理学课堂上，你需要观察一群孩子并关注他们的友好行为。你们每个人对"友好行为"的定义相同吗？操作性定义能够使课堂中的每个人确切地知道众人所公认的对该变量的界定。为了测量一个人的幸福感，著名的心理学家Ed Diener和他的学生们（Diener & others，1985）设计出了一份关于自我满足的问卷调查，测量一个人对生活的满意度，这被称为生活满意度量表。在本章的后面部分，你将有机会完成这份问卷调查。表上的分数可以衡量人们的幸福感。基于该量表及其他类似量表的研究表明，某些特定的因素对人们的幸福感有着重要的影响：婚姻、宗教信仰、人生追求和身体的健康（Diener，1999；Diener & Chan，2011；Pavot & Diener，2008）。

但是，并非每个变量都只有一个操作性定义。例如，在一项验证幸福是否是生活状况的重要预测变量的研究中，Lee Anne Harker 和 Dacher Keltner（2011）观看年鉴上30年前毕业的女大学生的照片，将杜欣微笑 进行编码，所谓杜欣微笑，也就是真正的微笑。在微笑时，眼角会出现小小的细纹。而杜欣微笑也被认为是真正快乐的标志（如果你想知道某人照片上的微笑是否是真正的笑，可以试试遮住其面孔的下半部分。现在，你是否还能判断出他是在笑？真正的笑不仅从嘴部，还可以从眼部看出）。所以，虽然Diener及其同事将幸福感通过问卷上的分数进行了操作性定义，但Harker 和Keltner则将杜欣微笑作为其幸福感的操作性定义。Harker 和Keltner发现，从年鉴上的照片展示出的幸福和快乐，可以推测出30年后人们的生活状态，例如幸福美满的婚姻和满意的生活。

将变量进行操作性定义是心理学研究中至关重要的一步。无论研究什么，我们都必须找到一种方法对其进行观察和测量。为了对变量进行操作性定义，首先我们必须就要测量的东西达成一致意见。如果我们把幸福界定为对自我的认知，那么问卷调查的分数就是一个很好的操作性定义。如果我们认为人们无法意识到自己的开心程度，那么脸部的表情将会是一个更好的操作性定义。换而言之，在对变量进行操作性定义之前，我们必须要搞清楚自己对该变量的界定。

操作性定义使得研究者可以对变量进行测量，因而一旦研究开始进行，研究者就有大量的工作要做。在验证假设的过程中，数据分析是至关重要的一个方面。数据就是指研究者收集到的所有信息，比如，问卷分数、又或者是观察到的行为。数据分析就是通过精确地数学计算来验证这些结果是否支持所做出的假设。换而言之，数据分析就是运用数学程序来理解数字信息所表达的意义的过程（Howell，2013）。许多心理学专业的学生在看到心理学家运用复杂的数据和数字作为研究支撑时，感到非常惊讶。

现在我们举一个例子来说明科学方法的前三个步骤。自我决定理论是关于幸福的一个理论（Ryan，Huta，& Deci，2008；Ryan & Deci，2011）。该理论认为，当人们生活的三种需要被满足时，人们更有可能感觉到充实。这三种需要就是关系（与他人的情感联系）、自主（独立性）和胜任力（掌握新的技能）。

操作性定义　对特定研究中如何测量和观测变量的客观描述。

根据该理论，人们做出如下假设：那些对金钱、物质财富、威望以及相貌（即外在奖励）的重视度超过对关系、自主和胜任关联性（内部奖励）的人，其自我实现水平、幸福感和适用性均更低。在名为"美国梦的阴暗面"的系列研究中，Timothy Kasser 和 Richard Ryan要求被试完成一份关于价值、心理功能和身体机能的自我测试（Kasser & Ryan, 1993, 1996; Kasser & others, 2004）。此处，价值和心理功能的操作性定义就是问卷分数。研究者发现，正如前面所预测的，重视物质奖励超过内部奖励的人，会觉得生活并没有那么充实。在世界上的其他国家中也有相似的发现（Kasser，2011）。

4. 得出结论 科学家根据数据分析的结果总结出研究的结论。如果研究的结果和假设相符，那么理论便有了可信度。理论并非一成不变，还需要经过多次的检验。在一个理论被接受或改变之前，科学界必须要确定该理论具有可复制性，或者是其他科学家可以用不同的方法进行重复。如果研究结果经由不同的科学家和不同的科学方法一再被验证，那么便可以说该结果具有好的信度，换句话说，这是个可靠的结果。

5. 评价结论 科学方法的最后一步就是对结论做出评价，而对结论的评价永远都不会结束。研究者把工作提交并发表，需要经过严格的审批。审批之后，研究才能供所有人观看、阅读，并不断被人们评价。

虽然发表的研究代表了当前科学的水准，但是科学界不断地就这些知识进行探讨，也不断地质疑结论。一旦科学家从发表的研究中获得启示，一个等待验证的新观点就可能由此出现，人们对某观点的看法也可能由此发生改变。因此科学方法的步骤3、4、5都是不断更新和发展的。也就是说，研究者回顾结果，进行更多的研究、修订理论、改善方法，得出新的结论，进而又继续对结论做出评估。

自我测试

1. 科学家研究的可变现象被称为_____。
   - A. 差异
   - B. 预测
   - C. 变动情况
   - D. 变量

2. "我认为这项研究证实了小组学习的学生会比独自学习的学生的分数要高"，这是什么的例子：_____。
   - A. 理论
   - B. 观察
   - C. 结论
   - D. 假设

3. 科学方法的最后一步，也是不会止步和终结的一步是_____。
   - A. 做出结论
   - B. 评价结论
   - C. 用实证方法验证
   - D. 进行数据分析

小应用！

4. 保罗认为外表有吸引力的人是自私的。他就这个假设进行了研究，以验证该观点的正确性。他向5个外貌姣好的人走去，向他们索要零钱，都被拒绝了。保罗因此说道"哈，我就知道是这样"。所以保罗对于自私的操作性定义就是_____。
   - A. 外表吸引力
   - B. 人们是否给他零钱
   - C. 是否有吸引力
   - D. 索要零钱

加分题

试着练习像科学家一样思考，学习研究设计，进一步思考一下保罗的研究。你能至少列举出4个问题吗？

---

4 心理学研究的类型

科学方法的5个步骤反映了心理学中3种不同的研究类型。描述性研究就是找出某种变量的基本维度（例如，美国人幸福感的平均水平）。相关研究就是发现变量之间的关系（例如，已婚男人比单身汉更幸福吗？）。实验性研究就是确定变量之间的因果关系（是否男人微笑时对女人更有吸引力呢？）。接下来就详细地探讨一下这3种研究类型。

" 民意调查是一种描述性研究。**"**

描述性研究

顾名思义,描述性研究就是对现象的描述——找到研究内容的基本维度、对研究的事物进行界定,以及描述发生的频率等等。描述性研究本身不能说明现象发生的原因,但是它能揭示有关人们的行为和态度的重要信息(Salkind,2012)。描述性研究的方法包括观察法、调查法、访谈法以及个案研究法。

观察法 假设你要开展一项关于孩子们是如何解决游戏过程中产生的冲突的研究。那么,你所感兴趣的数据就是冲突解决的方法。首先,你需要走到操场,然后观察孩子的行为,其中包括冲突解决的发生频率,以及冲突是如何发生的。你需要仔细地记录所观察到的内容。

这种类型的科学研究需要一系列重要的技能(Smith & Davis,2010)。除非你是一个训练有素的观察者,并且经常使用这种技能,否则你并不知道该看些什么,你可能会忘记所看到的内容。你可能并没有意识到你要观察的不同时刻之间的变化,你可能不能有效地记录下你的观察内容。除此之外,更重要的是,你需要和其他人一起进行观察,需要确保观察的精准度。只有系统地观察,才能更有效。因此,你需要知道观察的对象、时间、地点以及观察的方法。同时,你需要提前选择用何种方式进行记录,是通过笔头记录、录音还是录制视频。

心理学家们细致地描述了宠物们对打破喝水碟子的不同反应。

调查和访谈 有时候,获得信息最有效和最快捷的方式就是当面沟通。当面沟通的一种方式就是面对面地交谈。一种获得多人信息的有效方式就是调查,或者是问卷调查。通过问卷中的标准化的问题,来获得人们对某种主题的观点和看法。

虽然调查是测量心理变量的一种比较直接的方式,但进行调查之前需要谨慎的思考(Stangor,2011)。例如,调查只能测量人们对自己的看法。因此,如果我们想要研究潜意识变量,如心理冲动,我们就不能选用调查的方法。更糟糕的是,人们并不总是真正了解自己。如果你参与调查,被问及"你是个大方的人吗?"你自己的答案和你的朋友的答案会完全一致吗?调查和访谈的一个问题在于,被试倾向于选择使自己看起来更好的答案,而不是他们真正的想法和感觉(Peterson & others,2011)。调查的另外一个挑战就是,当问卷被用于进行操作性定义时,每个项目都要非常精确的表述特定的问题,而非其他无关特征。因此,在调查中,研究者想要得到被试的真实感觉,就必须使用清晰易懂的语言。

调查和访谈涵盖的话题非常广泛,从宗教信仰、性习惯到对枪支管理法的态度等。一些调查和访谈问题是开放性的,例如"你对你的婚姻满意度如何?"对于这类问题,不同人有着不同的答案。而另外一些调查和访谈的问题则更为结构化,询问的是具体的事情。例如"在过去的一个月里,你和你的父母每天谈论个人问题的次数?下面选项:0次、1—2次、3—5次、6—10次、11—30次。"

个案研究 个案研究也称个案史,是对单个个体的深入探究。由于实际或者是道德的原因,当个体生活具有独特性,且不可复制,也不能够从他人身上得到检验的时候,临床心理学家通常会使用个案研究。个案研究提供有关个人目标、希望、梦想、恐惧、创伤经历、健康状况、家庭关系等个人信息,使得心理学家能够很好地理解个人的心理

个案研究 也称个案史,是对单个个体的深入探究。

和行为。个案研究也包括对特殊家庭和社会群体的深入调查。

个案研究的一个例子就是心理动力学理论研究者埃里克·埃里克森（1969）对印度的精神领袖圣雄甘地（1869–1948）的分析研究。埃里克森深入研究了甘地的生活，尤其是青少年时期，从而了解甘地的积极精神是如何发展而成的。埃里克森描述了文化、历史、家庭和其他可能对甘地的自我发展有影响的因素。

个案研究生动、细致地描述了人们的生活履历，但是研究者在把从某个人身上发现的现象推广到其他人身上时，需要谨慎思考。因为个案研究的被试都有着特殊的基因组成和个人历史经历，这是其他人所没有的。不管怎样，个案研究对科学研究的第一步具有重要的价值，其价值就在于提供生动的观察内容，这些可以在心理学研究中进行实证检验。

描述性研究的价值　描述性研究只是让研究者能够对研究对象有所了解，但是不足以回答事情是如何及为什么发展成现在的状态的问题。尽管如此，这样的研究还是很有启发性的，就比如关于不同文化背景下的幸福感的描述性研究。在读下面的研究之前，请先完成下面的测试，使用7点量表，测量一下你对下方的条目的同意程度。

1	2	3	4	5	6	7
完全不同意	不同意	有点不同意	既不同意也不反对	有点同意	同意	完全同意

1. 现在的生活在许多方面接近我的理想生活。

2. 我的生活条件非常好。

3. 我满足于现在的生活。

4. 我现在已经得到了生活中最想要的东西。

5. 即使生命再来一次，我也不会对我的生活做出任何的改变。

你已经完成了生活满意度量表（SWLS；Diener & others，1985），该量表对幸福感进行了操作性定义。把所有的得分加起来，再除以5，就可以得到你的分数。这个平均等级就是你的幸福水平。许多国家的大量研究中都使用这个满意度量表来测量人们的幸福水平。根据这些研究，Ed 和 Carol Diener（1996）发现许多人的分数都在3.5以上，说明大部分人都认为自己是十分幸福的。然而，关于幸福感的研究普遍集中于工业相对发达的国家。那么，在非工业国家中，情况怎么样呢？

一项研究调查了心理学研究一般不调查的地区中人们的幸福水平（Biswas-Diener，Vitterso，& Diener，2005）。这项研究包括3个不同的群体被试：格陵兰岛的因纽特人、肯尼亚南部的马赛人、美国的旧秩序阿米什人。这3类被试完成了幸福感的测试。

> ❝ 请注意，前两个研究考察的是两种不同的文化，而最后一个研究则聚焦于一种文化中。这些研究通过举例对社会文化取向进行了说明。❞

因纽特部落位于北纬79度，在这样气候恶劣、石头遍地、冰川覆盖、海洋环绕的地区中，居住着这个传统的人类社会。由于这里的地理原因，人们无法耕种。虽然因纽特人也有一些现代化的设施，但是他们仍然坚持传统的狩猎文化。所以，很难在因纽特人中看到下面这些景象：孩子们在隔壁房间看电视，猎人们把海豹或者北美驯鹿雕刻在厨房的地板上。我们大多人在冬天灰暗的天气中会感到些许的忧伤和惆怅，然而，对因纽特人来说，冬季的太阳不会升起，夏季太阳不会落山。在这样的恶劣天气下，人们的开心程度如何呢？出乎意料，因纽特人觉得非常的快乐，

他们平均分数高达5分。

马赛人是非洲本土的游牧团体，居住在只有20人的村庄中，很少接触到西方世界。马赛人是强壮的勇士，他们的文化中有许多关于男孩成长为男人的传统庆典。男孩在15岁到22岁之间要接受割礼，并且在过程中不许动，也不许发出任何声音。女孩到了青春期也要接受割礼。而割礼中要切除阴蒂的做法使得割礼备受争议。同

时也使得生小孩成为一个极其困难的问题。马赛允许早婚和重婚，实行一夫多妻制。马赛的女性不仅没有任何权利，还需要负责大部分的工作。在这样的情况下，人们的幸福感如何呢？马赛人口头上完成了这份调查，并且获得了平均5.4分的高分（Biswas-Diener，Vitterso，& Diener，2005）。

最后，谈论一下美国中西部和西北部的旧秩序阿米什人。他们有着严格的宗教派别，拒绝现代的生活方式。阿米什人与主流社会相隔离，靠骑马和乘坐马车出行。女性戴软帽，男性留胡子，穿暗色衣服，戴黑边的帽子。阿米什农场没有现代机器，没有收音机、电视机、CD、DVD、IPOD、手机、洗衣机和汽车，生活非常简单和纯朴。但是，阿米什人生活幸福，有着平均4.4分的生活满意度（Biswas-Diener，Vitterso，& Diener，2005）。

和许多对工业化国家的研究一样，这些研究结果表明，非工业化国家的人们也过着幸福的生活。这些描述性研究给科学家在后期研究不同文化背景下人们的幸福感奠定了基础。不过，如果一个研究者想要考察在这些不同的群体中幸福感的预测指标是什么，那么他就会选择使用相关研究。

相关研究

在上面的内容中，我们了解到描述性研究是关于变量维度的研究。而**相关研究**恰恰与之相反，是关于变量关系的研究。它主要检测两个变量是否同时发生变化和如何发生变化。也就是说，相关研究关注变量间的关联。例如，如果其中一个变量增加，那么另外一个变量会如何？如果两个变量共同变化，那么，我们可以根据其中一个变量的情况，对另外一个变量的变化进行推测，我们可以说变量间是相关的。

相关研究的称谓来源于相关——专门用于分析这种类型的数据的统计技术。相关研究的特点就是可以通过测量或观察来了解变量间的关系。如果我们想要知道害羞的人是否开心，那么我们需要提供两份问卷，一份是测量人们是否害羞，一份则用来测量人们的幸福感。每个人都会得到两个分数，然后我们会系统地研究害羞是否和幸福有关。

两个变量之间的相关程度，可以用相关系数来表示，一般用字母r表示。相关系数表示两个变量间关系的强度和方向。相关系数的分值在−1.00和+1.00之间。相关系数的数字大小表示关系的强度。数字越接近正1.00或者负1.00，关系越密切。正负标志告诉我们两个变量之间的关系方向。正符号表示当一个变量增加时，另外一个变量也随之增加。负符号表示当一个变量增加时，另外一个变量随之下降。相互关系为0，表示变量间没有相关性。图1.4的散点图所展示的就是正负相关。同时也注意到这个表中的每个点对应的是每个人的两个分数。

相关而非因果 请看下面的新闻标题：

研究人员认为对女性而言，咖啡消费与幸福感之间存在相关关系（Link）

科学家发现了耳毛与心脏病发作之间的联系（Connection）

心理学家发现了婚姻状况和健康状况之间的关系（Relationship）

通过上述新闻标题，读者们可能会得出咖啡因导致胰腺癌，耳毛导致心脏病等等结论。标题中的粗体表示相关性，而非因果关系。相关不等同于因果。记住，相关仅仅意

和因纽特人、马赛人和旧秩序阿米什人相比，你的得分如何？对生活的满意度是测量幸福感的有效指标吗？是或不是的原因是什么？

体验一下：相关

相关研究 是考察两个变量之间关系的研究，其目的是考察两个变量是否或者如何共同发生变化。

正相关

演讲时间越长，
打哈欠的次数越多。

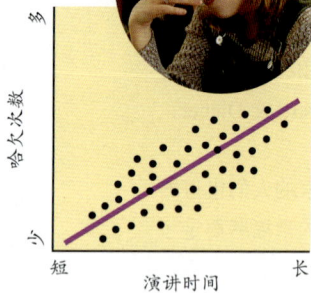

多 | 少 — 哈欠次数
短 — 长 演讲时间

负相关

演讲时间越长，
集中的注意力越差。

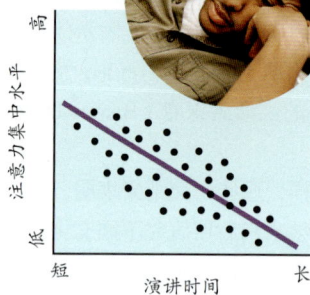

高 | 低 — 注意力集中水平
短 — 长 演讲时间

图 1.4　正、负相关的散点图

当两个变量以同一方向发生变化时，
就称为正相关，如左方第一列的两个
散点图所示。当两个变量以不同方向
发生变化时，为负相关，如左方第二
列的两个散点图所示。请注意，图表
中的每个点所对应的都是个体在两个
变量上的分数。观察每个图表，考虑
以下问题：某一变量是如何影响另外
的变量的？你能想出办法来改变它的
方向吗？是否存在第三变量能够解释
这种关系呢？找出两个正相关变量和
两个负相关变量。如果两个变量并不
相关，那么图表会是什么样的？

学习时间越长，
分数越高。

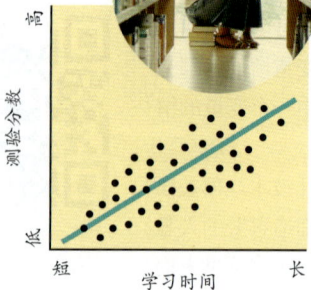

高 | 低 — 测验分数
短 — 长 学习时间

聚会次数越多，
分数越低。

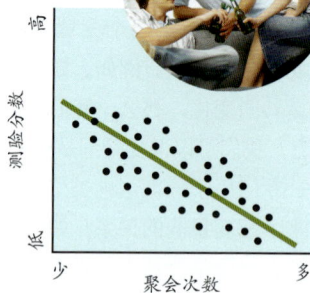

高 | 低 — 测验分数
少 — 多 聚会次数

> **犯罪也可能与空调
> 销售、维修利润和泳衣
> 销售存在相关。**

第三变量　研究中未
被测量，但能够解释
其他两个变量之间关
系的变量。第三变量
也被称为混淆变量。

味着两个变量同时发生变化。基于某一变量而对另一变量进行预测，并不必然表明这一
变量是另一变量发生的原因（Heiman，2011；Pagano，2013）。研究中未被测量，但能够
解释其他两个变量之间关系的变量，研究者把这种现象称为**第三变量**。第三变量也被称
为混淆变量。

　　为了了解第三变量，我们来看看下面的例子。研究者测量了两个变量：一个是镇里
卖出的冰淇淋蛋卷的数量，一个是这个镇中全年发生的暴力犯罪行为。研究者发现，冰
淇淋蛋卷的销售和犯罪行为是呈正相关的，相关系数为 0.50。这个相关系数说明了当冰
淇淋蛋卷的销售量提高时，暴力行为也增加。那么当地的报纸以"冰淇淋消费行为导致
了暴力"为标题是否合理？当地居民是否要一起阻止这种行为呢？答案是否定的。或许
你已经想到了第三变量可以解释这种相关，那就是气温。研究表明，气温上升，犯罪率
也会随之上升（Anderson & others，2000；Bushman，Wang，& Anderson，2005）。在室
外温度较高时，冰淇淋店的销量也会相对高些。第三变量也被称为混淆因素。

既然第三变量存在这种潜在的问题，那么研究者为何还要做一些相关性的研究呢？有几个充分的理由。一是有些重要的问题只能通过相关设计手段来研究。这些问题可能涉及多个只能测量、观察的变量，如性别、人格特征、基因因素以及种族背景。二是变量是影响人们生活的现实生活事件，如自然灾害的影响，像发生于2011年日本的那次大地震引发的海啸。此外，有些研究无法用其他符合伦理道德的手段去研究，只好借助于相关性研究。比如，为了研究母亲吸烟对出生婴儿的体重和胎动的影响，直接让怀孕妈妈参与吸烟的实验是不符合伦理道德的。像这样的研究被称为准实验研究（见23页）。

尽管在这里我们集中谈论了两个变量间的关系，但其实在研究中研究者通常会测量多个变量。只有如此才能找出两变量是否还受第三变量（或第四、第五变量）的影响。此处介绍一项有趣的研究，幸福的人会更长寿吗？参与研究的2000名65岁或以上的墨西哥裔美国人在两年内参与两次调查（Ostir & others，2000）。第一次，被试完成了一系列关于幸福指数的测量，其中涉及一些潜在的第三变量，如饮食、身体健康、吸烟、婚姻及心态状况。两年后，研究者联系这些被试，看哪个还在世。他们发现，即使把种种潜在的第三变量都考虑到，幸福指数仍然能够预测两年后谁还活着。

相关研究在研究日常经验时也很有用。比如，一些相关性研究者利用经验取样法（experience sampling method）研究自然情境中的人们。该方法需要人们在电子设备或者智能手机的提醒下，每日几次报告其经历或完成情绪和行为测试。

纵向研究　研究者处理因果关系的一个方法是使用某种特定的系统观察法，称为纵向设计（longitudinal design）。**纵向研究**需要对同一变量进行定期的观察和测量。它能够揭示出潜在的因果关系。如果某一变量导致了另一变量的变化，那么该变量至少要在时间上会提前出现。

有项有趣的纵向研究称作"修女研究"，由Snowdon及其同事共同完成（Mortimer，Snowdon，& Markesbery，2009；Santacruz & others，2011；Snowdon，2003；Tyas & others，2007）。该研究始于1986年，追踪圣母学校678名修女至今，那时她们已有75至103岁。她们每年得完成一系列心理和生理测量。该抽样人群的独特性体现在许多方面。然而，其中一些独特之处使得该群体非常适合使用相关性研究方法。许多潜在的外部第三变量对这个群体来说，几乎是相同的。她们的性别、生活条件、饮食、活动程度、婚姻状况以及宗教参与情况基本是保持不变的，所以这些变量影响研究结果差异的可能性很小。

研究人员最近利用现存的大量数据来研究幸福感和寿命之间的关系。所有修女进入圣母院时（对有些来说已是80多年前的事了）都要写心灵自传。Deborah Danner 和她的同事（2001）有幸能够接触这些材料，并通过计算她们在其中表达积极情绪的次数来推测她们早年的幸福状况（这里我们对幸福有另外一个操作性定义）。22岁时积极情绪水平高的人与积极水平较低的人相比，在80多岁和90多岁时的死亡率上存在2.5倍的差异。也就是说，早20年自传里表达积极情绪多的，60多年后有2.5倍的可能性还活着。

相关性研究者可能会通过纵向设计来阐明变量间的因果关系。然而，值得注意的是，即使在纵向研究中，因果关系也不完全是清晰的。例如，自传中更为幸福开心的修女或许是有较为开心的童年经历，从而影响她们

纵向研究　相关性研究者所采取的一种特殊的系统观察，是指在一段较长的时间内，对感兴趣的变量进行多次测量。

的寿命，也有可能是某种基因因素在起作用。这本书里面有大量相关性研究，阅读时要带着批判性的眼光和怀疑的态度，因为即便是优秀的科学家，也不能考虑到影响研究结果的所有变量。记住，虽然将两个事件或特征建立关联很容易，但想想之前关于冰淇淋的研究，一定要对简单观察中得出的结论进行仔细的评价。

实验研究

为了确定变量间是否存在因果关系，我们必须要使用实验研究的方法（Myers & Hansen，2012）。**实验**是一种精心设计的程序，研究者操控一个或多个可能影响其他变量的变量。假如研究者想研究听古典音乐的人智商是否高于平常人。那么，相关研究是无法确定两者的因果关系的。为了能够阐述因果关系，研究者会控制被试听与不听古典音乐。从而可能会创建两个小组：一组是听古典音乐，另外一组听流行音乐。然后通过测量来得出两组人员的智力差别。

如果以上结果发现两组人员存在智商差异的话，我们可以说，操控变量起作用了。换句话说，该实验已经验证了因果。该实验之所以能够表明因果，是因为实验中被试是随机分组的，唯一的差异就是操作变量的不同。**随机分配**就是研究者随机分配被试进入古典音乐组或者流行音乐组。这样可以减少先存差异可能对研究结果造成的影响（Eimes，Kantowitz，& Roediger，2012）。

与相关性研究对比，到底什么是实验性研究，我们以下面的例子为例进行说明。心理学家很久以前就推测有意义的生活对于心理幸福指数有重大影响（Frankl，1963/1984；Steger & Frazier，2005）。通过调查生活的有意义程度和幸福是否成正比（即生活越有意义，越感到幸福），以证明他们的猜测——生活越有意义，个体越感到幸福。但是，考察两者关系的研究是相关性研究，两者的因果关系未知。生活过得越有意义可能会带给人们越多的幸福感，但反过来说可能也是正确的：越幸福会让人们感到生活越有意义。

为了解决这个问题，Laura King以及她的同事进行了一系列实验室研究（2006；King & Hicks，2012）。研究者让一部分被试听欢快的音乐，另一部分被试则听平和的音乐。相比之下，前者比后者觉得生活更有意义。被试是随机分成两组的，然后通过问卷调查方式得出生活的有意义程度。在这里，幸福指数由被试听的音乐类型所决定，而生活的有意义程度则由问卷调查得出。由于被试随机分组，我们可以推测，两组之间唯一的系统内部差异就是他们所听的音乐类型。所以可以得出结论，欢快的音乐使人们感觉生活更有意义。

自变量和因变量　实验有两种变量类型：自变量和因变量。**自变量**是被操控的实验因素，实验者通过改变该变量来考察其作用，是潜在原因。任何实验都会有多个自变量或通过操作决定实验结果的变量。在积极情绪与生活意义感的实验中，情绪（积极或者中性）是自变量，操作性定义为被试所听的音乐类型。

有时自变量是人们身处其中的社会情境。社会心理学家通常利用实验同谋来操控社会情境。**实验同谋**在实验中扮演某种角色。例如，研究者研究人们遇到粗鲁对待的反应，他或者她会让这个实验同谋粗鲁地对待被试（或者礼貌对待）。

因变量是结果变量，在实验中随着自变量的变化而变化。研究者操控自变量，并测量因变量的改变，从而发现实验效果。在上面有关情绪和生活意义感的研究中，生活意义感就是因变量。

体验一下：自变量和因变量

  实验组和对照组 实验过程中可能包括一个或者多个实验组和对照组。实验者通过操控自变量来创建不同的组别。**实验组**中的被试按照研究者的要求接受某种处理，如药物测试，他们处于自变量所体现的变化之中。对照组通常会尽可能与实验组同质，除了操控的处理之外，其他方面都和实验组一样。**控制组**为研究者考察自变量的效果提供对照。在以上有关生活意义感的实验中，听欢快音乐的被试属于实验组，而听平和音乐的被试则为对照组。

  被试内设计 确保实验组和控制组尽量同质的方法是使用被试内实验设计，被试自身就作为控制组。这种设计方法并非依赖于随机分配产生同质组，而是让同一组被试在实验中体验多种情况。举个例子，假设他人在场（自变量）不利于数学表现（因变量）。研究者可能会先让被试单独完成数学问题，然后再与他人合作完成，最后通过对比表现状况来证明假设是否正确。被试内设计的优点为，只需要一半数量的被试即可，而且可以确保在不同的测试状况下是相同的人员；缺点是，两个数学测试题目的难度是否相当，排序情况也会影响实验结果。

  准实验研究设计 实验研究的另一个方法就是准实验研究设计。正如"准"这个词（"如同"的意思）所暗示的，这种设计方法类似于实验，但不完全相同。最大的区别是，准实验研究设计的被试难以做到随机分配，随机分配或者无法实现，或者会违反伦理道德（Reichardt，2009）。

  准实验研究设计可用于比较不同经历的群体间的差异。比如，参加过战争和没参加过战争的士兵，或者学校被龙卷风摧毁的孩子和隔壁小镇上学校完好的孩子。在准实验研究设计中，研究者会对不同的小组进行研究，但是被试分配并非随机。

  例如，要研究网络学习工具对学生学习"普通心理学"课程成绩的影响。研究者可能会把一个班分为两部分进行对比，一部分利用网络学习工具，另一部分则不使用。当然，学生自己选择学习哪一部分，这不由研究者随机分配。通过测量两组的差异，可能会得出网络工具有利于学习成绩的结论。然而，其中也许会存在混淆因素（例如，学生是勤奋还是懒惰），导致差异出现。尽管准实验研究方法的使用很普遍，但是切记，这些实验得出的因果关系并不如实验那样精确。

  实验研究的一些注意事项 **效度**指的是研究者从实验中得出的结论的可靠性。实验研究的效度有两种大的类型。第一种是**外部效度**，表明实验真实反映现实世界的程度。也就是说，外部效度关心的是这样一个问题：实验方法和结果是否源于和反映现实生活？

  比如，压力（自变量）对人们创造性地解决问题（因变量）的影响。研究者随机分配被试，一组被试在实验过程中要接受随机发出的噪音（高压力组或者实验组），另一组则在一个相对安静的环境下完成任务（对照组）。在任务

> ❝ 找到合适的对照组可能是个挑战。如果你想要研究微笑对社会行为的影响，实验组被试将要和实验同谋进行互动，而实验同谋在实验中要不断地微笑。那么对照组会怎样？实验同谋会面无表情、皱眉、还是稍微笑一下？❞

> ❝ 当实验组和对照组的被试不是同一组人员时，该设计称作被试间设计。❞

因变量 结果变量，在实验中随着自变量的变化而变化。

实验组 被试接受药物或者其他处理，也就是，处于自变量所体现的变化之中。

控制组 除被操控的变量即自变量不同之外，控制组被试要尽可能与实验组被试保持同质，并施以相同的处理。

效度 研究者从实验中得出的结论的可靠性。

外部效度 实验设计真实反映现实世界的程度。

中，研究者请被试回答所能想到的纸箱的作用。通过计算他们所列出的数目，研究者发现，高压组人员列出的条目要更少。该发现可能表明，压力会降低创造力。然而，关于这个实验的外部效度，我们可能想到这些问题：这些让人烦躁的随机噪音和被试日常生活中所接受的噪音有多大的相同之处？列出纸箱的用法真的能够表现出创造力的程度吗？我们其实怀疑的是这些操作性定义能否真正反映原本的现实生活。

第二种效度就是**内部效度**，指的是自变量的变化影响因变量改变的程度。内部效度使我们能够知晓实验方法是否摆脱了实验偏差和逻辑错误的影响。尽管实验研究方法很强大，但是它还是需要一定的保障（Leary，2012）。期望和偏差有时会降低实验结果。我们下面会谈到（Ray，2012；Rosnow & Rosenthal，2008）。

实验者偏差　实验者可能会巧妙地（有时不知不觉地）影响研究被试。实验者的预期对研究结果的影响，就是**实验者偏差**。没有人不希望所做的实验的结果有意义。因此，实验者有时会巧妙地与被试沟通交流，告知他们需要做什么。**需要特征**（demand characteristics）指的就是，研究中所涉及的、可能使得实验者影响被试表现的任何方面。实验者的期望影响很难避免。

在一个经典实验中，罗伯特·罗森塔尔（1966）让大学生自己当实验主试。他把同一窝实验老鼠随机分给两组学生。一半学生被告知他们的老鼠是"迷津学习中聪明的老鼠"，另一半则被告知是"迷津学习中愚钝的老鼠"。接着，学生们操作实验，考察老鼠走迷宫的能力。结果让人极为惊讶。所谓的"迷津学习中聪明的老鼠"比"迷津学习中愚钝的老鼠"更为成功。唯一能够解释该结果的是，学生的期望影响了老鼠的表现。

通常心理学研究的被试是人而非老鼠。设想，你是一名实验者，如果你知道被试在实验中要看一些令人恶心的图片，那么，与向他展示可爱的猫咪的图片相比，你是否可能表现得有所不同？实验者偏差之所以重要，是因为它将系统误差引入实验组和控制组中，所以我们并不知道被试感到不安是因为图片恶心还是因为实验者的区别对待。正如相关性研究里面的第三变量，这些系统误差称作混淆因素。在实验研究中，混淆因素存在于实验操作中，系统地、不可避免地影响着因变量。无论是实验者偏差、需要特性还有混淆因素，都有可能造成因误差而引发的因变量的组间差异。

全球定位系统让我们无法再进行迷宫猜想了　使用经 CartoonStock 许可。

被试偏差及安慰剂效应　正如实验者一样，被试也可能对自己的行为和表现有所期待，而这些期待会影响实验结果（Bonds-Raache & Raache，2012）。当研究被试在实验过程中，受到自我该如何表现的想法或者实验过程将如何进行的期望的影响时，就会出现**被试偏差**（Research participant bias）。

安慰剂效应可以表明被试期待的作用。当被试期待而非实验处理影响实验结果时，安慰剂效应就出现了。实验中，被试的期望及该如何表现的想法影响了他们的行为。在一项药物研究中，被试会被安排到实验组，吃止痛药药丸，而对照组则吃安慰剂药丸。安慰剂效应是指被试期望而非实验处理影响了实验结果。**安慰剂**是无害物质，不会让人产生生理作用。对照组吃安慰剂药丸为的是要与实验组对待同等，但两者的活性剂不同，后者是止痛剂。还有，这样能够让研究确定实验组的变化是由活性药物产生的，而不是由被试期望所导致的。

另外一个确保不让实验者或者被试期望影响实验结果的方法就是**双盲实验**。双盲实验是一种实验设计，直到实验结果出来，实验者和被试自身才知道自己是属于实验组还是对照组。这样的设计确保实验者不会因为知道谁吃了药、谁没有吃药，而表现出一些微妙的姿态信号。双盲实验能够避免实验者和被试期望的影响，使得研究者能够鉴定自变量的某种特定效果。

三类研究的应用

以上我们所谈论到的三种研究类型，即描述研究、相关研究和实验研究都可应用于同一研究主题中（图1.5）。比如，研究者对强烈的积极体验在人体功能中的作用很感兴趣。亚伯拉罕·马斯洛（1971）相信，世上最健康幸福的人能够感受到强烈的敬畏感，他利用描述性研究方法去研究这种"高峰体验"在人们生活中所起的作用。Dan McAdams（2001）通过相关研究探索人们如何描述生活中强烈的积极体验。他发现，那些对人际交往经历表现积极的人常常会认为，那些经历是他们人生中最美好的记忆。实验研究者同样研究过这个问题。在他们的研究中，被试被随机分配到实验组和对照组，实验组在两三天的时间内，记录下每一天中强烈的积极体验；对照组则记录下非情绪化话题（Burton & King，2004，2008）。当考察文化对心理过程的影响时，心理学家通常会结合使用实验和相关方法，下面的交叉研究部分的研究即是如此。

> **安慰剂** 药物研究中使用的一种无害物质，对被试没有生理影响，除活性剂不同之外，对照组与实验组无差异。
>
> **双盲实验** 到研究结果出来前，实验者和被试都不知道被试是实验组还是对照组，这种实验设计叫做双盲实验。

	描述性研究			相关性研究	实验研究
目标	确定对象的基本维度。			确定变量是如何共同变化的。	确定变量之间是否存在因果关系。
样本研究问题	**观察** 人们每天在脸谱网和类似网站上会花多长时间？ 有多少人使用不同类型的社交媒体？	**访谈/调查** 人们怎么形容他们所使用的社交媒体？这些描述准确吗？ 人们认为所使用的社交媒体是积极的还是消极的？	**个案研究** 某人的社交媒体封面（例如，谁已经自杀）是否揭示了这一个体的重要信息？	它们之间是什么关系：花在社交媒体上的时间和面对面交流之间有何关系？ 个人网页内容与个性特征有何关系？	突然停止使用社交媒体会如何影响个体的压力水平？ 将微笑的图片随机分配到个人网页中，与皱着眉头的照片相比，这些网页是否会有更多的好友请求？
优势与劣势	这些研究成果是未来研究的基础。然而，通过这些研究，无法知道心理现象的过程信息，也不能得出概括化的结论。			这些研究能够告诉我们有关变量如何共同变化的信息。然而，通过这些研究，我们无法得出因果关系的结论。	这些研究能够确定变量间的因果关系。然而，操作中的误差可能会引起外部效度的问题。

图1.5 心理学家在研究社交媒体使用时所用到的研究方法 在研究同一现象时，心理学家可以使用不同的方法。社交媒体的流行引发了心理学的众多研究问题。

社会心理学和跨文化心理学：文化如何影响成功的定义？

文化对某一特定社会群体具有共同的意义。文化是如何影响心理体验的？这个问题很早就引起心理学家的兴趣。研究者把文化分为个人主义和集体主义（Matsumoto & Juang，2013；Triandis，2007）。个人主义文化（如美国和西欧国家的文化）强调个体以及其思想、情感和选择的独特性。相反，集体主义文化（如东亚国家文化）则强调社会群体以及个人在群体中的作用。文化心理学家认为，这些差异影响了人们的自我感知。个人主义者认为自我是独立的，是与周围的社会群体分开的。集体主义者则认为自我和他人是相互依存的，个体是社会群体的一员。这些差异使得个体对成功体验的反应也不同。

设想一下，你正参与一项心理学研究，要解决一系列谜题。有些谜题很简单，你一定能够解决。而有些题很难，你很难马上解决。然后，你被独自留下来解决这些谜题，此时研究者告知你说，他们要去准备剩下的研究材料，如果你想继续解谜题的话，就自己留在这里解题。你最可能选择哪种类型的谜题呢？

如果你是个人主义者，你很可能会被简单的谜题所吸引，沉迷于自己所解决的谜题。如果你是集体主义者，你很可能继续坚持解决未解难题（Heine，2005；Heine & Hamamura，2007），来自亚洲文化的人（Falk & others，2009；Heine & Hamamura，2007）、智利人（Heine & Raineri，2009）、墨西哥裔美国人（Tropp & Wright，2003）和印第安人（Fryberg & Markus，2003）一般会这样表现。

文化是相关变量，不是因果变量。我们不能说是文化引起了这样的差异。心理学家力图找出导致这些文化差异的产生过程。与文化不同，这些过程是可操控的，而且其在文化差异中的作用是可以考察的。

例如，Toshie Imada和Phoebe Ellsworth（2011）认为，对成功的不同反应，是因为个人主义和集体主义文化对成功的界定和评价不同。研究者推测，在评价个人成功的原因时，个人主义者会聚焦于个人品质和能力（"因为我聪明，所以我表现很好"），而集体主义者很可能会指向环境因素（"因为题目简单，我表现很好"）。关于美日学生的一项对比研究证明了这个推测，当得到成功体验后，美国学生会感到自豪，而日本学生则认为自己幸运。

Toshie Imada和Phoebe Ellsworth对这个问题进行了深入研究。她们做了一个实验，学生来自美日两国，情境中的成功原因包括个人原因和环境因素（自变量）。他们被随机分配到不同阅读场景中，有些情境中，成功由个人因素引起，另外一些情境中，成功由环境因素决定。然后，让其评估自己的自豪或者幸运程度（因变量）。结果显示，操控原因成功后，文化的影响消失了。在个人因素引发的成功情境中，两组学生都感觉很自豪；而在环境原因导致成功的情境中，他们都觉得很幸运。

将不同文化背景中的个体进行比较，有助于我们更好地了解文化差异的产生。Toshie Imada和Phoebe Ellsworth的研究表明，当心理学家采用实验法进行研究时，他们能够更好地了解这些差异存在的原因。心理学家通过这些研究揭示了文化对我们情感生活的影响，并发现文化差异中所蕴含的共同之处。

你的文化体验是如何影响你对成功和失败的认知的？

自我测试

1. 相关为 2.67 表明_____。

    A. 强正相关   B. 强负相关

    C. 弱正相关   D. 弱负相关

2. 一项关于肥胖症的研究，分为四个组，每组接受的实验处理不同。第一组被试阅读一本有关饮食和营养的小册子；第二组进行 30 分钟营养咨询；第三组读报纸；第四组看一段有关健身的视频。那么对照组是：_____。

A. 营养咨询组　　　　B. 读报纸组

C. 读小册子组　　　　D. 看视频组

3. 以下哪个说法是正确的？

A. 只有相关研究才可以得出因果关系

B. 只有实验研究才能得出因果关系

C. 相关和实验研究都可以得出因果关系

D. 相关和实验研究都不能得出因果关系

小应用

4. 雅各布想要研究恋爱和学术表现之间的关系。他要求学生填一项调查问卷，回答关于"你这个学期恋爱了吗？"的问题，回答"错"或者"对"。然后询问他们该学期的平均学分绩点。那么，雅各布的研究属于哪种研究类型？

A. 相关　　　　　　　B. 实验

C. 社会　　　　　　　D. 纵向

5　研究样本与背景设置

　　数据收集过程中要做的一些重要决定包括：选择哪些人为被试，在哪些地方实施研究。选择人还是动物作为被试？选择儿童、成年人，还是两者都要？研究在哪里实施？在实验室还是在自然情境中？

研究样本

　　在做研究时，心理学家通常希望自己在特定被试中的研究结果能够适用于更大的人群。实验者希望从中得出结论的整个群组，就是**总体**。研究者从该群体选出来的小部分人就是**样本**。研究者可能只对特定群体感兴趣，如所有天生聪慧、多才多艺的孩子；所

> **总体**　实验者希望从中得出结论的整个群组。
>
> **样本**　研究者从总体中抽取一部分个体进行研究。

研究样本可能包含某类人群，例如所有男性或者所有女性运动员。

随机样本　人群中的每个人都有机会被选为样本。

有从事工科和数学职业的年轻女性；或者所有的男性同性恋。关键是，研究样本必须要能够代表其所在的总体。也就是说，虽然研究者可能只研究100个天才少年，但是他们想要把结果应用到所有天才少年身上。

为了让研究尽可能反映总体，研究者会使用**随机样本**，总体中的每一个人都有同等的机会被选为被试。代表性样本能够反映总体的特征，如年龄、社会经济地位、种族背景、婚姻状况、所在地理位置和宗教信仰。与非随机样本相比，随机样本使得结果能够更好地概化到总体中，因为随机选择使得样本更能够代表总体。

在样本选择时，研究人员必须尽量减少偏见，包括性别偏见。心理学是研究人类行为的科学，它应该关乎全人类，所以心理学研究中的被试应该能够代表整个人类总体。早期研究领域通常只包括男性，不仅是因为研究者本身通常是男性，而且也因为被试通常是男性（Matlin，2012）。长久以来，心理学家的研究结果主要来源于男性。

人们也越来越认识到，心理学研究需要囊括不同种族文化的群体（Nieto & Bode，2012）。大量心理学研究选择大学生为被试，所以这些研究不能更好地代表那些教育水平相对较低的人群。由于很多的少数种族人群长期被排除在心理学研究之外，我们有理由推论：人们的真实生活比过去研究数据所呈现的要更为丰富多样。

这些问题很重要，因为科学家们希望能够预测整个人类的行为，而非仅仅是非拉丁白人男性大学生的行为。想象一下，如果政策制定者的计划是面向大范围的美国人，但其计划的制定却基于某个特定背景的一小群人，结果会如何呢？最近，关于幸福的研究在世界各地引起了公共政策制定者的注意，这也说明了心理学在我们生活中的作用。

研究情境

前面所谈到的三种研究类型可以在不同的研究情境中进行。研究情境不能决定研究类型。一般，情境设置包括实验室和自然情境两种。

由于心理学研究者通常想尽可能多地操控情境的各个方面，因此，他们大多数在实验室内进行研究。在实验室中，研究者能够操控并排除很多现实世界中的复杂因素，包括潜在的混淆因素（Tucker-Drob，2011）。尽管

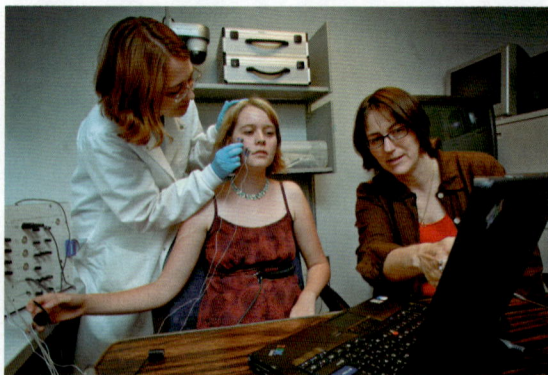

心理学研究主要在自然情境和实验室中进行。（左）Jane Goodall，从事动物行为的研究，在自然情境中对黑猩猩进行了广泛的研究。她的工作为理解这些聪明的灵长类动物做出了巨大贡献。（右）Barbara L. Fredrickson，北卡罗来纳大学教堂山分校的心理学家，从事积极情绪和人类成长的研究工作，正在进行实验室研究。

生活中的心理学

关于幸福的全球科学研究

2005年至2006年间，盖洛普机构（Gallup Organization）首次收集了"行星地球"节目中所播出的代表性地区的样本，称为"盖洛普全球调查"（Diener & others，2010）。调查数据来源于132个国家（总人口覆盖全球人口96%）。在所有国家中，都收集了成年人的代表性样本，总共为136 839人。通过收入、购买力以及现代化生活设备的拥有状况来衡量这些国家的经济发展状况。同时，通过询问调查对象过去是否受到尊重、是否有依靠的人、是否有机会从事自己擅长的职业，以及是否能够掌控自我的生活等，来了解社会的发展状况。最终，调查对象还要报告自己在前一天生活中的满意度、是否有积极情绪体验（愉快、笑容或者大笑）和消极情绪事件（担忧、伤心、沮丧和愤怒）。这些数据引发我们思考，是什么因素影响了全球的幸福水平？

心理学家Ed Diener及其同事（2010；Tay & Diener，2011）率先报告了盖洛普全球调查结果。他们发现，尽管经济因素能够预测一个国家人们的生活满意度，但社会发展状况，如感到受人尊重和有所依靠，更能够预测个体的积极感受（和消极感受）（Diener & others，2010）。

基于样本调查收集的数据，根据不同变量给89个国家排名。对比不同国家的排名状况，能够了解不同国家的幸福水平。按收入水平来排名的话，美国第1；按照积极感受的话，美国第26；而按负面情绪水平来排，美国则位列

49。这一结果表明，尽管美国人相对富有，但是他们并不那么幸福。相反，调查显示新西兰是最幸福的国家，尽管根据经济因素它只排在第22位。显然，一个国家的富裕并不一定代表国民幸福。根据积极感受排名，哥斯达黎加位列第4；根据社会发展状况，排在第6，而按照经济发展状况来排名的话，它排第41。这样来说的话，相对不富裕的国家，国民也会有高水平的积极感受。

Diener及其同事总结，一个国家想要提高国民幸福指数，仅仅聚焦于经济因素是不够的，还要把精力投在社会文明和繁荣上，来创建一个更为幸福的环境。

政府决策制定者们已经注意到了这点。2011年7月，联合国大会通过了旨在促进全球人类幸福指数的决议（United Nations，2011）。决议如下：

- 追求幸福是人类基本和共同的目标。
- 一个国家的国内生产总值不能充分反映该国国民的幸福水平。
- 各国应该采取措施提高国民幸福水平，并据此制定国家政策。

《独立宣言》的作者指出，追求幸福是人类不可剥夺的权利。简而言之，美国的建立者认为所有人天生都有寻找和享受幸福的权利。今天，关于幸福的全球研究正致力于寻求幸福之路，国家可以据此帮助公民实现这一目标。

实验室研究能够操控研究的过程，但也有一些缺点。首先，在实验室做研究，被试一定会知道自己在参与研究。其次，实验室不是现实世界，被试可能会表现得不自然。还有，那些进入研究室参与实验的被试群体无法代表不同文化背景的人们。况且，那些虽然愿意"为科学做贡献"、但不熟悉大学环境的人们可能会怯于参与实验研究。最后，有些心理和行为方面的测试在实验室很难完成。

研究也可以在自然情境中进行。**自然观察**（Naturalistic observation）是对真实情境中的行为进行观察（Girden & Kabacoff，2011；Leedy & Ormrod，2010）。心理学家在体育赛事现场、育儿中心、工作场所、购物商场及其他一些人流密集的地方进行自然观察。如果你想研究你所在的大学的文明程度，你最可能进行自然观察的场所，就是如饭

自然观察 对真实情境中的行为进行观察。

堂和图书馆阅览室等人流密集的地方，在这样的地方观察人与人之间的互动。在另外一个自然观察的例子中，研究者通过网络途径进行调查，被试只需要通过网络完成调查。

虽然，研究问题决定了研究的类型、变量的操作性定义、取样和研究情境，但是，这些方面有时都取决于研究者的主要目标（例如，研究能够代表美国人总体的样本）和可利用资源（例如，100个大学生组成的样本）之间的权衡。

自我测试

1. 研究者希望从中得出结论的整个组群叫做：_____。
   - A. 样本
   - B. 随机样本
   - C. 总体
   - D. 领域

2. 一旦研究者决定研究某个群体（如拉丁美洲工厂的工人），那么研究者就要明确研究的：_____。
   - A. 总体
   - B. 样本
   - C. 研究情境
   - D. 范围

3. 实验室研究的一个缺点是：_____。
   - A. 很难不让被试知道自己是被研究的对象
   - B. 被试因为不熟悉大学环境和文化而退缩，致使参与研究的被试群体不具有代表性
   - C. 实验不在自然情境中进行，会致使被试表现不自然
   - D. 以上都是

小应用！

4. 艾米莉是一名坚定的环保人士，她看到一份报道指出，60% 的人投票支持钻探加州海岸石油。该报道声称样本具有全国代表性。投票者有 1000 人。艾米莉对这样的投票结果并不赞同，因为她发现身边的人都不支持海底钻探。她认为投票可能有作弊行为。你怎样评价艾米莉的看法？
   - A. 艾米莉的看法有可能是错误的。与她身边的小样本相比，代表性样本更有可能反映总体的态度
   - B. 艾米莉的看法很有可能是错误的，因为 1000 人那么多的样本量很大
   - C. 艾米莉的看法可能是对的，因为作为一名环保人士，她可能比任何民意调查机构更了解这一问题
   - D. 艾米莉的看法可能是正确的，因为即使代表性的样本也常存在偏差

6　研究伦理

研究伦理是所有科学都需要关心的一个重要方面。这一问题在二战后逐渐受到关注，例如，纳粹医生强行利用集中营囚徒作为实验被试，这让伦理和研究问题更饱受关注。纳粹的暴行促使科学家们发展出一种合宜行为的准则，即被试有权知道自己在实验中要做什么。总的来说，研究的伦理原则主要是平衡被试与科学研究者在一些重要研究问题中的权利（Smith & Davis, 2010）。

如果你是心理学研究的被试，那么伦理问题就会对你产生一定影响。所以，作为被试，你应该知道自己的权利，而研究者有责任确保被试能够行使这些权利。实验研究可能对人们的生活产生不可预见的影响。

例如，在一项关于年轻情侣的调查问卷中，被试需要进一步思考这种关系中可能存在的负面问题（Rubin & Mitchell, 1976）。一年以后，研究者继续跟进这些情侣样本时，90%的被试声称，自己和恋爱对象谈论这些问题。很大程度上，这些讨论有助于他们稳固关系。但是，有些被试情侣借调查问卷来讨论他们之间早已存在的一些问题。有个被试说："参与这项研究让我和拉里的爱情走向了终点。"他们对彼此之间的爱情保质期产生了分歧。她认为他们的爱情不过是短期的，而他觉得他会和她有一辈子的爱情。分歧浮出了水面，于是关系也走

向了冰点。研究者要预测研究会对被试个人产生什么影响，或者至少要告知被试研究可能产生的负面影响。

伦理原则会影响所有的心理学研究。 尽管聪明认真的学生有时候可能会认为，教堂的信徒、特奥会运动员以及疗养院居民是心理学研究的好样本。其实并非如此，如果被试不允许，尽管研究者善意、和蔼、体贴，也会侵犯被试的权利。

伦理学指导

为确保研究符合伦理道德，现在已经提出了各种各样的指导原则。其中最基本的一点就是，被试完成研究后的各方面状态不能比参与研究之前差。

现在的大学都设有审查委员会（常称为伦理审查委员会，或IRB），旨在对校内研究的伦理问题进行审查。所有的研究计划必须经过委员会审查通过方可进行。除此之外，美国心理协会已经为其会员制定了伦理指导。协会有关伦理方面的宗旨是保护被试免受心理和生理伤害。研究者必须要把被试的最大利益记在心里（Christensen，Johnson，& Turner，2011）。协会伦理学指导的目的在于解决四个重要问题。

- **知情同意：** 所有被试必须有权知道研究的风险。例如，关于恋爱的研究，研究者必须提前告知被试问卷调查可能会促使他们思考恋爱中的问题。双方讨论这些问题可能会加强他们的关系，也有可能恶化，甚至走向终点。被试即使了解知情同意后，也有权利在任何时刻、以任何原因退出研究。
- **保密性：** 研究者要对从被试方面收集到的信息数据负责，完全保密，尽可能匿名。信息保密不等同于匿名，即使保密情况下还有可能找出被试身份和其信息的关系。
- **事后情况说明：** 研究完成后，研究者应该告知被试其研究的目的和手段。在大多数情况下，研究者可以以通用模式提前告知被试研究目的，以免除被试的猜测，即导致被试朝着错误的方向去表现。如果提前告知被试研究目的可能影响研究结果，研究者要在研究完成后向被试说明情况。
- **欺骗：** 心理学广泛讨论的关于伦理道德的问题。在某种情况下，提前告诉被试研究主题会影响被试行为，以致研究数据无效。例如，假如某位心理学家想要研究旁观者会不会举报盗窃行为。于是，被试模仿盗贼，心理学家观察哪个旁观者会有举报行为。假如研究者提前告诉被试研究目的是找出旁观者举报盗窃行为的比率，那么整个研究就毁掉了。于是，研究者会向被试隐藏研究目的，或者引导他们相信研究另有其他目的。但是在所有带有欺骗手段的研究中，心理学家必须确保不会伤害被试，并且研究结束后，要告诉他们真正的研究目的。想要知道更多关于研究中的欺骗手段的问题，请看"挑战你的思维"章节。

政府在确保以人作为被试且符合伦理道德的研究中同样扮演着重要角色。预防研究风险联邦办公室致力于保护研究被试的权益。多年来，该机构已经解决了许多具有挑战性和争议性的研究问题，如为混乱的心理学研究制定规则，限制管理有关怀孕女性和胎儿的研究以及处理艾滋病疫苗研究的伦理道德问题。最令人担忧的是，当研究涉及弱势群体，如孩子、心理混乱的人、监禁的人还有其他易于受强迫的人时，伦理道德原则必须要派上用场。例如，孩子参与研究必须要得到父母同意方可，当然孩子自身也必须要同意参与。有一点必须清楚，囚犯或假释犯人参与研究时要保证他们将来出狱或者假释不受参与意愿的影响。

> 66 参与研究能够获得额外学分的学生也有可能是出于强迫。除此，他们肯定还有其他途径来获得相同的学分。99

研究中的欺骗行为符合伦理准则吗?

假如你签字同意参与某项实验,回报是3美元。实验者告诉你实验是关于决策制定和时间方面的。你的任务是解一组拼字游戏。每次正确拼出一个单词,你与另外一名来自另一个研究的随机被试就会得到1美元。实验者提醒你要按照既定顺序来解拼字游戏。如果不按照既定顺序,那么你就得不到任何报酬。

然后,实验者会留下你独自解决九个打乱顺序的单词。略读一下该列表,你会知道前两个单词很简单,不过第三个就有点难了:UNAAGT。其他的都看起来很简单,除了最后一个:YOMSEELVD。实验者回来时,他给你另外一张列表让你核对一下解对了多少个,但是他不会问你正确答案。

当你完成一系列测试后,实验者告诉你该研究根本与决策和时间问题无关,而是有关撒谎问题。为了验证人们在利己又利人的情况下会更可能撒谎的假设,Scott Wiltermuth(2011)在现实生活中做过这个实验,正如以上的情况。Wiltermuth发现,被试确实更可能会撒谎,称自己解决了似乎无法解决的谜题,因为这样做既对自己有好处,也对另外一个人有好处(顺便说一下,这些不可能的谜团解决方案:taguan是很大的夜间鼯鼠,semovedly是"分别"的一个较少用到的同义词。)

当然,这项有趣的研究更有助于理解伦理行为。许多现实生活中的非道德行为就是利人利己的。例如,那些运动员注射兴奋剂对自己和队友都有好处,那些帮客户做假账的会计也是如此。华尔街经纪人Bernie Madoff臭名昭著的庞氏骗局对自己有好处(暂时的),也贿赂了其他的一些投资者。这些重要的人类行为值得科学家们关注。

然而请想象一下Scott这样的研究中所隐含的讽刺意味。一项关于撒谎——一种不符合伦理道德的行为——的研究中就采用了欺骗的方法。那么,关于撒谎的研究中也包括对被试说谎,这真的好吗?

心理学研究中的欺骗包括不作为欺骗和主动欺骗。不作为欺骗意味着不告诉被试研究的主题。主动欺骗则指的是,在有关研究的相关事宜中误导被试,如,对被试的表现状况给予错误反馈,或者引导他们相信第三者也是研究的被试之一,就是主动欺骗。

在研究中利用欺骗的方式受到了多方批判(Hertwig & Ortmann,2008;Kimmel,2012)。一方面,从宗教和文化观点看,这是不符合道德的。当然会有例外,那就是所谓的"善意的谎言"。那么心理学研究是不是也有这样的例外呢?另一方面,欺骗这种方式之所以受到批判,是因为其不利于影响被试后期的参与。一旦有被试在研究中被欺骗了,他或者她可能不再百分百地相信研究者接下来的研究了,即使那些研究不存在欺骗。所以,研究中存在的欺骗会导致被试怀疑研究,并且对未来研究产生不利影响(Hertwig & Ortmann,2008)。于是,关于经济学的实验一般禁止使用欺骗手段(Ariely & Norton,2007)。心理学研究中的欺骗手段可能会削减公众的信任(Kimmel,2012)。假如人们相信心理学研究者存在不道德、不符合伦理的行为,那么为什么有必要相信他们所说的呢?

另外一个原因是,这违反被试的知情同意原则。即使是不作为性欺骗,被试在给予同意前还是无法完全知情。这就是为什么当被试知道存在欺骗的研究的主题后,选择退出研究的原因。

作为心理学学生,你会遇到许多利用欺骗手段的研究。例如,引导被试相信他们要为另外一个人执行电击(经典又受争议的Stanley Milgram的研究,详见11章)。利用欺骗手段的研究者必须要有能力证明研究的可信度,因为这样做对研究成果的科学价值极为重要(Benham,2008)。心理学研究者必须慎重使用欺骗手段,只有在其他手段无法找出答案时再用。

你怎么认为?

■ 你会如何评价心理学研究中使用的欺骗手段?

■ 假如你参与某项研究,但发现该研究涉及欺骗手段,这会不会影响你对接下来研究的态度?为什么会?为什么不会?

动物作为研究被试的伦理问题

一直以来，心理学研究把动物作为被试。动物研究让人们了解了许多问题并且提出了解决方法（Pinel，2009）。Neal Miller（1985）考察了生物反馈对健康的影响，列出了动物研究对人类有以下影响和贡献：

- 心理疗法技巧和行为医学
- 神经肌肉障碍复原
- 压力和疼痛镇痛药
- 治疗焦虑和严重心理疾病药物
- 避免药物滥用和复发方法
- 帮助早产儿增重的治疗方法
- 缓解老年记忆缺失的治疗方法

美国心理协会会员只有5%的人把动物作为研究被试，且90%是老鼠。有时，研究把人作为被试是不符合伦理道德的。但是，把动物作为被试有一系列的标准要求，如给动物提供住处、食物，还有保证它们的心理和生理健康。研究者必须要权衡研究潜在利益和对动物的可能伤害，避免它们遭受不必要的痛苦。动物激进组织控告动物被虐待的情况并不少见。总的来说，不管研究被试是人还是动物，研究者都必须要严格遵循伦理道德指导。

价值取向在心理学研究中的作用

对心理学的质疑不仅包括伦理的问题，也有对其价值和评判标准的疑问。一些心理学家认为心理学应该是价值自由和道德中立的。从他们的角度来看，心理学家作为一个科学家的角色应该尽可能客观地阐述事实。另一些人认为，因为心理学家是人类，他们不可能是价值自由的。的确，有些人甚至认为，心理学家应该在某些问题上保持态度。例如，研究表明，由同性恋父母培养长大的孩子比其他孩子更不可能成为同性恋者，并且更趋于正常心理健康水平——等于或高于异性恋父母养大的孩子（Patterson，2012；Patterson & Farr，2012；Patterson & Wainright，2010）。在这个意义上，有些人反对同性恋父母抚养孩子，或保留亲生孩子的抚养权。关于这些问题，心理学家也许能够发挥一定的作用。

自我测试

1. 研究结束时，告知研究被试有关的研究目的，这是：_____。

   A. 知情同意　　　　　　B. 欺骗

   C. 事后说明情况　　　　D. 保密性

2. 为心理学家提供伦理道德指导的组织是：_____。

   A. 美国精神病协会　　　B. 伦理审查委员会

   C. 美国医疗协会　　　　D. 美国心理学会

3. 研究可能会对被试造成伤害，但是研究者没有告知被试。那么研究者违反的伦理道德标准是：_____。

   A. 事后说明情况　　　　B. 知情同意

   C. 欺骗　　　　　　　　D. 保密性

小应用！

4.阿曼达上的普通心理学课程要求其参与某项心理学研究。在填写调查问卷时,她发现有些问题令人尴尬,于是将其忽略。离开时,实验主试注意到这些空白,并要求阿曼达完成,因为如果没有所有被试的完整数据,研究就等于毁掉了。这种情况下,准确的伦理评估是怎样的?

A. 阿曼达真的要完成这些问题

B. 阿曼达有权选择忽略任何问题不回答,实验者肯定"过界"了

C. 阿曼达的做法不符合伦理道德,因为既然她同意参与研究,就必须完成问卷

D. 如果阿曼达阅读和签署了同意书的话,她有义务按照实验者所说的去做

7 学习心理学,了解自我

在一生之中,你会接受大量有关心理学研究的相关信息。通过这本书和"心理学导论"课程,你会学习到许多心理学研究发现的成果。在此书的最后一部分,我们将探讨通过学习心理学从而了解自我的方式。我们先从评估心理学的研究成果开始,这些成果你可能会在日常生活中遇到。

日常生活中的心理学

并非公众媒体所呈现的所有心理学信息都来源于专业而有声望的大学或心理健康中心(Stanovich,2010)。由于新闻记者、电视报道人员以及其他媒体人员一般不具备心理学研究背景,所以他们经常难以分类整理收集来的大量各种各样的材料,并且难以抉择哪些信息才是应该呈现给观众的最好信息。此外,为了吸引观众的注意力,媒体通常聚焦于轰动性的、激动人心的心理学发现。但他们似乎忽略了研究文章的真正内容,以及这些研究成果该如何表达。

即使当媒体为公众呈现了研究成果,他们还是无法向人们准确表达成果的相关信息及其对人们生活的影响。这本书精心地为大家介绍、定义、详细说明关键概念、研究问题和研究发现。然而,媒体没有那么多的时间和空间来详细、明确地指出研究的局限性和质量。因此,你必须自己对媒体报道的心理学研究进行评判。换句话说,你必须批判性地、明智地消化心理学信息。这里有以下五个指导方针。

避免信息过度泛化 媒体报道通常会遗漏研究样本的详细信息。如果不了解样本的特征,比如被试数量、男性与女性比例或者他们的伦理表现,那么研究成果的可信度则会大打折扣。

区分群体和个体需要 正如我们不能将小群体泛化到所有人一样,我们同样不能把从群体内得出的结论应用到个人身上。通过媒体来了解心理学研究可能会让你倾向于将其成果应用于你的生活当中去。记住,群体的数据统计结果不一定代表群体内的每个人。例如,你们班级的平均分是75,而你的得分是98。你不会希望老师把平均分数当做你的分数。

有时,当心理学研究成果的消费者发现他们的体验与实验数据不匹配时,他们会怀疑自己的情况是否"正常"。新父母常常会遇到这样的问题。他们阅读了解到某个年龄组的儿童该有的发展历程;其中一个历程是大多数2岁的儿童已经能够和父母谈话了。然而,这个信息并不一定代表所有的儿童在2岁时都能与父母谈话。例如,阿尔伯特·爱因斯坦3岁才会说话。

寻找答案不能局限于单个实验　媒体可能只是对研究的某一部分有兴趣，并宣称那是具有深远意义的部分。然而，这样的部分也很少存在。可以这样说，没有哪一个单一的研究能够为一个重要的问题提供全面的回答，特别是那些适用于所有人的问题。事实上，大多数心理学领域都需要大量的研究调查，这些研究调查得出来的结果互相冲突的情况也并不少见。只有当科学家不断进行相似的调查研究并得出类似的结论时，那才是答案所在。你要记得，不要把一个研究绝对化，无论它有多么吸引人，都难以成为问题的最终答案。

避免基于未发现的结果寻找原因　媒体最常出现的错误是从相关性研究中得出因果结论。当无法进行一项真正的实验，即当被试没有被随机分配参与实验时，自变量和因变量之间也许不存在因果关系。想想前面章节有关相关性研究的讨论，一个或多个因素之间有关联是无法得出因果关系的。我们不能说，一个因素导致另外一个因素。在还没了解某项相关性研究之前，对里面表达因果关系的词语要存有怀疑态度。

斟酌心理学信息的来源　心理学家所做的研究不会自动被研究机构接收。研究人员通常必须提交他们的研究给杂志供评审，他们的同行根据它的科学价值做出是否发表的决定。这个过程称为同行评审，意味着研究在学术期刊上发表，须经特定领域的专家的审查。心理学学术期刊上的研究及其质量并非统一，大多数情况下期刊刊登研究成果的审查力度要比媒体严格得多（Stanovich，2010）。

人们通常能够辨别媒体信息的良莠不齐。在有声望的报刊杂志上报道的心理学研究比小众报刊上的报道要可靠，如《纽约时报》、《华盛顿邮报》以及《时代》、《新闻周刊》上的报道肯定比《国家询问者》和《明星》上的报道更具可信度。

最后，在线阅读心理学研究是不错的选择，因为博客和其他人可能会对研究成果的有效性做出评论。当在网上看到与研究相关的信息时，你可以看看原研究。博客、维基百科和谷歌同样有用，阅读真正的科学研究的关键是评估其结论。无论是来源于大众出版物或者小众报刊、博客或者在线新闻，甚至学术期刊，阅读所报道的研究成果的细节，以及分析研究的可信度是你的个人责任。

把心理学作为"你的科学"来学习

心理学导论课程让你有机会来认识心理学。你会更加了解人类，尤其是一个特殊的人类个体——你自己。无论心理学研究呈现的是情感动机还是神经系统结构，中心仍旧是你。

当你想到心理学，最先出现在脑子里的会是复杂的心理过程，如爱、感激、憎恨和愤怒。然而，心理学包含的还有更多，它越来越认识到大脑及其运作与身体紧密相连。在第二章，我们会谈论到神经系统科学，通过观察可以发现，在大脑运行时，心理过程和生理过程都会随之发生变化。数世纪以来，这种心理和生理的关系一直吸引着哲学家们。心理学涵盖了心理和生理联结的每一点。

生理和心理都存在于某个具体的个体之中，将两者联系在一起更有助于我们理解两者的关系。假如你经历了一个心理事件，如看《减肥达人》节目。你决定要锻炼出六块腹肌。而这个过程需要努力、目标设定还有自律等各种心理过程。心理影响生理，促进

> **试一试！**
> 　　接下来几天，关注一下报纸杂志，以及你最喜爱的在线新闻中有关心理学研究的报道。应用上述指导，成为一个会利用媒体心理学报道的明智消费者。

你锻炼自我，改变身型。

同样，生理也能够极大地影响心理。想一下，熬夜到很晚，你的大脑模模糊糊的，一直无法解决问题；相反，痛痛快快地睡个好觉后，人生问题解决起来是何其容易。再想一下，一次感冒久久不好，当完全病愈的第一个早上，眼前是什么景象？一切都很美好。你的心情变好了，工作顺利了。显然，身体状态欠佳会影响我们思考。

生理和心理之间的关系阐明了一个无数心理学家都面临的两难境地：先天与后天影响的对立。从本质上来讲，心理学家一直想要知道和讨论的是，人的先天（即基因遗传）和后天（社会经历）哪个更为重要。遗传对心理特质有多方面的影响，而基因本身也可以被经历所改变，这本书的许多主要话题会涉及这方面的知识，如从发展（第八章）到个性特征（第十二章）。从中，你会处处发现，你的心理和生理复杂地联系在一起，而这些联系是你从未想过的。

在这本书中，我们将探讨有关心理学的各种研究方法。心理学对你很重要，决定了你对生命、目标的理解，以及利用无数科学家的研究去创造属于你的更加健康幸福的生活。

总 结

❶ 心理学的定义及其历史起源

心理学是研究人类行为和心理过程的科学研究。心理学家如同科学家，批判、严厉、怀疑还有客观地研究人的行为。心理学是从哲学和生理学衍生出来的一门学科，由威廉·冯特和威廉·詹姆斯创建。

❷ 当代心理学取向

心理学涵盖生物学、行为学、心理动力学、人本主义、认知学、进化论以及社会文化方面的取向。这些取向的视角不同，但在思考有关人类行为的重要问题时，能够相互补充。

❸ 心理学的科学方法

心理学家利用科学方法解决研究问题。该方法从理论出发，接着观察、阐述假定、得出结论，最后评估结论。心理学还存在着许多相互矛盾的问题。

❹ 心理学的研究类型

心理学常用的三种研究有：描述性研究（找出某些变量的基本方面）、相关性研究（找出自变量和因变量两者如何共同改变）和实验性研究（找到自变量和因变量之间的因果关系）。在实验中，通过操纵自变量来看因变量是否改变。实验设计包括两个组群：实验组（接受自变量操控的组）和对照组（起对比作用或者除了自变量不同外，各方面都等同的一组）。

实验性研究需要分配，即为了确保操控自变量前，保持组别之间的同质。

❺ 研究样本与背景

心理学研究中，选择哪些人作为被试和实验场所极为重要。样本就是参与研究的被试组群；总体就是研究者想要把结果泛化到其中的群体。随机样本是确保样本能够反映总体的最好方法。研究背景包括实验室和现实情境，即自然环境。实验室提供一系列可操控的因素，但是自然环境下，被试的行为更为自然。

❻ 研究要符合伦理道德

在所有研究中，以符合伦理道德的方式对待被试极为重要。进行符合伦理道德的研究有一些指导原则，包括知情同意原则、保密性原则、事后情况说明原则（研究结束后要尽快告知被试研究目的），还有对研究中的欺骗手段进行解释。

❼ 学习心理学，了解自我

在日常生活中和心理学导论课堂上，你会接触到心理学的研究成果与发现。对于媒体报道的心理学研究，你应该抱着批判的态度。毕竟心理学是"你"的科学，它研究人的行为、思想、目标和健康。

自我测试

单项选择

1. 作为一门科学，心理学最初始于：_____。

  A. 哲学   B. 物理学

  C. 社会学   D. 生物学

2. 结构主义者可能会做以下实验情境，其中哪个情境能够反映内省法：_____。

  A. 记录被试对某一经历的描述

  B. 要求对象记忆一列单词

  C. 通过走迷宫测试老鼠的学习速度

  D. 对被试解决问题进行奖励

3. 结构主义聚焦于_____，机能主义聚焦于_____。

  A. 思想；行为

  B. 心理的组成；心理的目的

  C. 实用主义；理想主义

  D. 自然选择；环境

4. 以下人物与行为主义最为相关的是：_____。

  A. B.F.斯金纳   B. 查尔斯·达尔文

  C. 威廉·冯特   D. 威廉·詹姆斯

5. 以下主题，心理动力学家最感兴趣的是：_____。

  A. 利他主义   B. 无意识驱使

  C. 行为适应性   D. 人的思想过程

6. 能够检测因果的研究设计是：_____。

  A. 相关性研究设计   B. 纵向研究设计

  C. 例子研究设计   D. 实验研究设计

7. 研究者发现，随着乐观指数上升，沮丧指数会下降。此外，她还发现乐观和沮丧之间有很强的关联。那么，以下哪个相关系数符合她的研究发现？

  A. 38   B. 79

  C. 2.11   D. 2.68

8. 研究者告诉研究被试，研究目的是探讨人们对媒体暴力的反应。其实，研究的真正目的是探测团体动态。那么，该研究的一个潜在的伦理道德问题是？

A. 事后情况说明 　　　B. 保密性

C. 知情同意 　　　D. 欺骗

9. Alfonso是一项新型药物检测研究的被试。他拿到的是一粒不含真正药物的药丸（糖药丸），食用后他称症状显著减轻。究竟是以下哪种原因在起作用？

A. 实验者偏向 　　　B. 安慰剂效应

C. 外部效度 　　　D. 内部效度

10. 以下哪个是选取随机样本的例子：_____。

A. 从一所学校所有学生名册中随机抽选50名学生

B. 从一所学校所有教室中随机抽选一个教室的学生

C. 随机抽取参加过足球赛的学生

D. 抽取每第50个走出学校前门的学生

小应用!

11. 乔治娅相信，人们心情好的时候，更可能对他人友善。她随机分配被试（为了研究学分而参与研究的心理学学生）到两个组里。一个组的被试花10分钟写下他们人生中最开心的时刻。另外一个组的人们同样有10分钟，不过他们要写下的是人生中最具典型意义的一天。

A. 乔治娅为什么随机分配被试呢？

B. 在她的研究中，什么是自变量？什么是因变量？如何对两者进行操作性定义？

C. 请识别出实验中的实验组和对照组。

非凡的引擎：人类的大脑

2007年8月，Adam Lepak（一名社区学院的一年级学生）和高中时的朋友们在暑期举行了一场名为"Straight Edge"的摇滚乐队巡回演出。一天早上，Adam Lepak因为上课要迟到了，所以就骑着摩托车加速飞驰。然而，为了避免撞到停在前面车道上的小汽车，他不得不突然转向，进而摩托车失去控制，撞进了人行横道。

在医院病床上昏迷了6个月以后，Adam开始恢复意识。但是，他的世界却变得极其不同。Adam觉得家人和朋友都是骗子，虽然这些人看起来并不像，因为他们一直耐心地守护在他的病床边，呼唤他醒过来。事故损坏了Adam大脑中负责识别他人、体会亲密温暖关系的区域。他的大脑无法体验到"家"的感觉。Adam不仅质疑他所爱的人的身份，同时也纠结于是否认识镜中所看到的那个年轻人（Carey，2009）。

直至今天，Adam仍然在继续他艰难的康复旅程。他要重新学习如何走路、谈话，但是仍然很难重获熟悉感，不过，只有这种熟悉感才能使人类进行自我感知。他不得不反复地被提醒，同时也要进行自我提醒——他发生了一场摩托车事故，他身边所谓的"骗子"是他真正的家人和朋友。

Adam的案例说明了大脑在人类识别身份、感知温暖关系等经验中的重要性。他的经历也证明了大脑可以进行潜在的自我修复，但是这种治疗需要辛苦的付出和积极的努力。

大脑极其复杂。你阅读时，大脑这一复杂器官是引擎，负责了解你所学习的这份材料，也负责了解这些研究。换言之，大脑既是研究的目标，也是我们能够进行研究的原因。

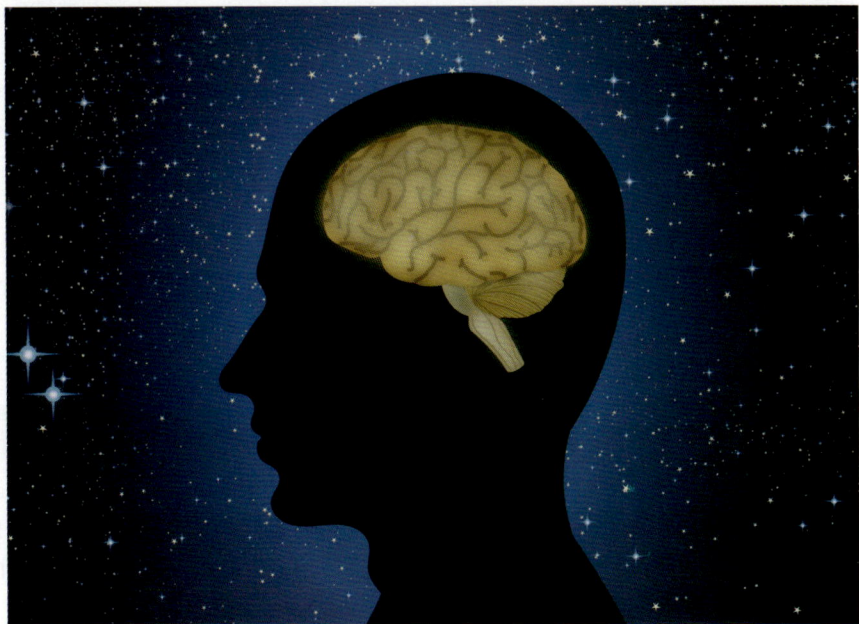

预览

　　在这一章中，我们聚焦于神经系统及其指挥中心——大脑。我们将了解大脑的基本结构、人类行为的生物学基础，以及大脑在适应和修复方面的非凡能力。本章结尾处将会介绍遗传是怎样影响我们以及我们的行为的。

1　神经系统

　　神经系统是身体内进行电化学信号传递的电路系统。研究神经系统的领域被称作神经科学，研究神经科学的人被称为神经科学家。

　　人类的神经系统由数以亿计相互连接的细胞组成，它可能是这个星球上结构最复杂的物质的集合。一立方厘米的人类大脑由超过5000万个神经细胞组成，每一个神经细胞都同许多其他神经细胞以信息加工网络的形式进行连接，相比之下，即便是最精密的电脑看起来也很原始了。

> 适应性、适应力、适应，神经心理学家用这些术语描述个体在变化的世界中的适应能力。

神经系统的特点

　　大脑和神经系统指挥我们与外部世界的互动，使我们的身体做出各种动作，并适应环境。神经系统具有如下几个显著特点——复杂性、整合性、适应性和电化传播性，这些特征使得大脑能够指挥我们的行为。

　　复杂性　人类的大脑和神经系统非常复杂。大脑中数以亿计的神经细胞协同工作，使我们能够唱歌、跳舞、书写、谈话和思考，这是一项令人惊叹的成就。此刻，当你正在阅读本节内容的时候，你的大脑正在实施一个多维度的任务，包括看、读、学习和呼吸。自始至终，都是大量的神经细胞集合在一起，共同参与这些活动。

　　整合性　神经系统科学家Steven Hyman（2001）把脑称为"巨大的集成器"，意指大脑能够很好地整合大量信息。大脑将听觉、视觉、触觉、味觉和嗅觉这些感觉整合到一起。大脑和神经系统包括不同的水平和不同的组成部分。大脑细胞不同水平间的连接和大脑不同部分间各种路径的连接，使得大脑活动得以整合。每个神经细胞平均和一万个细胞进行信息传递，并产生大量的连接（Bloom，Nelson，& Lazerson，2001）。这些连接是有证据可寻、可以观察到的，例如，当爱人握着你的手时，大脑是怎样知道并且告诉你所发生的事情的呢？许多彼此连接的神经细胞，通过神经系统，以非常有序的模式将手的感觉信息进行传递，一直传递到脑中负责的相关区域，使你意识到爱人正握着你的手。然后，大脑发送反馈，提示你的手应该稍微握紧对方的手。

　　适应性　我们生活的世界在不断地变化。为了生存，我们必须调整自己以适应新的情境。作为指挥者，大脑和神经系统共同发挥作用，使我们能够适应世界。尽管神经细胞存在于大脑的特定区域中，但它们并不是固定、不可改变的结构。同样，尽管有遗传生物的基础，但它们还是能够不断地适应身体和环境的变化。

　　可塑性　**可塑性**指的是大脑应对改变的特殊能力。你可能认为思维是一个心理过程，而不是生理过程。然而，思维也是生理事件，因为你的每一个思想都是大脑物理活动的反应。另外，大脑能够随着经历的改变而改变。伦敦出租车司机——对这个城市有很高的熟悉度，其负责阅读地图的大脑区域比常人更大（Maguire & others，2000）。试想一下：在你改变自己的思考方式时，你其实是改变了大脑的物理加工过程，甚至是改变了它的形状。正如那些伦敦出租车司机一样（Nelson，2011），你的日常经历有助于大脑内的连接或者再连接（Bavelier & others，2012）。

神经系统　身体内电化学信号传递的电路系统。

可塑性　大脑应对改变的特殊能力。

电化传播性 大脑和神经系统主要通过由电脉冲和化学信号驱动的信息加工系统起作用（Emes & Grant，2012）。当一个脉冲到达神经细胞或神经元的时候，它以电信号进行传播。当那个脉冲到达末端时，它和下一个神经元通过化学信号进行传输，在本章末尾我们将对此进行详细讨论。

神经系统中的路径

为了使我们与世界进行互动并适应周围的世界，大脑和神经系统接收、传递感觉输入（如声音、气味和味道），整合从环境中接收到的信息，并引导身体做出动作反应。信息通过感觉输入进入大脑，大脑进行信息整合并赋予其意义。反过来，信息从大脑向身体的其他部分传递，指挥我们所有的身体活动（Alstermark & Isa，2012）。

神经系统有专门的通道，这些路径有不同的功能。这些路径由传入神经、传出神经和神经网络组成。**传入神经**，或者称感觉神经，将信息带到大脑和脊髓。这些感觉神经将外部环境信息（例如，看到日出）和内部身体加工信息（例如，感觉累或者饥饿）从感受器传递到大脑和脊髓之中。**传出神经**，或者称运动神经，从大脑和脊髓传出信息——也就是说，它们负责神经系统的输出。这些运动路径将信息从大脑和脊髓传递到身体的其他区域，如肌肉和腺体中，告诉它们活动起来。

大多数信息加工都发生在信息通过**神经网络**进行传递的时候。这些神经细胞网络整合感觉输入和运动输出（Marchiori & Warglien，2011；Wickersham & Feinberg，2011）。例如，当你阅读课堂笔记的时候，来自眼睛的输入被传递到大脑中，然后经过许多神经网络，将页面上的字符进行神经编码，转换为字母、单词、关系和意义。一些信息被储存在神经网络里。如果你大声阅读，一些信息就会通过嘴唇和舌头传递出来。神经网络是大脑的主要组成部分。它以网络的形式工作，提高了大脑的计算效率。

神经系统的组成

为有效运行，这个真正的系统高度有序地进行组织。图2.1展示了人类神经系统的两个主要分支：中枢神经系统和外周神经系统。

中枢神经系统由大脑和脊髓组成。99%以上的神经细胞位于中枢神经系统中。**外周神经系统**是神经网络，把大脑和脊髓同身体的其他部位相连接。外周神经系统的功能是将信息从大脑和脊髓中输出，并将信息传入到大脑和骨髓中，外周神经系统还负责传递来自中枢神经系统的命令，指挥各种肌肉和腺体的活动。

外周神经系统有两个主要分支：躯体神经系统和自主神经系统。**躯体神经系统**包含感觉神经和运动神经，感觉神经的功能是把从皮肤和肌肉感觉到的疼痛和温度等信息传递到中枢神经系统中；运动神经的功能是告诉肌肉做什么。**自主神经系统**的功能是在身体内部器官之间传输和监测信息，例如呼吸、心率和消化。自主神经系统也分成两部分。

> 神经传入和传出并不是一直向前行进的，传入神经到达大脑和脊髓，传出神经离开大脑和脊髓——a 是传入和到达，e 是传出和离开。

> 当我们触摸或者注视一个物体的时候，电荷和化学信息在大脑中进行传递，为了处理信息，大脑把细胞连接在一起，形成路径和网络。

传入神经 或称感觉神经，通过感受器将信息带到大脑和脊髓。

传出神经 或称运动神经，将信息从大脑和脊髓带至身体其他部位。

神经网络 整合感觉输入和运动输出的神经细胞网络。

中枢神经系统 由大脑和脊髓组成。

外周神经系统 把大脑和脊髓同身体的其他部位相连接的神经网络。

躯体神经系统 包括感觉神经和运动神经，前者的功能是把从皮肤和肌肉感觉到的疼痛和温度等信息传递到中枢神经系统；后者的功能是告诉肌肉做什么。

自主神经系统 功能是在身体内部器官之间传输和监测信息，例如呼吸、心率和消化。自主神经系统也分为两部分。

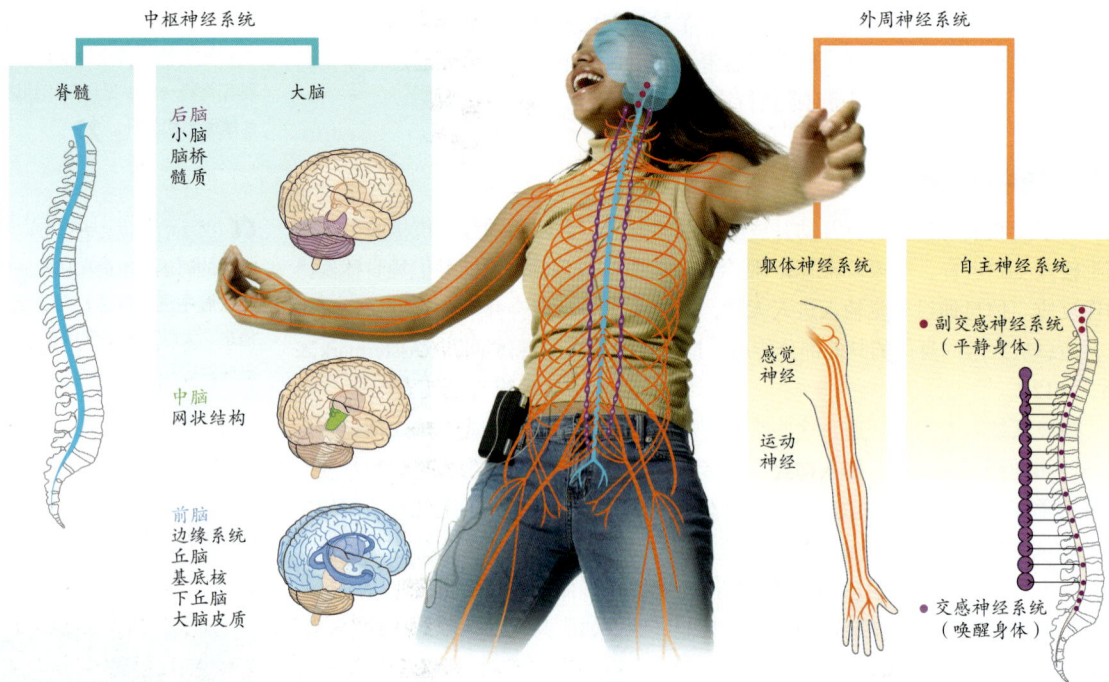

人类神经系统

中枢神经系统

脊髓

大脑

后脑
小脑
脑桥
髓质

中脑
网状结构

前脑
边缘系统
丘脑
基底核
下丘脑
大脑皮质

外周神经系统

躯体神经系统

感觉
神经

运动
神经

自主神经系统

副交感神经系统
（平静身体）

交感神经系统
（唤醒身体）

图 2.1 人类神经系统的主要分支 神经系统有 2 个主要分支。一个是中枢神经系统（左），由脑和脊髓组成，一个是外周神经系统（右），分为两部分，躯体神经系统控制感觉和运动神经元；自主神经系统监控呼吸、心跳和消化等过程。这些复杂的系统共同工作，帮助人类成功地生存。

第一部分是**交感神经系统**，唤醒身体的动作和运动，也参与压力的体验；第二部分，**副交感神经系统**，让身体恢复平静。

压力是身体对环境**压力源**的反应，压力源能够威胁身体，增加身体的应对能力。当我们体验到压力的时候，我们的身体会做出准备，以应对压力来袭；许多心理改变也因此发生。你一定知道压力的感觉。例如，想象一下，一天早上，你进入课堂时发现大家都在谈论当天的考试。你听到其他人说他们是多么努力地复习，可是你却紧张地问自己："考试，什么考试？"你开始出汗，心脏突突地跳。老师拿着一摞卷子出现了。考试的内容都是一些你想都没想过的知识，而你根本没有复习。

压力反应以"战斗或逃跑"开始，这是交感神经系统的功能之一。这个反应能迅速地调动人体的身体资源，使得身体组织做好从威胁中脱身的准备。显而易见，没有预料到的考试虽然不会危及你的生存，但是当威胁个人重要动机的事件出现时，压力反应就会出现（Sapolsky，2004）。

处于压力之中时，你感觉心脏猛跳、双手出汗，这表明交感神经系统在活动。如果你想要摆脱压力源，交感神经系统就会将血液输送到四肢，让你准备好伺机而动。

当我们遭遇压力时，大脑就会释放类固醇，类固醇是有力的应激激素（Smith & others，2011）。大脑中的类固醇使得我们把精力聚焦在此刻需要处理的事情上。

交感神经系统 自主神经系统的一部分，唤醒身体的动作和运动，也参与压力的体验。

副交感神经系统 自主神经系统中负责平复身体的一部分。

压力 身体对环境压力源的反应。

压力源 能够威胁身体，增加身体应对能力的环境和事件，能够引起身体改变以应对压力来袭。

例如，在紧急情况下，人们有时候会出奇地镇静，做应该做的事情，如拨打911。这些经历揭示了类固醇对于处在危机之中的人们的作用（Holsboer & Ising，2010）。急性应激是人们在面对生活经历时体验到的短暂的压力。当压力状况结束的时候，急性应激也随之消失。

然而，大多数时间里，我们所经历的压力不是处于非生即死的条件下。事实上，即便只是不停地思考，也会使自己过度紧张。慢性应激——是指持续不断出现的压力——会导致自主神经系统的持续唤醒（Rohleder，2012）。当交感神经系统开始工作，以应对我们所遭遇的过度压力时，副交感神经系统就没机会去保持和修复、消化食物或是使器官健康运行。因此，长期的自主神经系统活动就可能会破坏免疫系统（Pervanidou & Chrousos，2012）。虽然，最好的方法是避免慢性应激，不过这个目标在实际生活中不太可能实现。

大脑器官也受到慢性应激的影响，并与我们一起来面对这种持续的压力。想象一下，在面对挑战时，你可以充分挖掘大脑的能力，以一种相对轻松的方式解读这个情境。例如，你即将参加考试或者试镜，不要把它当做压力而是视为展现自己的机会。许多心理治疗师认为，改变人们对生命中遇到的"机遇还是挑战"的思考方式，有助于人们拥有无压力的生活（Clark & Beck，2011；Nay，2012）。

在本章开始时已经介绍，可以通过改变思维方式来改变大脑的生理结构。根据这项特殊的能力，我们可以得出这样的结论：我们可以利用大脑的力量来改变自己对于生活的认知——甚至是通过大脑来抵御压力。

> " 交感神经，副交感神经——如何区分两者？记住：当你感到压力过度的时候，交感神经系统与你产生'共情'，它促使你采取行动减少压力；副交感神经系统帮助你'休息和消化'。"

体验一下：神经系统

"这是经典的战斗或逃跑反应。下次，试着自己飞吧。"
经 CartoonStock 授权使用，www.CartoonStock.com.

自我测试

1. 神经系统之所以能够支配行为，是因为其具备的特点为复杂性、整合性、电化学性和_____。
   A. 持续性　　　　　　　B. 适应性
   C. 敏感性　　　　　　　D. 战斗或逃跑反应

2. 神经网络是将感觉输入和_____相整合的神经细胞网。
   A. 战斗或逃跑反应
   B. 电化传播
   C. 身体加工，例如心率和消化

   D. 运动输出

3. 当你处在危险中时，以下哪一部分神经系统负责增快心率：_____。
   A. 中枢神经系统　　　　B. 边缘神经系统
   C. 交感神经系统　　　　D. 副交感神经系统

小应用！

4. Shannon 和 Terrell 是两名大学生。Shannon 始终处在低强度压力中，她常常担心会发生什么，因此她一直让自己忙于应对假想的灾难。Terrell 更加随和，但是，一天在上学的路上，他差点发生交通事故——当卡车向他冲过来的时候，他身体紧绷，心跳加快，非常恐慌。以下哪个答案能最准确的鉴别，谁在这学期最可能在宿舍感冒？

A. Shannon，经历慢性压力

B. Terrell，经历急性应激压力

C. Shannon，经历急性应激压力

D. Terrell，经历慢性压力

2　神经元

> 速度非常快。我们中的大多数人都不会把车开得如此之快。超音速火箭车以每小时700英里多的速度保持世界纪录。其英国的开发者试图研制的目标是每小时1000英里。然而，让车速超出我们思维的速度就是另一回事了……
>
> 你可以把胶质神经细胞想象成后勤维修人员。

体验一下：镜像神经元

神经系统的每个分支中，许多活动都在细胞水平上进行。神经细胞、化学物质和电脉冲一起合作，以每小时330英里以上的速度传递信息。最终，信息在几毫秒内从大脑传递到双手（反之亦然）（Zoupi，Savvaki，& Karagogeos，2011）。

神经系统中有两种类型的细胞：神经元和神经胶质细胞。**神经元**是处理信息加工的细胞。人类的大脑有大约100亿个神经元。即便是很普通的神经元，也是一个复杂的结构，与其他细胞之间存有大约有一万多个连接。近来，研究者们对一种特殊类型神经元——镜像神经元特别感兴趣。镜像神经元似乎在模仿中起作用，当我们发起行动或者看到其他人实施同样的行动时，镜像神经元就会被唤起（在灵长类或人类中）（Fontana & others，2011）。尽管存在争议，但除了模仿，这些神经元也可能在移情和理解他人中发挥作用。要想更多地了解这些神秘的神经元，可以参见"挑战你的思维"部分。

神经胶质细胞在神经系统中提供支持、营养和其他一些功能（Cooper，Jones，& Comer，2011；Selvaraj & others，2012）。胶质细胞保持神经元的平稳运行。与神经元不同，这些细胞不是专门用来加工信息的。在神经系统中，胶质细胞的数量多于神经元。实际上，每一个神经元大约对应10个神经胶质细胞。

特定的细胞结构

由于神经元负责处理各种不同的信息加工，因此，神经元并不都是一样的。然而，所有的神经元确实有一些共同的特点。大多数神经元产生于生命早期，但是它们的形状、尺寸和连接在整个生命过程中并不是恒定不变的。神经元工作的方式反映了神经系统的主要特点，这在本章开头已经提到，即可塑性。神经元能够改变而且也确实发生了变化。

每一个神经元都有一个细胞体、许多树突和一个轴突（见图2.2）。**细胞体**包含有细胞核，细胞核掌管维持神经元生存和繁殖的物质的生产。**树突**，从神经元延伸出来的树形纤维，负责接收信息，并且把这些

神经元　两类神经系统细胞的一种，是处理信息加工的细胞。

神经胶质细胞　两类神经系统细胞的另一种，在神经系统中提供支持、营养和其他一些功能，胶质神经还能保持神经元平稳运行。

细胞体　神经元的一部分，包含有细胞核，细胞核掌管维持神经元生存和繁殖的物质的产生。

树突　树形纤维，从神经元延伸出去，接收信息，并且把这些信息传递到细胞体中。

镜像神经元是社会理解的关键吗?

当我们采取行动或当我们观察到他人表现出某个行为时,镜像神经元开始活跃。这可是大事,因为神经元具有特异性:运动神经元不会对感觉信息做出反应,感觉神经元也不会对运动信息做出反应。镜像神经元似乎会对两者都做出反应——行动和观察(Gallese & others,2011)。镜像神经元能够对两种不同种类的输入做出反应,这引起了研究者的关注。

难道不是如此吗?如果将镜像神经元视为心灵感应的代表,你感觉如何?认知心理学家Cecilia Heyes(2010)指出,科学家被镜像神经元所表现出的非语言沟通"迷住了"。例如,如果我看到你正在发出动作,纵使你一言不发,我的镜像神经元也会使我的大脑处在和你一样的状态中。即使我不打算模仿你的行为,我身体中的镜像神经元也会自己行动。我的大脑有时候似乎是知道你正在做什么——然后,大脑也开始这样运行。通过这样的方式,镜像神经元在观察者和被观察者的大脑之间建立了一个联系——无需语言、解释和努力就会发生,对理解人类行为感兴趣的科学家对此兴奋不已。

有关镜像神经元的发现,激起了大量关于这些神经元在模仿、社会认知(考虑自己和其他人)、移情、理解行为(Iacoboni,2009)、自闭症、以交流和社会互动障碍为特点的神经发展紊乱中的预测作用的研究(Ramachandran & Oberman,2006)。不过,这些预测作用也是争议不断。尽管一些学者呼吁把镜像神经元视作理解人类社会性起源的新的研究方向(Ramachandran,2008),但其他人则指责这些预测远远超过证据所能证明的范围(Gernsbacher,Stevenson,& Schweigart,2012;Hickok,2009)。

我们知道,当我们观察某个人的行为时,镜像神经元开始活跃,但是,这就表明我们理解了这个行为吗?答案取决于我们对"理解"的解读。当然,镜像神经元和其他神经元一样,不会"理解"。我的观点是,因为镜像神经元,人类的大脑才开始准备模仿。模仿在高度社会化的物种中(例如人类)是一个极其重要的行为,一些学者争论

说镜像神经元是模仿的基本因素之一(Gallese & others,2011)。

经验在镜像神经元的激活中起作用。当我们对这些行为非常熟悉时,镜像神经元活动频繁;当我们从没有做出过这些行为时,镜像神经元活动频率较低。和一般人相比,在观看另一个人表演的时候,受过训练的音乐家和舞蹈家的镜像神经元系统是不同的,他们的镜像神经元会有不同程度的激活。此外,当我们观看某个非典型的行为时,镜像神经元不会做出反应;例如,在观看狗吠时,人类镜像神经系统不会活跃(Rizzolatti & Fabbri-Destro,2010)。

这些发现启示我们,即便镜像神经元参与了关于行为的理解,它们也无法完全解释我们对于行为的理解。如果你看到某个人在拉小提琴,而你自己从来没有拉过,你仍然能理解这个人正在做什么(Hickok,2009;Hickok & Hauser,2010)。因此,没有镜像神经元的参与,我们依然能够理解行为。一些研究者质疑,镜像神经元是否真的在理解行为方面起主要作用(Brass & others,2007;Hickok,2009;Kilner & Frith,2008)。由于认识到理解其他人行为有很多的方式,因此,一些观点指出,镜像神经元为我们理解行为提供了一个从内到外的独特路径(Rizzolatti & Sinigaglia,2010)。

镜像神经元在自闭症中的潜在作用尤其引起很多争议(Glenberg,2011b)。研究者把镜像神经元视为进化过程中重要的适应性表现,认为其是证明我们之所以成为人类的关键(Ramachandran,2008)。他们认为"破碎的镜像神经元"可能有助于解释在自闭症患者身上发现的缺陷(Ramachandran & Oberman,2006)。其他研究者猛烈批评该观点,声称我们对于镜像神经元知之甚少,因此不能断言它们在自闭症患者中的主要角色。他们指出,关于镜像神经元的功能与自闭症之间关系的研究结果并不一致(Gallese & others,2011)。

镜像神经元已受到神经科学家的极大关注。由此可见:揭开人类社会行为的谜团是科学探索中非常吸引人的

领域。解决这个谜团的关键可能取决于一系列特定的神经元，这个观点同样十分吸引人。

什么特点使人类不同于其他动物？你将怎么了解这些特点？

你怎么样认为？

为何镜像神经元的发现既让人兴奋又充满争议？

信息传送至细胞体。大多数神经细胞都包括许多树突，这增加了它们的表面积，使得每一个神经元都能接受来自许多其他神经元的信息输入。**轴突**是神经元的一部分，将信息从细胞体传入至其他细胞。尽管非常纤细（只有一英寸的万分之一，人类的一根头发是千分之一英寸），但轴突非常长，有许多分支。一些甚至长达三尺——从大脑顶部直到脊髓尾部。

神经元中，树突和轴突的表面都覆盖着非常薄的细胞膜，很像气球的表面。细胞膜是半渗透的，分布着细小的孔或管道，允许某些物质进出神经元。

髓鞘由含有脂肪的细胞层组成，包裹在轴突外面，并将其与其他大多数轴突隔离开来。通过隔离轴突，髓鞘加快了神经冲动的传递速度（Lu & others，2011）。轴突的隔离至关重要，许多疾病的产生或维持都与此有关。（脑脊髓）多发性硬化，是神经系统变异性疾病，髓鞘的硬化使得信息流无法穿过。多发性硬化的综合征包括双眼视力模糊、浑身刺痛和身体虚弱。

髓鞘随着神经系统的进化而发展。当大脑尺寸增加时，神经系统中信息传递的距离就会增加。没有髓鞘的轴突不能很好地传导电信号。由于髓鞘的隔绝作用，轴突才能更快地传递电脉冲和信息（Aggarwal & others，2011）。我们可以把髓鞘的生长比作随着城

轴突 神经元的一部分，将信息从细胞体传入至其他细胞。

髓鞘 由含有脂肪的细胞层组成，包裹在轴突外面，使之与大多数轴突隔离开来。

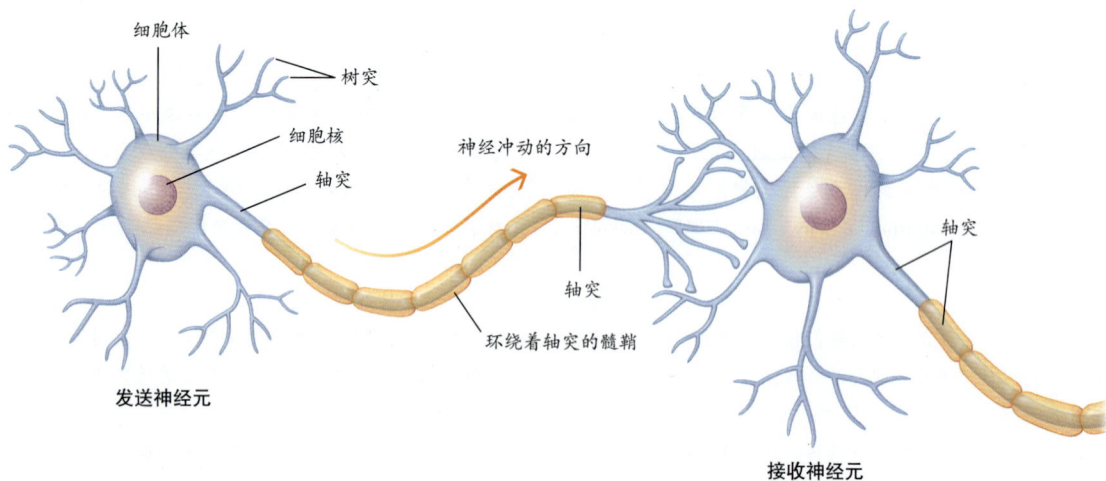

图 2.2 神经元 这幅图展示了神经元的组成和彼此间的联结，标注出了细胞体、树突的分支和带有髓鞘的轴突。

市的扩张而增加的洲际高速公路。高速公路使人们远离缓慢拥堵的城市交通，得以进行长距离的快速旅行。

神经冲动

为了将信息传递到其他的神经元中，一个神经元需要通过轴突将简短的电脉冲［我们称之为"（在雷达屏幕显示的）物体光点"］发送到其他神经元中。当你翻开这一页时，好几百个这样的脉冲就会涌到你胳膊中的轴突，告诉你的肌肉如何行动。通过改变信号的频率或电脉冲，神经元可以改变信息。经由轴突的脉冲是带电的。神经元——一个活细胞——是怎样发电的呢？为了回答这个问题，我们需要了解一下轴突。

轴突是一个包裹在薄膜中的管子。在这些薄膜里有成千上万的微小出入口。这些大门一般是关闭的，但也可以打开。我们称这个薄膜为半渗透的，因为液体可以通过这些门流入或流出。确实，在轴突内外均有液体。流进的那些液体是带电荷的粒子，叫做离子。

携带正电荷的离子是钠离子和钾离子。携带负电荷的离子是氯离子。这些薄膜包裹着轴突，阻止正负电荷随意进出细胞。通过正负离子在外部薄膜之间的来回移动，神经元得以产生电信号。这些离子是怎样移动穿过薄膜的呢？上面提到的微小的门，叫做离子通道。离子通过离子通道的开关进出细胞。通常，当神经元处于静息状态或不传递信息的时候，离子通道就被关闭，薄膜里面就会呈现低微的负电荷，而薄膜外面的电荷是正电荷。因为电荷的不同，静息状态下的神经元的薄膜是两极分化的，带负电荷的离子在细胞内，带正电荷的离子在细胞外。这种两极分化在轴突的内外产生了电压（图2.3）。这种电压就叫做神经元的**静息电位**，电压在–60到–75毫伏（1毫伏是千分之一瓦特）。

> 电脉冲的频率决定脉冲的强度。当阅读到关于神经冲动的内容时，你真希望停下来（谁不是呢？），在你匆忙地翻页时，电脉冲的传播速度更快。

静息电位 细胞在安静状态下产生的稳定的负电荷。

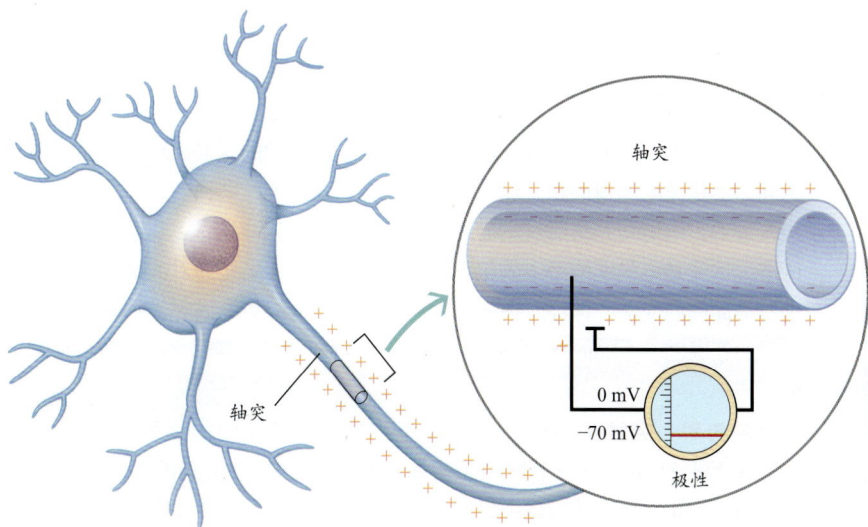

图2.3 静息电位 示波器可用来测量两个电极之间电位的不同。一个电极被放在处于静息状态的轴突里，另一个被放在轴突外，细胞内的电位较细胞外低，是 –70 毫伏。这个位差是由于薄膜内外正负电荷的分离引起的。

轴突

0 mV

–70 mV

极性

轴突

离子之间异性相吸。只要有机会，薄膜中的负电荷离子和薄膜外的正电荷离子就会相互碰撞。脉冲通过开关离子通道穿行于神经元之间，使得离子能够流入流出。

当脉冲到来时，神经元就会变得活跃——例如，感受到针刺或者是看到某人的脸——会增加神经元的电压，在轴突基底的钠离子大门就会打开。该行动使得带正电荷的钠离子进入神经元，产生更多的正电荷神经元，并通过降低神经元内外液体的电荷差，使得薄膜两端去极化。然后钾离子通道打开，带有正电荷的钾离子经由神经元的半渗透薄膜移出去。正电荷的外流使神经元中充满负电荷。然后，当下一组通道打开的时候，相同的过程再一次发生。进入轴突的过程中，就像一排橱柜的门在有序地开关。虽然很难想象，但是这个可以开关的小门的简单系统，使得芭蕾舞者能够顺利地表演、使得钢琴演奏者的手指能够流畅地滑动。

动作电位描述了经由轴突的正电荷的短波（图2.4）。动作电位仅仅持续一秒的千分之一，因为钠离子通道的打开时间非常短暂。它们很快就会再一次关闭，为下一个动作电位做准备。一个神经元发送一个动作电位，通常称为"发动"。

动作电位遵循**全或无原则**：一旦电脉冲达到某一强度（称作阈值），它就会发动并且全速移动到轴突，期间强度没有任何减弱。脉冲到达轴突的过程，可以比作是鞭炮的导火线。无论你是使用火柴还是喷灯点燃导火索，一旦导火索被点着，火星就会以同样的强度沿着导火索很快地进行传递。

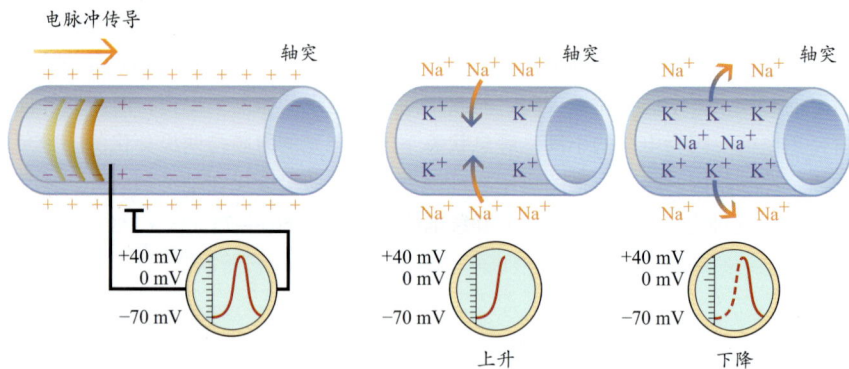

图 2.4　动作电位　动作电位是带有正电荷的短波，当轴突薄膜的钠通道开关时，动作电位得以通过。（a）当电位沿着轴突运动的时候，动作电位能够引起电位的改变。（b）钠离子和钾离子进出轴突能够引起电位的变化。

（a）动作电位由神经元内的电脉冲产生　　　　（b）钠离子和钾离子的运动是动作电位产生的原因

突触和神经递质

电脉冲沿着轴突的移动过程，可以比作是体育场中的人群波动。然而，存在的一个问题就是波的通道问题。这个波是怎么穿过通道的？同样的，神经元之间是不直接接触的，电信号无法通过它们之间的空间。然而，神经元之间还是能成功地进行传递。这就是电化学传播中的化学部分在起作用。神经元通过携带信息的化学物质进行彼此间的交流。神经元彼此间的联系是当代神经科学研究最感兴趣、也是研究最多的领域之一（Emes & Grant，2012）。图2.5概述了神经元之间的联系是怎么发生的。

突触传导　**突触**是神经元间的微小空间；神经元间的空隙被称为突触间隙。大多数突触存在于一个神经元的轴突和另一个神经元的树突或细胞体之间（Turrigiano，2011）。脉冲跨越突触间隙之前，必须转化为化学信号。

动作电位　带有正电荷的短波，经由轴突传递。

全或无原则　一旦电脉冲达到某一强度（阈值），它就会发动并且全速冲到轴突，期间强度没有任何降低。

突触　是神经元间微小的空间；神经元间的空隙被称为突触间隙。

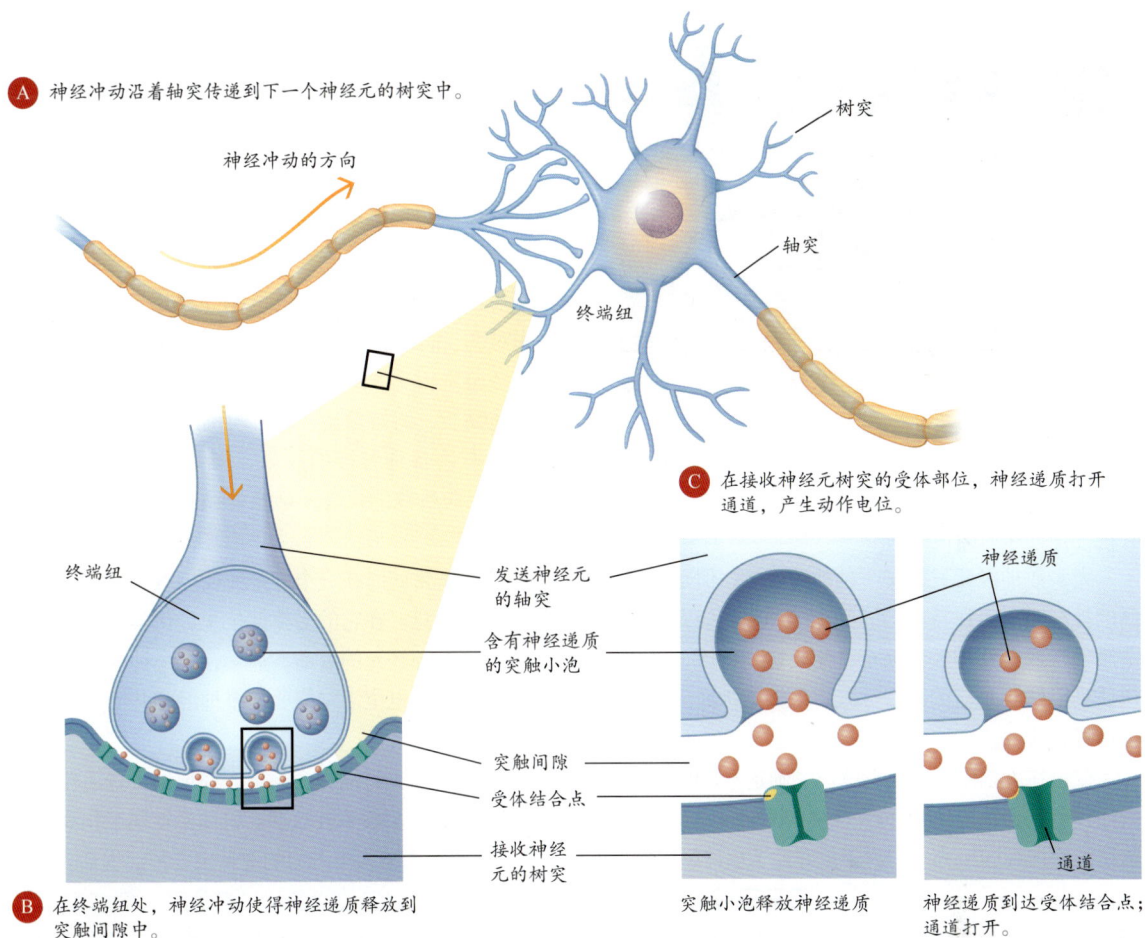

Ⓐ 神经冲动沿着轴突传递到下一个神经元的树突中。

神经冲动的方向

树突

轴突

终端纽

Ⓒ 在接收神经元树突的受体部位,神经递质打开通道,产生动作电位。

终端纽

发送神经元的轴突

含有神经递质的突触小泡

突触间隙

受体结合点

接收神经元的树突

神经递质

通道

Ⓑ 在终端纽处,神经冲动使得神经递质释放到突触间隙中。

突触小泡释放神经递质

神经递质到达受体结合点;通道打开。

图2.5 突触和神经递质是怎样工作的(A)突触前神经元(发送神经元)的轴突和突触后神经元(接收神经元)的树突对接。(B)这是神经元突触的放大图,展示了两个神经元间的突触间隙、终端纽和含有神经递质的突触小泡。(C)这是受体部位的放大图。请注意观看神经递质是如何打开受体部位、启动神经元发动的。

　　每个轴突的分支处都有许多纤维,这些纤维最终组成终端纽。储藏在终端纽的突触小泡中的化学物质就是**神经递质**。正如其名,神经递质传递或者携带信息穿过突触间隙,到达下一个神经元中。当神经冲动到达终端纽时,它会激起突触小泡释放神经递质分子(Liu & others,2011)。神经递质分子大量涌入神经间隙。虽然是随意运动,但其中的一部分神经递质分子会碰撞到下一个神经元的受体部位。

　　神经递质像拼图的不同组块,而位于下一个神经元上的受体部位就像是相对应的不同形状的位置。如果受体部位的形状和神经递质分子的形状一样,神经递质就会扮演钥匙的角色,能够打开受体部位,以便于神经元能够接收来自上一个神经元的信号。进行信息传递之后,一些神经递质在能量的产生中消失殆尽,其他一些神经递质则被轴突再吸收,等待下次神经冲动时再释放。这个再吸收过程被称作再摄取。本质上,大脑中的消息是通过神经递质穿越突触进行传递的,当消息接近突触时,它就到达了终端纽。

神经递质 储藏在终端按钮的突触小泡中的化学物质就是神经递质。神经递质传递或者携带信息,穿过突触间隙到达下一个神经元中。

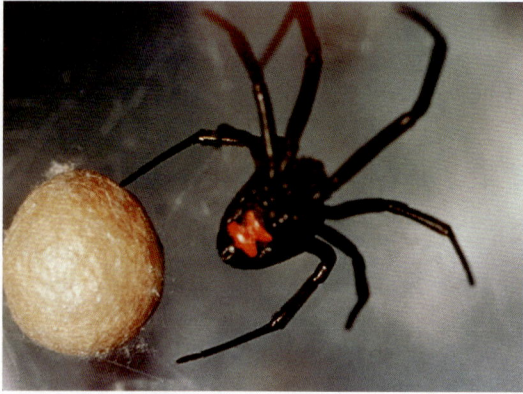

许多动物毒液，如黑腹蜘蛛的毒液，就是像神经递质一样的物质，会扰乱神经递质的传播。

神经化学信使（Neurochemical messengers） 神经递质有很多种，每一个都扮演着特定的角色，在特定的路线上运作。一些神经递质刺激神经元兴奋，其他的神经递质抑制神经元兴奋，一些神经递质则既有刺激作用又有抑制作用（Ellender & others，2011）。

当神经递质穿越突触间隙到达接收神经元的时候，其分子要么扩散开来，要么被限制在很小的空间内。这些分子可能逐个快速进入，也可能分散开来。接收神经元会先对这些信息进行整合，然后再做出反应。

神经递质和受体部位相吻合，就像钥匙和钥匙孔一样。其他物质，例如毒品，有时候可能也会和受体部位相吻合，产生各种各样的效果。相似的，许多动物毒液，例如黑腹蜘蛛的毒液，是像神经递质一样的物质，会扰乱神经递质的传播。

大多数神经元只分泌一种神经递质，但是，许多不同的神经元常常同时在一个神经元的突触间隙中分泌不同的神经递质。在特定的时间里，一个神经元从神经递质接收许多消息。在它的受体部位上，化学分子附着到薄膜上，或者使神经元兴奋，使其达到阈值，启动神经元；或者抑制神经元的启动。通常，一个神经元的神经递质难以达到足够的兴奋性来启动接收神经元上的动作电位。启动动作电位常常需要许多神经元共同发送兴奋性信息，或者较少的神经元发送快速而猛烈的兴奋性信息。

仅仅在大脑中，研究者就已经确定了100多种神经递质，每一种都有独特的化学构造。发现的数量还在一直增加，可能会超过100多种（G. B. Johnson，2012）。从蜗牛到鲸鱼，神经科学家在这些有机体中发现了和我们大脑相同的神经递质分子。为了更好地了解神经递质的作用，我们来看看影响人类行为的七种主要神经递质。

66 肉毒杆菌注射剂含有肉毒毒素，这是一种毒药，通过毁坏乙酰胆碱，阻止了注射者面部肌肉的运动。皱纹和许多实际的面部表情因此无法呈现出来。99

乙酰胆碱 乙酰胆碱通常刺激神经元的启动，参与肌肉运动、学习和记忆（Kalmbach，Hedrick，& Waters，2012）。乙酰胆碱存在于中枢和外周神经系统中。黑寡妇蜘蛛的毒液能够引起乙酰胆碱从脊髓和骨骼肌间的突触中涌出，造成剧烈的痉挛。

患有老年痴呆症者大脑中的乙酰胆碱缺失，出现大脑功能紊乱退化、记忆力下降（Griguoli & Cherubini，2012）。一些药品可以通过补充大脑中乙酰胆碱的供应，来减轻老年痴呆症的症状。

66 你可以把氨基丁酸看作大脑的刹车踏板。99

γ-氨基丁酸 氨基丁酸在中枢神经系统中随处可见。在大脑三分之一的突触中都存在这种神经递质。γ-氨基丁酸之所以重要，是因为它阻止了许多神经元的启动（Richter & others，2012）。通过这样的方式，γ-氨基丁酸有助于控制神经元之间信号传递的精确度。低浓度的γ-氨基丁酸和焦虑相关。抗焦虑药物可以增加γ-氨基丁酸的抑制效果。

去甲肾上腺素 去甲肾上腺素可抑制中枢神经系统中神经元的启动，但是会使心脏肌肉、肠道和泌尿生殖道处于兴奋状态。压力可以刺激去甲肾上腺素的释放（Wong & others，2012）。这种神经递质也有助于控制灵敏度。较少的去甲肾上腺素和抑郁相关，过多的去甲肾上腺素能够引发躁动和狂乱状态。例如，安非他命和可卡因能够通过迅速增加大脑中的去甲肾上腺素的水平，引起行为过激或躁狂状态（Janak，Bowers，& Corbit，2012）。

回顾一下本章的开头，大脑和神经系统最重要的特点之一就是整合性。神经递质也是如此，它们可以两个或多个共同发挥作用。例如，去甲肾上腺素和乙酰胆碱能够共同发挥作用，调节睡眠和苏醒状态。

多巴胺 多巴胺可以控制随意运动，影响睡眠、心情、注意、学习和识别环境中的奖赏的能力（Meyer，2012）。我们将在第十章提到，多巴胺和个人的外向性品质有关。兴奋剂，例如，可卡因和安非他命，能够产生兴奋、机敏、愉悦和不疲劳感，有时候还会通过刺激多巴胺接收器来增加运动的活动量（Perez-Costas，Melendez-Ferro，& Roberts，2010）。

低浓度的多巴胺和帕金森病有关，患者会出现躯体的运动衰退（Berthet& others，2012）。高浓度的多巴胺和精神分裂症有关（Eriksen，Jorgensen，&Gether，2010），这是一种严重的精神混乱，我们将在第十二章讲到。

5-羟色胺 5-羟色胺能够调节睡眠、心情、注意和学习。它和乙酰胆碱、去甲肾上腺素共同发挥作用，调节睡眠和清醒状态。低浓度的5-羟色胺和抑郁有关（Karg & Sen，2012）。抗抑郁药物百忧解，通过降低5-羟色胺进入终端纽时的再吸收，进而增加大脑中5-羟色胺的含量。图2.6展示了大脑中5-羟色胺的路径。在大脑中有15种已知的5-羟色胺受体（Hoyer，Hannon，& Martin，2002），每一种抗抑郁的药物都对不同的受体有不同的效果。

安多芬 安多芬是天然的麻醉剂，主要刺激神经元的启动。安多芬保护身体免受疼痛，减轻压力感。长跑运动员、要临盆的妇女、在事故后受到惊吓的人，都会产生高浓度的安多芬（Mahler & others，2009）。

在公元前四世纪以前，希腊人就用野罂粟花来诱导兴奋的产生。2000年以后，隐藏在鸦片中让人上瘾的神奇公式最终被发现。在二十世纪七十年代前期，科学家发现鸦片包含了错综复杂的天然麻醉剂体系，它存在于大脑路径的深处（Pert，1999；Pert & Snyder，1973）。吗啡（鸦片中最重要的麻醉剂）通过刺激大脑中与快乐和悲伤有关的受体，来模仿安多芬的作用（Vetter & others，2006）。

催产素 催产素是一种激素和神经递质，在对爱和社会纽带的体会中起重要作用。刚刚生育的妈妈，其催产素会激增，催产素与开始泌乳以及母乳喂养有关（Vrachnis& others，2012）。

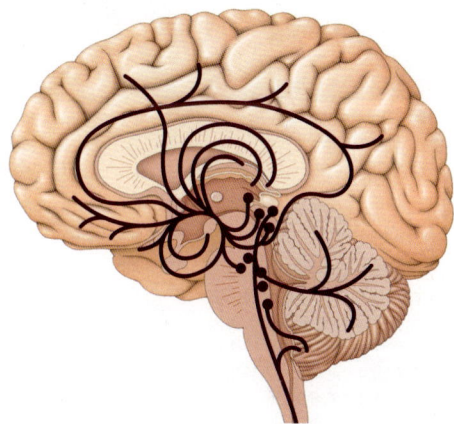

图 2.6　5- 羟色胺通路　大脑中的每一个神经递质都有特定的工作路径。图中展示的是 5- 羟色胺的路径。

然而，催产素，不仅仅与妈妈为婴儿哺乳有关（Carter &others，2007）。它也是父母第一次看到新生儿时就爱不释手的一个原因（Young，2009）。

催产素还在性高潮时释放，催产素在人类性高潮的愉快感受以及与爱人之间形成感情纽带方面起作用（Magon&Kaira，2011）。也有研究把催产素和妇女的压力反应相联系。根据Shelley Taylor的研究（2001，2007，2011a，2011b），遭遇压力的妇女没有出现典型的"战斗或逃跑"反应，而是寻求其他人的支持，这就是催产素的作用。泰勒称这个反应为"照顾与结盟"。

药物和神经递质 大多数药物都通过阻止神经递质的工作来影响行为（Hart，Ksir，& Ray，2011）。药物能模仿或增强神经递质的作用，或阻碍其作用。**兴奋剂**就是一种模拟或增强神经递质作用的药物。例如，吗啡通过刺激大脑和脊髓中与快乐和痛苦有关的受体，来模仿安多芬的作用。**拮抗物**是一种阻

兴奋剂　一种模拟或增强神经递质发挥作用的药物。

拮抗物　一种阻止神经递质发挥作用的药物。

止神经递质发挥作用的药物。例如，用来治疗精神分裂症的药物就是通过妨碍多巴胺的活动来起作用。

神经网络

到目前为止，我们主要聚焦于单独的神经元是怎样发挥作用以及神经冲动是怎样从一个神经元传递到另一个神经元的。现在，让我们一起来看一下，大量神经元在整合输入信息、协调输出信息中是如何共同发挥作用的。图2.7展示了神经网络或神经路径的图片。这张图会告诉你神经元是怎样活动及其如何与其他的神经元相联系的。

一些神经元的突触较短，能够与其他较近的神经元进行信息传导。一些神经元的突触较长，能够和距离较远的神经元回路进行信息传递。这些神经网络不是静态的（Fietta & Fietta，2011）。它们通过改变突触的连接强度而发生改变。任何信息，例如名字，都可能会嵌入在成百上千的神经元联系之间（Wickersham & Feinberg，2012）。这样，人类的行动，例如注意、记忆和思维，就分布在大量连接在一起的神经元之间。这些神经元的联结强度决定了你记忆的好坏（Goldman，2009）。

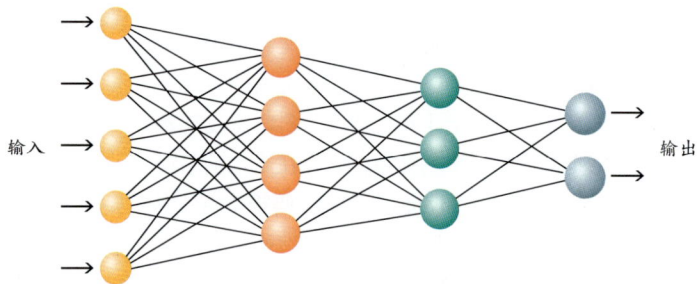

图 2.7　神经网络的例子　输入（来自环境和感受器的信息，例如一个人的面部表情细节）会嵌入到大脑中神经元间的广泛连接中，这个过程会进一步引发输出，例如记住一个人的面庞。

自我测试

1. 将信息从细胞体携带到其他细胞的是神经元的哪个部分_____。

   A. 树突　　　　　　　B. 突触

   C. 细胞核　　　　　　D. 神经元

2. _____一旦电脉冲达到阈值，它就会启动并沿着轴突移动，但强度没有任何减弱，这个是_____。

   A. 神经递质　　　　　B. 动作电位

   C. 神经冲动　　　　　D. 全或无原则

3. _____携带信息跨越突触间隙到达下一个神经元的化学物质是_____。

   A. 神经递质　　　　　B. 突触

   C. 安多芬　　　　　　D. 激素

小应用！

4. 许多年以前，一些研究者发现，当人们遭遇压力、恐慌，如遭受到电击时，他们不战斗也不逃跑。反之，他们会在恐惧中请求一个朋友陪伴在身边。以下哪种选项能够解释这个神秘的爱的陪伴效果？

   A. 被试都是男人

   B. 被试都是女人

   C. 被试有缺失的自主神经系统

   D. 被试有严重的精神混乱

3　大脑的结构及其功能

体验一下：
大脑结构及其功能

当然，肉眼无法看到人类身体中广泛存在的神经元网络。幸运的是，科技在不损坏被研究组织的情况下，能帮助神经系统科学家获取神经元的结构、组织及其组成的更大的神经元组织的图片。这部分中，我们将探索科学家在大脑研究中使用的技术，讨论这些工具所揭示的人类的大脑结构和功能。尤其要注意的是大脑皮层，这是与本书的研究课题最相关的大脑区域。

研究者如何研究大脑和神经系统

早期有关大脑的知识，主要源于那些遭受脑损伤和疾病的个体，或者那些通过大脑手术来减轻某一症状的人。现在的研究主要依赖技术，这些技术使研究者能够"看到"正在工作的大脑内部。让我们来了解一下这些最新的技术。

大脑损伤（brain lesioning）　大脑损伤是指由受伤和疾病导致的大脑组织的异常。在实验室中，神经科学家通过破坏实验动物的大脑，使其产生病变，来确定病变部位对动物行为的影响（Hosp & others，2011）。他们通过手术移出大脑组织，用激光破坏组织，或者通过注射药物来移除组织（Ho & others，2011）。检测人或者动物组织的损伤部位，能够让科学家对于大脑该部分的功能有一定的了解。

电记录技术　脑电图仪（electroencephalograph，EEG）记录了大脑的电活动。放在头皮上的电极能够检测脑电波的活动，并记录为图表形式，这被称之为脑电图。这个设备能够检测到脑损伤和癫痫症（由于大脑中不正常的电涌而导致的癫痫发作），以及其他一些问题（Rosenthal，2012）。Paul Ekman，Richard Davidson和Richard Davidson（1990）记录了电影剪辑激起情感体验的脑电活动。研究中，被试观看搞笑视频（例如小狗玩弄花、猴子洗澡）和能激起恐惧和恶心的电影（一条截肢的腿、三级烧伤受害者）。大脑是怎样对这些刺激做出反应的呢？如脑电图所示，研究者发现，在观看搞笑视频时，人们的左边前额叶活动比右侧更活跃。相反，当被试观看恐怖电影的时候，右边前额叶区域比左边更活跃。

这些差异能够解释幸福感方面存在的差异吗？有可能。Heather Urry及其同事们（2004）发现，左前额叶更为活跃的人们（被称为前额叶不对称）倾向于在幸福指标上自我评分很高，包括自我接受、积极的人际关系、生活目的和生活满足感这四个维度。

并非所有关于大脑活动的记录都通过大脑头皮和电极的连接来实现。在单元记录（single-unit recording）中，研究者将一个极小的探针植入或者靠近某个神经元，用来检测关于该神经元的电活动信息。探针将神经元的电活动传递到一个扩大器中，便于研究者"看"到这些活动。

脑成像（brain imaging）　多年来，医疗实践者使用X光来探查身体内外的损伤，其中既包括大脑内部，也包括身体的其他部位。然而，只使用X光检测大脑很难说明什么，因为它只能展示出大脑内部立体结构的二维图像。更加先进的技术——计算机化X射线轴向分层造影（电脑断层扫描，CT）可以通过电脑，从针对大脑的X光组成的复合图像中获得立体图像。电脑断层扫描提供了关于损伤位置和程度的有价值的信息，这些损伤包括中风、言语混乱和失忆（Pasi，Poggesi，&Pantoni，2011）。

正电子放射断层造影术（positron-emission tomography，PET）是以大脑中代谢活动的变化为基础的技术。正电子放射断层造影术能够测量到大脑各个区域的葡萄糖含量，并将这些信息发送到电脑中进行分析。神经元通过葡萄糖产生能量，因此葡萄糖含量随着大脑活动的水平而变化。对葡萄糖含量的监测会生成一幅有关整个大脑的活动水平图。

正电子放射断层造影术的一个有趣的应用：Stephen Kosslyn及其同事们（1996）对心理意向的研究发现，大脑能够在外部刺激缺乏的情况下创设知觉状态。例如，如果你现在去想一首你最喜欢的歌曲，那么，你就可能在大脑的耳中"听"到它；如果你去回想妈妈的面庞，你就可能在大脑的眼睛里"看"到她。使用正电子放射断层造影术的研究显示，当我们想象看到某个事物（就像真的看到它时一样）时，大脑中的一个区域——17区——此时会被激活。Stephen及其同事们要求被试视觉化一封用字母写的书信，然后要求那些人就信中的一些问题回答是或否。例如，被试可能想到字母C，他要如实回答这个问题"它有弯曲的线条吗"？答案是有。如果一个人想的是F，答案是没有。这项研究的神奇结果是，通过正电子放射断层造影术对大脑活动的显示发现，那些大脑中使用17区来完成这个视觉化任务的被试，回答问题的速度快于那些没有使用17区的被试。

近来，核磁共振成像被用于新兴的人格神经科学中。人格心理学（参见第十章）关注个体在不同维度间的差异，如外向和情感稳定。要想阅读有关工作，可查找交叉研究的内容。

尽管核磁共振成像揭示了关于大脑结构的大量信息，但它仍然不能描述大脑的功能。然而，其他技术可作为探索大脑工作的窗口（Sperling，2011）。最新的技术——功能性磁共振成像fMRI，可以让科学家看到大脑工作的状况。与正电子放射断层造影术一样，功能性磁共振成像基于这样的观点：心理活动和大脑变化有关。功能性磁共振成像利用的是大脑活动和血氧变化的关系，而正电子放射断层造影术基于的是"葡萄糖是思维的基础"这一观点。

当部分大脑工作时，含氧血就会冲到这个位置。氧含量比需要的多。在某种意义上，功能性磁共振成像是基于思维就像短跑这样一个事实。你跑100米冲刺的时候，血液携带氧气冲到腿部肌肉。你一停下来，就会感到腿紧绷，因为氧气没有被完全使用。相似的，如果大脑的一个区域努力工作——如，解决一个数学问题——强烈的活动会导致含氧血的激增。额外的氧气使得大脑活动得以成像。

功能性磁共振成像和磁共振成像一样，需要进入同样的大金属桶里，但是在功能性磁共振成像中，人可以活动——听研究者通过耳机发送的声音信号或者观看大屏幕上的视频。拍摄到的大脑图像，既有在大脑休息时的图像，也有在大脑忙于听音乐、看视频或做决定时的图像。通过把大脑活跃时和休息时的图像进行比较，功能性磁共振成像揭示了大脑的特定活动与被研究的心理体验间的关系。功能性磁共振成像技术是长期以来最令人兴奋的方法之一，对心理学产生了冲击。

功能性磁共振成像告诉我们有关大脑活动与心理活动的关系，这是一个相关性陈述。第一章中指出，相关性指的是变量间的关系，而非潜在的因果关系。例如，尽管鉴别一张猫的图片很可能和大脑特定区域的活动有关，但我们无法确定是否是对猫图片的辨别引起了大脑的活动（Dien，2009）。

另一种研究大脑功能的方法考虑到了因果关系，就是经颅磁刺激（transcranial magnetic stimulation，TMS）（Lepage&Theoret，2010）。经颅磁刺激在1985年首次使用（Barker，Jalinous，&Freeston，1985），常常结合大脑成像技术，共同考察大脑活动和行

神经科学与人格：一些人的大脑比另一些人更好吗？

第一次遇到某个人时，你可能只会注意到这个人是否友善、亲和、真诚（考虑下你知道的最好的人）或者敌意、冷酷和苛刻（想想X因素和美国偶像中的Simon Cowell）。人格心理学家把"友善"看做是合群、善良、利他和富有同情心的品质。和蔼可亲的人乐于合作而非充满竞争、对人礼貌而非粗鲁。问卷测量中的类似条目为"我试着礼貌对待我遇到的每一个人"，"我认识的大多数人和我很像"，合群与许多积极的个人品质有关，包括利他、坦诚和善良（Graziano & Tobin，2009；Hall & others，2010；MacDonald，Bore，& Munro，2008）。那么，合群性与特定的大脑差异有关吗？

Colin DeYoung及其同事们（2010）考察了这个问题。他们请116个成年人完成包括合群性在内的关于人格测量的问卷调查，然后用核磁共振扫描仪对这些人的大脑进行检测，考察人格是否与大脑中的结构差异有关。在这项研究中，研究者尤其关注的是人格与大脑不同区域之间的关系。他们发现，合群性和面部的梭状回有关，梭状回位于右半球的微型区域中（就在耳朵上面），它在面部识别中起作用（Wiese & others，2012）。合群也与位于大脑后扣带回的皮质有关，是与同情、理解、信仰有关的大脑区域（Saxe & Powell，2006）。

关于大脑和人格，这项研究告诉了我们什么？大脑结构会使某个人更好吗？记住，大脑受经验的影响。正如出租车司机在了解了伦敦地图后，大脑会形成不同的联系，和蔼可亲的人可以通过行为善良来创建更好的大脑。

另一项技术，磁共振成像（magnetic resonance imaging，MRI），通过创建环绕人体的磁场，使用无线电波来获取人体组织和生物化学活动的图像。用来创建核磁共振成像的磁体磁场比地球的磁场强大5万倍（Parry & Matthews，2002）。不需要在大脑中注入任何物质，核磁共振成像就会产生清晰的大脑内部图像，并且（不像X光）不会产生过度辐射的问题（Nyberg，2004）。我们只需要安静地躺在桶状的金属隧道内，就可以获得核磁共振图像。核磁共振成像为我们提供了一个很好的大脑结构图，它可以使我们看到经验是否影响或者怎样影响大脑结构。在一项核磁共振成像的研究中，Katrin Amunts及其同事们（1997）记录了个体肌肉锻炼（如，弹钢琴）的时间与大脑中控制手部运动的区域大小之间的关系。

为之间的因果关系，或者检测大脑损伤事件，如事故或中风的神经功能，甚至可以用于治疗精神和心理障碍。

在经颅磁刺激过程中，个体头上被放置电磁线圈，电磁线圈会指向特定的大脑区域。经颅磁刺激使用磁场的迅速变化来诱发大脑中短暂的电流脉冲，这些脉冲会激发神经元中的动作电位（Siebner & others，2009）。随着动作电位的爆发，大脑目标区域中的活动被抑制，引起了所谓的虚拟病变。该技术完全没有痛感，科学家可以将该技术与大脑成像一起使用，检测不同大脑区域的作用。如功能性磁共振成像或者正电子放射断层造影术所呈现的，如果大脑区域与行为有关，那么短暂地扰乱那个区域就应该会打乱相对应的行为。例如，上面提到，研究者正在做一项关于认识猫的研究，他们可能会使用经颅磁刺激来打乱和认识猫有关的大脑区域，来看看被试是否会暂时无法认识猫科动物的图片。

66 听起来有点害怕吧？其实不然。经颅磁刺激也被用来治疗一些精神疾病。99

大脑是如何组织的

当人类胚胎还在妈妈子宫里孕育的时候，胚胎的背部就会长出长长的空心管状的神经系统。在怀孕后的三周左右，由细胞构成的这个管道，分裂成大量不同的神经元，大多数神经元后来发育为大脑三个主要区域：后脑，和脊髓的顶部相毗邻；中脑，在后脑上部；前脑，是大脑最上面的区域。

后脑　**后脑**位于头骨的后方，是大脑的最低处。后脑的三个主要部分是延脑、小脑和脑桥。图2.8展现了这些结构。

延脑始于脊髓进入头骨处。该结构负责许多至关重要的功能，如呼吸和心跳，并且还调节我们的反射。

从后脑的后部延伸出来的部分就是小脑，小脑就在延脑的上面。它包括两个圆形的结构，在运动协调中起重要作用（Manto & others，2012）。小脑协调胳膊和腿的运动，例如，当我们打高尔夫、弹钢琴、学习新舞蹈时，小脑就会努力工作。如果大脑的另一部分命令我们写出数字7，那么小脑就会整合各项需要的肌肉活动。损坏小脑会损坏运

后脑　位于头骨的后方，是大脑的最低处。后脑的三个主要部分是髓质、小脑和脑桥。

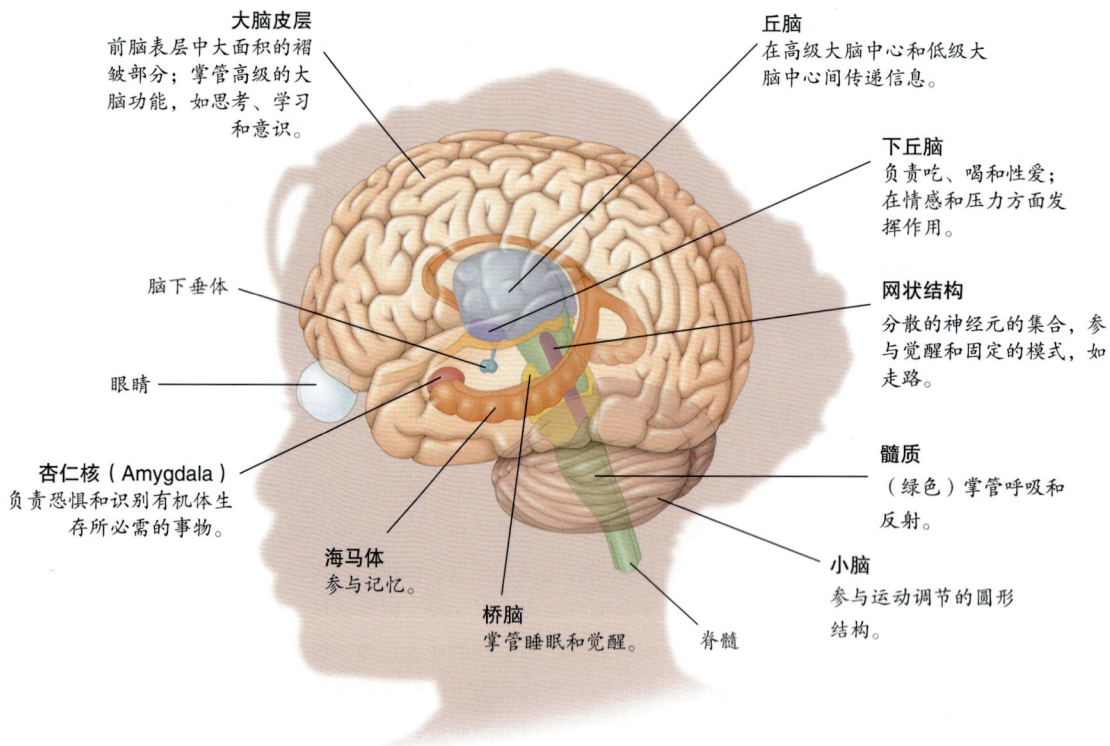

大脑皮层
前脑表层中大面积的褶皱部分；掌管高级的大脑功能，如思考、学习和意识。

丘脑
在高级大脑中心和低级大脑中心间传递信息。

下丘脑
负责吃、喝和性爱；在情感和压力方面发挥作用。

网状结构
分散的神经元的集合，参与觉醒和固定的模式，如走路。

脑下垂体

眼睛

杏仁核（Amygdala）
负责恐惧和识别有机体生存所必需的事物。

海马体
参与记忆。

桥脑
掌管睡眠和觉醒。

脊髓

髓质
（绿色）掌管呼吸和反射。

小脑
参与运动调节的圆形结构。

图2.8　人类大脑的结构和区域　为了了解大脑中这些结构的位置，可以把眼睛（图中的左侧）作为一个地标。注意，这些结构，如丘脑、下丘脑、扁桃体、脑下垂体、脑桥和网状结构，都位于大脑深处。

动的协调性。当这样的伤害发生时，人的运动就会变得笨拙、不协调。小脑的大面积损害甚至会使人无法站立。

脑桥是后脑的桥梁，连接小脑和脑干。它包含与睡眠和觉醒有关的纤维（Espana & Scammell，2011）。

脑干包含大部分的后脑（它不包括小脑）和中脑，因为看起来像树干而得名。脑干嵌入大脑的深处，与脊髓的低端相连，一直延伸至位于中脑中的网状结构。脑干是大脑中最古老的部分，进化了5亿多年（Carter，1998）。在脑干中的细胞集合负责警惕性，调节基本的生存功能，如呼吸、心跳和血压（Yeomans，2012）。

中脑　**中脑**位于前脑和后脑之间，许多神经纤维系统在这个区域中升降穿梭，以此连接大脑中的高低部分（Ishikawa & others，2012）。中脑在大脑和眼睛、耳朵间传递信息。例如，观看物体的能力就与中脑中的一些神经元有关。帕金森病是一种运动退化、身体僵硬和颤抖的疾病，原因就是靠近中脑底部的部分受到损伤。

中脑中有两个系统尤其引起了研究者的兴趣。一个是**网状结构**（见图2.8），包含许多分散的神经元的集合，负责固定的行为模式，如觉醒、走路、睡眠以及对突然出现的声音的注意。另一个系统包含一组神经元，可运行神经递质5-羟色胺、多芬胺和去甲肾上腺素。尽管这组神经元只含有相对较少的细胞，但它们能把轴突发送到很多的大脑区域，因此这组神经元能够负责一些复杂又统一的功能。

前脑　试着理解一下大脑中该部分的意义。你和朋友一起聊天，策划本周的派对。你记得上次去看牙医到现在已经6个月了。你非常自信在本学期的下一次考试中能表现优异。以上这些没有前脑都不可能发生，**前脑**是大脑中分布面积最大，位于最前面的部分。

在探索前脑的结构和功能之前，先看看大脑是怎样进化的。最早期的脊椎动物的大脑比后来的动物的大脑更小、更简单。在进化过程中的基因改变，使得大脑发展得更加复杂、有更大的区域和更多彼此的连接（Raven & others，2011）。图2.9比较了老鼠、猫、大猩猩和人的大脑。在大猩猩和（尤其）人的大脑中，后脑和中脑结构被前脑中一个叫做大脑皮质的区域所覆盖。人类的后脑和中脑与其他动物的大脑相似，因此，主要是前脑的相对尺寸，将人脑和其他动物的大脑区别开来。人类前脑最重要的结构是边缘系统、丘脑、基底核、下丘脑和大脑皮层。

边缘系统　**边缘系统**是在大脑皮质底下松散连接的网状结构，在记忆和情感两方面都很重要（LeDoux，2012）。它的两个主要结构是杏仁核和海马体（见图2.8）。

杏仁核是一个扁桃仁形状的结构，位于大脑里面靠近底部的位置。事实上，大脑两侧各有一个杏仁核。杏仁核和物体辨别有关，这对有机体的生存很重要，如辨别正确的食物、肉和社会对手。在看到这种刺激的时候，杏仁核中的神经元会选择性地启动，杏仁核的损伤会引起动物的不恰当行为，例如，进食、打仗，甚至和一把椅子交配。在本书中，无论什么时候我们提到强烈的感情，例如恐惧和愤怒，你都会看到杏仁核的作用（Toyoda & others，2011）。杏仁核也和情感意识和表达有关，它通过与大脑各个区域的广泛连接来工作（Amano & others，2011）。

脑干　包含大部分的后脑（它不包括小脑）和中脑，因为看起来像树干而得名。脑干嵌入大脑的深处，与脊髓的较低一端连接，一直延伸到位于中脑中的网状结构。

中脑　位于前脑和后脑之间，许多神经纤维系统在这个区域中升降穿梭，以此连接大脑中的高低部分，中脑在大脑和眼睛、耳朵间传递信息。

网状结构　位于中脑之中的系统，包含许多分散的神经元的集合，负责固定的行为模式，如觉醒、走路、睡眠以及对突然出现的声音的注意。

前脑　在大脑中分布面积最大，位于最前面的部分。

边缘系统　大脑皮质底下松散连接的网状结构，在记忆和情感两方面都很重要。它的两个主要结构是杏仁核和海马体。

杏仁核　是一个扁桃仁形状的结构，位于大脑里面靠近底部的位置。事实上，大脑两侧各有一个杏仁核。杏仁核和物体辨别有关，这对有机体的生存很重要，如辨别正确的食物、肉和社会对手。

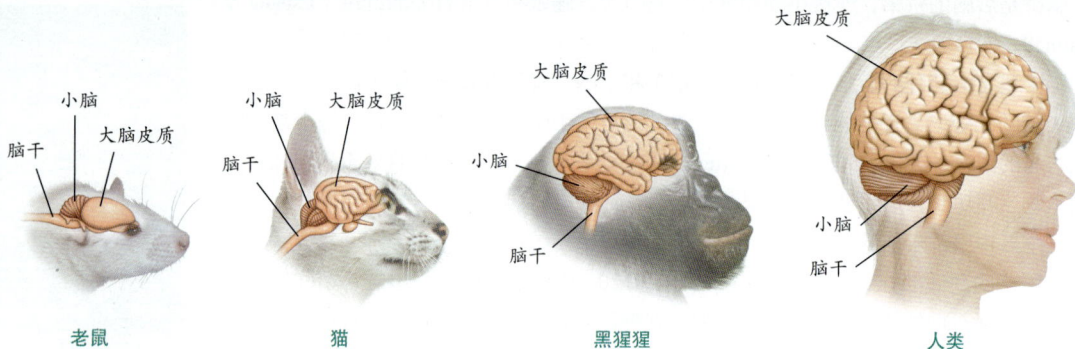

老鼠　　　　　　猫　　　　　　　　黑猩猩　　　　　　　人类

图2.9　不同物种的大脑　这幅图比较了老鼠、猫、大猩猩和人的大脑。当你看这幅图的时候，要记得每个有机体的大脑都是应对不同环境挑战的产物。＞不同物种间有哪些结构是相似的？　＞为何会有这些共同结构，这些大脑结构的共同点告诉我们什么？　＞为何老鼠没有一个大面积的大脑皮质？＞如果老鼠和猫有了人的大脑，它们的生活会怎样？

> ❝ 我们的杏仁核会自主的对刺激做出反应——可爱的小狗、吓人的大狗、迷人的潜在的另一半——我们自己都没注意到。❞

海马体　边缘系统上的一个结构，在记忆存储中扮演特殊的角色。

丘脑　位于大脑中心的脑干顶部的前脑结构区中，是重要的中转站。

基底核　位于丘脑之上和大脑皮层之下的神经元簇。基底核、小脑以及大脑皮质一起控制和调节自觉运动。

下丘脑　位于丘脑之下的一个小的前脑结构，监管三项愉快的活动——吃、喝和性爱——还有情感、压力和奖赏。

海马体是边缘系统上的一个结构，在记忆存储中扮演特殊的角色（Bastin & others，2012）。海马体大面积受到损伤的人，在损伤之后不会有任何新的有意记忆。尽管可以非常确定，记忆不存储在边缘系统中，然而，边缘系统似乎决定着哪一部分信息能够穿过大脑皮质，在大脑皮质"打印"上永久的神经痕迹。

丘脑　**丘脑**位于大脑中心的脑干顶部的前脑结构区中，是重要的中转站，其功能类似于电脑网络里的服务器。丘脑的一个重要功能是进行信息分类，然后把这些信息发送到前脑的恰当位置，以便后期的整合和理解（Jia, Goldstein, & Harrison，2009）。例如，丘脑的一个区域接收来自小脑的信息，并且把它发送到大脑皮层的运动区域。确实，大多数到达大脑皮层的神经输入都经过丘脑。然而，丘脑中一个区域的工作是确定来自感受器的信息的方向（听、看等），另一个区域和网状结构相连接，似乎是参与和睡眠、觉醒有关的工作。

基底核　**基底核**位于丘脑之上和大脑皮层之下的神经元簇。基底核、小脑以及大脑皮质一起控制和调节自觉运动。基底核使人们可以做出习惯性的行为，例如，骑自行车和发短信。基底核受损伤的人可能出现不必要的运动，如持续翻滚、肢体抽搐，或者一些微小的动作，患有帕金森病的人就会表现出类似的缓慢而细微的动作（Lenglet & others，2012；Starkstein，2012）。

下丘脑　**下丘脑**是位于丘脑之下的一个小的前脑结构，监管三项愉快的活动——吃、喝和性爱——以及情感、压力和奖赏（见图2.8中下丘脑的位置）。我们稍后会看到，下丘脑也帮助指挥内分泌系统。

描述下丘脑功能的最好方式就是把其比作身体内部状态的调节器。下丘脑对血液和神经输入的改变非常敏感，并进而影响激素和神经输出的分泌。例如，如果下丘脑附近的血液循环的温度增加1或2度，下丘脑中的特定细胞就会开始增加启动速率。结果，一连串事件就开始启动。皮肤和汗腺的循环会立刻增强，以此降低热量。冷却的血液循环至下丘脑，减缓其中一些神经元的活动，当温度恰好是37.1摄氏度（98.6华氏温度）时，该过程就会停止。这些热敏神经元就像一个精准的调试恒温器，使身体保持在平衡状态中。

下丘脑也参与情绪状态中，在压力处理的整合中起作用。这一整合过程主要通过位于脑下垂体上的下丘脑而实现，下垂体是位于下丘脑下面的重要的内分泌腺（Dorn & Biro，2011）。

如果下丘脑的某个区域受到电刺激，个体会感受到愉悦感。在一个经典实验中，James Olds和Peter Milner（1954）在老鼠大脑的下丘脑植入了一个电极。当老鼠跑到一个封闭区域的角落时，一个温和的电流就被传到下丘脑。研究者认为电流可能会使得老鼠避开这个角落。令他们惊讶的是，老鼠仍然返回角落。James Olds和Peter Milner认为他们发现了下丘脑中的愉悦中枢。James Olds（1958）做了进一步的实验发现，如果持续对下丘脑进行温和的电击，老鼠就会不断地按压把手，直到精疲力竭。由于对下丘脑的刺激，老鼠在一个小时能按下超过2000次把手，并持续了24小时（图2.10）。如今，研究者认为下丘脑掌管愉悦感，但是大脑的其他区域，如前脑中的边缘系统或前脑的纤维簇，也在大脑和愉悦感之间起作用。

James Olds的研究对毒品上瘾也有启示。老鼠按下把手的主要原因是这个活动产生了积极的奖励（愉悦），而不是因为它想要避开或者逃脱一个消极的影响（痛苦）。可卡因使用者谈到了毒品在食物、性爱和许多活动方面都有增强愉悦感的作用，强调了毒品的奖赏作用（Kalivas，2007）。我们将在第5章探讨毒品对大脑奖励中枢的影响。

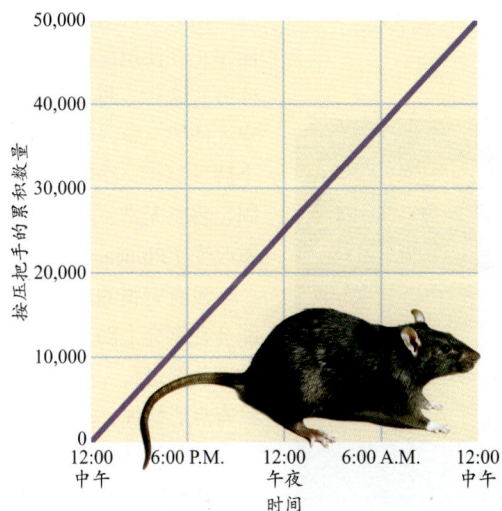

图 2.10　有关下丘脑对愉悦感影响的实验结果　这个有关老鼠的实验结果显示，由于对下丘脑的刺激，在24小时中，老鼠每小时按下把手的次数超过2000次。

大脑皮层

大脑皮层是前脑的一部分，是大脑进化过程中发展最晚的部分。"皮质"这个词在拉丁语中意思是"树皮"，大脑皮层实际上是大脑的外层。大多数复杂的心理活动，例如思维和计划，都发生大脑皮层中。

新大脑皮层是大脑皮层中最外部的部分。在人类大脑中，该区域占据了80%的皮质（其他动物中该区域占据30%到40%）。哺乳动物新大脑皮层的面积与其所生活的社会群体的大小密切相关。一些科学家据此提出理论，认为该部分负责高层次思维，如此进化的原因是让我们能够理解彼此（Dunbar & Schultz，2007）。

构成大脑皮层的神经组织覆盖在大脑的下部分区域，就像覆盖在大脑表面的一张纸。人类大脑皮层有许多凹槽和凸起，这大大增加了它的表面积（与光滑表面的大脑相比）。大脑皮层和大脑的其他部分紧密相连（Mesulam，2012）。大量的轴突与其他区域的大脑皮层中的神经元密切联系。

脑叶　褶皱的大脑皮层分成两半，称之为半球。每一个半球分成四个区域或脑

大脑皮层　是前脑的一部分，大脑皮层实际上是大脑的外层。大多数复杂的心理活动，例如思考和计划，都发生在大脑皮层中。

新大脑皮层　是大脑皮层中最外部的部分。在人类的大脑中，这个区域占据了80%的皮质。

叶——枕、颞、额和顶（图2.11）。

枕叶位于脑后，能够对视觉刺激做出反应。枕叶中，各区域之间的连接能够加工视觉刺激方面的信息，如颜色、形状和运动。一个人可以有一双功能完美的眼睛，但是这双眼睛只能侦测和传递信息。只有信息被枕叶理解了，观察者才可以"看到它"。枕叶的损伤能够导致失明，或者失去一部分视野。

颞叶位于耳朵上方的一部分大脑皮层，参与听觉、语言加工和记忆。颞叶和边缘神经系统有许多联结。因此，颞叶受损伤的人不能够将经历转化为长期的记忆。

额叶位于前额后面的大脑皮层区域，参与人格、智力和随意肌的控制。一个特别的案例研究表明，额叶的损伤能够很大程度地改变人格。25岁的Phineas T. Gage，是拉特兰·伯灵顿铁路公司工作的一个领班，在1848年发生了一场严重的事故。Phineas 和几个同事正在使用爆破炸药来搭建路基。这些工人在石头间钻洞，注入爆破炸药，然后用铁棒夯实这些炸药。当Phineas 在夯实炸药时，炸药爆炸了，把铁棒炸起来直接从他的头顶穿入他的左脸。尽管他头骨的伤几周后治愈了，但Phineas 变成了另一个人。先前他是一个脾气温和、辛勤工作和沉着冷静的人，受到所有了解他的人的喜爱。后来，他变得顽固、喜怒无常、不负责任、自私，不能参加任何计划好的活动。大脑额叶的损伤已经严重改变了Phineas 的性格。

没有完整的额叶，人们会变得感情淡漠、容易分心、无精打采、社交迟钝，甚至可能会在宴会上随意打嗝。有额叶损伤的人会由于不相关的刺激而变得容易分心，他们常常不能够进行一些基本的活动。例如，当要求这样的个体点燃蜡烛或者划亮火柴时，他没有点燃蜡烛，却把火柴放在嘴里，扮出吸烟的架势（Luria，1973）。

和其他动物相比，人类的额叶特别大。例如，老鼠几乎没有额叶；猫的额叶只占据大脑皮层的3.5%；大猩猩占据17%；人类大约占据30%。

枕叶 位于脑后，对视觉刺激做出反应。

颞叶 位于耳朵上方的大脑皮层的一部分，参与听觉、语言加工和记忆。

额叶 位于前额的大脑皮层区域，参与人格、智力和随意肌的控制。

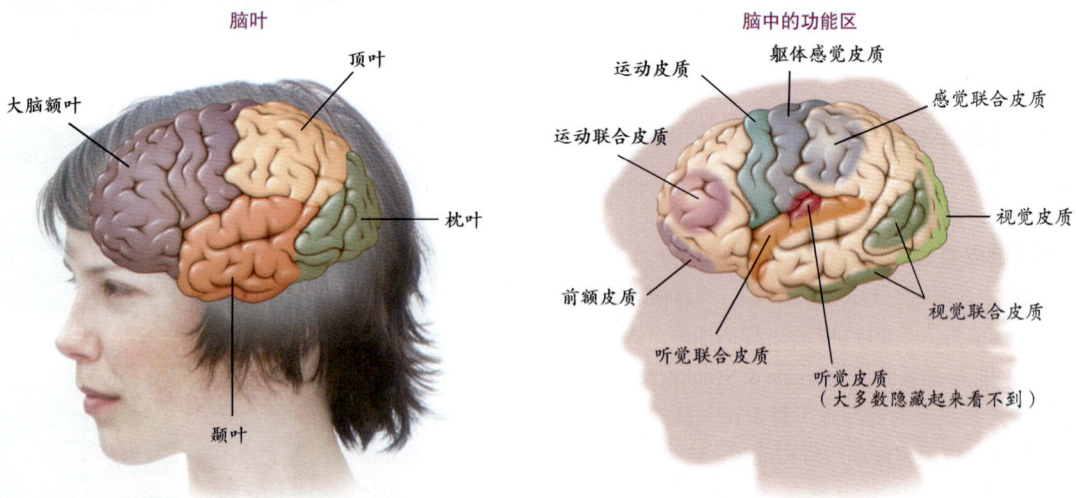

脑叶

顶叶 · 大脑额叶 · 枕叶 · 颞叶

脑中的功能区

运动皮质 · 躯体感觉皮质 · 感觉联合皮质 · 运动联合皮质 · 视觉皮质 · 前额皮质 · 视觉联合皮质 · 听觉联合皮质 · 听觉皮质（大多数隐藏起来看不到）

图2.11 大脑皮层的脑叶和相关区域 大脑皮层（左图）基本被分成四个脑叶：枕叶、颞叶、额叶和顶叶。大脑皮层（右图）也包含运动皮质和躯体感觉皮质。另外，大脑皮层包含联合区域，例如，视觉联合皮质区、听觉联合皮质区和感觉联合皮质区。

额叶的一个重要部分是**前额皮质**，位于运动皮质的前部（见图2.11），它参与高级认知功能，如计划、推理和自我控制（Teffer & Semendeferi, 2012）。一些神经科学家把前额叶比作是执行控制系统，因为它在思维的监测和组织方面扮演重要角色（Carlson, 2011; Diamond, 2013）。

顶叶位于顶部，朝向大脑后侧，参与空间位置定位、注意和运动控制（Ptak & Schnider, 2011）。因此，当你判断需要把球扔多远对方才能接到时，当你把注意力从一个活动转移到另一个活动上时（把注意力从电视上转移到外面的噪音上），当你翻书时，都需要顶叶的工作。聪明的物理学家艾伯特·爱因斯坦说，当他进行空间物体想象时，他的逻辑推理最好。结果发现，他的顶叶比平均人大15%（Witelson, Kigar & Harvey, 1999）。

提醒一句，不要将某一特定脑区的功能定位过度化。尽管上述讨论把特定的脑叶定位为特定的功能（如视觉在枕叶），然而，在任意两个和多个脑叶之间，以及脑叶与大脑其他部分之间，仍存在着大量的整合和联结。

躯体感觉皮层和运动皮层 大脑皮层的另外两个重要区域是躯体感觉皮层和运动皮层（见图2.11）。**躯体感觉皮层**位于顶叶的前部，加工身体的感觉信息。**运动皮层**在额叶的后面，加工随意运动的信息。

图2.12显示了躯体感觉皮质和运动皮质部分与身体不同部位的联系。这些都基于Wilder Penfield（1947）的研究，Wilder Penfield是蒙特利尔神经研究所的一个神经外科医生。Wilder的工作对象是患有严重癫痫病的患者，他常常通过手术来移除癫痫病患者大脑中的一些部分。然而，他担心移除大脑的某个部分会损伤个人的一些功能。Wilder的解决办法就是，在手术期间通过刺激不同的皮层区来映射大脑皮质，从而观察病人的反应，因此，病人需要在手术期间局部麻醉，以便于在手术中保持清醒。他发现，当他刺激某个躯体感觉或运动区域时，身体某一部位和大脑皮质中的位置有着点对点的关系。在图2.12中可见，与身体其他部位相比，脸和手在大脑皮层中占据更多空间，因为脸和手有着更加精密的理解和运动的能力，因此需要更多的大脑皮层。

感觉躯体区域与大脑皮层表面的点对点对应，是我们有序、精确理解世界的基础（Chen & others, 2011）。当有东西碰触你的嘴唇时，你的大脑就会知道哪个身体部位被碰触了，因为来自嘴唇的神经路径是唯一一个投射到嘴唇区域的躯体感觉皮质的路径。

联合皮质 嵌入大脑各脑叶中的联合皮质，占据了大脑皮层的75%（图2.11）。关于感觉输入和运动输出的信息加工不只在大脑皮层中进行。**联合皮质**（有时也叫联合区域）也负责信息的整合。最高的智力功能都发生在大脑联合皮质区域，如思维和问题解决。

有趣的是，对联合皮质特定部分的损伤往往不会导致特定功能的丧失。除了语言区域（这是局部的）外，大脑功能的丧

> 彭菲尔德技术影响至今。在大脑手术中，病人常常保持清醒。大脑没有感觉疼痛，因此保持病人清醒，这使得医生能过问病人的感觉、听到或看到的。可以肯定的是，这个手术没有损伤对意识、说话和其他重要功能负责任的大脑区域。

前额皮质 额叶的重要部分，参与高级认知功能，如计划、推理和自我控制。

顶叶 位于顶部，朝向大脑后侧，参与空间位置的记录、注意和运动控制。

躯体感觉皮层 加工身体感觉信息，位于顶叶的前部。

运动皮层 位于额叶的后面，加工随意运动信息。

联合皮质 有时也叫联合区域，最高的智力功能发生的大脑皮层区域，如思考和问题解决，都发生在联合皮质。

Out There

看起来怎么样？……希望我没有取下你太多的额叶。

BARBER

当大脑手术半退休时

经 The Funny Times 的许可使用。

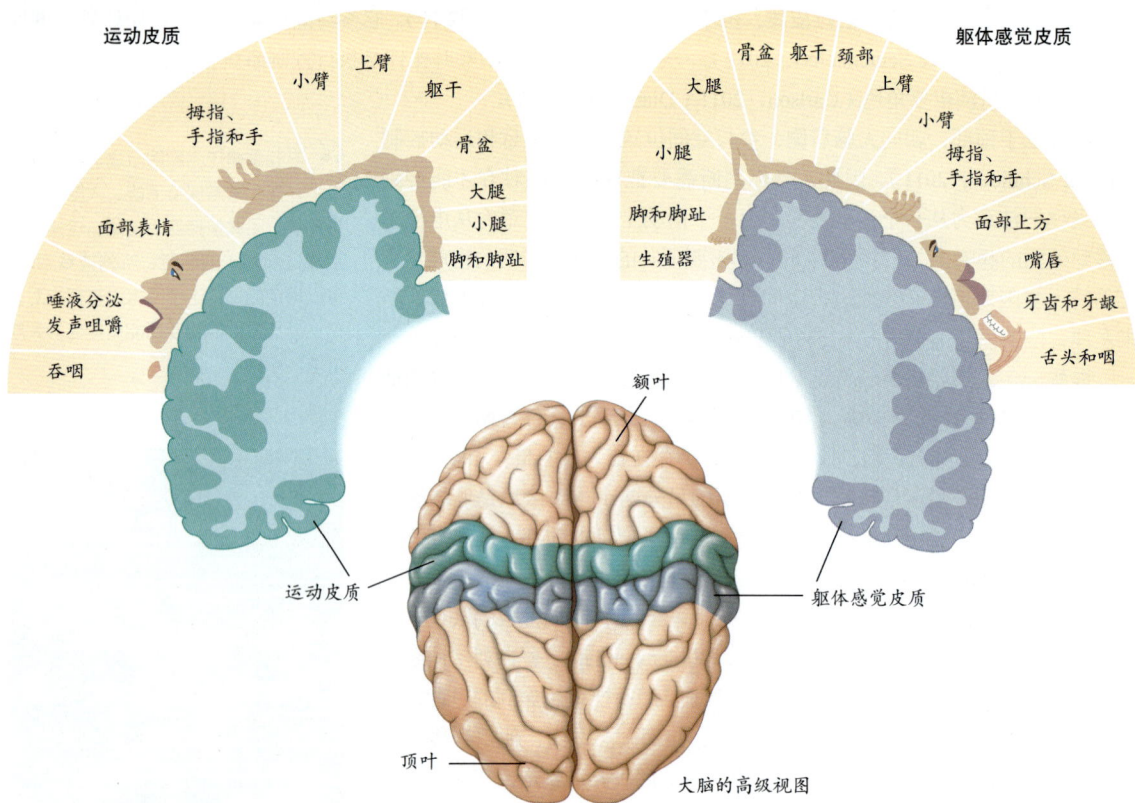

运动皮质

躯体感觉皮质

额叶

运动皮质

躯体感觉皮质

顶叶

大脑的高级视图

图2.12　身体部位与运动皮质和躯体感觉皮质区域的不相对应　身体部分相对应的皮质面积和身体尺寸是不成比例的。对于身体部位来说，大脑有更多的空间需要精确和控制。因此，拇指、手指和手比胳膊需要更多的大脑组织支持。

失似乎更多地与联合皮质的损伤程度而非损伤的特定位置有关。通过观察大脑损伤的人们以及使用映射技术，科学家发现联合皮质与语言功能、感觉功能有关。

联合皮质的最大部分位于额叶，在前额的下方。这个区域的损伤不会导致躯体感觉或运动的丧失，但会导致计划和问题解决方面出现问题。性格也可能和额叶有关。回想Phineas Gage的不幸，他的性格在遭遇额叶损伤之后彻底地改变了。

大脑半球和裂脑研究

大脑皮层分左右两部分。这两个半球有不同的功能吗？1861年，法国外科医生Paul Broca遇到一位在30年前发生左脑损伤的病人。这个病人以"Tan"而著称，因为tan是他所能表达的唯一一个词。Tan遭遇了失语症，一种和大脑损伤有关的语言障碍。几天后，Tan去世，尸检表明损伤出现在左半球的特定区域。现今，我们称这个区域为布洛卡区，我们知道它在语言产生方面起重要作用。大脑左半球的另一个区域——威尔尼克区，在语言方面扮演重要角色的是，此区如果受损，会引起语言理解的问题。图2.13对布洛卡区和威尼克区进行了定位。今天，研究者对大脑左半球或右半球在多大程度上参与思维、感觉和行为的过程，依然非常关注（Hauk & Pulvermuller，2011；Meng & others，2012）。

胼胝体的作用　多年来，科学家一直认为**胼胝体**是大束的轴突簇，是连接大脑两个半球的结构，负责两个半球间的信息传递（图2.14）。Roger Sperry（1974）在一个实验中证实了这一点，在实验中，他把猫的胼胝体切下来，并切断了从眼睛到大脑的某些神经。手术后，Sperry训练猫用一只眼睛解决一系列视觉问题。这只猫在学会这项任务之后，如只睁开左眼，蒙上右眼，再一次接受测试。这只裂脑猫表现得好像从未学习过这个任务。似乎记忆仅仅存储在左脑，无法再和右脑直接交流。

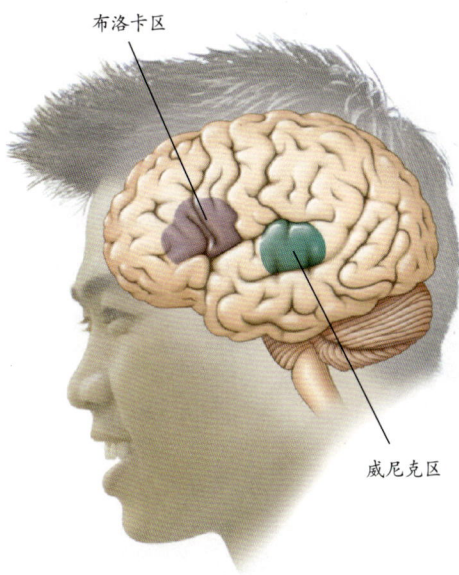

图 2.13　**布洛卡区和威尼克区**　布洛卡区位于大脑左半球，它参与言语控制。布洛卡区受损伤的人，无法正确地说出单词。威尼克区也位于大脑左半球，参与语言理解。该区域的损伤会导致个体不能理解语言；他们听到单词但是不知道什么意思。

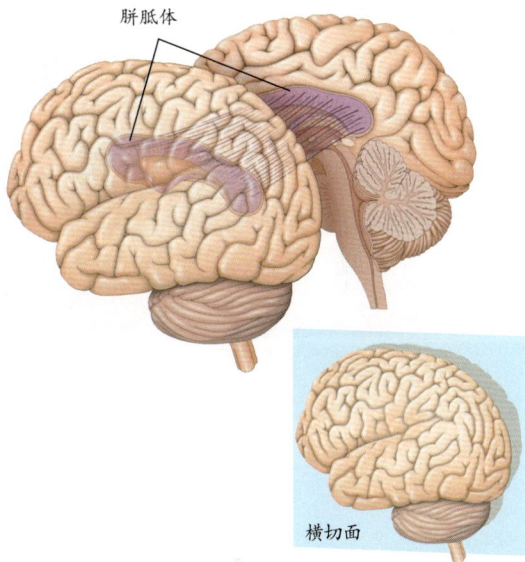

图 2.14　**胼胝体**　胼胝体是有大约 8 千万轴突的神经纤维簇，它将两个半球的脑细胞连接起来。在健康的大脑里，两个大脑半球通过这个神经桥梁进行持续的信息传递。

对有严重症状甚至生命危险的癫痫症患者的研究提供了有关胼胝体功能的进一步证据。癫痫病是由"脑电风暴"引起的，这种脑电风暴可以不受控制地跨越胼胝体。有一个著名的病例，神经外科医生切断了癫痫病人W.J的胼胝体，以减轻其严重的癫痫。Sperry（1968）对W.J进行研究发现，胼胝体在人类和动物中的功能是一样的——切断胼胝体似乎让病人有了"两个独立的大脑"，它们各自学习和运作。

结果，大脑右半球只从身体的左边接收信息，大脑左半球只从身体右边接收信息。例如，当你用左手拿一个物体的时候，只有你的大脑右半球检测到这个物体。当你用右手拿物体的时候，只有大脑左半球检测到它（图2.15）。在胼胝体工作正常的人当中，两个半球都接收该信息，并会通过胼胝体在两个半球间进行信息的传递。尽管我们有两个大脑，但实际上，在使用时，大脑是共同发挥作用的。

想到你一心二用的经历，你可能赞叹于胼胝体是多好多快地整合了你的经验。回想

体验一下：裂脑

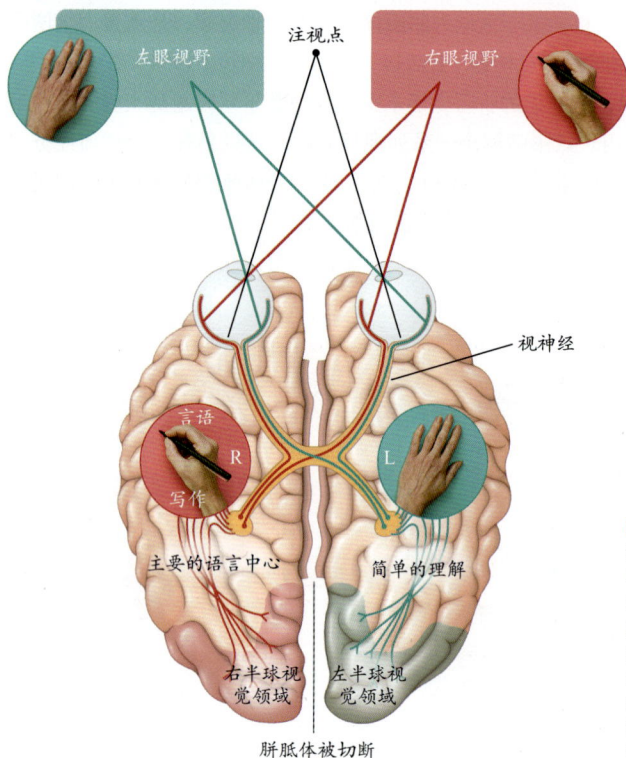

图 2.15　从眼睛到大脑的信息路径
我们的双眼都从左右脑的视觉区域接收感觉输入。来自左半球视觉区域的信息到达大脑的右半球（负责简单的理解），来自右半球视觉区域的信息到达大脑的左半球（大脑的主要语言区，控制言语和写作）。任意一个半球接收的输入都会很快通过胼胝体传递到另一个半球中。然而，胼胝体被切断时，这种信息传递就会中断。

一下，当你是个孩子的时候，你可能尝试过一只手轻敲头，一只手揉肚子。即使两只手分别由两个半球控制，同时进行这两个活动也是很难的。

大脑半球功能的差异　对于有完整大脑的人体而言，一些区域中会出现大脑功能的专门化，有时也称为大脑侧化。通过给每只耳朵发送不同的信息，研究者发现了两半球功能方面的差异。记住，左半球首先从右耳得到信息，右半球首先从左耳得到信息。这个研究也显示，大脑倾向于按照如下方式，把功能分配到一个半球或者另一个半球中。

■ 左半球：对大脑两半球的主要研究都集中在语言上。语言和语法都定位在左半球（Lazard，Collette，& Perrot，2012）。尽管认为所有语言加工都发生在左半球的观点是一个常见的误解，但许多的语言加工和产生确实是来自这个半球（Ibrahim & Eviatar，2012）。例如，在阅读中，左半球理解句法（将词组成短语和句子的规则）和语法，但是右半球却不能。要想唱出一首歌的歌词，也需要左半球的参与。

■ 右半球：右半球主管非言语信息的加工，如空间感知、视觉认知和情绪（Gainotti，2012）。例如，正如我们在交叉研究部分中看到的，右半球的梭状回区域主要负责对人的面孔信息进行加工（Kanwisher，2006）。

■ 与左半球相比，右半球在情感信息的加工中也参与得更多，如情感表达和情感识别（Carmona，Holland，& Harrison，2009）。人们更可能记住左耳听到的情感词语。我们的幽默感大部分存在于右半球（Marinkovic & others，2011），因此，如果你想要某人听了你的笑话后大笑，那对着他的左耳讲。

■ 右半球也擅长理解故事意义和声调的抑扬顿挫。另外，右半球还擅长捕捉歌曲的旋律。但是，虽然重要，但我们很难精确地知道右半球到底能干什么，因为它无法直接告知我们。我们不得不找到一种方法来了解右半球。右半球确实具有一些言语能力，例如，裂脑人可以画出（用左手）听到的图片描述（通过左耳）。

由于大脑两半球功能的差异确实存在，因此，人们通常使用短语"左脑优势"（意味着逻辑推理），"右脑优势"（意味着创造和艺术）将自己和他人进行分类。这样的概括几乎没有科学依据。这是件好事，因为两个半球我们都要使用。无论给左右脑贴标签多么有趣，拥有全脑更应该庆幸。现实是，大多数的日常活动都是大脑左右半球相互作用的结果（Abbassi & others，2012；Ibrahim & Eviatar，2012）。

❝ 这可能是为何女人，即使是用右利手的女人（不是男人），也会自动用左手抱起婴儿的原因。❞

大脑功能的整合

大脑中的所有区域是如何共同合作，来产生复杂奇妙的人类思想和行为的？神经科学家始终没有找到问题的答案，如大脑是怎样解决谋杀之谜、创作一首诗或写文章的。不过，我们可以通过模拟真实世界的方法，如模拟从燃烧的大楼中逃脱的情景，了解大脑功能的整合。

想象一下，你正坐在电脑前写电子邮件，这时你后面突然着火了。噼里啪啦的火焰声从你的耳朵进入丘脑，传递到你的听觉皮层，到达听觉联合皮层。每一阶段都会对这一刺激进行加工以提取信息。在一些阶段，很可能在联合皮质层中，着火的声音与先前听到的关于火的神经记忆匹配起来。这一联结产生了新的行动。你的注意（部分是由网状结构控制的）转移到联合皮层的听觉信号上，然后到达听觉联合皮质，同时，你转头（再一次由网状结构控制）看向声音来源处。现在，你的视觉联合皮质发出报告："和火相匹配的物体出现了"。联合皮质的其他区域整合视觉和听觉报告（"这些东西看起来、听起来都像是火"），神经联结引发潜在的行动（"逃跑"）。然而，启动处理逃跑计划的神经元无法让你从椅子上起来。此时，基底核必须参与，小脑的任务是让你跑出房间。所有这一切仅在几秒内就发生了。

你使用大脑的哪一部分来逃跑呢？实际上所有系统都扮演了同一个角色。顺便提一下，你很可能会一直记得这件事，因为一旦与"火"建立联结，边缘电路很可能已经开始记忆信息。下一次，噼里啪啦的火焰声到达你的听觉联合皮质时，这次的逃脱行为会激起相关的联结。总之，大脑里会发生大量的功能整合（Rissman & Wagner，2012；Squire & Wixted，2011）。神经系统的所有部分都需要共同工作，以确保你的安然无恙。

自我测试

1. 研究者研究大脑和神经系统的四种方式是电记录、成像、染色法和_____。

A. 活体组织切片检查　　　B. 损伤

C. 额叶切除术　　　　　　D. 神经外科手术

2. 大脑三个主要区域是后脑、中脑和_____。

A. 脑干　　　　　　　　　B. 网状结构

C. 前脑　　　　　　　　　D. 颞叶

3. 人类大脑中的最晚发展是_____。

A. 中脑　　　　　　　　　B. 前脑

C. 网状结构　　　　　　　D. 脑干

小应用！

4. 因为迈尔斯患有严重的癫痫发作，外科医生切断了他的胼胝体。研究者使用一项特殊的技术给他的右脑展现了一幅花的图片，给他的左脑展现了一幅大黄蜂的图片。当要求迈尔斯大声说出他所看到的内容时，他很可能回答_____。

A. "花"　　　　　　　　　B. "我不知道"

C. "蜜蜂"　　　　　　　　D. 答案不确定

4 内分泌系统

内分泌系统是一组腺体，能够通过释放化学物质进入血液，来调节某些组织活动。**腺体**是身体组织，能够产生控制许多身体功能的化学物质。神经科学家发现，神经系统和内分泌系统复杂地联系在一起。大脑的下丘脑连接神经系统和内分泌系统，这两个系统一起工作以控制身体的活动。内分泌系统与神经系统有诸多不同。一方面，与神经系统不同，内分泌系统部分不是都连接在一起。另一方面，内分泌系统工作慢于神经系统，因为由内分泌腺释放的化学物质是通过血液传递的，但是血液比神经冲动传递得慢。

内分泌腺产生的化学信使被称为**激素**。血液流动，将激素携带至身体的各个部位，每个细胞膜都有一个或几个激素接收器。

内分泌腺包含脑下垂体、甲状腺、副甲状腺、肾上腺、胰腺、女性体内的卵巢和男性体内的睾丸（图2.16）。大脑对肌肉活动的控制方式不断发生改变，以适应神经系统接收到的信息，神经信号、激素信号和化学信号持续地监测和改变内分泌腺的活动（Enger，Ross，& Bailey，2012）。回想一下本章的开始，自主神经系统调节呼吸、心跳和消化过程。自主神经系统作用于内分泌腺，产生许多关于情感感受的重要生理反应，如生气和恐惧。

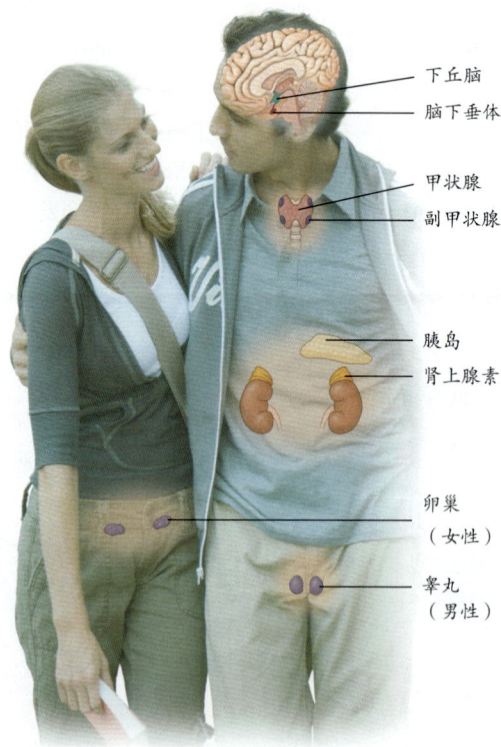

下丘脑
脑下垂体
甲状腺
副甲状腺
胰岛
肾上腺素
卵巢（女性）
睾丸（男性）

图 2.16 主要的内分泌腺 脑下垂体释放激素，调节其他腺体的激素分泌。下丘脑调节脑下垂体的激素分泌。

脑下垂体，一个豌豆形状的腺体，在下丘脑的下面，控制生长，并调控其他腺体的激素分泌。脑下垂体的前部叫做主腺，因为其所有的激素几乎都用来引导其他目标腺体的活动。总之，前脑下垂体是由下丘脑控制的。

肾上腺位于每个肾脏的顶端，调节情绪、能量水平和处理压力。每个肾上腺都分泌肾上腺素和去甲肾上腺素。与大多数激素不同，肾上腺素和去甲肾上腺素的作用速度很快。肾上腺素能作用于平滑肌、心脏、内脏和汗腺，以帮助人们应对紧急情况。除此之外，肾上腺素刺激网状结构，反过来刺激交感神经系统，使其引发脑下垂体产生更多的肾上腺素。通过脑下垂体和肝脏的互动，去甲肾上腺素也促使个体对紧急情况保持警觉。你可能还记得，在神经元中，去甲肾上腺素能够作为神经递质发挥作用。在肾上腺中，去甲肾上腺素是作为激素发挥作用的。在两种情况下，去甲肾上腺素将信息传递到——一种情况下，神经元中；在第二种情况下，腺体中（G. B. Johnson，2012）。

胰腺位于胃下面，是执行消化和内分泌功能的两用腺。胰腺部分能够产生许多激素，如胰岛，服务于内分泌功能。胰腺的这个部分——胰岛，就像一个小工厂，能够分泌激素。胰岛素是控制身体葡萄糖（血糖）水平的重要激素，它同新陈代谢、体重和肥胖有关。

卵巢位于女性子宫两边的骨盆里；**睾丸**位于男性的阴囊里，两个都是和性有关的内分泌腺，分泌与性发育、繁殖有关的激素。这些腺体及其分泌激素在性征发展中起重要作用，例如，女人的胸部和男人的胡子。它们也参与其他特征和行为之中，我们都会在这本书中看到。

脑下垂体 豌豆形状的腺体，位于下丘脑下面，控制生长，并调控其他腺体的激素分泌。

肾上腺 位于每个肾脏的顶端，调节情绪、能量水平和应对压力的能力。

胰腺 位于胃下面，是执行消化和内分泌功能的两用腺。

卵巢 与性有关的内分泌腺，分泌与性发育及繁殖有关的激素。

睾丸 与性有关的内分泌腺，分泌与性发育与繁殖有关的激素。

自我测试

1. 内分泌腺分泌的化学物质叫做_____。

   A. 激素

   B. 神经递质

   C. 内分泌分泌物

   D. 胆汁

2. 内分泌腺包括以下所有的，除了_____。

   A. 垂体

   B. 胰岛

   C. 肝脏

   D. 甲状腺

3. 肾上腺能调节能量水平、处理压力和_____。

   A. 食欲

   B. 消化

   C. 运动协调

   D. 清晰

小应用！

4. 世界流行疾病——糖尿病是个体在身体调节葡萄糖方面出了问题。这种障碍常常需要通过饮食来治疗，但有时，患有糖尿病的人必须注射胰岛素。参与糖尿病的内分泌腺是_____。

   A. 垂体

   B. 卵巢

   C. 胰腺

   D. 肾上腺

5 脑损伤、可塑性与修复

本章在开始时提到，可塑性是大脑适应性的重要特征。神经科学家一直在研究大脑的可塑性。随着脑损伤研究的进展，研究者们已经绘制了大脑的自我修复图（Rossignol & Frigon，2011）。脑损伤会产生可怕的影响，包括麻痹、感觉缺失、记忆缺失和性格缺陷。在受到损伤后，大脑能够修复部分或者所有功能吗？关于这个问题，以往有关大脑损失的研究结果并不一致，这主要取决于个人的年龄和受伤程度（Anderson，Spencer-Smith，& Wood，2011）。

大脑的可塑性和修复能力

20世纪时，人们普遍认为，在受到外部的脑损伤后，年龄越小的儿童恢复得越好。然而，近来的研究发现，不能仅仅以年龄这一项作为大脑修复能力的指标（Maxwell，2012）。尽管和较大儿童相比，年龄更小的儿童的大脑更有可塑性，但由于大脑的不成熟，它们也更加容易受到损坏（Anderson & others，2009）。因此，单纯基于年龄指标来评估大脑的损伤程度具有误导性。近来的研究回顾总结出，儿童脑损伤的结果取决于损伤（本质、严重程度和损伤的时间）、物理因素（年龄、认知能力和基因组成）和环境影响（干预和康复质量、家庭功能和社会地位）几方面（Anderson，Spencer-Smith，& Wood，2011）。关于年龄，研究者也发现，总的来说，与较大儿童相比，严重的伤害对较小儿童的大脑损伤更为严重（Anderson & others，2005）。

影响康复的一个重要因素就是，受伤害区域的神经元仅仅是受到损伤还是完全毁坏（Huang & Chang，2009）。如果神经元没有被损坏，脑功能通常会在一段时间之后恢复回来。

修复脑损伤的方式有三种：

■ 侧枝发芽，靠近受伤害细胞的一些健康神经元的轴突长出新的枝杈（Onifer，Smith，&Fouad，2011）。

■ 功能替换，受损伤区域的功能由另一个或另几个大脑区域接管。

■ 神经元再生，产生新的神经元。直到20世纪90年代，科学家仍然相信，婴儿期后，个体将不能再形成新的神经元，只是神经元间的联结有所加强。然而，现在人们已经普遍接受了成人神经元可再生的观点（Curtis，Kam，& Faull，2011；Snyder & Cameron，2011）。但是，研究者目前只在两个大脑区域中发现了神经的再生：参与记忆的海马体和参与嗅觉的嗅球（Couillard-Despres，Iglseder，& Aigner，2011；Ming & Song，2011）。这些新的大脑细胞的功能尚不为人知，而且它们的生命仅仅持续几周。研究者近来正在探索能够抑制或者促进神经元产生的因素，包括各种药品、压力和锻炼（Gil-Mohapel & others，2010；van Praag，2009）。近来的研究表明，对压力的应对能够刺激成年猴子的海马体神经再生（Lyons &others，2010）。

研究者近来也发现，如果老鼠受到认知挑战去学习新东西，那么其大脑中新长出的大脑细胞就会存活得更久（Shors，2009）。他们也考察了神经干细胞移植到大脑其他区域（如海马）后是如何促进神经再生的（Taupin，2011）。研究者越来越关注神经再生在神经性疾病中的作用，例如，老年痴呆症、帕金森病和亨廷顿病（Gil-Mohapel & others，2011；Mu & Gage，2012）。

脑组织移植

大脑会自然恢复一些受损伤的功能，但不是所有受损功能都能自然恢复。近来，研究者对脑移植很感兴趣——把健康组织移植至受损伤的大脑部分（Fagerlund & others，2012；Wijeyekoon & Barker，2012）。如果被

保护运动员的大脑

在2011年的美国国家足球联盟竞赛中，克利夫兰布朗队和比兹堡钢人队之间正在进行激烈的比赛，中后卫球员James Harrison用头盔猛烈地撞击了布朗队的橄榄球四分卫选手Colt McCoy。休息片刻之后，McCoy又重回赛场。布朗队的边线人员没有注意到赛后的采访情况（Battista，2011）：McCoy显示出一系列脑震荡或者轻度脑外伤的症状，包括对强光敏感、情感恐惧和回答问题困难。

轻度脑损伤是功能暂时性缺失的脑伤害（Khurana & Kaye，2012）。McCoy除了遭遇这些症状之外，还有头疼、眩晕、恶心、瞳孔大小不等、对受伤期间事情的记忆缺失。重要的是，这些症状可能不会立刻显现出来，与一般看法相反，脑震荡不一定导致意识缺失。

与运动员们一起合作的康复专家们越来越关注轻度的脑损伤。在高中运动员中，轻度脑损伤被认为构成了至少15%的运动伤害（Meehan & others，2011）。尽管任何运动中都可能发生脑震荡，但由于阻截的风险，年轻的足球选手们头部损伤的可能性更高（美国疾病控制和预防中心，2011）。对1945年到1999年间年轻足球选手的死亡回顾发现，球场上69%的意外伤亡事故都源于脑损伤，且大多数是阻截的结果（Cantu，2003）。

脑震荡的治疗主要包括休息和严密监控（Doolan & others，2012）。大脑需要时间从损伤中恢复。大脑反复伤害的危险是很可怕的。对美国国家足球联盟选手的长期研究发现，那些反复经历脑部伤害的人更可能出现抑郁、自杀和认知缺陷（美国神经外科医师协会，2003）。二次冲

击综合征是脑部反复受伤的致命结果。当大脑尚未从一次脑震荡中恢复过来、而又再次受到伤害时，大脑就会迅速膨胀，导致脑干损坏、休克甚至死亡（Cobb & Battin，2004）。

为了正确治疗脑震荡，人们首先就要注意到，既然已经发生，就必须适当应对。这个责任不应该落到受伤者身上。确实，一个遭遇脑震荡的人不可能意识到自己受到的伤害，原因是这种伤害可能正好损坏了个体对受伤组织的洞察力。美国疾病控制和预防中心建议，只要怀疑有可能受到大脑损伤，教练就必须让高中运动员接受专业医疗人员的检查（2011）。

心理学家都知道，动机能够影响知觉（Balcetis & Dunning，2010），动机能够塑造我们所看到的，并且影响我们如何解读那个证据。团队、个人选手和他们的粉丝们都想要赢，想让在赛场上的明星选手胜利。在这种情况下，如果受伤的选手们看起来很正常，那么，教练让他们回到赛场似乎很合乎情理。而选手呢，即使感到了严重的头疼，也可能选择不去抱怨，因为他们迫切希望赢得比赛，来展示团队荣誉，避免显得懦弱无能。

政策制定者必须保护个体的重要组织免受运动伤害。出于对McCoy伤害的回应，美国国家足球联盟制订了一个政策，要求给每一队都任命一位独立观察者，来监测潜在的脑损伤（Battista & Sandomir，2011）。显而易见，选手的健康不能在想赢的动机及对大脑的潜在损伤面前让步。

移植的脑组织是在胎儿阶段时（在产前发展）形成的，那么大脑移植的潜在成功率会更高（Gallina & others，2011）。胎儿的神经元仍处于生长中，因此，和成人的神经元相比，其更可能与其他神经元间建立连接。在多个研究中，研究者损坏成年老鼠的部分大脑，等待其尽可能地自我恢复，然后评估它的行为缺陷。研究者把老鼠胎儿的大脑的相应区域切除，并移植到成年老鼠受损伤的大脑中。这些研究均发现，接受大脑移植的老鼠的行为有明显的恢复（Shetty，Rao，& Hattiangady，2008）。

类似的大脑移植可能在人类的大脑中成功实现吗？研究者认为这是可能的，但是找到捐赠者却是个问题

（Glaw & others，2009）。流产的胎儿是一种可能性，但是把其作为组织移植的来源存在道德问题。另一类尝试已经被用于患有帕金森病的患者之中，帕金森病是一种精神错乱疾病，已经影响到大约一百万美国人（D. H. Park & others，2009）。帕金森病使个体无法进行协调一致的运动，即使是穿过房间都是一个重大的考验。胎儿的多巴胺细胞被移植到帕金森患者的基底核里，可以提高运动能力。近来的研究发现，这类大脑移植确实能使个体的运动能力更好（Freed，Zhou，& Breeze，2011）。

近年来，最热烈的讨论之一可能就是关于胚胎干细胞在研究和治疗中的使用问题（Nicoleau & others，2011；Wu & others，2011）。人类身体中包含多于220种的细胞，但是**干细胞**是非常独特的原始细胞，可能发展为大多数不同类型的人类细胞。1998年，威斯康星大学麦迪逊分校和约翰霍普金斯大学的研究者们首次从胚胎中提取获得干细胞。由于具有不可思议的可塑性，干细胞很可能成功取代人类身体中的受损细胞，包括脊髓和脑中的受损细胞。

一般来说，研究者会从体外受精过程中剩下的冰冻胚胎中收获干细胞。在这一过程中，为了在试管中受精（而不是在妇女体内），研究需要从妇女的卵巢中收集许多卵细胞。在成功的体外受精过程中，卵细胞和精子结合形成受精卵。由于这个程序很难、很精细，医生会故意让大量卵细胞受精，希望一些受精卵在移入妇女子宫后能够存活下来。在这个程序中会剩余一些胚胎。这些胚胎处在胚囊期，也就是怀孕5周后。在这个阶段，胚胎还没有附着在子宫上。这个胚囊没有大脑、神经系统和嘴巴——它是一个没有分化的细胞球。

干细胞 是非常独特的原始细胞，可能发展为不同类型的人类细胞。

一些干细胞技术的支持者（最近的支持者是已故演员Christopher Reeve，2000）强调，使用这些细胞进行研究和治疗能够大大地减轻人类的痛苦。反对堕胎者不赞成使用干细胞进行研究和治疗，因为一旦干细胞从胚胎中移除时，胚胎就会死亡（事实上，剩下的胚胎无论如何都可能被毁掉）。2009年，美国总统奥巴马解除了关于干细胞研究的限制。

" 你是支持还是反对干细胞研究？为什么？"

自我测试

1. 下面哪个选项不是大脑损伤的修复方式_____。

   A. 功能替换　　　　B. 心理疗法

   C. 侧枝发芽　　　　D. 神经元再生

2. 靠近损伤细胞的健康神经元的轴突生长出新的枝杈的过程叫做_____。

   A. 功能替换　　　　B. 神经产生

   C. 侧枝发芽　　　　D. 树突分支

3. 有可能发展成为大多数不同类型的人类细胞的原始细胞叫做_____。

   A. 干细胞　　　　　B. 囊胚

   C. 侧枝细胞　　　　D. 神经产生细胞

小应用！

4. 泰勒在一次交通事故中严重受伤，并出现头疼的症状。泰勒之前很健谈，但事故后，他似乎不能再讲话了。以下哪一项能够最好地预测泰勒可能会重获说话能力_____。

   A. 泰勒是男人　　　　B. 泰勒是5岁以下

   C. 泰勒是21岁以上　　D. 泰勒是女人

6 遗传与行为

除了大脑和神经系统，其他方面的生理机能也影响心理过程，基因就是其中的一个重要贡献者。在第1章中提到，先天（基因遗传）和后天（经验）对于心理特征有特殊的影响，一直受到心理学家的关注。我们下面会讨论大自然的核心代表：遗传基因。

染色体、基因和 DNA

人类体内有不计其数的细胞。每一个人类细胞的细胞核都含有46个**染色体**，线性结构包括23对，每对染色体都含有分别来源于父亲和母亲的 **DNA**，DNA是携带遗传信息的复杂分子。

基因是遗传信息的基本单位，是由染色体中的DNA组成的片段。基因使细胞能够繁殖，并生产维持生命所必需的蛋白质。

并非每个基因都转化为一个且仅一个蛋白质，另外，基因并非独立起作用（Diamond，Casey，& Munakata，2011）。确实，人类染色体组（染色体组是指一个组织全部的遗传信息）不是一组独立的基因，它包含许多基因，这些基因既彼此之间合作，也与体内外的非基因因素合作。细胞像机器一样组合、匹配并与负责基因繁殖的DNA连接在一起，而这些也影响着细胞机器的运行。图2.17呈现了细胞、染色体、基因和DNA之间的关系。

一个叫做"人类基因组计划"的国际研究项目正致力于记录人类的染色体组。人类有大约20500个基因（Ensembl Human，2008）。当这20500个来自母体的基因和同样数量的来自父体的基因结合开始受孕的时候，可能的数量是不定的。尽管科学家解开基因之谜的工作是一条漫长艰辛的旅途，但是多基因的相互作用具有可观察的特点，因此，科学家们已经很好地理解了这些过程的一些方面。

染色体　人类细胞中的线形结构，一共包括23对，每对染色体中都包含分别来源于父亲和母亲的DNA。

DNA　染色体中携带遗传信息的复杂分子。

基因　遗传信息的基本单位，是由一小段DNA组成的染色体。

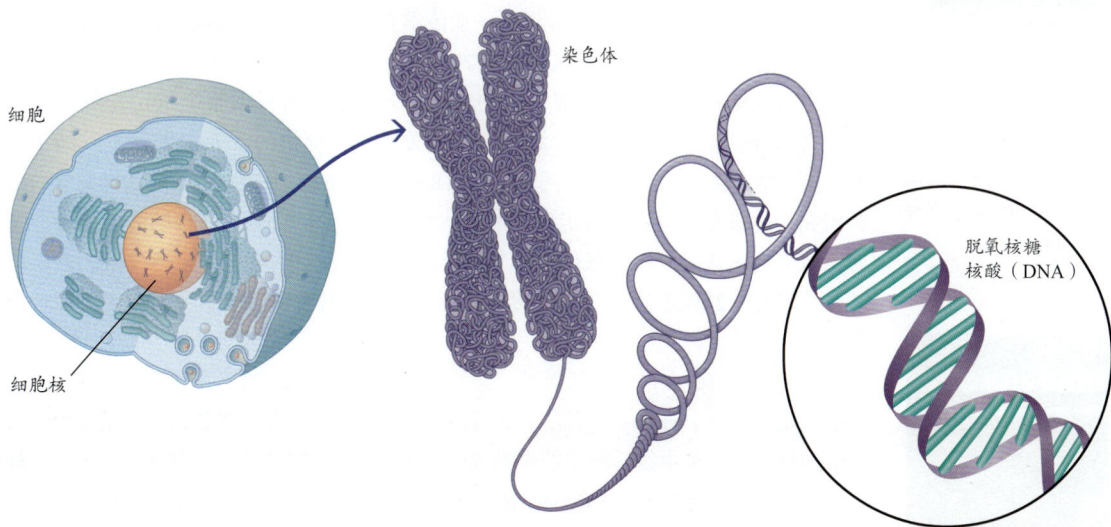

| 细胞 | 染色体 |
| 细胞核 | 脱氧核糖核酸（DNA） |

图 2.17　细胞、染色体、基因和 DNA　（左）身体包含无数的细胞，细胞是生命的基本组成单位。每个细胞含有一个中央结构细胞核。（中）染色体和基因位于细胞核里。染色体由主要成分为 DNA 分子的线性结构组成。（右）基因是 DNA 上含有遗传编码的部分。DNA 的结构像一个螺旋梯。

遗传学研究

从历史上看，遗传学是一个相对年轻的学科。其起源可以追溯到19世纪中叶，一名叫做格雷戈尔·孟德尔的奥地利僧侣，他对数代豌豆间的遗传进行研究。孟德尔通过让不同特点的植物进行杂交来寻找其幼苗的特点，并发现了遗传的可预测模式，为当代遗传学奠定了基础。

孟德尔发现，一些基因似乎比另一些基因更能显示出有机体的物理特点。在一些基因对中，一个基因掌控着另一个基因。如果一组基因中的一个是显性的，那么另一个就是隐性的，根据**显隐性基因原则**，显性基因统治隐性基因。隐性基因只有在一对基因组都是隐性的时候才会发挥作用。如果你从一方父母遗传了隐性基因，你可能从来也不知道你携带了这个基因。在显性基因的世界里，棕色眼睛、远视和酒窝的基因掩盖了蓝眼睛、近视和雀斑的基因。如果你从双方父母各自遗传了一个隐性基因，你就会显示这个基因的特点。那就是为何两个棕色眼睛的父母能够有一个蓝色眼睛的孩子：父母双方都有一个显性的棕色眼睛基因和一个隐性的蓝色眼睛基因。因为显性基因统治隐性基因，父母有棕色的眼睛。然而，孩子却可以遗传父母的隐性蓝眼基因。没有显性基因统治它们，隐性基因就使孩子的眼睛呈现蓝色。

与眼睛颜色不同，人类更复杂的一些特点，如人格和智力，很可能被许多不同的基因所影响。科学家使用多基因遗传（polygenic inheritance）这个术语来描述多个基因对于行为的影响。

今天，研究者在扩展有关基因知识的道路上，仍然运用孟德尔的方法，同时加上了最新的技术。下面即将探讨三种关于基因研究的方法：分子遗传学、选择性繁殖和行为遗传学。

分子遗传学　分子遗传学的领域中，主要是使用技术操控基因以确定其对行为的影响。目前，研究者非常热衷于使用分子遗传学方法，来定位影响疾病易感性和其他健康方面的基因（Brooker，2012；Cowan，2013）。

选择性繁殖　选择性繁殖是一种遗传学方法，是指根据某个特定特征的显现程度，有选择性地繁殖有机体。孟德尔在其关于豌豆植物的研究中进一步发展了该技术。更近的有关选择性繁殖的例子，是由Robert Tryon（1940）所做的选择性繁殖的经典研究。他研究的是老鼠的走迷宫能力。在对许多老鼠走复杂迷宫的能力进行训练之后，他使走迷宫最好的老鼠们进行交配，使走迷宫最差的老鼠们进行交配，并以此类推，共繁殖了21代老鼠。几代之后，最擅长走迷宫的老鼠后代明显超越了不擅长走迷宫的老鼠的后代。

选择性繁殖研究论证了基因对行为的重要影响，但是，这不意味着后天经验就不重要。例如，另一个研究中分别在下面两种环境中培育擅长和不擅长走迷宫的老鼠：（1）贫瘠的环境，一个由线编制成的光秃秃的笼子。（2）丰富的环境，有隧道、坡道、视觉显示器和其他的刺激物体（Cooper & Zubek，1958）。研究发现，当老鼠们成熟后，在贫瘠环境中长大的老鼠中，不擅长走迷宫的老鼠比擅长走迷宫的老鼠犯的错误更多，而在

试一试！

上网搜索有关幸福基因的信息。基于你从本书中读到的内容，你如何评价这一关于基因的研究？如果存在这样一种基因的话，它对你在生活中寻找快乐有什么影响？

" 你可能会想起第一章中罗森塔尔关于擅长和不擅长走迷宫的老鼠的研究，科学家从老鼠走迷宫的研究中学到很多。"

显隐性基因原则　显性基因统治隐性基因。隐性基因只有在一对基因组都是隐性的时候才会发挥作用。

丰富环境下未发现这种差异。

行为遗传学 行为遗传学研究的是后天遗传对行为的影响程度。行为遗传学对于身体的侵入性低于分子遗传学和选择性繁殖。通过使用如双胞胎研究等方法，行为遗传学能够检测出个体在多大程度上由遗传和环境经历所塑造（Gregory，Ball，& Button，2011）。

在最常见的双胞胎研究中，研究者比较了同卵双胞胎和异卵双胞胎的行为相似性（Cardno & others，2012）。同卵双胞胎来自于同一个受精卵，分裂成两个基因完全相同的胚胎，每个胚胎成为一个个体。异卵双胞胎来自于两个独立的精子和卵子，因此，在基因上，它们与非双胞胎的兄弟姐妹一样，长得不是很像。他们甚至可能是不同的性别。

基于多组同卵和异卵双胞胎的比较，行为遗传学家指出，同卵双胞胎比异卵双胞胎在基因遗传上更相似。在一组双胞胎研究中，研究者比较了7000对芬兰的同卵和异卵双胞胎的外向性和神经质的人格特点（Rose & others，1988）。在这两种人格特点上，同卵双胞胎比异卵双胞胎更为相似，这个结果说明了基因对这两种特质的影响。

双胞胎研究的一个问题是，和异卵双胞胎相比，成年人可能会更为强调同卵双胞胎孩子的相似性。同卵双胞胎自己也可能把彼此看作是一对，在一起玩的时候更多。如果是这样，研究者观察到的同卵双胞胎中的相似性受环境因素的影响可能比设想的更大。

在另一类双胞胎研究中，研究者评估了在不同环境中成长的同卵双胞胎们。如果他们的行为相似，则假设是遗传在其行为的形成中起重要作用。这个想法基于Thomas Bouchard及其同事主持（1996）的明尼苏达州双胞胎分开养育项目。为了研究双胞胎的行为，他们把分开抚养的同卵双胞胎从世界各地带到明尼阿波利斯市，并询问了几千个关于家庭、童年、兴趣和价值观的问题，获得了详细的医疗史，包括有关饮食、吸烟和运动习惯等信息。

在明尼苏达州研究中的一对双胞胎，Jim Springer 和Jim Lewis在4岁时就被分开抚养，彼此39年从未见面。即使他们彼此分开生活了几十年，他们仍有许多不可思议的相似之处。例如，他们都兼职副行政长官，都在佛罗里达度假，都拥有雪佛兰牌汽车，养的狗的名字都叫做托伊，都和叫做贝蒂的女人结婚又离婚。两个人都喜欢数学但是不喜欢拼写。都擅长机械

> **心理调查**
>
> 吉姆家的双胞胎：Springer（右）和 Lewis 39 年来都不知道彼此。这两个双胞胎之间的相似性令人惊奇。我们仔细看一下。> 设想你有没有看到这两个双胞胎的照片，只是问你这两个种族、年龄和姓氏都相同的人有多像？> 叫 Toy 的狗可能有多少只，叫 Betty 的同龄女人可能有多少，与吉姆同龄的男人有雪佛兰牌汽车的可能有多少？> 两个吉姆之间哪一个相似点不会如此令人惊讶？> 这个生动的特例会得出什么结论？

制图。都在它们生命的同一时期增加了110磅肉，都开始在18岁的时候出现头疼。但是他们确实有一些不同。例如，一个人更擅长表达自己，另一个人更擅长书写。一个把前额的头发分开；另一个把头发梳到后面并留着连鬓胡子。

批评者说，在明尼苏达州的研究中，一些分开抚养的双胞胎在分开收养之前已经在一起生活了一段时间，一些在测试之前已经重聚（某些案例中已经重聚了好多年），收养机构常常把同卵双胞胎放在相似的家庭中，即使是陌生人也可能有一些巧合的相似性（Joseph，2006）。

基因和环境

到目前为止，我们已经谈论了许多有关基因的研究，你很可能已经感觉到，基因是有机体中的一股强大力量。基因在一些特征中的角色似乎是显而易见的：例如，你的身高在很大程度上取决于你父母多高。然而，设

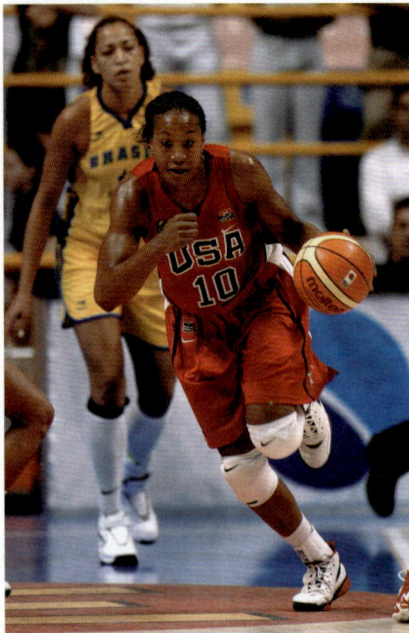

我们的身高明显取决于我们所遗传的基因。然而，即使有篮球运动员一样的身高基因，如果缺乏良好的营养、适当的住所和医疗服务，我们仍无法长到可能的高度。

想一个生活在环境极其贫瘠中的人——营养不良、住处简陋、医疗落后，他的妈妈没有接受过产前护理。这个人可能有NBA球员或者WNBA中锋的基因，但是却没有支持基因能力的环境因素。因此，一个人的基因与我们现实中真正看到的这个人不是完美的一一对应的关系。即使是身高这一特征，基因也不能完全决定这个人将会长多高。我们需要了解后天的角色、或者说环境因素在我们所看到的这个真实的人身上的作用。

如果环境因素影响像身高这样的简单特征，那么它在一些复杂特征（如外向或智力）中的作用如何呢？对于这样的心理特征，基因是无法直接反映出来的。确实，基因不能准确地告诉我们一个人将会如何。基因与我们所看到的个体特征只有些简单的关联。

为了解释基因和现实特征间的不同，科学家对基因型和表现型进行了区分。**基因型**是个体的基因遗传，是个体实际拥有的遗传物质。**表现型**是个体可观测到的特征。基因型和表现型间的关系并非总是显而易见。回想一下，一些基因特征是显性的，另一些是隐性的。看到一个人有棕色眼睛（他/她的表现型），根本无法让我们确定这个人是否也有蓝色眼睛的基因（他/她的基因型）。表现型既被基因型影响也被环境所影响。

表现型这个术语既适用于生理也适用于心理特点。想想一种品质，如外向性，其个体倾向于表现出外向、善于交际的特点。即使我们知道个体确实拥有外向基因，但我们还是不能完全预测这个人的外向性水平（表现型），因为这个品质的一些特点还与其经历有关。通观本书，我们将多次审视基因型和表现型这两个概念，如第7章提到的有关智力的研究、第8章中有关发展的探索、第10章中对人格的考察等。

> 环境可影响很多特征，如头发的颜色。妈妈是金发女郎并不意味着她的基因就是金发！只有她的理发师知道答案。

某个基因是否被启动——进行蛋白质的组装——是多个因素共同作用的过程。环境影响基因活动（基因表达）（Gottlieb，2007）。例如，激素通过血液循环进入细胞，在细胞中启动或者抑制基因的作用。激素的流动也受环境条件的影响，如灯光、日长、营养和行为。许多研究已经表明，原始细胞外的活动和个体的外部事件，以及细胞内活动，能够激起或者抑制基因的表达（Gottlieb，2007）。一项研究揭示，应激激素（如皮质醇）浓度的增加，会使DNA的损伤增加五倍（Flint & others，2007）。

目前研究主要探究的是遗传和环境之间的相互作用（如特定DNA序列之间的交互作用）是如何影响个体的发展的（Caspi & others，2011；Rutter & Dodge，2011）。这些研究关心的是，拥有相同基因特点的人如何因为环境因素而出现彼此间的巨大差异。例如，研究发现，与多巴胺有关的基因变量和抚养环境相互作用时，会影响孩子的攻击行为（Bakersmans-Kranenburg & van IJzendoorn，2011）。具有某种特定遗传特征的儿童，如果遇到严厉且麻木不仁的父母，那么他们更可能表现出攻击性。这类研究关心**基因和环境的相互作用**——DNA中某个特定的观测变量和特定的环境变量间的相互作用（Karg & Sen，2012；Lahey & others，2011）。

基因型 是个体的基因遗传，他/她实际拥有的遗传物质。

表现型 是个体可观测到的特征。

基因和环境的交互作用 DNA中某个特定的观测变量和特定的环境变量间的相互作用。

心理学的生物基础包括整个神经系统，包括大脑、神经递质、内分泌系统和基因。身体的这些物质基础以一种令人惊叹的方式共同发挥作用，影响着我们的行为、思想和情感。你每天所做的活动，无论大小，都源于这个物理系统。你对本章内容的掌握只是这个生物体非凡能力的一个反映。

自我测试

1. 在细胞核中呈现的线性结构，含有基因和DNA的是_____。
   - A. 基因组
   - B. 多基因标记
   - C. 染色体
   - D. 干细胞
2. 研究者通过以下方法研究遗传学，除了_____。
   - A. 双胞胎的研究
   - B. 选择性繁殖
   - C. 环境影响研究
   - D. 分子遗传学
3. 个体可观测的特征，既被基因也被环境影响的因素是_____。
   - A. 染色体组
   - B. 基因型
   - C. 表现型
   - D. 原型

小应用！

4. 萨拉和杰克都有棕色头发。他们的儿子特伦特一出生的时候就长着一头鲜艳的红头发。家人和朋友开玩笑说萨拉的某个男性朋友可能有红头发。杰克应该担心自己不是特伦特的父亲吗？
   - A. 杰克不应该担心，因为棕色头发是表现型的一部分，不是萨拉和杰克的基因型
   - B. 杰克不应该担心，因为特伦特的头发颜色部分是基因型，不一定是他的表现型
   - C. 杰克应该担心，因为不可能两个深色头发的人有一个红头发孩子。萨拉一定做了一些不好的事情
   - D. 杰克应该担心，因为特伦特的表现型应该完全和他的父母相匹配

总　结

❶ 神经系统

神经系统是身体内进行电化学信号传递的电路系统。大脑和神经系统的四个重要特点是：复杂性、整合性、适应性和电化传播性。大脑应对改变的特殊能力叫做可塑性。

神经系统中的决策制定发生在特定的神经细胞路径中。这三条路径包括：感觉输入、运动输出和神经网络。

神经系统分成两部分：中枢神经系统和外周神经系统。中枢神经系统包括大脑和脊髓。外周神经系统包括两个主要分支：交感神经系统和副交感神经系统。交感神经系统参与压力的感知。

❷ 神经元

神经元是专门加工信息的细胞。它们组成了神经系统的沟通网络。神经元的三个主要部分是：细胞体、树突（接收部分）和轴突（发送部分）。髓鞘把大多数轴突包裹起来使之彼此隔绝，以此加速神经冲动的传递。

神经元沿着轴突以简短的电脉冲形式发送信息。静息电位是安静状态下的神经元产生的稳定的负电荷。动作电位是指经由轴突的正电荷的短波电脉，遵循全或无原则。突触是两个神经元之间的间隙。在突触中，发送神经元释放神经递质，与接收神经元的受体联结，刺激另一个电脉冲。神经递质包含乙酰胆碱、γ–氨基丁酸、去甲肾上腺素、多巴胺、5–羟色胺和安多芬。神经网络是彼此相联的神经元簇，能够进行信息加工。

❸ 大脑结构及其功能

用于研究大脑的技术包括脑损伤、电记录技术和脑成像。这些方法有助于研究者很好地了解大脑的主要分支——后脑、中脑和前脑。

大脑皮层构成了大脑外层的主要部分，掌管高级心理功能，如思维和计划。大脑皮层褶皱的表面分成两个半球，每一个半球都包括四个脑叶：枕叶、颞叶、额叶和顶叶。大脑的脑叶之间有很多的整合和连接。

大脑包括两个半球。左半球中，参与特定语言功能的两个区域是布洛卡区（言语产生）和威尼克区（言语理解）。胼胝体是连接两个半球的一大束纤维簇。研究认为，左脑在言语信息（如语言）加工上占主导，右脑在非言语加工上占主导（如空间感知、视觉识别、面孔和情感）。另外，胼胝体完整的个体，其两个半球的大脑皮层都参与复杂的人类功能。

❹ 内分泌系统

内分泌腺直接将激素释放到血液中，以使其分布到全身各处。脑下垂体是主要的内分泌腺。肾上腺在心情、能量水平和处理压力方面起作用。内分泌系统的其他部分包括胰腺（分泌胰岛素）、卵巢和睾丸（分泌性激素）。

❺ 脑损伤、可塑性和修复

人类大脑有极大的可塑性，不过，这种可塑性在儿童年龄较小时的作用更大。在脑受损伤后，大脑进行自我修复的三种方式是侧枝发芽、功能替换和神经元再生。大脑移植是将健康的组织移植到受损伤的大脑中。使用胎儿组织会使脑移植的成功率更高。干细胞研究为受损伤的神经系统进行新的治疗提供了可能性。

❻ 遗传学和行为

染色体是线性结构，一共有23对，每对中的两个染色体分别来自父亲和母亲。染色体含有遗传物质DNA。基因是遗传信息的基本单位，是组成DNA的染色体片段。根据显隐性基因原则，如果一对基因中的一个是显性而另一个是隐性的，那么，显性基因会主导隐性基因。

基因型和表现型是遗传学上的两个重要概念。基因型是个体实际拥有的遗传物质。表现型是个体可观测到的特征，包括生理和心理两方面。

三种研究遗传学影响的办法是分子遗传学、选择性繁殖和行为遗传学。行为遗传学使用的两个方法包括双胞胎研究和收养研究。基因和环境影响了个体的表现型。甚至在一些受基因影响的特征上，环境所起的作用也很大（例如，身高和眼睛的颜色）

关键术语

自我测试

多选

1. 将信息从身体其他部位携带至大脑的神经叫做 _____。
   A. 中央网络　　　　B. 传入神经
   C. 传出神经　　　　D. 神经递质

2. 髓鞘的目的是 _____。
   A. 促进突触前神经递质的释放。
   B. 隔绝神经元，以增加电冲动的速度
   C. 打开关闭的渠道
   D. 创造氨基丁酸

3. 当神经元处于静息状态时，细胞膜内部是 _____，细胞膜外部是 _____。
   A. 正电荷；负电荷　　B. 负电荷；正电荷
   C. 负电荷；负电荷　　D. 正电荷；正电荷

4. 在轴突末端的结构叫做 _____。
   A. 树突　　　　　　B. 终端纽
   C. 细胞体　　　　　D. 突触间隙

5. 和爱、关系有关的神经递质是 _____。
   A. 5-羟色胺　　　　B. 催产素
   C. 安多芬　　　　　D. 去甲肾上腺素

6. 大脑皮层中，对视觉做出反应的脑叶是 _____。
   A. 枕叶　　　　　　B. 顶叶

C. 颞叶　　　　　　D. 额叶

7. 和人格有关的大脑皮层脑叶是 _____。
   A. 枕叶　　　　　　B. 顶叶
   C. 颞叶　　　　　　D. 额叶

8. 作为中央传输站的大脑部分是 _____。
   A. 网状结构　　　　B. 边缘系统
   C. 海马体　　　　　D. 丘脑

9. 布洛卡区的作用是 _____，威尼克区的作用是 _____。
   A. 运动功能；感知
   B. 感知；运动功能
   C. 言语产生；言语理解
   D. 言语理解；言语产生

10. 胼胝体具有复杂的 _____ 功能。
    A. 言语加工　　　　B. 在左右半球间传递信息
    C. 言语输出　　　　D. 睡眠

小应用！

11. 在知道了大脑有左右半球之后，Carl宣称，玩滑板时戴头盔没有意义，因为我们总有一个大脑是空闲的。他说，"只要我有左脑就够了，那是让我说话的半球！"向Carl解释一下，如果没有右脑，他的生活将会怎样？

疼痛：不可缺少的感觉

当你正忍受着头痛或脚趾刺痛的感觉时，你可能会诅咒疼痛感。虽然无痛感听起来似乎不错，但实际上疼痛感是一种非常重要的感觉。我们来看一下12岁的Ashlyn Blocker的情况，她出生时就没有疼痛感。婴儿期的Ashlyn即使在刺激性的眼药水滴进眼睛，或得了严重的尿布疹时也不会哭泣。

通过对Ashlyn的研究，研究人员不仅发现了这种现象的成因，还对疼痛的本质有了深入的了解（Staud & others，2011）。原来Ashlyn的大脑中有两处基因突变，切断了大脑对疼痛信号的感知通路。由于没有疼痛感，她失去了生活中的"预警信号"，在她短暂的生命中，她曾遭受过严重的烧伤以及两次脚踝骨折。她不得不提醒自己，一看到伤口有血迹就意味着发生了一些糟糕的状况。据她母亲说，Ashlyn由于没有疼痛感而无法理解别人的痛苦。例如，她不能理解一个从秋千上跌下来的孩子为什么会哭（Chun，2010）。

疼痛感能够让我们了解到外部世界正在对我们产生的影响。这种感觉与所有其他的感觉一样，将我们与外部世界联系了起来。我们可以看到亲爱的朋友的脸庞，感受到肩膀上安慰我们的手掌，或听到房间里传来呼喊我们名字的声音。感知能力使我们每天通过不同的方式感知着这个世界。

预览

本章探讨了感觉和知觉与外部世界相互作用的过程。我们首先了解视觉，之后是听觉、触觉、味觉、嗅觉、运动觉和平衡觉。没有感觉，我们就会被周围的世界所孤立，我们将生活在一片黑暗的沉寂中，一个无色、无味、无感觉的空白中。

1　我们如何感知世界

　　研究感觉和知觉的人员需要具备大量的专业知识，包括眼科学的知识——研究眼睛的结构、功能和疾病的学科；听力学知识——研究听力的科学；神经科学——对神经系统及许多其他方面进行的科学研究。要理解感觉和知觉，我们首先需要理解知觉对象的物理特性——光、声音、物质结构等等。对这些物理特性的心理研究包括：认识感觉器官的生理结构和功能，以及大脑是如何将外界信息转化为个体经验的。

感觉和知觉的过程与目的

　　我们周围的世界充斥着各种刺激——各种各样的事物和事件。感觉和知觉就是发现并理解这些不同刺激的过程。实际上，我们并不是直接体验到这些刺激的，相反，我们的感官从环境的各个方面获取信息、接收信息，并因此形成对世界的感知。**感觉**（sensation）是从外部环境接收刺激能量并将其转化成神经能量的过程。

特定的感官细胞分布在感觉器官——眼、耳、皮肤、鼻、舌之中，感官细胞能够检测到各种物理能量，如光、声和热。当感官细胞接收外界刺激后，这些能量被转化为电化学冲动或动作电位，这些刺激通过神经系统的信息传输到大脑之中（Harris & Attwell，2012）。回想一下第2章的内容，动作电位就是从一个神经元的突触传递到另一个神经元的电荷短波。当其到达大脑时，信息也传递到了大脑皮层的适当区域（Swaminathan & Freedman，2012）。

　　大脑通过知觉给感觉赋予意义。**知觉**（perception）是将感觉信息进行组织和解释，并赋予其意义的过程。

　　虽然没有"看到"喷气飞机，但是眼睛中的感受细胞记录下了天空中划过的银色物体，这就是感觉。所以，感觉就是感官系统与外在环境之间的生理加工，而知觉是我们对这些加工过程的体验。

　　自下而上的加工和自上而下的加工　心理学家将感觉和知觉分为自下而上和自上而下两种加工过程。在**自下而上的加工**（bottom-up processing）中，感受器对外部环境信息进行登记，并将其发送到大脑中进行解释。自下而上的加工就是接收外界信息并进行理解的过程（McMains & Kastner，2011）。举一个自下而上加工的例子，当你第一次听到一首歌的时候，你会非常仔细地"聆听"感受这首歌。与此相反，**自上而下的加工**（top-down processing）始于大脑更高水平的认知加工，在这个加工过程中，我们感受到某件事情的发生，并用已有的信息框架去解释这一事件（van Gaal & Lamme，2011）。比如，在此刻去"听"你头脑中最喜欢的歌。当你在头脑中"聆听"一首歌的时候，你正在通过自上而下的加工产生知觉经验。自下而上和自上而下的加工在感

通过感觉，我们从外部世界获取信息；通过知觉，我们识别信息的意义模式。因此，当我们享受拥抱或闻到一朵花的芬芳时，感觉和知觉是共同工作的。

❝ 如果你曾经央求别人来品尝你最喜欢的食物，别人给你的反馈只有耸耸肩和'嗯哼'，那就是感觉和知觉的区别。你们的舌头有同样的感觉，但是知觉是主观的。❞

感觉　是从外部环境接收刺激能量，然后将其转化成神经能量的过程。

知觉　是将感官信息进行组织和解释，使其具有意义的过程。

自下而上的加工　在感觉和知觉的过程中，感受器记录有关的外部环境信息，并把其发送给大脑进行解释。

自上而下的加工　感觉和知觉的过程，始于大脑更高水平上的认知加工，在这个加工过程中，我们感受到发生的事情，然后用已有的信息框架去解释这些事件。

觉和知觉上共同作用，使我们的感知功能更为准确、高效（Meyer，2011）。当我们单纯用耳朵听的时候，我们只能获得关于声音的信息。只有在耳朵听到声音（自下而上加工）的同时，大脑对此进行解释（自上而下的处理），我们才能完全理解在世界中所感知到的声音。在日常生活中，感觉和知觉这两个过程在本质上是分不开的。出于这个原因，大多数心理学家将感觉和知觉视为统一的信息加工系统（Goldstein，2010）。

感觉和知觉的目的 我们为什么要感知世界？从进化的角度看，感觉和知觉的目的是适应，用于提高物种的生存机会（Mader & Windelspecht，2012）。有机体必须能够在周围的环境中对事件，如捕猎的方法、猎物的出现，以及潜在伴侣的外表，进行迅速的感知、反应和判断。因此，大多数动物——从金鱼到大猩猩到人类——都有眼睛、耳朵，以及触摸觉和化学感受（嗅觉和味觉）。此外，将不同动物的感官系统进行比较，我们发现每个物种在进化过程中都非常能够适应它们所在的栖息地（Hoefnagels，2012）。强大的食肉动物的眼睛通常长在脸的前面，这样它们就可以准确地感知猎物。相比之下，眼睛长在头部两侧的动物更有可能成为别人的午餐，但同时也具有视察周围环境的宽阔视野。

大多数掠夺性动物的眼睛长在面部的前面；但它们所捕食的大多数动物的眼睛则是长在头部侧面的。这一不同使得掠夺性动物能够更准确地感知猎物，而猎物能获得测量安全环境的全景视野。

感受器和大脑

所有的感觉都始于感受器。**感受器**（sensory receptors）是检测刺激信息并将其传送至感觉（传入）神经和大脑的特殊细胞。感受器是大脑和神经系统体验世界的开始。图3.1显示了人类视觉、听觉、触觉、嗅觉和味觉的感受器。

图3.2描述了信息从环境到大脑的传导过程。感受器接收来自环境的信息，创建局部电流。这些电流是分等级的，这意味着它们对不同强度的刺激有不同的敏感程度，比如感知昏暗和明亮的光线之间的差异。这些感受器引发感觉神经元的动作电位，将信息运送到中枢神经系统中。正如第2章中所描述的，由于感觉神经元（与所有的神经元一样）遵循全或无的原则，因此，不能通过改变动作电位的强度，将刺激的强度传送到大脑之中。反之，是感受器频繁地向大脑传送信号。所以，如果一个刺激非常强烈（如热天里炎热的阳光），神经元的触发就会更为频繁（但具有相同的强度），让大脑知道，光线确实非常、非常的亮。

感受器 是检测刺激信息并将其传送至感觉（传入）神经和大脑的特殊细胞。

视觉	听觉	触觉	嗅觉	味觉
感受器细胞				
视觉感受：感受到光，认为是视觉	机械性感受：感受到振动，认为是听觉	机械性感受：感受到压力，认为是触觉	化学感受：感受到化学刺激，认为是嗅觉	化学感受：感受到化学刺激，认为是味觉
接收各种类型的能量				
眼睛	耳朵	皮肤	鼻子	舌头

感受器细胞（最左列标注）

接收各种类型的能量（第二行标注）

感觉器官（最后一行标注）

图 3.1　人类感官：器官、能量刺激和感受器。每个感官的感受细胞专门接收特定类型的能量刺激。

除了频率，所有的感觉神经的动作电位都是一样的。这同样提出了一个有趣的问题：动物是如何区分视觉、听觉、气味、味道和触觉的？答案是，感受器具有选择性和不同的神经通路。它们专门吸收特定类型的能量，比如，光能、声音振动或化学能，并将其转换成为动作电位。

感觉包括检测和传输不同种类的能量信息。基于能量的传输类型，感觉器官和感受器分为几个主要的类别，具体包括：

- 视觉感受：检测光，认为是视觉
- 机械性感受：检测压力、振动和运动，认为是触觉，听觉和平衡觉
- 化学感受：检测化学刺激，视为嗅觉和味觉

这些过程都有一个从感受器到大脑的特定过程。然而在极少的情况下也存在感官变得混乱的状况。联觉描述的就是这种感受，一种感觉（例如，视觉）会引发另一种感觉体验（比如，听觉）（Simner，2012a，2012b）。某人可能会"看到"音乐或"品味"颜色，例如。一个女人能够品尝声音，这一段音乐可能尝起来像金枪鱼（Beeli，Esslen，& Jancke，2005）。神经科学家正在探索联觉的神经基础，尤其是各种感官的大

图 3.2　感觉信息的传入　该图显示了感觉信息从能量刺激，到感受器细胞，到感觉神经元，最后到感觉和知觉的传导过程。

脑皮层区域之间的联系。例如，最近的一项功能磁共振成像研究发现了在大脑顶叶皮层中关键视听觉位置把音乐当做颜色的这种联觉现象（Neufeld & others，2012）。

幻肢痛可能是感官混乱的另一个例子。报告显示多达95%的已经失去一只胳膊或是一条腿的人，还能感到已被截肢的胳膊和腿的疼痛。这令人震惊和不解。虽然包含这些感受器的肢体不在了，但是从这些感受器接收信息的大脑和神经系统领域仍然存在，因此造成了混乱（Elbert，2012；Foell & others，2011）。在伊拉克和阿富汗参战的截肢老兵以一种意想不到的方式找到了些许安慰：看镜子。在这个治疗中，放置一块镜子在他们现有的肢体前，看镜子时左右移动肢体。所以，如果一个人的左腿被截肢，从镜子里看到朝着镜子的右腿，就好像左腿并没有切除。这个过程似乎欺骗了大脑，使大脑感觉到失去的肢体仍然存在，并仍然有传入的感觉（Flor & Diers，2009）。这种镜子疗法成功演示了我们的感官是如何合作影响体验的，自下而上的加工（四肢上的传入消息）和自上而下的加工（大脑对此的努力理解）一起工作。最近的一项研究结果发现，镜子疗法治疗幻腿综合征的结果好坏参半（Subedi & Grossberg，2011）。

如第2章所讲，在大脑中，几乎所有的感官信号都会经过丘脑——大脑的中转站。丘脑中遍布着大量的神经元网络，通过这里，信号传递到大脑皮层的感觉区域之中。

第2章中曾提到，大脑皮层的某些区域专门处理不同的感觉功能。视觉信息的处理主要集中在枕叶；听觉在颞叶；痛觉、触觉和温度觉在顶叶。但是记住，感觉信息的交互途径是复杂的，大脑必须经常协调多方信息并对其进行解释。

知觉的一个重要作用就是解释感官信息。很多自上而下的因素决定了感觉的意义，其中包括来自大脑不同部位的信号、之前的学习情况、个人目标以及个体的唤醒程度。与之相反，某一感觉区域发出的自下而上的信号可能会激活大脑的其他区域，从而形成空间中的躯体形象或者调节个体的动作。

到目前为止，我们所说的这些原则适用于所有的感官。我们可以看到，感觉能够识别不同的能量，并且都有特殊的感受器细胞和特定的脑区为这些功能提供支持。你可能听说过"第六感"——超感知觉，或ESP。ESP意味着一个人可以检测到没有具体感官输入的信息。ESP的例子包括心灵感应（读懂另一个人所思所想的能力）和预知能力（感觉未来事件的能力）。要了解心理学家如何看待这些现象，请看"挑战你的思维"部分。

阈值

任何感觉系统都必须能够检测不同程度的能量。这些能量可采取光、声、化学或机械刺激的形式。多大的刺激能使你看到、听到、闻到或感觉到？可能被检测到的刺激的最低量是多大？

绝对阈限 测量知觉最低限度的一种方法是假设存在一个**绝对阈限**（absolute threshold），即人们可以检测到的刺激能量的最小值。当刺激的能量低于该绝对阈值时，我们就不能发现它的存在；只有刺激的能量高于绝对阈值时，我们才可以检测到刺激（Lim，Kyung，& Kwon，2012）。举例来说，找到一个时钟，把它放在桌子上，走足够远的距离，直到你听不到它的声音。然后慢慢走向时钟。在某个点上，你会听到它的滴答声。记好你的位置，并注意滴答声的变化。当声音消失时，你向前走才能到达阈值处，

反之就是当它的声音变大时，这时你要向后退才能
到达阈值处。

在这个实验中，如果多次测量你的绝对阈限，
你可能会记录到不同距离的探测刺激。例如，第一
次尝试的时候，你可能是在离时钟25英尺远的地方
听到滴答声。但是并不是每次听到的滴答声都是在
25英尺的距离处。也许只有38%的几率在这个距离
听到，但是还有50%的可能在20英尺的时候听到，
65%的可能在15英尺时候听到。人们有着不同的感
觉阈值，有些人听觉更好，有些人视觉更好。图3.3
展示了用时钟滴答声来测量绝对阈值的过程。心理
学家认为，绝对阈值是指个体在50%的情况下所检
测到的刺激点，在这个例子中，就是20英尺的距
离。使用相同的时钟，一个人可能绝对阈值为26英
尺，而另一个人则是18英尺。图3.4列出了五种感官的近似绝对阈值。

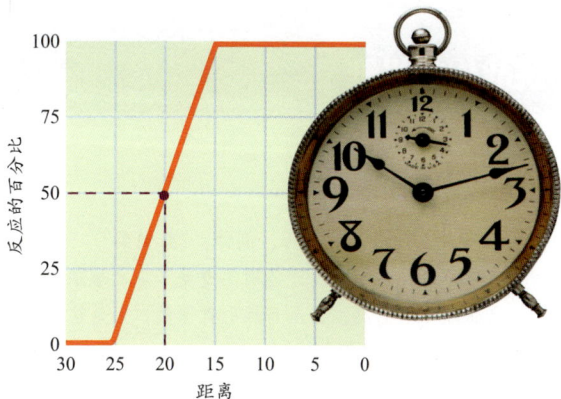

图 3.3　测量绝对阈值　绝对阈值是我们能检测到的最小刺激量。在测量绝对阈值时，心理学家决意使用 50% 的概率检测到的信号作为标准。在这个图中，人听到滴答作响的时钟的绝对阈值距离为 20 英尺。

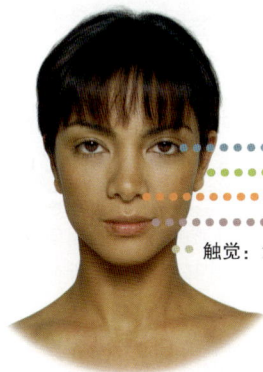

视觉：一个黑暗清朗的夜晚，距离30公里处的蜡烛火焰
听觉：安静的环境里距离20英尺处的时钟滴答声
嗅觉：一滴香水弥漫在3个房间里
味觉：1茶匙的糖在2加仑水里
触觉：1只苍蝇翅膀飞到距离你脖子1厘米的地方

图 3.4　五种感官的近似绝对阈值　这些阈值显示了感官的惊人力量，能够在环境中检测到非常轻微的变化。

在理想的情况下，我们的感觉应该有非常低的绝对阈值，如此，我们才可以很好地
检测到少量的刺激能量。你可能会惊讶地发现，在黑暗明晰的夜晚，人类的眼睛可以
看到在30英里处的蜡烛火焰。然而，我们的环境很少给我们理想条件去检测刺激。如果
夜晚是多云的，或是空气中有烟雾，那么你要更靠近才能看到烛光的火焰。此外，在
地平线上的其他灯光或房子的灯光会妨碍你检测到烛光的能力。**噪音**（noise）是指无
关且不协调的刺激，不只是声音，而是任何干扰我们感官的刺激（Ikeda, Sekiguchi, &
Hayashi，2010）。

差别阈限　除了研究探测到的刺激需要多少能量以外，心理学家必须在差异被检测
到之前，了解这两种刺激之间存在的差异程度。这就是**差别阈限**（difference threshold），
或者仅仅是可以察觉到的差别。一个艺术家可能会检测到两个相似的色调之间的差异。

我们可以感知未来吗?

人都有过预知未来的经历,例如,"感觉到"一个朋友可能会有麻烦,后来发现,他确实遭遇了一次车祸。这样的经历似乎很有意思,甚至有点毛骨悚然,但是这能反映ESP的存在吗?还是简单的巧合?

质疑ESP的存在有很多方面的原因。用我们认识感觉和知觉的方式来思考一下预知。感觉是指从环境中检测能量的过程。如果ESP真的存在,那么,从未来发送心灵的消息到大脑是通过哪个传入神经?什么样的能量在传递这些信息?事实上,人类可以预知未来事件的这一现象,对事物运行的基本规律(而非其他的方式)具有很大的挑战。要证明预知的存在,不仅需要心理学这一门学科的参与,还需要生物学和物理学的支持(Rouder & Morey,2011)。

套用法国数学家Pierre-Simon Laplace的话,已故美国著名天体物理学家Carl Sagan指出,"非凡的理论需要非凡的证据。"ESP存在的断言是一个不同寻常的说法。这种说法具有非凡的证据吗?对于大多数心理学家来说,答案是否定的(French,2010;Hyman,2010;Wiseman & Watt,2006)。

著名社会心理学家Daryl Bem(2011)重新引发了ESP的辩论,发表了有关预知能力的九项研究测试。在其中的8项研究中,Bem声称未来事件可能会影响行为。例如,在一项研究中,向被试展示48个常用单词,每个单词呈现时间为3秒。接着,要求被试尽可能多地写下所记住的单词。然后,由计算机给被试随机分配另外24个单词进行学习。基于对ESP的坚信不疑,Bem假设被试对于将要学习的单词记忆效果会好于将不会学习的单词。结果表明,被试记得的将要学习的单词比将不会学习的单词多出2%。Bem由此得出结论,未来的学习行为能促进当下对单词的回忆效果。

在另一项研究中,被试看到电脑屏幕上呈现2个窗帘的图像。他们被告知其中一个后面是照片,另一个后面什么也没有。他们的任务是点击认为背后有照片的帘子。一些图片包含色情图像;其他图片包含积极、消极或中性的

图像。计算机随后将图片放在窗帘后面,并让被试做出猜测。Bem预测,被试选择帘子后面显示色情图片的几率比较大,结果显示,他们的概率是53.1%(高于50%的几率)。

Bem的研究结果刊登在社会心理学中最负盛名的杂志上,引起了轩然大波,《纽约时报》(Carey,2011)和《科学》(Miller,2011)杂志上均有文章对此进行质疑,博客圈也出现一阵热议,甚至科尔伯特报告也对Bem的研究予以了关注。批评者指出Bem研究中存在相互矛盾的地方(LeBel & Peters,2011;Wagenmakers & others,2011)。例如,在一些研究中呈现的预知图像为色情图片(但不是消极的图片),在另一些研究中则呈现了消极图像(但不是色情图像);在另一些研究中,女性(而非男性)表现出了预知现象,而在另一些研究中,只有一些外向的人表现出了这一特点。

Bem使用的统计测验方法是争论的核心。要理解这个问题,重新考虑上面提出的问题:Bem的结果反映了ESP吗?还是简单的巧合?心理学家通常使用统计数据来确定某一结果是真实的还是偶然的(或巧合)。在刚刚提到的结果中,3.1%的被试更倾向于选择窗帘后面的色情图片。这是特定现象的特定证据吗?在回答之前,考虑下面的情况。假如给你100万美元,你能否准确评估并操纵一枚硬币(即正面朝上的几率多于反面朝上)?如果你抛硬币100次,正面朝上53次,你能否总结出这枚硬币是存在这种偏向的?你的结论有多肯定?你需要重复多少次测试才能确保结果?Bem得到这一结果的偶然概率为1%。但是,这百分之一的概率拥有的说服力能否支持这种因果关系的存在呢?许多评论家的回答是否定的(Hyman,2010;Kruschke,2011;LeBel &Peters,2011;Miller,2011;Rouder & Morey,2011;Wagenmakers& others,2011;Wetzels & others,2011)。

E.J.Wagenmakers及其同事(2011)采用不同的统计方法分析了来自Bem的研究数据,得出的结果无法为ESP提供有力的证据。Jeffrey Rouder和Richard Morey(2011)采用另一种统计工具来研究整个过程,得出结论认为,虽

然Bem的数据中可能有一些证据证明预知的存在，但是太轻微，并不足以打消学者对ESP的质疑。

显然，尽管统计是一个重要的工具，但也并非直通真理。统计不能代替对假设和结论的合理解释。Raymond Hyman（2010年）是ESP研究的长期批评者，他认为如果没有理论支持什么是预知以及预知是如何存在的，并且找不到独立可重复的方法，那么，任何证据都是令人怀疑的。

从统计学上讲，Bem的研究结果和其他发表的心理学研究结果并没有太大区别（Wetzels & others，2011）。大多数研究人员认为，如果有可能发生的几率小于5%，就可以认为结果是真实的。一些人，尤其是心理学家们从Bem的实验得到教训，需要重新思考如何测试研究的假设（LeBel & Peters，2011；Wagenmakers& others，2011）。不过，一些学者仍然在继续争论ESP的存在，捍卫Bem的研究（Bem, Utts, & Johnson, 2011；Dossey, 2011；Radin, 2006；Storm, Tressoldi, & DiRisio, 2010）。

围绕着Bem论文的争论凸显出科学领域中开放性与热情之间的思想张力（无论多么奇怪或似乎违反人们的直觉）和强烈的怀疑精神。在探讨探索精神和怀疑主义之间的紧张状态时，Carl Sagan总结说："真理都来自于无稽之谈。"

你如何认为？

你相信ESP现象吗？为什么或为什么不？

要改变你的想法，需要什么样的证据？

关于ESP的研究应该比其他研究有更高的标准吗？解释一下。

时装设计师可能会注意到两种面料质地的差异。颜色和纹理上达到什么样的差别时，人们才会说，"这是不同的"？与绝对阈限类似，差别阈限是以50%的几率区分出一个刺激与另一个刺激之间差异的最小差异量。

随着刺激的增强，差别阈值也随之提高。这意味着，在非常低的刺激水平上，可以检测到很小的变化，但在非常高的刺激水平下，小的变化是不太明显的。音乐播放的声音非常轻柔时，你的室友即使稍微增高一点音量，你也可能会注意到。但是，当高声播放音乐时，如果他/她把音量提高相同的量，你却可能不会注意到。**韦伯定律**（Weber's law）（150年前由德国生理学家E.H.Weber发现）是指，两种刺激的差别量必须达到一定比例，才能引起差别感觉，而且这一比例是个常数。例如，我们为20根蜡烛再添加1根蜡烛时，会注意到蜡烛的亮度有所不同；但如果有120根蜡烛，我们再增加1根蜡烛，我们就不会注意到亮度的差别，此时，我们再增加6根蜡烛，才会发现其中的差别。韦伯定律具有普遍的适用性（Gao &Vasconcelos，2009；Mohring, Libertus, & Bertin，2012）。

阈下知觉　低于绝对阈值的感觉对我们是否有影响，我们能否意识到这些感觉呢？**阈下知觉**（subliminal perception）是指对意识水平下的信息的检测。1957年，一名广告主管James Vicary宣称他可以通过在当地影院电影银幕上打上"'吃爆米花'、'喝可乐'"的字样（Weir，1984），来增加爆米花和饮料的销售量。虽然Vicary的说法是一个骗局，但是，人们确实一直在不断地思考行为是否能被无法察觉到的刺激所影响。

有研究表明，大脑能够对低于意识阈值的信息做出反应，并且这样的信息也可以影响行为（Dupoux, de Gardelle, & Kouider, 2008；Radel, Sarrazin, & Pelletier, 2009）。在一项研究中，研究人员随机分配被试观察与口渴相关的词汇或同一长度的控制词汇，这些词汇在电脑屏幕上闪现16毫秒，与此同时被试完成一个不相关的任务（Strahan, Spencer, & Zanna, 2002）。所有的被试都认为他们参与了一项味觉测试研究，并且所有

❝ 请注意
1 : 20＝6 : 120 **❞**

> **韦伯定律**　能够感受到的两个刺激之间的差别阈值的变化是有一定比例的，且该比例是一个常数（而非固定的值）

> **阈下知觉**　对于低于意识水平的信息的检测。

❝ 这是一个实验。看到'口渴'的单词的被试为实验组，其他受试者为对照组。那么，为什么要将他们随机分配到不同条件下呢？❞

的被试都口渴了。没有一个被试看到那些一闪而过的词汇，但当任务之后给被试机会喝饮料时，那些看到与口渴相关的词汇的人会喝得更多。研究也支持这样的观点：微弱的刺激虽然无法在意识层面被感知，但却影响人们在学习任务上的表现（cleeremans & Sarrazin，2007）。在第6章的讨论中，你将进一步了解这些效应的影响。

我们无意识感知到的刺激也会影响我们的行为吗？这一观点挑战了阈值的概念（Rouder & Morey，2009）。如果低于阈值的刺激能对我们产生影响，你可能会想，阈值能真正告诉我们什么？此外，你可能已经注意到，绝对阈值的定义并不是绝对的。它指的是能够有50%的几率检测到刺激的强度。为什么一个绝对的值却总是在不断变化呢？

举例来说，如果你尝试了前面所描述的滴答滴答的时钟实验，你可能会发现自己正在进行判断。有时你觉得自己能听到时钟声，但有时你却感觉不确定，而是采取了猜测。有时候你猜的是对的，有时你却错了。现在，想象一下，每当你给出了一个正确答案，就有人给你50美元的奖励，那么这种奖励的存在是否会改变你的判断呢？或者，如果你每次说听到闹钟响，但实际上闹钟却没有滴答作响，你就要赔付50美元呢？事实上，知觉通常就是做出类似的判断。

另一种理论提出了一个问题，即是否探测到刺激，即指出"是的，我听到滴答"的说法实际上就是一个决定呢？这种理论被称为**信号检测论**（signal detection theory）。信号检测论关注的是不确定条件下对刺激进行的决策。信号检测论认为，除了刺激的物理强度和观察者的感觉能力外，感官刺激的检测还依赖于多种因素（Haase & Fisk，2011；Olma & others，2011）。这些因素包括个人和环境的变化，如疲劳、期望和紧急性。图3.5展示了信号检测是如何进行的。

观察者的反应

	是的，我看到了信号	不，我没看见信号
信号存在	击中（正确）	错过（错误）
信号缺失	虚假信号（错误）	正确拒绝（正确）

图3.5 四个信号检测的研究结果 信号检测的研究结果有助于解释知觉判断何时以及为何是正确或错误的。

感知感官刺激

正如我们刚才看到的，对于刺激的感知受刺激本身的特性的影响。影响刺激感知的两大重要因素是：注意和知觉定势。

注意 世界上有很多信息可以感知。此刻你在看由字母和词汇组成的语句。现在，让你的眼睛凝视其他地方。下面，蜷缩你的右脚脚趾。此时，你正在进行**选择性注意**（selective attention），即关注体验的某一具体方面，而忽略其他方面（Reed & Hicks，2012）。举一个关于选择性注意的例子，在拥挤的候机航站楼或嘈杂的餐厅里，你专心

聆听许多声音中的一个声音。心理学家称此为"鸡尾酒会效应"（Kuyper，1972）

选择性注意也是可以转移的。例如，你正在认真听老师上课，此时如果身边的同学开始给朋友发短信，你可能也会去看看是怎么回事。事实上，我们能够选择性地注意某一刺激，也很容易将注意力转移到另一个刺激上，这表明我们可以同时监测许多事情。

刺激的某些特征会引起人们的注意。新奇的刺激（新异、不同的或不寻常的）经常吸引我们的注意力。相比于福特，你会更多地注意到敞篷法拉利。大小、颜色和运动也会影响我们的注意力。相比很小的、暗色的或固定的对象，大的、生动的、彩色或移动的对象更容易抓住我们的注意力。

当我们的注意力很专注时，甚至会错过非常有趣的刺激。"非注意视盲"是指当我们的注意力被占用时未能检测到突发事件的现象（Chabris & Simons，2010）。当我们专心于某件事时，如在拥挤的电影院里找座位，我们可能看不到一些特殊的刺激，如一个朋友在人群中向我们挥手。由Daniel Simons和Christopher Chabris（1999）做的研究提供了一个经典的非注意视盲的案例。在这项研究中，研究者要求被试观看一段两队打篮球的视频。被试需要密切关注并计算每个团队的传球数量。在视频中，一个女生装扮成大猩猩走过，清晰可见，出现时间长达5秒钟。令人惊讶的是，超过半数的被试（他们显然深深沉浸在计算任务）并未注意到大猩猩。当所执行的任务很困难（Macdonald & Lavie，2008）以及分心刺激与手头的任务刺激非常不同时（White & Aimola Davies，2008；Wiemer，Gerdes，& Pauli，2012），非注意视盲更可能发生。

亲爱的，现在我终于引起你的注意啦！
经 CartoonStock 授权使用，www.CartoonStock.com

体验一下：非注意视盲

非注意视盲的研究表明，在驾驶时做很多任务是危险的，打电话或者发短信会占用驾驶机动车的注意力（Blanco & others，2009；Hanowski &others，2009）。研究发现，相比于专心驾驶，一边驾驶一边编辑短信时遭遇车祸的风险高出了近23倍。在这个研究中，摄像机连续观察司机驾驶超过600万英里。在55英里时速的情况下，编辑短信能够使司机的眼睛远离公路，其时间相当于车辆行驶一个足球场的长度。

文化、注意力、知觉 研究表明，文化会影响我们对世界的感知。来自西方文化的个体更可能注意到场景中的前景对象（或者焦点物体），而东方人在看同一场景时更容易注意到各方面的环境背景。例如，在一项研究中（Masuda & Nisbett，2001），美国和日本的被试观看了水下场景的视频片段。当被要求描述他们所看到的画面时，美国人更倾向于谈论五颜六色的鱼游来游去，而日本被试更有可能描述鱼的位置和各种背景设置。据此，心理学家得出结论，西方人采取更具分析性的取向，而东方人更容易看到大局。文化也影响个体在非注意视盲中被错过的各种刺激。变化视盲（错过场景所发生变化的倾向）的研究表明，美国人更容易注意到前台对象发生的变化，而日本人更有可能注意到背景的变化（Masuda & Nisbett，2006）。

如何解释注意中的文化差异呢？一种可能性是，个体在这些文化中所遇到的情境通常是不同的。Yuri Miyamoto及其同事们在一系列的研究中（Miyamoto，Nisbett，& Masuda，2006），通过影像比较发现，与美国相比，日本的酒店和学校更注重细节、也更复杂。此外，日本人更倾向于关注整个图片，可能因为他们在自己

的世界中需要这样的注意。有趣的是，在另一项研究中，Miyamoto及其同事让美国和日本的被试观看关于美国或日本场景的简短视频剪辑（Miyamoto，Nisbett，& Masuda，2006）。结果发现，美国和日本的被试都注意到了在美国场景中的焦点对象的变化，但没有注意到在日本场景中的背景变化。这项研究表明，虽然机械性感受对人类都是相同的，知觉的经验还受每个人生活的物理环境所影响。

知觉定势 把手放在右侧的牌上，看左侧的牌。尽可能快地计算你看到多少个黑桃A。然后把手放在左侧的牌上，并计数右侧卡中的黑桃A。

大多数人报告说，他们看到在左侧牌中有两个或三个黑桃A。但是，如果你仔细观察，你会发现有五个。两张黑桃A是黑色的，三个是红色的。当人们看右侧牌时，他们更容易算出有五个黑桃A。为什么我们认为这两套牌不同呢？我们预计黑桃A是黑色的，因为按常规套牌它就是黑色的。我们不注意红黑桃，所以我们直接跳过了红色的：期望影响知觉。

心理学家将感知事物时的活动准备状态或行为倾向称为**知觉定势**（perceptual set）。知觉定势就像加工外界信息时的心理过滤器（Fei-Fei & others，2007）。知觉定势反映了自上而下加工对知觉的影响。有趣的是，年幼的儿童在黑桃A任务上比成年人完成得更准确。为什么？因为他们还没有建立起黑桃是黑色的知觉定势。

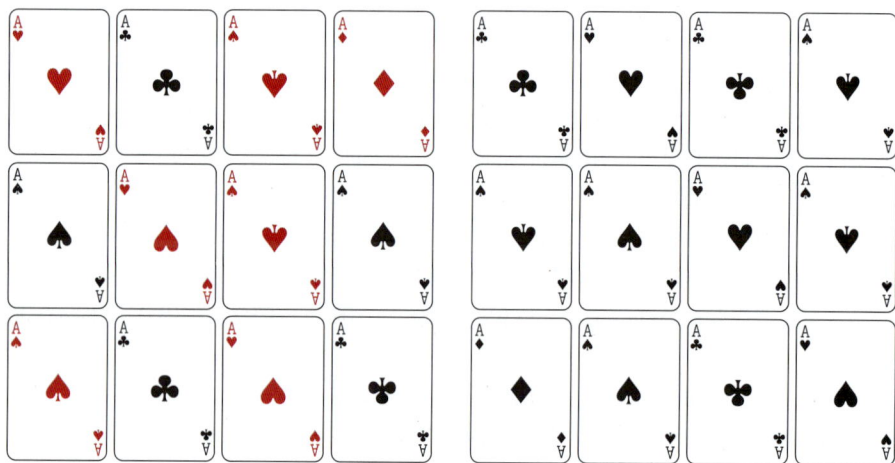

体验一下：感觉适应

> **知觉定势** 感知事物时的活动准备状态或行为倾向。
>
> **感觉适应** 感觉系统根据周围刺激的平均水平对敏感性进行调整的现象。

感觉适应

夜里，你关上了卧室的灯，你看不清周围的物体，磕磕绊绊地穿过房间去上床。渐渐地，周围的对象重新出现，并逐渐清晰。调整视觉系统以适应黑暗房间的能力就是一个感觉适应的例子，**感觉适应**（sensory adaptation）是指感觉系统根据周围刺激的平均水平对敏感性进行调整的现象（Iglesias，2012；Elliott & others，2009）。

你在生活中一定经历感觉过无数次的感觉适应。刚进入游泳池时，感觉到冰冷的水，然后逐渐适应。驾驶时打开雨刷，很快你就不在意雨刷有节奏地来回扫动。当你刚进入一个房间时，你可能觉得空调的嗡嗡声很扰人，但过一段时间你就会习惯。这些经验都是感觉适应。

适应黑暗的例子也是感觉适应，当你刚把灯关掉时，一切都是黑色的。相反，当你从黑暗的地下室里走到明亮的阳光中时，光线让你觉得很刺眼。这些短暂的波动是由于感觉适应需要时间。

2　视觉系统

由于一次意外，加利福尼亚州的Michael May of Davis在3岁时，视力受到了损伤——只能够感知昼夜之间的区别。他过着富裕而丰富的生活，结婚、生子，并创立了一个成功的公司，成为了一名专业滑雪者。25年之后，医生将干细胞移植到他的右眼，恢复了他的部分视力（Kurson，2007）。现在，他的右眼功能逐渐得到恢复，在不使用拐杖或依赖导盲犬的情况下，也可以看到颜色和周围的世界。然而，他的视觉体验仍然与常人不同：他看到的世界，就好像是抽象的绘画。他能接住儿子扔给他的球，但是却不能认出妻子的脸。他的大脑必须要对右眼所提供的新信息进行解释。May的经历显示了大脑与产生知觉的感觉器官之间的密切联系。知觉就是对眼睛所发出的信息进行解释的过程。接下来，我们将探讨视觉系统的生理基础和视觉刺激的知觉过程。

视觉刺激与眼睛

我们检测视觉刺激的能力取决于眼睛对不同光线的敏感性。

光　光是一种可以用波长进行描述的电磁能量形式。光以波浪的形式在空间中穿行。光的波长是指从一个波峰到下一个波峰之间的距离。可见光的波长范围是400到700纳米（纳米就是一米的十亿分之一，简称纳米）。从刺激上所反射出的光的波长，决定了该刺激物的色调或颜色。

除了可见光，光还包括较长的无线电、红外辐射波、较短的紫外线和X-射线（图3.6）。这些其他形式的电磁能量充斥在我们周围，但我们却看不到它们。

我们也可以对光的亮度或振幅进行描述，光的振幅决定了刺激的亮度。最后，波长的纯度——无论是相同的波或混合波——都决定了视觉刺激感知到的饱和度，或称为丰富性（图3.7）。图3.8所示的颜色树有助于我们

更长的波长
低能量

更短的波长
高能量

| 飞机/运输带 | 广播电视 | 微波 | 雷达 | 红外线 | 可见光 | 紫外线 | X光线 | 伽马光线 |

波长（纳米）　750　700　650　600　550　500　450　400

更短的波

运动的方向

更长的波

运动的方向

白光

棱镜

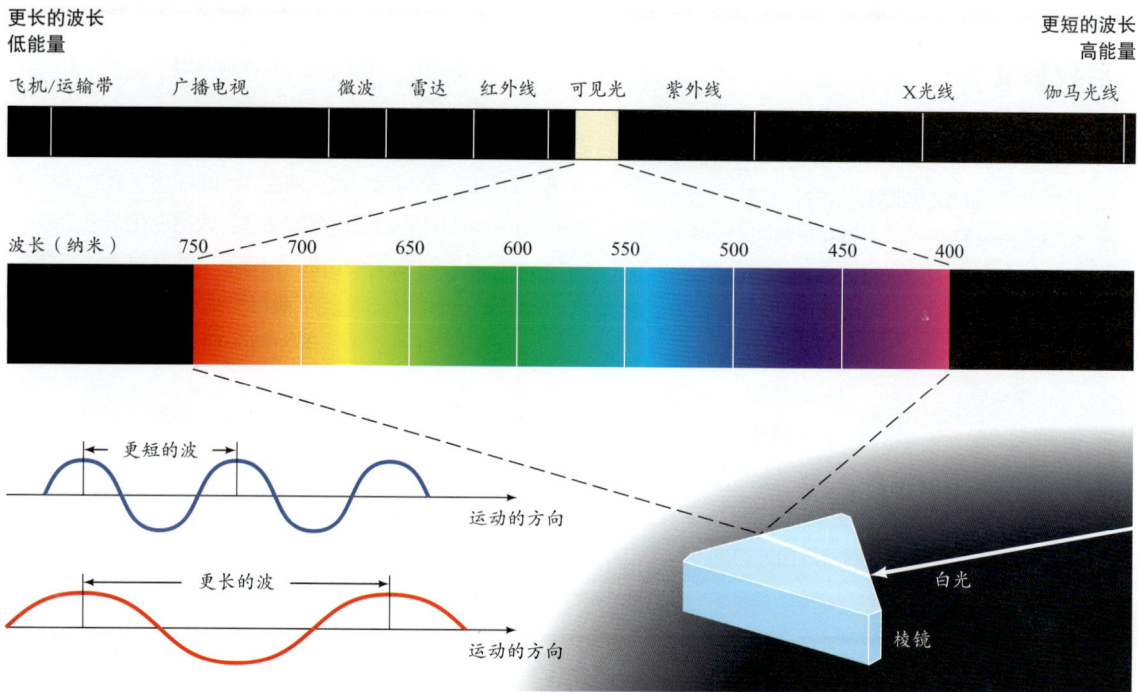

图 3.6　电磁波谱与可见光　（上）可见光只是电磁波谱中的一个狭窄波段。可见光波长的范围从 400 到 700 纳米之间。X 射线更短，无线电波更长。（下）这两个图表显示了连续波之间的波长变化。稍短的波长，频率更高，反射为蓝色；长波的频率较低，反射为红色。

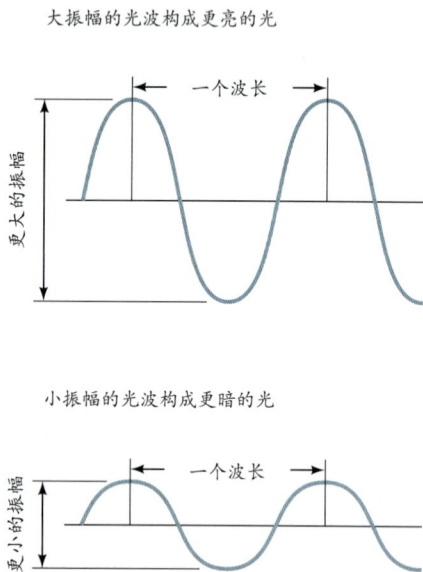

大振幅的光波构成更亮的光

一个波长

更大的振幅

小振幅的光波构成更暗的光

一个波长

更小的振幅

图 3.7　不同的光波振幅图　上图可能表明的是音乐会舞台上的聚光灯；下图可能表明的是烛光晚餐。

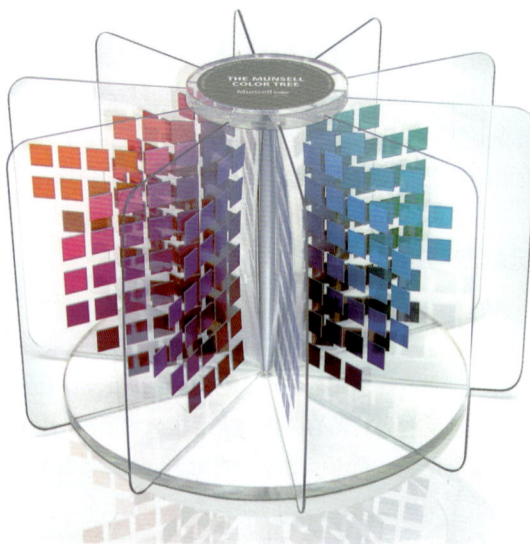

图 3.8　展现颜色立方体的色彩树：色调、饱和度和亮度围绕在色彩树周围的就是色调——水平方向的是饱和度，而垂直方向的是亮度。

理解饱和度。白光是多种颜色的组合，被感知为无色的，像阳光一样。非常纯净的颜色里面不存在白色的光。它们位于颜色树的外部。请注意，我们越是接近颜色树的中心，特定颜色的单一波长中的白色光就愈多。换句话说，边缘处的深色向中心逐渐褪成了柔和的颜色。

眼睛的结构　眼睛就像照相机一样，其自身的结构就是为了得到世界上最好的照片。一张精准的照片在于聚焦，不能太暗或太轻，并有良好的对比度。在这一过程中，眼睛中的每一处结构都起着重要的作用。

如果你在镜子里仔细观察自己的眼睛，你会发现三个组成部分：巩膜、虹膜和瞳孔（图3.9）。巩膜是白色的，是眼睛的外层部分，有助于保持眼球的形状，以保护其免受损伤。虹膜是眼睛的有色部分，有人可能是淡蓝色的，而有人则可能是深棕色的。

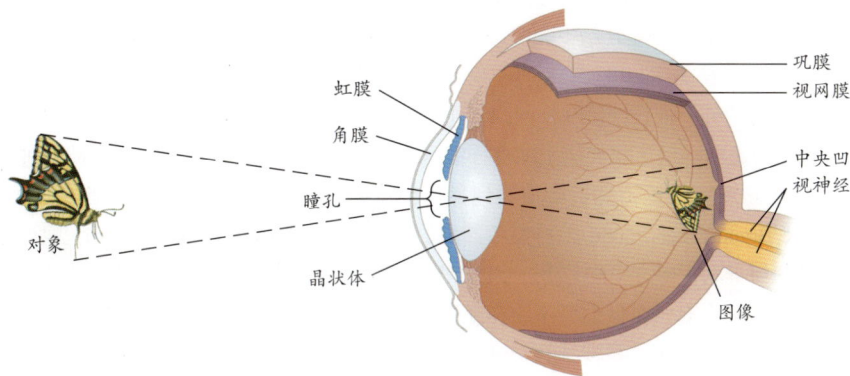

图 3.9　眼睛的组成　需要注意的是，视网膜上的蝴蝶图像是上下颠倒的。大脑让我们看到的是正面朝上的形象。

瞳孔是黑色的，是虹膜的中心。虹膜中的肌肉控制瞳孔的大小，并调节进入眼睛的光线量。为了得到更好的影像，眼睛需要调整进入的光线量。从这个意义上说，瞳孔的作用就像一个相机的光圈，当需要更多的光的时候，瞳孔就打开，当光过多时，瞳孔就会关闭。

两种结构使得眼睛能够聚焦于图像：角膜和晶状体，前者是位于眼睛前面的透明膜，而晶状体则是透明而柔软的盘状结构，其中充盈着明胶状的物质。这两种结构的功能就是屈光作用，使进入眼睛表面的光线聚焦落在视网膜上。角膜的屈面完成了大部分的屈光作用，而晶状体则完成更为精细的工作。当你在看远处的物体时，晶状体呈相对平滑的形状，因为光从遥远的物体到达眼睛时是平行的，同时角膜的屈光力足够使得眼睛能够保持对事物的聚焦。然而，从更近处物体到达眼睛的光线，则更加分散，所以要实现聚焦，就需要更大的屈光力。

如果晶状体不能改变其曲度，那么眼睛就很难长时间专注于近距离的物体，如阅读材料。随着年龄的增长，晶状体会逐渐失去弹性，因此对焦近处的物体从正常的扁平形状变化为圆润的形状。因此，许多人在年轻时视力正常，但随着年龄的增长，则开始需要佩戴老花镜。

眼睛的这些部分协同工作，使我们能够看到最精准的影像。然而，如果眼睛不能记录所看到的世界，上述这些努力都是毫无用处的，这就类似于照相机需要胶卷一样。摄影胶片由一种对光有所反应的材料制成的。位于眼睛后部的视网膜，是眼睛的感光膜，其功能就类似于胶卷，用于记录电磁能量并将其转换为大脑内的神经冲动。然而，视网膜和胶卷之间的类比只能到此为止。**视网膜**是非常复杂和优雅的设计。它实际上是视觉的主要机制。即使经过几十年的努力钻研，研究者们仍然没有完全理解这种神奇的结构（Collin & others，2012；Herberstein & Kemp，2012）。

视网膜　位于眼睛中的多层感光膜，可记录电磁能量并将其转换为大脑内的神经冲动。

人的视网膜大约包含1.26亿感受器细胞。它们把光的电磁能量转换成神经系统能够进行加工的能量形式。视觉感受细胞包括两种类型：视杆细胞和视锥细胞。视杆和视锥细胞的反应模式和在视网膜上的分布模式都存在差别（A. Lewis & others，2010；Okano & others，2012）。

视杆细胞（rods）是位于视网膜上对光线敏感的感受器细胞，对颜色不敏感。视杆细胞在低照明度情况下运作良好，这些细胞在夜晚仍然努力工作。人类有120万左右的视杆细胞。**视锥细胞**（cones），是我们感知色彩的感受器细胞。与视杆细胞一样，视锥细胞也对光敏感。但它们对光的需求量更大，所以它们在日光下或高的照明条件下运行得最好。在人的眼睛里有600万左右的视锥细胞。

视网膜最重要的部分是中央凹，这是位于视网膜中心处的一个微小区域，此处的视力是最好的（参见图3.9）。中央凹中只有视锥细胞，并参与许多至关重要的视觉任务之中。除中心凹外，视杆细胞在视网膜上几乎无处不在。

图3.10显示了位于视网膜上的视杆细胞和视锥细胞把光转换成电化学脉冲的过程。信号传输到双极细胞，然后被传递到另一层被称为神经节细胞的特殊细胞之中（tom Dieck & Brandstatter，2006）。神经节细胞的轴突构成了**视神经**（optic nerve），视神经将视觉信息传导到大脑之中进行进一步的加工。图3.11总结了视杆细胞和视锥细胞的特点。

在视网膜上有一个区域既不存在视杆细胞，也没有视锥细胞。这一区域就是位于视网膜上的盲点，该区域是视神经穿过视网膜进入大脑的区域，因此物体的影像即便进入该区域中也不能引起视觉（见图3.10）。我们看不到到达这部分视网膜中的事物。为了更好地了解你的盲点，请看图3.12。一旦你看到黄椒消失，就表明你已经找到盲点，要完成这个任务可能需要一段时间。现在，闭上一只眼睛，环顾四周。你看到的世界是一个完全连续的图像，你的周围没有盲点。这是一个关于自上而下加工的例子，也很好地说明了知觉的建设性。大脑运用猜测为你填补了空白（本该留下的盲点区域），这个过程就像是一位具有创造性的艺术家在盲点上作画。

> 如果你想看到一个非常微弱的星星，你应该在观看时稍微离远一些，让你的视杆细胞来工作。

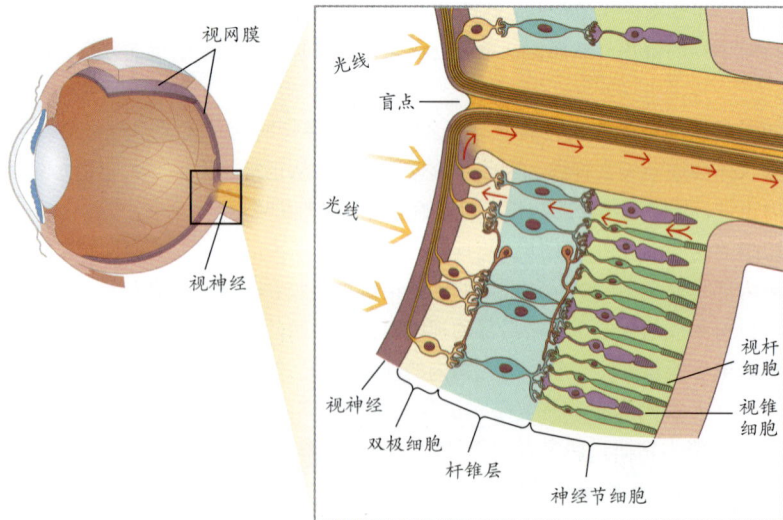

图3.10　视网膜中的光线方向　光线经过角膜、瞳孔、晶状体，最终落在视网膜上。视网膜上的三层特殊细胞将图像转换为可以传输到大脑中的神经信号。首先，光线引起位于视网膜后面的视杆细胞和视锥细胞的反应，并把光能转化为电－化学神经冲动。神经冲动激活双极细胞，进而激活神经节细胞。然后，光信息被传送至视神经，进而传送到大脑之中。图中的箭头表明的就是光信息在视网膜上的传递路线。

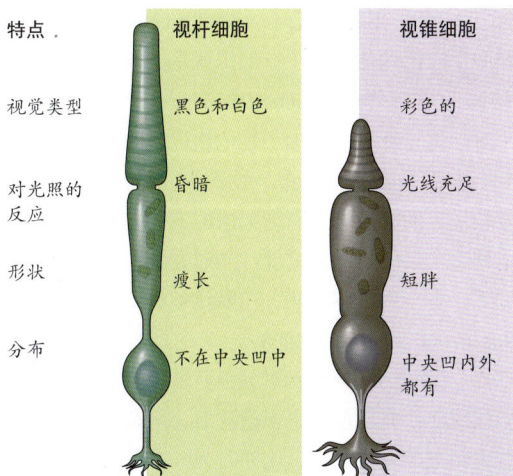

特点	视杆细胞	视锥细胞
视觉类型	黑色和白色	彩色的
对光照的反应	昏暗	光线充足
形状	瘦长	短胖
分布	不在中央凹中	中央凹内外都有

图 3.11　视杆细胞和视锥细胞的特性　它们在形状、位置、功能上都不同。

图 3.12　眼睛的盲点　人的眼睛里都有一个正常的盲点，这一微小区域是视神经穿过视网膜进入大脑的地方。要找到右眼的盲点，试与书保持一臂的距离，捂住左眼，右眼盯着左边的红辣椒。你缓缓地走向书，直到黄椒消失。要找到左眼的盲点，捂住右眼，目不转睛地盯着黄胡椒，并调整书的位置，直到红辣椒消失。

大脑的视觉处理

　　眼睛只是视觉感知的开始。视觉感知的下一步发生在视网膜中，即产生神经冲动并传送到大脑进行分析和整合（Teismann & others，2012）。

　　视神经离开眼睛，向大脑传送光信息。光沿直线传播，因此，在左侧视野中的刺激会进入到双眼中视网膜的右半侧，而右侧视野中的刺激则进入视网膜的左半侧（图3.13）。在大脑中的视交叉点处，视神经纤维分裂，约一半的神经纤维越过大脑的中线。因此，双眼视网膜右半部分的视觉信息被传递到大脑皮层枕叶的右侧，而视网膜左半部分的视觉信息被传送到枕叶的左侧。这种交叉意味着我们左侧视野看到的信息是进入到右侧大脑之中，而我们右侧视野所看到的信息则进入到左侧大脑中（见图3.13）。之后，这些信息在视觉皮层中被加工并整合为一个可识别的对象或场景。

　　视觉皮层　视觉皮层（visual cortex）位于大脑后部的枕叶中，是大脑皮层的一部分。在进入其他视觉区域进行进一步的分析之前，大多数的视觉信息会进入到初级视觉皮层中进行加工（Schira & others，2010）。

　　视觉信息加工的一个重要方面就是神经元的特异性。与视网膜中的细胞一样，初级视觉皮层中的许多细胞都是高度专门化的（Shushruth等，2012）。**特征检测器**（feature detectors）是大脑视觉系统中的神经元，能够对刺激的特定特征做出反应。David Hubel和Torsten Wiesel（1963）因特征检测器获得了诺贝尔奖。通过记录一只猫的特定神经元的活动，观察其大小、形状、颜色和运动的变化，研究人员发现，视觉皮层中的神经元对于不同类型和角度的特征都有特定的敏感性。某个神经元可能因为受到特定角度的多个刺激而突然被激活；而另一个神经元只有当移动的刺激出现时才被激活；同样，某个神经元只有当视野中的物体呈现一定的角度、体积和形状时，才被激活。

　　Hubel和Wiesel也注意到，如果在早期就被剥夺某些类型的视觉刺激，小猫就会失去感知这些模式的能力。这一发现表明，视觉发展可能存在关键期，大脑需要经过一定的刺激，才会将资源分配给不同的知觉任务。大脑通过体验学会知觉。这就解释了本章开始时提到的Michael May的经历。一旦不再接受刺激，大脑就会将资源重新分配给其他任务。

" 在视网膜交叉点的'鼻子'另一侧能看到什么？ "

视觉皮层　位于大脑后部的枕叶中，是大脑皮层的一部分。

特征检测器　是大脑视觉系统中的神经元，能够对刺激的特定特征做出反应。

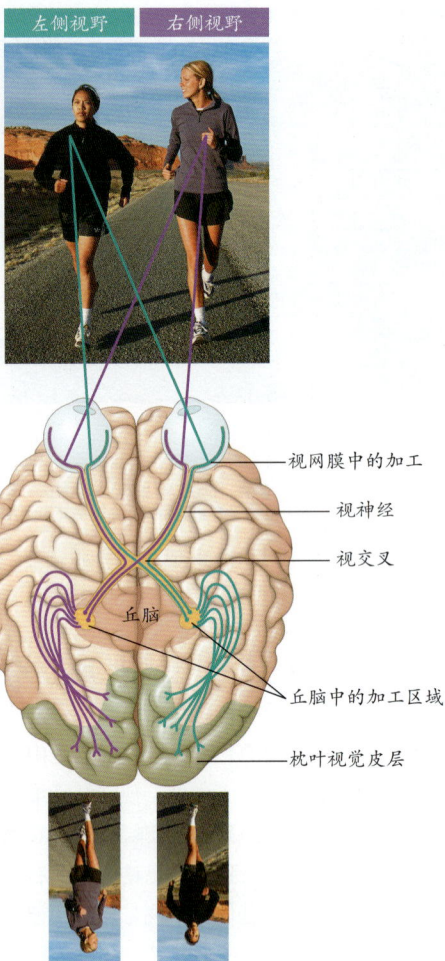

左侧视野　　右侧视野

视网膜中的加工

视神经

视交叉

丘脑

丘脑中的加工区域

枕叶视觉皮层

图 3.13　视神经和大脑　视野中每一处的光线都落到双眼视网膜的对侧。视觉信息通过视神经进入到视交叉处，其中大部分的视觉信息会进入到另一侧的大脑中。从那里，视觉信息被传递到位于脑后部的枕叶处。这些交叉点意味着，我们左侧视野中看到的影像（短黑头发的女人）是在右侧大脑中进行加工的，而我们在右侧视野中看到的影像（高挑、金发碧眼的女人）在左侧大脑进行加工。

平行加工　信息通过不同的神经通路同时进行传递。

捆绑　在视觉感知中，对不同神经通路或神经细胞所加工的信息进行聚集、整合的过程。

三色理论　认为视网膜中有三种视锥细胞，分别对波长不同但有所重叠的光线敏感。

平行加工　由于**平行加工**（parallel processing），感觉信息在大脑中得以迅速传递，平行加工就是指信息通过不同的神经通路同时进行传递（Joubert & others，2008）。在系列加工中，对感觉特征的信息加工是依次进行的（如先处理图像的形状，然后是颜色、动作，最后是位置），这种加工方式的速度较慢，使我们难以与周围快速变化的世界保持同步。为了达到这个目的，我们需要"同时看到"这些特性，这是并行加工。有一些证据表明，在触觉和听觉中也存在并行加工（Recanzone & Sutter，2008）。

捆绑方式　虽然一些神经元对颜色有所反应，而有些神经元则对形状或动作有所反应，但请注意，所有这些神经元都参与了特定刺激的发生之中，比如，当一个蹒跚学步的孩子跑向你时，这些神经元都参与了对这一特定刺激的感知活动中。那么，如果这些刺激在大脑中经由不同的神经元进行传递，大脑又如何知道这些物理特征是源于同一个知觉对象的呢？答案是，捆绑。

如今，视觉感知中最令人兴奋的话题之一就是**捆绑**（binding），是指对不同神经通路或神经细胞所加工的信息进行聚集、整合的过程（Hong & Shevell，2009；Tacca，2012）。通过捆绑，你可以将有关幼儿的身体形态、微笑、动作信息汇聚到大脑皮层之中，并形成一个完整的图像。不过，捆绑是如何发生的，这仍是神经学家们正在解决的难题（McMahon & Olson，2009）。

研究人员发现，被同一视觉对象所激活的不同神经通路的脉冲频率是相同的（Engel & Singer，2001）。在大脑皮层内的细胞网络中，这一组神经元将知觉对象的所有特征捆绑到统一的知觉系统中。

颜色视觉

试想一下，没有颜色的世界是多么的暗淡！正是因为色彩的使用，艺术博物馆中的艺术品才令人印象如此深刻。如果我们不能看到丰富的色调，花儿也将不再美丽。颜色的感知过程始于视网膜——眼睛的角膜中。有趣的是，在研究色彩感知及其神经生理解剖机制的方法产生之前，关于视网膜如何加工颜色的理论就已经出现了。通过观察人们如何观看的过程，心理学家们对颜色在视网膜中的形成过程进行了非常准确的推测，并提出了两大理论：三色理论和对立过程理论。经证明，两种理论都是正确的。

三色理论（trichromatic theory）由Thomas Young在1802年提出，Hermann von Helmholtz在1852年对该理论进行扩展，指出视网膜中有三种视锥细胞，分别对波长不同但有所重叠的光线敏感。该理论基于实验表明，一个拥有正常视觉的人可以通过结合三种其他波长而生成出频谱中的任何颜色。Young和Helmholtz推测，视锥细胞分别对红色、蓝色和绿色敏感，如果不同强度的三种波长的组合与任何单一的纯波长没有区别的话，那么，视觉系统必须基于对这三种视锥细胞感受器的不同的反应，进行颜色的感知。

关于色觉异常或色盲的研究（图3.14）为三色理论提供了进一步的支持。完全的色盲很罕见；绝大多数色盲都是男性，并且大多数的色盲都可以看到一些颜色。色盲的性质取决于哪一种视锥细胞出了问题（Machado，Oliveira，& Fernandes，2009）。三种视锥系统分别是绿色、红色和蓝色。最常见的色盲形式是绿色视锥系统出现故障，个体很难区分出绿色与蓝、红两色的特定组合。

1878年，德国生理学家Ewald Hering观察到，一些颜色无法共存，而另一些颜色则可以。例如，我们很容易想象出绿蓝色，但很难想象出红绿色。Hering还注意到，三色理论不能充分解释颜色的后像，即刺激移除后仍然保存视觉图像的现象（图3.15中可以体验视觉后像）。颜色后像很常见，并通常包括特定的颜色对。如果长时间地盯着红色看，你最终将看到绿色后像出现。如果长时间地盯着黄色看，最终也会看到蓝色后像的出现。

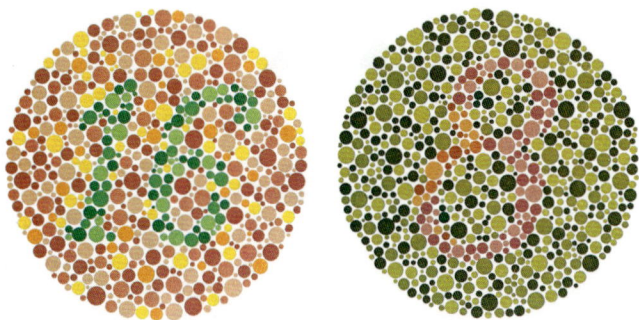

图3.14 用于检测色盲的例子 正常视力的人能够看到左图中的数字16和右图中的数字8。色盲可能只看到16或8，或者两个都看不到。要测评是否是全色盲，需要使用15种这样的刺激。

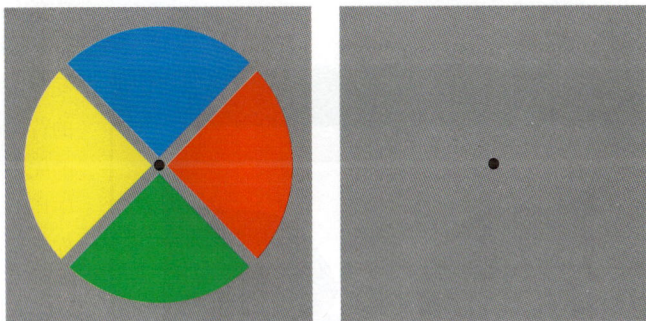

图3.15 负后像－互补色 如果你凝视左边彩色面板上的点，然后将目光转向右边的灰色方块，你会看到原色调的互补色。蓝色变成黄色，红色变成绿色，绿色变成红色，黄色变成蓝色。之所以如此，是因为眼睛中的颜色感受器对成对的颜色敏感：当颜色感受器停止对一种颜色的注视时（你不再盯着面板看），颜色感受器对配对颜色的工作则很快启动。明亮颜色的后像效果尤其明显。

据此，Hering指出，视网膜中并非存在三种颜色的视锥细胞感受器（三色理论的观点），而是四种颜色，且成互补的颜色对：红—绿，蓝—黄。黑林（Hering）的**对立过程理论**（opponent-process theory）指出，视觉系统的细胞对红—绿和蓝—黄颜色产生反应；特定的细胞可能会被红色激活，而被绿色抑制，而另一个细胞则可能被黄色激活，而被蓝色抑制。研究人员发现，对立过程理论的确能够解释后像现象（Jameson & Hurvich，1989）。例如，如果你盯着红色看，红绿系统将迅速运转，当你把目光移开时，就会出现绿色后像。

如果正如Young和Helmholtz所预测的，颜色知觉的三色理论是有效的，我们有三种锥细胞，那么对立过程理论呢？也是正确的吗？答案是，视网膜上的视锥细胞——红色、蓝色和绿色，与视网膜的神经节细胞是相互联系的，对三种颜色的编码可以立即转换为对相反过程的编码（图3.16）。例如，对于特定的神经节细胞，绿色的视锥细胞起抑制作用，而红色的视锥细胞则起激活作用。因此，三色理论或者对立过程理论都是正确的——眼睛与大脑使用这两种方式进行颜色编码。

对立过程理论 该理论指出视觉系统的细胞对红－绿，蓝－黄产生反应；特定的细胞可能会被红色激活，而被绿色抑制，而另一个细胞可能是被黄色激活，而被蓝色抑制。

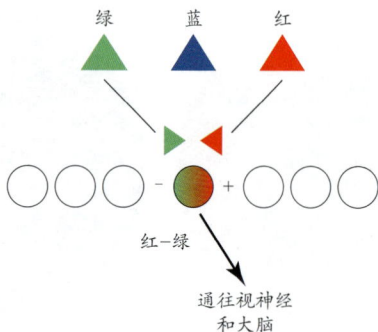

三色感受器
系统

绿　蓝　红

神经节细胞
(对立过程)

红-绿

通往视神经
和大脑

图3.16　三色理论和对立过程理论：视网膜中的彩色信息传递　对绿色、蓝色或红色光敏感的视锥细胞，在视网膜上形成了三色感受器系统。当信息被传递至视网膜的神经节细胞时，对立过程的细胞被激活。如图所示，视网膜神经节细胞被绿色视锥细胞抑制（—），而被红色视锥细胞激活（＋），由此产生了红绿色的信息。

心理调查

图3.17　可逆的图形－背景模式　你是看见了一只杯子的轮廓，还是一对侧脸的轮廓？用自下而上和自上而下的过程重新思考此图。

你最初看这幅图片时采取的是自上而下还是自下而上的加工过程？现在，试着去看看相反的图像（如果你看见一只杯子，那么就去找侧脸，如果你看到了侧脸，那就去找杯子。）这是自上而下的加工还是自下而上的加工？问问你的朋友们，他们第一眼看到的图像是什么样子？你认为该如何翻译这些差异？

图形－背景关系　当我们的注意指向某种事物的时候，该事物便成为知觉的对象，而其他事物则变成知觉的背景。

格式塔心理学　一个心理学流派，关注人们如何根据特定的模式进行知觉的组织。

深度知觉　人们感知三维空间中物体的能力。

形状知觉、深度知觉、运动知觉和知觉恒常性

知觉视觉刺激的过程就是对眼睛所发送到视觉皮层的信息碎片进行组织和解释的过程。我们看到的事物的属性信息是这一过程的关键。这些信息包括形状、深度、运动和恒常性。

形状　想一下所看到的这个世界中的形状——伸向空中的建筑物、地平线上的船只、这个页面上的字。我们之所以能看到这些形状，是因为这些物体与我们所看到的其他事物的轮廓区分开来，颜色的亮度发生了突然的变化（Cavina-Pratesi & others，2010）。现在想想这个页面上的字。当你观看该页面时，你看到白色页面背景中的字母形状或图形。**图形－背景关系**（figure-ground relationship）是指，当我们的注意指向某种事物的时候，该事物便成为知觉的对象，而其他事物则变成知觉的背景。这一原则适用于通常的情况，但在图形与背景的关系很模糊时，我们就很难分辨图形和背景。图3.17中所显示的就是一个著名的模糊图形-背景关系图。当你看这幅图时，你可能先会看到两副面孔，然后会看到一个酒杯。

图形-背景关系所依据的是格式塔原理（图3.18显示了其他的一些例子）。格式塔在德语中是形态或者形式的意思，**格式塔心理学**（gestalt psychology）流派关注人的思维，考察人类如何根据特定的模式组织知觉。格式塔心理学的一个主要原则是，整体不等于部分之和。例如，在看电影时，你所看到的是胶片的移动，而非单个的胶片图像；如果你单独去看胶片，那么你只能看到一个个单独的画面。在看电影时，由于每秒中光线迅速移动，因此你可以看到一个整体，这和单独的胶片是不同的。类似地，在电脑屏幕上，成千上万的微小像素构成了一个整体的图像（整体）。

深度知觉　虽然图像是以二维形式呈现在视网膜上，然而，我们所看到的却是三维的世界。**深度知觉**（depth perception）就是人们感知三维空间的物体的能力。环顾四周，你周围的环境并非平面的。一些物体更远，一些物体则更近。一些对象相互重叠。你所看到的场景和对象是有深度的。你是如何看到深度的呢？要感知深度世界，我们需要使用两种类型的信息或者线索——双眼线索和单眼线索。

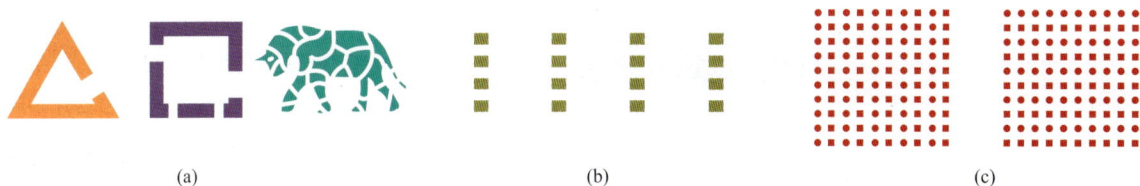

(a)　　　　　　　　　　　　　　　(b)　　　　　　　　　　　　　　　(c)

图3.18　闭合性、接近性和相似性的格式塔原则 （a）闭合性：当我们在观看不连续或不完整的图像时，我们会填补其中的空隙，并将其看作为完整的图像。（b）接近性：在观看相互接近的物体时，我们会将其视为一个整体。你会将图中的一组图形看做是排成四列的四个方块，而非 16 个方块。（c）相似性：在看到彼此相似的物体时，我们往往将其视为一个整体。此处，在左边的图形中，你很可能看到的是成列的圆形和正方形，而在右边的图形中，你看到的是成行的圆形和正方形。

因为有两只眼睛，因此我们分别从每只眼睛中获得关于世界的影像。**双眼线索**是深度线索，源自于双眼图像的组合，是双眼共同工作所提供的线索。由于双眼位置稍有不同，因此看到的图像也会略有所不同。试着把手离脸约10英寸左右。轮流闭上你的左右眼，交替睁开。图像在两手间来回跳出，因为图像在左侧和右侧的视网膜上，是在一个稍微不同的地方。图像在两眼之间的差异，或者说是不同，是大脑用来确定物体的深度或距离的线索。两者在大脑中的结合，和它们在眼睛之间的差距，给我们提供了关于三维世界的信息（Preston，Kourtzi，& Welchman，2009）。

双眼会聚（convergence）是另一种感知深度和距离的双眼线索。当我们用两只眼睛去看某事物时，双眼都聚焦在同一个物体上。如果对象距离近，双眼就会聚合在一起。如果对象距离远，双眼则不需聚合就能聚焦到物体上。双眼会聚的肌肉运动能够提供有关对象的距离或深度的信息。

除了使用双眼线索来了解对象的深度，我们也可以利用左眼或右眼的单眼线索所提供的图像信息了解深度。**单眼线索**很强大，在正常情况下也可以提供关于深度知觉的令人信服的信息。尝试闭上一只眼睛，你所感知的世界仍然保留许多三维的信息。单眼线索的例子包括：

1. 熟悉的尺寸：这种有关知觉对象的深度和距离的线索，是根据我们之前所了解到的关于某对象的标准尺寸。我们知道橘子通常是多大的，所以我们可以根据其在视网膜上的成像大小，判断一个橘子大约有多远。

2. 视野中的高度：在其他条件都相同的情况下，在一幅图中处于更高位置上的物体，被知觉为在更远的距离处。

3. 线性透视和相对大小：较远的对象在视网膜上占用较少的空间。所以，更小的物体被知觉为在更远的距离处。随着知觉对象的距离逐渐变远，眼中所看到的平行线也开始会聚到一起。

4. 重叠：如果知觉对象部分遮挡了另一个物体，我们将其知觉为更加接近。

5. 阴影：由于光线的位置和视角的变化而引起的知觉的改变。在台灯下放一个蛋。如果围着桌子走，你就会看到鸡蛋所呈现出的不同的阴影模式。

6. 纹理梯度：距离越远，纹理就变得更密集、更紧密（图3.19）。

深度知觉有非常复杂的适应能力。那些单眼存在缺陷的个体，无法像双眼正常的个体那样看到深度。其他的眼部疾病也会导致深度知觉的缺乏。Oliver Sacks（2006）描述了Susan Barry的案例，Susan Barry一出生就是内斜视。虽然经过化妆，她的眼睛看起来很正常，但在生活中，她仍然无法知觉到深度。成年之后，她下定决心练习深度

> **❝** 3D 眼镜利用的就是双眼间的差距——给每只眼镜呈现不同的影像。**❞**

> **双眼线索**　是深度线索，源自于双眼图像的组合。

> **双眼会聚**　感知深度和距离的双眼线索，双眼的肌肉运动能够提供有关对象的距离或深度的信息。

> **单眼线索**　即左眼或右眼，即单眼所提供的有力的深度线索。

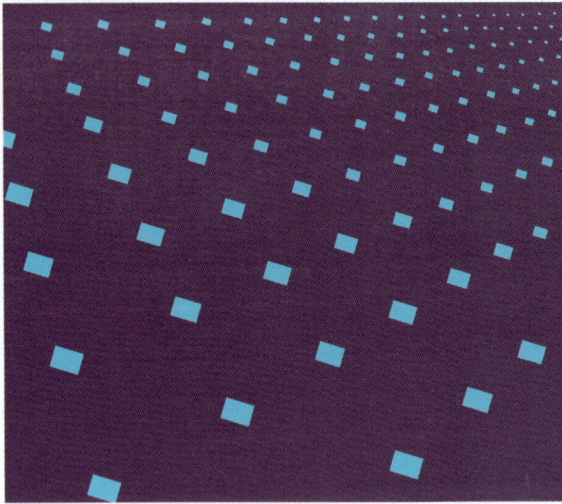

图3.19 纹理梯度 纹理梯度使眼睛对平坦的表面产生了深度知觉。

知觉。在医生的帮助下，她使用特殊的眼镜进行眼部肌肉的锻炼，并练习对三维空间事物的感知。这是一个艰难而漫长的过程，但有一天，她发现事物开始向她"伸出"，可能就像是观看3D电影时的感觉。虽然Barry已经成功地适应了平坦的视觉世界的生活，但她认识到，依靠单眼线索看到的世界和依据双眼线索所看到的丰富的视觉世界是完全不同的。她描述到，花朵突然"膨胀了"。她指出，"平常的事情看起来很特别"，一棵树上的叶子、一把空椅子、办公室的门都从背景中突出来。平生第一次，她感到自己进入到了所知觉的世界之中。

运动知觉 运动知觉在生活的许多方面中都起着重要的作用（Boeddeker & Hemmi，2010）。事实上，对于一些动物来说，运动知觉对生存至关重要。捕食者和猎物的生存都取决于其快速感知运动的能力（Borst，Haag，& Reiff，2010）。青蛙和其他一些简单的脊椎动物甚至看不到静止的对象。举例来说，如果一只死苍蝇在青蛙面前一动不动，青蛙根本无法感知到它。青蛙视网膜中探测昆虫的细胞只能感知到运动的物体。

青蛙的视网膜可以探测到移动的物体，而人类和其他灵长类动物的视网膜则做不到这一点。就如一位神经学家所指出的，"动物越愚蠢、视网膜越聪明"（Baylor，2001）。人类的大脑通过高度专业化的方式完成分析运动的工作（Lee & Lee，2012）。

人类如何感知运动？首先，我们有专门检测运动的神经元。其次，无论是我们自己处于运动之中，还是看到有人或物体正在移动，我们的身体都会给予反馈，例如，当你看到球朝你踢过来时，你的眼部肌肉就会开始活动。第三，我们所看到的环境中的线索，也会给我们提供关于动作的丰富信息（Badler & Heinen，2006）。例如，当我们奔跑时，我们周围的环境似乎也正在移动。

心理学家既关注真正的运动，也对**似动**（apparent movement）很感兴趣，所谓似动，就是我们知觉到静止的物体在移动。你可能在IMAX电影院中体验过似动。在观看一部关于珠峰的电影时，你的视野中充斥着各种惊人的图像，你会发现自己体验到了令人窒息的感觉。观众常常紧张地抓住扶手，因为他们所感知到的运动是如此的真实，以至于他们感觉自己可能会掉下去。

知觉恒常性 视网膜中的图像会不断变化。然而，即使是落在视网膜上的刺激发生改变（对象更为靠近或远离，我们看待物体的方向发生改变，光线明亮或是暗淡），我们对这些刺激的知觉依旧保持不变。**知觉恒常性**（perceptual constancy）是指尽管关于知觉对象的感觉输入有所变化，但知觉到的对象却保持不变。

人类能体验到三种类型的知觉恒常性——大小恒常性、形状恒常性和颜色恒常性：

1. **大小恒常性** 是指即使视网膜图像上的对象发生变化，我们对物体尺寸大小的知觉仍保持不变（图3.20）。大小恒常性的知觉非常重要——无论你距离汽车多远，你都会

似动 知觉到静止的物体在移动。

知觉恒常性 尽管关于知觉对象的感觉输入有所变化，但知觉到的对象却保持不变。

知道它有多大。

2. 形状恒常性　是指即使知觉对象在方向上发生变化，我们对物体形状的知觉仍保持不变。环顾四周。你可能看到各种形状的椅子和桌子。假设你在房间里四处走动，你会从不同的侧面和角度来观看这些对象。当你行走时，物体在视网膜上的成像会发生改变，但你仍然能感觉到这些物体具有相同的形状（图3.21）。

3. 颜色恒常性　是指即使落在物体上的光线发生了变化，但我们对物体颜色的知觉仍保持不变。例如，假设你吃的是绿色的青苹果，那么，你无论是在阳光明媚的正午时吃，还是在淡粉色的日落下吃，苹果都是绿色的。

知觉恒常性使我们知道解释在知觉中的重要作用：我们对感觉进行解释。无论视网膜检测到什么样的图像，我们都将对象知觉为具有特定特征的事物。图像进入视网膜中，但知觉使其具有一定的意义。在真实世界的背景下，我们用于感知现实世界的很多视觉线索都会导致错觉，体验一下图3.22中所示的各种错觉。

看看这些错觉，想想文化是如何影响人们的错觉体验的。通常，在那些较少使用二维图像（如在纸上作画）的文化中，几何错觉出现的几率很小（Segall，Campbell，& Herskovits，1966）。

图 3.20 大小恒常性　虽然热气球在视网膜上所呈现的图像不同，但我们仍然知道气球的大小是相同的。这说明了大小恒常性原则。

自我测试

1. 当提到光波的色调时，我们所指的是：_____。

    A. 强度　　　B. 辐射　　　C. 亮度　　　D. 颜色

2. 要读懂这个问题，你要先看到它。当光线进入眼睛后，记录光波的感受器细胞位于_____。

    A. 视网膜　B. 角膜　　　C. 盲点　　　D. 交叉点

3. 当你待在明亮的房间时，你的视杆细胞_____起作用，而视锥细胞_____起作用。

    A. 很少　经常　　　　B. 很少　很少

    C. 频繁的　很少　　　D. 频繁的　经常

小应用！

4. 一天下午，Sondra 开车行驶在乡间道路上。又长又直的道路上，车辆很少。Sondra 发现远处的一位男子正沿着路边行走。然而，当她驶近时，那个人却突然走到马路中间，随着刺耳的刹车，Sondra 震惊地意识到，她差点撞上一个孩子。幸运的是，孩子没有受到伤害。为什么远处看像个成年人，但到近处却发现是个孩子呢？该如何解释这种情况？

A. Sondra 的枕叶受到过伤害

B. 远处的对象在视网膜的成像较小，Sondra 受到了相对大小的愚弄

C. 因为镜子里的东西比看起来更近一些，因此，她无法检测到不明显的差异

D. 因为视网膜上较小的物体所处的距离通常比看起来的更近一些，因此，她是被形状恒常性欺骗了

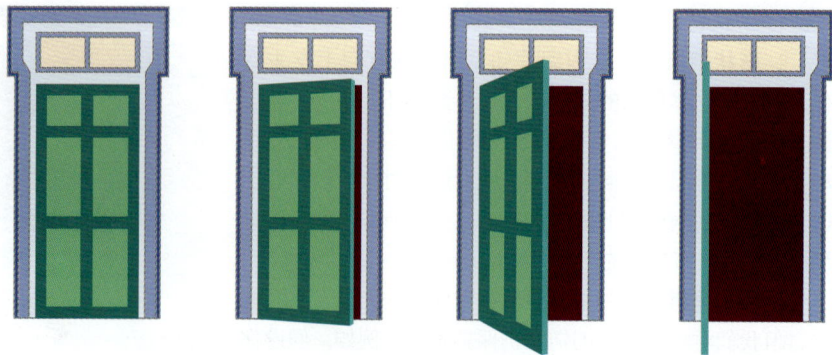

图 3.21 形状恒常性 虽然打开的门在视网膜上的投影图像完全不同，但你感知到的门依旧是长方形。

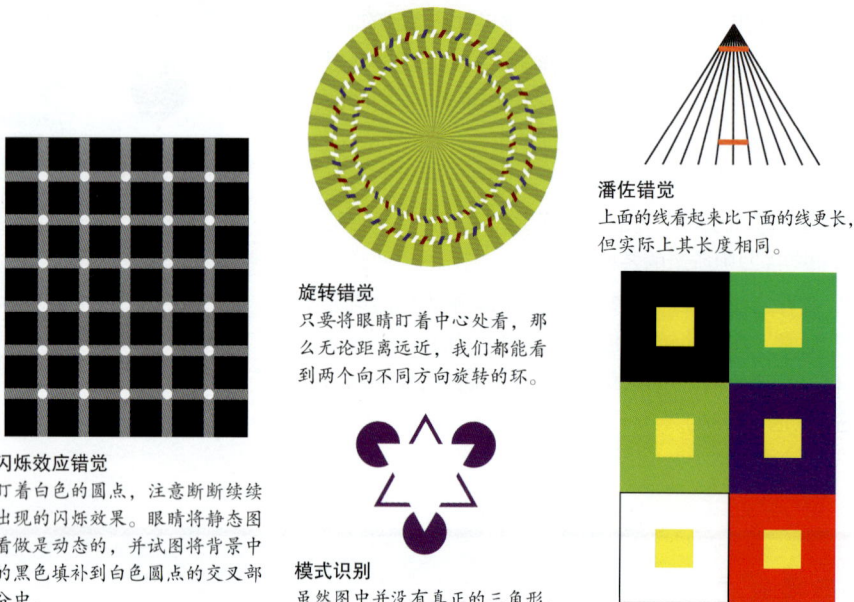

旋转错觉
只要将眼睛盯着中心处看，那么无论距离远近，我们都能看到两个向不同方向旋转的环。

潘佐错觉
上面的线看起来比下面的线更长，但实际上其长度相同。

图 3.22 知觉错觉 这些错觉表明，断章取义的理解知觉线索可能会导致错觉的出现。这些图像都很有趣，但要记住，这些错觉在现实生活中具有很强的适应意义。记住，不是每个人都能看到这些错觉。在平面文化中生活的人们一般较少被这些几何错觉所迷惑。

闪烁效应错觉
盯着白色的圆点，注意断断续续出现的闪烁效果。眼睛将静态图看做是动态的，并试图将背景中的黑色填补到白色圆点的交叉部分中。

模式识别
虽然图中并没有真正的三角形，但你的大脑却"看到"了两个重叠的三角形。对此的解释是，图中的缺口圆和角度线暗示了完整三角形的样子。大脑自动填补了其中缺失的信息。

诱导错觉
虽然图中的黄色方块完全相同，但当处于不同的颜色背景中时，其看起来也不相同。

3　听觉系统

正如光为我们提供了有关环境的信息一样，声音也是如此。通过声音，我们知道身后站着一个人、汽车驶来的方向、风力、两岁孩子的恶作剧。也许最重要的是，声音使得我们能够通过语言和歌声进行交流。

声音的本质以及我们的体验

在看一场烟花表演时，你可能会感觉到胸腔中的轰鸣声。在看演唱会时，你可能会感到空气的震荡。低音乐器尤其能够制造出机械振动的效果，甚至会引起地面的振动。当低音乐器的声音很响时，我们可以感觉到空气分子正从扬声器中向前推动。声音是如何产生这些感觉的呢？

声波是听觉系统对空气中的振动进行的加工。记住，光波就像是海浪拍打海滩。声波是相似的。但声波的长度有所不同。波长决定声波的频率，频率就是指在特定时间间隔内通过顶点的周期（全波长）个数。音高是对声音频率的知觉。我们知觉到高频率声音的音高更高，而低频的声音音高更低。女高音的声音听起来音高更高；而低音的音高低。与光的波长一样，人类也只对特定范围内的声音频率敏感。例如，我们都知道，与人类相比，狗可以听到的声音频率更高。

与光波一样，声波变化不仅有频率，也有振幅（见图3.7）。声波的振幅以分贝（dB）为单位进行测量，是指与标准声音相比，一个声波产生的声压量。最典型的标准就是0分贝，也就是人耳所能察觉到的最弱声音。响度是指对声波振幅的知觉。在一般情况下，声波的振幅越高，或声音的分贝越高，我们听到的声音就越响。因此，振幅越大，空气对耳朵的压力越大，耳朵听到的声音越响亮，反之，振幅越小，空气对耳朵的压力小，声音越轻柔。

至此，我们已经描述了只有一种频率的单声波。单声波类似于纯色光的一个波长。大多数的声音，包括语音和音乐，都是复杂的声音，不同频率的声音混合在一起。音色相当于色调的饱和度，或知觉到的声音质量。即便小号和长号演奏的音符相同，但音色却使我们感知到不同的声音。图3.23呈现的是声波的物理差异及其所产生的不同音质。

声波进入耳朵后会发生什么变化？耳朵中的结构如何将声波转换成大脑可识别的声音信号呢？耳朵功能与眼睛类似。

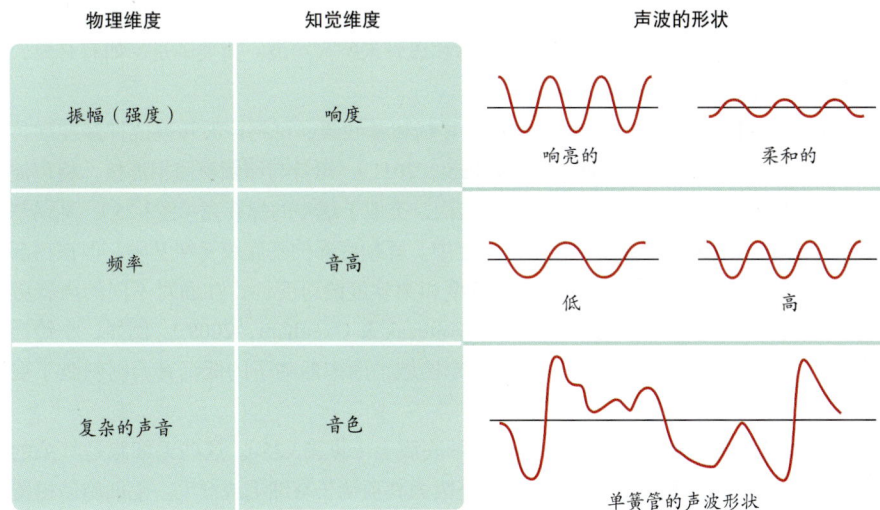

物理维度	知觉维度	声波的形状
振幅（强度）	响度	响亮的　　　柔和的
频率	音高	低　　　高
复杂的声音	音色	单簧管的声波形状

图 3.23　声波的物理差异及其所产生的不同音质　此处，我们可以看到耳朵与大脑如何参与到声音刺激的输入中，对声音丰富的感觉信息特征进行加工。

耳朵的构造和功能

耳朵的作用是将世界中的声音高质量地传输给大脑进行分析和解释。就像图像需要聚焦足量的亮度，大脑才能对其进行解释一样，声音在传输到大脑中时，也要保持相关的位置信息、频率（有助于我们区分儿童与成人的声音）和音色（使我们能够在电话里识别朋友的声音）。耳朵分为三部分：外耳、中耳和内耳（图3.24）。

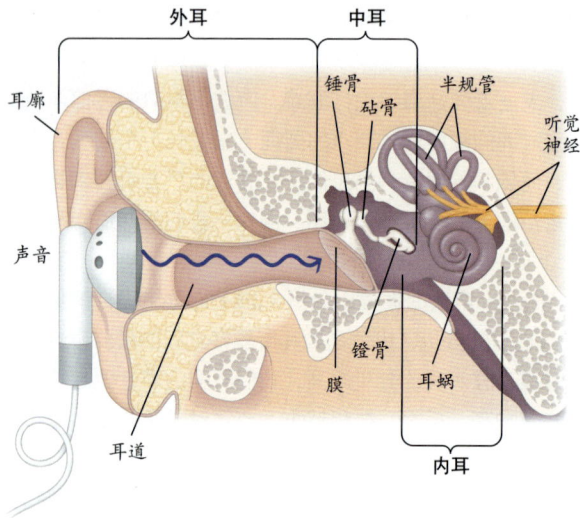

外耳　中耳

耳廓　锤骨　砧骨　半规管

听觉神经

声音

镫骨

膜　耳蜗

耳道

内耳

图3.24　外耳、中耳和内耳　声波从外耳进入后，穿过耳道，在那里振动鼓膜。这些振动经由锤骨、砧骨和镫骨，传送到内耳里充满液体的耳蜗中。机械振动转变为电化学信号，大脑将其识别为声音。

> 锤骨、砧骨和镫骨也被称为听小骨，是人体中最微小的骨骼。

外耳　外耳（outer ear）包括耳廓和外耳道。漏斗状的耳廓（复数pinnae）是耳朵可见的部分（大象有非常大的耳廓）。耳廓收集声音，并把其运送到内耳中。许多动物的耳廓（如猫）是可以动的，与人类耳廓相比，动物的耳廓对于声音定位更重要。猫会将耳廓朝向微弱和有趣的声音。

中耳　在进入耳廓后，声波通过外耳道进入到**中耳**（middle ear）。中耳将声音通过耳膜、锤骨、砧骨和镫骨传递到内耳。耳膜，或称为鼓膜，将外耳与中耳分开，并产生了声音的振动。这是声音在中耳接触到的第一个结构。锤骨、砧骨和镫骨是连接紧密的三块小骨头。当这些骨头振动时，它们会将声波传递到充满液体的内耳中（Stenfelt，2006）。控制这些微小骨骼的肌肉会使耳膜产生振动，并将其传递到卵圆窗——内耳的入口。

如果你会游泳，你就会知道，与在水中相比，声音在空气中更容易传播。进入耳朵中的声波会在空气中进行传播，直到进入内耳。正如我们即将看到的，中耳和内耳之间的界限，就是空气与液体之间的界限。就如声音要传递给水下游泳者时在水面会遇到阻力一样，此时耳中的声音也会遇到相同的阻力。为达到补偿的作用，中耳肌肉控制锤骨、砧骨和镫骨来扩大声波。重要的是，如有必要，这些肌肉也可以降低声波的强度以保护内耳。

内耳　**内耳**（inner ear）包括卵圆窗、耳蜗和基底膜，可将声波转换成神经冲动传递到大脑之中（Gregan，Nelson，& Oxenham，2011）。镫骨与卵圆窗膜相连接，将声波传到耳蜗中。耳蜗是一种充满液体的管状结构，类似于蜗牛的螺旋壳（图3.25）。耳蜗基底膜位于耳蜗内壁之上，并贯穿整个耳蜗之中。耳蜗底部的基底膜又窄又硬，但在顶部时却变得越来越宽，越来越柔软。由于宽度和柔软度的可变性，在面对不同的声音频率时，基底膜不同区域的振动强度更大（Wojtczak & Oxenham，2009）。例如，小铃铛的高音叮当声刺激了耳蜗底部基底膜的狭窄区域，而拖船哨子的低沉音调则刺激了更宽的一端。

人类和其他哺乳动物的毛细胞排列在基底膜上（见图3.25）。这些毛细胞是耳朵的感觉感受器。它们之所以被称为毛细胞，是因为其顶端长有细毛或纤毛。毛细胞使得覆膜振动，产生大脑可以识别的声音（Nowatny & Gummer，2011）。毛细胞非常精细，当暴露在过响的噪音下时，可能会遭到破坏，导致耳聋和听力困难。此外，毛细胞一旦受损，将无法再生。

目前，研究人员已经研发出人工耳蜗，用以取代受损的毛细胞。人工耳蜗是通过手术植入耳部和头部的小型电子设备，可使失聪或严重听力障碍人士听到声音（Sparreboom，Snik，& Mylanus，2012）。人工耳蜗的植入原理是利用电子脉冲直接刺激个

外耳　外耳的一部分，包括耳廓和外耳道。

中耳　声音通过耳膜、锤骨、砧骨和镫骨传递到内耳。耳膜，或称为鼓膜，将外耳与中耳分开，并产生了声音的振动。

内耳　内耳包括卵圆窗、耳蜗和基底膜，可将声波转换成神经冲动传递到大脑之中。

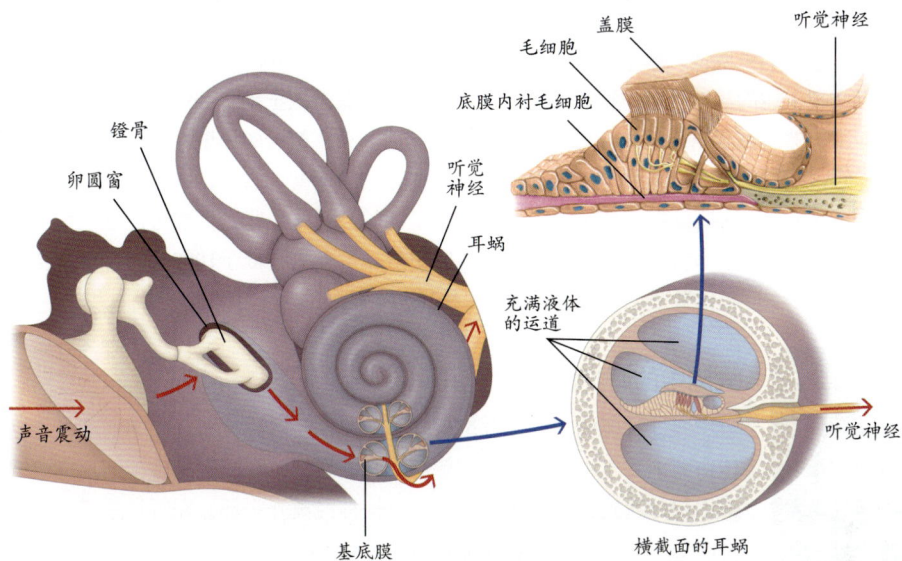

图3.25 耳蜗 耳蜗是充满液体的螺旋管结构。当镫骨振动卵圆窗时，耳蜗内的液体也随之振动。沿着基底膜传递的振动反映了不同频率的声音。这些振动给毛细胞（位于基底和盖膜之间）施加压力，使得毛细胞又进一步推动耳蜗覆膜，其压力能使静纤毛弯曲。这一过程激活了听觉神经中的动作电位。

体耳蜗中仍然正常运行的任一听觉神经（Zhou，Xu，& Pfingst，2012）。在美国，大约有41 500名成人和25 500儿童使用过人工耳蜗（U.S. Food and Drug Administration，2009）。

听觉理论

听觉系统的奥秘之一就是内耳如何记录声音的频率。目前有两种理论对此进行解释：位置理论和频率理论。

位置理论（place theory）指出每种声音频率在基底膜上产生振动的部位不同。Georg von Békésy（1960）通过对人类尸体的研究，探究了振动对基底膜中卵圆窗的影响。通过显微镜，他看到这种刺激在基底膜上产生了一个行波。行波就如同扔一块石头到池塘里时出现的涟漪。然而，由于耳蜗是一个长管，波纹只能向一个方向，即从卵圆窗的一端向耳蜗的一端推进。高频振动产生的声波，最大限度能推进到基底膜的卵圆窗区域，而低频振动波则最大程度能接近耳蜗的顶端。

位置理论能够充分解释高频声音，却无法解释低频声音。高频的声音，如裁判员的哨声或歌剧女高音尖锐的声音，会刺激基底膜上的特定区域。然而，低频率的声音，就像大号的声音或牛蛙的叫声，则使大部分的基底膜位置发生变化，因此很难准确定位听到该声音的区域。如果只是看基底膜的活动，你会认为人类很难听到低频的声音。因此，一定有一些其他的因素在低频声音的听力中发挥了作用。

频率理论（frequency theory）指出对声音频率的知觉取决于听神经被激活的方式，该理论发现了其他一些影响因素。更高频率的声音比低频率的声音更易激活听觉神经。然而，频率理论的一个不足是，单个神经元的最大放射频率是每秒1000次。因此，频率理论无法解释需要神经元更高放射频率的声音频率。

> Georg von Békésy 在 1961 年因基底膜研究获得诺贝尔奖。

位置理论 关于内耳如何接受声音频率的理论，指出每种声音频率在基底膜上产生振动的部位不同。

频率理论 关于内耳如何接受声音频率的理论，该理论认为对声音频率的知觉取决于听神经被激活的方式。

为了解决频率理论的不足，研究人员提出了**齐射原理**（volley principle），即一簇神经细胞连续、快速地发射神经冲动，产生一系列的电脉冲。单个神经元的放射频率不能达到每秒1000次，但如果神经元按照齐射原则发挥作用，则可以实现上述的放射频率。要理解齐射原理，可以想象一队全副武装的士兵们正在射击，他们每次只能进行一轮射击，然后需要重新装载。如果所有的士兵同时开火，射击的速度会受到限制，并且由于需要重新给枪装上子弹，因此无法达到更快的速度。然而，如果士兵们协调好，在不同的时间发射，那么当一些人重装子弹时，另外一些人仍然可以继续射击，此时射击的频率就会更高。频率理论能够更好地解释每秒低于1000次的声音知觉，而频率理论和位置理论可以共同解释每秒1000次以上的声音知觉。

大脑中的听觉加工

通过对视觉系统的讨论可知，一旦感受器接收到环境中的能量、这些能量将被传递到大脑之中进行加工和解释。我们看到，在视网膜中，信息通过视杆细胞和视锥细胞传递到神经节细胞中，通过视神经离开眼部。在听觉系统中，声音信息从内耳的毛细胞传递到**听觉神经**（auditory nerve）中，将神经冲动传导到大脑的听觉区域中。记住，是毛细胞的运动将声波的物理刺激转化为神经冲动的动作电位。

与视觉信息在视觉通路中的电化学传递相比，听觉信息以一种更复杂的方式在听觉通路中进行传导。听觉通路中有许多突触，大部分的纤维会穿过大脑皮层两半球之间的中线，而一些纤维则直接进入到与接受信号的耳朵同侧的脑半球中（Lewald & Getzmann，2011）。这意味着大多数左耳接收的听觉信息将进入大脑的右侧，但有些也会进入大脑的左侧。听觉神经从耳蜗一直延伸到脑干，一些纤维会穿过大脑两半球之间的中线。其中大部分纤维的最终目的地是到达大脑的颞叶（头部太阳穴下方）。与视觉信息一样，研究人员发现了听觉信息的提取特征，这些信息在大脑中以并行路径进行传递（Recanzone & Sutter，2008）。

声音定位

在听到消防车的警笛或狗的吠叫时，我们是如何知道声音来源于哪里呢？基底膜为我们提供了关于声音频率、音高及复杂性的信息，但却无法告诉我们如何准确定位声音的来源。

在这一章的前面我们看到，由于双眼所看到的影像稍有不同，我们可以判断一个物体离我们的距离有多远。同样，双耳所接收的声音来源也不同，我们可以据此定位声音刺激的位置。从左边传来的声音，到达双耳的距离不同，所以如果一只狗在你左边叫，左耳会比右耳更快地听到声音。此外，在这种情况下，左耳所听到的声音会比右耳稍微强一些。其原因在于：（1）距离比较短，（2）另一耳位于听者头部的声影中，声影类似于一个屏障，降低了声音的强度（图3.26），盲人就利用声影来定位自己的位置。

因此，声音到达双耳的时间和强度有助于我们进行声音定位（Salminen & others，2010）。通常，较难定位的是来自正前方的声音，因为它同时到达双耳。同样的情况还出现在头顶正上方的声音，或正后方的声音，因为双耳无法提供有关位置差距的信息。

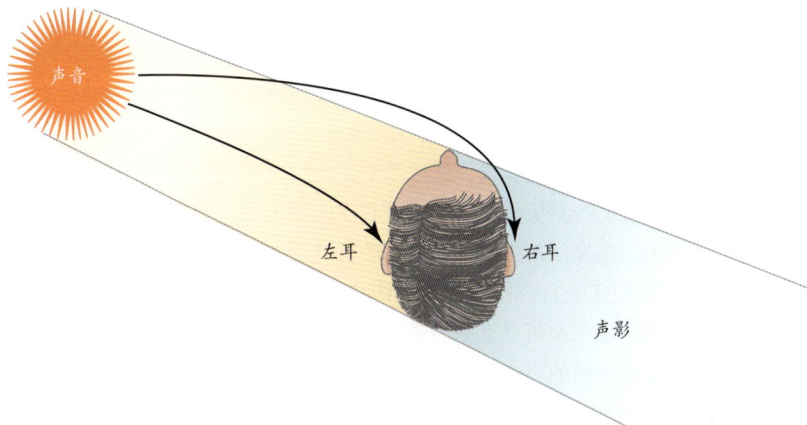

图 3.26 **声影** 声影之所以形成，是因为听者的头部形成一个障碍，降低了声音的强度。图中的声音从左边传来，声影会降低声音到达右耳时的强度。

自我测试

1. 虽然你母亲和姐姐的声音具有相同的音调和响度，但你却可以在电话中很好地分辨两者的声音，这是由于你感知到了其声音的_____。

    A. 音色　　B. 波长　　C. 频率　　D. 振幅

2. 中耳中的锤骨、砧骨和镫骨的主要功能是_____。

    A. 降低传入刺激的声调以进行适当的加工

    B. 搅动耳蜗中的液体，使得骨传导听力得以发生

    C. 扩大振动并将其传递给内耳

    D. 清洁外耳道中任何潜在的耳垢堆积

3. _____的振动引起中耳骨头的运动。

A. 耳蜗　　B. 耳膜　　C. 球囊　　D. 基底膜

小应用！

4. 保守派的电台名人 Rush Limbaugh 在 2011 年丧失了听力，之后，他进行了人工耳蜗的移植，他能否辨别某段音乐取决于他丧失听力之前是否听过该音乐。他能识别听力丧失之前听过的曲子，但无法理解之前从未听过的新曲子。哪一个选项可以解释该情况？

A. 根据自上而下的观点，他无法再听到音乐。

B. 他能进行自上而下的倾听，而非自下而上的倾听。

C. 他可能是颞叶受了损伤。

D. 他不能再体验到任何的听觉。

4　其他的感觉

除视觉和听觉外，身体还有其他感觉系统，其中包括皮肤感觉、化学感觉（嗅觉和味觉），以及动觉和前庭觉（使我们保持直立及协调身体动作的系统）。

皮肤感觉

你知道在朋友发烧时把手放在她额头上试一下；知道如何在漆黑的房间里沿着墙壁前进摸索去找灯的开关；也知道如果走路时每个脚趾都顶到了鞋子的话，说明鞋子太紧了。许多人认为皮肤只是一层覆盖膜而非感

觉器官。我们用化妆品、染料和文身给它染上各样的颜色。事实上，皮肤是我们最大的感官系统，覆盖在身体表面，是感知触觉、温度觉和疼痛觉的感受器。这三种感受器就构成了皮肤感觉。

触觉 触觉是我们视为最普通的一种感觉，但它的应对能力却十分惊人。我们在感觉到"触摸"的时候，会检测到什么？触觉从外部环境中接收到什么样的能量？在视觉中，我们检测到光的能量。通过听觉，我们检测到空气的振动或声波按压耳膜。在触觉中，我们检测机械能量，或是对皮肤的压力。提起一根头发会引起发干周围的皮肤压力。头发所产生的这个微小的机械压力足以让我们体验到铅笔尖触碰皮肤的感觉。我们还经常能检测到汽车座椅对臀部的压力，或铅笔对手的压力。这种能量与我们在视觉和听觉上的能量很不相同吗？有时候，唯一的区别就是强度，摇滚乐队轻柔演奏时的声音是一种听觉刺激，但如果大量声音在音乐厅回荡时，皮肤就会感觉到这种听觉刺激对皮肤所产生的机械能量压力。

触觉信息如何从皮肤通过神经系统进行传递呢？来自皮肤感受器的感觉纤维进入到脊髓之中。信息从脊髓传递到脑干中，在脑干中，来自身体一侧的大部分纤维穿过大脑两半球之间的中线到达大脑的另一侧。之后，触觉信息进一步传送到丘脑之中，丘脑就类似于一个中继站。丘脑将身体表面的信息投射到大脑皮层顶叶的躯体感觉区中（Hirata & Castro-Alamancos，2010）。

正如视觉系统对中央凹而非外围视网膜中的成像更敏感一样，皮肤不同区域的触觉敏感性也不同。由于使用工具，人类的手部需要极强的触觉敏感性，但其他部位，如躯干和腿，则并不需要。大脑将更多的空间用于分析来自于手部而非腿部的触觉信号。

温度觉 我们不仅可以感受到一双手的温暖，也能感觉到房间的温暖或凉爽。为了保持体温，我们必须要能够检测到温度。**温度感受器**（thermoreceptors），是位于皮肤下的感觉神经末梢，能够感受到皮肤或皮肤周围的温度变化，并通过温度传递使人体的温度保持在98.6华氏度。有两种类型的温度感受器：温觉感受器和冷觉感受器。温觉感受器能够感受到皮肤变暖，而冷觉感受器则对应于皮肤变冷。当皮肤上的临近的温觉感受器和冷觉感受器同时被刺激时，我们就会感觉到热。图3.27说明了"热"的体验。要了解有关温度觉和其他触觉体验的社会意义，请看交叉研究部分的内容。

痛觉 痛觉（pain）是感觉的一种，警告个体身体受到的伤害。使劲拧一下皮肤，我们对机械压力的感觉会从触觉变为痛觉。当锅柄很热，烫到我们的手时，温度觉就会变为痛觉。任何作用于感官的强烈刺激都会产生疼痛感，如太强的光、非常响的声音或太多的辣椒。感觉疼痛的能力对我们种族的生存至关重要。其功能类似于行动迅速的信使，告诉大脑的运动系统，它们必须迅速采取行动，以降低或消除伤害。

痛觉感受器广泛分布于全身——皮肤、肌肉周围的组织鞘、内脏和骨膜中。尽管所有痛觉感受器的结构都很相似，但其对不同类型的物理刺激的反应却不同，一些对压力有所反应，一些对热有所反应，另外一些则对两种刺激都产生反应。许多

> 66 无需看到，只通过摸索就能在口袋里找到美分硬币，即便是最先进的机器人也做不到这一点。 99

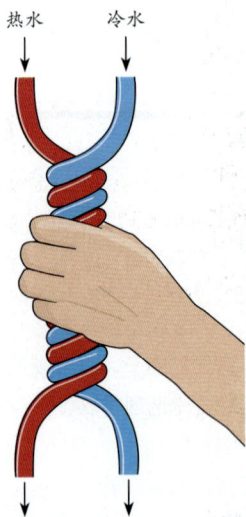

热水　冷水

图3.27 "热"体验 两根管子交织在一起，一根装有冷水，另一根装有热水，人在触摸时会体验到"热"的感觉。这种热的感觉非常强烈，人能握住交织管的时间不会超过几秒钟。

温度感受器 是位于皮肤下的感觉神经末梢，能够感受到皮肤或皮肤周围的温度变化，并通过温度传递使人体的温度保持在98.6华氏度。

痛觉 感觉的一种，警告个体身体会受到的伤害。

社会心理学与认知：感觉温暖的社会力量

我们可能并未注意到夜晚枕头的柔软程度或者我们坐了数千次的椅子的硬度。社会认知心理学家John Bargh及其同事们（Ackerman，Nocera，& Bargh，2010；Bargh & Shalev，2012）的研究表明，这样的触觉经验能够对社会知觉和行为产生令人惊奇的后果。例如，他们发现，手部的感觉会改变我们对其他人的感觉。

用于形容触觉的词汇，如重、粗、硬，在社会世界中都具有一些隐喻的意义。一系列的研究结果考察了对各种物体的触觉是如何影响社会知觉的。如果面试者的简历使用了厚重（而非较轻）材质，被试对其重要性的评价分数更高；在解决了呈现于粗糙（而非光滑）纸张上的谜题之后，被试对人际互动难度的评价分数更高；此外，在触摸坚硬（而非柔软）物体后，被试在谈判中表现得更为尖锐（Ackerman，Nocera，& Bargh，2010）。这些触觉体验（真实的）明显影响了被试的感觉（象征性的）。

其中，温度觉是触觉隐喻意义的很好例子。冷暖可能不仅是指温度，对社会的感受也是如此。"温暖"的人善良、温柔，而"冷淡"的人苛刻、拒绝。当我们被人喜爱时，会觉得"好温暖"，当我们孤独或者被拒绝时，可能会觉得"被冷落"。温度如何与社会经验联系在一起？一项研究中，被试分别拿着热咖啡或冰咖啡，然后对另一个人进行评价。与拿着冰咖啡的人相比，拿着热咖啡的被试将他人评价为更温暖的（Williams & Bargh，2008）。在类似的研究中，进行了热敷的被试（相对于冷敷）更可能在人际交往中表现得温暖，为朋友而非自己挑选礼物（Williams & Bargh，2008）。在另一个投资游戏的研究中，进行热敷的人比冷敷的人表现出更大的信任性（Kang & others，2010）。身体温暖与人际关系间的温暖紧密联系，据此，Bargh建议，我们可以用一种温暖替代另一个。如果我们感到孤独，那么我们不妨泡一个长长的热水浴，温暖自己（Bargh & Shalev，2012）。

这些研究提醒我们，身体和心灵之间的关系错综复杂。我们的心理体验深深植于身体之中。触觉传达了关于世界的信息，而这些信息影响我们的观念和行为，即便我们根本没有意识到这一点。

你今天的感觉（真实的）是如何影响你今天的感受（象征性的）的？

痛觉感受器都有化学敏感性，对一系列引起痛觉的物质都能产生反应。

痛觉感受器比温度和触觉感受器有更高的阈值（Bloom，Nelson，& Lazerson，2001）。痛觉感受器主要对引起身体反应的物理刺激或化学刺激有所反应。关节炎症或疼痛、肌肉撕裂会引起前列腺素和脂肪酸的分泌，这些物质会刺激感受器，并引起痛苦体验。像阿司匹林这样的药物可能会降低前列腺素的分泌，从而减轻疼痛的感觉。

疼痛信息通过两种不同的神经通路传递到大脑中：快速通道和慢速通道（Bloom，Nelson，& Lazerson，2001）。在快速通道中，神经纤维直接与丘脑连接，然后传递到大脑皮层的运动和感觉区域。例如，当你的皮肤被割伤时，这种剧烈、局部的刺痛信息就会通过这种途径进行传递。快速通道作为警报系统，能够及时提供受伤的信息，信息不到一秒即可通过该途径到达大脑皮层中。在慢速通道中，疼痛信息要经过边缘系统，迂回延迟到达大脑皮层。不舒服的慢性疼痛会通过这种途径进行传递，提醒大脑已经发生的伤害，我们需要限制正常的活动，并监控疼痛（Gao & Ji，2010）。

© John McPherson/Distributed by Universal Uclick via CartoonStock.com. 5-3

RATE YOUR PAIN

引用自 CartoonStock.com。

许多神经科学家都认为实际上是大脑产生了痛苦的体验。有证据表明，疼痛信号的打开和关闭都是一个化学过程，该过程需要内啡肽的参与。第2章中曾提到，内啡肽这种神经递质能够产生快乐和痛苦的体验，类似于天然鸦片剂的作用（Mirilas & others，2011）。研究者认为，内啡肽的释放主要发生在慢速通道的突触中，疼痛的感觉很复杂，每个人的感受都有所不同（H. S.Smith，2010）。遇到轻微的碰撞或擦伤时，有些人几乎感觉不到疼痛，而有些人则似乎经历着巨大的痛苦。在某种程度上，这些个体差异可能是生理性的。一个即便是轻微损伤也体验到巨大痛苦的人，可能由于神经递质系统内啡肽生成不足。然而，对疼痛的知觉不仅仅是生理因素。虽然这种疼痛是真实存在的，但所有的感觉都受到如下因素的影响，如动机、期望和其他相关的因素，痛觉尤其容易受到这些因素的影响（Watson & others，2006）。

研究人员报告说，与男性相比，女性会体验到更多的临床疼痛，并遭受更多的痛苦（Jarrett，2011）。然而，最近一项对1998年至2008年间实验室诱发疼痛的非临床被试的研究表明，对疼痛强度和不愉快体验的知觉并无性别差异，并且许多类型的疼痛都没有性别差异（Racine & others，2012a，2012b）。影响疼痛知觉存在性别差异的一个重要因素就是文化期望的作用。有研究显示，如果主试是女人，尤其是一位有魅力的女人时，男性特别容易表现出较高的疼痛耐受力（Levine & De Simone，1991）。

文化和种族背景也影响个体对疼痛的体验或报告（Jarrett，2011）。相对于美国人，日本人认为表达身体的疼痛是不合适的（Hobara，2005）。一项关于牙疼的研究发现，虽然日本人对疼痛刺激更敏感（如针刺牙龈），但与对照组的比利时被试相比，日本人对疼痛的报告却更少（Komiyama，Kawara，& DeLaat，2007）。此外，疼痛对不同的人可能有着不同的意义。例如，一位研究疼痛的人员描述一场印度的仪式中，人们要从城中选出一个人为孩子和庄稼祈福，并要将金属悬挂钩嵌在他的背部（Melzack，1973）。但这个人显然不仅没有感觉到疼痛，还似乎是处在狂喜之中。

化学感觉

感觉器官所加工的信息形式多样：视觉的电磁能量、听觉的声波，以及皮肤感觉的机械压力和温度。我们即将要探讨的两种感觉是嗅觉和味觉，负责加工环境中的化学物质。通过气味，我们检测到空气中的化学物质；通过味觉，我们品味已经溶解在唾液中的化学物质。嗅觉和味觉常常同时出现。我们可能注意到了，当天气寒冷感冒的时候，我们不仅会出现鼻塞的症状，同时也品味不到食物的美味了。即便是最喜欢的食物，吃起来也"淡然无味"了。不过，尽管如此，嗅觉和味觉仍是截然不同的系统。

味觉 想想你最喜欢的食物。你为什么喜欢它？试想一下，如果这种食物没有任何味道了会怎样？比如巧克力，那真是令人沮丧。事实上，品尝美味是我们快乐的一个主要来源。

味觉是如何发生的呢？为了了解这个问题，试着去做下面的事情。喝一点牛奶，让它涂满你的舌头。然后来到镜子前，伸出舌头，仔细观察它的表面。你应该能够看到表面的圆形凸起。这些突起，称为**乳突**（papillae），上面分布有味蕾，味蕾是味觉的感受器。你的舌头上有10000个左右的味蕾，每两星期更换一次。随着人们年龄的增长，这种更换过程的效率降低，老年人有时可能只有5000个味蕾在工作。与所有其他的感觉系统一样，这些味觉感受器的信息被传送到大脑中进行分析，必要时还会产生特定的反应（如吐出一些东西）。

从味蕾传导至大脑的味觉纤维会对包含多种味觉元素的一系列化学物质产生特定的强烈反应，诸如咸、酸。大脑对这些稍微模糊的输入信号进行加工，并将其集成为一种感觉味道（Iannilli & others，2012）。因此，尽管人们常常将味觉归类为四个维度——甜、苦、咸、酸，但实际上，我们的品鉴能力远远超出这些。最近，研究人员和厨师一直在探索的味道是鲜味（Maruyama & others，2006）。鲜味在日本语中的意思是"好吃"和"美味"。一个亚裔厨师一直认为，鲜味就是味精的味道。那是什么滋味呢？鲜味是一种香香的味道，在许多海鲜、酱油、巴马和马苏里拉奶酪、凤尾鱼、蘑菇和浓郁的肉类肉汤中都有这种味道。

文化必然影响味觉体验。任何一个看过电视节目《铁人料理（日本版）》的美国人都会很快注意到，一些人喜欢海胆的味道，而另一些人则不喜欢。在一些文化中，外地人视为难以下咽的辣味食物，当地人却看作是相当美味的美食。我们所生活的文化会影响我们所食用的食物，也会影响我们对食物的感觉。在一些文化中，非常辛辣的食物会逐渐引入儿童的饮食之中，这样，他们在年龄很小时就可以知道什么是美味了。

嗅觉 为什么我们要有嗅觉呢？要了解嗅觉的重要性，不妨想一下动物的嗅觉，它们的嗅觉比人类的嗅觉更为复杂。例如，一只狗可以通过气味从远方找到归途、区分敌友，甚至（经过训练后）是检测到藏在手提箱里的非法毒品。事实上，狗可以检测到的气味浓度比人类所能检测到的浓度低100倍。鉴于普通狗鼻的强大功能，我们可能会认为，嗅觉已失去了它在人类中的作用。

人们用嗅觉来做什么呢？一方面，人类需要嗅觉来决定吃什么。我们可以区分新鲜的食品和腐烂的食物，并记住（都非常清楚）该食品使我们过去生过病。曾经使我们生病的食物气味往往会让我们感到恶心。虽然我们往往将动物与气味的跟踪联系到一起，但实际上，人类也有气味追踪的能力。我们可以闻到煤气泄漏、着火时的烟味以及放在窗台上的热苹果派的香气。

我们用什么身体器官来加工气味信息呢？正如眼睛会扫视感兴趣的视觉领域，鼻子也是活跃的身体器官。当试图寻找火灾或陌生化学气味的来源时，我们会努力地吸气。**嗅上皮**（olfactory epithelium）位于鼻腔顶端中，其中分布着嗅觉感受器——嗅细胞（图3.28），因此，吸气能最大限度地检测到气味。嗅细胞表面覆盖着数百万纤毛，通过鼻腔顶部的黏液进行传递，在进入喉咙和肺部的过程中接触到外界空气中的刺激（Lapid & others，2011）。有趣的是，与大多数感觉系统的神经元不同，嗅上皮的神经元在损伤

乳突 舌头表面的圆形突起，味蕾分布其上，味蕾就是味觉感受器。

嗅上皮 位于鼻腔上鼻道内，分布有嗅觉感受器——嗅细胞。

后往往能进行自我更新（Vukovic & others，2009）。

嗅觉信息的神经通路是什么？虽然所有其他的感觉通路都会通过丘脑，但嗅觉除外。嗅觉的神经通路首先进入颞叶之中的嗅觉区中，然后进入到不同的脑区，尤其是边缘系统之中，边缘系统参与情绪和记忆的加工（Huart，Collet，& Rombaux，2009；Stankewitz & May，2011）。与其他感觉不同，嗅觉通道是通往情感和记忆的高速公路，我们会在第6章中详细解释这一现象。

嗅觉可能还在人际吸引力的化学反应中发挥作用。从进化的角度来看，人类交配的目的是孕育健康的后代（Buss，2012），与不同基因组的伴侣结合（称为主要组织相容性复合体，或MHC）产生免疫系统健康的后代（Mueller，2010）。在不进行血液测试的情况下，我们如何找到这样的人呢？Martie Haselton（2006）使用"臭T恤"范式对人际吸引力进行研究。在这项研究中，男性被要求在一周的时间里，每天穿同一件T恤，不能进行洗涤。在这些衣服完全吸收了每个男性的个人气味后，研究者将T恤提供给女性被试，让其闻衣服的气味，并对穿衣者的吸引力进行评定。根据T恤衫上的气味，女性一致对那些MHC不同于自己的男性的吸引力评分更高。由此可见，虽然眼睛可能是心灵的窗口，但鼻子则可能是通往爱的大门。有趣的是，在那些因为服用避孕药而改变了生理周期的妇女身上，研究者并未发现这一现象。

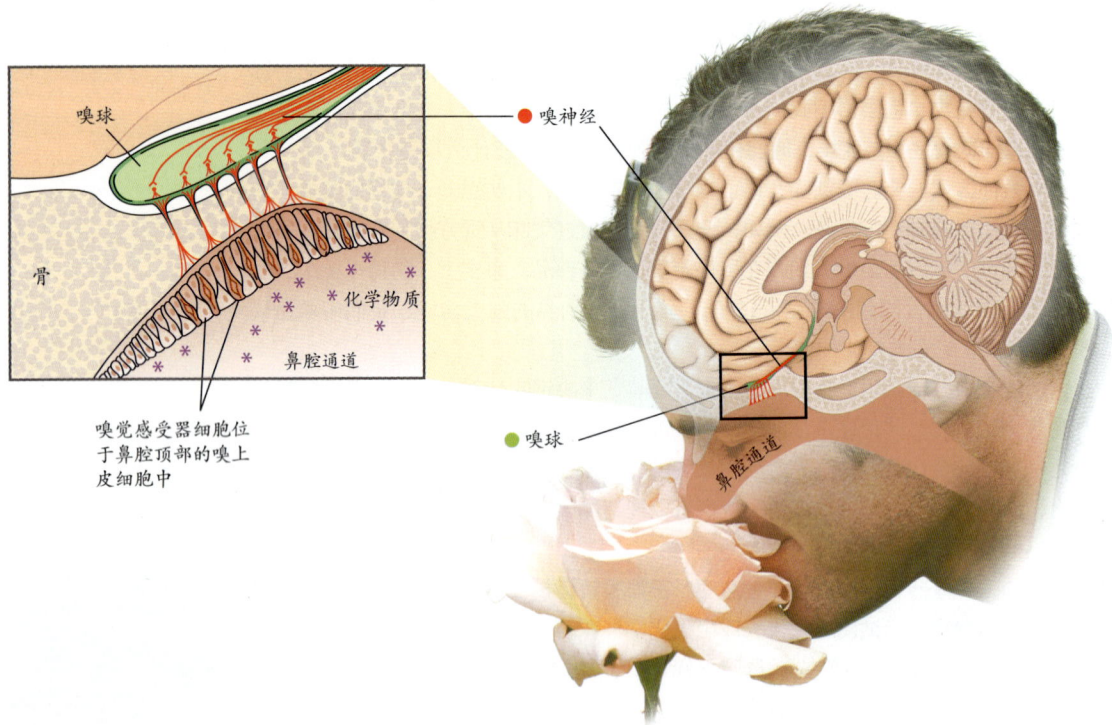

图3.28 嗅觉 气味的空气分子到达鼻腔顶部的微小感受器细胞之中。感受器细胞形成一种称为嗅上皮的黏液膜。然后，嗅神经将气味信息传递到大脑之中，进行进一步的加工。

世界上为何有盐？

许多人，包括那些有高血压或糖尿病的老年人，都应该保持相对较低的食盐摄入量。但这可能很难做到，因为大部分食品标签的配料表都表明，盐是无处不在的。最近一项关于超级品尝家的研究可能给我们一个提示，即为何盐对于好的味道体验这样重要。

超级品尝家有高度敏感的味觉，可检测到其他人不能检测到的味道。鉴于其高度的味觉敏感性，我们可能会预期超级品尝家所食用的盐量应少于其他人。然而，最近的一项研究结果正好相反。事实上，与其他人相比，超级品尝家可能食用更多的盐（Hayes & Keast，2011）。为什么会这样呢？研究人员John E. Hayes指出，因为超级品尝家对各种味道（包括一些食品的苦味）太过敏感，他们需要更多的盐来抵消这些口味。

盐不仅会使食物变咸，还能改变人类对各种其他味道的体验。你是否注意到，即使是甜味食物（如蛋糕和饼干）的食谱中也包括一点点盐？厨师们知道，加入盐的咸味，有时似乎能让别的味道品尝起来更美味。

动觉和前庭觉

你知道走路和跑步之间的区别，以及躺下和坐着的不同。即使是执行最简单的协调动作，如伸手从书架上拿一本书或从椅子上爬起来，大脑也必须不断地从身体的各个部位接收和协调信息。你的身体有两种感觉，使你能获得空间中的运动和方向信息，并有助于你保持平衡。**动觉**（kinesthetic senses）提供关于运动、姿势和方向的信息。**前庭觉**（vestibular sense）提供有关平衡和运动的信息。

动觉没有具体的感觉器官。相反，它们存在于肌肉纤维和关节中。在我们伸展和运动时，这些感受器接受到关于肌肉状态的信号。运动觉，即动觉，是你可能根本不会注意到的感觉。要了解这种感受，尝试下面的动作，在你的腿还在"睡觉"（腿麻）时走路，或者在刚刚走出牙医的办公室还处于麻醉剂的作用下时去微笑。

我们可以从记忆方面更好地理解动觉的复杂性。即使是普通的打字员也可以在1分钟内一气敲出20个字，但有多少人能默写出键盘上的字母顺序？打字是需要排列方向、位置以及手指运动技能高度协调的技能。我们认为手指"记住"了键盘字母的位置。同样，投掷手玩棒球的复杂动作也无法写下来或用语言进行描述。这一动作几乎需要身体所有肌肉和关节的参与。与触觉信息的传递一样，关于动觉的大部分信息从关节和肌肉沿相同的途径传递到大脑。

前庭觉告诉我们头部（通常是身体）是否倾斜、移动、减慢或加快。它与动觉一起，共同协调我们的本体感受反馈，本体感受反馈就是提供有关四肢方位、身体各部位之间关系的信息。想一下冰上曲棍球球员滑冰运动时的动作，滑下冰面，用曲棍球棒向前推动冰球，这一系列的动作需要多种感觉能力的参与。曲棍球球员同时应对多种感觉，如应对冰的滑溜、关注冰球的位置、保持前进的速度和冲力、完成比赛的要求、跟

动觉 提供关于运动、姿势和方向的信息的感觉。

前庭觉 提供有关平衡和运动的信息的感觉。

上冰面上的其他选手等。

内耳中的**半规管**（semicircular canals）是能够检测到头部和/或身体倾斜或移动时（图3.29）头部运动的感受器。半规管包括三个充满体液的圆管，位于身体的三个平面中——左右、前后、上下。我们可以把这三个平面描述成三个相交的呼啦圈。当你移动头部时，半规管中的液体以不同的速度（取决于头部运动的力）流向不同的方向。这些感受器细胞决定了我们对头部运动和位置的感知（Welgampola，Bradshaw，& Halmagyi，2011）。这种通过液体流动感知头部的精细系统类似于内耳的听觉系统。然而，耳蜗中的液体流动是由于声音压迫卵圆窗所产生的，而半规管中的液体流动则反映了头部或身体的运动。半规管的前庭囊中也分布着毛细胞，这些毛细胞嵌在明胶状的物质中。正如耳蜗中的毛细胞能够引发大脑中的听觉冲动，半规管中的毛细胞能够传递关于平衡和运动的信息。

前庭觉的大脑通路从听觉神经开始，听觉神经包括耳蜗神经（关于声音的信息）和前庭神经（关于平衡和运动的信息）。虽然有些前庭神经的轴突直接进入到小脑中，但其中大部分的轴突是与脊髓相连的。虽然似乎也有前庭神经投射到颞叶皮层中，但研究还尚未完全明了它们的具体途径。

视觉信息能够对动觉和前庭觉的结合予以补充。当旁边的大货车开始向前行驶时，驾驶者会开始踩跑车的刹车。当我们视野中的所有事物都在移动时，通常是因为我们自己正在移动。

在这一章里，我们了解了使我们与世界紧密相连的感觉与知觉。感觉在环境中的对象与我们大脑对此的解释之间构建了一座桥梁。知觉为我们的感觉赋予了意义，我们的心理也参与到周围的环境之中。感觉和知觉不仅使我们在环境中生存，还使我们体验到了世界的生机与活力。经过长期的艰苦努力，Sue Berry终于体验到了深度知觉，她描述了自己在一个雪天的感受。"我感觉到自己完全地进入飘落的雪中，在美丽的雪花之中。我沉浸在喜悦中。雪真的很美丽，尤其是当你第一次看到它的时候。"（引自Sacks，2006，p.73）我们再回忆一下Michael May的例子，他在失明25年之后，首次重见光明。一天晚上，他决定带着导盲犬Josh一起去看看天空。他躺在草地上，张开眼睛，望着星空。他想着自己真的是在"看星星"（在隐喻意义上）。他觉得天空中数千个白色的光点是那么的不真实，然而，这些星光确实存在。他在自己的视觉日记记录道："这是多么甜美的感觉！"（May，2003；Stein，2003）。

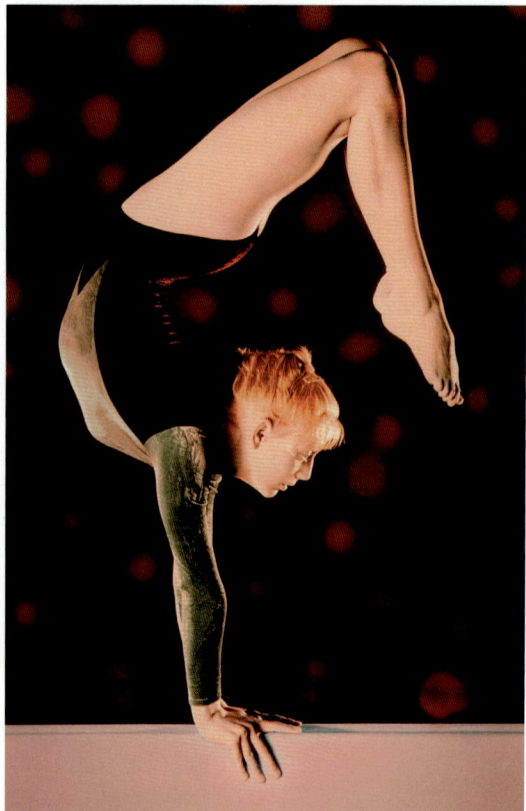

图3.29 半规管和前庭觉 当体操运动员的头部和身体在不同的方向倾斜时，半规管向大脑提供信息反馈。关于头部旋转角度的所有信息都通过双耳半规管中的一个或多个毛细胞得以传递。

自我测试

1. 味蕾分布在_____上？
   A. 味觉细胞   B. 乳突
   C. 唾液腺   D. 嗅觉上皮细胞

2. 参与嗅觉的是_____？
   A. 乳突   B. 嗅觉上皮细胞
   C. 丘脑   D. 耳廓

3. 这是位于内耳中的结构，当我们移动头部和 / 或身体时，能够检测头部运动的感受器是_____？
   A. 镫骨   B. 半规管
   C. 锤骨   D. 耳蜗

小应用！

4. Sean 喜欢鱼、蘑菇和芝士做成的披萨。他从家乡带来了一盒这种披萨，给他的室友 Danny 品尝。但 Danny 的反应让 Sean 惊呆了："老兄！太失败了"（换句话说，他讨厌这种味道）。这个例子说明了什么？
   A. Danny 可能没有品尝鲜味的味觉感受器
   B. 虽然 Sean 和 Danny 品尝的是同一种食物，但知觉仍然是一个主观的过程。Sean 显然是超级鲜味的粉丝，但是 Danny 不是
   C. Danny 的嗅上皮可能出了一些问题
   D. Danny 进行的是自上而下的加工

总 结

❶ 我们如何感知世界

感觉是从环境中接收刺激能量的过程。知觉是组织和解释感觉信息，并赋予其意义的过程。对世界的知觉包括自下而上加工和自上而下的加工。所有的感觉都从感受器开始，感受器是指检测刺激信息并将其传送至感官（传入）神经和大脑的特殊细胞。感受器具有选择性的特点，并具有不同的神经通路。

心理学家已经发现了我们检测刺激的能力范围。绝对阈值是指人们能检测到的刺激能量的最小量。差别阈值是个体在50%的情况下，刚刚能够辨别出两个刺激强度的最小差异量。

知觉受到注意力、信念和期望的影响。感觉适应是指感觉系统根据周围刺激的平均水平对敏感性进行调整的现象。一旦时间足够长，我们的感觉就会开始忽视特定的刺激。

❷ 视觉

视觉系统检测到的刺激是光线。光可以用波长进行描述。光波的三种特征决定了我们的体验：波长（颜色）、振幅（亮度）和纯度（饱和度）。

在感觉上，光线通过角膜和晶状体到达视网膜，视网膜位于眼睛后部，是眼睛的感光膜，包括两种视觉感受细胞——视杆细胞（在低照明度下工作）和视锥细胞（对颜色敏感）。视网膜的中央窝中有视锥细胞，是视觉最敏锐的区域。视神经将神经冲动传递到大脑中。视神经纤维在视交叉处分裂，所以我们在左侧视野中看到的信息进入到大脑右侧，反之亦然。大脑皮层的枕叶进行信息的整合。

颜色知觉的三色理论认为，视网膜上存在三种类型的颜色感受器，使我们能感知到三种颜色（绿、红、蓝）。对立过程理论指出，视觉系统中的细胞对红—绿和蓝—黄颜色产生反应。这两个理论可能都是正确的，眼睛和大脑使用这两种方式对颜色进行编码。

形状知觉就是将知觉对象与其所在的背景区分开来的能力。深度知觉是人们感知三维空间的物体的能力，其取决于双眼（两只眼）线索和单眼线索（一只眼）。人类的运动知觉依赖于特定的神经元，从身体和环境线索中获得反馈。知觉恒常性是指尽管关于知觉对象的感觉输入有所变化，但知觉到的对象却保持不变。

❸ 听觉系统

听觉系统所加工的是声音或声波，即空气中的振动。声波的一些特征影响了我们所听到的声音。音高（音调的高或低的声音）是对波长频率的知觉。波长的振幅用分贝表示，是对响度的知觉。复杂的声音包括不同频率的混合。音色是音调的饱和度，或知觉到的声音质量。

外耳由耳廓和外耳道构成，成漏斗型的耳廓的作用是将声音传送到中耳中。在中耳内，鼓膜、锤骨、砧骨和镫骨将振动的声音传送到内耳。内耳中充满液体，其重要部分就是卵圆窗、耳蜗和基底膜。基底膜和盖膜之间的毛细胞运动产生了神经冲动。

位置理论，指出每种声音频率在基底膜上产生振动的部位不同。该理论能够充分解释高频声音而非低频声音。频率理论认为，对声音频率的知觉取决于听神经被激活的方式。齐射理论指出，一簇神经细胞连续、快速地发射神经冲动，产生一系列的电脉冲。

声音信息从毛细胞传递到听觉神经中，听觉神经又将这些信息传送到大脑的听觉区域中。大部分纤维的最终目的地是到达大脑的颞叶。声音的定位主要是根据声音到达每只耳朵的时间和强度。

❹ 其他感觉

皮肤感觉包括触觉、温度觉和痛觉。触觉是对机械能量，或是皮肤压力的检测能力。触觉信息通过脊髓、脑干和丘脑，传送到大脑皮层顶叶的躯体感觉区中。位于皮肤下的温度感受器能够感受到温度的升高和降低。痛觉是感觉的一种，警告个体身体会受到的伤害。

味觉和嗅觉的化学感觉使我们能够检测和加工环境中的化学物质。舌头表面的圆形凸起称为乳突，上面分布着味蕾，即味觉感受器。嗅上皮位于鼻腔上鼻道内，分布有嗅觉感受器——嗅细胞。

动觉提供关于运动、姿势和方向的信息。前庭觉提供关于平衡和运动的信息。动觉感受器存在于肌肉纤维和关节中。内耳中的半规管包含能够检测头部运动的感受器。

关键术语

多项选择

1. 自下而上加工包括始于_____的分析。

   A. 绝对阈值   B. 感受器

   C. 大脑皮层   D. 脊髓

2. 当你刚刚进入聚会场地时，音乐的声音实在太大，几乎刺伤了你的耳朵。但几小时后，即使音乐的声音仍然同样响，但却不会再打扰到你。这种随着时间的推移，而发生的变化，是指_____。

   A. 光适应   B. 转导

   C. 感觉适应   D. 感官剥夺

3. 你在户外享受着美好的一天。天空是明亮的蓝色。日落时，天空变成了美丽的橙红色。之后，天空变成了淡紫色；天黑后，天空又变成了深紫色，然后是深蓝色，最后是黑色。你感知到天空的颜色变化是由于它反映了光的_____。

   A. 振幅   B. 纯度

   C. 波长   D. 饱和

4. 右侧视野中的信息进入左侧大脑时所穿过的交叉点被称为_____。

   A. 中央凹   B. 视神经

   C. 视网膜   D. 视交叉

5. 视网膜的中心附近有一个地方没有视杆细胞和视锥细胞，这是由于_____。

   A. 晶状体浑浊   B. 视网膜变性

   C. 视神经   D. 睫状肌

6. 耳廓是_____，能够很好地收集环境中的声音。

   A. 外耳的一部分   B. 内耳的耳膜

   C. 内耳的螺旋结构   D. 柯蒂氏器官

7. 基底膜能够为我们提供如下的所有信息，除了___。

   A. 频率   B. 位置

   C. 音高   D. 复杂性

8. _____位于鼻腔顶端，最大限度地提高了我们检测气味（如烟雾）的可能性。

   A. 鼻接受鞘   B. 嗅上皮

   C. 半规管   D. 耳蜗

9. 人类最大的感觉系统是_____。

   A. 视觉系统   B. 听觉系统

   C. 皮肤   D. 化学感官

10. 滑雪者能够滑下白雪皑皑的斜坡，操纵滑雪杖和滑雪板，并在山底停下来，是因为_____。

    A. 生物反馈   B. 本体感受反馈

    C. 多任务   D. 快速通路激活

小应用！

11. Casey喜欢和朋友一起去远足和攀岩。在一次短途旅行中，她发现自己虽然可以听到朋友从右边或左边叫她，但如果朋友从上面呼唤她时，她却听不见。Casey应该为此担心吗？为什么？

人类的大脑是一笔埋藏的宝藏

Erik Ramsey的生活似乎是一场噩梦。1999年，16岁的他在一场车祸中受了重伤。残留在脑干中的血块引发中风，Erik进入一种被称为闭锁综合征（Foer，2008）的罕见的永久性状态之中。Erik不能活动，也不能说话。他能够感觉到脸上很痒，但是却够不着，也不能去抓。他唯一能够控制的就是眼部肌肉的运动。Erik用眼球活动来与人进行交流，回答是（向上看）与否（向下看）。当有人问他是否希望自己没有在车祸中幸存下来，Erik眼睛向下看。虽然生活中处处受限，但Erik仍然拥有一样最重要的东西，那就是他的大脑。

Erik还拥有一个充满爱的家庭和一个科学家小组，这些科学家们一直致力于发明一种适用于他的沟通方法。科学家们孜孜不倦地工作，以开发出一种计算机—大脑互动的界面，使得Erik以及像他一样的人能够运用思维能力与他人进行交流（Chorost，2011）。2004年，医生们让Erik想象自己在说话，同时用fMRI技术定位处于活动状态的大脑区域。医生们在Erik大脑的这些区域植入了电极。此后，Erik一直努力地学习想象那些自己不能发出来的声音，计算机能够识别这些信息，并将这些声音转化成语音。到2010年时，他已经能够自己"说"出三个元音了（Brumberg & Guenther，2010）。负责开发这项新技术的神经外科医生、工程师和计算机科学家们希望Erik能够用他的大脑"说"出其他的元音、辅音，甚至是单词和句子。科学家们之所以致力于这项工作，是因为他们相信Erik无法移动的身体中依旧有着人类的思维和感觉。这就是人类生命中意识的力量。即便身体受限，只要拥有清醒的头脑，就仍然是一个值得深入了解的人类生命。

在本章中，我们将了解意识的各种状态，探讨睡眠和梦，并且思考与意识状态改变有关的三个主题：精神药物、催眠、冥想状态。

1 意识的本质

意识是人类经验中至关重要的一部分（Bachmann，2011；Chica & Bartolomeo，2012）。意识是个体内在想法的表征，如我们的思维、感受、计划、愿望、祈祷、想象和回忆。想想看，如果我们没有内心的想法和感受，我们甚至都不能说谎。

十九世纪末和二十世纪初时，心理学先驱William James（1950）提出了**意识流**的概念，认为心理是感觉、意象、思维和情绪不断变化的连续流。意识的内容时刻发生着变化。信息在我们的意识中快速地进进出出。大脑可以从一个主题快速进入到下一个主题——从旁边的人，到我们今天的身体状态，到今天将在哪里吃午饭，再到明天考试时用的策略。

在20世纪大部分时间里，心理学家很少关注对心理过程的研究，而是更多地研究可观察到的行为。最近，对意识的研究在心理学界再次获得了广泛的认可（Aly & Yonelinas，2012；Bachmann，2011；Graziano & Kastner，2011）。不同领域的科学家们都对意识很感兴趣（Duenas & others，2011；Silberstein & Chemero，2012；J. G. Taylor，2012）。

意识的定义

我们可以通过意识的两个部分对其进行定义：觉知（awareness）和觉醒（arousal）。**意识**是个体在觉醒状态下对外部事件和内部感觉的觉知。

觉知包括对自我的觉知及对个体经历的思考。想想看，在一个秋日的午后，你看到一棵美丽的树，颜色亮丽，你不仅仅简单地感知到它的颜色；你也觉知到自己看到了它们。有觉知意味着我们的感官体验不仅仅是所看到的事物。除了我们从外界获得的信息外，我们还有与这些信息有关的个人经历。James把与这些经历有关的感觉称为意识流的边缘。这种"边缘"中包含的这些感受告诉我们，我们的经历是否熟悉，是否"感觉不错"，以及是否有意义。近期，心理学家们把我们对这些思维的思索称为元认知（Tarricone，2011）。当你思考自己的想法时，例如你反思自己在考前为什么如此紧张，这正是你使用意识觉知来审视自己思维的过程。

觉醒，意识的第二部分，是个体能够参与到周围环境之中的一种生理状态。因此，一个沉睡的人与他/她清醒时的意识状态是不同的。

意识和大脑

一个令人着迷的调查领域就是人类的大脑是怎样产生意识的。一种观点认为，之前讨论过的意识的两个方面——觉知和觉醒，都与大脑的不同部位有关（de Graaf，Hsieh，&Sack，2012；Koch，2011）。Stanilas Dehaene及其同事们认为，觉知就是

意识流 William James 使用的术语，认为心理是感觉、意象、思维和情绪不断变化的连续流。

意识 个体在觉醒状态下对外部事件和内部感觉的觉知，包括对自我的觉知及对个体经历的思考。

❝ James 想到了当前心理学家们所研究的内容。然而，谁能想到我们运用神经科学工具能有什么新的发现呢？

注意'相关'一词。记住，表明大脑和神经活动之间关系的研究一般都是相关性研究。❞

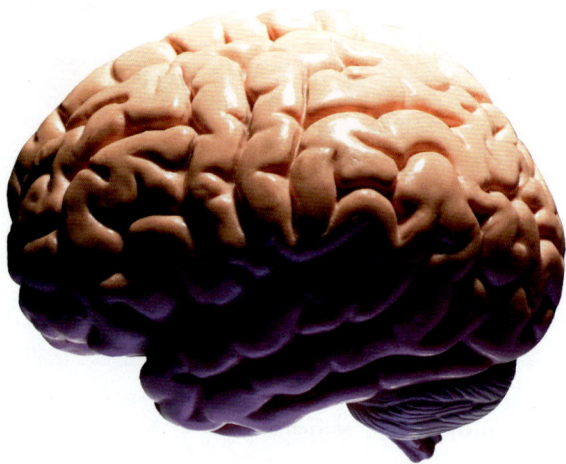

个体意识到所发生之事的主观状态，认为这一过程发生在全脑工作区中，即大脑不同区域并行工作（Dehaene & Changeux，2011；Dehaene & others，2006；Del Cul & others，2009；Faugeras & others，2012）。这些位置包括大脑最前面的部分——脑前额叶皮层、前扣带（与意志行为有关的区域）和联合区（Bekinschtein & others，2009；Del Cul & others，2009）。这种广泛连接的大脑工作空间是大量神经元的集合，这些神经元协同工作，产生了意识的主观感觉。前额叶皮层区则参与到感觉信息输入之外的意识加工过程中。例如，当我们品尝复杂的味道（如鲜味）时，大脑的这些区域就会活跃起来，并开始搜索与愉快经验有关的主观愉悦感（Kringelbach，2005）。根据意识的全脑工作原理，在意识觉知时，信息在大脑内广泛传播（Baars，2010；Bartolomei & Naccache，2011）。然而，科学家们对于意识与大脑状态之间关系的很多细节仍不清楚。

觉醒是一种由网状激活系统决定的生理状态，网状激活系统包括脑干、髓质和丘脑的网络结构。觉醒是指意识调节的方式：当处于危险之中时，我们需要"高度警惕"，但如果处在没有紧急需求的安全环境中，我们就可以放松下来，觉醒水平也会降低。

心理理论

你可能会认为，意识就是有关自我的内心想法和感受的心理过程。

然而，很明显，其他人也有内心的想法和感受。不过，人类识别他人主观经验的能力确实是心理发展的结果。研究儿童心理状态的发展心理学家们用"心理理论"这个术语来指个体对自我及他人的思维、感受、感知和个人经验的理解（Wellman，2011）。

发展心理学家使用"错误信念"的程序来检验儿童的心理理论（Wellman，2011）。在一种"错误信念"任务的范式中，实验者要求儿童思考下面的情境（Wellman & Woolley，1990）。一名叫Anna的小女孩有一些巧克力，她想留一些巧克力以后吃。她把这些巧克力放在一个蓝色的橱柜里，然后就出去玩儿了。Anna出去之后，妈妈把这些巧克力放到了一个红色的橱柜里。那么，当Anna回来之后，她会去哪里找巧克力呢？三岁的孩子给出的答案是错误的——他们认为Anna会去红色的橱柜里找巧克力，因为他们自己知道Anna的妈妈把巧克力放到了红色的橱柜里（尽管Anna不知道）。四岁的孩子则能够回答正确——他们意识到Anna不知道他们所知道的一切（妈妈把巧克力放到了红色橱柜里），Anna认为巧克力就放在她走时放在的地方（Wellman & Woolley，1990）。"错误信念"任务成功地把学习能力（Lecce，Caputi，& Hughes，2011）与社交能力（Leslie，German，& Polizzi，2005）联系起来，那些能力强的孩子更容易受到同伴的喜爱，部分原因就是他们更可能表现出友善的行为（Caputi & others，2012）。

> 66 你是否遇到过这样的人，你明明不想谈话，他却丝毫没有注意到，还在和你谈个不停。这个人明显是缺乏心理理论。99

心理理论 个体对自我及他人的思维、感受、感知和个人经验的理解。

心理理论对许多重要的社会能力（如移情和同情）来说是至关重要的（Boyd，2008；Peterson & others，2009）。Simon Baron-Cohen（1995，2008，2011）是一位自闭症研究专家，自闭症这种病症会影响个体的交流和社会交往。他认为，心理理论的出现对人体机能至关重要，它会随着人体的进化一起发展。Simon Baron-Cohen指出，我们与生俱来的大脑机制已经做好了发展心理理论的准备。这种心理理论机制（theory of mind mechanism，TOMM）能够更好地解释为什么几乎所有四岁以上的孩子都能通过错误信念任务。Baron-Cohen曾提出，自闭症患者的TOMM存在缺陷，这也是他们有特殊社会功能缺陷的原因之一。尽管TOMM似乎具有统一的组成结构，但正如我们在交叉研究中提到的，研究表明，文化在其中起着重要作用（Koelkebeck & others，2011）。

意识水平

James谈到的流动的感觉、意象、思维和情绪，可以发生在意识的不同水平中。虽然我们可能会认为意识要么存在，要么不存在，但事实上意识是有不同的水平的。在昏迷的病人，以及日常生活中，我们都能观察到这些不同的水平。这里，我们介绍五种水平的意识：高水平的意识、低水平的意识、异常意识状态、潜意识和无意识（图4.1）。

意识水平	描述	样例
高水平的意识	包括控制加工，人类最警觉的意识状态，个体主动控制其意识，以朝向某个目标努力	研究某个数学或科学问题；准备一场辩论赛；在棒球比赛中击球
低水平的意识	包括自动加工和做白日梦，几乎无需注意努力	在手机上按键；熟练地在键盘上打字；凝视日落
异常意识状态	可能因药物、创伤、疲劳、催眠或者感觉剥夺产生	喝酒或服用迷幻药引起的感觉；为戒烟或者减肥而接受催眠
潜意识	人们清醒、睡眠或做梦时都可能出现	睡觉和做梦
无意识	弗洛伊德认为无意识包含了过多的焦虑以及其他负性情绪，以至于意识不愿接纳或承认这些负性情绪	无意识思维；被球击倒或者麻醉

图4.1 意识水平 每种意识水平在人类生活中发挥作用的时间和情境都不相同。

意识、跨文化和发展心理学：文化如何影响心理理论的发展？

虽然错误信念任务提供了一种研究心理理论的方法，但这种方法只能捕获我们理解他人想法的一个方面。不同文化背景下的四岁以上儿童都能掌握这项任务（Shahaeian & others，2011），然而，心理理论不仅指对信念的理解，还包括对一系列心理状态的理解，如感受、目标和愿望的理解。发展心理学家Henry Wellman及其同事们（Shahaeian & others，2011；Wellman & Liu，2004；Wellman & others，2006）通过跨文化研究考察了心理理论在不同文化中的作用方式。

在个体主义文化中，如美国（Wellman & others，2006）、德国（Kristen & others，2006）和澳大利亚（Shahaeian & others，2011），研究人员发现，儿童心理理论的发展包括以下五个阶段，顺序如下。

■ **多样的愿望：**不同的人喜欢、想要不同的东西。通过观察一个人选择胡萝卜而非饼干，儿童可以准确地预测这个人的偏好，即使这种爱好与该儿童自己的喜好不同。

■ **多样的信念：**不同的人对同一件事可能持有不同的观点，并且这两种观点可能都是正确的。在发现一个人总是把宠物放在特定的位置后，儿童能够准确地预期此人将会到哪里寻找宠物。

■ **知识获得：**看到就知道，没看到就不知道。当看到玩具被放到盒子里后，孩子可以准确地预期，没看到盒子里面的人不会知道玩具就在盒子里面。

■ **错误信念：**人们的信念可能是错误的。儿童可能会预期，如果一个人不知道物体位置发生了改变，就不会到新位置寻找该物体。

■ **隐藏的情绪：**人们可以通过调整行为和表情，来隐藏内心的感受。儿童被告知，一个男孩被朋友嘲笑，但这个男孩不希望别人叫他爱哭鬼。那么，儿童就能够区分出这个男孩的实际感受及他在朋友面前的掩饰。

在集体主义文化中，如中国（Wellman, Fang, & Peterson, 2011；Wellman & others, 2006）和伊朗（Shahaeian & others, 2011），儿童心理理论的类型也很类似，但阶段的顺序不同。在这些文化里，孩子们在掌握多样的信念之前，就已经表现出对知识获取的理解。Wellman及其同事指出，这些差异表明了文化对心理理论机制（TOMM）的影响是不同的，文化改变了这些不同步骤的时间表。

为什么个体主义文化中的儿童在理解知识获取之前都会表现出多样的信念，而在集体主义文化中的儿童会呈现出相反的模式呢？一个可能的解释就是，养育儿童的方式不同。在个体主义文化中，孩子们被鼓励独立思考，形成自己的观点和意见，自由地表达自己的观点。相反，集体主义文化重视和谐和家庭，儿童被教导要敬重长者、承认成人懂得更多、拥有儿童所没有的知识。

对心理理论机制发展的跨文化研究有助于我们更好地了解遗传（一个人的基因遗传）和教养（环境和社会经验）的交互作用。虽然对他人主观内心状态的理解具有一定的普遍性，但该途径会受到文化的影响。甚至在丰富多样的社会环境中，也会发展出普遍性的特点。

在你与他人的交往中，你的心理理论起到了什么样的作用？

控制加工 人类最警觉的意识状态，个体主动控制其意识，以实现某个目标。

高水平的意识 **控制加工**是人类最警觉的意识状态，个体为实现某个目标而主动控制自我的意识（de Lange & others，2011）。例如，当某位同学正全神贯注地学习新智能手机的新功能时，你不妨去观察他。他听不到你的说话声，也注意不到墙上有趣的影子。他专注的意识状态就是控制加工。控制加工需要选择性注意（见第3章），所谓选择性注意，就是指专注于个体体验的特定方面而忽视其他方面的能力。由于控制加工需要注意和努力，所以其过程比自动加工慢。通常，当我们反复练习一项活动后，再做这项活动时就不再需要思考。这项活动就成为自动化的过程，并且速度更快。

低水平的意识　在控制加工下面，就是其他水平的意识。低水平的意识包括自动加工和白日梦。

自动加工　几个星期后，你的同学已经非常熟悉他的智能手机了，他打开手机，一边和你聊天，一边发送短信。他并没有特别专注地看着键盘，只是一边吃午餐，一边继续跟你说话。此时，他对手机的使用已经达到了自动化的程度。

自动加工是一种几乎无需注意参与、且不干扰其他正在进行的活动的意识状态。自动加工比控制加工需要更少的意识努力（Darling & others，2012）。当我们清醒的时候，自动加工的行为比控制加工的意识水平要低，但它们仍然是有意识的行为。你的同学所按的键都是正确的，所以，在某种程度上，他显然知道自己在做什么。这种自动化行为表明，在一定程度上我们即便不去注意，也能够意识到某些刺激（Schmitz & Wentura，2012）。

白日梦　白日梦是意识的另一种状态，只需要较低水平的意识努力，介于主动意识和入睡时的做梦之间。白日梦有点儿像我们在清醒时做梦（Domhoff，2011）。白日梦通常在一些我们不需要投入全部注意力的事情时会自发地发生。

心不在焉可能是最明显的一种白日梦类型（Smallwood & others，2011）。在阅读、倾听或者工作的时候，我们经常会进入到自己想象和记忆的私人王国中进行一场简单的观光旅行。当做白日梦时，我们活在幻想的世界中。我们可能会想象自己正在约会、参加聚会、在电视节目中，在一个遥远的地方，或在生命中的其他时间点上。有时候，白日梦是日常的活动，比如付房租、看牙医、遇见学校或者工作中的某些人。

白日梦的半自动流可能是非常有用的。你在熨烫衬衫或走路去商店时做起了白日梦，你可能会制定计划、解决问题，或者想出有创意的好点子。白日梦可以提醒我们一些重要的事情。白日梦让我们的头脑保持活跃，有助于我们更好地应对问题、进行创造和想象（Mar，Mason，& Litvack，2012）。当我们的思绪飘荡时，它经常会飘向未来（Baird，Smallwood，& Schooler，2011；Schooler & others，2011）。

异常状态意识　异常状态意识或觉知是明显不同于正常意识的心理状态，从失去自我意识到产生幻觉都属于异常状态意识。药物、创伤、发烧、疲劳、感觉剥夺、冥想，甚至催眠都能引起这样的状态（Hart，Ksir，& Ray，2011）。就如我们之后要讨论的，吸毒也可能导致异常状态意识（Fields，2013）。

潜意识　在第3章里，我们看到大量的大脑活动都发生在意识水平之下。心理学家对潜意识的信息加工越来越感兴趣，这一过程在我们清醒或者熟睡时都有发生（Brosschot，Verkuil，& Thayer，2010；Gainotti，2012；Straube，Mothes-Lasch，& Miltner，2011）。

清醒时的潜意识　当我们清醒时，潜意识的加工过程仅仅发生在我们意识的表层下。举个例子来说，当我们正在努力解决一个问题时，解决办法可能会一下子窜到我们头脑中。当想法之间的潜意识联结非常强时，这些潜意识就会上升进入到意识中。

酝酿指的就是一种潜意识的加工过程，当个体长时间有意识地思考某个问题而毫无结果时，暂时休息一段时间后，潜意识中可能会出现问题的解决方案。显然，在酝酿过程中，尽管我们没有意识到，但信息加工一直在进行。有意思的是，要出现酝酿效应，需要之前对问题进行有意识的认真思考（Gonzalez-Vallejo & others，2008）。

对患有特定神经系统障碍个体的研究表明，我们并不是总能意识到大脑的信息加工过程。在一个案例中，一位患有神经损伤的女人无法描述或报告其视野范围内的物体的形状和大小，但是却能够描述其他物理知觉

> **自动加工**　是一种几乎无需注意参与、且不干扰其他正在进行的活动的意识状态。

> ❝心不在焉最有趣的一点就是，在我们还没有意识到的时候，它就已经开始了。嘿！你在注意听吗？❞

挑战你的思维

为什么我们要有意识觉知？

人类的意识使其能在哪些方面比低等动物更好地适应环境呢？与其他动物不同，对于人类来说，适应不仅意味着感知和认识世界，还包括对自我行为的感知，这是为什么呢？心理学家和哲学家们被这些问题困扰了好久。为了解决这些问题，我们首先来了解一下意识的目的。

也许，意识最明显的功能就是避免个体可能自动和无意识地犯错误（Evans，2010；Geary，2004）。想想你之前所犯的错误，你可能就会意识到，"当时我想都没想"。意识使我们能够利用自己的心理能力去思考超越日常生活的问题。人类社会的世界相当复杂和多变。一些人认为，这种复杂的社会世界需要意识（Geary，2004；Mercier & Sperber，2011），并且这种意识也为文化的出现奠定了基础（Baumeister & Masicampo，2010）。

此外，没有意识，我们也无法进行心理时间旅行，John Bargh（2004）把无意识、自动化加工描述为连接当下的纽带，即一种"思维存储"的模式，使得有意识的思维能够进入未来（和过去）的状态之中。思考未来、制定计划和想象的能力经常被认为是意识的核心特征（Baumeister & Masicampo，2010；Heidegger，1927/1962）。当然，与对未来的计划能力一样，反思过去、纠正之前错误的能力也是非常重要的。

意识使我们能够进行推理和运用逻辑，这是科学知识的基础（Evans，2002，2010）。意识使我们能够追问原因，探索我们所不知道的关于世界的知识。因此，意识对批判性思维至关重要。此外，意识机制不仅使我们能够探究世界上正在发生的事情的原因，也使我们能够探究人类的内心想法和感受，甚至是人类存在的本身。我为什么在这里？我想要做什么？因此，意识让我们意识到个体的重要性。

在了解意识目的的过程中，Nicholas Humphrey（2000，2006）提出，意识具有适应性的特点，这是意识非常神秘的一方面。Humphrey指出，意识渗透于人类生活的方方面面，使得人类的自我能够超越自然的世界而变得更强大、更好。与灵魂一样，意识是思维的基础，它使得自我不受时间或空间的限制。因为我们知道每个人都拥有个体的自我，因此，我们要以尊重和良善来对待他们，换句话说，就是做出符合伦理道德的行为（Tamburrini & Mattia，2011）。意识对人类生活的影响体现在，其不仅能够影响我们的生存能力，还使我们能够促进人类其他成员的生存。在回答"'意识为什么重要？'这个问题时，Humphrey（2006，p. 131）答道，'意识之所以重要，是因为其功能重要'。"

（Milner & Goodale，1995）。然而，当她伸手去够一个物体时，为了抓握住物体，她能够准确地调整抓握的尺度。因此，虽然她没有关于这方面的意识，但却拥有一些关于物体大小和形状的潜意识。

潜意识信息沿许多平行的轨道以分散的方式进行同时加工（回顾一下第3章中有关视觉信息并行加工的讨论）。例如，当你看到一只狗在街上跑时，你的意识会觉知到这件事，而不是在潜意识里对其进行加工，如对象的身份（狗），颜色（黑色）和运动（速度）。相比之下，意识加工是序列加工，且加工速度慢于潜意识的加工。注意，意识的不同水平常常同时工作。在课堂上，你对学习材料的记忆主要依赖于控制加工，但在后期的考试中，考试答案自然跳入你的脑海中，则是自动加工或潜意识加工的结果。

睡眠和做梦时的潜意识　我们在睡觉和做梦时的意识水平低于做白日梦时的意识水平，但睡眠和做梦并不能被视为意识缺失（Hobson & Voss，2011；Windt & Noreika，2011）。相反，它们是低水平的意识。

研究人员发现，人们即便在睡觉时，也仍然能够在一定程度上意识到外部的刺激。在睡眠实验室里，人们在睡着后（由生理监测装置检测），仍然能够按压手持按钮对微弱的声音做出反应（Ogilvie & Wilkinson，1988）。一项研究发现，单纯的声调能够激活睡眠者大脑中的听觉处理区域，而睡眠者自己的名字则能够激活其语言区、杏仁核和前额叶皮质（Stickgold，2001）。我们将在下一节中再次探讨有关睡眠和梦的主题。

无意识　无意识一词，通常用于描述那些因殴打或麻醉而晕厥，或是长时间陷入深度无意识状态的个体（Laureys & Schiff，2012；Lobo & Schraag，2011）。然而，弗洛伊德（1917）对该术语有新的解释，他认为，**无意识思维**，是意识之外的，无法被接受的愿望、情感和想法的集合。换句话说，弗洛伊德认为无意识是各种不好的想法和冲动的储藏室。他认为，某些经验内容存留在无意识之中更为合理，因为有时候不知道这些内容对我们来说可能更好。例如，根据弗洛伊德的观点，人的大脑充满了令人不安的冲动，比如与父母做爱的冲动。

尽管弗洛伊德的解释仍然存在争议，但心理学家现在已经普遍承认，无意识过程确实是存在的。最近，研究人员发现，许多心理过程（思维、情感、目标和观念）可能都发生在意识之外（Ashby，Glockner，& Dickert，2011；Gainotti，2012）。这些无意识过程对我们的行为有巨大的影响。例如，我们通过第3章的内容可以知道，在意识之外呈现的刺激也影响着我们的思维和行动，在第5章我们还将会看到，许多学习过程都在个体没有觉知时发生。心理学家的研究结果表明，无意识的信息加工能够影响行为，并且这种加工的能力似乎很不可思议（Bargh & Morsella，2009）。如果无意识的信息加工能完成那么多工作，那人类为什么还需要意识？哪些工作是意识能完成而无意识无法实现的呢？要想了解这个一直以来存在的神秘问题，就看"挑战你的思维"部分！

> **无意识思维**　根据弗洛伊德的解释，无意识思维是意识之外的，无法被接受的愿望、情感和想法的集合。

自我测试

1. 元认知这一术语是指_____。

 A. 有关认知研究的研究

 B. 对思维过程的思考

 C. 认知是潜意识的

 D. 意识思维流

2. 下列都是自动加工的例子，除了_____。

 A. 学生解决数学问题

 B. 跑步者在慢跑

 C. 一个人在和朋友讲话

 D. 出租车司机开私家车

3. 睡眠和做梦被看作是_____。

 A. 失去意识

 B. 间歇性意识

 C. 低水平的意识

 D. 高水平的意识

小应用！

4. Xavier 在学习心理学导论的课程。他认真地上每一节课，并详细地做了课堂笔记。在第一次考试之前，他认真复习，准备考试。然而，在考试那天的早上，他突然感觉大脑一片空白。Xavie 做了一个深呼吸，然后开始一道一道地答题，其中有很多道题是猜的。一周之后，Xavier 非常高兴地发现，自己在上次考试中得了 100 分。之后，他对朋友说，"我仅靠猜就得了这么高的分数，下次，我应该不用特意学习了。"关于 Xavier 的计划，下列哪项陈述是正确的？

A. 这是个好主意，因为很多心理学知识都是常识

B. 这是个坏主意。Xavier 的成绩表明，控制加工和潜意识加工是协同工作的。控制加工帮助他学习材料，从而使得他能够猜测得很对

C. Xavier 的计划并不是一个好主意，潜意识在这次测试中帮助了他，但这种加工并不是每次都出现

D. Xavier 的计划不错。他的经验表明，控制加工对学业成绩没有帮助

2　睡眠和梦

我们知道，睡眠时身体运动会减少，并且（通常）闭上眼睛。那么，如何更准确地定义睡眠呢？我们把**睡眠**定义为身心的自然静息状态，是意识的可逆性丧失。睡眠一定是非常重要的，因为它占用了我们有生之年大约三分之一的时间，比我们做其他任何事情的时间都要多。为什么睡眠这么重要呢？在了解这个问题之前，让我们先看看睡眠与我们内部生物节奏之间的关系。

生物节奏与睡眠

生物节奏是人体内周期性的生理波动。大多数的生物节奏，我们都无法意识到，例如激素的上升和下降以及大脑活动循环的加速和减速，但这些都影响我们的行为。这些节奏由生物钟控制，其中包括年度或季节性的周期，如鸟类的迁徙和熊的冬眠，还包括24小时的周期，如人体的睡眠/清醒周期和温度变化周期。让我们进一步了解一下人体的24小时周期。

昼夜节律　昼夜节律（circadian rhythms）是每日的行为或生理周期。每日的昼夜节律包括睡眠/清醒周期、体温、血压和血糖水平的变化（Jan & others，2012；Stephenson & others，2012）。例如，在一天的24小时里，体温的波动大约在3华氏度左右，下午时最高，凌晨2点和5点之间达到最低点。

研究人员发现，人体通过**视交叉上核（SCN）**监测着白天到夜晚的变化，这是一种面积很小的脑结构，通过视网膜的输入，使个体的节奏与白天和黑夜的每日循环保持同步（Oliver & others，2012）。根据视交叉上核的输出，下丘脑调节昼夜节律，如温度、饥饿和网状结构，以此调节每日的睡眠和清醒节奏（图4.2）。尽管似乎有大量的生物钟参与调节昼夜节律，但研究人员发现，视交叉上核是最重要的（Han & others，2012）。

许多完全失明的人，由于视网膜无法探测到光，因此可能终生都受到睡眠问题的困扰。由于昼夜节律通常不遵循24小时的周期，因此，这些人可能会经历长期的生理节奏失调和周期性的失眠（Waller，Bendel，& Kaplan，2008）。

生物钟失调　生物钟可能会失调，或打乱常规的时间表。生活中常见的不规律睡眠就是飞机旅行后出现的时差，这会改变身体的运行规律，出现失眠现象（不能入睡）（Lack & Wright，2012；Vaillières & Bastille-Denis，2012）。这样的不规律生活会对昼夜节律产生什么影响呢？

睡眠　身心的自然静息状态，是意识的可逆性丧失。

生物节奏　身体的周期性波动，如激素的上升和下降，大脑活动循环的加速和减速，都能影响行为。

昼夜节律　每日的行为或生理周期。每日的昼夜节律包括睡眠/清醒周期、体温、血压和血糖水平的变化。

视交叉上核（SCN）——种面积很小的脑结构，通过视网膜的输入，使个体的节奏与白天和黑夜的每日循环保持同步；通过这种方式，人体能够检测到早晚的变化。

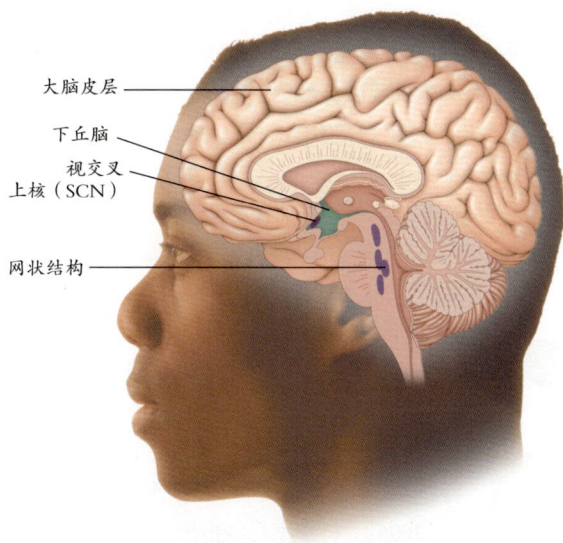

图 4.2 视交叉上核 视交叉上核（SCN）在保持生物钟准时运行中扮演着重要的角色。它位于下丘脑中，通过视网膜接收光的信息。SCN 要与外部光线刺激保持同步。视交叉上核输出的信息进入到下丘脑的其他部分和网状结构中。

　　如果你从洛杉矶飞到纽约，然后在东部时间晚上11点上床睡觉，但你可能很难入睡，因为你的身体还停留在西海岸的时间。即使你那天晚上睡了8个小时，第二天早晨7点钟时，你也可能很难做到准时起床，因为你的身体认为还是4点钟。不过，在纽约待了几天后，你的身体就逐渐适应这个新的时间表了。

　　你从洛杉矶飞到纽约时，之所以会体验到时差感，就是因为你身体的时间与时钟时间不一致或不同步（Paul & others，2011）。时差是两个或多个身体节律不同步的结果。通常，当你上床睡觉时，体温就开始下降，但当你打算在新环境里入睡时，体温仍处于上升趋势。一般来说，你的肾上腺会在清晨释放大剂量的激素皮质醇，以帮助你清醒过来。而在新的时间区中，当你在夜晚准备上床睡觉时，这一腺体正在释放这种化学物质。

　　当倒班工作者改变工作的时间时，昼夜节律也可能失调（Kim，Woo，& Kim，2012；Waage & others，2012）。近期的很多航空旅行事故都是因为飞行员没能及时调整自己的作息时间，因此工作效率也不如往常（Powell，Spencer，& Petrie，2011）。轮班工作问题通常对夜班工人的影响最大，在换班之后，他们难以适应白天睡觉的节奏。因此，这些工人可能会在工作中睡着，而这也会增加罹患心脏疾病和肠道疾病的风险（Puttonen，Viitasalo，& Harma，2011）。

　　重置生物钟 如果睡眠和清醒的生物钟出现了失调，你该怎样重置呢？要解决时差的问题，你不妨乘坐越洋航班，并在白天到达目的地，尽可能白天时间外出，不失为一个好主意。白天，尤其是早晨的明亮光线，会促进清醒，而夜晚的明亮灯光则会延迟入睡时间（Paul & others，2011）。

　　研究人员正在研究通过褪黑素降低时差影响的可能性，这种激素在夜晚的分泌量会增加（Jackson 2010；Paul & others，2011；Sack，2010）。研究表明，小剂量的褪黑素可以通过推进生物钟的提前，来降低时差的影响，不过，这仅对向东而非向西的时差起作用（Herman & others，2011）。

> **❝** 为什么褪黑素特别有利于向东而非向西的旅行呢？**❞**

我们为什么需要睡眠?

所有的动物都需要睡眠。此外,正如吃喝一样,人体也要对睡眠进行调节,这一事实表明,睡眠对生存而言可能同样必不可少。然而,我们为什么需要睡眠仍是一个未解之谜。

睡眠需要的理论　许多理论都指出,睡眠是基本的需要(Harrison,2012)。首先,从进化的角度来看,睡眠之所以存在,可能是因为动物需要在晚上保护自己。这一观点能够解释为何动物在夜间处于非活动状态,夜间的能见度低,动物们由此可以避免受伤和被其他动物捕食。

第二个可能性就是睡眠是储存能量一种方式。每天花大量时间睡眠,使得动物能够保存身体中的热量,这在食物稀缺时尤为明显(Siegel,2005)。此外,对动物来说,在太阳升起后寻找食物和水,更为容易和安全。天黑后,储存能量就是动物们最具适应性的方法。睡眠最少的动物很有可能成为其他动物的食物。图4.3显示了不同的动物一天之中的平均睡眠时间。

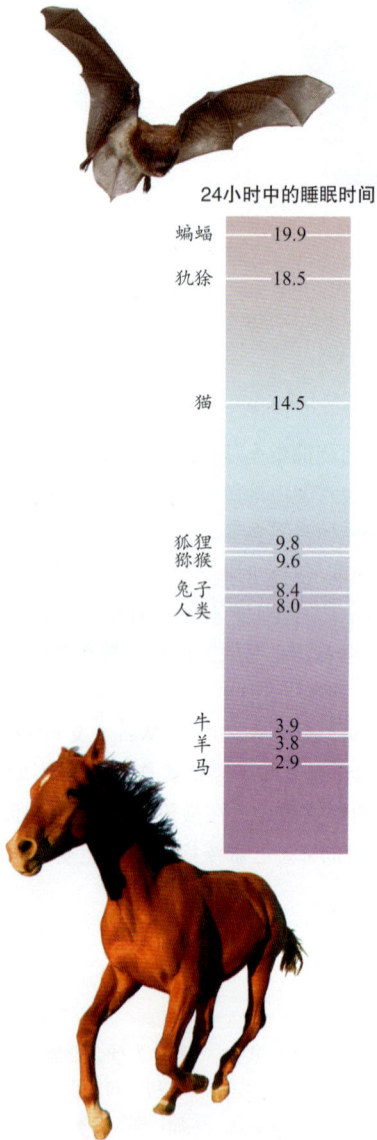

对于睡眠需要的第三种解释是,睡眠有助于恢复健康(Frank,2006)。科学家已经指出,睡眠对大脑和身体具有恢复、补充和复原的作用。因此,一天的清醒活动使我们精疲力竭,在睡觉前我们常有疲劳感,但醒来时却感觉精力又充沛了。许多人体细胞在深度睡眠时会加速分裂,并减少蛋白质的分解,这一现象支持了睡眠具有恢复性的功能理论(Aton & others,2009;Vazquez & others,2008)。蛋白质分子是细胞生长和损伤修复(如压力造成的损伤)的基本组成。最近的一项研究结果显示,睡眠时间短与更高的T细胞、更低的NK细胞活动有关,这两种活动分别表明了更高的压力水平和更低的免疫系统功能(Fondell & others,2011)。

对睡眠需要的最后一种解释是关于睡眠对大脑可塑性的作用(Frank & Benington,2006;Tononi & Cirelli,2011)。第3章中提到,大脑的可塑性是指大脑随着经验而发生变化的能力。在经验影响大脑的过程中,睡眠起着重要作用。例如,神经学家最近认为,睡眠能够增强神经元之间的突触连接(Timofeev,2011)。还有研究发现,睡眠能够巩固记忆(Lewis & others,2011;Walker,2012)。一项研究综述指出,睡眠对于巩固记忆至关重要,无论是关于具体信息的记忆,还是关于技能或是情感体验的记忆都是如此(Diekelmann,Wilhelm,& Born,2009)。一个可能的解释就是,在睡眠期间,大脑皮层的活动能够加强记忆连接,因此,之前在清醒时记忆的内容能够进入到长期记忆的存储中去。失眠往往导致记忆的丧失。

所以,如果你正考虑要整晚不睡觉来进行复习测试,那么,你可能要三思了。睡眠会加强你的记忆。在一项研究中,被试在学习系列单词后,第二天进行回忆测试。结果发现,如果学习当晚睡个好觉的话,第二天的回忆测验效果会更好(Racsmany,Conway,& Demeter,2010)。反之,如果在睡觉之前进行测验,被试的表现则不好。

24小时中的睡眠时间

动物	睡眠时间
蝙蝠	19.9
犰狳	18.5
猫	14.5
狐猴	9.8
猕猴	9.6
兔子	8.4
人类	8.0
牛	3.9
羊	3.8
马	2.9

图4.3　从蝙蝠到马:动物的睡眠时间　我们可能会很羡慕蝙蝠,它每天有将近 20 小时的睡眠时间,远远超过了马,马只需要不到 3 个小时的休息,就能继续奔腾。

长期睡眠不足的影响　每晚睡眠超过8小时，会让我们做事情的效果最好（Habeck & others，2004）。缺乏睡眠会让人感到紧张、有压力，并且会影响到身体和大脑（Koenis & others，2011；Monk，2012）。剥夺睡眠，会使人们难以专心地完成任务和解决问题（Jackson & others，2011）。研究表明，睡眠不足会降低丘脑和前额叶皮层的大脑活动（Libedinsky & others，2011），并降低大脑活动的复杂性（Jeong & others，2001）。疲惫的大脑在进行思考时，需要其他路径或替代神经网络的参与（Koenis & others，2011）。睡眠不足甚至会影响道德判断。最近的一项研究发现，在保持清醒53小时后，被试更难以进行道德判断，并且也更可能同意做出违反其个人标准的决定（Killgore & others，2007）。

虽然睡眠无疑是影响身体和心理最佳表现的关键因素，但许多人都无法得到充足的睡眠。美国国家睡眠协会（2011）最近对超过1500多名的美国成人进行的全国性调查发现，43%的19～64岁成人很少能在周末的晚上睡个好觉。60%的人说自己每晚或者几乎每晚都有睡眠问题，如在夜间醒来、醒来太早，或者早上醒来时仍感觉疲惫。大多数人声称自己每晚的睡眠时间都低于7小时，而15%的人表示，他们每晚的睡眠都少于6小时。

为什么美国人的睡眠时间这么少呢？工作、学业、家庭责任和社会义务的压力往往导致人们长时间处于清醒状态，并且睡眠/清醒作息时间不规律（Artazcoz & others，2009）。因为白天时缺乏足够的时间去做想要或需要做的事情，所以我们就窃取了睡眠的时间。结果，我们患上了"睡眠债"，即长期累积的疲惫状态。

清醒和睡眠的阶段

你是否有过下面的经历，从睡眠中被唤醒却完全不知所措，梦刚做了一半被唤醒，然后又睡着接着继续刚才的梦，就好像是你的意识在放电影一样。这两种情况反映了睡眠周期的两个不同阶段。

睡眠阶段伴随着大量的电生理变化，由清醒时快速、不规则的、振幅较低的电位活动到深度睡眠时的慢速、规则的和振幅较高的电位活动。通过利用脑电图（EEG）监视大脑的电位活动，科学家们确定了清醒的两个阶段和睡眠的五个阶段。

清醒阶段　人们清醒时的脑电波方式表现为两种类型：β波和α波。β波反映的是注意力集中与警觉的状态。这些波的频率最高、振幅最小，这表明这种波的上下浮动很大，但它没有很高的峰值或很低的波谷。和其他波相比，这种波的同步性更低，也就是说这种波很难形成一致的模式。正是由于存在这种不一致的波形模式，我们在清醒时才能体验到感觉输入与活动的多样性。

当我们放松但清醒时，脑电波会慢下来，振幅会增大，并且会变得越来越同步或有规律。这些波与放松或睡意有关，被称为α波。

根据脑电图技术检测到的脑电波的不同模式，研究者将睡眠分为五个阶段，不同阶段中的睡眠深度不同。

感觉到他就要睡着，Wayne 计算机上的气囊迅速展开。

经 CartoonStock 授权使用，www.CartoonStock.com.

> ❝ 观察一下班级中正在和瞌睡做斗争的同学，你会发现，他们的头会突然抬起。睡眠的第一阶段往往有要摔倒的感觉。❞

睡眠阶段1—4   睡眠第一阶段的特点是昏昏欲睡。在这个阶段，个体可能会体验到肌肉的突然运动，称为肌肉阵挛性抽搐。个体该阶段的脑电图是 θ 波，这种波比 α 波的频率更慢、振幅更大。两者之间的不同在于放松的程度，第一阶段中的睡眠是渐进的。图4.4呈现了第一阶段的睡眠模式和其他四个睡眠阶段的脑电波图及 β 波、α 波。

在睡眠的第二阶段，肌肉活动减少，人不能再有意识地觉知到环境。θ 波持续出现，不过偶尔会穿插睡眠锭的出现，睡眠锭是第二睡眠阶段的主要特征，表现为波频的突然增加（Andrillon & others，2011）。阶段一和二都是两个相对较轻的睡眠阶段，如果人们在这些阶段中醒来，他们经常会报告说自己根本没有睡着。

第三睡眠阶段和第四睡眠阶段的特点是 δ 波，这是睡眠阶段中最慢、振幅最高的脑电波。这两个阶段通常被称为 δ 睡眠。第三阶段和第四阶段很难区分，一般来说，阶段三中 δ 波出现的时间不超过50%，而阶段四中 δ 波出现的时间超过50%。δ 睡眠是最深的睡眠，此时的脑电波与清醒时的脑电波差别最大。处于 δ 睡眠阶段的睡眠者最难被唤醒。这个阶段也是尿床（儿童）、梦游、梦呓发生的阶段。如果在这个阶段唤醒睡眠者，他们通常会感到困惑和迷失方向。

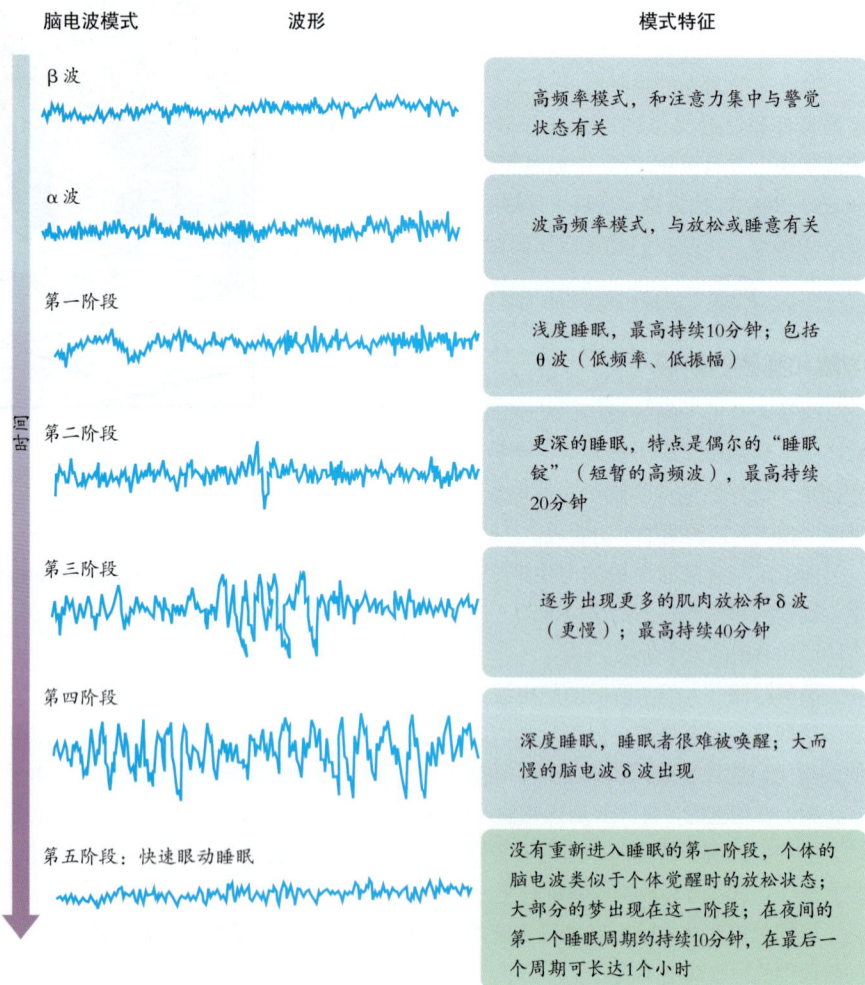

脑电波模式	波形	模式特征
β 波		高频率模式，和注意力集中与警觉状态有关
α 波		波高频率模式，与放松或睡意有关
第一阶段		浅度睡眠，最高持续10分钟；包括 θ 波（低频率、低振幅）
第二阶段		更深的睡眠，特点是偶尔的"睡眠锭"（短暂的高频波），最高持续20分钟
第三阶段		逐步出现更多的肌肉放松和 δ 波（更慢）；最高持续40分钟
第四阶段		深度睡眠，睡眠者很难被唤醒；大而慢的脑电波 δ 波出现
第五阶段：快速眼动睡眠		没有重新进入睡眠的第一阶段，个体的脑电波类似于个体觉醒时的放松状态；大部分的梦出现在这一阶段；在夜间的第一个睡眠周期约持续10分钟，在最后一个周期可长达1个小时

图4.4   睡眠阶段脑电图的特点和模式   即使在睡觉时，你的大脑也在忙碌。难怪有时你起床后也感觉很累。

快速眼动睡眠 在经过1-4阶段之后，睡眠者会逐渐从睡眠阶段进入清醒状态。然而，并非重新进入第一阶段，相反，此时睡眠者进入了睡眠的第五阶段，一种特殊的睡眠形式，称之为REM（快速眼动）睡眠（Colrain & Baker，2012）。**快速眼动睡眠**阶段是梦境比较活跃的阶段。快速眼动睡眠的脑电图模式显示，此时的脑电波类似于清醒放松时的快波，表现为睡眠者的眼球上下左右的转动。

专家称1-4阶段为非快速眼动睡眠阶段。非快速眼动睡眠阶段的特点是没有快速眼球运动和很少做梦。与其他阶段被唤醒的人相比，在REM睡眠阶段被唤醒的人更有可能会报告自己正在做梦（Marzano & others，2011）。甚至那些宣称自己很少做梦的人在REM睡眠阶段被唤醒后，也会报告自己做了梦。快速眼动睡眠阶段的时间越长，睡眠者越有可能报告做了梦。人们也会在慢波阶段或非快速眼动睡眠阶段做梦，但这些阶段中做梦的频率相对较低（McNamara，McLaren，& Durso，2007），所以我们不太可能记住。与那些在非REM睡眠阶段被唤醒的人相比，在REM睡眠阶段被唤醒的个体所报告的梦通常更长、更生动、更活跃、更充满感情，也更少涉及清醒时的生活（Hobson，2004）。

快速眼动睡眠也可能对记忆有一定的影响（Blagrove & others，2011）。研究人员在被试睡觉之前，给他们呈现了一些特殊的句子。与在其他睡眠阶段被唤醒相比，在快速眼动之前被唤醒的话，被试第二天早上记住的内容要少（Stickgold & Walker，2005）。

整个夜晚的睡眠循环 我们已经了解了睡眠的五个阶段，这五个阶段就组成了一个正常的睡眠周期。如图4.5所示，一个周期大约持续90到100分钟，并且一天夜里会重复数个周期。上半夜的深度睡眠数量（阶段3和4）要多于下半夜。大多数REM睡眠发生在晚间睡眠即将结束之时，并且快速眼动睡眠阶段会变得越来越长。夜晚的第一个快速眼动阶段可能只持续10分钟，但最后一个快速眼动阶段可能持续一个小时之久。在正常的夜间睡眠过程中，个体60%的睡眠都是浅睡眠阶段（阶段1和2），20%的睡眠是δ波睡眠或深睡眠阶段，另外20%的睡眠是REM睡眠阶段（Webb，2000）。

睡眠与大脑 睡眠的五个阶段与网状结构中的不同神经递质活动模式有关，网状结构是脑干的核心（Peigneux，Urbain，& Schmitz，2012）。对所有的脊椎动物来说，网状结构对睡眠和清醒起着至关重要的作用（见图4.2）。如前所述，网状结构的损坏可能会导致昏迷和死亡。

心理调查

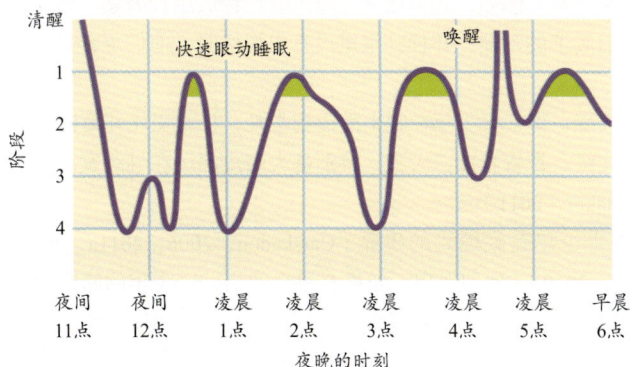

图 4.5 整个夜晚的睡眠循环 在一个晚上的睡眠中，我们会经历几个周期。一夜之中，睡眠的深度逐渐降低，而快速眼动睡眠（图中的绿色部分）会增加。这个图中，个体大约在早上5点醒，然后又回去睡了一个小时的觉。> 一个晚上会有几次睡眠周期？ > 睡眠者会醒来几次 > 根据神经递质、乙酰胆碱、5–羟色胺和去甲肾上腺素在睡眠周期的增减判断一下，该睡眠者在夜晚得到良好的休息了吗？为什么或为什么没有呢？

参与睡眠的三种重要的神经递质是5-羟色胺、去甲肾上腺素和乙酰胆碱（Koziorynska & Rodriquez，2011）。随着睡眠的开始，网状结构传递到前脑中的神经递质水平开始下降，这种下降趋势持续进行，在最深的睡眠阶段（第四阶段）中达到最低水平。在快速眼动睡眠（第五阶段）阶段，乙酰胆碱的分泌增多，激活了大脑皮层，而此时大脑的其他区域仍然是静息状态。快速眼动睡眠即将结束时，5-羟色胺和去甲肾上腺素的水平上升，增强了前脑的活动水平，使个体接近于清醒状态（Miller & O'Callaghan，2006）。快速眼动期之后，是个体最有可能醒来的时期。如果此时你没有醒来，神经递质的水平又会重新下降，你将进入下一个睡眠周期。

整个生命周期中的睡眠

充足的睡眠对人类每个生活时期都很重要（Lee & Rosen，2012）。图4.6呈现的是人类一生之中的总睡眠时间和每种类型睡眠时间的变化。

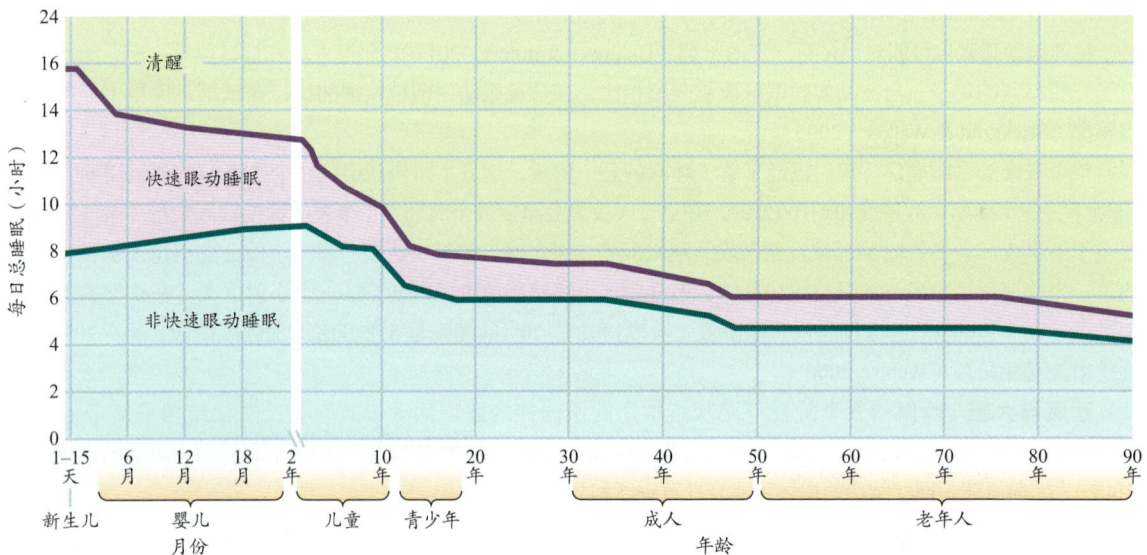

图4.6 整个生命周期的睡眠 随着年龄增长，人类需要的睡眠减少。

睡眠对婴儿的身体成长和儿童的大脑发育非常有益。例如，儿童在深度睡眠时会释放生长激素。当儿童远离咖啡因、形成了有规律的睡觉时间、养成了睡前阅读的习惯，并且卧室里没有电视机时，他们更容易睡得好（Mindell & others，2009）。

随着年龄的增长，儿童的睡眠模式也会发生改变。许多青少年在晚上熬夜到很晚，早上又比儿童时期醒得迟，这些睡眠模式的改变可能会影响他们的学业成绩。在青春期，大脑，特别是大脑皮层还在继续发育，青少年对睡眠的需要也与其大脑发育有关（Colrain & Baker，2011）。

Mary Carskadon及其同事们进行了许多有关青少年睡眠模式的研究（Carskadon，2006，2011a，2011b；Crowley & Carskadon，2010；Tarokh & Carskadon，2010）。他们发现，如果有机会的话，青少年的睡眠时间会达到平均每晚9小时25分钟。然而，大多数青少年都远远少于9小时的睡眠，特别是在上学的日子。睡眠的缺乏使青少年出现"睡眠债"，他们常常试图在周末来补觉。

研究人员还发现，年龄较大的青少年往往比年龄较小的青少年更容易在白天犯困。他们推断，这一现象并非是由学业或社会压力引起的。相反，研究表明，青少年的生物钟会随着年龄增长而变化，他们的清醒时间大约会延迟一个小时。在夜间，睡眠荷尔蒙——褪黑激素的延迟释放似乎印证了这一变化。年龄较小的青少年的褪黑素分泌时间约为晚上九时三十分，而年龄稍大的青少年的褪黑素分泌时间大约延迟一个小时。基于研究结果，Carskadon提出，学校早间上课时间过早可能会导致学生上课时头脑昏昏沉沉、注意力不集中、在考试中表现不佳等情况。一项研究显示，只需将上课时间推迟30分钟，就很有可能有效地改善青少年的睡眠、警觉性、情绪和健康状况（Owens，Belon，& Moss，2010）。

成人初期（年龄在18岁至25岁之间）的睡眠模式也会发生改变吗？调查显示，答案是肯定的（Galambos，Howard，& Maggs，2011）。最近的一项研究发现，个体在大学一年级时的平日就寝时间和起床时间比高中阶段会延迟大约1小时15分钟（Lund & others，2010）。大一新生比大三、大四学生要睡得迟、起得迟，这表明，在20岁到22岁间，个体的就寝时间和起床时间出现逆向发展。

从中年（40、50岁）到老年（60岁或更大）期间，个体的睡眠模式也会发生变化（Malhotra & Desai，2010；Nakamura & others，2011；Olbrich & Dittmer，2011）。该年龄段中的许多人比年轻时要睡得早、醒得早。从40岁开始，个体就报告说，与年轻时相比，自己现在已经不太可能睡整晚觉了。和中年阶段前相比，中年人的深度睡眠时间也更少。

最近一项针对中年人的5年追踪研究表明，睡眠时间的变化与问题解决和记忆等认知能力有关（Ferrie & others，2011）。在这项研究中，随着个体睡眠时间从6、7或8个小时开始逐渐减少，其认知成绩得分也越来越低，反之，随着睡眠时间从7、8个小时开始增多的个体，其认知成绩得分越来越高。成年晚期，大约有50%的个体抱怨自己难以入睡（Neikrug & Ancoli-Israel，2010）。同时，睡眠不好会导致死亡时间提前，且认知功能水平降低（Naismith，Lewis，& Rogers，2011；Tuckman & others，2011）。

睡眠与疾病

睡眠对大量健康问题、疾病和障碍都有影响（Fontana & Wohlgemuth，2010；Patel & others，2012）。例如，中风和哮喘更经常在夜间和清晨发生，这可能与睡眠期间的荷尔蒙、心率和其他特征的变化有关（Teodorescu & others，2006）。失眠也与肥胖和心脏病有关（Sabanayagam & Shankar，2010）。

控制睡眠的神经元与免疫系统之间关系密切（Imeri & Opp，2009）。任何得过流感的人都知道，传染性疾病使我们昏昏欲睡。可能的原因是，当我们的身体细胞在对抗感染时，身体细胞会释放一种称为细胞因子的化学物质，能够引起我们的睡眠（Besedovsky，Lange，& Born，2012）。睡眠有助于身体节约能量和资源，用于战胜感染（Irwin & others，2006）。

大多数有心理疾病的个体都会遇到睡眠问题，如有抑郁症的个体（Eidelman & others，2012；Hidaka，2012）经常在清晨很早醒来，并且再也无法入眠。与非抑郁个体相比，他们δ波睡眠或者深度睡眠的时间更短。

在患有许多其他疾病，如阿尔茨海默病、中风和癌症的个体中，睡眠问题也同样常见（Banthia & others，2009；Fleming & Davidson，2012；Gaig & Iranzo，2012）。然而，在某些情况下，这些睡眠问题可能不是由疾病本身，而是由治疗疾病的药物引起的。

睡眠障碍

时至今日，许多个体仍然遭受着尚未确诊和难以治疗的睡眠障碍的困扰，感觉生活没有动力、精疲力竭（Edinger & Morin，2012；Rajaratnam & others，2011）。一些主要的睡眠问题包括失眠、梦游、梦呓、噩梦、夜惊、嗜睡症和睡眠呼吸暂停。

失眠 一种常见的睡眠问题就是失眠，即无法睡觉。失眠包括无法入睡、夜晚醒来，或早上醒得太早等问题（Gehrman，Findley，& Perlis，2012）。在美国，有五分之一的成年人患有失眠症（Pearson，Johnson，& Nahin，2006）。失眠在女性、老年人、瘦人、有压力或抑郁的个体中更为常见（National Sleep Foundation，2007）。

对于短期失眠，大多数医生会开安眠药进行治疗。然而，在服药数周后，大多数的安眠药会不再管用，而且，长期服用安眠药会干扰良好的睡眠。良好的睡眠习惯可缓解轻度失眠的症状，如总是在同一时间上床睡觉（即使在周末也是如此）、保持睡眠环境的黑暗和安静等。对于更严重的个体，研究人员正尝试通过光疗法、褪黑激素补充剂和其他方法来改变其生理周期，达到治疗的目的（Cardinali & others，2011；Lichstein，Vander Wal，& Dillon，2012；Zeitzer，Friedman，& Yesavage，2011）。行为变化（如不在白天小睡、在早上设置闹钟）有助于失眠症患者增加睡眠时间，减少在夜里醒来的次数（Jernelov & others，2012）。

梦游和梦呓 梦游症是梦游的正式术语，这种现象出现在最深的睡眠阶段（Umanath，Sarezky，& Finger，2011）。多年来，专家们一致认为梦游症患者是在演绎他们所做的梦。然而，梦游通常发生在第三和第四个睡眠阶段，这时正是前半夜，也是个体不太可能做梦的时候（Zadra & Pilon，2012）。

梦游的具体原因尚未确定，但这一现象更可能发生在个体睡眠被剥夺或喝醉酒的时候。梦游是件很正常的事儿，并且尽管有些迷信，但是唤醒梦游者是安全的。事实上也应该唤醒他们，因为他们在黑暗中徘徊可能伤害到自己（Swanson，1999）。

另一种奇怪的夜间行为就是睡觉时说话，也称为说梦话。如果你询问说梦话的人，你能问出他们所做的事儿吗？例如，上周四晚上做了什么？可能不会。虽然说梦话的人会和你交谈，也会说出一些相当有条理的话，但他们其实睡得很熟。因此，即使说梦话的人喃喃自语地回答你的问题时，你也不要指望它的准确性。

昨天夜里我梦到自己有了六块腹肌，我从梦中惊叫着醒来。

© Steve Moore/Distributed by Universal Uclick via CartoonStock.com

经 CartoonStock 授权许可使用，www.CartoonStock.com.

最近，出现了一些非常罕见的睡眠行为——睡时饮食。Ambien是一种治疗失眠的常用安眠药。一些Ambien的使用者开始发现一些奇怪的事情，例如，当他们从一个好觉中醒来时，却发现糖果包装散落满地、床上沾满面包屑、冰箱里的食物失踪了。一个女人发现自己并没有在清醒时饮食或者改变运动习惯，却胖了一百磅。这怎么可能？Mark Mahowald博士是明尼苏达州明尼阿波利斯睡眠障碍中心的医疗主任，他已证实，睡时饮食可能是服用安眠药产生的副作用（McNamara，2009）。

睡时饮食的现象说明，即使当我们感到自己已经睡着时，我们也可能是"半梦半醒"，还能制作一些不寻常的夜宵，把涂过奶油的香烟、三明治、盐和生培根放在一起。Ambien的制造商已经在标签上对药物的这种不寻常的副作用做出了说明。然而，比饮食睡眠更令人担忧的是睡眠驾驶（Saul，2006）。睡眠专家指出，服用Ambien时出现睡眠驾驶的情形十分罕见，但这一说法却令人怀疑。

对于那些正在与长期失眠做斗争的人来说，如果服用药物能让其夜晚安眠，那么即便冒着可能有副作用的风险也是值得的。此外，也没有人会不咨询医生而突然停止服用任何药物。

噩梦和夜惊症 噩梦是指可怕的梦，它能将做梦者从快速眼动睡眠中唤醒（Germain，2012）。噩梦的内容总是与危险有关——被追赶、遭遇抢劫或者被扔下悬崖。噩梦很常见。我们大多数人都做过噩梦，尤其是年幼的孩子。尽管普通的大学生平均一年也会做4～8次噩梦，但噩梦在3到6岁的时候会达到高峰，然后下降（Hartmann，1993）。噩梦次数的增加或梦境的恶化往往是与生活压力的增加有关，如失去亲人或工作、与他人发生冲突等。

夜惊症的特征是从睡眠状态和强烈的恐惧中突然醒来。夜惊常伴有一些生理反应，如快速的心跳和呼吸、大声尖叫、大量出汗和活动（Zadra & Pilon，2012）。夜惊的高峰期是5到7岁，不如噩梦那样常见。与噩梦不同，夜惊通常出现在慢波、非快速眼动睡眠阶段。

嗜睡症 这种嗜睡症指的是突发性的、不可抑制的睡眠冲动。这种冲动无法控制，个体很有可能在说话或者站着的时候就睡着了。嗜睡症患者可以直接进入快速眼动睡眠阶段而无需经过前四个睡眠阶段（Siegel，2011）。嗜睡症患者往往在白天感到很累。一些极端的情绪反应，如惊喜、大笑、兴奋和愤怒，都能引起患者的嗜睡。这种病症似乎与下丘脑和杏仁核的问题有关（Brabec & others，2011）。虽然嗜睡症通常在成年后发生，但在童年就可能出现明显的迹象（Nevsimalova，2009）。

睡眠呼吸暂停 睡眠呼吸暂停综合征（sleep apnea）是一种睡眠障碍，个体由于气管没有张开或呼吸无法正常进行而导致呼吸停止。为使自己能够更好地呼吸，患有睡眠呼吸暂停的个体会在夜里经历无数次的短暂清醒状态，不过，他们通常意识不到自己的清醒状态。由于被剥夺了晚上的睡眠时间，这些人可能会在白天觉得昏昏欲睡。睡眠呼吸暂停综合征的一种常见迹象就是间断性地大声打鼾（the apnea）。

睡眠呼吸暂停综合征影响了约1800万美国人（Ho & Brass，2011）。这种睡眠障碍在婴儿和65岁以上的成年人中最为常见。睡眠呼吸暂停综合征在肥胖个体、男人、大脖子、下巴凹进去的人群中更为常见（Kotsis & others，2010）。睡眠呼吸暂停症如果不经治疗，可引起高血压、中风和性功能障碍（Ho & Brass，2011；Parati，Lombardi，& Narkiewicz，2007）。此外，睡眠呼吸暂停导致的白天嗜睡会引发事故，使个体工作没有效率、出现人际关系问题等（Hartenbaum & others，2006）。睡眠呼吸暂停症通常可以通过如下方法治疗：减肥计划、侧睡、把头枕在枕头上、或佩戴特定装置（称为CPAP，持续性气道内正压治疗），该装置可通过面罩发送压缩空气以此防止气道塌陷。

> **试一试!**
> 试着连续几晚记录睡眠日记。把你的睡眠模式与本章所描写的内容进行比较。你有睡眠债吗？如果有，你最有可能缺少第几个睡眠阶段？良好的睡眠会影响你的行为吗？记录下你在夜晚中只睡一会儿和至少8小时睡眠后的情绪和能量水平。与本章中所描述的睡眠剥夺研究中所预期的变化相比较，你有什么变化？

睡眠呼吸暂停也是引发婴儿猝死综合征（SIDS）的因素之一，婴儿猝死综合征指的是不到一岁的婴儿由于睡眠而出现的意外死亡。对婴儿猝死综合征个体的尸检报告常常无法确定具体的死因（Byard & Krous，2004；Fifer & Myers，2002）。婴儿在睡眠过程中出现呼吸暂停是很常见的，但如果一些婴幼儿频繁地出现睡眠呼吸暂停，就可能表明其唤醒调节功能出了问题（Kato & others，2003）。有证据表明，死于SIDS的婴儿实际上在致命事件发生前几天就出现过多次的睡眠呼吸暂停（Kahn & others，1992）。对于SIDS，一个可能的解释就是负责唤醒的某部分脑干区域存在异常（Kinney，2009）。这种异常可能导致睡眠呼吸暂停，反过来可能会使脑干损伤恶化，最终导致死亡。

梦

你是否曾经做过这样的梦：因为之前的恋人而离开现在的伴侣？如果有，你会把这个梦告诉你的伴侣吗？当然不会了。然而，你可能会想知道梦的意思，如果是这样的话，你并不孤单。自从有了语言，人类就已经给梦赋予了伟大的意义。早在公元前5000年，巴比伦人就在泥板上记录和解释他们的梦。埃及人建造了寺庙来纪念塞拉斯——梦之神。圣经里有关梦的描述多达70多处。心理学家们也在研究这令人着迷的现象。

弗洛伊德认为梦是无意识思维的关键。他相信梦（甚至是噩梦）象征了无意识的愿望，对梦的分析可以揭示隐藏的欲望。弗洛伊德区分了显性梦境和隐性梦境。**显性梦境**是梦的表面形式，它包含一些梦的象征符号，能掩饰梦的真正意义；**隐性梦境**是梦的隐含内容，是个体的无意识和梦的真正意义。例如，如果一个人做了一个关于乘坐火车及与朋友交谈的梦，那么火车就是显性梦境。弗洛伊德认为显性梦境表达了掩饰的愿望。为了了解梦的隐性或真正含义，人必须分析梦中的画面。在我们的这个例子中，做梦者将被问及，当其想到火车、朋友等事物时，都有哪些涌上心头的事情。通过探究与显性梦境有关的这些联系，揭示梦的隐性梦境。艺术家们会将梦中的符号世界引入到自己的作品中。

最近，心理学家不再把梦作为无意识愿望的表达，而是作为来源丰富的心理现象进行研究。研究揭示了有关梦的本质的大量信息（De Koninck，2012）。一个常见的误解是，梦通常是很奇异的，但研究对从睡眠实验室和家中收集到的数千个梦进行分析发现，一般的梦并不是特别奇怪的。相反，研究表明，梦往往与现实生活很相似（Domhoff，2007；Schredl，2009；Schwartz，2010）。

虽然梦有些方面会不太寻常，但通常不会比一个典型的童话、电视剧情节或电影情节还要奇异。与日常生活相比，梦中通常包含了更多的负面情绪，而且一些看似不太可能的事情，如逝去的人，有时也会在梦中出现。

尚未有证据表明，梦能解决问题或是为生活中的困难提供建议。我们可能会梦到我们正在处理的问题，但我们一般是在清醒后，重新思考梦，并找到解决方案，而不是在梦中就解决了问题（Domhoff，2007）。也没有证据表明，能记住梦的人比那些记不住梦的人情况要好（Blagrove & Akehurst，2000）。

那么，如果一般的梦就是关于普通的事情，那梦又是什么呢？对梦进行解释的两个最重要的理论就是认知理论和激活合成理论。

梦的认知理论 **梦的认知理论**提出，如果用研究清醒状态时的认知概念来研究梦，那么我们就能更好地理解梦。该理论的基本观点认为，梦实质上是潜意识的认知加工过程。做梦就是在进行信息加工和记忆。确实，做梦期间的思维似乎非常类似于现实生活中的思考（Domhoff，2011）。

梦的认知理论中，很少或根本没有涉及到弗洛伊德所说的梦的隐藏的、象征性的内容。相反，梦被视为改编自日常生活的剧情，类似于放松状态下的白日梦。即便是梦中非常特别的部分，比如古怪的活动、奇怪的图片和突然的场景变化，都被认为与个体清醒时的所思所想有关，只是采取了比喻的形式（Domhoff，2007，2011；Zadra & Domhoff，2010）。认知理论也将做梦时的大脑活动与清醒时的大脑活动连接起来。默认

显性梦境 弗洛伊德认为，显性梦境是梦的表面形式，其中包含一些梦的象征符号，能掩饰梦的真正意义。

隐性梦境 弗洛伊德认为，隐性梦境是梦的隐含内容；是个体的无意识和梦的真正意义。

梦的认知理论 该理论提出，如果用研究清醒状态时的认知概念来研究梦，那么我们就能更好地理解梦。

❝ 我们为什么会认为梦比其实际的样子更奇怪呢？我们更容易记住哪种类型的梦？为什么？❞

网络（default network）这个术语指的是一组神经元的集合，这些神经元在个体思绪漫游和做白日梦等注意力不集中的时候仍然活跃。研究表明，睡眠时做梦可能就是这一网络活动的结果（Domhoff，2011）。

梦的认知理论坚持认为，梦应被视为一种对类似于清醒时的日常生活内容的心理模拟。日有所思，梦有所想。这一观点与激活整合理论正好相反。

激活整合理论　根据**激活整合理论**，当大脑皮质对大脑下半部分活动的信号进行整合时，就会做梦。当大脑试图从处于睡眠状态的随机大脑活动中找到逻辑关系时，梦就会出现（J. A. Hobson，1999；A. Hobson & Voss，2011）。

在清醒和警觉时，我们的意识经验往往受到所看到、听到和回应的外部刺激的影响。根据激活整合理论，睡眠期间的意识经验受到没有明显行为后果的内部刺激所影响。这种内部刺激主要来源于脑干的自发神经活动（J. A. Hobson，2000）。一些产生梦的神经活动来自于外部的感觉体验。如果一辆响着警报器的消防车在你睡觉时经过你的房子，你可能会梦到急诊室。我们中的许多人都有过在清晨梦到闹钟声音的经历。

激活整合理论的支持者认为，前脑其他区域中的神经网络对做梦起着重要的作用（J. A. Hobson, Pace-Schott, & Stickgold, 2000）。他们认为，参与清醒行为的同一前脑区域对睡梦中的特定行为也同样起作用（Lu & others, 2006）。在不同的睡眠阶段，随着神经递质水平的上升和下降，一些神经网络被激活，而另一些神经活动则停止。大脑不同区域中仍进行着随机的神经活动，大脑试图对这些活动进行解释，进而产生了梦。因此，前脑的初级运动及感觉区域中的电活动反映在梦境中，就是你一边跑步一边感觉风吹在脸上。从激活整合理论的角度来看，我们的神经系统通过各种活动不断循环，而我们的意识只是来凑热闹而已（J. A. Hobson，2000，2004）。梦仅仅是一个浮华的陪衬，而不是主要的事件（Hooper & Teresi，1993）。确实，一位激活整合理论家曾指出，梦就像很多的"认知垃圾"（J. A. Hobson，2002，p. 23）。

像所有有关梦的理论一样，整合激活理论也受到了批评。一个主要的批评就是脑干的损伤并不一定会减少做梦，这表明大脑的这个区域并不是梦的唯一起点。此外，生活经历对于梦的刺激和塑造要比整合激活理论所认为的更多（Domhoff，2007；Malcolm-Smith & others，2008）。

> **激活整合理论**　根据激活整合理论，当大脑皮质对从大脑下半部分活动的信号进行整合时，就会做梦。当大脑试图从处于睡眠状态的随机大脑活动中找到逻辑关系时，梦就会出现。

> 66 你可能已经注意到内部状态对梦的影响，如果你在睡觉时感到特别的口渴，那么你可能会梦到自己正拿着一杯水。 99

自我测试

1. 负责与昼夜节律同步的大脑结构是下面哪一个：_____。

　A. 大脑皮层　　　　　B. 下丘脑

　C. 网状结构　　　　　D. 视交叉上核

2. 立即进入 REM 睡眠的是下列哪一种症状：_____。

　A. 睡眠呼吸暂停　　　B. 嗜睡症

　C. 夜惊　　　　　　　D. 梦游

3. 在清醒或注意力集中时，活跃的脑电波是什么波形：_____。

　A. α 波　　　B. β 波　　　C. δ 波　　　D. θ 波

小应用！

4. Bobby 和 Jill 准备在心理学课程中进行一场友好的竞争。在过去几个星期里，两人都花了很多时间准备期末考试。考前最后一晚，Bobby 宣称要通宵，要比 Jill 多 12 小时的学习时间。于是乎，Jill 花了

23 个小时准备考试，而 Bobby 则花了 35 小时。在所有其他条件都相同的情况下，谁更有可能在考试中考得更好，为什么？

A. Bobby 会考得更好，因为他花的准备时间比 Jill 多

B. Jill 会考得更好，因为她之前已经准备了很长时间，并且她前天晚上睡了一个好觉，这有利于她更好地巩固已经记住的学习内容

C. Bobby 会考得更好，虽然他错过了一些睡眠时间，但他的记忆效果会更清晰

D. Jill 将会考得更好，因为 Bobby 可能会导致过度复习，花 35 个小时学习，时间过于长了

3 精神药物

　　人们试图改变意识的一种方法就是使用精神药物。事实上，非法药物的使用是一个全球性的问题。据联合国毒品和犯罪问题办公室（UNODC）称，全世界每年有过2亿人使用药物（UNODC，2011）。其中，约2700万人是问题药物使用者，即那些药瘾已经妨碍其正常工作和社会交往能力的个体（UNODC，2011）。

　　青少年毒品消费情况值得特殊的关注，因为其与很多问题关系密切，如不安全的性行为、性病传播、意外怀孕、抑郁以及学校适应困难等等（Eaton & others，2008；UNODC，2011）。20世纪80年代，美国中学生的毒品使用出现下降趋势，但在20世纪90年代早期，又出现上升趋势（Johnston & others，2012）。在20世纪90年代末和21世纪早期，中学生报告非法毒品使用的比例再次降低（Johnston & others，2012）。

　　一项名为"监测未来"的全国性调查自1975年以来一直追踪美国高中生的吸毒状况，并且从1991年开始追踪美国8～10年级学生的毒品使用情况（Johnston & others，2012）。图4.7展示了这些群体在这些时期内的变化趋势（Johnston & others，2012）。青少年使用药物最明显的下降时期出现在21世纪，因为此时大麻、迷幻药、狂喜、类固醇和香烟开始出现。然而，从2007年到2010年，青少年吸食大麻的比例逐渐升高。美国仍然是工业化国家中青少年吸毒比例最高的国家（Johnston & others，2012）。

心理调查

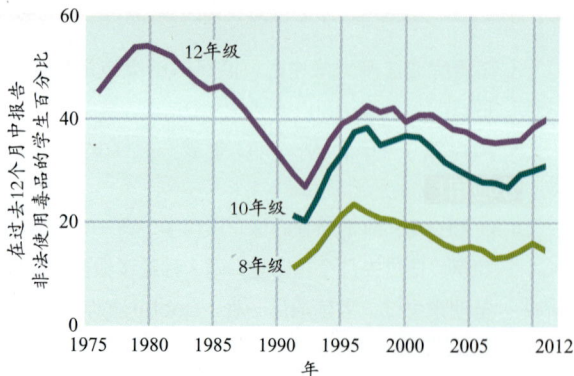

图 4.7　美国 8 年级、10 年级、12 年级学生药物使用的趋势　这张图表显示了美国 8、10 和 12 年级的学生从 1991 年到 2012 年（8、10 年级）及 1975 年到 2012 年（12 年级的学生）在过去 12 个月中使用非法毒品的百分比。>注意，直到 1991 年才开始收集 8—10 年级的数据，你认为为何要增加对这一群体的考察？>20 世纪 90 年代中期后，所有年龄组的吸毒人数都出现下降趋势。为什么三组群体同时出现这种模式？> 这项调查中，儿童和青少年使用自我报告法的不足是什么？你认为每一组都可能说实话、虚报，或者掩盖他们的药品使用状况吗？

精神药物的使用

精神药物是指作用于神经系统，能改变意识、知觉和情绪的药物。有些人把精神药物作为应对生活困难的一种方式。喝酒、吸烟、吸毒能降低紧张感，缓解无聊和疲劳感，并能帮助人们摆脱严酷的生活现实。还有些人因为好奇而吸毒。

无论是应对困难还是为了好玩，使用精神药物，都可能会付出高昂的代价，如失去履行责任的能力、工作和关系出现问题、药物依赖、增加罹患重疾、甚至致命疾病的风险（Fields，2013；Zilney，2011）。例如，喝酒可能最初会让人们感到非常放松，并忘记了自己的忧虑。然而，如果只能依靠越来越多的酒精来逃避现实，那他们就可能会形成一种依赖，最终会破坏其人际关系、工作和身体健康。

持续使用精神药物会产生**耐受性**（tolerance），即需要逐渐增加药物的剂量，才能达到同样的效果（Goldberg，2010）。例如，首次服用镇静剂安定时，只需要5毫克的剂量，人就会感到非常放松。然而，在连续6个月的每日服药后，个体可能需要服用两倍的剂量才能达到相同的镇定作用。

持续使用药物也会导致**身体依赖**，即对药物的生理需求会导致不愉快的戒断症状，如当药物停止时出现的生理疼痛或药瘾。**心理依赖**是指，由于情感原因，如追求快乐的感觉和减少压力而重复用药的强烈欲望。药物滥用成瘾方面的专家使用术语**成瘾**来描述对药物产生的生理或心理依赖，或两者兼而有之（Hales，2011）。

大脑是如何成瘾的呢？精神药物会提高大脑奖赏通道中的多巴胺水平（De Biasi & Dani，2011）。该奖赏通道位于腹侧被盖区（VTA）和伏隔核（NAC）中（图4.8）。腹侧被盖区的多巴胺能直接激活大脑中的边缘系统和前额叶区域（Koob，2006）。虽然不同的药物有不同的作用机制，但每种药物都通过增强多巴胺的传输，进而促进大脑奖赏通道的活动。在本书中我们将看到，神经递质多巴胺对奖赏经验起着至关重要的作用。

> 腹侧被盖区和伏隔核都是很长的词汇，但这些大脑区域对愉悦体验至关重要。记住这些结构，它们在本书中会多次出现。

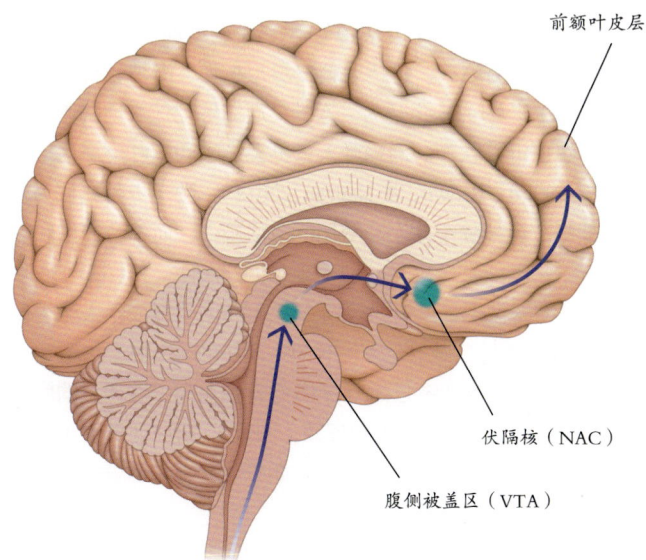

图4.8　精神药物的大脑奖赏通路　腹侧被盖区（VTA）和伏隔核（NAC）在精神药物的奖赏通路中占有重要的位置。信息从VTA传送到NAC，然后到达前额叶皮层。VTA位于中脑的脑桥上方，NAC位于前脑的前额叶皮层下方。

前额叶皮层

伏隔核（NAC）

腹侧被盖区（VTA）

精神药物　作用于神经系统，能改变意识、知觉和情绪的药物。

耐受性　需要逐渐增加药物的剂量，才能达到同样的效果。

身体依赖　对药物的生理需求会导致不愉快的戒断症状，如当药物停止时出现的生理疼痛或药瘾。

心理依赖　由于情感原因，如追求快乐的感觉和减少压力而重复用药的强烈欲望。

成瘾　对药物产生的物理或心理依赖，或两者兼而有之。

对下列事项回答是或否

是	否	
☐	☐	因为药物使用，我已经陷入了麻烦。
☐	☐	使用酒精或其他药物使我的大学生活总是不快乐。
☐	☐	饮酒或服用其他药物是我失去工作的一个原因。
☐	☐	饮酒或服用其他药物干扰了我复习考试。
☐	☐	饮酒或吸毒严重影响了我的学业成绩。
☐	☐	自从我喝酒或吸毒以来，我的抱负水平降低了。
☐	☐	酗酒或吸毒使我难以入睡。
☐	☐	酗酒或吸毒后我感到非常懊悔。
☐	☐	在一天的某个特定时间里，我会非常渴望饮酒或服用其他药物。
☐	☐	我想要在早上饮酒或服用其他药物。
☐	☐	我曾因饮酒或使用其他药物而失去所有或部分记忆。
☐	☐	饮酒或使用其他药物影响了我的声誉。
☐	☐	因为喝酒或吸毒，我一直待在医院或类似机构中。

以上项目是罗格斯大学药物滥用筛选测验，在这些项目上回答是的大学生更可能是药物滥用者。如果在13项筛选测验中，你只有1个题目的答案是"是"，那你可以考虑去大学健康或咨询中心进行进一步筛选。

图4.9 你滥用药物了吗? 做一下这个简短的小测验，看看你对毒品和酒精的使用状况是否值得关注。

镇静剂 减缓心理和生理活动的精神药物。

❝ 有时，朋友认为某个严重醉酒的人只是需要'睡一觉'。然而，因醉酒而昏迷是酒精中毒的表现。致电911。

这就解释了为什么在这个人的生活中，如何得到下一杯酒比其他任何事情都重要。❞

精神药物的类型

精神药物主要分为三种：镇静剂、兴奋剂和迷幻剂。这三种药物都有可能引起健康问题，或行为问题，或两者都有。要评估你是否滥用药物，可参见图4.9。

镇静剂 **镇静剂**是减缓心理和生理活动的精神药物。使用最广泛的抑制剂包括酒精、巴比妥类药物、止痛药和麻醉剂。

酒精 酒精是一种强效药物。它能够作为镇静剂作用于身体，并减慢大脑的活动（Hales，2011）。其效果令人惊讶，因为人们往往在喝了几杯酒后就开始交谈、跳舞和社交。人在喝了几杯酒后会"放松"，是因为大脑中有关抑制和判断的区域活动会慢下来。当人们喝了更多的酒后，其抑制能力会进一步降低，判断能力也会变得越来越受影响。个体越来越难以进行需要认知功能和运动技能的活动，如开车。最终，饮酒者会睡着。如果中毒很深的话，人可能昏迷和死亡。图4.10说明了酒精对身体的主要影响。

酒精对人的影响因人而异。个体因素包括体重、摄入的酒精含量、身体代谢酒精的个体差异、个体是否具有耐受性（Sparling &Redican，2012）。酒精对男性和女性的影响也不同。由于男女体内的脂肪和胃酶存在差异，酒精对女性的影响可能甚于男性。

酒精是如何影响大脑的呢? 与其他精神药物一样，酒精也会进入到腹侧被盖区（VTA）和伏隔核（NAC）中（Hopf & others，2010）。酒精也会增加神经递质 γ-氨基丁酸（GABA）的浓度，进入多个脑区，包括大脑皮层、小脑、海马、杏仁核和伏隔（Tateno & Robinson，2011）。研究人员认为，额叶皮层能够记住之前喝酒时产生的快乐感觉，并且使个体想要继续饮酒。酒精摄入量也会影响到额叶皮层区域中的判断和冲动控制功能（Bouchard，Brown，& Nadeau，2012）。进一步研究认为，控制强迫行为的脑区——基底节会导致个体不断增加酒精的摄入，而不计原因和后果（Brink，2001）。

在美国，除了咖啡因，酒精是使用最广泛的药物。多达2/3的美国成年人至少偶尔会喝啤酒、葡萄酒或白酒。一项调查显示，大约有30%的人在过去的一年中至少有过一次喝五杯酒的经历（国家卫生统计中心，2005）。经常饮酒与一些严重的问题有关，如醉酒驾车导致的死亡和受伤（Levinthal，2010；国家公路交通安全管理局，2007）。研究还发现了饮酒与暴力和攻击行为之间的联系（Gallagher & Parrott，2010）。超过60%的凶杀案中的罪犯或受害者都曾饮酒，而65%对女性实施性犯罪的罪犯都曾摄入酒精。

值得特别关注的一个问题就是美国中学生和大学生的高饮酒率（Chen & Jacobson，2012；Chung & others，

视力模糊
言语受损
感觉和知觉能力减弱
抑制、判断和智力功能受损

运动协调能力和反射能力受损；
平衡能力受到破坏

流向皮肤的血流量增加，引
起身体热量的降低，出现脸
红和出汗现象

心率和血压升高

肝脏每小时分解0.5~1
盎司的酒精

酒精流入胃和小肠中；胃中过量
的酒精会引起呕吐

肾脏中的尿量增加；身体排除
的尿量比平时更多

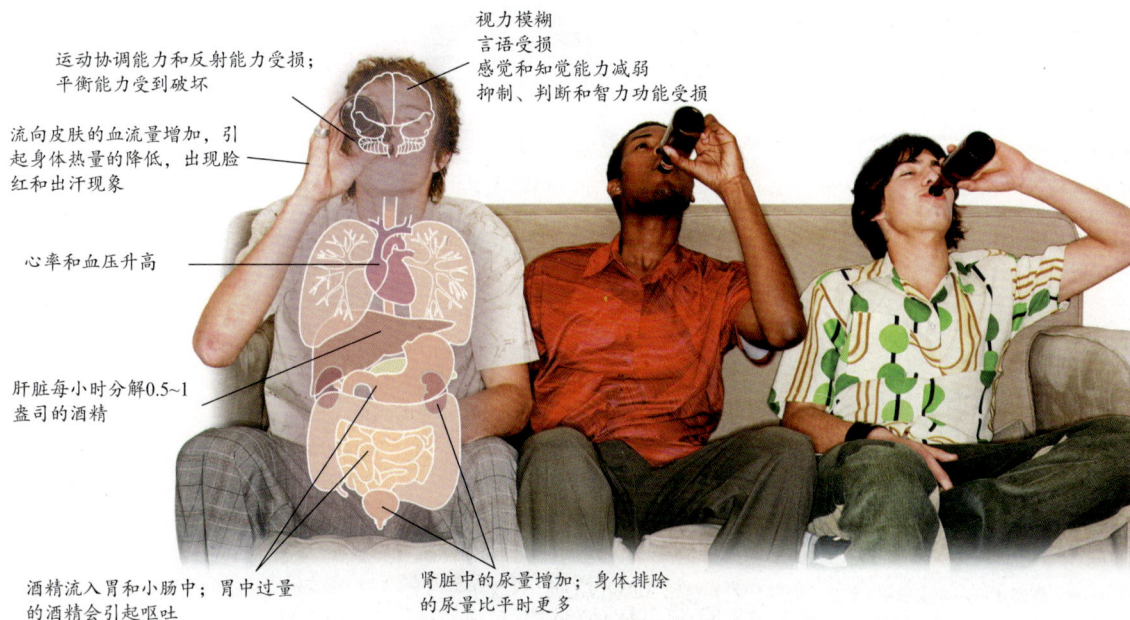

图 4.10 酒精对生理和行为的影响 酒精对身体有很大的影响。它的影响范围包括从神经系统、循环系统、消化系统到感觉、知觉、运动协调和智力功能的各个方面。

2012）。在"监测未来"的调查中，2011年，40%的高中生报告自己在过去的30天内喝过酒（Johnston & others，2012）。好消息是：这一比例（40%）与1991年的54%相比，呈下降趋势。在最近的调查中，25%接受调查的高中生报告自己在前一个月至少有一次酗酒（一次喝5杯酒或更多），这一比例与1997年的34%相比，呈下降趋势。

在大学的前两年中，酗酒往往呈上升趋势，如图4.11所示，这种行为对学生有一定的危害（Littlefield & Sher，2010）。"检测未来"关于大学生的调查中发现，41%的大学生在过去两周的时间内有过疯狂的酗酒经历（49%的男性，33%的女性）（Johnston & others，2008）。在一项有关大学校园饮酒模式的全国性调查中，将近一半的疯狂酗酒者报告说自己遇到了很多问题，如缺课、受伤、被警察传讯和不安全的性行为（Wechsler & others，2000，2002）。与不酗酒的大学生相比，酗酒的大学生学业落后的可能性高出11倍，酒后驾驶的可能性多出10倍，在不安全的性行为上也多出2倍。然而，许多成年初期的个体在承担成人责任，如稳定的工作、婚姻或同居、做父母之后，会减少饮酒量（Chen & Jacobson，2012）。

酗酒是一种长期、反复、无法控制、强迫性的过度使用酒精饮料的障碍，会损害饮酒者的健康和社会关系。在美国大约有1800万酗酒者（MedlinePlus，2012）。一项纵向研究发现了早期的偶尔饮酒与后期的酗酒行为之间的联系（Hingson，Heeren，& Winter，2006）。在14岁之前开始饮酒的个体比在21岁及以上开始饮酒的个体更有可能形成酒精依赖。

体验一下：
醉酒与青少年大脑

酗酒 是一种长期、反复、无法控制的、强迫性的过度使用酒精饮料的障碍，会损害饮酒者的健康和社会关系。

频繁酗酒者的麻烦……

对自己[1]

存在下列问题的被访者中，酗酒者所占的比例：

迟到	61
忘记自己在哪儿或做过什么	54
进行无计划的性行为	41
受伤	23
进行没有安全措施的性行为	22
财产受损	22
与学校或当地警察发生冲突	11
一个学年中出现5次或更多与酗酒有关的问题	47

1 经常酗酒的定义是一次至少喝4、5杯酒；饮酒是指一次至少喝3杯酒；偶尔饮酒是指在过去两个星期内至少喝过3次酒。

对他人[2]

受访者中，曾受到饮酒者影响的个体的百分比

学习或睡眠受到干扰	68
不得不照顾醉酒的学生	54
被侮辱或羞辱	34
经历讨厌的性挑逗	26
有过严重的争吵	20
有过财产损失	15
被推搡或攻击	13
有过至少一项上述问题	87

2 这些数据来源于酗酒者至少占50%的大学生群体

图4.11 疯狂酗酒的后果 疯狂酗酒有很多的消极后果。

九分之一的饮酒者会逐渐进入酗酒者的行列之中。这一比例似乎与实际情况不完全一致；家庭研究发现，酗酒者的近亲亲属中出现酗酒者的比例更高（Buscemi & Turchi，2011；Sintov & others，2010）。一个可能的解释是，这些个体天生就易成为酗酒者，其大脑中可能无法产生足够的多巴胺，这是一种能使我们感到快乐的神经递质（Landgren & others，2011）。对这些人来说，酒精会提高多巴胺的浓度并且产生快乐的感觉，当其浓度到达一个点时，个体就会上瘾（Meyer，Meshul，& Phillips，2009）。

与其他心理特征一样，酗酒并非完全由遗传决定，后天的经验也很重要。确实，研究表明，后天经验在酗酒中扮演了角色（Kendler，Gardner，& Dick，2011）。许多酗酒者的近亲中并没有酗酒者（Duncan & others，2006），研究发现指向了环境的作用。

怎样才能停止酗酒？大约三分之一的酗酒者无论是否进行干预治疗，都能恢复正常。这一发现来自于一个关于700人的长期研究（Vaillant，2003）。George Vaillan对一些被试进行了为期60年的追踪研究，他发现了一个所谓的酗酒者三分之一规则：到65岁时，三分之一的被试已经死亡或身体糟糕透顶；三分之一的人仍在对抗酒瘾；三分之一的人已经戒酒或只是在社交时偶尔饮酒。Vaillant发现，以下因素能够预测个体的戒酒行为：（1）有强烈的负性饮酒经验，如严重的医疗急救；（2）找到一种替代性的依赖，比如冥想、运动或暴饮暴食（这一种对健康也有不良影响）；（3）发展一种新的、积极的人际关系；（4）加入支持小组，如嗜酒者互诫协会。

> 66 生存技巧：不要把处方药分给别人使用。不使用别人的处方药。不一起使用酒精和处方药。99

巴比妥酸盐　**巴比妥酸盐**，如戊巴比妥钠和速可眠，是镇静药物，能降低中枢神经系统的活动。医生曾将巴比妥酸盐广泛用作有助于睡眠的处方药。然而，过大的剂量会导致记忆受损和决策困难。在与酒精结合使用时（例如，在晚上酗酒之后服用安眠药），巴比妥酸盐可能有致命的危险。单纯服用大剂量的巴比妥酸盐也会导致死亡。因此，很多有自杀企图的个体会服用大剂量的巴比妥酸盐药物。此外，突然停止使用巴比妥酸盐还会引起癫痫发作。由于可能导致成瘾和容易过度使用，在失眠的治疗中，巴比妥酸盐在很大程度上已经被镇静剂所取代。

镇静剂　镇静剂是有镇静作用的药物，如安定、阿普唑仑，能降低焦虑、使人放松。小剂量的镇静剂可以使个体产生平静的感觉，但大剂量服用会导致嗜睡和混沌状态。而且，如果在几周内连续服用，个体还会对镇静剂产生耐受性，由此对这些药物上瘾。在美国，镇静剂被广泛用于焦虑个体的安抚治疗中，然而，在停止使用镇静剂时，个体会出现戒断症状。2008年，药物处方镇静剂作为致命毒药的一部分，结束了演员Heath Ledger的生命，他是蝙蝠侠系列电影《黑暗骑士》中小丑的扮演者。

麻醉剂　毒品或**麻醉剂**，包括鸦片及其衍生物，能抑制中枢神经系统的活动。这些药物是强效的止痛药。最常见的鸦片药物是吗啡和海洛因，能影响大脑中以内啡肽为神经递质的神经元突触。当这些药物离开大脑后，被影响的突触会变得对刺激不敏感。服用麻醉剂数小时后，人会感到愉悦、并且没有任何痛苦，同时会增加对食物和性的欲望。麻醉剂是很容易上瘾的一种药物，使用者在没有及时使用药物时，会表现出极大的渴求和痛苦。

麻醉剂成瘾还可能增加感染艾滋病毒的风险。大多数海洛因成瘾者都会使用静脉注射毒品。如果共同使用未消毒的针头，被艾滋病毒感染的瘾君子就可能会成为艾滋病毒的传播者。

兴奋剂　**兴奋剂**是能增强中枢神经系统活动的精神药物。最广泛使用的兴奋剂包括咖啡因、尼古丁、安非他命和可卡因。

咖啡因　虽然通常不被视为药物，但是咖啡因却是世界上使用最为广泛的精神药物。咖啡因是一种兴奋剂，是制作咖啡、茶、可乐饮料等植物的天然成分。巧克力、很多非处方药物、能量饮料（如红牛等）也含有咖啡因。人们通常认为咖啡因的兴奋效果有利于提高能量和警觉性，但实际上，咖啡因也会产生不好的副作用。

过度服用咖啡因会导致咖啡碱中毒，其特点是情绪多变、焦虑和入睡困难。一天喝5杯或更多杯咖啡（至少500毫克）的人通常会出现咖啡碱中毒。常见的症状是失眠、易怒、头痛、耳鸣、口干、血压升高和消化问题（Hogan，Hornick，& Bouchoux，2002）。

咖啡因会影响大脑的愉悦中心，所以难以戒除咖啡因这一习惯并不奇怪。当经常食用咖啡因饮料的个体不再服用咖啡因时，通常会出现头痛、嗜睡、情感淡漠和注意力困难等问题。这些戒断症状通常比较轻微，几天后就能消退。

尼古丁　尼古丁是烟草和无烟烟草的主要精神药物成分。即使所有的媒体都在宣传烟

巴比妥酸盐　镇静药物，如戊巴比妥钠和速可眠，能降低中枢神经系统的活动。

麻醉剂　包括鸦片及其衍生物；是能抑制中枢神经系统活动的麻醉药物。

兴奋剂　精神药物，包括咖啡因、尼古丁、安非他命和可卡因，能增强中枢神经系统的活动。

试一试！

关注生活中的咖啡因。看看你最喜欢的饮料、零食和止痛药的成分列表。哪些含有咖啡因？你甚至不知道自己每天摄入了多少的咖啡因，这真让人惊讶！

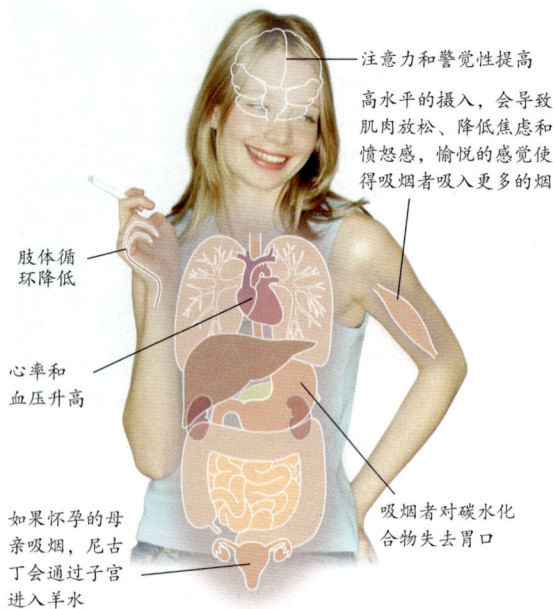

注意力和警觉性提高

高水平的摄入，会导致肌肉放松、降低焦虑和愤怒感，愉悦的感觉使得吸烟者吸入更多的烟

肢体循环降低

心率和血压升高

如果怀孕的母亲吸烟，尼古丁会通过子宫进入羊水

吸烟者对碳水化合物失去胃口

图4.12　尼古丁对生理和行为的影响　吸烟对生理和行为都有很大的影响。尼古丁能给吸烟者带来愉快的感觉，非常容易上瘾，这些因素使得吸烟者想要吸更多的烟。然而，吸烟对个体的健康非常不利。

草所带来的巨大的健康风险，我们有时还是会忽视尼古丁的严重成瘾性。尼古丁通过提高多巴胺的水平刺激大脑的奖赏中心。尼古丁对行为的影响包括提高注意力和警觉性、减少愤怒和焦虑、缓解疼痛（Knott & others，2006）。图4.12展示了尼古丁对生理的主要影响。

长期和每天服用尼古丁，会引发对尼古丁的耐受性，所以在一天之中的晚些时候抽烟比早些时候抽烟的影响要小。尼古丁的戒断经常会迅速地产生强烈的不愉快反应，如易怒、极度渴求、无法集中注意力、睡眠障碍、食欲增加等。戒断症状可能会持续数月或更长的时间。

烟草对公众健康构成的威胁比非法毒品更大。根据疾病控制和预防中心（2011）的数据显示，美国每五例死亡中就有一人死于烟草，总数比死于艾滋病、酒精、机动车辆、杀人、非法药物和自杀的人数总和都要多。当今，全球大约有10亿吸烟者，估计到2030年，还将再有10亿青年人开始抽烟（联合国世界青年报告，2005）。在世界范围内，大约25%的吸烟者处于15 ～ 65岁之间（联合国世界青年报告，2011）。2010年，美国大约有4660万成人吸烟者（疾病控制和预防中心，2011）。

青少年和大学生中的吸烟人数在逐渐减少。由美国社会研究所实施的"监测未来"的全国性调查发现，目前，美国青少年吸烟者的比例在2011年中持续下降（Johnston & others，2012）。1996年和1997年的吸烟人数达到顶峰，然后在1998年到2011年间，降低了13%到18%（图4.13）。

美国青少年吸烟人数的降低可能有几个原因，包括香烟价格高、青少年更少接触到烟草广告、更多的反吸烟广告，以及更多有关烟草行业的负面宣传。越来越多的青少年认为吸烟危险、反对吸烟、不太喜欢周围都是吸烟者、更喜欢禁烟日（Johnston & others，2012）。吸烟数据显示，与青少年和成人相比，大学生和年轻成人的吸烟人数下降比例较少（Johnston & others，2012）。

总之，吸烟似乎总体上呈下降趋势。大多数吸烟者都意识到了吸烟所带来的严重健康风险，并希望自

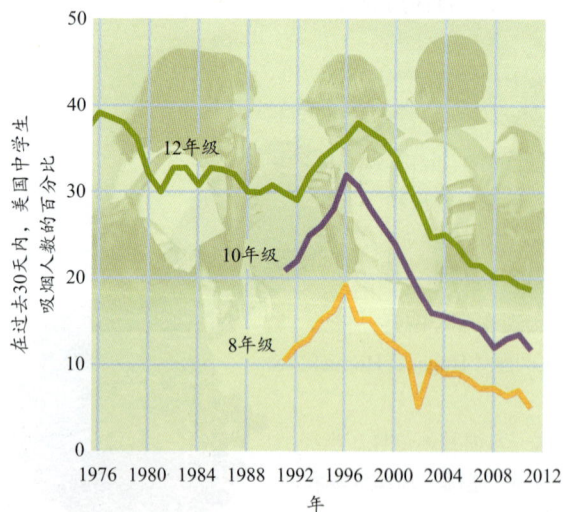

图4.13　美国中学生吸烟人数的走势图　幸运的是，美国高中生中的吸烟者人数呈下降趋势。

已可以戒烟。第14章将探讨戒烟的困难和戒烟策略。

安非他命 是提升能量、保持清醒或促使减肥的兴奋剂。安非他命通常作为减肥的处方药，这些药物能促进多巴胺的释放，提高个体的活动水平和愉悦性。

当代社会最可怕的非法毒品就是冰毒，或称晶体状甲基苯丙胺。吸食、注射或吞食的冰毒（也称为"克兰克"或"蒂娜"）是一种合成兴奋剂，它能使人产生强大的兴奋感，尤其是第一次摄入时。蓄电池酸液、感冒药、下水道清洁剂、猫沙等家居用品都能制作冰毒，其影响是毁灭性的，特别是在美国的农村地区。

冰毒能够在大脑中释放大量的多巴胺，使人产生强烈的快感。这种毒品极易上瘾。极高纯度的冰毒会产生强烈的"病态"感觉和对毒品的极度渴望。冰毒也损害多巴胺受体，因此如果一个人一直吸食高纯度的冰毒，那他/她的大脑将不再产生多巴胺。由于个体一旦开始吸食冰毒，就会导致灾难性的后果，所以药品管制局针对青少年设计了一个网站www.justthinktwice.com，用来宣传冰毒和其他非法药物的可怕影响。

> 说真的，不要尝试——哪怕一次也不行。

可卡因 可卡因是一种提取自古柯植物的非法毒品，原产于玻利维亚和秘鲁。使用者通过吸食或注射的形式使用可卡因的晶体或粉末。通过这种方式，可卡因在血液里迅速流动，产生持续15到30分钟的愉悦感。因为可卡因快速耗尽了大脑中神经递质多巴胺、血清素和去甲肾上腺素的供给，因此在药效作用结束后，个体通常会出现不安、抑郁等情绪。图4.14显示了可卡因是如何影响大脑中多巴胺水平的。

高纯度可卡因是可卡因的一种特殊形式，通常包括可吸食的纯可卡因片。科学家认为，高纯度可卡因是已知的最易上瘾的物质之一。治疗可卡因成瘾非常困难（Ahmadi & others，2009）。可卡因成瘾性极强，以至于即便经过6个月的治疗后，仍有超过50%的吸毒者重新开始吸毒，这一统计数据也说明了预防的重要性。

二亚甲基双氧苯丙胺（摇头丸） 摇头丸又称迷魂药、X或三氯代二甲苯，是一种既能使人产生兴奋又有致幻性的非法合成药物。人们将摇头丸称为"神入感激发剂"，因为在其影响下，食用者与他人在一起时感到更温暖。二亚甲基双氧苯丙胺通过释放5-羟色胺、多巴胺和去甲肾上腺素而发挥作用。该药物对5-羟色胺的影响尤其大。摇头丸会耗尽这种重要的大脑神经递质，个体在使用几天后，仍感觉精神萎靡（美国国家药物滥用研究所，2009）。

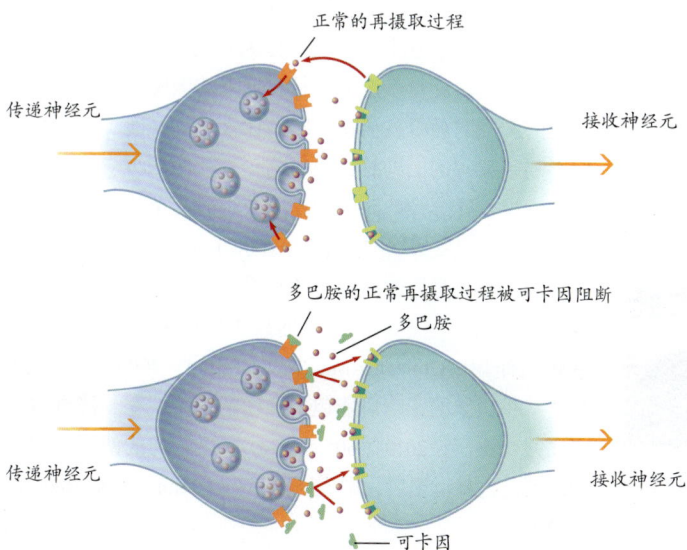

图4.14 可卡因和神经递质 可卡因集中在富含多巴胺突触多的大脑区域，例如腹侧被盖区（VTA）和伏隔核（NAC）中。（上图）正常的再摄取过程。传递神经元释放多巴胺，通过与受体部位的连接，刺激接收神经元。在建立连接后，多巴胺重新被带回到传递神经元，等待下一次的释放。（下图）可卡因进入突触后。可卡因与吸收泵建立连接，使得多巴胺无法传递。结果，多巴胺在突触部位聚集，多巴胺受体被激活。

摇头丸会损害记忆力和认知加工过程。重度摇头丸使用者会表现出认知障碍，甚至在戒掉之后的两年时间里仍然存在（Rogers & others，2009；Ward，Hall，& Haslam，2006）。此外，由于摇头丸损害释放血清素的轴突，因而重复使用可能导致抑郁症易感性（Cowan，Roberts，& Joers，2008）。

致幻剂　**致幻剂**是一种精神药物，能改变人的认知体验，并产生虚幻的视觉图像。致幻剂也称为迷幻剂（希腊语的意思是"揭秘心灵"）。大麻有轻度致幻效果；迷幻药（致幻药，LSD）的效果则更强。

> **致幻剂**　一种精神药物，能改变人的认知体验，并产生虚幻的视觉图像。

大麻　大麻由麻类植物大麻的干叶和干花制成，这种植物源于中亚，但现在在世界的大部分地区都有种植。这种植物的干树脂就是大麻。大麻的活性成分是四氢大麻酚（δ-9-四氢大麻酚）。与其他精神药物不同，四氢大麻酚并不影响某种神经递质。相反，大麻会破坏神经细胞膜，并影响各种神经递质和激素的功能。

大麻对身体的影响包括致使脉搏和血压上升、眼睛发红、咳嗽和口干。对心理的影响是同时引起兴奋、抑郁和轻度幻觉等多种感觉，所以很难对该药物进行分类。大麻能引起多种自发的不相关的想法；扭曲个体对时间和地点的看法；增加对声音、味道、气味和颜色的敏感性，并产生飘忽不定的言语行为。这种药物还可能影响注意力和记忆力。此外，如果每天大剂量地服用大麻，还能改变精子数和荷尔蒙周期（Close，Roberts，& Berger，1990）。此外，孕妇应避免使用大麻。最近的研究表明，母亲在怀孕期间使用大麻，会导致不良的分娩结果，即新生儿一出生就进入儿童重症监护室（Hayatbakhsh & others，2012），同样，怀孕母亲吸食大麻，也能预测其子女在6岁时出现低智商（Goldschmidt & others，2008）以及在14岁时吸食大麻的风险。

大麻是高中生使用最广泛的非法药物。在"监测未来"的调查中，46%的美国高中生报告说自己曾尝试过大麻，23%的高中生报告说自己曾在过去的30天内使用过大麻（Johnston & others，2012）。对青少年吸食大麻的另一种担忧就是，吸食大麻可能导致个体进一步地吸食其他更严重的非法药物。尽管吸食大麻和吸食其他毒品之间存在相关关系，但有关吸食大麻会导致吸食其他药物的研究结果尚未完全明确（Tarter & others，2006）。

迷幻药（麦角酸酰二乙氨）　一种迷幻剂，即使低剂量的服用也会引起感知觉的巨大变化。物体会改变形状和光泽，色彩变得千变万化且有惊人的图像展开。迷幻药引起的影像时而令人愉悦，时而让人感到怪诞。迷幻药还能影响吸食者的时间感，短暂的一瞥就像深沉、犀利、漫长的审视，几分钟的时间会变成数小时甚至几天。更坏的结果可能会引发极端的焦虑、偏执、自杀或杀人的冲动。

现在，医用大麻在 17 个州和哥伦比亚特区是合法的。2009 年，司法部长 Eric Holder 宣布，除非企业违反了联邦政府和州政府的法律，否则不再对医用大麻生产机构进行突袭检查。

迷幻药对身体的影响包括头晕、恶心和战栗。虽然也影响多巴胺，但迷幻药主要通过大脑中的神经递质5-羟色胺起作用（Gonzalez-Maeso & Sealfon，2009）。迷幻药对情感和认知的影响可能包括快速的情绪波动、注意力和记忆力受损。在20世纪60、70年代，迷幻药的使用达到高峰，而进入21世纪后，则呈下降趋势（Johnston & others，2012）。

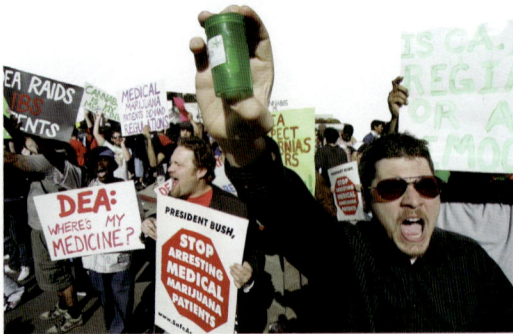

我们上述提到的一些精神药物也可用于医疗目的。因此，对于是否将毒品合法化，如将大麻用于医疗目的，一直是公众的争论所在。关于医用大麻的争论也引发了有关非法毒品合法化可能性的争议。20世纪70年代末，这一问题变得更为突出，由于大麻可以降低眼压（美国眼科学会，2003），因此在治疗青光眼（眼球内的流体压力异常增高）时可使用大麻。

最近，研究者发现，大麻对于艾滋病、癌症及这些疾病有潜在的治疗效果。对于这些个体而言，医用大麻能够促进胃口、降低焦虑、引起愉悦感（Joy, Watson, & Benson, 1999）。目前，医用大麻在17个州中是合法的。图4.15对各种精神药物的作用进行了总结。

药物分类	医疗用途	短期影响	过量使用的影响	健康风险	生理/心理的风险
镇静剂 酒精	缓解疼痛	放松、减少大脑活动、行为减缓、抑制作用降低	定向障碍、失去意识，甚至因血液中酒精含量过高致死	事故、大脑损伤、肝病、心脏病、溃疡、出生缺陷	身体方面：中度 心理方面：中度
巴比妥酸盐	安眠药	放松、睡眠	呼吸困难、昏迷、死亡	事故、昏厥、死亡	生理和心理：从中度到重度
镇静	降低焦虑	放松、行为减缓	呼吸困难、昏迷、死亡	事故、昏厥、死亡	生理：低度到中度 心理：中度到重度
鸦片（毒品）	缓解疼痛	愉悦感、嗜睡、恶心	抽搐、昏迷、死亡	事故、传染艾滋病	生理：重度 心理：中度到重度
兴奋剂 安非他命	控制体重	提高警觉性、兴奋性，减少疲劳，易怒	极端易怒、受迫害感、抽搐	失眠、高血压、营养不良、死亡	生理：可能 心理：中度到重度
可卡因	局部麻醉	提高警觉性和兴奋性、愉悦感，降低疲劳，易怒	极端易怒、受迫害感、抽搐、心脏骤停、死亡	失眠、高血压、营养不良、死亡	生理：可能 心理：中度（口服）到重度（注射或吸食）
二亚甲基双氧苯丙胺（摇头丸）	没有	轻度兴奋和致幻；体温升高和脱水、愉悦感、需要社会关系	脑损伤，尤其是记忆和思维的损伤	心血管疾病、死亡	生理：可能 心理：重度
咖啡因	没有	警觉性、愉悦感之后是疲劳感	紧张、焦虑、睡眠障碍	可能出现心血管疾病	生理：中度 心理：中度
尼古丁	没有	兴奋、降低压力，之后是疲劳感和愤怒	紧张、睡眠障碍	癌症和心血管疾病	生理：重度 心理：重度
致幻剂 迷幻药	没有	强烈的幻觉、时间知觉扭曲	严重的心理困扰、失去现实感	事故	生理：无 心理：轻度
大麻	青光眼的治疗	愉悦感、放松、轻度幻觉、时间感扭曲、注意力和记忆力障碍	疲劳、迷失方向感	事故、呼吸道疾病	生理：非常轻 心理：中度

图4.15 精神药物的分类：镇静剂、兴奋剂和致幻剂 请注意，这些不同药物的效果和消极作用不同。

1. 总体来说，世界上使用最广泛的药物是下列哪一项：_____。

   A. 尼古丁　　　　　　B. 大麻

   C. 可卡因　　　　　　D. 咖啡因

2. 以前，Roger 只喝一两种酒就能感到很好，但现在，他需要喝四五种酒才能达到相同的效果，他正在经历：_____。

   A. 生理依赖　　　　　B. 心理依赖

   C. 戒断性症状　　　　D. 耐受性

3. 下列药物中哪一种不是镇静剂：_____。

   A. 尼古丁　　　　　　B. 酒精

   C. 巴比妥酸盐　　　　D. 鸦片

小应用！

4. 在高中时，Kareem 是明星学生，喝酒与他的学术抱负不相符。进入大学后，他开始饮酒，最后甚至每个周末都酗酒。他在课程学习上遇到很多的麻烦，成绩已经从大部分是 A 下降到大部分是 C，但除此之外，他觉得自己做得相当好。当朋友问起时，Kareem 说，"等出了大学校门，我一定会戒酒。此外，我的家人里没有一个酗酒者，所以我没有这方面的风险。"关于 Kareem 的想法，下面哪一个选项的描述最为准确？

A. Kareem 可能没有酗酒的风险，但他可能遇到与饮酒有关的问题，如酒后驾车

B. Kareem 只有在酒后驾驶时才会出现与饮酒有关的问题

C. Kareem 显然已经遇到与饮酒有关的问题了。尽管没有相关家史，但饮酒会增加其依赖酒精的风险。此外，如果 Kareem 酗酒，他会有死于酒精中毒的风险

D. Kareem 的饮酒状况似乎已经得到了控制，他没有酗酒的家族病史，并且直到大学才开始喝酒

4　催眠

　　53岁的Shelley Thomas进入伦敦医院，要接受30分钟的盆腔手术。在手术前，伴随着催眠师的指导，Shelley从100开始从后向前数数，之后，Shelley进入了催眠状态。她的手术是在无麻醉状态下进行的（Song，2006）。Shelley通过催眠，利用心灵的力量克服了痛苦。

　　你可能在电视或者夜店里看见过催眠师，他们使一个人进入催眠状态，使他/她做出的行为像一只鸡，或者假装成美国偶像的选手，抑或是做出一些类似的奇怪的行为。当看到有人这样恍惚时，我们可能会相信催眠确实拥有操控他人意识的强大功能。什么是催眠？这是真的吗？这一问题的答案本身就是争论的根源。

　　一些心理学家认为催眠是一种异常意识状态，而另一些人则认为这就是一些普通的心理过程的结果，如注意力集中和期待就可能导致催眠（Kirsch，2011；Lynn & Green，2011）。事实上，这两种观点都是合理的，我们可以把**催眠**定义为是一种异常意识状态或是在特定的暗示下，个体的注意力和期望发生改变的心理状态。自从有文字记载的历史开始，在一些与宗教仪式、巫术和超自然有关的事情中，人类就已经使用简单的催眠技术。

　　今天，尽管研究人员仍在研究催眠的机制，但心理学和医学都已经将催眠视为正常的过程。此外，对于催眠是否属于异常意识状态，仍有很多争议（Lynn & Green，2011）。

> **催眠**　一种异常状态意识或是在特定的暗示下，个体的注意力和期望发生改变的心理状态。

催眠的本质

当Shelley Thomas处于催眠状态中时，她的大脑和思维在做什么呢？催眠状态时的大脑活动模式表明，催眠所产生的意识状态与其他意识状态非常相似。例如，对处于催眠状态下的个体进行脑电图监测，发现其大脑中主要是 α 和 β 波，这是个体在放松的清醒状态下特有的特征（Williams & Gruzelier，2001）。在脑成像研究中，包括枕叶、顶叶、感觉运动皮层和前额皮质在内的很多大脑皮层区域，在催眠状态时都会被激活（Faymonville，Boly，& Laureys，2006）。在非催眠的清醒状态下，个体进行心理意象时也会有类似的激活模式。那么，催眠师该如何引导人们进入到放松和意象的状态中去呢？

催眠的四个步骤　催眠包括四个步骤。催眠师会：

1. 最大限度地减少干扰，并使个体在催眠中感觉很舒适。
2. 告诉个体专注于特定的事情，如一个想象的场景或手表的滴答声。
3. 告诉人在催眠状态下会发生什么，比如放松或愉快的飘浮感。
4. 暗示个体特定事件或感觉即将出现，或是即将观察到某些事情，如"你的眼睛感到疲倦。"当暗示效应出现时，被催眠者会认为催眠师的暗示正在起作用，并知道有些事情即将发生。个体对催眠师能引起某事发生的预期越来越强烈，这使得个体更容易被暗示。

催眠中的个体差异　有些人比其他人更容易被催眠，有些人更容易受到催眠暗示的影响。催眠易受性是指个体被催眠时，其行为反应发生改变的程度（Milling & others，2010；Raz & others，2010）。要想了解个体是否易于被催眠，可以通过下面的简单方法来判断一下。如果你能够让自己沉浸在一个想象的世界中——如你喜欢的音乐或爱读的小说中，就说明你可能比较容易被催眠（Spiegel，2010）。然而，能否全身心地投入到某项活动中与个体催眠易受性之间的关系是比较微弱的（Nash，2001）。

你的眼睛变得越来越沉，越来越沉……

噢！不用那么沉！

经 CartoonStock，授权许可使用 www.Cartoon Stock.com.

对催眠的解释

催眠的效果如何？当代理论家们的争论分歧在于催眠是一种分裂的意识状态还是一种可以学会的简单的社会行为。

分裂的意识状态　Ernest Hilgard（1977，1992）在其**催眠的意识分裂理论**中指出，催眠是一种特殊的意识分裂状态，意识分裂为两个独立的部分。一部分意识遵循催眠师的指令，而另一部分意识则扮演"隐藏的观察者"的角色。

Hilgard将被催眠者的一只手放进一桶冰冷的水中，并告诉他们不会感到痛苦，但被催眠者大脑中隐藏的那部分会意识到实际所发生的事情，并通过另外一只手按压按键来发送疼痛信号（图4.16）。被催眠后的个体报告说自己并没有感受到任何的痛苦，然而，他们另外一只未进入冰水中的手却通过按键来表达这种痛苦，手放进冰水里的时间越长，他们按键的次数就越多。因此，Hilgard认为，在催眠过程中，意识中有一个隐藏的部分在与现实保持联系，并能够感觉到疼痛，但意识的另一部分则感觉不到痛苦。

> **催眠的意识分裂理论**　Hilgard的观点认为：催眠是一种特殊的意识分裂状态，意识分裂为两个独立的部分。一部分意识遵循催眠师的指令，而另一部分意识则扮演"隐藏的观察者"的角色。

针对Hilgard观点的批评者指出，隐藏的观察者只能表明被催眠者并不是处于异常意识状态之中。从这个角度来看，隐藏的观察者只是个体本人，个体承认自己感觉到的痛苦（Green & others）。这种说法是催眠的社会认知行为观。

社会认知行为　一些专家对催眠是一种异常状态意识持怀疑态度（Chaves，2000；Lynn & Green，2011）。在**催眠的社会认知行为观点**里，催眠是一种正常状态，被催眠者所表现出的行为，就是其认为被催眠的个体应该表现出的行为。社会认知视角关注催眠的认知因素和催眠发生时的强大社会环境，其中认知因素包括态度、期望和合格催眠被试的信念（Lynn and Green，2011）。被催眠者将自己交到催眠师手中，遵循催眠师的暗示，并预期催眠应表现出的样子。

专家们仍在继续探讨催眠是一种异常状态意识（Kihlstrom，2005）还是一种对特殊社会情境的反应（Lynn & Green，2011）。尽管对于"催眠是什么"这一问题仍未达成共识，但医疗健康专家已经开始将这项强大的技术应用到一系列问题的解决之中。

催眠的应用

随着心理学家对意识研究的兴趣的逐渐增加，催眠逐渐成为一个有用的工具（Nash & others，2009）。一些研究者采用一种类似于经颅磁刺激的方法（第3章中描述）进行催眠，以通过实验的方法抑制大脑的加工（Cox & Bryant，2008）。催眠与脑成像技术的结合，使得研究人员能够理解催眠的作用和大脑的功能（Oakley & Halligan，2011）。

除了应用于基础研究外，催眠还应用于其他一系列问题的解决之中。在美国，医生使用催眠技术治疗酒精中毒、梦游症、抑郁症、自杀倾向、创伤后应激障碍（见12章）、偏头痛、糖尿病、吸烟和暴饮暴食（Hammond，2010；Lynn & others，2010）。然而，催眠在这些实际工作中是否真正起作用，仍存有争议（D. Brown，2007）。除非个体有改变的动机，否则以催眠为基础的治疗方案很少能达到显著的结果。催眠只有在与心理治疗结合使用时才最有效（Rossi，2009）。

长期的研究和实践的结果已经清楚地表明，催眠可以减少痛苦体验（Gottsegen，2011；Jensen，2009；Lew & others，2011）。在一项意在改变被催眠者疼痛阈值的研究中，研究者考察了被催眠者的疼痛知觉。在研究中，研究者在被试接受疼痛的电击时（在1至10的量表中评分为8分或更高），对其大脑进行监测（Schulz-Stubner & others，2004）。结果发现，被催眠者感受到的疼痛感越少，他们对电击的评分就越低（评分为3分或更低）。此外，脑扫描的结果最有趣：被催眠患者与未被催眠患者的皮层下脑区（脑干和中脑）的反应是一样的，这就表明这些大脑结构是能够觉察到疼痛刺激的。然而，被催眠患者的感觉皮层没有被激活，这个迹象表明，虽然他们在某种程度上能感觉到疼痛，但却从未意识到这种疼痛感的存在。从本质上讲，"哎哟"信号并没有进入到意识之中。

总之，虽然催眠的本质仍然是一个谜，但越来越多的证据表明，催眠在各种健康情境中都能发挥作用，催眠以一种神奇的方式影响着大脑（Raz，2011）。对心理学家而言，催眠定义的模糊性，是由于这一现象只能在

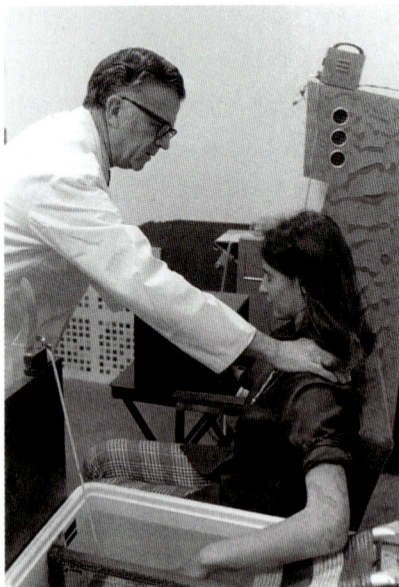

图4.16　Hilgard 的意识分离实验　Ernest Hilgard 在研究中对被试进行测试，他将被试的一只胳膊放进冰冷的水里。

催眠的社会认知行为观点　这种观点认为，催眠是一种正常状态，被催眠者所表现出的行为，就是其认为被催眠的个体应该表现出的行为。

特定社会情境中加以研究，催眠师也是该情境的一部分。然而，在这些特定情境之外，我们也有可能体验到异常意识状态，我们稍后对这一现象进行介绍。

自我测试

1. 被催眠者的脑电波呈现为下列哪一种类型的波：_____。
   A. α波   B. δ波   C. γ波   D. θ波
2. 催眠的意识分裂理论得到了下列哪些证据的支持：_____。
   A. 催眠能阻断感觉输入
   B. 催眠能够影响有意行为，但不能影响不随意行为
   C. 被催眠者似乎经常扮演"合格被催眠者"的角色
   D. 被催眠者虽然没要体验到情绪上的痛苦，但能够觉察到疼痛的知觉
3. 催眠治疗往往与下列哪一项结合进行，效果最好：_____。
   A. 日常冥想   B. 体育锻炼
   C. 瑜伽   D. 心理治疗

小应用!

4. Ryan 和朋友们参加了催眠师 Chorizo 的一场表演。Chorizo 邀请志愿者们感受一下催眠，他选择了最先举手的五个人。他将这五个人带入到催眠状态之中，并在几分钟内，让他们如同煎培根片那样，躺在舞台上。当一切结束时，Ryan 的朋友说，Chorizo 肯定有惊人的力量："那家伙能让一个人做任何事！"Ryan 正在研究催眠心理，他所提出的有关 Chorizo 的行为描述，下面哪个选项最为正确？
   A. 只要 Chorizo 按本书中所描述的催眠步骤进行，他就可能产生惊人的力量
   B. 在进行评判之前，Ryan 需要看一下 Chorizo 的培训和资格证书
   C. Chorizo 选前五名志愿者，很可能这些人被催眠的动机非常强烈、易受影响，并相信催眠。所以没有办法衡量 Chorizo 是否能影响到其他的人
   D. 所有人的催眠易受性都类似，所以如果 Chorizo 能让这五个人做出像煎培根片一样的行为，那他也可能让人们做出任何事

5　冥想

　　催眠需要有力的社会情境，但没有催眠师的帮助，个体仍然能够利用意识的力量，这就是冥想。**冥想**是指达到一种思想不被忧虑侵扰的宁静状态；冥想者用心地进入到自己的想法和感受中，但不被这些想法和感受所影响。下面，我们会介绍冥想如何提升幸福感，并进一步了解什么是冥想。

> **冥想**　达到一种思想不被忧虑侵扰的宁静状态；冥想者用心地进入到自己的想法和感受中，但不被这些想法和感受所影响。

正念冥想

　　加拿大妇女Melissa Munroe被诊断出患有霍奇金淋巴瘤（一种免疫系统癌症），备受病痛折磨。为了应对这种痛苦，Munroe报名了冥想课程。起先，她对此是持怀疑态度的。"我从未意识到，人们能够在沉思之中到乡村、森林或是愉快的秋日里散步，这就是冥想的一种形式。"Munroe努力用冥想来控制自己的疼痛。有趣的是，她利用心灵力量克服痛苦的方法，是把思想集中在痛苦之上，而非避免痛苦。

　　冥想是瑜伽爱好者和佛教僧侣们不断练习的一种技巧，通过冥想，Munroe将注意力集中在痛苦上。这样做使她能够将疼痛与自己的情绪反应及癌症症状相分离。她逐渐认识到，身体的不适是可以忍受的。Munroe的成

工作中的冥想

　　越来越多的公司发现了给员工提供学习冥想机会的好处。苹果、雅虎和谷歌以及更多的传统组织，如德意志银行和麦肯锡，已经率先把冥想作为职工健康计划的主要产品。培训者帮助员工降低压力、提高专注力、理清思路、提高工作效率、改善沟通，并帮助员工平衡工作责任、家庭生活和个人兴趣之间的关系。

　　参与这样的项目可以显著地提高员工的身心健康，还有公司的利润。Andy Puddicombe，一位有着20多年冥想练习经验的前僧人写道，"与不断增加的健康投入相对应的，是丰厚的投资回报、缺勤率大幅度下降、生产率提高和员工的稳定性。其基础都是对冥想的投入。"（Puddicombe，2008）

功表明，和非冥想者可能认为的相反，冥想并非是逃避自己的思想。事实上，努力回避会使人远离冥想状态。Munroe形容自己的想法就像是来自于另一个方向的人们在街上大步地走向她，然后经过她。她解释说，"他们越来越近，然后与你擦肩而过。"

练习冥想的人中很多是禅僧，他们探寻心中存在的佛性。

　　Jon Kabat-Zinn（2006，2009）率先在医疗环境中使用冥想技术。Kabat-Zinn博士及其同事的研究表明，冥想对抑郁症、恐慌症、焦虑（Miller, Fletcher, & Kabat-Zinn, 1995）、慢性疼痛（Kabat-Zinn, Lipworth, & Burney, 1985）、压力和皮肤牛皮癣（Kabat-Zinn & others, 1998）等一系列问题可能都有益处。研究证明，冥想对这些问题的治疗效果是持久的。

　　正如第2章提到的，Richard Davidson及其同事（包括Jon Kabat-Zinn）发现，冥想会引起大脑和免疫系统的变化，这可能是其影响身心健康的原因（Davidson & others, 2003；Kabat-Zinn & Davidson, 2012）。研究者使用核磁共振成像技术对参加标准的八周冥想训练项目的个体大脑进行了研究。在训练项目之后与对照组的对比中发现，参加冥想项目的个体报告自己的焦虑减少，且负面情绪降低。此外，脑扫描结果显示，实验组被试的大脑左半球被激活。正如第2章所指出的，这种激活与幸福感有关。此外，冥想者对流感疫苗表现出更好的免疫系统反应（Davidson & others, 2003）。这些结果表明，我们的意识有助于提高心理和身体的健康（Davidson & Begley, 2012；Kabat-Zinn & Davidson, 2012）。

大脑的冥想状态

大脑冥想状态究竟是什么样的？作为一种生理状态，冥想状态类似于睡眠和觉醒状态，但又与两者截然不同。你可能曾经经历过被称为"睡前遐想"的状态，这是在入睡前所体验到的一种强烈的身体感觉——感觉一切事情都会解决。冥想就类似于这种轻松的感觉——感觉一切都好（Friedman，Myers，& Benson，1998）。

在一项有关坐禅者的研究中，研究人员考察了人们从正常的清醒状态进入到冥想状态的过程（Ritskes & others，2003）。实验者使用fMRI技术得到了被试进入冥想状态之前和之后的大脑图像。他们发现冥想状态的转换引起了基底神经节和前额叶皮质（在意识过程中经常被激活的区域）激活程度的初始增强。然而，有趣的是，他们还发现，这些初始激活会降低前扣带回的活动，这一大脑区域被认为与意志行为有关。这些结果似乎提供了一幅有关冥想的大脑生理画面，揭示了冥想的似是而非状态——为了不受思想的控制，而控制自己的想法。

开始冥想

你想体验冥想状态吗？如果想的话，你可以通过以下一些简单的指令进入冥想状态：

■ 找一个安静的地方和一张舒适的椅子。

■ 在椅子上坐直，下巴放松地搭在胸部上，把手臂放在膝盖上。闭上眼睛。

■ 现在专注于你的呼吸。每次吸气和呼气时，注意空气流经过身体的感觉，以及你的肺部充盈和排空的感觉。

■ 在几次呼吸之后，尝试在每次呼气时，自己反复默念一个词。比如念出单词"一"或是念一个你想要体验的某种情感的单词，比如：信任、爱、耐心和快乐。尝试几次，看看哪个词对你的效果最好。

■ 如果你发现自己的思想被打乱，使你不能再专注于呼吸，那就重新聚焦于你的呼吸，并在每次呼气时默念你选好的单词。

如果你坚持每天两次练习、每次练习10到15分钟，那么2个星期后，你就可以进入简短版本的练习了。例如，如果你注意到自己正想着某些令人紧张的事情或体验到有压力的情境，那么就在现场，进行几分钟的冥想。如果在公众场合，你不必闭上眼睛；只要将目光固定在附近的物体上，专注于你的呼吸，在每次呼气时都默念出那个词。

冥想是一种古老的练习。虽然并未明确提出，但一些宗教主张相关的冥想练习，如每日祈祷和平静地反思。这些练习包括拿着念珠祈祷，在佛教圣地诵经，或者与自然亲近。冥想状态显然有广泛的吸引力，并且有很多的好处（Kabat-Zinn & Davidson，2012；Sharma，Gupta，& Bijiani，2008）。有关冥想状态的研究表明，人类在几个世纪以来一直在运用这种积极的力量，这是有充分理由的。

自我测试

1. 睡前体验到的平静感和幸福感，同时伴随乐观的感觉，这种状态被称为：_____。

　A. 催眠　　　　　　　　B. 睡前遐想

　C. 冥想　　　　　　　　D. 正念

2. 下列哪一项关于正念冥想的说法是正确的：_____。

　A. 它能清除心中的所有思想

　B. 并没有证据表明正念冥想对疼痛管理是有效的

　C. 它增强了大脑右半球的激活

　D. 它将思想集中于特定的身体感觉上

3. 作为一种生理状态，冥想的特点类似于：_____。

　A. 睡眠与清醒　　　　　B. 睡眠与催眠

小应用！

4.Patricia 喜欢在公寓大楼旁边的河边散步，几乎每天都坚持。在散步的时候，她失去了时间意识，只是静静地思考着自己的生活经历，让情绪漫无边际地走着。有时，她会停下来盯着河看，她喜欢看河面上的光点闪耀。散完步后，她总是感到精神振作，又愿意去迎接生活中的各种挑战。一天，朋友在她散步时遇见她，就说到，"哎呀，对不起，我不想打断你的冥想。"Patricia 说："哦，我不是在冥想，我只是散步。"Patricia 说得对吗？

A. Patricia 是正确的。如果她不认为自己在冥想，那么她就不是冥想

B. Patricia 是正确的，因为她没有坐下来，并且她没有一遍又一遍地重复某句话

C. Patricia 是不正确的。她可能不知道，但她所做的就是冥想

D. Patricia 是不正确的。她在冥想，因为她处于催眠状态

总　结

❶ 意识的本质

意识是个体对外部事件和内部感觉的觉知，包括对自我的觉知及对个体经历的思考。大多数专家都认为，意识加工很可能分布在整个脑区中。联合区与前额叶皮层区在意识产生中扮演重要角色。

William James将心理描述为意识流。意识包括不同水平：高水平意识（控制加工过程和选择性注意）、低水平意识（自动加工和白日梦）、异常意识状态（由药物、创伤、疲劳等因素引起）、潜意识（清醒时的潜意识、睡眠和梦）和无意识（无意识思维）。

❷ 睡眠和梦

睡眠是一种身心的自然静息状态，是意识的可逆性丧失。调节每日睡眠/清醒周期的生物节奏就是昼夜节律。与生物钟保持同步的大脑结构就是视交叉上核，这是位于下丘脑中负责探测光线的结构。时差和轮班工作等事情可能会导致生物钟的不同步。重置生物钟时可以使用一些策略。

睡眠有助于身体的恢复、适应、成长和记忆。研究表明，在睡眠不足时，身体不能发挥最佳的功能。睡眠阶段伴随着大脑中大量的电生理变化，这可以通过脑电图进行测量。人类的一个睡眠周期包括四个非快速眼动睡眠阶段和一个快速眼动睡眠阶段。大部分的梦都发生在快速眼动睡眠阶段。一个睡眠周期包括五个阶段，大约持续90到100分钟，在一个夜里会重复几个周期。在夜晚即将结束时的快速眼动睡眠阶段持续的时间更长些。

睡眠阶段与不同模式的神经递质活动有关。在睡眠阶段一到阶段四中，神经递质5-羟色胺、去甲肾上腺素和乙酰胆碱的水平呈逐渐下降的趋势。阶段五中，随着网状结构引起乙酰胆碱水平的上升，个体开始进入快速眼动睡眠阶段。

睡眠对许多疾病和障碍都起重要作用。控制睡眠的神经元与免疫系统密切相关，当身体在对抗感染时，我们的细胞会释放一种物质使我们昏昏欲睡。抑郁症患者常有睡眠问题。

许多美国人患有长期的慢性睡眠障碍，这会损害个体正常的日常生活。一些相关的睡眠问题包括失眠、梦游、梦呓、噩梦、夜惊、嗜睡和睡眠呼吸暂停。

与主流的看法相反，大多数的梦既不奇怪，也不怪诞。弗洛伊德认为，梦表达了潜意识的愿望。梦的认知理论认为，如果用研究清醒状态时的认知概念来研究梦，那么我们就能更好地理解梦。根据激活整合

理论，当大脑皮质对大脑下半部活动的信号进行整合时，就会做梦。根据这一观点，在快速眼动睡眠过程中，乙酰胆碱水平上升，引起脑干中的神经活动，大脑皮层试图对这些神经活动进行解释，进而产生了梦。

❸ 精神药物

精神药物是指作用于神经系统，能改变意识、知觉和情绪的药物。人类被这些药物深深地吸引，因为这些药物有助于人们应对生活中的各种变化。

成瘾药物通过增加多巴胺的浓度来激活大脑的奖赏系统。奖赏通道位于腹侧被盖区（VTA）和伏隔核（NAC）中。精神药物滥用可导致耐受性、心理和身体依赖性及上瘾，其行为模式的特点是对于药物使用的强烈需求。

镇静剂是减缓心理和生理活动的精神药物。使用最广泛的镇静剂是酒精、巴比妥类药物、止痛药和麻醉剂。

酒精是除咖啡因外在美国使用最广泛的精神药物。中学生和大学生的高饮酒率尤其令人担忧。酗酒是一种长期、反复、无法控制的、强迫性的过度使用酒精饮料的障碍，会损害饮酒者的健康和社会关系。

兴奋剂是能增强中枢神经系统活动的精神药物，包括咖啡因、尼古丁、安非他命、可卡因和二亚甲基双氧苯丙胺（摇头丸）。迷幻剂是一种精神药物，能改变人的认知经验，并产生虚幻的视觉图像。大麻有轻度致幻效果，迷幻药的致幻效果更强。

❹ 催眠

催眠是一种异常意识状态或是在特定的暗示下，个体的注意力和期望发生改变的心理状态。经脑电图记录发现，催眠状态不同于睡眠状态。催眠包括四个基本步骤：开始时，让个体减少分心、使个体感觉舒适、最后，暗示个体所知道的特定事件或感觉即将发生，或是暗示个体即将观察到某些事情。

催眠易受性存在很大的个体差异。处于催眠状态的人不太可能做任何违背其道德原则或危险的事情。

有两种理论可以解释催眠。Hilgard的意识分裂观点认为，催眠是一种特殊的意识分裂状态，意识分裂为两个独立的部分。一部分意识遵循催眠师的指令，而另一部分意识则扮演"隐藏的观察者"的角色。从社会认知行为观点来看，催眠是一种正常状态，被催眠者所表现出的行为，就是其认为被催眠的个体应该表现出的行为。

❺ 冥想

冥想是指一种安静的思考状态。冥想对许多心理和身体疾病都有益处。冥想还能促进身体的免疫系统发展。使用功能磁共振成像的研究表明，冥想能够使得个体为了不受思想的控制，而控制自己的想法。

冥想是解决生活问题的强有力的工具。我们如何看待自己的生活和经历，影响我们的感觉，即感觉生活是充满压力、焦虑、富有挑战，还是令人兴奋的。找出一些时间进行冥想，有助于我们更好地应对生活中的起起伏伏。

关键术语

自我测试

多项选择

1. 你能够觉知到内心想法及由此触发的情绪。你也能够觉知到声音、看到窗外的事物，以及咖啡的味道。你处于以下哪种状态：_____。

    A. 意识　　　　　　　　B. 超越

    C. 分裂的感觉　　　　　D. 敏锐的感觉

2. Jordan决定早点睡觉。然而，她虽然眼睛闭着，感觉很放松，但却还是没有睡着。此时的脑电图中，最有可能显示：_____。

    A. δ波　　　　　　　　B. α波

    C. 睡眠锭　　　　　　　D. 快速眼动

3. 下列哪个选项很好地描述了夜晚睡眠的特征？

    A. 我们在浅睡眠阶段开始入睡，在深睡眠阶段醒来。

    B. 我们从浅睡眠到做梦，再到深度睡眠。

    C. 我们的睡眠深度在一夜之间会出现多次反复。

    D. 一晚之中，我们会六次从清醒状态进入做梦状态。

4. 与_____睡眠相比，在_____睡眠阶段中做的梦更短，有较少的碎片，较少包括视觉图像。

    A. 非快速眼动；快速眼动

    B. 快速眼动；非快速眼动

    C. 快速眼动；第二阶段

    D. 非快速眼动；第二阶段

5. 激素_____是调节个体睡眠水平的关键因素。

    A. 睾酮　　　　　　　　B. 褪黑素

    C. 雌激素　　　　　　　D. 谷氨酸

6. Jane说，抽食大麻让自己感到无比的快乐。这种效果是个体的_____。

    A. 超然体验　　　　　　B. 心理退缩

    C. 生理依赖　　　　　　D. 一种异常意识状态

7. 你的朋友说，吸毒之后感觉更有能量和幸福感。医学检验结果表明，她的中枢神经系统活动增强。她服用的药很可能是下列哪种类型：_____。

    A. 镇静剂　　　　　　　B. 安定药

    C. 致幻剂　　　　　　　D. 兴奋剂

8. 安非他命被定义为_____，并且_____与尼古丁、咖啡因是同一类。

    A. 镇静剂；不　　　　　B. 兴奋剂；不

    C. 镇静剂；是　　　　　D. 兴奋剂；是

9. 催眠的意识状态包括：_____。

    A. 控制加工程度高

    B. 对暗示性有很强的防御

    C. 深度放松的感觉，并能改变身体的觉知

    D. 相信超自然力量

10. 冥想通过_____进入异常意识状态。

    A. 降低活动水平　　　　B. 降低心率

    C. 减少氧气的使用　　　D. 转移注意力

小应用！

11. 回顾一下第147页的催眠步骤。运用社会认知行为理论分析每一步骤。具体说说，社会认知因素何时以及如何在催眠中发挥作用。

搜救犬随时待命：学习实践在日本的应用

2011年3月11日，日本东海岸发生里氏9.0级海底地震。"东日本大地震"是日本这个岛国有史以来遭遇的最强烈地震，引发了133英尺高的海啸，并造成日本福岛第一核电站的核泄漏。地震致使超过1.5万人死亡和至少30万人无家可归。震后，大量人道主义救援涌入灾区。其中除了大批的救援人员，还有从世界各地派遣来的搜救犬队伍。搜寻人员和搜救犬的精英团队来自英国、澳大利亚、新西兰、美国、韩国、俄罗斯、墨西哥、瑞士和其他许多国家。

这些团队的搜救犬不仅拥有惊人的犬类嗅觉能力，还经过了数月乃至数年的艰苦训练，这使得它们可以定位出被困在瓦砾下的幸存者。事实上，搜救犬（其中一些"搜救犬"是从收容所领养的）是经过严格训练的，它们需要达到一系列严格的标准才能在特勤组获得一席之地。在美国，联邦应急管理局（FEMA）制定了严格的搜救犬训练指南（FEMA，2003）。这些狗必须掌握一系列高难度的技能，包括不带狗链与教练走在拥挤的城市街道上而不分心，在没有直接练习和教练在场的情况下，也能够立即执行搜救任务。它们必须在没有食物奖励时也能证明自己的实力（尽管在瓦砾堆上放一个玩具奖励是允许的）。此外，这些勤劳的犬科动物每隔两年需经过重新认证，以确保其技能一直保持在最佳状态上。这些搜救犬在日本做出了不可估量的贡献。它们协助完成了救援工作，其不知疲倦和坚持的劲头鼓舞了每个人的士气。

坦白说，搜救犬不亚于高技术的专业人才。你可能很想知道如何训练它们来执行这些复杂的任务。通过心理学家在学习研究中发现的原理，你会看到这其实很简单。我们在这一章就探讨这些原理。

预览

本章首先会介绍学习的概念及学习的主要类型——联结学习和观察学习。之后，我们会转向联结学习的两种类型——经典性条件反射和操作性条件反射，紧接着是对观察学习的详细审视。然后，我们会探究认知过程在学习中的作用，最后再了解生物、文化和心理制约因素对学习的影响。在阅读本章的同时，也要不断省察自己的学习观。如果一只狗都能学会救援地震受害者，那么可以肯定的是，人类学习的潜力仍有待更深的挖掘。

1　学习的类型

学习新事物意味着发生改变。一旦你认识了字母，它就不会再离开你，且会变成"全新的你"的一部分，而你也在学习的过程中发生了改变。同样，一旦你学会了开车，日后你就不需要再重新经历这个过程。如果你曾经尝试过极限运动，虽然你可能因此摔坏了几根骨头，但同时你也可能会从这份经历中学到一两招，从一个新手变成一位至少可以待在滑板上的爱好者。

> 尽管有时我们会忘记所学的内容，但学习是具有相对持久性的。此外，学习是基于经验而发生的改变，生理成熟引起的变化不能称为学习。

也是通过经验，你知道只有学习才能使你在考试中发挥良好，知道摇滚音乐会通常会有一个开场，知道美国足球赛中的射门进球会加3分。将这些碎片拼凑起来，我们就会得出**学习**（learning）的定义：在经验作用下，行为发生系统的、相对持久的变化。

如果有人问你今天在课堂上学到了什么，你可能会提到你听到的新观点，列出你记住或掌握的新概念。然而，如果不考虑内在不可观察的心理过程，你会如何定义学习呢？你可能会效仿行为心理学家。**行为主义**（behaviorism）是强调可观测行为的学习理论。从行为主义学家的角度来看，要理解行为发生的原因，必须要看其所在的环境因素。行为学家把内部状态如思维、愿望以及希望都看作是由外部因素引起的行为。心理学家从行为的角度研究学习，把学习定义为相对稳定的、可观测的行为的变化。行为主义理论强调引起行为发生改变并对人类生活中令人困惑的各种事情进行解释的普遍规律（Miltenberger，2012）。

学习　通过经验使行为发生系统的、相对持久性的变化。

行为主义　一种学习理论，只关注可观察的行为，否定心理活动的重要性，如思维、愿望和希望。

联结学习　当有机体把两个事件联系或关联在一起时，联结学习就发生了。

行为主义认为，动物与人类的学习原则是相同的。受行为主义的影响，心理学家开始用老鼠、猫、鸽子甚至浣熊来研究学习。在动物和人类学习方面展开的一个世纪的研究表明，许多最初在动物研究中得出的原理也适用于人类（Domjan，2010）。

> 虽然听起来很抽象。但稍后进入到细节部分时，这些内容就很容易理解了。

在这一章里，我们来看看两种类型的学习：联结学习和观察学习。当我们在两个事件之间建立起联系或关联时，**联结学习**（associative learning）就发生了。条件反射（conditioning）就是学习这些联结的过程（Klein，2009）。有两种条件反射类型：经典性的和操作性的，这两种都是行为学家的研究内容。

体验一下：学习和大脑

有机体通过经典性条件反射（classical conditioning）学习在两个刺激之间建立联结。基于这些联结，有机体学习去预测事件。例如，闪电总是与雷鸣连结在一起，并且通常是闪电先出现。因此，当我们看到闪电时，就预计马上会听到雷鸣。

喜欢看恐怖电影的粉丝知道经典性条件反射的力量。观看《黑色星期五》这部电影，当我们听到熟悉的"咻—咻—咻—咻—哈—哈—哈—哈"的声音时，就知道Jason即将到来，气氛就会马上紧张起来。

通过操作性条件反射（operant conditioning），有机体习得行为与结果（如奖励）之间的联结。基于这种联结，有机体受奖励的行为不断增多，引起惩罚的行为逐渐减少。例如，如果孩子表现得很有礼貌，父母就奖励其糖果，那么孩子们就可能会更多地重复这一好的习惯。同样，如果孩子们的坏习惯总是伴随着父母的责骂和严厉的目光，他们就不太可能重复这些不好的习惯。经典性条件反射和操作性条件反射的比较见图5.1。

然而，大多数的学习并非由行为的直接结果导致，更多是因为置身于行为或技能模式的情境之中而获得。例如，通过看人投篮，你明白了投篮是如何完成的。观察和模仿他人行为的学习被称为**观察学习**（observational learning）。观察学习在教育情境和其他场合都很常见。观察学习关注心理过程，这一点不同于行为主义者所描述的联结学习。学习者必须注意、记忆和再现示范者的行为。观察学习对人类尤为重要。事实上，观察他人是人类婴儿习得技能的另一种方式。

人类婴儿与猴子的幼崽不同，他们很依赖于对他人的模仿（班杜拉，2010）。在观察成人执行任务后，猴子的幼崽会琢磨出自己的一套方式去完成这一任务，但是人类的婴儿会跟示范者做的完全一样。模仿可能是人类婴儿解决其所面临的巨大问题的一种方法：去学习人类生活中所涵盖的大量文化知识。我们的许多行为是相当随意的。我们为什么要用鼓掌来表示赞许，用挥手来表示"你好"或"再见"？婴儿有大量知识要学习，用一句俗语来解释就是"入乡随俗"。

学习适用于诸多领域之中新行为、新技能和新知识的习得（Bjork，Dunlosky & Kornell，2013；Mayer，2011）。这一章我们主要关注的是联结学习的两种类型——经典性条件反射和操作性条件反射——以及观察学习。

"虽然实际上一无所获，但我觉得自己获得了一些宝贵的经验。"

经 CartoonStock 许可使用，转自 www.CartoonStock.com。

> 你注意过人类的眼睛与其他动物的眼睛有所不同吗？人类的眼睛中有更多的白色部分。此特性可能使得人类能够彼此模仿——因为我们可以看到榜样正在观看的事物。

观察学习 通过观察和模仿他人行为而发生的学习。

经典性条件反射　　　　　　　　操作性条件反射

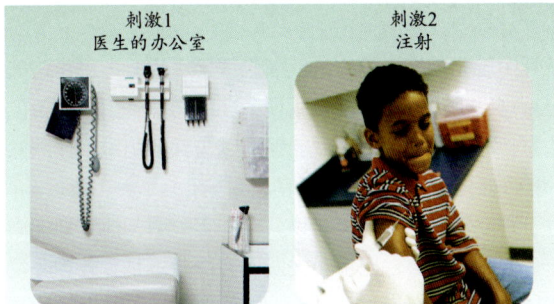

刺激1　　　　　刺激2　　　　　　行为　　　　　结果
医生的办公室　　注射

图5.1　联结学习：经典性条件反射和操作性条件反射的比较　（左）在这个经典性条件反射的例子中，一个孩子将医生的办公室（刺激1）与痛苦的注射（刺激2）联系到一起。（右）在操作性条件反射的例子中，在游泳比赛中的良好表现（行为）和获得奖牌联系在一起（结果）。

2　经典性条件反射

　　一天清晨，Bob正在洗澡。这时，妻子走进盥洗室，并冲了马桶。与此同时，滚烫的热水突然溅到Bob身上，他痛苦地大喊。第二天，Bob又在清晨冲澡，他的妻子又走进盥洗室，又一次冲了马桶。冲马桶的声音让Bob感到恐慌，他害怕地叫喊着并从淋浴中跳了出来。Bob对冲马桶的声音感到恐慌，就是经典性条件反射（classical conditioning）学习过程的表现，在**经典性条件反射**中，中性刺激（冲马桶的声音）与有意义的无条件刺激（热水引起的痛苦）建立联结，并引起类似的反应（恐慌）。

巴甫洛夫的研究

　　在本门课之前，你可能就已经听说过巴甫洛夫的狗。俄国生理学家伊万·巴甫洛夫的研究非常有名。虽然，我们很容易将巴甫洛夫所做的贡献视为理所当然，但其理论的重要性确实不容忽视。巴甫洛夫认为，环境中的中性刺激能够通过与其他刺激相伴随共同作用，继而引发相似的反应。环境信息会影响到机体的活动。

　　在19世纪初期，巴甫洛夫致力于研究身体怎样消化食物。在其实验中，他定期把肉末放入狗嘴中，使其分泌唾液。一个偶然的机会，巴甫洛夫发现肉沫并不是导致狗分泌唾液的唯一刺激。与食物有关的诸多刺激都会使狗流口水，如看到那些盛着食物的盘子、看到喂食者进房间以及送食时关门的声音。巴甫洛夫认为，狗把这些画面及声音与食物建立联结，而这是一种重要的学习类型，他称其为经典性条件反射。

经典性条件反射　中性刺激与无条件刺激建立联结，并引发相同的反应。

体验一下：
经典性条件反射

巴甫洛夫想知道为什么狗在没吃到肉沫之前就会因为一些画面和声音而流口水。他观察到，狗的行为由非学习因素和学习因素组成。经典性条件反射中的非学习部分是指不是由学习引发的、对刺激自动产生的特定反应，换句话说，他们是与生俱来的（天生的）。条件反射是刺激-反应的自动联结，包括对食品的反应是唾液分泌，对变质食物的反应是恶心，对低温的反应是颤抖，对咽部充血的反应是咳嗽，瞳孔遇到光时会收缩，对疼痛的反应是退缩。**无条件刺激**（unconditioned stimulus，US）是指无需学习就能引发反应的刺激，巴甫洛夫实验中的食物就是无条件刺激。**无条件反射**（unconditioned response，UR）是由无条件刺激自动引起的非习得的反应。无条件反射是非自觉的，无需意识努力就对刺激做出反应。在巴甫洛夫的实验中，对食物垂涎三尺就是无条件反射。

在经典性条件反射中，**条件刺激**（conditioned stimulus，CS）最初是中性刺激，当它伴随着无条件刺激共同作用后，就会引起条件反射。**条件反射**（conditioned response，CR）是当条件刺激（CS）与无条件刺激（US）建立联结后，个体所习得的对条件刺激相同的反应（Pavlov，1927）。条件反射有时与无条件反射非常类似，但一般不像无条件反射的联结那样牢固。

为研究狗对与肉沫有关的各种刺激的反应，巴甫洛夫在喂狗吃肉沫之前敲响铃铛。此前，除了能把狗从小睡中叫醒，铃声对狗没有特别的影响。铃声是中性刺激。然而之后，狗开始将铃声与食物联系起来，并且一听到铃声就流口水。铃声成为条件（习得的）刺激（CS），而唾液分泌成为条件反射（CR）。在Bob洗澡被打扰的例子中，冲马桶的声音是条件刺激，热水引起的恐慌（条件反射）和冲马桶的声音（条件刺激）伴随出现。图5.2总结了经典性条件反射是如何起作用的。

无条件刺激 一种不需要事先学习就会形成反应的刺激。

无条件反射 无条件刺激自动引起的非习得的反应。

条件刺激 伴随着与无条件刺激的共同作用，进而引发条件反射的中性刺激。

条件反射 当条件刺激（CS）与无条件刺激（US）联结后，对条件刺激产生的习得性反应。

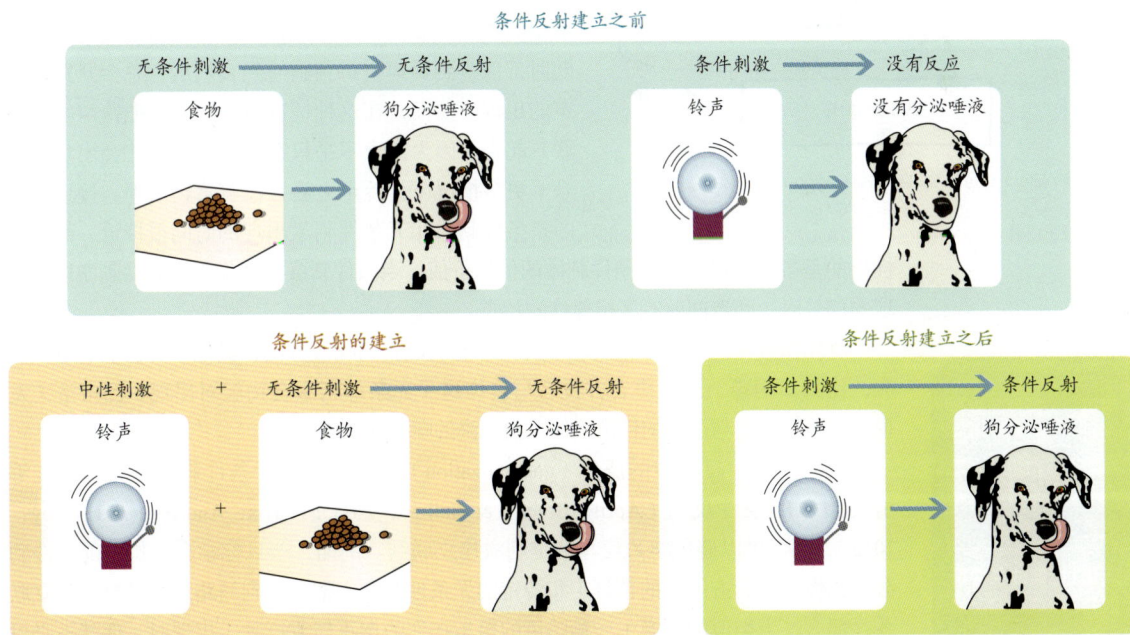

图 5.2 巴甫洛夫的经典性条件反射 在实验中，巴甫洛夫在无条件刺激（食物）之前呈现中性刺激（铃声）。中性刺激在与无条件刺激反复共同作用后，成为条件刺激。随即，条件刺激（铃声）能够独自引起狗的唾液分泌。

研究表明，唾液分泌不仅能演变成为狗和人类的条件反射，在其他所有生物身上也同样能够发生，比如蟑螂。在一项研究中，研究人员将薄荷气味（条件刺激，放在蟑螂的触角上）和糖水（无条件刺激）配对呈现（Watanabe & Mizunami，2007），蟑螂天生就对含糖食物（无条件反射）分泌唾液，经过反复如此配对，蟑螂在闻到薄荷气味（条件反射）时就会分泌唾液。通过收集并测量蟑螂的唾液，研究人员发现，蟑螂闻到薄荷气味后流了两分钟的口水。

习得（acquisition）　不管是人类、狗，还是蟑螂，经典性条件反射的第一部分都称为习得。**习得**是无条件刺激与条件刺激之间的联结，当这两个刺激之间成对（如薄荷香味和糖水）出现时，就发生了习得。在习得的过程中，条件刺激反复伴随着无条件刺激呈现。最终，条件刺激会引发相同的反应。注意，经典性条件反射是由于两个刺激同时呈现而产生的一种无需意识或努力的学习。然而，在联结的过程中，有两个重要因素会起作用，即接近性和相倚性。

接近性（contiguity）是指条件刺激和无条件刺激的呈现时间非常接近——甚至只有几分之一秒的间隔（Wheeler & Miller，2008）。在巴甫洛夫的实验中，如果铃声在食物呈现前已响了20分钟，狗可能就不会把铃声与食物联系在一起。然而，条件刺激和无条件刺激在时间上的接近性不是条件反射建立的唯一条件。

相倚性（contingency）是指条件刺激不仅要在时间上先于无条件刺激发生，还可以作为无条件刺激即将到来的可靠信号（Rescorla，1966，1988，1966）。为了了解相倚性的重要性，可以假设一下，巴甫洛夫的狗整天随时都能听到铃声。每当狗吃到食物后，总会紧跟着铃声的出现。然而，在这种情况下，狗不会把铃声与食物联系起来，因为铃声不是只在食物到来前才会出现的信号；更多情况下，铃声之后并没有食物出现。接近性指的是条件刺激和无条件刺激出现的时间很接近，而相倚性指的是条件刺激对于无条件刺激的信息价值。当条件刺激能够作为无条件刺激即将出现的信号时，两者间就有了相倚性的特点。

别做梦了，伙计！

巴甫洛夫的猫

经 CartoonStock 许可使用转自 www.CartoonStock.com.

泛化和分化　巴甫洛夫发现不仅铃声能引起狗的唾液分泌，其他声音也能引起该反应，比如口哨声。这些声音并没有与食物这一无条件刺激食物配对出现。巴甫洛夫发现，该声音越是与最初的铃声相似，狗分泌的唾液就越多。

经典性条件反射中的**泛化**（generalization）是指，类似于条件刺激的新刺激能够引发类似的条件反射（April，Bruce，& Galizio，2011；Harris，Andrew，& Livesey，2012）。泛化可以避免学习仅与特定刺激建立联结。例如，一旦你学会将特定的条件刺激（在你的车后方闪烁的警灯）和特定的无条件刺激（把车开到马路边的恐惧）建立联系，那么，当类似的刺激（一辆鸣笛的警车在你的车正后方行驶）出现时，你就不必再次学习这一行为。

刺激泛化并非总是有益的。例如，如果猫将无害的鲦鱼泛化为危险的食人鱼，那么它就有麻烦了。因此，辨别不同的刺激十分重要。在经典性条件反射中，**分化**（discrimination）是指个体只对某个特定刺激而非其他刺激建立条件反射的学习过程。为了产生刺激分化，巴甫洛夫只在摇铃而非其他声音之后给狗呈现食物。这样，狗就学会了区分铃声和其他声音。

消退和自然恢复 当狗习惯了一听到铃声就分泌唾液之后，巴甫洛夫开始不停地摇铃而不给狗任何食物。最后，狗不再分泌唾液。这个结果就是**消退**（extinction）。在经典性条件反射中，当无条件刺激不再出现时，条件反射也开始减弱（Joscelyne & Kehoe，2007）。当不再与无条件刺激伴随出现时，条件刺激也失去了引发条件反射的能力。

消退并不一定是条件反射的结束（Urcelay、Wheeler & Miller，2009年）。在巴甫洛夫对铃声引起唾液分泌实施消退的第二天，他把狗带到实验室并摇响铃铛，但没有给狗喂食肉沫，狗依然分泌唾液，这表明消退反应是可以自发重现的。在经典性条件反射中，**自然恢复**（spontaneous recovery）是指在没有其他条件作用时，条件反射在消失一段时间后再次重现的现象（Gershman、Blei, & Niv，2010年）。举一个你可能经历过的自然恢复的例子：你认为自己已经忘记了（消退）前女友或前男友，然而你发现自己在一个特定的环境（可能是你们总一起用餐的餐厅）中，突然想起了前任的样子，伴随而来的是你往昔对他/她的情绪反应（自然恢复）。

图5.3显示了习得、消退、自然恢复的顺序。自然恢复可能会出现多次，但只要条件刺激一直独自呈现（也就是说，没有无条件刺激），自然恢复就会逐渐变弱，最终停止。

人类世界的经典性条件反射

经典条件反射对人类来说有很大的生存价值（Powell & Honey，2013）。此处，我们回顾一下人类生活中经典性条件反射起作用的一些案例。

解释恐惧 经典性条件反射较好地揭示了恐惧的现象（Amano & others，2011；Hawkins-Gilligan、Dygdon &Conger，2011）。约翰·华生（"行为主义"这一术语的创造者）和Rosalie Rayner（1920）揭示了经典性条件反射在恐惧形成和发展中的作用。实验被试是一个名为Albert的婴儿。他们让Albert看实验室里的一只白鼠，看他是否感觉害怕。起初他不害怕（所以老鼠是一个中性刺激或条件刺激），当Albert和老鼠玩耍时，研究人员在他的头部后方弄出巨大响声（噪音是无条件刺激），响声把小Albert吓哭了（无条件反射）。响声和小白鼠同时出现仅7次后，即使不再有响声，Albert也开始害怕老鼠（条件反射）了。后来Albert的恐惧泛化到兔子、狗和海豹皮外套上。

若在今天，华生和Rayner的研究（1920年）将会违反美国心理学会的伦理条例（见第1章）。不管怎样，华生得出了一个正确的结论，我们通过经典性条件反射习得很多的恐惧。我们因为看牙医的痛苦经历而可能会害

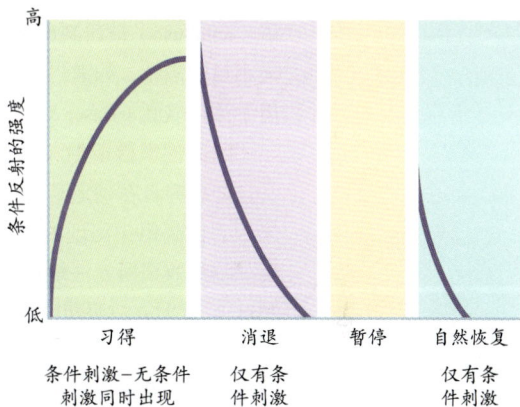

图5.3 习得、消退以及自然恢复过程中，经典性条件反射的强度
在习得过程中，条件刺激和无条件刺激是共同作用的。如图，当发生这种联结时，条件反射的强度增加。在消退期间，仅出现条件刺激，可以看到的结果是条件反射在减少。休息一段时间之后，会出现自然恢复，不过，此时条件反射的强度弱于之前无条件刺激和条件刺激建立联结时的强度。自然恢复后，当条件刺激再次单独呈现时，反射行为会迅速消退。

怕看牙医，在一场车祸后害怕开车，在被狗咬伤后害怕狗。

如果我们可以通过经典性条件反射习得恐惧，那么我们也可以通过这一过程忘记恐惧（Tronson & others，2012；Vetere & others，2011年）。例如，在第13章中，我们会将经典性条件反射应用到进行恐惧症的心理治疗中。

打破习惯　心理学家运用经典性条件反射帮助个体忘掉某些情绪和行为。例如，**对抗性条件反射**（counterconditioning）是一种能够改变条件刺激与条件反射结果之间关系的经典性条件反射。治疗师用对抗性条件反射打破某些刺激与积极情感之间的联结（Kerkhof & others，2011）。

厌恶性条件反射（aversive conditioning）是一种将条件刺激与厌恶刺激之间反复配对以进行治疗的方法。电击和令人恶心的事物都可以作为厌恶性条件反射中的厌恶刺激（A.R. Brown & others，2011）。例如，在戒酒的治疗中，每当被治疗者喝酒精饮料时，他/她就要喝下一种会引发恶心的药水。在经典性条件反射中，酒精饮料是一种条件刺激，而令人恶心的药剂是无条件刺激。通过反复将酒精与令人恶心的药剂配对，酒精成为引发恶心的条件刺激。因此，酒精不再与愉快事物联系在一起，而变成了一件令人极其厌恶的东西。基于此联系，在20世纪40年代后期，一种专门治疗酗酒的药物——戒酒硫（antabuse）被研制出来（Ullman，1952）。在服用这种药物后，个体接触哪怕是摄入最小量的酒精，如漱口水或古龙香水中的酒精，都会感觉很不舒服。戒酒硫在今天仍被用于治疗酗酒（Baser & others，2011）。

经典性条件反射和安慰剂效应　第1章中对安慰剂效应（placebo effect）进行了定义，即研究者在确定某种药物（如口服药物）或过程（如注射某种液体）的实际治疗效果中，控制组中出现的某种效应。安慰剂效应中所观察到的变化（如疼痛感降低）是实际治疗效果所无法解释的。但经典性条件反射的原理有助于解释这些影响（Hyland，2011）。此时，口服药或注射器是条件刺激，实际的药物是无条件刺激。例如，由于有过吃药之后疼痛感降低的经历，因此药丸或注射器可能成为降低疼痛感的条件刺激——即使没有实际的止痛药。有关免疫系统和内分泌系统的研究也有力地证实了经典性条件反射在安慰剂效应中的影响。

经典性条件反射与免疫系统及内分泌系统　即使是人体的内部器官系统也能够形成经典性条件反射。免疫系统是人体对疾病的自然防御系统。Robert Ader和 Nicholas Cohen通过大量研究揭示，经典性条件反射可以产生免疫抑制，减少抗体的产生，降低一个人抵抗疾病的能力（Ader，2000；Ader & Cohen，1975，2000）。

最初发现经典条件反射和免疫抑制之间的联系是一个意外。在经典性条件反射的研究过程中，Ader（1974）对条件反射在老鼠身上的持续时间进行观察。他将条件刺激（糖精溶液）与无条件刺激——一种能引起恶心的名为环磷酰胺的药物进行配对。之后，给老鼠呈现含有糖精但没有环磷酰胺的水，Ader观察老鼠需要多长时间会忘记这两者之间的联系。

出乎意料，在第二个月的研究中，老鼠得了一种疾病，并且逐渐死去。为了解这一出乎意料的结果的原因，Ader检查了所用的引起恶心的药物的性质，发现它的副作用之一是免疫抑制。原来，老鼠不仅在甜水与恶心之间建立了经典性条件反射，而且也将甜水与免疫系统之间建立了关联。显然，甜水已经成为免疫抑制的条件刺激。

研究人员发现，条件免疫反应在人类身上也会发生（Goebel & others，2002；Olness & Ader，1992；Schedlowski & Pacheco-Lopez，2010）。例如，在一项研究中，多发性硬化病人在喝过调味饮料后，再接受抑制免疫系统的药物。经过这样的共同作用后，调味饮料本身就能降低免疫功能，其功能类似于药物（Giang & others，1996）。

内分泌系统研究中也发现了类似的结果。回顾第2章，内分泌系统是分泌和传递荷尔蒙的腺体组织。研究表明，如果患者以前曾服用过影响激素分泌的真实药丸，那么，服用安慰剂也可以影响荷尔蒙的分泌（Benedetti & others，2003）。研究揭示，在条件刺激和免疫系统及内分泌功能之间建立的条件反射中，交感神经系统（自主神经系统对应激的反应）起着重要作用（Saurer & others，2008）。

味觉厌恶学习　看看下面这种情况：Mike与一些朋友一起出去吃金枪鱼寿司卷（金枪鱼卷），这是他最喜欢的菜。然后去听爵士乐音乐会。几个小时后，他开始胃痛并恶心得要命。几周后，他再次尝试吃金枪鱼寿司卷时，发现自己再也无法忍受这个味道。然而，迈克并没有开始厌恶听爵士乐，尽管那晚他在生病之前也参加了爵士音乐会。迈克的经历很好地揭示了什么是味觉厌恶：将特殊味道和恶心建立关联的一种特殊的经典性条件反射（Davis & Riley，2010；Garcia & Koelling 1966；Kwok & Boakes，2012；Scott，2011）。

> 66 这很疯狂。你的身体在你根本不注意的时候，还在不断地进行学习。99

美国渔业与野生动物服务局正尝试通过味觉厌恶来防止墨西哥灰狼对牛的捕食。该机构在制作诱饵时，给牛肉和牛皮加入了一种引发恶心的无嗅无味的物质，使牛肉引起灰狼的味觉厌恶（Bryan，2012）。其目的是希望狼对诱饵感到恶心，并且不再捕食牛，甚至抚养出的幼崽也不再去享用这种食物。

味觉厌恶之所以特殊，是因为通常只要中性刺激（味道）与无条件反射伴随出现，就能建立联结，并且往往维持很长一段时间。稍后我们会看到，仅一项实验中就能习得味觉厌恶反射，这是人类高适应性的表现。试想一下，如果一个动物需要多次联结才能将一种味道与毒药建立联结，那结果将会如何。它可能在习得阶段就死去了。但值得注意的是，即使某种味觉体验可能与生病毫无关系，如在Mike的例子中，他只是得了胃病，但味觉厌恶也可能因此形成。甚至一件完全孤立的事件（如在椅子上旋转）引起的患病经历也会促使味觉厌恶的发生（Klosterhalfen & others，2000年）。尽管人们通常认为味觉厌恶是规则学习的一个特例，但Michael Domjan（2005）认为这种形式的学习表明了经典性条件反射在自然界中是如何工作的，在自然界中，这种联结至关重要。

味觉厌恶学习在某些癌症的传统治疗中尤其重要。放疗和化疗的癌症患者经常感觉恶心，因此他们常在治疗前就极其厌恶食物（Holmes，1993；Jacobsen & others，1993），直到出现厌食倾向，导致营养不良（Mahmoud & others，2011年）。

研究人员利用经典性条件反射原理减轻味觉厌恶，尤其针对儿童，因为抗恶心药物

> 66 请记住，在味觉厌恶中，口味或味道是条件刺激；令人恶心的事物（例如，可能是过山车或沙门氏菌）是无条件刺激；恶心或呕吐是无条件反射；味觉厌恶是条件反射。99

字里行间的营销

日常生活中，轰炸我们的大部分广告都是基于经典性条件反射的（凑巧的是，当约翰·华生离开了心理学领域后，他去了广告领域）。想想看：广告将产品与愉悦感建立关联（购买大杯密斯朵咖啡和快乐的感觉）。看电视的时候，你可以发现广告商是如何巧妙地通过广告将经典性条件反射的原则应用在消费者身上，他们将愉悦感（无条件刺激）和产品（条件刺激）建立联结，希望观众由此对产品产生积极的情感体验（条件反射）。你可能看到过，小婴儿（无条件刺激）试图让观众报名和通过E*TRADE买股票（条件刺激）。广告不断对经典性条件作用原则进行开发——例如，通过植入式广告或所谓的植入式营销技术（embedded marketing）。

接下来看看植入式营销是如何工作的。看电视或电影时，你常会注意到某一角色在喝某一品牌的软饮料或吃一种特殊的荞麦食品。广告商将产品放入你所喜欢的节目或电影背景中，并希望你对表演、电影情节或电影演员（无条件反射）的积极感受也可以转移到产品（条件刺激）之中。当然，这似乎是一个漫长的过程，但他们需要做的就是提高产品出现的机会，也就是说，无论是在汽车经销商处浏览时，还是在逛杂货店时，你都能看到这些产品。在"生活大爆炸"里，Sheldon在处理了一条蛇后崩溃地尖叫道"Purell！Purell！Purell！"[1]。在减肥达人[2]节目中，选手们在赛百味三明治的巨大广告牌前称体重。植入式的营销在电影中也很常见：如《碟中谍4：幽灵协议》（苹果笔记本电脑和宝马车），《丁丁历险记》（普瑞纳犬粮，美国铁路客运公司，百灵鸟奶酪），和《龙纹身的女孩》（瑞典韦恩咖啡）。情景喜剧《办公室》的粉丝会发现，正如你在youtube上看到的那样，Jim使用经典性条件反射将Dwight Schrute与薄荷糖联系在一起，与巴甫洛夫的方法完全一致。流行文化在运用经典性条件反射植入广告的同时，也在时刻证明着经典性条件反射的作用，Altoids牌的超强薄荷糖的广告也是如此。

> **"** 这些结果表明经典性条件反射中的分化——孩子只对特定的其他味道感到恶心。**"**

在一些儿童身上是无效的（Skolin & others，2006），还有一些儿童非常难以接受富含蛋白质的食物（Ikeda& others，2006）。早期研究表明，在化疗前给孩子们一个"替罪羊"的条件刺激，有助于孩子仅对一种口味产生味觉厌恶（Broberg &Bernstein，1987）。例如，在接受治疗之前给孩子吃一种特殊口味的"救生圈"糖果和冰淇淋。那么，对这些孩子来说，恶心与"救生圈"糖果或者冰淇淋的味道间建立的条件反射联结会强于与其必须吃的营养食物之间的联结。

药物习惯性 第4章指出，随着时间的推移，一个人可能会对精神药物产生抗药力，需要更高剂量的药物才能达到同样的效果。经典性条件反射能够解释**习惯性**（habituation），是指当刺激反复出现后对刺激的反应会降低的现象。麻醉品是无条件刺激（US）：它在人体内自然会产生反应。这种无条件刺激通常伴随着一个曾经的中性刺激（CS）。例如，药丸或注射器的实际外观、曾经在其中注射过该药物的房间，都是与无条件刺激的药物共同作用过的条件刺激。反复的配对会产生条件反射，实际上也确实

> **习惯性** 当刺激反复出现后，对刺激的反应会降低。

---

① Purell 是美国一间生产洗手液的公司。
② 美国真人秀。

如此，但其与我们目前发现的仍有所不同。

对药物的条件反射可能是身体对药效的应对方式（Rachlin & Green，2009）。此时，身体通过不同于无条件反射的条件反射来应对药效。例如，如果药物（无条件刺激）会导致心率增快（无条件反射），那么条件反射可能就是心率减慢。条件刺激——之前的中性刺激——会提醒这种药物的到来，此时的条件反射正是身体对药效的修正（图5.4）。在这种情况下，条件反射能够降低无条件刺激的影响，使药物服用经验的作用不那么强烈。一些吸毒者就试图通过变化服用药物的场所来避免习惯化的发生。

这样使用毒品可能会导致使用者因吸毒过量而死亡。经典性条件反射在其中起到什么作用呢？一般来说，服药者会在某个特定的环境（如一间浴室）中吸食毒品，并对该场所建立起条件反射（Siegel，1988）。因为经典性条件反射的存在，吸毒者只要一走进浴室，他或她的身体就预期药物即将出现，并为此做好准备以减少药物的影响。然而，如果服药者在一个惯常地点之外的场所吸食毒品（如摇滚音乐会中），那么，这种药物的效果就更明显，因为新的地点并未建立起条件反射，因此身体不会对药物有所准备。对海洛因致死案例的研究发现，这些吸食者通常是在特殊的情况、不同的时间、或非惯常的服药地点中吸食毒品（Marlow，1999）。在这些情况下，由于没有条件刺激信号，因此身体尚未准备好应对药物的效果（或不幸地被击垮）。

无条件刺激　　　　　条件刺激　　　　　　条件反射

精神性药物是无条件刺激，因为它本身就能引发人体的身体反应。

药物片剂和服用药物的房间是与无条件刺激共同作用的条件刺激。

在这个特定的房间内，身体已做好了吃药的准备。无条件刺激（US）和条件刺激（CS）的重复配对形成了条件反射。

图 5.4　药物习惯性　药物习惯性的过程也涉及经典性条件反射作用。由于条件反射的作用，服药者需要更多的药物以达到条件反射作用前的效果。此外，如果服药者的药物服用不是在通常的条件刺激下（如中间图片中的浴室和药片），则过量服用的可能性会大大增加。

自我测试

1. 巴甫洛夫的狗每次听到铃声就会分泌唾液。现在，当数次听到铃声并分泌唾液后，狗并没有吃到任何食物，此时，狗停止分泌唾液。对此的解释是_____。
   A. 狗意识到铃声不是食物
   B. 出现了消退
   C. 应急回路被打乱了
   D. 没有引起自然恢复

2. 一个小男孩第一次与他的父亲和姐姐去动物园。当他正在观看鸟类表演时，他的姐姐偷偷靠近并吓了他一跳。他非常害怕，以至于现在每次在户外或在电视上看到鸟就会哭。其中的无条件反射是_____。
   A. 恐惧
   B. 鸟类
   C. 被他的姐姐吓了一跳
   D. 去动物园

3. 一只狗已经学会将蓝色光和食物的到来建立联结。不过现在，只要出现带颜色的灯光，狗就开始分泌唾液。原因是_____。
   A. 消退　　　　　　　B. 分化
   C. 对抗性条件反射　　D. 泛化

4. 大学生 Jake 和朋友去当地的一家墨西哥餐馆用餐，点了他最喜欢的食物——豆子和奶酪玉米粉蒸肉。Jake 和朋友们穿着联谊会 T 恤，整夜都在谈论即将到来的慈善活动。Jake 到家后，感觉非常不舒服并且整夜都反胃。后来他发现，当晚的好多朋友都感到恶心，并且很显然大家都得了胃病。

试着把这个例子看作是经典性条件反射的建立。基于 Jake 的经历和你对经典性条件反射的了解，你

预测未来会发生以下哪些事件？

A. 下次 Jake 穿上他的联谊会 T 恤时，可能会感觉很难受

B. 下次有人给 Jake 提供玉米粉蒸肉时，他可能会感觉很难受

C. Jake 在参加慈善活动时可能会感觉很难受

D. Jake 之后吃玉米粉蒸肉时并不会有困难，因为他知道是胃病而不是玉米粉蒸肉使他反胃

3　操作性条件反射

本章前面提到，经典性条件反射和操作性条件反射是联结学习的两种形式，都是将两个事件建立联结的学习形式。在经典性条件反射中，有机体学习在两个刺激（无条件刺激和条件刺激）之间建立联结。经典条件作用是一种反应性行为，即行为会自动对无条件刺激（如使人恶心的药）产生反应，然后将药与条件刺激（如甜水）建立联结。

经典性条件反射解释了中性刺激是如何与非习得的不随意反应之间建立联结的。然而，经典性条件反射对解释自主行为则不是非常有效，如学生为了考试努力学习、赌徒在拉斯维加斯玩老虎机，或狗寻找并找到主人丢失的手机。相比于经典性条件反射，操作性条件反射能够更好地解释自主行为。

操作性条件反射的定义

操作性条件反射（或工具性条件反射） 联结学习的一种，目的是为了改变行为发生的频率。

操作性条件反射（或工具性条件反射）（operant conditioning）是行为结果改变行为发生频率的一种联结学习。美国心理学家 B. F. 斯金纳（1938）提出了操作性条件反射的概念。斯金纳选择操作性一词来形容有机体的行为。斯金纳认为，操作性行为是自发性的，并且其结果决定了该行为是否会被重复。

比如，想象一下，某一天你开车去学校时自行决定选择一条新的路线。如果这个经历很愉快（如很快地到达学校或者遇到了一个非常棒的新咖啡馆），那么，下一次你很有可能重复这条路线；如果你的经历很糟糕（如堵车），下次重复这条路线的可能性就不大了。在上述任一情况下，你的自发行为的结果都会影响该行为是否再次发生。

回想一下，相倚性是经典性条件反射的一个重要方面，意味着一个刺激的发生预期着另一个刺激的出现。相倚性在操作性条件反射中也起着关键作用。例如，老鼠一按压杠杆（行为），食物就会到来，食物的出现（结果）取决于行为。这一相

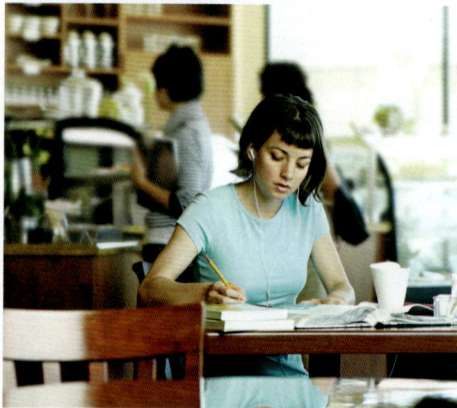

倚性原则有助于解释为何当一条服务犬在执行任务时，路人不能表扬、抚摸或给它喂食（至少在没有询问之前），此时提供奖励可能会对狗的训练起到干扰作用。

桑代克的效果律

虽然斯金纳是操作性条件反射的主要提出者，但最初是桑代克在自发行为方面的实验研究（1898）中发现了结果对自发行为的作用。巴甫洛夫使用分泌唾液的狗进行经典性条件反射实验，几乎在同一时间，美国心理学家桑代克用迷箱研究猫。桑代克把一只饥饿的猫放在箱子里，箱子外面放了一盘鱼。想要逃离这个箱子并获得食物，猫不得不学习打开箱子里面的门栓。起初，猫做了无数的无效反应——它抓咬门栓并且用爪子推开关。最后，猫不小心踩到了杠杆并打开了门栓。之后猫被送回箱子，它又一次经历相同的随机行为，直到它再次踩杠杆。在随后的试验中，这只猫的随机行为越来越少，到最后，它一进到笼子里，就会立即踩杠杆打开门（图5.5）。桑代克的**效果律**（law of effect）指出，如果行为之后是满意的结果，该行为就会得到强化，如果行为之后是令人沮丧的结果，该行为就会减弱（P.L. Brown & Jenkins，2009）。

效果律 桑代克的效果律表明，如果紧随行为之后的是积极的结果，行为就被强化；如果紧随行为之后的是消极的行为结果，行为就削弱。

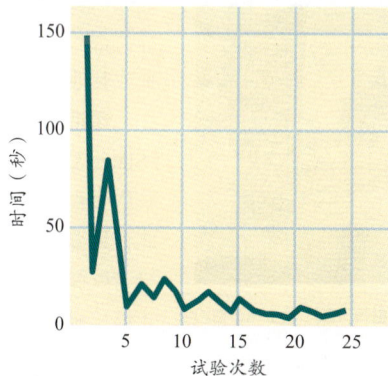

图 5.5 桑代克迷箱和效果律 （左）桑代克在研究效果律的实验中所使用的经典的猫迷箱。踩踏踏板就会打开门栓；门栓的砝码触碰到门，门打开，这样猫就出来了。当猫在够食物时不小心按下踏板后，它就学会了通过按踏板来逃脱迷箱。（右）一只猫在24次试验中的学习曲线。注意，猫大约5个试验后就学会更快地打开笼子。它已经明白了行为的后果。

效果率非常重要，因为其表明了"行为结果影响该行为重现的可能性"这一基本思想。简单来说，一个行为其后可能跟随着好的结果或是坏的结果，这些结果决定了行为再次出现的可能性。正如我们现在所看到的，斯金纳的操作性条件反射模型正是对这一思想的扩展和延伸。

斯金纳操作性条件反射的方法

斯金纳相信所有物种的学习机制都是相同的。这一信念促使他开始研究动物，并希望通过研究比人类更简单的生物（如鸽子）来发现学习的组成要素。在第二次世界大战期间，斯金纳训练鸽子操纵导弹。虽然海军高级官员未能接受在战争中使用鸽子操纵导弹，但斯金纳对自己训练鸽子的能力感到非常高兴（图5.6）。

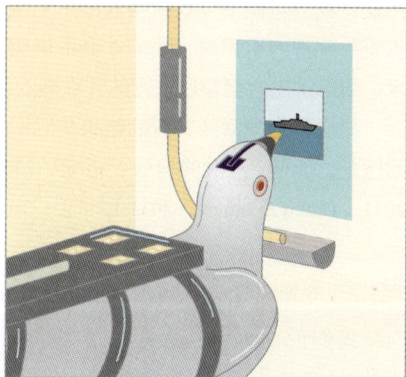

图 5.6 斯金纳的鸽子操纵导弹 二战期间，斯金纳曾想让鸽子的跟踪行为服务于军事行动。在鸽子喙尖处放置金属电极。电极能够将捕获的目标图像信号发送到屏幕之上，军方借此了解目标位置处的导弹控制机制。偶尔给鸽子几粒食物就能保持它的跟踪行为。

斯金纳和其他行为学家在精心控制的条件下，尽最大努力来研究有机体，以确保能够在最细微之处考察操作行为和具体后果之间的联系（Powell &Honey，2013）。斯金纳在20世纪30年代的一大发明就是，制作了可以控制实验条件的操作性条件反射装置，有时被称为斯金纳箱（图5.7）。箱子中的一项装置能够随机将食物颗粒传送到托盘中。斯金纳在其中安装了一个杠杆并且可以观察到老鼠的行为。当饥饿的老鼠在箱子中四处探索时，偶尔会触碰到杠杆，此时食物就会出来。不久，老鼠得知按下杠杆就会有积极的后果：吃到食物。为了进一步控制实验，斯金纳将箱子进行隔音处理，以确保实验是影响有机体的唯一因素。在许多实验中，反应通过机器进行记录，食物（结果）也是自动分发。这些措施都是旨在防止人为的错误。

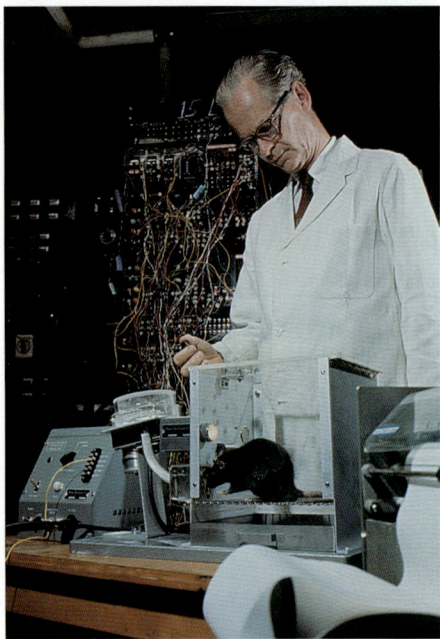

图5.7　斯金纳的操作性条件反射箱　B.F. 斯金纳在他的行为实验室中进行操作性条件反射的研究。被研究的老鼠所处的就是操作性条件反射室，有时也被称为斯金纳箱。

塑造

想象一下，你正试着教一只很聪明的狗如何洗衣服。让狗自己把衣服放进洗衣机，这看似是不可能完成的任务。你可能需要等待很长时间才能让狗学会这些技巧。然而，通过塑造过程训练狗或其他动物执行高度复杂的任务是极有可能的。

塑造（shaping）指的是强化个体不断接近期望行为的行为（Slater & Dymond，2011）。例如，运用塑造训练老鼠按压杠杆以获取食物。当老鼠第一次进入操作箱后，它很少去按压杠杆。因此，只要老鼠是在箱子中与杠杆处于同一个区域，实验者就开始给老鼠提供食物颗粒。之后，只有当老鼠离杠杆2英寸时，实验者才给奖励，之后是只有当它触及到杠杆时才奖励，最后是只有它按下杠杆才给奖励。

而对于服务犬，并非是等待它自主地把衣服放在洗衣机里，相反，我们可能会奖励狗将衣服带到洗衣房里的行为，以及它们越来越接近洗衣机的行为。最后，只有当狗把衣服放到洗衣机里时，我们才会提供奖励。事实上，训练员在训练动物表演技巧时广泛使用这种类型的塑造技术。海豚跳出水面穿过上方的呼啦圈的行为就是通过塑造训练来完成的。

如果行为被紧随其后的结果奖励时，该行为更可能会再次出现，这一原理是操作性条件反射建立的基础。问题是，如何让强化物有效？近期的研究对大脑活动与操作性条件反射之间的联系表现出很大的兴趣（Bueno，2011；Darcq & others，2011）。

强化的原则

我们前面提到，行为之后可能跟着好的或者坏的结果。强化指的是那些跟随行为之后发生的好的结果。所谓**强化**（reinforcement），是指紧跟特定行为之后的某一刺激或事件（强化物）导致行为再次发生的可能性增加。

塑造　强化个体不断接近期望行为的行为。
强化　特定行为之后紧跟着某一刺激或事件（强化物）的出现，使该行为再次发生的可能性增加。

行为的结果分为两种类型，称之为**正性强化**（positive reinforcement）和**负性强化**（negative reinforcement）。这两种结果类型都能增加行为发生的频率。

正性强化和负性强化　在正性强化中，特定行为之后紧随着某一刺激的出现，导致该行为再次出现的可能性增加。例如，你遇到一个人并说，"嗨，你好吗？"如果他对你报之以微笑，那么你就会继续与之谈话，他的微笑强化了你的谈话。如果你想教一只狗"握手"、那么当它抬起爪子时，你就给它一块食物，此时所应用的也是正性强化的原理。

反之，负性强化是指特定行为出现后，某一刺激被移除，导致该行为再次出现的可能性增加。举个例子，你父亲一直不停地唠叨着让你清理车库，直到你开始清理车库，他的唠叨才停止，此时，你的反应（清理车库）减少了不愉快的刺激（你爸爸的唠叨）。头痛时吃阿司匹林，也是同样的作用原理：服用阿司匹林的行为减少了疼痛。同样的，当电视发出烦人的嗡嗡声时，你使劲拍了它一掌，电视的嗡嗡声停止了。此后，当它再次发出嗡嗡声时，你很有可能再次拍它一下。让电视停止嗡嗡声强化了拍电视的行为。

注意，正性强化与负性强化都包含奖励行为，但它们的作用方式不同。正性强化意味着行为之后增加一些东西，而负性强化意味着行为之后移除一些东西。记住，在这种情况下，"正性"和"负性"与"好"和"坏"无关。反之，它们指的是增加（正性强化）或移除（负性强化）的过程。无论是正性强化还是负性强化，其结果都导致行为的增强。图5.8进一步举例说明了正性强化和负性强化之间的区别。

> 虽然桑代克认为'令人满意'的结果会加强行为，但斯金纳没有采用'令人满意'这一说法。斯金纳认为如果某一刺激增强了某一种行为，这就是强化——无需像桑代克那样谈及动物的感受。

正性强化　特定行为之后紧随着某一刺激的出现，导致该行为为再次出现的可能性增加。

负性强化　特定行为出现后，某一刺激被移除，导致该行为再次出现的可能性增加。

体验一下：
操作性条件反射

正性强化

行为	提供的奖励刺激	未来的行为
你按时交作业	老师表扬你的表现	你越来越按时交作业
你给滑雪板打蜡	滑雪板滑得更快	下次去滑雪时还会给滑雪板打蜡
在朋友车上，你随意按下仪表板上的一个按钮	美妙的音乐开始播放	下次进入汽车时，你有意地按下按钮

负性强化

行为	移除的刺激	未来的行为
按时交作业	老师不再批评你迟交作业	越来越按时交作业
给滑雪板打蜡	其他人在斜坡上不能赶超你	下次去滑雪时还会给滑雪板打蜡
在朋友车上，随意按下仪表板上一个按钮	一首难听的歌曲停止播放	下次听到难听的歌曲时，你会有意地再次按下按钮

图 5.8　正性强化与负性强化　正性强化物包括增加某一事物（通常是奖赏性的）；负性强化物包括移除某一事物（通常是令人厌恶的东西）。

回避学习是负性强化的一种特殊反应。有机体知道通过某一特定的反应，可以完全避免消极刺激，这一学习过程就是**回避学习**（avoidance learning）。例如，某一学生在取得很低的分数之后，会一直努力学习，以避免糟糕的成绩在以后再次出现的消极后果。即使坏成绩不再出现，这种行为模式也会固定下来。即使没有任何厌恶刺激出现，行为也会继续保持，可见回避学习具有很强大的影响力。例如，那些接受训练以学习避免消极刺激的动物，通过跳进安全区域逃避电击，之后，即使电击不再出现，这些动物也总是倾向于进入安全区域之中。

无法回避负面刺激的经验会导致一种特殊的回避学习，称为习得性无助。有机体处于不可控制的厌恶刺激中，并知道自己无法控制这一消极结果的出现。**习得性无助**由Martin Seligman及其同事们首次提出（Altenor，Volpicelli，& Seligman，1979；Hannum，Rosellini，& Seligman，1976）。他们发现，如果狗在最初的环境中总是无法逃避电击，那么，后来即使可以逃避，它们也不再学着去回避电击（Seligman & Maier，1967）。这种无法回避的学习经历具有持久性：狗忍受数小时、数天，甚至是数周的电击，却从不试图逃走。处于不可避免的负面情境中也可能使人类无法学会回避，如抑郁和绝望（Pryce & others，2011）。习得性无助帮助心理学家更好地理解各种各样的令人费解的问题，如为什么一些家庭暴力的受害者无法逃离可怕的处境，为什么有些学生会以放弃尝试来应对学校里的失败。

强化物的类型　根据奖励是天生的还是习得的，心理学家把正性强化物分为**初级强化物**和**次级强化物**。初级强化物（primary reinforcer）是指与生俱来就令人满意的强化物，也就是说，初级强化物是不需要有机体学习就能使有机体感到愉悦的强化物。食物、水以及性满足都是初级强化物。反之，次级强化物需要通过有机体的后天经验，才能获得其积极价值。次级强化物是后天习得的，也称条件性强化物。生活中的次级强化物非常多，如测试中得到A和工作的薪水。尽管我们可能会认为次级强化物都是正性强化物，但它们并非天生如此。我们是通过生活经验知道A等级和薪水是好的。次级强化物可以应用于代币制中。在代币制中，可以使用代币（如扑克筹码或星星图表）奖励行为，之后，代币可以兑换成想要的奖励（如糖果或金钱）。

泛化、分化和消退　泛化、分化和消退不仅在经典性条件反射中很重要，它们也是操作性条件反射的关键原则。

泛化　在操作性条件反射中，**泛化**（generalization）指的是被强化的行为在不同情境下都出现。例如，研究者在一项研究中对鸽子啄击特定颜色的盘子的行为进行强化（Kalish，1956）。为了考察刺激泛化的现象，研究者给鸽子呈现不同颜色的盘子。如图5.9所示，鸽子最可能去啄与原盘子颜色接近的盘子。当某学生由于每晚学习课程材料而在微积分课上获取优异的成绩后，他也会开始在每天晚上学习心理学和历史，这就是泛化在起作用。

分化　在操作性条件反射中，**分化**（discrimination）指对行为是否被强化的刺激信号做出的正确反应（de Wit & others，2007）。例如，去前台标有"大学生优惠"的饭店时，你会高兴地拿出学生证，并预期会获得优惠套餐。如果没有该标志，你出示学生证，则只看到他人困惑的表情，而非价格优惠的食物。

分化的原则有助于解释服务犬是如何"知道"何时是其工作时间的。通常情况下，狗只在值班时才带着训练系带，在其他时间则没有。因此，当一个服务犬戴着它的训练系带时，就需要像对待专业人士一样对待它。同样，服务犬训练的一个重要方面是需要其学会有选择性的反抗。选择性反抗的意思是，除了服从人类伙伴的命令，如果环境提供的线索表明顺从行为并不恰当时，服务犬必须无视此命令。所以，如果导盲犬与视力受损的主人正站在角落里，而主人命令它前进，此时，如果狗看到了"不要走"的闪烁标志，那么它可能会拒绝。环境中的刺激可以作为线索，帮助有机体辨别某一强化中的相倚性原则是否有效。

消退　在操作性条件反射中，**消退**（extinction）是指行为不再被强化时，其发生频率降低的现象。例如，如果你经常使用的汽水机"吃掉"了你的硬币，却没有给你提供苏打水，那么，你很快就不会再投入更多的硬币。不过，几周之后，你可能会再次尝试使用这个机器，希望它被修好了。这种行为就是操作性条件反射中的自然恢复。

强化程序表　目前为止，我们所举的大多数强化例子都是连续性强化（continuous reinforcement），即行为每次出现都会被强化。连续性强化发生时，有机体的学习速度很快。然而，当强化停止时，行为消退得也很快。研究者开发出各种条件性程序以阻止消退的发生，间歇性强化（partial reinforcement）就是其中的一种。所谓间歇性强化，指的是并非行为每次出现后都进行强化。很多生活情境中都可以看到间歇性强化的发生。例如，高尔夫球手并非在每场参与的比赛中都会赢；国际象棋手并非每场参与的比赛中都是冠军；学生也并不是每次解决问题后都会受到表扬。

强化程序表（schedules of reinforcement）是决定行为何时被强化的特殊模式（Killeen & others，2009）。间隔强化有四种主要的程序表：固定比率、可变比率、固定间隔和可变间隔。其中，比率强化程序（ratio schedules）指的是，在一定数目的行为出现后才给予强化。时距强化程序（interval schedules）指的是在一定时间间隔后，才对行为进行强化。在固定程序中，行为反应的数目或者时间的间隔是固定的。在可变程序中，行为反应所需的数目或时间间隔是变化且不可预测的。让我们看看这些强化程序表是如何具体影响人类行为的。

固定比率程序（fixed-ratio schedule）是在一定数量的行为之后才予以强化。例如，假如你正在大西洋城玩老虎机，如果机器是按照固定比率程序设定的，那么，每20次把钱塞进机器之后，你都会得到5美元。这个规律很快就能找到，因此如果你看到别人已经玩了18次或19次，没有得到任何的钱就走开，那么此时你就应该走过去，塞进硬币，你就会得到5美元。商界经常使用固定比率程序来增加产量。例如，流水线上的工人只有生产一定数量的产品后，工厂才给予特定的奖励。

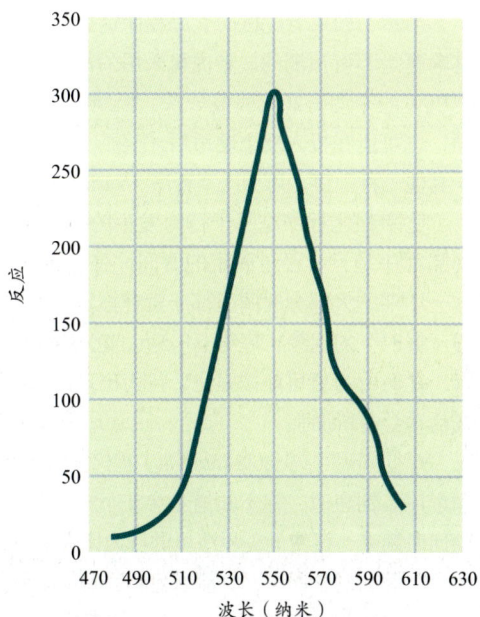

图 5.9　刺激泛化　在 Norman Guttman 和 Harry Kalish（1956年）的实验里，当鸽子被特定颜色波长强化后，它们只啄某个特定颜色的盘子（在这个图中，颜色的波长为 550 nm）。随后，给鸽子呈现不同波长颜色的盘子，它们更可能去啄那些类似于之前颜色的盘子。

"如果你习惯在智能手机或平板电脑上用手指编辑文本或图像，那么，你可能会发现自己正尝试对计算机屏幕做同样的事情，这看上去很愚蠢。其中的原因就是没有做到行为的分化。"

消退（操作性条件反射）　当行为不再被强化时，行为出现的频率降低。

强化程序表　决定行为何时被强化的特殊模式。

当然，如果老虎机的奖励程序这么容易就被找出，那么赌场就难以成功了。赌博之所以如此诱人，就在于其输赢是不可预测的。老虎机采用的都是可变比率程序的设置，行为回报次数是平均却不可预测的。例如，老虎机可能平均每20次回报一次，但赌徒不知道这个回报什么时候到来。老虎机可能在一轮中连续两次给予奖励，也可能在投入58个硬币后才奖励。奖励行为平均每20次发生一次，但给予奖励的时间是不可预测的。相比于其他三种程序，可变比率程序（variable-ratio schedule）更能减少消退行为的出现。

比率强化程序是基于行为发生的数量，而间隔强化程序取决于上一次行为被奖励至今的时间间隔。固定间隔程序是只有经过固定的时间才强化行为。如果你参加的一个课程在固定时间安排了四场考试，你可能会在一学期的大部分时间里都一直在拖延，直到考试前才临时抱佛脚。固定间隔强化程序也可以解释宠物似乎能够"报时"的现象，每到下午5点，它们就急切地靠近食物盘，期盼吃晚饭。在固定间隔程序中，随着时间的临近，此时行为更可能被强化，行为出现的频率也迅速增加。例如，当选举日临近时，参加竞选的政府官员的竞选活动会有所加强。

可变间隔（variable-interval）程序是指一个行为在一段可变时间间隔后被强化的程序。突击测试就是可变间隔程序。钓鱼时，你不知道鱼会在下一分钟、半小时、一小时后上钩，还是永远不会咬鱼饵。因为难以预测奖励何时到来，可变间隔程序里的行为比较缓慢但具有持续性（Staddon，Chelaru，& Higa，2002）。

下面的例子，可以更清晰地解释固定间隔和可变间隔程序之间的差异。Penelope和Edith为女大学生联谊慈善的赌场之夜设计老虎机。Penelope把老虎机设置为可变间隔强化程序；而Edith把老虎机设置为固定间隔强化程序。平均来看，这两种机器将每隔20分钟提供奖励。谁的老虎机在女大学生联谊慈善会最赚钱呢？Edith的机器在第20次之前可能会导致排长队，但人们不会在其他时间玩它。相比之下，Penelope的机器可能会持续地吸引玩家，因为玩家不知道他们什么时候会得到大奖。可变间隔强化程序的魔力在于学习者无法确定奖励什么时候会来。图5.10表明了不同的强化程序如何导致不同的反应比率。

> " 老虎机就是一种可变比率的强化程序。 "

惩罚　本节的开始就指出行为之后可能跟随着好的结果或坏的结果。上面，我们已经介绍了好的结果——可增加行为的强化。然而，如果为了减少某种行为，此时紧随行为其后的可能是不愉快的结果。

心理调查

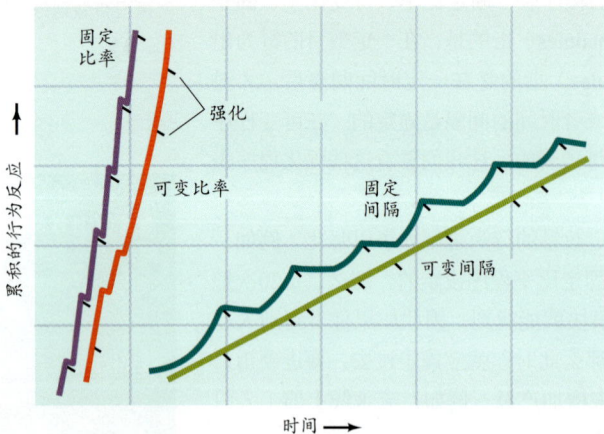

图 5.10　强化程序和不同模式的行为反应　图中的粗线标明的是强化的变化。注意看，固定比率程序中，每次强化之后，行为反应都会降低；可变比率程序中是高且稳定的行为反应；固定间隔程序中，强化后行为迅速减少，而在强化之前又再次增多（导致一个扇形曲线）可变间隔程序进度缓慢，但行为出现一直稳定。>哪一种强化程序"最合算"？也就是说，哪一种是用最少的强化引发最多的反应？ >如果你只有很少的时间进行训练，哪一种程序是最好的？ >哪一种强化程序在你的生活中最常见？

惩罚（punishment）是指行为之后的结果会降低行为未来发生的可能性。例如，一个孩子玩火柴盒时点燃了一根火柴，引起火灾，结果这个孩子在未来都不太可能再玩火柴了。另一个例子，学生打断老师的讲话，遭到了老师的责骂。这种后果——老师的口头训斥——使学生不太可能在将来打断老师。惩罚由于产生了令人不快的后果，而降低了行为反应的出现频率。

正负区分模型不仅适用强化，也同样适用于惩罚。和强化一样，"正性"意味着增加，"负性"意味着减少。因此，**正性惩罚**中，刺激增加之后行为减少，而**负性惩罚**中，刺激被移除后行为减少。正性惩罚的例子如，因为孩子行为不端而打他屁股、因为配偶忙于工作忘记给你打电话而责骂她；由于训练懒散，教练让队伍快速疾跑也是正性惩罚。隔离是一种负性惩罚，拿走孩子的积极强化物（如玩具），禁足使青少年远离生活中有趣的事情，也是一种有效的惩罚形式。图5.11比较了正性/负性强化，正性惩罚和负性惩罚。

时间、强化和惩罚 强化和惩罚的时间如何影响行为？强化物的大小重要吗？让我们来看一看。

即时强化（immediate reinforcement）**与延迟强化**（delayed reinforcement） 同经典性条件作用一样，当行为与强化之间的间隔是几秒而非几分钟或几小时时，操作性条件反射学习的效率更高，特别是对于那些低等动物更是如此（Church & Kirkpatrick，2001）。在老鼠按下杠杆后，如果食物奖励延迟超过30秒，那么作为强化物的食物几乎就是无效的。然而，延迟的强化物对人类是有效的（Holland，1996）。

重要的人生决定有时包括寻求小的但即刻就可得的强化物，或是等待姗姗来迟但具有更高价值的强化物（Martin &Pear，2011）。例如，你是把钱花在买衣服，演唱会门票和iPad 2上，还是会节约用钱买一辆车。您可以选择及时享乐，即立刻换取小的强化物，或者选择努力学习，以换取更好的延迟强化物，如好成绩、研究生院奖学金或一份更好的工作。

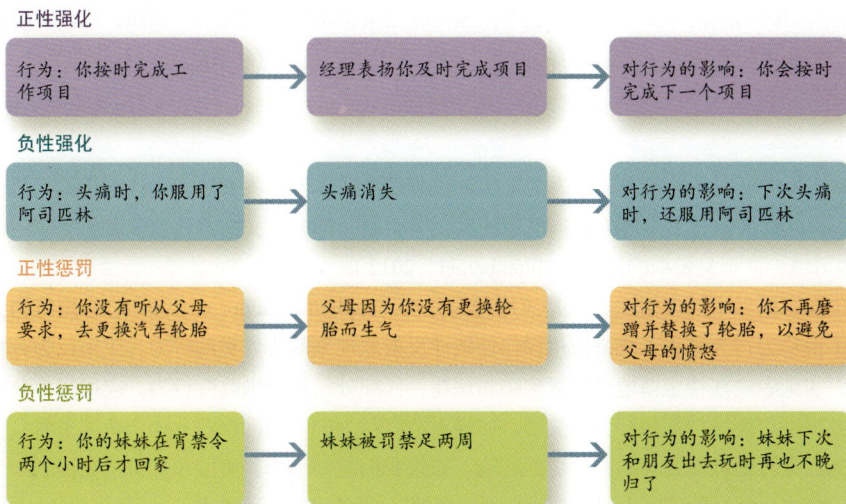

惩罚 行为的结果降低了该行为发生的可能性。

正性惩罚 特定行为之后出现某刺激，导致该行为在未来发生的频率降低。

负性惩罚 特定行为之后移除某刺激，导致该行为在未来发生的频率降低。惩罚有时与负性强化相混淆。强化导致行为的增加，而惩罚则是减少行为的出现。

" 惩罚有时与负性强化混淆。强化增加行为。惩罚意味着减少行为。"

正性强化

| 行为：你按时完成工作项目 | → | 经理表扬你及时完成项目 | → | 对行为的影响：你会按时完成下一个项目 |

负性强化

| 行为：头痛时，你服用了阿司匹林 | → | 头痛消失 | → | 对行为的影响：下次头痛时，还服用阿司匹林 |

正性惩罚

| 行为：你没有听从父母要求，去更换汽车轮胎 | → | 父母因为你没有更换轮胎而生气 | → | 对行为的影响：你不再磨蹭并替换了轮胎，以避免父母的愤怒 |

负性惩罚

| 行为：你的妹妹在宵禁令两个小时后才回家 | → | 妹妹被罚禁足两周 | → | 对行为的影响：妹妹下次和朋友出去玩时再也不晚归了 |

图5.11 正性强化、负性强化、正性惩罚和负性惩罚 不同分类之间的细微差别有时会造成混淆。要注意的是，两种类型的强化的目的都是为了增加行为，不过一种是通过增加某一刺激（正性强化），而另一种是移除某一刺激（负性强化）。惩罚的目的是减少行为，一种通过增加刺激（正性惩罚），而另一种是移除刺激（负性惩罚）。正性和负性在这两种情况下具有相同的意义。

即时惩罚（immediate punishment）与延迟惩罚（delayed punishment） 同强化一样，在大多数关于低等动物的研究中发现，即时惩罚比延迟惩罚更能有效地减少行为的发生。但是，与强化一样，延迟惩罚也可以影响人的行为。学期初不好好学习会导致学期末的糟糕成绩，人类能够提前注意到该行为所导致的负面结果。

即时/延迟强化与即时/延迟惩罚 很多日常行为都基于即时和延迟的奖惩而建立。我们可能为了避免小惩罚（如堵牙洞的不适感）而推迟去看牙医，然而，此种拖延可能导致之后更大的痛苦（如拔整颗牙时的疼痛）。生活有时就是忍受当下的小痛苦，以避免接下来更多的痛苦。

即时的小强化与延迟的大惩罚是怎样影响人类行为的（Martin &Pear，2011）？肥胖是一个重要的健康问题，造成肥胖的一个原因就是"吃"这一行为之后即刻出现的积极结果——美味的食物、迅速感受到的愉快感和满足感。尽管暴饮暴食潜在的延迟结果是负面的（肥胖和其他可能的健康风险），即时的积极后果仍然是难以拒绝的。当延迟结果的行为是惩罚，而即时的结果是强化时，即时的结果通常会赢，即使即时后果是很小的强化物，而延迟的结果是严重的惩罚。

吸烟和饮酒遵循类似的模式。大多数吸烟者强调的都是吸烟的即时后果——正性强化（提高注意力、能量提升）和负性强化（缓解紧张、消除烟瘾）。吸烟的长期影响是惩罚，包括呼吸短促、慢性咳嗽、喉咙痛和/或慢性阻塞性肺疾病（COPD）、心脏病和癌症。同样，喝酒的即时愉悦性结果会掩盖宿醉的延迟后果——酗酒和肝脏疾病。

现在想想下面的情况，为什么有些人非常不愿意尝试一项新的运动，尝试新的舞步，在校园或在当地政府竞选，或尝试一些不同的事？原因之一就是，学习新技能往往会带来即时的惩罚结果，如最初感觉有些愚蠢、不知道要做什么、要忍受别人的讽刺评论等。在这种情况下，强化的结果常常是延迟性的。例如，可能需要很长时间才能成为一个足够好的高尔夫球手或一个足够好的舞者，但克服困难去坚持这些活动的结果是值得的。

应用行为分析

因为忽视心理过程而单纯关注可观测的行为，行为主义的方法备受批评，但这些方法确实让乐于见到行为改变的个体看到乐观的一面。也就是说，不用再关注自己是什么人格类型，行为主义的方法意味着你可以通过改变奖励的情况来改变某些习惯，甚至是长期的习惯（Miltenberger，2012）。

操作性条件反射原则在真实世界中的应用之一就是应用行为分析（applied behavior analysis）。**应用行为分析**（也称为行为矫正）就是使用操作性条件反射原理来改变人类的行为。应用行为分析中，实施者要在特定情境中设置奖励和惩罚，仔细分析和操纵改变行为。应用行为分析旨在识别可能维持期望行为的奖励，加强对适宜行为的奖励回报。从这个角度来看，所有的人类行为都受到奖励和惩罚的影响。如果我们能知道哪些奖励和惩罚正在控制一个人的行为，那么我们可以通过改变它们（奖惩），最终改变行为本身。

应用行为分析 使用操作性条件反射原理改变人类的行为。

如果员工完成了一个特别的工作目标，经理就给他们半天假期的奖励，这就是在使用应用行为分析。对于治疗师和来访者来说，明确来访者的行为结果，目的就是为了强化适应性的行为，而减少不适应的行为（Chance，2009）。如果老师发现爱惹麻烦的学生似乎喜欢被关注——即便这种关注是被责骂——那么老师就可以通过改变对孩子行为的关注，代之以忽视这种行为，以此进行应用行为分析。这些例子揭示了如何运用对行为后果的关注提高工作场所和教室中的行为表现。应用行为分析的支持者认为，很多情绪和行为的问题都源于不充分或不适当的行为结果（Alberto & Troutman，2009）。

❝ 请注意，师生的例子中是包括负性惩罚的。❞

应用行为分析的使用情境很广泛。例如，实践工作者使用它来帮助自闭症患者（Frazier，2012）、有心理问题的儿童、青少年（Miltenberger，2012）和精神健康机构的居民（Phillips & Mudford，2008）；指导个体的有效教养行为（Phaneuf & McIntyre，2007）；加强回收、不乱扔垃圾等环保行为（Geller，2002）；让人们系安全带（Streff & Geller，1986）；促进工作场所的安全（Geller，2006）。应用行为分析可以在身心健康的诸多方面提高人们的自我控制（Spiegler &Guevremont，2010）。

自我测试

1. 当儿子行为不当时，母亲拿走他最喜欢的玩具。她的行为是一个有关_____例子。
   A. 正性强化　　　　　　B. 负性强化
   C. 正性惩罚　　　　　　D. 负性惩罚

2. 下面哪种强化程序能使行为得到最大的提高_____。
   A. 固定比率　　　　　　B. 可变比率
   C. 固定间隔　　　　　　D. 可变间隔

3. Kelley 每次戏弄她的弟弟时都会被骂，母亲注意到她戏弄弟弟的频率在减少。批评 Kelley 是有效的_____。

   A. 负性强化　　　　　　B. 负性惩罚
   C. 条件作用物　　　　　D. 正性惩罚

   小应用！

4. Kevin 的女朋友非常情绪化，他永远不知道她在想什么。当她心情很好时，他感觉自己好像在天上，但是，当她心情不好时，她就会让他发疯。他的朋友都认为他应该抛弃她，但 Kevin 觉得自己就是无法离开她。Kevin 的女朋友对 Kevin 采用的是_____强化程序。

   A. 可变　　　　　　　　B. 固定
   C. 连续　　　　　　　　D. 不存在的

4　观察学习

用经典性条件反射或操作性条件反射能够教会一个15岁的男孩怎么开车吗？开车是一种自愿行为，所以经典性条件反射不适用于此处。至于操作性条件反射，我们可以试图让他在公路上行驶，然后奖励他的积极行为。不过，当一个人犯错后，就不会再想要上路开车了。阿尔伯特·班杜拉（2007b、2007、2008）认为，如果我们只通过尝试错误的方式学习，学习将会变得非常繁琐，有时甚至非常危险。相反，他认为，许多复杂的行为是因为接触到有能力的榜样。通过观察他人，我们可以获得知识、技能、规则、策略、信仰和态度

（Schunk，2011）。

班杜拉的观察学习（observational learning），也称为效仿（imitation）或模仿（modeling），他认为学习就是一个人观察和模仿他人的行为。观察学习取代了试误学习。观察学习通常会比操作性条件反射花费更少的时间。班杜拉（1986）认为观察学习包括四个主要过程：注意（attention）、保持（retention）、动作再现（motor reproduction）和强化（reinforcement）。

在观察学习中，第一过程一定是注意（我们在第3章中提到过知觉的至关重要的作用）。为了模仿榜样的行为，你必须知道榜样在说什么或做什么。如果音响声音很大，你可能听不到朋友说话，如果你正在欣赏邻排的某人，那么你也可能会错过老师对问题的分析。

另一个例子，假设你决定参加一个课程来提高自己的绘图技巧。为达到这一目的，你需要注意老师的言语、观看老师手的动作。榜样的特征会影响对榜样的注意。例如，与冷漠、弱小、普通的人相比，温暖、强大、特殊的人所发出的命令会得到更多的关注。

保持是观察学习的第二个过程。要模仿榜样的行为，你必须对信息进行编码，并保持在记忆中，这样，你就可以检索到它。对榜样行为进行的口头或形象的简单描述有助于保持的进行（记忆是重要的认知过程，第6章主要讲这一部分）。在参加课程提高绘画能力的例子中，你需要记住老师的所说所做，才能更好地获得良好的绘图能力。

动作重现，观察学习的第三个因素，是对榜样行为的模仿。人可能会注意到榜样的行为并对其进行编码，但动作发展上的限制会使他们很难重现榜样的行动。13岁的青少年可能看到了一个职业篮球运动员做反向双手扣篮，但无法再现其动作。同样，在你的绘画课上，如果你缺乏对精细动作重现的能力，你可能就无法效仿老师的行为。

强化是观察学习的最后一个组成部分。该情况下的问题是榜样行为之后是否会紧随着某一结果的出现。看到榜样在活动之后获得奖励会提高观察者重复榜样行为的可能性——这个过程被称为替代性强化（vicarious reinforcement）。另一方面，看到榜样被惩罚，则会使观察者不太可能重复这种行为——这个过程被称为替代性惩罚（vicarious punishment）。不幸的是，在媒体里出现的暴力和攻击镜头中，替代性强化和替代性惩罚往往是缺失的。

观察学习的研究在大量不同的情境中进行。例如，研究人员发现观察学习是大猩猩彼此学习动作技能的一种方式（Byrne，Hobaiter，& Klailova，2011）。他们发现人们通过观察学习来知晓某一刺激是否是痛苦的（Helsen，& others，2011）以及做出经济决策（Feri & others，2011）。研究人员也对观察学习和经验学习的不同感兴趣（Nicolle，Symmonds，& Dolan，2011）。

观察学习通过榜样的作用，激发人们改变自己的认知。榜样与我们是否相似影响到其对我们行为改变的作用。在科学和技术领域缺少女性和少数族裔榜样是女性和少数族裔在这些领域较少的一个原因。巴拉克·奥巴马（Barack Obama）当选主席后，美国的许多评论员指出，非裔美国人的孩子第一次看到了真实的例子，即他们也可能有一天获得这个国家的最高职位。你也许会看到一个5岁的费城的孩子剃着奥巴马总统的头发，让自己看起来更像他（Calmes，2012）。

图5.12总结了班杜拉的观察学习模式。

> **试一试！**
> 你所观察到的正面榜样和导师是你学习和成功的一个重要因素。列出你最重要的榜样和导师。与邻座的同学互相简要地描述他们如何影响了你。你理想的榜样或导师是什么样子？

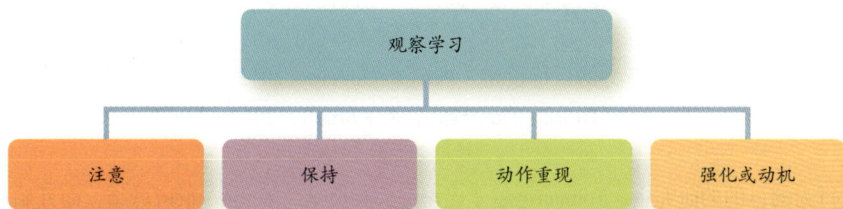

图 5.12 **班杜拉的观察学习模型** 根据班杜拉的模型，如果你正在学习滑雪，你需要注意老师所讲的话，记住老师所做的行为和提及到的一些避险的技巧。你也需要重现老师所做的动作。在斜坡上完成几步练习后，老师赞扬了你，这增加了你继续滑雪的动力。

自我测试

1. 观察学习还被称为_____。
   A. 复制　　　　　　　B. 模仿
   C. 试误学习　　　　　D. 可视化

2. 根据班杜拉的理论，观察学习的第一个阶段是_____。
   A. 动作重现　　　　　B. 保持
   C. 注意　　　　　　　D. 强化

3. 一个朋友向你展示如何用纸牌变戏法。然而，你忘记了第二步的技巧，因此无法再现纸牌戏法。失败之处在_____。
   A. 动作重现　　　　　B. 保持
   C. 注意　　　　　　　D. 强化

小应用！

4. Shawna 是个 15 岁的高中女孩，她的母亲是一个高收入的会计。Shawna 的妈妈总是长时间工作，并经常抱怨她的工作和自己有多恨她的老板，她大部分时间看起来都很累。当问 Shawna 长大后做什么，她说她不想做会计。她的母亲很震惊，不能理解为什么 Shawna 不想要跟随她的脚步。下面哪条最有可能解释这种情况呢？
   A. Shawna 没有观察到母亲对其行为的强化。她只体验到替代性惩罚
   B. Shawna 不知道她母亲是一个会计
   C. Shawna 不想与母亲一样，因为她的母亲不是一个好的模范
   D. Shawna 没有注意她的母亲

5　学习的认知因素

在了解学习的过程中，我们只在观察学习中看到了认知过程。斯金纳的操作性条件反射和巴甫洛夫的经典性条件反射关注外在环境和可观察到的行为，而不是学习者的认知。许多当代心理学家，包括一些行为学家，认识到认知的重要性，相信学习不仅仅是环境-行为的联结（Bandura，2011；Bjork，Dunlosky，& Kornell，2013；Schunk，2011）。E. C. Tolman最开始研究认知对学习的影响。

有目的的行为

E. C. Tolman（1932年）强调行为的目的性——行为是目标导向的观点。Tolman认为，要理解人们为何从事特定的行为，就需要研究整个行为序列。例如，高中生为了实现进入顶尖学院或大学的目标，而在课堂上努力学习。如果我们只关注其学习，那么就会无法了解其行为的目的。学生们并非一直努力学习，虽然他们之前一

直被如此强化。相反，学习是达到中期目标的一种手段（学习、高分），进而提高其进入心仪学院或大学的可能性（Schunk，2011）。

我们可以看到，Tolman的研究是关注人类行为的目标设定（Petri & Govern，2013）。研究人员特别关注人们为达到目的是如何进行自我调节和自我监控的（Bjork，Dunlosky，& Kornell，2013；Matthews & Moran，2011）。

期望学习和信息　在对行为的目的的研究中，Tolman超越了巴甫洛夫和斯金纳的刺激-反应联结，而开始关注认知机制。Tolman表示，当经典性条件反射和操作性条件反射发生时，有机体会产生一定的期待。在经典性条件反射中，小男孩因为预期到兔子会伤害他，所以害怕兔子的出现。在操作性条件反射中，一个女人努力工作一周，是因为她期待周五的薪水。期待来自于人们的经历和环境。期待影响着人类各种各样的经验。我们设定行为目标，是因为我们相信我们可以接近这些目标。

期待在安慰剂效应（placebo effect）中也起到一定的作用。与无法看到静脉注射相比，当病人可以看到静脉注射时，止痛药的效果更好（Price，Finniss，& Benedetti，2008）。如果病人看到自己已经吃下了药物，那么就会产生对疼痛减少的预期。

Tolman（1932）强调，条件刺激的信息价值是作为无条件刺激到来的一个重要信号或者预期。Tolman认为，由于能够预期当下，条件刺激提供的信息是理解经典性条件反射的关键。当代有关经典性条件反射的观点把有机体看做是信息获取者，有机体能够运用事件之间的逻辑与知觉关系以及预期，形成对世界的表征（Rescorla，2003，2005，2003）。

Leon Kamin（1968）的经典实验说明了有机体的经历和经典性条件反射中的条件刺激所提供的信息的重要性。Kamin通过将声音（条件刺激）和电击（无条件刺激）不断配对，使老鼠产生经典性条件反射作用，直到该声音可单独引起老鼠的恐惧反应（条件反射）。然后，只有他打开一盏灯（第二个条件刺激）时，声音才会响起，电击也会出现。尽管他反复搭配光（条件刺激）和电击（无条件刺激），老鼠对光并未产生条件反应（光本身没有引起条件反应）。将光线与电击建立条件反射的过程并未形成，老鼠好像没有注意到光线的出现。老鼠显然通过声音预期电击的到来；如果老鼠已经将声音与电击建立了条件反射，此时光线与电击的联结就显得多余了。在这个实验中，条件反射不是基于条件刺激和无条件刺激的相倚性建立的，反之，老鼠已有的经验及其接收到的信息在其中起着主要作用。当代经典性条件反射研究人员仍在进一步探索信息在有机体学习中的作用（Kluge & others，2011；Knight，Lewis，& Wood，2011；Rescorla & Wagner，2009）。

潜伏学习（latent learning）　潜伏学习的实验为了解认知在学习中的重要性提供了更多的证据。**潜伏学习（或内隐学习）**是未经强化的学习，不能立即反映在行为之中。在一项研究中，研究人员将两组饥饿的老鼠放在迷宫中，让它们找到从起点走到终点的路（Tolman & Honzik，1930）。第一组老鼠发现终点处有食物（强化物）；第二组在终点没有发现任何东西。操作性条件反射的观点认为，第一组学习走迷宫的速度会比第二组学习得更快，事实也确实如此。

潜伏学习（内隐学习）　未经强化的学习，不能立即反映到行为上。

然而，研究人员随后从无强化组中抽选出一些老鼠继续走迷宫，并在迷宫的终点放置了食物，此时，这些老鼠很快就与强化组的老鼠一样，能够非常快速地走迷宫。无强化的老鼠在不停地漫游和探索中显然已经学习到了很多。然而，它们的学习是潜伏的，这些认知存储在它们的记忆中，但尚未表现在行为上。当这些老鼠找到一个很好的理由（食物强化）走迷宫时，它们就回忆起潜伏学习，这有助于它们更快地到达迷宫的尽头。

在实验室之外，当你在一个新地方熟悉"地形"时，潜伏学习也是显而易见的。你第一次踏入大学校园，此时你可能是没有特定的目的而到处闲逛。但是此时对环境的探索会为你以后准时上课做好充分的准备。

顿悟学习

和E. C. Tolman一样，德国格式塔心理学家Wolfgang Köhler认为，认知因素在学习中扮演了一个重要的角色。第一次世界大战期间，Köhler在加那利群岛度过了四个月，并观察大猩猩的行为。他进行了两次有趣的实验——木棍问题和箱子问题。虽然这两个实验基本上是相同的，但解决问题的方式是不同的。在这两种情况下，猩猩都发现自己无法吃到诱人的水果，因为水果要么太高，要么远在笼子外面，超出了它能够到的范围。为了解决木棍的问题，猩猩需要将小木棍插着大木棍来够水果。要解决箱子的问题，猩猩必须堆叠起几个箱子才能够到水果。

Köhler（1925）认为，问题解决不仅仅是尝试错误或简单的刺激-反应联结。相反，当猩猩意识到其惯常的行为不能帮助其获得水果时，它通常会坐一段时间，似乎思考如何解决这个问题。然后突然站起来，好像有了一个顿悟，把箱子一个一个堆起来取水果。**顿悟学习**是问题解决的一种形式，是指有机体在解决问题时突然发现或理解了问题解决的方法。

顿悟学习的观点本质上不同于尝试错误以及条件反射学习，其观点也一直备受争议（Spence，1938）。顿悟学习似乎既需要循序渐进的程序，也包括突然出现的过程，对于该过程如何影响问题解决过程的探究，也一直吸引着心理学家们（Chu & MacGregor，2011）。在一个研究中，研究人员观察到红毛猩猩试图寻找从不透明的塑料管中拿到诱人花生的方法（Mendes，Hanus，& Call，2007）。这些灵长类动物在围栏里荡来荡去，尝试各种策略。通常，在得到最终的解决方案之前，它们会停顿一会儿：用嘴把水从水箱里运到塑料管里，借此一点一点地装满塑料管。一旦花生浮到水面之上，这些聪明的猩猩就能吃到零食了。最近的研究显示，黑猩猩可以通过观察学会解决花生漂浮的任务（Tennie，Call，& Tomasello，2010）。

顿悟学习需要"框外"思考，不考虑之前的期待和设想。多元文化的经验能提高人类的顿悟学习（Leung & others，2008）。相关研究表明，在MBA学生中，国外生活的时间长度与更高的顿悟正相关（Maddux & Galinsky，2007）。此外，实验研究表明，接触其他文化会影响顿悟学习。在一项研究中，美国大学生被随机分配观看两个幻灯片——一个展示关于中国与美国文化的看法，而另一个是关于其他的作为控制组的话题。那

> ❝ 使顿悟学习非常独特的就是那'啊哈！'时刻，但这一时刻的到来通常要经过很多次的错误尝试，只有当很多的错误答案被否定之后，这一时刻才最终到来。❞

顿悟学习 问题解决的一种形式，有机体在解决问题时突然发现或理解了问题解决的方法。

教育和跨文化心理学：文化多样性如何影响学习？

美国高等教育中最引人注目的变化之一是向多元化学生群体的转变。下表总结了从 1976 年到2011年四年制大学的社会景观的变化（美国教育部，2011 年），以及预期2019年会发生的变化（《高等教育纪事报 》，2011年）。

组别	1976年的学生比例	2011年的学生比例	2011–2019预计增加百分比
女性	41	57	+18
非拉丁裔白人/欧裔美国人	83	62	+5
非裔美国人	9.4	14	+24
拉丁裔	3.5	12	+37
亚裔美国人	1.8	7	+23

研究表明，文化多样性会促进学生的学习。例如，一项研究中对124所学院和大学中超过53000名本科生的研究发现，学生自我报告的与其他种族和族裔背景个体的互动能预测各种积极的结果，具体包括学业成绩、智力发展和社会能力（Hu & Kuh，2003）。许多大学认识到美国社会文化变得越来越多元化，学生在进入就业市场时也必须做好与多元化群体互动的准备。大学中参加的多元文化课程与个体的认知发展（Bowman，2010）及公民参与度正相关（Gurin & others，2002），这一相关效应在非拉丁裔白人学生中尤其突出（Hu & Kuh，2003）。

接触多样性的文化是如何影响少数民族成员的学习的？在这种情况下，文化多样性和学业表现之间的关系是比较复杂的。首先，由于考虑到对少数种族群体的社会态度，少数民族学生对学习风险和表达想法会有所担心。另一方面，这些学生可能也会担心其他人如何看待自己及其

民族。这些情绪会影响他们的学业努力（Ely，Thomas，& Padavic，2007；Guillaume，Brodbeck，& Riketta，2012）。然而，文化多样性对这些人也是有好处的，尤其是现在的大学设置变得越来越多样化。

最近的一项研究调查了在英国国际商学院中的文化多样性与个体学习的关系（Brodbeck，Guillaume，& Lee，2011）。学生来自不同的种族背景。英国学生中有白人/欧裔白人学生、印度种族以及巴基斯坦的学生。此外，还有一些学生是加勒比黑人、非洲黑人、中国人、阿拉伯人和一些来自其他欧洲国家的学生。在一个课程中，学生们被分配到工作组里，学习在计算机模拟游戏中运营汽车公司的内容。学生通常五人一组，每周开一次会，制定业务计划，一起做出决定，并了解公司的进展情况。作为课程总成绩的一部分，每个学生还要写一篇个人论文。各个组在种族多样性上存在差异。研究结果表明：低种群多样性组的少数族裔学生表现相对较差，但他们的表现随着种群多样性的增加而提高。重要的是同一族群的学生能够包容其他人。研究者估计，一名少数民族的学生，如果生活在包括至少一名不同于其族群的个体的多元化集体中时，其成绩水平存在着从A到C+的差异。最高学习水平的群体就是少数民族学生占主要组成成分的群体。不过，当白人/欧裔白人学生是所在族群里的唯一成员时，他们的表现最佳。

毫无疑问，大学生的人口分布在不断发生着巨大的变化。这种发展对于学习来说似乎是一件非常好的事情。不同群体比同一群体可以提供更广泛的知识面和更多样的视角，对所有小组成员都有积极作用。随着大学生群体变得更加多样化，学生有更多的机会去分享彼此的差异并从这些差异中获益。

你的学习环境多元化程度如何？
你如何从学校的文化多样性中受益？

些观看多元文化幻灯片的大学生，在创造力和洞察力上的得分更高，这些变化会持续一周（Leung & others，2008）。接触其他文化和思维方式是提高洞察力和创造力的一个关键方法，个体并非只通过旅行才能享受多元文化的学习效益。有关此主题的更多信息，请参阅交叉研究部分。

6　学习中的生理、文化和心理因素

　　爱因斯坦有许多特殊的才能。他所拥有的巨大的创造力、敏锐的分析能力，使他提出了二十世纪有关物质与宇宙本质的最重要的见解。基因显然赋予了爱因斯坦非凡的智力才能，使他有高水平的思考和推断能力，但文化因素也促使他成为天才。爱因斯坦早期接受的是优秀而严格的欧洲教育，后来他又在美国经历了自由并获得支持，这些被认为对创造性探索非常重要。如果在一个不是如此有利的环境中长大的话，爱因斯坦会有如此完美的技能和洞察力吗？这是不可能的。显然，生物和文化因素会促进学习。

生理制约

　　人类不能在水下呼吸，鱼不能滑雪，牛不能解决数学问题。有机体的身体结构使其具备某些形式的学习能力，但无法拥有其他形式的学习能力（Chance，2009）。例如，黑猩猩无法学会说英语，因为他们缺少必需的声音器官。

　　服务犬的例子也表明了学习的限制性原则。有一种服务犬——癫痫发作警示犬，会在几分钟甚至几小时前提醒患者癫痫将要发作。这些狗会在癫痫发作前哀鸣、嗥叫或用爪子抓主人。虽然在训练中运用的是奖励的学习原则，但没人知道这些狗如何感觉到癫痫将要发作。这些狗能成功地预测癫痫发作，使得癫痫患者在发作前就能够及时得到治疗。训练员使用奖励训练狗在人类癫痫发作后，留在主人身边并按下按钮拨打911。然而，正如一位教练所说，"我可以训练狗坐下和取东西，但是我无法教一只狗如何去感知和提醒"（Mott，2004）。如果狗对癫痫发作没有天生的敏感，再多的训练也无济于事。

本能倾向　Keller和Marion Breland（1961）是斯金纳的学生。斯金纳运用操作性条件反射来训练动物在博览会、政党大会和电视广告中执行任务。他们应用斯金纳的技术教猪用推车把许多大木制钱币推到储钱罐中并把它们存起来。他们也训练浣熊每捡起一枚硬币就将其放在一个金属托盘上。尽管猪、浣熊、鸡和其他动物在大部分任务中都表现得很好（例如，浣熊成为娴熟的篮球运动员），然而一些动物开始表现得很异常。小猪们并没有拾起大的木制钱币并把其放进储钱罐中，而是把硬币扔在地上，用鼻子拱钱币，并把它们扔到空中，然后重复这些动作。浣熊则开始抓住硬币，而不是把硬币投到金属盘子中。给浣熊两个硬币后，浣熊就一直搓着硬币。这些行为大大超过了强化的强度。生物性影响学习的这个例子阐释了**本能倾向**（instinctive drift），动物的本能行为不利于学习。

为什么猪和浣熊的行为会出现偏差？猪去拱这些钱币，是其找食物的本能。浣熊表现的则是清洗食品的本能反应。本能倾向干扰了学习。

准备性　一些动物的学习在某些情况下很容易，但在另一些情况下则很困难（Garcia & Koelling，1966，2009）。造成学习困难的原因可能不是学习情境，而是有机体的生物倾向性（Seligman，1970）。**准备性**是物种在学习中表现出的特有的生物倾向性。

准备性的大部分证据来自味觉厌恶的研究（Garcia，1989；Garcia & Koelling，2009）。回想一下味觉厌恶的实验，特定的味道与恶心之间建立了联结。吃完食物后接受低水平辐射的老鼠，会对食物产生强烈的厌恶，因为辐射使它们得病。这种厌恶可以持续长达32天。经典性条件反射无法解释这样的长期影响，一个条件刺激和无条件刺激的配对不会持续那么久（Garcia，Ervin，& Koelling，1966）。味觉厌恶学习在动物和人类身上都存在，使得动物和人类能够基于味道和气味选择食物。还有其他一些物种则更易于在食物的颜色和疾病之间建立快速联结。

另一个有关准备性的例子是对人类及猴子将蛇与恐惧建立条件反射的研究。Susan Mineka和Arne Ohman（2002；2003）调查了蛇能引起诸多哺乳动物恐惧的神秘的自然力量。很多猴子和人类都害怕蛇，猴子和人类能够很快地在蛇和恐惧之间建立联结。在经典性条件反射的研究中，当蛇（条件刺激）的照片配上电击（无条件刺激）时，蛇可以迅速而强烈地唤起恐惧（条件刺激）。有趣的是，图片鲜花（条件刺激）和电击之间配对所建立的联结就较弱（Mineka & Ohman，2002；Ohman & Soares，1998）。更重要的是，蛇的照片可以作为恐惧反应的条件刺激，即使以被试无法察觉的速度迅速地呈现蛇的照片，也能引起被试的恐惧反应（Ohman & Mineka，2001）。

蛇和恐惧之间的联结不只存在于经典性条件反射范式中。那些在实验室里长大的猴子，虽然从来没有见过蛇，仅仅是通过观察学习的方式，也能够很快地学会对蛇的惧怕。让实验室里的猴子观看视频，如果视频中的猴子分别对蛇、兔子、花或蘑菇表现出恐惧，那么，观看的猴子对蛇的恐惧的习得速度是最快的（Ohman & Mineka，2003）。

Mineka和Ohman（2002）认为，这些结果表明了哺乳动物将蛇与恐惧及厌恶刺激建立联结的准备性。他们认为这种联结的建立与杏仁核（边缘系统中与情绪有关的部分）有关，并且很难被改变。这些研究表明，对蛇惧怕的准备性之所以形成，是由于我们的祖先在进化过程中更容易受到这种爬行动物的威胁。

本能倾向　动物身上存在的不利于其学习行为发生的本能行为。

准备性　是某一物种在学习中表现出的特有的生物倾向性。

文化影响

从历史上看，对人类学习的文化背景的研究兴趣一直未被广泛关注，部分原因就在于以往研究中的对象通常是动物。问题出现了，文化是如何影响人类学习的？大多数心理学家都同意经典性条件反射、操作性条件反射和观察学习原则的普遍性，认为这三种学习过程在每种文化中都很重要。然而，文化可以影响这些学习过程的进程（Matsumoto & Juang，2013）。例如，墨西哥裔美国学生可能更多地通过观察进行学习，而非拉丁裔白人学生可能更习惯于通过直接教学进行学习（Mejia-Arauz，Rogoff，& Paradise，2005）。

此外，文化还决定学习的内容（Shiraev，2011）。只有通过体验，我们才能学习。在喀拉哈里沙漠长大的4岁布须曼儿童，不知道怎么洗澡和用刀叉吃饭。同样，一个在芝加哥长大的孩子也不太擅长追踪动物并在沙漠中发现根茎含水的植物。学习通常需要不断的练习，某些行为在一些文化中练习得更多些，而在另一些文化中则不然。在巴厘岛，很多孩子6岁时就是熟练的舞者，而挪威的孩子在这个年龄时则更有可能是个优秀的滑雪者。

心理因素的制约

学习受心理因素的制约吗？对于动物来说，答案可能是否定的。对于人类来说，答案似乎是肯定的。我们首先声明鱼不能滑雪。这句话的真实性是明确的。从逻辑上看这是不可能的。在生活中，我们的学习常常像鱼尝试滑雪一样费劲，我们也可能会问，什么时候我们能够无需学习就能掌握一种技能或任务。一些人认为人类有特殊的学习方式，他们更易于以某些方式而非其他方式进行学习。要了解这种可能性，请参阅"挑战你的思维"部分。

Carol Dweck（2006，2012）使用思维模式（mindset）这一术语来描述我们关于能力的信念，这一能力信念决定了我们为自己设定何等目标、学习什么内容，以及最终真正学到什么。人类的两种思维模式之一即固定思维模式，这种思维的人认为个人能力就像是石头雕成的，不能改变；而成长型思维模式（growth mindset）的人则相信个人的能力可以通过努力得以改变和提高。这两种思维模式对于失败的意义会产生不同的影响。对于固定型思维模式，失败意味着缺乏能力。而对于成长型思维模式的个体，失败则告诉他/她还需要学习。你的思维模式决定你是乐观还是悲观、你的目标是什么、你将如何努力实现这些目标以及你在大学及以后的生活中会取得多大程度的成功。

Dweck（2006）研究了医学预科专业大学新生的化学课程学习。具有成长型思维模式的学生比具有固定型思维模式的学生的分数更高。即使第一次考试没有考好，那些具有成长型思维模式的学生一般会在接下来的测试中出现成绩反弹。具有固定型思维模式的学生此时通常会重读课本、课堂笔记并试图逐字记住一切内容。当考试结果糟糕时，具有固定型思维模式的学生会认为，化学也许并不适合他们。相比之下，具有成长型思维模式的学生则会主导自己的动机和学习过程，重新研究课程的主题和原理，反复分析错误直到完全理解。Dweck分析，"他们不仅仅是为了把考试考好而研究怎么学习。实际上，这就是他们获得更高分数的原因，而非因为他们

学习风格对学习起重要作用吗？学习风格对学习起重要作用吗？

学习风格是指人们对何种学习方法对个体来说最有效所持有的不同观点。例如，你可能听过，有人是视觉学习者（他/她通过观看来学习），有人是听觉学习者（通过倾听来学习的人）或运动觉学习者（通过动手操作来学习的人）。

个体学习风格存在差异的观念被广为接受。教育心理学教材、学校和教师都是如此看待学生的。一项特定的科学假设指出，当教师基于学生特定的学习风格展开教学时，学生的学习效果更好。这一假设引发了如下争论：教师是否应调整自己的教学方法去适应学生的学习方式？那么，有哪些证据表明基于学生特定学习风格的教学方法会更有利于学生学习成绩的提高呢？

2008年，心理学会（Association for Psychological Science）委托一个专家小组来对这个问题进行解答。由人类学习专家、心理学家Harold Pashler领导的专家小组发

现，儿童和成人对特定的学习风格的偏好表现出一致性的特点，没有证据表明基于"视觉"，"听觉"或"运动觉"学习者学习风格的教学方法能够更好地促进学生的学习（Pashler & others，2008）。让我们看看如下一些具有争议性的结论证据。

在一个研究中，研究人员首先对被试是听觉还是视觉学习者进行测评，然后让他们学习一系列以听觉或视觉方式呈现的单词列表。之后是记忆测试。结果表明，所有被试在视觉条件下的学习效果都更好，学习风格偏好与材料的记忆之间没有相关性（Constantinidou & Baker，2002）。在另一系列的研究中，确定被试是视觉或听觉学习者后，研究者为其提供相对应的视觉或听觉的学习材料，让其在计算机上完成单元学习任务。虽然学习风格预测了被试对学习材料的偏好，但个人的学习风格与教学模式的匹配与学习结果无关（Massa & Mayer，2006）。研究人员就此得出结论，无证据表明教师应基于学习者的不同学习风格采用不同的教学方法（Massa & Mayer，2006）。根据上述及其他一些研究，Pashler及其同事们认为，学校教育中强调教育方法应基于学习风格而进行的观点及证明该观点具有可信性的证据缺乏有效性，该观点"既惊人又令人不安"（2008 p.117）。

学习风格的概念在一定程度上具有吸引力，是因为它反映了我们所知道的一些事情，即个体的学习方式是不一样的。然而，学习方式的不同似乎无法完全涵盖在学习风格这一概念之中（Willingham，2011）。特定教学方法的有效性可能更多依赖于学生的先验知识、动机和其他因素。许多不同方法都有可能促进学生的学习。当教师尝试用不同的方法获取材料，例如通过实际操作的工具来陈述问题时，学生的学习效果会更好，这就是一个很好的教学方式，而非一定根据特定的学习风格制定特定的教学方式。正如在第3章中所提到的，各种感官系统共同帮助我们与外界建立联系。大脑和感官系统并不仅仅以某一特定的方式进行学习。

如果我们试图找出个体偏好的学习风格，这种做法会

"今年的'好奇学习者奖'得主是……"

经 CartoonStock 许可使用，转自 www.CartoonStock.com。

有负面作用吗？如果结果会限制学习的进行，那么可能会有。例如，我们假定个人学习风格能够告诉我们哪些事情不能做或不应该做，然而，有时候最有意义的学习就是那些使我们走出舒适地带的过程。教师以及那些让我们尽力用不同的方式看待世界和自己的学习内容，就是有意义学习的关键。有时候，最简单的方式并不是改变人生的最佳学习途径。

你如何认为？

你认为你有特定的学习风格吗？如果有的话，它是如何影响你的学习的呢？

证据表明无差别化的教学方式对特定的学习风格也是有效的，我们如何在课程之中实施这些想法呢？

更聪明或有更好的科学背景"（2006 p.61）。

以下是建立成长型思维模式的一些有效策略（Dweck，2006）：

- 明白你的智力和思维能力并非是固定的，而是可以改变的。即使你已经非常聪明，也可以通过不断的努力获得智力上的发展。

- 热爱学习，在具有挑战性的情境中扩展你的思维。当事情进展不顺时，人们很容易退缩并成为固定型思维模式的人；但是，如果你遇到困难时，仍然能不断成长，努力工作，继续学习，并改进你的策略，你将成为一个成功的人。

- 回想一下你崇拜的那些人身上所表现出的成长型思维模式。可能你心中有一个英雄，他/她取得了一些不同寻常的成就。你可能认为他/她的成就非常容易，因为他/她是个天才。然而，重新看一下这个人是如何工作的，你可能就会发现是长时间的辛苦工作和努力让他/她取得这些个人成就的。

- 从现在开始改变。如果你是固定型思维模式的人，那么从现在就开始改变。思考一下，你将在何时、何处以及如何开启新的成长型思维模式。

Dweck的研究让我们开始思考我们对于学习的各种制约。当我们思及在数学和科学领域中缺乏女性和少数族裔时，我们可能会认为这些群体受到了他们是否能够在这些领域取得成功这一观念的影响。关于能力的信念深深地影响着我们在何种程度上努力地学习。一个具有成长型思维模式的7岁孩子会告诉你，除非你尝试，否则你永远不知道自己能做什么。

自我测试

1. 猪拱地刨根的行为干扰了其学习，这一现象是_____的例子。

   A. 准备性　　　　　B. 习得性无助

   C. 味觉厌恶　　　　D. 本能倾向

2. Mineka 和 Ohman 认为，人类对于蛇的惧怕具有准备性，是因为_____。

   A. 文化的神话

   B. 蛇的宗教象征意义

   C. 蛇和其他爬行动物给早期人类带来的危险

   D. 人类学习的局限性

3. 相信努力学习就能获得高分是_____的例子。

   A. 成长顿悟　　　　B. 成长型思维模式

   C. 准备性　　　　　D. 固定型思维模式

小应用！

4. Frances 一直养的宠物都是狗，这回她第一次收养了一只猫。基于她养宠物狗的经验，Frances 震惊地发现，她的新猫——Tolman，第一天就知道如何正确使用垃圾桶。Frances 认为 Tolman 是一只天才猫。Tolman 展示了惊人的_____能力。

   A. 学习的心理限制　　B. 生物性准备

   C. 学习的文化限制　　D. 这个养狗人不聪明

❶ 学习的类型

学习是通过经验而使行为发生的系统的、且相对持久的变化。联结学习指的是通过将两个事件之间建立联结而进行的学习。观察学习是通过观察别人做什么来学习。

联结学习的发生过程就是条件反射。在经典性条件反射中，有机体学习两个刺激之间的联结。在操作性条件反射中，有机体学习行为和结果之间的联结。

❷ 经典性条件反射

经典性条件反射是指一个中性刺激与一个原本就有意义的刺激建立联结并引发相同反应的过程。巴甫洛夫发现有机体能够学习在无条件刺激（US）和条件刺激（CS）之间建立联结。无条件刺激自发引起无条件反射（UR）。当条件刺激与无条件刺激（CS-US）配对后，条件刺激（CS）能够自发引起条件反射（CR）。经典性条件反射通过刺激与反应的初始联结得以形成，其中，中性刺激与无条件刺激（US）建立联结，使条件刺激（CS）引发条件反射（CR）。接近性和相倚性是该过程的两个重要方面。

经典性条件反射中，泛化是指类似于条件刺激的新刺激能够引发类似的条件反射。分化是指个体只对某个特定刺激而非其他刺激建立条件反射的学习过程。消退是当无条件刺激不再出现时，条件反射开始减弱的现象。自然恢复是指在没有进一步条件作用时，条件反射在消失一段时间后再次重现的现象。经典性条件反射已经应用于解释和消除人类的恐惧、打破习惯、消除味觉厌恶、理解不同的体验（如愉悦感）和药物习惯化之中。

❸ 操作性条件反射

操作性条件反射是行为结果改变行为发生可能性的一种联结学习。斯金纳把有机体的行为描述为可操作的：行为作用于环境，环境反过来作用于有机体。经典性条件反射中的行为指的是反应性的行为，而操作性条件反射中的行为指的是操作性的行为。大多数

情况下，操作性条件反射能够比经典性条件反射更好地解释自发行为。

桑代克的效果律表明积极的行为结果能加强行为，而消极的行为影响则削弱行为。斯金纳在这个观点上，建立了操作性条件反射的概念。

塑造是为了缩短学习过程，而对不断接近期望行为的行为进行强化的过程。强化原理，包括正性强化（行为之后增加奖励刺激，行为的频率增加）和负性强化（行为之后移除厌恶刺激，行为的频率增加）。正性强化可以分为初级强化（使用与生俱来的令人满意的强化物）和次级强化（使用只有通过有机体的后天经验才了解其积极价值的强化物）。强化可以是连续的（行为每次出现都被强化）或间歇的（并非每次行为发生后都进行强化）。强化程序表——固定比率、可变比率、固定间隔和可变间隔，决定了一个行为何时会被强化。

操作性条件反射包括泛化（类似的刺激引发相同的反应）、分化（对行为是否被强化的刺激信号做出正确反应）和消退（当曾经被强化的行为不再被强化时，该行为发生频率降低）。

惩罚是指行为的结果降低了该行为发生的可能性。正性惩罚中，行为之后出现某一刺激，导致该行为在未来发生的频率降低。负性惩罚中，行为之后移除某一刺激，导致该行为在未来发生的频率降低。

应用行为分析指的是操作性条件反射原理在各种真实行为中的应用。

❹ 观察学习

人们对他人行为的观察和模仿就是观察学习。班杜拉的观察学习包括四个主要过程：注意、保持、动作再现和强化。

❺ 学习的认知因素

Tolman强调行为的目的性。目的性是指Tolman认为大部分的行为都是有目的指向的。在研究行为的目的性中，Tolman不再考虑刺激和反应，而是讨论了认

知机制。Tolman认为预期和从环境中获得的经验，是学习中的重要认知机制。

Köhler提出了顿悟学习的概念，顿悟学习是问题解决的一种形式，是指有机体在解决问题时突然发现或理解了问题解决的方法。

❻ 学习中的生物、文化和心理因素

生物制约限制了有机体的学习。这些制约包括本能倾向（动物的本能行为对学习行为的干扰）、准备性（某一物种学习中表现出的特有的生物倾向性）和味觉厌恶（对曾引发疾病的食物予以回避的一种生物倾向性）。

尽管大多数心理学家认为，经典性条件反射、操作性条件反射、观察学习的原理具有普遍性，但文化传统影响着这些学习的进展程度。文化也往往决定了学习的内容。

此外，我们所学习的内容还部分取决于我们相信自己能够学习什么。Dweck强调个体从成长型思维模式而非固定型思维模式中的获益更大。

关键术语

学习，p.156

行为主义，p.156

联结学习，p.156

观察学习，p.157

经典性条件反射，p.158

无条件刺激，p.159

无条件反射，p.159

条件刺激，p.159

条件反射，p.159

习得，p.160

泛化（经典性条件反射），p.160

分化（经典性条件反射），p.161

消退（经典性条件反射），p.161

自然恢复，p.161

对抗性条件反射，p.162

厌恶性条件反射，p.162

习惯性，P.164

操作性条件反射（或工具性条件反射），p.166

效果律，p.167

塑造，p.168

强化，p.168

正性强化，p.169

负性强化，p.169

回避学习，p.170

习得性无助，p.170

初级强化物，p.170

次级强化物，p.170

泛化（操作性条件反射），p.170

分化（操作性条件反射），p.170

消退（操作性条件反射），p.171

强化程序表，p.171

惩罚，p.173

正性惩罚，p.173

负性惩罚，p.173

应用行为分析，p.174

潜伏学习（内隐学习），p.178

顿悟学习，p.179

本能倾向，p.182

准备性，p.182

自我测试

多项选择

1. 对食品流口水、在低温环境中不停地颤抖、因喉咙充血而咳嗽都是自动的刺激反应联结，或_____。

   A. 收缩　　　　　　　B. 反射

   C. 关联　　　　　　　D. 习得

2. 研究人员发现，在训练浣熊将硬币放入托盘中时，它会把硬币放在一起摩擦，而不是将它们放入托盘。为什么？

   A. 消退　　　　　　　B. 自然恢复

   C. 本能倾向　　　　　D. 对抗性条件反射

3. 孩子听到巨响时哭泣。噪音是_____。

    A. 无条件刺激   B. 条件刺激

    C. 无条件反射   D. 条件反射

4. 下面哪个选项符合效果率?

    A. 获得了高分的学生在学校开始表现得不好了

    B. 一只被惩罚的狗,更发狂地吠叫

    C. 一只因抓沙发而被主人怒吼的猫停止抓沙发

    D. 一个因为迟到而被解雇的成人,在下一份工作仍旧迟到

5. Meghan很害怕坐飞机。当她和丈夫去度假时,丈夫握着她的手帮助她放松,她深呼吸,想象着自己在沙滩上。与丈夫坐过几次飞机后,Meghan不再害怕飞行。Meghan属于下列哪种情况?

    A. 对抗性条件反射   B. 消退

    C. 分化   D. 自然恢复

6. 作为奖励,只要Miguel每打扫房间六次,母亲就带他出去吃饭。Miguel所经历的是哪种类型的强化程序表?

    A. 可变比率程序   B. 可变间隔程序

    C. 固定比率程序   D. 固定间隔程序

7. 最难以消退的强化程序表是_____。

    A. 可变比率程序   B. 可变间隔程序

    C. 固定比率程序   D. 固定间隔程序

8. 对行为不当的孩子进行隔离,是一个_____的例子。

    A. 负性强化   B. 负性惩罚

    C. 正性强化   D. 正性惩罚

9. Sally看到了朋友因持有毒品被逮捕。所以,Sally从不接触毒品。Sally经历了什么样的学习?

    A. 负性强化   B. 经典性条件反射

    C. 操作性条件反射   D. 观察学习

10. _____能够解释味觉厌恶的习得速度远远高于其他类型的学习。

    A. 本能倾向   B. 准备性

    C. 顿悟学习   D. 相倚性

小应用!

11. 试想一下,你即将开始实习,你希望在这个组织里有朝一日成为专家。用观察学习的过程来描述你在实习过程中使用的各种策略。请记住,学习是相对持久的,这意味着我们有时会忘记自己所学到的东西。同时,学习是基于经验而发生的改变,生理成熟引起的变化不能称为学习。

照片、留念、纪念品：记忆与意义

2011年5月20号，龙卷风袭击了密苏里州的乔普林地区，造成160人死亡，城市的三分之一被夷为平地。在这段暴风雨的日子里，阿肯色州、堪萨斯州、俄克拉荷马州、田纳西州和整个密苏里州的居民都意外地发现了来自乔普林的照片。这些珍贵的纪念品被龙卷风以每小时200英里的速度吹到了这些地方的树上、谷仓、庭院和铁丝网上。

Oklahoman Angela Walters建立了一个脸谱（Facebook）页面，作为信息交流中心来帮助乔普林的人们认领丢失的照片。Facebook网页上最终共展示了27000张照片。沃尔特斯指出，"当灾难发生时，人们在听到家人安全的消息后，接下来会想到的就是照片。它们是不可替代的……它们是我们的生命"（Cohen，2011）。一位在这场暴风雨中失去家人的妇女在一张照片中找到了安慰，这是她八岁的儿子在两岁时拍的照片，照片中，她的儿子朝着相机扮鬼脸并假装刮胡子。"那是一个日子，是一段记忆，是一小段时间……所有的其他东西则仅仅是物品，"她说，"而回忆所依赖的就是照片"（Cohen，2011）。

人类会本能地收集一些具体的证据来加强自己的记忆。当一些重要事情发生时，我们会拍照留念。在参观一些特别地方时，我们会买一件T恤、一个咖啡杯或者一张明信片。这些关于我们在哪里、和谁、做了什么事情的具体证据告诉了我们关于记忆的两条真理：有些事情是我们想要永远记得的，以及我们并不确定记忆本身是否足够。当然，记忆为许多日常活动提供了关键的支持——比如，因为有记忆，我们才知道当打开冰箱时要寻找什么，我们把跑步鞋放哪儿了，以及我们什么时间去邮寄生日卡。然而，我们的记忆也是宝贵的，因为它是我们经验的持久印记，它代表给予我们生活意义的某个历史瞬间。

预览

生活中很少有哪一个时刻不进入记忆之中。在你采取行动的每一步、思考的每一瞬间、说的每一个词中，记忆都在发挥着作用。通过记忆，你将过去与现在联系起来。在本章中，我们将探索记忆的主要过程，包括信息的编码、存储、提取以及遗忘。我们还要探讨记忆科学所揭示的关于学习和保持所学课程内容的最佳方式以及记忆过程是如何丰富我们的生活的。

1　记忆的本质

星星闪烁，一轮满月。一个美丽的夜晚即将结束。你看着周围的美景心想，"我永远不会忘记这个夜晚。"事实上，怎么可能永远不会忘呢？此后数年，即使你再未想过今夜，你仍然可能会在某一天向你的孩子感叹多年前这个美丽的夜晚。一个如此美丽的夜晚是如何成为你持久的生命记忆中的一部分呢？心理学家将记忆定义为信息和经验在一段时间内的保存。记忆的发生包括三个重要的过程：编码、存储和提取。记忆需要编码信息（编码当晚的景象和声音）、存储或表征信息（将信息存储在某些信息库中），以及有目的地提取信息（当有人问"那么你们俩是怎么结束的？"时回想起当时的情景）。在接下来的三节中，我们重点讨论记忆的这三个阶段：编码、存储和提取（图6.1）。

只有在**记忆**丧失的那个令人烦恼的时刻，或者你所认识的某个人的记忆缺失时，你才有可能意识到你所做、所说的一切事情是多么依赖于记忆系统的平稳运作（Schacter，2001，2007）。想想这一场景，你向别人要手机号码，而手边没有铅笔、纸张或手机可用。你必须专注于那个人所说的，并且在脑海里复述那串数字，直到你可以将它们长久地存储在脑海里，然后有机会时将电话号码存在手机里。这时你必然会从记忆里提取这个人的身份以及起初你跟他要这个电话号码的原因。是不是你要约他出来或者跟他借心理课的笔记？人类的记忆系统是一个真正了不起的系统，它知道有多少信息编码进入了记忆里，以及我们必须提取多少信息用来进行日常活动（Kahana，2012；Lieberman，2012）。

记忆　通过信息编码、存储和提取来保存信息和经验的过程。

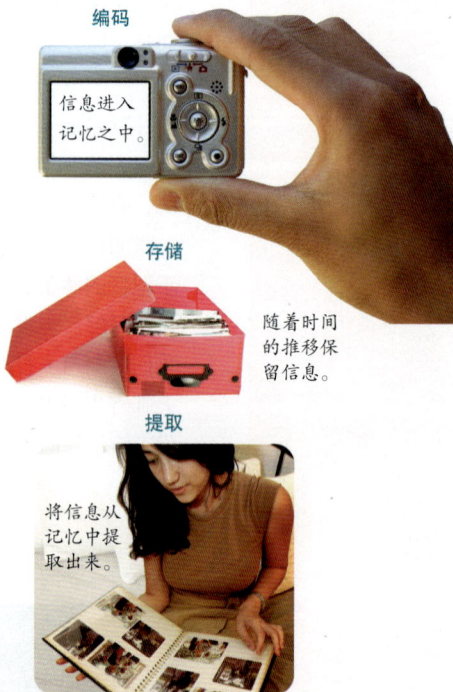

编码

信息进入记忆之中。

存储

随着时间的推移保留信息。

提取

将信息从记忆中提取出来。

图 6.1　记忆的信息加工　当你阅读本章中有关记忆的多个方面时，思考记忆在这三个主要活动方面的机制。

2　记忆的编码

记忆的第一个步骤是**编码**，即信息进入记忆存储器的过程。当你在听讲座、看戏、看书，或者与朋友聊天时，这些信息被编码进入记忆之中。有些信息几乎自动就进入了记忆，而有些信息的编码则需要付出努力。让我们来研究一下那些需要付出努力的编码过程。这些过程包括注意、深度加工、精细加工以及使用心理意象。

注意

在开始记忆编码的过程前，我们首先需要注意到这些信息（Chun，Turk-Browne，Golomb，2011；Flom，Bahrick，2010）。第3章中介绍过，选择性注意是指关注事物的某一具体方面，而忽略其他方面。注意是有选择性的，因为大脑的资源有限，无法顾及到全部。这些资源的有限性意味着，在周围的环境中，我们必须有选择地去注意一些东西，而忽略其他的东西（Matzel，Kolata，2010）。所以，在与伴侣一起度过的那个特殊的夜晚，当你漫步在大街上时，你从未注意到喧闹的巴士以及身边匆匆而过的行人。这些细节并没有进入你的长时记忆中。

除了选择性注意，心理学家还描述了两种其他形式的注意分配：分配性注意和持续性注意（Robinson-Riegler，Robinson-Riegler，2012）。**分配性注意**（divided attention）是指个体在同一时间注意两个或两个以上的活动。如果你边听音乐或看电视，边读本书，那么你正在分配你的注意。**持续性注意**（sustained attention）（也称为警觉）是指在一定时间内将注意力维持在一个特定的刺激上。比如，考试复习的时候，将注意力集中在笔记上，这就是持续性注意的一个很好的例子。

体验一下： 注意

编码　记忆的第一个步骤，是信息进入记忆存储器的过程。

分配性注意　个体在同一时间注意两个或两个以上的活动。

持续性注意　在一定时间内将注意力维持在一个特定的刺激上。

分配性注意可能尤其不利于信息编码。多任务处理，是指在某些情况下，注意力不仅是在两个活动，甚至还在三个或三个以上的活动中进行分配（Lin，2009），这可能是分配性注意的极限。

将注意力同时分配于功课、即时通信、上网、看iTunes播放列表，这在高中和大学的学生中非常普遍。多任务工作者们通常对其进行多任务工作的技能非常有自信（Pattillo，2010）。然而，最近的一项研究表明，严重的多任务工作者们在任务切换能力测试中的表现更差，这显然是因为他们在无关任务中抗干扰的能力下降了（Ophir，Nass，Wagner，2009）。这个研究表明，边用手机发短信（或玩游戏），边听课，可能会阻碍你一心一意地听课（Glenn，2010）。

加工水平

> **下次，当你在电视或电脑前坐下学习时，请记得这一点。**

另外一个影响记忆的因素是我们对于信息的加工深度。Fergus Craik和Robert Lockhart（1972）首次提出，加工水平能够影响信息编码。**加工水平**这一术语指的是由浅层到中间、再到深层的记忆加工连续区，加工水平越深，记忆效果越好。

想象一下，你被要求背诵单词列表，其中包括单词mom。浅加工为注意到刺激物的物理特征，比如单词mom中字母的形状。中级加工为赋予刺激一个标签，例如单词mom的读音。深度加工包括思考该刺激的意义，例如，思考单词mom的含义，回想自己的母亲、她的长相、她的特点等。

加工水平越深，记忆越好（Howes，2006；Rose，Craik，2012）。例如，研究者发现，如果我们想要记住一个人的面孔，就将有关面孔的信息进行有意义的编码，并将面孔与编码信息关联起来，这样我们就会更容易记住这张面孔（Harris，Kay，1995）。餐厅服务员试着去记住顾客面孔的时候，会去回忆顾客所点的食物，这个过程就是深度加工的过程（图6.2）。

精细加工

> **加工水平** 由浅层到中间、再到深层的记忆加工连续区，加工水平越深，记忆效果越好。
>
> **精细加工** 在记忆编码的任一特定水平上，围绕某一刺激物建立许多不同的连接。

有效的记忆编码不仅仅依赖于深度加工。加工得越深、越广，记忆越好（Terry，2009）。**精细加工**（elaboration）是指在记忆编码的任一特定水平，围绕某一刺激物建立许多不同的连接。精细加工就像是创建一张巨大的蜘蛛网，将新信息和一切已知的旧信息连接起来。在任何加工水平上都可以进行精细加工。在单词mom这个例子中，即使在

加工水平	过程	举例
浅加工	分析物理和感知特征	注意到刺激物的构成，如汽车的物理外观、角度、轮廓
中度加工	识别并标记刺激	将刺激物识别为汽车
深加工	使用语意、意义和象征性特征	与汽车有关的事情进入到脑海里，你想要购买保时捷还是法拉利，或者春天时你开着车和朋友在海边玩耍的场景

（加工的深度（箭头））

图6.2 加工深度 根据加工水平原理，对刺激物的加工水平越深，记忆越好。

浅加工水平上，个体也可以对该词进行精细加工，例如，通过思考字母的形状，以及它们如何跟其他字母的形状发生关联，也就是说，将一个m看作两个n，进行精细加工。在深加工水平，个体可能会关注母亲是指什么，或者可能会回想他所知道的各种各样的母亲，想象艺术作品中的母亲形象，以及电视、电影中描绘的母亲形象。一般来说，加工得越精细，记忆就越好。深加工、精细加工是一种有效的记忆方式。

例如，与其试图记住记忆的概念，不如通过编码、存储和提取生活中的真实例子，围绕需要记忆的概念建构一张复杂的网。思考概念的具体事例，是理解这个概念的一个很好的方法。自我参照（self-reference）——将记忆内容与个体经验相联系，是另一种精细加工的有效方法，将个体的生活与新信息建立心理上的联系（Hunt，Ellis，2004）（图6.3）。

精细加工过程在大脑的物理活动中是非常明显的。神经科学研究已经表明，编码过程中的精细加工与大脑活动之间是有联系的（Han，others，2012；Holland，Addis，Kensinger，2011）。在一项研究中，研究者将被试放在核磁共振成像（MRI）机器中（见第2章），在里边的屏幕上每两秒会闪现一个单词（Wagner，others，1998）。最初，被试仅仅关注这些单词的字母是大写还是小写。随着研究的进展，实验者要求这些被试判断每个单词是具体的事物（如椅子或书）还是抽象的词汇（如爱或民主）。与仅仅判断单词字母是大写还是小写的任务相比，在具体/抽象任务中，被试的大脑左侧额叶部位表现出更多的神经活动。此外，被试在具体/抽象任务中表现出了更好的记忆力。研究者们得出结论，信息的精细加工与神经活动，特别是大脑左侧额叶部位的活动，以及记忆力的提高有联系。

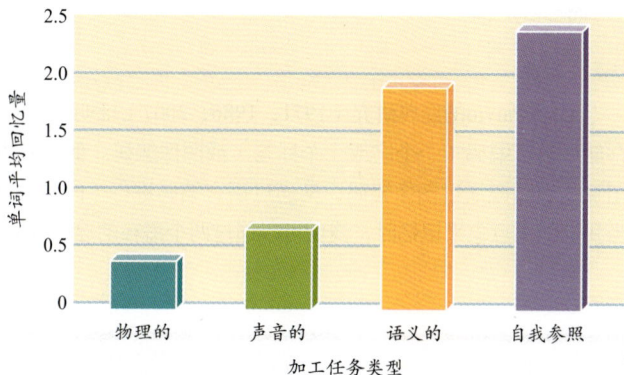

图6.3　自我参照可促进记忆　在一项研究中，研究者要求被试根据单词的物理特性、发声特点、语义特性或自我参照特征来记住一系列单词。如图所示，当被试对单词产生自我参照时，他们的记忆效果更好。

意象

提高记忆力最有力的方法之一是使用心理意象（Keogh，Pearson，2011；Scholl，2013）。心理意象意味着在大脑中将我们想要记住的信息形象化，以创设出可以长久保持的形象。意象对所有人来说都是强有力的编码工具，当然包括在图6.4中列出的记忆世界冠军。举个例子，Akira Haraguchi在2005年将圆周率背诵到了小数点后的83431位（BBC News，2005）。想想如果要记住一个超过80000个数字的列表，你会怎么做呢？一种方法是根据这些数据，使用心理意象来创建一条视觉心理路径。要记住圆周率的前八位数字（3.1415926），有人可能会说，"3是一个胖乎乎的家伙，他挂着拐杖（1），走向了售卖窗口（4），买了15个汉堡包，而厨师（9）有着非常大的肱二头肌（2），却在送汉堡的路上滑倒了（6）。"

心理意象在日常生活中也能派上用场。想想餐厅的服务员，在你说出相当复杂的菜单之后，你会发现他并没有写下任何东西。在等待朋友点单时，你心想，"他怎么可能记得住这些？"然而，当食物摆在桌上时，一丝不差。服务员似乎在日复一日地重复着惊人的记忆行为。他们是如何做到的呢？当请一个做兼职服务员的大学生分享他的秘密时，他说道，"我总是试着记住客人的脸，并想象他吃所点食物时的情景。"

> 世界吉尼斯纪录还没有承认这一壮举。目前的纪录保持者是吕超，他背诵到了圆周率的67890位。这不是一件小事。吕超使用心理意象完成了这一任务。

记忆的内容	纪录保持者	国家	年份	纪录
一分钟内，记住写好的数字，不能出错	Gunther Karsten	德国	2007	102个数字
15分钟内记住随机呈现的单词*	Simon Reinhard	德国	2010	300个单词
迅速而正确地回忆52张洗过的扑克牌的顺序	Simon Reinhard	德国	2011	21.19秒
5分钟内记住呈现的历史日期	Johannes Mallow	德国	2010	120个日期
15分钟内记住抽象的图片	Johannes Mallow	德国	2011	385张图

图6.4 记忆界的世界冠军们 对于记忆奇才，如这些世界纪录的保持者们来说，意象是一个非常有用的编码工具。
来源：www.recordholders.org/en/list/memory.html

*被试在由25个单词组成的纵列中随机记忆单词，得分被列成表：一个单词代表一分，错一个扣0.5分，一列中连续错两次，得分为零。

Allan Paivio的经典研究（1971，1986，2007）证明了意象是如何提高记忆的。Paivio 认为记忆以两种方式被存储：语言编码（一个字或一个标签）或图像编码。他的双重编码假说表明，图像记忆比词汇记忆要好，因为图片的存储既通过图像编码，又通过语言编码进行（Paivio，Sadoski，2011；Welcome，others，2011）。因此，当我们使用意象来记忆时，我们可以通过两个潜在的途径提取信息。

自我测试

1. Shane 正在为词汇测验而努力学习。当学习单词"吹牛"时，他想起了朋友比尔在每次赢得网球比赛时的行为。Shane 在以什么方式加工这个单词？_____

   A. 浅加工　　　　B. 中度加工

   C. 深加工　　　　D. 自我参照

2. 在特定水平上的信息加工的扩展被称为_____。

   A. 加工范围　　　B. 加工深度

   C. 记忆广度　　　D. 精细加工

3. 记忆最有效的方法之一就是使用心理_____。

   A. 线索　　　　　B. 复述

   C. 意象　　　　　D. 集中

小应用！

4. 为了更好地应对即将到来的心理学考试，莱纳斯和波里正在讨论复习考试的最佳方式。波里试图告诉莱纳斯，记忆的最佳方式是使用认读卡片。当莱纳斯（主修天体物理学）花费大量时间写下心理学和天体物理学概念之间的联系时，波里警告他，"你是在浪费时间，你只会感到更加困惑。"你如何看待波里的警告？

   A. 莱纳斯应该听波里的，最好的记忆方式只有一种

   B. 波里应该闭嘴。莱纳斯是在深层次的水平上进行加工，这种方法可能会在考试中得到很好的回报

   C. 当考试中没有出现天体物理学的问题时，莱纳斯可能会感到困惑

   D. 波里会考得更好，因为利用卡片是进行了浅加工

3 记忆的存储

编码的好坏并不能完全决定记忆的质量。编码后，记忆需要被正确地存储。**存储**指的是信息在一段时间内的保持，以及信息如何在记忆中进行表征。

我们对有些信息的记忆时间可能不到一秒，有的则会持续半分钟、几分钟、几小时、数年，有的甚至是一辈子。Richard Atkinson 和 Richard Shiffrin（1968）提出了早期很流行的记忆理论，指出了不同时间长度的记忆（图6.5）。**阿特金森—谢夫林理论**认为，记忆的存储包括三个独立的系统：

- 感觉记忆：一秒到几秒时间
- 短时记忆：30秒的时间
- 长时记忆：长达一生的时间

当阅读有关这三个存储系统的内容时，你会发现，时间并不是区分它们的唯一标志。每一种类型的记忆都以一种独特的方式在运行，并具有特殊的用途。

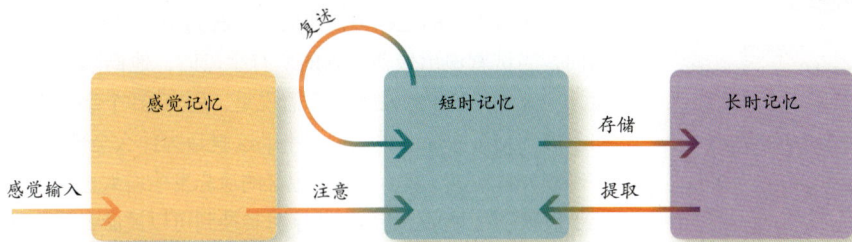

图 6.5 **阿特金森—谢夫林记忆理论** 在这个模型中，感觉输入到感觉记忆中。经过注意过程，信息进入到短时记忆中，如果不复述的话，信息在这里只能保留 30 秒或更短的时间。当这些信息进入长时记忆后，就可以保存一生。

感觉记忆

感觉记忆（sensory memory）指在极短的时间内，将外界信息保留在原始感觉形式中，不超过在视觉、听觉和其他感觉器官上呈现的时间。感觉记忆非常丰富而详细，但如果我们不使用某些策略，将其转化为短时或长时记忆，那么这些信息将很快就会被忘记。

想象一个美丽的早晨，你在去上课的路上看到的风景和听到的声音。成千上万的刺激进入了你的视觉和听觉之中——人行道上的裂缝、歌唱的鸟儿、嘈杂的摩托车、蓝蓝的天空，路人的长相以及说话的声音。你并没有加工所有的刺激，但你的确加工了其中的一部分。一般而言，你在感觉水平上所加工的刺激比你有意识地注意到的刺激更多。感觉记忆将这些信息保存在你的感官中，包括你认为自己所忽略的大部分信息。然而，感觉记忆的确无法长时间地保持信息。

回声记忆（echoic memory，来源于单词回声）指的是听觉的感觉记忆，这种记忆只能持续几秒钟。想象一下，你站在电梯里，一段音乐刚刚结束，你身边的一个朋友突然问，"那是什么歌？"如果你那个朋友以足够快的速度问了这个问题，那么你的感觉记录器中可能会留下那首歌曲的痕迹。

存储 信息在一段时间内的保持，以及信息如何在记忆中进行表征。

阿特金森—谢夫林理论 记忆的存储包括三个独立的系统：感觉记忆、短时记忆、长时记忆。

感觉记忆 一种记忆系统，在极短的时间内将外界信息保留在原始感觉形式中，不超过在视觉、听觉和其他感觉器官上呈现的时间。

图像记忆（iconic memory，来源于单词符号，意味着"图像"）是指视觉的感觉记忆，记忆时间为四分之一秒（图6.6）。视觉感觉记忆使得我们能够用烟花棒在空中"写出"七月四日——残留的图像记忆使得我们将一个移动的点看作是一条线。其他感官的感觉记忆，如嗅觉和触觉在研究中则很少受到关注。

有关感觉记忆的第一个科学研究是关于图像记忆的研究。在斯伯林的经典研究（1960）中，被试观看如图6.7中的刺激模型。当你看这些字母时，认出它们是没有任何问题的。然而，斯伯林以非常短的时间间隔在屏幕上闪过这些字母，每个字母呈现时间大约为1/20秒。之后，被试只能报告出4到5个字母。用如此短的时间间隔，报告出全部的9个字母是不可能的。

斯伯林研究中的一些被试报告了那一瞬间的感受，即在那一个短暂闪烁的过程中，他们可以看到全部的9个字母。然而，当试着说出最初看到的所有字母时，他们陷入了困境。用来解释这一过程的一个假说是，所有这9个字母只被初步加工到了图像感觉记忆水平。这就是为什么全部的9个字母都被看到了。然而，感觉记忆的遗忘发生得太迅速，以至于被试没有时间去将所有的字母转换到可以被命名的短时记忆中。

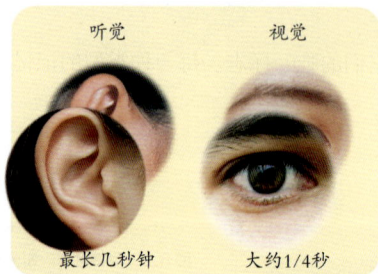

图6.6 **听觉记忆和视觉记忆** 如果你在树林里散步时听到了这只鸟的叫声，你的听觉感觉记忆会将该声音保留几秒钟；如果你看见了这只鸟，你的视觉感觉记忆会保留这种信息1/4秒。

斯伯林认为，如果9个字母真的全部都被加工进入了感觉记忆，那么，在这个短暂的时间内，这些字母应该都是可获得的。为了检验这种可能性，斯伯林设计在每行字母呈现之后都随机对应发出一种声音（高音、中音、低音）。被试被告知声音是一种报告信号，根据声音信号，报告出相应一排的字母。在这些条件下，被试比之前表现得更好，这一结果证明了短时间内记住屏幕上大部分或所有的字母是可能的。斯伯林表明，信息的整个阵列短暂地存在于图像记忆中。要想体验这一现象，你可以快速地瞥一眼这一页书。所有这些字都在短时间内存在于你的感觉记忆中，创建了一个瞬间全部存在的心理图像。

图6.7 **斯伯林的感觉记忆实验** 在斯伯林的研究中，这一系列的刺激只在被试面前闪现1/20秒。

66 斯伯林的研究方法真是了不起。他意识到通过给被试呈现这些信号，可以帮助他们快速地扫描心理图像，使他们能够找到在不同地方所存储的特定信息。被试的这种能力表明，所有的材料都是确实存在于大脑之中的。太棒了！ 99

短时记忆

许多信息只停留在听觉和视觉感觉记忆之中。我们只能在短暂的瞬间内保持这些信息。然而，一些信息，特别是那些我们注意到的信息，则会经过加工进入短时记忆之中。**短时记忆**是容量有限的记忆系统，除非我们使用一些策略，来延长它的存储时间，否则信息通常只能在其中保留30秒。与感觉记忆相比，短时记忆容量有

短时记忆 容量有限的记忆系统，除非我们使用一些策略来延长它的存储时间，否则信息通常在其中只保留30秒的时间。

限，但信息的存储时间较长。

乔治·米勒（1956）在经典论文《神奇的数字7±2》中，研究了短时记忆的有限容量。米勒指出，在很多任务中，如果没有外界的帮助，被试可以记住的信息是有限的。通常，这个限制就在7±2的范围内。对这一现象最广泛的引用，就属记忆广度的研究。研究者要求被试在一次简单的记忆之后，按次序报告出记住的数字个数。大多数大学生可以在不出错的情况下，记住8个或9个数字（想想看，记住一个电话号码是多么的简单）。记忆更长的数字序列就会产生困难，因为这超出了短时记忆的容量。如果仅仅依靠短时记忆来记住更长的数字序列，你很可能会出错。

你生命中重要的数字系列有哪些？它们是否遵循7±2的规则？

组块和复述　提高短时记忆的方法有两种：组块和复述。组块是指对信息进行归类或"打包"，使其超过7±2的记忆广度，形成更高阶的单元，这个高阶单元可以被记做一个单元。组块能够更好地管理大量的信息（Gobet & Clarkson，2004）。

为了更好地了解组块，想想下面这个词汇列表：炎热、城市、书、忘了、明天、微笑。记住这些词，并写下它们。当你在回忆这些词的时候，如果你将它们分成六个组块，那么你就成功地记住了这30个字母。现在，试着记住下面这个列表，并把它们写下来：

O　LDH　ARO　LDAN　DYO　UNGB　EN

你是怎么做的？如果你记得不好，请不要沮丧。这串字母很难记住，尽管它们被分成了几个组块。问题在于，这些组块缺少意义。如果你重新将这些字母组块成有意义的单词"Old Harold and Young Ben"，这就变得易于记忆了。

另一种提高短时记忆的方法是复述，即有意识地重复信息（Theeuwes，Belopolsky，Olivers，2009）。没有复述的情况下，信息在短时记忆中存储时间为半分钟或更短。然而，如果复述不中断的话，信息就可以无限期地被保留下来。复述通常是口头的，即通过内部声音加深人的印象，但也可以通过视觉或空间的形式，加深人的内部图像记忆印象（Guérard，Tremblay，Saint-Aubin，2009）。

当我们需要短暂地记住一串数字或其他东西，如菜单上的主食时，复述的效果最佳。当我们需要长时间地记住某些信息，如复习下周或一小时后即将到来的考试时，其他记忆策略的效果则更好。关于复述无法长时间储存信息的一个理由是，复述仅仅是机械化地重复信息，并没有给这些信息赋予意义。事实上，只有对信息赋予意义时，才能在较长一段时间内达到最好的记忆效果，这也说明了深度加工和精细加工的重要性。

阿特金森和谢夫林的三阶段记忆系统理论虽然有用，但其无法捕捉短时记忆加工的动态路径（Baddeley，2008，2012）。短时记忆并不仅仅是存储信息；它还包括对信息的注意、操纵，以及使用信息来解决问题（Cowan，others，2011a，2011b）。我们如何才能了解这些过程呢？工作记忆是心理学家解决这一问题的一种方法。

工作记忆　**工作记忆**是短时记忆和注意因素的结合，当执行认知任务时，工作记忆可以进行短时的信息存储（Cowan，2008；Cowan，

我们明天将进行一个非常有意思的测试。

经 Jason Love 许可转载，www.Jason Love.com

工作记忆　工作记忆是短时记忆和注意因素的结合，当执行认知任务时，工作记忆可以进行短时的信息存储；工作记忆还是大脑用于处理和收集信息，以进行理解、决策制定和解决问题的心理工作平台。

others，2012）。工作记忆和短时记忆并不是一回事。例如，人们可以通过反复的复述将一系列单词存储在短时记忆中。因此，测量短时记忆容量可能仅仅是测量人们可以记住的列表中的单词数量。工作记忆的容量和短时记忆的容量是分开的。在我们正努力解决问题的同时，我们不能复述信息。这可能就是为什么短时记忆容量的测量与认知能力，如智力，并没有多大关系的原因。然而工作记忆却与认知能力有关（Cowan，2008）。因为短时记忆的容量可以依赖于复述，即通常管理7±2个组块。然而，在工作记忆中，如果组块相对比较复杂，大多数年轻人只能记住4±1个，也就是3到5个组块（Cowan，2010）。工作记忆并不是在信息进入长时记忆之前用来存储信息的被动存储系统，而是一个活跃的记忆系统。

工作记忆可以被看作一块心理黑板，一个我们可以进行想象并形成思维图像的地方。从这个意义上说，工作记忆是有意识思维发生的背景情境（见第4章）。人类学家、考古学家、心理学家都对工作记忆的发展很感兴趣。例如，史前工具（Haidle，2010）和艺术作品（Wynn，Coolidge，Bright，2009）都揭示了早期人类的思维。想想狮子人雕像，是考古学家在德国的一个山洞里发现的象牙雕塑。这个20厘米的雕像，由人的身体和狮子的头组成，据说是在32000年前创作的（Balter，2010）。这一古老的艺术作品肯定源于某个人，在工作记忆中，这个人能够同时看见两个事物，并且他还会问一些类似"如果我把它们结合起来，会是什么样子？"的问题。一些评论家认为，工作记忆为创造性的文化奠定了基础（Haidle，2010）。最近，工作记忆被认为是用来解释尼安德特人和智人之间区别的一个关键方面（Wynn，Coolidge，2010）。

工作记忆是解决实验室之外的实际问题的有用框架。例如，有关工作记忆方面的研究进展使得研究者们可以识别出学业成就水平较低的学生，并帮助这些学生提高记忆力（Gathercole，Alloway，2008；Roberts，others，2011）。工作记忆在阿尔茨海默病的早期检测中也很有帮助（Foley，others，2011；Kaschel，others，2009）。

工作记忆是如何工作的呢？英国心理学家艾伦·巴德利（1993，1998，2003，2008，2012）提出了一个很有影响力的工作记忆影响模型，该模型具有三个部分的系统，使得我们在执行认知任务时能够短暂地存储信息。工作记忆是一种心理工作平台，在这里，大脑进行信息的处理和收集，以帮助我们理解、制定决策和解决问题。也就是说，如果电脑硬盘上的所有信息类似于长时记忆的话，那么，工作记忆就相当于在一些特定的时刻，你在电脑中所打开并激活的内容。工作记忆的容量有限，进一步拿计算机作比喻，工作记忆的容量就相当于内存。

图6.8表明了巴德利关于工作记忆三个组成部分的观点。可以将其视为有两个助手（语音环路和视空模板）来协助一个老板（中央执行系统）进行工作。

1. 语音环路专门用于短暂地存储有关语音的信息。语音环路包括两个独立的部分：一个是听觉编码（我们听见的声音），这种信息在几秒后便衰减；另一种是复述，复述使我们能够在语音存储中重复所

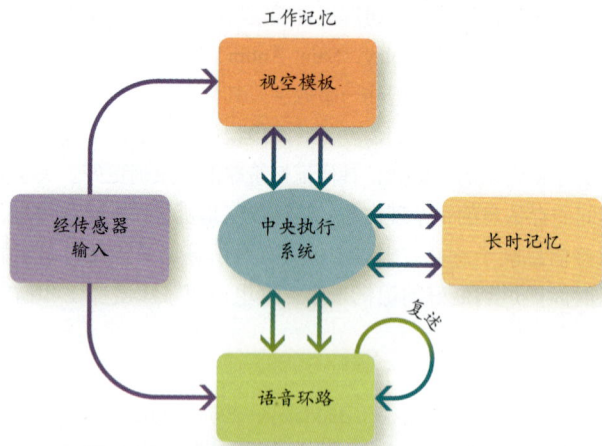

图 6.8　巴德利的工作记忆理论　在巴德利的工作记忆模型中，工作记忆包括三个主要部分：语音环路、视空模板和中央执行系统。语音环路和视空模板协助中央执行系统执行工作。来自感觉记忆的信息输入到语音环路之中，在这里，语音信息被储存、复述，并进一步输入到视空模板之中，视空模板里能够储存视觉和空间信息，其中也包括图像。工作记忆是一个容量有限的系统，并且信息在这里的存储时间非常短暂。工作记忆与长时记忆相互作用，工作记忆既从长时记忆中提取信息，也能将信息传送到长时记忆中。

听到的单词。

2. 视空模板存储视觉和空间的信息，包括视觉图像。和语音环路一样，视空模板的容量也是有限的。如果我们试着在视空模板中存储太多的信息，我们就无法正确无误地成功识别并提取这些信息。语音环路和视空模板是独立工作的。我们可以一边在语音环路中复述数字，一边在视空模板中对字母进行空间排列。

3. 中央执行系统整合来自于语音环路、视空模板和长时记忆中的信息。在巴德利（2008，2012）看来，中央执行系统在注意、计划和组织中起着重要的作用。中央执行系统就像是一个管理者，它告诉我们哪些信息值得关注、哪些信息应该被忽略。它还可以选择使用哪些策略进行信息加工和问题解决。与语音环路和视空模板一样，中央执行系统的容量也是有限的。如果将工作记忆比作打开的电脑上的文件，那么中央执行系统就是你自己。你收集所需要的信息，忽略其他信息等等。

虽然令人信服，但是巴德利的工作记忆概念仅仅是一个描述记忆过程的概念模型。神经科学家们已经开始寻找可能与这些过程相对应的脑区和脑活动了（Rissman，Wagner，2012）。

长时记忆

长时记忆是一种相对长久的记忆类型，可以长时间地存储大量的信息。长时记忆的容量是惊人的。约翰·冯·诺依曼（1958）是一位杰出的数学家，他认为长时记忆的大小是2.8×10^{20} bit，这实际上意味着我们的存储容量几乎是无限的。冯·诺依曼认为我们永远不会忘记任何事情；即使我们的确会忘记，我们所存储的信息依然是一台大型计算机存储信息量的几十亿倍。

一个有趣的问题是，互联网上信息的可获得性会如何影响记忆？如果我们知道可以在网上搜索信息，那么为什么还要将这些信息存储在大脑中呢？由Betsy Sparrow和他的同事们近期进行的一系列研究（Sparrow，Liu，Wegner，2011）表明，在困难的记忆任务面前，人们可能会期望立即从网络上寻找答案，而不是努力进行记忆。

长时记忆的组成部分　就像图6.9所展示的，长时记忆是复杂的。在最高水平，长时记忆分为外显记忆和内隐记忆（Kuper，others，2012）。外显记忆可以进一步细分为情景记忆和语义记忆。内隐记忆包括了程序性记忆、经典条件反射和启动三个系统。

简单来说，外显记忆就是用来记住谁、在哪儿、什么时间、为什么及做了什么的内容；内隐记忆就是用来记住如何做的。为了探索外显和内隐记忆的区别，让我们来看看H. M.这个人的案例，他饱受着重度癫痫的痛苦，1953年，27岁时的他接受了外科手术，切除了海马组织和大脑两半球的颞叶部分（Carey，2009）（我们在第2章里研究了这些脑区的位置和功能）。他的癫痫病逐渐改善，但是他的记忆却出了问题。最重要的是，他无法形成比工作记忆更为持久的新记忆。H. M.的记忆时间最多只有几分钟，在2008年去世之前，他一直活在永恒的当下之中，并且无法记住过去的事情（外显记忆）。相比之下，他如何做事情的记忆（内隐记忆）几乎没有受到影响。例如，他可以学习新的物理任务，即使他不能记住在什么时候、如何进行学习的。

H. M.的例子证明了外显记忆（在手术中受到影响）和内隐记忆（在手术中未受影响）之间的差别。让我们更深入地来探讨外显记忆和内隐记忆这两个子系统。

外显记忆　**外显记忆（陈述性记忆）**有意识记忆的信息（如具体的事实和事件），是那些可以进行口头交流的信息（Tulving，1989，2000）。讲述你所看过的电

体验一下：
记忆的三个阶段

" H.M. 的大部分生命都活在当下，他给认知科学留下的遗产是令人难忘的。在他去世后，许多研究过他的心理学家都感觉像是失去了一个朋友，尽管这个朋友从未记住过他们。"

长时记忆　相对长久的记忆类型，可以长时间存储大量的信息。

外显记忆（陈述性记忆）有意识记忆的信息（如具体的事实和事件），是那些可以进行口头交流的信息。

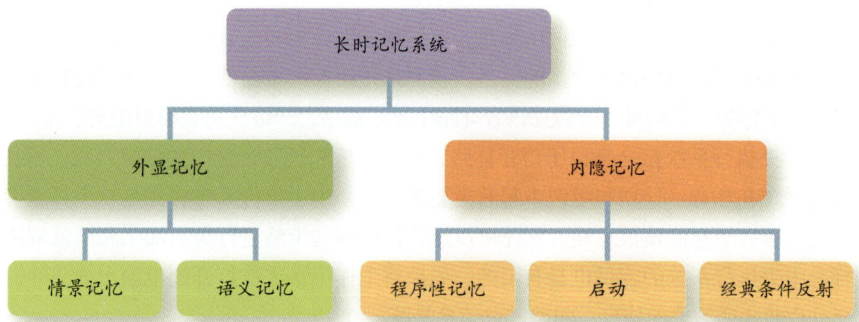

图 6.9 **长时记忆系统** 相当于计算机硬盘，长时记忆能够在长时间内存储大量的信息。图中的层次结构表明，长时记忆可以分为外显记忆和内隐记忆。外显记忆可以进一步分为情景记忆和语义记忆；内隐记忆包括程序性记忆、启动和经典条件反射。

"你认为哪些课程是你终生难忘的？"

影情节，回顾总统内阁中有哪些政客，这些都是外显记忆或陈述性记忆的例子。

外显记忆能持续多长时间呢？外显记忆就是你在课堂上所学的东西，甚至是现在正在学习的内容。这些信息会一直伴随着你吗？ Harry Bahrick在自己的研究中探索了这一问题。Bahrick是俄亥俄卫斯理大学的心理学教授，这所规模不大的文科学校（大约有1800个学生）拥有非常忠诚的校友，他们会为了校友聚会或其他事情而专程返回学校。Bahrick（1984）利用这一优势进行了一项巧妙的研究，即研究课程材料随时间流逝的保留情况。他通过词汇测试将被试分为两组，一组在大学时期学过西班牙语（实验组），另一组没有学过（控制组）。这些被试自从大学课程结束后就很少再使用西班牙语了。一部分被试在学年结束时进行了测试（刚好在西班牙语课程结束后），另外一部分是在毕业几年后进行了测试（长达50年）。Bahrick测试了被试已经忘记的词汇数量后，他发现了一个惊人的模式（图6.10）：遗忘往往发生在课程结束后的前三年，之后便趋于平稳，因此，成年人直到50年以后，依然保持了相当多的西班牙词汇。

Bahrick（1984）不仅评估了这些被试在多长时间以前学习了西班牙语，而且还评估了他们在校期间西班牙语学习成绩的好坏。那些50年前西班牙语课成绩为A的被试比那些一年前西班牙语成绩为C的被试记得更多的西班牙语词汇。因此，学生对材料的学习程度比学习时间更为重要。Bahrick（2000）将这些可以保持如此长时间的信息称为"永久性存储"内容。永久性存储记忆代表最初学习中似乎注定要永远陪伴此人的那些信息（甚至在没有复述的情况下就被记住了）。除了关注课程内容，Bahrick及其同事们（1974）还研究了被试对他们的高中同班同学的面孔和名字的记忆。毕业35年后，被试能以90%的概率认出其高中同班同学的面孔照片，名字的识别率几乎也是90%。这个结果甚至也适合班级容量特别大的情况（此研究中的平均班级容量是294人）。

加拿大认知心理学家 Endel Tulving（1972，1989，2000）首先指出了外显记忆的两个亚类型（情景记忆和语义记忆）之间的区别。情景记忆是对生活事件发生的地点、时间以及发生了什么这类信息的保留（即我们如

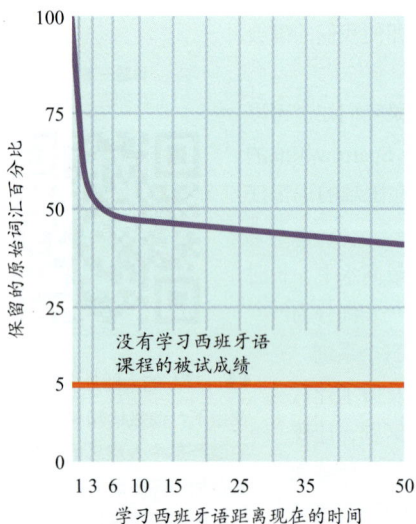

图 6.10 **对于西班牙语的记忆与西班牙语学习时间的关系函数** 在学习西班牙语三年后，词汇的记忆量会出现急剧下降。然而，从三年到50年期间，词汇记忆只有一点点下降。甚至在50年以后，人们仍然记得几乎一半词汇。

何记住生活的细节）。**情景记忆**是具有自传性质的。情景记忆包括一些细节，比如当你的弟弟妹妹出生时你在哪里，你第一次约会时发生了什么事情，以及你今天早上吃了什么。要了解文化如何影响情景记忆的，请看交叉研究部分。

语义记忆是人们关于世界的知识。它包括一个人的专业知识，在学校学到的基础知识，关于词汇意义、名人、重要地点以及一般事物的日常知识。例如，语义记忆包括个体有关象棋、几何、勒布朗·詹姆斯、Lady Gaga是谁的知识。语义记忆的一个重要方面是，它似乎与个体的过去身份无关。虽然你丝毫不知道什么时候、在哪儿学的，但是你却知道一些事实，例如利马是秘鲁的首都。

在某些遗忘（记忆丧失）的案例中，也能够看到情景记忆和语义记忆之间的区别（Moscovitch，2013）。一个患有失忆症的病人可能完全忘记了自己是谁——她的名字、家人、工作以及所有关于自己的重要信息——然而，她依旧可以说话，知道词汇的意义，并且具有关于世界的一般知识（例如，今天几号、现任美国总统是谁）（Rosenbaum，others，2005）。在这个案例中，患者的情景记忆受损，而语义记忆依然工作。

图6.11总结了一些情景记忆和语义记忆的区别。这些被列出来的不同仍然存在争议。争议之一就是，在很多明确的或者已经公布的案例中，记忆既不是纯粹的情景，也不是纯粹的语义，而是处于这两者之间的灰色区域。回忆一下昨天晚上你学了什么。你可能在语义记忆中增加了自己的认识，毕竟这就是你为什么学习的理由。你可能还记得你学习的地点以及开始学习和结束学习的时间。你可能还记得一些小事，例如隔壁房间一声响亮的笑声或者你撒在桌上的咖啡。

特征	情景记忆	语义记忆
内容	事件、情节	事实、想法、概念
组织	时间	概念
情绪	更重要	较不重要
提取过程	有意识的（努力）"我记得"	自动化的"我知道"
复述报告	无关	有关
教育	无关	有关
智力	无关	有关
法律证据	可在法庭中使用	在法庭中被拒使用

图 6.11 情景记忆与语义记忆间的一些区别 这些特征被认为是区分情景记忆和语义记忆的主要方式。

在这个过程中，是情景记忆参与还是语义记忆参与？Tulving（1983，2000）认为，在形成新记忆的过程中，情景记忆和语义记忆通常协同工作。在这种情况下，最终形成的记忆可能包括自传情节和语义信息。

内隐记忆（非陈述性） 除外显记忆以外，还有一种长时记忆，这种记忆不是有意识地记住事实，而是与无意识的记忆技巧和感官知觉有关。**内隐记忆（非陈述性记忆）**就是在并非有意识地进行回忆的情况下，个体行为受过去经验影响的记忆。例如，在打网球和滑雪的技巧中，以及写短信的身体行为中，内隐记忆都起着作用。内隐记忆的另外一个例子是，你在超市里听到的一首歌不停地在你的脑海里重复，即使当时你没有注意到这首歌。

内隐记忆的三个子系统是程序性记忆、经典条件反射和启动。所有这些子系统指的都是个体没有意识到但的确影响了行为的记忆（Slotnick，Schacter，2006）。

程序性记忆（procedural memory）是内隐记忆过程的一种，它是指关于技能的记忆（Fietta，Fietta，2011）。例如，假设你是一名专业打字员，在你输入文件时，你并没有自觉地意识到每个字母的按键在哪里；很奇妙地，你非常熟练且无意识的打字技能使得你敲击了正确的字母键。同样，一旦你学会了开车，你就会记得如何操作：你没有必要有意识地记住如何开车，例如，

认知与跨文化心理学：文化如何影响情景记忆？

如果你问五个人同一个问题，例如"你昨天晚上做了什么？"，你可能会发现人们对于昨晚的情景记忆的描述方式有着很大的不同。有的人可能会告诉你他在聚会上的激动人心的奇遇，而另外一些同样参与了这次聚会的人可能只会简单回答："我参加了一个聚会"。情景记忆既可能非常特别，也可能相当普通。此外，情景记忆的生动性和细节受文化差异的影响。与东亚人和亚裔美国人相比，西方人有更具体的情景记忆（Dritschel，others，2011；Wang，2009）。这种差异同样存在于个体对于未来事件的想象上（Wang，others，2011）。

文化还通过其他方式影响情景记忆。例如，当要求人们分享自己所能想到的第一个记忆时，与东亚人相比，西方人通常会想起发生在他们生命早期的记忆（Wang，2006；Wang，others，2011）。在首次记忆时发挥作用的一个可能因素就是记忆的社会化，父母与他们的孩子追忆过去的方式。西方的父母倾向于详细说明他们与孩子的回忆，而东亚父母更倾向于指令和重复（Wang，2009）。

向他人讲述我们的经历也是情景记忆的提取。我们的谈话揭示了我们所生活的文化兴趣、哪个重要主题值得被分享，以及我们正在努力实现的社会目标是什么。因此，文化会影响我们记住生活情景的方式也就不足为奇了。我们行走在社交世界中，分享所收集的情景记忆，并且以适合我们文化期望的方式编码着这些经历。我们有情景性思考的能力，但是文化塑造了我们使用这种能力的方式。

// 你昨天晚上做什么事情了？

// 文化如何反映在你的回答中？

把钥匙插进点火装置、转动方向盘、踩下油门踏板以及踩刹车踏板。

另一种类型的内隐记忆是经典条件反射，这是在第5章讨论过的学习类型。回忆一下这种经典条件反射，它是指对两个刺激之间联结的自动学习，因此一种刺激能够唤起相应的反应。经典条件反射包括无意识和内隐记忆（L. R.Johnson，others，2012；Pearce，Hall，2009）。所以，你可能会无意识地喜欢上一个在你最喜欢的那堂课上坐在你旁边的人，因为他坐在旁边，而你感觉很舒服。

内隐记忆过程中的最后一种类型是启动。**启动**是指信息的激活，即人们用脑海里已有的信息来帮助自己更好更快地记住新信息（Schmitz，Wentura，2012）。在一个常见的启动例子中，研究者让被试学习一个单词列表（例如hope，walk和cake），之后给被试一个标准识别任务来评估他们的外显记忆，他们必须选出所有在列表中出现过的单词，例如，"你看到单词'hope'了吗？你看到单词'form'了吗？"之后被试再进行一项词干补笔任务以测试他们的内隐记忆。在这项任务中，被试查看一系列称之为词干的不完整单词（例如，ho__，wa__，ca__），他们必须用出现在脑海里的任何一个词来填满这些空。

启动 信息的激活，即人们用脑海里已有的信息来帮助自己更好更快地记住新信息。

" 为了了解外显记忆和程序性记忆的区别，试着在旁边没有鞋的情况下，用文字描述如何系鞋带（一个非常容易执行的过程）。"

结果显示，与预期的被试会随机填空相比，被试更多地用之前学过的单词来填空。例如，他们会更多地用hope来完成词干ho__，而不是hole。即使被试在之前的识别任务中并没有注意到这些单词，这种结果同样也会发生。当之前的信息并不需要外显记忆时，启动就会发生，这是一个不自觉的、无意识的过程（Johnson，Halpern，2012）。

当周围的某个事物唤起了记忆中的一种反应时（例如，一个特殊概念的激活），启动就发生了。对术语或概念的启动使其更容易在记忆中被获取（Thomson，Milliken，2012）。John Bargh与其他社会心理学家的研究表明，启动可能对社会行为存在着惊人的影响（Bargh，2005，2006；Bargh，Morsella，2009；McCulloch，others，2008；P. K. Smith，Bargh，2008）。例如，在一项研究中，要求大学生被试将一系列打乱的单词重组成一句话（Bargh，Chen，Burrows，1996）。给其中一部分被试的系列项目是 rude，aggressively，intrude和bluntly。另外一些被试的系列项目是polite，cautious和sensitively。

当完成这个拼凑的句子时，被试便去向主试报告。但每个被试报告时，都发现主试正在和另一个人进行深入的交谈。谁更有可能打断正在进行的交谈呢？在用隐含着粗鲁意味的单词重组句子的被试中，有67%选择了打断对话。而在"礼貌"情境下的被试，有84%选择了等待十分钟，而未打断正在进行的对话。

启动也可影响有意识的行为。例如，Bargh及其同事们（2001）要求学生完成一项寻字拼图任务。呈现在拼图中的词是中性词（洗发水、知更鸟）或者是与成功相关的词（竞争、赢得胜利、实现）。参与了与成功有关的词汇任务的被试在接下来的拼图任务中表现得更好，他们在其他拼图中找到了26个单词，然而参与中性词汇任务的被试只找到了21.5个。其他研究已经表明，与用"愚蠢"和"流氓"等词汇启动的被试相比，用类似"教授"和"聪明的"等词汇启动的被试在一款名为平凡追求的游戏中表现得更好（Dijksterhuis，Van Knippenberg，1998）。这些影响的发生并没有被意识到，没有被试怀疑是启动影响了他们的行为。

如何组织记忆　解释长时记忆的形成过程并不能解决不同类型的记忆是如何被组织存储的问题。"有组织的"这个词是重要的：记忆并不是偶然存储的，而是被精细分类的。

举例来说，以你最快的速度回忆一年中的12个月。这花了你多长时间？你回忆的顺序是什么？可能你在几秒钟内就按时间顺序列出了这12个月（一月，二月，三月……）。现在试着用字母顺序记住这12个月。你花了多长时间？你犯错了吗？很明显，你对于一年12个月的记忆是按照特定的顺序组织起来的。事实上，记忆最突出的特点之一就是它的组织。

研究者们已经发现，即使之前并没有告知被试要对其记忆进行评估，而仅仅是鼓励他们简单地组织一下材料，被试对于材料的记忆就会提高（Mandler，1980）。心理学家们提出了各种关于长时记忆如何被组织的理论。我们深入地探讨其中的两个：图式和联结网络。

图式　你和一个朋友开了很久的车去一个你以前从未去过的新城镇。你将车停在当地的餐馆外，找位置坐下，然后开始看菜单。你从未来过这个餐馆，但是你明确地知道将要发生什么。为什么呢？因为你已经有了"在餐馆会发生什么"的图式。当我们在记忆中存储信息时，我们通常将这个信息放进已有的信息集中，就如

> 请注意，这项研究是一个实验，被试被随机分配到不同的启动类型中。所以，我们就知道了是启动导致了群体之间的不同。自变量是什么，因变量是什么？

由于内隐记忆，我们可以不用有意识地考虑就能进行一项熟练的技能，例如，打网球。

同你在新餐馆中的经历一样。**图式**是一种先前存在的心理概念或心理结构，有助于人们组织和理解信息。图式源自于先前经验与环境的相互作用，它影响着我们处理信息的方式——如何编码信息，做了哪些有关信息的推论，以及如何提取信息（Kahana，2012）。

当我们回忆信息时，图式也会起作用。图式理论认为长时记忆并不是很准确。我们很少能精确地找到所需要的记忆，或者至少不能找到所有想要的记忆，因此，我们必须重建一些记忆。图式支持重建过程，它可以帮助我们填补破碎记忆间的空白。

我们有很多关于场景和经验的图式——关于风景和空间布局（海滩、浴室）、关于日常事件（踢足球、写论文）的图式。**脚本**就是关于事件的图式（Schank，Abelson，1977）。脚本通常包括与物理特征、人物和典型事件有关的信息。当人们要了解周围发生的事情时，这种类型的信息是很有用的。例如，你正在一个高档餐厅享受你的下午茶，这时，一位穿着燕尾服的男士走过来并在你的桌上放了一张纸，你的脚本告诉你，这个男人可能是位服务员，他只是过来给你支票。脚本有助于我们对事件记忆的存储进行组织。

联结网络　图式理论基本没提及大脑在记忆中的作用。因此，一项基于脑研究的理论引起了心理学家们的关注。**联结主义**，或**平行分布加工**（PDP）理论认为，记忆存储于大脑神经元的连接中，其中的一些神经元在加工某一种记忆时共同起作用（McClelland，2011）。我们在第2章中提到了神经网络的概念，并在第3章提到了平行感觉加工途径的观点。这些概念同样适用于记忆。

联结主义者认为，记忆不是大型的知识结构（与图式理论一样）。相反，记忆更像是电脉冲，只能在一定程度上对神经元以及其之间的连接进行组织，并且它们的活动是有组织的。任何一种知识，例如你的狗的名字，都被嵌入进成百上千个神经元之间的连接中，它并不是被限制在单个位置上。

联结过程是如何工作的呢？记忆的神经活动，例如记住你的狗的名字，在大脑皮质的多个区域中进行传递。神经活动的区域称为节点，它们是相互关联的。当某一个节点达到关键激活水平时，它就可以穿过突触去影响另一个节点。我们知道，人类的大脑皮层包含着数百万神经元，它们通过亿万个突触相互连接。由于这些突触连接，一个神经元的活动可以受到其他许多神经元的影响。基于这些简单的反应，联结主义的观点认为，突触连接强度的变化是记忆的重要基础（McClelland，others，2010）。从联结网络的角度来看，记忆是有组织的神经元，它们通常一起被激活。

联结主义观点中颇具吸引力的部分在于，该理论与我们所知道的大脑功能相一致，并且使得心理学家可以通过计算机来模拟人类的记忆（Marcus，2001）。联结主义的方法也有助于解释概念的启动（粗鲁）是如何影响行为（打断别人的谈话）的。此外，另一个吸引人但复杂的话题是，联结主义观点支持了有关记忆在大脑中存储位置的研究（McClelland，2011；McClelland，Rumelhart，2009）。

事实上，到目前为止，我们已经探讨了认知心理学家所关注的信息储存的多种途径。问题依然存在，在哪里储存呢？虽然记忆似乎是一件神秘的现象，但与所有的心理过程一样，它肯定存储在一个物理位置——大脑之中。

记忆存储在哪里　Karl Lashley（1950）花了一生的时间寻找大脑存储记忆的部位。

图式　一种先前存在的心理概念或心理结构，有助于人们组织和理解信息。图式源自于先前经验与环境的相互作用，影响着个体对信息的编码、推论和提取。

脚本　关于事件的图式，通常包括与物理特征、人物和典型事件有关的信息。

联结主义（平行分布加工）　一种记忆理论，认为记忆存储于大脑神经元的连接中，其中的一些神经元在加工某一种记忆时共同起作用。

它训练老鼠，让它们在迷宫中发现正确的路径，然后切除老鼠大脑内的一些区域，并重新测试它们对于这条迷宫通路的记忆。成千上万的老鼠实验表明，切除不同的皮质区并没有影响老鼠记住这条途径的能力，Lashley得出结论，记忆并不是存储在大脑的某个特定位置中。其他研究者继续了这一问题研究，一致认为记忆的存储具有弥漫性，但他们同时也提出了另外的观点。加拿大心理学家Donald Hebb（1949，1980）提出，分布在大脑皮质中的大面积的细胞集在信息的表征中是共同起作用的，这与联结主义网络结构的观点相一致。

神经元与记忆 现在，很多神经学家认为，记忆存储在神经元的特定集合或电路里。例如，大脑研究者Larry Squire认为，大多数记忆可能聚集在大约1000个神经元集合里（1990，2007）。同时，单个神经元也在记忆中发挥作用（Braun，others，2012；Squire，2007）。例如，测量单个细胞的电活动的研究者们已经发现了一些细胞对面孔有反应，而有些细胞则对眼睛或头发颜色产生反应。不过，为了让你能认出你的艾伯特叔叔，负责发色、高矮和其他特征的单个神经元必须共同工作。

研究者们还认为，大脑化学物质可能是记忆留下来的印记。回忆一下，神经递质是使得神经元在突触间传递的化学物质。这些化学物质对于建立记忆表征的联结起着关键作用。

具有讽刺意味的是，一些关于记忆的神经机制问题的解答来自于一个非常简单的动物实验研究（不优雅的海蛞蝓）。Eric Kandel 和 James Schwartz（1982）之所以选择这种没有壳的大蜗牛，是因为它的神经系统结构很简单，仅仅包含10000个神经元（你可能会回忆起第2章的内容，人类的大脑大约有100亿个神经元。）

海蛞蝓不是一个学习能力强的学习者，或者说它不是一种记忆力很好的动物，但是它具有非常稳定的反射能力。当有任何东西触碰到它后背上的鳃时，它便迅速地收回鳃。首先，研究者们让海蛞蝓习惯于鳃的刺激。过了一会儿，海蛞蝓就忽视了这个刺激并停止收回鳃的动作。接下来，研究者们在碰触海蛞蝓的鳃时，给它的尾巴一个电刺激。在多轮伴随电击的刺激后，海蛞蝓在最轻微的触碰时就会猛烈地收回它的鳃。研究者们发现，海蛞蝓在数小时内，甚至数周内都保持对这一信息的记忆。他们还同时发现，电击海蛞蝓的鳃会使它的神经系统突触中释放神经递质5-羟色胺，这一化学物质的释放能够提醒海蛞蝓收回鳃。这一"记忆"通知神经细胞发出化学命令，即当鳃再次被触碰时便收回。如果大自然是在简单的基础上构建复杂，那么海蛞蝓所使用的生物机制可能也是人类大脑运行的方式。

研究者们提出了长时程增强（long-term potentiation）的概念，用以解释记忆是如何在神经元水平起作用的。与联结理论相一致，这一概念表明，如果两个神经元同时被激活，那么这两个神经元之间的连接就可能得以加强，记忆也因此被加强（Grigoryan，Korkotian，Segal，2012）。长时程增强已经得到了实验证明，通过施用一种药物提高了信息的流动（通过突触从一个神经元向另一个神经元流动），通过使用提高神经连接的药物增加了提高记忆的可能性（Zorumski，Izumi，2012）。

> 想象一下，我们所经历的记忆，实际上就是我们大脑中经常使用的神经路径的集合。

脑结构与记忆功能　研究者们正在深入研究记忆与大脑的关系（Bastin，others，2012；Stevens，others，2012；Wixted，Squire，2011）。当一些神经科学家们正在揭开记忆的细胞学基础时，另外一些研究者正在研究记忆在大脑中的广泛结构。大脑和神经系统的很多不同部位都参与了记忆这个丰富而复杂的过程（Rissman，Wagner，2012）。尽管大脑中没有记忆中心，但研究者们已经证明特定的脑结构会参与到记忆的特定方面中。

图6.12表明了在不同长时记忆类型中起作用的大脑结构部位。注意，内隐记忆和外显记忆似乎处于大脑的不同位置中。

- **外显记忆**　神经科学家已经发现，海马体、大脑皮层颞叶和边缘系统的其他领域在外显记忆中起作用（Ramponi，others，2011）。在外显记忆中，信息从海马中传递到颞叶，此处的信息既包含回溯性记忆（对过去事件的记忆），也包括前瞻性记忆（对未来需要做的事情的记忆）（McDaniel，Einstein，2007）。当我们把新信息编码进记忆时，左侧额叶异常活跃；当我们提取记忆时，右侧额叶比较活跃（Babiloni，others，2006）。另外，杏仁核（边缘系统的一部分）与情绪性的记忆有关（Ries，others，2012）。

- **内隐记忆**　小脑（大脑后面和底部的结构）在需要执行技能的内隐记忆中较为活跃（Bussy，others，2011）。大脑皮质的多个区域（如颞叶和海马）在启动中发挥作用（Kim，2011）。

神经科学家对于记忆的研究大大受益于核磁共振的使用，核磁共振可以在认知任务中跟踪神经活动（Khare，others，2012；Nett，others，2012）。在一项研究中，被试在核磁共振成像机上观看室内和室外场景的彩色照片（Brewer，others，1998）。主试告诉被试需要做一项与场景有关的记忆测试。经核磁共振扫描后，询问被试哪张照片记得最清楚、哪张比较模糊、哪张完全不记得。研究者将被试的记忆和大脑扫描结果进行比较发现，被试在观看图片时，前额叶和海马的特定区域激活得越好，被试对场景的记忆越好。

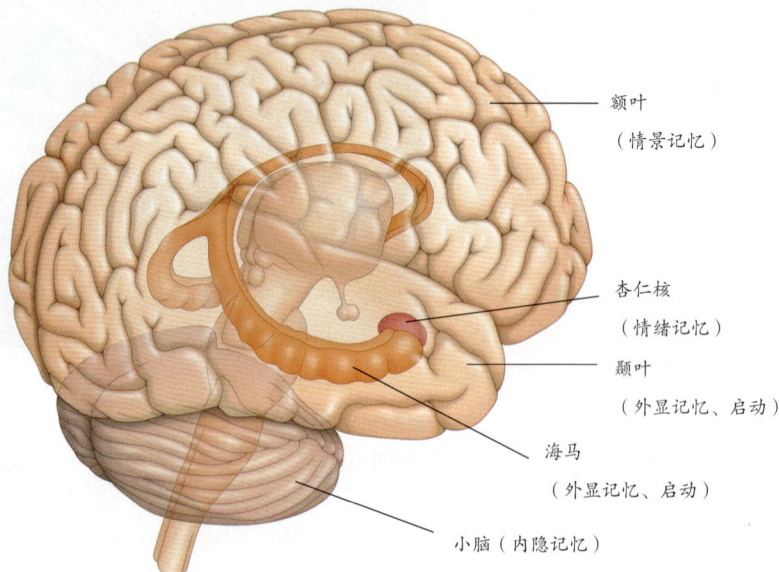

额叶
（情景记忆）

杏仁核
（情绪记忆）

颞叶
（外显记忆、启动）

海马
（外显记忆、启动）

小脑（内隐记忆）

图 6.12　参与长时记忆不同方面的大脑结构　注意，外显记忆和内隐记忆出现在大脑的不同位置。

1. 你给朋友讲述你在六旗游乐园里度过的一段快乐时光。关于这一段经历，你所忘记的大多数信息在你的_____中被加工。
   A. 个人记忆
   B. 短时记忆
   C. 长时记忆
   D. 感觉记忆

2. 与感觉记忆相比，短时记忆的储存空间_____、持续时间_____。
   A. 更有限；更长
   B. 限制较少；更长
   C. 更大；更短
   D. 更有限；更短

3. 根据记忆的联结网络观点，记忆是_____，根据记忆的图式理论，记忆是_____。
   A. 抽象概念；大的知识结构
   B. 神经联系；大的知识结构
   C. 平行概念；电脉冲
   D. 并发概念；信息节点

小应用！

4. 在考试之前，Sweetheart 教授告诉同学们，他们非常聪明。她告诉同学们，她看到他们在课堂上学习概念，并且非常自信地感觉到每个人都可以记住这些材料。相反，Meanie 教授告诉她的学生们，她感觉他们大多数时间里都无所事事，他们不可能记住大多数学习材料，并且她从没有对这群平凡的学生寄予太多的期望。虽然学习材料相同，考试内容相同，Sweetheart 教授的学生在考试中表现得更好。哪种基本的记忆过程可以解释这种差异？
   A. 两位教授通过经典性条件反射影响了他们的学生
   B. 两位教授启动了不同的行为，Sweetheart 教授启动了与学习和聪明有关的概念
   C. 教授们影响了学生的语义记忆
   D. 教授们影响了学生的情景记忆

4 记忆的提取

还记得那个与伴侣共度的星光闪烁的难忘夜晚吗？我们暂且认为那个夜晚确实已经深深地编码进了你的记忆里。多年后，你想起那个夜晚，并且讲述给你最好的朋友。那个夜晚的故事与其他对你重要的事情成为了你漫漫人生中的一部分。五十年后，你的孙子问你，"你们俩最后是怎么在一起的？"你分享了这个记忆中的故事，并回答了这个问题。什么样的提取过程使你能够这样做？

当存储在记忆中的信息从存储器中出来时，**提取**就发生了。你可能会认为长时记忆就像是一个图书馆。你用来提取信息的方法类似于定位和查询图书馆中某本书的方法。要从你的心理数据库中提取信息，你需要搜索记忆库，并查找相关的信息。

从记忆中提取信息的效率非常惊人。在一个巨大的存储仓库中寻找你想要的信息通常只需要瞬息的时间。你是什么时候出生的？你第一次约会的对象是谁？谁创立了第一个心理学实验室？当然，你可以立即回答所有这些问题。记忆的提取是一个复杂且有时不那么完美的过程（Robertson，2012）。

在研究不完美的提取方式之前，我们先来看看一些基本的概念和变量，这些基本的概念和变量会影响信息的准确编码、存储和最终的提取。正如我们将要看到的，提取在很大程度上取决于记忆被编码的情境和记忆被存储的方式（Pierce & Gallo，2011）。

> **提取** 将存储在记忆中的信息从存储器中提取出来的记忆过程。

系列位置效应

系列位置效应（serial position effect）是指与中间信息相比，个体更倾向于回忆起系列的开头和结尾处的信息。如果你是一个忠实的电视迷，你可能会注意到自己似乎总是能够记住获得投票的第一个人和最后几个人。然而，有关中间的那些人的记忆都是模糊的。**首因效应**（primacy effect）是指，能够更好地回忆起一个系列的开头部分；**近因效应**（recency effect）是指，能够更好地回忆起一个系列的结尾部分。连同对中间部分的相对较低的回忆量，这个模式就构成了系列位置效应（Laming，2010）。图6.13是一个典型的系列位置效应，揭示了较弱的首因效应和较强的近因效应。

心理调查

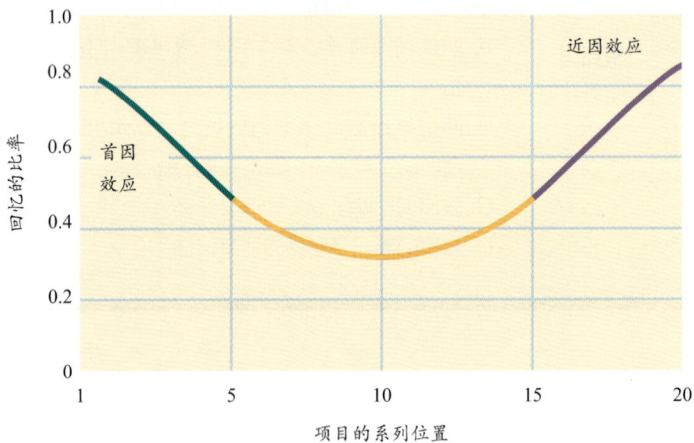

图6.13　系列位置效应　当要求个体记住一系列单词时，最后识记的单词通常是记得最好的，然后是最开始记的单词，最后才是中间的。处于第15位的单词被记住的概率是多少？哪种效应更强烈，首因还是近因？为什么？根据图中的信息，如果你正在学期末复习最后的考试，哪些信息会使你的复习效果最好？为什么？

> **系列位置效应**　与中间信息相比，个体更倾向于回忆起一系列开头和结尾处的信息。

66 你试过快速交友吗？系列位置效应是如何影响你最喜欢的这个人的呢？99

心理学家用编码的原理解释这些效应。首因效应，一个系列中的前几项容易被记住是因为它们得到了更多的复述，或者因为它们比后面的几项得到了更多的精细加工（Atkinson，Shiffrin，1968；Craik，Tulving，1975）。当这些项目进入大脑时，工作记忆中相对有较大的空间，所以，复述时间有竞争性优势。此外，由于这些项目得到了更多的复述，所以其在工作记忆中停留的时间较长，并且它们更容易被成功地编码进长时记忆中。与之相反，在被编码进入长时记忆之前，系列中的许多中间项在工作记忆中已经丢失了。

至于近因效应，最后几个项目被记住也有不同的原因。首先，当回忆这些项目时，它们可能依然处在工作记忆中。其次，即使这些项目不在工作记忆中，它们也才刚刚被人们接触过，所以更容易被回忆起来。有趣的是，首因效应和近因效应都可以影响我们对于刺激的感受。一项研究发现，品酒的人更喜欢他们第一口尝的酒，结果表明了首因效应（Mantonakis，others，2009）。在另一项研究中，当被试对绘画作品和美国偶像试镜录像进行评价时，他们认为最好的就是最后呈现的，结果表明了近因效应（Li，Epley，2009）。

提取线索和提取任务

与提取有关的其他两个因素包括：可以唤起记忆的线索性质和你为自己设定的提取任务。我们将依次对这两个因素进行说明。

如果你试图去记忆某些信息的有效线索不好用，那么你需要创造出一些线索——这一过程发生在工作记忆中（Carpenter，DeLosh，2006）。例如，如果你有一个区组用于记住新朋友的姓名，你可能会通过字母表，开始用每一个字母生成名字。如果你偶然遇到了正确的名字，你就可能会认出它。

我们可以学着去生成提取线索（Allan，others，2001）。一个好的策略是使用不同类别的提取线索。例如，尽可能多地写下你能够记起来的初中或高中的同班同学的名字。当回忆这些名字的时候，同时想想你那些年中在学校里参与的活动，例如，数学课、学生会、午饭、训练等等。这一系列的线索能帮助你记起更多同学的名字吗？

虽然线索很有帮助，但能否成功地提取信息还取决于你为自己设定的提取任务。例如，如果你只是想判断某个东西是否熟悉，提取线索可能比较容易。假如你看到了一个黑色短发的女性朝你走来。你很快就判断出她和你曾经在同一家超市购过物。然而，想起她的名字或者你第一次遇到她时的精确细节会比较难。这种辨别能力对警察的调查有一定的影响：证人可能确定她之前看过这张脸，但可能会很难确定这张脸是出现在犯罪现场还是在某张嫌疑犯的照片里。

回忆与再认　是否有良好的提取线索以及是否有提取任务是区分回忆与再认的重要因素。回忆是一项记忆任务，在这个任务中，个体必须提取出曾经所学的信息，如问答题。再认也是一项记忆任务，在这个任务中，个体只需要认出（识别）学过的信息，如多项选择题测试。回忆测试（如问答题）有很少的提取线索。你被告知要试着去回忆某一类信息（"论述引起第一次世界大战的因素"）。在识别测试中（如选择题测试），你仅仅需要判断刺激是否是熟悉的（例如，Archduke Franz Ferdinand在1914年被暗杀）。

你可能听某些人说他们永远不会忘记一张脸。然而，就像执法人员所知道的那样，识别一张脸远比回忆一张脸简单得多。在某些案子中，警察让一位画家根据目击者的描述画出嫌疑犯的脸。回忆面孔很困难，并且画家对嫌疑犯的素描通常无法做到细节化和准确化，因而仍然无法用其进行拘捕。

编码的特异性　另一种有助于理解提取过程的因素就是编码特异性原则，即在编码或学习时出现的信息能够作为提取的有效线索（Unsworth，Brewer，Spillers，2011）。例如，当老师们出现在教室里时，你会马上认出他们，因为你一直是在那里见到他们的。但是，当你在一个意想不到的环境中遇到了其中一位老师，并且他穿着休闲服，例如穿着运动服在体育馆里，那么，你有可能想不起来他的名字。你的记忆提取可能会失败，因为你的编码线索是不可用的。

编码和提取的背景　编码特异性的一个重要结果是，编码和提取的背景之间的变化可能会导致记忆失败（Boywitt，Meiser，2012）。在很多情况下，

> 66 有人说自己更擅长问答题，有人则认为自己更擅长多项选择题。你是哪种类型？从记忆的角度看，多项选择测试更容易，因为它依赖于再认过程。99

当人们试图回忆他们在同一背景中学习过的信息时，他们的记忆效果更好，这一过程被称为情境依存性记忆（context-dependent memory）。这种记忆的效果之所以更好，是因为人们将实际信息和学习信息时的背景同时进行编码，这些特征可以在之后作为提取的线索（Eich，2007）。

在一项研究中，潜水员分别在陆地和水下学习某种信息（Godden，Baddeley，1975）。之后，他们被要求在陆地上或水下回忆这些信息。当编码信息和提取背景相同时（都在陆地或都在水下），潜水员的回忆效果更好。

提取的特例

我们最初的讨论是将记忆的提取比作在图书馆检索一本书。然而，从长时记忆中提取信息的过程并不像在图书馆检索一本书那样精确。当我们在长时记忆库里搜索时，我们并不总是能准确地找到我们所要的那本"书"，或者我们可能会找到这本"书"，但是却发现书里的几页不见了。我们必须以某种方式来填补这些空白。

我们的记忆会受到一些事物的影响，其中包括我们记忆事物的模式、图式和脚本、与记忆有关的情景，以及个人或情绪的背景。当然，人人都有过与特定他人回忆某个相同情境的经验，只有他/她提醒我们，"哦，那不是我！"这样的时刻提供了令人信服的证据，即记忆可能最好被理解为"重组"。这种主观的记忆质量肯定会影响一些重要的程序，例如目击者的证词（Garrett，2011）。

尽管我们已经讨论了这么多与一般信息提取有关的因素，但研究者们对各种特殊的记忆提取也进行了大量的研究。这些记忆有特殊的意义是因为它们与自我、记忆的情绪性和创伤性特点有关，或者是因为它们通常表现出高水平的、明显的准确性（Piolino，others，2006）。认知心理学家们正在探讨，这些记忆是依赖于那些前面所描述过的不同的记忆过程，还是它们都是典型记忆过程的极端情况（Lane，Schooler，2004；Schooler，Eich，2000）。我们现在来研究这些特殊的记忆情况。

自传体记忆的提取　自传体记忆（autobiographical memory）是情景记忆的一种特殊形式，是人们对自己人生经历的回忆（Fivush，2011）。关于自传体记忆的一个有趣的发现是回忆高峰（reminiscence bump），即成年人对二十到三十岁之间的事件记忆多于其他时间的记忆的一种效应（Copeland，Radvansky，Goodwin，2009）。这种回忆高峰的出现是由于在这段时间里，我们有很多新奇的经历，或者是由于这段时间正好是我们的青年时期，处于二十多岁的我们正在建立一种身份认同感（Berntsen，Rubin，2002）。一般来说，生命的最初几年几乎没有自传体记忆。同时，研究者们也发现，回忆高峰所持有的都是积极的回忆，而不是消极的回忆（Dickson，Pillemer，Bruehl，2011；Thomsen，Pillemer，Ivcevic，2011）。要了解关于早期记忆的文化差异，见交叉研究那一部分内容。

自传体记忆是复杂的，并且似乎包括无止尽的故事串和情景，但研究者们发现，自传体记忆是可以进行分类的（Roediger，Marsh，2003）。例如，根据他们的研究，Martin Conway和David Rubin（1993）勾勒出了自传体记忆的结构，包括三个水平（图6.14）。最抽象的水平是生活期水平，例如，你可能会记得一些高中时期的事情。这个结构的中间水平由一般事件组成，例如你在高中毕业后和朋友的一次旅行。该结构中最具体的一

试一试！

写下让你认识到"你就是你自己"的一段重要记忆。这种自我界定的记忆特点是什么？你在这段记忆中是如何描述自己的？它是如何与你现在的目标和愿望相联系的？你会经常回忆自己的记忆吗？你可能会发现这一部分的生活记忆在你觉得事情进展不顺或感觉失望时会鼓舞你。

自传体记忆　情景记忆的一种特殊形式，是人们对自己人生经历的回忆。

水平	标签	描述
水平1	生活期	对几年或几十年较长时间段内事件的测量
水平2	一般事件	对几天、几周或几个月不同时间段内事件的测量
水平3	具体事件知识	对几秒、几分钟、几小时内个别事件的测量

图6.14　自传体记忆的三个层次结构　当人们讲述自己的生活故事时，这三个水平的信息通常都会出现，且相互影响。

层由具体事件组成，例如，在你的毕业旅行中，你可能会记得你第一次喷气滑雪的愉快经历。当人们讲述自己的生活故事时，这三个水平的信息通常都会出现并且相互影响。

大多数自传体记忆既包括一些现实，也包括一些虚构的事件。人格心理学家Dan McAdam（2001，2006）认为，自传体记忆中包括的事实较少，含有的意义较多。他们重建并润色了过去的事件（把过去连接到现在）。我们将在第10章详细探讨McAdams有关自传体记忆的研究观点。

情绪性记忆的提取　我们对生活经历的记忆往往被情绪包裹着。情绪影响记忆的编码和存储，从而也影响着提取的细节。当代的研究者们对情绪在记忆中扮演的角色产生了极大的兴趣，这些研究也引起了公众的共鸣。

闪光灯记忆是对重大事件的情绪性记忆，与日常事件的回忆相比，人们通常对闪光灯记忆的回忆画面更为精确、生动（Kulkofsky，others，2011）。例如，也许你会记得当你第一次听说2001年9月11日美国恐怖袭击时你所在的位置。闪光灯记忆的一个有趣的方面是，几十年后，人们往往会记得在这样一个情绪事件发生时，他们所处的位置和当时所发生的事情。这些记忆似乎是自适应系统的一部分，人们将重要事件的细节充斥在记忆之中，以便日后对此进行解释。

大多数人表示对闪光灯记忆的准确性有信心。然而，闪光灯记忆可能并不像我们所想的那样准确地印刻在我们的大脑中。衡量闪光灯记忆准确性的一种方法是，考察记忆的细节随着时间的流逝而保持一致的程度。对911恐怖袭击的记忆研究表明，记忆的准确性能够通过人与事件的物理距离进行预测。例如，纽约人对此事件的记忆比夏威夷人的记忆更准确（Pezdek，2003）。另一项研究测试了事件发生一周后，加拿大学生对911事件的记忆；事件过去六个月后，他们再次参加了测试。在事件发生六个月后，与对该事件本身的细节的记忆相比，学生们对自己当时所经历的细节的记忆更好（Smith，Bibi，Sheard，2003）。这些结果反映了我们对闪光灯记忆的主观体验。我们也许会说，"我永远也不会忘记，当我听说这个重大事件时所处的位置。"这样的陈述支持了这项研究，表明我们可能更容易记住我们对某个事件的个人经历，而非事件本身的细节。

不过，总体上，闪光灯记忆似乎的确比日常事件的记忆更持久、准确（Davidson，Cook，Glisky，2006）。一个可能的解释是，闪光灯记忆很可能在事件之后的几天里得到了复述。然而，不仅仅是对信息的讨论和复述使得闪光灯记忆持续这么长时间，由闪光

闪光灯记忆　对重大事件的情绪性记忆，与日常事件的回忆相比，人们通常对闪光灯记忆的回忆画面更为精确而生动。

孩子们是受虐待事件的可靠目击者吗?

2001年，11岁的Cassandra Kennedy指责父亲性侵犯了她。根据她的证词，她的父亲Thomas Edward Kennedy被定罪，并被判处了15年的监禁。2012年，Cassandra已经是一个成人了，她承认自己从未被性虐待，她只是因为父母离婚而生父亲的气（Associated Press，2012）。在10年监禁后，她的父亲得到了释放。这一悲惨的案例，使得大家对儿童证词的可靠性产生了怀疑，但这件事与另外一件悲惨的事情形成了对比，一个与五岁儿童Samantha Runnion有关的谋杀案。

2002年的夏天，Samantha和她的一个朋友正在加利福尼亚南部的公寓大楼外面玩耍。一个开着车的男人问这两个女孩，她们是否愿意帮助他寻找丢失的吉娃娃狗。当Samantha走向这辆车时，这个男人抓住了她。他绑架了小女孩，性侵并谋杀了她。她5岁的朋友向警方提供了关于那个男人和那辆车相当准确的描述。那个男人最终被逮捕、审判，并判有罪。在Samantha Runnion遇害的前几年，两个9岁的女孩曾控告那个男人性侵了她们。他被逮捕并审判，但是陪审团并不相信这些小孩的证词，因此这个男人被释放了。最近，反对性虐待指控的第一人、宾夕法尼亚州立大学的足球助理教练Jerry Sandusky在参与一个问题青年项目时，表示儿童的叙述没有得到认真的对待。

关于儿童在自己受虐案件中作证的问题，必须在这两个重要的目标之间保持平衡：确保伤害儿童的人被绳之以法，以及保护无辜的人免受不公正的待遇。关于孩子对性虐待的证词，心理学研究能告诉我们什么呢？

在过去的30年中，Gail Goodman，一位精通法律问题的认知发展心理学家，已经开创了一些心理研究，可以检验儿童是否易于被强迫及是否有可能做出虚假声明（Chae，others，2011；Goodman，1991，2005，2006；Goodman，others，1997）。

她研究中的儿童都经历了相对创伤性的事件（例如，接种疫苗）或尴尬的经历（例如，在医生的办公室里做生殖器的检查）。这些孩子在之后接受了关于这些经历的采访。采访程序模仿了法律背景程序，包括使用解剖学上的

人体模型提问（例如，医生碰了你这里吗？），甚至是刑事调查，孩子们被要求确认犯罪者（"谁向你开了枪"）。这些研究结果表明，4岁以上的儿童不太可能虚假报告生殖器被触摸，只有约8%的儿童做出了虚假报告。

虽然Goodman的研究表明，很少有孩子做出生殖器被触摸的虚假报告，但是，即使是8%的低概率也可能会导致错误的指控。当然，Thomas Kennedy的案例告诉我们，就算是一个虚假的报告，也会带来悲惨的后果。重要的是，只有在事实的发现者（警察、检察官、调查人员、陪审员）在案子中不能找到证据以确定儿童的回忆真假时，儿童的错误记忆才会构成疑问。那么，成人能否确定儿童在讲真话？

最近的一项研究探讨了这一关键问题。Goodman及其同事们（Block & others，2012）给成人们播放了关于孩子们对一些事件的采访录像，其中包括积极事件的记忆（例如，得到了一个新玩具、去迪斯尼乐园）和消极事件的记忆（例如，由于将石头扔向窗户而受到惩罚、被另一个孩子在商店门口脱下裤子）的视频。没有一个孩子被认为说了谎，但一些孩子自发地报告了一些他们所没有经历过的事件，还有一些人否认了他们所经历过的事件（根据父母的报告）。研究者发现，这些成年人能够很好地识别真实的报告和拒绝虚假的报告（Block，others，2012）。然而，他们还发现，成年人容易相信那些虚假否认的孩子：如果一个孩子（错误地）说一个事件没有发生，成年人一般会认为孩子说的是真话。这项研究表明，虚假否认可能是儿童性虐待案件的共同特点。事实上，一项研究发现，即使一个案件有充分的虐待证据，例如，医学证明、犯罪者的忏悔或多个受害者的投诉，也有20%的儿童在虐待确实发生后的调查过程中否认了一些问题（Malloy，Lyon，Quas，2007）。

孩子的记忆可靠吗？压力是如何影响记忆的准确性的？孩子会特别容易受到强迫和暗示吗？成年人在听孩子的叙述时，能辨别真假吗？这些心理学研究的重要课题，在科学文献和法庭上的答案依然存在争议。

灯事件触发的情绪也影响了它的持久性。虽然我们总是将消极的新闻事件作为典型的闪光灯记忆,但这种记忆也可以发生在积极事件中。我们的结婚日和孩子的出生日可能会成为个人历史上的里程碑,并且会被永远记住。

创伤性事件的记忆　1890年,美国心理学家和哲学家William James指出,情绪性对个体经历唤起影响之大,以至于它几乎会在大脑中留下印记。个人的心理创伤也属于这种情绪性的体验。

一些心理学家认为,情绪性创伤事件的记忆能够被相当详细、精准、甚至可能是永久性地保留下来(Langer,1991)。有一个很好的证据可以证明创伤性事件的记忆通常比一般事件的记忆更为精准(Boals,Rubin,2011;Rubin,2011;Schooler,Eich,2000)。1983年,加利福尼亚乔拉奇的一辆校车被绑架,儿童们被埋在地下16个小时后才逃出来。这些孩子们的创伤性记忆的典型标志就是详细而生动的回忆。

然而,在这些孩子经历了这一令人毛骨悚然的事件的四到五年后,一个儿童精神病学家对他们进行了访谈,她指出,这些孩子一半的记忆是严重错误和扭曲的(Terr,1988)。创伤性记忆怎么会如此的生动而详细,但同时却又不准确呢?很多因素与其有关。由于事件是如此令人震惊,使得一些小孩可能在编码信息的时候产生了一些知觉错误。其他小孩可能为了减少自己对此事件的焦虑,从而扭曲了信息本身,并且在回忆时将其创伤性缩小了。在与他人讨论这件可怕的事情时,其他小孩可能已经将事件的细节与他人对此事的记忆碎片进行了重组。

通常,现实生活中的创伤性记忆比一般事件的记忆要准确且持续时间更长。对事件的扭曲通常表现在创伤性事件的细节上。与压力有关的激素也可能与个人的创伤性记忆有关。在创伤性记忆的建立过程中,会释放与压力有关的荷尔蒙,并由杏仁核发出信号,海马进行调节(见图6.12),这些过程可能部分解释了创伤性记忆的持久性和生动性(Bucherelli,others,2006;Goosens,2011)。

被压抑的记忆　人们有可能忘掉创伤性事件,但在之后又想起来吗?大量的争论围绕着这一问题展开(Bruck,Ceci,2012;Klemfuss,Ceci,2012a,2012b)。压抑是一种防御机制,一个经历过精神创伤事件的人可能会通过压抑而忘记这一事件,并在之后忘掉这一遗忘的过程。根据心理动力学理论,压抑的主要作用是保护个体免受这类信息的威胁。

压抑说极具争议。大多数创伤性记忆的研究表明,创伤性的生活事件(例如,童年时期的性虐待)是非常有可能被记住的。但是,也有一些证据表明童年时期的性虐待可能不会被记住。Linda Williams及其同事们对童年时期受到虐待的记忆进行了一些调查(Banyard & Williams,2007;Liang,Williams,Siegel,2006;L. M. Williams,2003,2004)。其中一项研究对有过童年受虐经历的129名女性进行了调查,医院急诊室记录表明她们在童年期有过受虐经历(L. M. Williams,1995)。在受虐待事件的17年后,研究者们联络到了这些女性,并询问她们是否曾经是儿童性虐待的受害者(在询问其他事情的过程中)。在这129个女性中,大多数人报告了这些记忆,并且从未忘记过。10%的被试报告说已经忘记了这一经历(至少在生活中的某些时候)。

如果这真的存在,压抑可以被视作**动机性遗忘**(motivated forgetting)的一种特殊情况,这种情况发生在人们想要忘掉一些充满痛苦与焦虑、以至于不愿回忆起来的事情时(Fujiwara,Levine,Anderson,2008)。这种类型的遗忘可能是由受害者遭遇强奸或身体虐待、战争退伍和地震幸存、飞机坠毁和其他可怕事件经历的情感创伤引起的。除非人

动机性遗忘　忘掉一些极其痛苦、焦虑以至于不愿回忆起来的事情。

们可以把这些细节完全忘掉，否则这些情感上的创伤可能会困扰人们多年。即使人们没有经历过创伤，他们也可能会使用动机性遗忘来保护自己，不受痛苦、压抑或其他不愉快事件的回忆的伤害（Shu，Gino，Bazerman，2011）。

认知心理学家Jonathan Schooler认为，恢复记忆最好被称为发现记忆，因为除了记忆的准确性，个体对记忆都有真实的体验（Garaets，others，2009；Schooler，2002）。该学者及其同事们（1997）研究了很多有关虐待事件的发现记忆的案例，在这些案例中，研究者通过其他人来寻找不同的佐证。他们通过犯罪者或第三方的实际案例确定被试的发现记忆。例如，Frank Fitzpatrick 忘记了一位天主教神父对他的虐待，但是几年后，他对虐待事件的报告被一位同样遭遇虐待的目击者所证实（Commonwealth of Massachusetts v. Porter，1993）。这种情况的存在表明，拒绝所有成年人的控诉是不恰当的，他们是已经被遗忘的童年期性虐待的受害者。

心理学家是如何看待这些情况的呢？一般而言，他们在几个关键问题上达成了共识（Knapp，VandeCreek，2000）。首先，他们都认为儿童性虐待是一件重要的、极其不好的、但历史上尚未被公认的问题。其次，心理学家们普遍认为，大多数在儿童期遭遇性虐待的个体都会有全部或部分有关该事件的记忆，并且这些持续性的记忆很可能是准确的。第三，一个普遍的共识是，遭受过虐待的一些人有可能会长期遗忘这些遭遇，并重建自己感觉非常真实但实际上是错误的记忆。最后，从错误的记忆中区分出正确的记忆是非常困难的，特别是在使用记忆"恢复"的方法（例如，催眠）时。我们也许会认为，只要性虐待事件能够被立即报道出来（而不是在多年以后），大量的谜团将会被解开。在这种情况下，孩子们对性虐待记忆的报告将会成为一个关键性的证据。那么，他们的记忆是准确的吗？"挑战你的思维"这一部分内容论述了这一复杂的问题。

目击者证词　　现在，你应该意识到记忆并不是事实的完美映射。当人们被要求报告看到或听到的有关犯罪的描述时，理解记忆的扭曲尤为重要。和其他类型的记忆一样，目击者的证词可能会出错，错误记忆在刑事案件中会产生极其严重的后果（Frenda，ichols，Loftus，2011）。当目击者的证词不准确时，无辜的人可能会去坐牢，甚至被判死刑，而真正的犯罪者则不会被起诉。然而，重要的是，我们要注意到，目睹犯罪过程往往会对目击者造成创伤，所以这种类型的记忆通常被归为高情绪事件的记忆类型。

人们对目击者证词的兴趣主要集中于记忆的失真、偏见和不准确（Frenda，Nichols，Loftus，2011）。记忆的衰退是失真的原因之一。一项研究发现，人们可以在2小时的时间间隔后，以100%的正确率识别图片。然而，四个月后，他们仅仅有57%的正确率，而其中运气的成分占了50%（Shepard，1967）。

与视频不同，新信息可以改变记忆（Simons，Chabris，2011）。在一项研究中，研究者给学生们播放了一段关于汽车事故的影片，之后问他们，当那辆白色的跑车经过谷仓时，它的速度有多快（Loftus，1975）。尽管影片中并没有谷仓，但17%的学生在其回答中却提到了谷仓。

偏见也是错误记忆的原因之一（Brigham，others，2007）。研究表明，某一种族

试一试！

认知心理学家 Sam Sommers 将其在武装抢劫案中做专家证人的经验写在了博客上。他将自己的专长运用在了案件的目击记忆研究中。通过谷歌搜索"Sam Sommers 目击者"来了解更多。

试一试！

要了解你是否是一个好的目击者，可以访问下列网站：

www.pbs.org/
wgbh/pages/frontline/
shows/dna/

www.psychology.
iastate.edu/faculty/
gwells/theeyewitnesstest.
Html

这次测试能改变你对目击者证词准确性的观点吗？请解释一下为什么。

运用心理学的研究促进嫌疑人辨别

在《无辜定罪》这本书中，作者、法学教授 Brandon Garrett（2011）通过DNA证据追踪了美国被无辜定罪的250例案例。在这些案件中，有190（76%）起案件涉及目击者对被告的错误指证。每年，超过75000人被要求辨认嫌疑人，专家估计这些辨认中有1/3是错误的（Schwartz，2011）。

为了减少无辜的人被指控犯罪的几率，执法人员运用了心理学研究来改善让目击者辨别嫌疑人的方式。在这样的辨别过程中，证人对一组个体或照片进行辨认，其中一个就是犯罪嫌疑人，证人被要求辨别罪犯是否在这组个体中。心理学研究在两方面对这一过程有着影响。

由于很微小的偏见都可以影响证人的判断，因此，多个司法管辖区已经采用双盲程序（Brewer，Wells，2011）。为了减少偏见对结果的影响，在双盲研究中，无论是被试还是主试都不知道被试所处的情境和情况。例如，达拉斯城在罪犯辨别中使用了双盲程序。一个特定的团体操作整个辨认过程，这些人不参与嫌犯群体的管理，不知道有关案件的情况，不知道哪一个人是罪犯（Goode，Schwartz，2011）。

研究所提倡的另一个程序是依次而非同时辨别嫌疑人或照片。在嫌疑人辨别中，个体一次辨别一个个体或一张照片（按顺序），而非一次辨别所有（同时），这样可以减少虚假辨别（Steblay，Dysart，Wells，2011）。原因是，当同时呈现一组嫌疑人时，受害者倾向于选择那个最像他记忆中罪犯的人。研究表明，当把真正的罪犯从嫌疑人团体中移除时，人们往往会选择那个与罪犯最相似的"替补者"（没有参与犯罪，只是呈现在嫌疑人中）（Wells，1993）。

最近，Gary Wells（Wells，Steblay，Dysart，由 2011）带头进行了一项大规模研究，他们在美国的四个不同司法管辖区内，考察了实际刑事调查中的双盲顺序呈现和同时呈现的效应。结果表明，顺序呈现嫌疑人照片比同时呈现所产生的错误辨认更少。Wells及其同事们认为，双盲顺序呈现嫌疑犯是一个用于提高目击者识别准确性的有效途径。

CSI和其他犯罪电视剧可能给人留下的印象是，DNA证据被广泛地用来保护无辜的人不受错误指控。然而，研究者们估计，目击者辨认的法律案件中只有不到5%的案件需要避免错误辨别的生物学证据（Wells，Steblay，Dysart，2011）。因此，对很多犯罪来说，目击者辨认仍然是一个重要的证据，那么提高这种辨认的有效性就成了一个至关重要的目标。

的人不太可能识别出另一种族个体间的差异（Behrman，Davey，2001）。例如，拉丁美洲的目击者可能很难区分亚洲的犯罪嫌疑人。在一个相关实验中，电视新闻节目中播出了一段抢劫案的录像（Loftus，1993）。紧接着，播出六名嫌疑人，并且要求观众打电话确认他们认为这六名嫌疑人中谁最可能犯下了抢劫罪。在2000个来电者中，有超过1800个人选错了犯罪者，强盗是一个非拉美裔的白人男性，但三分之一的观众认为非洲裔的美国人或拉丁美洲人是罪犯。更重要的是，目击者的自信心不一定是目击报告准确性的很好指标。一项研究表明，女性的目击证词比男性准确，但是男性却对他们的记忆表现出了更大的信心（Areh，2011）。

数以百计的人受到目击者错误证据的伤害（Frenda，Nichols，Loftus，2011）。一项估计显示，美国每年大约有7500人被逮捕并被误判以严重的罪行（Huff，2002）。

错误记忆不只是关于对嫌疑人的误判。例如，在华盛顿发生的杀死10人的狙击袭击中，目击者对嫌犯车辆描述的错误记忆显而易见。目击者称，他们看到了一辆白色的卡车/厢式货车从数个犯罪现场逃离。可能的原因是，一辆白色的厢式货车靠近第一次枪击的案发地，之后媒体对这一消息的重复播报误导了目击者对之后事故的记忆，使得他们更容易记住一辆白色的卡车或厢式货车。当狙击嫌疑人被抓获时，他们开的却是一辆蓝色的小汽车。

甚至在警察到达犯罪现场之前，目击者们之间的谈话也会误导他们的记忆。这就是为什么在2000年华盛顿的狙击袭击中，执法人员建议任何可能见证下一次攻击的目击者们迅速写下他们所看到的一切（如果他们没有纸的话可以写在手上）。

自我测试

1. 与列表中的中间项相比，开头处和结尾处的项目更容易被记住的倾向是_____。

   A. 书挡效应　　　　　　B. 序列线索效应

   C. 系列位置效应　　　　D. 端点效应

2. Carrie 骄傲地说，虽然她经常不能正确地将名字与面孔相匹配，但她从不会忘记见过的任一面孔，Carrie 所说的是她_____。

   A. 再认优于回忆

   B. 回忆优于再认

   C. 记忆提取比记忆改造好

   D. 记忆改造比记忆提取好

3. 错误记忆可能会由于_____而发生。

   A. 偏见　　　　　　　　B. 新信息的接收

   C. 失真　　　　　　　　D. 以上所有

小应用！

4. Andrew 正在为一份心仪的工作的小组面试做准备。小组面试将在早晨进行，之后是个人面试，当叫到 Andrew 时，面试官告诉他，由于还没有与其他面试者进行交谈，因此 Andrew 可以决定他第几个进行面试。共有 5 个面试者，Andrew 会选择在第几个呢？

   A. 他会选择第三个，因为这时候面试官没有那么紧张，也没有太累

   B. 他应该选择第一个或最后一个，这样会给面试官留下深刻的印象

   C. 他应该选择第二个，因为他可以不用等太长时间，也不会长时间紧张；另外选在第一个会容易表现得爱出风头

   D. 无所谓，他随机选择一个就好

5　遗忘

人类的记忆有其不完美之处，这一点我们都曾经历过。我们经常看到两个人争论某事是否发生过，两个人都对自己记忆的准确性非常有信心，并且认为对方是错的。我们都曾经有过令人沮丧的经历，试图记住一些人或一些地方的名字，但却无法提取出来。错过约会、错放的钥匙、不记得熟悉面孔的名字、无法记住互联网的登录密码等等都是常见的遗忘的例子。我们为什么会遗忘呢？

心理学先驱赫尔曼·艾宾浩斯（Hermann Ebbinghaus，1850-1909）是科学研究遗忘的第一人。1885年，他制作了一个13个无意义音节的列表并对其进行记忆，然后评估随着时间的流逝，自己可以记住的无意义音节的个数（无意义音节是字母的无意义组合，因此不太可能是已经学过的单词，如zeq，xid，lek和riy）。即使只是在一个小时后，艾宾浩斯也只能回忆起一点点他已经记忆过的无意义音节。图6.15展示了艾宾浩斯的无意义音节学习曲线。根据研究，艾宾浩斯的结论是，我们在学习后不久就已经遗忘了大多数学习内容。

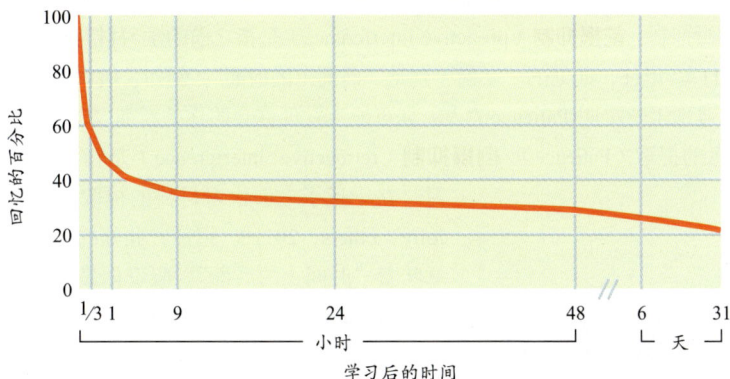

图 6.15　艾宾浩斯遗忘曲线　这张图说明了艾宾浩斯关于遗忘的研究结果。什么时间最容易遗忘？如何解释不同个体和学习不同材料时的曲线斜率的差异？根据这张图，要防止遗忘的发生，学习新材料的最佳时间是何时？

如果我们忘得这么快，那么为什么还要把精力投入到学习上呢？幸运的是，研究已经表明，遗忘并不像艾宾浩斯所认为得那么普遍（Hsieh，others，2009）。艾宾浩斯所研究的是无意义音节。当我们记忆更有意义的材料，如诗歌、历史或者文章等内容时，遗忘既不那么迅速，也不那么普遍。以下是一些影响我们从长时记忆中提取信息的因素。

编码失败

有时候，当人们说自己已经忘记了一些事情时，他们并非真正的忘记；相反，他们在最开始就没有把这些信息进行编码。所谓编码失败，就是指信息从未进入到长时记忆之中。

编码失败的一个例子就是，想一下美元的一分钱长什么样子。在一项研究中，研究人员给被试展示了15个版本的便士，并问他们哪一个是正确的（Nickerson，Adams，1979）。

大多数人无法完成这项任务。除非你是一名硬币收藏家，否则，你可能不会对便士的具体细节进行编码。你可能只是编码了足够的信息，能够将便士与其他硬币区分开。（便士是铜色，十分铸币和五分镍币是银色；便士的大小处于十分铸币和25分硬币之间）。

便士的例子说明我们编码进入长时记忆的只是我们生活中的一小部分经历。然而，在另一个意义上，编码失败确实不是遗忘，只是不记得。

体验一下：记忆失败

提取失败

从记忆中提取信息出现问题最明显的就是关于遗忘的例子（Law，others，2011）。心理学家们认为，提取失败的原因包括信息存储的问题、时间的影响、记忆或遗忘的个人原因，以及大脑的状态（Barrouillet，De Paepe，Langerock，2012；Oztekin，Badre，2011）。

干扰　干扰是人们遗忘的一个原因（Malmberg，others，2012）。根据**干扰理论**，人们遗忘不是因为记忆从存储中丢失，而是因为其他信息阻碍了他们提取想要回忆的内容。

有两种类型的干扰：前摄抑制和倒摄抑制。**前摄抑制**（proactive interference）是指之前的学习材料干扰了后来学习材料的提取（Yi，Friedman，2011）。记住，此处的"之前"就是"时间上的前面"。例如，假设你十年前有一个好朋友叫Prudence，昨天晚上你遇到了一个叫 Patience的人。你可能会发现你会叫你的新朋友Prudence，因为旧信息（Prudence）干扰了新信息的提取（Patience）。**倒摄抑制**（retroactive interference）是指之后的学习材料干扰了之前学习材料的提取（Solesio-Jofre，others，2011）。记住，此处的"之后"意味着"时间上的后面"。假设你最近刚交了新朋友Ralph。当你给老朋友Raul发短信时，你可能会错误地发送给Ralph，因为新信息（Ralph）会干扰旧信息（Raul）。图6.16描述了前摄抑制和倒摄抑制。

前摄抑制和倒摄抑制都可以解释提取线索失败的现象。Prudence干扰了Patience的提取以及Ralph干扰了Raul的提取的原因可能是，你用于记住其中一个名字的线索在两种记忆中是一样的。例如，如果你所使用的线索是"我的好朋友"，这个线索可能会同时唤起两个名字。其结果可能是你提取了错误的名字，或者名字之间相互干扰，以至于两者都无法提取。

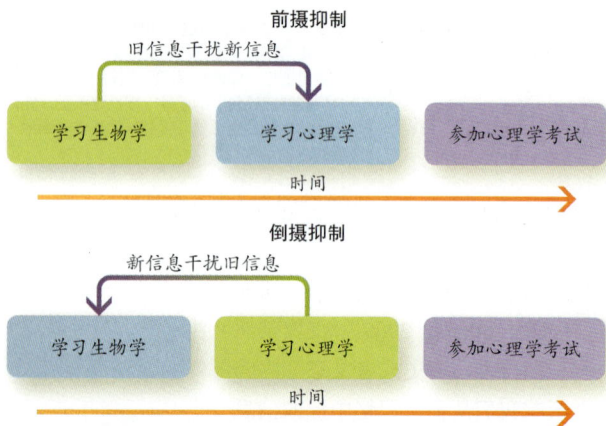

图 6.16　前摄抑制和倒摄抑制　在前摄抑制中，旧信息通过阻碍新信息的学习来影响新信息的学习。在倒摄抑制中，新信息通过阻碍旧信息的学习来影响旧信息。

提取线索（例如，例子中的"朋友"）可能会超负荷，当这种情况发生时，我们可能会遗忘或者不能正确提取。

衰退　遗忘的另一个可能的原因就是随时间的推移而发生的遗忘（Barrouillet，De Paepe，Langerock，2012）。根据记忆的**衰退理论**（decay theory），我们在学习新事物时，会形成一种神经化学的记忆印记，但是，随着时间的流逝，这种印记会慢慢消失。衰退理论认为，时间的推移加快了遗忘。

记忆总是随着时间的流逝而衰退，但是衰退理论无法完全解释遗忘。例如，在正确提取的情况下，我们可以恢复似乎已经忘记的记忆。再比如，你可能已经忘记了你高中某个同班同学的长相或名字，但是当你回到和那个同学相识的地点时，你可能就会记起来。同样，你可能不会想起一个很久之前认识的人，但是当这个人在 Facebook 上加你为朋友时，你可能就会想起过去与他/她共度的时光。

舌尖效应　我们都熟悉被称之为**舌尖效应**（TOT，tip-of-the-tongue）的提取错误现象，它是"有意识提取"的一种类型，是指个体确信自己知道某件事情（如，某个词或名字），但无法从记忆中提取出来的现象（Schwartz，2011）。在舌尖效应中，我们通常可以成功地提取出有关单词的一些特点，例

干扰理论　人们遗忘不是因为记忆从存储中丢失，而是因为其他信息阻碍了他们提取想要回忆的内容。

前摄抑制　之前的学习材料干扰了后来学习材料的提取。

倒摄抑制　之后的学习材料干扰了之前学习材料的提取。

衰退理论　该理论认为，我们在学习新事物时，会形成一种神经化学的记忆印记，但是，随着时间的流逝，这种印记会慢慢消失。时间的推移加快了遗忘。

舌尖效应　"有意识提取"的一种类型，个体确信自己知道某件事情（如，某个词或名字），但无法从记忆中提取出来的现象。

如记住了单词第一个字母和音节的个数，但就是无法提取出单词本身。我们可以提取所需信息的部分而非全部，这就是舌尖效应（Hanley，2011；Schwartz，Metcalfe，2011）。

舌尖效应表明，我们并没有存储关于某个特定主题或经历的全部信息。如果你曾经努力回想过一个特定的单词，你可能会想起很多与你所需要的单词意思相近的单词，但是你仍然感觉没有一个完全符合你的要求。有时候，你可能会以一种意想不到的方式找到问题解决的方案。例如，想象一下你正围绕着"彩色的围巾"这一线索，做一个七个字母的填字游戏。你有一种知道这个单词的感觉。如果你还没有想到答案，就大声地说出来：绷带（bandage）。如果你正在经历舌尖效应，心里想着"绷带"这个词，可能会帮助你找到正确答案：头巾（bandana）。虽然绷带的意义与头巾无关，但这两个单词以同样的发音开头（因此在语词记忆中被联系起来），这就可以引导你想到单词"头巾"（Abrams，Rodriguez，2005）。

前瞻性记忆：记着（忘记）何时去做某事　本章的主要焦点是**回溯性记忆**，即记住过去。**前瞻性记忆**是记住将来要做某事的信息。它包括有意识的记忆（Costa，Carlesimo，Caltagirone，2012；Delprado，others，2012）。前瞻性记忆包括时间（我们什么时候做事情）和事件（做什么事情）。

"我当然会忘记去年学过的知识，我必须在大脑中为新的知识腾出空间。"
CartoonStock，www.CartoonStock.com 授权使用

我们可以对基于时间和基于事件的前瞻性记忆进行区分。基于时间的前瞻性记忆是在某个特定的时间段之后，我们有意要从事某一行为，例如，一个小时以后要给某个人打个电话。基于事件的前瞻性记忆是，当受到一些外部事件或线索激发时，我们有意识地去做某件事，例如，在看到室友时，给她传个口信。基于事件的前瞻性记忆中具有的可用线索，使得该种记忆比基于时间的前瞻性记忆更有效（McDaniel，Einstein，2007）。

一些前瞻性记忆的失败被称为心不在焉（absentmindedness）。当我们专注于其他事情、被某些事物分心或处于很多的时间压力下时，我们常常会心不在焉。心不在焉往往与注意和记忆存储之间的割裂有关（Schacter，2001）。幸运的是，研究已经表明，我们的目标及相应的情境特征能够同时被编码进入记忆之中，因此我们可以根据情境特征提取这些信息。当某个情境有助于实现这些目标时，我们的记忆就会为此做好准备。

研究人员还发现，在前瞻性记忆任务中，老年人比年轻人表现得更差，但是，通常这些研究结果只适用于人工实验室任务中（Smith，Horn，Bayen，2012；Zollig，others，2012）。现实生活中，老年人的前瞻性记忆通常跟年轻人一样（Rendell，Craik，2000）。一般来说，前瞻性记忆失败（忘记去做某事）出现在有意识地努力提取（而不是自动提取）的过程中（Henry，others，2004）。

失忆症　回想一下在外显记忆和内隐记忆的讨论中提到的H. M.的案例。在H. M.的手术中，他的大脑中负责建立新记忆的部分被损坏了，并且无法恢复，结果就导致了

回溯性记忆　对过去信息的记忆。

前瞻性记忆　对将要做某事的信息的记忆，包括有意识的记忆。

失忆症，即记忆的丢失。H. M.患有**顺行性遗忘**，这是一种影响新信息和新事件保持的记忆障碍（"顺行性"表示的是在时间上向前移动的遗忘）（Levine，others，2009）。他在手术前（失忆症发病前）学过的东西没有受到影响。例如，H. M.可以认出他的朋友（手术前就认识的朋友），记起他们的名字，甚至讲述他们之间的故事。他在手术后认识的人依然是陌生人，即使他们陪伴了他上千个小时。H. M.的术后经历很少能够被编码进长时记忆中。

遗忘也发生在**逆行性遗忘**中，它是指过去的部分记忆丧失，但新记忆仍可形成（逆行性是指在时间上向回推移）（Abbate，others，2012）。逆行性遗忘比顺行性遗忘更常见，并且它常发生于大脑遭受电击或物理打击时，如足球运动员的头部伤害。与顺行性遗忘相反，逆行性遗忘中忘记的是旧信息，它发生于导致遗忘的事件之前，并且获得新记忆的能力不受影响。有时候，一个人会同时患有顺行性遗忘和逆行性遗忘。

自我测试

1. 信息进入长时记忆失败的术语是_____。
   A. 复述失败　　　　　　B. 编码失败
   C. 前摄抑制　　　　　　D. 倒摄抑制
2. 大一新生 Marco 确信他知道自己少年棒球联合会教练的名字，但是他就是无法把这个名字从记忆中提取出来，Marco 正在经历_____。
   A. 顺行性遗忘　　　　　B. 逆行性遗忘
   C. 联想干扰　　　　　　D. 舌尖效应
3. 回溯性记忆是记忆有关_____的事情，前瞻性记忆是记忆有关_____的事情。
   A. 过去；现在　　　　　B. 过去；未来
   C. 现在；未来　　　　　D. 现在；过去

小应用！

4. Carlos 能讲一口流利的西班牙语，他正在计划一次巴黎之行，并决定要修一门法语课。在他的第一次法语词汇测试中，他的老师注意到 Carlos 的法语单词中混合了很多西班牙语单词。Carlos 无法理解为什么，因为他一直擅长语言的学习。Carlos 身上发生了什么现象？
   A. 他正在经历倒摄抑制，他的西班牙语知识正在干扰其对法语的学习
   B. 他正在经历前摄抑制，他的西班牙语知识正在干扰其对法语的学习
   C. 他正经历顺行性遗忘，他似乎无法学习新的单词
   D. 他已经达到了语言学习的极限，他应该继续练习西班牙语，并选择去巴塞罗那

6　记忆科学对学习与生活的启示

你是如何应用记忆过程的新知识来改善你的学习成绩和生活的呢？无论你所使用的是哪种记忆模型，你都可以通过深入思考生活"材料"以及将新信息与你所知道的旧信息相结合的办法来提高你的记忆力。或许，这个最好的连接点、最精细的图式就是自我（你所知道的和你所认为的自己）。要使一些东西变得有意义，以及在记忆中固定它的位置，你必须要使它对你产生影响。

如果你将记忆看作大脑中的一个物理事件，你就可以将记忆看作与肌肉训练的过程一样。不断创建神经元的集合，以建立你想拥有的记忆连接，这不仅是在考试期间，还可以贯穿于整个生命过程之中。

组织、编码、复述和提取课程内容

组织　在启动强大的记忆程序之前，要提高学习成绩的第一步，就是确保你所学习的信息是正确的、有条理的。

组织技巧

■ 定期复习课程笔记，提前找到潜在的错误和含糊不清的内容。不准确的记忆和不完整的信息是没有意义的。

■ 使用有助于你进行有效记忆的方法组织学习材料。将信息进行系统的分类，复习学习材料并将其结构化，这将有助于更好的记忆。

■ 尝试不同的组织技巧。一种方法是使用层次结构，如列提纲。你可以创建一个类比（如前面提到的将长时记忆提取与从图书馆中找书进行比较的例子），此处用的就是你原有的图式。

编码　一旦确定了你所需要记忆的材料是正确的且有条理的，那么你就可以开始记忆了。虽然某些类型的信息会被自动编码，但学业的学习通常需要付出相当大的努力（Bruning，others，2004）。

编码技巧

■ 注意。记住，在一件事情上保持专注是非常重要的。换言之，避免分散注意力。

■ 在适当的水平上处理信息。以有意义的方式思考学习材料并进行深度加工。

■ 对所记内容进行精细加工。将其与你的生活和其他你需要记忆的材料建立连接。

■ 使用意象。设计图像来帮助你的记忆（例如，电脑屏幕上的心理图片有助于你回忆工作记忆的概念），这就使得你可以对信息进行"双重编码"。

■ 要理解，编码并不是一个简单的、只需在考试前做的事情。相反，应该提前并经常进行编码。当在课堂上阅读或讨论问题时，利用一切机会与你的课程材料建立连接。

复述　当你第一次学习某一材料的时候，将它与你的生活联系起来，并参考一些对你有帮助的例子。下课后，复述课程材料，将其固化在记忆中。

复述技巧

■ 默写、分类或抄写笔记。一些学生认为这是一种很好的复述方式。

■ 为了加强记忆，可以与人们谈论你所学的东西及其在现实生活中的重要性。与机械的复述和记忆相比，理解信息并将其与生活相联系使你更可能长期记住这些信息。对短时记忆中的信息来说，复述的效果更好，但是，当你需要在长时记忆中进行编码、存储、提取信息时，它就不那么有效了。

"好了，这就是计划……"

经 CartoonStock 授权许可使用，www.CartoonStock.com。

■ 自我测试。只是看着笔记并想着，"哦，是的，我知道这一点"是远远不够的。有时候，再认会使我们获得一种"已经知道"的错觉。如果你阅读一个定义，它看起来很熟悉以至于你确信自己知道它，那么，自我测试一下吧。当你合上书并试着重新定义时，发生了什么？将将你的定义与书中的相比，你的定义正确吗？

■ 在读书或学习的时候，问自己一些问题，如"我刚刚读的那个是什么意思？""这个为什么重要？""我刚刚读的那个概念的实例是什么？"当你对自己所读到的东西或课堂活动提出问题时，你就扩展了之后可提取的信息联结的数量。

■ 善待你的大脑。如果你真的想提高你的记忆能力，请记住，大脑是一个身体器官。也许促进有效的记忆存储的最佳办法是确保你的大脑能够以最大容量工作。这就意味大脑需要休息、好好吃饭、充分的营养，使它有能够进行脑力活动的物质基础。

提取　学习不仅仅要努力，还需要深度加工、对重要概念进行精细加工以及提交记忆清单。你睡眠充足且吃了一顿营养丰富的早餐，现在就是考试时间了。此时，你如何才能最好地提取必要的信息呢？

提取技巧

■ 使用提取线索。坐在你学习材料时曾经坐的那个位置上。记住，考试中的许多问题是你已经充分编码过的。试卷中的一些问题可能会帮助你找到其他问题的答案。

■ 找一个舒服的坐姿，深呼吸，保持冷静。记住有关长时记忆的研究可以增强你的信心，那个研究表明，已经存储在记忆中的材料会在大脑中停留很长一段时间，这对那些拿到试卷后会出现恐慌的人来说也是有效的。

记忆对学习和学业上的成功至关重要，但是记忆还能起到更多的作用。正如我们接下来要看到的，记忆是我们生命最基本的组成成分。

自传体记忆与人生故事

自传体记忆可能是人类生活中最重要的部分之一（Unsworth，Spillers，Brewer，2012）。例如，自传体记忆的功能之一就是让我们从自己的经验中进行学习（Pillemer，1998）。在自传体记忆中，我们把自己从生活中所学到的知识存储起来。当遇到生活困难时，这些记忆就成了我们可以使用的一种资源。

自传体记忆也让我们了解自己，并使我们知道自己身份的来源。在Jefferson Singer的自传体记忆研究中，他和同事们指出，这些内在的个人经历故事作为我们已经创造出来的生活事件的意义符号，使我们具有了连贯性（Baddeley，Singer，2008，2010；Singer，Blagov，2004；Singer，Conway，2008，2011）。根据Dan McAdams（2006，2009，2011a，2011b）的研究，自传体记忆构成了个人身份的核心。许多研究表明，我们所讲述的生活故事有着重要的意义。例如，McAdams及其同事们已经证明，将重要生活事件以从坏变好的方式（救赎式故事）进行描述的人们更富有生产力，也就是说，他们为子孙后代做出了贡献，为后代留下了宝贵的遗产（Bauer，McAdams，Sakaeda，2005）。与用从好到坏的方式描述自我记忆（污染式故事）的人相比，这些人也有更好的适应能力。显然，自传体记忆的形成与重构可能表明了个体在生活中是如何行使职责、成长以及发现意义的（King，Hicks，2006）。

自传体记忆的最后一个功能，也许是最重要的功能，就是它在社会关系中的作用（Alea，Bluck，2003；Bruce，1989；Nelson，1993）。我们的记忆是与他人分享自我故事的一种有价值的方式。分享个人经历是促进亲密关系、建立情感纽带，以及深化现有关系的一种方式。当我们知道某个人最珍贵的自传体记忆时，我们就知道，这个人不再只是一个熟人，而是朋友了。在一定程度上，社会关系是生存所必需的，它让人类能够记住并与他人分享彼此的记忆，分享记忆是分享自我的一个关键途径。

保持记忆敏锐

记忆过程植根于大脑中，因此，记忆也是大脑功能的一个指标。当我们年纪老迈之时，保持记忆仍然是非常重要的。来自于老龄化与记忆的研究表明，与生活中的许多事情一样，短语"用进废退"也适用于记忆。

看看Richard Wetherill的案例，这是一位退休的大学教师和优秀的象棋手（Melton，2005）。

Wetherill技艺熟练，能够在象棋比赛中预想到接下来的八步棋。某一次，他意识到自己在下棋的时候出现了问题，他只能预想到接下来的五步棋。尽管他的妻子向他保证自己没有看到他有任何变化，但他还是确信自己的身体一定发生了什么严重的问题。一系列的认知测验没有发现异常，脑扫描结果也同样令人放心。然而两年后，Wetherill去世了，验尸报告显示，他的大脑被阿尔茨海默病破坏了，阿尔茨海默病是一种渐进的、不可逆的大脑疾病，它的特点是记忆、推理、语言以及最终的生理功能逐渐退化。这种类型的脑损伤表明，一个人已经无法进行连贯的思维。然而，Wetherill的症状只是局限于在下象棋时技能的小幅下降。

Wetherill的案例虽然令人惊讶，但也是非常典型的。有很活跃的脑力生活的人似乎不受由年龄带来的心理衰退的影响。事实上，研究表明，受过良好教育、智商较高，并在心理上从事复杂任务的人往往能更好地应对各种疾病对大脑的攻击，如阿尔茨海默病、中风、脑损伤，甚至神经毒素中毒（Melton，2005）。一些研究发现，活跃的脑力生活导致了"认知储存"的累积，"认知储存"是一种应激心理能力，它使得个体能够避免大脑受到伤害的负面影响。

Yaakov Stern发现，在一群外在症状似乎相同的阿尔茨海默病患者中，那些受过高等教育的人脑损伤的状况虽然更为严重，但他们与其他脑损伤较轻者的功能水平却是相同的（Stern，others，1992）。Stern及其同事们（2004）也同样发现，对知识的追求（例如：下象棋、阅读）降低了阿尔茨海默病的严重程度。最近的研究表明，一旦患者被诊断发现患有阿尔茨海默病，认知能力就会出现更快速的下降，然而，保持活跃的脑力生活可以降低阿尔茨海默病带来的认知能力的衰退速度（Wilson，others，2010）。

显然，一辈子的精神活动以及认知储备的投入使得大脑保持了它动用新的认知网络以弥补损伤的能力。这些大脑能够更好地采用备份计划来保持个体的功能水平（Andel，others，2005）。从这些研究中得出的明确信息是，通过在整个生命中保持脑力活动来建立认知储备是非常重要的。除了教育成就，身体和认知活动似乎也在保持敏锐的头脑中发挥着作用（Erickson，Miller，Roecklein，2012；Park，Bischof，2011）。现代生活的便利有时会阻碍大脑的脑力活动。例如，一位依赖GPS获取周围信息的人可

试一试！

本章的开头要你写一段关于自我定义的记忆。写出你的描述并看一看它是如何反映污染式和救赎式故事的概念的。如果自定义的记忆以不开心的方式结束，想一想进一步延伸的故事。你能把记忆重写一遍，让它以不同的方式结束吗？不是等到要奋斗和有压力的时候，而是此刻，就是今天的你。

能不会锻炼到海马体，这是一个能够对抗与年龄有关的认知衰退的重要部位（Bohbot，others，2011）。

在我们结束记忆科学这一章之前，让我们来想想日常生活中的记忆对塑造有意义经历的作用。想想你生命中最有意义的事件。很显然，你所记得的这一件事是你生活中所经历过的所有事情中的一个。我们都有一些特别生动而有意义的自传体记忆，例如，我们上述所学习的Jefferson Singer的研究。然而，事实上，生活中充满了潜在的动人时刻，比如，一次美丽的日出、一顿只为你准备的可口饭菜、一位老朋友的意外来电。体验日常生活的丰富性需要我们的专注和投入。有时候，日常琐事和烦恼使得我们感觉自己只是在走马观花。这种盲目的生活可能是一种生存的方式，但它不太可能充满活力。

我们在本章讨论的注意和编码过程告诉我们要积极地参与生活，投入到每一天的生活中（Cantor，Sanderson，1999），这能让我们确信自己的生活故事丰富而微妙，也因此，当某个人说"告诉我你自己的故事"时，我们有故事可讲。

自我测试

1. 为了提高你的课程成绩，你必须确保你所学习的信息是_____。

A. 组织得很好　　　　　B. 正确的

C. 完整的　　　　　　　D. 以上全部

2. 提高提取正确性和有效性的一种方法是使用_____。

A. 提取线索　　　　　　B. 编码线索

C. 存储线索　　　　　　D. 以上都不是

3. 随着年龄的增长，以下选项中与保持敏锐的头脑无关的因素是_____。

A. 教育程度

B. 身体活动

C. 完成舒服而容易的任务

D. 具有高智商

小应用！

4. Albert 在 65 岁时退休。他的老婆与他同龄，喜欢看最新的小说，参加诗歌朗诵会。她每天都做《纽约时报》上的字谜游戏，并且还在上一门语言课。Albert 认为妻子是在浪费时间，退休应该是一段休息放松的时间。他认为他们都在学校工作，有着很好的职业生涯，他的妻子还想要什么呢？以下哪一项是给他妻子的好建议？

A. 她应该告诉 Albert，这些所有的心理活动都可以保持她的头脑敏锐，并且 Albert 应该加入她的一些活动

B. 她应该更多的休息。在她这个年龄，她还能真正学到多少呢？

C. 她应该不理会 Albert，他在认真地享受退休

D. 她应该继续自己的活动，但是这些活动并不能对她的记忆能力产生影响

总　结

❶ 记忆的本质

记忆是信息和经验在一段时间内的保存。记忆的三个过程是编码（获取信息使其进入存储器中）、存储（在一段时间内保留信息）和提取（将存储器中的信息提取出来）。

❷ 记忆的编码

编码需要注意的参与，但注意必须是选择性注意。分配性注意对记忆有消极影响。

根据加工水平理论，信息的加工是连续的过程，从浅加工（编码感觉或物理特征）到中度加工（给刺激加标签），再到深度加工（加工刺激的意义及刺激间的关系）。深度加工能够产生较好的记忆。精细加工是对特定记忆水平的编码和加工，可以提高记忆力。使用意象或心理图片作为信息的背景，可以提高记忆力。

❸ 记忆的存储

阿特金森-谢夫林理论将记忆描述为三阶段的过程：感觉记忆、短时记忆和长时记忆。

感觉记忆对世界的感知只维持一瞬间。视觉感觉记忆保留信息1/4秒；听觉感觉记忆保留几秒钟。

短时记忆是一个容量有限的记忆系统，在这里，信息通常只能保留30秒。短时记忆的有限性遵循7±2个组块的原则。组块和复述有助于提高短时记忆。工作记忆是短时记忆和注意力的结合，它使得我们在执行任务时，能够暂时保存信息。Baddeley的工作记忆模型有三个组成部分：一个中央执行系统和两个辅助系统（语音环路和视空模板）。

长时记忆是相对持久的记忆，它可以长时间保留大量的信息。长时记忆有两个主要的分类：外显记忆和内隐记忆。外显记忆是对信息有意识的记忆，例如，对特定事实或事件的记忆。内隐记忆是在并非有意识地进行回忆的情况下，个体行为受过去经验影响的记忆。外显记忆包括两个维度。一个维度包括情景记忆和语义记忆。另一个维度包括回溯性记忆和前瞻性记忆。内隐记忆也是多维的，包括程序性记忆、启动和经典条件反射。

❹ 记忆的提取

系列位置效应是指对系列材料中的开始项和结尾项的记忆好于中间项的倾向。首因效应是对列表的前几项的记忆好于中间项的倾向。近因效应是对列表中的后几项的记忆好于中间项的倾向。

当有效线索出现时，提取就变得容易多了。影响有效提取的另一因素是提取任务的特征。当线索出现时，对过去记忆的简单识别通常比回忆信息要简单。根据编码的特异性原则，在编码或学习时出现的信息往往是有效的提取线索，这被称为情境依存性记忆。

提取也受益于启动，启动可以激活记忆中的特定联系。当我们不能完全提取信息时，舌尖效应就发生了。五个特殊的提取情况是：自传体记忆、情绪记忆、创伤性记忆、被压抑的记忆和目击者证词。

自传体记忆是个体对自己一生经历的回忆。自传体记忆有三个水平：生活期的记忆、一般事件的记忆、具体事件的记忆。自传体记忆连接了过去和现在，从而形成了我们的身份。情绪记忆尤其生动、持久。特别重要的情绪记忆或闪光灯记忆捕捉到了深刻的情感事件，以至于人们通常能够准确而生动地进行回忆。

个人的创伤性记忆通常比一般事件的记忆更精准，但也有失真和不准确的时候。人们往往会记住个人创伤的核心信息，但可能会歪曲一些细节。个人的创伤会导致个体情绪性地压抑信息，甚至很难被意识到。压抑意味着要忘记一些令人烦恼的经历，因为这些经历实在令人不安。由于记忆的衰退和偏见，目击者证词可能会出现错误。

❺ 遗忘

编码失败是指忘记那些从未进入长时记忆中的信息。提取失败的发生至少有如下四个原因。

首先，干扰理论强调，遗忘并非由于记忆材料在存储器中丢失，而是由于其他信息阻碍了我们提取想要回忆的内容。干扰可以是前摄的（如早期的学习材料干扰了对后期学习材料的回忆）或后摄的（如后期的学习材料干扰了对前期学习材料的提取）。

第二，衰退理论认为，当我们学习新东西时，神经记忆痕迹就会形成，但这种化学痕迹会随着时间的流逝而逐渐消失。

提取失败的第三个原因是动机性遗忘，即我们想要忘记某些东西。例如，在情感创伤的情况下（如强奸和虐待），记忆常常是非常痛苦或充满忧虑的。

最后就是失忆症，一种生理意义的记忆丧失，既可能是顺行的（影响新信息或事件的记忆），也可能是逆行的（影响过去事件的记忆），还可能是两者兼有。

❻ 科学记忆的技巧——学习与生活

有效的编码策略包括注意力集中、尽量减少分心、理解而非死记硬背、自我提问并做好笔记。记忆研究表明，最好的记忆方法是将学习材料与生活的各个方面建立联系。

自传体记忆，特别是自定义记忆，在身份和社会关系中扮演着重要的角色。自定义记忆为我们提供了一个独特的身份来源，与他人分享这些记忆在个体的社会联系中扮演着重要的角色。

终生从事挑战性的认知任务可以避免年龄老化对记忆的影响，还可以减轻阿尔茨海默病的不良影响。

积极投入到每一日的生活之中，会让你的生活更加难忘。留心生活事件，就能建立丰富的经验库，而每一个经验库都可以建立一个自传体记忆的宝库。

关键术语

记忆，p.190
编码，p.191
分配性注意，p.191
持续性注意，p.191
加工水平，p.192
精细加工，p.192
存储，p.195
阿特金森-谢夫林理论，p.195
感觉记忆，p.195
短时记忆，p.196
工作记忆，p.197
长时记忆，p.199

外显记忆（陈述性记忆），p.199
情景记忆，p.201
语义记忆，p.201
内隐记忆（非陈述性记忆），p.201
程序性记忆，p.201
启动，p.202
图式，p.204
脚本，p.204
联结主义（平行分布加工），p.204
提取，p.207
系列位置效应，p.208
自传体记忆，p.210

闪光灯记忆，p.211
动机性遗忘，p.213
干扰理论，p.218
前摄抑制，p.218
倒摄抑制，p.218
衰退理论，p.218
舌尖效应，p.218
回溯性记忆，p.219
前瞻性记忆，p.219
失忆症，p.220
顺行性遗忘，p.220
逆行性遗忘，p.220

自我测试

多项选择

1. 以下哪种感觉记忆的相关研究最少？
   A. 嗅觉　　　　　　　　B. 听觉
   C. 视觉　　　　　　　　D. 步行觉

2. 乔治·米勒的经典研究"神奇数字7±2"是指人的_____。
   A. 记忆广度　　　　　　B. 记忆容量
   C. 回忆　　　　　　　　D. 记忆的脑区

3. 组块是_____。
   A. 迅速地扫描信息的相关细节
   B. 精细地编码信息

   C. 迅速地忘记相关信息
   D. 使用米勒的模型进行记忆提取

4. 第一次听到朋友的电话号码后，你只能背诵出七位数，这一举动是由_____造成的。
   A. 数字提取系统　　　　B. 性能增加的能力
   C. 回忆数字的能力　　　D. 记忆广度

5. 未经复述的信息在短时记忆中能够保存_____。
   A. 30秒　　　　　　　　B. 3分钟
   C. 两小时　　　　　　　D. 一天

6. 启动会引起_____。
   A. 外显记忆受损　　　　B. 程序性记忆的增强

C. 记忆提取的增强   D. 感觉记忆受损

7. 下列哪个是关于信息的等级表征的例子?

    A. 电话簿上的地址列表

    B. 电话簿上的名字列表

    C. 课本上的目录

    D. 课本的索引

8. 人们很快地适应了游行的程序,并表现出适当的行为。使个体在游行中表现良好的基础知识是_____。

    A. 脚本   B. 社会图式

    C. 分层节点   D. 语义重构

9. 你和老师约定在星期二下午的一点半进行一次重要的会面,这一事件存储在你的_____记忆中。

    A. 回溯   B. 前瞻

    C. 前摄   D. 倒摄

10. 在信息的系统应用中,从记忆科学的角度来提高你的学习技巧,第一步是确保_____。

    A. 你所学习的材料是准确的

    B. 你所学的材料是相关的

    C. 你所学的材料与课程有关

    D. 你所学的材料是合适的

小应用!

11. Sasha在HBO电视网上看喜欢的电视剧,最近,她迷上了其中的一个演员,但问题是,每次电视剧播完后,她在字幕上寻找那个演员的名字时,都发现信息滚动得太快,以至于她看不到演员的名字。Sasha没有录像,这个电视没有DVD版。使用感觉记忆和斯伯林的经典研究作为指导,制定计划来解决Sasha的问题。

思维、智力和语言

创意的价值

　　从闹钟到电脑，我们的周围到处充满着创意之作。许多我们认为理所当然的日常事物都源于某个人的创意。这些发明的出现是因为有人注意到某个问题，并且想出了一个有创意的解决方案。

　　想出好点子只是一段漫长旅程的开始，这段旅程既困难又费时耗力。帮助人们进入这段旅程的一种相对新颖的方式就是众筹，这一活动通常是通过互联网来集资，以支持个人或团队的创造性活动。Kickstarter.com就是一个创新集资的网站，在这里，有创造力的人可以申请获得启动资金，从而把自己的创意付诸行动（Pogue，2012）。未来可能成为发明家的人可以发帖来描述自己的项目，范围从艺术（剪辑CD）到技术（建立研发新的工具），提出对风险的预算。如果网站访问者提供足够的资金来支付预期成本，发帖人就可以通过这笔钱来实现自己的伟大梦想。有趣的是，那些给项目提供资金的人并不是投资者，他们在付钱后也不会有什么回报（也许只是一件T恤），他们借钱给这些发明者完全是基于对好点子的热情。在这里，44%的项目获得了资助，甚至有些创意出人意料地大获成功。一个iPod腕带的发明者需要15000美元，Kickstarter网站的捐助者为其集资了700000美元。

　　为什么每天都会有人为一个点子而捐赠自己辛苦赚来的钱？一些人重视创造力产生的机会，因为这些创造力推动了新事物的出现；而另外一些人则是因为无法抵制人类认识和解决问题的吸引力。本章将探讨促使这种努力产生的心理和能力。

预览

认知心理学是对心理过程的研究。本章会介绍思维、问题解决、推理和决策的基本认知过程。我们首先对认知进行定义，并回顾认知革命的相关内容，这场革命引发了关于人类思维的新观点。然后，我们将回顾高级问题解决的相关能力：批判性思维、创造力，还有最重要的智力。最后，我们将总结语言对心理过程的独特贡献。

1 心理学的认知革命

认知心理学研究**认知**——信息加工和处理的过程，包括记忆、思维和认识。认知心理学是一个新兴领域，其产生几乎不超过50年。让我们追溯一些有关其发展的历史。

20世纪的最初10年，行为主义主导了实验心理学家的思想。行为主义者，如B.F.斯金纳认为人类心理这一黑箱最好留给哲学家，只有可观察到的行为才是心理学家应关注的焦点所在。行为主义者的视角对于理解发生在两耳之间的黑色地带中的心理过程几乎没用。

到了20世纪50年代，心理学家的观点开始改变。电脑的出现为认识人类心理过程提供了一种新的方式。科学家们推断，如果我们能"看到"计算机内部的运作过程，那么我们也可以通过观察来研究人类的心理过程。确实如此，计算机科学是人类认知研究的关键推动

数学家约翰·冯·诺依曼（1903—1957）是早期电脑的发明者。他的电脑可以执行逻辑操作，研究者据此提出假设，电脑可以模拟心理过程，这种建模可以解释大脑是怎样运作的。

力。20世纪40年代末，数学家约翰·冯·诺伊曼创造了第一台现代计算机，这表明机器是可以执行逻辑操作的。20世纪50年代，研究人员推断，电脑可以模拟心理活动，他们相信这一建模可能会阐明人类思维是如何工作的（Marcus，2001）。

认知心理学家经常通过计算机进行类比，以解释认知和大脑之间的关系（Forsythe，Bernard，& Goldsmith，2006）。他们将大脑比作计算机硬件，将认知比作软件。Herbert Simon（1969）最先将人类大脑比成计算机处理系统。在这一类比中，感知系统提供了一个"输入通道"，类似于往计算机中输入数据（图7.1）。输入（信息）进入大脑，然后进行心理加工、操作、实施，这些就如同计算机软件处理数据一样。信息经过转换，存留在记忆中，正如计算机存储信息。最终，从记忆中提取信息，就类似于"打印"或"排版"这样的外显反应。

计算机所提供的只是一种有逻辑、具体，但过于简单的大脑信息处理模式。无生命的电脑和人类大脑功能在某些方面非常不同。例如，从人类接收到信息后，大多数计算机都要进行编码，删除很多歧义信息。相比之下，大脑神经元则通过如眼睛和耳朵这样

> **认知** 信息加工和处理的过程，包括记忆、思维和认识。

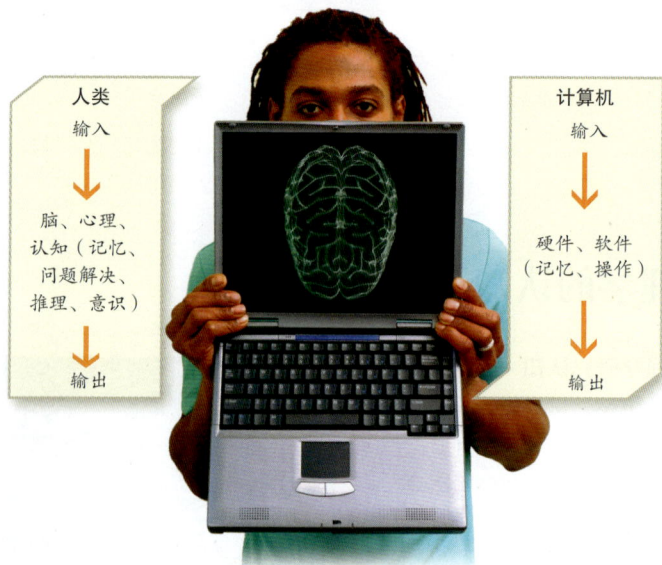

图 7.1 计算机与人类认知
研究者经常将人类认知与计算机工作进行类比。将大脑类比成计算机硬件，将认知类比成计算机软件。

的感受器来处理模糊的信息。

在一些事情上，计算机做得比人类要好。计算机能够更快、更准确地进行复杂的数值计算，远远超出人类所想（Liu & others，2012）。相比于人类，电脑还可以更好地应用和遵循规则，错误更少，生成的数学模式更复杂。

不过，即便在未来，计算机也无法完全模仿大脑的非凡能力。有研究者尝试使用电脑进行视觉信息或口语的加工，但只在特定的情况下才取得了有限的成功。而人类的大脑在学习新规则、人际关系、概念和概括模式方面有着令人难以置信的能力。相比之下，计算机学习和总结的能力是有限的。尽管计算机可以提高其模式识别或使用经验法则进行决策的能力，但这并不意味着计算机具有发展新的学习目标的能力。

此外，人类大脑有自我意识而计算机没有。事实上，没有计算机能达到人类意识的丰富程度（Agnati & others，2012；Nunez，2012）。

尽管如此，计算机在认知心理学中所扮演的角色日渐重要。整个科学领域被称为**人工智能**，专注于开发能够执行人类智力活动的智能机器。在要求速度、坚持性和大容量记忆的任务上，人工智能尤其有帮助（Goel & Davies，2011；Hermundstad & others，2011）。人工智能系统可应用于医学疾病的诊断和处方治疗，检查设备故障、评估贷款申请、学生课程选择等方面（Chang，2012）。计算机科学家仍在继续开发更接近于人类思维的计算机（Fleuret & others，2011）。

直到20世纪50年代末，认知革命仍在如火如荼地进行着。认知心理学一词成为一种（心理学研究）取向的标签，即通过研究不可直接观察到的心理过程和结构，来解释可观察到的行为（Robinson-Riegler & Robinson-Riegler，2012；Sternberg & Sternberg，2012）。在第6章中我们考察了有关记忆的认知过程。这一章中，我们通过探索思维、问题解决和决策制定来了解认知过程。

人工智能 专注于开发能够执行人类智力活动的智能机器的科学领域。

❝ 你是否注意到，在电视和电影中出现的智能计算机几乎都是邪恶的？为什么虚构的人工智能常将智能计算机描述得如此可怕，你如何看待？❞

2　思维

当你在电脑中保存文件时，计算机里会发出一个声音或出现沙漏图标，使你知道电脑正在处理你刚刚的操作。然而，大脑与计算机不同，它不会发出声音让我们知道它正在工作。大脑的加工是无声的思维操作。**思维**是信息整合的心理过程，包括概念形成、问题解决、决策制定以及批判性、创造性的反思（Holyoak & Morrison，2012）。下面，让我们一起探究概念的本质——思维的组成成分之一，并了解问题解决、推理和决策的认知过程。

> 如果我们在前额上安装一个小沙漏，让其他人知道我们正在思考，这一定非常有趣。

概念

思维的基本组成之一就是对概念的理解。**概念**是对物体、事件和特征进行分类的心理范畴。人类有一种特殊的能力，就是对食物进行分类，以帮助我们理解所生活的世界（Rips，Smith，& Medin，2012）。我们知道，苹果和橘子都是水果，贵宾犬和牧羊犬都是狗，蟑螂和瓢虫都是昆虫。这些东西在许多方面都不同，然而，我们知道它们是同一类，因为我们有水果、狗和昆虫的概念。

概念如此重要的原因有如下四方面。首先，概念有助于概括化。如果没有概念，我们每次遇到一个物体和事件时，都会觉得它是独特而全新的。第二，概念使我们能够将经验与事物建立联系。篮球、冰球和田径都是运动。运动这个概念为我们提供一种对这些活动进行比较的方法。第三，概念使记忆更加高效，因此我们无需每次遇到信息都去重新编码（重新命名）。想象一下，如果没有概念，那么我们每次看到面前的椅子，都需要考虑如何坐上去。第四，概念有助于我们了解特殊的对象或经验。你或许有过尝试异国美食的经历，你对盘子里的东西不知所措。此时，如果朋友很确定地告诉你，"那是

> **思维**　信息加工的心理过程，包括概念形成、问题解决、决策制定及批判性或创造性的反思。

> **概念**　对物体、事件和特征进行分类的心理范畴。

> 原型通常非常有用，但正如我们所经常看到的，如果使用不当，原型也会误导人们。

食物！"你就知道这属于食品的概念，是可以食用的。

心理学家解释概念结构的一种方式是原型模型。**原型模型**强调，当人们评价某一物品是否反映某一特定概念时，将此物品与该类别中最具典型特征的物品进行比较，并寻找该物品是否具有"家族相似性"。鸟类通常会飞和鸣叫，所以我们知道知更鸟和麻雀都是鸟。我们也能够识别一些例外，尽管企鹅不能飞或鸣叫，我们仍然认为它是鸟。原型模型使得人们能够使用特征属性来创建一个一般或理想成员的代表，即原型，来代表每个概念。将个体和脑海中的原型进行比较，是迅速判定某物（或人）是否符合某个特定类别的好方法。

问题解决

概念揭示的是思维的内容而非原因（Patalano，Wengrovitz，& Sharpes，2009）。人类为什么要不辞劳苦地从事脑力劳动？ Levi Hutchins，一个雄心勃勃的年轻钟表匠，在1787年发明了闹钟。他为什么要自找麻烦？因为他有一个明确的目标——每天早晨要在日出前起床——但是他在完成目标前面临着困境。**问题解决**是指当目标不能直接达成时，找到合适的方法，以达成目标的心理过程（Bassok & Novick，2012）。问题解决需要经过以下步骤，才能克服心理障碍，成为专业人士。

问题解决需要遵循以下步骤 心理学研究指出，问题解决有四个步骤。

1. 发现并提出问题 认识问题是解决问题的第一步（Mayer，2000）。发现并提出问题包括提出有创造性的问题并且可以"看见"别人看不到的问题。

认识并提出问题的能力学习起来很难。此外，许多现实中的问题的定义是错误或者不清晰的，没有明确的解决方案（Schunk，2011）。发明家非常善于发现，他们能看到别人在生活中注意不到的问题。问题识别包括对问题的关注及对经验保持开放的态度（稍后会解释两个心理习惯）。这也意味着，你要认真聆听脑海中偶尔的叹息声，并相信"一定有更好的方法。"

2. 培养良好的问题解决策略 一旦我们发现了问题并能清晰地界定问题，我们就需要找到策略去解决问题。有效的策略包括子目标、算法和启发式。

子目标包括设置中期目标或对过程中的问题进行界定，这些问题能帮助我们更好地实现最终的目标。假设你在写心理学课程的论文。完成该任务的子目标策略是什么？一个可能是找到并选择主题相关的合适书籍和期刊。同时你要寻找合适的出版物，你可能会受益于设置的子目标，在规定的时间内完成这个任务。如果该论文要在两个月后上交，您可能设置的一个子目标是，到截止前两周时完成初稿，另一子目标是明天开始在图书馆进行研究。请注意，在为最后期限建立子目标时，我们是逆向工作的。逆向工作是建立子目标的一个很好的策略。首先创建最接近最终目标的子目标，然后逆向工作，解决接近问题开始的子目标。

算法是能确保问题得以解决的策略。算法有不同的形式，如公式、指导手册及所有可能解决问题的方案（Liu & Er，2012；Mandal & Sairam，2012）。烹饪（按照食谱）和驾驶（遵循导航）中使用的都是算法。

原型模型 当人们评价某一物品是否反映某一特定概念时，将此物品与该类别中最具典型特征的品物进行比较，并寻找该物品是否具有"家族相似性"。

问题解决 当目标不能直接达成时，找到合适的方法，以达成目标的心理过程。

子目标 包括设置中期目标或对过程中的问题进行界定，这些问题能帮助我们更好地实现最终的目标。

算法 是能确保问题得以解决的策略，包括公式、指导手册及所有可能解决问题的方案。

算法策略可能花费很长时间。例如，在拼字游戏中，你不断变换周围的方块、尝试尽可能多的组合以获得高分。除了算法策略，你可能还会运用词和语言规则来解决问题。

启发式（heuristics）是提示问题可能得到解决的快捷策略或方案，但不能保证一定能找到答案（Bednark 等人，2012；Marewsky & Schooler，2011）。你知道，在拼字游戏中，如果手头有一个Q，那么将需要一个U。如果同时出现一个X和一个T，那么T不能放在X之后。在这种情况下，启发式比算法更有效。在现实世界中，我们可能更偏爱启发式而非算法来解决所面对的问题。启发式帮助我们缩小可能的解决方案，并找到合适的方案。

3. **评估解决方案**　虽然我们认为已经解决了一个问题，但除非真正落到实处，否则我们仍不知道解决方案是否有效。评估解决方案有助于判断方案的有效性。例如，评价心理学作业或论文这一问题得以解决的有效标准是什么？是简单地完成论文吗？还是得到优？还是老师说，这是所有完成的论文中最好的？

4. **对问题及解决方案的重新思考和定义**　解决问题重要的最后一步是不断反思和重新定义问题（Bereiter & Scardamalia，1993）。良好的问题解决者往往会比一般人有更强的动机去改善其过去的表现，从而做出独特的贡献。我们可以让电脑更快和更强大吗？我们可以让iPod播放器更小吗？

问题解决的障碍：功能固着　成为优秀的问题解决者的一个关键因素是，承认人不可能知道一切——一个人的策略和结论总是会随时被修正。最佳的问题解决者需要谦卑，承认自己并不完美，并且相信与常用的方法相比，也许有更好的方法来解决生活中的问题。人们解决问题时很容易陷入功能固着的困境。

固着是固守于之前的策略，不能从新的视角看问题的现象。**功能固着**是由于局限于事物的通常功能，使得问题无法解决的情况。如果你曾经用鞋当锤子钉钉子，那么你就克服了功能固着来解决问题。克服功能固着的一个例子是梅尔双绳问题，如图7.2所示（Maier，1931）。问题如下：你站在一个地方，手无法同时抓到两条绳子，那么你如何能把两根绳子系在一起？你似乎是被困住了。然而，如果有一把钳子放在桌子上。你能解决这个问题吗？

解决方案是使用钳子作为摆锤，把它系在绳子底端（图7.3）。像钟摆一样来回摇摆绳子，抓住绳子。过去的经历使你固着于钳子的一般功能，使得这个问题难以解决。要做到这一点，你需要找到钳子的新功能——在这个问题中，钳子可以用来做摆锤。

有效的问题解决往往需要尝试新事物，或跳出框外思考——面临任务和挑战时，寻找新颖的解决方案。这需要承认之前策略的不理想或不适用于某个特定的情况。在高中填鸭式的学习中取得成功的学生和在父母压力下完成作业的人们可能会发现，这些策略在大学生活中不再可行。来看看固着在问题解决中所扮演的角色，见图7.4。

" 后面会介绍启发式，记住，它们是认知的捷径。"

启发式　提示问题可能得到解决的快捷策略或方案，但不能保证一定找到答案。

固着　固守于之前的策略，不能从新的视角看问题。

功能固着　由于局限于事物的通常功能，使得问题无法解决。

" 回归第5章的内容，多元文化经历能够提高观察力和创造力。"

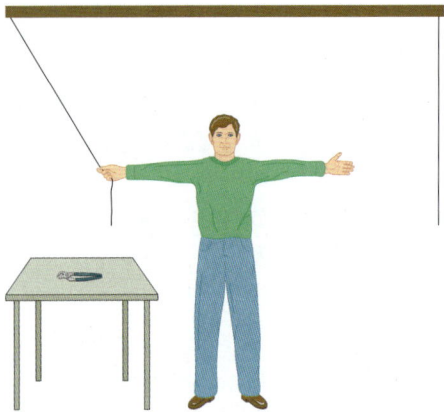

图7.2　梅尔双绳问题　如果无法同时抓到两条绳，你该怎样把它们系在一起？

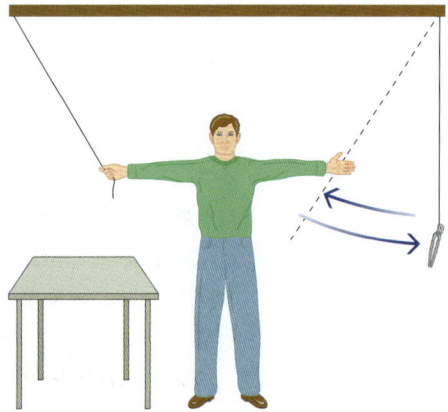

图7.3　解决梅尔双绳问题　在第二根绳子上系上钳子，使其做钟摆运动，以接近另一根绳子。

蜡烛问题
如何将蜡烛固定在墙上，而且燃烧时蜡油不会滴在桌子或地板上？

九点问题
拿出纸，在上面画出如图九点，一笔画出四条线连接图中九点。

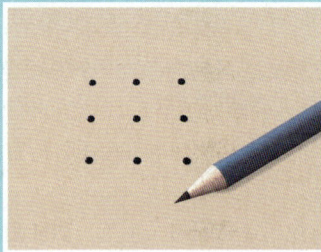

六根火柴问题
用六根等长火柴拼出四个全等三角形，边长与火柴长度相等。

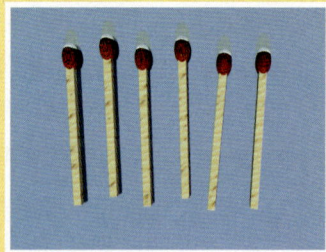

图7.4　固着阻碍问题解决的例子　这些问题有助于心理学家测量问题解决的创造性。这些问题的解决办法见本章末尾 257 页。

推理和决策

除了形成概念和问题解决，思维还包括高级推理和决策的心理过程。这些活动需要神经元之间的广泛连接和进行判断的能力。这种类型的思维的最终结果是评价、结论或决策。

推理　**推理**是通过推敲信息得出结论的心理活动。推理包括解决问题和决策制定。推理与批判性思维密切相关（Hahn & Oaksford，2012）。推理可以是归纳或演绎式的（图7.5）。

归纳推理（inductive reasoning）指根据特定的观察，归纳出一般原理（Schiefele & Raabe，2011）。归纳推理是我们对世界形成信念的一种重要的方式。例如，你每次打开手机，手机都没有爆炸，因此你完全有理由相信，你下次打开手机时，它同样不会爆炸。通过之前打电话的经历，你得出手机不危险的观念。

大量的科学知识都是归纳推理的产物。例如，我们知道，男性和女性在基因上是不同的，女性有两个X染色体，男性有一个X染色体和一个Y染色体，实际上，并

> 想象一下，你拿起瓶子喝了一小口牛奶，结果发现味道是酸的。归纳推理就是，你无需去品尝每一滴牛奶，而是直接扔掉整瓶牛奶。

推理　通过推敲信息得出结论的心理活动。

归纳推理　根据特定的观察，归纳出一般原理。

没有人去逐一测试每一个个体的染色体，以进行验证。心理学研究通常也是归纳推理的过程，即通过研究样本，推论到总体。

反之，**演绎推理**（deductive reasoning）是从我们知道的一般性原理出发，推导出具体实例的过程（Markovits，Forgues，& Brunet，2012）。使用演绎推理，我们能够依据事实得出结论。我们会从一般的前提出发进行演绎，如所有的德州人都喜欢达拉斯牛仔队，因此，如果约翰是德州人，那么，我们逻辑上可能会猜测，约翰喜欢达拉斯牛仔队。但是，请注意，演绎推理要求第一个句子是真的，如果并非所有德州人都喜欢牛仔队，那么约翰也可能是费城老鹰队的球迷。

心理学家和其他科学家根据理论提出假设，然后通过逐步观察来评价假设，这就是演绎推理的过程。心理学家从理论发展出假设的过程就是演绎推理，因为假设是一般理论的特殊且有逻辑性的延伸。如果这个理论是正确的，那么这个假设也会是真的。

决策制定 想想你在生活中必须要做的大大小小的决定。你应该主修生物学、心理学、还是商学？大学毕业后你是继续读研究生还是先找一份工作？建立家庭之前，你应该开始创业吗？你想要薯条吗？**决策制定**包括评估备选方案并做出选择（LeBoeuf & Shafir，2012）。推理是基于既定规则得出结论。相比之下，在决策中，由于没有既定的规则，因而我们无法知晓决策的可能后果（Knox & others，2011；Molet & others，2012）。我们可能错失一些信息，也可能不相信所有的信息。做决定意味着对信息进行权衡，得出一些我们觉得最优的结果，比如：是的，我们可以坐在剧院的这一排看电影；不行，即便为了按时上课也不能闯红灯。

推理和决策的两个系统 回顾第4章中提到的意识的自动化加工和控制加工的过程。许多心理学家也将推理和决策划分为类似的两个阶段——一个是自动化阶段（通常称为系统1），另一个是控制阶段（通常称为系统2）（Evans，2012；Stanovich，2012）。自动化系统指的是快速的、启发式的、直觉的信息加工，它完全遵循个体对特定的决定或者问题的直觉（Halberstadt，2010；Kahneman & Klein，2009）。直觉判断意味着个体即使不知其原因，也能感觉一些事情是对的（Topolinski & Strack，2009）。相比之下，控制系统是较慢的、需要意志努力和分析的信息加工。它包括有意识地思考一个问题。这种思维可用于解决困难的问题，例如数学问题。

虽然有意识地努力思考对解决问题非常宝贵。但研究显示，直觉加工也可能对决策起着重要作用（Dijksterhuis & Nordgren，2006；Halberstadt，2010；Hicks & others，2010；Morewedge & Kahneman，2010）。你可能有过这样的经历，你花了大量的时间努力解决一个问题，但是一直没有成功。然后，你停下休息，听听音乐或者去跑步，突然间，解决方案就出现在你的脑海中。Ap Dijksterhuis及其同事的研究（2006）也许会对此有所启示。在一系列的实验室研究中，实验者让被试进行决策，例如从各种各样的可能性中选择住所等，并提供相关的信息。看到信息后，一半被试被干扰分心，而另一半被

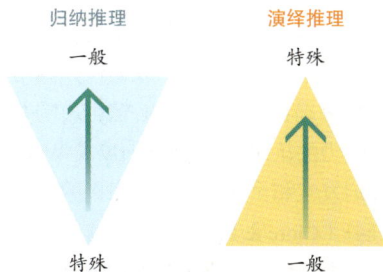

归纳推理
一般

演绎推理
特殊

特殊

一般

图7.5　演绎和归纳推理 （左）归纳推理是倒金字塔，从特殊到一般。（右）演绎推理是正金字塔，从一般到特殊。

告诉你一个秘密，在非常棘手的问题上，我会遵循随机点名的原则。

CartoonStock 许可转载 .www.CartoonStock.com.

演绎推理 从我们知道的一般原理推导出具体实例。

决策制定 评估备选方案并做出选择的心理过程。

试则有意识地去思考这个决定。结果表明，分心的被试更可能做出最好的选择。在预测体育赛事的准确性上也发现了类似的结果（Dijksterhuis & others，2009；Halberstadt，2010）。有时，跟着你的直觉走，可能会找到最佳的选择（Nordgren & Dijksterhuis，2009；Topolinski & Strack，2008）。

大众媒体有时候把直觉描绘得很神奇。然而，直觉不会凭空出现。相反，直觉是自动加工过程的产物，例如第4章中提到的研究（Halberstadt，2010），第5章中与学习有关的描述（Kahneman & Klein，2009；Unkelbach，2007），第6章中所述的内隐记忆（Cheng & Huang，2011）等都是如此。如果你前期已经投入了大量有意识努力勤奋的学习，那么，你在一项测试里关于正确答案的直觉当然更可能是准确的。

推理的时候，是什么决定了我们使用哪一个逻辑系统？待解决的问题类型可能决定我们使用何种类型的系统。如果问题很困难，我们可以利用系统2处理。对于较容易的决定，我们可能会利用系统1处理，此时，我们的直觉起着重要作用。心情也影响着加工的类型。消极情绪（感到悲伤或担心）会引发更多分析性的、需要意识努力的认知过程（Moberly & Watkins，2009）。相比之下，积极情绪（感觉快乐或愉悦）引发快速的加工，以及启发式和全局的视角。积极的情绪可能会使我们看到积极的信号，使得我们可以放心地运用直觉处理手头的任务（Clore & Palmer，2009）。

要记住，由于依赖于启发式，系统1的加工非常迅速。如果经验法则应用不当，启发式会导致错误的决策（Kahneman & Klein，2009）。

偏差（biases）和启发式（heuristics） 决策制定研究中另一个卓有成效的研究成果是关于偏差和启发式（经验法则）的，两者都影响着决策的质量（Bednark & others，2012；Griffin，2012；Kahneman，Lovallo，& Sibony，2011）。在许多情况下，我们的决策策略能很好地应对各种各样的问题（Nisbett & Ross，1980）。以启发式为例，这种方法是直观、有效的问题解决和决策制定的方法；当我们凭直觉做出决定时，它们就会发挥作用。然而，启发式和直觉也会导致一些错误。下面我们看一些偏差和启发式错误，见图7.6。

证实性偏差

描述：倾向于寻找和使用支持性而非否定性的信息。

例子：一个政治家接受支持自己观点的消息，驳斥了与这些观点背道而驰的证据。

基础比率谬误

描述：倾向于忽略一般原则的信息，而偏向非常具体而生动的信息。

例子：你在电视上读到一个好产品的报道，你打算买，但是，当一个朋友告诉你有关该产品的一次糟糕的体验时，你决定不买这个产品。

事后偏差

描述：事前判断错误，但在事后却说之前预测的结果是正确的。

例子：你读了一个心理研究的结果，然后说，"我一直都知道是这样。"尽管事实上你并不了解这个研究。

代表性启发式

描述：评估某一群体时，基于外表或对群体的刻板印象、而非基本信息进行判断。

例子：你是持枪抢劫的受害者，当警察给你看嫌疑犯的照片时，你没选择与你长得很像的真正嫌犯，而是选择了头发和衣服最肮脏、最凌乱的人。

可获得性启发式

描述：基于易于回忆或想像的类似事件，预测某一事件的发生概率。

例子：一个女孩的家人中没人上过大学，她告诉她的母亲自己想成为一名医生。母亲无法想象女儿能够从事这样的职业，建议她成为家庭医疗助手。

图 7.6　决策制定中的问题：偏差和启发式 偏差和启发式（经验法则）影响着我们的决策质量。

证实性偏差是指个体倾向于寻找和使用支持性而非否定性的信息（N. W. Jackson，2012；Mendel & others，2011）。由于倾向于寻找和听取能证实自己观点的意见，而避免那些与我们不同的意见，我们的决定可能会出现偏差。人们在思考中经常会出现证实性偏差。想想一些政客，他们经常接受支持他们观点的消息，驳斥与他们的观点背道而驰的观点。避免证实性偏差意味着对争论的双方都要运用同样严格的分析。

事后偏差是指个体事前判断错误，但在事后却说之前预测的结果是正确的（Yopchick & Kim，2012）。它有时被称为"事后诸葛亮"。人们倾向于认为自己可能会预测到已发生的事件，并表示自己比实际情况有更准确的预测（Nestler，Blank，& von Collani，2008）。假装自己知道的比实际看起来的更多，事后偏差听起来有些自我粉饰，但认知心理学家认为，这种偏差可能是个体不断学习及更新知识的结果（Nestler，Blank，& Egloff，2010；Pezzo，2011）。原因之一是，和那些未发生的事件相比，后发生的事件更加真实、生动，这也叫作可获得性启发式效应。

可获得性启发式是指基于易于回忆或想象的类似事件，预测某一事件的发生概率（McDermott，2009）。例如，你是否有过这样的经历，在听到飞机失事的报道后，对坐飞机产生恐惧？像飞机失事这样的事件令人震惊，因此会一直记在我们的心中，使我们觉得这种灾难似乎很普遍。然而，相比死于车祸的几率（6500分之1），一年中死于飞机失事的几率很小（400000分之1）。不过，因为车祸的新闻价值较小，不太可能吸引我们的注意力，因此很难进入我们的意识中。可获得性启发式可强化人们在日常生活中对他人的泛化（Chou & Edge，2012）。例如，墨西哥裔美国女孩Elvedina告诉母亲，她想成为一名医生。她的母亲从未见过拉丁裔医生，因此很难想象女儿能成功获得这样的职业，她可能建议女儿选择护理专业。

基础比率谬误是指倾向于忽略一般原则的信息，而偏向非常具体而生动的信息。比方说，作为潜在的汽车买家，你在读《消费者报告》时发现一辆被权威专家看好的汽车。然而，如果朋友告诉你，她正在开的就是这个牌子的车，并且这个车很糟糕，你的购买决定可能就动摇了。同样，你知道心理学课程考试的平均分数是75分。此时，如果要求你猜测任意一个学生的分数，那么，75分是一个很好的回答——因为它是个集中趋势。如果提供一些该生的信息，如他或她学习了多少个小时，那么你可能会关注这个具体信息，而忽略了有价值的基础比率信息。

下面的例子介绍的是另一种行动中的启发式。心理学教授告诉你，她已经评估了教室外走廊中的100人。他们是5名图书馆员和95名地狱天使摩托车俱乐部的成员。她将随机选择一个人进入房间，如果你能准确地猜测他是一个图书管理员或一位地狱天使会员，你可以赢得100美元。站在你面前的那个人，50岁左右，灰白的短发，戴着厚厚的眼镜，穿着有纽扣的白衬衫，打着领结，穿着宽松长裤和皮鞋。他是图书管理员还是地狱天使俱乐部的成员？如果你猜的是图书管理员，那么你已受到了代表性启发式的影响。

代表性启发式是指评判某一群体时，基于外表或对群体的刻板印象、而非基本信息进行判断（Nilsson，Juslin，& Olsson，2008）。从本质上讲，刻板印象是指使用概念对一群人进行推断。我们在第11章将进一步研究刻板印象。在刚刚描述的例子中，基础比率信息告诉你，这个人有95%的可能性是地狱天使俱乐部会员。因此，赢得100美元的最好方法可能是，闭上眼睛，不管那人是什么样子，都猜他是地狱天使的会员。

代表性启发式在社会判断中有很大的负面影响。想象这样一个场景，一个专业的工

证实性偏差 倾向于寻找和使用支持性而非否定性的信息。

事后偏差 事前判断错误，但在事后却说之前预测的结果是正确的。

可获得性启发式 基于易于回忆或想象的类似事件，预测某一事件的发生概率。

基础比率谬误 倾向于忽略一般原则的信息，而偏向非常具体而生动的信息。

代表性启发式 评判某一群体时，基于外表或对群体的刻板印象、而非基本信息进行判断。

❝ 直觉有时很强大。想象一下，你直觉这个男人就是图书管理员，但你无视这个直觉，然而，他真的就是图书馆员（尽管有极大的困难）。那么，你会多么自责啊！❞

程公司想聘请一位新的首席执行官（CEO）。Lori拥有本科工程学位和著名商学院的MBA学位，申请了这个职位，这是一位出色的应聘者。然而，如果该公司很少有女性高层管理者，那么公司的董事会可能认为Lori不符合其观念中的典型的CEO形象，从而没有雇佣这位出色的应聘者。

因此，启发式帮助我们迅速做出决定。但是想要准确地解决问题、做出最好的决策，有时我们必须抛开这些快捷方式，更加深入地进行批判性和创造性的思考。

批判性和创造性的思维

问题解决和决策制定是我们每天都会面对的基本认知过程。一些策略在问题解决和选择上效果更好，而有些人尤其擅长这些认知练习。在本节中，我们研究两个与高级解决问题有关的技能：批判性思维和创造力。

批判性思维 批判性思维意味着深思熟虑、高效思考并且对事实进行评判。第1章中提到，科学家是批判性的思考者。这些人能够抓住思想的深层含义、质疑假设，并且决定相信哪些材料或者做些什么（Bonney & Sternberg，2011；Fairweather & Cramond，2011）。批判性思维要求对我们知道的（和不知道的）事物保持一种谦卑的态度。这意味着要不断追求事物的本质。

批判性思维对于有效解决问题至关重要。然而，很少有学校教学生如何进行批判性思考以及深度理解概念（Brooks & Brooks，2001）。相反，为了使学生在标准化测验中取得最高

"我从未听说过任何一个人在思考时可以拉伸肌肉。"

CartoonStock 许可转载 .www.CartoonStock.com.

分数，老师希望学生去模拟正确答案，而非鼓励新的想法（Bransford & others，2006）。此外，很多人都只停留在问题的表面而不是集思广益。培养批判性思维习惯至关重要的两点是：专注和开放性。

专注是指对日常活动的警觉和专心状态。专注的人对周围的生活环境非常关注。Ellen Langer（1997、2000、2005）认为，专注是批判性思维的关键。Langer区分了有意活动和无意活动——无需思考的自动化活动。

Langer在一个经典的研究中发现，相比于一个人简单地说："我可以先来吗？"（只有60%的人愿意让位），当同一人问道，"我可以先来吗？我需要复印"时，人们（多达90%）会无意识让位（Langer，Blank，& Chanowitz，1978）。在这项研究中，无心的人完全无意做决策——毕竟，每个排队的人都是为了复印——有足够的理由不让出位置。一个无心的人忙于自己的行为，却没有认真思考。相比之下，一个专注的人会融入周围的环境中，认真地应对各种事情。

开放性意味着以接纳的态度看待其他事情。人们通常无法看到问题或证据的反面。持开放的态度有助于预防个体草率地得出结论。苏格拉底曾经说过，知道自己一无所知，是智慧的开端。

有意识地保持开放的态度，可能比自动化的思考更为困难。然而，批判性思维是很有价值的，因为它使得我们能够预测未来、客观地评价情境，并适当地做出改

体验一下：
批判性思维和元认知

专注 对日常活动的警觉和专心状态。

开放性 以接纳的态度看待其他事情。

招聘员工：批判性和创造性的思想家

很难找到不需要批判性思维能力和创造力的职业。每年，最佳职场研究所都会进行一项关于美国最佳工作地点的调查，结果发布在《财富》杂志上。如今，最好的工作场所具有灵活、多样化、学习导向和开放沟通的特点。

2012年，互联网搜索引擎公司——谷歌，被评为全美最佳工作场所（"最佳雇主前100"，2012）。谷歌每年有472771位求职者。谷歌的经理在寻找什么样的潜在雇员呢？他们想雇佣一个能够在相对自由的环境中有创造力、聪明、勤劳的人。

在雇佣决策和日常工作流程中，许多组织都在寻求有创造力、不受固定思维局限的人。有些组织甚至会雇佣顾问来帮助提升管理者和员工的创造性和批判性思维。作为伟大的问题解决者，不仅要有方法、有动力，还要能够用开放的心态迎接每一个挑战。

变。在某种意义上，批判性思维需要勇气。当我们持有开放的视角时，我们会发现之前的假设可能是错误的。批判性思维有助于我们发现问题，并有机会做出积极的改变。

创造性思维　要找到最佳的问题解决方案，不仅要有批判性思维，还应有创造性思维。创造性这个词可以应用于活动或人，甚至在那些不认为自己有创造力的人身上，同样也可能产生创造性的过程。此处的**创造性**指的是个体的特征，是指用新颖和特别的方式看待事情，并想出非常规的问题解决方案（Baer & Kaufman，2012；Gregerson，Kaufman，& Snyder，2012；Kaufman & Sternberg，2010）。

创造性思维包括两种形式：发散思维和辐合思维。**发散思维**指的是针对同样的问题产生多种解决方案。**辐合思维**是指找到解决问题的最佳方案。两种类型的思维在创造性思维的个体身上均有体现。头脑风暴会产生发散思维，头脑风暴是指一群人针对一个问题，想出一系列可能的解决方案，甚至是一些看似疯狂的方案。尽管有许多可能的解决方案，然而，他们仍需要找到最好的解决方案。这就是辐合思维。辐合思维意味着，在所有这些可能性中找到最合适的那一个。当问题只有一种正确答案时，辐合思维最合适。

有创造性思维的个体也表现出以下特征（Perkins，1994）：

- **灵活性和跳跃性思维**　创造性的个体可以灵活地处理问题。尽管要拥有创造力不那么容易，但是轻松面对反而会更易于拥有创造力，这似乎是个悖论。在某种程度上，幽默是创造性的润滑剂（Goleman，Kaufman，& Ray，1993）。你在开玩笑时，可能需要考虑到多种可能性，并忽视那些阻碍你想法的错误声音。

- **内部动机**　有创造力的人往往被创造的快乐所驱动。与缺少创造性的人相比，成绩、金钱或者是他人的赞扬，都不太可能令其为之所动。因此，有创

试一试！

为了了解发散思维和辐合思维在创造性中的作用，试试下面的练习。花10分钟，写出纸箱的用途。写下想到的每种可能性。这个列表是发散思维。看着这张列表。想想哪种用法是最不寻常的或最有价值的？这就是辐合思维。

创造性　指的是用新颖的和特别的方式看待事情，并想出非常规的问题解决方案。

发散思维　针对同样的问题产生多种解决方案。

辐合思维　找到解决问题的最佳方案。

造力的人更可能被内部而非外部动机所激励（Hennessey，2011）。

- **愿意面对风险**　与缺少想象力的人相比，有创造力的人犯的错误更多，因为他们有更多的想法和可能性。他们在得到的同时也会失去一些。创造性的思考者知道犯错并不意味着失败——这只代表着已发现的这种可能的解决方案行不通。
- **客观评价工作**　最有创造的思考者会尽可能客观地评估自己的工作。他们可能会使用已有的标准进行判断，或相信受人尊重和信赖者的判断。通过这种方式，他们可以判定创造性思维是否将改善他们的工作。

自我测试

1. 哪个是关于概念的例子：_____。
    A. 篮球　　　　　　　　B. 雏菊
    C. 蔬菜　　　　　　　　D. 老鹰
2. 演绎推理从_____到_____。
    A. 一般；特殊　　　　　B. 特殊；一般
    C. 固定；功能　　　　　D. 功能；固定
3. 以下都是创造性的特征，除了_____。
    A. 内部动机　　　　　　B. 功能固着
    C. 客观　　　　　　　　D. 承担风险

小应用！

4. 一个建筑系的学生接到了设计校园新生中心的任务。他们有一星期的时间完成初稿。Jenny 和 David 是同一班级的两名学生，他们在第一天就表现得非常不同。Jenny 很快决定了做什么样的建筑并且开始设计。David 第一天开始涂鸦，设计了 20 种不同的风格，有哥特式的，有宇宙飞船样式的，顶部带花园的蓝图，还有大象的设计（学校的吉祥物）。Jenny 看到 David 的草图，嘲笑道："你在浪费时间。我们只有一个星期的时间设计初稿！"第二天，David 在其中选择了最好的一个，并且努力完成。下面哪种描述是正确的？
    A. Jenny 在她的策略中有效地使用了发散思维
    B. David 在有限的时间内使用的是启发式
    C. Jenny 批评 David 用演绎推理
    D. David 先利用发散思维，然后使用辐合思维，而 Jenny 只使用了辐合思维

3　智力

与创造性一样，智力这个词也可以应用于各种行为或个体身上。我们可能会说，决定戒烟的人做了一个明智的选择。但是当我们把智力这一词用于一个人时，对智力的定义就会很棘手。

不同文化对智力的定义也不相同（Ang，van Dyne，& Tan，2011；Sternberg，2012c；Zhang & Sternberg，2012）。大多数欧美人认为，推理和思维能力就是智力的表现，但肯尼亚人认为，参与家庭和社会生活是智力不可分割的一部分。在乌干达，聪明的人知道该做什么以及如何用适当的方式采取行动。巴布亚新几内亚的雅特穆尔人认为智力是记住10000–20000个家族名字的能力。加罗林群岛的居民将利用星星导航的能力定义为智力。

在美国，我们将**智力**定义为完成认知任务、问题解决及从经验中学习的一般能力。

> **智力**　完成认知任务、问题解决及从经验中学习的一般能力。

查尔斯·斯皮尔曼（1904）提出智力是常见的一般能力，体现在各种认知测试的成绩上。斯皮尔曼指出，数学成绩好的学生，在阅读方面也很优秀。他提出智力是一种一般能力，他称之为g因素。这一关于智力的观点表明，一般智力体现在不同的方面，如数学、语言能力或抽象推理能力等。斯皮尔曼的g因素认为，聪明的人是认知活动的万事通。

测量智力

心理学家使用测验来衡量智力，称之为智商（IQ）。要了解智商的产生和含义，让我们先看看好的智力测验要满足的标准：效度、信度和标准化。

效度是指测验能在多大程度上测量出所要测的内容。如果是测量智力的测验，那么它就应该测量智力，而非其他特征，如焦虑。效度最重要的一个指标就是，测验结果能够在多大程度上预测个体通过其他方式和标准测得的表现（Neukrug & Fawcett，2010）。例如，心理学家要验证某个智力测验的有效性，那么，可以通过询问测验者的雇主，这些测试者在工作中的智力表现如何。雇主的评价将会是该智力测验的一个效标。当测量分数与重要结果一致（如雇主的评估）时，我们就说该测验有较高的效标效度。

信度是指测试内容的一致性和可重复测量的程度。一个可靠的测验在间隔一段时间和重复测验中，结果是相同的。信度和效度是相关的。如果测试是有效的，那么它必须是可靠的，但可靠的测验不一定有效。人们可能在一个测验中表现一致，但测验不一定能测量出要测量的东西。

良好的智力测验不仅要可信、有效，而且还要标准化（Salvia，Ysseldyke，& Bolt，2010）。**标准化**指的是采取统一的程序实施测验、评分、制定常模和行为标准。统一的测试程序要求测验环境对每个个体都尽可能相似。只有基于由代表性个体组成的大规模样本的施测，才能建立常模。常模使我们知道什么样的分数是高分、低分或处于平均水平。因此测验结果可被应用于不同的群体之中。许多测试针对不同年龄、社会经济水平或民族的个体，设置了不同的常模（Urbina，2011）。图7.7总结了测验编制和评级的标准。

IQ测验 1904年，法国教育部邀请心理学家Alfred Binet设计一种测验，将普通班级里不能有效学习的学生区分出来。学校领导想缓解过度拥挤问题，把这些学生安置到特殊学校。Binet及其学生Simon开发了一个智力测验，来完成这项工作。测试由30个项目构成，内容从要求摸他人的鼻子或耳朵，根据记忆设计图案，到给抽象概念下定义。为了测量智力，Binet提出要把个体的心智能力与特定年龄群体的心智能力相比较。

> 测验效度是指测验能在多大程度上测量出所要测的内容。回顾第1章的内容，在实验中，效度是指研究人员从实验中得出的结论的可靠性。

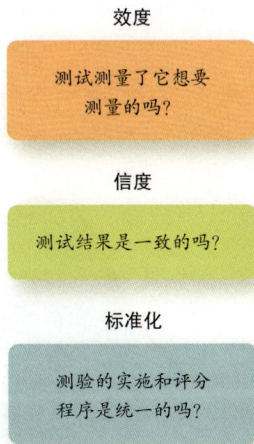

效度

测试测量了它想要测量的吗？

信度

测试结果是一致的吗？

标准化

测验的实施和评分程序是统一的吗？

图7.7 测验的编制和评价 测验是测量重要能力（如智力）的工具。良好的测验要有很高的信度、效度和标准化，这样才可以将不同人的分数进行比较。

效度 是指测验能在多大程度上测出想要测量的内容。

信度 是指测试内容的一致性和可重复测量的程度。

标准化 是指采取统一的程序实施测验、评分、制定常模和行为标准。

Binet提出了**心理年龄（MA）**的概念，是指个体与他人比较而言的心理发展水平。Binet认为，心智能力非常低的孩子会表现得与较小年龄段的正常孩子一样。要了解一个人的智力水平，我们需要将他/她的心理年龄（MA）和实际年龄（chronological age，CA）或生理年龄进行比较。一个非常聪明的孩子MA大于CA；一个不太聪明的孩子MA低于CA。

德国心理学家William Stern于1912年提出**智商（IQ）**一词。智商是指一个人的心理年龄除以实际年龄乘以100：

$$IQ = (MA/CA) \times 100$$

如果心理年龄与实际年龄处于同一水平，那么这个人的智商是100（平均）；如果心理年龄高于实际年龄，那么智商就超过100（高于平均水平）；如果心理年龄低于实际年龄，智商则低于100（低于平均水平）。例如，一个6岁孩子的心理年龄是8，那么他的智商为133，而一个6岁孩子的心理年龄是5，那么他的智商为83。

在儿童时期，心理年龄随着孩子的实际年龄的增加而增加，但是一旦他/她到16岁左右时，心理年龄的概念就失去了意义，因此，当代许多专家更倾向于将个体的智商得分与其他成年人的得分相比。出于这个目的，研究人员和测试人员使用标准化的常模，常模是基于大量人群施测的结果而制定的。

事实上，多年来，比奈智力测验已经在美国不同地区、不同年龄的儿童和成人中广泛使用。大规模施测的结果显示，比奈智力测验的结果接近正态分布（图7.8）。**正态分布**是一种对称的钟形曲线，大多数的分数分布在中间，较少的分数出现在两端。斯坦福-比奈仍是目前使用最广泛的个体智力测验之一（Musso & others，2011）。

从2岁一直到成年期，人们都可以使用现在的斯坦福-比奈测验（该名称表明测验的修订是在斯坦福大学完成的）。它包括各种各样的项目，有些要求语言表达，有些则要求非语言应答。例如，要求6岁孩童要用至少六个字的口头语言描述某些物品，例如，橘子和信封等，以此测试其语言能力。非语言能力包括在迷宫里画出路径。测试普通成

> **心理年龄（MA）** 个体相对于他人的心理发展水平。
>
> **智商（IQ）** 一个人的心理年龄除以实际年龄，再乘以100。
>
> **正态分布** 对称的钟形曲线，大多数的分数分布在中间，较少的分数出现在两端。

心理调查

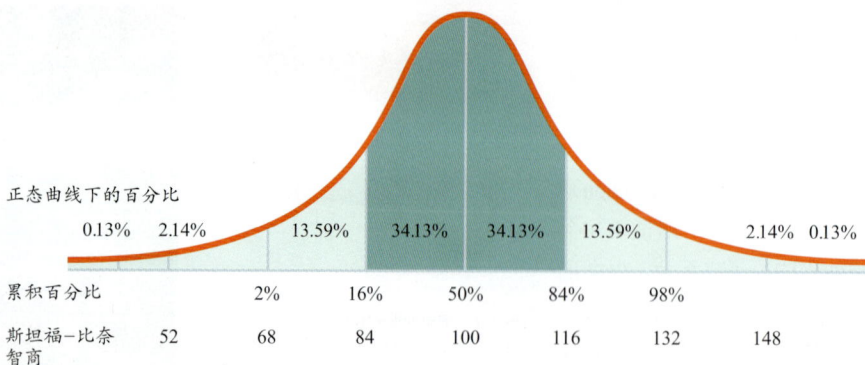

正态曲线下的百分比		0.13%	2.14%	13.59%	34.13%	34.13%	13.59%	2.14%	0.13%
累积百分比			2%	16%	50%	84%	98%		
斯坦福-比奈智商	52	68	84	100	116	132	148		

图7.8 正态分布和比奈智商分数 智商分数的分布接近正态曲线分布。记住，曲线下的面积代表了获得特定分数的人数。>大部分人分布在低分区，中间，还是高分区？你怎么知道的？>如果有人测试得了132分，低于该得分的有多少人？>智力遵循正态分布，这意味着它是钟形曲线。人类还有哪些其他的特质可能会有相同的分布？

年人智力的项目包括，定义一些词汇（如不恰当的、尊敬）、解释一句谚语、比较懒散和懒惰等词汇。

测验里的文化偏见　许多早期的智力测验存在文化偏见，对城市、中产阶级、非拉丁白裔的人群更有利，而不利于位于农村环境、低社会经济地位、非洲裔的美国人（Provenzo，2002）。例如，早期测验中的一个问题是，如果你在大街上发现一个三岁的孩子，人们应该做什么。正确的答案是"报警"。然而，来自内陆城市家庭的孩子认为警察很可怕，所以不太可能选择这个答案。同样，农村孩子也可能不会选择这个答案，因为附近根本就没有警察。这些问题显然不适合测量某些环境（例如内陆或农村环境）中的"智力"（Scarr，1984）。此外，少数民族的人可能不会说英语或英语说得不标准。结果，在以标准英语设定的口头问题理解中，虽然测验的内容适当，但他们可能仍然处于劣势（Cathers-Shiffman & Thompson，2007）。

研究人员试图开发一个不论其文化背景如何都能准确地反映个人智力的测验。**文化公平测验**（culture-fair tests）是致力于文化公平的智力测验。文化公平测验的一种类型包括，所有社会经济和种族背景的人都熟悉的问题。第二个类型是不包含任何语言的问题。图7.9展示了瑞文推理测验的一个例题。然而，像瑞文推理测验这样的测试，即使考虑到了文化公平性，但是受到更多教育的人们得分仍然高于教育水平较低的人。

为什么发展文化公平测验如此之难？正如不同文化对智力的定义不同，大多数智力测验反映的都是主流文化。如果测验有时间限制，那么这个测验可能更不利于那些没有时间观念的人。如果语言不同，同样的词语对不同的语言群体可能意味着不同的含义。甚至图片也可以存在偏差，因为一些文化缺少绘画和图片的经验（Anastasi & Urbina，1996）。由于存在这些困难，Robert Sternberg（2012c；Zhang & Sternberg，2012）认为没有文化公平的测验，只能是尽量减少文化偏见的测验。

此外，即便在同一文化中，不同的群体仍持有不同的态度、价值观和动机，而这些不同会影响他们在智力测验中的表现（Ang & van Dyne，2009；Sternberg，2012c）。由于生活环境不同，人们的体验也不同，这可能导致在一些问题，如铁路、炎热、季节、城际距离等问题上，有或没有相关经验的人们的看法存在很大的偏差。我们接下来讨论

> **文化公平测验**　是致力于文化公平的智力测验。

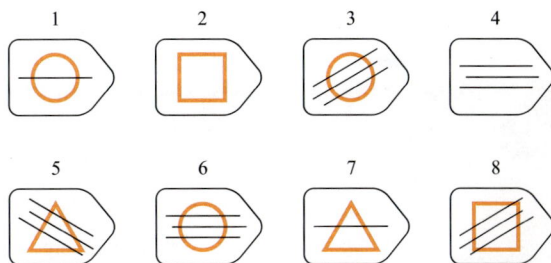

试一试！

尝试做一个文化公平的测验吧。登录 http：// psychologytoday.tests. psychtests.com/take_ test.php?idRegTest 3202. 得出结果后，试试其他测验，看看所得结果是否一致。网站提供了测试的信度和效度吗？

体验一下： 基因与智力

遗传率 某一群体中，遗传方差在表型方差中的比率。

教育在智商测试得分中的作用，其解释之一就是，教育（以及其他环境因素）能够影响智力。

基因和环境对智力的影响

毫无疑问，基因影响智力（Esposito，Grigorenko，& Sternberg，2012；Hanscombe & others，2012）。最近的研究表明，可能会有超过1000种基因对智力产生影响，每种基因都可能对智力有一些影响（Davies & others，2011）。然而，研究人员无法确定有助于智力发展的具体基因及其成分（Deary，2012）。

一些研究人员使用一种叫做遗传率的统计方法，来描述在一群人中基因遗传的变异可以解释表现出的变异的程度。**遗传率**就是遗传方差在表型方差中的比率。就智力而言，这意味着遗传率能告诉我们，观察到的智力差异在多大程度上由基因的差异引起。遗传率是一个比例，最高的遗传率为100%。通常智力的遗传率大约是50%，这确实考虑到了环境的巨大影响力。

在讨论基因对智力的影响时，你可能会发现自己的辉煌事迹不如父母，你可能会感到沮丧。如果智商可遗传，那你有希望吗？遗传率的数据无疑是研究人员试图衡量遗传对心理特征（如智力）影响的一种方法。然而重要的是，我们应该知道关于智力或任何其他特征，这个数据能告诉我们什么、不能告诉我们什么。首先，也是最重要的一点就是，遗传率提供的是一组人而非某个人的统计量。这意味着，即便发现智力的遗传率是50%，也不能说明一个人的智力到底来源于哪里。我们不能解剖你的智力，也无法确定你的智力是否50%来自父母的基因、50%来自环境。在应用到个别案例时，遗传率是没有意义的。

遗传率估计可能随着时间和人群而发生变化（Nisbett & others，2012；Turkheimer & others，2003）。如果一群人生活在相同的良好环境中（有良好的营养、父母支持、优秀的学校、稳定的社区和大量的机会），智力的遗传率估计是相当高的，因为优化环境允许遗传发挥最大的潜能。然而，如果一群人生活在一个高度变化的环境中（一些个人生活在经历丰富、充满机会的环境，其他人则有较少的背景支持），那么，相比于环境因素，遗传特征对该群体的智力差异的预测力会更小。

即使遗传占很大部分，但环境的影响仍然重要。以身高为例，超过90%的身高变化是由遗传引起的。然而，人类的身高越来越高，这一趋势表明了环境因素（如营养）的影响。同样，研究者们普遍认为，在智力方面，对大多数人来说，环境的变化可以大大改变其智商（Esposito，Grigorenko，& Sternberg，2012；Nisbett & others，2012）。丰富的环境可以提高孩子的学业成绩，帮助他们获得至关重要的工作技能。如果来自贫困经济背景的孩子被有经济条件的家庭收养，他们的智商通常会高于其亲生父母（Sternberg，Grigorenko，& Kidd，2005）。智力

专家的最近一项研究发现，当来自低收入家庭的孩子被中等收入家庭收养时，环境对智力的影响增加到12～18个百分点（Nisbett & others，2012）。虽然遗传影响智力，但环境因素和机会对智力的影响也很重要。

研究人员对干预处境不利儿童的早期环境越来越感兴趣（Phillips & Lowenstein，2011）。一些项目致力于教育父母成为更敏感的监护人，培训父母成为更好的老师，以及支持高质量的日托机构，以此来促进孩子们的智力发展（Morrison，2012）。

教育影响智力的一个很明显的表现就是世界范围内的智商测验得分不断地快速升高，此现象被称为"弗林效应"（Flynn effect，Flynn，1999，2006，1999）。很大一部分人认为，智商测验分数不断升高，20世纪时的平均智力已经低于现今的平均智力水平（图7.10）。这种提高发生在相对较短的时间内，因此它不可能是遗传的作用，而更可能是由于更多的世界人口接受了更高的教育水平或其他的环境因素，如人们接触的信息爆炸。

心理调查

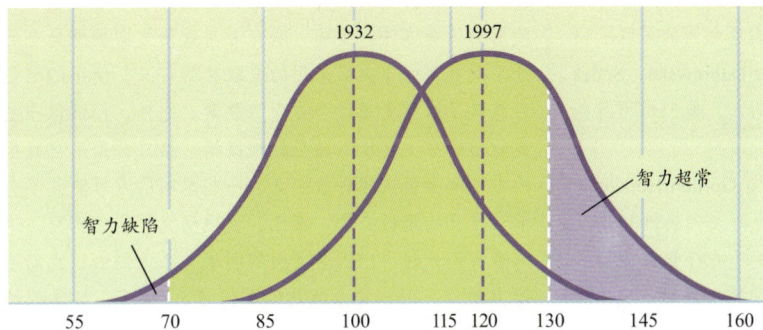

图 7.10　智商分数在 1932 年到 1997 年间的增加　根据斯坦福－比奈智力测验的测量结果，美国儿童似乎变得更加聪明。1932 年的钟形曲线表明，一半的测试成绩低于 100，一半高于 100。注意，如果以同样的图绘制 1997 年的孩子分数，平均数是 120。>1932 年时处于平均水平的孩子与现在处于平均水平的孩子相比怎样？他们仍然是"平均水平"吗？>请注意 1932 年的曲线尾部。以现在的标准衡量，这些孩子的水平如何？>你认为是什么造成了弗林效应？

环境的影响十分复杂（Grusec，2011；Wright & others，2012）。即便生活在各种条件都非常有利的环境下，仍无法保证孩子一定会成功。来自富裕家庭的孩子可能更容易接触到优秀的学校、书、导师和旅行，但他们可能把这样的机会视为理所当然，而缺乏学习和追求成功的动机。相反，贫穷或处境不利的儿童可能会有极大的动机并取得成功。自身缺乏教育机会的监护人，可能给子女灌输学习和成就的价值。Oprah Winfrey 是一对未婚青年夫妇的后代，被生活在内陆的祖母带大，祖母向她灌输热爱阅读和拥有成功潜能的强大信念。

让我们回顾一下智力的概念，这个词不仅描述人，还描述行为。无论智商分数多少，掌握技能、积极思考人生和慎重地进行人生决策，都是智力的行为。智力行为是一种选择，这无关乎智商分数。我们在第5章看到，将认知能力视为固定还是可变的，对我们设定目标、学习新技能都有重要的启示意义（Dweck，2006，2012）。如果不尝试，我们永远不知道能达到何种水平，没有人因为一个数字就注定要失败，无论这个数字看起来多么强大。

认知能力对学业成绩的重要性显而易见，然而，其对社交和人际关系技巧也有影响。认知能力，如抽象推理，是观点采择和理解他人行为和意图的基础（Murphy

试一试！

可以在下面的网络上找到许多不同的智力测试，如 www.iqtest.com/。尝试做一种智力测验，然后将其结果与其他智力测试进行比较，看看你是否会得到相同的结果。网站会提供测验的信度吗？或者提供标准化或效度的信息吗？如果你的分数在两个测试中非常不同，你会如何解释这种不同？

智力是否与偏见和政治信仰有关?

人际世界的一个重要方面是我们对待不同于自己的人的态度。偏见,在11章里将会细讲,意味着对一个特定群体的成员持有负面态度。一种典型的偏见就是种族主义,即对特定种族的人持有消极态度。种族歧视的研究主要集中在问题态度的动机或情感方面(Jost & others,2003)。从这个角度看,偏见可以被理解为不同群体之间对资源的竞争或建立同一群体成员良好关系的需要。

研究人员发现了认知能力和偏见态度之间的关联。研究表明,智力与偏见呈负相关(Piber-Dabrowska、Sedek & Kofta,2010)。换句话说,越聪明的人,他们越不可能有偏见,反之亦然。

例如,在最近的一项研究中,Gordon Hodson和Michael Busseri(2012)研究了英国的两大代表性样本,其中包括近16000人。在被试10或11岁时进行智力测验,在被试30岁时测量种族态度。偏见态度的项目如"我不介意和其他种族的人一起工作"(对于这样一个项目,高得分表明低种族歧视)。结果显示,童年时期智力水平低的个体,在成年后表现出更大的种族主义。即使考虑到教育水平和社会经济地位的差异,智力和偏见之间仍呈显著负相关。这些结果说明,持有偏见态度就是不太聪明,这一结论没有太大的争议。

随后,研究人员大胆地把这些问题更进一步推进。除了测量智力和种族主义,Hodson和Busseri还测量了智力和社会保守主义,他们通过询问个体对男女传统角色及支持严惩罪犯的态度,来测量其保守主义的状况。结果显示,认知能力低的人更有可能对这些问题持有传统的看法。研究人员认为,这种结果解释了被试所持有的偏见态度。

当这些结果在互联网上传播后,博客的标题清楚地揭示了博主在这些有争议的研究问题上的偏见。"科学证明保守派不仅愚蠢,同时也是种族主义者",一个自由博客人如是宣称。"糟糕的研究将低智商与自由信仰联系在一起?"出现在保守派的博客上。社会心理学家Brian Nosek并没有参与这项研究,据其观察,"Hodson和Busseri刚巧触碰了有争议的话题。只要选择研究智力、政治意识形态和种族主义这三个变量间的关系,一定会有人难过"(引用Pappas,2012)。

在试图了解这些有争议的研究能否揭示认知能力、偏见和政治信仰之间的关系之前,让我们看一看这项研究中使用的研究方法。首先,研究者对政治方向的测量有局限性:对社会保守主义采用的是狭义的定义,使用的测量题目忽略了这一变量许多方面的要素。此外,经济保守主义或政治保守主义没有被很好地概括。第二,采用自我报告的方法测量被试的种族主义。一些聪明的人可能并不会去承认自己的消极态度。第三,这项研究是相关研究,这意味着我们无法得出因素之间的因果关系(例如,我们不能得出结论,因为智力低所以更保守)。第四,群体的结果不能推广到特定的个体。Hodson和Busseri指出,世界上确实有非常聪明的保守派和智商不那么高的自由主义者。此外,并非所有保守派都有偏见,也并非所有有偏见的人都是社会保守派。

对于那些认知能力较低,却又要在复杂世界中找到简单答案的人来说,持极端右翼或极端左翼的观点无疑为一种应对的方式。批判并用心地思考社会问题可能很困难,但这个选择很有价值。批判和用心地思考有争议的研究也同样有意义。

你如何认为?

■ 根据弗林效应(见245页),在世界范围内,智力水平处于增长的趋势。根据之前的研究,智力的增长意味着偏见的降低。你怎么看待这一事件?解释一下。

■ 研究人员测量孩子11岁时的智力,试图预测其成年后的偏见水平。除了智力,还有哪些儿童期的因素能更有力地预测偏见?

& Hall，2011）。最近的研究发现了智力和社会偏见关系。要了解这一具有争议性的研究，请看"挑战你的思维"。

智力的极限

智力，似乎是基因遗传和环境因素的结合。正如我们所见，智商测验中的成绩一般符合正态分布曲线。现在，我们来研究一下曲线尾部的意义。

智力超常　有些人比其他人更有能力和成就，如A+的学生、明星运动员、天才音乐家等。**智力超常**的人是指拥有高智商（IQ为130或更高）或在某个特定领域有超群才能的人。Lewis Terman（1925）对1500名儿童进行了一项研究，这些儿童的斯坦福−比奈智商成绩平均为150分，属于前1%的分数。虽然流行的观点是超常儿童是不适应环境的，但Terman发现，其被试（特曼人，"Termites"）不仅学术超常，同时也善于社交。测试中的很多人后来成为成功的医生、律师、教授和科学家。超常儿童能成为超常、有高成就的成人吗？在Terman的研究中，天才儿童通常成为某领域的专家，如医学、法律、或商业领域，但特曼人没有成为伟大的发明家或改革者（Winner，2000，2006）。

在社会和经济迅速发展的数字时代，与特曼人相比，今天的超常儿童在成年后有在创新或在其他重要方面表现得更好吗？约翰•霍普金斯大学的 Julian Stanley 始于1971的天才儿童纵向研究结果似乎证明了这点。在一项对数学早慧少年的研究中，研究人员基于智力测验得分，招募了320名小于13岁的儿童被试，平均智商约为180。这群少年的智商得分是总体的前万分之一（Lubinski & others，2001）。对这些人一直追踪到20多岁，David Lubinski及其同事（2006）发现，这些天赋惊人的年轻人确实有着非凡的表现。在23岁时，他们拿到博士学位的比率高于平均水平50倍。还有一些人报告了很好的成就，如获得创意写作奖项，在艺术和音乐上有造诣，在学术期刊发表论文，开发商用软件和视频游戏。因此，与特曼人不同，这群人表现出了非凡的创造力和革新精神（Wai，Lubinski，& Benbow，2005）。

作为智力的一种，智力超常也可能是遗传和环境的产物。研究智力超常的专家指出，据这些天才儿童回忆，他们在很小的时候就已经在某个特定领域中表现出很高的才能（Howe & others，1995）。这一结果表明了先天天赋对智力超常的重要性。然而，研究人员还发现，在艺术、数学、科学和体育方面达到世界顶尖成就的人，都需要强大的家庭支持和多年的训练和实践（Bloom，1985）。有意练习是那些成为特定领域专家个体的重要特点（Grigorenko & others，2009）。

越来越多的专家认为，典型的美国课堂通常不能满足超常儿童的教育需求（Reis & Renzulli，2011；Sternberg，2012d）。一些教育家认为，对天才青少年教育不足的问题，已经有损联邦政府"不让一个孩子掉队"的政策，此政策以牺牲对天才儿童的丰富教育为代价，来提高在学校表现不佳的学生的学业水平（Clark，2008；Cloud，2008）。Ellen Winner（1996、2006）建议，如果儿童和青少年的能力有富余，就应该允许他们参加高级课程来培养其特殊能力，例如，微软的创始人比尔•盖茨在13岁学习大学数学课程，著名大提琴演奏家马友友在15岁就高中毕业，进入了朱丽亚音乐学院学习音乐。

智力超常　拥有高智商（IQ 为 130 或更高）或在某个特定领域有超群的才能。

❝ 美国社会面临着一个严肃的公共政策问题，社会资源应该用于发展有天赋的学生的才能，还是用于帮助普通人达到预定的标准？你的意见如何？你愿意支付多少税钱来实现这两个目标？❞

智力障碍　正如有些人在智商曲线的高端，有些人处于该曲线的低端。**智力障碍**（以前称为精神发育迟滞）是指低智商个体的心智能力障碍，这些个体在传统的智力测验中得分低于70，难以适应日常生活，且18岁之前就会表现出这些特点。美国大约有500万人符合智力障碍的定义。注意，被描述为智力障碍的个体，应在童年期就表现出低智商和较低的适应性。我们通常不认为一个在汽车事故中遭受巨大的脑损伤、导致智商为60的大学生是智力障碍。

智力障碍可能是机体的原因，也可能是文化和社会的原因（Hallahan，Kauffman，& Pulle，2012）。机体智力障碍可能由基因紊乱或大脑损伤引起；机体指的是身体的组织或器官，所以伴随着机体阻滞会有身体损伤。唐氏综合征是一种机体智力障碍，由于基因组成中多出一个额外的染色体而造成。大多数机体迟缓者的智商在0到50之间。

文化-家庭智力障碍（cultural-familial intellectual disability）是一种非大脑损伤引起的心智不足。这种障碍类型的人智商在55至70之间。心理学家怀疑，这种心智不足的部分原因是由于个体成长于低于平均智力的环境中。有这种智力障碍的孩子在学校里更容易被发现，这些孩子在学校中经常经历失败，需要切实的奖励（例如糖果，而不是分数），并对同龄人和成人的期望高度敏感（Vaughn，Bos，& Schumm，2003）。然而，有这种智力障碍的成年人常常被忽视，也许是因为人们不怎么探查成人的认知能力，也可能是这些人的智力随着年龄增长而发展。

智力障碍有多种分类（Hodapp &others，2011年）。其中一种分类系统根据人的智商，将障碍分为轻度、中度、严重和重度（Heward，2013）。绝大多数智力障碍者都属于轻度类别。大多数学校仍然使用这个系统。然而，基于智商水平分类，不能完美地预测个体的实际能力。事实上，同样低智商的两个个体常有明显的功能性差异。例如，两个有类似低智商的个体，其中一个已婚，有工作，有自己的社交群体，而另一个则一直在机构中接受照看。这种社会能力的差异，导致了心理学家在定义智力障碍时把适应性行为障碍涵盖在内（Turnbull & others，2013）。

美国智力和发育障碍协会（2010）开发了一种测评，来检测一个人在以下三个领域中的生活适应性行为水平：

■ **概念技能**（conceptual skills）　例如，识字、理解数字、金钱和时间。

■ **社会技能**（social skills）　例如，人际交往技能、责任心、自尊、服从和遵守规则的能力。

■ **实践技能**（practical skills）　例如，日常生活活动，如个人护理、职业技能、卫生保健、旅游、运输和使用电话。

对个体在这些领域中的能力进行评估，有助于确定该个体在日常生活中需要何种程度的照顾，这里所评价的不是智力，而是个体应对生活挑战的能力。

患有唐氏综合征的人可能永远无法达到那些超常人的学术成就。然而，他们能够与他人建立亲密温暖的关系，鼓励所爱的人，给他人的生活带来欢乐（Van Riper，2007）。虽然一般认知能力较低，但患有唐氏综合征的人可能拥有不同的智能。据此，一些心理学家指出：除了认知能力（或障碍），可能还存在其他智能，即智力不止一个概念。

智力障碍　低智商个体的心智能力障碍，这些个体在传统的智力测验中得分低于70，且难以适应日常生活。

多元智能理论

智力是一般能力，还是许多更具体的能力，哪种看法更恰当？传统上，大多数心理学家认为，智力是一般的、通用的问题解决能力，正如前面所提到的，有时被称为g因素，还有其他研究者提出智力包括不同的类型，如情绪智力，即准确感知自己和他人情绪的能力（Brackett，Rivers，& Salovey，2011；Mayer & others，2011）。罗伯特·斯腾伯格和霍华德·加德纳提出了有影响力的理论来表明多元智力的存在。

斯腾伯格的三元理论和加德纳的多元智力　斯腾伯格（1986，2004，2008，1986，2004，2012b）提出了**三元智力理论**，认为智力有多种（具体来说，三个）形式。

分析性智力（analytical intelligence）：分析、判断、评估、比较和对比的能力。

创造性智力（creative intelligence）：创造、设计、发明、创新和想象的能力。

实践性智力（practical intelligence）：使用、应用、实施和把想法付诸实践的能力。

加德纳（1983、1993、2002）提出九种类型的智力或"心理框架"。此处使用职业类型的例子进行描述，呈现不同智力类型的优势（Campbell.Campbell.& Dickinson，2004）。

语言（verbal）：运用语言思考和表达的能力。职业：作家、记者、演说家。

数学（mathematical）：执行数学运算的能力。职业：科学家、工程师、会计师。

空间（spatial）：三维思考的能力。职业：建筑师、艺术家、水手。

身体运动（bodily-kinesthetic）：娴熟操作事物和身体协调的能力。职业：外科医生、工匠、舞蹈演员、运动员。

音乐（musical）：对音高、旋律、节奏、音调敏感的能力。职业：作曲家、音乐家。

人际关系（interpersonal）：理解他人及与他人有效交流的能力。职业：教师、心理健康专业人士。

自知（intrapersonal）：理解自我的能力。职业：神学家、心理学家。

自然（naturalist）：能够观察自然模式，理解自然和人造系统的能力。职业：农民、植物学家、生态学家、庭院设计家。

生存（existentialist）：能够解决人类生存的重大问题，如生与死的意义，精神型的特殊问题。加德纳还未确定与这种智力对应的职业，但是其中的一种职业路线可能是哲学家。

根据加德纳的理论，每个人拥有这些智力的程度不同。因此，我们更喜欢以不同的方式学习和处理信息。当我们运用自己更擅长的智力学习时，效果最好。

多元智能的评估方法　斯腾伯格和加德纳的方法激发了教师开始广泛地思考孩子们的能力组成成分，促使教育者们积极地研发课程，以在多个领域中教育学生。这些理论也有助于以更为创新的方式评价智力和课堂学习，如通过学生档案对学生进行评价（Woolfolk 2013）。

然而，人们对多元智能的疑虑犹存。许多心理学家认为，多元智能的支持者已经偏离明确的智力概念太远了（Reeve & Charles，2008）。

一些批评者认为，尚未发现支持斯腾伯格的三元智力或加德纳的九种智力的研究。智力专家Nathan Brody（2007）指出，擅长一种类型的知识的人，也可能擅长其他的

三元智力理论　斯腾伯格的理论认为智力有三种形式：分析、创造和实践。

❝ 你知道有人可以被称为'书本型聪明'，其他人被称为'人际型聪明'吗？他们分别显示出什么样的智力？❞

任务。因此，在记忆数字方面擅长的个体也可能擅长解决语言问题和空间布局问题。其他批评者就此提出质疑，如果音乐技巧反映出不同类型的智力，那为什么不把其他技能，如优秀棋手、职业拳击手、画家、诗人也定义为智力呢？总之，争议的焦点始终是，将智力定义为一般能力或特殊能力或两者兼有，哪一种更准确呢（Brody，2007；Nisbett & others，2012；Sternberg，2012a，2012b）？

认知能力测试关注的是个体思维品质和内容的不同。一些人的思维折射出个体的批判性思维、创造力或智力水平。另一些人思维中的创造性可能较低。思维常包括的一个共同点就是语言。即使自言自语，也要用到语言。我们下面要讨论的就是语言在认知活动中的核心作用。

自我测试

1. 测验结果的可重复性叫做_____。

    A. 效标效度   B. 效度

    C. 标准化   D. 信度

2. 一个 10 岁儿童的心理年龄是 8，则他的 IQ 是_____。

    A. 60   B. 80

    C. 100   D. 125

3. 智力的遗传率约为_____。

    A. 35%   B. 50%

    C. 75%   D. 90%

小应用！

4. Joshua 出生后不久，他的父母发现某种遗传因素可能导致他精神发育迟滞。他们对儿子的未来十分担心。下面哪个选项最准确地描述了 Joshua 可能的未来？

A. 基因不是智力的唯一原因，给 Joshua 提供丰富的和刺激的环境，将使他的基因得到最大程度的改变。此外，尽管 Joshua 的认知能力可能不太突出，但他有可能在其他生活领域中获得成功

B. 因为智力受遗传的影响很大，因此，即便提供丰富的环境也不太可能对 Joshua 最终的智力和能力有任何影响

C. 基因影响 Joshua 75% 的智力，所以环境因素只能影响其认知能力的 25%

D. 基因与智力无关，所以 Joshua 的父母不用担心

4　语言

语言是一种交流形式，无论是口头、书面还是符号，都是基于一个符号系统。我们用语言同别人说话、倾听、读和写（Berko Gleason，2009）。语言不仅仅指我们与别人说话，也包括与自己的对话。想想这样一个情景，例如，你做了一些不应该做的事，体验到内疚的感觉。在你的脑海中反复出现一个声音，"你不应该那样做！你为什么这样做？"在本节中，我们先讨论语言的基本特点，然后探讨语言和认知之间的联系。

语言的基本属性

所有人类语言都具有**无限生成性**，产生无数的有意义的句子。这个极佳的灵活性来自五个基本规则系统。

> **语言**　是一种交流形式，无论是口头、书面还是符号，都是基于一个符号系统。
>
> **无限生成性**　产生无数的有意义的句子的能力。

- **语音**（phonology）：语言的声音系统。语言是由基本的发音或音素组成。语音规则确保了有些字母组合能发出声音（例如，sp，ba和ar），而有些则不能（例如，zx和qp）（Menn & Stoel-Gammon，2009）。例如，/ k /是英语中一个音素，这个发音是ski这个词里字母k的发音，也是cat这个词里字母c的发音。虽然在这两个词中，/ k /的发音略有不同，但在英语中，/ k /是单音素。

- **词法**（morphology）：语言的构词规则。英语中的每一个单词都由一个或多个词素构成。词素是语言中最小的意义单位。有些单词由单一词素构成，如help。其他单词由多个词素构成，例如，helper有两个词素：help +er。词素-er意思是"人"——这里是指"帮助者"。然而，并非所有的词素都是单词，例如，pre-，-tion和-ing都是词素。正如语音规则确保了不同的发音，词法使得字符串以特定的序列规则进行组合（Croft，2012）。

- **句法**（syntax）：将单词组成正确短语和句子的语言规则（Dixon，2012）。如果有人说，"约翰亲吻了艾米丽"或"艾米丽被约翰亲吻了"，那么，你知道亲吻和被亲吻的人都是谁，因为你和说话者对句子结构的理解是相同的。你也知道这句话"你不留下来，是吗？"是一个符合语法的句子，但"你不留下来，不是吗？"是不对的。

- **语义**（semantics）：特定语言中单词和句子的含义。每个单词都有一组独特的语义特征（Pan & Uccelli，2009）。例如，girl和woman共享许多语义特征（例如，都意味着女性人类），但是语义上她们年龄是不同的。语义限制了单词在句子中的使用。这个句子"The bicycle talked the boy into buying a candy bar"（自行车告诉小男孩买一个棒棒糖）语法是正确的，但语义有错误。这句话违反我们的语义知识，自行车不会说话。

- **语用学**（pragmatics）：语言的使用特征，以及语言交流中的言外之意（Al-Wer，2012）。语言的语用方面使我们能够用语言来得到我们想要的东西。如果你身处异国，只知道一点当地语言，你一定会利用语用学。比如，你徘徊在马德里的街头，你接近一个陌生人，问道"Autobus？"（西班牙语中的公共汽车）。你知道通过你的声调和绝望的表情，这个人就会明白你正在寻找公共汽车站。

有了对语言的基本了解，我们看一下语言与认知之间的联系。

语言和认知

语言是用来表达思想的庞大符号系统。语言是我们与他人交流思想的工具。虽然我们并不总是用语言思考，但是没有语言，我们的思维将十分贫瘠。

语言和思维之间的关系一直是心理学家相当感兴趣的主题。有些人甚至认为，没有语言，我们不能思维。这一命题产生了激烈的争论。思维依赖语言，还是语言依赖思维？

语言在认知中的作用　回顾第6章，记忆存储的形式不仅包括声音和图像，也包括语言。语言可以帮助我们思维、做出推论、处理困难决定和解决问题（Gleitman & Papafragou，2012；Goldin-Meadow & Cook，2012）。语言是思维表达的工具（Kovacs，2009）。

语音　语言的声音系统。

词法　语言的构词规则。

句法　将单词组成正确短语和句子的语言规则。

语义　特定的语言中单词和句子的含义。

语用学　语言的使用特征，以及语言交流中的言外之意。

今天，大多数心理学家会接受这些观点。然而，语言学家Benjamin Whorf（1956）更进一步，他认为语言决定了我们的思维方式，被称为语言相对论假设（linguistic relativity hypothesis）。Whorf及其学生Edward Sapir都是美国的本土语言专家。他们认为，由于语言的不同，导致人们对世界的认识不同。例如，阿拉斯加的因纽特人，其语言中有十几个或更多的词汇来描述雪的各种材质、颜色、物理状态。相比之下，英语中描述雪的词汇相对较少，因此，Whorf认为，英语为母语的人无法看到不同形态的雪，因为他们没有描述雪的词。

Whorf的大胆观点吸引了许多学者。有些人甚至试图将Whorf的观点应用到颜色感知的性别差异研究中。要求描述两件毛衣的颜色，女人可能会说，"一个是淡紫色的，另一个是红色的"，而男人可能会说，"它们都是粉红色的"。Whorf有关语言影响感觉能力的观点指出，女性能比男性看到更多的颜色，因为她们有更丰富的颜色词汇（Hepting & Solle，1973）。然而事实证明，男人也能够学会辨别女性所认识的各种颜色，这一结果表明，Whorf的观点不是很准确。

事实上，Whorf的批评者认为，词语仅仅反映而非塑造我们的思维方式。阿拉斯加的因纽特人的适应和生存能力取决于他们识别不同状况的冰雪的能力。即使不是因纽特人，滑雪者和滑雪板者也比一般人知道更多有关雪的单词。而且，即便有些人不知道雪的不同类型的单词，他们仍可能感知到这些差异。

有趣的是，研究表明，当将信息呈现给大脑左半球时，Whorf的理论可能是准确的。这就意味着，当在右侧视野呈现颜色时（进入到左脑），知晓这些颜色的名称，可以加强对这些颜色之间差异的理解（Gilbert & others，2006）。

语言是文化的关键特性之一，因此，心理学家研究语言与认知之间关系的一个方法就是，比较不同文化中的认知推理。要阅读这一研究，请看下面的交叉研究部分。

研究中要求儿童记住动物玩具的排列——例如，牛、羊、猪在桌子上的排列。在第一个桌子上，孩子站在观察对象的南面看这些物体。然后要求儿童在另一个桌子上，站在桌子的西面角重新摆出玩具的位置（需要对玩具进行90度的旋转）。研究人员发现，所有的孩子都很擅长将玩具重现成以前的模式，但他们做的方式不同。荷兰孩子从自己的角度出发，把玩具保持在同一位置。而纳米比亚的孩子用地心方位重新摆放这些玩具动物。面对更复杂的任务时，孩子会产生同样的差异，而要求他们使用另一种思维方式时，他们都失败了。具体来说，如果告知荷兰儿童要记得哪个玩具在桌子的西面，告知纳米比亚儿童要记得哪个玩具在右边，那么他们都会出现困难（尽管两种语言都有这样的位置术语）。研究人员得出结论，即使到8岁时，空间推理的偏好与语言习惯都是密切相关的。

显然，人类的大脑可以处理相对自我和地心空间的描述，但文化和语言会随着这些语言的使用量和语境的不同而不同。我们说话的方式潜移默化地影响着我们的思维方式。如果GPS告诉我们"向东走"，我们中的很多人都会很困惑，但相比记住"右转"的意思，纳米比亚儿童更容易接受"向东走"这种说法。

尽管Whorf的核心假设——语言决定思维——备受质疑，但研究仍继续探讨语言对思维方式，甚至是人格等基本特质的影响。例如，在一系列的研究中，研究人员访谈了双语被试（也就是说，流利地说两种语言的人，在本研究中是西班牙语和英语）（Ramirez-Esparza & others，2006），请每个人分别用西班牙语和英语评价自己的性格特征。在所有研究中，不论生活在西班牙语国家还是英语国家中，当被试用英语回应这项调查时，均表示自己更加外向、友好、有责任感。

认知在语言中的作用　显然，语言可以影响认知（Siegel & Surian，2012）。不过研究人员也发现，认知可能是语言的重要基础之一（Jackendoff，2012）。

人类语言区别于动物语言的一个特征是，可以谈论当前不存在的对象（Hockett，1960）。一项研究对12个月

语言、文化和认知：语言如何影响"在哪儿"的问题回答？

想象以下场景：和朋友一起吃早餐，你问道，"盐在哪里？"同伴回答，"在鸡蛋的西面。"你会看向哪里？（你可能会拿出智能手机的指南针应用来定位你要找的调味料的位置。）尽管令人惊讶，在许多语言中，物体间的空间关系就是这样描述的。

我们如何看待空间关系是认知推理的一个方面。这种推理使我们能够注意到书在书桌上，狗在桌子底下，或者盐在你的左手边。空间推理也影响我们的判断。例如，开车过程中，需要停车时，我们会计算踩刹车的时间和压力值，以免撞上前面的车。玩视频游戏的时候，空间推理使我们能更精准地射击到移动的目标。

一个有趣的问题是，我们谈论空间关系的方式会影响空间推理能力吗？Daniel Haun 和同事们（2011）最近做了一系列研究，在荷兰和纳米比亚的学童中调查了这个问题。与其他欧洲语言（包括英语）一样，荷兰语包含与自我相对的术语来描述空间关系。这意味着，自我作为空间关系中的一个坐标，所以一个人可能会说，"盐在你盘子的左边（从我的角度来看）。"纳米比亚人的语言是≠Akhoe Hai‖om（简称Hai‖om），使用的是绝对或地心术语来描述空间关系。这意味着对象的位置是关键，而非那些相对于自我的位置。在Hai‖om的人可能会说，"盐在你盘子的西面（字面上，太阳落下的方位）。"大多数欧洲语言在地理环境中使用地心术语（"湖在小镇的东面"），从不使用其他对象。

■ 不同文化的差异如何影响个体？

■ 在西方以自我为中心的文化中，哪些描述中会使用自我作为空间推理的坐标？

大的婴儿（还未开始说话）和黑猩猩进行比较，结果表明，这种认知技能可能构成最终的语言（Liszkowski & others，2009）。在这项研究中，婴儿更可能指着玩具曾经在的地方来表达他们对玩具的欲望。对许多婴儿来说，这是他们使其他在场者明白自己意图所做的第一件事。相比之下，除了开始时到处指，黑猩猩很少指向它们期望的对象（食物）。所以，即使在开始说话之前，人类也能同别人交流自己想要的东西。有时，即使对象不在当前，人们也能够通过沟通表明彼此的共识。

如果语言是认知的反映，我们希望找出语言能力和综合认知能力之间的密切联系。特别是，我们希望发现认知中的问题和语言中的问题的一致性。例如，我们会预期，智力障碍与语言能力低下同时出现。有智力障

I'M TELLING YOU THOG, WE'RE LIVING IN A GOLDEN AGE FOR CULTURE.

© Guy & Rodd/Distributed by Universal Uclick via CartoonStock.com

我跟你说啊，我们生活在一个文明的黄金时代。

经 CartoonStock 许可使用，转载自 www.CartoonStock.com。

> 联系第4章的心理理论思考本研究。如果婴儿不知道在他人脑海中的想法，他们为什么仍能指向对象曾出现过的地方？如果我们不知道他人有主观意识，我们为什么还要与他人进行交谈？

碍的人语言能力也低下，通常情况是这样，但不总是如此。例如，患有威廉姆斯综合征（一种遗传性疾病）的个体，出现该疾病的比例是两万分之一，然而这种类型的人虽然智商极低，在动作和数字任务方面存在障碍，但会显示出非凡的语言、社交和音乐能力。威廉姆斯综合征表明，智力障碍并不总是伴随着低语言能力。

总之，尽管思维影响语言、语言影响思维，但越来越多的证据表明，语言和思维不是单一系统的一部分。相反，它们似乎已经进化成独立、但相互关联的心理成分。

生物和环境对语言的影响

使用语言的每个人在某种程度上都"知道"它的规则，其能够创建无限量的单词和句子。这种能力是天生的，还是受学习和环境经验的影响？

生物影响　科学家认为，人类大约在十万年前就已获得语言。语言是人类进化过程中最近出现的人类能力。然而，很多专家认为，语言出现之前，生物进化就已经使得人类成为了语言性生物（乔姆斯基，1975）。人类祖先的大脑、神经系统和发音器在成千上万年间不断变化。身体特征使智人（homo sapiens）不再只是低声尖叫，而是产生了抽象的言语。复杂的语言能力给了人类一个巨大的优势，使人类能够凌驾于其他动物之上，增加了他们的生存机会（Pinker，1994）。

语言普遍性　美国语言学家诺姆·乔姆斯基（Noam Chomsky，1975）认为，人类来到这个世界之时，生理上已经预配好语言学习的特定时间和特定方式。根据乔姆斯基和许多其他语言专家的观点，语言具有生物学基础的最有力证据是，世界各地的儿童大约在同一时间，以大致相同的顺序获得语言。然而，婴儿获得语言的环境存在巨大的差异，例如，一些文化中的成年人从不跟一岁以下的婴儿说话，但是这些婴儿仍然能习得语言。

在乔姆斯基看来，孩子不可能仅仅通过模仿学习到完整的语言规则和结构。相反，大自然必须为儿童提供一个生理的、预配的、普遍的语法结构，让他们了解所有语言的基本规则，并应用到所听到的谈话中。儿童并没有意识到语言的基本逻辑，但仍然学会了语言。想想看：我们上面用于描述语言特征的术语——语音、词素、语义等等，对你来说可能都是新的，但是在某种程度上你已经掌握了这些规则。在你阅读书籍、写论文、和朋友谈话时，都表明你对该规则的掌握。像所有其他人类一样，虽然你没有意识到自己对于语言规则的知晓，但你已经在使用这种基于规则的语言系统。

语言和大脑　有强有力的证据支持专家们有关语言有生理基础的观点。神经科学的研究表明，大脑有特定的区域用于语言使用（Tremblay，Monetta，& Joanette，2009）。正如我们在第2章看到的，越来越多的证据表明，语言处理，比如语音和语法，主要发生在大脑的左半球（Harpaz，Levkovitz，& Lavidor，2009；Hornickel，Skoe，& Kraus，2009）。回忆一下布洛卡区的重要性，其参与语音产生，而威尼克区参与语言理解。利用脑成像技术，如PET扫描，研究人员发现，婴儿在大约9个月大时，大脑中存储和索引记忆的部分功能已完善（Bauer，2009）。此时，婴儿开始能够理解词的意义，比如有人说"球"，婴儿就能看向球——这种发现表明了语言、认知和大脑发展之间的关系。

环境影响　几十年前，有行为学家反对乔姆斯基的假说，认为语言仅仅通过强化连锁反应获得（斯金纳，1957）。婴儿含糊不清地说出"妈妈"，妈妈以拥抱和微笑奖励孩子，孩子说"妈妈"的次数越来越多。行为学家认为，通过这样的点滴行为，婴儿获得了语言。行为学家认为，就像弹钢琴和跳舞，语言是一种复杂的学习技能。

这种语言发展观是站不住脚的，即便儿童能快速地学会语言，但仍缺乏社会环境强化语言技能的证据（R. Brown，1973）。这并不是说环境在语言发展中没有作用。许多语言专家指出，在学习特定的语言时，儿童的经验和学习的背景可以有力地影响语言习得（Berko Gleason，2009）。

儿童缺乏语言环境的案例为环境在语言发展中的重要作用提供了依据。1970年，加州社会工作者对申请公共援助的失明妇女的家庭进行例行拜访时发现，一位妇女13岁的女儿Genie，在童年时期几乎与外界完全隔离。Genie不能说话或直立。她每天都赤裸地坐在儿童便盆上。她只能移动她的手和脚。晚上，她被束缚在紧身衣里，放到网子围着的婴儿床上。每当Genie发出声音，父亲就殴打她。他从未与她说过话，而是一直对她咆哮（Rymer，1993）。

从父母处获救后，Genie花了数年时间进行康复计划，包括讲话和物理治疗（Curtiss，1977）。她最终学会了走路，虽然走得并不平稳，也学会了使用厕所。Genie认识了许多单词，能够使用基本的句子。渐渐地，她能串两个单词的词汇组合，如"大牙齿""小弹珠"和"两只手"，然后是三个单词组合，如"两个小杯子"。据我们所知，Genie无法像正常儿童那样提出问题，也没有建立英语语法的语言系统。作为成年人，她只能说简短、支离破碎的句子，如"父亲打腿""大木头"和"Genie受伤"。

像Genie这样被虐待且多年缺乏正常语言环境的孩子，很少能够正常说话。这些案例支持了一些语言专家提出的语言发展的"关键期"的观点，关键期指儿童期的一个特殊的时间（通常是学前期），在这期间，语言必须获得发展，否则以后将难以获得。由于这些孩子同时也遭受了严重的情感创伤及可能的神经受损，因此，这些问题仍未完全清晰。无论这些案例是否证明了关键期的存在，但可以肯定的是，环境对语言的发展至关重要。

很明显，没有社会环境，大多数人无法习得语言。大多数孩子们在很小的时候就沐浴在语言环境中（Berko Gleason，2009）。家长和教师的支持与参与，大大地促进了孩子的语言学习（Goldfield & Snow，2009；Pan & Uccelli，2009）。例如，一项研究表明，如果八个月大的婴儿在牙牙学语后，立即得到母亲的微笑和抚摸，那么，婴儿就会发出更复杂的声音（Goldstein，King，& West，2003）（图7.11）。

图7.11 微笑和抚摸的力量 研究表明，如果八个月大的婴儿在牙牙学语后，立即得到母亲的微笑和抚摸，那么，婴儿就会发出更复杂的声音。

环境影响语言学习的研究结果，使得理解语言学习的基础更为复杂。在语言学习的现实世界中，孩子们似乎既不完全是生物编程好的语言学家，也不完全是社会驱动的语言专家（Ratner，1993）。我们必须要看到生物学和环境在儿童语言学习中的交互作用。也就是说，孩子既要在生理上做好语言学习的准备，也需要从早期开始就接受良好的语言环境的浸透（Goldfield & Snow，2009）。

语言的毕生发展

大多数人在儿童时期就形成了对语言结构的清晰理解，并习得了大量的词汇。美国大多数成年人掌握近50000词汇量。研究人员对语言的发展过程很感兴趣（Pan，2011）。其中许多研究是理解语言发展的里程碑（图7.12）。

语言研究人员对婴儿的语言十分着迷，甚至是婴儿说出第一个词之前的语言也引起了研究者的极大兴趣（Cartmill，Demir，& Goldin-Meadow，2011）。牙牙学语——无尽地重复声音和音节，如bababa和dadada——

体验一下： 婴儿手语

开始于大约4到6个月时，是由生物基础而非强化力量或听力决定的（Menn & Stoel-Gammon，2009）。甚至耳聋婴儿也会牙牙学语一段时间（Lenneberg，Rebelsky，& Nichols，1965）。牙牙学语让婴儿锻炼声带，发展出表达不同声音的能力。

Patricia Kuhl的研究表明，早在开始学习单词之前，婴儿就能够在大量的口语中分辨出对自己有意义的声音（1993，2000，2007，1993，2000，2011 b）。Kuhl认为，从出生到6个月大时，婴儿是"普遍的语言学家"，能够区分人类语言的每种声音。大约6个月大的时候，他们开始专注于母语的声音（或语音）。

年龄	发展	年龄	发展
0-6个月	啊啊喔喔 分辨元音 6个月大时牙牙学语	3-4岁	句子中词的长度增加到3-4个词素 使用"是"和"不是"的问题，wh-的问题 使用否定句和祈使句 语用意识增强
6-12个月	牙牙学语扩展到语言发声 用手势进行交流 10-13个月时说出第一个词	5-6岁	词汇量平均增加到10000 简单句组合
12-18个月	平均理解50个词以上	6-8岁	词汇量持续、迅速增多 更熟练地使用句法规则 会话技巧提高
18-24个月	词汇量达到200以上 两个词组合	9-11岁	词汇定义中出现同义词 会话策略继续提高
2岁	词汇量迅速增加 正确使用复数 使用过去时态 使用介词	11-14岁	词汇量增加，并伴随着更多的抽象词 理解复杂的语法形式 更为理解单个词在句子中的作用 理解隐喻和讽刺
		15-20岁	理解成人文学作品

注意：这个表并不全面，只是强调了语言发展的主要阶段。请记住，不同儿童达到这些阶段的年龄有很大差异，但仍然属于语言发展的正常范围内。

图7.12 语言阶段 每个孩子都不相同，其语言习得的速度也有所不同，这些阶段为理解人类语言的产生提供了一般意义上的参照标准。

10到13个月时，孩子说出第一个词，如重要他人的名字（"爸爸"）、熟悉的动物（"猫"）、车辆（"汽车"）、玩具（"球"）、食品（"牛奶"）、身体部位（"眼"）、衣服（"帽子"）、家居用品（"时钟"）和问候（"再见"）等。一个世纪前，婴儿说的第一句话是这些，到现在，婴儿说的第一个词还是这些（Bloom，2004）。

婴儿到了18到24个月大的时候，通常开始说出两个词的语句。他们很快掌握了表达概念的重要性，以及语言在与人交流时扮演的角色（Sachs，2009）。为了用双字词表达自己，婴儿还依赖手势、语气和背景。尽管两字词的句子省略了很多词汇，但它们在传递信息上非常有效。当一个学步小孩说"宠物狗！"，父母知道他的意思是"我可以养宠物狗吗？"非常小的孩子会发现语言是获得想要东西的好方法，这表明他们掌握了语言的另一个方面——语用。

虽然儿童期是语言学习的重要时间段，但我们毕生中都会继续学习语言（新单词、新技能）（Obler，2009）。多年以来，人们都认为如果个体在青春期前没有学习第二种语言，那么，他们将永远无法达到以第二语言为母语者的语言水平（Johnson & Newport，1991）。然而，最近的研究发现了一个更复杂的结论：不同的语言系统可能有不同的敏感期（Thomas & Johnson，2008）。因此，年龄稍大的第二语言学习者，如青少年和成年人，学习新词汇比学习新的发音和语法更容易（Neville，2006）。然而，儿童发出纯正第二语言的能力，通常随着年龄增长而降低，大约会在10到12岁出现急剧下降。

对成年人来说，学习一门新语言需要特殊的认知练习。正如我们所见，婴儿和儿童期的很多语言学习都包括识别母语的发音。这个过程也包括学习忽视一些对第一语言不重要的发音。例如，在日语中，音素/ l /和/ r /不需要区分开来，因此，对日本的成年人来说，根本区分不出lion与Ryan。研究表明，在成年后掌握一门新语言可能需要颠覆这样的学习习惯，学习倾听之前忽略的声音。确实，成年人可以学会倾听和辨别新语言的部分声音，这有助于语言流利和语言技能（Evans & Iverson，2007）。

因此，在成年后学习一种新语言需要扩展我们已有的认知。这样一个过程可能不仅增强我们的语言能力，还增强我们的认知能力。Susanne Jaeggi及其同事们（2008）发现，进行复杂的记忆任务可以增强推理能力。在这个任务中，被试参与类似于纸牌游戏的复杂记忆游戏，游戏中所有牌面朝下放置，为了进行匹配，玩家必须记住每一个牌。

> 这个研究是一个实验，通过实验我们知道，记忆游戏引起了推理能力的改变。

蜡烛问题
解决方案是认识到火柴盒的特殊功能。可以把它作为烛台，钉在墙上。

九点问题
大多数人都认为很难解决这个问题，因为他们总是试图在边界点间连线。注意，通过扩展点以外的线，这个问题就可以解决。

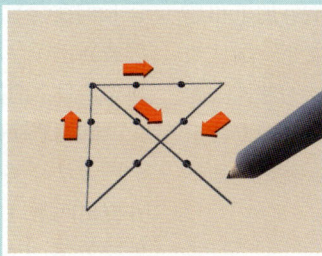

六根火柴问题
没有说明限定解决方案必须是二维图形。

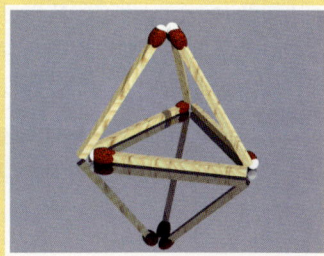

图7.4的问题答案

在连续每天半小时的多天训练后，相较于未被训练的对照组，被试推理能力的得分增加。被试接受的训练越多，他们变得越聪明。这项研究特别有趣的一个地方是，研究人员设计的记忆游戏越来越难，但被试还是乐于去挑战。简而言之，变得越来越聪明不仅仅是掌握一种技能，而且还获得荣誉。推理能力可以提高，但为了实现这一目标，我们必须不断挑战自己，用更加新颖甚至是艰难的方式思考问题。

自我测试

1. 语言的规则是_____，语言的意义是_____。

   A. 语音　词法

   B. 词法　语音

   C. 语义　句法

   D. 句法　语义

2. 诺姆·乔姆斯基的语言习得观点关注_____。

   A. 环境因素

   B. 生物因素

   C. 社会因素

   D. 与人有关的因素

3. 威廉姆斯综合征指_____。

   A. 精神发育迟滞导致语言缺陷

   B. 有精神缺陷的人也可以拥有非凡的语言能力

   C. 没有高智商，语言能力总是低下

   D. 精神发育迟滞从未导致语言不全

小应用！

4. Susan 和她的丈夫 Terence 从另一个国家收养了一个 4 个月大的小男孩。他们担心孩子在被收养之前是否处于很好的语言环境中。你对这对紧张的新父母有什么建议吗？

   A. 他们应该担心。他们应该用词语包围这个孩子，只要孩子在童年期有说话的迹象，就都要予以奖励

   B. 他们不需要担心。在一些文化中孩子们很少说话，但是所有的孩子（在极端情况下除外）都能学习说话。他们会享受与小朋友之间的交流和阅读，要相信他肯定会习得语言

   C. 他们应该担心，尤其他们的孩子是一个男孩

   D. 我们无法确定这个孩子的未来，因为语言很大程度上是由基因决定的

总　结

❶ 心理学的认知革命

认知是对记忆、思维和认识过程的信息加工和处理过程。二十世纪中期出现的计算机引发了一场认知革命，在这场认知革命中，心理学家开始关注人类的信息加工过程。人工智能（AI）这一科学领域专注于开发能够执行人类智力活动的智能机器，就是认知革命的副产品之一。

❷ 思维

概念是对物体、事件和特征进行分类的心理范畴。概念有助于我们进行概括化；提升我们的记忆；让我们在学习新事物时，无需知道该概念的每个新实例或新例子。原型模型强调某一概念中，不同成员在典型项目上的相似性。

问题解决是指当目标不能直接达成时，试图找到一种方法来实现目标。问题解决的四步骤：（1）发现并提出问题，（2）培养良好的解决问题策略，（3）评估解决方案，（4）对问题及解决方案重新思考和定义。问题解决的有效策略是建立子目标（设定中间目标，

以更好地达到总目标）、算法（能确保问题得以解决的策略），以及启发式（快捷方式，但不能保证可以解决问题）。

推理是通过推敲信息得出结论的心理活动。归纳推理是从具体到一般的推理。演绎推理是从一般到具体的推理。

决策制定包括评估备选方案，并在其间做出选择。偏差和启发式，可能导致错误的决策，包括证实性偏差、事后偏差、可获得性启发式和代表性启发。

批判性思维和创造力能提高解决问题的能力。批判性思维需要有效的思考、评估证据、专注及开放的心态。创造性是指用新颖和特别的方式看待事情，并想出非常规的问题解决方案。创造性的思考者灵活、幽默、有上进心，愿意面对风险，能够客观评估自己的工作。

❸ 智力

智力是指完成认知任务、问题解决及从经验中学习的一般能力。传统上一般通过比较人们在认知任务的表现来测量智力。

一个好的智力测验需要满足三个标准：效度、信度和标准化。效度是指测验能在多大程度上测出想要测量的内容。信度是测验的一致性程度。标准化是指采取统一的程序实施测验、评分、制定常模和行为标准。

比奈发明了第一个智力测验。2岁到成年的个体都采用当前的斯坦福-比奈测验（该名称表明修订是在斯坦福大学完成）。一些智力测验对不同文化背景的人是不公平的。文化公平测试是致力于无文化偏见的测试。

显然，基因是影响智力的。智力的方差比例可以用遗传方差（或遗传率）来解释。环境对智力的影响也已被证实。事实上，最近几十年，世界范围内的智力测验分数都在不断上升——这被称为弗林效应——支持了环境对智力的影响。

智力的两个极端是智力超常和智力障碍。智力超常的人是指拥有高智商（IQ为130或更高）或在某个特定领域有超群才能的人。研究表明，超常的个体有可能做出重要、创造性的贡献。智力障碍是指低智商个体的心智能力障碍，智商通常低于70；难以适应日常生活；在儿童时期就出现这些特征。智力障碍可以由机体（称为机体智力障碍）或是社会和文化因素引起（被称为文化——家族智力障碍）。

与将智力看作一般的认知能力的观点不同，一些心理学家将智力分成不同的生活技能部分。斯腾伯格三元理论认为，智力有三个主要类型：分析性智力、创造性智力和实践性智力。加德纳将智力分为九种类型，包括语言、数学、空间、身体运动、音乐、人际关系、自知、自然和生存。多元智能的视角拓宽了智力的定义，引导教育者开发课程，以促使学生在不同领域的发展。批判者认为，多元智能理论的内容包括不属于智力的因素，如音乐技巧。批评人士还说，没有足够的研究支持多元智能的概念。

❹ 语言

语言是基于符号系统的一种交流形式。人类所有的语言都有共同的方面，包括无限生成性和结构组织规则。任何语言都包括五个属性：语音，语言的声音系统；词法，语言的构词规则，词素，语言中最小的意义单位；句法，将单词组成正确短语和句子的语言规则；语义，单词和句子的含义；语用学，语言的使用。

虽然语言和思维相互影响，但有越来越多的证据表明，语言已经进化为独立、模块化的、有生理准备的心理成分。进化使人类成为有语言的生物。乔姆斯基说，人类来到这个世界之时，生理上已经预配好语言学习的特定时间和特定方式。此外，强有力的证据表明，大脑的左半球中预设有特定的语言使用区域。经验对语言发展至关重要。儿童与熟练使用语言者的互动很重要。虽然儿童在生理上已经准备好学习语言，但也需要从早期开始就接受良好语言环境的浸透。

虽然我们经常认为，成年后，语言、思维和智力开始定格，但研究表明，我们可以继续掌握技能，甚至可以通过从事具有挑战性的心理任务增加智力。

关键术语

认知，p.229

人工智能，p.230

思维，p.231

概念，p.231

原型模型，p.232

问题解决，p.232

子目标，p.232

算法，p.232

启发式，p.233

固着，p.233

功能固着，p.233

推理，p.234

归纳推理，p.234

演绎推理，p.235

决策制定，p.235

证实性偏差，p.237

事后偏差，p.237

可获得性启发式，p.237

基础比率谬误，p.237

代表性启发式，p.237

专注，p.238

开放性，p.238

创造性，p.239

发散思维，p.239

辐合思维，p.239

智力，p.240

效度，p.241

信度，p.241

标准化，p.241

心理年龄（MA），p.242

智商（IQ），p.242

正态分布，p.242

文化公平测验，p.243

遗传率，p.244

智力超常，p.247

智力障碍，p.248

三元智力理论，p.249

语言，p.250

无限生成性，p.250

语音，p.251

词法，p.251

句法，p.251

语义，p.251

语用学，p.251

自我测试

多选

1. 认知心理学被视为心理学革命性的发展，因为____。

   A. 彻底脱离行为主义

   B. 彻底脱离精神分析

   C. 彻底脱离心理过程的研究

   D. 约翰·冯·诺依曼使用基本认知原则发明了第一台现代电脑

2. 销售代表Shantae使用地图导航驾驶到客户的办公室。Shantae使用____到达她的目的地。

   A. 算法

   B. 启发式

   C. 原型

   D. 类别

3. 对物体、事件和特征进行分类的心理范畴被称为____。

   A. 算法

   B. 认知

   C. 概念

   D. 启发式

4. 有人难以发现问题的多种解决方案，这表明其____。

   A. 功能固着

   B. 演绎推理

   C. 归纳推理

   D. 子目标

5. 寻找符合自身的观点的可用信息，例子是____。

   A. 可获得性启发式

   B. 事后偏差

   C. 功能固着

   D. 证实性偏差

6. 信度和效度之间的关系是_____。

    A. 有信度的测验是有效度的

    B. 有效度的测验是可靠的

    C. 有信度的测验是无效度的

    D. 有效的测验是无信度的

7. 智力障碍共同的标准是_____。

    A. 智商低于100

    B. 智商低于85

    C. 智商低于70

    D. 智商低于55

8. "这本书吃黄色的房子。"这句话是有问题的，因为_____。

    A. 错误的句法

    B. 错误的语义

    C. 错误的语音

    D. 错误的词法

9. 孩子在多大开始说话_____。

    A. 4到6个月

    B. 10到13个月

    C. 18到24个月

    D. 24到30个月

10. 无限生成性指的是语言_____的能力。

    A. 产生无限的有意义的句子

    B. 产生无限的语音

    C. 继续增加新单词

    D. 随着时间的推移而不断改变

小应用!

11. Jeremy 70岁的叔叔Ted开始第一次上法语课。Jeremy告诉他，"我不知道他为什么自寻烦恼——你不可能在那个年龄学习一门新语言。"根据本章相关内容，对Jeremy的断言做出回应。Ted叔叔可以学习法语吗？他可能面临的挑战是什么？

人的发展

人类发展的时光机

你可曾幻想过自己坐着时光机去旅行，到遥远的过去看活恐龙，或穿越到未来去看能够飞行的汽车和可以移动的人行道。这些看似都是不切实际的想法，但在一定程度上，每个人的发展都像是时光机中的一次旅行。从生命开始的那一刻起，我们就踏上了进入未来的发展之旅。总的来说，个人的旅行时间随着其寿命的增加而延长。

美国儿科医生Leila Denmark拥有漫长的一生，Denmark博士（1898—2012）活到114岁。在她有生之年，美国从一个女人没有选举权、无法拥有私有财产的国家转变成一个女人可以成为总裁、市长、州长、参议员甚至是美国总统候选人的国家。她经历了令人难以想象的岁月：看见了有史以来第一辆汽车的制造、第一次月球漫步、两次世界大战以及发生在越南、伊拉克和阿富汗的战争、20世纪30年代的大萧条和21世纪初期的经济衰退。她是当年（1928）所就读的医学院毕业班级中唯一的一位女性，Denmark博士一生都致力于为贫困儿童服务，直到她103岁时退休。

各种惊人的事件和经历组成了人的一生。出生在20世纪90年代早期的人，在平均超过50年的时间里经过了一系列的惊人事件。试想一下，如果这样的人乘坐时光机进入21世纪，他的人生路径会如何呢？这些路径既有独特性，也与其他人存在很多共性。本章中，你将进入人类发展的时光机，回顾自己婴儿、儿童、青少年时期的发展历程，并以全新的视角审视你的现在和未来。

预览

　　发展心理学家们致力于研究人在整个一生中的成长和变化，即从生命起始到生命结束。我们首先定义人的发展和发展心理学研究的核心问题。本章的核心主要围绕三个生命领域的发展过程与结果：生理发展、认知发展和社会情感发展。接着，我们将通过探究性别发展，来阐述这些发展领域之间的联系。之后，介绍有关道德发展和死亡、临终与哀伤的调查。本章最后将介绍个体重塑成人期发展的积极方式，我们将进一步探寻主动的发展者（时间旅途中的他或她）对整个生命旅程的影响和意义。

1　探索人的发展

　　发展（development）是指在整个生命过程中，人类能力发展的连续性及可变性的模式。虽然发展多指成长，但它也同样包括衰退（例如，生理机能随年龄增长而下降）。我们先关注几个与人类发展有关的关键问题，这些问题对于理解人类在整个生命周期中的发展和变化非常重要。

发展心理学的研究方法

　　人类的发展就是随着年龄的变化而发生的改变。因而，要知道什么是年龄带来的改变，就意味着我们必须考虑研究的种类。

　　在**横断研究设计**（cross-sectional design）中，研究者在同一时间点测评大量被试，并记录其年龄差异。通过测量个体年龄与个体特征间的关系，研究者们可以发现是否不同年龄的个体间存在差异。然而，年龄的差异不等同于个体的发展变化。

　　横断研究设计中的一个问题是组群效应（群体效应）。组群效应指的是个体间的差异并不一定由其年龄差异造成，更多的是受其出生和成长的历史及社会时代所影响（Schaie，2009）。例如，与出生于20世纪90年代的人相比，出生于20世纪40年代的人中上过大学者更少。这些群体之间的差异可能不是由于年龄差异，而是受到不同经历的影响。考虑一下你所属的群体，是何种不同的经历使你及你的同龄人不同于其他年代的人呢？

　　正如第1章所论述的，与横断研究不同，纵向研究指的是在较长时间内，对同一被试群体进行多次测评。纵向研究不仅可以发现不同年龄群体之间是否存在差异，还可以发现同一个体的某一具体特征随年龄而发生的变化。心理特征的发展变化需要纵向研究设计的有力证据。通过纵向研究及其他一些方法，研究人类发展的学者们已经解决了许多与心理学密切相关的重大问题，这是我们下一个即将探讨的问题。

遗传和教养如何影响发展？

　　发展心理学家们对于理解遗传与（后天）教养如何影响发展十分感兴趣。**遗传**（nature）是指个体的生物遗传，特别是他/她的基因。**教养**（nurture）是指个体的环境和

发展　指在整个生命过程中，人类能力发展的连续性及可变性的模式，包括成长和衰退。

横断研究设计　一种研究设计，对一组被试在同一时间内，就同一变量进行心理测试。

遗传　即一个人的生物遗传，特别是他/她的基因。

教养　即个体的环境和社会经验。

社会经验。要理解发展这一概念，我们必须考虑到这两个因素——基因（遗传）和环境（教养）的影响。

在第2章中，我们讨论过基因型的概念（遗传基因与遗传物质），我们还探讨了表现型的概念（人的可观察的特征），表现型表明了遗传（遗传因素）和教养（环境）双方面的贡献，基因是否表现为表现型可能取决于环境。例如，基因可能决定一个人能否成为下一个米迦勒·菲尔普斯（Michael Phelps），但如果缺少以下环境因素的影响，如良好的营养、健全的医疗保健、能够游泳的池子、出色的教练，那么，这种潜力永远都无法发挥出来。

环境影响基因表现的一个例子就是苯丙酮尿症（phenylketonuria，PKU）。苯丙酮尿症是由双隐性基因所引起、无法代谢苯丙氨酸的症状。几十年前，人们认为苯丙酮尿症的基因型会表现出特殊的特征，即不可逆转的脑损伤，智力障碍和癫痫。但如今，专家们普遍认为，只要带有苯丙酮尿症基因的个体在饮食中坚持低苯丙氨酸的摄入，就可以控制这些表现型特征的出现（Cotugno & others，2011）。这些环境预防措施可以改变这种基因型的显性特征。

苯丙酮尿症的例子告诉我们，由于个体的特殊经历，外显特征（表现型）可能无法完全反映其遗传基因（基因型）。相反，对每一个基因型来说，其是否外显为特定的特征都取决于后天的环境。我们所看到的每一个人，都是遗传和环境经验相互影响的结果。发展是遗传、教养及两者相互作用的复杂产物（Beaver & Belsky，2012；Cicchetti & Rogosch，2012；Dick，2011）。

教养的一个重要来源就是我们的父母。当今社会，一些家长在子女的成长中发挥了非常积极的作用。要了解有关如何根据遗传和后天条件教养子女的内容，可以阅读"挑战你的思维"部分。

虽然很容易将基因视为个体发展的蓝图，但发展过程并非完全遵循遗传计划（Turkheimer，2011）。事实上，很难通过基因了解发展是如何进行的。科学家和哲学家们对于发展这类复杂过程的了解途径之一就是通过自然特征。突现特征（emergent property）指的是多种低水平因素相互作用，产生大的实体（如一个人）（Gottlieb，2007）。发展是基因和经验相互作用的结果，这一过程塑造了一个完整的人。

早期经历对我们的生活有影响吗？

苯丙酮尿症的例子表明了早期经验（教养）对人类发展的重要影响。发展心理学中的一个关键问题就是童年经历对后期生活的影响程度。一些研究表明，如果婴儿在其出生的第一年时间里未得到温暖和舒适的照料，那么他们将无法发展出全部的潜力（Phillips & Lowenstein，2011；Sroufe，Coffino，& Carlson，2010）。其他研究也阐述了后期经验对个体成年后发展的影响（Stanley & Isaacowitz，2011）。毕生发展心理学家们更加强调生活经验对发展的作用（Lüdtke & others，2011；Specht，Egloff，& Schmukle，2011）。早期和后期的生活经验都对发展有重要的影响，因此，即便童年不幸，人们也不应该就此放弃。

基因或超级父母：哪个对孩子更重要？

与过去相比，当今的父母更为关注孩子的生活和行为。几十年前的父母担心的是子女能否进入合适的大学。如今，一些家长会纠结于孩子是否能够就读更为合适的学前班和幼儿园。这种关注对儿童的健康发展有益吗？一些专家对此问题持否认态度。

《教养的迷思》一书的作者Judith Harris（1998）认为，父母对孩子行为的影响不大，都会惩罚或拥抱他们，理解或忽视他们，这些行为不会对孩子的成长产生影响，因为与父母相比，基因和同伴对孩子的发展更重要。与此类似，发展研究者Sandra Scarr（1992，2000）认为，"超级教养"并不必要。她声称，基因型的影响非常强大，大多数的后天环境经验反而无关紧要。Scarr认为只有当父母对孩子的教养超出正常范围时，如长期身体虐待，教养才会产生负作用。她声称："基因是影响发展结果的主要因素。"那么，父母就可以懒惰吗？不一定。

Harris和Scarr的此类言论，受到了猛烈的抨击。Diana Baumrind（1993）反驳说，"刚刚好"的教养并不代表已经足够好，她引用证据表明，高要求和高回应的父母更可能培养出有较高社会成就和社会适应良好的孩子。一项由W. Andrew Collins及其同事们（2000）展开的纵向研究结果支持了Diana Baumrind的观点。即使受到遗传因素的影响，父母教养方式也会对孩子们的行为产生影响。Diana Baumrind也担心Scarr的言论会致使父母放弃抚养孩子的这一重要责任，或使父母认为自己的努力对孩子的成长无关紧要。

所以，从支持Baumrind和Collins言论的阵营来看，虽然一个人的遗传基因在发展中发挥重要作用，但我们不能抓着基因问题不放，因为自身的基因而被嘲笑、咒骂或任凭其做主。更为重要的是，我们需要父母，无论其是否是超级父母（Sandler，Wolchik，& Schoenfelder，2011）。尽管Harris的观点遭到强烈批评，但她（2009）在出版该书的修订版时仍然重申，父母教养的影响远远少于大多数人所认为的那样。

你如何认为？

■ 在这场争论中，你的立场是什么？为什么？

■ 为何现今的父母比过去的父母更可能成为超级父母？

要想了解负面的早期生活经验对后期生活的作用，需要理解一个关键概念，就是**复原力**（resilience）。复原力是指一个人从困难中得以恢复或适应的能力。这意味着，尽管遭遇逆境，个体仍能表现出积极的应对功能（DiCorcia & Tronick，2011）。复原力主要包括对困难经历的反弹能力，以及个体对困境所持的缓冲力。早期生活中的艰难经历可以促进个体应对未来困难与问题的能力，为未来的发展奠定基础（Seery，Holman，& Silver，2010）。对童年（Masten，2009）和青春期（Montgomery，2010）中某一特征的研究表明，复原力也影响成年期的发展（Gooding & others，2012；McFadden & Basting，2010）。

> **复原力** 即一个人从困难中得以恢复或适应的能力。

遗传、教养和你自己

你无法选择自己的基因或者父母，这似乎使你被基因和出生的环境所束缚。然而事实上，你自己在整个发展过程中同样扮演着重要的角色。作为一个主动的发展者，你可以利用你的遗传条件和后天因素，成为你想要成为的样子（Turkheimer，2011）。

事实上，一些心理学家认为，人们可以超越自己的遗传基因和环境而发展。他们认为，发展的一个关键因素就是从生活中寻求最佳经验（Armor，Massey，& Sackett，2008）。历史上有很多超越遗传因素而成为不平凡者的例子，这些人塑造了自我发展的独特道路，将明显的弱势转化为真正的优势。

> **并非只有著名人物才能在自我发展中起到积极主动的作用。**

这些人通过个人的努力，选择了最佳的生活方式。他们参与社会活动、建立社会关系及生活目标，并以此发展自己的生命主题（Frensch，Pratt，& Norris，2007；Rathunde，2010）。有些人也许比其他人更能成功地构建自己的最佳人生体验，众多的公众人士，包括马丁·路德·金、修女特蕾莎、曼德拉、比尔·盖茨和梅林达·盖茨夫妇、奥普拉·温弗瑞，这些人都在寻找和发现有意义的生活主题，而非局限在特定的生存或生活环境中。

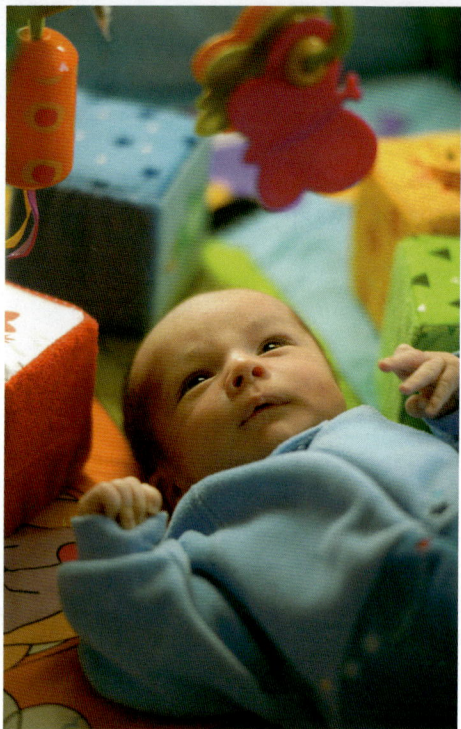

人类的发展之所以非常复杂，是因为它是多个过程相互作用的产物。青春期荷尔蒙的变化、婴儿对于移动物体的观察、老年夫妇的拥抱分别反映了生理、认知和情感过程。

发展的三大领域

发展模式之所以复杂，在于它是多种过程作用的产物，主要包括三个领域：生理、认知和社会情绪。

- **生理过程**（physical processes） 指的是个体的生物特性的变化。父母的遗传基因，青春期和更年期的荷尔蒙变化，整个生命全程中大脑、身高和体重及运动技能的变化等都反映了生物学进程中发展的作用。
- **认知过程**（cognitive processes） 包括一个人的思维、智力和语言的变化。看到婴儿床上方来回移动的彩色玩具、构建未来的远景、想象自己成为一名X音素（注：美国的一个电视节目）的参赛选手或美国总统、记忆一组新的电话号码，这些活动都反映了认知过程在发展中的作用。
- **社会情绪过程**（socioemotional processes） 包括个体与他人人际关系的变化、情绪的变化和人格的改变。如，婴儿用微笑来回应母亲的抚摸、女孩自信心的变化、高中毕业舞会上的快乐体验、年轻人在运动场上的意气风发、年老夫妇彼此间的挚爱感情，这些都反映了社会情绪过程的作用。

在本章中，我们将探讨广义上的终生发展。

- **童年期** 从婴儿期（出生到24个月）至童年期（大约到10岁）。
- **青春期** 开始于10至12岁这段时期，是童年期到成年期的过渡期。
- **成年期** 一般划分为早期（20岁到30岁）、中期（40岁到50岁）和晚期（60岁以后）。

在探讨了贯穿整个生命周期的生理、认知和社会情绪的发展变化之后，我们将继续阐释性别和道德发展、死亡和临终等过程的相互作用。试想这样的故事，一个名叫Hannah的婴儿，父母将一只泰迪熊放在她的床上。在婴儿期，当父母拿着熊在她面前摇晃时，Hannah也许只会看着那只泰迪熊。随着时间的推移，她不仅去看泰迪熊，而且还可以抓到它，她甚至还记得玩具熊的存在，当它不在时，可能会为它哭泣。长到学步儿童后，她能够拿着玩具熊到处走，并且将它作为一种安慰物。当她成为一位青少年后，Hannah可能不再抱着泰迪熊睡觉，但她会将泰迪熊放在书架上。当你阅读本章有关生理、认知和社会情绪发展的内容时，请记住，你所研究的人是生理、思想、情感与社会关系相互依存的整体。

自我测试

1. 已故的威尔士王妃—— Diana，她为消除冲突付出了大量努力。她的工作说明了_____。

   A. 一个生命主题

   B. 一个基因型

   C. 一个社会情感过程

   D. 一个显性特征

2. 关于发展的最佳描述是_____。

   A. 完全取决于遗传

   B. 完全取决于后天教养

   C. 遗传与教养相互作用的产物

   D. 无正确答案

3. 最佳体验的例子是：_____。

   A. 烹饪吃食

   B. 买一双喜欢的靴子

   C. 做志愿者，义务教成年人阅读

   D. 与他人竞争

小应用！

4. Sonja 和 Pete 都是工程师，他们相识于大学期间，对数学和科学有着共同的爱好，都是工程领域的成功者。当他们的女儿 Gabriella 出生时，他们用数字来装饰她的房间，并花了大量的时间教她数清事物，与她谈论数学。在上学期间，Gabriel 在数学方面极具天赋。尽管 Gabriella 并没有成为一名工程师，但她成为一名了不起的数学教师。哪种说法可以最准确地描述 Gabriella？

A. 她的数学能力是遗传基因的直接结果

B. 她的数学能力是环境经验的直接结果

C. 她成了一名教师而不是工程师，证明遗传基因或环境因素对于她的发展都没有影响

D. Gabriella 的发展表明，遗传基因和环境经历之间的相互影响，使她找到了自己人生的主旋律，并使人生更加有意义

2　生理发展

这一部分，我们在对人类发展进行探索时，会首先探究个体在产前（"出生前"）的生理成长和变化的方式。其次，我们会探讨童年期、青春期和成年期的生理变化。同时，我们会关注大脑在各个发展阶段的变化方式。

产前的生理发展

产前发展是一个令人惊叹的变化过程，这一过程始于怀孕那一刻。从男性的精子与女性的卵子（卵细胞）结合产生受精卵开始，产前发展这一概念就产生了，受精卵是一个含有23对染色体的单细胞，其中23条染色体来自母亲，另23条来自父亲。

产前发展过程　从受精卵发展为胎儿可分为三个时期。

■ **胚芽期**（第1周到第2周）受孕之后就进入胚芽期，受孕后的第一周，受精卵分裂为100个到150个细胞。第二周结束时，细胞的集合体附着在子宫壁上。

■ **胚胎期**（第3周到第8周） 细胞分化速度加快，细胞的支持系统开始形成，器官开始出现。在第三周，神经管开始成型，神经管最终将发育成为人体的脊髓。在受孕后的第28天，神经管形成并关闭，会被包裹在胚胎内。如果神经管发育出现问题，将会导致出生缺陷，如，不完全封闭的脊柱将会导致脊柱裂，或严重的脑部发育缺陷。橙汁和绿叶蔬菜中所含有的叶酸、维生素B，会大大减少神经管缺陷出现的几率。胚胎期结束时，心脏开始跳动，胳膊和腿进一步分化，脸部开始形成，紧接着是肠道的出现。

■ **胎儿期**（第二月至第九月） 在第2个月时，胎儿仅是一个菜豆的大小，并已开始四处游动。4个月时，胎儿长到12.7厘长，重约141.7克。6个月后，胎儿会长到680克。妊娠的最后三个月是器官功能增强的时期，胎儿的体重、身高、脂肪都会增加。新生儿平均长约48厘米，重约3.175千克。

大约60年前，母亲们和医生都没有意识到母亲的饮食和行为可能对胎儿发育产生的影响。胎儿被保护在一个可以任他漂浮又非常舒适的子宫内，似乎不会受到母亲所处的周围环境的影响（Dunkel Schetter，2011）。但事实上，产前发育有时会受到环境的干扰和伤害。

对胎儿的威胁 任何一种致畸剂都会导致胎儿的出生缺陷。致畸剂主要包括母亲摄入的化学物质（如母亲吸烟而产生的尼古丁）和某些疾病（如麻疹或风疹）。母亲摄入的物质可以导致严重的出生缺陷（Holmes & Westgate，2011）。海洛因是一种典型的致畸剂。海洛因吸食者生下的婴儿会出现许多问题，如早产、出生体重过低、身体残缺、呼吸问题、死亡。

胎儿酒精谱系障碍症（fetal alcohol spectrum disorders，FASD）是由于母亲在孕期严重饮酒而使其后代出现的一系列发育异常问题（Yang & others，2012）。这些异常包括：头部过小；面部特征异常，如两眼间宽度大、扁平鼻、上嘴唇薄；四肢和心脏有缺陷，以及智力低下。严重酗酒与FASD症的出现密切相关，即使适度的饮酒也会导致严重的问题（Cannon & others，2012）。对一个正怀孕或准备怀孕的妇女而言，最好的建议就是避免饮酒。

化学致畸物的危害取决于暴露在该物质中的时间（May & Gossage，2011）。

胎儿身体部位与器官系统的形成期是最脆弱、最易导致畸形出现的时期。遗传特征可能降低或加剧致畸剂的影响。不过最重要的是，儿童出生后所接触的环境会对产前损伤产生最终的影响。

性传染病（性病）同样威胁着胎儿。一些性传染病，如淋病，会在分娩过程中传染给婴儿。其他疾病，包括梅毒和艾滋病，同样会在子宫内感染给胎儿。人类免疫缺陷病毒（艾滋病毒）所导致的艾滋病感染将无法治愈，艾滋病毒阳性的母亲，如果服用抗病毒药物，可以减少她们将病毒传染给胎儿的可能性。性病除了可以传染给胎儿及新生儿，也会增加死胎的风险和一系列其他问题，如眼部感染和失明（以淋病为例），许多性病也会增加早产的风险。

早产儿（preterm infant），是指在怀孕后低于37周出生的婴儿。这些婴儿可能会出现发育问题。早产儿是否出现发育问题仍是一个复杂的问题。然而，出生后的经历在决定早产问题的最终影响上起着至关重要的作用。例如，有研究表明，按摩可以促进早产儿的发育（Field，Diego，& Hernandez-Rief，2010，2011）。

婴儿期和儿童期的生理发展

人类的新生儿是世界上最无助的新生群体。无助的原因之一是，我们在出生之时仍不完全。从进化的角度来看，巨大的大脑是人类区别于其他动物的主要特征。让婴儿巨大的大脑顺利地从相对小的产道出来，是个很大的挑战。因此，大自然让婴儿在大脑完全发育前就从子宫中出来，在出生后的几个月和几年中，个体（及其环境）逐渐完成这个重要器官的发育。

条件反射　新生儿在出生时会带有一些对生存至关重要的先天反射。婴儿与生俱来就有吮吸和吞咽能力，如果掉进水中，他们会屏住呼吸，闭合喉咙阻止水进入，并使胳膊和腿短暂地维持浮动状态。有一些反射会贯穿整个生命之中，例如咳嗽、眨眼、打哈欠等。其他一些反射，如自动抓住触碰其手指的东西，会随着大脑功能的逐渐成熟，在出生后的几个月内逐渐消失。此后，婴儿会形成许多行为上的意志控制。图8.1呈现的是婴儿反射的一些例子。

运动和感知技能　与身体其他部分相比，新生儿的头部显得十分巨大，头部的活动不受控制。在出生后的12个月内，婴儿能够坐直、站立、弯腰、爬、走动。出生后第二年期间，增长速度减慢，但跑步和爬行能力增强。

运动技能和感知技能相互依存、彼此依赖。为了拿到某样东西，婴儿必须能够看到它。婴儿通过感官获取信息，并不断协调动作，以学习如何保持身体平衡，拿到空间中的物体，并在不同位置和方向上移动（Adolph & others，2008；Clearield，2011）。设想一下婴儿在房间里看到一个有趣玩具时的情景。因为看到了玩具，她便想要拿到它。

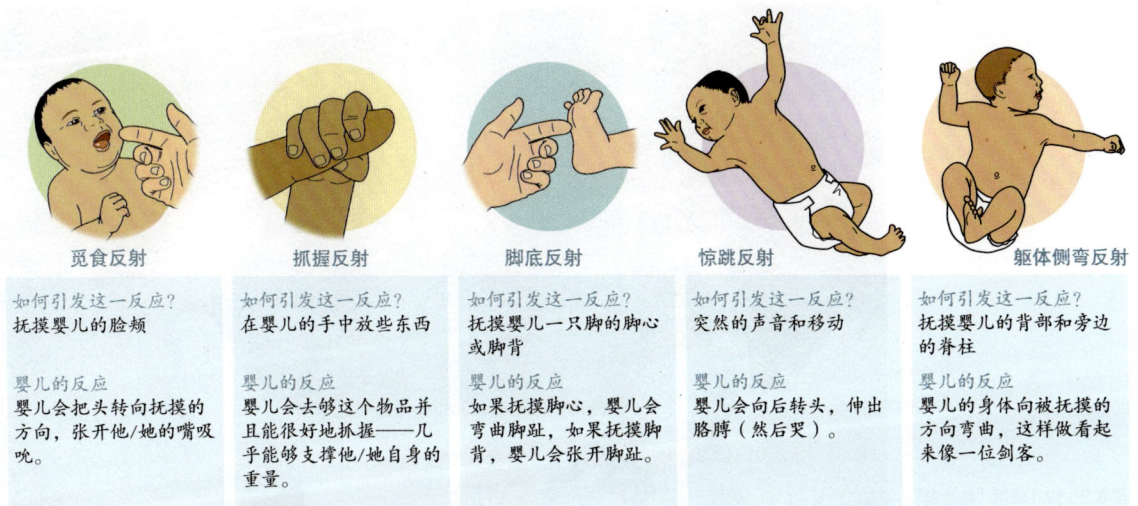

觅食反射	抓握反射	脚底反射	惊跳反射	躯体侧弯反射
如何引发这一反应？ 抚摸婴儿的脸颊	如何引发这一反应？ 在婴儿的手中放些东西	如何引发这一反应？ 抚摸婴儿一只脚的脚心或脚背	如何引发这一反应？ 突然的声音和移动	如何引发这一反应？ 抚摸婴儿的背部和旁边的脊柱
婴儿的反应 婴儿会把头转向抚摸的方向，张开他/她的嘴吸吮。	婴儿的反应 婴儿会去够这个物品并且能很好地抓握——几乎能够支撑他/她自身的重量。	婴儿的反应 如果抚摸脚心，婴儿会弯曲脚趾，如果抚摸脚背，婴儿会张开脚趾。	婴儿的反应 婴儿会向后转头，伸出胳膊（然后哭）。	婴儿的反应 婴儿的身体会向被抚摸的方向弯曲，这样做看起来像一位剑客。

图8.1　婴儿的一些条件反射　婴儿生来就具备大量的反射，当婴儿表现出这些反射时，显得非常可爱，这些反射会随着婴儿的成熟而消失。

婴儿必须了解自己当前的身体状态，学习如何使用四肢去拿到玩具。动作反过来又会影响感知，例如，观察一个对象，可以帮助婴儿了解其质地、大小、软硬程度；在环境中到处活动，则教会孩子如何从不同的角度看待人和物体，及物体表面能否支撑自己的重量。

婴儿是精力充沛的开拓者。当婴儿有目的地去做一些事情的时候，他们可能会创造出新的动作行为，如伸手去抓新玩具或妈妈的耳环。新行为的产生是多种因素综合作用的结果：神经系统的发育、身体的物理特性、运动能力，婴儿实现目标的动机以及环境对发展这一技能的支持（van Hof，van der Kamp，& Savelsbergh，2008）

研究者们曾认为，运动发展指标（如坐立、爬行和走动）是基因计划的外在呈现。如今，心理学家们认识到，运动技能的发展并不是遗传或教养独自作用的结果（Keen，2011）。

环境经验在运动技能的发展中发挥重要作用。在一项研究中，3个月大的婴儿参加一项名为"粘手套"的游戏，婴儿手掌上的连指手套能够粘着玩具的边缘，使其拿到玩具（Needham，Barrett，& Peterman，2002，p. 279）（图8.2）。通过戴手套去掌握和操纵物体的婴儿比对照组即没戴"手套"的婴儿更早地学会如何操控物体。有这样经验的婴儿会更长时间地盯着物体、拍打它们，而且更有可能把物体放到嘴里。

心理学家们在研究婴儿的认知过程中面临着一个严峻的挑战。婴儿不能说话，那么科学家们如何能知道他们是否能够看到或听到呢？研究婴儿的心理学家们是通过观察婴儿的行为去理解他们（Hollich，2006）。婴儿能够做到的一件事就是"看"，**注意偏好**（preferential looking）技术让婴儿自己选择所看的物品。如果婴儿对于一个刺激所表现出的稳定偏好（一张说话的面部图片）超过另一个（一张爬行的面部图片），并且这些表现反复出现在不同的位置时，我们可以推断，婴儿能够区分这两张图像的不同。

注意偏好 一种研究技术，让婴儿自己选择所看的物品。

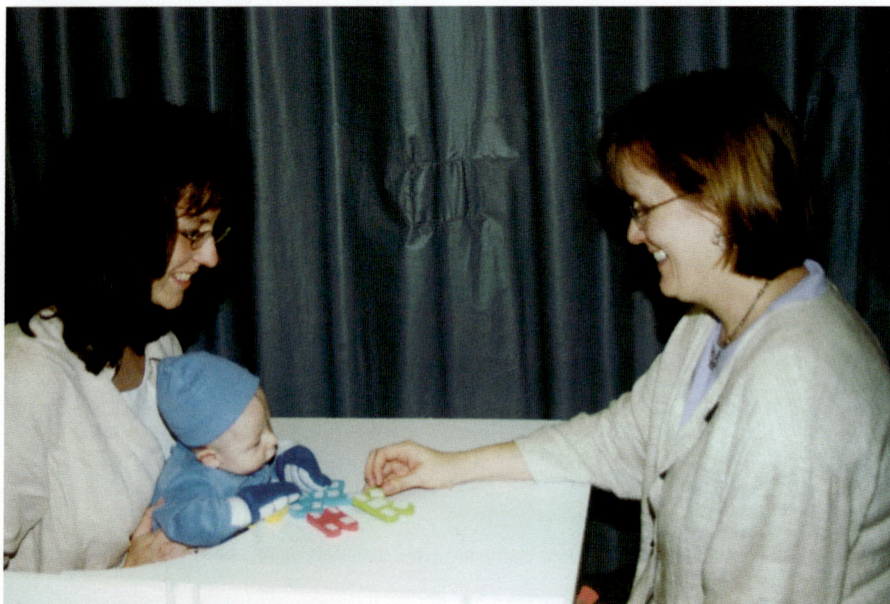

图 8.2 婴儿使用"粘手套"去探究物体 Amy Needham 及其同事（2002）发现"粘手套"游戏能够提高年幼婴儿的物体探索能力。

通过使用这类技术，研究人员发现，出生七天的婴儿已经能够进行有组织的面部感知，并能够把视觉和声音结合起来。如果婴儿看到两张不同面孔上都有说话的嘴，他们会将听到的声音与其脸部进行匹配（Lewkowicz，2010；Lewkowicz & Hansen-Tift，2012；Pascalls & Kelly，2008）。到3个月时，婴儿更喜欢真实有表情的面孔，并且与陌生人相比，婴儿更喜欢自己母亲的脸（Barrera & Maurer，1981）。对大脑图像的调查表明，婴儿掌握的聪明策略可能不止我们已知的这些。

大脑 从婴儿学会爬行、摇头、微笑、皱眉等动作开始，他/她的大脑已经发生了巨大的变化。在出生和婴儿早期，大脑的一千亿个神经元之间只有很小的连接。婴儿的大脑已经做好准备迎接新的生活，等待那些可以创造这些连接的生活体验。在生命的第二年中，神经元树突开始分支，各个神经元之间的连接更加紧密（图8.3）。髓鞘的形成，即脂肪细胞包裹轴突的过程（髓鞘的描述见第2章），将从产前期、出生后一直持续至整个青春期和成年期（Abrahám & others，2011）。

在儿童期，突触的连接急剧增加。在第2章中曾论述过，突触是神经元之间的间隙，是化学神经递质传递的桥梁。此时，几近两倍的突触出现，并可能终生使用（Huttenlocher，1999）。这些连接变得更为紧密，并且保留下来，未使用的连接将被其他神经通路所取代或消失。在神经科学的语言中，这些闲置的连接将被"修剪"。图8.4说明了特定领域中的大脑突触在幼年时期的急剧增长和之后的修剪情况。

有关脑成像的研究表明，儿童的大脑解剖结构同样拥有惊人的变化。通过在长达四年的时间内反复扫描相同儿童的脑成像发现，一些区域内的大脑物质含量在短短一年的时间里增长近一倍；其次，一些不必要的细胞组织被大幅清除，大脑自身会不断进行重组。大脑的总体大小并没有发生很大的变化，但大脑内部的局部模式变化极大。从3岁到6岁间，增长最快速的区域是额叶区域，该区域负责新行动的计划和组织以及对注意力的保持。大脑的变化不仅仅是遗传的结果；生活中的新经验同样也会促进大脑发育（Levine & others，2012；Sullivan & others，

> " 大脑的可塑性使其不同于其他身体器官。刚来到这个世界时，大脑已经做好准备应对世界上可能遇到的任何经历，而且所遇到的经历也影响其结构的形成。其他身体器官只是随着我们的成长而成长，但大脑在本质上与我们生活的世界密切联系。"

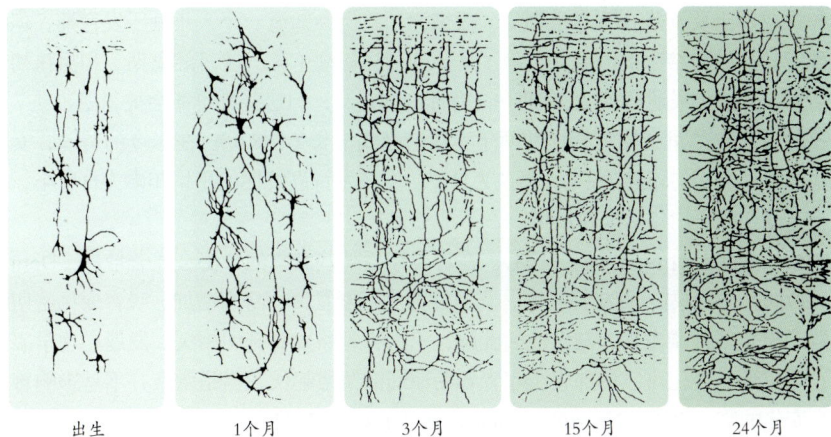

图8.3 树突的扩散

请注意生命前两年中神经元之间连接的增长。

经许可转载于 Jesse Leroy Cone 所著的《The Postnatal Development of the Human Cerebral Cortex》，第 1 卷第 8 页，剑桥，哈佛大学出版社，版权所有 © 1939，1975 哈佛大学

出生	1个月	3个月	15个月	24个月

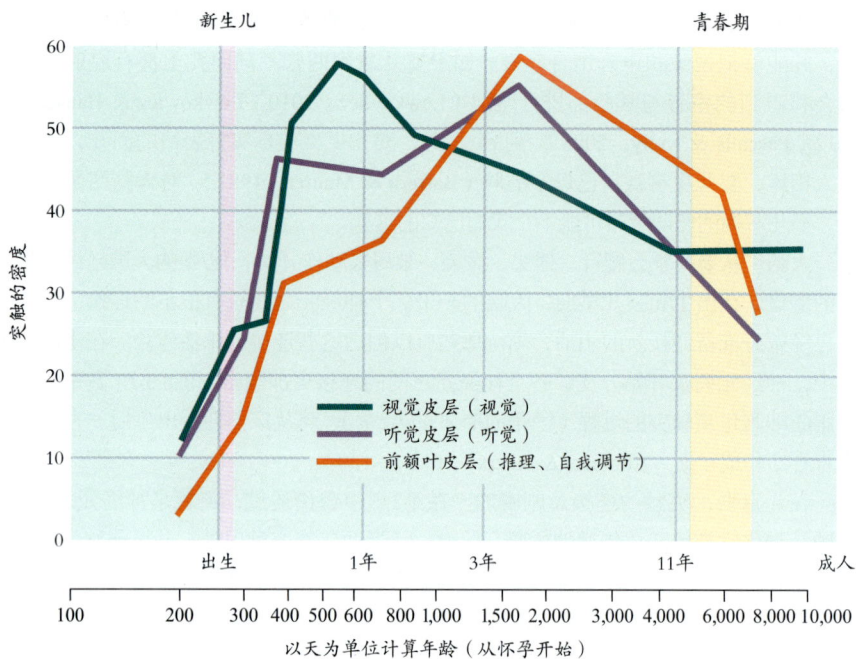

图 8.4 **婴儿期到成年期间的突触密度** 该图显示了突触的急剧增长以及之后在大脑视觉皮层、听觉皮层和前额叶皮层三个区域中突触的修剪情况。突触密度被认为是有关神经元连接程度的重要指标。

2006；Trainor，Lee，& Bosnyak，2011）。因此，与其他发展领域一样，大脑是遗传与后天共同作用的产物。

青春期的生理发育

青春期（adolescence）指的是童年期到成年期的发展过渡时期，开始于10岁到12岁，结束于18岁至21岁。身体的巨大变化是青春期的一个特征，尤其在青春早期。青春期期间的主要生理变化包括身体和大脑的发育。

发育期 生理特征发生显著变化的青春期阶段被称为**发育期**（puberty）。骨骼的快速增长和性成熟主要发生在青春早期。一般来说，我们会知道一个人正处于发育期，但却很难确定其开始与结束的时间点。除了女孩的月经初潮（第一次月经周期）和男孩初次长出胡须或梦遗（或遗精），发育期并没有标准的定义，但这些都可能会被忽视。

女孩的身高和体重会比男孩提前两年实现跨越式增长（图8.5）。在当今的美国，女孩开始快速生长的平均年龄为9岁，男孩为11岁。女孩发育高峰期的平均年龄为11岁半，男孩发育高峰期的平均年龄为13岁半。

荷尔蒙的变化是青春期发展的核心。在青春期，某些激素的分泌会显著增加（Dorn & Biro，2011）。睾酮是一种雄性激素，与男性的生殖器发育、身高增加、嗓音变化密切相关；雌二醇是一种雌激素，与女性的乳腺、子宫和骨骼发育密切相关。发展心理学家们认为，荷尔蒙的变化可以解释青少年青春期期间的情绪起伏，但是激素并不是影响青少年行为变化的唯一因素（Negriff，Susman，& Trickett，2011）。

发育期 是骨骼快速增长和性成熟的时期，主要发生在青春期早期。

在本章开始时我们讨论过，生理发育和社会情绪的发展是交织在一起的。这种联系从青春期社会情绪发展的时间点可以看到。早熟的男孩会比同龄人更倾向于表现出积极的社会情绪，如，在同伴中更受欢迎，并拥有较高的自尊（Graber，Brooks-Gunn，& Warren，2006）。在一项研究中，青春期早熟的男孩在39年后比晚熟的男孩更成功、更少有喝酒或抽烟的习惯（Taga，Markey，& Friedman，2006）。相比之下，早熟的女孩往往不太外向、不受欢迎，她们更可能吸烟、吸毒、性行为开放，较少从事学术研究工作（Dorn & Biro，2011）。

图 8.5　**青春期的快速发育**　一般来说，女孩（9岁开始，11岁半时达到顶峰）青春期开始和达到顶峰的时间平均比男孩（11岁半开始，13岁半达到顶峰）早两年。

❝ 专家们近期指出，较之以前的时代，儿童进入青春期的年龄有所提前。哪些因素能够解释这种变化呢？❞

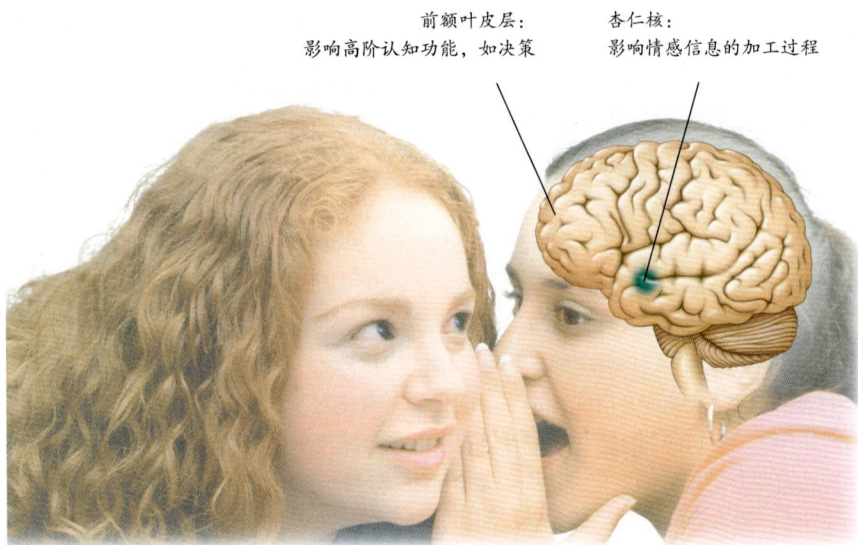

青少年的大脑　脑成像研究表明，大脑会在青春期期间发生重大变化（Raznahan & others，2011）。在青春期早期，这些变化主要发生在与情绪有关的杏仁核区域。而在青春期后期，则发生在与推理和决策能力有关的前额叶皮层中（图8.6）。大脑的这些改变有助于解释为何青少年经常表现出强烈情绪，但却无法成功地控制这些情绪。

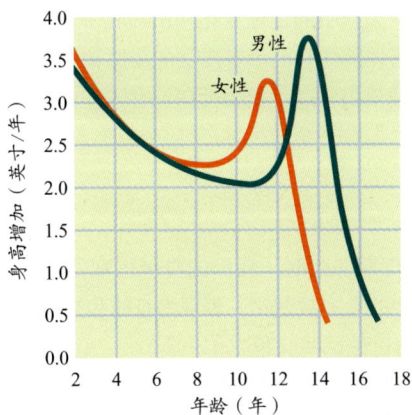

前额叶皮层：
影响高阶认知功能，如决策

杏仁核：
影响情感信息的加工过程

图 8.6　**青春期大脑的发育变化**　杏仁核主要负责情感信息的处理，其发育成熟早于前额叶皮层，这是负责决策和其他高阶认知功能的区域。

体验一下：
青少年大脑和冒险

前额叶皮层的发展相对缓慢，将一直持续到成年早期，而青少年又常会因为缺乏有效的认知技能而无法控制自己的冲动行为，这种发展上的脱节可以解释为何在青春期发生各种问题的风险会增加（Casey，Jones，& Somerville，2011）。

一个主要问题就是，大脑中的生理变化和由经验带来的改变，哪种改变最先发生？在一项研究中，青少年在抵抗同龄人压力时，所伴随的是前额叶皮层的变厚和大脑连接的增加（Paus & others，2008）。这些变化是生物学或者是社会经验的结果吗？这种相关性研究并不能回答这一问题。关于大脑的真相再次呈现出来：即大脑与经验互相塑造。

成年期的生理发育

成年期是又一个发育期，此时，我们的身体仍在发生变化。在青春期之后所发生的大多数变化，表现为身体和知觉能力的下降。下面我们即将讨论这些问题。

成年早期的生理变化　大多数成年人在其二十岁左右时，身体发育达到高峰期，此时也是最健康的状态。然而，成年早期也是许多生理机能开始下降的时间。从30岁开始，力量和速度往往呈现出明显的下降趋势。另一个随年龄而发生的变化就是感知能力的变化。随年龄增长而出现的听力丧失非常常见。事实上，从18岁开始，听力已经开始逐渐下降。

中年和成年后期的生理变化　身体在40或50多岁时会发生很多变化，包括外观的改变。由于皮下脂肪和胶原蛋白的流失，皮肤开始出现皱纹和下垂。在一些皮肤色素沉淀的局部区域会出现老年斑，特别是经常暴露在阳光下的皮肤，如手和脸。由于代谢率降低和黑色素分泌的下降，头发开始变细，并且出现白发。进入中年，脊椎质开始流失，由此导致身高降低、体重上升（Onwudiwe & others，2011）。一旦个体进入40岁，由年龄增长而带来的视力下降会非常明显，尤其是很难看清近处的物体。因为味蕾的更换速度降低（见第3章中的描述），味觉也受年龄增长的影响。

这些年来，我的皮肤总算舒服了，可能是因为我的皮肤毛孔比过去大了不少。

经 Randy Glasberge 许可转载，转载自 www.glasbergen. com

对于女性而言，进入中年意味着更年期即将来到。通常在即将进入50岁或50岁初期时，月经将停止。随着更年期的到来，卵巢中雌激素的分泌量急剧下降。在雌激素下降时，一些更年期的妇女会出现许多不适症状，如潮热（皮肤温度突然升高而导致的体温升高）、恶心、疲劳、心跳加速等。然而，对大多数妇女而言，更年期并非像曾经所认为的那样，完全是消极的体验（Henderson，2011；Judd，Hickey，& Bryant，2011）。

随着年龄的增长，男性和女性的生理系统都会出现一定程度的损耗，身体对于损耗的修复和再生能力也逐渐减弱（Lamoureux & others，2010）。身体的体能会下降，运动的速度也会减慢；骨头变得更加脆弱（特别是女性）。几乎所有的生理系统都随着年龄的增长而变化。然而，尽管随着年龄的增长，身体素质会不可避免地出现下降，但人为的控制仍是关键。例如，健康的饮食和定期运动有助于预防或减缓这些问题的影响，有规律的身体运动不仅对身体健康有很大的益处，而且对认知功能也有好处（Kraft，2012；Snowden & others，2011）。例如，最近的一项关于老年人的研究表明，适当的运动会增加海马体的体积并且改善记忆（Erickson & others，2011）。

> 你现在的行为为成年后期的健康情况奠定了什么样的基础？如果你可以穿越时间去拜访未来的你，他/她会说"谢谢"！还是"你过去在想些什么"？

为减少年龄老化带来的身体改变，老年人可以改变自己的目标，找到新的方式去从事自己热爱的活动。心理学家们将这一过程称作补偿性选择最佳化模式（selective optimization with compensation），意思是老年人可以选择适合当前能力的目标，通过做自己喜欢的事情来补偿这种下降（Riediger & Freund，2006）。例如，一位75岁的老人因白内障不能再开车，但她可以乘坐城市火车和公共汽车。

冲绳岛（日本）比世界上其他任何地方的人均寿命都要长。冲绳拥有世界上最多的百岁老人（100岁或以上）。对冲绳长寿老人的生活方式进行观察研究发现，长寿的主要原因是饮食（所吃的食物营养丰富，如谷物、鱼类、蔬菜）、生活方式（性格随和、生活压力较小）、社群关系（冲绳地区强调不能孤立或忽视老年人）、活动方式（积极的生活方式，许多老人会继续工作）和精神生活（以满足精神层面的生活为目的）（Willcox & others，2008）。生理变化与社会情绪不仅在儿童期和青春期时相互作用、互相影响，在人类进入生命的后期时也是如此。

衰老的生物学理论　关于衰老有许多生物学理论，其中三种理论特别值得注意：细胞时钟理论（cellular-clock theory）、自由基理论（freeradical theory）、激素应激理论（hormonal stress theory）。

Leonard Haylick（1977）所提出的"细胞时钟"理论认为，细胞最高可分裂100次左右，随着年龄的增长，细胞分裂能力逐渐下降。Haylick发现，50岁至70岁个体的细胞分裂次数少于100次。细胞分裂的次数与个人的年龄相关，基于细胞分裂的方式，Haylick推测人类寿命的上限为120岁左右。

最近，科学家们一直在研究细胞失去分裂能力的原因。答案可能在于染色体（Mather & others，2011）。细胞每分裂一次，保护染色体的端粒就会缩短一些（图8.7）。经过大约100次的反复分裂，端粒会急剧缩短，细胞也将无法继续繁殖（Prescott & others，2011）。能否通过基因操控化学端粒酶活性，以增强染色体末端端粒的活性，这一想法引起了研究者的极大兴趣。第4章曾论述过的冥想也可能会有助于提高端粒酶的活性。最近的一项研究发现，相对于控制组，参加了三个月冥

试一试！

你有没有想过自己会活多久？能活到100岁吗？在互联网浏览器上输入以下关键词：预期寿命（长命百岁）计算器。你将看到Thomas博士的网站（www.livingtobe100.com），每人需用10分钟的时间回答有关生活不同方面的问题，这些问题是反映你可能寿命的指标。你将得到计算结果以及如何延长寿命的反馈。Thomas博士目前正在进行一项关于百岁老人的研究（可以活到100岁的老人）。寿命计算器的设计主要基于有关长寿预测因素的研究结论。

> 人们常常感叹生命太短暂。但想象一下，如果能活到120岁，那么我们在70岁的时候，仍然还有50年时间可以享受生活。

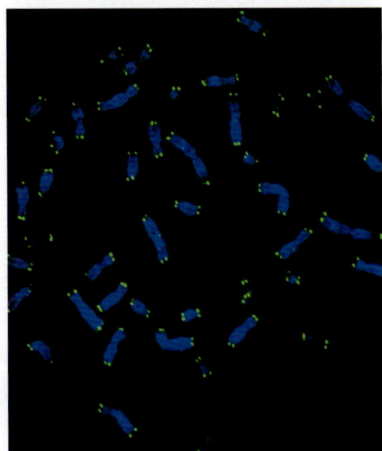

① 染色体的末端，被称为端粒，在细胞分裂时保护DNA。

染色体

端粒

染色体内的DNA

新细胞分裂后的正常细胞

② 经历多次细胞分裂后，端粒变短。

分裂的细胞

③ 最后，因端粒变得太短，DNA暴露出来，DNA受损，细胞死亡。这是细胞正常的生命和死亡周期。

细胞死亡

图8.7　端粒和衰老　这张图片中的亮点是染色体末端的端粒。该图像阐明了端粒在每次细胞分裂时变短的过程。最终，在大约100次分裂后，端粒的长度急剧变短。结果，分子不会再繁殖，进而死亡。

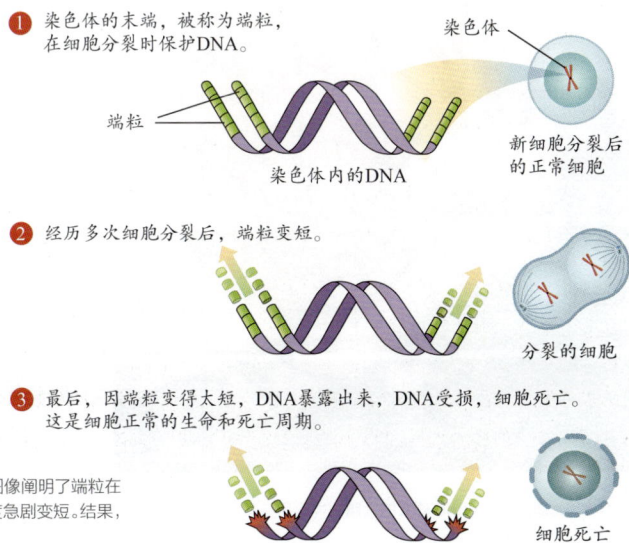

想训练的个体（每天需要6个小时的冥想），其端粒酶的表现更有活性（Jacobs & others，2011）。

衰老的"自由基理论"认为，人们会衰老的原因是细胞内部产生的自由基（不稳定的氧分子）。这些分子会破坏DNA和其他细胞结构（Harman，1956；Kregel & Zhang，2006）。自由基造成的损害可能会导致一系列的疾病，包括癌症和关节炎（Eckert，Schmitt，& Gotz，2011）。

"激素应激"理论认为，身体内分泌系统的老化会降低抵抗力，增加疾病发生的可能性。随着个体年龄的增长，应激激素停留在血液中的时间要比年轻人更长。应急激素水平长期居高会增加许多疾病的风险，包括心血管疾病、癌症和糖尿病（Hefner，2011）。最近，有关衰老的激素应激理论特别关注慢性应激对免疫系统功能的减弱作用（Mahbub，Brubaker，& Kovacs，2011）。

衰老与大脑　与之前所想的不同，衰老的身体也有更新能力，大脑也是如此。过去几十年中，科学家们普遍认为，在童年期之后，大脑就不再产生新的脑细胞。然而，研究者们最近发现，虽然证据有限，但成人在整个生命过程中都会有新的脑细胞产生（Curtis，Kam，& Faull，2011）。目前，大脑的两个区域——海马体和嗅球体，都有了这方面的发现（Ming & Song，2011）。

即使进入成年后期，大脑同样还有出色的修复能力（Couillard-Despres，Iglsseder，& Aigner，2011；Gil-Mohapel & others，2011；Zeng & others，2011）。Stanley Rapaport（1994）通过比较年轻人与老年人在从事某项相同工作时的大脑反应，发现老年人的大脑会自动补偿其损失。如果一个神经元无法完成这项工作，邻近神经元会帮忙收拾残局。Rapaport提出：随着大脑的老化，大脑能够进行区域间的转换，以完成一项特定的任务。

偏侧化的改变可能会给老年人提供一种适应方式，偏侧化（lateralization）是指大脑单侧半球的功能定位。利用脑成像技术，研究者们发现，在从事认知任务时，老年人大脑前额叶皮质的单侧活动少于年轻人（Cabeza，2002；Raw & others，2012）。例如，给被试呈现曾见过的单词任务，年轻人的信息处理过程主要集中在大脑的右半球，而老年人更倾向于使用左右两半球（Madden & others，1999）。老年人大脑的偏侧化能力的降低，使他们的大脑两侧发挥补偿性作用（Angel & others，2011）。也就是说，通过利用大脑两个半球，可能会提高老年人的认知能力。

第1章中有关修女的研究证明，经验对维持大脑各项功能有重要作用。我们先来回忆一下这项研究的主要对象，是曼凯托修道院的近700名修女（Snowdon，2003，2007）。通过研究修女所捐赠的大脑（图8.8）以及其他器官，神经学家们记录了老化大脑的成长和变化能力。

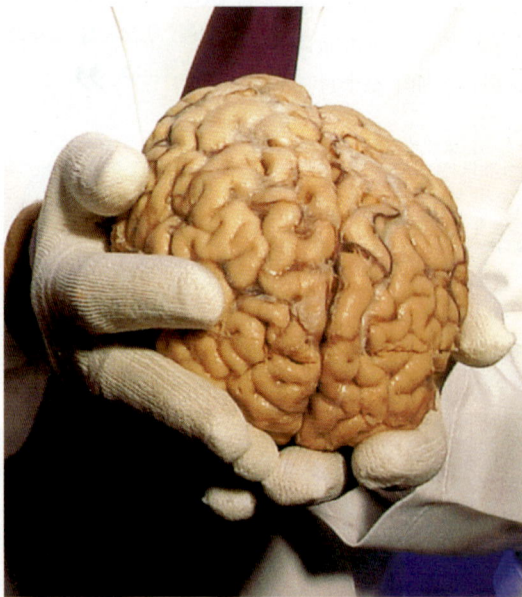

图 8.8　**此图为 Mankato 修女的大脑**　神经科学家手捧 Mankato 修女研究中一位被试所捐赠的大脑。

最年老的Mankato修女面临着最大的心理挑战，神经学家们认为是心理活动的刺激增加了树突分支。保持大脑活跃、参与挑战性活动，有助于减缓衰老所带来的负面影响，正如我们在第6章中所说的。

总之，纵观整个生命周期中的生理变化，我们可以看到婴儿期、儿童期和青春期的发展模式以及成年后的衰退。这一过程如何影响（和被影响）发展中的个体对自身及这个世界的看法呢？要研究这个问题，我们需要转向人类发展的认知领域。

自我测试

1. 受孕后的最初两周被称为_____。
   - A. 胎儿期
   - B. 胚芽期
   - C. 胚胎期
   - D. 合子期
2. 青春期的主要特点不包括以下哪一项_____。
   - A. 在一定程度上激素浓度下降
   - B. 身高和体重的急剧增加
   - C. 主观思维和抽象思考能力的增加
   - D. 思维的发展
3. 在发育期，促进女性乳房、子宫和骨骼发育的激素是_____。
   - A. 睾酮
   - B. 雌二醇
   - C. 雄激素
   - D. 去甲肾上腺素

小应用！

4. Gabriel 的祖父的身体一直非常健康。即使已经 83 岁了，他仍坚持工作，并参加各种活动，例如，举重、游泳。他为自己的身体感到骄傲。在游泳比赛中被祖父击败后，Gabriel 翻着白眼对祖父说，你参加的所有活动对于你的生活根本没有意义。这其实是酸葡萄心理，对于 Gabriel 的观点你如何评论？
   - A. Gabriel 是正确的。对于已经 80 岁的人而言，所有的活动和工作都是不合适的，甚至会影响健康
   - B. Gabriel 是错误的，因为如果他的祖父继续运动，他完全可以避免所有与年龄有关的身体变化
   - C. Gabriel 是错误的。他祖父的辛勤工作可能会对多方面有益，包括身体健康和认知、情感功能
   - D. Gabriel 是正确的，他的祖父似乎是在否认年龄对身体的影响

---

3   认知发展

认知发展（cognitive development）是指思维、智力和语言随个体成熟而发生的变化。认知包括思维操作、认知技能和认知能力。在本节中，你会遇到一位心理学界鼎鼎大名的人物——皮亚杰，他所提出的认知发展理论对心理学的发展产生了持久的影响。我们会看到皮亚杰的卓越贡献，同时也了解近期有关认知能力和年龄老化间关系的研究。

童年期到成年期的认知发展

瑞士发展心理学家让·皮亚杰（Jean Piaget，1896–1980）的研究追溯了童年期到成年期的认知发展。我们首先回顾一下皮亚杰的研究方法。

皮亚杰的认知发展理论　皮亚杰认为，人类利用图式来理解自身的经验。正如我们在第6章中谈到的，图式是一种信息组织及理解的心理概念或框架。图式可以外显为各种行为和技能。儿童可以在与实物或情境有关的练习中获得图式的发展。例如，吸吮是早期的简单图式；后来，更复杂的图式发展起来，如舔、吹、爬和躲藏。在成年期，图式可以表现为对世界更为复杂的期望和信念。

皮亚杰（1952）描述了人们如何应用和适应图式的两个过程。

■ **同化**（assimilation）是个体将新信息纳入已有知识的过程。由于同化的影响，人们在面对新经验时，通常会使用先前的处理方式。例如，婴儿无论面对任何新的对象，都会使用吮吸的图式；青少年在玩驾驶汽车视频游戏时，会使用已学过的技能去驾驶汽车；对于一个成年人而言，同化可能意味着用以往与朋友或先前对象的相处方式，去解决配偶间的冲突。

■ **顺应**（accommodation）是个体调整已有的图式以适应新信息。"顺应"是指不使用旧的方式，而是采用新的方式处理新的问题。现有的图式会因新图式的出现而发生改变，以应对新的经验。例如，在经历了几个月的成长之后，婴儿可能会改变用嘴吮吸所有对象的图式，而是选择性地使用这一图式。社会压力较小的青少年会通过表达自己的观点，发展出应对同伴压力的新方式。对于成年人来说，顺应可能指其在面临新的挑战，如失业或生病时，重新思考旧的问题解决策略，提出解决问题的新策略。

皮亚杰的认知发展阶段 依据皮亚杰的理论，我们在了解世界的过程中经历了四个阶段（图8.9），每个阶段中理解世界的方式都与前一阶段有着质的差别。

感知运算阶段（sensorimotor stage） 皮亚杰的认知发展第一阶段，从出生开始至两岁，被称为感知运算阶段。在这一阶段，婴儿借助于感觉经验（如视觉和听觉）和动作行为来理解世界，因此被称为感知运算。新生儿仅有一些反射模式。在这一阶段后期，2岁的孩子会表现出复杂的感知运动模式，并开始利用符号或文字进行思考。

同化 个体将新信息纳入已有知识的过程。

顺应 个体调整已有的图式以适应新信息。

感知运算阶段 皮亚杰的认知发展理论的第一阶段，从出生持续到2岁。在这一阶段，婴儿通过借助感觉经验（如视觉和听觉）和动作行为来理解世界。

感知运算阶段

婴儿通过协调感觉经验和身体动作来理解世界。婴儿从出生就开始发展反射性的、本能的行为，直到这一阶段结束。

出生至2岁

前运算阶段

幼儿开始用语言和图像来表征世界。这些语言和图像反映了象征性思维的发展，不再停留在感官信息与身体动作上。

2–7岁

具体运算阶段

儿童在这一阶段能够合理地对具体事件进行归因，并能对不同物体进行分类。

7–11岁

形式运算阶段

青少年能够用更抽象、更理想化和更有逻辑的方式思考。

11岁至成年

图8.9 皮亚杰认知发展的四个阶段 皮亚杰通过发展阶段，描述了人类对世界的理解逐渐复杂化的过程。

客体永恒性（object permanence）是皮亚杰提出的一个重要名词，指即使无法直接看到、听到或触摸到某件物体，婴儿仍知道该物体是存在的，皮亚杰认为，对于很小的婴儿而言，"看不见"等同于"不存在"。在研究客体永恒性时，皮亚杰给幼儿呈现一个有趣的玩具，然后在玩具上覆盖一层毯子来。皮亚杰推断，如果婴儿知道玩具仍然存在，他们会掀开毯子。皮亚杰认为客体永恒性的发展将持续整个感知运算阶段。

前运算阶段（preoperational stage） 皮亚杰认知发展理论的第二阶段，**前运算阶段**发生在幼儿2至7岁时，前运算思维比感知运动思维更具象征性。学龄前的孩子们开始用文字、图像和图画来表达自己的世界。因此，他们的思想开始超越简单的感觉信息和动作反射。

在这一阶段，幼儿的符号思维能力仍然非常有限，他们不能执行皮亚杰所谓的"操作性"（operations），即思维表征的"可逆"性。前运算阶段的幼儿很难理解动作与初始状态之间的可逆性。

关于幼儿是否能够进行"操作性"思维的一个著名实验是给幼儿呈现两个装满同等体积液体的相同烧杯：A和B（图8.10）。旁边是第三个烧杯：C。烧杯C的形状是细长型，而烧杯A和B是短粗型。将B烧杯的液体灌入C烧杯中。问孩子：A号和C号烧杯里液体容量是否相同？ 4岁大的儿童会回答，细长的烧杯（C）的液体容量多于短粗烧杯（A）。8岁大的儿童则会坚持说两个烧杯中的液体容量相同。4岁的孩子，思维处于前运算阶段，其思维无法想象倒的逆向动作。也就是说，她无法想象C容器里的液体会被倒回B容器中。皮亚杰称，处于此阶段的儿童还没有掌握守恒的概念，即无论表面特征如何变化，物体固有的属性保持不变。

前运算阶段的儿童的思维是以自我为中心的，这并不意味着孩子自私或者傲慢，只是处于前运算阶段的儿童无法将自己置于他人的角度去思考问题，也不能理解他人的思维状态。前运算思维具有直观性，这意味着处于前运算阶段的儿童依靠直觉而非逻辑进行判断。接下来要转到具体运算阶段，也就是皮亚杰的认知发展阶段的第三阶段。

具体运算阶段（concrete operational stage） 皮亚杰指出，在**具体运算阶段**（7-11岁）中，儿童会在具体情境中使用逻辑推理取代直观推理。处于具体运算阶段的儿童能够顺利完成上述的烧杯任务。他们能够通过思维操作，想象细长烧杯中的

> 随着客体永恒性的呈现，婴儿开始思考未来的事件，如'我什么时候会看到妈妈？'儿童确信妈妈会回来这一认知。客体永恒性也意味着个体首次体会到了想念不在眼前的人的感觉。

客体永恒性 皮亚杰提出的一个重要名词，指即使无法直接看到、听到或触摸到某件物体，婴儿仍知道该物体是存在的。

前运算阶段 皮亚杰认知发展理论的第二阶段，发生在儿童 2-7 岁时，与感知思维相比，前运算思维更具象征性。

具体运算阶段 皮亚杰认知发展理论的第三阶段，7 岁至 11 岁的儿童处于这一阶段。在此阶段中，个体会在具体情境中使用逻辑推理取代直观推理。

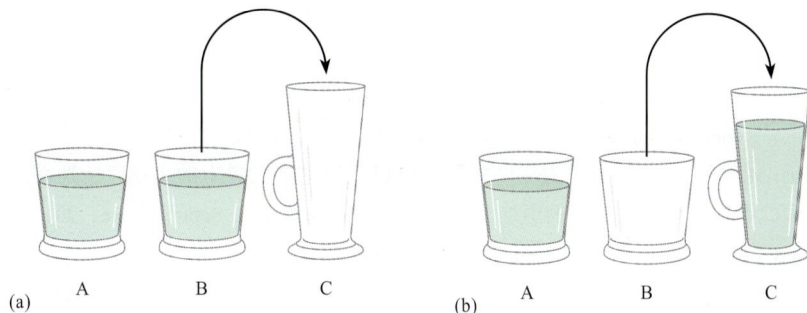

图 8.10 皮亚杰的守恒任务 通过烧杯实验，可以确定孩子是否可以进行操作性思维，即理解动作可逆性及物质守恒的思维。（a）给儿童呈现两个相同的烧杯，每个杯中都盛有相同容量的液体。儿童可以观察到，实验者将 B 中的液体注入 C 烧杯中，C 烧杯比 A 和 B 细长。（b）实验者会问儿童，烧杯 A 和 C 是否含有相同容量的液体，处于前运算阶段的儿童会给予否定回答。当问到烧杯中哪个含有更多的液体时，儿童会指向细长烧杯。

液体倾倒回短粗烧杯中的操作过程。皮亚杰根据对象的属性，来判定个体是否处于具体运算阶段。例如，在玩橡皮泥时，处于具体运算阶段的儿童可以认识到，虽然形状发生改变，但玩具的数量没有变化。这一阶段的思维运算需要一项重要的技巧与能力，即对不同的操作对象进行分类，并认识到对象间的相互关系（你可能会记得童年学习过的歌曲，"这些东西和其他的不一样，"这能有效地帮助你进行具体的操作。）

具体运算阶段的思维包括操作性思维、分类能力，以及在实际情境而非假设情境中的逻辑推理。根据皮亚杰的理论，抽象思维和逻辑推理能力将发生在第四阶段，也就是儿童认知发展的最后阶段。

形式运算阶段（formal operational stage） 在11岁-15岁时，个体进入**形式运算阶段**，这一阶段的发展将持续至成年。与具体运算阶段相比，形式运算阶段中的认知更为抽象和有逻辑性。最重要的是，形式运算思维包括对抽象的事物进行思考、做出预测，并通过逻辑思维对未来进行假设。

与小学生不同的是，青少年能提出假设，进行抽象思维，这种形式的思维能对事物的现状和可能的状态进行比较，被称为理想化（idealistic）思维。青少年的思维更合乎逻辑，他们开始像科学家一样进行思考，制定问题解决的方案，系统地考察该方案的可行性。皮亚杰将这种问题解决的模式，称为假设演绎推理（hypothetical-deductive reasoning）。假设演绎推理强调的是青少年在解决问题（如代数方程）时做出假设，或进行合理推断的能力。这同样表示，青少年已经拥有系统的推理能力，可以找出解决问题的最佳路径，并得出结论。相反，在青春期前期，儿童更可能通过试误来解决问题。

总之，在皮亚杰的四个发展阶段中，个体从感知运动的认知发展为具体、理想化和逻辑化的思维。皮亚杰基于对儿童行为的认真观察，建立认知发展阶段论，但其理论和研究仍有进一步发展的空间。下面，我们来了解一下皮亚杰认知发展理论的近期研究。

皮亚杰理论的评价与扩展 皮亚杰开辟研究儿童认知发展的新道路。这应归功于他所提出的一系列富有持续影响力和极具魅力的精彩概念，具体包括图式、同化、顺应、认知阶段、客体永恒性、自我中心和守恒。皮亚杰的理论使我们认识到儿童在自我发展中具有重要作用，他们是活跃的、建设性的思想者，当前，这一观点已经被普遍认可，并产生了重要影响。然而，与其他心理学家的理论一样，皮亚杰的理论同样受到批评和修正。

Baillargeon：有关客体永恒性的另一种观点 在改进了研究婴儿和儿童的方法后，研究人员发现，儿童许多认知能力出现的时间比皮亚杰所提出的年龄要早（Sloane，Baillargeon，& Premack，2012）。例如，关于皮亚杰的客体永恒性的任务，批评者指出，该研究中没有给儿童机会来展示自己的能力，这样的测试可能仅仅表明儿童不能执行拿回玩具的任务，但不应断言儿童意识不到客体永恒性。

事实上，Renee Baillargeon已经证明，3个月的婴儿，已经可以知道即使物体隐藏起来，它们仍旧继续存在，甚至更为年幼的婴儿也已经对这个世界上的事物有所期待，婴儿的思想似乎比皮亚杰所想象的更加成熟和复杂（Baillargeon，Scott，& He，2010；Baillargeon & others，2012；Luo，Kaufman，& Baillargeon，2009）。

在一项研究中，研究者们让3个月大的婴儿观看米老鼠的木偶剧（Luo & Baillargeon，

玩具的乐趣

孩子们游戏时通常喜欢玩玩具，玩具已存在许久。迄今为止，考古学家们发现的第一个玩具娃娃由公元2000年前的古埃及人用纸、布、细绳制作而成。如今，美国的玩具制造业已经发展为巨大的产业。从2004年到2010年，美国人每年花费近二百二十亿美元在玩具上（NPD Group，2011），将近一半的美国人的假日购物单上都包括玩具（哈里斯的互动调查，Harris Interactive，2011）。

玩具生产商在设计玩具时，非常注重顾客的心理发展。玩具设计师Barry Kudrowitz指出（引用Benson，2006），"在集思广益之前，设计师应该了解特定年龄阶段所适合的设计类型，各个年龄阶段的社交、心理和运动能力，以及最常见的游戏类型。"在纽约时装技术学院，发展心理学课程是玩具设计专业的必修课，这也是20世纪80年代美国最早成立的玩具设计专业。

玩具制造商进行了大量关于玩具和儿童认知及感知能力的调查。在玩具业之外，心理学家们所研究的主题包括，玩具广告中的偏好选择对儿童身体意象的影响。例如，他们发现，男孩比女孩更容易受到广告中性别因素的影响（Pike & Jennings，2005），接触芭比娃娃的时间能有效预测女生的低身体意象（Dittmar，Halliwell，& Ive，2006）。

一个玩具的价值在于它是否能够捕捉到孩子的想象力。很多父母会感到非常惊讶，因为孩子们把刚买的新玩具扔到一边，而对玩具包装盒爱不释手。孩子就像捧着魔盒一般，探索着玩具的新奥秘。在那个盒子里，孩子可能已经发现了一个房子、一个洞穴、一辆汽车或一艘宇宙飞船。在2011年，国家玩具名人堂引进了一条毛毯。每个孩子都知道，如果你有了一条毛毯，就代表你已经有了一个帐篷、一个超级英雄的斗篷和魔术地毯，更别提当你合上书准备睡觉时，它还可以帮你盖住手电筒的光。

2005）。在舞台中央的城堡上，有一个平面纸板，纸板上被抠出一个门的形状。米妮登上舞台走向城堡，并消失在后面。当米妮走向城墙后面时，婴儿开始等待她从另一侧出来。之后，米妮从城墙后面走出来。此时，如果米妮并没有出现在城堡门口，那么，三个月大的婴儿就表现得非常惊讶。他们不仅知道米妮仍然存在，还能预期她要去哪里，他们认为，米妮在经过城堡时，一定会出现在门口。此外，记忆及其他形式的象征性活动的出现都早于皮亚杰所认为的年龄（Sloane，Baillargeon，& Premack，2012）。

维果茨基：文化背景中的认知发展　皮亚杰并不认为文化与教育在儿童认知发展中有重要作用。对于皮亚杰而言，儿童与现实世界的积极互动，都需要经过这几个发展阶段。俄罗斯心理学家维果茨基（1962）采取了不同的研究视角，认为儿童的认知发展发生于文化背景中的人际互动过程。

维果茨基认为，孩子作为初级的思考者，通过与更博学的他人（如家长和教师）的交流来发展自我。维果茨基认为，这些专家型的思考者在与儿童进行互动时，采取的互动方式高于儿童已经掌握的认知水平，这种互动促进了儿童的认知发展。实际上，这些互动过程中会提供支架（scaffolding），帮助孩子的认知能力向更高的水平发展。

换句话说，教师和家长应为孩子提供一个可以努力达到的更高水平的思维框架。此外，在维果茨基看来，认知发展的目标是学习有助于个体适应特定文化的技能。这些专家型思维的个体不只是引导孩子达到更高水平的认知成熟度，与此同时，还应与儿童分享一些重要的文化，如语言和习俗。维果茨基认为，儿童不只是简单地学习了解这个世界，他/她正在学习对自我的世界进行思考。

关于青少年和成人认知发展的修正主义观点　研究者们同时扩展了皮亚杰的青少年认知发展观，其中，除了涉及皮亚杰的青少年形式运算思维阶段外，还有关于青少年思维，尤其是早期青少年的一个重要特征——自我中心特征的进一步研究。之前提到，自我中心是儿童认知发展的一个方面，不过，青少年的自我中心还指，青少年认为自己是独一无二的，因此他人会完全地关注自己，此外，他们还认为自己是无所畏惧的（不会受到伤害）个体（Albert & Steinberg，2011）。例如，该发展阶段的自我中心表现为，一个青少年总是感到别人正在注意或观察自己。就像一位女孩所说的："我母亲不知道我到底经历了多少痛苦，她从来没有像我这样被伤害过！他为什么要跟我分手？"

无所畏惧的意识是青少年自我中心这一特点中最危险的一方面。这种信念可能会导致一些行为，如飙车、吸毒和不安全的性行为。一项关于6-12年级学生的调查发现，无所畏惧意识与许多危险行为密切相关，如吸烟、饮酒和犯罪（Aalsma，Lapsley，& Flannery，2006）。

正如皮亚杰可能低估了婴儿的认知一样，他可能还高估了青少年和成年人的认知水平。形式运算阶段并没有出现在皮亚杰所设想的青春期早期（Kuhn，2008），许多青少年和成年人的思维能力，并没有像皮亚杰所论述的那么有逻辑。甚至进入成年后，我们仍不使用逻辑推理进行决策制定，相反，我们发现，很多决策的制定仍依赖于直觉的预感，而这是儿童认知发展的主要特点（Mercier & Sperber，2011）。

最后，发展心理学家们更感兴趣的是皮亚杰形式运算阶段之后的认知发展变化。皮亚杰认为形式运算思维是最高层次的思维，他认为在成年后认知不会出现新的变化。然而，发展心理学家们认为，应将研究重点扩展到整个生命全程，以探寻认知技能在整个成年阶段的发展路径。

成年期的认知发展

虽然皮亚杰的研究理论没有涉及成年期的认知变化过程，但研究者们已经开始考察认知发展在成年期的变化。回顾你的人生旅程，你认为自己的认知能力已经达到最高峰了吗？

成年早期的认知发展　在20岁至30岁之间，知觉的发展速度达到峰值。个体在成年早期的反应速度很快，比成年期的任何阶段都能够更好地应对感官输入（Schaie，2009）。一些认知能力在个体20岁至30岁间快速发展，如推理能力和语义记忆能力

> 支架是我们终生都会使用的一种学习方式。无论何时，当我们与那些更有成就的人进行交流时，我们就有了一个新的成长支架。

> 每一个时代的人，都有关于自我中心的特殊标志。你是否注意到，你的每位教师似乎都认为他的/她的课是你上过的唯一的一门课。

（Schaie，2009）。成年早期的认知能力能够一直得以维持，并促进整个成年期的积极发展（Bielak & others，2012）。一项纵向研究表明，成年早期认知能力的发展能预测其后期较好的身体和心理发展结果（Phillips & others，2011）。如何在成年早期达到认知能力的最佳发展状态？我们在第7章曾探讨过，从事有挑战性的任务、跳跃性思维和多元文化体验，都可以优化我们的认知技能。

成年中期的认知发展 成年中期的认知技能会发生哪些变化？答案取决于研究者们研究该问题时所使用的方法。我们已经知道，横断研究可以在同一个时间点对不同年龄段的人进行测量。通过测查个体年龄与认知能力的关系，研究者可以了解年轻人的认知发展是否与老年人不同。研究者通过横断研究，对比两种认知能力在成年早期与成年中期的不同。这两种认知能力包括晶体智力和流体智力。其中，晶体智力是指个体的信息和语言技能的累积，流体智力指的是抽象推理的能力。结果表明，成年中期的晶体智力高于成年早期，但成年早期的流体智力高于成年中期（Horn & Cattell，1967）。

回想一下，与横断研究不同，纵向研究是指在一段时间内对相同的被试进行多次测评。一项有关成年中期智力的纵向研究，可能会在20年的时间里对被试进行多次智力测验，在他们40岁、50岁和60岁时都进行相同的测验。通过横断研究和纵向研究设计所收集的智力测验数据，可能会使我们得出有关中年期认知能力的不同结论（Schaie，2009）。

K.Warner Schaie正在开展一项有关成人智力能力的纵向研究。在1956年，研究对500个被试进行测试，并在此后几年中进行反复测试（Schaie，1994，2007）。研究中会定期增加新的被试。Schaie（2006）对一系列不同的认知能力进行测试，其研究成果见图8.11。Schaie发现，成年中期是晶体智力（词汇）和流体智力（空间定位和归纳推理智力）发展的高峰期。到目前为止，根据他所收集的纵向研究数据，Schaie（2006，2007）认为，许多人达到多种智力技能发展的高峰是在成年中期而非早期。

成年后期的认知发展 许多当代心理学家们通过研究指出，在成年后期，许多智力维度会有所下降，但另一些维度则会得以维持甚至有所增加（见图8.11）。这些研究结果一致认为，老年人处理信息的速度不及年轻人。并且，加工速度在中年期和老年期的下降尤为明显（Salthouse，2012）。

心理调查

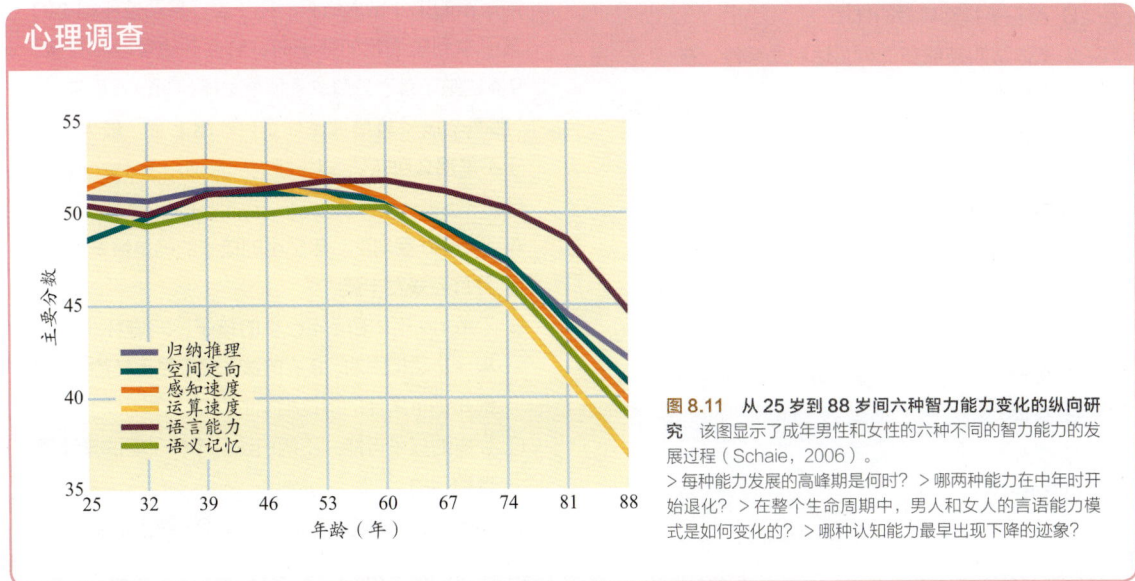

图 8.11 从 25 岁到 88 岁间六种智力能力变化的纵向研究 该图显示了成年男性和女性的六种不同的智力能力的发展过程（Schaie，2006）。
> 每种能力发展的高峰期是何时？ > 哪两种能力在中年时开始退化？ > 在整个生命周期中，男人和女人的言语能力模式是如何变化的？ > 哪种认知能力最早出现下降的迹象？

图例：
- 归纳推理
- 空间定向
- 感知速度
- 运算速度
- 语言能力
- 语义记忆

纵轴：主要分数（35、40、45、50、55）
横轴：年龄（年）（25、32、39、46、53、60、67、74、81、88）

老年人在记忆的大多数方面都不如年轻的成年人（Salthouse，2012）。在知识记忆方面（例如，秘鲁的首都或水的化学公式），老年人通常比年轻人需要更长的时间进行记忆，但他们检索信息的速度更快（Singh-Manoux，2012）。此外，老年人在管理和组织记忆信息以解决问题、做出决策这一重要方面，也出现下降趋势。

某些方面的认知能力可能会随着年龄的增长而提高。其中一个领域就是**智慧**，即关于实际生活方面的专业知识（Taylor，Bates，& Webster，2011）。由于生活经验的积累，智慧可能会随着年龄的增长而提高，但是，人们在生活中的表现有很大的个体差异（Staudinger & Gluck，2011）。因此，并不是每个老年人都充满智慧，反之，有些年轻人会表现出超越自身年龄的智慧水平。

虽然认知能力会随着年龄而退化，但老年人可以通过练习、学习来改善自身的认知技能（Schaie，2006；Willis & Schaie，2005）。体育活动可以预防认知能力的下降。一项研究表明，与从事传统锻炼或没有锻炼的人相比，在看视频游戏或进行虚拟现实旅行时骑固定自行车的老年人，认知水平下降的程度更低（Anderson-Hanley & others，2012）。然而，许多专家认为，老年人比年轻人的适应能力更差，因此，在如何提高他们的认知技能方面，仍存在很多局限性（Salthouse，2012；Stanford Center for Longevity，2012）。

> **智慧** 关于实际生活方面的专业知识。

> ❝ 年轻有智慧的个体可能需要付出一些代价，他们可能通过历经生活中的磨难来获得智慧。❞

自我测试

1. 以下活动中，使用晶体智力的是_____。

   A. 背诵有关内战的历史

   B. 完成一幅拼图测试

   C. 用数学公式来解决问题

   D. 辨识事物旋转后的样子

2. 大多数认知技能在_____达到最高峰，在_____呈现下降趋势。

   A. 成年早期；成年中期

   B. 成年中期；成年后期

   C. 青春期；成年早期

   D. 青春期；成年中期

3. 维果茨基强调，认知发展是一种发生在_____背景中的人际交往过程。

   A. 历史

   B. 身体

   C. 文化

   D. 积极的

小应用！

4. Tyrone 正在照看他的三个小表弟，他们分别是 3 岁、4 岁和 9 岁的小家伙。午餐时，每一个孩子都要喝喜欢的苹果汁。Tyrone 只有三个杯子，一个是短而宽的，另两个是又高又细的。虽然 Tyrone 把相同重量的果汁倒入所有的杯子里，但两位年纪小的孩子拿到短而粗的杯子时，总会开始争吵和打架。9 岁的孩子耸了耸肩拿了那个宽杯。Tyrone 后来说，"那两个孩子真是被宠坏了！感谢上帝，最大的孩子不是那么自私。"以下哪一项最适用于 Tyrone 的结论？

   A. Tyrone 是对的，年纪小的孩子的确是被宠坏了，并且还爱发牢骚

   B. Tyrone 不明白，年纪小的孩子不知道杯子里的果汁量是相同的。9 岁的孩子并不是无私的，他/她知道苹果汁的量是相同的

   C. 9 岁的孩子可能并不明白这几个杯子里的果汁量是相同的

   D. Tyrone 的《发展心理学》课程成绩可能是 A

4 社会情感发展

到目前为止，我们已经探讨了生理和认知方面的变化发展过程。那么，童年期和成年期的社会情感生活是如何发生变化的呢？回顾一下社会情感的发展过程，其包括个体在社会关系、情感生活和个人品质方面的变化。

婴儿期的社会情绪发展

从情感上来讲，婴儿并非像一块白板一样来到这个世界。当我们在医院看护室外观察一个新生儿时，可以很明显地发现：从生命的起初开始，人类的情感态度就存在着很大的个体差异。有些婴儿很随和，而有些婴儿则显得比较悲伤。此外，在生命的最初几天里，婴儿开始进入社会网络中，这个网络将在他们的成长发展中发挥重要的作用，有助于他们发展自我意识、了解世界。要了解社会情感的发展，我们首先需要关注生命早期的情感和社会化过程——婴儿的气质和依恋。

气质 气质（temperament）是指个体的行为方式和特定的反应方式。婴儿的气质主要以情感为中心，是对环境刺激所做出的反应方式。婴儿对新玩具是感兴趣还是回避？他/她沮丧时容易被安慰吗？这些问题的答案将提供有关婴儿气质的信息。

关于婴儿气质的研究有很多。例如，精神科医生Alexander Chess和Stella Thomas（1977）确定了三种基本的儿童气质类型。

- **容易型儿童**（easy child） 这些儿童一般都有积极的情绪，在婴儿期就会很快形成规律的生活作息，能够轻松地适应新的环境。
- **困难型儿童**（difficult child） 这类婴儿往往难以安慰、经常哭泣，生活习惯不规律。
- **迟缓型儿童**（slow-to-warm-up child） 这类婴儿活动水平较低，在新环境中往往容易退缩，在面对新的体验时表现得非常谨慎。

其他研究者们指出，我们应该从不同维度来研究婴儿，如努力控制或自我调节（保持觉醒或避免焦虑）、压抑（害羞或在陌生情况中感到苦恼）和消极情绪（沮丧或悲伤的倾向）（Kagan，2008）。因此，心理学家们并没有就气质的核心维度达成一致意见（Evans & Rothbart，2009）。儿童出生时所带有的情感特点为以后的性格特征奠定了基础（Casalin & others，2012；Komsi& others，2006），而且，儿童最早期的社会关系可能影响其以后的社会关系。

依恋 正如婴儿需要营养和庇护一样，他们也需要温暖的社会关系来生存和发展。Harry Harlow（1958）的一项经典研究指出，温暖的接触是至关重要的。Harlow将刚出生的幼猴和妈妈分离，并把小猴子放到一个笼子里。在笼子里，这些幼猴可以接触到"人工妈妈"们。其中一个妈妈是冷冰冰的铁丝妈妈，而另一个妈妈则是温柔体贴的绒布妈妈（安慰妈妈）。每位妈妈都配有喂养机器。一半的幼猴是由铁丝妈妈抚养，另一半则由绒布妈妈照顾。年幼的猴子都喜欢亲近绒布妈妈，而不愿与铁丝妈妈待在一起，即使后者给它们牛奶喝（图8.12）。害怕时，小猴子们都会跑去找温柔的妈妈。这项研究显然说明，研究者们所描述的代理母亲的安慰、而非喂养，对婴儿与照顾者之间的依恋形成至关重要。

婴儿依恋（infant attachment）是婴儿和看护者间形成的极其紧密的情感纽带。英国精神病学家 John Bowlby（1969，1989）的理论认为，婴儿和母亲会本能地形成一种依恋。按照Bowlby的观点，新生儿来到这个世界之时，就带有一种启动看护者反应

> " 文化会影响对困难儿童的理解。在一种女性被期望花费所有时间和精力去照顾孩子的文化中，一个'困难'儿童可能正是大家愿意照顾的对象。"

> " 作为有怀疑精神的科学家，心理学家们需要Harlow 提供一种证据来证明，即使温暖的绒布母亲不能提供食物，她仍然是幼猴的安慰源。"

气质 即个体的行为方式和特定的反应方式。

婴儿依恋 婴儿和看护者间形成的紧密的情感纽带。

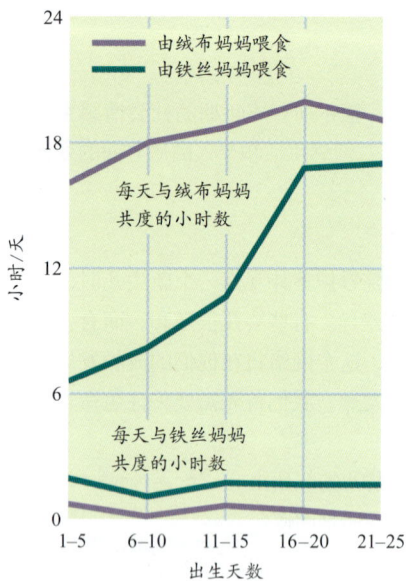

图 8.12　与铁丝和绒布两位代理母亲的接触时间　不论幼猴是由铁丝妈妈还是绒布妈妈喂食，它们大多数都选择与绒布妈妈接触。

的装置，他会哭、爬、笑、叫。Bowlby认为，我们与看护者之间的早期关系会内化为我们的自我意识和社会认知模式。许多发展心理学家们都一致认为，第一年的依恋会为未来的发展奠定重要的基础（Sroufe，Coffino，& Carlson，2010）。

Mary Ainsworth设计出一种"陌生情景测试"的方法来研究儿童的依恋类型（Ainsworth，1979；Ainsworth & others，1978）。在这一过程中，看护者把婴儿独自留给一个陌生人，然后再返回。孩子们对这一情境的反应可用于区分他们的依恋风格。Ainsworth用"**安全型依恋**"（secure attachment）这一术语来描述孩子是如何将照看者（通常是母亲）作为探索环境的安全基地。在陌生情境中，安全型依恋的孩子在妈妈离开时会感到苦恼，但当看到妈妈回来时，又会很高兴并安静下来。与非安全型依恋的儿童相比，安全型依恋儿童的母亲通常更善于积极回应、能够接受并表达对儿童的感情（Behrens，Parker，& Haltigan，2011）。安全型依恋的婴儿可以轻松、随意地离开妈妈，但也会定期回头望望妈妈。相反的，非安全型依恋的孩子，会远离妈妈或感到非常矛盾。在陌生情境中，这样的婴儿可能根本不会注意到妈妈的离开（有时被称为回避或是轻视型依恋），或是相反地，表现得非常痛苦，并在妈妈回来时大发脾气（有时被称为焦虑或占有型依恋）。

对依恋理论的一种批评观点认为，依恋类型并没有充分反映出文化的多样性（van IJzendoorn & Bakermans-Kranenburg，2010）。例如，在一些文化中，婴儿不仅是对最初的看护者，还会对很多其他人表现出依赖感（Rothbaum & others，2000，2007）。农业社会中的婴儿，更倾向于和负责照料弟妹的年长同胞之间建立依恋关系。

对依恋理论的另一种批评则认为，该理论没有考虑到婴儿气质的差异，而这可能对依恋关系产生影响。此外，看护者和婴儿更可能拥有相同的遗传基因，因此，依恋关系也许只是共享基因的产物。尽管存在着种种批评，但有充足的证据表明，安全型依恋对发展至关重要（Sroufe，Coffino，& Carlson，2010）。

气质和依恋是社会情感的重要组成，那么个体在社会情感领域是如何发展的呢？埃里克·埃里克森（Erik Erikson）提出这一问题，并提出了心理社会发展理论。埃里克森的理论对理解社会、情感在整个生命全程中的发展过程有重要的指导作用。

体验一下：依恋

埃里克森的社会情感发展理论

著名心理学家埃里克·埃里克森（1902-1994）在精神病专家弗洛伊德的启发下，提出了从婴儿期到老年期的心理社会发展的八个阶段。在心理社会发展阶段中，埃里克森强调一个人的心理社会生活受到社会关系及个体发展所遇到的挑战的影响。图8.13阐述了埃里克森理论的所有阶段。

在埃里克森（1968）看来，每个阶段都有一项个体必须掌握的发展任务。依据埃里克森的理论，这些发展任务会产生两种可能的结果，例如，信任对不信任阶段（埃里克

基本信任对不信任	自主对羞愧和怀疑	主动对内疚	勤奋对自卑
发展时期： 婴儿期（出生到1.5岁）	**发展时期：** 学步期（1.5～3岁）	**发展时期：** 童年早期（学前期，3～5岁）	**发展时期：** 童年中期和后期（小学，6～青春期）
特点： 信任感源于身体的舒适感和对未来最少的恐惧。反应及时、敏感的看护者会满足婴儿的基本需求。	**特点：** 在对看护者产生信任后，婴儿开始展露出自己的意愿，他们维护和坚持自主或独立感。如果婴儿受限太多，或是受到的惩罚太严厉，他们就有可能出现羞耻感和怀疑感。	**特点：** 幼儿园的孩子开始进入到一个更加开阔的世界中，他们会面临更多的挑战，同时也需要发展一些更有目的的行为来应对挑战。现在，孩子们被要求承担更多的责任。儿童在自己不负责任时，也许会产生不舒服的罪恶感和焦虑感。	**特点：** 没有比童年后期更热衷于想象力的时期了。儿童进入小学后，会将主要精力放在掌握知识和学习技能上。该阶段的危机包括无能感和无价值感。

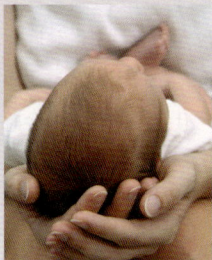

同一性对角色混乱	亲密对孤独	繁殖对停滞	完善对失望
发展时期： 青春期（10～20岁）	**发展时期：** 成年早期（20～24岁）	**发展时期：** 成年中期（40～50岁）	**发展时期：** 成年晚期（60岁以上）
特点： 个体开始探索自己是谁，具有哪些特征及要过何种生活的问题，一个重要的方面就是对多种将要进入的角色进行探索。职业探索至关重要。	**特点：** 个体所面临的发展任务是如何与他人形成亲密关系。埃里克森所描述的亲密指的是在另一个人身上找回迷失的自己。	**特点：** 主要关心的问题是，帮助年轻一代找到并过上有意义的生活。	**特点：** 人们会回顾并评价自己一生所做的事情。回顾过去，既可能是积极的（完善），也可能是消极的（失望）。

图 8.13　埃里克森的心理社会发展八阶段理论　埃里克森颠覆了心理学家对于发展的观点，认为发展可以追溯到整个生命全程。

森理论的第一阶段）。如果一个婴儿的身体和情感需要都得到很好的照顾，他/她就会体验到一种对别人的信任感。反之，如果这些需要没有满足，那么，该个体也许在一生中都会面对信任感获得的问题，这个未完成的任务也会影响到以后阶段的发展。埃里克森认为，每个阶段都是一个转折点，都会产生两种截然相反的后果——一种是获得更好的个人能力；另一种则是更为糟糕的弱点和不足。下面，让我们基于埃里克森的阶段理论，来看看个体人际关系和情感适应能力发展的多样性。

儿童期的社会情绪发展：从信任到勤奋　埃里克森理论的前四个阶段都处于儿童期，且每一阶段都与该年龄段的各种活动密切相关。

■ **基本信任对不信任：婴儿期**（出生至1.5岁）　主要关注对外部世界信任感的建立。在这个阶段，无助的婴儿通过看护者来建立信任感，即处在一个可预期的、友好的世界。随着信任感的建立，学步儿开始把自己看作是世界上的独特个体。

■ **自主性对羞愧内疚：学步期**（1.5岁至3岁）　大多数儿童正在经历如厕训练，开始体验自我控制的能力。如果幼儿有机会体验到对自身行为的控制感，那么，他们就会获得独立感和自信心。

■ **主动对内疚：童年早期**（3岁到5岁）　学前儿童开始体验到如争取利益、建立友谊与承担责任等经历。如果你曾经花时间与一个3岁孩子交流，你就会发现，很多孩子在大人做任何事情时都想帮忙。当体验到承担责任的感觉时，学前儿童将会变得更加主动。根据埃里克森的理论，如果缺少这种经验，儿童很可能会感到内疚或焦虑。

■ **勤奋对自卑：童年中期和晚期**（6岁至青春期）　儿童开始进入学校学习，获得知识与技能。正如勤奋一词所阐明的，孩子们认为这是工作、学习、收获，并从中学会享受学习过程的时期。

以埃里克森的角度来看，从婴儿期到学龄期乃至今后的成长阶段，儿童自主性和自信心会不断向更高水平发展。那么什么样的教养方式最可能促进这样的发展呢？我们来看一看。

父母教养方式与儿童期的社会情绪发展　研究者们正在寻找教养方式与儿童健康发展间的关系。Diana Baumrind（1991，1993）描述了父母与子女间的四种基本互动类型。

■ **专制型教养**（authoritarian parenting）　指严厉的惩罚方式。专制型的父母会严格约束和控制儿童，并很少进行言语交流。例如，对同一问题的处理有不同看法时，专制型的父母可能会说："你必须按照我说的去做。"与其他儿童相比，在专制型教养方式下成长的儿童社交能力更差、缺乏主动性，且更愿意与他人进行比较。

■ **权威型教养**（authoritative parenting）　父母会鼓励孩子独立完成任务，但仍会限制和控制儿童的行为。这种教养方式会更具合作性质。父母会允许孩子言语上的讨价还价，用温暖、友好的方式对待孩子。一位权威型父亲可能会用很舒服的方式搂住孩子说："你应该知道这么做是不对的；让我们来谈谈，下次应该如何更好地面对这样的问题。"权威型教养方式所培养的孩子往往具有较高的社交能力、自控能力和社会责任感。

■ **忽视型教养**（neglectful parenting）　是指父母很少参与儿童的生活。从某种意义上说，与教养儿童相比，忽视型父母更关心自身的生活。由于缺少父母的照顾，这些儿童的社交能力和独立性都较差，尤其缺乏自控能力。

■ **放任型教养方式**（permissive parenting）　是指父母较少干涉和限制子女的行为。放任型的家长会同意孩子去做他/她想要做的任何事情。一些父母有意识地以此种方式培养孩子，他们认为，温暖与较少限制的教养方式会培养出更加自信、更

专制型教养方式
一种约束的、惩罚的教养风格，指父母要求孩子遵循他们的指令。

权威型教养方式
父母鼓励孩子的独立性，但也会限制并控制儿童的某些行为。

忽视型教养方式
这种教养方式的特点是父母缺少对孩子生活的参与。

放任型教养方式
这种教养方式的特点是对孩子行为方面的限制较少。

具创新能力的孩子。然而，由于生活在相对纵容的环境中，这些儿童的社会竞争能力相对较差。他们往往没有学会尊重他人，比较任性，对自身行为控制的能力也较差。社会情感的发展，意味着个体调控情绪、行为的能力在不断增强。儿童可能会通过看护者来学会这些技能。

教养方式的文化背景 文化会影响父母教养子女的方式，尤其是专制型父母教养方式。一项研究表明，四种集体主义文化（伊朗、印度、埃及、巴基斯坦）中的母亲都认为自己是专制型的教养方式，但她们不会以消极的态度对待子女，且子女并没有表现出消极的结果（Rudy & Grusec，2006）。一些心理学家认为，拉美裔家庭中的专制型教养可能传递了该文化所重视的一些教养目标，如：家庭、尊重和教育，因此，必须要在特定的文化背景中来理解这种教养方式（Halgunseth，Ispa，& Rudy，2006）。在此研究基础上，Ruth Chao（2001，2007；Chao & Otsuki-Clutter，2011）认为，许多亚裔美国父母的主要功能被定位为"培训型父母"，他们仅仅专注于引导子女取得较高的学业成绩。

青春期的社会情感发展：角色危机 埃里克森（1968）认为，青春期的核心问题是同一性与角色混乱。在探索同一性的这一阶段中，个体开始探索自己是谁、具有哪些特征及要过何种生活的问题。青少年将面临许多新的角色，以成人的身份面临职业选择和爱情。在这一阶段，如果不能充分了解自己的身份，青少年将会出现角色混乱，分不清自己到底是谁。青少年会花大量精力与时间找到合适的方式，来解决自己的身份危机，并形成新的自我意识。那些不能成功解决危机并感到困惑和痛苦的个体，会经历埃里克森所提出的"角色混乱"。这种混乱会表现为以下两种形式：一种是个人逃离，即远离同伴和家人；一种是在人群中迷失自我。

Marcia的同一性状态理论 在埃里克森理论的基础上，James Marcia提出同一性状态（identity status）的概念，用来描述青少年在身份发展中所处的状态（Kroger，Martinussen，& Marcia，2010；Marcia，1980，2002）。在Marcia看来，同一性可分为两方面，即探索和承诺，这两者都非常重要。探索（exploration）是指个体对职业和个人价值方面的各种选择所进行的探究与考察；承诺（commitment）主要包括决定选择哪种角色身份以及对如何实现该身份的考察。Marcia认为，探索和承诺的不同组合方式会产生四种不同的同一性状态（图8.14）：

- **同一性混乱**（identity diffusion） 青少年既不探索也不承诺。处于同一性混乱状态的青少年自认为并不关心这个世界。他们尚未遭遇角色危机，或者感觉要解决"我是谁？"这一问题过于困难，因此开始退缩。这些人可能会发现自身已经陷入危机当中。最终，当这些危机影响其生活后，这些青少年开始思考这类问题（或不思考），并将进入被称为"延缓期"的发展阶段。

- **同一性延缓**（identity moratorium） 青少年积极地探索、尝试新的角色，但尚未对特定的角色做出承诺。例如，青少年会非常热情地投入到各种实习工作中去了解不同的工作状态，大学一年级新生会选择一系列不同的课程来了解不同的职业。

		这个人做了一个承诺吗？	
		是	否
这个人对有关同一性问题的多种选择进行探索了吗？	是	同一性达成	同一性延缓
	否	同一性早闭	同一性混乱

图 8.14 Marcia 的四种同一性状态理论 你是谁？你认为自己处于这四种状态中的哪一种？

■ **同一性早闭**（identity foreclosure） 青少年没有经过真正的探索，而对特定角色做出承诺。例如，一个女孩仅仅因为家庭成员都是会计，就决定成为一名会计，并将其作为大学的专业。

■ **同一性达成**（identity achievement） 在对多种选择进行探索后，个体对特定角色做出承诺。青少年知道自己已经找到了自己的价值观和原则，也知道自己要成为哪种类型的人，因此，他们开始确定目标去过一种有意义的人生。

因此，Marcia认为，同一性是一个积极建构的过程，是对不同身份进行思考和尝试的结果（Klimstra & others，2009，2010）。青春期所发生的一些事，如顶撞父母、坚持自己的个性、发现自己的兴趣、建立人际关系，都是积极构建自我身份、并找到同一性的重要影响因素。

更大文化中的民族认同 同一性发展对少数民族的青少年尤其有挑战性（Syed，2010；Syed，Azmitia，& Cooper，2011）。随着认知发展的逐渐成熟，很多青少年开始以主流文化的角度来评价其所在的民族文化。此外，越来越多的少数民族青少年面对二元文化（biculturalism）的考验，即在某些方面认同自己的民族，但在另外一些方面则认同主流文化（Marks，Patton，& Coll，2011）。

研究表明，那些既积极认同少数民族团体，又能融入到大文化环境中的少数民族青年，会有更积极的学业与情感表现（Umaña-Taylor，Updegraff，& Gonzales-Bracken，2011）。尽管作为少数民族的一员似乎让青少年体验更大的压力。但有研究表明，强烈的民族认同感有助于这些青少年免受歧视的影响（Iturbide，Raffaelli，& Carlo，2009）。对于少数民族及大多数青少年而言，培养积极的民族认同感是其生活的重要主题（Kort-Butler & Hagewen，2011；Oyserman & others，2003；Umaña-Taylor，Gonzales-Backen，& Guimond，2009）。除了民族认同感之外，青春期也是同一性其他方面出现与获得的关键时期，如性取向或性别角色。我们将在本章后面对这些方面进行论述。

父母与同伴 父母和同伴可以帮助青少年回答有关同一性的核心问题，"我是谁，我希望成为什么样的人？"为了帮助青少年实现潜能，父母的关键角色就是成为有效的管理者——收集信息、建立良好的关系、帮助子女做出选择、提供指导。通过这样的管理角色，父母可以帮助青少年远离困境，并做出合适的决定（Simpkins & others，2009）。

父母在子女的发展过程中扮演着积极的角色，他们必须了解子女在青春期会发生什么。一项研究考察了当父母向青少年了解有关信息，尤其是青少年参与某些活动的策略信息时，青少年所持有的态度。结果表明，当父母主动询问，并且亲子之间是高度信任、接纳的关系时，青少年更愿意向父母吐露有关信息（Smetana & others，2010；Tasopoulos-Chan，Smetana，& Yau，2009）。

与童年期相比，处于青春时期的个体会花更多的时间与同伴相处，不过，同伴的影响既可能是积极的，也可能是消极的。积极同伴关系的重要一点就是有一个或多个亲密的朋友。通过选择朋友，建立亲密的友谊，青少年学习在一段亲密关系中成为有技巧且敏感的同伴。然而，一些同伴或朋友会对青少年的发展产生消极影响。研究者们发现，青少年与不良同伴的接触，是其药物滥用、违法行为和抑郁的强有力的预测源（Laursen & others，2012）。

❝ 如果你能回到过去，拜访青春期时的自己，你将会告诉他/她些什么呢？❞

埃里克森认为，一旦同一性问题得到解决，年轻的成年人就会转向关注亲密关系这一重要领域。最近，有关学者指出，在青春期之后，许多年轻人似乎不愿进行与婚姻、家庭及事业等成年生活有关的承诺。Jeffrey Arnett（2004，2007，2010）通过"成人初显期"这一概念来描述这一过渡时期，该时期一方面是青春期的延长，另一方面则是成人期角色的尝试期。如果你是一名大学生，那么你就正处于这一过渡期。让我们简要地讨论一下该阶段中典型的社会情绪发展。

成人初显期的社会情感发展 成人初显期（emerging adulthood）是指从青春期到成年期的过渡阶段

（Arnett，2004，2006，2007）。年龄范围约是18～25岁，成人初显期的主要特征是尝试和探索。在这一发展点上，许多人仍在探索自己的职业道路、身份以及将拥有的各种亲密关系。Jeffrey Arnett（2006，2010）确定了成人初显期的五个主要特征。

- **同一性探索** 特别是在爱情和工作方面，许多个体的同一性会在成人初显期发生重大变化。
- **不稳定** 成人初显期时，居所的变化是最大的。这一时期的爱情、工作和教育方面都具有不稳定性。
- **自我关注** 成年初显期的个体是自我关注的，这主要指，他们很少关注社会责任，也较少履行对他人的责任和承诺，这让他们对自己的生活有着极大的自主权（Arnett，2006，p. 10）。
- **过渡性** 许多处于成人初显期的成人会认为自己既不是青少年，也不是真正意义上的成年人。
- **存在各种可能性** 处于这一阶段的个体有很多机会改变自己的生活方式，Jeffrey Arnett（2006）描述了成人初显期的两种可能性：（1）该阶段的许多个体对未来感到乐观；（2）对于曾经经历了很多困难的个体而言，成人初显期为其朝着更积极的方向发展提供了机会。

初显期的成年人会在日常生活中面临更多的选择，有更多的机会去掌控生活。他们的选择多与自己的人生目标有关，并会对以后的幸福产生影响。一项跨越17年的纵向研究表明，成人初显期时的目标变化能够预测其今后的生活水平（Hill & others，2011）。研究表明，这一时期会对以后的发展产生影响。最后，虽然与前几代人相比，当代人进入成人初显期的时间更晚，但初显期的个体仍旧会沿袭前人的轨迹。根据埃里克森的理论，成年早期的生活主要被爱情及亲密关系所占据。

成年早期的社会情绪发展：亲密对孤独 埃里克森（1968）理论的第六阶段是亲密与孤独，指个体所面临的挑战是与他人建立亲密关系还是成为社交孤独的人。埃里克森认为，亲密感既能使人找到自我，也能使人迷失自我。有着健康人际关系以及亲密的同伴关系的年轻成人，将会获得亲密感。年轻成人获得亲密感的重要方式就是与伴侣之间建立长期、亲密的关系，通常指婚姻。

婚姻（marriage） 正如成年初显期的概念所表明的那样，在过去的二十多年里，男人和女人进入婚姻越来越晚。例如，2010年，美国男性首次结婚的平均年龄超过28岁，而女性则超过26岁（Copen & others，2012）。这对婚姻的稳定性是有好处的。与20岁之后结婚的女性相比，20岁之前结婚的女性，其离婚率是前者的三倍（Copen & others，2012）。

决定婚姻成功的关键因素是什么呢？自20世纪70年代以来，John Gottman一直在研究夫妻生活。他采访过许多夫妇，并将他们之间的互动制成影像，甚至会在互动时测试他们的心率和血压（Gottman，Swanson，& Swan-son，2002；Madhyastha，Hamaker，& Gottman，2011）。他每年都会回访这些夫妇的婚姻状况。Gottman及其同事们一直跟踪研究这些已婚夫妇，以及同性伴侣，试图了解决定其成功关系的关键。Gottman（2006）根据研究指出，过去所认为的"爱是如此神奇"的观念不同，婚姻成功的

一些人进入青春期比别人早。一些人在高中毕业后就结婚，建立新的家庭，并从事全职工作。你认为这些个体经历过'成人初显期'吗？

成人初显期 从青春期到成年期的过渡阶段，约从18岁到25岁。

关键问题是，要把爱视为一个决定和一种责任，并且能够抵制住婚外恋的诱惑。

Gottman（2006）发现了成功婚姻所遵循的四条原则。

- **培养爱恋和钦佩**　伙伴间应给予对方赞美。当情侣们之间的谈话保持在积极的状态时，婚姻就会充满活力。
- **将彼此视为好友**　伴侣们将彼此作为自己的好友，当遇到困难和压力时会彼此帮助。
- **放弃一些权力**　如果伴侣中有一位集权者，这往往代表一个不幸的婚姻。这类集权者通常指丈夫，但有些妻子也有同样问题。
- **共同解决矛盾**　遇到冲突时，夫妻共同努力解决问题、调节自己的情绪，并互相妥协。

成年中期的社会情感发展：繁殖对停滞　埃里克森理论的第七阶段，繁殖对停滞，这一阶段发生在成年中期。繁殖感意味着创造有益于后代的有价值的东西。有繁殖感的人感到自己留下了持久的遗产，并对下一代有所帮助。这种对世界做出持久或永久贡献的感觉，与高水平的心理幸福感密切相关（Busch & Hofer，2012；Cox & others，2010）。停滞感是指个体感到对后代发展没有做出任何贡献。

埃里克森并不认为，有孩子就能表明个体对未来做出了持久的贡献。相反，繁殖感还指成为称职的父母、取得工作成就、从事指导和教育的工作或参与志愿者活动。

老年期的社会情绪发展：完善对失望　埃里克森认为，步入晚年的成年人会回顾自己的人生——进行自我评价，寻找意义，并且正视死亡。埃里克森将社会情绪发展的最后阶段称为"完善对失望"。如果一个人有着良好的完善感，那么他/她会觉得以后的生活十分有意义，并且对死亡较少有恐惧感。反之，缺乏完善感的老年人会充满绝望和恐惧。目前，有关老年人社会情绪发展的研究表明，埃里克森认为老年人关注意义感的观点非常正确。然而，他可能没有发现，这种意义不一定来自过去，也可能来自当下。

"你相信吗，在没有手提电脑的帮助下，我们竟然结婚了，养了一个家庭，并且还退休了？"

体验一下：
丧偶之人也能享受生活

在社会关系方面，老年人可能对自己的社交网络更有选择性。这一观察结论在几十年前就已经得出，意思是老年人正在为死亡做准备，并开始脱离社会生活（Cumming & Henry，1961）。根据这一早期观点，晚年期的特征不是享受生活、发展兴趣爱好及与儿孙相处，而成为了远离社会、等待离开世界的孤独期。这一观点与最近的研究结果正好相反，近期研究发现，与成年早期相比，老年人的幸福水平更高（Carstensen & others，2011；Mroczek & Spiro，2005；Realo & Dobewall，2011；Stanley & Isaacowitz，2011）。

Laura Carstensen的社会情绪选择理论（socioemotional selectivity theory）指出，随着年龄增长，社会交往减少，积极情绪增多（Carstensen，2006；Carstensen & others，2011）。该理论认为，由于老年人认识到生命有期，因此，他们的社会交往更具有选择性，他们会最大限度地寻找积极而有意义的社会经验。虽然年轻人能从长远目标及对未来的期望中获得人生的意义感，但相对而言，老年人更容易从当前的关系和活动中获得满足感。对于老年人，人生的目的是最大限度地体验当下的情绪，而不是沉浸在消极情绪中。与年轻人更专注于未来不同，老年人更能够积极地享受当下（Hicks & others，2012；Kotter-Grühn & Smith，2011；Lachman & others，2008）。

管理情绪，从而最大限度地发挥积极的经验，似乎成为老年人的一个重要特征（Sullivan，Mikels，& Carstensen，2010）。对挪威人、天主教修女、非洲裔美国人、美裔华人和非拉丁裔白人的老年人进行研究发现，与年轻人相比，这些老年人能更好地控制自己的情绪（Charles & Carstensen，2010）。

正如生理的变化会影响社会情绪的变化，社会情感因素同样也会影响身体的健康。一项纵向研究表明，随着时间的推移，那些选择逃避问题（而非正视问题），即积极情绪水平低的女性，更可能出现糖尿病等相关生理疾病（Tsenkova & others，2008）。此外，在一项研究中，与持有消极态度的成年人相比，那些在20岁之前就有着积极态度的成年人，其平均寿命会高出7.5岁（Levy，Slade，& Kasl，2002）。态度影响长寿的一个重要因素，就是个体是否认为生活是丰富、充满希望与有价值的。

对埃里克森理论的评价　通过埃里克森的社会情绪发展理论，我们可以发现，那些发展良好的个体，在生命早期就获得了信任感，并在整个一生之中都能够体验到强烈的意义感。与皮亚杰的理论一样，埃里克森的理论同样受到许多批评。埃里克森主要进行的是个案研究，有些人认为这是他唯一的研究基础，因此提出批评。批评者还认为，埃里克森试图捕捉每一发展阶段的特定任务，而忽略了其他重要的发展任务。例如，埃里克森认为，年轻人的主要任务是解决亲密与孤独间的冲突。然而，成年早期的重要发展任务还包括职业和工作。尽管存在各种批评，但不可否认的是，与皮亚杰一样，埃里克森也是一位伟大的发展心理学家。

> ❝ 注意，这些影响并不仅仅与年龄有关，也与有限时间内的经历有关。如果你即将进行一个长达一年的旅行，那么在出发前的最后两周里，你将选择与谁待在家中？你们会如何度过这两周的时间？ ❞

自我测试

1. 繁殖包括以下所有的例子，除了＿＿＿＿。
   - A. 给美国的新移民教授英语
   - B. 投资成功并享受满意的退休生活
   - C. 在收容所当志愿者
   - D. 担任童子军教练

2. 有关老年期社会情感发展的研究表明＿＿＿＿。
   - A. 老年人更加努力地寻求生活的意义
   - B. 与年轻人相比，老年人对社会关系更具选择性
   - C. 老年人比年轻人更幸福
   - D. 上述所有选项

3. 关于民族认同，心理学研究表明＿＿＿＿。
   - A. 民族认同感较差的青少年的学业表现更好
   - B. 青少年通过民族认同来逃避发展任务
   - C. 有强烈民族认同感的青少年，能够更好地应对压力
   - D. 不同种族的青少年在面对民族同一性时面临着同样的挑战

小应用！

4. Rosemary 的爷爷 Jack 已经80多岁了，戴着助听器和眼镜，他总是充满活力。他和 Rosemary 的祖母花很多时间与子女和孙辈相处，他们的生活充满欢笑，真的非常享受生活。最近，杰克爷爷辞去了当地高级公民理事会会员的工作，他告诉 Rosemary，理事会已经变得一团糟。Rosemary 正在思考这个决定是否正常、合理的，以及爷爷是否感到非常沮丧。基于本章的学习，你认为这个例子中，Rosemary 是否应该担心这件事？

- A. Rosemary 应该担心，因为杰克爷爷似乎选择放弃了发展繁殖感的机会
- B. Rosemary 应该担心，杰克爷爷应该继续参与社区活动，因为参与社区活动与快乐和健康紧密相关
- C. Rosemary 不应担心，与大多数人的经历相同，杰克爷爷已经明白当生命有限时，应该使社会交往的意义最大化
- D. Rosemary 不应担心，因为杰克爷爷已经完成了埃里克森的所有阶段，正在退出社会生活并做好应对死亡的准备

5　性别发展

到目前为止，我们已经探索了人类在生理、认知、社会情感领域的毕生发展。在这一节中，我们将探究人类经历的另一个重要方面——性别发展。性别发展与其他各个领域的发展都紧密相关。理解性别的发展同样要结合以下三个领域：身体（或生理）、认知和社会情绪。

性别（gender）是指人类作为男性和女性所表现出的诸多特征的集合。虽然在问卷调查中填写"男性"或"女性"这个问题似乎很简单，然而性别的发展是包括生理、认知和社会情感因素的复杂过程（Halp-ern & others，2007）。性别不仅包括生理性别，还包括个体对性别在个体生活中的意义的理解。

生理学与性别发展

> 这就是为何男性更可能表现出与X染色体有关的特征，如色盲，而女性有两个X染色体。

人类通常包括46个配对染色体。第23对染色体可能包括两个X染色体，这表明性别是女性，或者可能包括一个X染色体和一个Y（颠倒的）染色体，这表明性别是男性。

在怀孕后的前几周，男性和女性的胚胎看起来很相似。男性胚胎的Y染色体会引起雄性激素的分泌，雄性激素是主要的男性激素。此时，男性性器官开始形成。如果雌性胚胎中的雄性激素水平低，女性性器官会正常发育。

研究者对于初生婴儿的研究表明，基因和产前激素对性别差异有重要作用。例如，在一项研究中，给刚出生一天的男婴和女婴呈现两种刺激：人脸或由那张人脸照片制成的手机（Connellan & others，2000）。研究人员发现女孩看人脸的时间更长，而男孩则对手机更感兴趣。对3～8个月大的婴儿进行研究发现，男婴看典型的男孩玩具（如卡车和机器）的时间更长，而女婴看典型的女孩玩具（如玩偶）的时间更长（Alexander, Wilcox, & Woods, 2009）。研究者认为这种差异是生理上的，不是社会意义上的，因为非常年幼的孩子还没有习得影响性别发展的社会经验。然而，这些生理差异，并不是性别发展的全部。

性别发展的认知方面

性别　男性或女性的社会和心理特点。

皮亚杰的理论指出，图式是指一种组织和理解信息的心理概念或框架。性别图式是了解某种文化中男性或女性所指含义的心理框架（Martin& Ruble，2010）。通过经验，孩子知道性别是社会生活的重要组织原则，他们认识到男孩和女孩，男人和女人，都是不同的，这很重要。这种性别图式作为一个认知框架，孩子们可以进一步解释与性别相关的经验。

性别图式是如何发展的呢？理论家们认为孩子通过社会学习来获得这些模式（Bandura & Bussey，2004）。这种学习的发生在第5章中已经介绍，包括强化和惩罚、观察学习和模仿（Bandura & Bussey，2004）。

根据某一行为是否与所期待的性别一致，孩子的行为可能会被潜移默化地奖励（或惩罚）。所处的社会环境也以不同的方式对儿童的行为做出回应，影响他/她对适当行为的认知。一个女孩可能会发现，假装成为专业的足球运动员不是讨好父母的好方法。当一个男孩说自己想试试母亲的高跟鞋时，他可能会看到母亲隐约皱起的眉头。

据阿尔伯特·班杜拉所言（1986），模仿是一个传递价值的有效机制。儿童从每种性别模型中获得有关性别的信息。谁每天去上班？谁做家务？当孩子看到父母和其他成年人相关的性别行为时（以及观察这些行为是否及如何被强化），他们就会了解男人和女人应有的行为举止。

<blockquote>由于认知发展的局限，非常年幼的儿童可能认为一个人的性别是可以随着其表面特征而改变的，他们可能认为女孩有长头发，所以如果一个女孩的头发剪短了，那她就变成了一个男孩。</blockquote>

社会情感经验与性别发展

显然，社会经验影响性别发展。毕竟，在孩子的世界中，行为或是受到奖励，或是被惩罚。除了父母以外，同伴在性别发展中也扮演着重要的作用。特别是6～11岁期间，同伴群体分为男孩组和女孩组（Maccoby，2002）。与大多数家长相比，同伴群体在奖励符合性别规则的行为及惩罚违反这些规则的行为方面更为严格。例如，孩子会惩罚那些缺少典型男子气的行为（Wallien & others，2010）。随着年龄的成长，儿童逐渐进入性别角色（gender roles），具体包括对女性和男性应该如何思考、行动及感觉的期望（Eagly，2009）。**性别角色**代表了关于不同性别应采取的适当行为的看法。

文化在性别角色内容中起着至关重要的作用（Eagly & Wood，2011，2012；Koenig & others，2011）。一些文化强调应培养儿童具有传统的性别角色。在这些文化中，父母培养男孩变得"阳刚"（强大、积极、独立）和女孩变得"娇柔"（敏感、擅交际、温顺）。一些文化则强调应培养男孩和女孩之间的相似性，即培养男孩像女孩一样关心他人；培养女孩像男孩一样坚强。在伊朗和中国这两个国家中，传统性别角色仍继续占据主导地位，但美国的性别角色已向更多样化的方向发展。

在承认男性和女性间存在生理差异的同时，许多心理学家们认为，社会和文化因素对最终的性别认同的影响作用更大（Bandura & Bussey，2004；Eagly & Wood，2011，2012）。从这个角度看，可获得的性别角色模式、对这些角色中的自我效能和个人控制感可以更好地解释男女在选择职业和生活中的不同。性别心理学专家Janet Shibley Hyde（2005）在研究了大量关于性别差异的基础上指出，虽然存在差异，但这些差异非常小。总的来说，Hyde认为这些研究支持了她的**性别相似性假说**（gender similarities hypothesis）——男人和女人（男孩和女孩）之间的相似性多于不同点（Hyde，2005，2006，2007）。

<blockquote>我们又看到了认知发展的重要性。这个年龄的儿童处于皮亚杰理论的具体运算阶段，他们会对相关事情（和人群）进行分类。</blockquote>

性别角色 反映个体对男性和女性应该如何思考、反应及感觉的预期。

性别相似性假说 Hyde 提出的假说：男人和女人（男孩和女孩）之间的相似性多于不同点。

对遗传与教养的重新审视：John/Joan 案

很明显，性别是多种过程相互作用的结果。不过，仍有一些人一直在争论是否某一

> 对数学和科学事业追求中的性别差异，并不代表能力上的差异。相反，这看起来似乎更多的是男性和女性对这些职业所持有的观念、期望和角色模式。

> 虽然 David 的故事似乎表明了生物因素在性别发展中的主导作用，但请记住，很难基于个案研究得出普遍性的结论。其他相关案例也许会有更积极的结果。

过程比其他过程更为重要。

著名的性研究者John Money十分确信社会化是性别的主要决定因素。在20世纪60年代，一个个案使他有机会来检验这一理论。在1965年，一对双胞胎男孩出生，几个月后，其中一个双胞胎男孩的阴茎在包皮环切手术中受伤。Money说服男孩的父母允许他通过外科手术改变受伤男性的生殖器，使之变成女性的生殖器，并同意把孩子当作一个女孩抚养。这个男孩变成了一个女孩Joan（Money & Tucker，1975）。John/Joan的案例成为教养战胜天性的著名例子。多年来，这一案例一直被看作是性别具有灵活性的证据。

生物学家Milton Diamond对Money理论及其最著名的案例进行了强烈的批评（Diamond & Sigmundson，1997）。Diamond发现，随着时间的推移，"Joan"对成为女孩越来越不感兴趣，并最终拒绝继续女性化的过程。我们现在知道，"Joan"就是David Reimer，John Colapinto在所写的传记《遗传造就了他》（2000）中，揭示了David由男孩变成女孩，接着又变成男孩，并最终成为一个男人的过程，描述了他在这样的生活中所遇到的困难。David 在与性别有关的创伤性生活经历作斗争，饱受抑郁的痛苦，最终于2004年自杀。John/Joan关于性别发展的案例表明，性别发展是一个包括生理、认知和社会情感多个发展领域相互作用和影响的复杂过程。

自我测试

1. 在其他因素中，性别发展包括_____。
   - A. 人格因素
   - B. 认知因素
   - C. 感官因素
   - D. 以上所有选项
2. 在特定文化中，理解男性或女性所指含义的心理框架的专业术语是_____。
   - A. 性别角色
   - B. 性别认同
   - C. 性别多样性
   - D. 性别图式
3. 儿童期的同伴群体_____。
   - A. 不对群体成员所表现出的与性别有关的行为进行惩罚和奖赏
   - B. 在个体的性别发展中有重要作用
   - C. 既有男孩也有女孩
   - D. 以上选项都不是

小应用！

4. 当 Jerry 宣布他打算主修机械工程专业时，他的父母并感到不吃惊。他们告诉朋友们，"我们知道他注定对机械的东西感兴趣。当他还是一个小婴儿时，他就喜欢机械玩具，却从来不看毛绒玩具一眼，他一直都是我们的小工程师。"依据性别发展的心理学调查研究，你想对 Jerry 父母的结论说些什么？
   - A. Jerry 可能一直是他们的小工程师，但他们对朋友所说的话可能表明，Jerry 和其他大多数男孩并没有很大不同
   - B. 研究支持了 Jerry 父母的观察，早期时对机械玩具感兴趣能够预测男性和女性的未来职业
   - C. Jerry 父母的观察并不正确，因为非常年幼的婴儿还不能区分机械玩具和毛绒动物玩具
   - D. Jerry 的父母可能受文化信仰偏见的影响，所以他们记住了 Jerry 在婴儿期时符合其性别角色的行为

6 道德发展

道德发展是指随着年龄变化，人的思想、情感和行为在自我指导原则与价值观上的变化。多数关于道德推理和思维的研究都围绕着劳伦斯·柯尔伯格的道德发展理论展开。

柯尔伯格的理论

柯尔伯格（1958）通过一系列的故事来向儿童、青少年和成年人提出问题，以此研究道德思维。其中一个故事是这样的。Heinz的妻子即将死于癌症，他听说有一种药物可能会救她的命。然而，必须支付非常高的价格，药剂师才会给他药物，Heinz无法凑到钱，就决定去偷药。

读了这个故事后，柯尔伯格提出一些道德两难的问题。Heinz是否应该去偷药？柯尔伯格对这个问题的答案不太感兴趣，更感兴趣的是被试对下一个问题的回答：为什么？基于受访者给出答案的理由，柯尔伯格（1986）对其道德发展水平进行了评定。柯尔伯格将道德发展阶段分为三个层次，其中包括：

- **前习俗阶段**（preconventional） 个体主要基于对某个行为后果的处罚以及外部世界的奖励，进行道德推理。例如，基于不让Heinz进监狱或关心药剂师的利益进行推理。

> **❝** 你会如何回答柯尔伯格的问题？**❞**

- **习俗阶段**（conventional） 个体所遵守的道德标准主要来自父母及社会法律。处于这一阶段的人，可能会认为，Heinz的行为应符合好丈夫的角色和期望，或者无论何种原因，他都必须遵循法律。
- **后习俗阶段**（postconventional） 个体认识到道德过程是有多种选择，思考各种选择，并发展为个人道德规范。处于这一阶段的人，会认为Heinz妻子的生命比法律更重要。

柯尔伯格将道德发展与认知发展紧密联系在一起。他认为，除了认知发展外，还可通过角色扮演、与更高道德阶段的人讨论道德相关的问题等方式来促进道德发展。柯尔伯格指出，正义感是道德推理的核心，也是道德行为产生的基础。

对柯尔伯格的批判

一种对柯尔伯格理论的批评认为，他的观点并未充分关注到他人和社会关系（2011）。柯尔伯格的理论被称为正义的视角，因为它强调个人权利，并将其作为合理的道德推理的关键。相反，关怀的角度是Carol Gilligan（1982）的道德发展的核心，Gilligan认为应在人与人的关系中看待个体，应强调人际间的交流、关系和对他人的关心。在Gilligan看来，运用柯尔伯格的方法进行研究时，女性的道德发展得分通常都比男性低。

最近，研究道德发展的心理学家们指出，柯尔伯格理论忽视了文化对道德的影响。文化在我们与他人的关系中起着关键作用，因此，文化影响着我们应对道德两难问题的方式（C. S. Johnson，2011）。目前，对于道德判断的研究表明，道德决策受多种不同文化价值观的影响，而不仅局限于关怀与正义这两方面（Graham & others，2011；Rai & Fiske，2011）。

你可能已经注意到，柯尔伯格的理论还有一个不足，就是它强调认知推理的作用——然而，即便一个人知道什么是正确的事情，但他仍可能会采取不道德的行为方式（Hardy & Carlo，2011）。最近有关道德发展的研究开始关注反映道德美德的具体行为，以及与这种行为有关的社会情感因素。

依恋对道德行为有潜在的重要影响。回想一下Bowlby的理论，早期依恋是个体一生中自我意识形成的基础。同样，依恋对成人期个体与父母、朋友和伴侣之间的关系建立也至关重要。

发展与社会心理学：依恋与诚实

虽然我们经常听说，诚实是最好的策略，然而，有时候，诚实会成为一种挑战。日常生活中充满了说谎的机会——比如在与伴侣的约会时比平时表现得更好一些，或作弊会使考试成绩提高。我们应该如何避免那些扭曲我们道德原则的诱惑呢？

在最近的一项研究中，Omri Gillath及其同事（2010）发现，成人期的安全型依恋是诚实行为的基础。他们发现，认为自己是安全型依恋的成人更可能如实地报告自己的失败和尴尬经历。实验中，提醒实验组被试其所拥有的温暖的人际关系，提醒控制组被试要去杂货店，结果发现，实验组被试倾向于说更少的谎言。Gillath及其同事（2010）开展了一项有趣的后续研究，考察了温暖的依恋关系对不诚实行为（如考试作弊）的影响。研究开始时，最初，通过呈现与安全依恋相关的字（如爱）或者其他词汇（如稳定），来启动被试（启动能够促进被试对特定词汇的回忆效果）。在电脑屏幕上快速呈现这些词汇，以至

于被试都没有意识到这些单词的出现。

此后，被试会完成一个测试，并告诉他们这只是一个智商测试。事实上，测试包括一些无法解决的问题，如"Plastoconus的著名理论是什么？"然后，实验者把答案放在桌子上，并让参与者单独完成测试。被试可以在完成问题之后，自己检查答案（但之前不能看）。结果，许多被试在这些不可解决问题上的回答是"正确"的。因此，如果被试的回答"正确"，那么，研究人员就会知道他们在作弊。结果表明，与其他被试相比，那些被提醒有着安全依恋的被试更不可能作弊。

成为真实的自我，并诚实地生活是道德生活的指导准则。正如古希腊的名言，"忠于自我。"上述研究告诉我们，我们所拥和经历的温暖的社会关系决定了我们能够诚实地生活和做正确的事情。

■ 谁能为你提供最安全的依恋关系？
■ 你对这个人比对其他人更真诚吗？还是更不真诚呢？

社会心理学的研究发现，无论是安全型还是不安全型，成人的依恋风格与包括亲密关系在内的诸多生活方面都有关系（Simpson & Rholes，2010）。在成人关系中，安全的依恋意味着信任伴侣、对伴侣之间的接近感到舒适，不担心背叛。安全型依恋能使你更为诚实地面对自我吗？要了解这一问题，见交叉研究部分。

社会情感背景下的道德发展

道德发展研究者越来越关注亲社会行为的影响因素。**亲社会行为**（prosocial behavior）是指意在使他人受益的行为（Eisenberg & others，2005）。例如，研究者们正在研究父母（Farrant & others，2012）、同龄人（Eivers & others，2012）、学校课程（Schonert-Reichl & others，2012）和文化（Carlo & others，2011）是否影响儿童的日常友善行为。

研究同时考察了认知能力（Eggum & others，2011；Han & others，2012）和人格特征（Caprara，Alessandri，& Eisenberg，2012）是如何影响儿童与成人的友善行为的。温暖、情感关怀的教养方式与儿童亲社会行为有关（Michalik & others，2007），而拒绝、严厉的教养方式多与低水平的亲社会行为和道德推脱有关（Hyde，Shaw，& Moilanen，

亲社会行为 即意在使他人受益的行为。

2010）。童年期的个性特征塑造十分重要。纵向研究表明，友善、品行端正的儿童更可能成为友善、品德良好的成人（Eisenberg & others，2002，2005）。

近期的一些研究工作开始关注儿童拥有良心的初始迹象（Kochanska & others，2008）。拥有良心，就意味着我们能够听到心里的声音，这个声音会告诉我们一件事是否道德。Deborah Laible和Ross Thompson（2000，2002）考察了当孩子做了好事或陷入麻烦时，母亲与孩子之间的对话。他们发现，3岁以上的儿童表现出了早期良心发展的迹象。亲子之间明确、认真的分享和情感交流（如分享积极情感），能够促进儿童良心的发展。

自我测试

1. 在柯尔伯格的前习俗阶段中，道德推理取决于：_____。
   A. 父母的标准和既定的法律
   B. 个人的道德标准
   C. 来自外部世界的奖励和对行为后果的惩罚
   D. 对他人的忠诚
2. 道德行为受以下所有因素的影响，除了_____。
   A. 早期依恋
   B. 文化
   C. 教养方式
   D. 感觉
3. 意在帮助别人的行为被称为_____。
   A. 关爱视角
   B. 亲社会行为
   C. 正义感
   D. 社会情绪行为

小应用！

4. Chris 和 Amanda 有个 3 岁的宝贝 Emma，Emma 在幼儿园时总是惹麻烦。她抢其他孩子的玩具，并搞很多恶作剧。父母想给他们的小捣蛋鬼灌输一些道德意识。针对以上问题，以下哪一个策略最好？
   A. 父母应该惩罚 Emma，因为她非常调皮，所以根本不需要讨论这个问题，试图对一个三岁小孩讲道理是错误的
   B. 父母们应该奖励 Emma 好的行为，忽略她的错误，Emma 可能只是想得到关注
   C. 父母应该与 Emma 多交流，并谈论她的行为，赞扬她好的行为，当她制造麻烦时，告诉Emma 他人对于这件事的感受。父母不要只关注她所做的坏事
   D. 父母应该什么都不做。3 岁的年龄还太小，没有必要为这些问题操心，Emma 也不明白他们在谈论什么，她长大后才会明白

---

7   死亡、临终和哀伤

一切生命最终都会死亡。自古至今，这是所有生物体的真实写照。由于人有意识的能力（正如第4章所探讨的），因而，我们能够觉察到自己的死亡。我们能在心理上进行时间旅行，想象自己未来的样子，并看到死亡是不可逃避的现实。研究者从不同的角度研究死亡意识是如何影响我们的思想、感情和行为方式的。

恐惧管理理论：对死亡的文化保护

在20世纪70年代，人类学家Ernest Becker（1971）结合社会科学的理论和研究，得出一个有关人类生活和文化的重要理论。Becker的研究认为，人类能够意识到自己终将死亡，这种意识会引起潜在的过度恐慌。那么，如何能够不让这种恐慌意识影响到我们的生活呢？为什么要这样做呢？

烟火表演令人兴奋，它使我们感觉到自己在更大的文化中的价值感和参与感。

Becker指出，随着自我意识能力的进化，人类能够创造和影响文化。文化为人类的共同生活提供了传统的信仰、习俗、宗教规则和社会秩序。Becker坚信，文化中的部分内容，可以保护我们远离死亡的恐惧。他认为，通过进一步探索文化中的世界观（信仰、日常规范和行为准则），我们将获得永生感。文化既为我们提供了死后生活的宗教观，也为我们超越死亡提供了环境背景。只要认为自己是文化成员的一分子，为该文化贡献了价值，那么，我们在面对个体的死亡时，就不会那么恐惧。

社会心理学家Jeffrey Greenberg，Sheldon Solomon和Tom Pyszczynski，将 Becker的思想进行了实证研究。他们把这种理论命名为"恐惧管理理论"（terror management theory，TMT）（Solomon，Greenberg，& Pyszczynski，1991）。大量研究都对恐惧管理理论进行了探讨（Burke，Martens，& Faucher，2010）。这一研究表明，当人们想到自身的死亡时，就会有更为强烈的文化归属信念（Kashima，2010），并拒绝那些违反这一信念的人（Greenberg & Kosloff，2008），同时还会努力维持或增强自我价值感（Pyszczynski & others，2004）。恐惧管理的研究支持了 Becker的观点，文化信念能使我们更好地面对"死亡不可避免"这一事实。最近的研究表明，对于死亡的意识不仅可以促进人们的应对过程，还能激发人们的创造力，成为个人成长的动力（Vail & others，2012）。有趣的是，研究显示，在面对自身的死亡时，老年人不会像年轻人那样强烈地捍卫自己文化的世界观（Maxfield & others，2012），这也许是因为他们已经接受了死亡就是生命的一部分这一事实。

尽管恐惧管理的研究在理论上告诉了我们大量关于如何面对死亡的问题，但该理论并没有考察临终的过程。虽然个体投身于一种文化，并产生了一种仿佛不朽的感觉，然而，死亡仍然真实存在。对于老年人或患重病的人，这一经历尤其真实。当临近死亡时，他们会如何应对呢？

Kübler-Ross 的死亡阶段论

Elisabeth Kübler-Ross在其著作《死亡和临终》中，对死亡和临终过程进行了研究（1969）。根据对身患绝症者的研究，Ross将死亡过程分为五个阶段。

- **否认** 拒绝即将死亡的现实。他/她可能会表达这样的想法，如"我觉得自己很健康，这根本不可能。"
- **愤怒** 一旦死亡即将成为现实，个体会感到愤怒，并问道："为什么是我？"这种不公平的感觉尤其让人苦恼。

- **谈判** 个体可能同上帝或医生讨价还价，或是问自己："只要能再活一段时间，我愿意付出任何代价。"
- **抑郁** 个体会感到深深的悲伤并可能会放弃生命："做这些事还有什么意义呢？"
- **接受** 个体开始接受死亡降临的事实。接受这个现实，"会没事的。"

Ross最终将死亡阶段理论扩展到不同的生命体验中，如失去亲人的悲痛，失业或失恋的痛苦等。这本书十分重要，因为其唤起了心理学家们对死亡这一棘手问题的正视。虽然该著作受到了一些批评，但最近的研究已经开始关注其研究中所提出的一些观点，例如，是否每个人在面对死亡时，都会经历这些阶段。死亡阶段理论的一个不足在于，它似乎提供了一个"正确"面对死亡或"最佳"应对悲伤的方式。然而，很明显地，正如婴儿自出生时就与众不同一样，人们在面对生命的终结时也各不相同。

Bonanno 的哀伤理论

失去心爱的人一定非常痛苦。George Bonanno及其同事们对经历丧亲之痛（如失去配偶）的人进行了追踪研究（Bonanno, 2004, 2005；Bonanno, Westphal, & Mancini, 2011；Mancini & Bonanno, 2009；2010）。在此基础上，提出了四种不同的悲伤形式。

- **复原**（resilience） 复原力强的个体在痛失亲人时，只会持续较短的时间，并很快回到正常的生活中。尽管经历了巨大的痛苦，但这种经历不会使他们的生活中断。
- **恢复**（recovery） 这一模式的个体会体验到深深的悲伤和痛苦，这种感觉会很久才消散。个体最终会回归正常的生活，但这一过程会非常的缓慢，只有经过很长的时间，悲痛感才会慢慢地减少。
- **长期机能障碍**（chronic dysfunction） 悲伤体验将会导致个体长期无法进行正常的生活。长期的机能障碍最终可能使个体出现心理疾病（如抑郁症），我们将在第12章讨论这些内容。
- **延迟性悲伤或创伤**（delayed grief or trauma） 有些人不会因为失去亲人而立即表现出悲伤或痛苦。相反，这种强烈的感情可能会在事情发生后的几周甚至几个月后出现。

> **❝** 你可能会认为复原力强的个体非常少，但Bonanno发现，实际上，复原是最寻常的一种模式。**❞**

寻找死亡的真实意义

死亡这一概念思考起来很难。然而，对死亡真正意义的思考会使生命更加珍贵。研究表明，对于死亡的认知，可以使个体认识到生活是有意义和令人满意的（King, Hicks, & Abdelkhalik, 2009）。更重要的是，意识到所爱的人最终会死亡，会使我们更为重视对社会关系的承诺。

确实，死亡会使我们更关注有意义的生活。让我们重新审视这种承诺，这也是发展的重要因素。

自我测试

1. 恐惧管理理论的研究表明，当人们想起自身的死亡时，会_____。
   A. 失去维持或建立自我价值感的兴趣
   B. 更强烈地拥护文化信念
   C. 变得没有生命力
   D. 拒绝主流文化思想

2. Elisabeth Kübler-Ross 提出的死亡阶段包括以下所有选项，除了_____。
   A. 感到愤怒
   B. 弥补他人
   C. 否认死亡
   D. 接受死亡

3. 在 Bonanno 的悲伤理论中，个人的悲伤只会持续很短的时间，并迅速恢复为正常的形式是_____。
   A. 恢复　　　　　　B. 康复
   C. 复原　　　　　　D. 消散

小应用！

4. Tawnya 的丈夫 Lionel 死于突发性心脏病，他们已经相爱 20 多年了，Tawnya 非常悲伤。但几周后，她又重新回到了工作岗位，恢复日常生活，照顾她十几岁的儿子们。面对丈夫的离去，她似乎做得非常好。Tawnya 开始怀疑自己是否出现了问题，她深爱着 Lionel。她还记得父亲去世时，母亲伤心了很长一段时间。Tawnya 向朋友倾诉了自己的感情。

根据悲伤理论研究，以下哪一项是她朋友的最好回答？
   A. "尽管伤心，你也应该工作，也许加入一个能给你帮助的团体能使你敞开心扉。你需要直面你的感情！"
   B. "也许你和 Lionel 的感情并不是那么好。"
   C. "有许多方式可以表示悲伤。你的经历并非不正常。也许你的悲伤方式就是复原式的。如果你愿意，就和我说说你的伤心，但不要认为这是错误的。"
   D. "你在隐忍你的悲伤。如果继续这样的话，你会生病甚至得癌症的，别太压抑自己！"

8　积极发展是终身过程

当想到发展心理学时，你可能首先会想到的是儿童的发展。然而，实际上，发展是一个终生的过程：无论你是否已经成人，在成长过程中，你每一天都在发展。此外，作为一个积极的发展者，你可以塑造自己的发展轨迹。当你走上人生道路时，你会选择哪一条路呢？你会如何"自我成长"呢？

成人的发展就是不断解决人生困难的过程。心理学家Carolyn Aldwin及其同事认为，压力及应对方式对发展有重要作用（Boeninger & others，2009）。要了解它如何发挥作用，我们需要重新审视皮亚杰关于儿童认知发展的同化和顺应理论，看看如何能将这些理论应用于成人发展之中（Block，1982）。

> *我们中的每个人都经历过感到遗憾和后悔的事。但即便是这样的经历，也在某种程度上造就了今天的我们。*

回想一下同化的概念，已有的认知结构会影响对当前环境的反应。由于能够将当前经验纳入到原有的经验模式中，同化会使个体享受到一种意义感（King & Hicks，2007）。然而，生活并不总是与个体的期望相符合。当经验与原有模式相冲突时，就需要修改原有的思维模式。顺应，是指改变原有认知模式或形成新结构的过程。顺应有助于个体改变自我，以理解曾经无法理解的事情。例如，当人们遭遇消极的生活环境（如疾病或失去亲人）时，他们就会变得更加成熟（Bauer，Schwab，& McAdams，2011；Caserta & others，2009；Gunty &others，2011；LoSavio & others，2011）。事实上，有关研究表明，能够在生活中直面困难的人，会意识到自己在这些经历中的变化，因此更有可能拥有丰富、多元的视角去看待自我和世界（King & Hicks，2007）。

在第1章中，你曾做过生活满意度的测验。其中一项是"即使生命再来一次，我也不会对我的生活做出任何的改变。"重新审视这个题目，思考你曾经历过的生活，想想什么是成熟？成熟的人，会热爱生活，但同时也承认生活中可能存在的负面经验，这样的人可能在该项目上得分较高，因为他对生活"毫无保留"（King & Hicks，2007）。

发展包括诸多变化，成年期的发展意味着对变化及改变持开放的态度。一些人可能在成年早期生活中追求财富和事业成功，但在中年时期开始去追求自我发展。为使下一代的生活更加幸福，个体会投入大量的精力和资源去帮助他人——即积极投身慈善事业或与年轻人一起共事。

发展是一个持续的过程，在一生之中，我们会遇到很多成长、改变的机会，每个人或大或小地都会在这个世界上留下印记。确实，在发展的生命历程中，神奇的时光机器会带我们不断经历新的可能性。

总　结

❶ 探索人类的发展

发展是指在整个生命过程中，人类能力发展的连续性及可变性的模式。遗传（生物遗传）和教养（环境经验）都对发展有很大的影响。然而，积极地建构最佳经验，可以使人们不完全受基因或环境的限制。复原力是指一个人从困难中得以恢复或适应的能力。发展体现在三个相互联系的领域中：生理、认知和社会情感。

❷ 生理发展

产前发展过程包括：受孕期、胚胎期和胎儿期。某些药物，如酒精，会对胎儿产生不利的影响。早产是另一个潜在的危险，但其影响程度取决于出生后的经历。婴儿在出生的第一年中发展非常迅速，许多运动发展指标都出现在婴儿期。大脑的发育，包括突触的连接，主要发生在婴儿期和儿童期。

发育期是骨骼和性成熟的关键时期，这些发展主要发生在青春期早期。荷尔蒙的变化是青春期发展的核心。大多数成年人在二十多岁时达到身体发展的高峰及最佳状态。然而，30岁之后身体能力开始逐渐下降。不过，即使在成年晚期，大脑也有着很强的修复能力和可塑性。

❸ 认知发展

皮亚杰介绍了有关认知发展的理论。他认为，儿童利用图式积极构建自己的世界，这主要包括将新信息纳入到已有的图式中，或调整现有的图式来适应新的信息。皮亚杰将认知发展分为四个阶段：感知运动

阶段、前运算阶段、具体运算阶段和形式运算阶段。皮亚杰认为，青少年认知发展的特点是形式运算思维的出现，这也是其认知理论的最终阶段。这个阶段包括抽象的、理想化的和逻辑性的思维。

皮亚杰认为成年期的认知能力不会发生新的变化。然而，一些心理学家认为，青少年的理想化思维会逐渐被成年期的现实、实用思维所取代。有关智力发展的纵向研究表明，很多认知技能会在中年时期达到发展的高峰。总体而言，与年轻成人相比，老年人的记忆力及思维过程会更加缓慢。然而，老年人可能比年轻人更有智慧。

❹ 社会情绪发展

婴儿期的主要社会情绪发展是气质和依恋。埃里克森提出了从婴儿期到成年晚期的社会情绪发展八阶段理论。他认为，个体在每个阶段中都需解决特定的社会情绪冲突。童年期主要包括从信任到勤奋这些阶段，青少年会经历埃里克森所提出的第五阶段：同一性与角色混乱。

Marcia基于探索和承诺提出了同一性的四种状态。心理学家们将青年期和成年期的中间阶段称为成人初显期。这一阶段的特点是在工作和社会关系中探索同一性、不稳定性和自我关注。

埃里克森提出成年期的社会情绪发展的三个阶段，即：亲密对孤独（成年早期）、繁殖对停滞（成年中期）、完善对失望（成年晚期）。研究人员发现，保持积极心态的老年人会更幸福、健康。此外，老年人通常会减少一些不重要的社会联系，他们想要花更多

的时间与朋友和家人亲密相处。

❺ 性别发展

性别发展包括身体（生理）、认知、社会情感的发展过程。生理因素包括性染色体和激素。认知因素包括性别图式和性别角色，后者受文化影响很大。性别的社会情感方面包括父母、同伴对性别有关的行为的反应。关于性别的差异，有关研究表明，男性和女性之间的相似性多于不同点。

❻ 道德发展

道德发展包括认知和社会情绪的发展过程。柯尔伯格提出了关于道德认知发展的三阶段理论（前习俗阶段，习俗阶段和后习俗阶段）。近期很多研究集中在探讨亲社会行为的发展及影响道德推理与道德行为之间关系的社会情感因素。

❼ 死亡、临终和哀伤

要了解真实的死亡，首先需要了解其社会情感特点。恐惧管理理论的研究表明，对死亡的恐惧将促使个体对文化价值观的投资和参与。Elisabeth Kübler-Ross提出了个体在面对死亡时所经历的从否认到接受的阶段。George Bonanno则指出了四种不同形式的悲伤形式：复原、恢复、长期机能障碍和延迟性悲伤。对于死亡的认知，可以使个体认识到生活是有意义和令人满意的。

❽ 积极发展是终身的过程

发展是一个持续的过程，受到人生每个阶段中的积极发展因素的影响。在成年期，个体面对重大生活事件的方式会影响其发展。对压力事件的处理方式及对变化的开放性能促进成人的发展。

关键术语

自我测试

多项选择

1. "眼不见，心不烦"这一短语真实地反映了儿童的认知发展正处于_____。

　　A. 感知运动阶段　　　B. 前运算阶段

　　C. 具体运算阶段　　　D. 形式运算阶段

2. 在出生前的产前发展阶段叫做_____。

　　A. 胚胎期　　　　　　B. 合子期

　　C. 胎儿期　　　　　　D. 胚芽期

3. 以下与生命主题这一概念相一致的活动是_____。
   A. 与他人竞争　　　　　　B. 赚很多钱
   C. 生育　　　　　　　　　D. 无私的利他活动

4. 给婴儿呈现狮子和拖拉机的图片时，婴儿看拖拉机图片的时间更长。这一发现是_____的典型例子。
   A. 注意偏好　　　　　　　B. 视觉发展
   C. 同化　　　　　　　　　D. 客体永存性

5. 在产前发展这一过程中，人类的有机体最开始是_____。
   A. 受精卵并最终发展成为一个胚胎
   B. 胚胎并最终发展成为一个胎儿
   C. 受精卵并最终发展成为一个胎儿
   D. 胎儿并最终发展成为一个胚胎

6. 童年早期（3到5岁）这一发展阶段的特点是_____。
   A. 同一性对角色混乱
   B. 信任对不信任
   C. 亲密对孤独
   D. 主动对内疚

7. 关注细胞分裂的衰老理论是_____。
   A. 端粒理论　　　　　　　B. 期望理论
   C. 细胞时钟理论　　　　　D. 自由基理论

8. 抽象思维能力是_____。
   A. 液体智力　　　　　　　B. 组群效应
   C. 晶体智力　　　　　　　D. 顺应

9. 医生警告一位新孕妇要注意致畸剂，但这位孕妇并不知道什么是致畸剂，请你解释一下，告诉她心理学书籍中所提到的致畸剂包括_____。
   A. 睾丸激素　　　　　　　B. 血清素
   C. 多巴胺　　　　　　　　D. 酒精

10. 一位因为害怕陷入麻烦而不做某件事情的人，他（她）所在的道德推理阶段被称为_____。
    A. 前习俗水平　　　　　　B. 习俗水平
    C. 后习俗水平　　　　　　D. 形式运算阶段

小应用!

11. 根据本章中对于智慧的界定，想想你所做过的三个明智决定。为何你认为它们堪称明智？

小巨人

你可能永远想象不到，某天在电影院里你会碰巧坐在Danny Woodhead的后面，他身高5英尺8英寸，是一名职业橄榄球接球员——一名外接手，有时候是跑卫，有时还是英格兰爱国者队的开球回攻手。Woodhead自称体重达到200磅。在NFL（美国国家橄榄球联盟）标准里，他只是一个小个子。但他一直是个有着远大梦想的小个子：希望自己在NFL中占有一席之地。

Woodhead是土生土长的内布拉斯加人，就读于崔镇州立学院，他是该学校历史上第一个获得全额体育奖学金的学生。尽管Woodhead打破了一系列的学校冲刺记录，但他还是没能入选NFL。然而，他从未放弃过自己的目标。Woodhead签约了纽约喷射机队，在新秀赛季中因受伤而退出了比赛，最终被除名。在英格兰爱国者队与Woodhead签约时，有人甚至怀疑狡猾的爱国者队主教练Bill Belichick也许是想获得喷射机队作战策略方面的一些密招。不管怎样，Woodhead后来证明是爱国者队中一名宝贵的成员。他美梦成真，最终成为一名成功的NFL球员，甚至在第46届超级杯中成功射门（后来被证明是英格兰队击败纽约巨人队的关键）。

当问及他的职业时，Woodhead说："人们总是问我'如果你能改变任何事情，那么你会改变什么？'我总是回答："我不会改变任何事情，这都是我旅程的一部分。"（Araton，2012）想想Woodhead对人生梦想的追求，我们可能会惊讶于他为何如此固执地坚持自己的目标。我们可能会问，为什么他曾经想要成为NFL球员。当我们问一个人为什么选择去做一件事或不做另一件事的时候，我们其实是在询问对方的动机。

动机和情绪的术语来自拉丁语movere，意味着"移动"。动机和情绪是人类生活的"动力"，它是我们克服障碍和完成日常生活中大小事情的动力。情绪通常揭示了我们真正想要的东西：我们感到快乐或悲伤，是因为这些事件对我们所珍视的人生梦想产生了不同的影响。

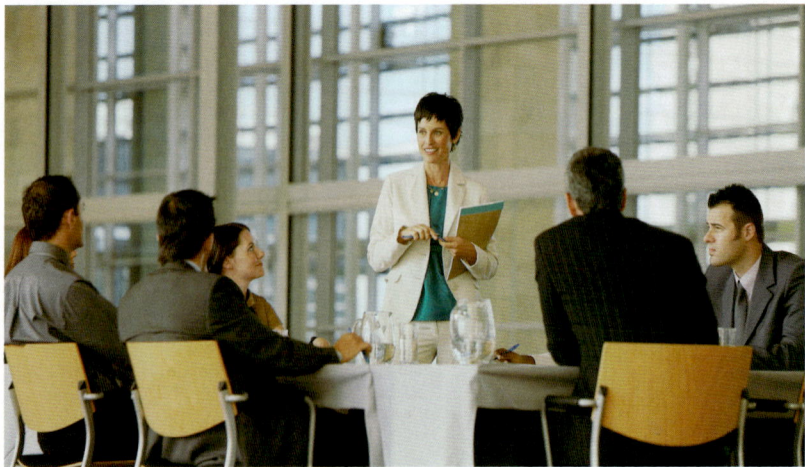

本章探讨的是心理学家对动机和情绪的研究。我们首先回顾动机研究的一般取向，并了解动机的两个重要生理来源：饥饿和性。然后，我们考察动机在日常生活中的应用。最后，我们转向情绪的话题，了解心理学家在情绪（如：愤怒、感恩和幸福）研究中所使用的方法。

1 动机理论

动机（motivation）是促使人们采取行动并对行动方式进行思考和感受的动力。动机性行为具有激励性、引导性和持续性。对于动机为何能驱动有机体采取行动，心理学家提出了一系列的理论。在本节中，我们将探讨一些动机的主要理论取向。

进化论取向

在心理学的早期历史中，进化论取向强调了本能在动机中的作用。动物行为学（ethology）研究动物行为，也从进化的角度描述了动机。

本能（instinct）是指各个物种普遍具有的、与生俱来的（不需要学习的）生物性行为模式。一般来说，本能被"符号刺激"设定为特定的动作表现。所谓符号刺激，就是指环境中的一些事物能够引发个体产生某种固定的行为模式。本能可以解释许多非人类的动物性行为。此外，一些人类行为也是出于本能。例如，你可能会想起第8章中有关婴儿反射的内容。婴儿不需要学习吸吮，只要东西进入嘴里，他们就会本能地这样做。因此，对于婴儿来说，碰触到嘴唇的物体就是符号刺激。然而，在婴儿期过后，人们很难再找到一种所有人在特定刺激下都会出现的特定行为。

根据进化心理学家的观点，性动机、侵略、成就和其他行为都植根于我们的进化历程中（Bolhuis& others，2011；Buss，2012），我们可以通过这些共同的进化源了解人类物种成员之间的相似性。进化论强调的是个体的基因传递，因此，这些理论主要集中于生活领域，特别是在繁衍方面。例如，进化论者强调，在许多文化中，选择异性伴侣时，男性更喜欢年轻女性，同时女性更喜欢有资源的男性（Buss，2012）。然而，通常情况下，大多数人类行为都太过复杂，以至于无法用本能进行解释。事实上，人类很难一直被环境中的某个特定信号引发出固定的行为模式。正如我们所知道的，为了了解人类的行为，心理学家们已经提出了一系列的理论。

我是一条优秀的狗，但是只要再有一点动机，我就会成为一条伟大的狗。

经 CartoonStock 许可转载，转自 www.CartoonStock.com

> **❝** 你可能会认为某些刺激能引发强烈的本能反应。难道每个人看到巧克力后的行为反应都是想吃吗？不要匆忙得出结论——有些人就不喜欢吃巧克力！**❞**

动机 促使人们采取行动、并对行动方式进行思考和感受的动力。

本能 各个物种普遍具有的、与生俱来的（不需要学习的）生物性行为模式。

驱力降低理论

了解动机的另一种方式是认识驱力和需要。**驱力**（drive）是一种由生理需要引起的唤醒状态。你可以把驱力理解为感觉到痒而去抓。**需要**（need）是一种匮乏状态，能激发驱力去降低或减少这种匮乏。一般来说，心理学家认为需要就是我们的潜在驱力。你可能会有喝水的需要；而伴随着这种需要的驱力就是口渴的感觉。需要和驱力通常是（并不总是）紧密相连的。例如，当你的身体需要食物的时候，你的饥饿驱力就会被唤醒。你吃了一个汉堡包。一个小时后，你的饥饿驱力可能已经消退，但你的身体可能仍然需要必需的营养物质（因此你需要食物）。

通过下面的例子可以看到，驱力属于心理状态，而需要是生理状态，并且驱力并不总是由需要所致。如果你因为煤气泄漏而缺氧，你可能会感到头晕，但你可能并未意识到你对空气的需要是因为煤气泄漏所致。因为你没有觉察到自己的需要，所以这种对空气的需要也没有让你产生打开窗户、寻找氧气的驱力。此外，驱力有时似乎是凭空出现的。例如，想象一下，你刚吃了一顿丰盛的饭菜，感觉非常的饱，不想再多吃一口。这时服务员推上了甜点车，尽管你并不饿，但你好像突然感觉自己已经准备好要吃双层巧克力松露了。

驱力降低理论（drive reduction theory）解释说，随着驱力的逐渐增强，我们就会产生消减这一驱力的动机。驱力消减的目标是维持**体内平衡**（homeostasis），即身体保持平衡或稳定状态的一种倾向。准确地说，就是我们体内的生理状态必须保持在一定范围内：温度、血糖水平、钾、钠水平、氧合情况等等。当你跳进冰冷的游泳池时，你的身体会调动能量维持正常体温。炎热的夏天，当你走出空调房来到室外时，你的身体会通过出汗来释放多余的热量。这些生理变化会自动发生，使身体保持在最佳的运行状态。

大多数心理学家认为，驱力降低理论并没有给我们提供一个理解动机的全面框架，因为人们通常的行为表现不是消减驱力，而是增加驱力。例如，在节食时，你可能会选择不吃东西，但这种策略会增加你的饥饿驱力，而不是减少。同样，你所选择做的许多其他事情，如参加学校的一个具有挑战性的课程、支撑家庭、从事一份困难的工作等都会增加（不减少）你的紧张感。

最佳唤醒理论

在谈到唤醒时，心理学家通常指的是一个人的警觉和参与感。当人非常兴奋的时候，我们的唤醒水平就会很高。无聊的时候，我们的唤醒水平就会很低。你可能已经注意到，动机能影响唤醒水平。有时候你非常想要某个东西（如在考试中取得好成绩），甚至会感到"超动机"和焦虑。相反，你也可能会面临一项缺乏动力（如洗碗）的任务，以至于很难强迫自己去完成它。

二十世纪初，两位心理学家描述了唤醒对行为表现的影响，即现在我们所熟知的**耶克斯–多德森定律**（Yerkes-Dodson law），该定律认为：最佳行为表现的唤醒水平是适度唤醒而非较高或较低的唤醒水平。当处于低唤醒水平时，你可能会昏睡，以至于不能很好地执行任务；而处于高唤醒水平时，你可能无法集中精力。想想你上次考试时的唤醒

驱力　一种由生理需要引起的唤醒状态。

需要　一种匮乏状态，能激发驱力去降低或减少这种匮乏。

体内平衡　身体保持平衡或稳定状态的倾向。

耶克斯–多德森定律　一个心理学定律，认为最佳行为表现的唤醒水平是适度唤醒而非较高或较低的唤醒水平。

水平。如果你的唤醒水平太高，你可能会非常紧张、甚至难以集中精力，这可能会影响你的表现。如果唤醒水平太低，你又可能会答得很慢，以至于不能完成测试内容。体育运动中也有类似的情况。唤醒水平太高会阻碍运动员的表现，扑通扑通的心跳和急促的呼吸致使许多高尔夫球手失误。但如果运动员的唤醒水平太低，那他们可能无法集中精力处理手头的任务。

唤醒和行为表现之间的关系能够对如下现象进行解释：为何那些处于压力下（如急救员和救生员）的个体能够表现良好？在训练中，他们要对重要程序进行过度学习（overlearn），因此，当需要真正实践这些技能时，他们不需要太多的思考。经过额外的学习，当个体处于高水平唤醒状态时，他们能够自动化地来完成需要做的事情。

自我测试

1. 促使人们采取行动、并对行动方式进行思考和感受的动力是_____。
   - A. 情绪　　　　　　B. 本能
   - C. 需要　　　　　　D. 动机

2. Natalie 今天要参加一场考试，根据耶克斯－多德森定律，Natalie 在哪种状态下能取得最好的成绩？
   - A. 不焦虑　　　　　B. 中度焦虑
   - C. 高度焦虑　　　　D. 高度放松

3. 下列哪种说法是正确的？
   - A. 本能和动物行为基本无关
   - B. 本能是经过学习的行为模式
   - C. 本能主导人类的大部分行为
   - D. 本能是与生俱来和生物性的

小应用！

4. Jared 是校篮球队的一名优秀运动员。在一场重要的比赛中，当还有几秒钟比赛就要结束时，Jared 站在罚球线外准备投篮。对方教练叫了暂停来"扰乱"Jared 的思维，对手队的学生粉丝尖声大叫，跳来跳去，企图让 Jared 投不中球。Jared 心跳加速。然而，Jared 最终投进了 2 个球，他们队取得了胜利。以下最有可能符合实际的情境是？
   - A. 对手队的主教练和学生粉丝知道低水平的唤醒会导致不好的表现
   - B. Jared 已经进行了多次的自由练习投球，即使在高唤醒水平状态下依然能投进球
   - C. Jared 显示了高唤醒水平的作用
   - D. Jared 是个迟钝的人，低水平的唤醒促进了他的表现

2　饥饿与性

生活中，动机的一些影响往往与生理需要相联系。我们这一物种得以生存的两种主要行为就是进食和性。在这一节中，我们主要研究这些行为背后的动机过程。

饥饿的生物学

当你的胃开始咕咕作响，并感受到熟悉的饥饿感时，你就知道自己饿了。这些信号在饥饿中扮演着什么角色呢？

胃的信号　1912年，Walter Cannon和A. L. Washburn进行了一项实验，揭示了胃收缩和饥饿感之间的密切

联系（图9.1）。实验中，充气气球穿过管道从Washburn的嘴里进到胃中。一台测量空气压力的机器与气球连接在一起，以此监测Washburn的胃收缩状况。每当Washburn报告饥饿的时候，他的胃同时也在收缩。果然，咕噜咕噜叫的胃需要食物。胃不仅告诉大脑它是否饱了，还告诉大脑已经提供了多少营养物质，这就是为什么相同数量的食物比相同数量的水要管饱。缩胆囊素（CCK）开始启动食物的消化，通过血液到达大脑，发出信号，让我们停止进食（Moss & others，2012）。然而，饥饿不仅仅是胃里没有食物。

血液的化学作用　三种重要的化学物质——葡萄糖、胰岛素和瘦蛋白，在饥饿、进食以及饱足（饱腹感状态）中发挥着重要作用。

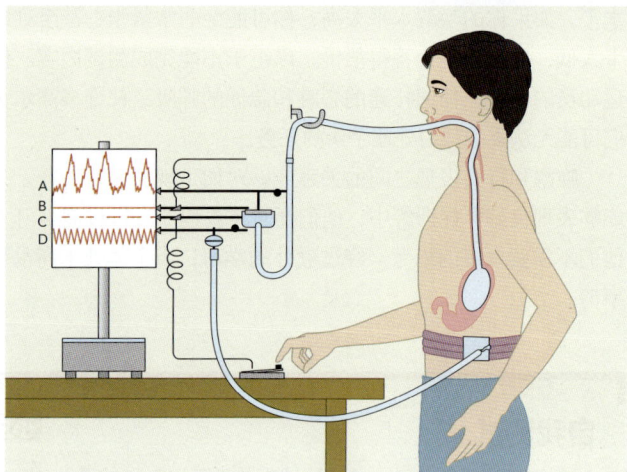

图 9.1　Cannon 和 Washburn 的经典饥饿实验　在这项实验中，研究人员证实，胃收缩（通过气球进行检测）与饥饿感（通过按键表示）同时出现。图表中，线 A 记录的是被试胃中气球体积的增大和减小。线 B 记录的是时间路线。线 C 记录的是被试饥饿感的人工信号。线 D 记录了系在被试腰部的腰带所检测到的腹部运动的仪表数，以确保不是这种运动导致的胃体积变化。

可能是因为大脑主要依靠糖来获取能量，因此，葡萄糖（血糖）是产生饥饿的一个重要因素。当糖含量下降到非常低的水平时，位于大脑中的一组糖受体便会引发饥饿感。位于肝脏中的另一组糖受体储存着多余的糖分，在需要时将它释放到血液中。当糖供应量下降时，肝脏中的糖受体便会向大脑发出信号，这个信号也会让你感觉到饥饿。

胰岛素在血糖控制中起着主要作用（Hansen & others，2012）。当我们吃面包、面食这类复合碳水化合物时，胰岛素水平就会上升，然后逐渐下降。当我们吃糖果这类单糖时，胰岛素水平也会上升，但之后会急剧下降，这就是我们非常熟悉的"低血糖"（Rodin，1984）。血糖水平受复合碳水化合物和单糖的影响。与吃了复合碳水化合物相比，吃了单糖的几小时后，我们更可能感到饥饿，并再次想吃东西。

化学物质瘦蛋白（来自希腊语 leptos，意思是"瘦"）由脂肪细胞释放，用于减少食物的摄入量，及促进能量的消耗或新陈代谢（Mantzoros & others，2011）。研究者最初是在有遗传性肥胖的老鼠身上发现瘦蛋白的这些功能的，这种小老鼠被称为肥胖小鼠（Pelleymounter & others，1995）。由于遗传的变异，肥胖小鼠的脂肪细胞无法分泌瘦蛋白。肥胖小鼠的代谢能力低下、过度进食，所以变得非常臃肿。瘦蛋白似乎是一种抗肥胖的激素（Procaccini，Jirillo，& Matarese，2012；Vong & others，2011）。如果每天给肥胖小鼠注射瘦蛋白的话，它们的代谢率就会提高，并且变得更加活跃、吃得更少，体重也会减轻。

人体中的瘦蛋白浓度与体重、身体脂肪和节食减肥有关（Lee & Bishop，2011；Lopez & Knudson，2012）。科学家们仍在继续研究瘦蛋白的分泌失调和摄入对人类肥胖的可能性影响（Carnell & others，2012；Kissileff & others，2012）。

脑机制　第2章描述了下丘脑在调节身体功能（包括饥饿）中的重要作用。更具体地说，下丘脑中的两个区域活动有助于我们更好地认识饥饿。下丘脑外侧能够促进进食。即便已经喂饱，当电流刺激动物这一区域时，该动物也会开始进食。如果下丘脑的这部分区域遭到破坏，那么饥饿的动物也不会对食物产生兴趣。腹内侧下丘脑有减少饥饿和限制饮食的作用。当动物大脑的这一区域受到刺激时，该动物就会停止进食。当该区域被破坏时，动物就会使劲儿吃并且会很快变得肥胖。

虽然外侧下丘脑和腹内侧下丘脑都影响饥饿，但大脑对饥饿的影响要比这些下丘脑的闭合中心更大。神经递质（在神经元和神经元之间传递信息的化学物质）和神经回路（通常包括大脑不同部位的神经元集合）也在饥饿中起作用（Marston & others，2011）。瘦蛋白通过抑制下丘脑中神经递质的释放来影响饮食。神经递质5-羟色胺是造成CCK饱腹作用的部分原因，而血清素拮抗剂已被用于治疗人类的肥胖（Halford & others，2011；Zhao，Goldberg，& Vaccarino，2012）。

世界卫生组织使用'全球肥胖'这一术语指代世界范围内的肥胖问题。

肥胖

既然大脑和身体都能调控饮食行为，那么，为什么还有如此多的美国人依然过度进食并忍受着暴饮暴食的痛苦呢？60%的美国人超重，三分之一的美国人被认为是极为肥胖（严重超重）（疾病控制和预防中心，2009）。国家卫生和营养调查中心预测，如果这一趋势得不到控制的话，到2030年将有86%的美国人面临超重或是肥胖问题（Beydoun & Wang，2009）。最近，33个发达国家的国际比较显示，美国成人肥胖率的比例最高（OECD，2010）。

肥胖或超重增加了各种健康隐患，包括心血管疾病和Ⅱ型糖尿病（Grundy，2012；Roos，Quax，& Jukema，2012）。目前，全世界超重人口数量比饥饿人口数量还要高出20%。超重和肥胖是全球性的健康问题。

为什么这么多人过度饮食？当个体不需要营养时，他为什么还会进食？这一现象引起了研究者对于其动机的思考。与很多行为一样，饮食也受生物、认知和社会文化因素相互作用的影响，这些因素以不同的方式作用在不同的个体上，很难指出哪一个是具体的原因（Adler & Stewart，2009）。

肥胖的生物学 肥胖显然是有遗传因素的。继在肥胖小鼠体内发现了肥胖基因后，研究人员在人体内也发现了类似的基因。一些个体在遗传上就有超重的倾向（Almen & others，2012）。40%的孩子会因为父母当中有一个肥胖而变得肥胖，70%的孩子会因为父母双亲都肥胖而变得肥胖，只有10%的孩子不会因为父母的肥胖而变得肥胖。即使被分开抚养的双胞胎也会有相似的体重（Maes，Neal，& Eaves，1997）。

另一个因素是体重**设置点**（set point），当个体不努力增肥或减肥时所维持的体重。设置点在一定程度上决定人体中所储藏的脂肪量（Speakman & others，2011）。脂肪储藏在脂肪干细胞和脂肪细胞中。当这些细胞被填满时，我们就不会感到饥饿。当人们由于遗传倾向性、儿童时期的饮食模式和成人期的暴饮暴食而导致体重增加时，他们体内的脂肪细胞的数量就会增加，并且可能再也无法摆脱这些额外的脂肪细胞。一个体重正常的个体有10到200亿个脂肪细胞。而一个肥胖的个体可以最多有1000亿个脂肪细胞（Fried，2008）。因此，肥胖者不得不通过增加饮食来获得满足。

我要投诉，这台笔记本放在我腿上不合适。

经 CartoonStock 许可使用，转自 www.Cartoon Stock.com.

设置点 个体在不努力增肥或减肥时所维持的体重。

饥饿和肥胖的心理因素　过去，心理学家们认为肥胖是因为不快乐或是外部饮食因素引起的。这些观点有一定的道理，个体通过吃巧克力或饼干来化解悲伤，这似乎能够解释他们的暴饮暴食。不过，一些因素比情绪状态和外部刺激更为重要（Rodin，1984）。

时间和地点影响着我们的饮食（Jaeger & others，2011）。食物与特定的时间、地点之间能够建立联系是许多生物体的特征（Fiese，Foley，& Spagnola，2006）。即便是已经吃了一顿丰盛的早餐，到了中午，我们还是会感到饥饿。我们也把吃和特定地点联系在一起。很多人习惯在看电视的时候吃东西，如果不吃东西的话，他们会感到不舒服。

从进化的　角度来说，我们的味觉偏好在可靠食物来源稀缺时形成。我们早期的祖先可能形成了对甜食和高脂肪食物的味觉偏好，原因在于：成熟的水果是糖（和热量）的主要来源，并且容易获得，而高脂肪的食物含有许多人体所需的热量。现在，许多人仍然对这类食物保留味觉偏好，但与祖先们仅仅爱吃成熟水果（含糖、维生素和矿物质）不同，我们所吃的软饮料和糖果等零食也能补充有营养的热量。此外，在现代生活中，我们也不像祖先那样需求那么多的卡路里。

美国人对节食一直保持着痴迷的态度。然而，即使减肥，我们也仍需要饮食才能生存。为了物种的繁衍，我们还必须进行性行为。与饥饿一样，性行为也具有很强的生理、认知和社会文化基础。

性的生物学

哪些大脑区域与性有关？荷尔蒙在性动机中扮演什么角色？人类性反应模式的本质是什么？这一节将回答有关性生物学的重要问题。

下丘脑、大脑皮层和边缘系统　负责性行为动机的脑区主要集中在下丘脑（Salu，2011）。然而，像动机的其他领域一样，与性有关的大脑功能区域也涉及边缘系统和大脑皮层中的多个脑区（Kuhn & Gallinat，2011）。

研究人员通过电刺激或下丘脑手术切除术揭示了下丘脑在性行为中的重要性。电刺激某些下丘脑区域会增加性行为，而手术切除一些下丘脑区域会抑制性行为。对男性下丘脑进行电刺激可导致其在一个小时内射精多达20次。贯穿下丘脑的边缘系统似乎也参与性行为，对该区域进行电刺激能让男性阴茎勃起，女性产生高潮。

人类大脑皮层的颞叶（位于大脑的两侧）能够调节性唤起，在寻找合适的性目标对象上发挥着重要的作用（Carroll，2013）。雄性猫的颞叶受损会影响其选择合适配偶的能力。颞叶受损的雄性猫试图与眼前的一切交配，包括泰迪熊、椅子，甚至是研究人员。人类颞叶损伤影响性活动的变化（Mendez & others，2000）。

与性激素有关的各种神经递质能够激活大脑中负责性感觉和性行为的区域。像抓痒一样，性动机也有一个特点，就是有一个基本的奖赏——平静周期。当我们性唤起时，就会有强烈的欲望去进行性行为，然后体验到一种被奖赏的感觉，最终放松、平静下来。性动机由兴奋性神经递质产生（Hull & Dominguez，2006）。强烈的性高潮感是由大量的多巴胺引起的，而强烈的放松感与荷尔蒙催产素有关（Magon & Kaira，2011）。

性激素　性激素主要包括雌激素和雄激素两类。**雌激素**，主要是由卵巢产生的雌性激素类。**雄激素**，主要的男性激素，由男性的睾丸和男性、女性的肾上腺产生。对男性而言，高水平的雄激素与性动机和性高潮频率有关（Thiessen，2002）。

雌激素　主要是由卵巢产生的雌性激素类。

雄激素　主要的男性激素，由男性的睾丸和男性、女性的肾上腺产生。

研究表明，睾酮的增加会使女性的性冲动和性需要也增加（Braunstein，2007），然而，这也可能增加患乳腺癌的风险。

人类的性反应模式 人类在性活动中体验到了什么生理变化？为了回答这个问题，William Masters和Virginia Johnson（1966）仔细观察、测量了382名女性和312名男性志愿者手淫或性交时的生理反应。Masters 和Johnson发现**人类性反应模式**（human sexual response pattern）包括四个阶段：兴奋期、平稳期、性高潮期和消退期。

兴奋期出现于性欲反应的开始阶段。它持续几分钟到几个小时，取决于性游戏的过程。兴奋期的特征包括，生殖器部位的血管充血、血流量增加及肌肉紧张。这个阶段最明显的反应就是阴道变得润滑和阴茎部分勃起。

人类性反应的第二个阶段是平稳期，是兴奋期的延续和提高。兴奋期时出现的呼吸、脉搏和血压的变化都更为强烈，阴茎勃起和阴道润滑变得更为明显，更加接近性高潮。

性反应周期的第三个阶段是性高潮，这是一个神经肌肉张力高度释放和强烈愉悦感的阶段。性高潮会持续多久？有些人感觉，时间在那一时刻静止，但事实上性高潮持续的时间只有约3至15秒。

性高潮过后，个体将进入消退期，此时血管恢复到正常状态。这个阶段的性别差异是，女性可以再次被刺激进入性高潮，并且无延迟。而男性则进入不应期，不能再次产生性高潮。

性的认知、感觉／知觉因素

从经验中我们知道，我们的认知世界在性行为中扮演着重要的角色（2006）。某个人可能会对我们产生性吸引，但我们知道在这段关系得以确立之前，我们必须要抑制住这种性冲动。认知能力使我们能够考虑尊重配偶的重要性，并且不参与到某种性关系中。认知能力还能使我们产生想象性画面，并产生性冲动（Hall，Hogue，& Guo，2011）。

性动机受性脚本（sexual scripts）的影响，所谓性脚本，就是一种期望人们应该如何进行性行为的固定模式（Ross & Coleman，2011）。这些脚本存在于我们的记忆中。通常情况下，男性和女性有不同的性脚本（Fagen & Anderson，2011）。女性往往比男性更倾向于将性行为与爱联系在一起，而男性更可能强调性征服。一些性脚本包括双重标准，例如，评价男女青少年是否可以进行性行为的标准并不一致，这对于青年男性来讲可能无所谓，但是对于青年女性来说，她们还要承担可能怀孕的后果。

对性行为的认知理解，还包括我们对性交对象的看法和性交对象对我们的看法（Alvarez & Garcia-Marques，2011）。我们的性行为中还掺杂着感性成分，比如他是否忠于我，我们未来的关系会怎样？性活动中荷尔蒙的分泌，还受认知能力、进行该活动的原因及对这一过程的理解等因素的影响。

性行为中还包括感觉和知觉的参与。在性亲密中，触觉感官系统通常占主导地位，但对一些个体而言，视觉也扮演着重要角色。一般来说，女性更多是通过触摸激起性欲；男性则是通过视觉。

> 已知的一种降低睾酮的物质是黑色甘草，一些研究者让参与者服用黑色甘草以操纵睾酮水平。

> **人类性反应模式**
> 根据 Masters 和 Johnson 的 观点，人类在性活动中体验到的生理变化过程包括4个阶段：兴奋期、平稳期、高潮期和消退期。

> 性脚本的不同可以解释为何色情杂志和电影更多地针对男性而不是女性。

性的文化因素

John Messenger（1971）通过一项经典分析，很明显地揭示出了文化对性的影响。这是一群生活在爱尔兰海岸Inis Beag小岛上的人，他们对用舌头亲吻和用手刺激阴茎一无所知，而且还厌恶裸体。无论女性还是男性，他们都绝对不会在婚前发生性行为。这里的男性认为性行为会降低他们的能量水平，并对健康不利，因此他们避开了大多数的性行为。在这种压抑的环境中，人们只能在夜间进行性行为，并要尽可能快地结束。你可能会怀疑，这种文化中的女性很少经历到性高潮（Messenger，1971）。

在Messenger研究Inis Beag人的同时，Donald Marshall（1971）研究了南太平洋的曼加伊亚人的文化。在曼加伊亚，年轻的男孩要学习有关手淫方面的知识，并且被鼓励只要喜欢就可以做出这种行为。在这里，男孩13岁时要参与一个仪式，帮助他们进入性成年。首先，长辈传授他们性技巧，包括如何帮助女性伴侣达到性高潮等。两个星期后，男孩会与一位有经验的女性性交，这位女性会帮助他忍住射精，直到自己经历性高潮。一直到青春期结束，曼加伊亚人几乎每天都做爱。曼加伊亚女性报告的性高潮频率非常高。

> **❝** 你所在文化的哪些方面会影响你的性行为？**❞**

社会教导青年关于性和性行为的方式之一是通过正式教育。虽然与性和性行为有关的许多话题都会引起很大争议，但有关性教育的话题却毫无争议，即鼓励青少年延迟性活动的开始时间、降低青少年怀孕率和性传染疾病的比率。

性教育理论 尽管关于性教育目标，我们已经达成了共识，但是关于如何实现这些目标，仍然存在许多不同的意见。一种性教育的形式是守贞教育（abstinence-only）。在过去的三年中，这一取向在美国变得越来越普遍。根据联邦指导方针（家庭和青年事务局，2004），美国必须强调禁欲教育计划，任何婚姻以外的性行为对任何年龄的个体都是有害的。此外，在无法做到这一点时，教育者会为其提供避孕药和避孕套。守贞教育使人们更加认识到，禁欲是避免怀孕和传播性感染的唯一有效方法（家庭和青年事务局，2004）。

另一种方法是综合教育（comprehensive sex education）。这包括向学生提供有关性行为、节育和使用安全套的综合性知识，同时鼓励他们推迟性行为和实行禁欲。

哪一种方法是推迟性行为和防止青少年怀孕的最有效的性教育方法呢？研究表明，综合性教育比守贞教育的效果好，更能达到上述目标（Kraft & others，2012）。两篇研究综述发现，守贞教育并不能推迟首次性交的时间和降低艾滋病的危险行为（Kirby，2008；Kirby，Laris，& Rolleri，2007；Underhill，Montgomery，& Operario，2007）。此外，最近一项关于美国50个州的研究显示，守贞教育与青春期妊娠的高发生率存在相关（Stanger-Hall & Hall，2011）。

现在，很多权威专家认为，综合教育方案虽然强调避孕知识，但并未增加性行为的发生频率，甚至比禁欲教育更可能降低青少年怀孕和感染性病的风险（Constantine，2008；Hampton，2008；Hyde & DeLamater，2011）。对守贞教育的一项研究发现表明，这种教育往往对有效使用避孕套持消极态度，甚至包括一些误导信息，这导致青少年在进行性行为的时候不太愿意使用避孕套。现在，还出现了一些"守贞加性"的性教育方法，提倡禁欲以及使用避孕套和避孕工具（Markham & others，2012；Realini & others，2010）。

性教育的实践 在美国的许多社区中，教育实践并没有赶上研究结果。事实上，避孕知识不足，再加上没有使用有效的避孕措施，使美国出现这样的现象：美国是发达国家中青少年怀孕和生育率最高的国家之一，20岁以下的年轻女性有三分之一怀孕（Guttmacher Institute，2010）。相比较而言，美国青少年产子的数目是英国的两倍、加拿大的三倍，而且至少是法国、瑞典、德国和日本的四倍（图9.2）。虽然美国青少年的性行为不比法国和瑞典等国青少年的性行为多，但与其他国家相比，美国青少年产子的比率要高一些。相比于其他国家，美国的性教育不太全面，有效使用安全套的比率也更低。显然，教育和预防对减少青少年怀孕是至关重要的（Kaneshanathan & others，2012）。尽管与许多其他发达国家相比，美国的现象较为消极，但也出现了一些令人鼓舞的趋势，比如，美国青少年产子的比率在2007年到2009年间下降了8%，在2009年时达到了历史最低（Ventura & Hamilton，2011）。

性行为与性取向

不同的性行为和性态度反映了美国国家人口的多元化，从保守到自由，在美国群体中都能看到。我们在性习惯上要比曾经认为得更为保守。然而，与一个世纪前相比，我们的态度更加开放。

在下面的内容中，我们首先对性行为进行定义，并考察了不同性行为的频率，同时也提到在这些领域进行研究中的困难。然后，我们将探讨影响性取向的因素。

定义性行为 什么是性行为，也就是我们通常所说的"性"？大多数人可能会用"阴道性交"来回答这个问题，但其他性行为呢？如肛交和口交。如果有人产生了这样的行为，那他或她还是"处男"

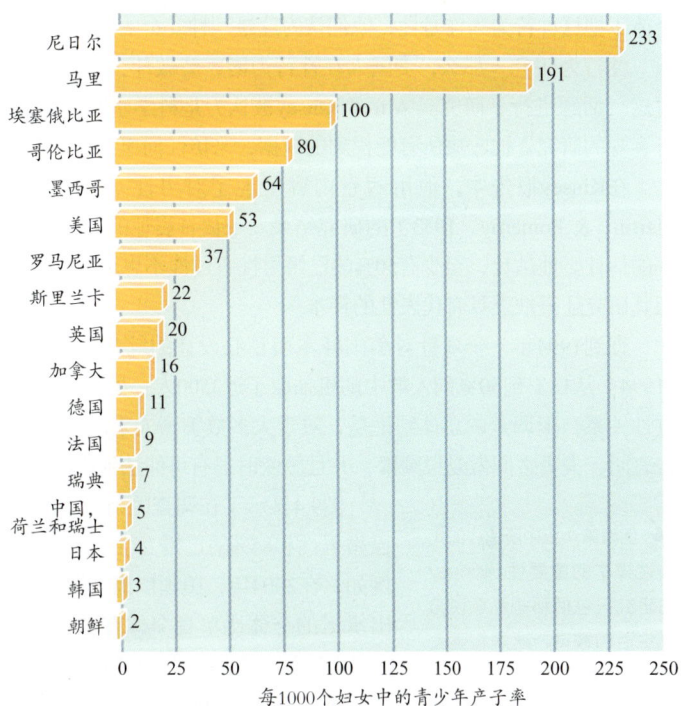

图 9.2 **不同国家的青少年产子率** 综合教育是国家间青少年产子率差异的原因之一。还有哪些因素在起作用？

或"处女"吗？如果你身边的重要他人告诉你他/她最近和别人进行了口交，你会认为这是不忠的表现吗？要是他/她花了一个小时与一位有魅力的朋友发送性短信呢？这些问题都源于我们是如何尝试定义性行为的（Medley-Rath，2007）。

一种对性行为的定义是生殖和繁衍的活动。在这种解释中，许多同性恋男女都是处男/女，因为他们只发生了口交。此外，从这一角度来看，手淫也不是性行为。

另一种性行为的定义是伴随性活动而出现的性唤醒和性反应。虽然更广泛，但这种定义仍然会遗漏掉一些说自己有过性行为的个体。例如，如果一个人没有体验到性兴奋，但和伴侣进行了口交，那么这个人的行为属于性行为吗？或者，我们可以进一步扩大定义的范围，把性行为的定义具体到每个个体的行为上，即这是以一种在特别亲密的个体之间发生的令人愉悦的特殊行为。

性行为定义的不明确会导致潜在的危险行为。如图9.3所示，对青少年来说，口交已变得相对普遍（国家卫生统计中心，2002）。对许多青少年来说，口交似乎是一种娱乐活动，因为20岁以下的许多

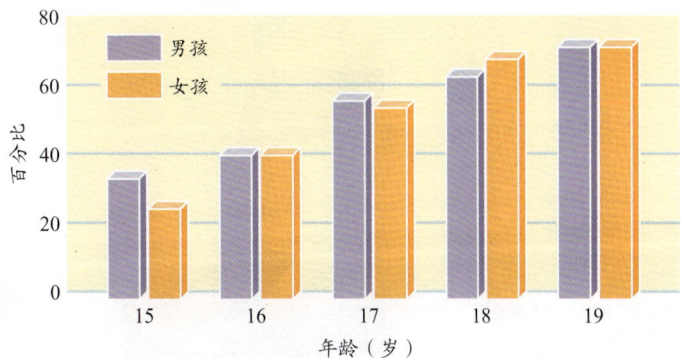

图 9.3 **美国 15 ~ 19 岁男孩和女孩报告的口交百分比** 这是真的"性"吗？这一数字显示 20 岁以下的年轻人报告有过口交的比例。
资料来源：全国卫生统计中心（2002）

个体不把这种行为当作是性，他们认为这是一种安全的替代行为（Song & Halpern-Felsher，2010）。

性行为研究 那么，美国人在性行为时，会做什么呢？多久做一次？Alfred Kinsey及其同事在1948年最早对这一话题进行了研究。Alfred Kinsey被认为是科学研究性行为的先驱。他抛开了内疚和羞耻感，对性问题进行客观的研究。他收集所能找到的数据，采访任何愿意讨论自己性生活细节的人。

在Kinsey报告中，他用两卷内容呈现了对男性（Kinsey，Pomeroy，& Martin，1948）和女性（Kinsey，Martin，& Pomeroy，1953）的研究结果。令读者震惊的是他对男性双性恋（将近12%）和女性双性恋（7%）比率的估计。他估计，至少有50%的已婚男性有过性不忠。尽管Kinsey提出的有关性行为的科学研究得到了认可，但其研究还是缺乏具有代表性的样本。

直到1994年，一项针对美国样本而精心设计的综合性研究获得了更准确的数据。Robert Michael及其同事（1994）从18岁到50岁的人群中随机抽取了近3500人。虽然有17%的男性和3%的女性说他们至少和21位伴侣发生过性关系，但调查的总体结论是，对于大多数美国人来说，性行为主要发生在婚姻内的夫妻之间。已婚夫妇报告表明，夫妻之间做爱很频繁，并且做爱时很有可能达到高潮。

> 回顾第1章中所论述的代表性样本的重要性。Kinsey的研究只包括那些愿意谈论性生活的被试，这是有偏差的样本。

图9.4显示了在调查的前一年中已婚夫妻和非同居个体间的性交频率。近75%的已婚男性和85%的已婚女性表示他们从未不忠。最近的调查显示出了类似的结果。例如，在2004年，美国广播公司对全国的代表性样本进行调查时发现，在关系中做出承诺的个体比单身个体有更多的性行为，并且绝大多数都报道了自己的性忠诚（美国广播公司的新闻，2004）。

美国最近一项对成年人的性行为的研究表明，25岁至44岁的成年人中有98%的女性和97%的男性报告自己曾经有过阴道性交（Chandra & others，2011）。在这项研究中，89%的女性和90%的男性报告说，他们曾与异性进行过口交。36%的女性和44%的男性报告说自己曾与异性发生过肛交。

最近一项对瑞典3000名代表性样本的研究调查了个体前一个月中不同性行为的频率（Brody & Costa，2009）。结果表明，平均而言，在前一个月中，男性报告了5次阴道性交和4.5次手淫，女性报告了5次阴道性交，但手淫不足2次。男性和女性口交均发生约2次，但肛交不到一次（Brody & Costa，2009）。

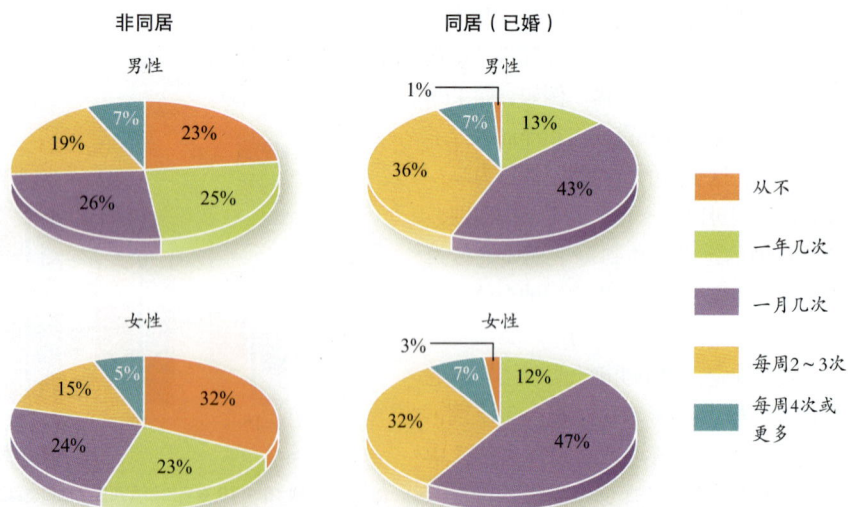

图9.4 美国1994年的性调查 百分比显示的是非同居、同居（已婚）的男性和女性对"你在过去的一年中有过多少次性交"这一问题的回答。

男性和女性在性方面有哪些不同呢?

在一项经典研究中, Russell Clark和Elaine Hatfield (1989)让五男五女实验者进入大学校园, 并给他们分配一项任务:去接近他们认为比较有吸引力的异性并对他/她说:"我在学校已经注意你很久了, 你非常吸引我。"接着他们要向异性提出下面三个问题中的一个:

■ "你愿意和我一起出去吗?"

■ "你愿意去我的公寓吗?"

■ "你愿意和我上床吗?"

这项实验的自变量是被试(被询问者)的性别以及问题的类型, 因变量是被试是否的回答。在"出去"问题上, 男性和女性没有什么差别——男女中各有一半人同意;但在其他两个问题上却有着很大的不同, 接近70%的男性答应去被试的公寓, 而大多数女性则不同意;最后一个"上床"问题上, 75%的男性表示愿意, 而没有一名女性同意。这项研究多年来一直被认为支持下面的预测:即男性比女性更热衷于性事、女性相比男性更加谨慎。

然而, 如果你再深入地思考一下这个实验, 你也许会发现这项研究设计中存在第三变量, 即混淆变量。第1章中指出, 在实验中, 除了自变量之外, 还存在混淆变量, 即能够引起组间系统误差、并影响实验结果的变量。在Clark和Hatfield的实验中, 被试的性别是一个自变量。Terri Conley(2011)指出, 虽然实验中的男女对一夜情有着不同的意愿, 但被试的回答也取决于实验者(提问者)的性别;女性总是被男性接近, 男性则总是被女性接近。Conley提出这样的可能:提问者的性别是否影响被试做出"同意"的回答?

在之后的系列研究中, Conley(2011)证明了提问者的性别会影响被试的回答。例如, Conley发现男女都认为男性陌生人比女性陌生人的危险系数更大。那么, 与陌生人相比, 面对熟悉的人时, 女性还会有这样的挑剔吗?

Conley发现, 在熟悉的人面前(如有吸引力的朋友或是名人)(如Johnny Depp), 女性会容易同意一夜情。她还发现, 有双性恋倾向的女性更乐意与接近她们的女性而不是男性发生一夜情。

但其他一些性方面的性别差异则没有得到研究的证实。例如, 男性总是比女性拥有更多的性伴侣。在一项使用了假的测谎仪(被称作假渠道技术)的研究中, 男女在性伴侣数量上的差异消失了。因为被试认为只要自己一撒谎, 研究者就会知道(Alexander & Fisher, 2003)。那么, 男性是否比女性更多的想到有关性的问题呢?在另一个研究中, 本科生被试记录自己在一周内想到性、食物以及睡眠的次数(Fisher, Moore, & Pittenger, 2012), 男性确实比女性更多的想到有关性的问题, 但是男性在食物以及睡眠问题上也比女性想得要多。这项研究的最终结果是男性比女性更关注自身的生理需求。

同样, "众所周知", 男性比女性更着迷于生理需求, 而女性更注重男性的地位。在一项研究中, Paul Eastwick和Eli Finkel(2008)举办了一系列闪电约会来检验这一假设。虽然约会前对约会对象的理想特征的评定确实如前面所说, 即男性更注重外貌, 女性更注重地位, 但在实际的约会中, 被试认为所选伴侣的外貌和地位同样重要。

这些研究提示, 男女之间的一些巨大差异也许是受到社会期望的影响, 从而影响到了自我报告的准确性(Conley & others, 2011)。即便研究支持了人们所认为的那些现象, 研究者也认为有必要进行进一步的考察。

你如何认为?

■ 在Clark和Hatfield的研究中, 为什么某些人很明显要花更长时间发现第三种变量?

■ 你认为被试更可能在哪些方面说谎?为什么?

大多数有关性态度和性行为的研究中都考察了性别的差异。然而, 许多相关研究都来自于对性行为的自我报告, 所以这可能与社会期望的两性行为有着很大的差异。最近的一项元分析显示, 以下性行为中的性别差异更为明显:男性有更多的手淫, 观看更多的色情书籍, 性行为更具休闲性和随意性, 比女性有着更宽容的态度

（Petersen & Hyde，2010）。最近的研究已经提出了许多性行为领域中男女差异的问题。要了解这方面的内容，请看"挑战你的思维"部分。

与男性相比，女性一生之中的性模式和性欲望更容易出现变化（Baumeister，2000；Baumeister & Stillman，2006；Diamond，2008，2013）。例如，女性比男性更可能和同性或异性发生性行为，即使她们强烈地认为自己是异性恋或同性恋（Santtila & others，2008）。相比之下，男性的性兴趣可能更局限于特定的目标。一项研究比较了女性异性恋者、女性同性恋者、男性同性恋者和男性异性恋者在观看色情电影中男女演员或倭黑猩猩性行为时的性唤醒。该电影包括同性或异性伴侣以及异性猩猩间的性活动场景，以及男性和女性自慰或裸体进行有氧运动的场景。通过监测男性和女性的性器官对性唤起的生理指标进行测量。女异性恋者和女同性恋者的性冲动都被电影中展现出的性行为所唤起（包括倭黑猩猩）。然而，男同性恋者的性兴奋只被电影中的男性所唤醒，而男异性恋者的性兴奋也只被电影中的女性唤醒（Chivers，Seto，& Blanchard，2007）。

性取向　虽然性毫无疑问是重要而有力的动机，但我们也对性取向的有关问题感兴趣。一个人的**性取向**（sexual orientation）指的是他/她性兴趣的指向。把自己定义成异性恋的个体一般会被异性所吸引。把自己定义成同性恋的个体一般被同性吸引。

当代，性取向被视为是绝对同性性取向到绝对异性性取向的连续统一体系（B. M. King，2012）。个体的性取向大多是由基因、荷尔蒙、认知以及环境因素共同作用的结果。自我认知为双性恋的，表明两性对他们都有吸引力。尽管"同性恋"、"男同性恋"、"女同性恋"以及"双性恋"这些标签已经被广泛使用，但一些研究者认为这些标签存在误导，因为一个人的性取向可能是变化的。这些研究者指出，认为性取向是固定的观点忽视了人类性吸引和性行为的潜在可变性（Diamond，2008，2013）。

我们很难精确地知道世界上男同性恋、女同性恋以及双性恋者的数目，部分原因在于，他们因害怕世俗的偏见而不敢在调查中如实作答。有估计认为，人群总体中，同性恋的比例是2%～10%，且男性高于女性（Zietsch & others，2008）。一项全民调查显示，美国人认为自己是异性恋的比例是90%（Mosher，Chandra，& Jones，2005），大约4.1%的民众认为自己是同性恋或是双性恋——即年龄在18～44岁的美国人中约有五百万个这样的个体。在另一项针对25～44岁美国公民进行的调研中，女性报告自己有过同性恋经历的比率（12%）是男性（5.8%）的两倍（Chandra & others，2011）。

> 66 已在近1500种动物中发现了同性恋行为，包括老鼠、非人类的灵长类动物、鸵鸟、山羊、鱼、海豚和果蝇等（Bagemihl，1999；Sommer and Vasey，2006）。99

研究表明，男同性恋和女同性恋个体与异性伴侣有着很多相似之处。不管性别如何，所有人在性唤醒以及各种触觉刺激下都会出现相同的生理反应。调查者还发现，男同性恋、女同性恋、双性恋或者是异性恋在态度、行为以及心理调节方面均不存在差别（Allen & Diamond，2012）。很多在异性关系中存在的性别差异也出现在同性关系中（Fingerhut & Peplau，2013；Peplau & Fingerhut，2007）。

性取向　个体性兴趣的指向，现今所指的是绝对同性性取向到绝对异性性取向的连续统一体系。

哪些因素能解释一个人的性取向呢？关于这个问题的研究逐渐增多（Hock，2012）。科学家开始探讨哪些因素无法预测性取向。第一，同性恋父母不会增加子女成为同性恋的概率（Patterson & Farr，2012）。事实上，大部分同性恋个体的父母都是异性恋，并不是特殊的养育方式造成了同性恋的出现（Bell，Weinberg，& Hammersmith，1981）。任何一个性取向理论都不仅能解释同性恋，也能解释异性恋。由于父母与子女间的互动存在很大差异，并且大部分的人都是异性恋，因此，把该现象出现的原因归结于教养方式似乎并不合理。此外，在实际中，很多同性恋或双性恋的父母都是异性恋，因此，这也与观察学习或者说是模仿学习的观点相矛盾。更进一步说，儿童期的同性恋或尝试并不表明成年期就一定是同性恋取向（Bailey，2003；Bogaert，2000）。

研究者通过对双生子性取向的遗传率进行研究发现，基因是影响性取向的一个因素。回顾第7章的内容，遗传率是一种统计方法，可以表明遗传差异能够在多大程度上解释我们所观察到的性别差异。近期，在瑞典，一项由4000对双生子参与的研究表明，同性恋行为的遗传率在男性中约为35%，在女性中约为19%（Langstrom & others，2010）。这种遗传率的估计表明，基因对性取向有一定的影响，然而，基因对性别取向的影响并不如它对其他特征（如智力）的影响那样大。

同性恋的遗传解释对进化心理学家造成了困扰。为何那些会减少人们繁殖可能性的特征还会遗传下来呢？一种可能性就是一些影响同性恋取向的基因也对异性之间的成功繁育有重要作用（Iemmola & Ciani，2009）。研究者对龙凤胎的双生子进行研究，即其中一个双生子是同性恋，另一个是异性恋（Zietsch & others，2008）。相比于异性双生子中的异性恋个体，异性双生子中的同性恋个体中拥有更多吸引人的品质（如：男性更为关心他人、温文尔雅，女性更为独立和性开放）和更多的性伴侣（Zietsch & others，2008）。

显然，还有很多影响性取向的因素有待挖掘。和很多其他心理特征一样，个体的性取向是基因、荷尔蒙、认知以及环境因素多重作用的结果（Langstrom & others，2010）。大多数专家认为，绝不只有一种因素决定了性取向，每种因素对不同个体的影响程度也不相同。

无论是同性恋、异性恋还是双性恋，人们都不应该评论他人的性取向。同性恋存在于各种文化中（不论是接受或不接受）。研究告诉我们不论一个人是同性恋、异性恋还是双性恋，性取向不是人们的一个选择而是人们用来感知自己的方式的一部分（Katz，1995；Worthington & others，2008）。

证据表明，美国99%的县市中都有男同性恋和女同性恋家庭，而且大约四分之一的同性恋家庭都有孩子（O'Barr，2006）。在男同性恋或女同性恋家庭中长大的孩子，与异性恋家庭中长大的孩子一样适应力良好、没有表现出更强的同性恋倾向，同伴的接受度也相差无几（Patterson，2012a；Patterson & Farr，2012）。

在美国，同性婚姻以及同性养育产生了很大的争议，尤其是在政治大选之年。要化解这个有争议的核心问题，心理学家只能依靠科学证据。基于上面的研究综述，美国心理学会发布了一条公告，支持同性婚姻，反对同性父母在养育、收养以及儿童监管上受到歧视（美国心理学会，2004）。

> 从本质上说，男同性恋与异性恋中的男性角色很相似，女同性恋者与异性恋中的女性角色很相似。

自我测试

1. 肥胖_____。
   A. 不具有遗传成分　　　B. 和良好的健康有关
   C. 与身体的设置点有关　D. 最近在美国大幅度减少
2. 参与性行为动机的主要大脑结构是_____。
   A. 下丘脑　　　　　　　B. 颞叶
   C. 海马　　　　　　　　D. 延髓
3. 研究表明，可以预测一个人性取向的因素是_____。
   A. 他/她成长中的父母教养方式
   B. 有一个同性恋父母
   C. 有一个异性恋父母
   D. 遗传因素

小应用！

4. 一个小镇高中的董事会正在考虑采取何种类型的性教育计划。一些人对向学生讲解避孕知识表示担忧。因为这样的做法将会给学生传递一种信息：他们可以进行性活动。下列哪项是与该问题有关的研究？
   A. 接受避孕知识信息的学生通常比那些没有接受的学生要更早、更频繁地发生性行为
   B. 受过守贞教育的学生最不可能进行性行为
   C. 研究表明，学校的性教育与青少年的性行为间没有关系
   D. 那些接受综合避孕信息的学生，在青春期更不太可能怀孕和进行性行为

3 超越饥饿和性：日常生活中的动机

食物和性对人类的生存至关重要。然而，生存不是我们的全部。想想下面这个新闻人物的行为及成就——一个男人捐赠了自己的肾脏，资助一名贫困女孩，成为一家大公司的CEO，这种行为很难用生理需求的动机来解释。当代心理学家重视目标在动机中的重要性。在这一节中，我们将了解心理学家对人类日常行为影响因素的解释。

马斯洛的需要层次理论

人本主义学家Abraham Maslow（1954，1971）提出了**需要层次理论**（图9.5），这些需要依次为：生理需要、安全需要、归属与爱的需要、尊重的需要以及自我实现的需要。最强烈的需求处于需要层次的最底层（生理需要），最微弱的需求处于需要层次的最顶层（自我实现的需求）。根据需要层次理论，人们的动机是先满足对于食物的需求、再满足对安全的需求、其次满足对爱的需求。在需要转化为行动方面，饥饿和安全需要的呼声最大，而自我实现的需要就没那么强烈。马斯洛声称，需要层次中每一种低层级的需求都源于缺乏，例如饥饿、害怕、孤独。只有在满足这些基本的需求之后，人们才能转向更高的需要水平，追求自我实现，即在为这个世界做出持久价值的贡献中获得意义感。

> **需要层次理论** 马斯洛的理论认为，人类的需求必须满足以下几个序列：生理需要、安全、爱与归属、自尊和自我实现。

> " 马斯洛后来增加自我超越作为更高的需要，甚至高于自我实现。自我超越是指超越自我的体验，包括灵性、同理心和道德。你认为马斯洛在最初的需要层次中还漏掉了哪些需要？"

自我实现的需要

尊重的需要

归属与爱的需要

安全需要

生理需要

图 9.5 马斯洛的需要层次理论 Abraham Maslow 提出了人类的需要层次理论，认为我们必须满足基本的生理需要，才能够满足其他更高的需要。

动机与社会心理学：自杀式炸弹的动机是什么？

在众多的恐怖袭击中，自杀式袭击的行为最令心理学研究者困惑。那些自杀式袭击者在自己身上绑上自杀式炸弹，并在公共场所引爆。还有2001年的911事件，这些行为不仅伤害了大量无辜民众，而且也结束了袭击者自己的生命。这种自杀式袭击的复杂动机（Bloom，2005）被称为"致命鸡尾酒"（Crenshaw，2007）。人们是否有可能了解这种自杀式袭击的动机，并进一步阻止这种恐怖行为的产生呢？

恐怖组织宣称他们的暴力行为是为了推动社会改革。然而，历史上的伟人、圣雄甘地和马丁·路德·金博士则倡议，非暴力才是成功推动社会改革的关键。人们可以通过上演和平抗议、绝食抗议或抵制运动来更好地追求持久改变。我们如何区分暴力和非暴力行为的动机呢？

我们很难真正走进自杀式袭击者的内心。毕竟，我们无法在事后对这些人进行审问，但是，从他们的告别信、遗言以及视频信息中可以了解他们出此下策的原因。这些记录为了解自杀式袭击者的动机提供了重要的线索，他们渴望成为殉教者，在死后被公众铭记（Kruglanski & others，2009）。

社会心理学家Arie Kruglanski及其同事一直在探究自杀式爆炸的目的（Kruglanski，2009；Kruglanski，Gelfand，& Gunaratna，2012；Kruglanski & Orehek，2011；Kruglanski，Sharvit，& Fishman，2011）。研究者们根据研究得出结论（国土安全部的资助项目）：对于个人价值的追求是这些自杀式袭击者的主要目的。但是我们该如何理解这些人为了达到这一目标而采取这样的行为（既杀死别人又致自己于死地）呢？

第8章中曾提到过的恐惧管理理论（TMT）可以帮助我们更好地理解这一悖论——一个人结束自己的生命是为了实现自己的价值，就是第8章中曾提到的恐怖管理理论（TMT）。TMT理论认为，世界上各种文化价值观都认同人类的必死性。通过献身于所在的文化，我们感到了自己生命的价值（Cohen & Solomon，2011）。人类对如下动机达成了共识：我们都希望自己的生命在死后仍能对世界产生影响。

Kruglanski及其同事（2009）指出，那些实施恐怖自杀式行为的个体都体验过某种特殊的经历，使其意识到自己必然死亡的事实。举例来说，在制造自杀式炸弹之前，大多数犯罪分子都体验过亲人的离去，并且这种离去多是暴力行为造成的。丧失亲人的经历是一个催化剂或者说是转折点：那些之前信仰并不极端的个体，在失去亲人后开始变得极端，并通过所谓献身于所属文化来表现这种极端（Spekhard & Akhmedova，2005）。遭遇过创伤也许会使个体产生更极端的想法，更倾向于选择用集体主义（而非个人主义）的方式去完成自己在世界上的愿望（Kruglanski & others，2009）。

研究者对300多个自杀式炸弹袭击者的告别视频进行了仔细研究，并证实了这一观点（Kruglanski & others，2009）。研究者发现，这些犯罪分子最普遍的理由就是受到意识形态或价值观的影响。还有其他一些共同的原因就是异化感、剥夺感、羞辱感，以及感到自己所在的群体受到了不公平的对待。Kruglanski及其同事指出，个体如果在现实生活中长期体验不到价值感，那么为了增加自己的重要性，他们可能会实施自杀式恐怖行为。因此，自杀式袭击的奇怪行为其实是源于人们对自身价值的长期渴望——是关乎个人的。

关于如何对抗恐怖主义，这项研究指出要消除目前恐怖势力团体的力量并不会取得太大的进展——即便我们堵住了一条路，他们仍会另辟蹊径。最好的策略就是直击自杀式袭击行为的根本原因——为获得个体的自我价值感。具体来说，研究者们提出的反恐措施包括：降低异化感、军事行动中尽可能减少对平民的伤害、尊重他国文化习俗。这些措施能避免个体自我价值感的丧失，并阻止那些企图找回自我价值的暴力行为的发生。

■ 如何将自杀式炸弹袭击者与那些为事业献身的士兵的动机进行比较？

■ 这项研究对不慎燃烧宗教文本（这个）事件而言，意味着什么？

自我实现是马斯洛需要层次理论的最高水平，也是最难实现的水平，指的是个体发挥人类全部自我潜能的动机。根据马斯洛的理论，自我实现只有在全部需求都满足的情况下才能实现，但是大多数人的最高层次在达到自尊需求水平时就停止了，达不到自我实现这一水平。我们将在第10章中对马斯洛的自我实现概念进行更多的探讨。

近期，心理学家对那些想要通过暴力行为（通过暴力行为给他人造成不幸和恐惧）影响世界的恐怖分子的动机展开研究。要想了解这部分内容，请看交叉研究部分。

将人类动机划分为多个层次的想法非常吸引人，然而，人们对马斯洛的需要层次理论中的顺序仍存在争议。例如，有些人会牺牲对归属与爱的需要，而选择追求事业成功以满足自尊需要。当然历史上有很多这样的例子，在生活最困难的情况下，仍表现出友好的行为，这似乎是更高层次的需求。研究表明，贫穷的人可能比富人更为慷慨（Piff & others，2010）。

也许马斯洛对我们理解动机的最大贡献在于，他给当代人提出了一个有关动机的关键问题：一旦我们的肚子填满了，我们该如何解释人类的行为呢？也就是说，当生存不再是人类最迫切的需要时，我们该如何对其行为进行解释？这个问题促使了自我决定理论的形成（Deci & Ryan，2002）。

体验一下：动机

自我决定理论

基于马斯洛的人本主义理论，Edward Deci和Richard Ryan（2000）强调应从满足心理幸福和身体健康需要的视角，考察动机在最佳的人类功能中的作用。**自我决定理论**（self-determination theory）认为有机体有三种基本需要：能力、关系和自主。这些心理需求是与生俱来的，并且在每个人身上都存在。正如水、土壤和阳光是植物生长所必需的一样，这三种需要是人类生长和发展的基础。这个比喻非常贴切，因为一旦我们种下一颗种子，那么它需要的一切就是在一个支持性的环境中努力成长。同样，自我决定理论认为，只要提供有利的环境，每一个人都能够不断成长，并实现自我。

从自我决定理论的角度来看，有机体需要的产生不是因为缺乏。自我决定理论并不是驱力降低理论。与马斯洛一样，Deci和Ryan认为：这些需要关注的是个体的成长，而非对不足的填补（Deci & Ryan，2000；Ryan & Deci，2009）。让我们深入地了解一下每种需要。

自我决定理论描述的第一种机体需要是能力（competence），这种需要只有在我们感觉到自身能够达到所期望的结果时才能得以满足（Reis & others，2000）。能力动机包括自我效能（相信你有能力完成既定目标或任务）和熟练度（自己能习得技能、克服障碍的感觉）。能力也与成功期望有关。满足能力需要的一个领域就是成就领域。有些人有很强的成就动机，并且会努力去追求超越。

自我决定理论描述的第二种机体需要是关系，指的是与别人建立温暖关系的需要。一些心理学家提出，归属需要是人类最强的动机（Baumeister & Leary，2000）。父母对促进子女发展的重视、朋友间分享秘密的亲密时刻、寂寞时的不舒服感觉、热恋时所散发出的迷人魅力，这些都体现了关系的需要。

自我决定理论提出的第三个需要是自主，即我们对自己生活的控制感。自主

自我实现 马斯洛需要层次理论的最高水平，也是最难实现的水平，指的是个体发挥人类全部自我潜能的动机。

自我决定理论 Deci和Ryan的理论认为所有的人都有三种基本的、与生俱来的机体需要：能力、关系和自主。

意味着独立和自立，即个体感觉到某种行为是自我驱动的、源于自己的真实兴趣的（Weinstein，Deci，& Ryan，2011）。当然，我们可能感觉到自己的许多行为都是不得不去做的。然而，自主意识与幸福感之间有着密切的关系（Sheldon & others，2005）。Kennon Sheldon及其同事（2005）发现，自主也与年龄有关。举例来说，与年轻人相比，年龄更大一些的美国人在纳税、投票和小费上会感到更多的自主性。

关于动机影响幸福感的研究进一步表明，促进这三种机体需要的满足能够很好地提高幸福感（Park &others，2012；Sheldon & Elliot，1998）。此外，那些重视金钱、名望以及相貌（即外在奖励）甚于关系、自主和能力（内部奖励）的个体，其自我实现水平和健康水平也更低（Kasser & Ryan，1996；Kasser & others，2004）。

与任何其他理论一样，自我决定理论也引起了一些争议。一个重要的议题就是：这三种需求的文化普适性程度如何。不同文化中，人们对于能力、关系和自主需要的追求也不相同。许多西方文化，如美国、加拿大和西欧国家被称为个人主义文化，因为这些文化强调个人成就、独立和自立。相反，许多东方国家，如中国、日本和韩国被称为集体主义文化，因为他们强调关系、合作和相互依存（Triandis，2000）。然而，跨文化的证据表明，自我决定理论所强调的需要可能在西方和东方文化中都很重要（Sheldon & others，2001）。

自我决定理论认为，健康动机的一个最重要的方面是，我们感到自己能够自由选择想要做的事情。当我们可以选择自己的行为，并且感受到对这些选择的控制感时，我们就更可能体验到高度的成就感（Blumenfeld，Kempler，& Krajcik，2006）。当我们的行为是为了满足能力、自主和关系的需要时，我们就体验到了内部动机。当我们的行为是为了满足其他的需要，如声望、金钱或认可等，我们的行为就是外部动机驱动的（Deci &Ryan，1994；Ryan & Deci，2000，2001，2009）。我们来看一下内部动机和外部动机之间的重要区别。

内部动机与外部动机

心理学家用内部动机和外部动机来解释目标产生的原因。**内部动机**（intrinsic motivation）是指源于内部的动机，如机体需要（能力、关系和自主）、好奇心、挑战和乐趣。所谓内部动机驱动，指的就是个体因为喜欢而做出某种行为。**外部动机**（extrinsic motivation）是源于外部的动机，如奖励和惩罚。所谓外部动机驱动，指的就是个体为了获得外部收益或避免外部惩罚而采取某种行为。一些学生因为内部动机而努力学习，不断进取，最终在工作中取得更高的成就（内部动机）。而另外一部分学生努力学习，是因为想要取得好成绩或避免父母的责备（外部动机）。

如果工人在生产时偷工减料、行为懒惰或态度消极，此时，可以通过提供外部激励来提高他们的动机。然而，有时外部奖励会降低内部动机。使用外部奖励作为刺激时，可能出现的问题是：个体可能会认为自己之所以采取某种行为，是外在奖励而非内部动机的结果。许多心理学家认为，内部动机比外部动机有更积极的影响（Blumenfeld，Kempler，& Krajcik，2006；Patell，Cooper，& Robinson，2008；Ryan & Deci，2009）。他们认为，内部动机更可能让个体产生胜任感和掌控感。确实，研究表明，与外部动机

内部动机 源于内部的动机，如机体需要（能力、关系和自主）、好奇心、挑战和乐趣。

外部动机 源于外部的动机，如奖励和惩罚。

先生，我能谈谈动机的艺术吗？

经 CartoonStock 许可使用，www.CartoonStock.com.

驱使的个体相比，内部动机驱使的个体在行动中兴趣更高，且更为兴奋和自信。内部动机通常会引发个体更佳的表现、更高的持久性、更好的创造性和自我价值感（Ryan & Deci，2009）。

一些心理学家强调，许多非常成功的个体都是既有内部动机（有非常高的个人成就标准，并强调个人的努力），又有外部动机（有非常强的竞争意识）。然而，心理学家认为，对大多数人来说，内部动机才是成功的关键（Blumenfeld, Kempler, & Krajcik，2006）。不过，许多优秀的运动员（如奥林匹克运动员）和商业成功人士都同时具备很高的内部和外部动机。确实，很多人都认为，最理想的工作，就是既是自己喜欢的领域（内部动机），又能够获得高薪（外在奖励）的工作。

自我调控：成功地追求目标

当今，许多心理学家在研究动机时，都会问及目标和价值及这些动机因素对行为的影响。除了目标一词，心理学家们还用个人计划、最好的可能自我、生活任务、个人奋斗等词汇来代指目标这一术语（King，2008）。所有这些术语都反映了个体在日常生活中所要达到的目标。从琐碎之事（如让糟糕的发型尽快长好）到生活任务（比如成为一名好父母），都是与自我有关的目标。

自我调控（self-regulation）这一过程体现了目标所具有的动机功能。所谓自我调控，指的是有机体为达到重要目标而努力控制行为的过程（Carver &Scheier，2000）。要进行自我调控，就需要不断获取有关目标实现程度的反馈（Winne，2011）。日常情绪被认为是获得反馈的一种方式，也就是说，情绪的好坏取决于我们自己在所重视的生活领域中的表现。请注意，情绪在自我调控中的作用意味着，我们不可能总是快乐的。为了有效地实现目标，我们必须对生活中偶尔遇到的坏消息持开放的态度（King，2008）。

把个人目标付诸行动可能是一个复杂的过程，其中包括设定目标、实施计划以及追踪进展。当所设定的目标具体、适度时，个体成功的几率就会提高（Bandura，1997；Schunk，2011）。例如，模糊的、非特定的目标是"我要成功"。具体、特定的目标是"我学期末的平均分要达到3.5分"。你可以设定长期目标和短期目标。在设定长期目标时，比如"我想成为一名临床心理学家"，一定要确保你也设定了短期目标，如"我想在下一次心理测试时得A"，逐步完成计划目标。计划如何达到目标、监控目标达成的进度都是成功的重要方面。研究人员发现，与低成就者个体相比，高成就的个体能够更好地监控自己的学习、系统地评估目标的实现程度（Schunk，2011；Zimmerman & Schunk，2011）。

即便我们在不断地追求短期目标的实现，对于长期目标的重视也很有必要。投身于远大梦想或个人使命，能够促进生活的意义感。在《迈向目的之路，帮助孩子发现内心的召唤》一书中，William Damon（2008）认为，许多青少年和青年成人的成就定位和职业成功中都缺少目标。Damon认为，目标就是实现对自我和世界都有意义的目标的意图。寻找目标，就是要回答这样的问题："我为什么要这样做？为什么会这样？为什么这对我和这个世界都非常重要？我为什么要努力去实现这个目

自我调控 有机体为达到重要目标而努力控制行为的过程。

标？"（Damon，2008，pp. 33–34）。短期目标可以提供一种成就感，将这些目标和长远目标联系在一起，能够让个体体验到一种意义感，并在面对短期目标失败时仍保持努力（Houser-Marko & Sheldon，2008）。

自我测试

1. 根据马斯洛的需求层次进行排序：饥饿、自尊、社会关系、安全。
   A. 社会关系必须首先达到满足，其次是饥饿、安全，最后是自尊
   B. 自尊必须首先达到满足，其次是社会关系、安全和饥饿
   C. 饥饿必须首先达到满足，其次是安全、社会关系，最后是自尊
   D. 安全必须首先达到满足，其次是饥饿、社会关系，最后是自尊

2. 根据自我决定理论，自我效能感和哪种需要之间的关系最密切：_____
   A. 自主　　　　　　　B. 关系
   C. 能力　　　　　　　D. 自我实现

3. 以下有可能表现最好的是_____的人：
   A. 高外部动机　　　　B. 低内部动机
   C. 高内部动机　　　　D. 低外部动机

小应用！

4. Kim 迫不及待地想玩她的新 Xbox。遗憾的是，她明天要考试，她要学习，而不是玩游戏。下列哪种策略能帮助 Kim 在考试中取得好成绩？
   A. Kim 应该把新游戏盒放到书架上作为提醒，告诉自己只要好好学习很快就能玩了
   B. Kim 应该允许自己看游戏，甚至在学习之前打一会儿游戏
   C. Kim 应该把游戏盒放到她看不到或想不到的地方，这样她就能心无旁骛地学习了
   D. 只要 Kim 喜欢，她就可以玩游戏，以释放自己的压力。

4　情绪

　　动机与情绪有密切的联系。我们感到快乐或悲伤，取决于我们得到想要的东西的可能性。情绪有时让我们感到吃惊，也让我们认清自己真正想要的是什么。例如，我们对伴侣慢慢失去兴趣，然而在对方突然提出分手的那一刻，我们才意识到他/她对我们是多么的重要。看过电视颁奖典礼的人们会清楚地看到动机和情绪之间的联系。漫步在红地毯上，名人们都谈到被提名的荣耀；但在好莱坞式微笑的背后，是人们对胜利的渴望。当提名公告宣读，"获得奥斯卡的是……，"相机立刻开始捕捉那些真实的情感：赢家脸上的喜悦，还有其他人的失望表情。

　　情绪是一种复杂的体验。尽管心理学家对情绪中哪种成分最重要，以及这些成分在情感体验中如何共同起作用的问题一直存在争论，然而，身体、心理和表情在情绪中都扮演着重要角色（Davidson, Scherer, & Goldsmith, 2002；Kalat & Shiota, 2012）。**情绪**是一种感觉或情感，可能包括生理唤醒（如心跳加快）、有意识的体验（想着自己爱一个人）和行为表现（微笑或鬼脸）。

> **情绪**　感觉或情感，可能包括生理唤醒（如心跳加快）、有意识的体验（想着自己爱一个人）和行为表现（微笑或鬼脸）。

情绪的生理因素

一位一直通过电话向你咨询人生问题的人说："我们需要见面谈谈。"随着朋友拜访你的日期的临近，你变得紧张起来。为什么呢？你感到有压力——你有很多工作要做，以至于没有时间聊天。你还担心她可能对你的行为感到生气或失望。当她带着礼物到来，并给了你一个大大的微笑时，你的神经放松下来。她说："我想送你个礼物，并说声谢谢，感谢你在过去的几周里对我的帮助，谢谢。"你的心感到非常温暖，你感到与她之间的温暖情谊。随着情绪上的担忧、放松和喜悦，你的身体也发生了一系列的变化。确实，身体是情感体验的一个重要组成部分。

唤醒　回顾一下第2章的内容，自主神经系统（ANS）与身体内部器官之间进行信息传递，监测呼吸、心率、消化等过程。自主神经系统分为交感神经系统和副交感神经系统（图9.6）。交感神经系统（SNS）负责人体的唤醒；它能够对应激源进行迅速的反应，有时也被称为战或逃反应。交感神经系统能立即引起血压升高、心跳加速、快速呼吸以摄入更多的氧气，并使更多的血液流向大脑和主要肌肉群。所有这些变化都为我们的行动做好准备。同时，由于即刻的行动不需要消化食物，因此，身体停止消化食物（这可以解释为什么考试之前，学生通常都不饿）。

副交感神经系统（PNS）能镇静身体。交感神经系统使得个人表现出战斗或逃跑的行为，而副交感神经系统促进放松和愈合。当副交感神经系统被激活时，心率和血压下降，胃活动和食物消化增加，呼吸变慢。

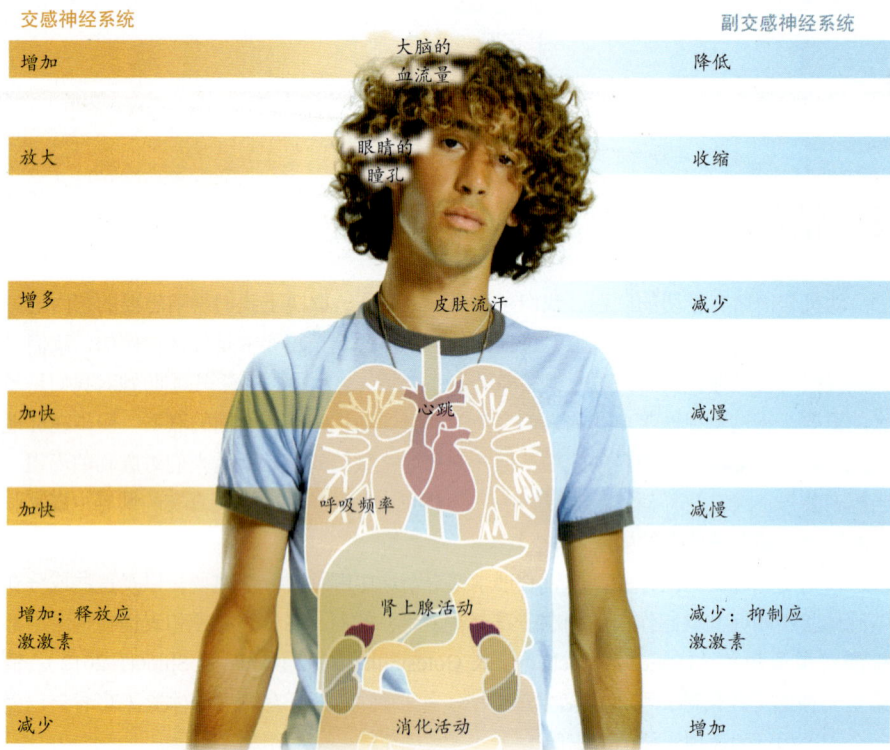

交感神经系统		副交感神经系统
增加	大脑的血流量	降低
放大	眼睛的瞳孔	收缩
增多	皮肤流汗	减少
加快	心跳	减慢
加快	呼吸频率	减慢
增加；释放应激激素	肾上腺活动	减少；抑制应激激素
减少	消化活动	增加

图 9.6　自主神经系统及其在身体唤醒和镇静中的作用
自主神经系统的两个系统的作用方式不同。交感神经系统引发身体的应激反应，唤起战或逃反应；相反，副交感神经系统能够镇静身体，促进放松和愈合。记住，后者的功能是"休息和消化"。

交感神经系统和副交感神经系统经过进化，提高了人类物种生存的可能性，然而，并非只有危及生命的情境才能激活这些系统。愤怒和恐惧等情绪与高水平的SNS活动密切相关，如血压升高和心率加快。幸福和满足的状态也能在较低程度上激活SNS。

唤醒的测量　因为唤醒包括生理反应，所以研究人员一直对如何准确测量唤醒水平很感兴趣。情绪唤醒的一种表现就是皮肤电导水平（SCL）反应，当汗腺活动增加时，皮肤的导电性提高。出汗的手掌比干燥的手掌导电性更好，而两者间的差异为测量SCL提供了基础，由此产生的唤醒指数可运用于许多情绪研究之中。

测量唤醒的另一种方法是**测谎仪**和检测器，使用机器检测来确定是否有人在撒谎。测谎仪监测人体心率、呼吸的变化和SCL，这些都被认为受情绪状态所影响。

在一个典型的测谎测验中，测试者会询问个体大量中性问题和几个关键问题——非中性问题。如果个体在被问及关键问题时，心率、呼吸和SCL反应大幅增加，则认为该人在说谎（Grubin，2010）。一些特定的情绪面部表情，也可能表明个体正在说谎（Porter & ten Brinke，2008；ten Brinke & others，2012；Warren，Schertler，& Bull，2009）。

那么，测谎仪的准确性如何？虽然测谎仪能够测量到个体对一系列问题的唤醒程度，但尚未发现有关说谎的独特生理反应（Lykken，1987，2001；Seymour & others，2000）。除了说谎，其他原因也可能增加心率和呼吸的频率，因此，这些唤醒的生理指标不一定是说谎的表现。准确识别真相和欺骗，也与测查者的技术以及被检测者有关。身体动作、个体所服用的某些药物也会影响测谎仪的准确性。有时，仅仅是由于个体对测谎仪功能的认可，就能使其承认罪行。警察可能会利用这一点来让犯罪嫌疑人认罪。然而，在很多情况下，测谎仪已经被滥用和曲解。专家认为，测谎仪出错的概率接近50%，特别是当它无法辨别出焦虑和内疚等情绪时，更易犯错（Iacono & Lykken，1997）。

1988年出台的《雇员测谎保护法案》将测谎仪的适用范围限定在政府机构之内，且大多数法院不接受其结果。然而，一些心理学家仍然维护测谎仪的使用，认为测谎仪的结果与其他法庭证据形式（如头发纤维分析）一样可信（Grubin &Madsen，2006；Honts，1998）。但大多数心理学家都反对使用测谎仪，认为其无法辨别出个体是否说谎（Iacono &Lykken，1997；Lykken，1998；Saxe，1998；Steinbrook，1992）。

情绪的生理理论　想象一下，你正在乡间野餐，突然，一头公牛穿过原野奔向你。你为什么会害怕呢？

常识告诉你，你感觉到害怕，所以你开始发抖，并逃离公牛。但William James（1950）和Carl Lange（1922）认为，情绪的作用方式正好与此相反。根据**詹姆斯-兰格理论**（James-Lange theory），环境中的刺激首先引发了生理状态的改变，进而导致情绪

测谎仪　一种机器，常被称为谎言探测器，能够检测到身体的变化，可用于试着确定某人是否在说谎。

詹姆斯-兰格理论　环境刺激引发生理状态的改变，进而导致情绪的产生。

的产生。该理论提出：在初步感知到刺激后，个体感觉到生理上的变化（例如心率、呼吸、出汗模式的改变），进而产生情绪。在公牛事件中，你看见公牛越来越靠近，于是赶快逃走。身体首先被唤醒，并将这些感觉信息传送到大脑中，由此才感知到情绪。你不是因为害怕而逃走，相反，你是因为逃走而感到害怕。

Walter Cannon（1927）提出了另一个情绪的生理理论。为了更好地理解这个理论，请再次想象一下公牛和野餐的情境。看见公牛逼近，你的大脑丘脑部分脑室同时产生如下两种反应：（1）刺激你的自主神经系统，产生与情绪有关的生理变化（心率增加，呼吸急促）；（2）发送信息到你的大脑皮层中，这是情绪体验产生的区域。Philip Bard（1934）支持这一观点，因此，该理论被称为**坎农－巴德理论**（Cannon-Bard theory），该理论认为情绪和生理反应是同时发生的。在坎农-巴德理论中，身体的作用不如詹姆斯-兰格理论所认为的那么重要。

神经回路和神经递质　当代研究者对研究情绪的神经回路非常感兴趣，并且发现了神经递质在其中的作用（Amano & others，2011；Lovheim，2012）。其工作的重点一直是杏仁核，也就是我们在第2章里谈到的边缘系统中的杏仁状结构。当我们体验到消极情绪时，杏仁核中的电路将被激活。

Joseph LeDoux及其同事们对一种特定情绪——恐惧的神经回路进行研究（Johansen & others，2012；LeDoux，1996，2002，2008，2012；Sotres-Bayon & others，2009）。杏仁核在恐惧中扮演着重要的角色。当杏仁核认为此刻很危险时，它就开始高速运转，调动大脑的资源来保护机体免受伤害。这种恐惧系统已进化为对食肉动物及其他威胁生存或领地的自然危险的探测和反应。

涉及恐惧情绪的脑回路有以下两种途径：从丘脑到杏仁核的直接路径，和丘脑经过感觉皮质到杏仁核的间接路径（图9.7）。直接路径并不传递有关刺激的详细信息，但它有速度优势——速度显然是有机体面临生存威胁时的重要优势。

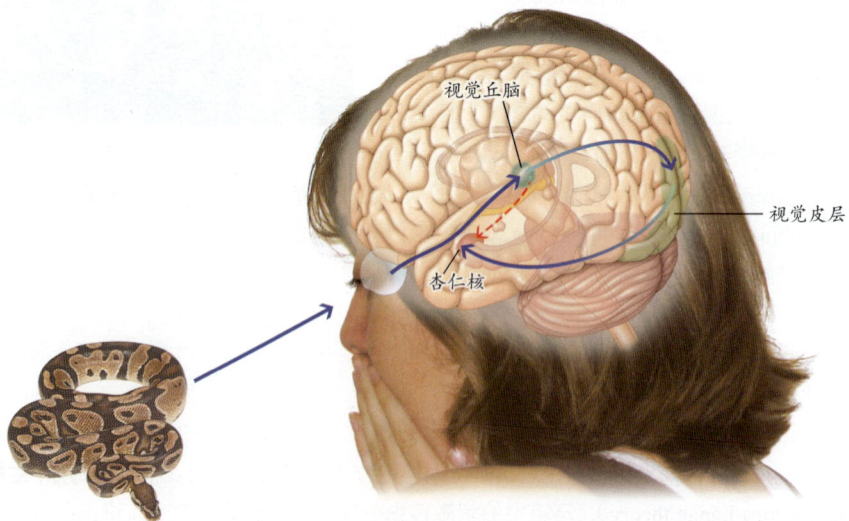

图9.7　恐惧情绪的直接和间接大脑通路　当人看到一条蛇时，有关恐惧的信息可以在大脑中通过两个路径进行传递。直接路径（虚线箭头）将信息迅速从丘脑传递到杏仁核。间接路径（实心箭头）中，信息将从丘脑传递到感觉皮层（在这里，视觉皮层），再传递到杏仁核，传递信息的速度更为缓慢。

视觉丘脑

视觉皮层

杏仁核

间接路径包括从感觉器官（例如眼睛和耳朵）到丘脑（丘脑是感觉刺激传入的中继站）的神经冲动；神经冲动从丘脑传递到感觉皮层，然后将信号传递到杏仁核。回顾一下第6章的内容，杏仁核与情绪记忆有关。LeDoux及其同事指出，杏仁核几乎从未出现过遗忘（Debiec & LeDoux，2006；Duvarci，Nader，& LeDoux，2008；LeDoux，2000，2001，2008，2012）。这一特点非常有用，因为一旦知道了某件事情是危险的，那么我们就无需再重新体验和学习。然而，这种能力也给我们带来一些困扰。许多人都被恐惧和担忧所围绕，以至于想摆脱却似乎无法改变。我们在第12章中探讨恐惧症时，还会再次回顾此类恐惧。恐惧很难改变的部分原因在于，杏仁核与负责思维和决策的大脑皮层连接紧密（Linnman & others，2012）。与其他通道相比，杏仁核对大脑皮层的影响更大，因为与所接收的连接相比，杏仁核向大脑皮层发送的连接更多。这也许可以解释为什么控制情绪那么难，以及为什么一旦习得了恐惧，就很难消除。

杏仁核不仅参与消极情绪，似乎也参与积极情绪的加工。研究认为，包括杏仁核在内的边缘系统，其许多区域都参与积极情绪体验的产生（Burgdorf & Panksepp，2006；Koepp & others，2009）。当积极情绪产生时，边缘系统中的神经递质多巴胺尤为活跃。

研究人员还发现，大脑半球也可能参与情绪的理解。Richard Davidson及其同事已经证明大脑两半球在积极情绪和消极情绪中的作用是不同的（Davidson，2000；Davidson & Begley，2012；Davidson，Shackman，& Pizzagalli，2002；Light & others，2009，2011；Reuter-Lorenz & Davidson，1981；Urry & others，2004）。记得我们在第2章中论述过，左前额叶比右前额叶更加活跃的人们的幸福感得分更高。研究人员还研究了神经递质在情绪神经通路中的作用。内啡肽和多巴胺影响积极情绪（如快乐）的产生（Koepp & others，2009），而去甲肾上腺素能够调节唤醒的程度（Berridge & Kringelbach，2008；Greeson &others，2009）。

情绪的认知因素

情绪取决于心情的潮起潮落吗？只有我们认为自己是幸福时，我们才感觉到幸福吗？情绪的认知理论以情绪中的认知成分为前提（Derryberry & Reed，2002；Frijda，2007；Johnson-Laird，Mancini，& Gangemi，2006）。思维也影响人们的爱、恨、喜悦和悲伤。在意识到大脑和身体对情绪有重要影响的同时，认知理论学家们认为认知过程在其中也起着关键作用。

情绪的二因素理论 情绪的二因素理论由Stanley Schachter和Jerome Singer（1962）提出，情绪由两种因素决定：生理唤醒和认知标签。Schachter和Singer认为，我们要通过外部世界来理解个体被唤醒的原因。我们对外部线索进行解释，并给情绪贴上标签。例如，在别人对你进行良好评论后，你感觉良好，你将这种情绪标注为"快乐"。你在做错事后感觉糟糕，你将这种感觉标注为"内疚"。

为了验证他们的情绪理论，Schachter和Singer（1962）给志愿者注射了肾上腺素（一种能够引起高水平唤醒的药物）。在注射了这种药物后，部分被试观察他人的快乐行为（把纸扔进废纸篓里），部分被试则观看他人的生气行为（在房间里跺脚）。正如假设所预期的，快乐或生气的行为会影响被试对自己唤醒状态的认知解读。当他们和快乐的人

杏仁核对威胁刺激快速做出反应的能力具有生存的适应性。想想早期的人类，他们所面对的是一个充满威胁的食肉动物世界。人类如果无法学会远离危险的话，就会不止一次地遇到威胁，如老虎，那么我们的种族就很难生存繁衍。所以，我们遥远的祖–祖–祖–祖–祖父母要感谢杏仁核。

在一起时，他们会认为自己很快乐；当他们和生气的人在一起时，他们说自己生气。但这种作用只有在被试没有被告知注射药物的真正作用时才奏效。当他们得知药物会增加心率，使人感到不安时，他们就不会将自己的唤醒原因归咎于其他人。

总体来说，研究支持这种说法，即被曲解的唤醒感觉能增强情绪体验（Leventhal & Tomarken，1986）。想象一下，你在重要考试的当天迟到了。你在校园里狂奔，正好在即将考试的时候到达考场。当你阅读考题时，你的心还在狂跳、呼吸急促、大汗淋漓。你是因考试而紧张还是尚未从刚刚的狂奔中恢复过来？二因素理论认为，你可能会把身体的感觉误认为是害怕考试的迹象。

争论：认知和情感谁在前面？ 思维和情绪，哪一个过程更早出现呢？电视剧《星际迷航》的粉丝们可能从 Mr. Spock（一位擅长逻辑推理的瓦肯星人）和 Bones（剧中一位非常情绪化的医生）之间的频繁争论中意识到了这一问题。在20世纪80年代和90年代，两位杰出的心理学家Richard Lazarus（1922–2002）和Robert Zajonc（名字听起来像"科学"一词）对认知和情绪谁是第一性的问题进行了争论。

Lazarus（1991）认为，思维是第一性的，即他认为认知活动是情绪的首要前提。Lazarus指出，我们对自我和周围的社会环境进行认知性的评价。这些评价包括价值观、目标、承诺、信念和期望，它们决定了我们的情绪。人们感到高兴，是因为他们有虔诚的宗教信仰；感到愤怒，是因为没有达到他预期的目标；觉得害怕，是因为他们预感到考试可能会失败。Zajonc（1984）不赞同Lazarus的观点。他认为情绪是首要的，我们的想法都源于情绪。他的著名言论"偏好无需推理"的意思就是，我们对"感性"事物的感觉根本不需要思考。

那么，哪位心理学家是对的？两者可能都是正确的。Lazarus主要关注的是一段时间内所发生的一系列相关事件，而Zajonc关注的是单一事件或对某一刺激的简单偏好。Lazarus关心的是过去数月或数年中的爱情历程、对社区的价值感、退休计划；Zajonc关心的是一场车祸、一次遇到蛇的经历、更喜欢冰淇淋而非菠菜的偏好。

我们的一些情绪反应几乎是瞬间产生的，可能没有认知评价的参与，例如，在看见蛇时的尖叫。而其他一些情绪，特别是长期的情绪，如情绪低落或对朋友的愤怒，更可能涉及认知的评估。确实，之前提到的直接和间接的脑回路的观点是支持该想法的，我们的某些情绪反应不涉及缜密的思考，而另一些情绪则不然（LeDoux，2001，2012）。

情绪的行为因素

记住，我们对于情绪的定义不仅包括生理和认知成分，还包括行为成分。行为成分可以是言语或非言语的。言语方式如：个体用言语向某人示爱，或说脏话来表达愤怒。非言语方式如：微笑、皱眉、恐惧的表情、向下看或无精打采等。

情绪的行为维度主要是关于面部表情的非言语行为（Sacco & Hugenberg，2009）。情绪研究者一直对人们通过他人的面部表情识别其情绪的能力很感兴趣（Perkins& others，2012；Tanaka & others，2012）。在一项经典研究中，被试通常能够识别六种情绪：快乐、愤怒、悲伤、惊讶、厌恶和恐惧（Ekman & O'Sullivan，1991）。

也许我们的面部表情不仅反映了我们的情绪，也影响了我们的情绪？根据**面部**

❝ 试想一下，对那些在工作中不得不一直面带笑容的人（如空姐或服务员）来说，这可能意味着什么。❞

反馈假说（facial feedback hypothesis），面部表情既影响情绪，也表达情绪（Davis，Senghas，& Ochsner，2009）。此观点认为，面部肌肉给大脑发送信号，帮助我们认识到自己正在经历的情感（Keillor & others，2002）。例如，在笑的时候，我们觉得更快乐，在皱眉的时候，我们觉得更伤心。

Paul Ekman及其同事（1983）的实验支持了面部反馈假说。在这项研究中，专业演员以非常精确的方式移动面部肌肉，如扬起眉毛让它们连在一起，提升上眼睑，尽可能地向水平方向伸展嘴唇（你可以自己尝试一下）。要求演员们保持每种表情长达10秒，在此期间，研究人员测量了他们的心率和体温。当演员的面部肌肉以上述描述方式进行移动时，他们表现出了恐惧的生理反应特点——心率上升和体温恒定。当做出愤怒的面部表情时（尖锐的目光、眉毛向下低垂、嘴唇紧闭或张开或向前撅起），他们的心率加快和体温升高。面部反馈假说支持了詹姆斯—兰格的情绪理论，即身体状态的变化及对身体状态的意识能够影响情感体验。

这种描述与Stan-islavski的'方法演技'类似，Stanislavski 认为，为了表演出某种特殊的情绪，演员应该模仿个体在感受到这种情绪时所表现出的行为。

情绪的社会文化因素

不同情绪的面部表情是天生的，还是与不同的文化有关？情绪有性别差异吗？要回答这些问题，需要了解一下社会文化影响情绪的研究。

文化和情绪表达　在《人类和动物的情绪表达》里，Charles Darwin指出，人类的面部表情是先天的，不需要学习；面部表情在世界各地的文化中都是相同的；这些面部表情都是从动物的情绪进化而来（1872/1965）。今天，心理学家仍然相信，情绪，尤其是情绪的面部表情，具有很强的生理基础（Gelder & others，2006；Peleg & others，2006）。例如，那些出生时就失明的孩子，无法像正常视力的儿童那样观察到他人微笑或皱眉的面部表情。如果面部表情和情绪是不需要学习的，那么，他们应该与其他人一样，都有相同的表情。事实是这样吗？

大量研究考察了面部表情的普遍性，以及不同文化中的个体能够准确识别各种情绪的面部表情的能力。Paul Ekman经过细致观察发现，不同文化之间的情绪面孔差别不明显（Ekman，1980，1996，2003）。例如，Ekman及其同事拍摄了不同情绪状态下的人们，如快乐、恐惧、惊讶、厌恶和悲伤。他们将这些照片呈现给来自美国、智利、日本、巴西和婆罗洲（西太平洋中的印尼岛）不同文化背景中的被试，结果人们都能识别出面孔中所表达的情绪（Ekman & Friesen，1969）。另一项对福雷（Fore）部落——新几内亚一个与世隔绝的石器时代文化部落的研究，也发现了同样的结果（Ekman & Friesen，1971）。在Ekman之前，大多数福雷人从未见过任何一个白人。Ekman的研究小组给当地人呈现了不同情绪的面孔照片，如恐惧、快乐、愤怒和惊奇。然后给他们阅读不同情绪情境的故事，并让福雷人指出与故事相匹配的面孔。福雷人能够将故事中的情绪描述与照片上的面部表情一一对应。

虽然基本情绪的面部表情具有普遍性，但情绪表达规则是不同的（Fischer，2006；Fok & others，2008）。**情绪表达规则**（display rules）是决定何时、何地以及如何表达情绪的社会文化标准。例如，虽然幸福是一种非常常见的情绪，但何时、何地以及如何表达这种情绪可能存在文化的差异。其他情绪，如恐惧、悲伤和愤怒也是如此。例如，阿

体验一下：
不同文化中的情绪表达

情绪表达规则　决定何时、何地以及如何表达情绪的社会文化标准。

拉斯加Utku文化中的成员通过培养接纳的品质及不表达愤怒情绪的方式，来减少愤怒的情绪。如果一场突如其来的暴风雪阻碍了前行，Utku族的人们不会表达其受挫的情绪，而是坦然接受并开始搭建冰屋。当我们对他人的情绪表达进行评价时，情绪表达规则的重要性就特别明显。早间谈话节目中，伤心的丈夫真的对妻子的谋杀案悲痛欲绝吗？他可能是嫌疑犯吗？

与面部表情一样，一些其他非言语信号似乎也是特定情绪的通用指标。例如，无论哪里的人们在感到悲伤时，其情绪状态都不仅包括悲伤的表情，还表现为缓慢的动作、低垂的头和无力的坐姿。不过，情绪的许多非言语信号还是存在文化差异的（Mesquita，2002）。例如，在也门，男性之间接吻非常常见，但这在美国却很不寻常。在大多数文化中，"竖起大拇指"的姿势表示一切都好或是想搭顺风车，但在希腊，这是侮辱性的标志，类似于美国竖起中指的标志。如果你打算独自在希腊徒步旅行，那么请牢记这一文化差异。

性别的影响　除非你一直在山顶离群索居，否则你肯定知道关于性别和情感的刻板印象：女性是感性的，而男性不是。这种刻板印象在美国文化中非常强烈而普遍（Shields，1991）。

有关情感体验的研究是否支持这种刻板印象呢？研究者发现，与人们通常认为的刻板印象不同，男女在情感体验的方式上更为相似。男女经常表现出相同的面部表情、使用相同的语言，记日记时描述情感经历的方式也相似。在许多情感体验上，研究人员并没有发现性别差异，男女都能体验到爱与嫉妒，在新的社会情境中都感受到焦虑，被侮辱时都体验到愤怒，在亲密关系结束时都体验到悲伤，以及当众犯错时都体验到尴尬（Tavris & Wade，1984）。

当我们不受刻板印象的影响，来考虑特定情绪体验、情绪表达情境和特定的情绪观时，性别对理解情绪仍起重要作用（Brannon，1999；Brody，1999；Shields，1991）。研究表明，女性能更精确地识别脸部情绪表情，尤其是当实验者非常快速地呈现某种面部表情时（Hall & Matsumoto，2004），这一发现也表明了情绪智力的性别差异（见第7章）。与男性相比，女性体验到情绪的时间也更多。

记住，无论男性还是女性，都能意识到情绪性行为中存在的性别期望（Blakemore，Berenbaum，& Liben，2009）。的确，那些持有传统男性角色的男人，更可能报告认为自己不是很情绪化（Jakupcak & others，2003）。相对于生理上的性别，情绪中的性别差异更多地受到社会情境的影响（Brody，1999）。

情绪分类

英语中的情感词汇有200多个，这说明了情绪的复杂性和多样性。毫不奇怪，心理学家提出了情绪分类的方法，以通过不同的维度对情绪进行分类（Izard，2009），具体包括情绪的效价和唤醒。

效价　情绪的效价（valence）指的是感觉愉快或不愉快。正如你所想的，幸福、喜悦、快乐和满足是正面效价的情绪。相反，悲伤、愤怒、担忧和不安是负面效价的情绪。研究表明，情绪往往会基于相同的效价同时出现，所以，如果某人感到伤心，那他/她也更可能感到生气或担心，如果一个人是快乐的，那他/她也可能感觉有信心、快乐和满足（Watson，2001）。

> **消极情绪**　愤怒、内疚和悲伤等负面的情绪。
>
> **积极情绪**　如喜悦、幸福和兴趣等正性的情绪。

我们可以基于效价对许多情绪状态进行分类。事实上，一些情绪研究者（Watson，2001）认为，可以将情绪体验划分为两个大的维度：消极情绪和积极情绪。**消极情绪**（negative affect）指的是如愤怒、内疚和悲伤这样的情绪。**积极情绪**（positive affect）指的是如喜悦、幸福和兴趣这样的情绪。根据情绪的效价对情绪进行分类的方法非常必要，但效价不能完全捕捉我们所有的情绪状态。

唤醒水平　情绪的唤醒水平指的是情绪能够使个体处于活跃、投入、兴奋和更为消极、相对疏离或冷静的状态。积极和消极情绪都可能处于高或低的唤醒水平上。狂喜和兴奋是高唤醒水平的积极情绪，而满足和平静是低唤醒水平的积极情绪。高唤醒水平的消极情绪有愤怒、狂怒和恐慌，而生气和无聊则代表了低唤醒水平的消极情绪。

效价和唤醒水平是两个独立的维度，两者结合使用能够描述大量的情绪状态。根据这些维度，我们可以有效地创建一种情绪状态的环形图（图9.8）。下图呈现了心理学家所说的情绪环形模型（Posner，Russell，& Peterson，2005）。环形模型依据这两个独立的维度建立了一个环形。通过效价和唤醒水平这两个维度，我们就可以将情绪状态以一种有组织的方式进行排列。

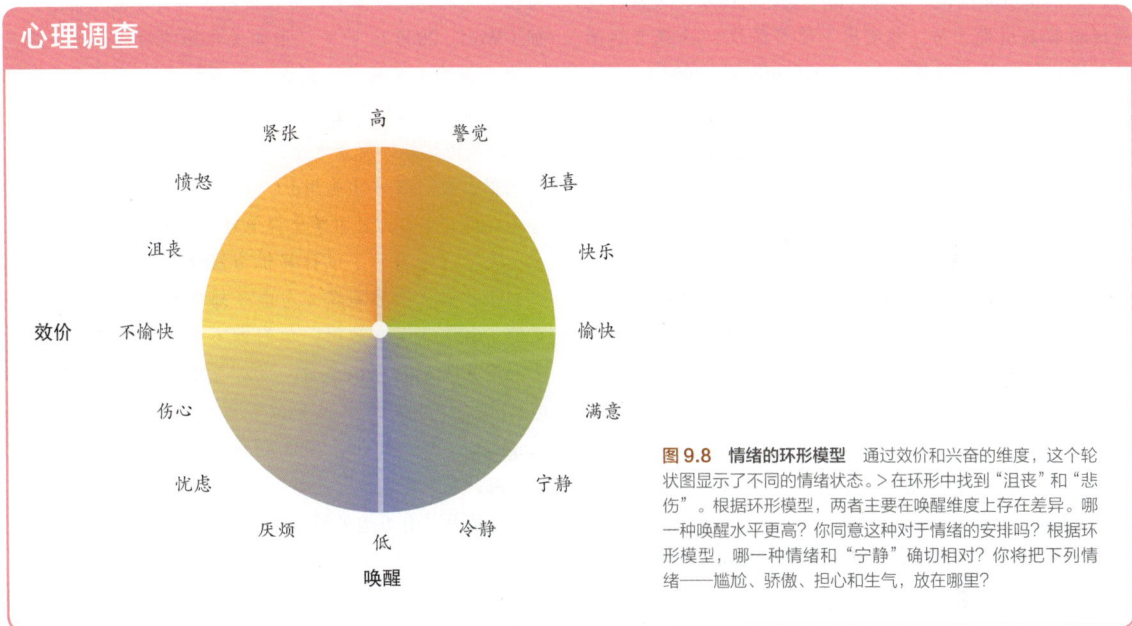

图9.8　情绪的环形模型　通过效价和兴奋的维度，这个轮状图显示了不同的情绪状态。> 在环形中找到"沮丧"和"悲伤"。根据环形模型，两者主要在唤醒维度上存在差异。哪一种唤醒水平更高？你同意这种对于情绪的安排吗？根据环形模型，哪一种情绪和"宁静"确切相对？你将把下列情绪——尴尬、骄傲、担心和生气，放在哪里？

情绪的适应性功能

关于情绪的功能，我们很容易会想到如恐惧和愤怒等类似情绪的作用。在面临生存威胁的情境下，消极情绪具有直接和即时的适应性效果。消极情绪表明有些事情出问题了，我们必须采取行动。积极情绪则提示问题的出现。那么，积极情绪有什么样的适应性功能呢？

为解决这个问题，Barbara Fredrickson提出了积极情绪的**扩展−建构模型**（broaden-and-build model）（Fredrickson，1998，2001，2006，2009）。她认为，积极情绪的作用在于其对个体的注意力和能力等资源的扩展。扩展−建构模型关注积极情绪对认知加工的影响。

研究证明，积极的情绪，如满足和幽默，能扩展我们的注意力；它们让我们看到森林而非树木。因此，当心情好时，我们在面临困境时会更多地看到困境中有助于逃脱的可能性。此外，Fredrickson指出，好心情能给我们带来机遇和建立资源，如交朋友、体育锻炼以促进身体健康、扩展新的方向。这些活动能使我们在生活中遇到困难时，有

扩展−建构模型 Fredrickson 的积极情绪模型，指出积极情绪的作用在于其对个体的注意力和能力等资源的扩展。

网络中的自我表达：表情符号心理学

卡内基梅隆大学的计算机科学教授Scott Fahlman注意到，人们使用在线信息板时，由于表达的困难，使得开玩笑时很容易引发矛盾。他提出了使用符号 :-) 来表达幽默的建议，于是表情符号诞生了（Fahlman，2003）。在当今这个电子邮件和即时信息盛行的世界里，人们很难想象没有表情符号的日子会怎样。我们使用表情符号来表达各种感觉，:D表示欢乐，:-表示悲伤，;P表示愚蠢，:-O表示巨大的震惊和失望。

心理学家正在研究表情符号在人类交流中的作用。表情符号是一种以计算机为媒介的沟通方式，其弥补了其他表达渠道（如声音和面部表情）中的信息缺失。表情符号能够引起注意、传递情绪和态度（Derks，Bos，& von Grumbkow，2008；Lo，2008）。表情符号还可以表达一些其他情绪，例如，在试图说明某件事情的时候，人们会在语句结束时打上大笑的表情符号（Provine，Spencer，& Mandell，2007）。

女性比男性更多地使用表情符号（Wolf，2000）。男性，尤其是处于全部是男性的群体中时，很少用表情。然而在男女混合的群体中，男性使用表情符号的几率急剧增加（Wolf，2000）。此外，正如文化影响情感表达一样，文化也影响表情符号。例如，东亚的表情不太可能横向呈现，所以日本的学生可能会用（-.-）Zzzzzz 而不是l-）Zzzzzz来传达她的疲惫水平。即使在表情符号中，显示规则也很重要。日本学生用d（^_^）b表达赞许，但美国人可能会将其理解为日本学生说他有一对大耳朵。

表情符号揭示了以计算机为媒介的沟通的独特性。想一下，当人们靠写信（与电子邮件和短信有着同样不足的一种艺术）交流时，他们也不能使用笑脸符号和表情符号来表达自己的感觉。以计算机为媒介的沟通，如即时通信，在效果上更类似于口语对话和文字的混合（Tagliamonte & Denis，2008）。随着短信和即时通信的日益普遍，也难怪人们开始想办法将情感意义注入在线话语中。表情符号有力地表明了情绪对人与人之间的交流是多么至关重要。

更多的优势（Kok，Catalino，& Fredrickson，2008）。例如，快乐会使人心胸宽广，有想要玩的冲动，挑战极限，更具创造性。兴趣也有助于人们产生探索的动机、吸收新的信息和经验、丰富自我（Csikszentmihalyi，1990；Ryan & Deci，2000）。积极的情绪能促进"方法"行为（Otake & others，2006；Watson，2001），这意味着当我们心情好的时候，我们更有可能去追求目标、面对所遇到的问题。

积极的情绪对有复原力的个体成功应对生活挑战起着重要的作用。正如第8章所述，复原力与个体在困境中仍然努力适应的能力有关（Masten，2006，2009）。当遇到困难时，个体变得更为灵活和有适应性。有复原力的人被比作强风中能够弯曲但不折断的高树。相比之下，缺乏复原力的人更加脆弱——更可能在逆境中折断或受伤（Block & Kremen，1996）。

有复原力的个体的生活态度热情、乐观、精力充沛（Block & Kremen，1996）。他们通过幽默感来培养积极情绪（Segerstrom，2006）。Michelle Tugade、Barbara Fredrickson和Lisa Feldman Barrett（2004）发现，即便在消极情绪经历中，有复原力的个体也能够以积极情绪来面对，这种能力使其拥有良好的应对方式。通过使用心血管活性测量技术，研究人员发现，有复原力的个体能通过策略性地体验积极情绪，更好地应对压力情境（例如，告诉他们要做一场演讲）。

复原力高的个体似乎具有某种情绪智慧，他们能够利用积极情绪的力量来扭转消极情绪所带来的压力。这种能力在面对特定压力事件时会表现出来，比如2001年9月11日的恐怖袭击。一项研究分析中，经历9·11事件之后，有复原力的个体更不容易陷入抑郁之中，对积极情绪的关注使得这些个体能够更好地面对危机（Fredrickson & others，2003）。

> **试一试！**
>
> 回顾一下第7章，一些心理学家认为，情绪识别和调节的能力是智力的一种。情绪智力高的人也被认为能更好地读懂别人的情绪表达。在线搜索情绪智力测试，进行在线测试，或试试下面的测试 http://greatergood.berkeley.edu/ei_quiz/。你觉得你的情绪智力怎么样？你的测试成绩是否反映了你的实际经验？你对测试有什么看法？网站上是否有信度和效度的信息？

自我测试

1. 詹姆斯－兰格理论认为_____。
   A. 情绪先发生，生理反应随后发生
   B. 生理反应先出现，情绪随后出现
   C. 生理反应和情绪同时发生
   D. 身体在情绪中发挥着极小的作用

2. 面对恐惧刺激时，间接的神经通路先到丘脑_____。
   A. 然后到下丘脑，其次是杏仁核
   B. 然后到感觉皮层，其次是杏仁核
   C. 然后到海马
   D. 然后到下丘脑，其次是感觉皮层，最后到海马

3. 面部反馈假说与哪种情绪理论是一致的_____。
   A. 詹姆斯－兰格理论
   B. 坎农－巴德理论
   C. 直接理论
   D. 间接理论

小应用！

4. Seymour 正在向朋友倾诉和女朋友分手后的伤心。女朋友欺骗了他，但 Seymour 愿意原谅她。可是她根本不在意，还扔东西。当 Seymour 说到这里时，他的朋友注意到他紧咬牙关，双手握拳，变得非常气愤。朋友说，"你知道吗，你的声音听起来不像是悲伤，更像是生气。"为什么 Seymour 混淆了愤怒和悲伤？
   A. 悲伤和愤怒的唤醒水平很相似
   B. Seymour 的朋友可能弄错了，因为悲伤和愤怒的面部表情是一样的
   C. 因为他是男人，Seymour 可能不太了解情绪
   D. 悲伤和愤怒有相同的效价，以至于感到悲伤的人们也更可能感觉到生气。Seymour 可能感觉到了这两种消极情绪

---

5 动机与情绪：追求幸福感

动机与人们想要追求的事物有关。快速看一下畅销书排行榜以及书店的自助区，你会发现，人们非常渴望的一件事就是幸福或是更加幸福。人们能够更幸福么？让我们看一下这些证据。

关于幸福感的生物因素

正如我们所知道的，大脑在积极情绪的体验中发挥着一定作用。基因也同样扮演一定的角色。例如，关于幸福感的遗传率的研究表明，遗传上的差异可以在很大程度上解释人与人之间的幸福感差异。幸福感的遗传率范围大约从50%到80%（Lykken，1999）。记得在第7章中谈到过，遗传率是描述群体特征的统计值，遗传率的估计值随着群体和时间的不同而变化，一些高遗传率的特征甚至会受到经验的影响。因此，即使父母都曾有过悲惨的生活经历，但其儿女却不一定要过不幸福的生活。

回想一下我们在关于体重的讨论中提到的设定值的概念。幸福感也可能有一个设定值，即当个体不再试图去增加幸福感时，其所体验到的幸福感水平（Sheldon & Lyubomirsky，2007，2012）。与体重一样，我们的幸福感水平可能围绕这个设定值上下波动。在试图增强幸福感时，我们必须认识到，幸福感的水平是遗传因素和个体性格共同作用的结果。

由于这些潜在的生理限制，其他因素，诸如享乐主义和对幸福本身的追求，也使得我们对于幸福感的追求更为复杂。

幸福感追求中的阻碍

个体在追求幸福感的过程中，会遇到的第一个主要的挑战就是享乐主义（Brickman & Campbell，1971；Fredrick & Loewenstein，1999）。"快乐跑步机"这一词很好地描述了这一现象，即由于个体能很快地适应生活的改变，因而当个体所追求的幸福到来时，个体的快乐感觉只能停留很短的一段时间。彩票中奖，搬入期望已久的新家，或者坠入爱河，这些都有可能导致快乐体验的暂时增加，但最终人们还是会回到原来的生活之中（Schkade & Kahneman，1998）。也就是说，因为生活改变所带来的那一刹那的快乐体验会逐渐恢复到常规水平。如果这样的愉快感觉如此迅速地就消失了，那么个体该如何才能提升自己的幸福感呢？可见，幸福感不是在商店里购物，因为拥有一件新的财产可能会导致瞬间的快乐，之后就会逐渐回归到设定值。

提升幸福感的第二个阻碍来自于对快乐本身的追求，这不是追求幸福感的好方法。把快乐作为追求的目标，结果很有可能会适得其反。（Schooler，Ariely，& Loewenstein，2003）。的确，那些将幸福感作为每日生活目标的人，往往幸福感会很低（McIntosh，Harlow，& Martin，1995）。

既然有这么多的阻碍，我们怎样才能够提升自己的幸福感呢？我们要如何做到不追求幸福感，却获得幸福感呢？

幸福感的活动和奋斗目标

Sonja Lyubomirsky及其同事已经提出了一种提升幸福感的好方法（Lyubomirsky，2008，2011，2013；Sheldon & Lyubomirsky，2007；Sin & Lyubomirsky，2009）。他们认为，有目的的活动，如锻炼身体，表达善意，感恩、乐观、减少对消极体验的关注，并进行积极的自我反省，这些都能提升个体的积极情感（Lyubomirsky & others，2011a，2011b；Sheldon & Lyubomirsky，2007）。Lyubomirsky指出，利他行为也是增强幸福感的另一重要助推器，如习惯性的助人行为，尤其是服务行为（2008，2013）。

进行积极自我反省的一种练习方法是保持一颗感恩的心。Robert Emmons和Michael McCullough（2004）的研究发现，感恩可以提高幸福感和心理健康水平。在一项研究中，个体通过日记记录每天中值得感恩的事件。相比于通过其他方法提升幸福感的人，这些人感到更幸福。虽然一些个体天性就比其他人更容易感恩，但实验证据也表明，即便是天性并非如此的人也会从感恩日记中收获很多（Emmons & McCullough，2003；

McCullough，Emmons，& Tsang，2002）。

另一种可能增强幸福感的方法就是追求有意义的目标。安静下来，写下你正在尝试实现的目标。你的目标可能包括取得更好的成绩或者是成为更好的朋友（伴侣或父母）。每天努力朝着这些与幸福感有关的目标前进（Brunstein，1993；Sheldon，2002）。目标追求将一系列有意义的生活事件连接在一起，使得生命的初始、过程和结尾一目了然（King，2008）。

通过目标投资类的文献，我们可以知道哪些目标类型能够提升幸福感。那些是能够最大化地提升幸福感的目标，应该是重要、有个人价值，并能反映关系、能力和自主的内在需求的目标（Sheldon，2002）。这些目标也应该具有适度的挑战性，并且应该互相促进，使得对一个目标的追求能够促进另一个目标的实现（Emmons & King，1988）。

与享乐主义相比，目标追求有一个巨大的优势，使其能超越许多其他提升幸福感的方式。目标可以发生变化，生活经验也会改变目标。因此，目标追求较少受到享乐主义的影响。目标追求强调积极的一面，但却不一定非要消除消极的影响。当无法达到自己的目标时，我们可能会体验到暂时的不快乐感觉（Pomerantz，Saxon，& Oishi，2000），但这可能也是一件好事情。因为目标就是这样，既让我们快乐，也给我们带来不快，生活就是这样充满变化，而目标对于幸福感的影响也不会随着时间而消失。

总之，追求目标能够带来更幸福的生活。目标带来积极的可能性，也使生活更有意思。这一观点已被实践证实。如果你想要提升幸福感，那么你就要为了自己所重视的目标努力奋斗。虽然你可能会失败，但失败会使你的成功更加甘甜。与快乐一样，即使是世界上最幸福的人有时也会感到不幸福（Diener & Seligman，2002）。记住，在追求幸福的过程中，积极和消极的情绪都有重要的意义，拥有丰富情绪的生活就是最好的生活。

自我测试

1. 研究表明，幸福感上的差异是：_____。

   A. 受遗传影响很大

   B. 令人惊讶，是无法预测的

   C. 极端的

   D. 主要受文化环境的影响

2. 和体重一样，个体的幸福水平也可能会围绕_____进行波动。

   A. 我们的受欢迎程度

   B. 我们的压力水平

   C. 设置点

   D. 一年中的季节

3. 研究人员发现，个体要进行积极的自我反省和体验有意义的生活，可以通过_____。

   A. 在日记中记下所要感恩的事情

   B. 追求享乐主义

   C. 短期练习

   D. 更新自己的应对技能

小应用！

4. Bonita 在一家小广告公司上班。她对工作目标十分投入，并全身心地努力工作。然而，在 Bonita 进行了整整一个星期的努力后，一名潜在的客户还是决定去另一家公司，这让她感到十分失望。一位同事看到 Bonita 的苦恼，就说道，"你知道，因为你太在乎，所以你才感到难过。你应该和我一样。我什么都不在乎，我也永远不会失望。"在这种情况下，幸福心理学告诉我们什么？

A. 尽管 Bonita 现在感觉很失望，但她的这种做法可能使她感受到更长久的幸福

B. Bonita 的同事是正确的。Bonita 应该学会不在

意她的目标，那么她将不会失望

C. Bonita 的同事可能会比 Bonita 感受到更长久的幸福，并且可能会有更大的人生目标

D. Bonita 的幸福更多地取决于她的基因组成，而非特定的生活经验

总　结

❶ 动机理论

有动机的行为充满活力、有方向性和持续性。早期进化理论学家认为，动机是基于本能的生物学行为模式。

驱力是一种由生理需要或剥夺而引起的唤醒状态。驱力降低理论能够对动机进行解释，驱力消减的目标是维持体内平衡，即保持平衡或稳定状态的躯体倾向。

最佳唤醒理论提出了耶克斯-多德森定律，即最佳行为表现的唤醒水平是适度唤醒而非较高或较低的唤醒水平。

❷ 饥饿和性

胃会给饥饿发出信号。葡萄糖（血糖）和胰岛素在饥饿中起重要作用。大脑工作需要葡萄糖，低水平的葡萄糖能增加饥饿感。胰岛素也能引起饥饿感。

瘦蛋白是由脂肪细胞分泌的蛋白质，能减少食物的摄入量和增加能量消耗。下丘脑在调节饥饿中起着重要的作用。下丘脑外侧能够促进进食；下丘脑内侧则限制饮食。

在美国，肥胖已成为一个严重的问题。遗传、基础代谢、设置点和脂肪细胞都是肥胖的生物学因素。时间和地点会影响饮食。我们的祖先通过吃水果来满足营养需求，但今天，甜食为我们补充了所需的热量。

负责性行为动机的脑区主要集中在下丘脑。性激素在人类性行为，尤其是女性身上所起的作用尚不明确。Masters 和 Johnson 提出了人类的性反应模式，包括四个生理阶段：兴奋期、平稳期、高潮期和消退期。

认知和想象是人类性生活的核心。性脚本、感觉/知觉因素都影响人类的性行为。女性更多的是通过触摸激起性欲；男性则是通过视觉。

性价值观存在文化差异。这些价值观会影响到个体的性行为。

由于代表性取样的困难，对美国人的性活动进行描述一直很难。总体上，研究发现，人们的性行为比之前公众所普遍认为得更少，并且有更少的隐瞒。性教育是一个存在争议的问题，但研究表明，采取综合性教育的国家中，青少年产子率和性传染率要远远低于美国。

性取向指的是个体性兴趣的指向，性取向包括异性恋、同性恋或双性恋，它可能是遗传、激素、认知和环境因素共同作用的结果。最近，美国心理学会基于科学研究，支持同性婚姻，反对在父母教养方式、监护和抚养上歧视男性同性恋和女性同性恋。

❸ 超越饥饿和性：日常生活中的动机

根据马斯洛的需要层次理论，人类的需要按如下顺序排列：生理需要、安全需要、归属与爱的需要、自尊需要和自我实现需要。马斯洛最重视自我实现需要，即个体发挥人类全部自我潜能的动机。

自我决定理论认为，个体出于内部动机，追求与生俱来的、基本的机体需要，即能力、关系和自主。内部动机是源于内部的动机。外部动机是源于外部的动机，如奖励和惩罚。

自我调控包括制定目标、实施计划及调整行为以达到预期目标。研究表明，在追求长期目标时，设定短期的子目标是一种很好的策略。

❹ 情绪

情绪是指感觉或情感，它包括三个组成部分：生理唤醒、有意识的体验和行为表现。情绪的生理因素主要指的是自主神经系统及其两个子系统的生理唤醒。皮肤电导水平和测谎仪被用来测量情绪的唤醒。

詹姆斯—兰格理论认为，环境刺激引发生理状态的改变，进而导致情绪的产生，即情绪在生理反应之后。坎农—巴德理论认为，情绪和生理反应同时发生。当代生物学的观点越来越关注情绪的神经回路和神经递质。LeDoux已经描绘出恐惧的神经回路，主要与杏仁核有关，包括两种路径：直接和间接路径。积极和消极情绪的神经回路和神经递质是不同的。

Schachter和Singer的情绪二因素理论认为，情绪是生理唤醒和认知标签共同作用的结果。Lazarus认为，认知引发情绪，但Zajonc认为，情绪引发认知。两者可能都是正确的。

情绪的行为成分研究集中于面部表情。面部反馈假说认为，面部表情既影响情绪，也表达情绪。

大多数心理学家认为，基本情绪的面部表情具有跨文化的一致性。然而，情绪表达规则包括身体动作、姿势和手势等非言语信号，这些在不同的文化中存在差异。

情绪可以根据效价（愉快或不愉快）和唤醒水平（高或低）进行分类。根据效价和唤醒的维度，可以将情绪以圆圈或环形模型的形式进行排列。

积极情绪可能通过扩展注意、构建有效的资源，促进幸福感的获得。复原力是在困境之中仍努力成长的能力。研究表明，有复原力的个体在困境中仍努力成长的方法之一就是体验积极的情绪。

❺ 动机和情绪

幸福感是高度遗传的，并且每个个体都有一个幸福感的设置点。诚然，许多人想要去提升自己的幸福感水平。个体追求幸福感的一个阻碍就是"享乐主义"：由于个体能很快地适应生活的改变，因此幸福感的体验非常短暂。另一个阻碍是对快乐本身的追求，这可能会产生相反的效果。

提升幸福感的方法包括从事体育活动、帮助别人、积极的自我反省、体验意义感（如坚持记感恩日记）。提升幸福感的另一种方法是，追求有意义的个人目标。

关键术语

多选题

1. 生理需求是_____；由此产生的唤醒是_____。

    A. 本能；动机   B. 动机；本能

    C. 驱力；需要   D. 需要；驱力

2. Tamesha即将面临一场考试。她非常紧张，甚至得了皮疹。根据耶克斯-多德森定律预测一下，她的考试表现将会？

    A. Tamesha会考得很好，因为她唤醒水平高

    B. Tamesha会考得很好，因为她唤醒水平低

    C. Tamesha会考不好，因为她唤醒水平高

    D. Tamesha会考不好，因为她唤醒水平低

3. 与性取向有关的可能因素包括以下几个方面，除了_____。

    A. 激素因素   B. 遗传因素

    C. 认知因素   D. 社会经济因素

4. 心理学研究表明，女同性恋者最喜欢_____。

    A. 男异性恋   B. 男同性恋

    C. 女异性恋   D. 变性人

5. 人类性反应模式的开始时期是_____。

    A. 高潮期   B. 消退期

    C. 平稳期   D. 兴奋期

6. 外部动机的例子是_____。

    A. 成就感   B. 能力

    C. 钱   D. 好奇心

7. 下列所有选项均是自我决定理论的组成部分，除了_____。

    A. 自主   B. 竞争

    C. 关系   D. 能力

8. 认为情绪反应和生理反应同时发生的观点是：_____。

    A. 坎农-巴德理论   B. 扩建模型理论

    C. 面部反馈理论   D. 詹姆斯-兰格理论

9. 与情绪的生理唤醒有关的生物因素包括：_____。

    A. 循环系统   B. 交感神经系统

    C. 内分泌系统   D. 以上任何一个都不是

10. 根据面部反馈假说，面部表情也可以影响一个人的_____。

    A. 需求   B. 动机

    C. 驱力   D. 情绪

小应用！

11. 一种新型减肥药广告承诺："不挨饿，也减肥！"基于对饥饿和肥胖的研究，评估这种说法的真实性。

揭示真正的自我

当你第一次遇见一个人的时候，你是否想过，你面前的这个人所展示的可能是他自己最好的一面？这样的首次会面越来越多地出现在诸如Facebook和Twitter等社交网站上。最近的一项评估显示，全球有超过100亿人在线登录社交网站或其他类似的网站。目前，这些社交网站中将近一半还处于活跃状态（Vogelei，2011）。这些在线个人资料是如何真实反映用户的呢？

一个由Mitja Back带领的人格心理学家团队在一项研究中探讨了这一问题。研究结果可能会让你大吃一惊。研究者们让236名美国大学生和103名德国大学生完成了对其人格特征的测量。Back及其同事对每个学生的测量报告和他们的在线个人资料进行了对比（Back & others，2010）。结果发现，这些学生的个人在线资料与其真实的人格特点非常一致。也就是说，被试的在线个人资料表达了其真实的个性，而非理想化的自己。Back及其同事们认为，这就是社交网站流行的重要原因：因为它给了我们分享真实自我的机会。

"真实自我"的证据不仅反映在社交网站上，也反映在办公室、教室、寝室和宿舍中（Gosling，2008a）。"我们究竟是谁"是人格心理学讨论的主要话题。人格心理学家们感兴趣的是辨别自己与其他人的不同特征，并了解这些特征与行为的关系。人格心理学探讨的是构成真实自我的心理属性——统一和持久的核心特征，这些特征解释了我们作为独特的个体或稳定的个体在整个生命进程中的存在。

> **预览**
>
> 在本章中，我们主要从心理学的角度来考察经典的人格理论，并回顾当代有关人格方面的研究。本章最后一部分介绍了人格的测评。

1　心理动力学取向

人格是一种持久的、独特的思维、情感和行为模式，是个体适应世界的方式。心理学家们用不同的方法研究了这些持久的特征，关注人的不同方面。

心理动力学取向的观点认为人格主要是无意识的（即在意识层面之下）。根据这一观点，那些持久的人格特征在很大程度上是无法被我们意识到的，这些特点以我们无法意识到的方式强有力地塑造着我们的行为。心理动力学理论对'无意识'这一单词的使用不同于其他心理学家。从心理动力学的角度看，人格的组成部分是无意识的，因为人格本就如此。但这种无意识却是有驱动性的。这些神秘的、无意识的力量仅仅由于过于具有威胁性而无法成为我们意识的一部分。

心理动力学理论认为，行为只是表面特征，若想真正地了解一个人的人格，我们就必须要探索行为的象征意义及其心理深处的内部功能（C. Levin，2010）。心理动力学理论也强调了早期童年经历在成人人格中的作用。从这点来看，成人人格反映了早期的童年经历，早期经历塑造了我们最早关于自我和他人的概念。精神分析理论的创造者弗洛伊德描绘了这些特征。

弗洛伊德的精神分析理论

西格蒙德·弗洛伊德，二十世纪最有影响力的思想家之一，1856年出生于摩拉维亚省的弗莱堡镇（现捷克共和国的一部分），逝世于伦敦，享年83岁。弗洛伊德的大部分时间都是在维也纳度过的，在职业生涯将要结束的时候，他为了躲避大屠杀而离开了维也纳。

弗洛伊德认为，性冲动是人类一切活动最重要的动力。正如我们即将探讨的，弗洛伊德认为人的性冲动是人格发展的主要决定因素。他还认为，心理障碍、梦以及所有的人类行为都代表了这种无意识的性冲动与人类文明社会需求之间的冲突。

弗洛伊德通过对癔症患者的研究提出了人格研究的精神分析学派。癔症是指没有物理原因的身体症状。例如，一个眼睛完全健康的人可能无法看见东西，或者一个没有受到任何身体伤害的人可能无法走路。

在弗洛伊德的时代（维多利亚时代，一个对性关系有着严格规定的时代），许多年轻妇女出现了一些无法用实际的身体疾病所解释的身体问题。在弗洛伊德的临床实践过程中，他花了很多时间来听这些妇女谈论其身体症状。弗洛伊德逐渐意识到癔症的症状来源于无意识的心理冲突。这些矛盾主要出现在那些追求享乐、但却被维多利亚时代的社会压力所阻碍的个体身上。此外，特定症状与这些潜在的矛盾之间存在象征性的关联。弗洛伊德的一个病人，伊丽莎白小姐，饱受痛苦的腿部疼痛之苦，甚至无法站立或行走。她走不了路并非由于意外事故。通过分析，弗洛伊德发现，伊丽莎白小姐无数次经历过想要散步但却被她生病的父亲所阻止的情况。

电视和电影里描绘的很多癔病症状通常在心理学家为病人揭开无意识的秘密后就得以治疗。例如，年轻的肥皂剧女主角的癔病问题在高潮情节中被揭示出来，

> 如果我们知道自己内心所存在的黑暗面，那么我们可能会像悲剧的古希腊英雄俄狄浦斯一样做出一些绝望的事情，俄狄浦斯在无意中谋杀了自己的父亲，然后娶了自己的母亲，最后他挖出了自己的眼睛。

> 所以，如果你听到有人讲笑话：把吃好吃的甜点双巧克力蛋糕描述为'比性爱更有乐趣'，那么请记住，在弗洛伊德的观点里，吃蛋糕就是性。

> 当代，我们将癔症称之为躯体形式障碍——没有物理原因的躯体症状。

人格　是一种持久的、独特的思维、情感和行为方式，是个体适应世界的方式。

心理动力学取向　强调人格主要是无意识的（即意识层面之下的）。

原来她看不见并非真正的失明，而是由于目睹了父亲对母亲的不忠所导致的。然而，重要的是，弗洛伊德认为，许多对癔病症状的判断过于武断，无意识背后可能藏有很多原因。因此，虽然揭示无意识的创伤性记忆为好莱坞提供了很好的素材，但这并不是弗洛伊德的初衷。最终，弗洛伊德使用癔病的症状作为解释梦、口误以及所有人类行为的隐喻。他说，我们所做的每一件事情都有着大量无意识的原因。

弗洛伊德在分析病人以及自我的过程中，提出了人格模型。他所描述的人格就像是一座冰山，就如冰山的大部分都位于水的表面之下一样，大部分的人格都存在于意识水平之下。图10.1呈现了弗洛伊德的这个比喻，描述了无意识的广泛性。

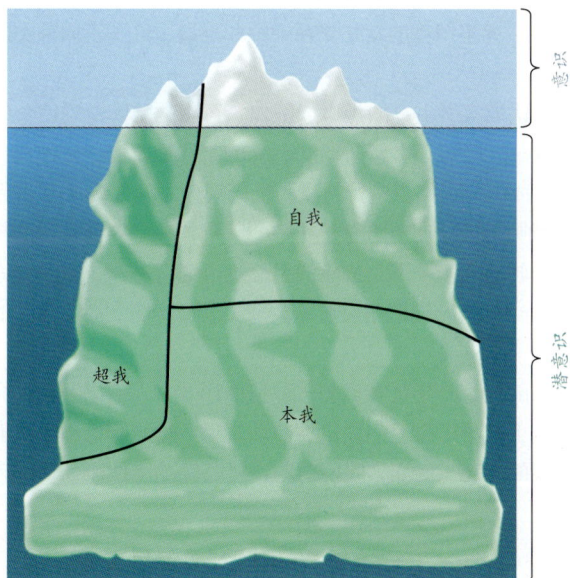

当人们言语或行为上出现一些错误，似乎表达了一些无意识的愿望时，我们将之称为弗洛伊德式口误，如将‘弗洛伊德（Freud）’说成是‘骗子（Fraud）’。

图 10.1 意识和潜意识：冰山比喻
冰山的比喻说明在弗洛伊德的理论中有很多想法都是无意识的。意识是水面上的冰山一角，而潜意识是水下的部分。注意，本我完全是潜意识的，自我和超我则既可以在意识层面，也可以是无意识层面出现。

本我 弗洛伊德将这部分人格称之为“它（it）”，指的是潜意识的驱动力，是个体性能量的聚集之处。

自我 在弗洛伊德的人格结构中，自我应对的是现实的需求。

人格结构 图10.1中冰山的三个部分表明了弗洛伊德所描述的人格的三个结构。弗洛伊德将这三个结构称为本我、自我和超我。我们可以通过英语翻译对这些拉丁文的标签有一个更好的理解：本我是字面上的“it”，自我是“I”，超我是“above-I”。

本我由无意识驱动，是个体性能量的聚集之处。“it”是不道德的，并且常常驱动被压抑的冲动表达出来。在弗洛伊德看来，本我与现实没有联系。本我遵循快乐原则，在弗洛伊德的观点里，本我总是在寻找快乐。

然而，如果人格结构中全都是本我的话，这个世界将会是危险而可怕的。当年幼儿童成熟之后，他们就知道了自己不能弹别的小孩的脸，必须使用厕所而不是尿布，必须通过与别人的协商来获得想要的东西。儿童在经历现实制约的过程中，一个新的人格结构就形成了——**自我**，在弗洛伊德的人格结构中，自我应对的是现实的需求。事实上，根据弗洛伊德的理论，自我遵循现实原则，也就是说，它试图在社会规范的范畴内给个体带来快乐。自我有助于我们认清现实，即了解自己在不陷入麻烦和不伤害自己的情况

体验一下：精神分析理论

弗洛伊德最著名的一篇文章《本我和自我》的德文为‘Das Ichund Das Ess’，意思是‘我与它’。

超我 在弗洛伊德的人格结构中，超我的主要作用是对我们的行为进行严格的内部判断，也就是我们通常所说的良心。

防御机制 自我所使用的一种策略，通过无意识地扭曲客观现实来降低焦虑。

下能够走多远。本我是完全无意识的，而自我则是部分有意识的。它有更高的心理功能，例如推理、问题解决和决策。

本我和自我不考虑事情的对或错。相反，**超我**会对我们的行为进行严格的内在判断。超我就是我们通常所说的良心，即对我们的行为进行的道德评价。与本我一样，超我不考虑现实因素，它只考虑本我的冲动是否能够被道德规范所接受。

自我则是本我和超我之间冲突的调解者，代表着现实的世界。例如，你的自我可能会说：“我只会在一段有承诺的关系中做爱，并始终坚持安全的性行为。”你的本我则尖叫道，“现在就进行性行为！”而你的超我则命令道，“做爱？别想了。”

防御机制 在本我的需要与超我之间所爆发的冲突，使自我产生了很深的焦虑。自我有应对这种焦虑的策略，这被称为防御机制。**防御机制**是自我所使用的策略，它通过无意识地扭曲客观现实来降低焦虑。弗洛伊德的女儿安娜介绍和发展了许多不同种类的防御机制。

最原始的防御机制是否认（denial），自我只是拒绝承认现实所引发的焦虑。例如，否认的防御机制使个体拒绝接受自己患了癌症这个事实。其他防御机制则更为复杂。例如，想象一下，Jason的本我是要表达一种与母亲发生性行为的无意识的渴望。显然，一般说来，以这种冲动行事将会违背超我和社会规范。如果Jason意识到这种冲动，他就可能会在恐惧中退缩。相反，Jason的自我则可能会使用防御机制中的替代，即可能会与一个与母亲相似的女性朋友建立关系。替代指将不可接受的冲动转移到一个不太危险的目标上。通过替代，自我允许Jason以一种不会使自己陷入麻烦的方式表达本我的冲动。当然，Jason的朋友可能会取笑其母亲与女朋友之间的相似，但是Jason自己绝对不会注意到这种相似性。

替代是另一种防御机制的基础，这便是升华（sublimation）。升华是替代的一种特殊形式，人们以一种社会赞许的方式表达了无意识的愿望，例如，拳击手在拳击场上升华了自己的攻击性冲动。另一种防御机制是投射（projection），我们在他人身上看到了自己所最害怕或轻视的冲动。例如，我们对与自己不同的个体所表现出来的消极态度可能正表达了这种对自己的无意识信念。

压抑（repression）是最强大而又最常见的防御机制。压抑将不可接受的本我推回到了无意识的头脑中。压抑是心理学中所有防御机制的基础，它的目标就是压抑威胁性的冲动，也就是说，把它们从意识中推出来。例如，弗洛伊德指出，我们早期的童年经历（弗洛伊德认为许多都充满性欲）都很具威胁性，以至于我们无法在意识层面去解决，所以我们只能通过压抑来降低童年时期的冲突所引发的焦虑。

有关防御机制的两个观点非常重要。第一，防御机制是无意识的，我们不能意识到自己在使用这些防御机制。第二，适度或暂时使用防御机制，并不一定是不健康的（Cramer，2008b）。例如，否认机制有助于人们应对刚刚知道自己将要死亡的消息，升华的防御机制则可以将无意识的冲动转移到对社会有益的活动中去。注意，升华意味着即使是人类所完成的很好的事情（一件美丽的艺术作品、一个惊人的善良行为），也仍旧是在无意识的性驱动和防御机制下完成的。

人格发展的性心理阶段 弗洛伊德认为，人类要经历人格发展的普遍阶段，在每个发展阶段中，我们的身体会有某一部分体验到更多的性快感。弗洛伊德根据每个阶段中不同的性快感区域命名该阶段。性敏感区（erogenous zones）是指在特定的发展阶段中体验到特别强烈愉悦感的身体部位。弗洛伊德认为，我们解决早期愉悦感来源（嘴、肛门、生殖器）与现实需求两者之间冲突的方式决定了成人期的人格。

防御机制与虚伪心理学

你是否注意到，性丑闻似乎在那些坚定拥护传统性观点的人身上频繁地爆发呢？例如Ted Haggard的案例，他明确反对同性恋权利，然而自己却被揭发与一个男妓秘密地发生同性恋关系。为什么一个自身就是同性恋的人却反对同性恋的权利呢？

通过反向形成概念，心理学家对产生如此明显虚伪行为的心理过程进行解释。反向形成是一种防御机制，即个体的意识体验与其潜意识完全相反。在反向形成中，对同性的无意识吸引被对同性恋的厌恶（对同性恋者的偏见）所替代。对同性恋者的有意识的负面情绪与被同性吸引的潜意识感觉存在相关，这一观点获得了一个研究的支持，该研究表明，对同性恋者表现出强烈的同性恋偏见的人们，表现出对同性色情材料的高度性唤起（Adams, Wright, & Lohr, 1996）。

Netta Weinstein及其同事们（2012）的一系列新近研究考察了无意识的同性感情与同性恋之间的关系。研究者以两种方式测量了性取向。一种测量方式被认为是了解无意识（或内隐）的感觉，另一种则评估了有意识的（或外显）的感觉。被试的内隐和外显的性取向可能一致也可能不一致。在包括美国和德国被试的不同研究中，与内隐和外显的性取向不一致的被试相比，内隐和外显的性取向一致的被试报告了更低水平的同性恋憎恶。

这些研究的一个关键因素是被试感知到的父母的自主支持。自主支持意味着允许一个人自由探索和了解自己的需求、感觉、愿望和欲望。报告出高水平的父母自主支持的被试表现出了更高的内隐和外显性取向的一致性，以及更低的同性恋憎恶。相反，低水平的父母自主支持的被试报告了更低的内隐和外显性取向的一致性，以及更高的同性恋憎恶。

研究者们得出结论认为，那些经历同性吸引的人，由于同性恋的耻辱和对被父母拒绝的深切恐惧，因此可能会否认这方面的自己。强硬的消极态度可能是这些人用来保护脆弱的自我意识的一种方式。Ted Haggard这类丑闻证明了这一自我意识的脆弱性。

- **口唇期**（0到18个月）　婴儿的愉悦感中心是嘴巴。咀嚼、吸吮、咬是愉悦感的主要来源，可以降低婴儿的紧张感。
- **肛门期**（18到36个月）　在这一阶段，大多数孩子都经历了如厕的训练，孩子最大的愉悦感体验都来源于肛门、尿道及其作用上。弗洛伊德意识到，孩子认为排便和憋尿是有趣的，这也与家长决定何时对他们进行这方面的训练有关。
- **性器期**（3到6岁）　弗洛伊德的第三个阶段的名称来源于拉丁语phallus（阴茎）。此时，愉悦感集中在生殖器上，孩子们发现自慰很有趣。在弗洛伊德看来，生殖器阶段对个性发展具有特殊的重要性，因为它引发了俄狄浦斯情结。这个名字来源于前面提到的希腊悲剧，俄狄浦斯杀死了自己的父亲，娶了自己的母亲。

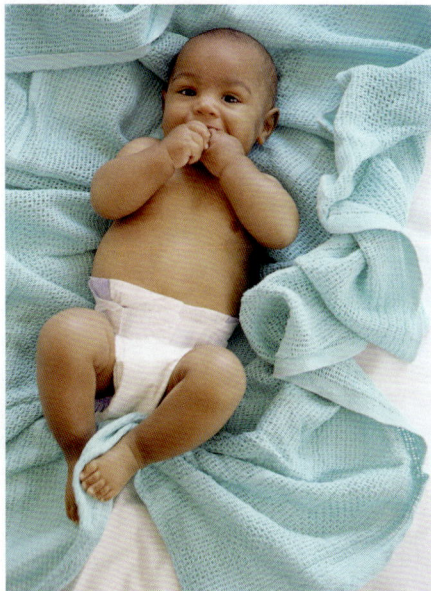

俄狄浦斯情结（oedipus complex）是指男孩子具有想要取代父亲、而与母亲恋爱的强烈愿望。最终，男孩意识到自己的父亲可能会由于这些乱伦的欲望而惩罚自己，特别是通过切断男孩的阴茎这种方式。

阉割焦虑（castration anxiety）是指男孩强烈地害怕自己的父亲会阉割自己。为了减少这一焦虑，男孩开始认同自己的父亲，采取男性性别角色。强烈的阉割焦虑被压抑到无意识中，并成为超我发展的基础。

弗洛伊德认为，男孩和女孩之间的生殖器阶段存在差异。弗洛伊德推测，由于女孩没有阴茎，所以她不会经历阉割的焦虑。相反，她会将自己与男孩进行对比，并意识到自己丢了什么东西——阴茎。缺乏阉割焦虑的强大推动力，使得女孩不能像男孩那样发展出类似的超我。弗洛伊德得出结论，由于没有这种经历，女性在道德上不如男性，而这种自卑感解释了女性在维多利亚时代的社会中处于二等公民地位的原因。弗洛伊德认为，女孩会经历"阉割完成"，并产生阴茎嫉妒（penis envy）——一种想要通过最终以结婚和生子的方式获得阴茎的强烈愿望。弗洛伊德指出，他的观点与早期女权主义思想家的观点背道而驰，但他坚定地认为，两性是不平等的。他认为，女性在发展中会显得有些孩子气，并认为她的父亲以及丈夫应该引导她们度过一生。他断言，妇女道德发展的唯一希望就是教育。

■ **潜伏期**（6岁至青春期） 这一阶段不是发展阶段，而是一种心理的暂时停止发展。在生殖器期之后，孩子们将所有对性的兴趣都抛在了一边。虽然我们现在认为这一阶段对发展而言是非常重要的，但弗洛伊德认为这一阶段不存在性心理的发展。

■ **生殖器期**（青春期到成年期） 生殖器阶段是性觉醒阶段，一个将性快感的来源转移到家庭以外的人身上的时间点。弗洛伊德认为，在成年时期，个体成熟的两个标志是爱和工作，然而，他认为人不可避免地会遭遇强烈的冲突，他推理，一个人不管有多健康，调整得多好，都依旧有一个被压抑的本我要去表达。即使是在最好的情况下，成年后的个体仍然需要重温童年的无意识冲突。

弗洛伊德认为，如果个体在某个阶段发展滞后或过度发展的话，他就可能会停留在这个阶段中。例如，孩子过早断奶，父母在如厕训练中过于严格，因孩子自慰而惩罚孩子，或者给孩子太多的关注。当某个特定的性心理阶段影响其成人期的人格时，固着（fixation）便会出现。例如，一个具有肛门人格的人（非常爱整洁和有条理）就固着在肛门期。根据弗洛伊德的观点，固着解释了童年的经历是如何对成年期的人格产生巨大影响的。图10.2说明了成年期的人格特征与口腔、肛门和阴茎时期的固着之间的可能联系。

俄狄浦斯情结 弗洛伊德认为，男孩子具有想要取代父亲、而与母亲恋爱的强烈愿望。

阶段	成年期的延伸（固着）	升华	反向形成
口唇期	吸烟、吃、接吻、饮酒、嚼口香糖	寻求知识、幽默、机智、爱讽刺，成为餐饮或葡萄酒专家	语音纯正，食疗信徒，禁酒，不喜欢牛奶
肛门期	对排便很感兴趣，喜欢低俗幽默，表现出极端混乱的状态	对绘画或雕塑感兴趣，过度付出，对统计有极大的兴趣	极度厌恶粪便，怕脏，恐惧，烦躁
生殖器期	严重依赖自慰、轻佻、喜欢表达男子气概	对诗歌感兴趣，迷恋爱情，喜欢表演，渴望成功	清教徒式的性态度，过分谦逊

图10.2 防御机制与弗洛伊德的性心理阶段理论 如果一个人固着在某个性心理阶段上，这种固着会以多种方式影响其人格，包括他的防御机制。

心理动力取向的批评者与修正者

弗洛伊德是首个探索人格的理论家，随着时间的推移，他的一些想法得以更新和修改，因此其他理论家就一同站了出来（Blass，2012；Burston，2012）。弗洛伊德的批评者指出，他关于性、早期经验、社会因素以及无意识的观点都有误导性（Adler，1927；Erikson，1968；Fromm，1947；Horney，1945；Jung，1917；Kohut，1977；Raaport，1967；Sullivan，1953）。他们指出以下几点：

- 性不是推动人格的普遍力量，而弗洛伊德则认为是。此外，俄狄浦斯情结并不像弗洛伊德所坚持认为得那样普遍。弗洛伊德的概念严重受其所生活和工作的环境影响——与当代社会相比，世纪之交的维也纳是一个性压抑以及男性占主导地位的社会。

- 人生的前五年并不像弗洛伊德所说的那样，在成人人格的塑造中起着强大的作用。相反，后来的经验则值得更多的关注。

- 自我和意识思维过程在我们的人格中扮演着重要的角色，这远远超过了弗洛伊德所认为的；他声称我们将永远受制于本能的、无意识的本我控制。此外，自我与本我的发展路线不同，所以成就、思维和推理不一定都与性冲动有关。

- 社会文化因素远比弗洛伊德认为得更重要。在强调本我的主导地位时，弗洛伊德更强调人格的生物学基础。当代心理动力学的学者特别强调家庭人际关系和早期的社会关系在人格发展中的作用（A. E. Harris，2011；Holmes，2011）。

一些弗洛伊德理论的反对者和修正者对心理动力学理论的发展产生了影响。埃里克森便是其中之一（我们在第8章中提到了他的心理社会发展阶段）。在这里还有三位思想家——霍妮、荣格和阿德勒，他们对弗洛伊德的理论进行了很多的修订。

霍妮的社会文化取向 凯伦·霍妮（1885-1952）否认经典精神分析的概念，即生理结构是命运，并认为弗洛伊德的一些最受欢迎的想法只是假设。她坚持认为这些假设在被接受成为事实之前，需要可观察到的数据的支持。她还认为，应该考虑社会文化对人格发展的影响（Schultz，Schultz，2012）。

弗洛伊德关于阴茎嫉妒的概念是基于其女性患者的行为而得出的，这些女性渴望阴茎的欲望被压抑了。霍妮指出，女性可能会嫉妒阴茎并不是因为其所具有的神经症倾向，而是因为社会对那些具有阴茎者所赋予的社会地位。此外，她认为男女是相互羡慕的，而男性则会觊觎女性的生殖能力（Horney，1967）。

霍妮还认为，对安全而非性的需要，才是人类生存的主要动机。她认为个人安全需要得到满足的人才能够将自身的能力发挥到极致。她认为心理健康可以使人自如地表达自己的才华和能力。

荣格的分析理论 与弗洛伊德同时期的荣格（1875-1961）与弗洛伊德一样对无意识感兴趣，但是他认为弗洛伊德低估了无意识在人格中的作用。事实上，荣格认为人格的根源可以追溯到人类的起源。**集体潜意识**是荣格所认为的潜意识，是潜意识中非个体的、最深的一层，由于人类有共同的祖先，因此所有人都有集体潜意识。在荣格的理论中，过去共同的经历在人类的头脑中留下了深刻的、永久的印象（Hunt，2012）。

荣格认为，集体潜意识中包含着许多**原型**，即用于描述集体潜意识中所有人都共

集体潜意识 荣格对潜意识中非个体的、最深一层的命名，由于人类有共同的祖先，因此所有人都有集体潜意识。

原型 荣格提出的术语，用于描述集体潜意识中所有人都共有的、丰富而具有象征意义的承载情感的思维和意象。

有的丰富而具有象征意义的承载情感的思维和意象。他认为，这些原型会出现在艺术、文学、宗教以及梦境中（Dourley，2011；Morgan，2012）。他使用原型来帮助人们认识自我（Meredith Owen，2011）。本质上，原型倾向于以特定的方式来对环境做出反应。

荣格使用阿尼玛（anima）和阿尼姆斯（animus）两个术语来定义两个常见的原型。他认为，我们每个人都有一个消极的女性化的一面——阿尼玛，以及一个自信的男性化的一面——阿尼姆斯。另一个原型人格面具则代表了我们在社会交往中所戴的公共面具。荣格认为，人格面具是一种重要的原型，因为它可以让我们把自己的一些秘密永远隐藏起来。

阿德勒的个体心理学　阿德勒（1937-1870）是弗洛伊德最早的追随者之一，但他对人格的看法与弗洛伊德截然不同。阿德勒的**个体心理学**认为，人们被目的和目标所驱动，因此，追求完美而非快乐是他们的主要动力。人们有能力选择基因环境和环境经验，并创造性地成为自己想成为的人。

阿德勒认为，每个人都在通过努力地适应、改善以及掌控环境来追求卓越（Del Corso，Rehfuss，Galvin，2011）。之所以追求卓越，是因为我们在婴儿和幼儿时与更高、更强壮的人进行互动时所产生的不安的自卑感。补偿（compensation）是阿德勒所使用的术语，即个体通过发展自身的能力以克服真实或想象的劣势和缺点。阿德勒认为，补偿是正常的，我们经常通过提高某种能力来弥补另一种能力上的不足。例如，一个身体矮小、身体能力有限的人（如阿德勒）就可能会通过提高学术能力来进行补偿。

阿德勒认为，出生顺序会影响人们追求卓越的成功程度（Khodarahimi，Ogletree，2011）。他认为，第一个出生的孩子是特别脆弱的，因为他们一开始就是所有人关注的中心，但是之后兄弟姐妹取代了他的/她的这个位置。事实上，阿德勒认为，第一个出生的小孩更容易患上心理障碍，并从事犯罪行为。然而，最小的孩子也有潜在的麻烦，因为他们最有可能被宠坏。那么，最健康的出生顺序是什么呢？根据阿德勒的观点，中间出生的小孩有着特别的优势，因为他们有哥哥姐姐作为榜样来追求卓越。然而，重要的是，阿德勒认为，并不是所有人的成败都由出生顺序决定。相反，敏感的父母可以在家庭中帮助任何出生顺序的孩子，满足他们对卓越的需要。

对心理动力学观点的评价

虽然心理动力学理论已经偏离了弗洛伊德最初的精神分析理论，但他们有一些共同的核心原则：

- 正如最初的精神分析理论所提出的，人格由现在的经验和早期的生活经验共同决定。
- 可以通过发展性的考察来更好地理解人格，人格是随着个体的生理、认知和社会情感的发展而展现出的一系列发展阶段。
- 我们可以在心理上转变个体的经验，赋予其意义，以塑造我们的人格。
- 心理活动并不都是有意识的，无意识动机隐藏在一些令人费解的行为背后。
- 个体的内心世界常常与外部现实需要发生冲突，这就产生了一些不太容易解决的焦虑。
- 人格与适应不仅是感觉、知觉和学习实验室所关注的研究主题，也是心理调查研究中的重要主题。

心理动力学观点因各种各样的原因受到攻击。一些批评者指出，心理动力学理论过分强调早期家庭经历对人格的影响，而不承认人们在生活中具有改变和适应的能力。一些心理学家认为，弗洛伊德和荣格过于相信无意识对行为的控制力。也有人反对弗洛伊德在解释人格时过分强调性。

有些人认为精神分析不是一种可以通过实证研究进行检验的理论。然而，大量对防御机制和无意识的实证研究已经证明这一批评是没有根据的（Cramer，2009；Weinstei & others，2012）。同时，有关该争论的另一个版本可能是准确的。虽然肯定可以通过研究来检验精神分析理论的假设，但问题依然是，那些深信弗洛伊德思想的精神分析研究者是否会公开有关该理论重大改变的研究结果。例如，最近的一项元分析发现，长期进行精神分析心理治疗的有效性证据很有限，并且相互矛盾（Smit & others，2012）。

鉴于这些批评，我们很难理解为什么弗洛伊德对心理学有着如此持久的影响（Mendes，2011）。请牢记，弗洛伊德的确做出了一些重要的贡献，其中包括他首次提出童年期对之后的发展是至关重要的、发展可以分阶段进行理解，以及无意识过程可能在人类的生活中扮演着重要的角色。

自我测试

1. 根据弗洛伊德的观点，良心是_____的反映。
   A. 自我
   B. 集体潜意识
   C. 本我
   D. 超我

2. 下列_____不是防御机制。
   A. 升华
   B. 压抑
   C. 潜伏
   D. 替代

3. 专注于原型的理论家是_____。
   A. 霍妮
   B. 弗洛伊德
   C. 阿德勒
   D. 荣格

小应用！

4. Simone 与她的姐姐之间进行着强烈的同胞竞争。Simone 试图在学业、时尚感和运动成绩中超过她的姐姐。Simone 的姐姐则抱怨 Simone 应该有自己的生活。阿德勒将如何评论 Simone 的行为呢？
   A. Simone 正在使用替代这种防御机制，试图去战胜她的姐姐，因为她真正想要战胜的是她的妈妈
   B. Simone 通过从事男性风格的竞争来表达她的阿尼姆斯原型
   C. Simone 试图通过超越她的姐姐来追求优越——一种中间出生顺序的儿童追求卓越的健康方式
   D. Simone 缺乏对世界的基本的信任感，她的父母肯定经常忽视她

---

2 人本主义的观点

人本主义观点强调一个人的个人成长能力和积极的人类品质。人本主义心理学家认为，我们都有能力控制我们的生活及实现我们的愿望（Schultz & Schultz，2012）。

人本主义观点与心理动力学观点和行为主义观点截然不同，这在第5章进行了讨论。人本主义理论家们试图超越弗洛伊德的精神分析和行为主义，使该理论成为一种可以捕捉人性的丰富性和潜在积极方面的理论。

> **人本主义观点** 强调个体的个人成长能力和积极的人类品质。

马斯洛的取向

人本主义运动的先驱者是马斯洛（1908-1970），在第9章中提到过他的需要层次理论。马斯洛认为，我们可以通过关注人类最好的榜样——自我实现者，来了解人格的大部分内容。

回忆一下，马斯洛（1954，1971）的需要层次理论中的最高一层是自我实现的需要。自我实现就是个体开发个人全部潜能的动机。马斯洛说，自我实现是一种自发性、创造性、像孩童般对事物感到惊奇的能力。根据马斯洛的观点，处在这个最优水平的人会宽容他人，有一种温和的幽默感，而且会追求更大的益处。自我实现者还保持着一种"高峰体验"的能力。马斯洛列举的自我实现者包括帕布·罗卡萨尔斯（大提琴家）、阿尔伯特·爱因斯坦（物理学家）、拉尔夫·瓦尔多·爱默生（作家）、威廉·詹姆斯（心理学家）、汤姆斯·杰斐逊（政治家）、埃莉诺·罗斯福（人道主义者、外交官）以及艾伯特·史怀哲（人道主义者）。

马斯洛在四十年前提出的这个自我实现者名单显然是有失偏颇的。马斯洛关注的是那些他认为能代表最好的人类的非常成功的个人。由于马斯洛只关注了那些特殊历史背景下的成功者，因而，他的自我实现者也只限于那些在该背景下有机会取得成功的个体。因此，马斯洛的名单中男性多于女性，并且大多数自我实现者来自西方文化和欧洲血统。现在，我们可以增加马斯洛名单里的名字，例如Ellen Johnson Sirleaf，Leymah Gbowee和Tawakkol Karman，这三位女性在2011年获得了梦寐以求的奖项"为女性安全和女性全面参与和平建设工作的权利所进行的非暴力斗争"。

罗杰斯的理论

人本主义心理学发展中的另一位关键人物是罗杰斯（1902-1987），他以一名心理治疗师开始了自己的职业生涯，并一直试图去理解在治疗中所遇到的那些个体的不幸。他开创性的工作为当代个体成长和自我决定的研究奠定了基础。

罗杰斯（1961）指出，来访者自我纠结、焦虑的语言会阻碍其实现自己的全部潜能。根据临床观察，罗杰斯提出了自己对人格的看法。他认为，我们生来就有使生活美满的原材料。我们只是需要合适的蓬勃发展的条件。正如向日葵种子，一旦种植在肥沃的土壤中，给予水和阳光，就会长成一朵强壮而健康的花朵，所有人都将会在适宜的环境中蓬勃发展。

这一类比非常贴切，并揭示了罗杰斯与弗洛伊德对人性看法的差异。向日葵种子不需要远离社会约束的黑暗的自然倾向，也不需要在其粗陋的真实动机和现实之间做出艰难妥协。相反，给予适当的环境，它就会长成一朵美丽的花。罗杰斯认为，每个人天生就有成长和自我实现的本能。我们也有与生俱来的感觉——直觉——这使得我们可以评估一段经历对我们来说是好还是坏。最后，我们需要被爱、被喜欢，或被周围的人所接受。在与父母互动的过程中，孩子们很早就学会了根据父母的评价对自己的感情进行自我评价，并由此获得自我价值感。

无条件的积极关注
罗杰斯提出的定义，是指不管个体的行为如何，他/她的需要都能够被接受、重视和积极地对待。

价值条件 个体为了得到他人的积极关注而必须满足的标准。

对不快乐的解释 如果我们有与生俱来的成长与实现的发展趋势，那么，为什么还有这么多人不快乐呢？当我们这种被他人无条件积极关注的需要得到满足时，这个问题便不存在了。**无条件的积极关注**是罗杰斯所提出的定义，是指不管个体的行为如何，其需要都能够被接受、重视和积极地对待。不幸的是，他人通常只在我们表现出特定的行为时才重视我们，这种特定的行为就是罗杰斯所说的价值条件。**价值条件**是个体为了得到他人的积极关注而必须满足的标准。例如，只有当孩子在学校取得成就、在球场成功和选择他们认为有价值的职业时，父母才会给予孩子积极关注。罗杰斯认为，随着我们的成长，我们生活中的那些核心人物就会限制我们，使我们远离自己的真实想法。我们为了赚取他们的爱，而追求一些他们所重视的目标，即使这些目标并不代表我们自己最深切的愿望。

罗杰斯的理论提出了在儿童期发展自我概念的观点，即表达我们是谁、我们希望成为谁的意识表征。这种自我概念反映了我们真实、原始的渴望，但是它也会受到价值条件的影响。价值条件使我们变成自己觉得应该成为的样子。结果，我们可能疏远了自己最真实的感情，从而成为原本不想成为的人。如此专注于目标的个体可能在外界看来非常成功，但是他内心却完全感觉不到自我实现。这样的人虽然可能会清点生活列表中所有应做的重要事情，并且还会做所有他"应该做的"事情，但却从来没有真正快乐过。

促进最优功能　为了改变这一情况，罗杰斯认为这样的人必须与自己的真实感受和愿望重新建立连接。他提出，要想重新建立这种连接，个体必须体验一种包含三种基本特点的关系：正如上文所说的那样，无条件的积极关注、共情和真诚。

罗杰斯指出，首先，不管这些人做什么，人们都需要给予他们无条件的积极关注。虽然一个人可能在童年时期缺少无条件的积极关注，但他可以在以后的生活中得到他人的积极关注，比如在友谊、恋爱，或与治疗师的会话中。即使一个人的行为是不恰当、令人讨厌，或不可接受的，他仍需要他人的尊重、安慰和爱（Ryckman，2013）。

第二，个体可能会通过与对其怀有同情心的个体交往而变得实现自我。共情包括做一个敏感的倾听者，并且理解他人的真实感受。

真诚是个体全面完善自我的第三个要求。真诚意味着个体敞开自己的感觉，并且放弃所有的伪装与假象。罗杰斯认为，在治疗关系中，治疗师真诚的行为是非常重要的，这体现了治疗师对人性中积极特质的强烈信念。对于罗杰斯而言，我们只要简单地把他人看作是可信赖的人，就可以帮助他们。

对人本主义观点的评价

人本主义的观点强调，我们看待自我和世界的方式是人格的基本要素。人本主义心理学家还强调，我们要考虑到完整的人和人性的积极一面（Schultz & Schultz，2012）。他们对于意识经验的关注告诉我们，人格包含大量可以发挥到极致的潜能。

一些批评家认为，人本主义心理学家过于乐观，他们高估了人的自由和理性。也有人说，人本主义者可能通过鼓励人们将自己想得过于积极，从而促使其过度的自爱和自恋。还有一些人认为，即使人类所有的消极行为都从消极情境中涌现出来，人本主义观点也不要求个体对其行为负责。

我们在第9章中提到的自我决定论表明，心理学家验证人本主义理论观点的方法可能有点抽象和难以测试（Kusurkar & others，2012；Standage & others，2012）。他们的工作见证了人本主义观点对当代人格心理学的持久影响。

自我测试

1. 在马斯洛的观点中，充分发挥个体潜能的动机叫
_____。
   A. 自我满足　　　　　B. 自我实现
   C. 自给自足　　　　　D. 自我决定

2. 罗杰斯提出，为了满足自我，人们需要满足以下除
_____以外的因素。
   A. 无条件的积极关注
   B. 真诚
   C. 自我实现
   D. 共情

3. 为了实现父母的期望，在数学和科学中一直不断努
力得到 A 的孩子是在试图建立_____。
   A. 无条件的积极关注
   B. 价值条件
   C. 自我实现
   D. 共情

4. Phoebe 和 Joey 是 小 Jennifer 的 父 母，他 们
认为生活中的许多事情都需要付出努力，因此，
Jennifer 要尽量做得最好。他们让 Jennifer 明白
她必须获得的一件东西就是父母的认可，他们告诉
Jennifer 只有她在学校表现得好并按照他们的标准
行事时，他们才会爱她。他们确信，这种训练将使
Jennifer 意识到努力工作和珍惜生命中美好事物的
重要性。罗杰斯将如何评论 Phoebe 和 Joey 的教
养方式呢？
   A. 他们是正确的，因为所有的孩子都需要严格的限
制并且必须学习纪律
   B. 他们是正确的，但是对 Jennifer 的影响较小，
因为人格中基因是最重要的
   C. 他们可能会使 Jennifer 产生固着，她会用一生
的时间来解决她的无意识冲突
   D. 他们正在为 Jennifer 设定价值条件，只有她符
合一定的标准才能够得到无条件的爱

3　特质论

如果你在相亲时认识了一个新朋友，那么你很可能会用他/她的特质，或是持续的人
格特质来描述此人。人格特质论的观点在过去的三十年里一直占主导地位。

特质理论

人格**特质理论**强调人格由大量稳定的性格倾向（特质）组成，这些特质会引起特定
的反应。换句话说，我们可以根据人们的行为方式来描述一个人，例如，他们是否外
向、友善、自私或是有敌意。在某些方面，那些有着强烈倾向的人表现为"高"特质；
那些在这方面没有强烈倾向的人表现为"低"特质。虽然特质理论家们对哪种特质构成
了人格这一问题持不同的意见，但是他们一致认为特质是人格的基本元素（McCrae &
Sutin，2009；Miserandino，2012）。

奥尔波特（1897-1967），通常被称为美国人格心理学之父，尤其受到了精神分析所
描绘的人性的消极观点的困扰。他拒绝承认无意识是人格核心的观点。他认为，要了解
健康的人，我们必须关注当下的生活，而不是他们的童年经历。

> **特质理论**　强调人
> 格由大量稳定的性
> 格 倾 向（特质）组
> 成，这些特质会导
> 致独特的反应。

奥尔波特认为，人格心理学应该关注健康、适应良好的个体。他将这一类人描述为具有积极但客观的自我意识和他人意识，对自我经验之外的问题感兴趣、有幽默感、有常识以及统一的人生观，通常但不总是怀有宗教信仰（Allport，1961）。奥尔波特认为，心理学应该与当代社会面临的社会问题有关，他的学术不仅影响了人格心理学，也影响了宗教心理学和偏见心理学。

在界定人格时，奥尔波特（1961）强调个体的独特性和适应环境的能力。对于奥尔波特而言，理解人格的关键因素就是特质。他将特质定义为使一个人在不同情况下表现出相同行为的心理结构。奥尔波特认为，特质就是个体内部的结构，使其行为在不同的情境下表现出相似的行为。例如，如果Carly是善于交际的，那么，无论是在聚会中还是在研讨会中，她都可能表现出外向、开心的行为。奥尔波特的定义认为行为在不同情境下应该是一致的。

通过了解奥尔波特的特质研究，我们可以看出其人格观点的现实性。在20世纪30年代末，奥尔波特及其同事奥德波特（1936）抱着两本未删节的大词典找出了所有可以被用来描述人的单词，这被称之为词汇法（lexical approach）。这种方法认为，如果某个特质对个体的现实生活是重要的，那么它应该表现在人们所使用的自然语言之中。此外，某种特质越重要，它就越能被一个单词所代表。奥尔波特和奥德波特一开始找了18000个词，后来逐渐缩减到列表中的4500个词。

如你所想，4500个特质编制成了一个很长的问卷。想象一下，你被要求在一些特质上去评价一个人——Ignacio。你使用5点量表，1意味着"从不"，5意味着"总是"。如果你在"外向"上给了Ignacio 5分，那么你在"害羞"上会给他几分呢？显然，我们不需要4500个特质来总结我们描述人格的方式。然而，我们将如何在不丢失重要信息的情况下，进一步削减这些描述词呢？

随着统计方法和计算机的出现，词汇法变得相当不实用，因为研究者开始分析这些词汇，并找出其中可解释其共同之处的潜在结构。具体而言，一种称为因素分析的统计过程，能够帮助研究者们确定哪些特质具有共同的特点。基本上，因素分析能够告诉我们量表中哪些项目是表达同一个意思的。例如，如果Ignacio在"外向"上得了5分，那么他可能在"健谈"上也得5分，而在"害羞"上得1分或2分。因素分析的一个重要特征就是，它依赖于科学家对因素意义的解释，并且研究者必须决定选择多少因素才足以解释数据（Goldberg & Digman，1994）。

1963年，诺曼（W. T. Norman）重新分析了奥尔波特和奥德波特所提出的特质，得出结论认为，只要五个因素就可以概括这些全部的特质。诺曼的研究为现代人格心理学的主导方法（五因素模型）奠定了基础（Digman，1990）。

人格五因素模型

选择一个朋友，并写下有关他/她的10个最显著的性格特征。你是否列出了"矜持的"或"好的领导者"？"负责任的"或"不可靠的"？"温柔的""和蔼的"或"友好的"？或者甚至是"有创意的"？人格心理学的研究者发现，基本上有五大可用自然

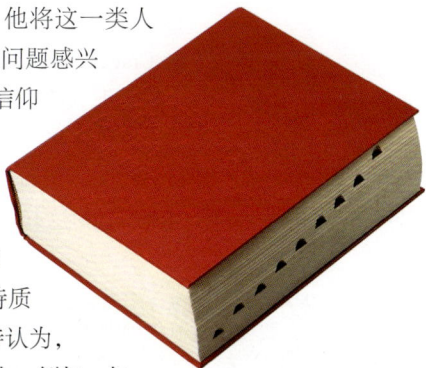

66 之所以称为'词汇'，是因为词汇代表着字典或单词表。这些研究者一般都是用我们描述别人的词汇作为开始。**99**

66 神经质有时是用它的反面——情绪稳定性——进行定义的。**99**

语言表征出来的人格维度。这些维度也概括了心理学家研究特质的各种方式（Costa & McCrae，2006；Crede & others，2012；Hogan，2006）。

大五人格因素包括神经质（指的是焦虑和消极情感体验的倾向）、外向性、开放性、宜人性和责任心。虽然人格心理学家进行因素分析时得出的五因素的顺序是N、E、O、A、C，但如果你将这五个单词的首字母放在一起，你就会得到单词ocean。图10.3更加充分地对这五大特质进行了定义。

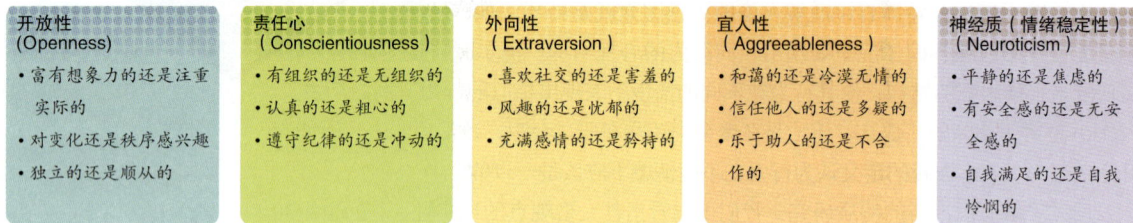

开放性 (Openness)	责任心 (Conscientiousness)	外向性 (Extraversion)	宜人性 (Aggreeableness)	神经质（情绪稳定性）(Neuroticism)
• 富有想象力的还是注重实际的 • 对变化还是秩序感兴趣 • 独立的还是顺从的	• 有组织的还是无组织的 • 认真的还是粗心的 • 遵守纪律的还是冲动的	• 喜欢社交的还是害羞的 • 风趣的还是忧郁的 • 充满感情的还是矜持的	• 和蔼的还是冷漠无情的 • 信任他人的还是多疑的 • 乐于助人的还是不合作的	• 平静的还是焦虑的 • 有安全感的还是无安全感的 • 自我满足的还是自我怜悯的

图10.3 大五人格因素 每个大的特质下面都包含更小的特征或性格特点。使用缩写 OCEAN 有助于记住这五个人格因素。

这五大特质的任意一种特质都已经成为被广泛研究的课题（Karsten & others，2012；McCrae & Sutin，2007）。下面选取了有关每种特质的部分研究结果，表明了五因素模型所引发的有趣的工作：

■ **神经质** 在人们的日常生活中，神经质与消极情绪感受的关联性往往多于积极情绪，并且具有神经质人格特质的个体会经历更长时间的消极状态（Widiger，2009）。神经质也与更多的健康问题有关（Carver & Connor-Smith，2010），并且与冠心病风险相关（Koelsch，Enge，Jentschke，2012）。一项纵向研究追踪了被试近七年之久。这项研究发现，神经质与死亡有关（Fry & Debats，2009）。一般情况下，神经质的个体似乎都在默默地忍受，熟人和观察者很难辨别出具有神经质人格特质的个体（Vazire，2010）。

■ **外向性** 高外向性的个体比其他个体更愿意从事社会活动（Emmons & Diener，1986），更能体验到满足感（McCullough，Emmons & Tsang，2002），并具有强大的生命意义感（King & others，2006）。此外，性格外向的人更宽容（Thompson & others，2005）。外向的人更爱笑、更精力充沛，并且穿着时髦（Naumann & others，2009），外向的人很容易被观察到（Vazire，2010）。一项研究发现，外向的销售人员能够卖出更多的汽车，尤其是那些还擅长采集人际线索的人（Blickle，Wendel & Ferris，2010）。

■ **开放性** 开放性与自由价值观、开放的思想、宽容（McCrae & Sutin，2009）以及创造性（Silvia & others，2009）有关。开放性也与高级认知功能和智商有关（Sharp & others，2010）。开放性的个体的穿着更有可能与众不同（Naumann & others，2009），更愿意追求创业目标（例如，创立自己的事业），并且还会在这些追求中取得成功（Zhao，Seibert & Lumpkin，2010）。高开放性的个体更容易在网上与他人交流，并且更愿意使用社交媒体（Correa，Hinsley & de Zuniga，

大五人格因素 用于描述主要人格特质的五个因素，包括开放性、责任心、外向性、宜人性和神经质（情绪的不稳定性）。

2010）。此外，最近的一项元分析发现，高水平的开放性与长寿相关（Ferguson & Bibby，2012）。

■ **宜人性**　宜人性与慷慨性和利他性（Caprara & others，2010）、宗教信仰（Haber，Koenig & Jacob，2011），及满意的两性关系相关（Donnellan，Larsen-Rife & Conger，2005）。也有研究发现，宜人性的个体更容易将他人看得比较积极（Wood，Harms & Vazire，2010）。网上的交友简介中，宜人性的个体更不容易伪装自己（J. A. Hall & others，2010）。

■ **责任心**　责任心在生活的各个领域之中都是关键因素。研究人员发现，责任心与高中生和大学生的平均成绩呈正相关（Noftle & Robins，2007）。责任心也与高质量的友谊（Jensen-Campbell & Malcolm，2007）、更高水平的宗教信仰（Saroglou，2010），以及宽容的态度（Balliet，2010）相关。责任心与穿戴整洁相关，特别是对男性而言（Naumann & others，2009）。与开放性一样，责任心还与成功创业相关（Zhao，Seibert & Lumpkin，2010）。低水平的责任心与高水平的犯罪行为（Wiebe，2004）、药物滥用（Walton & Roberts，2004）及病理性赌博相关，而高水平的责任心与高水平的健康、低水平的压力相关（Gartland，O'Connor & Lawton，2012；Takahashi，Roberts & Hoshino，2012）。最近的一项研究表明，更具责任心的青少年在其生活的许多方面都很少体验到压力，包括学校和人际关系（Murphy，Miller & Wrosch，2012）。

一些心理学家认为最佳的人格就是高外向性、高责任心、高宜人性、高开放性和低神经质的组合（Rushton & Irwing，2009；van der Linden，te Nijenhuis，Bakker，2010）。对特质可观察的变化表明，人与人之间在这些不同维度上的差异是具有适应性的（Buss，2009；Nettle，2006）。此外，对于不同特质的评价也取决于文化背景（Fulmer & others，2010）。

> 请记住，这五个因素在理论上是彼此独立的，在一个人身上，可能出现任何不同人格因素的组合形式。你认识神经质/外向性或宜人性/内向性人格的人吗？

很多时候，人格特质对我们生活的影响取决于我们所处的情境。我们所遇到及寻求的不同情境，决定了人格特质是被增强还是削弱（Block，2010；King & Trent，2012）。当我们所处的情境需要反抗性的行为时，宜人性这样的特质就可能成为一种麻烦。例如，一位婚姻破裂的女性虽然喜欢对她友善的离婚律师，但是却可能会选择一个在谈判桌上不那么具有宜人性的律师。著名心理学家克隆巴赫（1957，p.679）曾经说过，"如果每个环境中都存在一个最佳的生物，那对每个生物而言，都应有一个最佳的环境。"如果我们的人格并不适合于某种情境，那么我们就需要改变那个情境或创造出更容易适应的情境（King & Trent，2012）。

> 找到将我们的人格特质变为优势的机会是人生的挑战之一。

大五人格的跨文化研究　关于大五人格因素的一些研究探讨了不同文化中哪种因素会出现在人格特质里（Lingjaerde，Foreland & Engvik，2001；Miacic & Goldberg，2007；Pukrop，Sass & Steinmeyer，2000）。问题是，在世界各地的文化中，大五人格是否体现在了人格的评价中？一些研究认为体现出来了：大五人格的版本出现在了像加拿大、芬兰、波兰、中国和日本等这些不同的国家中（Paunonen & others，1992；X. Zhou & others，2009a）。在大五人格中，最有可能出现跨文化和跨语言的特质是外向性、宜人性、责任心，而神经质和开放性这些特质更容易出现在只说英语的群体中（De Raad & others，2010）。

大五人格中的动物研究　研究者们发现，一些动物身上也有大五人格，包括家养的狗（Gosling，2008b；Gosling，Kwan & John，2003）和鬣狗（Gosling & John，1999）。此外，研究者也证明，在猩猩、鹅、蜥蜴、鱼类、澳洲鹦鹉和乌贼身上找到了共同的人格特质（比如整体上的友好）（Fox & Millam，2010；McGhee &

Travis，2010；Sinn，Gosling & Moltschaniwskyj，2008；Weinstein，Capitanio & Gosling，2008；Wilson & Godin，2010）。不过，一些研究人员发现乌贼的"人格"更可能是由环境因素造成的，而不是稳定的个体差异（Sinn & others，2010）。

神经质、外向性与幸福感　大量人格心理学的研究考察了人格特质与幸福感水平，也就是心理学家所称的主观幸福感之间的关系（Diener，Kesebir & Tov，2009；Oerlemans，Bakker & Veenhoven，2011），而这也是我们将进一步探讨的话题。你可能已经注意到一些人似乎一生之中都充满乐趣地生活着，而另一些人则似乎在最轻微的问题上也感到苦恼。你可能会认为，在我们身上发生的事件可以解释大多数的幸福感。当然，如果一个人在学校表现优异并且有深爱的伴侣，那么他就会感到快乐，但是如果一个人在学校表现不好，并且刚刚经历了一场痛苦的分手，那么他就会不快乐。事实上，研究已经表明，生活事件对个体的总体幸福感解释力相对较小。

平均而言，有一些人似乎要比其他人更幸福。在人格研究中最一致的发现是人格特质与幸福感之间存在强烈的相关。具体来说，外向性与高水平的幸福感有关，神经质与低水平的幸福感有关（Ni Mhaolain & others，2012；Otonari & others，2012；Wilt & Revelle，2009）。外向性与高水平的幸福感之间的关系以及神经质与低水平的幸福感之间的关系是一致的，这种关系在猩猩身上也存在（Weiss，King & Perkins，2006）。如何解释这些关系呢？

特质、情绪与主观幸福感　首先，让我们像心理学家所做的那样来定义主观幸福感。**主观幸福感**是指人们对与消极情绪相对应的积极情绪水平的评价，以及个体对其一般生活状态的评价（Diener，2000）。当心理学家测量主观幸福感时，他们通常会关注个体的积极情绪、负性情绪以及生活满意度。

> 66 还记得你在第 1 章中做过的主观幸福感问卷吗？ 99

主观幸福感的定义有助于我们了解为什么神经质和外向性人格特质会与个体的幸福感呈显著相关。神经质人格特质倾向于焦虑、感到苦恼，并体验到消极情绪。神经质的个体会体验到更多的消极情绪，情绪更为多变。人格和临床心理学家David Watson的研究擅长是情绪，他发现，消极情绪是神经质人格特质的核心，积极情绪是外向性人格特质的核心（Watson & Clark，1997）。在一定程度上，神经质的个体更容易产生消极情绪，这似乎就导致了这种特质影响了整体的幸福感。然而，有趣的是，有研究表明，神经质的个体也可以变得快乐，特别是当他们具有外向性人格特质时（Hotard & others，1989）。也就是说，对神经质的个体来说，外向性与幸福感密切相关。即使对那些高神经质特质的个体而言，外向性依然与幸福感密切相关，为什么会这样呢？

一个早期理论对外向性和高水平幸福感之间的关系进行研究指出，外向的人更愿意参与和高水平幸福感以及积极情绪有关的活动，例如，与他人的社会交往。因此，外向者可能更幸福，因为他们与他人共度的时间更长。抛开这种解释的逻辑，研究者已经发现，外向者即使是自己一个人的时候，也比内向者更能体验到幸福感（Lucas & Baird，2004）。人格心理学家仍在继续探讨对这种密切关系的解释（Smillie & others，2012）。

事实上，有研究已经支持了这一结论，外向者本身就更幸福，不管他们做什么，或是与谁在一起。Richard Lucas和Brendan Baird（2004）做了一系列的研究来探讨外向性与积极情绪的关系。他们给不同外向性人格特质呈现各种积极或中性的刺激。积极的情绪情境包括描写梦想般的假期或彩票中奖、观看一场有关园艺的愉快的电影剪辑或Bill Cosby 的喜剧、看笑话和漫画。中性情绪情境包括描写开车、去杂货店购物，或观看PBS的财经新闻报道。所有研究都发现了外向性与积极情绪之间的密切相关，即使是在中性刺激条件下也是如此。换句话说，不管研究者将被试置于什么样的情绪条件下，外向者都比内向者更幸福。即使只是观看财经新闻报道，外向者也更幸福。

主观幸福感　人们对与消极情绪相对应的积极情绪水平的评价，以及个体对其一般生活状态的评价。

人格心理学与健康心理学：特质与肥胖有关吗？

肥胖是一个主要的全球性健康危机（Hahn，Payne，& Lucas，2013；Thompson & Manore，2013）。超重和肥胖导致的可控性死亡仅次于吸烟（Mokdad & others，2004）。可控性意味着身体的不健康状况可能受到行为的影响，特别是饮食和身体活动水平。如果人格特质可以预测典型的行为模式，那是否可以通过人格特质了解饮食和活动的偏好呢？人格特质是否可以预测体重的增加和肥胖？

最近的一项长达50年、由2000名被试参与的纵向研究探讨了这一问题。Angelina Sutin及其同事们（2011）在研究中测量了被试的人格特质，其中也包括大五人格，并在以后的每次测试中都对这些变量进行测量。通过观察数据，研究者们发现，神经质和外向性与体重之间呈正相关。相反，责任心与体重之间呈负相关。冲动性能够解释这些相关，冲动性指的是一种行为不经计划的特质。冲动性在概念上类似于神经质和外向性维度，并且与责任感呈负相关。那么冲动性与体重的关系如何呢？一般来说，冲动性的分数在前10%的被试比在后10%的被试重20磅。

通过对不同时间点上的样本进行研究发现，尽管人们的体重在50年间逐渐增加，但特定特质与增加速度有关。责任心与体重增加的速度呈显著负相关，而神经质与体重增加呈正相关。

虽然这项研究可能表明了人格可以使人变胖（对低责任心的人来说是不好的消息），但是我们还是需要注意一些重要的事实。首先，即使在纵向研究中，第三变量，例如遗传学，也应该被列入到解释变量中——而在这个研究中，并未将这个解释变量纳入到对人格与体重之间联系的解释中。第二，人格并不能直接增加人的体重，而是通过行为影响体重。所以，Sutin及其同事们认为，关于人格特质的信息可能有助于设计干预措施，以帮助人们控制体重。人格特质与个体典型的行为模式有关。如果要进行减肥的话，干预措施可能会准确地确定不同个体可能不会使用的行为策略。例如，高冲动性的个体（或责任心低的个体）可能会受益于有效的饮食计划和运动习惯。对于外向者来说，互助小组可能是最有效的，而对于内向者来说自主计划或一对一的干预可能是最有效的减肥方法。

研究者们还指出，他们的研究并不能解决人格对减肥的潜在影响。一个尖锐的问题出现了：健康的行为能否产生健康的人格？最近一项关于吸烟与人格关系的纵向研究对这个问题予以了肯定的回答。在该研究中，那些减少了吸烟行为的大学生，其神经质和冲动性水平也都呈降低趋势，并且这些改变在18到25岁之间的个体身上尤为明显（Littlefield & Sher，2012）。

这些研究结果指出了心理与生理之间明显而复杂的关系，也同样提醒我们，健康的行为有益于我们生活的方方面面。

■ 你的人格特质与健康行为是如何相互作用的呢？
■ 你能通过改变健康行为来促进你的人格发展吗？

特质与情绪状态　如果你具有神经质或内向的人格特质，甚至两者兼备，那么你可能会感觉到情绪就像是热浪中的氦气球。如果人格具有稳定性，那么发现人格令人感觉痛苦有何益处吗？

思考这些问题的一个方法就是关注特质与状态之间的差异（Marine & others，2006）。正如我们之前谈到的，特质具有持久性的特点，所代表的是日常生活中的你。相比之下，状态（例如积极和消极情绪）是一种更为短暂的体验。神经质特质使得你易于感觉到烦恼（一种状态），这并不意味着你的总体幸福感会受到影响。相反，意识到你易于表现出神经质的状态，可能会使你注意到，自己的负面情绪可能潜在地受到特质的影响，而不一定是客观事件所导致的。当你发现自己具有某种与低水平的幸福感有关的人格特点时，你不应该认为这是命中注定的。相反，这些信息可以帮助你采取措施来改善自己的生活，去培养良好的习惯，去最大限度地利用你的独特品质。

除了幸福感，研究者们还探讨了大五人格特质对体重的影响（van Reedt Dortland & others，2012）。要想了解人格与超重、肥胖的关系，请阅读交叉研究那一节。

对特质理论的评价

根据人格特质对人类进行研究具有很好的实践价值。确定一个人的人格特质可以帮助我们更好地了解这个人。通过特质理论，心理学家已经了解到了大量有关人格与健康、思维方式、事业成功、人际关系之间的关系（George，Helson & John，2011；Leary & Hoyle，2009a；Turiano & others，2012）。

然而，特质论也有其缺点，即未重视情境因素对人格和行为的影响（Kammrath & Scholer，2012；Leary & Hoyle，2009b）。例如，一个人可能会认为当她面对陌生人时是内向的，但是面对朋友和家人时却是外向的。此外，一些人批评道，特质理论所描述的个体人格太宽泛了。特质可以让我们了解一个从未谋面的人，但却很难揭示出个体之间的细微差别。

自我测试

1. 除_____以外，其他所有答案都是大五人格的要素。

   A. 开放性　　　　　B. 利他主义

   C. 责任心　　　　　D. 外向性

2. 研究人员发现，一些大五人格的版本也出现在_____。

   A. 世界上不同国家中　B. 家犬

   C. 蜥蜴　　　　　　　D. 以上所有

3. 与较高智商有关的人格因素是_____。

   A. 神经质　B. 责任心　C. 宜人性　D. 开放性

小应用！

4. Sigmund 是一位成就很高的精神分析学家，总是及时地替病人看病，并在截止日期前就完成他的书面工作。他是一位出色的演说家，经常被热情的崇拜者所包围，他享受这种被瞩目的感觉。他有一些非常疯狂、抽象的观点，并且已经将其发展成为一套复杂的理论来解释所有的人类行为。可以说，他不是一个传统的思想家。他不能很好地回应他人的批评，即便是很轻微的反对意见，他也无法做出很好的回应。下列哪一项很好地描述了 Sigmund 的人格？

A. 低责任心、高外向性、低神经质、高开放性

B. 高责任心、高外向性、高开放性、高神经质

C. 高责任心、低外向性、低开放性、低神经质

D. 低责任心、高外向性、低开放性、高神经质

4　人格与生活故事的观点

想象一下，通过问卷测量1000个人的大五人格。通过观察其得分，你可能会得出这样的结论：人们就像雪花一样，个体并不完全独特，在很多方面都表现出了共同的特质，但更像趣多多饼干一样，在小的方面又有所不同。

如果两个人在大五人格的特质上有相同的水平，那么他们是否有同样的人格呢？持有人格与生活故事观点的人格研究者们认为并非如此（McAdams & Olson，2010）。**人格与生活故事**的观点强调，理解人格的方式就是关注他/她的生活历史和生活故事——这些方面将个体与他人区分开。

人格与生活故事　一种理论观点，强调理解人格的方式就是关注他/她的生活历史和生活故事。

默里的人格理论

在遇见荣格并阅读他的作品后，亨利·默里（Henry Murray，1893-1988）开始对人格心理学感兴趣，那时他还是一名年轻的生物化学专业的研究生。后来默里成为了哈佛大学心理门诊的主任，同时期，奥尔波特也在那里任职。默里与奥尔波特对人格的看法完全不同。奥尔波特关注意识经验和特质，而默里却接受了心理动力学中的无意识动机观点。

默里用人格学（personology）一词指对整个人的研究。他曾有一句名言："有机体的历史就是有机体本身，"意思是为了理解一个人，我们必须要了解这个人的生活历史，包括这个人生命的所有部分。

默里将其观点应用于二战期间的人格研究，那时候他应战略情报局（OSS，美国中央情报局的前身）的要求，去研究阿道夫·希特勒的心理档案。该文档于1943年完成，准确地预测了希特勒会自杀而不是被盟军活捉。默里对希特勒的分析是第一个"罪犯档案"，这曾被当作现代犯罪分析的模型。

亨利·默里对希特勒心理的描述（在1943年的二战期间写出）是现代犯罪分析的模型。

> 动机是人格心理学的核心部分。人格心理学家认为，动机是个体持久的一部分，其所研究的是个体在不同动机水平上的差异。

默里的研究中对当代人格心理学最有影响力的是他对动机的看法。默里认为我们的动机在很大程度上是不自知的，然而当时的动机测量都是让人们自己说出自己的需要，默里认为这种测量方法必须改进。因此，默里与摩根一起编制了主题统觉测试（TAT），本章后半部分将对其进行介绍（Morgan & Murray，1935）。

此外，研究者开发了不同的评分程序，用于分析想象性故事中所隐藏的无意识动机（C. P. Smith，1992）。这些评分程序包括内容分析，心理学家通过这种程序将个体的故事编码成不同的图像、文字等。默里提出了22种不同的无意识需要，用以解释行为。成就需要（一种实现卓越和克服障碍的持久性的需要）、人际需要（一种建立和维持人际关系的持久性需要）和权力需要（一种想要影响世界的持久性需要）一直是当前研究的焦点。

David Winter（2005）分析了美国总统在就职演说中的动机。他发现，在这些演讲中出现的某些需要与其总统任期内发生的事件相对应。例如，追求高成就需要的总统（如Jimmy Carter）在他的任期内不容易成功。注意，获得成就需要是为了追求个人的卓越，这与其追求政治上的卓越、处理人际关系或责任感没有太大关系。追求高权力需要的总统更容易成功（John F. Kennedy，Ronald Reagan），而在演讲中满怀大量热情和人际意象（暗示一种人际关系的高需要）的总统往往在其任职期间会出现丑闻（Richard M. Nixon）。

身份的生活故事取向

追随默里的传统，丹·麦克亚当斯（2001，2006，2011a，2012）发展了身份的生活故事取向。他的思想中心是每个人都有独一无二的生活故事，充满了起起落落。这些故事记忆了我们如何成为现在的自己。麦克亚当斯认为，生活故事是不断变化的，它使我们的生命具有了连贯感。与默里所说的"有机体的历史就是有机体本身"类似，麦克亚当斯认为，我们的生活故事就是我们的身份。

麦克亚当斯的研究对大样本的被试进行了"生活故事访谈"。访谈结果被编码为不同的生活阶段及其变化。例如，麦克亚当斯及其同事们发现，幼儿园教师（我们在第8章提到过，这一群体被认为有较高的繁殖能力）更有可能讲述一些救赎模式特点的生活故事，即事情的发展呈由坏变好的顺序。

试一试！

在你的生活中选择一个潜在的负面经历，并写下来。结局是快乐的还是悲伤的？人格心理学家在读你的故事时会了解到些什么呢？

麦克亚当斯还引入了亲密动机的概念。亲密动机是指个体出于自身需求，而对良好人际关系有持久性需要的动机。在人们讲述的生活故事中，亲密动机都表现为热情、积极的人际关系。亲密动机与积极结果有关。例如，高亲密动机的男大学生在30年后表现出了高水平的幸福感和低水平的工作压力（McAdams & Bryant，1987）。一项有关男同性恋和女同性恋出柜的研究表明，与亲密相关的意象（例如，恋爱体验和被他人温暖接纳）与幸福感和人格发展有关（King & Smith，2005）。

其他人格心理学家通过生活经历的叙事解释，来理解人们是如何创造生活故事的意义的（King & others，2000）。在一项研究中，子女患有唐氏综合征的父母写下了他们如何发现孩子病症的故事。那些讲述快乐结局的故事的父母比其他父母有更高的幸福感、生活意义和个人成长（King & others，2000）。通过个体的叙述、文件（如日记），甚至信件和演讲，人格心理学家寻找无法直接测量（直接询问人们特定的项目是否捕捉到了他们的人格特质）的特质的深层意义。

> 学者们已经写了很多人物的心理传记，包括耶稣（Capps，2004）、猫王（Elms and Heller，2005）、本·拉登（Dennis，2005）以及弗洛伊德（Elms，2005）、罗杰斯（J. W. Anderson，2005）、奥尔波特（Berenbaum，2005）。"

最后，一些人格心理学家通过对个案的关注，非常认真地实践了默里的观点，即通过关注生活故事来理解整个人。心理传记学是一种研究方法，人格心理学家试图通过这种方法将人格理论应用于单一个体的生活中去（Runyon，2007；Schultz，2005）。弗洛伊德根据其对米开朗基罗的分析写了第一本心理传记。然而，他对米开朗基罗生活的解释存在一些问题，这导致其工作成果成为心理学传记的反面教材（Elms，2005）。

对生活故事法的评价以及相似的观点

通过叙述和个人访谈来研究个体，为研究者们提供了一个异常丰富的机会。想象一下，你可以阅读某人的日记而不是看这个人在测量特质问卷上的得分情况。没有多少人会放弃读他人日记的机会。

> 回忆一下，可推广性是指，一项特别的发现是适用于所有人，还是仅仅适于非常小的样本，有时样本中甚至只有一个人。"

然而，生活故事的研究既困难、又费时。人格心理学家 Robert W. White（1992）将叙述的研究看作是探索人格的"漫长道路"。收集访谈与叙事通常只是第一步。为了将这些个人故事转变为科学数据，研究者必须将其转换成数字，即大量编码和内容分析的过程。此外，要体现出叙事故事的价值，这些故事就必须告诉我们一些无法用更简单的方法发现的事情（King，2003）。此外，一些学者偏重于使用心理传记调查，但却无法实现研究的可推广性这一科学目标。

自我测试

1. 默里的人格学观点与_____是一致的。

　A. 人本主义观点　　　　B. 心理动力学观点

　C. 特质观点　　　　　　D. 词汇观点

2. 人格学主要关注_____。

　A. 客观因素　　　　　　B. 遗传因素

　C. 特质　　　　　　　　D. 潜意识动机

3. 麦克亚当斯认为我们的身份依赖于_____。

A. 遗传　　　　　B. 文化背景
C. 生活故事　　　D. 社交网络

小应用！

4. Larry 参加了一个测验，测验中要求看一系列图片并讲故事。根据他所讲述的故事，得到的反馈是他在权力动机方面的得分较高，这意味着他可能是一个好的领导者。Larry 震惊于这一结果，因为从来没有人认为他是这样的，并且他自己也不相信这一

结果。根据动机的人格观点，_____可以解释这一现象。

A. 权力的需要是潜意识的，所以 Larry 并没有意识到他的这一动机

B. 用来评估权力需要的量表可能不恰当

C. Larry 的权力需要可能较低。人格测试不可能告诉你一些你从不了解的自己

D. Larry 可能是一个神经质、内向性的人

5　社会认知观点

人格的社会认知观点强调自觉意识、信念、期望和目标。尽管一些原则是源于行为主义的（见第5章），但社会认知心理学家探究的是人们推理的能力，对过去，现在和未来的思考，以及对自我的反思。他们强调个体对情境的解释，并通过考察个体在多样性情境下的行为表现，来强调每个个体的独特性。

> **社会认知观点**　强调自觉意识、信念、期望和目标。

社会认知理论对广义特质（broad traits）并不感兴趣。相反，他们研究的是更为具体的因素（例如信念）与行为和表现之间的关系。在这一节中，我们将分别探讨班杜拉和米歇尔所提出的两种主要的社会认知观点。

班杜拉的社会认知理论

斯金纳（我们在第5章提到过他的理论）认为，没有"人格"这种东西。相反，他强调行为，并认为内部心理状态与心理学没有关系。班杜拉（1986，2001，2007b，2011a，2011b）发现，斯金纳的理论对于理解人类的活动来说过分简单。班杜拉认同行为主义的基本原则，并在心理过程影响行为的过程中加了认知的角色。斯金纳认为行为是由情境所引起的，班杜拉则指出人可以控制情境，并且有时对情境的定义就取决于人对它的信念。例如，即将到来的考试是一个展示能力的机会还是阻碍你实现目标的机会？不管怎样，考试都是一样的，但你对它的不同看法会影响你的行为（努力学习、担心或其他）。

班杜拉的社会认知理论认为，行为、环境和个体/认知因素对理解人格来说都很重要。班杜拉创立了一个术语"交互决定论"来描述行为方式、环境和个体/认知因素在人格影响中的相互作用（图10.4）。环境可以决定个体的行为，个体也可以采取行动来改变环境。同样，个体/认知因素可以一起影响行为，同时也可能受到行为的影响。班杜拉认为，行为是各种力量相互作用的结果，一些力量来源于情境，一些则是个体带入到情境之中的。我们现在就来回顾一下这一重要过程以及班杜拉用于理解人格的一些变量。

观察学习　回想第5章中班杜拉的观点，观察学习是人类学习的一个重要方面。通过观察学习，我们对他人的行为形成了自己的看法，并且可能还会采取这种行为方式。例如，一个年轻的男孩可能会观察到父亲的攻击性行为，从而也开始表现出对他人的敌意；当这个男孩与同伴在一起时，他可能会以一种高度攻击性的方式进行互动，表现出与他父亲同样特征的行为。社会认知理论认为，我们通过观察他人的行为而获得了大量的行为、思想和情绪，并且这些观察结果也有力地塑造了我们的人格（Bandura，2010a）。

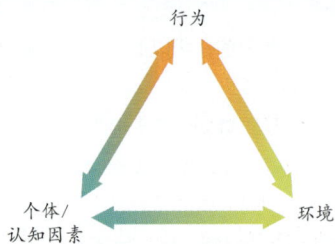

图10.4 班杜拉的社会认知理论 班杜拉的社会认知理论强调行为、环境和个体／认知的相互作用。班杜拉认为，图中的所有箭头都是双向的，这意味着这种因果关系是双向的。想象一下下面的事件和经历。描述三角形中的一个因素是如何改变另外两种因素的，以及另外两种因素又是如何影响这一因素的。行为：你努力学习并在《心理学导论》考试中得到了 A。环境：《心理学导论》的老师提供网上课程讲稿，并对每次考试都进行全面的复习。认知：你非常有信心能够取得好成绩。

个体控制 社会认知理论强调，不论环境怎样变化，我们都可以调节和控制自己的行为（Bandura，2011b；Mischel & others，2011）。例如，一位年轻的经理观察到她的老板以一种傲慢讽刺的方式对待自己的下属，而她自己非常反感这种行为，因而她以鼓励和支持的方式对待自己的员工。心理学家通常认为，行为控制感或是来自于个体内部（内部控制），或是来自于个体外部（外部控制）。当我们感觉到自己在控制自己的选择和行为时，这种控制就来自于内部，但如果是其他的因素在控制行为的话，那么这种控制就来自于外部。

考虑一下"你是否会在接下来的考试中表现优异"这个问题。如果是内部控制的话，你会相信是你自己掌控着自己的选择和行为，并且你的表现取决于你的实际行为（例如，努力学习或参加特别的复习小组）。从外部控制的角度来看，你可能会认为自己不能预测事情的走向，因为其中会有很多影响因素，例如，测试的难度、考试的教室是冷还是热等。

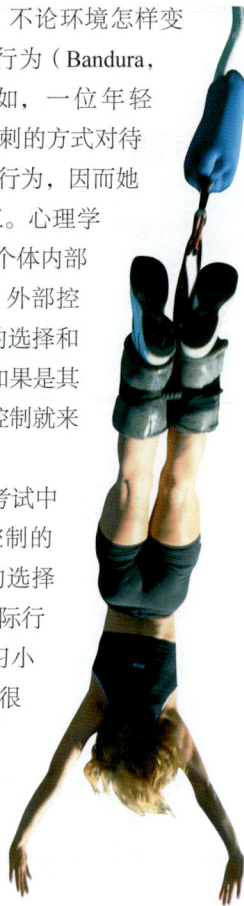

强烈的个体控制感对成绩表现、幸福感和身体健康至关重要（Bandura，2011b；Frazier & others，2011；Morrison，Ponitz，& McClelland，2010；Tigani & others，2012）。自我效能是个体控制感的一个重要方面，我们下面对此进行介绍。

自我效能 **自我效能**是相信自己有能力完成既定目标或任务的信念。班杜拉和其他研究者已经证明，自我效能与个体的积极发展有关，包括问题解决、变得更善交

> 自我效能意味着有一个积极进取的态度。

自我效能 相信自己有能力完成既定目标或任务的信念。

际、倡导和保持饮食及锻炼计划、戒烟（Bandura，2011b；Schunk，2011）。自我效能影响着人们是否能够养成健康的生活习惯，在应对压力时付出多少努力、面对阻碍时能够坚持多久，以及经历多少压力和痛苦（Becker，Kang，& Stuifbergen，2012；Sawatzky & others，2012；Schaubroeck & others，2011）。自我效能也关系到人们是否会利用心理治疗来解决自己的问题（Longo，Lent，& Brown，1992）。此外，研究人员还发现，自我效能与成功的求职面试、工作绩效以及在创造性的职业中取得的成就有关（Beeftink & others，2012；Tay，Ang，& Van Dyne，2006）。我们将在14章中再次探讨健康行为改变中的个体控制和自我效能。

米歇尔的贡献

与班杜拉一样，米歇尔也是一位研究人格如何影响行为的社会认知心理学家。米歇尔以两种著名的方式对人格领域产生了影响。首先，他对行为一致性观点的批判引发了一系列的争论。其次，他提出了CAPS模型——一种理解人格的新方式。

米歇尔对一致性的批判 无论是谈论无意识的性冲突、特质还是动机，我们之前所能想到的都是不同人格

特征对行为的持久影响。1986年，随着米歇尔《人格与测评》一书的出版，这一共同的假设遭到了攻击，这是一本几乎结束了人格心理学研究的书。

为了更好地理解米歇尔的观点，我们先回顾一下奥尔波特对特质的定义，奥尔波特认为，特质就是一种使同一个体在不同情境中表现出相似行为的特征。特质的这一特点表明，人们在不同的情境下会有相似的行为，换句话说，人们应该表现出跨情境的一致性。例如，不管在聚会中还是在图书馆里，外向者都会表现出高社交性。然而，米歇尔在对特质预测行为的研究进行了解后指出，这一研究存在缺陷。他断定，没有任何证据支持行为的跨情境一致性，因此也没有证据支持人格的存在。

人格心理学家以各种不同的方式回应米歇尔的情境主义攻击（Donnellan，Lucas，& Fleeson，2009；Funder，2009；Hogan，2009）。研究人员发现，人格能否预测行为并不是问题，问题是人格是什么时候、怎么样预测行为的，这通常需要与情境因素结合在一起进行考虑。这些研究结果如下：

- 特质越被限定在特定的范围内，其越有可能预测行为。
- 有些人在某些特质上相同，而有些人在另外一些特质上类似。
- 当情境的影响力较小时，人格特质对个体行为的影响力就会较大。具有强大影响力的情境能够提供很多关于个体应该如何表现的明确线索。例如，即使是一个非常健谈的人也应该在课堂上保持安静。然而，在影响力较小的情境中，比如在闲暇时间里，这个人则可能会花很多时间与人交谈。

此外，个体会选择所处的情境。这意味着，即使情境能预测行为，但特质依然决定人们会选择什么样的情境，例如，选择参加聚会还是在家里学习（Emmons & Diener，1986）。

让我们先停下来想想"一致"意味着什么。你可能会认为"一致"表明了个体是一个真诚、诚实的人，而在不同的情境下表现出不同的行为则意味着虚伪。不过，从另一方面想一下，如果一个人从未改变自己的行为以适应情境，那他也可能会让人感觉不太舒服。想一下这个例子，一个人甚至在与4岁孩童下跳棋时都充满竞争性。显然，适应良好的行为有时需要保持情境的一致性，而有时则需要根据不同的情境做出不同的行为。

后来，米歇尔（2004，2009）提出了一种他认为更能够捕捉到个体与情境之间关系的人格理论。想象一下，如果不使用特质或广泛动机来研究人格，你还能关注什么呢？米歇尔对这一两难问题的回答就是他的CAPS理论。

CAPS理论 米歇尔的人格理论是围绕着他的延迟满足工作而展开的，延迟满足是指为了获得更大的回报而推迟目前的愉悦体验。米歇尔及其同事们对儿童管理延迟满足的过程进行研究（Mischel，Cantor，& Feldman，1996；Mischel & Moore，1980；Mischel & others，2011）。他们让儿童进入到一个具体的困境中，即单独待在一个放有儿童随时可以拿得到的饼干的房间里。并告知这些孩子，他们可以在任何时间敲响铃声并吃掉饼干。但是，如果他们可以忍耐一会，等到实验者回来，那么，他们就可以得到两块饼干。之后，孩子们就被单独留在房间里，来面对这种自我控制的两难困境。然而实际上，实验者并没有回来。研究者们感兴趣的是孩子们会在诱惑和吃饼干之前等待多长时间。

孩子们的反应方式多种多样。一些孩子坐着一动不动，只是盯着诱人的饼干；一些孩子闻了闻饼干的味道；一些孩子则转身离开、唱歌、摸自己的鼻子，或者做各种事情，只是不看饼干。那些能够抗拒诱惑的孩子是怎么做到的呢？米歇尔和他的同事们发现，那些分散自己对饼干注意力的孩子专注于"冷思考"（与饼干无关的事情），他们能很好地做到延迟满足。相反，专注于饼干以及和饼干有关事情的孩子（米歇尔称之为"热思考"）很快就吃掉了饼干（Metcalfe & Mischel，1999）。这项

研究表明，避免热思考可能是完成长期计划的好方法。

这项研究与人格有何关系呢？米歇尔及其同事继续对这些孩子进行追踪研究。他们发现，儿童延迟满足的时间能够预测其在高中和大学中的学业成绩（Mischel，2004），甚至是他们40岁时的自我控制能力（Casey & others，2011）。这些结果表明了人格跨时间的稳定性。

米歇尔的人格观点关注的是行为模式在时间上而非情境中的稳定性。也就是说，米歇尔及其同事研究了行为在不同情境下是如何保持连贯性的，例如孩子等待吃饼干的行为与其日后是选择待在家里而非去参加聚会的行为是具有连贯性的。

与社会认知观点强调人的认知能力和心理状态一样，米歇尔将人格定义为一组相互联系的**认知情感处理系统（CAPS）**（Kross，Mischel，& Shoda，2010；Mischel，2004，2009；Mischel & Ayduk，2011；Mischel & Shoda，1999；Orom & Cervone，2009）。根据CAPS理论，我们对自我及周围环境的认知与情绪会影响其行为，这些因素相互作用，共同作用于个体的行为。个体控制和自我效能将不同的情境、信念和行为联系在一起。想象这样的情境，一个叫做Raoul的人，因为上司给他布置了一项新的挑战性任务而兴奋不已。Raoul可能会去思考所有完成这一项目的策略，并立即开始工作。然而，这位能干的员工对其他挑战的反应可能并不是如此，他的反应取决于任务是谁派的，是什么样的任务，以及他能否做好这个工作。

CAPS关注的是人格是如何发挥作用的，而非什么是人格（Mischel & Ayduk，2011；Shoda & Mischel，2006）。从CAPS的观点来看，问一个人"你有多外向？"是没有意义的，因为其回答往往是"不太好说"。一个人可能在某种情境下外向（上课的第一天），某种情况下不外向（考试前）。人格具有灵活性的独特模式。

毫不奇怪，CAPS理论关注的是不同情境下的个体行为，及其对情境特征的独特解释。从这个角度看，仅仅知道Crystal是个外向的人，并无法推测其在小组讨论中的行为。我们需要知道Crystal在讨论中所持的信念和目标。例如，她想给老师留下深刻的印象吗？她是心理学专业的学生吗？她在这个班上有好朋友吗？我们还需要知道她对情境的认识：她将这次讨论看做是表现的好机会，还是正在思考着下一堂的考试？CAPS理论的研究者一般会观察个体在不同环境中的行为，以确定不同个体在不同情境中的信念、情绪和行为之间的联合模式。

对社会认知观点的评价

社会认知理论关注个体与环境的相互作用。该理论开创了通过观察行为来理解人格的科学范式。社会认知理论强调认知过程能够影响人格的解释，并表明人们有能力控制其所处的环境。

社会认知理论的批评者们提出了一些异议。例如：

■ 社会认知理论过于关注变化及情境对人格的影响，却没有关注持久性的人格特征。
■ 社会认知理论忽略了生物学在人格中的作用。
■ 由于试图将情境和个体纳入到人格观点之中，该理论只能预测个体在特定情境中的具体表现，因而无法得出概括性的结论。

> 米歇尔强调连贯性，即行为在不同情境中是否保持一定的联系，但不意味着这些行为是同一种行为。

> 你自己的行为在不同的情境中总是一致的吗？

认知情感处理系统（CAPS） 米歇尔提出的理论模型，用来描述个体对自我及环境的认知与情感对其行为的影响，这些因素相互作用，共同影响个体的行为。

1. 下列各项除＿＿＿＿外，都是班杜拉社会认知理论的组成部分。
   A. 自我效能　　　　B. 无意识动机
   C. 个体控制　　　　D. 观察学习

2. 根据米歇尔 1968 年的那本书，行为由＿＿＿＿决定。
   A. 特质
   B. 生理基础
   C. 所处的情境以及个体对情境的认知
   D. 无意识动机

3. 认知情感处理系统（CAPS）理论关注的是＿＿＿＿。
   A. 人格是如何在不同情境中发挥作用的
   B. 基因遗传是如何影响人格的
   C. 影响人格的生物学因素是什么
   D. 人格是什么

小应用！

4. Omri 认为自己是一个外向的人，但是他在班级里却很少说话。在初次遇到一些人，特别是权威人物（如老板）时，他会表现得非常安静。米歇尔将如何评价 Omri 的行为？
   A. Omri 并不是一个外向的人，他只是不明白而已
   B. Omri 是根据自己的行为进行的判断。他可能在有些情况下是外向的，而在有些情况下是内向的，这很正常
   C. Omri 可能固着在了发展阶段的性器期
   D. 在 Omri 的童年里，他没有获得足够的无条件的积极关注

6　生物学观点

　　生理过程影响人格的概念早在古代就已经存在了。公元前400年，医学之父希波克拉底根据特定的体液水平，将人类划分为四种基本的性格。他认为，"多血质"的人是快乐、乐观的，这样的人体内有丰富的血液。"胆汁质"的人性急易怒，体内有较多的黄胆汁。"黏液质"的人较为平静缓慢，体内有较多的黏液。"抑郁质"的人体内有较多的黑胆汁，是悲观主义者。

　　虽然希波克拉底的体液说观点早已被淘汰，但人格心理学家一直承认人格包括脑和生物过程。不过，他们虽然认为这个过程确实存在，但实际上对这些过程的研究却很少。弗洛伊德的心理性欲阶段表明了他对生理与心理之间存在密切关系的强烈信念。奥尔波特将特质定义为"神经质"结构，并认为人格是一个"精神物理学"系统。默里曾宣称"没有大脑就没有人格"。最近，方法和理论上的进步又引发了一些关于生物过程影响人格的有趣研究。

人格与大脑

　　显然，大脑对人格来说是重要的。回顾一下在第2章中提到的Phineas Gage的案例。事故对Gage的一个关键影响就是改变了他的人格。他从原来的温柔、善良变得易怒、充满敌意和不可靠。

　　大量的研究考察了大脑活动与人格特质之间的联系（Adelstein & others，2011；DeYoung，2010；Xu & Potenza，2012）。例如，研究表明，外向个体的左额叶皮层对正性刺激更敏感，而内向个体的同一区域对负性刺激更敏感（Canli，2008a，2008b；Haas & others，2007；Schmidtke & Heller，2004）。与内向者的杏仁核相比，外向者的杏仁核在看到快乐的面孔时更敏感（Canli & others，2002）。人格生物学的两种理论观点（Hans Eysenck 和Jeffrey Gray的观点）赢得了更多的关注。

艾森克的网状激活系统理论 英国心理学家艾森克（Hans Eysenck，1967）首次描述了特定的大脑系统对人格的影响。他基于网状激活系统（RAS）提出了一种研究外向/内向的理论。回想一下第2章和第4章的内容，网状结构位于脑干之中，对觉醒或唤醒起作用。RAS是网状结构及其连接的名称。艾森克认为，我们所有人都有一种最佳的唤醒水平，处于这种水平时，我们感觉到与世界和谐相处。然而，艾森克提出，外向者和内向者的RAS唤醒的基线水平不同。你知道，外向者往往性格外向、善于交际、具有支配性，而内向者则较为安静、更为含蓄和被动。艾森克认为，这些行为的外在区别反映了不同的唤醒调节策略（图10.5）。性格外向的人早晨醒来后低于最佳水平，而内向者则超过了最佳水平。

内向		外向
安静、保守、被动	人格特征	性格外向、喜欢社交、主动
最佳水平之上	唤醒水平	最佳水平之下
将外界干扰调整到最小独自安静地看书	典型行为	喜欢娱乐、喜欢与朋友一起，喜欢大声听音乐

图10.5 艾森克的网状激活系统理论 艾森克将外向/内向看作是典型的行为模式，其目的在于围绕个体的基线水平调节唤醒水平。

如果你感觉自己没有很好地投入生活之中，你应该怎么做呢？你可以大声听音乐或者与朋友出去玩，换句话说，就是做一个外向的人。相反，如果你感觉自己被过度唤醒或周围的刺激过多，你又该怎样做呢？你可能需要花时间独处，把干扰降到最低，安静地坐着，读一本书，换句话说，就是做一个内向的人。

因此，从艾森克的观点来看，我们可以将外向/内向的特征理解为特定的行为模式，旨在调节我们的唤醒水平。尚未有研究表明外向者和内向者的基线唤醒水平不同，但是内向的人可能会对唤醒刺激更为敏感。

格雷的强化敏感性理论 基于艾森克的研究，杰弗里·格雷（Jeffrey Gray）提出了人格的神经心理学，称之为强化敏感性理论（reinforcement sensitivity theory），这一直是许多研究的主题（Gray，1987；Gray & McNaughton，2000；Smillie & others，2012）。基于动物的学习理论，格雷指出，两种神经系统——行为激活系统（behavioral activation system，BAS）和行为抑制系统（behavioral inhibition system，BIS）可以被看作潜在的人格，如图10.6所示。

根据格雷的观点，这些系统揭示了有机体对环境中的奖赏和惩罚的关注度的差异。对奖赏敏感的有机体更易于学习到行为与奖励之间的联系，因此表现出寻求奖励机会的特征模式。相反，对环境中的惩罚敏感的有机体更容易学习到行为与消极后果之间的联系，这种有机体会表现出回避这种后果的特征模式。

在格雷的理论中，BAS对环境中的奖励敏感，容易使人体验到积极情绪，是外向性特质的基础。相反，BIS则对惩罚敏感，并回避学习，个体容易感知到恐惧，是神经质特质的形成基础（Berkman，Lieberman，& Gable，2009；Corr，2008；Gray & McNaughton，2000）。心理学家通常使用问卷法测量BAS和BIS，评估人们对奖赏和惩罚结果的关注度（Schmeichel，Harmon-Jones，& Harmon-Jones，2010）。

格雷的强化敏感性的概念模型提出，共同作用的大脑系统主要负责BAS和BIS的行为表现。研究为这些系统的生物学基础提供了证据。杏仁核、前额叶皮质、前扣带皮层似乎作为共同的系统，个体作用于情感类型

（Davidson，2005；McNaughton & Corr，2008），影响BAS或外向性（Pickering & Smillie，2008；Smillie & others，2012）。

神经递质的作用　神经递质影响着个体的人格，这一观点也符合格雷的模型。回想一下第4章的内容，多巴胺是一种"感觉良好"的神经递质，它使人们学习某些有益的行为并且传递出"再做一遍！"的信息。研究已经表明，多巴胺也是BAS或外向性的影响因素（Munafo & others，2008；Wacker & others，2012）。研究表明，童年早期接触温和的照看者和积极的生活体验可以促进生成多巴胺的细胞和受体的增长。这些早期的经历使大脑对奖赏格外敏感，奠定了外向性特质的神经化学基础（Depue & Collins，1999）。

神经递质5-羟色胺和神经质特质之间的联系要强于多巴胺和外向性之间的联系（Brummett & others，2008；Middeldorp & others，2007）。神经质尤其与一种称为5-羟色胺转运体基因及丘脑中的羟色胺有关（Gonda & others，2009；Harro & others，2009；Vinberg & others，2010）。有较少5-羟色胺的个体容易产生消极情绪；在服用抑制5-羟色胺再摄取的药物后，这些个体的消极情绪减少，而社交性情绪增强（Hart，Kisr，& Ray，2011）。5-羟色胺也与攻击性行为（Yanowitch & Coccaro，2011）和抑郁症（Rocha & others，2012）有关，我们将在第11和12章分别对此进行讨论。

然而，从大脑活动或神经递质与人格之间关系的研究结果中，我们并不能明确这些变量之间潜在的因果关系。行为和经验可以影响大脑加工过程并决定大脑的活动。神经质和5-羟色胺之间的关系就是一个生动的例子。虽然神经质与5-羟色胺转运体基因有关，但是研究表明有这种遗传标记的个体也并不必然有焦虑倾向。这类个体的幸福感或痛苦感水平主要取决于他们所处的环境。例如，虽然一个人有这种基因，但其处于温暖、支持性环境中，那么他出现抑郁和痛苦的风险仍然是较低的（Eley & others，2004；Vinberg & others，2010；Way & Gurbaxani，2008）。总之，生物过程是发生在一个更大的社会环境之中的，这些过程具体表现为何种样子，可能取决于其所处的社会世界。

行为趋近系统

敏感
对环境敏感

行为
寻求积极的结果/奖励

情绪特征
积极情绪

人格特质
外向性

行为抑制系统

敏感
环境惩罚

行为
回避消极的结果/惩罚

情绪特征
消极情绪

人格特质
神经质

图 10.6　格雷的强化敏感性理论　格雷提出了两种神经系统——BAS 和 BIS，解释了有机体对环境中奖励或惩罚的关注度的差异，并以这种方式形成了人格。

人格与行为遗传学

行为遗传学是研究行为特征遗传学基础的科学。行为遗传学的大量研究都是关于双生子的研究，这项工作的中心就是位于双子城的明尼苏达大学。

双生子研究结果表明，遗传因素解释了在每种大五人格上所观察到的大量差异。对大五因素的遗传率估计大约是50%（Bouchard & Loehlin，2001；Jang，Livesley，& Vernon，1996；South & Krueger，2008）。在做这些研究时，研究者们比较了同卵双胞胎（他们有100%相同的基因）和异卵双胞胎（只有50%的相同基因）。所有的被试都完成了测量特质的问卷。之后，研究者会看一下是否同卵双胞胎之间的相似性高于异卵双胞胎。研究人员认为，如果同卵双胞胎比异卵双胞胎更为相似的话，那么关于人格特质与幸福感之间密切相关的一个可能解释就是，相同的基因在外向性、神经质和幸福感这些特质中起作用（Carprara & others，2009；Weiss，Bates，& Luciano，2008）。

行为遗传学　研究行为特征的遗传学基础的科学。

❝ 你可能会感到惊讶，和许多心理特征（智力、宗教信仰、政治态度）一样，幸福感也受到基因的影响。❞

"" 思考一下，基因是如何
影响自传体记忆（编码、存储、
提取）的加工过程的。在哪种
记忆过程中，记忆的影响最
大？""

甚至在非特质的人格方面也显示出了一些遗传的影响。例如，有研究表明，个体关于童年时期和早期家庭经历的自传体记忆也受遗传的影响。Robert Krueger及其同事们（Krueger，Markon，& Bouchard，2003）对分开抚养的双胞胎的家庭环境质量的回溯性报告进行研究。被试在父母温暖、被需要感，以及父母严厉等一系列的特征上对其抚养家庭进行评价。这些双胞胎，虽然很明显具有相同的基因，但由于处于不同的抚养家庭中，所以所描述的经历也不同。然而，他们对早期家庭经历的回忆是相似的，对家庭凝聚力的遗传率估计值变化范围为40% ~ 60%。

正如我们在第7章关于智力和第9章关于幸福感的研究中所提到的，遗传率统计描述的是群体而非个体，遗传率并不意味着特质是不变的。了解遗传因素在人格中的作用是非常复杂的。非双生子样本的研究往往表明遗传率是较低的，其中的原因我们还没有很好地理解（South & Krueger，2008）。

此外，由于基因和环境往往是相互交织着作用的，因此很难区分究竟是基因还是经验解释了持久的行为模式。例如，一个具有破坏性行为遗传倾向的孩子既可能受到罚时出局（time-out）的处罚，也可能会参与到与家长或老师的辩论之中。这个孩子长大后可能成为"好斗的"或"很勇敢"的人，那么这些成人后的特质是基因的产物还是经验的产物，或是两者共同的产物呢？最后，大多数的特质都受多个基因的影响（Costa & others，2010；Wacker & others，2012），这就使得识别特定的分子连接变得具有挑战性。

经 CartoonStock 授权使用，www.CartoonStock.com.

对生物学观点的评价

探索人格的生物学方面的研究可能仍然是一个重要的研究方面。这项工作将人格领域的研究与动物学习模型、脑成像技术的进步和进化论联系到了一起（Revelle，2008）。然而，在考虑生物变量及其在人格中的作用时，仍有一些注意事项。

正如我们在上面所提到的，生物学是人格的影响因素而非原因。为了确保你掌握这一观点，首先要记住人格是个体的行为、思想和感觉的特征模式。其次，回顾一下前几章的内容，行为、思想和感觉都是身体和心理的物理事件。如果特质能使个体倾向于做出特定而一致的行为、思考和情感反应，那么，特质也可能会促进大脑中特定的习惯化路径的形成。从第6章的内容中可以看出，记忆可以被认为是神经元之间的激活模式。自传体记忆可能被视为常见的激活模式。在一定程度上，人格表现了个体特定的思维方式或过去的记忆，人格不仅受大脑的影响，也影响着大脑的结构和功能。

7　人格测量

　　人格心理学对心理科学的一个重要贡献是，它发展了一种严谨的测量心理过程的方法。心理学家使用了一些科学的方法来测量人格。从临床评估到职业咨询和工作选择，心理学家们出于多种原因对人格进行测量（Lowmaster & Morey，2012；Makransky，Mortensen，& Glas，2012）。

自我报告测验

　　最常用的测量人格特征的方法是**自我报告测验**法，即直接询问人们某个具体的项目是否正好描述了他/她的人格特征。自陈式的人格测试包含一些这样的项目：

　　我很容易尴尬。

　　我喜欢参加聚会。

　　我喜欢在电视上看动画片。

　　被试则从数量有限的选项中选择适合的答案（是或不是，真的或假的，同意或不同意）。

　　自我报告测验法的一个问题是社会赞许效应。要理解社会赞许效应的意义，想象一下你对"我有时候是懒惰的"这个问题的回答。当受到社会赞许效应的驱动时，人们会

> **自我报告测验** 也叫选择题测试，一种直接询问人们题目是否描述了其人格特质的人格测验方式。

> **经验性的键入式测验中有一些题目看起来与研究者感兴趣的变量毫无关系。**

倾向于选择他们所认为的研究人员期望的答案，或者倾向于选择使自己看起来更好的答案。一种测量社会赞许效应影响的方法是设计一些挖掘这种倾向的问卷。这样的测验通常包含许多普遍性存在的事实，但是都是一些不好的事实（如"我有时喜欢八卦"，"我从来没有说过什么故意伤害别人的话"）。如果一个特质上的得分接近于社会赞许上的得分，那么我们就会知道被试可能并没有回答自己真实的想法。也就是说，如果一个人以社会赞许的方式回答一份问卷，那么他很有可能以同样的方式回答所有的问卷。

另一种辨别社会赞许效应的方法是在设计问卷时，使被试无法了解主试想要测量什么。实现这一目标的一

经 CartoonStock 授权使用，www.CartoonStock.com.

种方法是使用**经验性的键入式测试**（empirically keyed test），这是自我报告测验的一种类型，首先根据某些不同将被试分为两组。研究者给这两组被试呈现大量的问卷题目，然后看两组被试在哪些题目上有着最大的差异。这些题目将作为衡量群体差异的题目。例如，一个研究人员可能想要设计一个测试，以区分有无药物滥用史的个体。研究者可能会列出一长串真/假的问题给被试作答，但是这些问题并不会提到药物滥用。两组成员同时回答这些问题，然后研究者根据回答的情况，筛选出那些能够很好地鉴别这两类个体的题目（Segal & Coolidge，2004）。

值得注意的是，经验性的键入式测试避免了社会赞许效应，因为区分两组之间差异的题目与测试的真实目的没有任何明显的相关。例如，没有药物滥用史的人可能通常会在"我喜欢散步"这个问题中回答"真的"，而那些有药物滥用史的人可能会回答"假的"；但是这一题目本身并没有提及药物滥用，而且也没有明确的理由来说明为什么这一题目可以区分这两种人。

> **MMPI-2 的一些题目测量了与人格障碍有关的一些特征，如抑郁症和精神分裂症，这将在第 12 章提到。其他题目测量了男性化/女性化和内向性。**

事实上，经验性键入式测试的一个重要问题就是研究者们通常并不知道为什么一个特定的测试题目可以区分两组人。想象一下，测量成就动机的一个经验性键入式测试中，一个题目是"看电视时，与爱情电影相比，我更愿意看体育运动节目"。研究人员可能会发现，这一个问题能够很好地区分高/低工资的管理者。然而，为什么像这样的问题能够测量成就动机呢？也许这仅仅是因为被试的性别不同。

MMPI 明尼苏达多项人格调查表（MMPI） 是使用和研究最为广泛的经验性键入式自陈人格测试。MMPI最初在20世纪40年代编制而成，用于评估"不正常"的人格倾向。MMPI的当前版本MMPI-2是在美国及全世界使用最广泛的量表，用来评估人格及预测结果（Butcher，2010；Butcher & others，2011；Graham，2012）。该量表共有567道题

目，涵盖了各种不同的人格特征信息。MMPI中还包括大量用于评估被试是否说谎或试图留下好印象的题目。

MMPI不仅是临床心理学家常用的评估心理健康水平的测验（Greene，2011），同时也用于招聘决策之中（Caillouet & others，2010），此外，该测验还可作为法庭上评估犯罪风险之用（Bow，Flens，& Gould，2010）。

对大五人格的评价 Paul Costa和Robert McCrae（1992）研发了神经质、外向性、开放性人格量表的修订版（NEO-PI-R），这是一个用于评估五因素（开放性、责任心、外向性、宜人性、神经质）模型的自我报告测验。该测验还可用于评估构成这五大要素的六个子维度（McCrae，Harwood，& Kelly，2011）。其他测量大五人格的量表也都依赖于词汇学的方法，并具有免费使用的优势。

与经验性的键入式测试不同，大五人格的测试题目一般都直截了当、一目了然，例如，特质"健谈"可能表现出的就是外向性。这些题目具有心理学家所说的**表面效度**。如果测题表面上就能符合某一特质，那么它便具有表面效度。大五人格的测题通常具有表面效度，但不是所有的自我报告测验都有表面效度。

对使用自陈测试的研究者来说，主要的挑战就是保证被试回答的准确性（Griffith & Converse，2011；Ziegler，MacCann，& Roberts，2011）。研究者们评估自陈测试中被试回答准确性的一种方法就是让了解被试的人对其进行评价（Anusic & others，2009）。如果被试和评价者的评级一致，那么研究就会对被试的自陈测试有更多的信心。然而，情况比我们所见到的要更复杂。评估人格测试是否准确这一问题是人格心理学中一个蓬勃发展的研究领域（Holden & Book，2011）。要了解这一部分的内容，请阅读"挑战你的思维"部分。

可能你已经对自己的特质（如神经质和外向性）水平有了很好的了解和评价。那么，在你或他人的身上还有哪些比较神秘的方面吗？如果你和大多数一样，那么，你可能会将心理测验看作是发现未知自我的一种工具。为了这一目的，心理学家将目光转向投射测验。

例如，一道测量神经质、具有很好表面效度的问题是'我是一个容易发愁的人'。

投射测验

投射测验是一种人格测验，给受测者呈现一个模糊的刺激，并要求其描述该刺激或讲述一个有关的故事——即将受测者自己的想法投射到该刺激上。这种方法假设：刺激的模糊性会使被试根据其自身的感觉、渴望、需要和态度对刺激做出解释。这种测试设计可引起个体无意识的情感和冲突，以此对被试的人格进行更深程度的测评（Sahly & others，2011）。投射测验试图进入被试的内心深处，来发现被试真实的感受和思考，意在不局限于测评被试所公开展示出的自我。理论上，投射测验与人格心理动力学的观点是一致的，更为关注潜意识。投射技术也需要进行内容分析。研究者必须对故事中有关潜在动机的内容进行编码。

罗夏墨迹测验是著名的投射测验，1921年由瑞士精神病学家罗夏编制而成。该测验包括10张卡片，一半是黑白的，一半是彩色的，被试一次看一张。研究者要求被试描述其所看到的墨迹图案。例如，一个人可能会说"我看到了两个仙子在开茶话会"或"这

表面效度 测试项目似乎符合问卷所要测量的特质的程度。

投射测验 一种人格测验，给受测者呈现一个模糊的刺激，并要求其描述该刺激或讲述一个有关的故事——即将受测者自己的想法投射到该刺激上。

罗夏墨迹测验 著名的投射测验，通过个体对墨迹的描述来确定个体的人格特质。

人格测验准确吗？

当我们想要了解某个人时，我们该如何准确地判断他/她的人格呢？大量的证据表明，观察者对他人人格的判断与他人对自我的判断是非常一致的，甚至在两者只是稍微有点熟悉的情况下也是如此。例如，在一项研究中，被试在不同的时间点观看了一组目标人物的视频片段。然后对这些目标人物的特质进行评分。仅仅在观看5秒钟之后，被试对目标人物的外向性、开放性、责任心和智力方面的评价就与这些目标人物的自我评价相一致。而对神经质、经验开放性和宜人性的评价则需要较长一点时间，但也只是需要最多1分钟的时间，观察者在这些特质上对这些目标人物的评价与目标人物对自我的评价是一致的（Carney，Colvin，& Hall，2007）。

这些研究表明，即使在信息非常有限的情况下，人们也能够非常准确地判断他人会如何评论自己的人格。但是，这些结果却有一个非常有趣的问题：观察者和被评价者之间的一致性是准确的吗？如果被评价者的自我评价本身就没有特别准确地反映他/她的行为呢？此外，是否有可能观察者的评价比被评价者本身的评价更准确呢？人格评价的准确性取决于以下几个因素，包括准确性的意义、被评价的特质，以及被评价者的特点。

Simine Vazire（2010）提出了一个预测人格评价准确性的模型。根据Vazire的观点，准确性就是所评价的某个特质预测与该特质有关的行为的程度。在构想其理论时，Vazire关注有关特质的两个问题：

■ 我们能够在行为中看到特质吗？
■ 特质是社会性评价的吗？

关于第一个问题，Vazire假定如果特质是非常明显的，那么就能够从行为中观察到，也就是说，当人们具有可观察的行为表现时，这个人自己和观察者都能够准确地评价这一特质。因此，对于外向性这样的特质，观察者和被评价者自己的评价是一致的，并且这些评价还能够预测外向的社会行为。对于像神经质这样的其他特质则没有明显的行为表现（通常出现在头脑中），个体自身对这些想法和感受有着独特的评价。对于这样的特质，自我的评价

比观察者的评价更准确。

对于第二个问题，Vazire提到，当特质具有社会性评价时，自我评价可能就不那么准确了，因为人们可能会"回避"他们的特质，会将其评价得更好或不好。在这种情况下，Vazire认为观察者的评价可能比被评价者自己的评价更准确。

为了测试她的假设，Vazire让大学生对自身各种不同的人格特质进行了评价。同时，研究者还邀请了被评价者的四个朋友和四位陌生人对其进行评价。然后，被评价者在不同的情境中参与各种不同的活动。例如，在一种情境中，被评价者就"我喜欢和不喜欢的自己"这个话题进行了两分钟的即兴演讲，一位看起来很严肃的实验者对演讲过程进行了录像。在另一种情境中，他们进行了智力测试和创造力测试，并参与了一个无领导小组讨论。

与预测的一致，Vazire发现观察者和被评价者自己对外向性特质的评价都能够预测其活动中的行为。相反，对不具有明显行为表现的特质，例如神经质，被评价者自己的评价则更好地预测了其行为（例如，在演讲中紧张）。在智力方面，朋友的评价更好地预测了个体智力测验成绩的结果。

关于这个问题的另一个有趣的关注点就是，是否有一些人比另一些人更易于被评价。Lauren Human和Jeremy Biesanz（2011）发现适应良好的个体（抑郁得分低，心理健康得分高）比那些适应不良的人更易于评价。观察者对这些个体人格的评价与个体的自我评价相一致，因为适应良好的人更倾向于在他人面前表现出私人特质的特征。

当然，有时候我们试图去控制我们在别人眼中的印象。Human及其同事进行的一项研究（2012）考察了试着给别人留下好印象是如何影响目标和判断之间的一致性的。在这项研究中，被试回答一些关于自己的问题，该过程会被摄像头所记录。被试被随机分配到两个不同的组中。研究者要求实验组的被试尽可能地给他人留下好印象。控制组则被告知，研究人员并不关心他们的实际行为，只是想要了解人们对视频体验的感受如何。观察者根

据录像对被试人格进行评分。试着留下好印象是如何影响自我评价与观察者评价之间的一致性的呢？与控制组相比，观察者对实验组的评价更准确。有时候呈现最好的自我是揭示真实自我的一个很好方式。

你如何认为？

■ 你能很好地判断他人的人格吗？为什么？

■ 你是一个易于被评价的人吗？为什么？

■ 你的朋友比你自己还了解你吗？如果你有这样的朋友，那么哪些因素可以解释他们这方面的能力？

是一个女性生殖器"。研究者根据各种潜在的心理特征象征对被试的反应进行计分。

研究者们从科学的角度对罗夏墨迹提出质疑（Garb & others，2001；Hunsley & Bailey，2001；Weiner，2004）。他们批评了测试的信度和效度。如果罗夏墨迹有好的信度，那么两位不同的计分员应该对被试的人格特点给出同样的分数。如果罗夏墨迹有好的效度，那么它就能够预测被试在测试情境之外的行为；例如，它可以预测一个人是否会自杀，是否会发展为严重的抑郁症，是否能成功地应对压力，是否能与人很好地相处。基于实证研究的结论表明，罗夏墨迹不符合这些信度和效度的标准（Lilienfeld，Wood，& Garb，2000）。因此，许多心理学家在诊断和临床实践中基本不使用罗夏墨迹测验。

虽然在临床界依然有所使用（Hibbard & others，2010；Krishnamurthy，Archer，& Groth-Marnat，2011），但罗夏墨迹在人格研究中并不常用。然而，投射测试，特别是主题统觉测验（TAT）仍然作为一种工具，用于人格研究中。

主题统觉测验（TAT）是由默里和摩根在20世纪30年代编制的一个投射测验，旨在引发个体呈现出能够揭示其人格某些信息的故事。TAT包括一系列单独呈现的图片。研究者要求接受TAT测试的被试根据每张图片讲述故事，包括描述导致这种情境的事件、人物的思想感情，以及事件接下来的发展情况。实验者假设被试会将自己的无意识感情和思想融入到故事中（Hibbard & others，2010）。除了作为临床实践的投射测验，TAT还可用来研究人的成就需要、人际关系需要、权利需要、亲密关系需要及各种不同的需要（Brunstein & Maier，2005；Schultheiss & Brunstein，2005；C. P. Smith，1992）；该测验也可用于研究无意识的防御机制（Cramer，2008a；Cramer & Jones，2007）和认知风格（Woike，2008）。与罗夏墨迹相比，TAT测验表现出了更高的信度和效度（Woike，2001）。

其他人格测评方法

自陈量表和投射技术只是众多测评方法中的两种。人格心理学家可以通过在生活中或在视频中观察个体来直接测量其行为（Kelly & Agnew，2012）。此外，认知评估在人格心理学中也变得越来越普遍，研究者用其来探究人格与注意、记忆加工之间的关系。许多人格心理学家将朋友或同伴对个体特质的评价整合进来。人格心理学家还采用一系列的心理生理方法进行测评，例如，心率和皮肤电。越来越多的人格心理学家开始利用脑成像技术作为研究手段。

临床心理学家、心理研究人员或是其他实践工作者在对人格进行测评时，所选择的评价工具取决于其自身的理论观点。图10.7列出了与不同心理学理论相对应的测评工具，总结了每种理论及其主要的假设，并列出了每种理论的例子。人格心理学是一个多元化的领域，其共同的基础就是我们对了解人类——我们每一个人，所拥有的共同兴趣。

主题统觉测验（TAT） 一种投射测验，旨在引发个体呈现出能够揭示其人格某些信息的故事。

心理调查

取向	总结	假设	典型方法	典型的研究问题
心理动力学	人格是无意识的过程，童年的经历对人格形成具有重要的意义。	人格最重要的组成部分是潜意识。	案例研究 投射技术	潜意识冲突是如何引起异常行为的？
人本主义	人格是由个人成长和自我实现这些内在动机演变而来的。社会压力会破坏这些健康的倾向。	人性基本上都是好的。通过了解真正的自我和我们真正想要的东西，我们就可以生活得更快乐、健康。	问卷 访谈 观察	可以使情境支持个体价值观、提升个体幸福感吗？
社会认知	人格就是个体与外界环境相互作用时的一致性模式。个体的信念和期望，而非共同特质，是研究者关注的核心变量。	行为在不同情境下是不断变化的。为了了解人格，我们必须要了解每种情境对个体来说意味着什么。	在不同情境中多次观察 视频记录 问卷调查	什么时候以及为什么个体会对挑战性的任务表现出恐惧或兴奋的反应？
特质论	人格包括五种基本特质，这些特质存在于人们用于描述自己和他人的自然语言中。	特质具有跨时间的相对稳定性。特质能够预测行为。	问卷调查 观察报告	人格五因素具有跨文化的普遍性吗？
人格与生活故事	要了解人格，就需要先了解整个人。每个人都有独一无二的生活经历，我们对这些经历的讲述构成了我们的身份。	生活故事使得我们能够研究与行为、发展、幸福感有关的人格过程。	书面叙事 TAT测验 自传体回忆 访谈 心理传记	对于生活故事的叙述是如何与幸福感建立关联的呢？
生物学观点	人格特征反映了潜在的生理过程，如大脑的活动过程、神经递质和基因。行为、思维和情感上的差异都取决于这些过程。	个体之间的生理学差异可以解释其人格的差异。	脑成像 双生子研究 分子遗传学	基因能够解释外向性的个体差异吗？

图 10.7　**人格心理学的理论**　这个表格总结了本章中的各种人格取向。许多人格心理学家不仅仅只持有一种取向，而是会使用与其研究问题最相关的几种理论和方法。你有与人格心理学有关的问题吗？以上不同方法会如何解决这个问题呢？你认为最有可能影响人格心理学未来的是哪一种取向？社交媒体的普及和在线学习是如何影响人格的各种取向的？

自我测试

1. 经验性的键入式测试＿＿＿＿＿＿。

　　A. 有正确和错误的回答

　　B. 对不同的群体进行区分

　　C. 有表面效度

　　D. 既有简单的问题也有较难的问题

2. 研究者试图解决的关于自我报告测验中存在的问题是＿＿＿＿＿＿。

　　A. 社会赞许效应　　　　B. 记忆失效

　　C. 被试偏见　　　　　　D. 评分者偏见

3. 要求被试根据其所看到的刺激讲述故事的测验技术是＿＿＿＿＿＿。

　　A. 罗夏墨迹测验

　　B. 明尼苏达多项人格问卷（MMPI）

　　C. NEO-P-I

　　D. 主题统觉测验（TAT）

4. Hank 在申请一份在电影院做售票员的工作。面试结束后，他被要求完成一系列的问卷调查。那天晚上，他告诉朋友，"他们要求我回答的都是些'我是否会从工作中窃取东西'、'是否会说别人闲话或不买票就潜入电影院'这样的问题。我都撒谎了！他们永远不会知道。这个工作就是我的了。"他的一个朋友正在上心理学导论的课程，告诉 Hank 一些有关的信息。下列哪项能很好地描述他将说的话？

A. 干得好，Hank。他们没有办法得知你撒了谎。祝你好运！

B. Hank，如果你在所有的问题中都撒了谎，使你看起来非常优秀的话，他们是能够检测到你撒谎了的。这被称之为社会赞许效应

C. Hank，除非使用讲故事的方法进行测验，否则他们永远都不会知道你撒了谎

D. Hank，你将有可能得到那份工作，但是你未来的雇主听起来很天真。难道他们不知道你在测验中撒谎了吗？

总 结

❶ 人格动力学观点

弗洛伊德在对癔症（没有物理原因的躯体症状）患者的治疗基础上提出了精神分析理论。他认为这些症状反映了性冲动和责任之间的冲突。在弗洛伊德的理论中，人格包括本我、自我和超我，人格的大部分都是无意识的。他认为，自我会使用各种各样的防御机制来减少焦虑。

一些理论家批评和修正了弗洛伊德的观点。霍妮认为安全需要是我们最重要的需要，而非性或攻击性的需要。荣格提出了集体潜意识和原型。阿德勒的个体心理学强调人们是追求卓越的。

心理动力学观点的缺点在于过分依赖过去的经验和过分强调潜意识的作用。心理动力学理论的优势则是使人们认识到了童年期的重要性、提出了人格发展的阶段，并呼吁人们开始重视潜意识在行为中的作用。

❷ 人本主义观点

人本主义观点强调个体的个人成长能力和积极的人类品质。马斯洛提出了需要层次的概念，认为自我实现的需要是最高级的人类需要。在罗杰斯的观点中，我们每个人与生俱来就有成长的倾向，都知道自己的喜恶，以及都需要无条件的积极关注。因为我们

经常被剥夺无条件的积极关注，这也使我们远离与生俱来的成长倾向。罗杰斯认为，为了重新与这些倾向建立联系，人们需要体验到具有如下三种特点的关系：无条件的积极关注、共情和真诚。

人本主义理论提倡人类积极能力的发展。这一观点的缺点是使人容易过于乐观及淡化个人责任。

❸ 特质论

特质论强调人格包含有大量有持久倾向的特质，这些特质会引起特定的反应。奥尔波特指出，特质在不同的情境下会引起一致的行为，他运用词汇法分析人格特征，即用自然语言中的词汇来描述个体，以此来理解人格的特质。

人格心理学中当前的主流观点是五因素模型。大五人格包括开放性、责任心、外向性、宜人性和神经质。外向性能增加幸福感，神经质则降低幸福感。

根据特质来研究人类很有价值。然而，对特质论的批评指出，该理论过于关注大多数人的特质，而没有关注每个人的独特性。

❹ 人格与生活故事的观点

默里认为理解人格需要对整个人进行研究。默里的当代追随者们通过叙事和访谈的方法来研究人格。

麦克亚当斯介绍了生命故事与身份的研究方法，该观点认为身份是一个不断变化的故事，有开始、有过程、有结尾。心理传记学是将人格理论应用到个体生活中的一种人格研究方法。

人生故事的方法揭示了每个人独特的生活故事的丰富性。但是，这项工作在实际中很难开展。

❺ 社会认知理论

社会认知理论认为，行为、环境和个体/认知因素在理解人格中具有重要作用。班杜拉认为，这些因素是相互作用的。

社会认知理论的两个重要概念是自我效能和个体控制。自我效能是个体相信自己有能力完成既定目标或任务的信念。个体控制是指个人认为自己行为的结果是取决于内部心理活动还是外部事件的信念。

1968年，米歇尔在《人格与测评》这本有争议的书中指出，人们在不同情境中的行为并不是一致的，而是会通过调整自己的行为来适应特定的情境。人格心理学家反驳说，在某些情况下，对某些人来说，人格并不能预测其行为。非常具体的人格特征比一般的人格特质更能预测行为，与影响力强的情境相比，人格特征更容易预测影响力较弱的情境中的行为。

米歇尔提出了一个以CAPS（认知情感处理系统）为中心的人格理论。根据CAPS，人格可被理解为个体对特定情境习惯性的情绪和认知反应。

社会认知理论的一个特殊贡献是强调认知过程。然而，社会认知理论并没有关注持久性的个体差异、生物因素和人格的整体性。

❻ 生物学观点

艾森克认为，大脑的网状激活系统（RAS）影响内向/外向的人格特质。他认为，这些特质是唤醒调节的外在表现形式。格雷提出了人格的强化敏感性理论，认为外向性和神经质这两种神经系统能够对环境中的奖赏（行为激活系统，BAS）和惩罚（行为抑制系统，BIS）做出反应。

多巴胺与行为激活（外向性）有关，5羟色胺与行为抑制（神经质）有关。行为遗传学的研究表明，人格特质的遗传率约为50%。研究人格中的生理过程很有价值，但是它高估了生物因素的作用。

❼ 人格测评

自我报告测验通过询问被试的偏好和行为来评估其人格。自我报告研究中存在的一个问题就是个体会在报告时出现社会赞许性。经验性的键入式测验通过区分群体的问题（即使我们不知道为什么要这么做）避免了社会赞许效应。

测评大五人格的最流行的测验是NEO-PI-R，它使用自我报告的方式来测量每种特质。明尼苏达多项人格调查表（MMPI）是使用最广泛的经验性的键入式测验。

投射测验，旨在评估人格的潜意识部分，给被试呈现模糊的刺激，如墨迹或图片，请其根据图片来描述故事。投射测验是基于这样的假设，即个体会将自己的人格投射到这些刺激中。主题统觉测验（TAT）是一种应用于人格研究中的投射测验。其他人格测评方法包括行为观察、同伴报告，以及生理心理和神经心理方法。

关键术语

自我测试

多项选择

1. 人格心理学家研究的是_____。
   - A. 个体在不同时间点上表现出来的独特的思想、情绪和行为
   - B. 由于经验的变化，在行为上表现出的相对持久的变化
   - C. 将感觉组织成一种有意义的解释
   - D. 个体的愉快体验和社会性

2. _____是对无意识心理影响人格这一观点最有力的支持者
   - A. 人本主义
   - B. 心理动力学理论
   - C. 行为主义
   - D. 特质论

3. 根据弗洛伊德的人格结构，协调基本需要和更高的良知之间的人格结构是_____。
   - A. 超我
   - B. 改变自我
   - C. 自我
   - D. 本我

4. 强调无条件的积极关注的理论家是_____。
   - A. 荣格
   - B. 霍妮
   - C. 默里
   - D. 罗杰斯

5. 大量持久性的、能引起特定反应的倾向称为_____。
   - A. 态度
   - B. 特质
   - C. 模式
   - D. 原型

6. Jaime 守时、勤奋、害羞、保守。Jaime 可能_____。
   - A. 高宜人性，低外向性，高开放性
   - B. 低外向性，高责任心，低开放性
   - C. 高责任心，低神经质，高外向性

   - D. 低责任心，低开放性，高外向性

7. 强调情境因素在人格中作用的观点是_____。
   - A. 心理动力学方法
   - B. 特质论
   - C. 人格论
   - D. 社会认知论

8. 格雷的强化敏感性理论是以有机体对_____的注意和敏感性为基础。
   - A. 他人所提供的线索和反馈
   - B. 有机体环境中的奖赏或惩罚
   - C. 有机体环境中的压力
   - D. 早期生活经验的影响

9. 主题统觉测验（TAT）与_____一致。
   - A. 人格理论
   - B. 人格的人本主义观点
   - C. 人格的社会认知观点
   - D. 特质论

10. MMPI 是_____。
   - A. 投射测验
   - B. 信度好但效度低的测验
   - C. 有表面效度的测验
   - D. 自我报告测验

小应用！

11. 人格心理学家通常研究童年期的经历在成年人格中的作用。选择你童年时期的一些经历（特别生动的记忆或经验模式）并描述它是如何影响你现在的人格的。你可以借鉴弗洛伊德、阿德勒和罗杰斯的观点进行阐述。

社会心理学

社会运动的力量

社会运动促进了美国社会的进步。群体比个体的单独行动更有力量。1955年12月1日，蒙哥马利阿拉巴马州的Rosa Parks（1913–2005）因为拒绝在公共汽车上给一个白种人让座，而成为了民权运动的女英雄。当时的社会，正亟需民权改革，因此，从更大的视角来看，Parks女士是这场社会运动的一部分。

当今社会，群体借助社交媒体的力量，在全球范围内产生了重大的影响。回顾一下近几年的重大国际事件。2010年12月，"阿拉伯之春"诞生。在这股汹涌的民间维权浪潮的推动下，中东和北非的国家打着社会进步的名义，频频爆发抗议、集会、游行、罢工等示威活动，导致突尼斯、埃及、利比亚、也门的领导人下台。在美国，茶党和"占领华尔街"运动等大胆、新兴的社会激进主义也备受关注。

无论是为了政策制定、领导层的改变，或者只是为了争取最喜爱的电视节目不被删除，那些拥有共同利益的人群联合起来，共同行事。这些社会群体的力量和作用是社会心理学的一个重要领域，也是本章的重点。

预览

本章的开始首先考察了人类社会认知的本质，然后对社会行为进行探究，并重点关注社会行为的极端形式：利他主义和攻击行为。接下来，我们会探讨社会行为的双向影响：我们如何影响他人以及他人如何影响我们。然后，我们会了解一下，所属的群体会如何塑造个体与其他群体的交互作用。最后是关于亲密关系的讨论，亲密关系包括吸引和爱。

1　社会认知

  社会心理学（social psychology）是一门研究人们如何看待、影响他人以及与他人建立联系的学科。现今，几乎很少有社会心理学家尚未研究过的问题。社会心理学家的许多研究主题在前面已经介绍过了，包括感觉、认知、情感、人格——只是在社会情境中对这些变量进行考察。

  社会心理学领域中的社会认知，旨在探讨人们如何选择、解释、记忆和使用社会信息（Forgas，Fiedler，& Sedikides，2012）。从本质上讲，社会认知就是指人们在社会情境中的思维方式（Eiser，2012；Koerner，2012）。

人际知觉

  人际知觉（person perception）是指我们通过社会刺激形成对他人印象的过程（Semin & Ganido，2012）。面孔是一个重要的社会线索（Waenke、Samochowiecz & Landwehr，2012）。Alexander Todorov 及其同事（2005）的研究证明了面孔的作用，他们发现，面孔知觉会影响到政治选举。研究人员要求人们根据面孔照片，对个人能力进行评价。这些面孔来自于2000年、2002年和2004年美国众议院和参议院选举的候选人。被试能准确预测大约70%的选举结果。被试通过面孔知觉到候选者的信息，包括每位候选者的能力（Mattes & others，2010）。此外，面孔的其他方面对社会知觉也有重要意义，我们下面对此进行探讨。

  外表吸引力和其他知觉线索 外表吸引力一直被视为一个重要的社会线索（Harter，2012）。Judith Langlois及其同事们发现，与成年人一样，即使是3～6个月的婴儿，也更喜欢看有吸引力的面孔，而非缺乏吸引力的面孔（Hoss & Langlois，2003；Ramsey & others，2004）。有吸引力的人通常被认为也拥有各种其他的积极特征，包括适应能力强、有社交技巧、友好、可爱、外向或者易于取得更优异的工作成就（Langlois & others，2000）。有吸引力的个体拥有积极品质的这种刻板印象被称为"美即好"。

  刻板印象（stereotype）是对群体特征的泛化，不考虑不同个体之间的差异。刻板印象体现了人类认知加工的局限性，是由我们对认知过程中特定概念的依赖而造成（Gaines，2012）。

  通过将他人归为我们所熟悉的人群类别，我们简化了理解他人的任务。相比于将个体归为一个特定的群体或类别，对个体的个性特征进行评价，要花费更多的心理努力。因此，人们通常是基于刻板印象对个体进行分类。

  "美即好"的刻板印象是正确的吗？研究表明，有吸引力的人可能的确拥有更多积极的特征（Langlois & others，2000）。这是否意味着吸引力与更好的社会技能特征存在本质上的相关呢？不一定。

  刻板印象影响个体的途径之一是自我实现预言效应。自我实现预言，即期望影响个体行为，进而导致期望成真。Robert Rosenthal和Lenore Jacobsen在1968年进行了经典的自我实现预言研究。研究者对小学教师说，有五个学生可能"大器晚成"——即这些学生有高水平的能力。随着时间的推移，这些学生可能真的成为大器晚成者。实际上，这

> 在前面的章节中，我们已经对认知有所了解。一些专家认为，与对其他任何事情的认知过程相比，社会认知，即对他人的看法，是更根本的认知过程。

> 回顾第7章的内容，我们使用概念简化世界。然而，当我们使用概念理解群体时，我们就会出现刻板印象。

社会心理学　研究人们如何看待、影响他人及与他人建立联系的学科。

刻板印象　指群体特征的泛化，不考虑不同个体之间的差异。

些学生是研究者们随机选择的。然而，一年之后，研究人员发现，教师对这些学生的期望影响了学生的学业成绩——这些学生的成绩超过了其他学生。自我实现预言效应表明了刻板印象的力量以及期望对人类行为的影响。

那么，在人们与身体有吸引力/无吸引个体的交往中，自我实现预言是如何发挥作用的呢？我们认为，有吸引力的个体在生活中会得到与众不同的对待。这种特殊对待使得有吸引力的个体有更多的机会发展社交技巧，并变得比其他人更有自信。

另一个相关的问题是，哪些特征让面孔具有吸引力？《人物》杂志的"最美丽人物"专题，可能会让你觉得吸引力就是某些与众不同之处。例如Jennifer Lopez的性感嘴唇和Zac Efron与众不同的蓝眼睛。有研究对此进行调查，发现了一些令人惊讶的结果。Langlois及其同事（1994）利用计算机技术将一组有吸引力的面孔照片进行平均化，创建一些合成面孔。然后让许多大学生对这些个体面孔和合成面孔进行评分。结果表明，个体面孔的吸引力不如那些由8、16或32张面孔合成的面孔。研究人员得出结论，漂亮的脸实际上是"平均化"的面孔。虽然"平均化"并不是预测吸引力的唯一因素，但Langlois及其同事们认为，平均化是面孔吸引力的一个重要组成部分（像对称性和幼态等因素一样）。

第一印象 当第一次遇见某人时，我们会很快地对初次相识的人产生一种印象。第一印象能产生持久的影响（North & Fiske，2012）。回顾第6章的首因效应——人们倾向于注意并记住最先学习的内容（N. H. Anderson，1965），第一印象可能是由这样的原因造成的。我们多久才能对他人形成第一印象呢？一项研究发现，在曝光时间超过100毫秒后，人们就能对陌生面孔形成印象（Willis & Todorov，2006）。

当然，当你熟悉某人后，你会获取更多的信息，以形成对他的看法。理解他人行为的原因，并形成个体印象的过程称为归因。

归因

对他人行为的原因进行理解，一直是吸引我们的一个谜题。我们可以直接观察到人们的行为，听到他们所说的话，但要找到这些行为背后的根本原因，我们通常需要基于这些观察做出推论。做出推论，就是运用所搜集的信息，对个体是谁及其在未来会做出何种行为形成猜想（Manusov，2012；Todorov，2013）。

归因理论（attribution theory）认为，人们通过发现行为的潜在原因，来更好地理解行为（Heider，1958；Kelley，1973；Weiner，2006）。如下是归因的三个维度（Jones，1998）。

- 内部/外部原因：内部归因包括个体的内部原因和特有原因，比如个体的特质和能力。外部归因包括个体之外的原因，如社会压力、社会情境和天气。Beth在考试中得A，是因为她很聪明还是因为试题简单呢？
- 稳定/不稳定原因：行为原因是相对持久和长久的，还是临时的？Aaron对女朋友大发雷霆，是因为他是一个充满敌意的人，还是因为他那天心情不好呢？
- 可控/不可控的原因：我们认为能掌控某些原因（例如，为野餐准备丰富的食物），但不能掌控另外一些原因（野餐那天下雨）。

归因错误和偏差 在归因理论中，发起行为的个体被称为行动者。对行动者的行为进行因果解释的人被称为观察者。行动者通常将自己的行为归因为外部原因。反之，观察者则常将行动者的行为归因为内部原因。

Susannah对绿灯变亮时依然缓慢行动的人按喇叭，她对此的解释是因为自己急于去医院看望生病的父亲，但前面的司机可能认为她是粗鲁的。

基本归因错误（fundamental attribution error）是指观察者在对他人行为进行归因时，会高估内部特征的重要性，而低估外部环境的重要性（Gilbert & Malone，1995；Jones & Harris，1967）（图11.1）。例如，据新闻报道，2005年，当卡特里娜飓风摧毁新奥尔良和其他海湾沿岸地区时，很多人员没有及时疏散，致使风暴过后无家可归。观察者可能会总结道，"他们不及时离开真是非常愚蠢。"事实上，一些情境因素可能阻止了他们的离开，包括缺乏资金和运输工具。

有些人想知道基本归因错误有多普遍。跨文化研究表明，西方人倾向于归因为个体本身，而那些集体主义文化的人倾向于结合情况来解释他人的行为（Imada，2012；Morris & Peng，1994；Rips，2011）。事实上，最近的研究表明，即使是在美国人群中，归因也会随着宗教信仰的不同而改变。最近的一系列研究表明，新教徒可能比天主教徒更倾向于将行为归因为个体，而非情境（Li & others，2012）

> 要记住情境对行为的影响确实很有挑战性。今天，尝试一下尽量避免这种归因错误：当你看到某人做某事时，想想那些可能会导致其行为的情境因素。

> 调查表明，这种差异是由于新教徒和天主教徒感知灵魂的方式不同。你怎么认为？

观察者：倾向于将行动者的行为归因为个体的内部特征

她不能按期完成报告，是因为她缺乏责任感。

行动者：倾向于将自己的行为归因为外部的情境化的原因

我不能按期完成报告，是因为总是有其他人来请我帮助他们完成项目。

图11.1 基本归因错误 在这种情形中，监督者是观察者，员工是行动者

社会信息加工的启发式方法 启发式方法，如第7章所述，是让我们迅速做出决定的认知捷径。启发式方法可用于处理社交信息（Gigerenzer & Gaissmaier，2011；McDonald & others，2011）。尽管它们可能会导致错误，但事实上，它们有时是洞察复杂的社会现象的有用工具（Weaver & others，2007）。

刻板印象可以被认为是一种启发式方法，它让我们使用很少的信息快速做出判断。在社会信息加工中依靠刻板印象会导致严重的错误。例如，在遇到一个亚裔后卫之前，许多大学篮球教练并不欣赏Jeremy Lin（林书豪）的技能。林书豪根本不适合当一个出色的后卫和对亚裔美国人的刻板印象让人认为以他的能力将不能在球场上取得成功。一个亚裔美国人能胜任一支精英篮球队中的后卫领导者的职务吗？一个亚裔美国人能够在一个精英篮球队中发挥领导作用吗？林书豪在哈佛大学的表现一直很好。但直到2012年，他在纽约尼克斯队的比赛中以惊人的表现博得了众多NBA球迷的眼球，才打破了这一刻板印象。

另一个常见的启发式方法是错误共识效应。问自己一个问题："我们学校中有多少学生支持死刑？"你的回答很可能取决于你自己是否支持死刑。**错误共识效应**（false consensus effect）是对他人与自己想法、行为的一致性程度的过高估计。错误共识效应在社会交往中是很重要的。例如，想象一下，你所属群体内有一个人发表了过激的种族言论，根据错误共识效应，这个人可能会认为群体内其他人的沉默代表了认可。

在社会信息加工过程中，基本归因错误和错误共识效应与我们的个人思想和所处的环境有关。我们提前进入到自己的想法和感受之中。这两种效应反映出，与对

基本归因错误 观察者在对他人行为进行归因时，会过高估计内部原因而忽视外部原因。

错误共识效应 对他人与自己想法、行为的一致性程度的过高估计。

他人所拥有的有限信息相比，我们关于自我的信息量是非常巨大的，这也表明了自我在社会信息加工中的特殊地位。

作为社会对象的自我

> 回忆第4章的内容，良心对自我意识是多么的重要。

> 一些人认为自尊是一件坏事。通常，这些争论的焦点是过高或不稳定的自尊。

我们每个人都携带着自己的心理表征。自我是关于我们是谁、我们是什么样子以及我们如何感知的模式。自我不同于其他社会对象，因为相对于他人，我们更了解自己。虽然我们知道，行为是了解别人的重要途径，但我们更相信个人的想法和感受最能代表真实的自我（Johnson，Robinson，& Mitchell，2004）。

自我之所以特别，不仅在于其是我们最直接的个体经历，还因为我们会对自己进行评价。最重要的一个与自我相关的变量就是自尊，是我们对自己所拥有的积极或消极感觉的程度（Harter，2012）。总的来说，研究表明，自我感觉良好是好事情（Bosson & Swann，2009）。

高自尊的人往往拥有各种**积极幻想**（positive illusions）——对自己拥有的良好感觉不一定植根于现实（Hansen & Pronin，2012）。Constantine Sedikides及其同事们发现，许多人都认为自己在一些重要特征上高于平均水平，如可信度或吸引力（Gregg & Sedikides，2010；Hepper & Sedikides，2010；Sedikides，2007，2009；Sedikides，Gaertner，& Vevea，2005；Sedikides & Gregg，2008；Sedikides & Skowronski，2009，2012）。当然，"平均"一词的定义表明，并非所有人都可以"高于平均水平"。

Shelley Taylor及其同事的研究证明，对自我的积极幻想通常与高水平的幸福感正相关（Taylor，2011c；Taylor & Sherman，2008；Taylor & others，2003a，2003b，2007）。那些倾向于对自己抱有积极幻想的个体，心理健康水平更高，也更有可能受到他人的积极评价。自尊也会影响我们对自身行为的归因。例如，高自尊的个体在对自己的行为进行评价时，会更为深思熟虑。

自我服务偏差（self-serving bias）指的是将成功归功于自己，而在失败时则推卸责任的倾向（Helzer & Dunning，2012）。想象一下你参加了一场心理学考试，如果你考得很好，那么你很可能会将成功归因为自己（"我聪明"或"我知道那些东西"），即内部归因。然而如果考得不好，你则有可能归为情境因素（"测试太难了"），即外部归因。

刻板印象威胁　刻板印象不仅影响我们对其他人的看法，有时也会影响群体中个人的情绪和表现（Burgess & others，2012；Stahl，Van Laar，& Ellemers，2012）。**刻板印象威胁**（stereotype threat）指的是个体担心他人会根据自己所在群体的负面刻板形象来评价自己。一个经历到刻板印象威胁的个体会非常清楚地意识到他人对自己作为某群体

积极幻想　对自己的良好感觉不一定是植根于现实的自我。

自我服务偏差　将成功归功于自身，在失败时却推卸责任的倾向。

刻板印象威胁　个体担心他人会根据自己所在群体的负面刻板形象来评价自己。

成员所持有的固定的期望。在与刻板印象有关的情境下，个人会为了符合他人的"低"期望而感到焦虑，从而表现不佳（Kerger，Martin，& Brunner，2011；Weger & others，2012）。 在Claude Steele 和 Eliot Aronson（1995，2004）的一个测试中，首先将非洲裔美国人和非拉丁美洲的美国白人学生进行种族区分，此时，非洲裔美国人表现不佳。然而，在没有种族区分的情况下，两者的表现没有差异。

研究还表明，即使拥有同样强度的数学训练，相对男性来说，刻板印象威胁更能够影响女性在数学测试中的表现（Spencer，Steele，& Quinn，1999）。非拉丁美洲白人也会被刻板印象威胁所影响。在一项高尔夫球能力的研究中，由于告知被试要测量其"自然运动能力"，非拉丁美洲白人男性的表现不及非洲裔美国人（Stone，2002）。在一项数学测试中，如果首先询问种族，亚洲女性会表现得更好，然而，如果首先询问性别，则不然（Rydell & Boucher，2010）。

研究人员开始确定有助于防止刻板印象威胁的因素（Stahl，Van Laar，& Ellemers，2012）。例如，一项研究发现，如果在数学考试前询问种族，非洲裔美国学生的表现会不理想，然而，当他们将数学竞赛考试作为一个挑战而非威胁的时候，他们会表现得更好（Alter & others，2010）。一些研究表明，自尊有助于缓解刻板印象威胁对女性的影响，例如，在测试时提醒女性大学生有关自我的另一方面（例如"大学生"），则数学成绩更高（Rydell & Boucher，2010）。

社会比较　你是否有过这样的情况，在得知自己在考试中得到B时，你感到很有成就感，然而，当你发现班级里的朋友得到A时，你却感到气馁。可见，你对自我的认识，既来自于自己的行为，也来自于与他人的社会比较。**社会比较**（social comparison）是个体在与他人的比较中对自己的思维、感觉、行为和能力进行评价。社会比较有助于个体进行自我评价、了解自己的独特特征，确立自我的身份。

大约60年前，利昂·费斯廷格（Leon Festinger，1954）提出的社会比较理论指出，当缺乏客观方法时，个体会通过与他人的比较来评估自己的观点和能力。此外，为了得到准确的自我评估，人们更有可能与自己相似的他人进行比较。经过多年的拓展和修订，费斯廷格的社会比较理论仍为个体如何认识自己提供了重要的理论支持（Brakel，Dijkstra，& Buunk，2012；Carrieri，2012）。

费斯廷格致力于对相似的人进行比较，但其他研究人员则关注向下的社会比较，也就是，个人与那些他们认为不如自己的人进行比较。受到威胁的人们（例如，负面反馈或自卑）试图通过与比自己更倒霉的人进行比较而使自己感到舒服些（Caricati，2012）。

Facebook提供了社会比较的场所。它允许用户展示最好的自我。想想你在Facebook上看到的照片——大多数照片所呈现的都是人们的微笑及美好的时光。近期，一项有关大学生的研究发现，个体每周在Facebook上花的时间越多，就越倾向于认为其他人的生活比自己的更好，比自己更幸福（Chou & Edge，2012）。

态度

态度（attitudes）是人们对人、事物或观点的意见和看法。我们对各种各样的事物都持有一个态度。社会心理学家对态度与行为的关系、态度能否改变以及如何改变很感兴趣（Arpan，Rhodes，& RoskosEwoldsen，2012；Brinol & Petty，2012）。

态度可以预测行为吗？　人们有时会言行不一。你可能在调查时报告对回收垃圾持赞成态度，但在实际生活中却把易拉罐扔在球场上。过去半个世纪的研究表明，在一些条件下，态度能够引导行动（Brinol & Petty，2012；Chomerus，Matschinger，& Angermeyer，2009）。

社会比较　是个体在与他人的比较中对自己的思维、感觉、行为和能力进行评价。

态度　是人们对人、事物或观点的意见和看法——即人们如何感知世界。

- 当个体态度强烈时（Ajzen，2001）。例如，与对总统持"适度喜欢"态度的参议员相比，对总统持"非常喜欢"态度的参议员更有可能投票支持总统的政策。
- 当个体强烈认识到自己的态度，并付诸实践时（Fazio & Olsen，2007；Fazio & others，1982）。例如，与那些虽然支持垃圾回收但并未说出或公开表态的人相比，那些发表回收垃圾益处演讲的人更有可能表现出一致的行为。
- 当个体已经拥有既得利益时。当问题会影响其个人利益时，人们更倾向于将态度付诸行动。例如，一项经典研究调查了学生是否支持将饮酒年龄从18岁提高至21岁（Sivacek & Crano，1982）。尽管一般的学生都持反对态度，但处于特定年龄段的学生（从18岁到20岁）更可能提出抗议。

行为可以预测态度吗？ 正如态度引导行为，大量证据表明，行为的改变有时先于态度的变化。关于行为为什么影响态度，社会心理学家提供了两种主要的解释：认知失调理论和自我知觉理论。

认知失调理论 **认知失调**（cognitive dissonance）是费斯廷格（1957）提出的概念，是指个体由于两种不一致的想法而导致的心理不适（不一致）。根据这一理论，当我们注意到自己的想法与行为之间的矛盾时，就会感到不安（Fotuhi & others，2012）。认知失调是伪君子感到不适的根本原因所在（McConnell & Brown，2010）。

在认知失调的经典研究中，费斯廷格和默里尔·卡尔史密斯（1959）要求大学生参与一些很无聊的任务，比如把线轴摆到托盘中或是旋转木桩。之后，主试说服被试，让其告知另一个参与研究的学生（事实上是一个实验同谋），这个任务很有趣，很愉快。将被试随机分为两组。为了让被试对他人说出这个善意的谎言，主试支付1美元给一半的被试，支付20美元给另一半被试。之后，所有的被试都对任务的趣味性和愉快度进行评分。

有趣的是，与那些接受20美元的人相比，只接受1美元的人认为任务更愉快。费斯廷格和卡尔史密斯推断，这些被支付20美元的个体将自己说谎的原因归因为所得到的报酬。反之，那些被支付1美元的个体则经历了认知失调。行为（说谎）和报酬（1美元）之间的不一致，让这些人改变了自己对任务的态度（"我不会仅为1美元而说谎。如果我说自己喜欢这个任务，那一定是因为我确实很喜欢它"）。

我们可以通过以下两种方法减少认知失调：改变行为以符合我们的态度或改变态度以适应我们的行为。在上面的经典研究中，被试改变了自己的态度，以使之与行为一致。因此，当我们的态度和行为不一致时，行为也会影响态度。例如，你在随手将易拉罐扔到地上之后，可能会感到内疚，为了减轻这种内疚感，你会改变之前的态度，认为"回收并不是真的那么重要。"

努力辩解（effort justification）是一种降低失调的方法，是指将我们所付出的努力合理化。努力辩解能够解释如下现象：当个体为加入某组织而付出巨大努力时，就会表现出对该组织的强烈的忠诚感。努力进入某个组织（如希腊社会或海军陆战队）或职业（如医学或法律）的行为会改变我们的态度。根据认知失调理论，个体在这些情况下可能会想，"如果这个很难进入，那一定是值得的。"

自我知觉理论 **自我知觉理论**（self-perception theory）是Daryl Bem（1967）对行为

认知失调 是个体由于两种不一致的想法而导致的心理不适（不一致）。

自我知觉理论 Bem 提出的理论，对行为如何影响态度进行解释，说明个体通过觉知自己的行为来推断自己的态度。

如何影响态度所进行的解释。根据这一理论，个体通过觉知自己的行为来推断自己的态度，即行为会影响态度。因为，当被问及自己的态度时，我们会回想自己的行为信息，以此确定自己的态度。例如，当被问及你对运动的态度时，你可能会想，"嗯，我每天早上都跑步，所以我肯定是喜欢运动。"根据Bem的观点，行为让你认识到自己之前没有意识到的那部分自我。Bem认为，当这些态度并不完全明确时，我们很可能会以自己的行为来决定我们的态度，有研究也支持了这一观点（Olson & Stone，2005）。

" 如果你在争论中扮演过'唱反调'的角色（只是为了争论而争论），那么，你可能会发现，你确实开始持有你所假装赞成的观点。这就是自我知觉理论在发挥作用。"

图11.2对认知失调理论和自我知觉理论进行了比较。这两个理论都对态度和行为之间的关系进行了解释，然而，这些对立的观点也揭露了两者关系的复杂性。另一个改变态度的途径是说服。

说服 说服是指试图改变他人的态度——通常还包括其行为（Brinol & Petty，2012；Prislin & Crano，2012）。说服包括两个核心问题：哪些因素让个体决定放弃原有态度而接受新的态度？哪些因素使个体遵照新的态度采取行动？教师、律师和销售代表们要学习那些可以改变受众（儿童、陪审团和买家）观点的技巧。总统候选人的演讲稿撰稿人和形象顾问都可帮助总统候选人发表更有说服力的演讲。也许最熟练的说服者就是广告商，他们运用一系列的技巧售卖各种商品，从玉米片到地毯再到汽车。

Carl Hovland及其同事们最早确定了说服的组成要素，如下所示（Hovland，Janis，& Kelley，1953；Janis & Hovland，1959）。

■ 传播者（源）：假设你在竞选学生会主席。你告诉同学们，你要让他们的大学生活更美好。他们会相信你吗？这最可能取决于你作为传播者所具有的特征。他们是否相信你，在很大程度上取决于你个人的可信度——就是说，其他学生在多大程度上相信你所说的话。沟通者的可信度及专业能力特征，有助于改变人们的态度或者说服他们采取行动。其他因素还包括影响力、吸引力和受欢迎程度。

Bem的自我知觉理论

我们通过反思自身的行为以及引发行为发生的情境，来推断自己的态度。

如"我一直在考虑自己究竟多讨厌这份工作，看来我是真的不喜欢这份工作。"

Festinger的认知失调理论

我们倾向于将态度与行为的不一致变为一致。

如"我讨厌我的工作，因此我要么转变态度，要么辞职。"

图11.2 两种理论对态度和行为之间关系的论述
虽然我们通常认为态度会影响行为，其实行为也可以通过减少认知失调或自我知觉来改变态度。

■ 媒介：说服的另一个要素是用于获取信息的媒介或技术。考虑一下，通过电视观看总统候选人辩论直播和通过网络或报纸阅读该过程的区别。因为呈现了生动的画面，所以数字媒体通常比印刷文字更能改变态度。

■ 目标（受众）：受众的年龄和所持态度的强度决定了目标对象能否接受某个观点。年轻人比老年人更有可能改变态度。持较弱态度的听众比持根深蒂固态度的听众更有可能改变态度。

■ 信息：什么样的信息更有说服力？一些信息包括逻辑性很强的论证，另外一些信息则关注受众的激动情绪，如恐惧和愤怒情绪。哪种信息更有效？其何时会发挥作用？精细加工可能性模型对这些问题进行了回答。

精细加工可能性模型（elaboration likelihood model）认为说服包括两种方法：中心路线和边缘路线（Brinol & Petty，2012；DeMarree & Petty，2007；Petty & Brinol，2008；Petty & Cacioppo，1986）。中心路线指通过深思熟虑、逻辑严密的论证以达到说服的效果。边缘路线包括一些非信息因素，如传播者的可信度、吸引力或情感诉求。当人们没有关注或没有时间、精力去思考传播者所说的话时，边缘路线会起作用（Brewer，Barnes，& Sauer，2011）。您可能猜到了，电视广告经常在你没有充分注意到屏幕上的广告时，通过边缘路线来说服你。然而，当人们有能力和动机去关注事实时，中心路线更有说服力（Sparks & Areni，2008）。

成功说服　或早或晚，几乎每个人都可能会销售某种东西给其他人。社会心理学家们对影响销售人员销售效果的各种社会心理学原理进行研究（Cialdini，1993）。

销售的策略之一即所谓的"登门槛"技巧（Freedman & Fraser，1966），是指先提出较小的请求（"你有兴趣尝试订阅三个月的杂志吗？"）后提出更大的请求（"整整一年的怎么样？"）"登门槛"技巧，意图在使顾客先同意较小请求，并与销售人员之间建立良好的信任关系，进而开展进一步的销售。

Robert Cialdini及其同事们提出了另一个不同的策略，称之为"闭门羹"技巧（Cialdini & others，1975），是指在最开始时提出最大的要求（"你对全年订阅感兴趣吗？"）这时客户可能会拒绝，然后，销售员做出一个小的让步，即降低要求（"好的，那么，三个月的呢？"）"闭门羹"技巧的意图是让顾客产生互惠和义务感——因为拒绝了对方大的请求，而使其失望，那么，顾客为表现自己的善意，也许会接受更小的要求。

抵制说服　广告客户和销售人员竭尽全力来说服我们购买他们的产品。那么，我们该如何抵制这些说服呢？ William McGuire认为，抵制说服的方法之一是"接种"（McGuire，2003；McGuire &Papageorgis，1961）。McGuire提出，就像接种疫苗时给人们的免疫系统输入某种较弱版本的病毒一样，先为人们提供一种较弱的说服信息，使其有时间进行思考和论证，有助于个体避免被说服。

研究表明，这种"接种"有助于大学生抵制抄袭（Compton & Pfau，2008）及信用卡营销（Compton & Pfau，2004）。当告知个体某人正要说服他们，并告知其抵御说服的策略后，人们可以抵制说服。

"与边缘路线相比，中心路线能使态度的改变更为持久。**"**

"认知失调也可能是一个强大的销售工具。有时候越难买的东西，我们越想要买。那么，你在 eBay 上买过那些奇怪的灯吗——你赢了吗？**"**

"试着让自己'接种'！信用卡公司经常以大学生为猎物。**"**

> **精细加工可能性模型**　提出了说服的两种方法，即中心路线和边缘路线。

2　社会行为

我们不只有社会性的思维，还有社会性的行为。代表人类社会活动两个极端的两种特殊行为——利他主义和攻击行为，引起了心理学家们的极大兴趣。

利他主义

2009年，美国佛罗里达州的男子Rick Hohl，在听说副警长急需肾移植后，马上决定接受检查，并最终将肾脏捐献给一个完全陌生的人——Johnnie Briggs（Farris，2009）。当被问到他为什么这么做时，Hohl流着泪回答道："我是一名基督徒，"并补充说，"我只是想做点什么。"

与2011年日本大地震和海啸等巨大灾害后的救援工作一样，这种无私的善举是我们社会组成的一部分。在日常生活中，我们随时能看到或者做出好的行为，比如，给某人过期的停车计时器投币，或在公交车上让座。我们还会做残疾人奥运会或读写老师的志愿者。所有这些行为都具有的共同点就是**利他主义**（altruism）——一种帮助他人的无私兴趣（Burks & Kobus，2012）。

在对潜在的利他行为（或亲社会行为）进行考察的过程中，心理学家们曾质疑过这种无私的真诚度。一些心理学家甚至认为，没有真正的利他主义（Cialdini，1991；Maner & others，2002）。真正的利他主义意味着，个体将使他人受益作为最终的目标。与利他主义相反的是**利己主义**（egoism），指的是帮助别人是为了获得自我价值感；展示自己的强大、有能力或对他人的关爱；或者是为了避免无法达到自我及社会的期望而受到的谴责。利己主义还可能为了他人日后的回报而帮助他人——即我们可能会为了互惠而对他人友好。

> **利他主义**　一种帮助他人的无私兴趣。
>
> **利己主义**　帮助别人是为了获得自我价值感；展示自己的强大、有能力或对他人的关爱；或者是为了避免无法达到自我及社会的期望而受到的谴责。

互惠原则鼓励人们己所不欲，勿施于人。互惠位于黄金法则的中心，表达了对他人的信任、义务和内疚感。互惠原则意味着，我们之所以像肾脏捐赠者Rick Hohl一样行为友善，是因为我们认为有一天他人会以同样的仁慈回报我们。

利他主义的进化论观点 利他主义给进化心理学家提出了一个难题（Andre & Morin，2011；Van Doorn & Taborsky，2012）。个体行为怎么会对他人、而非自己有利呢？这种行为具有适应性吗？有趣的是，友好的行为并非人类独有。行为学家对非人类的灵长类动物的研究表明，其他物种中也存在利他行为（de Waal，Leimgruber，& Greenberg，2008；Horner & others，2011）。也许好的行为并不奇怪，而是具有重要的适应意义。

进化论者指出，家庭成员之间的互助更可能发生，因为帮助亲人也意味着促进家庭基因的存活（Buss，2012；Leigh，2010）。进化论者们相信，与非家族成员间的互惠关系，是个体与家族成员间的无私友善行为在人类进化史上有意义的启发式的错误应用（Nowak，Page，& Sigmund，2000）。

Dale Miller（1999，2001）表明，利他主义可能是真实人性的表现。在Miller看来，尽管人类在社会化过程中秉持着"人类的本质是自私"的观点，但大量的研究表明，人类并不一定是以自我为中心的，不应把自私行为视为自然的反应（Holmes，Miller，& Lerner，2002）。

利他主义的心理因素 除了互惠，与利他主义有关的心理因素还包括情绪和同情心。纵观研究文献可以发现：快乐的人更可能帮助他人（Snyder，Lopez，& Pedrotti，2010）。那么，当心情不好的时候，人们就不太可能帮助他人吗？也不一定，因为成年人通常会认为，帮助他人会引发积极情绪。因此，当心情不好的时候，如果人们认为帮助他人会改善心情的话，那么，他们很可能会帮助他人。此外，那些经历了痛苦的创伤性事件的人有时也会发现，帮助他人是有效且有意义的应对方式（Staub & Vollhardt，2008）。

利他主义中所包含的一种重要的社会情感就是共情（Burks & Kobus，2012）。**共情**（empathy）是个体对他人情绪状态的感同身受。Daniel Batson在其职业生涯的大部分时间里，都在证明真正的利他行为确实存在（Batson，2002，2006，2012；Batson & others，2007）。利他主义的关键是我们能在多大程度上站在他人的立场上思考问题。对他人困境的共情感受，促使我们采取行动——不是为了让自己感觉更好，而是出于对另一个人的真正关心。共情可以产生利他行为，即便是面对竞争对手或者无人知道我们的善举时，也是如此（Fultz & others，1986）。

利他主义的社会文化因素 社会文化研究考察了那些存在利他主义及人人都应得到

> " 你最近的一个利他行为是什么？是什么因素导致了你的行为？"

共情 个体对他人情绪状态的感同身受。

公平待遇信念的文化。研究比较了15种不同文化中的两个特殊因素：市场经济和宗教信仰（Henrich & others，2010）。

市场经济是生产者和消费者之间以产品和服务的自由交换为特征的非集权化体系。像美国这样的市场经济体，要求个人将互惠原则扩展到陌生人身上，因为商品的正常流通需要与陌生人之间建立一定程度的信任感。例如，当你在网上订购一本书时，你信任卖这本书的陌生人。你将自己的信用卡信息告诉他们，相信他们不会用其来购物或将这些信息告知他人。即使你对这些卖家的个人信息一无所知，你也相信他们不会利用你。

亲社会行为的另一个重要因素是文化中的宗教信仰。世界上的宗教都重视黄金法则和以公平对待他人。在巴布亚新几内亚、肯尼亚的桑布鲁、美国密苏里州等不同地区进行的一系列研究表明，亲社会行为在那些以市场经济和宗教信仰为特点的群体中更为普遍（Henrich & others，2010）。

除了这两个主要的文化因素外，社会心理学家们研究了与利他主义和助人有关的其他社会文化变量，主要包括性别、旁观者效应和媒体。

利他主义与性别　鉴于共情在助人行为中的作用，我们可能认为女人应该比男人更有可能帮助他人。毕竟，刻板印象告诉我们，女人天生就比男人有更多的同情心。然而，在情境中考虑性别的差异非常必要（Biernat & Deaux，2012）。研究人员发现，在与人际关系和儿童养育有关的情境中，女性比男性更可能帮助他人，如义务帮助儿童解决个人问题（Eagly，2009）。

然而，在感知危险存在的情况下，男性更有可能帮助他人（例如，让路人搭便车），因为他们觉得自己有能力给予帮助（如协助他人换轮胎）（Eagly & Crowley，1986）。有趣的是，男性和女性在帮助犹太人逃离二战期间的纳粹大屠杀上同样英勇（Becker & Eagly，2004）。

旁观者效应　近50年前，一位叫Kitty Genovese的年轻女子在纽约被残忍地谋杀。大约凌晨3点钟，她在公寓中间的院子里被袭击。凶手花了大约30分钟杀死Genovese。38个邻居透过窗户看到血淋淋的场景，并听到Genovese的尖叫声。然而，没有人帮助她或打电话报警。

通过Genovese的事件，社会心理学家John Darley 和Bibb Latané（1968）对**旁观者效应**（bystander effect）进行了大量的研究。结果发现，与独自一人相比，当周围有其他旁观者时，人们对紧急情况的帮助倾向更小。许多旁观者效应研究表明，当独自一人时，人们有75%的可能会帮助他人，但是当另外有旁观者在场时，这个数字下降到50%。很明显，差异是由于目击者之间的责任扩散引起的，即人们会通过观察周围人的行为来了解该怎么做。我们可能认为别人会叫警察，或者认为既然没有人帮助，那么可能是这个人不需要帮助。

媒体的影响　心理学家一直认为媒体是影响攻击行为的一个因素。同样，研究人员也在研究媒体是否也能引发亲社会行为。研究表明，答案是肯定的。例如，听配有亲社会歌词的音乐可以促进友善行为（Greitemeyer，2009），观看积极内容的电视节目也与亲社会行为有关（Hearold，1986）。因此，亲社会的媒体可能是传播友善行为的重要途径。

有关利他主义的讨论强调人类互相帮助的能力，不管是为别人开门的简单动作，

> 66 旁观者效应仍旧存在。2009 年 10 月，一名 15 岁的加州女孩在高中舞会外被多达 10 人强奸和殴打（Martinez，2009）。20 多人都看到了这一事件，但没有人帮忙。99

> **旁观者效应**　与独自一人相比，当周围有其他旁观者时，人们对紧急情况的帮助倾向更小。

还是像器官捐赠之类的无私行为。这种能力与其他能力（伤害他人的能力）有密切的关系。一些进化科学家认为，利他主义，尤其是针对所属群体成员的利他行为，与对其他群体所抱有的敌对情感与行动是共存的（Arrow，2007；Choi & Bowles，2007；Glasford & Calcagno，2012）。事实上，研究表明，催产素——与社会关系有关的荷尔蒙和神经递质，不仅与对某一社会群体的忠诚度有关，也与对其他群体的敌意有关（De Dreu & others，2010）。一名士兵可能表现出对所属国家的无私、英勇的利他主义行为，但是对于战争的对方来说，这一行为则是伤害性的，甚至可能是致命的。因此，群体中的利他主义可能与攻击行为密切相关。

攻击行为

攻击行为（aggression）是指以伤害别人为目的的社会行为，既可以是身体上的，也可能是口头上的。攻击在当代社会中很常见。也许有关攻击的最大困惑就是，某一物种既能表现出令人难以置信的善举，也会犯下可怕的暴力行为。

生物学的影响　人类的攻击行为自古至今一直存在。人类的灵长类动物祖先和最早期的人类都对同类的其他成员表现出攻击性。研究人员从生物学的角度对攻击行为进行研究，发现了进化、遗传和神经生物学因素的影响（Kenrick & Cohen，2012）。

> **攻击行为**　以伤害别人为目的的社会行为，可以是身体上的，也可以是口头上的。

进化论的观点　进化论学家认为，是某些刺激激发了与生俱来的攻击反应（Lorenz，1965；Tinbergen，1969）。例如，当一只雄性知更鸟看到另一只雄鸟胸前的红色斑点时，就会发起攻击行为。在去除斑点后，则不会产生攻击行为。然而，在动物王国里，大多数敌意攻击并不会升级为杀害甚至严重的伤害。大部分战斗只是形式上的示威——比如，一只猫拱起背部、露出牙齿、发出嘶嘶声或一只黑猩猩睁大眼睛，跺脚并尖叫。

进化论者认为，人类与其他动物没有多大的区别。其理论的基本观点就是适者生存（Wrangham & Glowacki，2012）。因此，进化论者指出，人类在进化中的幸存者可能是有攻击性的个体。

遗传基础　遗传是解释攻击的重要生物学原理（Butovskaya & others，2012）。动物的选择育种证明了遗传在攻击中的影响。在对攻击性动物-攻击性动物和温顺动物-温顺动物进行多次繁育之后，会出现两种明显的动物分类：凶猛动物和胆小动物。凶猛的种类会攻击所看到的一切动物；而胆小的动物即便被攻击，也很少反击。

对人类攻击行为遗传基础的研究不如动物的研究那样容易，这可能主要取决于所研究的攻击类型（Brendgen & others，2008）。具体来说，双生子的研究表明，主动的身体攻击更可能受到遗传的影响，但许多反应性攻击和社会性攻击（例如散布谣言）更容易受到环境的影响。同时，遗传对男性的影响比对女性更强（Baker &others，2008）。

神经生物学因素　1966年，Charles Whitman爬到德克萨斯大学奥斯汀分校的校园塔顶部，用高性能步枪杀害了15个人，之后被警方击毙。此前不久，他在家里谋杀了自己的妻子和母亲。尸检发现，在Whitman大脑的边缘系统上长有一个肿瘤，这是与情绪有关的一个区域。虽然人类大脑中似乎没有主管攻击行为的特定脑区，但在用电流刺激边缘系统之后，人们会出现攻击行为（Herbert，1988；Wood & Liossi，2006）。

大脑的额叶区域——与计划和自控等执行功能有关的脑区——也可能与攻击行为有关。Adriane Raine及其同事们研究了那些犯下终极暴行的谋杀犯的大脑（Nordstrom & others，2011；Raine，2008；Yang, Glen, & Raine，2008）。结果表明，凶手可能在大脑的这些区域中存在功能障碍。

神经递质——尤其是低水平的血清素——与攻击行为有关（Neumann, Veenema, & Beiderbeck，2010；Rosell & others，2010）。一项研究发现，血清素水平低于同龄男性的年轻男性更容易有暴力犯罪（Moffitt & others，1998）。同样，与攻击性低的儿童相比，攻击性高的儿童的血清素水平也更低（Blader，2006；Nevels & others，2010）。

激素是可能影响攻击的另一种生物因素。通常，与攻击行为有关的激素是睾丸素。对老鼠和其他动物的研究表明，睾丸素与攻击有关（Cunningham & McGinnis，2007）。然而，人类的结果可能与这一结果并不完全一致（van Bokhoven & others，2006）。

一项研究解释了经验如何影响睾丸素以及两者的共同作用，这可能有助于对攻击行为进行解释（Klinesmith，Kasser，& McAndrew，2006）。在研究中，让大学生接触枪或儿童玩具。在研究之前和之后分别测量其睾丸素水平。与对照组相比，接触枪的被试睾丸素水平明显增加。此外，在研究后期，与枪接触的人也表现出了更多的攻击性（他们在一杯水中放入更多的辣椒酱，因为他们认为别人会喝这杯水）。睾丸素增加攻击行为的研究表明，睾丸素的不同可以解释为何有些人比另外一些人对暴力线索表现出更强烈的攻击行为（Klinesmith，Kasser，& McAndrew，2006）。

值得注意的是，在许多社会心理学实验室里进行的攻击行为研究中，很多行为看似是攻击行为，但实际上不是，例如，真实地打别人的脸。在攻击研究中，被试可能有机会"攻击"他人，例如，用噪音折磨别人，给予他人电击，甚至，像上述研究中，使用大剂量的辣椒酱。这些关于攻击的操作定义是否适用于现实生活中的暴力行为仍是一个有争议的问题（Savage & Yancey，2008）。

心理因素 攻击似乎与许多心理因素有关，其中包括个体对环境的反应，以及认知和学习因素。

受挫和厌恶情境 许多年前，John Dollard及其同事们（1939）提出了挫折-攻击理论，挫折——个体实现某一目标时遇到的阻碍——经常导致攻击。然而，心理学家们随后发现，攻击并非是应对挫折的唯一方式，例如，一些人在经历挫折后会变得消沉（N. E. Miller，1941）。

心理学家们后来认识到，除了挫折之外，厌恶情境也会导致攻击。它们包括生理疼痛、个人的侮辱、拥挤和其他不愉快的事情。厌恶情境还包括物理环境，如天气。当气温达到最高点时，谋杀、强奸和袭击也会增加，同样，最热的年份和最热的城市中，也是如此（Anderson & Bushman，2002）。

认知因素 环境方面的因素也可能引发攻击行为（Englander，2006）。如第6章所述，即便个体没有意识到，启动也会明显地影响个体。Leonard Berkowitz（1993；Berkowitz & LePage，1996）研究表明，仅仅是武器（如枪）的存在，就可能引发敌意情绪并产生攻击行为（Anderson，Benjamin，& Bartholow，1998）。确实，与Berkowitz的观点一致的是，一项著名的研究发现，那些生活在有枪家庭中的人被谋杀的可能性是无枪家庭中的个体的2.7倍（Kellerman & others，1993）。

还有其他一些认知因素也决定了个体是否在厌恶情境下产生攻击行为（Baumeister，1999；Berkowitz，1990；DeWall & others，2009）。例如，当个体认为他人行为是不公平的或是故意伤害时，更可能发生攻击行为。确实，在工作场合，那些认为自己受到不公平对待的个体，更有可能对主管进行口头或身体攻击（Dupre & Barling，2006）。

观察学习 社会认知理论认为攻击通过强化和观察学习而习得（Englander，2006）。个体可以通过观察他人的攻击行为学会攻击。最著名的观察学习的例子是"波波玩偶"研究（Bandura，Ross，& Ross，1961）。阿尔伯特·班杜拉（Albert Bandura）及其同事

> 记住，行为会影响激素水平。因此，更高的睾丸素水平可能是攻击性行为的结果，而非原因。

> 对攻击行为的操作性定义的争论，反映了人们对这一研究的外部效度的担忧。

> 这是一个相关性研究。哪些第三变量可以解释枪支和谋杀之间的关系？

盲目暴力最重要的作用就是促进了盲目利他行为的发展.

CHRIS MADDEN

经 CartoonStock 许可转载，www.CartoonStock.com.

> 认知失调可能会导致个体更加重视个人荣誉。对于伤害他人身体或杀死自己的姐姐的人来说，荣誉是非常重要的。

随机分配一些孩子观看成人的攻击行为，让其他孩子观看成人的非攻击行为。实验组中，孩子看到成人一边用木槌攻击充气的波波玩偶，拳打脚踢，一边大喊出咄咄逼人的话，如"打他！""打他的鼻子！"和"砰！"在控制组中，成人在玩积木，而忽视波波玩偶。观看攻击行为的儿童，在与波波玩偶独处的时候更有可能表现出攻击行为（Bandura，Ross，& Ross，1961）。在我们的文化中，人们观察攻击行为的最常见途径，就是通过电视观看到攻击行为（详见下文有关媒体暴力的讨论）。

社会文化因素 影响攻击行为的因素不仅包括生理方面和认知方面，还有更广泛的社会因素。攻击行为的社会文化因素包括经济发展的不平衡、"荣誉文化"和人们观看媒体暴力的程度。

文化差异与荣誉文化 在某些文化中，攻击和暴力行为更为常见（Kitayama & Cohen，2007）。Dov Cohen发现，一些关于男性尊严和家庭荣誉的文化规范可能引起攻击行为（Cohen，2001；Vandello & Cohen，2004）。在荣誉文化中，男人的声誉被认为是其经济生存的根本。这种文化认为，侮辱个人的荣誉，就是降低其声望，并认为暴力可以弥补这一损失。一些国家中的荣誉文化更是显而易见，家庭荣誉感可能导致所谓的"荣誉杀戮"——比如一位女性强奸受害人会被她的男性家属杀害，以免家庭被"污染"。2009年4月，一名约旦籍男子承认自己用菜刀砍杀了怀孕的姐姐，因为她离开了自己的丈夫，并看上了其他男人。他觉得自己必须杀了她，以此来保护家族荣誉（Gavlak，2009）。

Cohen的研究发现，在美国，当荣誉受到威胁时，南方居民比北方居民更有可能产生攻击行为。在一项研究中，Cohen及其同事（1996）邀请南北方的白人被试参加一项实验，实验要求被试走过走廊。此时，一位实验助理经过，与他们发生碰撞，并且小声地用贬义名称称呼他们。此时，南方人比北方人更有可能认为自己的声誉受到威胁，感受到被侮辱，进而可能产生攻击行为。相比之下，北方人不太可能将随机的侮辱理解是"攻击性"的言语。

媒体暴力 美国大众媒体中的暴力画面非常多。此外，电视节目、电影、视频游戏和歌曲的歌词也经常夸张地描绘暴力行为，似乎这些不能产生持久的影响。人们很容易产生一种错觉，即攻击和暴力都是正常的。

虽然有些评论家对电视暴力是否可以引起攻击行为提出质疑（Savage & Yancey，2008），但许多学者坚持认为，电视暴力可以增加儿童的攻击或反社会行为（P. Brown & Tierney，2011；Bushman & Huesman，2012；Comstock，2012）。当然，电视暴力不是导致儿童或成人攻击行为的唯一原因。与所有其他的社会行为一样，攻击行为也受到多种因素的影响（Matos，Ferreira，& Haase，2012）。电视暴力与儿童攻击行为之间的关系，受到儿童的攻击倾向、对攻击的态度及成人对儿童观看暴力电视的监督力度等因素的影响。也许，最能预测攻击行为的因素就是家庭中的暴力行为（Ferguson & others，2008）。

社会心理学家们感兴趣的另一种媒体暴力就是色情暴力——电影、录像、视频网站和描述女性在性关系中堕落的杂志。这些媒体引发了对女性的暴力行为吗？基于元分析和他们自己的研究，Neil Malamuth教授及其同事们认为，色情消费对男性的性攻击产生的影响较小，与对女性的暴力行为的接受态度关系更密切（Hald，

视频游戏能影响社会行为吗？

视频游戏是极其强大的网络媒体。社会心理学中争论最激烈的问题之一就是暴力视频游戏在攻击行为中的潜在作用。有人认为，暴力视频游戏会强烈地影响儿童和青少年，以至于使他们体验到一种特殊的意识状态，"理性思考停止，更有可能习得高度唤醒的攻击行为"（Roberts, Henriksen, & Foehr, 2009, p. 328）。与电视节目等其他媒体不同，视频游戏使得个体可以在暴力行为中扮演角色。最近的一项研究指出，与游戏时间较少或者根本不玩游戏的人相比，长时间玩暴力视频游戏的儿童和青少年更具攻击性、对现实生活中的暴力更不敏感、更有可能参与违法行为、学业成绩更低（C. A. Anderson & others, 2010）。

社会心理学家Craig Anderson一直反对媒体暴力，特别是暴力视频游戏（Anderson, 2003；Anderson, Gentile, & Dill, 2012；Anderson &Huesmann, 2007；Anderson & Prot, 2011；Bushman & Anderson, 2007；Saleem & Anderson, 2012）。然而，一些人对Anderson及其同事们的研究持批判态度，认为实验室中的攻击行为研究（例如，用噪音烦扰某人）并不能泛化到现实世界中（Ritter & Elsea, 2005；Savage, 2008；Savage & Yancey, 2008）。此外，他们强调，许多研究没有测量重要的第三变量（如家庭暴力）在预测视频游戏使用和攻击行为中的影响（Ferguson & others, 2008；Ferguson & Kilburn, 2010）。其他人则认为，动作游戏可以向个体灌输更高尚的动机，如公民义务（Ferguson &Garza, 2011）。

如果视频游戏对社会行为具有强大的影响力，那可以用其来培养友善行为而非攻击行为吗？尽管对这一有趣问题的研究远比关于攻击行为的研究少，但有关的研究结果可能会让你大吃一惊。例如，一系列的研究调查了玩视频游戏对亲社会行为的影响。在这些研究中，一组被试参与一个类似百战小旅鼠的视频游戏，其中，玩家试图从各种各样的灾难中拯救倒霉的动物，另外两组被试分别在游戏中扮演了一个中立角色或者参加暴力视频游戏。结果发现，相比之下，第一组的被试更有可能帮助实验者捡起一盒洒掉的铅笔（Greitemeyer & Osswald, 2010）。在另一项研究中，参与"亲社会"游戏的被试更有可能阻止那些假扮成前男友对女被试进行骚扰的人（Greitemeyer & Osswald, 2010）。亲社会视频游戏促进了亲社会思维（Greitemeyer & Osswald, 2011），促使人们给同伴捐赠更多的钱（Whitaker & Bushman, 2012）。

当我们想到视频游戏对人类行为的影响时，似乎自然地就关注到了其负面影响。但通过对这一强大媒介的全面调查和了解，我们可以从人类的许多社会行为，而不仅仅是攻击行为中，获得宝贵的结果。

你如何认为？

■ 你会允许自己的孩子玩暴力视频游戏吗？为什么？
■ 一个朋友说"我从来不让孩子玩视频游戏——它们会让孩子变得暴力。"根据上述论述，你会作何回答？

Malamuth, & Yuen, 2010；Malamuth, Addison, & Koss, 2000）。Malamuth教授及其同事们指出，色情是导致对女性性暴力的因素之一（Hald, Malamuth, & Yuen, 2010；Vega & Malamuth, 2007）。最成问题的是那些描绘妇女享受男性性暴力的杂志（Hald, Malamuth, & Yuen, 2010）。对强奸等暴力色情的描述强化了荒诞的错误信念——"强暴迷思（rape myth）"，即女性渴望强迫性性行为。

如"挑战你的思维"部分所述，研究人员还考察了视频游戏对社会行为的影响。这些游戏给玩家提供了一个在游戏中体验犯罪行为的机会。

攻击行为和性别　男人和女人，哪个性别的个体更具攻击性呢？答案取决于我们即将探讨的攻击类型。

外显攻击 是指在身体或口头上对他人进行的直接伤害。

关系攻击 指通过闲聊和散布谣言等方式，危害他人社会地位的行为。

外显攻击（overt aggression）是指在身体或口头上对他人的直接伤害。男性往往比女性有更多的外显攻击。在儿童时期，男孩比女孩更有可能在打架中攻击彼此的身体（Underwood，2011）。在青少年时期，男性更有可能加入帮派并采取暴力行为。在被诊断为行为障碍的儿童和青少年之中，男孩是女孩的三倍，行为障碍是侵犯他人基本权利的一种攻击行为模式（Kjelsberg，2005）。在2010年的谋杀案中，90%的罪犯都是男性（FBI，2012）。

女性身材更小，这可能是她们较少参与外显攻击的一个原因。在考察女性攻击行为的研究中，研究人员更专注于**关系攻击**（relational aggression），指通过闲聊和散布谣言等方式，危害他人社会地位的行为（Underwood，2011）。关系攻击与外显攻击的不同之处在于，它需要攻击者具有较高水平的社会技能和认知技能。关系攻击中，攻击者必须对社会环境有足够的理解，还必须能够制造出最可能伤害对方的谣言。比起外显攻击，关系攻击更为微妙。由于这种攻击行为通常是秘密进行的，因此关系攻击的个体可能看起来不具有攻击性。虽然对于女孩是否比男孩有更多的关系攻击仍存在争议，但研究结果一致认为，关系攻击在女孩的攻击行为中所占的比例高于男孩（Underwood，2011）。最近的一项研究综述显示，女孩在青春期时的关系攻击多于男孩，但在童年期并不存在这种差异（Smith，Rose，& Schwartz-Mette，2010）。

一般来说，外显攻击和关系攻击都与较低水平的同伴接纳有关（Underwood，2011）。有关系攻击的女孩被其他女孩接纳的水平较低；相反，青春期女孩的关系攻击更有可能被男孩接受。这种模式表明，女孩可能为了接近男孩而对其他女孩进行关系攻击（Smith，Rose，& Schwartz-Mette，2010）。

尽管关系攻击不像外显攻击那样能导致人身伤害，但关系攻击可能给被攻击者带来非常大的痛苦。2010年，一个刚刚与家人从爱尔兰搬到美国的15岁女孩 Phoebe Prince，在与一个受欢迎的男生有了短暂的关系之后，便成了一群学校女生无情的谣言和骚扰的目标。Prince变得非常心烦意乱，一天放学后，她上吊自杀。即便在她自杀后，骚扰过她的女孩还在Facebook的追悼网页上发布关于她的谣言（Cullen，2010）。

减少攻击 社会认知理论家们认为，个体之所以表现出攻击行为，通常是因为攻击行为被强化，或是通过观察他人的攻击行为而学会攻击行为。研究也支持这个观点（Bandura，1997）。因此，减少对攻击行为的强化和接触攻击行为的机会是减少攻击行为的有效策略。父母必须有针对性地帮助孩子减少攻击行为（Leaper & Friedman，2007），有效的策略包括鼓励孩子发展对他人的共情和密切关注青少年活动等（Dick & others，2011；Furlong & McGilloway，2012）。

自我测试

1. 下列哪个选项是利己主义的表现？
   - A. 母亲不顾自身危险，保护孩子免受龙卷风的伤害
   - B. 一个人把骨髓捐赠给完全陌生的人
   - C. 咖啡店顾客给后面排队的陌生人支付咖啡费用
   - D. 为了使自己看起来很和善，发言人称赞员工的工作

2. 以下哪一个选项不是减少攻击行为的方法？
   - A. 将接触暴力的机会降到最低
   - B. 增加共情
   - C. 奖励攻击行为
   - D. 不在家里表现出攻击行为

3. 在男性与女性的攻击行为方面，_____。

A. 男性比女性有更多的外显攻击行为

B. 女性比男性有更多的外显攻击行为

C. 男性比女性有更多的关系攻击行为

D. 男性和女性的外显攻击行为和关系攻击行为一样多

小应用！

4. 开车时，Nate 看到一个老人在吃力地修理一个漏气的轮胎。Nate 停下车帮助了老人，之后继续往他的女朋友家里开。当 Nate 把自己的善举告诉他的女朋友时，她说，"我永远不会做那件事。"Nate 指出自己肯定比她有爱心。在社会心理学的助人行为中，Nate 是正确的吗？

A. Nate 是正确的，因为男人通常比女人更乐于助人

B. Nate 是正确的，因为他做了无私的利他主义行为

C. Nate 是不对的，因为他的女朋友觉得在晚上的乡间道路上停下车帮助别人可能是不安全的

D. Nate 是不对的，因为他想要得到女朋友的很多赞扬，说明他的自私

3　社会影响

社会心理学家们感兴趣的另一个主题是我们的行为是如何影响其他个人和团体的（Levine & Moreland，2012；Reis，2012）。本节将探讨社会影响的主要方面：从众、服从和群体影响。

从众和服从

对从众和服从的研究始于第二次世界大战后。心理学家们一直在思考，哪些因素影响了普通人的行为，使其在大屠杀期间对犹太人、吉普赛人和其他少数民族施以暴行？一个关键问题是，为了与他人的行为或话语保持一致，人们会在多大程度上改变自己的行为。

从众　从众（conformity）是指个体为了与群体规范保持一致而改变自己的行为。从众包括多种形式，以消极或积极的方式影响着人们生活的许多方面。例如，即使从未喝过酒，在进入大学后，个体开始在聚会上大量饮酒，这就是从众心理在起作用。从众使得我们遵守规章制度，以使社会顺利运行。试想一下，如果人们不遵守社会规范，如看到红灯时还在走或者总与别人斗殴，那将是多么混乱。从众也是增加组织凝聚力的一种有力方法。甚至像走方阵或合唱等一些简单的活动中，从众也有助于提高团队成员间的合作能力（Wiltermuth & Heath，2009）。

阿希（Asch）实验　设想这样一个情境：你被带进一个房间，在那里，你看到其他五人坐在一张桌子旁边。穿白大褂的人进入房间，宣布你要参与一个关于知觉准确性的实验。有两张牌——第一张有一条垂直线，第二张有三条不同长度的垂直线。你的任务是确定第二张牌上的哪条线与第一张牌上的一样长。你看看卡片并做出思考，"快速地做出判断，哪一条线与左边图中的线一样长"（图11.3）。

你不知道的是，房间里的其他人都是实验者的同伙。在前几次中，每个人都指出了正确的线。然而，在第四次选择时，其他人都选择了同一根错误的线。作为最后一个做出选择的人，你不知道是相信自己的眼睛还是相信其他人的判断。你会如何回答呢？

阿希在1951年进行了这个关于从众的经典实验。阿希指示助手在18项选择中

从众　指个体为了与群体规范保持一致而改变自己的行为。

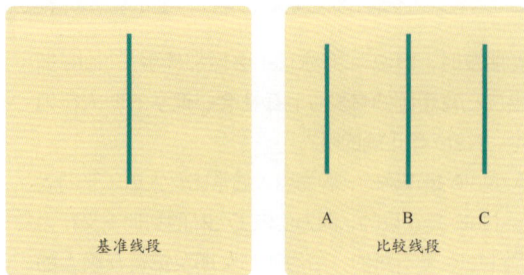

图11.3　阿希从众实验　图中是阿希从众实验的刺激材料。

基准线段　　　比较线段

A　　B　　C

的12个选项上选择错误的答案。令他吃惊的是，研究（1951）发现，35%的志愿者选择了同样的错误答案。后续的研究支持了这一观点：从众的压力是很大的（Fein & others，1993；Pines & Maslach，2002）。那么，为什么在信息明显出现错误的时候，人们会选择与众人保持一致呢？

追随正确的，追随受欢迎的　目前，已经确定了导致从众的两个主要因素：即信息性社会影响和规范性社会影响。

信息性社会影响（informational social influence）是指我们为了得到正确的信息，而接受他人的影响。社会群体可以为我们提供未知的信息，也可以帮助我们认识从未见到的事物。因此，出于对群体的认同，我们会与其保持一致。信息性社会影响是否导致从众取决于两个因素：我们对自己独立判断的自信程度和我们认为群体能提供多少信息。例如，如果你不太了解电脑，而你的三个熟人都是IT极客，他们告诉你不要买某个特定品牌的电脑，你很可能会听从他们的建议。

> 要想感受从众的压力，下次你与他人一起乘电梯时，不要转身朝向门。

相比之下，**规范性社会影响**（normative social influence）是我们为了受到他人的欢迎，而接受他人的影响。无论这个群体是城市帮派还是医学、法律等职业的协会，只要这个群体对我们很重要，我们就会与这个群体保持一致的服装风格或与他们使用相同的俚语，我们还会采取该群体所拥有的特定态度（Hewlin，2009）。

从众和大脑　从众是一种强大的社会力量，但是为何它对我们融入群体如此重要呢？社会心理学和神经科学的近期研究给出了一个有趣的答案。正如大脑影响人类的所有行为，它也在从众中起作用。研究者记录了当个体无法融入集体时的大脑反应。研究结果表明，大脑在我们融入集体时确实会"感觉更好"。

在一项研究中，Vasily Klucharev及其同事们运用功能磁共振成像技术，记录了当人们发现自己与他人观点相冲突时的大脑反应（Klucharev & others，2009）。要求成年女性被试评价不同女性面孔的吸引力，在她们得知自己与群体内其他人的评分是否一致时，对她们的大脑进行扫描。当得知自己的评分与群体内其他人的评分不同时，被试大脑中与错误监控相关的脑区激活增强。换句话说，大脑的反应表明，当个体的判断不同于群体的判断时，个体会感觉自己好像出错了。此外，当被试的评分与群体的评分不同时，个体伏隔核和腹侧被盖区的激活较少，这是大脑的奖励中心。当女性被试的大脑显示的错误监控区域激活程度越强，奖励区域激活程度越

> 你认为大脑能学会喜欢变得不同吗？

弱时，个体越倾向于对照片再次进行评价。Klucharev及其同事认为，其研究结果可以表明，人们通过学习得知："从众会受到奖励"。

在另一项研究中，研究人员发现，这种从众只是发生在社会情境中。如果在这项研究中，女性被试得到的是电脑对面孔的评分，那么结果会有所不同，即大脑不介意与电脑不同。

从众和文化　我们已经从本书其他部分中了解到，文化可以分为个体主义和集体主义。个体主义文化注重个人价值和个人成就，强调差异和独特性。集体主义文化重视群体，强调群体的和谐，相信个人成就取决于他在集体中所发挥的作用。毫不奇怪的是，集体主义文化中的从众水平更高。一项研究综述对阿希之后的133个实验研究进行总结，结果发现，文化中的个体主义与其从众水平呈负相关（Bond & Smith，1996）。

信息性社会影响　指我们为了保持正确而接受他人的影响。

规范性社会影响　我们为了受到他人的欢迎而接受他人的影响。

生活中的心理学

从众与美国购物中心

你有过这样的经历吗？虽然在陌生的高速公路上开车，却并未感觉陌生，似乎所到之处都一样。这也许是因为像沃尔玛、家得宝、Gap商店、百思买这些无处不在的商业地标，看起来几乎都是一样的。不管是休斯顿郊区、波士顿，还是明尼阿波利斯，房子看起来也基本上是相同的。无一例外，美国的风景区看起来也很相似。对于美国这样以崇尚个性闻名的国家来说，这种建筑上的一致性确实令人费解。为什么一个如此重视文化独特性的国家却出现了如此一致的建筑景观呢？社会心理学家Shigehiro Oishi及其同事（2012）认为，答案可能就在于美国人口的自由迁移。

与世界其他地方的人们相比，美国人对在何处生活非常随意。此外，与其他国家的人不同，美国人在搬家后无需学习新的语言。相比于其他国家的人，美国人搬家的频

率更高。Oishi及其同事们认为，这种居住的流动性造就了全美统一的建筑景观。研究人员推测，在不同地区之间的搬迁会产生一种压力感，而这种压力感可能会促使个体寻找熟悉感。他们在一系列不同的研究中验证了这一预测。

首先，Oishi及其同事们发现，在50个州之间的人口流动程度与连锁商店的数量呈显著相关，即连锁店越多，流动的程度就越高。其次，他们发现，有搬家经历的大学生对连锁店持有更积极的态度，与本土商店相比，他们可能更喜欢连锁店。人们通常喜欢熟悉的东西，这种倾向在那些流动性大的人群中尤其明显。实验研究表明，仅仅是对搬家的思考就能让被试更喜欢熟悉的面孔。这些结果可以表明，美国各地的建造风格之所以类似，是因为流动的美国人想要从商场和建筑的相似性中找到家的感觉。

然而，一个有趣的问题就是，为什么在不同地理位置生活的人们发展和保持了不同的文化传统？一个重要的原因就是不同文化所处的自然环境不同，如地形、天气及环境是有利于农业还是打猎（Kitayama & Bowman，2010；Murray & Schaller，2010；Van de Vliert，2009）。自然界的这些方面决定了群体的生存方式。文化规范就是要确保人类群体能够共同生活以适应所在的环境。要了解其他方面的自然环境如何能够解释从众的文化差异，请阅读交叉研究部分。

服从 **服从**（obedience）是顺从权威的明确要求的行为。当权威人物要求我们做一些事情时，我们会服从，并按照要求去做。注意，从众行为是人们为了与他人保持一致而改变自己的想法或行为，而服从行为则是遵从明确的要求（Blass，2007）。

二战期间，一些人服从命令去杀害犹太人和其他人的纳粹罪行，这样的服从行为令人感到残忍。近期，这样的例子也时有发生，激进的穆斯林服从指示参与针对以色列人和西方人的自杀式袭击（McCauley & Segal，2009），美国军人在伊拉克阿布格莱布监狱虐待囚犯，却声称自己"只是服从命令"（A. G. Miller，2004）。

服从 指顺从权威的明确要求的行为。

米尔格拉姆的服从实验 斯坦利·米尔格拉姆（Stanley Milgram）的经典系列实验（1965，1974）对服从现象进行了研究。想象一下，你参与了一项实验，被要求对另一个人进行一系列痛苦的电击。你被告知，该项研究的目的是确定惩罚对记忆的影响。你的角色是"教师"，你要去惩罚犯错的"学习者"。学习者每次犯错后，你都要增加电击的强度。

你见到了学习者，一位50岁的男人，一直嘀咕着说自己有心脏病。他被绑在隔壁房间的椅子上，并与你通过对讲机通话。你面前的装置有30个开关，从15伏特（光冲

体验一下：
米尔格拉姆的服从实验

击）到450伏特（标记为"严重冲击×××"）。

随着实验的进行，学习者遇到了麻烦，他总是无法做出正确的回答。你应该电击他吗？当你增加电击强度时，学习者说自己感到非常痛苦。在150伏时，他要求停止实验。在180伏时，他哭着说自己再也无法忍受了。到300伏时，他大叫着说自己的心脏受不了，并恳求你停止电击。一旦你开始犹豫，实验者就告诉你，你没有选择，实验必须继续下去。最终，学习者完全停止反应，实验者指出，没有反应也视为错误答案。在这时，学习者可能已经受伤甚至死亡。你会继续吗？

在做研究之前，米尔格拉姆对40名精神病医生进行访谈，询问他们认为个体会如何应对这种情况。精神科医生们预计大多数教师不会使用超过150伏的电击，少于1/25的教师会使用超过300伏的电击，而只有1/1000的人将使用超过450伏的电击。精神病医生的回答与实际情况相差甚远。如图11.4所示，大部分教师服从了实验者的要求：几乎三分之二的人使用了450伏的最大电击量。

顺便说一句，这位50岁的男子是一个实验同谋。在米尔格拉姆的研究中，学习者根本没有被电击。当然，"老师"们不知道学习者只是假装被电击。当接受强烈电击时，学习者没有反应了。当"教师"询问实验者该如何继续时，实验者简单地回答说，"你必须继续下去。实验要求你继续。"就是运用这句简单的话语，实验者让人们平静地（据他们所知）电击一个男人，直至"休克昏迷甚至死亡"。这就是服从权威的力量。

电压范围（安培）及解释

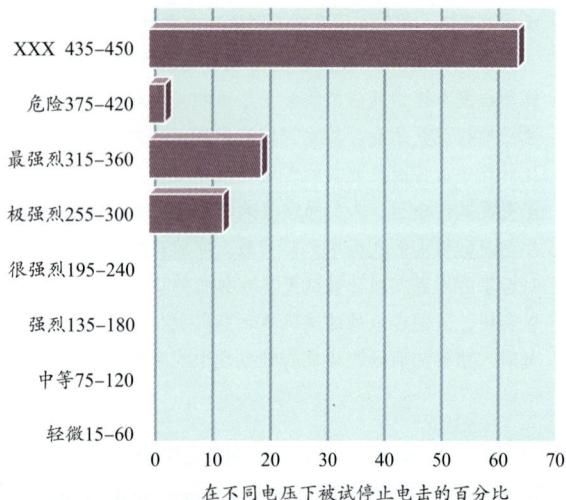

图 11.4 米尔格拉姆的服从实验 在米尔格拉姆的实验中，"学习者"被绑在椅子上。实验者将一个看起来像电击发生器的设备通过数个电极连接到学习者的身体上。图中显示的是在不同电压水平上，"教师"停止对学习者进行电击的比例。

通过一系列的实验，米尔格拉姆发现，在某些特定情况下，会有更多的人不服从。具体来说，当被试看到别人不服从、当权威人物没有正当理由、当权威人物不在身边，以及当受害者看起来更像人类时，不服从更为常见。

米尔格拉姆的研究一直备受争议。"教师"在实验中明显感到痛苦；有些人对"伤害"另一个人非常不安。米尔格拉姆欺骗所有的被试参与研究。即使他们发现自己并没有真正电击或伤害任何人，这种强加给他们的痛苦就是道德的吗？米尔格拉姆的研究也揭示了很多关于人性的问题，所有志愿者都没有对参加实验表示后悔。

在当代，由于伦理规范的要求，这些实验不太可能会被批准。因此，我们仍在研究米尔格拉姆的数据。最近一项对米尔格拉姆实验数据的元分析表明，150伏特是决定的关键点，也就是学习者第一次要求停止实验时的电击水平。此时停止的被试比例占所有停止的被试比例的80%（Packer，2008）。显然，被试停止电击不是出于那些痛苦的声音，而是由于学习者首次要求停止的请求。

Jerry Burger（2009）最近重新改进了米尔格拉姆在加州圣克拉拉大学的研究。除了实验电击不得高于150伏外，Burger的研究与米尔格拉姆的研究都很类似。在150伏特时，学习者要求停止实验，在被试决定是否继续后，实验立即结束。Burger的研究中，被试服从比例仅略低于米尔格拉姆的实验（图11.5）。在加州的研究中，即便学习者要求停止实验，70%的被试仍然选择了继续电击。值得注意的是，Burger的研究中雇佣了保安来保护被试。

斯坦福监狱实验 另一个关于服从的有争议的研究是著名的斯坦福监狱实验，是菲利普·津巴多（Philip Zimbardo）于1971实施的实验。这项研究说明了服从对服从者和权威者的潜在危险。美国军方资助该项研究，以期能够更好地理解军队囚犯和警卫之间的冲突。

津巴多教授及其学生在斯坦福大学的地下室创建了一个模拟监狱（Haney，Banks，& Zimbardo，1973；Zimbardo，1972，1973，2007）。通过报纸广告招募愿意参与两周监狱生活研究的男性，被试每天被支付15美元（约合现在的85美元）。对被试进行筛选，以确保其心理健康，之后，有24人参与研究。被试被分配为囚犯或看守的角色。

囚犯们在家中被"逮捕"，在当地警察局录入指纹，然后被带入监狱，被裸体搜查，并穿戴统一的衣服和帽子。一个牢房里入住3名囚犯，他们将在那里度过研究中的大部分时间。守卫们穿着制服，戴着镜面太阳镜（防止与囚犯的目光接触），挥动着木制警棍。他们可以在八小时轮班期间离开监狱。

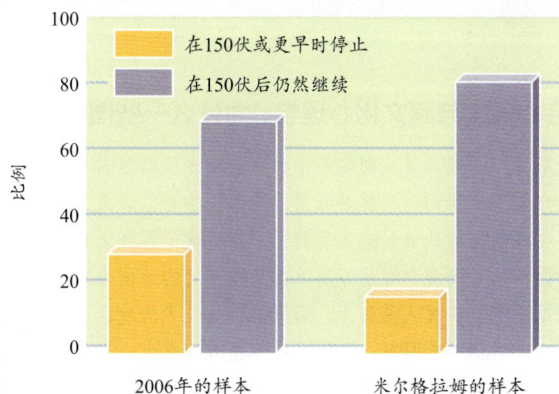

心理调查

图例：
- 在150伏或更早时停止
- 在150伏后仍然继续

2006年的样本　　米尔格拉姆的样本

改编自Burger，2009

图11.5 不同时期的服从 关于服从的结果显示，Burger（2009）的研究结果和米尔格拉姆的研究结果一致。垂直的Y轴显示的是学习者初次提出退出研究时停止或继续电击的教师比例＞比较两组结果，其间的相似之处让你感到吃惊吗？为什么或为什么不呢？＞如果你是研究中的一名"教师"，你会怎么做呢？学习米尔格拉姆的研究会如何影响你的行为？

津巴多担任监狱负责人，他告诉守卫，他们在监狱里拥有全部的权利，而囚犯则没有任何权力（津巴多，1989）。他也告诉守卫，他们要磨灭每个囚犯的个性。守卫们只能通过囚犯制服的号码识别囚犯。

本研究的结果令津巴多感到惊讶（2007）。事情很快变得糟糕起来。在最初的36小时内，一个囚犯开始失控，尖叫、诅咒、大怒。第二天，一群囚犯将自己封闭在牢房中。守卫们都来控制暴动。当研究人员不在时，一些守卫用灭火器攻击囚犯。三分之一的守卫行为极其残暴，羞辱和骚扰囚犯，迫使他们赤身裸体站在牢房里，或者只允许他们在监牢中的桶里进行小便和大便。一位绝食的囚犯被关了"禁闭"，即关到一个黑暗的壁橱里。考虑到被试的安全问题，这项研究在六天后中断（Zimbardo，Maslach，& Haney，2000）。

津巴多（2007）得出的结论是，情境因素有力地影响了人类的行为。对于为什么囚犯没有退出研究，他解释是因为他们内化了角色。对于守卫的残忍，津巴多认为，当权威人物去除个人责任时，当他人丧失人性时，当规则支持残暴行为时，真正的邪恶就会出现。这项研究的结论与米尔格拉姆的服从研究类似：任何人处于相同的情境下都可能会做这些卑鄙的事情，如果情境支持，好人也会对其他好人做出坏的事情（Zimbardo，Maslach，& Haney，2000）。

与米尔格拉姆的研究类似，斯坦福监狱实验也被批评者们认为违反道德准则（De Vos，2010；Fromm，1973；Savin，1973）。与米尔格拉姆研究中的被试一样，这些参与监狱实验的被试同样没有表示后悔和遗憾，他们觉得这项研究是有价值的（津巴多，2007）。你可能会想到，这样的回答中也有认知失调的作用。

学者们质疑，这项研究是否为津巴多描述人性的本质提供了证据，即人类在允许恶行的情境中会出现令

社会心理学与跨文化心理学：为什么一些国家比其他国家的从众水平更高？

最近，研究人员试图在一个特殊的地方找到影响从众的文化差异的原因，那就是细菌。没错！学者们认为，普遍存在的病原体能够影响文化特征，并有助于解释文化差异的起源——病毒和细菌等病原体只在特定的地区才引起传染性疾病。研究人员认为，病原体相对较多的地区中，会产生相应的一些特征，以应对这些疾病的发生。

独特的烹饪传统通常被用来区分文化。尤其是一些文化以火辣美食著称，而另一些文化则以清淡食物闻名。为什么存在这些不同呢？你可能首先会想到，一些香料就是天然的抗生素。Damian Murray和Mark Schaller（2010）指出，喜欢辣味食物的地区就是病原体出现更多的地方。他们通过一个大规模的跨文化研究验证了这一结果（Murray & Schaller，2010）。在传染性病原体较多的环境中生存对于当地人来说是一直存在的威胁，这也可能意味着要降低疾病的传染率，那些有助于疾病传播的社会行为也要有所减少。有趣的是，外倾性——与外向的社会行为有关的人格特质——在病原体流行率很高的国家中水平更低（Mortensen & others，2010）。

如果病原体的存在会影响社会行为，那么病原体有助于解释从众的文化差异吗？Murray和Schaller认为，建立从众的文化规范可能是群体控制传染病传播的途径之一。虽然强调对群体的从众可能意味着以牺牲创新和新颖的创造力为代价，但如果能预防疾病流行，这种牺牲还是值得的。

在一项研究中，Murray及其同事们在一些国家中考察了病原体流行与从众的四项指标之间的关系（Murray，Trudeau, & Schaller，2011）。这些从众指标分别是：（1）在不同国家中实施的133个阿希实验的结果（Bond & Smith，1996）；（2）不同国家中，人们在世界价值观量表的测量中将服从作为优先价值观的人数比例；（3）在全球性研究中，不同国家中个体人格特质的差异范围。第4个从众指标是报告自己是左撇子的成年人的百分比。到目前为止，在一些国家中，人们仍然会强迫左撇子的儿童用右手学习写字和执行其他任务。Murray及其同事们预测，在对非从众个体的容忍度低的国家中，更有可能强迫左撇子儿童改用右手，以适应主流的右手做事方式。有趣的是，研究结果表明，病原体传播率与高水平的从众和服从价值观呈正相关，与成年人左撇子的比例呈负相关。

当然，除了病原体以外，还有许多其他因素在文化传统的呈现中发挥作用。但探索这些传统和自然界之间的关系，有助于进一步理解不同文化所要解决的各种问题，以及文化规范对于生存的影响。

■ 其他文化规范可能与细菌有关吗？

■ 你怎么看待病原体的流行对你的行为的影响呢？

人震惊的行为（Haslam & Reicher，2003）。一项研究指出，津巴多的被试不能代表一般大众。由于津巴多在广告招募中提到了"监狱生活"的字眼，这可能导致所招募的被试不具代表性。因此，Thomas Carnahan和Sam McFarland（2007）在报纸上张贴了两则广告，一则提到了监狱生活，而另一则没有。他们发现，那些回复第一个广告的被试不同于回复第二个广告的被试：第一组被试的攻击性和占有欲水平更高、利他主义和同情心水平更低。这一结论表明，津巴多研究中的被试可能在一些重要方面不同于一般大众。

不过，斯坦福监狱实验仍是社会心理学中非常有影响的研究。这项研究有助于我们更好地理解监狱情境下的人类行为（津巴多，1971），如在阿布格莱布监狱的囚犯虐待（Zimbardo，2007）引起了更多相关的争论（McAdams，2007）。

发挥自控能力　可以肯定地说，在生活中，我们既跟随大众潮流，也坚持自我。有时，我们会追随众人的脚步，有时，我们会站出来，展现自己。我们与世界的关系是互惠的。有人可能试图控制我们，但我们可以控制自己的行动并且反过来影响他人（Bandura，2007b；Knowles，Nolan，& Riner，2007）。尽管抵制权威不容易，但是从长远来看，违背自己的意愿生活更为困难。

❝ 你能想到自己拒绝从众或顺从的时候吗？你会在 Milgram 和 / 或 Zimbardo 的实验中服从吗？❞

群体影响

2011年11月19日，一个疯狂的911电话称，佛罗里达农工大学的著名乐队"游行100"（当地的游行乐队）的一名成员在乐队汽车上失去意识。他是26岁的乐队指挥Robert Champion，在那一天被殴打致死。为了成为乐队中的精英打击乐成员，Champion乘坐一辆包租的汽车去参加客场比赛。他在汽车中间的过道上被大家殴打。乐队中没有哪个成员不喜欢Champion。当然，在平日的生活中，也没有一个人曾打过或以任何方式攻击过他。然而在那辆汽车上，在那悲惨的一天，Champion的乐队成员却一起将他殴打致死。为什么人们在独自一人时，从未实施过破坏行为，但当共处一个群体时，却犯下了这样的罪行呢？这一核心问题推动了社会心理学关于群体影响力的研究。

去个性化　解释个体的群体行为的一种机制是**去个性化**（deindividuation），即个体在群体中会丧失其个人身份、削弱其责任感的现象（Levine，Cassidy，& Jentzsch，2010）。在世界系列赛或超级杯胜利后的街头狂欢，或像七月四日独立纪念日庆典等大型节日的庆典中，都能看到去个性化的现象。去个性化不只在暴徒的行为中非常明显。前面描述的斯坦福监狱实验也是一个引人注目的例子，让我们看到了社会情境和个体所承担的角色也可以影响去个性化。

对去个性化的一种解释就是，群体使我们能够匿名。当我们成为群体的一部分时，我们的行为就可以不受约束，因为我们相信，没有人能够确定我们是谁。

社会传染　你有没有注意到，在拥挤的剧院中看电影似乎比独自在家看DVD更有趣？当其他人笑时，人们也笑得更多。婴儿在听到其他婴儿哭时，也会哭泣。他人影响个体行为的一种途径就是**社会传染**（social contagion），社会传染是指通过行为、情感和思想的传播而引起的模仿行为（Kiuru & others，2012；Poirier & Cobb，2012）。在下列现象中都可以看到社会传染效应的存在，如社会时尚，流行的狗品种（Herzog，2006），青少年的不健康行为，如吸烟和酗酒（Rodgers，2007），年轻女性的进食障碍（Crandall，2004；Forman-Hoffman & Cunningham，2008）。

要观察社会传染，你可以试试下面的方法：坐在一个安静但拥挤的图书馆中，开始咳嗽。你很快就会发现，别人也开始咳嗽。同样，试想一下你正走在人行道上，你看到一群人都抬头向上看。你很可能也会抬起头，看看是什么事情让人这样感兴趣。

群体中的表现　两个人或三个人在一起会比一个人时表现得更好吗？一些研究表明，我们在群体中表现得更好，但另外一些研究则发现，我们在独自工作时效率更

去个性化　指的是个体在群体中会丧失其个人身份、削弱其责任感的现象。

社会传染　通过行为、情感和思想的传播而引起的模仿行为。

高（Paulus，1989）。要更好地理解这些互相矛盾的结果，我们需要分析不同的情境（Nijstad，2009）。

社会助长　如果你曾经在班级里做过报告，您可能会发现自己在同学面前的表现要好于之前练习时的表现。**社会助长**（social facilitation），即个体因他人在场而表现得更佳（Mendes，2007）。Robert Zajonc（1965）认为，其他个体的存在唤醒了我们。然而，如果唤醒水平过高，我们将不能有效地学习新的或困难的任务。社会助长能够提高我们在熟悉的学习任务上的表现。对于新的或困难的任务，我们最好是自己先弄懂或理解这些问题，再在群体面前展现。

社会懈怠　影响群体表现的另一个因素是个体行为受到监控的程度。**社会懈怠**（social loafing）是指由于责任的分散，个体在群体中的努力程度也随之降低的倾向。社会懈怠会降低群体的绩效（Latane，1981）。群体的规模越大，个体越有可能出现懈怠现象。

当一组学生共同完成一项课堂作业时，就会出现社会懈怠现象，这也是一些学生非常讨厌小组作业的原因之一。然而，同样是这些个体，在某些情况下，与他人合作时却更为努力（J. M. Levine，2000）。例如，当个体认为小组的任务非常重要（比如，一个学生强烈需要得到A的成绩），或当他并不期望其他小组成员都做出同等贡献时，个体会比平时更加努力，甚至可能自己完成大部分的工作。

研究人员发现了一些减少社会懈怠的方法，其中包括：使小组中每个个体的贡献都易于识别或更为独特，简化对这些贡献的评价，使群体的任务更具吸引力（Karau & Williams，1993）。

群体决策　许多社会决策都由群体制定——如陪审团、小组、家庭、俱乐部、学校董事会和美国参议院（Nunez，McCrea，& Culhane，2011；Sueur，Deneubourg，& Petit，2012）。那么，当人们共同出谋划策、制定群体决策时会如何呢？他们如何对下列问题进行决策：嫌疑人是否有罪，是否应该攻打另一个国家，一家人是待在家里还是去度假，性教育是否应该作为学校课程的一部分？下面逐一介绍群体决策的三个方面：风险转移和群体极化；群体思维；多数派和少数派的影响。

风险转移和群体极化　试想一下，你有一位名叫Lisa的朋友，她是一名会计师。Lisa一生最大的梦想是成为一名作家。事实上，她相信自己已经在头脑中酝酿了一部伟大的美国小说，她只是需要时间和精力投入写作。你会建议Lisa辞掉工作并为自己的梦想全力以赴吗？如果你事先知道她的成功几率是一半对一半会怎么办？如果几率是40∶60呢？你会建议她冒多大风险？

在一项调查中，研究者要求被试想象类似上述的虚构困境，并请他们回答，在这样的困境中他们做出的决策会冒多大的风险（Stoner，1961）。结果发现，与个体单独思考相比，群体讨论时的决策倾向于冒更大的风险。所谓的**风险转移**（risky shift），是指群体决策比个别团体成员的决策更具冒险性的倾向。许多研究围绕这一主题展开，得到了类似的结果（Goethals & Demorest，1995）。

然而，群体决策并非总是比个体决策更为冒险。很多研究表明，身在群体中有时会使个体更为强烈地坚持最初的观点（Moscovici，1985）。**群体极化效应**（the group

社会助长　个体因他人在场而表现更佳。

社会懈怠　指由于责任的分散，个体在群体中的努力程度也随之降低的倾向。

风险转移　是指群体决策比个别团体成员的决策更具冒险性的倾向。

群体极化效应　指群体内部的讨论和互动会使个体的立场更为坚定和强烈。

polarization effect）指群体内部的讨论和互动会使个体的立场更为坚定和加强。经过群体内部的讨论，个体最初持有的观点经常会变得更加极端。因为在讨论中，人们会听到新的、更具说服力的论点，这些都坚定了其最初的观点。同样，社会比较也会引起群体极化。当我们发现自己的意见不像别人那么极端时，我们可能会受到影响，并站到最极端的立场上。

群体思维：保持一致统一的错误 **群体思维**（groupthink）是指一种群体决策的危害，即群体成员认为维护群体和谐比做出正确的决策更为重要。在群体思维中，成员们不对各种信息进行公开讨论，反之，却最为看重群体成员的协调与一致性。每个成员都需要"跟上组织的步伐"，任何异议都会受到非常强烈的反对。

群体思维可能导致灾难性的决定。Irving Janis（1972）运用群体思维的概念来解释历史上的许多巨大决策失误，其中包括二战期间美国对日本轰炸珍珠港事件的准备不足，20世纪60年代的越战升级，1974年水门事件中的掩饰，1986年挑战者号航天飞机灾难。2001年911恐怖袭击之后，有人认为群体思维干扰了正确决策的实施。据举报人Colleen Rowley、一名联邦调查局（FBI）的特工透露，美国联邦调查局（FBI）的权力等级制度，使得那些有助于防止袭击发生的信息无法发挥作用。同样，许多人也批评总统乔治·布什（George w.Bush）及其内阁在伊拉克战争之前不倾听众人的反对声。

领导者一旦陷入群体思维之中，就会出现危险。群体思维使得埃及前总统Hosni Mubarak忽略了民众的反对声，最终导致了埃及人民的动乱。群体思维也有助于解释为何官员对指控宾州州立大学助理橄榄球教练Jerry Sandusky所实施的多起虐待儿童案件反应冷淡。

群体思维的典型表现包括：高估群体的力量和道德规范，不愿听取各方观点，以及从众的压力（Post & Panis，2011）。当群体成员认为维护群体和谐比做出正确的决策更为重要时，群体思维可能就会发生（Degnin，2009）。然而，群体思维可以通过以下途径进行预防：群体避免对特定个体的孤立，群体允许各方表达观点，拥有公正的领袖，引入外界专家参与群体决策，还有非常重要的一点就是有强烈认同感的成员能够公开表达异议（Packer，2009）。

多数派和少数派的影响 大多数群体通过投票做出决定，即使没有群体思维，通常也是多数派获胜。多数派主要通过信息性影响（他们有更多的机会来分享自己的观点）和规范性影响（他们确定群体规范）对群体决策施加影响。那些不赞同的个体可能被忽视甚至开除。

即便如此，少数派持有的观点也可以产生影响。由于人数上相差较大，少数派无法通过规范性影响取胜；相反，少数派可以通过信息性影响而发挥作用。如果少数派坚持一致地、态度肯定地提出其观点，那么大多数人更可能听从少数派的观点。少数派取胜的有力方法就是，让多数派成员支持自己的观点。

体验一下：从众心理

> 2011年，海军海豹突击队在做出突袭奥萨马·本·拉登的决定时，曾就是否刺杀他展开了公开的讨论。奥巴马总统的大部分顾问建议做两手准备，副总统Biden强烈反对突袭，而中情局局长Leon Panetta则明确建议进行刺杀（Landler 2012）。

群体思维 一种群体决策的危害，即群体成员认为维护群体和谐比做出正确的决策更为重要。

> 众包的出现，使得个体可以通过网络提出解决问题的方法。一般认为，通过这种方法收集到的想法能降低组织中存在的各种偏见。在线群体会更（不）容易出现群体思维或受到少数派的影响吗？

自我测试

1. 以下选项都与去个性化有关，除了_____。

   A. 作为群体成员做某件事

   B. 听到某人明确地叫出你的名字，并表示认识你

   C. 在群体活动中丧失个体责任感

   D. 在群体活动中穿戴特定服饰伪装自己

2. 从众和服从之间的区别是_____。

   A. 从众比服从对行为的影响更大

   B. 从众不包含来自他人的明确命令

   C. 从众发生在小群体内，而服从发生在大群体内

   D. 从众是想要做得正确，服从是想要被喜欢

3. 社会传染是_____。

   A. 个体在他人在场时表现更糟的倾向

   B. 坏主意在群体中的快速传播

   C. 模仿他人的行为、思想或情绪

   D. 少数派对多数派的影响

小应用！

4. Serena 是一名陪审团成员。当她参与受理一起酒后驾驶的案件时，她很确定嫌疑人无罪。在审议期间，一名陪审员指出，嫌疑人的证词中存在不一致的地方，最初他说自己只喝了一瓶啤酒，后来又说那天晚上，自己喝威士忌喝醉了。Serena 之前完全忽略了这些细节。当陪审团投票时，Serena 认定嫌疑人有罪。什么解释了 Serena 态度的改变呢？

   A. 风险转移

   B. 规范性社会影响

   C. 信息性社会影响

   D. 群体思维

4 群际关系

群体之间的冲突，尤其是种族和文化群体间的冲突，在世界各地都非常常见（Dovidio, Newheiser, & Leyens, 2012；Gelfand & others, 2012；Mambou, 2011）。伊斯兰基地恐怖组织袭击那些他们认为过于世俗化和物质主义的国家，而受到攻击的国家展开报复。中东的以色列和巴勒斯坦陷入领土争夺的战争，都声称这片土地在宗教和历史上都属于自己。在非洲，各个部落首领都试图建立有利于自己的新社会秩序。一些社会心理学概念有助于人们更好地理解这些文化和种族间的冲突，并找到降低这些冲突的方法（Maoz, 2012；Reynolds, Haslam, & Turner, 2012）。

群体认同：我们与他们

思考一下你所属的群体——宗教、社会组织、民族、国家等。当有人问及你的身份，你会提及与这些群体成员的关系吗？与你打交道的人是否与你属于同一群体，这对你来说有多重要？

社会认同 **社会认同**（social identity）是指个体对自己的群体成员身份的界定方式。与高度个性化的个人认同相反，社会认同更为强调个体与他人之间的共性（Biernat & Deaux, 2012；Haslam, Reicher, & Reynolds, 2012）。个体的社会认同是指对某个宗教团体、国家、社会组织、政党或其他群体的认同（M. Becker &others, 2012；Fleischmann, Phalet, & Klein, 2011）。这些社会认同的不同形式表明，人们与群体和社会组织建立联结的方式也是多种多样的（Hogg, 2012；Jaspal & Cinnirella, 2012）。社会心理学家Kay Deaux（2001）发现了五种不同类型的社会认同：种族和宗教、政治立场、职业和爱好、人际关系和不良组织（图11.6）。

> **社会认同** 个体对自己的群体成员身份的界定方式。

种族和宗教	人际关系	职业和爱好	政治立场	污名身份
以色列人 亚裔美国人 美南浸信会 西印度群岛人	父亲 母亲 儿子 独居	艺术家 运动员 心理学家 退伍军人	环保人士 女权主义者 共和主义者	体重超重人士 艾滋病人群 无家可归者 酗酒者

图 11.6　社会认同的类型　我们通过自我在所属社会群体中所具备的各种特征，来确定自我的身份。

民族认同和宗教认同是许多个人社会认同的核心（King，Ramos，& Clardy，2012；Rivas-Drake，2012）。民族认同可能是个人自豪感的源泉。在美国，很多特别的活动都是为了庆祝不同的文化群体对社会所做的丰富贡献。这些经历有助于个人应对其生活中可能遇到的偏见（Crocker，Major，& Steele，1998）。民族归属感可以缓冲个体面对不公待遇时的压力（Torres，Yznaga，& Moore，2011；Tynes & others，2012）。

社会心理学家Henry Tajfel（1978）是大屠杀中的幸存者，想研究所属群体（犹太人）在大屠杀中所经历到的极端暴力和偏见。Tajfel提出**社会认同理论**（social identity theory），认为社会认同对个体自我形象和积极心态至关重要。要想自身感觉良好，我们需要对所属的群体感觉良好。出于这个原因，我们把自己所属的群体定义为内群体，认为这一群体与其他群体相比有特殊价值，其他群体被称为外群体。为提高自我形象，我们不断地把所属的群体与外群体进行比较（Parks，2007）。在这一过程中，我们通常更关注群体之间的差异而非相似之处。

Tajfel（1978）根据所做的研究以及许多沿用其理论的研究结果指出，人们很容易依据"我们"和"他们"进行思考。在实验中，Tajfel请被试观看屏幕上的点，并估计大约有多少个点。然后，他根据被试对点的数量的估计，将其分为估计不足和估计过多两组。事实上，这种分组是随机分配的。之后，主试要求被试给其他被试分配奖金。结果，个人只把钱分给自己组的成员。即便是这样小的事情，我们都会表现出对组内成员的偏爱，因此，毫无疑问，在其他更为重要的事情上，我们更是会对群内成员显示出强烈的偏袒。

民族优越感　个体对自己所属民族群体的喜爱超过其他群体的倾向，被称为**民族优越感**（ethnocentrism）。民族优越感不仅意味着以自己所属的群体为傲，还指个体认为自己所属群体优于其他群体。因此，民族优越感支持了内群体和外群体的区分以及我们/他们的观点（Dovidio & others，2012）。民族优越感表明外群体不仅与我们不同，更是不如我们的群体。民族优越感可能会导致偏见的形成。

偏见

偏见（prejudice）是指由于个体所属的群体而对其持有的不合理的消极态度。该群体可能是基于个体的特定种族、性别、年龄、宗教而组成，本质上，该群体在某些方面

社会认同理论　认为社会认同对个体自我形象和积极心态至关重要。

民族优越感　个体对自己所属民族群体的喜爱超过其他群体的倾向，被称为民族优越感。

偏见　指由于个体所属的群体而对其持有的不合理的消极态度。

❝ 这样的群体被称为最简群体，因为群体的分配是随意且毫无意义的。❞

❝ 如利他主义所描述的，在对所属群体的积极情感与行为，和对外群体的敌对情绪之间可能有着微妙的关系。❞

与持有偏见的个体是不同的（Billig，2012）。从人类历史上爆发的许多仇恨中，我们可以看到偏见的存在。在东欧的巴尔干半岛上，塞尔维亚人非常歧视波斯尼亚人，并奉行"种族清洗"政策。卢旺达的胡图族非常歧视图西人，并不断对该种族人民进行杀戮，砍掉他们的胳膊和腿。

美国社会中存在的一个破坏性偏见的例子就是对非裔美国人的种族偏见。殖民时期，非洲人被作为奴隶带到美国，他们被视为物品并受到了不人道的对待。20世纪上半叶，大多数非裔美国人仍然住在南方，法律上仍然规定他们与白人进行社会隔离。

在废除种族隔离制度几十年之后，尽管种族平等取得了很大的进展，但非裔美国人生活在贫困社区，缺乏良好的教育、工作和医疗保健的人数比例仍远高于白人。研究不断表明了种族对美国生活的影响。在一项研究中，Marianne Bertrand和Sendhil Mullainathan（2004）针对芝加哥和波士顿报纸上的1200个招聘广告发出了5000份简历。所有的简历内容都是相同的，唯一不同的就是应聘者的名字，一部分名字听起来像白人的名字，另一部分名字听起来像黑人的名字。白人的名字包括梅雷迪思、艾米丽、布拉德和格雷格。黑人的名字包括塔米卡、拉卡斯哈、达内尔和贾巴尔。研究人员发现，即使有相同的资历，听起来像白人名字的申请者得到面试的机会将高出50%。

种族偏见的近期研究　在最近的一项研究中，Jean Braucher，Dov Cohen和Robert Lawless（2012）研究了种族对律师给客户申请破产建议的影响。在最近的金融危机期间，许多美国人已经开始申请破产以处理他们的财务问题。宣布破产意味着一个人承认自己无法偿还债务。这一法律要求使得个体能够有较长的时间重新恢复金融偿付能力。在第7章和第13章提到了两种宣布破产的方式。与第13章中破产方式相比，第7章中提到的破产方式相对便宜，往往负担更轻。第13章中的破产方式允许个人保留财产（如房子）的所有权，但这也意味着个人在未来多年中要逐渐还清债务。

试一试！

想参加一个社会心理学实验吗？你可以在网上做一下。

在 www.socialpsychology.org 上有很多这样的研究。

在对全美破产案件的分析中，Braucher，Cohen和Lawless发现，与白人相比，非裔美国人更有可能以第13章而非第7章中的方式破产。为什么他们会选择更加困难和昂贵的破产形式呢？是律师促使非裔美国人选择这种更加困难的道路吗？为了了解这个问题，研究者们随机选择一些处理破产案件的律师样本，进行了一项实验。被试阅读相关文件，其中的潜在客户分别命名为"Reggie和Latisha"或"Todd和Alison"，此外其他方面的情况完全相同。结果，律师更有可能建议Todd和Alison用第7章的方式破产，而建议Reggie和Latisha用第13章的方式破产。研究人员认为，这些差异虽然不反映有意的偏见，但却反映了微妙的、潜在的无意识的种族偏见。对于意在理解和减少偏见的研究人员来说，现代生活中潜在的无意识的种族主义是一个很大的挑战。

在当今社会，种族歧视是不被接受的，因此，很少有人会承认自己存有种族歧视或偏见。在CNN的民意调查中（2006），88%的人对于"你是种族主义者吗？"这个问题的回答是"不是"。然而，目前尚不清楚这样的结果是个体的真实感受，还是仅仅反映了人们对于社会标准的迎合。与之前的种族主义者相比，当今社会中，个体的偏见可能没有表现在外显的层面上，但在更深的层次上人们可能仍然持有种族主义的观点（Sears，2008；Sears & Henry，2007）。通过Braucher和其他人的研究可以发现，个人可能并没有意识到自己所持有的种族、性别或年龄偏见。

为了更好地了解这个问题，社会心理学家在两个水平上研究了偏见的态度——外显/公开的种族主义和内隐/隐藏的种族主义。外显种族主义是指个体有意公开承认自己的种族主义态度，可以通过问卷测量这一变量。内隐种族主义指个体隐藏在更深水平上的种族主义态度。对内隐态度的测量需要采取无意识的方式，如内隐联想测验（IAT），这是一种计算机化的测验，被试将黑人或白人与好的事物（例如，鲜花）或坏的事物（例如，痛苦）建立联结（Greenwald & others，2009；Nosek & Banaji，2007；Sriram & Greenwald，2009）。IAT假设，先前存在的偏见使得个体更容易将一些社会刺激与积极而非消极的事物联系起来。虽然IAT被广泛使用，但仍有一些学者对其效度表示担忧（Blanton & others，2009）。

在一项研究中，研究者通过类似于IAT的测量方法，对白人大学生对非裔美国人的外显和内隐态度进行测量（Dovidio，Kawakami，& Gaertner，2002）。之后，这些白人学生会与一个黑人伙伴有些互动。外显偏见能够预测人们对其他种族个体的谈话内容——即没有外显偏见的学生不太可能公开表达有关种族主义方面的话题，学生们觉得自己对黑人伙伴表现得十分友好。然而，内隐偏见则与非言语互动相关，比如学生与黑人伙伴之间的距离，以及他们的面部表情。

偏见的影响因素　社会心理学家考察了人们为什么会产生偏见。群体之间的竞争，尤其是资源稀缺时的竞争会引起偏见。例如，移民和低收入社会成员之间的就业竞争可能会导致偏见。文化学习的影响也很明显。孩子们在接触到外群体之前，就可能已经受到家人和朋友们对这一群体所持偏见的影响。此外，当人们自我感觉不好时，也可能为了提升自己的自尊而贬低外群体成员。

个体信息加工能力的局限性是影响偏见的最后一个因素。人类的思维能力具有一定的局限性。然而，我们所面对的社会环境十分复杂。为了更易于理解他人的行为，人们会使用分类的方法或刻板印象。刻板印象会促使偏见态度的形成和保持。

刻板印象与偏见　之前提到过，刻板印象是对群体特征的泛化，不关注群体内部的差异。研究人员发现，我们更容易发现自己所属群体内部的个体差异，相比之下，则不太能发现那些"其他"群体内部的个体差异。所以，我们更可能会认为群体内的个体之间差异很大，每个成员都有其独特性，但另一方面，我们会认为外群体的成员似乎都是一样的。认为"他们都长得差不多"是目击者辨认外群体成员时的感受（Brigham，1986）。偏见在根本上就是一种特殊的刻板印象：对某一群体所持有的负面信息泛化到群体内的所有成员身上（Wetherell，2012）。

歧视　歧视（discrimination）指的是由于个体属于某个群体，而对其采取不合理的否定或伤害的行为。当个体由于偏见而产生消极情绪时，就会出现相应的行为，这就是歧视（Bergman & others，2012；D. R. Williams & others，2012）。在美国的工作场所中，许多形式的歧视都是非法的。自1964年《民权法案》颁布后（1991年修订），因性别或种族而拒绝个体的求职，被认为是非法的行为（Parker，2006）。

性骚扰（sexual harassment）是一种特定形式的歧视，是指以不受欢迎的行为方式，在性方面冒犯、侮辱或恐吓另一个人。工作场所或学校中的性骚扰包括对员工、教师或同伴的强迫的性行为及言语或肢体方面的其他性骚扰（Glick & Fiske，2012；Nielsen & Einarsen，2012）。在美国，性骚扰属于非法的性别歧视。受害者不仅包括被骚扰的人，还包括因此受到冒犯的其他任何人。例如，一位在经常贬低女性的环境中工作的男性，也可能感受到这一环境对自己的伤害。

> ❝ 你对与自己不同种族的个体持有什么样的态度？你的这些态度与你父母的态度相比如何呢？❞

歧视　由于个体属于某个群体，而对其采取不合理的否定或伤害的行为。

性骚扰　以不受欢迎的行为方式，在性方面冒犯、侮辱或恐吓另一个人。

群际关系的促进方法

马丁·路德·金曾说过，"我有一个梦想，有一天我的四个孩子将在一个不是以他们的肤色，而是以他们的品格优劣来评价他们的国度里生活"。我们如何才能实现他所梦想的国度呢？

只有彼此更好地了解时，人们才可以融洽相处。然而，在日常生活中，当人们与其他种族的个体相处时，却未必能体验到彼此宽容或融洽的关系。事实上，一直以来，研究者都发现，在同一所学校学习或者在同一家公司工作，不一定能促进不同种族背景间个体的关系。因此，相比于强调不同群体之间的接触，研究者开始考察情境的哪些特征会更好地减少偏见和促进群际的和谐关系（Stott，Drury，& Reicher，2012；Vezzali & others，2012）。

研究表明，如果人们认为双方之间地位平等，觉得权威人物支持彼此间的积极关系，并相信交往会产生友谊，那么，群际间的个体接触将更有效（Pettigrew & Tropp，2006）。群际间交往的最佳状态就是任务取向的合作，即不同的群体为了共同的目标而合作。

关于任务取向的合作的一个有力的例证就是Muzafer Sherif的罗伯斯山洞（Robbers Cave）实验。根据Jeff Probst的电视节目"幸存者"，Sherif及其同事（1961）想到了一个研究群体的方法，通过在一个名为罗伯斯山洞的夏令营活动，实验者将一些11岁的男孩们分为两个竞争群体（"响尾蛇队"和"老鹰队"）。Sherif伪装成看门人，这样他可以悄悄地观察响尾蛇队和老鹰队的表现。他们安排两组参加棒球、橄榄球和拔河竞赛。如果你看过Jeff Probs的电视节目，你就知道这个实验是如何进行的了。在很短的时间内，两个群体之间的关系变得极其恶劣。如何让这两个有冲突的小组和好呢？Sherif创设了一些需要双方共同努力的任务，比如一起维修唯一供水系统或一起筹钱去租看电影。当群体间必须合作解决问题时，响尾蛇队和老鹰队发展了更为积极的关系。图11.7显示了竞争与合作活动是如何改变个体对外群体的看法的。

心理调查

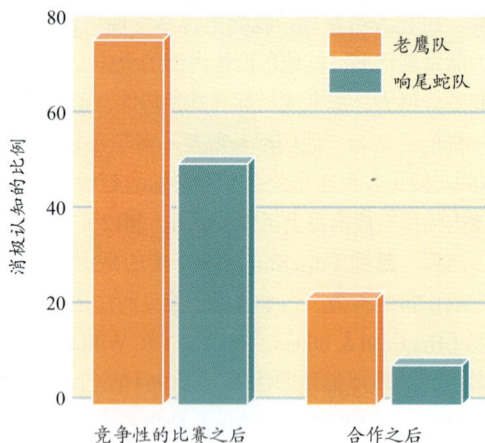

图 11.7　个体在竞争与合作活动之后对外群体的态度　图中所显示的是，在竞争与合作活动后，老鹰队和响尾蛇队的成员对外群体成员所持有的负面情绪表达。> 群体间的敌意何时达到顶峰？何时下降呢？> 在自己的生活中，有哪些例子表明你对外群体持有特殊的态度？你的态度是如何改变的？哪些因素促进了这些变化？> 老鹰队的态度如何？是什么原因让他们对响尾蛇队持有更消极的态度？

5　亲密关系

如果你可以任意许三个愿望，那么其中一个很可能就是关于爱、婚姻，或共度人生的伴侣（King & Broyles，1997）。与健康和幸福一样，亲密关系也是美好生活必不可少的一部分。每天，我们都看到各种各样有关在线约会服务的广告，声称可以让我们获得拥有美好生活的能力。在线约会服务拥有21亿美元的产业（Dating Sites Reviews.com，2012）。

亲密的恋爱关系对于大多数人来说都很重要，难怪社会心理学家对这个迷人的领域一直很感兴趣。的确，社会心理学中已经进行了大量有关吸引力、爱和亲密的研究。

> **曝光效应**　即使自己并没有意识到，随着接触某人或某事（一个人、一句话、一个图像）次数的增多，我们对其的喜爱度也会增加。

吸引力

在本章开始，我们已经指出，人际吸引的一个关键因素就是外表吸引力。人际吸引的研究表明，除了外表吸引力，还有许多其他因素影响着个体的吸引力。

接近性、熟悉性和相似性　即使在网络约会的时代，如果没有见面，我们也几乎不可能会被某个人吸引。接近性，或身体上的亲密距离，是吸引力的重要预测因子。相比于很少见到的某个人，你更有可能被一个每天都在大厅里遇到的人吸引。接近性影响吸引力的一个原因就是**曝光效应**（mere exposure effect）（Zajonc，1968，2001），指的是，即使自己并没有意识到，随着接触某人或某事（一个人、一句话、一个图像）次数的增

> ❝ 潜在的媒人，注意：如果你想要让两位朋友建立浪漫关系，你只要告诉他们他或她很喜欢彼此的 Facebook 页面。❞

我在网上资料中说我喜欢运动，其实我是指我喜欢看比赛。

经 CartoonStock 许可转载，转自 www.CartoonStock.com.

多，我们对其的喜爱度也会增加。

我们不仅容易被所见过的人吸引，也更容易喜欢一个我们觉得会见到的人。假设你坐在一个房间里，实验者告诉你隔壁有两个陌生人，其中一个你会见到，另一个不会。研究表明，你更可能会开始喜欢那个有交往预期的人（Insko & Wilson，1977）。此外，如果你发现不认识的某个人喜欢你，你就会很确信自己对那个人有吸引力。

相似性也在吸引力中扮演着重要的角色（Qian，2009）。我们都听说过异性相吸，但是人类之间的吸引与磁铁不完全一样。我们通常喜欢与我们相似的人（Berscheid，2000）。我们与朋友和恋人之间的相似性多于不同之处，我们与他们有相似的态度、行为模式、穿衣品味、智力、个性、朋友、价值观、生活方式和外表吸引力。

同感效应解释了人们为何容易被相似的人吸引。当别人的态度、行为与我们相似时，我们的态度和行为就得到了支持——他们的态度和行为验证了我们自己的态度和行为。相似性之所以起作用，是因为我们倾向于回避未知的事物。相似性意味着我们更喜欢与有相似品味和态度的人一起做事。

吸引力的进化机制　进化心理学家关注性别差异对吸引力的影响（Buss，2012）。进化心理学家认为，女性和男性在人类进化的过程中面临着不同的压力（Geary，2006）。他们指出，繁衍中的性别差异是理解进化如何进行的关键（Buss，2012）。

从进化心理学的角度来看，男性和女性的目标都是生育——生孩子。在人类物种中，父亲的身份比母亲的身份更为神秘，因此，对于男人来说，生育子女这种进化的任务更为复杂。进化心理学家认为，可以肯定的是，男人更喜欢未怀孕的女性，也更容易被年轻女性吸引。年轻表明了一个女人更具有生育能力。对于女性来说，生育后代的任务天生就很困难。尽管一位男性可能会注重性伴侣的数量，但女性则必须注重质量，并要寻找一位能够供应自己及后代生活的伴侣（Caporeal，2007）。

求偶广告表明了这种进化的差异。男人在发求偶广告时，通常会寻找年轻和美丽的女性（代表健康和生育能力），并表明自己能够提供有形资产——比如，将自己描述为一个"专业房主"（Buss，2012）。女性在发求偶广告时，更有可能展示自己的青春和美貌，并寻求男性的资源。男同性恋者和女同性恋者的个人求偶广告有待进一步的分析。总的来说，研究表明，男同性恋者注重年轻和美丽，而女同性恋者注重个人素质，如稳定性和幽默感。进化论者认为，这样的结果为性别匹配模型提供了强有力的证据。

进化心理学理论的反对者认为，人类能够决定自己的性别行为，且不一定受到进化的影响。他们找到了大量有关性别行为和择偶偏好的跨文化差异，以此证明社会经验对性别行为的影响（Matlin，2012）。例如，Alice Eagly（2010，2012）关于性别社会角色的观点认为，行为的性别差异是由社会经历而非进化导致的。社会角色承认男女之间的生理差异，但这些差异是在各种文化和社会背景之下产生的。的确，在那些更注重两性平等的文化中，女性似乎不太可能根据经济资源选择配偶（Kasser & Sharma，1999）。

依恋

就如父母对孩子一样，伴侣也能满足成人的相同需求（（Nosko & others，2011；Shaver & Mikulincer，2013）。如第8章所述，安全依恋的婴儿将看护者视为探索外部环境的安全基地。同样，伴侣也可成为成年人的安全基地，是其在紧张时期可以返回并获得安慰和安全的地方。

成人依恋分为安全型、逃避型或焦虑型。

■ **安全型依恋风格**（secure attachment style）：这种类型的成年人对关系持有积极的观点，认为与他人保持亲密关系很容易，对恋爱关系不感到过分的担心或忧虑。这些成年人倾向于在承诺的关系中享受性欲，不太可能与其他人产生一夜情。

■ **逃避型依恋风格**（avoidant attachment style）：逃避型的个体对于建立亲密关系犹豫不决，即便在亲密关系中，也倾向于与伴侣保持距离。

■ **焦虑型依恋风格**（anxious attachment style）：这种类型的人渴望亲密关系，但不太相信别人，并且更为情绪化，容易嫉妒，占有欲很强。

绝大多数的成年人（大约60% ~ 80%）认为自己是安全型的依恋，并且成年人更倾向于选择安全型依恋的伴侣（Zeifman & Hazan，2008）。

近期的研究表明了依恋对成人生活的重要性：

■ 安全型依恋的个体有更积极的恋爱关系（Holland & Roisman，2010）。

■ 与安全型依恋相比，焦虑型依恋的人对伴侣的态度非常矛盾（Mikulincer & others，2010），对关系的承诺也摇摆不定（Joel，MacDonald，& Shimotomai，2011）。

■ 一项全国性调查表明，不安全依恋（逃避型和焦虑型）的成年人更容易患上疾病和慢性疾病，尤其是心血管疾病，如高血压、心脏病和中风（McWilliams & Bailey，2010）。

虽然依恋类型在成年期相对稳定，但成年人有能力改变其依恋的观点和行为。虽然不安全依恋与人际问题有关，但依恋类型只是影响关系、满意度和成功的多种因素中的一种（Shaver & Mikulincer，2013）。

爱

吸引阶段之后，有些关系会就此停止，而其他的则进一步深化为朋友或恋人之间的依恋关系（Berscheid，2010）。在这里，我们论述两种类型的爱：浪漫的爱和深情的爱。

历代诗人、剧作家、作曲家都歌颂了炽热的激情、浪漫的爱情，并对失恋时的痛苦进行哀叹。想一想排行榜首位的歌曲和书籍，大多数都是关于浪漫的爱。

浪漫的爱（romantic love）也称为激情的爱，由强烈的依恋和性欲组成，通常发生于爱情的早期（Berscheid，2010）。Ellen Berscheid（1988）指出，我们通常所说的坠入"爱河"，指的就是浪漫的爱。如果要学习爱的功课，我们首先需要知道什么是浪漫的爱情。Berscheid认为性欲是浪漫爱情的最重要的组成成分。尽管我们经常认为，浪漫的爱情是女人的事，但实际上，男人比女人更快、更容易陷入爱情（Dion & Dion，2001；Harrison & Shortall，2011）。

然而，爱不仅仅是激情。**深情的爱**（affectionate love），也称为陪伴的爱，是

安全型依恋风格 这种类型的成年人对关系持有积极的观点，认为与他人保持亲密关系很容易，对恋爱关系不感到过分的担心或忧虑。

逃避型依恋风格 逃避型的个体对于建立亲密关系犹豫不决，即便在亲密关系中，也倾向于与伴侣保持距离。

焦虑型依恋风格 这种类型的人渴望亲密关系，但不太相信别人，并且更为情绪化，容易嫉妒，占有欲很强。

浪漫的爱 也称为激情的爱，由强烈的依恋和性欲组成，通常发生于爱情的早期。

深情的爱 也称为陪伴的爱，是爱的另一种类型，指的是个体对另一个人怀有深层次的关爱之情，并渴望与其亲近。

随着爱情的成熟，浪漫的爱趋向于发展为深情的爱。

爱的另一种类型，指的是个体对另一个人怀有深层次的关爱之情，并渴望与其亲近。人们越来越相信，爱情的早期阶段包含更多的浪漫成分，当爱情变得成熟之后，激情变为深情（Berscheid & Regan，2005）。

亲密关系模型

一旦人们进入到恋爱关系中，哪些因素能预测他们是会快乐地一直彼此相伴，还是会最终分开呢？社会心理学家对这个问题进行了很多的研究。这里，我们回顾两种理论：社会交换理论和投资模型。

> 想一想，你所认识的夫妻中是否有这样的关系？当伴侣中的一方长时间重病时，另外一方在这段关系难以再看到回报时，仍信守承诺，对这段关系十分忠诚。

社会交换理论 亲密关系的社会交换关系关注的是恋人间的成本和效益。**社会交换理论**（social exchange theory）认为社会关系类似于商品的交换，其目标是成本最小化和效益最大化。从这个角度看，预测某段关系是否长久的关键因素就是公平——即让双方都觉得自己获得了合理的报酬。社会交换理论认为，我们有一个心理上的资产负债表，用于计算我们与伴侣之间的得失——对伴侣的付出（"我为约会的支出"），得到的回报（"他送我的花"）。

然而，随着关系的发展，伴侣间可能不再考虑公平。幸福的已婚夫妇很少计较"付出和回报"，并且他们不再考虑关系中的成本和收益（Buunk & Van Yperen，1991；Clark & Chrisman，1994）。

投资模型 关于长久的恋爱关系的另一种观点，关注的是影响稳定和幸福关系的特征。**投资模型**（investment model）考察了伴侣的承诺、投入和吸引力对于关系满意度和稳定性的影响（Rusbult，Agnew，& Arriaga，2012）。从这个角度看，当周围没有更诱人的潜在伴侣，且双方给予承诺和大量的投入时，长期关系可能一直保持。

> **社会交换理论** 认为社会关系类似于商品的交换，其目标是成本最小化和效益最大化。
>
> **投资模型** 长期关系模型，考察了伴侣的承诺、投入和吸引力对于关系满意度和稳定性的影响。

关系的承诺尤为重要，可以预测个体愿意为伴侣奉献和牺牲的程度。一项研究设置了这样的情境，伴侣双方共同参与实验。个体需要上下攀爬一段楼梯，并不断重复，这样，其伴侣就不用这样做了。那些对伴侣忠诚的人更愿意如此，以分担爱人的负担（Van Lange & others，1997）。

拥有爱的亲密关系，无疑是完美生活的一部分。每对夫妻都是两个人的相聚。同样的，每对伴侣都生活在家人、朋友、社会群体和组织所组成的社交网络中。社会心理学家致力于更好地理解这些不同的社会力量及其对人们生活和行为的影响。

自我测试

1. 关于幸福的恋爱关系，社会交换理论告诉我们，_____。
   A. 当我们处在一段关系中时，我们是幸福的
   B. 当我们接受一段关系时，我们是幸福的
   C. 当关系中的付出和回报平衡时，我们是最幸福的
   D. 只有在长期的关系中，公平才影响幸福

2. 同感效应能够预测_____。
   A. 异性相吸
   B. 更多的给予和回报的关系是最好的

C. 我们容易被相似的人吸引

D. 浪漫的爱比深情的爱更重要

3. 深情的爱更常见于＿＿＿，而浪漫的爱情更常见于＿＿＿。

　A. 男性中；女性中　　　　B. 女性中；男性中

　C. 关系早期；关系后期　D. 关系后期；关系早期

小应用！

4. Daniel 和 Alexa 已经交往了两年。在春假期间，Alexa 遇到新欢并欺骗了 Daniel。当她告诉 Daniel 时，Daniel 很伤心但还是原谅了她。原因是他们两个已经一起相处了两年多，没有必要因为一个错误就放弃这段关系。哪个理论能预测 Daniel 在未来可能会欺骗 Alexa 呢？

　A. 投资模型　　　　　　B. 社会交换理论

　C. 进化理论　　　　　　D. 深情的爱的理论

总　结

❶ 社会认知

面孔向人们传递了一些信息，如吸引力。自我实现的预言表明，我们对他人的期望可以对他人的行为产生很大的影响。

归因是我们对他人行为的原因以及谁/什么影响事件结果的思考。归因理论认为，人们能够主动地发现行为背后隐藏的动机，以更好地理解行为。理解人类行为原因的维度包括内部/外部、稳定/不稳定和可控/不可控。

基本归因错误指的是将成功归因于自己，而在失败时推卸责任的倾向。自我服务偏差意味着将我们的成功归因于内部原因而将我们的失败归咎于外部原因。启发式方法是处理社会信息的快捷方法。启发式方法的一种就是刻板印象，即对群体特征的泛化，而没有考虑到不同个体之间的差异。

自我是个体特征的心理表征。自尊非常重要，常与对自己不切实际的积极幻想有关。刻板印象威胁是个体担心他人会根据自己所在群体的负面刻板形象来评价自己。为了更好地了解自己，我们可能会通过社会比较，即通过与他人的比较来评价自己。

态度是人们对人、事物或观点的意见和看法。如下情境下，我们能更好地根据态度预测个体的行为：当个体态度坚定时；当个体强烈地认识到自己的态度，并公开表达时；当态度与特定行为有关时。有时行为也会影响态度的改变。

认知失调理论指出，我们需要保持认知的一致性，为此，我们可以改变行为以符合我们的态度或改变态度以适应我们的行为。自我知觉理论强调个体通过觉知自己的行为来推断自己的态度，这种情况在我们态度不明确时尤其明显。

❷ 社会行为

利他主义是一种帮助他人的无私兴趣。利他主义中也常包含互惠原则。人心情好时更愿意帮助他人。共情也与助人有关。旁观者效应指与独自一人相比，当周围有其他旁观者时，人们对紧急情况的帮助倾向更小。在与人际关系和儿童养育有关的情境中，女性比男性更可能帮助他人。在感知危险存在的情况下，男性更有可能帮助他人，因为他们觉得自己有能力去给予帮助。

根据攻击行为的生物学基础，早期人类进化中的幸存者可能是有攻击性的个体。攻击行为的神经生物学因素包括神经递质血清素和荷尔蒙睾丸激素。攻击行为的心理因素包括受挫和厌恶情境。社会文化因素包括文化差异、荣誉文化和媒体暴力。男人和女人，哪个性别的个体更具攻击行为？这要视不同的攻击类型而定。

❸ 社会影响

从众是指个体为了与群体规范保持一致而改变自己的行为。影响从众的因素包括信息性社会影响（正确的信息）和规范性社会影响（受欢迎的期望）。

服从是指顺从权威的明确要求的行为。米尔格拉姆的经典实验显示了服从的力量。另一个类似的实验是斯坦福监狱实验，该实验表明服从不仅影响服从者，也影响行使权力的人。

在群体中，人们经常会改变他们的行为。去个性化指的是个体在群体中会丧失其个人身份、削弱其责任感的现象。社会传染是指通过行为、情感和思想的传播而引起的模仿行为。社会助长会提高我们在群体中的表现，而社会懈怠会降低这些表现。

风险转移是指群体决策比单一个体的决策更具冒险性的倾向。群体极化效应是指群体内部的讨论和互动会使个体的立场更为坚定和强烈。群体思维是群体决策的一种危害，即群体成员为了维护群体和谐，而忽视客观的评价。

❹ 群际关系

社会认同是个体对自己的群体成员身份的界定方式。社会认同理论指出，当一个人被分配到一个群体中时，他们总不可避免地认为该群体是内群体。对于群体的认同使得个体能够拥有积极的自我形象。民族优越感是个体对自己所属民族群体的喜爱超过其他群体的倾向。

偏见是指由于个体所属的群体而对其持有的不合理的消极态度。偏见的原因包括群体之间对稀缺资源的竞争、个体提升自己自尊的动机、对他人进行分类和刻板印象的认知过程以及文化学习。偏见也是一种特殊的刻板印象。刻板印象的认知过程能够导致歧视，即仅仅由于个体属于某个群体，而对其采取不合理的否定或伤害的行为。当个体由于偏见而产生消极情绪时，就会出现相应的行为，这就是歧视。提高群际交往的有效策略就是建立任务取向的合作，即不同的群体为了共同的目标而合作。

❺ 亲密关系

我们倾向于被见过的人吸引，也可能喜欢一个我们认为将会见到的人，同样，与自己相似的人也更容易吸引我们。浪漫的爱（激情的爱）由强烈的依恋和性欲组成。深情的爱（陪伴的爱）更接近于友情，是指个体对另一个人怀有的深层次的关爱之情。成人的依恋分为安全型、逃避型或焦虑型。安全型依恋风格会促进积极关系的形成。

社会交换理论指出，如果双方都觉得自己在关系中的付出与回报是一致的，那么这份关系就很可能成功。投资模型认为伴侣的承诺、投入和吸引力能够预测关系的成功。

关键术语

自我测试

单项选择

1. 下面哪个是关于刻板印象的正确表述？
   A. 刻板印象需要心理努力
   B. 刻板印象是准确的
   C. 刻板印象不能解释个体差异
   D. 刻板印象总是负面的

2. 认为其他人都与自己的观点一致，是_____。
   A. 可用性启发式　　　B. 错误共识效应
   C. 刻板印象　　　　　D. 刻板印象威胁

3. 10 个人组成一组参加拔河比赛，他们的努力水平可能会_____。
   A. 超过个人能力的总和
   B. 不如个人能力的总和
   C. 和个人能力的总和一样
   D. 对于男人来说，与个人的能力总和一样，但对于女性来说低于个人能力的总和

4. 尽管事实并非如此，但 Denise 认为自己比班上的大多数同学聪明。Denise 的毫无根据的自我态度是_____的例子。
   A. 积极幻想　　　　　B. 自我服务偏差
   C. 消极错觉　　　　　D. 自我实现预言

5. "我和 Cathy 一样受欢迎吗？"这个问题是通过_____过程获得自我认知的一个例子。
   A. 同伴评价　　　　　B. 边缘路线
   C. 一厢情愿的想法　　D. 社会比较

6. Marilyn 抽烟，然而，她很清楚吸烟对健康的负面影响。因此，Marilyn 对吸烟感到内疚。Marilyn 最有可能经历_____。
   A. 努力辩解　　　　　B. 消极错觉
   C. 基本归因错误　　　D. 认知失调

7. 对外群体持负面看法是_____。
   A. 外显偏见　　　　　B. 内隐偏见
   C. 偏见　　　　　　　D. 歧视

8. 群体思维的一个特征是_____。
   A. 准确地做出决策　　B. 做出更极端的决定
   C. 忽视少数派的观点　D. 群体不和

9. 米尔格拉姆的研究结果备受争议的原因是_____。
   A. 大多数被试都使用了 450 伏特的电压，但仍感到很愉快
   B. 米尔格拉姆违反了道德原则
   C. 实验者没有迫使被试服从的权力
   D. 被试志愿做"教师"，而不是"学习者"

10. 斯坦福监狱关于人性的实验结论被质疑，因为_____。
    A. 广告招募被试可能导致样本存在偏差
    B. 囚犯后来承认他们只是假装
    C. 这项研究是不道德的
    D. 基于心理特征将被试分配为囚犯或守卫的角色

小应用！

11. 通过互联网进行组织，使众人集思广益，共同解决问题。这种技术被称为众包，即通过互联网发布问题，然后有大量的个体提出不同的解决方案。试着对众包的可能效果进行评价。与面对面的群体互动相比，众包的社会懈怠、社会助长和群体极化现象是更严重还是更好些呢？为什么？

心理障碍

每天清晨醒来的勇气

Bill Garrett是约翰·霍普金斯大学新生奖学金的获得者。从大一时起他就开始在头脑中听到奇怪的声音。这些声音告诉他一些令人非常不安的事情：自己愚蠢而肥胖、肥皂和洗发水有毒、父亲毒死了家里的狗、祖母把人体器官放在他的食物里。Bill沉浸在这个可怕的内心世界中。最终，他被诊断为患有精神分裂症——一种以思维紊乱为特征的疾病。他难以再融入到学校生活中，这个曾经的优秀学生（田径、曲棍球星）被迫退学。

Bill母亲的家人中有很多精神分裂症患者。她理解儿子的经历。她自己一度感觉有10个人在跟她说话，整个人迷失在混乱的嘈杂声中。后来，她告诉儿子："你必须成为最勇敢的人，你每天清晨都会醒来"（M. Park，2009）。Bill告诉她，睡觉是自己逃避这些恐怖声音的唯一方法。

在家里，Bill需要不断面对自己之前的成功。看着那些奖杯和荣誉，他说："妈妈，我当初在世界之巅，而现在我却在阴沟里。"然而，他的母亲不断地鼓励他，认为他的障碍不是一个失败的信号，而是展示他所拥有的天赋的契机，因为他曾经那样的优秀，所以，现在的他也仍然可以为自己以及与自己类似的人们争取权利和幸福。

> **预览**
>
> 本章将探讨"异常"一词的心理学意义，研究各种异常行为和心理障碍的理论取向，深入探讨耻辱对心理障碍者生活的影响，我们甚至会探究艰难且充满问题的生活如何变得有价值和意义。

1 定义和解释异常行为

是什么使行为"异常"？美国精神病学协会（2001、2006，2013）定义了异常行为的医学术语：是一种表现在个体的大脑中，影响个体思维、行为以及与他人互动方式的精神疾病。基于**异常行为**（abnormal behavior）与正常行为的不同，也可根据如下三个标准进行定义：不正常的、适应不良的，或在相对长的时间内令人感到痛苦的行为。只要有其中一个标准存在，就能将一个行为定义为"异常"，但通常某种异常行为会符合其中两或三个标准。

异常行为的三个标准

接下来详细讨论异常行为的三个标准：

- 不正常的。异常行为通常是非典型或者不正常的。然而，艾丽西亚·凯斯、霍普·索罗和马克·扎克伯格都有很多非典型的行为，却没有被归类为不正常。我们通常认为超过了一般文化可接受范围的非典型行为是不正常的。就如，如果一个女人一个小时洗三到四次手，一天洗七次澡。我们会认为她不正常。因为这超过了一般文化可接受的范围。

- 适应不良的。适应不良的行为使得个体无法适应正常的生活。一个男人认为自己的呼吸会危及他人，所以他为了他人的益处，将自己与人群隔离。他的想法对日常生活产生了负面影响。因此，他的行为是适应不良的。危害到本人或其周围人的行为同样也被认为是适应不良（异常）的。

- 使个体长期感到痛苦。当人们从事这一行为时，会感到非常不安。假设一个女人每顿饭后都偷偷给自己催吐，虽然别人不知道，也不会认为她不正常，但是她自己却会感觉到强烈的羞愧、绝望和痛苦。

文化、情境与异常行为的意义

文化决定了人们评价自己和他人行为的准则，因此文化是界定什么是"正常"或者"不正常"行为的核心（Agorastos，Haasen，& Huber，2012）。在评价一种行为是否正常时，文化的影响较为复杂（Sue & others，2013）。文化准则为人们应该如何行为，以及何为健康/不健康行为提供了标准。然而，更重要的是，文化准则也可能是错误的。一个人只需要看一集电视剧《广告狂人》，就知道吸烟曾经不仅被认为是一种可接受的习惯，甚至被认为是一种健康的放松方式。随着社会的变化，正常行为的定义也会发生改变。

事实上，非常重要的一点是，文化规范可能具有限制性、压制性和偏见性（Potter，2012）。一个想挑战既定社会秩序的人有时候可能会被贴上异常行为、甚至精神疾病的标签。例如，在19世纪晚期到20世纪早期的英国，如果有人想为女人争取投票权，那个个人就会被认为是神经病。因此，当一个人或一组人的行为与社会期望不同时，我们应该持开放的态度，那也许是一种非常合理的行为。人们应该

> 情境很重要！如果这个女人在有毒化学物质或活细菌的无菌实验室工作，那么她一个小时洗三到四次手，或多次淋浴的行为可能就是适当的。

> 以下三个特质——不正常的、适应不良的和令人痛苦的，你认为哪个是评价行为异常的最重要特征？为什么？

> 例如，想一想西格蒙德·弗洛伊德最著名的病人——安娜，她的症状之一就是她对婚姻不感兴趣。

异常行为 是指不正常的、适应不良的，或在相对长的时间内令人感到痛苦的行为。

试一试！

　　花 15 ~ 20 分钟观察某一区域，如购物中心、餐厅或体育比赛场中的人群。找到并列出你认为的异常行为。将你所列出的异常行为与上面的定义进行比较，看看这些行为符合哪些标准。如果处在不同的环境，如教堂、酒吧，或是图书馆中，你的列表会有什么变化？这一练习揭示了有关异常行为的哪些信息？

合理地挑战那些世人公认的事实，也可以表达一些看似奇怪的观点。即便某些人的行为让其他人感到不舒服，也不应被贴上"异常行为"的标签。

　　另外，在解释和评价那些从一种文化进入到另一种文化中生活的人们时，也必须考虑其最初的文化（Bourque & others，2012；John & others，2012）。历史上，那些要进入美国生活的外国人，在入境之前都要在爱丽丝岛上接受检查。其中很多人仅仅因为语言和习俗的差异，而被认定为有精神病。

　　不同文化对于何为正常及不正常行为的界定存在很大差异，因此，很难对各种心理障碍进行跨文化的比较。很多诊断标准都是根据早期西方的标准而定的。但是，很显然，将西方的标准运用到其他的文化中可能会有误导性，甚至是不合适的（Agorastos，Haasen，& Huber，2012）。这一章中，我们将看看文化如何影响心理障碍的体验。

心理障碍的理论取向

　　是什么引起了人们的心理障碍呢？这种心理障碍也表现为一种不正常的、适应不良的、自我压抑的行为。对于这个问题，理论家们提出了多种不同的取向。

　　生物学取向　　生物学取向将心理障碍归结于器质性、内部的原因。这种取向主要关注大脑、基因和神经递质对异常行为的影响。

　　生物学取向的**医学模式**（medical model）非常明显，医学模式认为，心理障碍是由生物原因引起的医学疾病。从医学模式的角度来看，异常行为被称作"精神疾病"，饱受疾病折磨的人被称为"病人"，他们需要"医生"的治疗。

　　心理学取向　　心理学取向强调的是个体的经验、思维、情感和性格对心理障碍的解释。例如，心理学家可能关注的是童年经历、个性特征、学习经历或认知在心理障碍发展过程中的影响。

　　社会文化取向　　社会文化取向关注的是个体生活的社会环境，包括性别、种族、社会经济地位、家庭关系和文化。例如，贫穷与心理障碍的发病率有关（Jeon-Slaughter，2012；Rosenthal & others，2012）。

　　社会文化取向强调文化会影响对心理障碍的理解和治疗。心理障碍的发生率和强度取决于社会、经济、科技和文化宗教的影响（Matsumoto & Juang，2013）。一些障碍与文化有关，如温迪哥病症，一种在北美阿尔冈昆土著族群中发现的心理疾病，病人总是担心自己走火入魔，变成食人族。

　　重要的是，不同的文化对同一行为模式的解释方式也不相同。当心理学家在不同文化中寻找某种特定心理障碍的证据时，他们必须记住，在特定的文化背景中，这一障碍所表现出的外显行为可能并不被认为是疾病或功能障碍。文化对这些行为有自己的解释，所以，即便有些人并不被当地人视为是有病的，但研究者也必须调查这些个体是否表现出了这样的行为模式（Draguns & Tanaka-Matsumi，2003）。例如，在一项研究中，研究者采访了大量乌干达人，以考察乌干达文化中是否存在分离障碍（包括分离性身份识别障碍，你也许把其称为多重人格障碍）（van Duijl，Cardena，& de jong，2011）。他们发现，乌干达地区有很多分离性障碍者，不过当

医学模式　这种观点认为心理障碍是由生物原因引起的医学疾病。

地的治疗者总是把西方人所认为的分离障碍个体视为灵魂附体。

生物心理社会模式 异常行为受到生物因素（比如基因）、心理因素（比如童年经历），还有社会文化因素（比如性别）的影响。这些因素有时单独起作用，但通常都会共同起作用。

要理解这些因素是如何共同起作用的，我们首先要知道，并不是每一个有遗传倾向的精神分裂症个体都会成为精神分裂症患者。同样，并不是童年时期被忽视的人都会成为抑郁症患者。而且，就算是生活在一种强烈歧视妇女的文化环境中的女性，也不一定会演变成心理障碍个体。所以，要理解心理障碍的发展过程，我们必须从每个经验领域出发，考察不同因素的相互作用。

这种取向被称为生物心理学取向。该取向认为，没有哪种因素更为重要，反之，生物、心理、社会因素在正常与异常行为的形成过程中都十分重要。而且，这些成分可能以一种独特的方式结合在一起。所以，一个人抑郁的原因可能与其他个体抑郁的原因并不相同。

异常行为的分类

为了更好地理解、预防和治疗异常行为，精神病医生和心理学家设计了一种分类系统，将异常行为分类为特定的心理障碍。这种对于心理障碍的分类为交流奠定了一致的基础。如果一位心理学家说他的来访者处于抑郁之中，那么另外一位心理学家就会知道这种障碍的行为模式有哪些。分类系统也能帮助来访者了解某种特定障碍发生的可能性有多大（这是来访者最疑惑的）、障碍的发展过程，以及治疗的结果如何（Birgegárd，Norring，& Clinton；Skodol，2012a，2012b）。

此外，分类系统对患有心理疾病的个体也有好处。一方面，知道某种障碍的名字会让个体感觉更舒服些，这也表明了存在相应的治疗方法。另一方面，为一种障碍正式命名也会对病人产生消极的暗示，因为这很有可能会带来一种污名，即他人对患有障碍的个体产生回避或消极的行为。被诊断为患有某种心理障碍会深深地影响到一个人的生活，诊断结果会对个体及其家庭，甚至社交关系都产生影响。我们将在本章末尾处详细探讨污名。

《精神障碍诊断和统计手册》的分类系统 1952，美国精神病治疗协会（APA）在美国出版了第一本对心理障碍进行专业分类的书籍——《精神障碍诊断和统计手册》。该书当前的最新版本是第五版（**DSM-5**），于2013年出版。这一版本的《精神障碍诊断和统计手册》历经了14年的修订。DSM-5与之前版本在很多方面都有所不同。纵观《精神障碍诊断和统计手册》的历史可发现，可诊断的精神障碍的数量有了惊人的增加。例如，DSM-5中包括了暴食症和赌博成瘾障碍。

《精神障碍诊断和统计手册》不只是诊断系统。世界健康组织提出的《疾病及相关问题的国际分类》（ICD-10）中，有整整一章都是关于精神和行为障碍的论述。尽管这两个手册在一些重要方面有所不同，DSM-5作者的目标之一就是使精神障碍的诊断更接近ICD-10的标准。

对《精神障碍诊断和统计手册》的评价 DSM-5在出版之前就已经在一些基本的

> **DSM-5** 精神障碍诊断和统计手册，第五版，美国出版的一本对心理障碍进行专业分类的书籍。

方面备受批评（英国心理学会，2011；Skodol，2012a，2012b；Spiegel & other，2013；Widiger & Craigo，2013）。针对DSM所有版本的一个核心的批评就是其将心理障碍视为医学疾病，仅仅关注障碍的生物学基础，而忽视可能存在的社会学根源（Blashfield，2014）。即使研究已经表明，心理障碍是基因、神经生物学、认知和环境等诸多因素共同作用的结果，但是DSM-5仍继续坚持其医学模型（英国心理学会，2011），而忽视了如贫穷、失业和创伤等因素的影响。另外一种批评认为，该书过于强调问题。批评者认为，同时强调优势和劣势可能会有助于去除精神障碍者的污名。确定个体的优势能最大限度地发挥其对社会的贡献能力（Roten，2007）。

关于DSM-5的其他批评主要包括：

- 过于依赖社会准则和主观判断。
- 添加了太多新类别的疾病，其中一些尚未得到研究的一致支持，将其纳入进来意味着将有数量惊人的人群被标记为精神障碍。
- 降低现有的一些诊断标准，将会导致更高的诊断比率。

图12.1描述了DSM最新版本中的一些变化。面对这些关于修订版的批评，你可能会疑惑，为什么会有这么多的批评呢？修订版之所以受到这么多的关注，其中的一个原因就是美国保险公司只给患者报销涵盖在DSM-5中的诊断治疗。另一个原因在于一些医学模式假定对障碍进行治疗的最好方法就是医学治疗。一般说，这就意味着要开处方药。随着诊断标准的放宽，可能会有更多的个体接受精神药物的治

体验一下：
注意缺陷多动障碍（ADHD）

障碍	变化	关注点
重度抑郁症	之前，那些由于亲人或爱人去世所引起的哀伤并未被视为抑郁。现在，已经将其加入到抑郁症的范围内	这一变化可能导致那些经历正常哀伤的个体被贴上抑郁的标签
注意缺陷多动障碍（ADHD）	放宽了一些诊断的要求，诊断的年龄也有所变化	对ADHD的过度诊断已经成为一种隐患，因为这会导致治疗该状况时的药物滥用
自闭症谱系障碍	对高功能自闭症特征个体——阿斯佩各综合征（Asperger syndrome）的诊断，已经删除	那些之前被诊断为患有阿斯佩各综合征的个体不再被认为患有这种疾病，也不能再接受治疗
创伤后应激障碍（PTSD）	之前，个体必须亲身经历或目击创伤，才能被诊断为PTSD。现在，即使仅听说创伤就可被诊断为PTSD	这一变化可能导致有这一障碍的个体人数大幅增加
破坏性情绪失调障碍	新增加的一种对情绪波动剧烈的儿童的诊断	将儿童加入到诊断对象中值得注意
轻度神经认知障碍	新增加的一种对出现认知衰退的成人的诊断	随着年龄的增长，很多成年人开始经历轻度的认知衰退，而这一诊断可能会将正常的老化归为病态行为

图12.1 DSM-5 的新特征 DSM-5 中删除了一些诊断类别，增加了另外一些新的类别，同时也变更了一些标准。

每个人都有注意缺陷多动障碍吗？

当今社会，可能没有哪一种诊断比注意缺陷多动障碍（ADHD）更具争议性了，患有ADHD的个体通常在7岁前就会表现出以下几种症状：精神不集中、过度活跃以及冲动。可能你认识的人中就有ADHD个体。甚至，你自己就患有这种障碍。

ADHD是儿童期最常见的一种心理障碍。近年来，被诊断为ADHD的人数突飞猛进。在1988年，被诊断为ADHD的个体只有500,000个，但是到2007年，这一数字已经上升到了每年400万（Bloom & Cohen，2007）。在2010年，已经有1.04亿儿童被诊断患有ADHD（Garfield & others，2012）。曾经，专家认为很多孩子在成人之后会自然摆脱这种多动障碍的困扰，但是近期更多的证据显示，根据DSM-5标准，那些儿童期被诊断为注意缺陷多动障碍的个体，有多达70%的人在青少年时期（Sibley & others，2012）和66%的人在成年之后（Asherson & others，2010）仍表现出这些障碍症状。

数量庞大的ADHD诊断人数引起了人们的关注，即精神病专家、父母和老师实际上将正常的儿童行为视为精神病理学问题（Morrow & others，2012）。关注ADHD过度诊断的原因之一是，在超过80%的案例中治疗的手段都是精神药物，包括兴奋剂，如利他林和安非他命缓释剂（Garfield & others，2012）。动物研究表明，即便在没有ADHD的情况下，在服用这些兴奋剂后，人们也会出现上瘾问题（Leo，2005）。那些对儿童多动症的诊断持怀疑态度的研究者在成人中也发现了同样的问题（Marcus，Norris，& Coccaro，2012）。这些学者认为，ADHD的传播，一方面是由于将正常行为病态化，将ADHD与其他心理障碍相混淆，另一方面，制药公司的市场化销售也导致了这一现象的出现（Moncrieff & Timimi，2010）。

最近的研究有助于更好地理解这一争议。儿童心理学家、精神病学家以及社会工作者同时对一些ADHD儿童进行描述（Brüchmiller，Margraf，& Schneider，2012）和诊断。其中一些描述符合ADHD的诊断标准，但是另外一些描述则缺乏确诊为该障碍的关键特征。此外，研究者改变了描述案例中的儿童性别。这一自变量的改变是否会影响专家们的诊断呢？结果显示，被试确实被过度诊断为ADHD，在17%的情况下，虽然缺少关键的特征，但专家仍将这些被试诊断为ADHD。此外，无论症状如何，男孩被诊断为ADHD的概率是女孩的2倍多。这一研究给我们的重要启示是：专家在面对不同的案例时，必须对诊断标准的应用保持警惕。这一结果也证明，即使是专家，也可能成为某些偏见的牺牲品。

的确，患有ADHD的个体必然会有一些症状，使其难以适应正常的生活，所以关键之处在于心理障碍的诊断必须是精确的。患有ADHD的儿童在辍学、未成年时怀孕以及反社会行为上有相当高的风险（Barkley & others，2002；von Polier，Vloet，& Herpertz-Dahlmann，2012）。患有ADHD的青少年和成人则更有可能在工作、驾驶以及人际交往上存在困难；他们也更有可能会出现药物成瘾行为（Chang，Lichtenstein，& Larsson，2012；Kooij & others，2010；Sibley others，2012）。

ADHD不是唯一一种存在争议的诊断；也不是制药公司唯一关注的心理障碍（Mash & Wolfe，2013）。医药公司通常会资助一些研究，使其强调心理障碍的特定疾病模式。很明显的是，心理障碍在某种意义上确实给人们的生活带来了客观消极的影响。关于ADHD的争议提醒人们应注重心理学研究在分类和定义诊断类别中的重要作用。一旦下了诊断，业内人士的目标就是避免不恰当的命名、误诊及误治那些遭受疾病折磨的人们。

想一想

■ 如果治疗中不涉及到药物，ADHD还会如此有争议吗？为什么是或不是？

■ 如果治疗中不使用药物的话，对ADHD的诊断还会如此多吗？

■ 如果老师建议你的孩子去做ADHD测试，你会做吗？

注意缺陷多动障碍（ADHD） 这是儿童期最常见的心理障碍之一，包括以下一种或多种的症状：注意力不集中、过度活跃、易冲动。

疗，然而，实际上这也许并不需要。因此，确保DSM-5的准确性十分必要，一些批评者认为，面对这一高风险的情境，DSM-5仍有很大的不足（Andrews，2014；Blashfield，2014；Paris，2013；Watson&other，2013）。

对于**注意缺陷多动障碍（ADHD）**的争议也表明了研究者们对心理障碍的过度诊断和精神药物过度使用的关注。要了解更多有关内容，请阅读"挑战你的思维"内容。

在我们开始了解更多的心理障碍之前，有一点必须注意。一个对心理障碍有一些了解的人，很愿意用所获得的心理障碍知识对自己或者身边人进行诊断，并将其诊断为某种心理障碍。记住，只有受过训练的专业人士才能诊断心理障碍。

自我测试

1. 如下都是异常行为的特点，除了_____。

　　A. 是典型的

　　B. 它会导致痛苦

　　C. 适应不良的

　　D. 是不正常的

2. 医学模式将心理障碍解释为_____引起的医学疾病。

　　A. 环境因素

　　B. 社会文化因素

　　C. 生物因素

　　D. 生物－心理－社会

3. 关于DSM-5的一个主要批评是，它忽视了一些因素，例如_____。

　　A. 特殊疾病的遗传倾向

　　B. 年龄

　　C. 经济和社会地位

　　D. 以上所有

小应用！

4. 从还是个小女孩时起，Francesca 就相信，只要经过门口，她就必须敲 12 下门框，并在心里默数到 12，否则妈妈就会死去。至今 19 岁的她仍是如此。她从未告诉任何人这个行为，因为她感觉这毫无害处，就类似于佩戴幸运符一样。下面哪个选项正确描述了 Francesca 的行为？

　　A. Francesca 的行为是不正常的，因为这种行为不同于常态。但这种行为并非是适应不良的行为，也不使她感到痛苦

　　B. Francesca 的行为符合异常行为的三个特征

　　C. Francesca 的行为是适应不良的，但不是反常的，因为她没有因这种行为感到痛苦

　　D. Francesca 的行为并不符合异常行为的任何特点

2　焦虑障碍及相关障碍

焦虑障碍 一种无法控制、破坏性的心理障碍。其特点是高度紧张、反应过度、脑中充满惶恐不安的期望和想法。

在你即将参加一场至关重要的考试或大的颁奖典礼之前，又或者你发现警察正在你超速行驶的车后时，你是什么感觉呢？你感到紧张不安，并且胃部疼痛吗？这些就是正常的焦虑感觉，一种恐惧和害怕时的不愉快感觉。

相比之下，**焦虑障碍**（anxiety disorders）的恐惧感则是无法控制的，远超过实际危险的严重性，并且会破坏正常的生活。其特点是高度紧张（情绪多变、颤抖）、反应过度（头晕、心律加快）、脑中充满惶恐不安的期望和想法。DSM-5总共包括12种类型的焦

虑障碍。在本节中，我们主要阐述四种常见的焦虑障碍：

- 广泛性焦虑障碍
- 惊恐障碍
- 特定恐惧症
- 社交焦虑障碍

还有两种障碍虽然并未被归为焦虑障碍，但与焦虑密切相关：

- 强迫症（被归为强迫症及相关障碍的类别中）
- 创伤后应激障碍（被归为创伤和应激相关的障碍类别中）

广泛性焦虑障碍

当你担心超速罚单时，你知道自己为何焦虑，其中有具体的原因。**广泛性焦虑障碍**（generalized anxiety disorder）不同于日常的焦虑，个体的焦虑时间至少会持续6个月，并且无法明确指出焦虑的原因（Freeman & Freeman，2012）。广泛性焦虑障碍个体在生活的大部分时间里都很紧张。他们会担心自己的工作、人际关系或健康。这种担心会造成生理上的不适，如疲劳、肌肉紧张、胃部不适和睡眠困难。

广泛性焦虑障碍的病因（病因是指疾病的原因或明显的前兆特征）是什么呢？其生物因素包括遗传倾向、缺乏神经递质伽马氨基丁酸（GABA）和呼吸系统异常（Boschen，2012）。心理和社会文化因素包括有苛刻的（甚至是不可能的）自我标准、过于严格和挑剔的父母、压力时的自动化消极想法、无法控制的创伤或压力经历（如父母虐待）。

惊恐障碍

和其他人一样，你可能也有过陷入恐慌的特殊经历。例如，你通宵未睡地写论文，电脑却在你保存修改前死机了，或是当你马上就要跑到街对面时，却看到一辆大卡车冲你开过来。你的心跳加速、双手颤抖，甚至冷汗淋漓。

然而，**惊恐障碍**（panic disorder）指个体反复出现突发的恐惧感，常常没有预兆或具体的原因。惊恐障碍会引起严重的心悸、气短、胸痛、颤抖、出汗、头晕和无助感（Oral & others，2012）。惊恐障碍者可能会觉得自己有心脏病，体验到濒死感。

惊恐发作期间，大脑对恐惧进行加工，大脑的边缘系统（包括杏仁核和海马）被激活（Holzschneider & Mulert，2011）。进化论的提出者——科学家查尔斯·达尔文就患有严重的惊恐障碍（Barloon & Noyes，1997）。前美国国家足球联盟后卫Earl Campbell也曾患有这种障碍。

惊恐障碍的病因是什么？惊恐发作的原因包括生物、心理和社会文化因素（Pilecki，Arentoft，and McKay，2011）。生物因素方面是指，个体可能有这种疾病的先天遗传倾向（Bayoglu & others，2012）。研究人员特别感兴趣的是那些负责神经递质传递的基因，类似的神经递质包括去甲肾上腺素（Buttenschøn & others，2011）和GABA（Thoeringer & others，2009）等等。研究发现，惊恐障碍个体的大脑中，一种化学物

> 从第2章可知，GABA是抑制神经元发射的神经递质，其功能就像是大脑中的刹车踏板。与GABA有关的问题往往都会出现在焦虑症中。

> 惊恐发作可能只是偶然现象，但是患有惊恐障碍的人则会反复发作，这使得他们有时甚至害怕离开家，这种情况也称为广场恐怖症。

广泛性焦虑障碍 一种心理障碍，特征是焦虑时间至少持续6个月，且个体无法明确指出焦虑的原因。

惊恐障碍 个体反复出现突发的恐惧感，常常没有预兆或具体的原因。

质——乳酸（对大脑代谢起作用）的含量比正常人更高（Maddock & others，2009）。此外，实验研究表明，提高乳酸水平会引发惊恐发作（Reiman & others 1989）。对基因和身体系统的研究发现，基因也影响激素调节（Wilson，Markie，& Fitches，2012）和应激反应（Esler & others，2009）。

如第5章所述，在心理方面，学习机制也被认为是引起惊恐障碍的一个原因。经典条件反射研究表明，身体呼吸信号和恐惧之间的条件反射关联能够引起惊恐发作（Acheson，Forsyth，& Moses，2012）。有趣的是，研究发现，二氧化碳（CO_2）是引起恐惧的极强的条件刺激，这表明人类对习得高浓度的二氧化碳与恐惧之间的联结有生物学上的基础（Acheson，Forsyth，& Moses，2012；De Cort & others，2012；Nardi & others，2006；Schenberg，2010）。因此，一些研究人员认为，二氧化碳和恐惧之间的条件反射联结是惊恐发作的关键（De Cort &others，2012）。

此外，泛化的研究观点也可以应用到惊恐发作中。回想一下，在经典性条件作用中，泛化是指对与特定条件刺激类似的条件刺激（此处是恐惧）都产生相同的条件反射。研究表明，惊恐障碍者更容易显示出对恐惧学习的过度泛化（Lissek & others，2010）。为什么那些患有惊恐发作的人容易表现出更强烈、普遍的恐惧联结呢？一种可能性是，生物倾向性以及创伤性生活事件的早期经验可能在其中发挥了作用（Pilecki，Arentoft，& McKay，2011）。

在社会文化因素方面，在美国，患有惊恐障碍的女性数量是男性的两倍（Altemus，2006）。可能的原因有男女在激素和神经递质上的生理差异（Altemus，2006；Fodor & Epstein，2002）。在惊恐发作时，与男人相比，女人更可能会抱怨痛苦的呼吸体验（Sheikh，Leskin，& Klein，2002）。有趣的是，最近的一项研究表明，健康的女性在进到二氧化碳过量的空气中时，更容易体验到恐慌情绪（Nillni & others，2012）。

研究还表明，在面对焦虑的威胁时，女性的应对方法可能与男性不同，这些差异可以解释惊恐障碍的性别差异（Schmidt & Koselka，2000；Viswanath & others，2012）。在各种不同的文化中，都已经发现了惊恐发作的现象，其中存在着文化的差异（Agorastos，Haasen，& Huber，2012）。例如，与其他国家的个体相比，韩国人在惊恐发作时不太可能体验到对死亡的恐惧（Weissman & others，1995）。

特定恐惧症

许多人都害怕蜘蛛和蛇。确实，想象一只蜘蛛在自己的脸上爬行会让人感到心惊肉跳。当面对一些特定的对象或环境（如极端的高度）时，你会感到害怕，这些都是正常的现象。对我们大多数人来说，这些恐惧不妨碍日常的生活。然而，当个体所处的情境是如此的可怕，以至于个体必须要竭尽全力去避免的时候，害怕就变成了惊恐。比如，虽然实际上一个人不太可能会遇到蛇，但他却出于对蛇的恐惧而不敢离开公寓，这时就是一种障碍了。**特定恐惧症**（specific phobia）是一种心理障碍，其特征是对特定的对象或情境有着不合理的、无法抗拒的、持续性的恐惧。如图12.2所示，特定恐惧症表现为多种形式。

> 66 早期对惊恐障碍进行解释的理论被称为窒息假警报理论。你知道为什么会提出这样的理论吗？ 99

> 66 在此处关于性别差异的讨论中，问自己这样的问题：男性或女性，谁更可能报告有问题或去寻求治疗呢？对心理障碍的研究往往取决于个人所报告的症状或者个体是否寻求帮助。如果男人不太可能报告症状或寻求治疗，那么，数据可能低估了男性心理障碍的发生率。99

特定恐惧症 指个体对特定的对象或情境有着不合理的、无法抗拒的、持续性的恐惧。

恐高症	害怕高处	蜘蛛恐惧症	害怕蜘蛛	洁癖	害怕脏
高空恐惧	害怕飞行	雷电恐惧症	害怕闪电	黑夜恐怖症	害怕黑暗
惧猫症	害怕猫	恐犬病	害怕狗	恐蛇症	恐惧无毒的蛇
疼痛恐惧症	害怕疼痛	结婚恐惧症	害怕婚姻	死亡恐惧症	害怕死亡
乘车恐惧症	害怕车辆和开车	恐水症	害怕水	陌生人恐惧症	害怕陌生人
		惧蜂症	害怕蜜蜂		

图 12.2　特定恐惧症　这里列举了一些特定恐惧症的例子——对特定的对象或情境有着不合理的、无法抗拒的、持续性的恐惧。

特定恐惧症从何而来呢？要回答这个问题，首先要知道的是，害怕在适应性行为中扮演着重要角色。害怕会提醒我们所处的危险，并使我们采取相应的行动。这一功能的重要性使得人类能够迅速地习得害怕，保护我们远离伤害。特定恐惧症可以被认为是这一适应过程中的极端现象（Coelho & Purkis，2009；Muris & Merckelbach，2012）。

许多观点认为这些症状是经验、记忆和行为学习的结果（Veale & others，2013）。比如，恐高的人可能是因为早期有过从高处跌落的经历，从此便恐惧高处（经典条件作用的解释）。或者，他/她听说或见到过别人害怕高处（观察学习的解释），例如，坐在缓缓下山的过山车上的女孩看见旁边的母亲害怕地抓紧栏杆、指节发白，之后便害怕高处。不是所有的特定恐惧症都有类似的经验，还有许多其他因素也在其中发挥着作用（Coelho & Purkis，2009）。每种特定恐惧症都有特定的神经机制（Lueken，2011），有些人尤其容易患上特定恐惧症（Burstein & others，2012）。

Stephen 的恐高症今天尤其严重。

经 CartoonStock 授权使用，www.CartoonStock.com

社交焦虑障碍

想象一下你第一次见恋人父母时的感觉。你可能很害怕做错什么事，以破坏他们对你的印象。再想象一下，你正准备做一个重要演讲时却发现自己突然忘词了。**社交焦虑障碍**（social anxiety disorder）（又叫社交恐惧症），是对自己可能在社交场合做出令人羞愧或尴尬行为的强烈恐惧（Pull，2012）。歌手Carly Simon和Barbra Streisnad都曾患有社交恐惧症。

社交焦虑障碍　是对自己可能在社交场合做出令人羞愧或尴尬行为的强烈恐惧。

"我马上就走——我们正在讨论我的强迫性交流障碍。"

经 CartoonStock 授权使用，www.CartoonStock.com.

社交恐惧症的病因是什么呢？基因（Reich，2009）和丘脑、杏仁核及大脑皮层中的一些神经回路（Damsa，Kosel，& Moussally，2009），似乎在社交恐惧症中扮演着重要角色。同时，许多神经递质，尤其是5-羟色胺，也可能是社交恐惧症产生的原因（Christensen & others，2010）。社交焦虑障碍可能存在易感性，比如特定的遗传特质或父母教养方式，如果与社交情境中的学习经验结合时，可能会导致社交焦虑障碍的高风险（Higa-McMillen & Besutani，2011；Pejic &others，2013）。

在DSM-5中，把广泛性焦虑障碍、特定恐惧症和社交焦虑障碍都归为焦虑障碍（Andrews，2014；Gallo&others，2013）。接下来的两个小节中所探讨的强迫症和创伤后应激障碍，则不属于焦虑障碍的类别。相反，这两种障碍分属于不同的类别。然而，焦虑却是它们的共同点。

强迫症

在一段长途旅行之前，你一定要检查房门是否上锁。当你正要启动车子绝尘而去时，你会突然怀疑自己是否忘记了关咖啡壶的开关。要搭班飞机出行的前一晚，你会多次检查闹钟，以保证自己第二天可以按时起床。这些例子都是正常的检查行为。

相比之下，**强迫症**（obsessive-compulsive disorder，OCD）的特点是，引起焦虑的想法无法停止，并且会使个体做出重复性、固定的行为，以阻止或引起一些特定的状况。强迫症的个体会反复出现某种强迫性的想法和强迫性的行为。强迫症的个体总是不断质疑，并且不断重复日常的行为，有时甚至高达每天数百次（Yap，Mogan，& Kyrios，2012）。最常见的强迫行为是过度检查、清洗和计算。游戏节目主持人Howie Mandel就曾患有强迫症，足球明星大卫·贝克汉姆、歌手贾斯汀·汀布莱克和女演员杰西卡·奥尔芭也是如此。许多文化中都发现了强迫症的存在，文化对强迫性思维和强迫性行为有一定程度的影响（Matsunaga & Seedat，2011）。

一个患有强迫症的人可能会认为，无论何时，只要她进门的时候，都必须用左手触碰一下门口，并且每走一步都要计数。如果没有完成这个仪式化的行为，她就会处于恐惧的情绪中，感觉会有一些可怕的事即将发生（Victor & Bernstein，2009）。

强迫症的病因是什么呢？从生物学角度来看，遗传因素是有一定影响的（Alonso & others，2012；Angoa-Perez & others，2012）。同时，脑成像研究表明，神经系统也与强迫有关（Hou & others，2012；Stern & others，2012）。一项神经科学的分析表明，强迫症个体的额叶皮层或基底神经节非常活跃，使得无数的神经冲动进入丘脑中，产生了强迫性思维或强迫性的行为（Rotge &others，2009）。

一项研究通过功能磁共振成像技术来检查强迫症患者治疗前后的大脑活动（Rotge & others，2005）。结果分析表明，经过有效治疗后，额叶皮层的激活区域降低。

体验一下：强迫症

66 如果强迫症个体一直执行这个仪式，那么她就无从发现，其实可怕的结果并不会发生。其焦虑的缓解是负强化的例子（执行某个行为后，移除了不好的事情）。99

强迫症（OCD） 焦虑的想法不会消失且/或有重复执行的冲动，并且会做出一些习惯性的行为去防止一些未来（不好的）情况的发生。

有趣的是，与没有强迫症的个体相比，强迫症个体的杏仁核（与焦虑体验有关的区域）更小一些（Atmaca &others，2008）。此外，强迫症个体的大脑神经回路中，神经递质5-羟色胺和多巴胺的水平较低（Goljevscek & Carvalho，2011；Soomro，2012）。

在心理因素方面，强迫症通常出现在个体处于生活压力的时期，如孩子的出生、职业或婚姻状况的变化（Uguz & others，2007）。从认知的角度来看，区别个体是否有强迫症的关键是看其能否有效消除负面的、侵入性思维的能力（Leshy，Holland，& Mcginn，2012；C，Williams，2012）。

与强迫症相关的障碍

DSM-5扩展了与强迫症相关的障碍（Abramowitz & Jacoby，2014）。所有这些障碍都包括重复性的行为和经常性的焦虑。新增加的障碍如下：

- **囤积症**　包括强迫性地收集物品、缺乏组织能力、难以丢弃物品、信息加工速度的认知缺陷、决策困难和拖延（Tolin，2008）。患有囤积症的人很难丢弃任何物品，总是觉得日后可能还会用到这些物品（如旧报纸），这种感受使其十分困扰（Dimauro & other，2013）。
- **抓痕症**（或抠抓皮肤）　指强迫性地抠抓自己的皮肤，有时甚至是伤口。抓痕症在女性中更为常见，被视为是自闭症障碍的一种症状。
- **拔毛发癖**（拉扯头发）　指拉扯头发、眉毛和其他体毛（Walther & other，2013）。拉扯头发会导致难以掩饰的秃顶。
- **身体畸形恐惧症**　指过分关注身体外表上的很小（也可能是想象的）的缺点（Kaplan & others，2013）。患这种障碍的人无法停止思考自己的外表，并且不断与他人进行比较，反复在镜中检查自己。身体畸形恐惧症可能还包括一系列不适应的行为，如过度锻炼和塑形、反复整容等。

创伤后应激障碍

如果你曾发生过一场小车祸，你可能会做一、两次有关的噩梦。你甚至可能会发现自己在一段时间内不断地回想起这次经历。这一正常的恢复过程在创伤应激障碍中扮演着破坏性的角色。**创伤后应激障碍（PTSD）**是人们在面对超出其应对能力的创伤性的事件之后而出现的一种焦虑障碍（Beidel Bulik & Stanley，2012）。DSM-5扩展了可能引起创伤后应激障碍的事件经历，即不只是亲身经历能导致这一障碍，看见或听见他人的经历也会导致这一障碍（APA，2013）。创伤后应激障碍的症状各有不同，但都包括如下症状：

> **创伤后应激障碍（PTSD）**　当人们遇到一些创伤性事件、极其压抑的环境、残忍的虐待、自然/非自然的灾难时，出现的一种焦虑障碍。

- 个体重温事件时出现闪回。闪回可能使人无法感知到现实生活的真实性，在短短几秒或是几小时，有时甚至几天内都不断进入到事故情景中，可能通过视觉、声音、气味及/或感觉的形式，使得个体认为创伤事件在不断重复地发生（Brewin，2012）。
- 回避情绪体验，并避免与他人谈论情绪。
- 情绪感知能力降低，有时被认为是感觉麻木。
- 过度警觉，导致反应过激或无法入睡。
- 记忆和注意困难。
- 冲动行为。

生活中的心理学

世界大战后的心理创伤

创伤后应激障碍一直是伊拉克和阿富汗服役士兵中被广为关注的问题（Klemanski & others，2012；Yoder & others，2012）。为了防止创伤后应激障碍的出现，美国军方在军队部署之前都会对军人进行压力管理训练（Ritchie & others，2006）。世界各地战斗区中，各分支武装部队中的心理健康专业人士都致力于预防创伤后应激障碍，并降低障碍的影响（Rabasca，2000）。这些措施似乎有些收获：研究人员发现，与那些参加早期战争的老兵们相比，伊拉克和阿富汗战争之后经历创伤后应激障碍的个体一般不太可能失业或被监禁，并且更可能保持较好的社会关系（Fontana & Rosenheck，2008）。

从历史上看，军队中出现心理疾病通常意味着羞耻，因为这通常被视为弱者或无能的标志（Warner & others，2011）。然而，参与战争的个体有相当大的风险会患上创伤后应激障碍，并且给他们的生活带来很大的影响。一项关于3000多位刚从伊拉克战争返回的士兵的调查发现，有17%的战士符合PTSD的标准（Hoge & others，2007）。在军队中，由于该心理障碍可能带来的耻辱，因此这个数字可能是被低估的。

军事心理学家约翰Fortunato于2008年指出，创伤后应激障碍的退伍军人应该有资格获得紫心勋章，这是用来表彰在战斗中身体受伤或死亡的军人的著名军事勋章（Schogol：2009）。Fortunato认为，授予创伤后应激障碍患者紫心勋章，不仅是承认了他们的贡献，也会减少患者对心理障碍感到的耻辱。那一年，军方确实考虑了是否应给创伤后应激障碍患者授予紫心勋章。然而，五角大楼最终决定不将紫心勋章授予创伤后应激障碍的军人，因为这种障碍不仅会出现在那些与敌军作战的士兵中，也会出现在那些目击该过程的个体身上（Schogol：2009）。然而，高层考虑到颁发奖章的这一事实，也表明军方越来越重视那些在战斗中服役的战士们所面临的严重问题。

在上战场之前，美国士兵都要接受压力管理训练，旨在防止高压力的战争条件可能引发的创伤后应激障碍和其他一些障碍。

PTSD症状可能在创伤事件后立即出现，也可能在之后的几个月，甚至几年后发生（Solomon & others，2012）。大多数人在创伤事件发生后的几天或几周内，都能体验到一些创伤性事件的症状（美国国家创伤后应激障碍中心，2012）。然而，并非每个遇到相同创伤事件的个体都会出现PTSD（Brewin & others，2012；Nemeroff & others，2006）。

研究人员研究了不同情境中的PTSD（Harder & others，2012），其中包括战争和战争创伤（Khamis，2012年）、性虐待和性侵犯（S. Y. Kim & others，2012）、飓风和地震等自然灾害（Sezgin & Punamaki，2012）、飞机失事和恐怖袭击等非自然的灾害（Luft & others，2012）。

显然，造成创伤后应激障碍的一个原因是创伤事件本身（Risbrough & Stein，2012）。然而，并非每个经历同样痛苦生活事件的个体，都会患上创伤后应激障碍。除了创伤事件外，还有一些其他因素也会影响到个体出现该障碍的易感性（Gabert Quillen & others，2012）。这些因素包括：之前的创伤事件和环境，如药物滥用和心理障碍（Canton-Cortes，Canton，& Cortes，2012），有创伤性应激障碍的难民之前的文化背景（Hinton & others，2012）和遗传倾向性（Mehta & Binder，2012；Skelton & others，2012）。

自我测试

1. 突发性的极端焦虑或恐惧，表现为心悸、颤抖、出汗、害怕失控，这是_____的特征。

    A. 广泛性焦虑障碍　　　B. 创伤后应激障碍

    C. 强迫症　　　　　　　D. 惊恐障碍

2. 下面哪个是真正的创伤后应激障碍？

    A. 由惊恐发作引起的

    B. 创伤经历后的自然结果

    C. 包括闪回

    D. 症状总是创伤后立即发生

3. 个体对特定的对象或情境有着不合理的、无法抗拒的、持续性的恐惧，这是_____的特征。

    A. 创伤后应激障碍　　　B. 特定恐惧症

    C. 惊恐障碍　　　　　　D. 广泛性焦虑障碍

小应用！

4. 最近，Tina 注意到母亲似乎总是忧心忡忡。母亲告诉 Tina，她总是睡不着，无法控制地想着坏的事情随时会发生。Tina 的母亲有_____的迹象。

    A. 惊恐障碍　　　　　　B. 强迫症

    C. 广泛性焦虑障碍　　　D. 创伤后应激障碍

3　情感和情绪障碍

　　情感和情绪告诉我们生活得如何。我们感觉好或坏，取决于我们在重要目标上取得的进步，以及我们所建立的关系的质量等等。然而，对于一些人来说，生活体验与情感的关系是不对称的。他们会莫名地感到悲伤，或者在没有任何成就时极其兴奋、兴高采烈。许多心理障碍都包括这种不协调的情绪症状。在本节中，我们将探讨这种障碍的两种主要类型——抑郁症和双相情感障碍，以及与这两种障碍有关的悲剧：自杀。

抑郁症

　　每个人都有忧郁的时候。分手、爱人去世、个人失败都可以使人笼罩在生活的阴霾之下。然而，有时候，一个人可能会毫无缘由地感觉不开心。**抑郁症**（depressive disorders）是一种情绪障碍，其特征是个体遭受抑郁情绪，在生活中缺乏愉快感。抑郁症很普遍。美国一项针对13岁以上个体的研究发现，在最近的12个月中，有30%的人报告或被诊断为有抑郁发作症状（Kessler & others，2012）。

　　各种文化中都有抑郁症的存在。研究表明，不同文化中的抑郁症都有如下特点：缺少愉悦感、低能量和高水平的悲伤（Dritschel & others，2011；Kahn，2012）。此外，文化还影响个体描述其经验的方式。例如，与西方文化中的个体相比，来自东方文化中的个体可能更不愿意谈论自己的情绪状态，并且更愿意从身体感受和症状方面描述抑郁症状（Draguns & TanakaMatsumi，2003）。许多成功人士都被诊断为抑郁症，其中包括音乐家Sheryl Crow和Eric Clapton，演员Drew Barrymore，Halle Berry和Jim Carrey，艺术

> **抑郁症**　是一种情绪障碍，其特征是个体遭受抑郁情绪，在生活中缺乏愉快感。

家毕加索，宇航员Buzz Aldrin（第二个登上月球的人），著名的美国建筑师Frank Lloyd Wright，《哈利·波特》系列的作者J. K. Rowling。

重度抑郁症 包括严重的抑郁发作和抑郁特征，如嗜睡和绝望，并且至少持续两个星期的时间。

重度抑郁症（major depressive disorder，MDD）包括严重的抑郁发作和抑郁特征，如嗜睡和绝望，并且至少持续两个星期的时间。MDD严重影响日常生活。美国国家精神卫生研究所（NIMH）认为，在美国，抑郁症在造成残疾的疾病中名列首位（NIMH，2008）。重度抑郁症的主要症状包括：

- 一天的大部分时间中都心境抑郁
- 对曾经感兴趣的事物兴趣降低
- 体重明显减轻或者增加，或食欲明显减退或增加
- 失眠或嗜睡
- 疲劳或无精打采
- 感觉毫无价值，过度或不适当的自责
- 有思维、注意力集中或决策制定方面的问题
- 反复出现死亡和自杀的想法
- 无躁狂发作史（周期性的情绪兴奋）

当个体连续两个月处于轻度抑郁情绪中时，就可被诊断为持续性抑郁障碍。这种障碍的症状包括绝望感、无精打采、注意力无法集中和睡眠问题。

哪些原因会引起抑郁症呢？生物、心理和社会文化因素都在其中起着重要作用。

生物遗传因素 基因对抑郁症有着重要影响（Goenjian & others，2012；Sabunciyan & others，2012）。另外，特定的大脑结构也影响抑郁症。例如，研究显示，抑郁个体的前额叶皮层中的大脑活动水平相对较低，而这一区域是负责动作产生的脑区（Duman & others，2012），此外，抑郁个体的大脑中，与奖励知觉相关区域的脑活动水平也较低（Howland，2012）。抑郁者的大脑可能无法识别愉悦体验。

神经递质调节出现问题也可能引发抑郁症。回想一下之前的内容，神经递质是将神经冲动在神经元之间进行传递的化学物质。为确保大脑功能运行良好，神经递质必须不断起伏波动，以更好地完成任务。患有重度抑郁症的人几乎没有5-羟色胺和去甲肾上腺素这两种神经递质的感受器（Houston & others，2012；H. F. Li &others，2012）。一些研究表明，负责神经递质调节的物质P如果出现问题的话，就可能引发抑郁症（Munoz & Covenas，2012）。研究者认为，物质P在心理痛苦体验中起着重要作用（Sacerdote & Levrini，2012）。

心理因素 行为学习理论和认知理论对影响抑郁症的心理因素进行了解释。一种行为主义的观点认为抑郁是由习得性无助引起的，正如第5章中所提到的那样，习得性无助是指个体由于处于无法回避的厌恶刺激之中，且无法控制消极结果而引起的无助感。Martin Seligman（1975）提出，习得性无助是有些人出现抑郁的原因之一。当个体无法掌控压力时，最终会感到无助，并不再试图去改变自己所处的情境，这种无助感会使人陷入绝望之中（Becker-Weidman & others，2009）。

认知理论对抑郁症的解释是，思维和信念导致了无助感的产生（Britton & others，2012；Jarrett & others，2012）。精神病学家Aaron Beck（1967）指出，消极思维反映了自我挫败的信念，而这一信念使个体产生抑郁体验。这种惯性消极思维会放大抑郁者的消极体验（Lam，2012）。例如，抑郁个体可能会过度放大一件很小的事情，例如，因为没有及时完成工作，就认为自己毫无用处，或者因为论文得了D，就觉得到了世界末日。这种认知扭曲的累积会导致抑郁症（T.W.Lee & others，2011）。

人们的思维方式也会影响其抑郁的过程。抑郁的人会沉湎于消极的体验和感受中，这种体验和感受不断在其脑海中盘旋（Nolen-Hoeksema，2011）。这种思维倾向与抑郁症及其他心理问题都有关，如暴饮暴食和药物滥用（Cowdrey & Park，2012；Kuhn & others，2012）。

关于抑郁症的另一种认知观点关注的是人们的归因，即人们对于事情发生原因的解释（Seidel & others，2012）。研究认为，抑郁症个体通常有消极的归因方式。持消极归因的个体通常会将消极事件解释为内部原因（"没考好，都是我的错"）、稳定的原因（"我以后还会失败"）和整体的原因（"这次考试失败说明，我在任何课程上都做不好"）。消极的归因方式使个体不断地因为消极事件而自责，并预期消极事件会再次发生（Abramson，Seligman，& Teasdale，1978）。与这种消极的归因方式相对应的就是乐观的归因方式，两者在本质上正好相反。乐观主义者常把坏事情归因为外部（"考试没考好，是因为我不知道教授要先考哪门课程"）。他们会认识到，这些原因是可变的（"我在下一次考试中会做得更好"）、特定的（"这只是一次考试的结果"）。大量研究表明，乐观的归因方式与较低的抑郁水平和自杀风险关系密切（Rasmussen & Wingate，2012；Tindle & others，2012）。

那些配偶、室友或朋友中有患抑郁症的个体，其患抑郁症的风险会增加（Coyne，1976；Joiner，Alfano，& Metalsky，1992；Ruscher & Gotlib，1988）。这种影响有时被称为传染，表明抑郁症会在不同个体间进行蔓延（Kiuru & others，2012）。当然，这里的"传染"一词是比喻的用法。事实上，研究表明，抑郁和焦虑是否具有传染性，取决于个体之间的互动质量。若要更多地了解该主题及其在儿童心理健康中的潜在作用，请阅读"交叉研究"部分。

社会文化因素 相对于高社会经济地位（SES）的个体来说，社会经济地位较低的个体，尤其是生活在贫困中的人，更易于患上抑郁症（Boothroyd & others，2006）。一项关于成年人的纵向研究显示，随着生活水平和就业情况的恶化，个体的抑郁水平呈上升趋势（Lorant & others，2007）。研究发现，在本土的美国人群中，那些生活在贫困、绝望和酗酒环境中的个体，其抑郁症的发病率很高（Teesson & Vogl，2006）。

女性患抑郁症的几率几乎是男性的两倍（Yuan & others，2009）。如图12.3所示，这种性别差异在许多国家中都存在（Inaba & others，2005）。在单身女性和在满意度较低、没有前景的岗位上工作的已婚年轻女性中，抑郁症的发

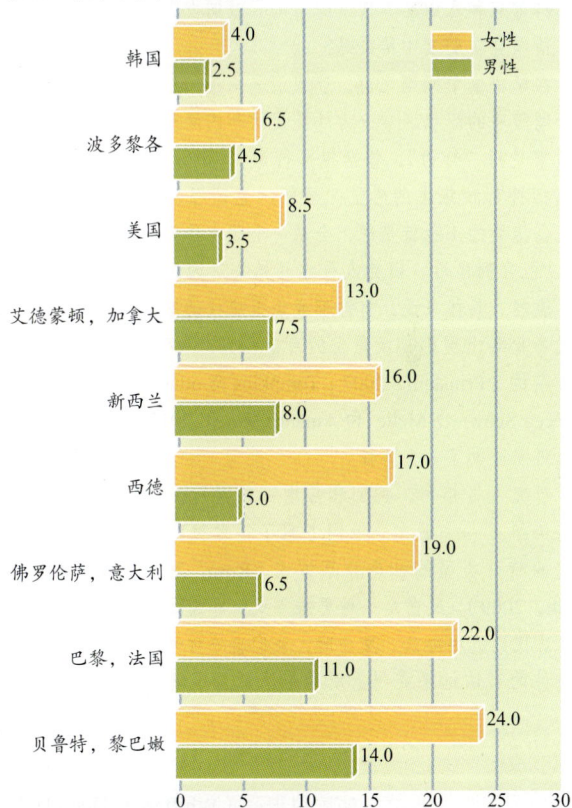

心理调查

每100人中男女抑郁的时间长度

图例：女性（橙黄色）、男性（绿色）

国家/地区	女性	男性
韩国	4.0	2.5
波多黎各	6.5	4.5
美国	8.5	3.5
艾德蒙顿，加拿大	13.0	7.5
新西兰	16.0	8.0
西德	17.0	5.0
佛罗伦萨，意大利	19.0	6.5
巴黎，法国	22.0	11.0
贝鲁特，黎巴嫩	24.0	14.0

图12.3 不同文化中抑郁发生的性别差异 这个图显示了九种文化中男性和女性的抑郁发生率（Weissman & Olfson，1995）。> 哪种文化中抑郁发生的比率最高和最低？这些差异的原因是什么？> 哪种文化中抑郁症的性别差异最大？造成这些差异的原因是什么？> 要确诊是否得了抑郁症，个体必须要寻求特定的治疗。性别与文化如何影响个体进行治疗的意愿？

临床和发展心理学：儿童也会得抑郁和焦虑吗？

发展心理学家们对友谊在儿童和青少年生活中的作用越来越感兴趣。朋友对青少年的自尊、幸福感和学校适应均有重要影响（Mendel & others，2012；Mora & Gil，2012；Shany，Wiener，& Assido，2012）。然而，一些朋友可能会产生好的影响，而另一些则不会。大量的证据支持这样的结论：与那些有犯罪和药物滥用等问题行为的青少年做朋友，会增加青少年出现类似问题的可能性（Giletta & others，2012；Laursen &others，2012）。那么，与有抑郁症和焦虑症等情绪障碍的人做朋友，会如何呢？这种情绪会在朋友中传染吗？

在解决这个问题之前，让我们先明确一些关键点。儿童心理障碍的症状通常分为外显症状和内隐症状。外显症状通常是指"行为"，包括犯罪行为和侵犯行为。内隐症状包括抑郁和焦虑的感觉。虽然研究已经发现，外显症状是会传染的（也就是说，会从一个朋友传染给另一个朋友），但直到最近，研究人员才开始关注内隐症状会传染的可能性。具体来说，有抑郁或焦虑症状的朋友会增加儿童或青少年出现抑郁或焦虑的可能性吗？研究表明，答案是肯定的（Prinstein，2007；Tompkins & others，2011）。Rebecca Schwartz-Mette 和 Amanda Rose（2012）最近的一项研究提供了一个解释。

研究人员指出，抑郁和焦虑可以通过谈话从一个朋友传染给另一个朋友。他们考察了一种被称为"共同反刍"的特殊类型的社会分享方式（Rose，2002；Rose & Smith，2009）。反刍是一种思维方式，即总是担心某个问题无法找到解决办法。反刍时，我们会不停地设想一些负面事件的可怕结果或想象所有事情都将很糟糕。共同反

刍也是类似的过程，通过与别人反复交谈某件消极事件的后果，使经历者感觉更糟。共同反刍时，个体会与朋友对问题进行反复讨论，推测未来可能出现的负面结果，并强化负面情绪（Rose，2002）。讽刺的是，尽管共同反刍使交谈者感觉很痛苦，但这种社会分享却与友谊的质量和亲密度密切相关（Rose，Carlson，& Waller，2007）。也许因为彼此之间的这种亲密度，共同反刍会引起强烈的移情痛苦，即朋友的一方会完全体验到另一方的负面情绪（Smith &Rose，2011）。如果共同反刍使得个体深深地进入到他人的情感生活之中，那么，就很可能会促进个体抑郁或焦虑的蔓延。

为了探索这种可能性，Schwartz-Mette和Rose（2012）考察了青少年的抑郁和焦虑症状是否会增加其朋友的类似症状，以及共同反刍是否会解释这种传染。他们对数百名儿童（三年级和五年级）、青少年（七年级和九年级）及其最好的朋友进行调查。结果发现，青少年感到抑郁或焦虑确实能够预测其朋友在六个月之后的抑郁或焦虑情绪，但三年级男生除外。此外，研究也发现了共同反刍与焦虑传染之间的联系，同样是三年级男生除外。但共同反刍只与青少年的抑郁传染相关。这项研究表明，在理解青少年的心理问题时，同伴关系是需要考虑的一个关键因素。

朋友是一种重要的资源，与朋友的交流是我们理解世界的一个主要渠道。当前的研究已经显示，这些谈话的质量可能也是影响心理健康的重要因素之一。

■ 这些结果与你儿童期的友谊经历相符吗？
■ 你与现在的一些朋友会对负面事件进行共同反刍吗？

病率也很高（Whiffen & Demidenko，2006）。少数民族女性也是患抑郁症的高风险群体（Diefenbach & others，2009）。

> **66** 想一想性别差异：为什么男性的抑郁水平比女性更低？**99**

双相情感障碍

我们每个人都有情绪低落的时候，但也有充满盼望的时刻。不过，对于双相情感

障碍的个体来说，人生总是跌宕起伏，这种体验也常带来伤害。**双相情感障碍**（bipolar disorder）是一种障碍，其特点是极端的情绪波动，会出现一次或多次躁狂发作、过度兴奋、不切实际的乐观状态。躁狂发作期与抑郁发作期交替进行（Goldney，2012）。躁狂发作时，个体感觉就像站在世界的顶端、能量无限，甚至不需要睡眠。躁狂状态的另一个特征是冲动，这会使人陷入困境之中。例如，躁狂发作时，个体可能会花费毕生积蓄投资到一项愚蠢的商业冒险中。

大多数双相情感障碍的个体都会经历多个周期的抑郁-躁狂体验，通常之间相隔六个月到一年的时间。与女性更易于发生抑郁症不同，双相情感障碍在女性和男性中同样常见。双相情感障碍不会阻止一个人成功的脚步。屡获殊荣的演员Catherine Zeta-Jones、著名舞蹈家和编舞家Alvin Ailey、作家和演员Carrie Fisher（莱娅公主）都曾被诊断为患有双相情感障碍。

哪些因素影响了双相情感障碍的发展呢？与抑郁症相比，遗传对双相情感障碍的预测力更高（Pirooznia & others，2012）。如果同卵双胞胎中，有一个患有双相情感障碍，那么另一个也会有70%的概率患上这种障碍，相比之下，异卵双胞胎同时患上该种障碍的概率只有10%以上（图12.4）。研究人员正在探讨影响双相情感障碍的特定遗传因素（Crisafulli & others，2012；Pedroso & others，2012）。

其他生物过程也是影响因素之一。与抑郁症一样，双相情感障碍也与大脑活动的差异有关。图12.5显示了双相情感障碍者在抑郁和躁狂的一个周期中大脑皮层的代谢活动。注意，抑郁时大脑皮层的代谢活动减少，躁狂时大脑皮层的代谢活动增加（Baxter & others，1995）。除了去甲肾上腺素水平高、而5-羟色胺水平低外，研究还表明，双相情感障碍患者的神经递质谷氨酸水平很高（Singh & others，2010；Sourial-Bassillious & others，2009）。

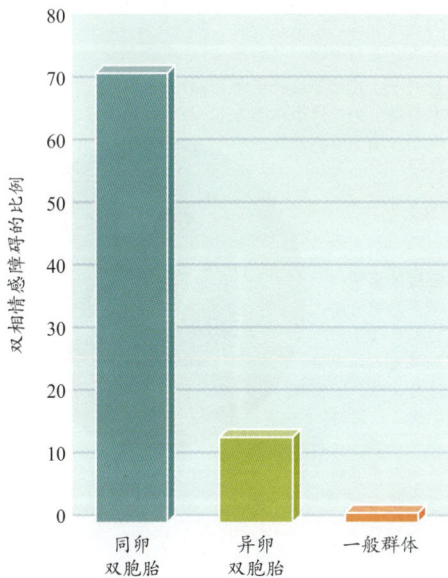

图12.4 同卵双胞胎、异卵双胞胎和一般群体患双相情感障碍的风险 注意，和一般群体及异卵双胞胎相比，同卵双胞胎患双相情感障碍的比例更高。这些统计数据表明了遗传在双相情感障碍中的强大作用。

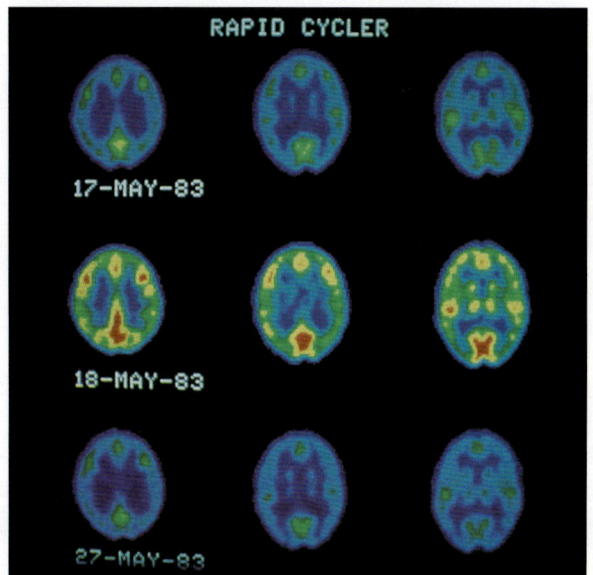

图12.5 躁狂和抑郁周期中的脑代谢 对一个双相情感障碍个体的PET扫描图，由于极端情绪快速变化，因此该障碍也被称为极速周期。（上行和下行），大脑处于抑郁状态。（中间行）躁狂状态。PET扫描揭示，大脑能量消耗在躁狂时期增多，而在抑郁时减少。中间行的红色区域反映的是葡萄糖的迅速消耗。

最近，心理学家和生理学家发现了一些患有双相情感障碍的儿童案例（Cosgrove，Roybal，& Chang，2013；Defilippis & Wagner，2013）。这种案例的关键问题是，治疗成人双相情感障碍的精神药物不能用于儿童的治疗。这些药物的副作用会威胁到儿童的健康与发展。为了解决这个问题，DSM-5新增了一个诊断——破坏性情绪失调障碍，这是一种抑郁障碍，儿童长期表现出焦躁不安的情绪，并反复出现失控行为（美国心理学会，2013）。这一决定仍存有争议。与多动症一样，一些易于出现情绪波动的儿童可能只是表现出了孩子气的行为。

自杀

有自杀的想法并不一定不正常。但是，试图伤害自己或采取自杀的行为却是不正常的。大约90%有自杀倾向的个体都被诊断为患有精神疾病（美国国家心理健康中心，2008），最常见的心理障碍自杀者就是抑郁症和焦虑症个体（Blanco & others，2012；Nauta & others，2012）。抑郁者可能会有多次自杀企图（da Silva Cais & others，2009）。可悲的是，许多人在外人看来，似乎有着非凡的成功、过着充实的生活，但是却通过自杀结束了他们的生命。包括像西尔维亚·普拉斯这样的诗人，小说家欧内斯特·海明威和感到枯燥乏味的图标科特·柯本（在长期与多动症和双相情感障碍斗争后自杀）。

据美国疾病控制和预防中心（CDC）表示，2010年，在美国有37793人自杀，自杀是全国排名前十的死因（美国疾病预防控制中心，2012）。自杀是他杀的两倍，自杀率从1999年到2010年增加了13%（Schmitz & others，2012）。研究表明，每一次自杀完成，便代表有8 ~ 25次自杀未遂发生（NIMH，2008）。自杀是13 ~ 19岁的美国青少年死亡的第三大原因（排在车祸和他杀之后）（Murphy，Xu，& Kochanek，2012）。更让人吃惊的是，自杀也是10 ~ 14岁的美国儿童死亡的第三大原因（美国疾病预防控制中心，2007）。基于这些可怕的统计数据，心理学家要与自杀者一起，共同努力去减少自杀冲动的频率和强度。如果你遇到想要自杀的人，图12.6中提供了好的建议——要做的事情和不要做的事情。

什么原因会促使一个人想要结束自己的生命呢？生物、心理和社会文化环境都是可能的影响因素。

生物因素　遗传因素似乎在自杀中起着很大的作用，这主要体现在家庭之中（Althoff & others，2012）。海明威就是一个例子，他所出生的家庭，一直饱受自杀想法的折磨。海明威家族中有5个人有自杀行为，这种现象跨越了几代人，其中包括作家欧内斯特·海明威和他的孙女玛歌——一位模特和演员。同样，2009年，Nicholas Hughes——一位成功的海洋生物学家，和他的儿子Sylvia Plath——一位诗人，均上吊自杀身亡。

研究发现，自杀与神经递质5-羟色胺水平较低有关（Lyddon & others，2012）。在企图自杀者中，那些5-羟色胺

要做的事情：

1. 以平静的方式询问直接、简单的问题。例如，"你是想伤害自己吗?"

2. 做一个好的聆听者，并提供支持。告诉自杀者，即便是难以忍受的痛苦，也要继续活下去。

3. 认真对待自杀的企图。询问个体的感受、关系，以及关于自杀方式的想法等方面的问题。如果自杀者已经说出了关于枪、服药、绳子或其他自杀方式以及特定的计划，那么这种情况是很危险的。要一直陪伴这个人，直到救护人员到来。

4. 鼓励个体获得专业的帮助，帮助他/她去寻求帮助。如果这个人愿意，可以带他/她到心理健康中心或医院求助。

不要做的事情：

1. 不要忽视自杀的征兆信号。

2. 如果有人想要谈论自杀时，不要拒绝谈论该话题。

3. 不要恐惧、反对或排斥。

4. 不要做虚假的保证（"一切都会好的"）或做出判断（"你应该感激……"）。

5. 在危机看似消失或专业心理咨询人员开始介入后，不要放弃对自杀企图者的关注。

图12.6　当有人受到自杀威胁时　如果你觉得自己认识的某个人正在考虑自杀，不要忽略这一征兆。如果你自己不想直接介入的话，可以把这件事情告诉专业的咨询人员。

水平低的个体比那些水平高者再次自杀的可能性高出10倍（Courtet & others，2004）。存在严重的身体问题，尤其是慢性疾病，也是另一个自杀的风险因素（Webb & others，2012）。

心理因素　能导致自杀的心理因素包括精神疾病和创伤，如性虐待（Wanner & others，2012）。与心理障碍的压力抗争，会使人产生绝望的感觉，心理障碍本身就会加重人们所面对的生活困难。事实上，大约90%有自杀行为的个体都被诊断为患有某种精神疾病（美国精神卫生研究所NIMH，2008）。

失恋、失业、辍学或者意外怀孕等高压力事件也会使人们深受打击并采取自杀行为（Videtic & others，2009）。此外，当今社会中的药物滥用也会引起自杀（Conner & others，2012）。

在研究自杀的过程中，Thomas Joiner及其同事们发现，归属感和被需要感能让人们放弃自杀的念头（Joiner，2005；Joiner，Hollar，& Van Orden，2006；Joiner& Ribeiro，2011）。一般来说，当人们觉得有人会想念或仍然需要自己时，他们更不太可能采取自杀行为（A. R. Smith & others，2012）。

社会文化因素　长期经济困难也可能成为自杀的影响因素（Ferretti & Coluccia，2009；Rojas & Stenberg，2010）。文化和种族背景也与自杀倾向有关。在美国，青少年的自杀倾向存在种族差异。如图12.7所示，有超过20%的美洲印第安/阿拉斯加土著（NA /AN）女性青少年报告自己在前一年中曾有自杀倾向，这一数字是NA /AN 15 ～ 19岁青少年中自杀人数的20% 左右（Goldston & others，2008）。数据还显示，非洲裔美国人和非拉丁裔白人男性自杀倾向的比率最低。引起NA/AN高自杀率的一个主要原因是青少年的酒精滥用。

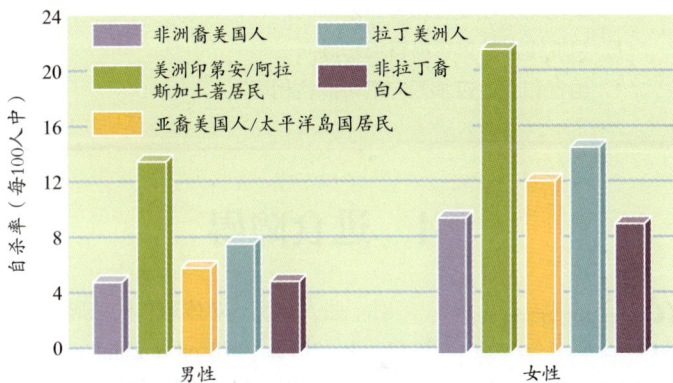

图 12.7　**美国不同种族中有自杀倾向的青少年**　注意，图中的数据是青少年自我报告的一年中的自杀企图率。NA/AN= 印第安人 / 阿拉斯加土著；AA /PI= 亚裔美国人 / 太平洋岛国居民。

世界各地的自杀率是不同的，自杀率最低的地区就是那些文化与宗教反对自杀的国家。所有国家中自杀率最高的是一些东欧国家，包括白俄罗斯、保加利亚和俄罗斯，另外还有日本和韩国。根据世界卫生组织（WHO）的数据表明，所有国家中自杀率最低的是海地、安提瓜和巴布达、埃及和伊朗（WTO，2009）。在WHO的104个国家排名中，美国排名40。

研究认为，自杀与荣誉文化有关。回想一下，在荣誉文化中，个人更有可能将他人的侮辱解读为好战的言语，并用武力来维护自己的荣誉。一组研究考察了美国的自杀和抑郁状况，比较了典型的荣誉文化区域（南方各州）与其他地理区域之间的差异。结果发现，自杀率在那些荣誉文化区域中更高（Osterman & Brown，2011）。研究人员还研究了不同地区抗抑郁处方药的使用情况，结果发现，这些药物在荣誉文化中的使用水平较低。原因可能在于，在荣誉文化中，寻求治疗抑郁症被视为软弱或耻辱的标志。

自杀也存在性别差异（Sarma & Kola，2010）。女性自杀企图的比率是男性的三倍。然而，男性自杀的成功率是女性的四倍（Kochanek & others，2004）。男人比女人更有可能使用手枪自杀（Maris，1998）。在非拉美裔白人男性中，自杀率最高的是年龄在85岁及以上的老人（NIMH，2008）。

1. 被诊断为双相情感障碍的个体必须体验到_____。

A. 躁狂发作

B. 抑郁发作

C. 躁狂发作和抑郁发作

D. 恶劣心境

2. 以下都是重度抑郁症的症状，除了_____。

A. 疲劳　　　　　　B. 体重变化

C. 死亡的念头　　　D. 药物滥用

3. 关于自杀的性别差异描述正确的是_____。

A. 女性比男性更容易有自杀倾向

B. 男性比女性更容易有自杀倾向

C. 男性和女性自杀倾向的可能性相同

小应用！

4. 在大学的前两年中，Barry 大部分时间都感觉情绪低落。他无法集中注意力，并且有决策困难。有时他会非常难以作决定，并感到绝望。他没有胃口，大部分时间都在睡觉，总是感觉没有力气。他发现自己对之前爱好的事情（如看比赛、玩游戏）都失去了乐趣，下面哪个关于 Barry 的描述最可能是正确的？

A. Barry 患有重度抑郁症

B. Barry 正处于双相情感障碍的抑郁阶段

C. Barry 有恶劣心境障碍

D. Barry 正经历着所有人都偶尔出现的日常忧郁

4　进食障碍

对一些人来说，对体重和外在形象的关注已经成为一种严重的、令人心力交瘁的障碍（Lock，2012a；Wilson & Zandberg，2012）。对这些人来说，饮食成为生物、心理和社会文化问题相互作用的焦点所在，其结果往往是以悲剧收场。

许多名人，如戴安娜王妃，Ashley Judd，Paula Abdul，Mary-Kate Olsen 和 Kelly Clarkson，都患有进食障碍。进食障碍的特点是进食行为受到极端困扰——从吃得很少到吃得过多。在本节中，我们主要探讨三种饮食障碍——神经性厌食症、贪食症和暴食症。

> 进食障碍存在文化差异。在斐济，有一种被称为 macake 的障碍，特征是食欲不振和拒绝进食。由于受到社会的高度关注，患有 macake 的个体会重新表现出强烈的进食欲望，并开始享受食物。

神经性厌食症

神经性厌食症（anorexia nervosa）是一种通过节食来保持纤瘦身材的进食障碍。神经性厌食症在女孩/女人中比男孩/男人中更为常见，会影响到 0.5%～3.7% 的年轻女性（NIMH，2011）。美国精神病学协会（2013）列出了神经性厌食症的主要特征：

- 体重未达到正常年龄和身高的 85%，拒绝保持健康水平的体重。
- 对体重增加感到强烈恐惧，这种感觉不会随着体重减轻而消失。
- 身体形象扭曲（Stewart & others，2012）。即使已经非常瘦，但患有厌食症的人还是认为自己不够瘦。

随着时间的推移，神经性厌食症会导致生理上的变化，如全身汗毛生长、骨骼和头发稀疏、严重的便秘和低血压（NIMH，2011）。严重时甚至会出现生命危险，损害到心脏和甲状腺功能。据说，在所有心理障碍疾病中，神经性厌食症的死亡率最高（10

神经性厌食症　一种进食障碍，通过节食来保持纤瘦的身材。

> 神经性厌食症的个体很难感知到对症状的痛苦感受。而对个体行为感到痛苦是异常行为定义的一个方面。

年内约有5.6%的神经性厌食症个体死亡）（Hoek，2006；NIMH，2011）。

　　神经性厌食症通常始于青少年时期，在节食和一些生活压力之后出现（Fitzpatrick，2012）。大多数患有厌食症的个体都是白人女性青少年或受过良好教育的中产阶级与高收入家庭中的年轻人（Darcy，2012；Dodge，2012）。他们通常是完美主义者（Forbush，Heatherton，& Keel，2007）。关于体重和强制性运动的强迫性思维也与神经性厌食症有关（Hildebrandt & others，2012）。

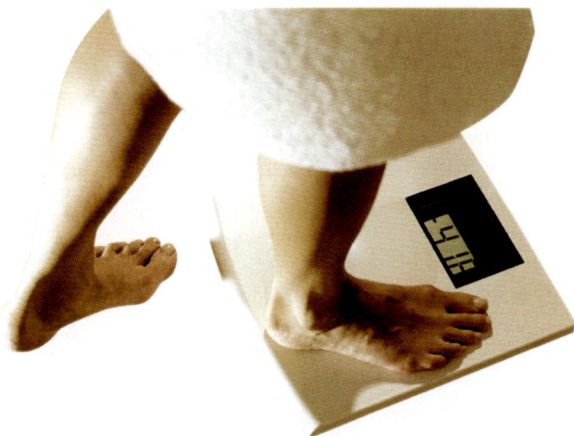

神经性暴食症

　　神经性暴食症（bulimia nervosa）是一种进食障碍，个体（通常为女性）一直坚持进食-催吐的进食模式。个体先是狂吃，然后通过催吐或服用泻药的方式清除食物。大多数患有神经性暴食症的人都非常迷恋食物，但又极其恐惧超重，表现出抑郁或焦虑症状（Birgegård，Norring，& Clinton，2012）。因为神经性暴食症的个体体重处于正常范围内，因此，这种疾病通常很难被检测到。神经性暴食症患者通常会保守这个秘密，并感到极其的自我厌恶和耻辱。

　　神经性暴食症会导致慢性咽喉痛、肾脏问题、脱水、胃肠道功能紊乱等并发症（NIMH，2011）。这种障碍还会导致牙齿问题，因为牙齿长期接触呕吐的胃酸，会磨损牙釉质。

　　神经性暴食症通常始于青春期晚期或成年早期（Levine，2002）。1%～4%的年轻女性会受到这种疾病的影响（NIMH，2011）。与神经性厌食症一样，许多有完美主义倾向的年轻女性会患上神经性暴食症（Lampard & others，2012）。通常，这些女性的自我效能感水平较低（Bardone-Cone & others，2006）。换句话说，这些年轻女性有很高的标准，但对实现目标的信心不够。冲动性、消极情绪、强迫症也与神经性暴食症有关（Roncero，Perpina，& GarciaSoriano，2011）。神经性暴食症也与儿童期性虐待和身体虐待有关（Lo Sauro & others，2008）。

> 66 牙医和牙科保健专家通常是第一个发现暴食症迹象的人。 99

> 66 虽然在女性中更为常见，但暴食症也影响男性。Elton John 描述了他与进食障碍对抗的过程。 99

神经性厌食症与神经性暴食症：原因和治疗

　　是什么原因引起神经性厌食症和神经性暴食症的呢？多年来，研究者一直认为社会文化因素，如媒体上宣传的苗条的女性形象和家庭压力是这些疾病的决定性影响因素（Le Grange & others，2010）。媒体对于纤细形象的极端美化确实会影响女性的身体意象，同时，媒体过于强调纤瘦的审美标准也与神经性厌食症和神经性暴食症相关（Carr & Peebles，2012）。虽然媒体的影响很强大，无数的女性都受到媒体对苗条女性形象不切实际的描述的影响，然而，真正形成进食障碍的人毕竟还是相对较少。许多年轻女性都会进行节食，但相对来说，只有很少一部分会发展成为进食障碍。

神经性暴食症 是一种进食障碍，个体（通常为女性）一直坚持进食-催吐的进食模式。

尽管与西方文化中关于该障碍的描述有所不同，但进食障碍也会出现在那些不强调理想身材的文化中。例如，在东方文化中，个体也会表现出厌食症的症状，但与北美不同，这些个体并不害怕变胖（Pike，Yamamiya，& Konishi，2011）。

自20世纪80年代以来，研究人员逐渐开始对影响这些疾病的潜在生物学原因感兴趣，尤其考察了特定的社会因素与生物因素之间的相互作用。基因在神经性厌食症和神经性暴食症中都起着主要的作用（Lock，2012b）。事实上，许多与厌食症和神经性暴食症有关的心理特征（例如，完美主义、冲动性、强迫症倾向和变瘦的动机）和行为（克制饮食、暴食、催吐）都受到基因的影响（Mikolajczyk，Grzywacz，& Samochowiec，2010；Schur，Heckbert，& Goldberg，2010）。这些基因也参与5-羟色胺的调控中，而5-羟色胺又与神经性厌食症和神经性暴食症问题有关（Capasso，Putrella，& Milano，2009）。

生物因素会影响进食障碍，进食障碍也会影响身体和大脑。大多数心理学家认为，虽然社会因素和经验可能会引发节食，但节食、暴食和呕吐也会引起生理效应，进而改变神经网络，使其维持一种无序的模式，造成恶性循环（Lock，2012b）。

尽管神经性厌食症和神经性暴食症是严重的心理障碍，但并非无法恢复正常（Fitzpatrick，2012；Treasure，Claudino，& Zucker，2010）。神经性厌食症可能需要住院治疗。治疗的首要目标是促进体重增加，在极端情况下甚至会使用喂食管。治疗神经性厌食症的常见问题是，个体否认患有这种障碍。他们认为保持苗条和严格的节食是正确的，而不是精神疾病的标志（Wilson，Grilo，& Vitousek，2007）。研究已经证明，药物疗法和心理疗法可以有效地治疗神经性厌食症和神经性暴食症（Hagman & Frank，2012；Wilson & Zandberg，2012）。

狂食症

狂食症（binge-eating disorder，BED）的特点是发作期间反复进食大量的食物，个体感到自己无法控制饮食（APA，2013）。与神经性暴食症不同，狂食症不会刻意清除食物。大多数狂食症患者会出现体重超重或肥胖（Carrard，der Linden，& Golay，2012）。

狂食症个体经常吃得很快，即便不饿的时候也会吃，一直吃到非常难受。因为尴尬或羞愧，他们经常单独吃饭，他们在暴饮暴食后会感到羞耻和厌恶。狂食症是最常见的进食障碍，在美国，男性、女性和少数族裔群体中，患狂食症的个体比患厌食症或神经性暴食症的人更多（Azarbad & others，2010）。估计约有2% ~ 5%的美国人患有狂食症（NIMH，2011）。

大约8%的狂食症个体体态肥胖。与未患有狂食症的肥胖者不同，狂食症个体可能非常重视外表、体重和体形（Grilo，Masheb，& White，2010）。狂食症个体的并发症更为普遍，包括糖尿病、高血压和心血管疾病。

狂食症：原因和治疗

研究人员正在研究生理和心理因素对狂食症的影响。基因在其中发挥了作用（Akkermann & others，2012），例如，多巴胺这种神经递质会影响大脑的奖赏回路（C. Davis & others，2010）。压

狂食症 一种进食障碍，其特点是发作期间反复进食大量的食物，个体感到无法控制饮食。

与患有神经性厌食症或神经性暴食症的人不同，大多数狂食症的人都会体重超重或肥胖。

力事件后，经常会出现暴食的现象。这一事实表明，人们通过狂吃食物来调节自己的情绪（Wilson，Grilo，& Vitousek，2007）。在狂食症个体的大脑中，与压力相对应的脑区和内分泌系统是过度激活的状态（Lo Sauro & others，2008），过度激活会引起高水平的皮质醇，这是与压力关系最密切的激素。狂食症个体更有可能将事件感知为压力，然后通过狂食来应对这种压力。

但是很少有研究关注影响狂食症的社会文化因素。一项研究调查了接触美国文化是否会增加患上狂食症的可能性（Swanson& others，2012）。结果表明，在控制各种因素后，移民到美国的墨西哥人和墨西哥裔美国人比住在墨西哥的本地人更有可能患上狂食症（Swanson & others，2012）。

正如治疗神经性厌食症要首先关注体重增加，一些人认为治疗狂食症应该首先关注减肥（DeAngelis，2002）。其他人则认为，要治疗狂食症，则必须治疗进食障碍患者的心理问题，他们坚持认为，如果潜在的心理问题不解决，减肥则难以成功或长久坚持下去（de Zwaan & others，2005；Hay & others，2009）。

自我测试

1. 神经性厌食症的主要特点包括以下所有方面，除了_____。
   - A. 青春期后没有来月经
   - B. 扭曲的身体意象
   - C. 即使体重降低，仍然强烈地担心体重增加
   - D. 强烈和持久的警觉

2. 神经性暴食症的人通常_____。
   - A. 很想吃食物
   - B. 体重过轻
   - C. 是男性
   - D. 并不过分担心体重增加

3. 最常见的进食障碍是_____。
   - A. 神经性暴食症
   - B. 神经性厌食症
   - C. 狂食症
   - D. 胃肠道疾病

小应用！

4. Nancy 是优秀的一年级医学专业预科生。Nancy 的室友 Luci 发现 Nancy 体重下降非常多并且非常瘦。Luci 指出，Nancy 工作很忙，很少按时吃饭，经常穿着笨重的毛衣。Luci 也注意到 Nancy 手臂上的汗毛很长，而且 Nancy 也提到自己不再来月经。当 Luci 问 Nancy 是否在减肥时，Nancy 回答说，她很担心不能获得"15 级新生"的荣誉，但认为自己对工作很适应，而且体重降低也没有困扰她。下面哪个选项最可能解释 Nancy 的状况？
   - A. Nancy 可能患有神经性暴食症
   - B. 尽管对其症状并不感到痛苦，但 Nancy 可能患有厌食症
   - C. Nancy 有狂食症
   - D. 结合 Nancy 的总体感觉，她似乎不太可能患有心理障碍

---

5 分离性障碍

你是否有过这样的经历：长途驾车，忘记了时间，甚至根本不记得走过的路程；沉浸在白日梦之中，甚至没有意识到时间的流逝。这些都是分离的正常例子。分离（dissociation）是指人们感觉与直接经验相分离的心理状态。

分离的极端状态就是个体会长期体验到心理感受和实际体验相分离的心理状态。**分离性障碍**（dissociative disorders）是一种心理障碍，是指个体突然丧失记忆或无法识别

> **分离性障碍** 由于个体的意识与先前记忆和思想的分离而突然丧失记忆或改变身份的心理障碍。

自我的身份。在极端的压力或震惊下，个体的有意识知觉会与之前的记忆及想法完全分离（Espirito-Santo & Pio-Abreu，2009）。分离性障碍个体也许无法整合意识的不同方面，因此，会将不同意识水平中的经历感知为发生在他人身上的事情（Dell & O'Neil，2007）。

心理学家认为分离是应对压力的一种方式（Brand & others，2012）。通过分离，个体从精神层面保护自己不受到惨痛经历的伤害。患有创伤后应激障碍的个体更易患分离性障碍（Lanius & others，2012）。这两种心理障碍在一定程度上都源于极度惨痛的经历（Foote & others，2006）。研究表明，分离性障碍者难以对情绪记忆进行整合。关于分离性障碍个体有更小容量的大脑海马区和杏仁核的研究证实了这一研究结果（Vermetten & others，2006）。大脑海马区在将记忆和生活经历整合为一体的过程中起着重要作用（Spiegel，2006）。

分离性障碍也许是最具争议的诊断类别，一些心理学家认为它经常被误诊（Freeland & others，1993），也有一些心理学家认为这种障碍可能无法诊断出来（Sar，Akyuz，& Dogan，2007；Spiegel，2006）。目前，研究发现有三种典型的分离性障碍，分别是分离性失忆症、分离性漫游症和分离性身份认同障碍。

分离性失忆症

在第6章中已经指出，失忆是指丧失回想重要事件的能力（Markowitsch & Staniloiu，2012）。头部重击所导致的大脑损伤可导致失忆。**分离性失忆症**（dissociative amnesia）是一种由多种心理压力所导致的极端的记忆缺失。分离性失忆症患者能记得每天的任务，比如如何打出租车和使用手机。他们只是忘记了自己的身份信息和曾经的经历。

分离性失忆的患者有时还会意外地离家出走，甚至会假想出另一个身份。例如，纽约市23岁的中学老师Hannah Upp在2008年8月28号外出时消失了（Marx & Didziulis，2009）。她没有带钱包、身份证、手机和钱。她的家人、朋友和室友到处张贴传单并且在网络上发布寻人信息。日子一天天过去，他们越来越担心Hannah的安危。最终，9月16号时，Hannah被人在纽约港口发现，当时她晒得很黑并且处于脱水的状态，幸运的是，她还活着。她完全不记得自己的经历。对于她而言，就好像自己出去跑了10分钟，然后被丢在了纽约港口。她不知道什么事件导致了她的分离性失忆症，也不记得自己这两周的失踪过程中都经历了什么。

分离性身份障碍

分离性身份障碍（dissociative identity disorder）通常也称作多重人格障碍，是最戏剧性、最不常见、也最富有争议的分离性障碍。患有这种障碍的患者通常有至少两种典型人格或身份（Belli & others，2012）。每种身份有其自己的记忆、行为和社会关系。有时，一种身份起主导作用，有时，另一种身份则占主导地位。个体有时会报告说，似乎有一堵失忆的墙将不同的身份隔离开来（Dale & others，2009）。然而，研究表明，即使个体并没有意识到，但记忆实际上是在不同身份间穿插的（Kong，Allen，& Glisky，

2008）。通常，在巨大的不幸后会出现身份的转变（Sar & others，2007），但是有时也可以被人为控制（Kong，Allen，& Glisky，2008）。

关于分离性身份障碍的一个真实案例就是"三面夏娃"的案例，是关于一位叫Chris Sizemore的女性案例（Thigpen& Cleckley，1957）（图12.8）。Eve White是她最初的主导人格。她完全不知道自己的第二重身份——Eve Black，尽管Eve Black和Eve White身份在她身上交替存在了很多年。Eve White是冷漠、安静和严肃的。相反，Eve Black是无忧无虑、顽皮、不受约束的。Eve Black经常出现在不合适的时候，留给Eve White无法理解的宿醉、账单和常逗留在当地酒吧的名声。在治疗过程中，第三种人格产生了，就是Jane。Jane的性格比前两种性格更为成熟，Jane似乎是治疗的结果。最近，前海斯曼奖杯得主、美国国家足球联盟跑卫Herschel Walker（2008）在他的书《我的分离性身份障碍生活》中揭示了他患分离性身份障碍的经历。

关于多重人格障碍的研究认为，儿童早期所经历的性虐待和身体虐待与分离性身份障碍有关（Ross & Ness，2010）。一些心理学家认为，为了应对这种创伤，儿童将自己从这种经验中分离出来，并发展了其他的替代自我以进行自我保护。在多达70%或更多的分离性身份障碍病例身上，都曾有过性虐待的经历（Foote & others，2006）。但是，曾经遭受过性虐待却不是大多数人发生多重人格障碍的原因。绝大多数分离性身份认同障碍个体都是女性。遗传具有一定的预测性，而且这种障碍也有家族病史的原因（Dell & Eisenhower，1990）。

到20世纪80年代时，只有大约300例多重人格障碍者被发现（Suinn，1984）。而在过去的30年中，则有数以百计的病例被诊断出来。社会认知理论指出，随着大众媒体提供的各种案例的增多（如迷你剧《Sybil》和戏剧《倒错人生》的播出），诊断量也有所增加。从这个角度来看，个体通过社会传染发展出多重身份。随着这些例子的曝光，人们更有可能将多重身份视为真实的情况。实际上，一些专家认为，多重人格障碍是一种社会建构——表征的是人们对自我经历的解释（Spanos，1996）。宁可做一个拥有许多复杂的感情、愿望和潜在的可怕经历的个体，人们也不愿将这些不同的方面重新进行整合成为另一种身份。在一些案例中，医生被指控为患者创建了不同的人格。当患者似乎拥有一个支离破碎的自我意识时，治疗师可能会把每个片段当作一个独立的"人格"进行治疗（Spiegel，2006）。

> 治疗师和病人正在对异常行为进行归因。

那么，分离身份认同障碍是创伤性事件的结果，还是社会认知因素如社会传染的结果呢？跨文化比较有助于理解这一问题。如果分离是创伤性事件的结果，那么不管他们身处的文化中关于分离障碍的信息传播状况如何，相似创伤性经验的个体，其分离障碍的程度也应该相似。在中国，大众媒体一般不传播有关分离障碍的信息，对于患有该障碍的个体的描述较少，有关该障碍的专业知识也比较少见。一项关于中国和加拿大（广泛宣传多重人格障碍的国家）的比较研究发现，不同群体间的创伤性体验很类似，而且与分离性障碍有关（Ross & others，2008），这一结果引起了人们对于"分离障碍完全是社会传染的产物"这一观点的怀疑。

自我测试

1. 分离性身份障碍与异常高比率的_____有关。

  A. 焦虑

  B. 儿童期受虐待的经历

  C. 抑郁症

  D. 离婚

2. 个体在遭受心理创伤后失忆，其所患的是_____。

  A. 多重人格障碍

  B. 分离性回忆障碍

  C. 分离性失忆症

D. 精神分裂症

3. 在分离性失忆症的情况下，个人不仅经历失忆，也经历_____。

A. 频繁产生自杀的念头

B. 多个不同的身份

C. 拒绝离开他／她的家

D. 离家到处游走

小应用！

4. Eddie 经常忘记时间。有时，他会非常全神贯注于所做的事情，以至于约会迟到。在图书馆写论文时，他也会完全沉浸在其中，等他抬头看时，就会震惊地发现太阳已经下山了。下列哪个选项能够最好地描述 Eddie 的状况？

A. Eddie 有多重人格障碍的迹象

B. Eddie 有分离性失忆症的迹象

C. Eddie 是正常的分离

D. Eddie 有患分离性失忆症的危险

6　精神分裂症

精神分裂症　是一种严重的心理疾病，特点是高度无序的思维过程。这种无序的思维过程之所以被称为精神病，是因为该过程严重脱离现实。

你是否有过如下的经历：在看电影时，突然发现电影所描述的正是你自己的生活；在听广播谈话节目时，发现主持人所说的与你刚刚所想的完全一致。这些时刻对你而言，是有特殊意义的呢？还是只是巧合？对于有严重精神障碍的个体来说，这样随机的经历可能蕴含着一些特定的意义。

精神分裂症（schizophrenia）是一种严重的心理疾病，特点是高度无序的思维过程。这种无序的思维过程之所以被称为精神病，是因为该过程严重脱离现实。精神分裂症患者的世界充满了深深的恐惧和混乱。

精神分裂症通常在成年早期被诊断出来，男性大约是18岁时，女性大约是25岁时。精神分裂症患者可能会看到不存在的东西，脑子里能听到不存在的声音，生活在逻辑混乱的陌生世界中。他们可能说出一些奇怪的事情，表现出不恰当的情绪，并且行为古怪。他们通常被社会孤立或隔离。

> ❝ 患有精神分裂症时，主动寻求治疗需要很大的勇气。这需要个体承认自己的知觉——他们对于世界的真实看法——是错的。❞

我们很难想象精神分裂症患者所忍受的折磨，大约有一半的病人都生活在精神病院中。其自杀的风险是普通人群的8倍（Pompili & others，2007）。对于许多患有该障碍的个体来说，只有使用大剂量的处方药才能控制住这种疾病。最常见的复发原因就是个体停止服药。他们之所以这样做，可能是因为感觉自己已经好多了，不再需要药物了，或是并没有意识到自己思维过程的异常，也可能是因为感觉药物的副作用太让人讨厌了。

精神分裂症的症状

心理学家通常将精神分裂症分为阳性症状、阴性症状和认知缺陷（NIMH，2008）。

阳性症状　精神分裂症的阳性症状的特点是正常功能的扭曲或过度表现。这些症状之所以是"阳性的"，是因为它们反映了一些超出正常行为的表现。精神分裂症的阳性症状包括幻觉、妄想、思维障碍和运动障碍。

幻觉（hallucinations）是没有相应的客观刺激时所出现的知觉体验。有幻觉的人通常在听觉方面出现异常——他们可能会抱怨听到声音，或是视觉方面异常，较少出现嗅觉或味道异常（Bhatia & others，2009）。文化影响幻觉的形式、内容和感觉模式，幻觉模式是指幻觉是表现为视觉、听觉，还是嗅觉或味觉（Bauer & others，2011）。视觉幻觉指看到不存在的东西，如 Moe Armstrong 21岁时作为海军医务兵在越南战役中服役，那时他几乎精神崩溃。那些死去的越共士兵似乎总是跟着他，请求他帮忙，好像还活着一样。现在，Armstrong已经成为一个成功的商人，一个受欢迎的公众演说家，拥有两个硕士学位，他依靠药物赶走了这些体验（Bonfatti，2005）。

妄想（delusions）是个体持有错误的、异常的，或与其文化格格不入的奇怪想法。一个有妄想的人会把自己想象成是耶稣基督或穆罕默德；或者想象自己的想法被广播电台广为传播。注意，妄想要和一些文化中的宗教信仰区别开来，一些宗教信仰认为个体会有一些神奇的异象，或者能够与神对话。一般来说，心理学和精神病学并不认为这些想法是妄想。

在外人看来，精神分裂症患者的一些妄想信念似乎完全不合逻辑。有一段时间，Bill Garrett（本章开始时提到的人物）认为自己手上起的泡是坏疽的迹象。这种想法非常强烈，他甚至试图砍掉自己的手，还好，他的家人及时阻止了他（M.Park，2009）。

思维障碍是指精神分裂症的阳性症状表现为异常的、怪异的思维过程。这种个体的思维毫无组织、非常混乱。他们经常无法思路清晰地谈话或写作。例如，一位精神分裂症的患者可能会说，"嗯，岩石，宝贝你知道的，就是这样。签字。"这些支离破碎的、松散的词组被称为语词杂拌（word salad），对于听者来说毫无意义。他们可能还会创造一些新单词（Kerns & others，1999）。此外，精神分裂症个体可能还会表现出**参照性思维**（referential thinking），即给一些完全随机的事件赋予个人的意义。例如，由于非常着急，一位精神分裂症个体会认为交通灯已经变成红灯了。

最后一种阳性症状是运动障碍。一个有精神分裂症的人可能表现出异常的行为举止、身体动作和面部表情。个体一遍又一遍地重复特定的动作，在极端情况下，可能会出现紧张症。**紧张症**（catatonia）是一种持续较长时间的静止和无反应状态。

阴性症状 精神分裂症的阳性症状是正常功能的扭曲或过度表现，阴性症状则表现为社交退缩、行为缺陷以及正常功能的缺失或降低。一种阴性症状就是**情感贫乏**（flat affect），即很少表现出情感或没有情感（LePage & others，2011）。精神分裂症患者也可能缺乏感受他人情绪的能力（Chambon，Baudouin，& Franck，2006）。他们很少在日常生活中体验到积极的情感，并且缺少计划能力和实施、参与有意图行为的能力。

认知症状 精神分裂症的认知症状包括无法保持注意力、记忆存储出现问题、无法进行信息解释和做出决策（Sitnikova，Goff，& Kuperberg，2009；Torniainen &

幻觉 是没有相应的客观刺激时所出现的知觉体验。

妄想 是指个体持有错误的、异常的，或与其文化格格不入的奇怪想法。

参照性思维 给一些完全随机的事件赋予个人的意义。

紧张症 是一种持续较长时间的静止和无反应状态。

情感贫乏 很少表现出情感或没有情感，这是一种常见的精神分裂症的阴性症状。

66 由于精神分裂症的阴性症状并不明显，因此，一些精神分裂症患者可能被他人视作是懒惰、不愿意好好地生活。99

others，2012）。这些症状可能非常微妙，通常只有通过神经心理学的测试才能筛查出来。研究人员现在已经认识到，要完全了解精神分裂症的认知症状，必须在特定的文化中对其进行测试（Mehta & others，2011）。

精神分裂症的原因

大量的研究调查了精神分裂症的原因，其中包括生物、心理和社会文化因素。

生物因素　研究强有力地支持了生物因素对精神分裂症的影响作用，尤其引人注目的是遗传倾向的证据（Tao & others，2012）。然而，大脑结构异常和神经递质也与这种重度的心理障碍关系密切（Perez-Costas & others，2012；Sugranyes & others，2012）。

遗传因素　精神分裂症至少部分是源于遗传因素，这一观点得到了研究的支持（Vasco，Cardinale，& Polonia，2012）。正如图12.8所示，随着精神分裂症个体基因相似性的增加，个体患精神分裂症的风险也相应提高（Cardno & Gottesman，2000）。这些数据表明，遗传因素在精神分裂症中起着重要作用。研究人员正在试图确定那些可能导致精神分裂症的基因的染色体位置（Crowley & others，2012；van Beveren & others，2012）。

心理调查

与患精神分裂症个体的关系

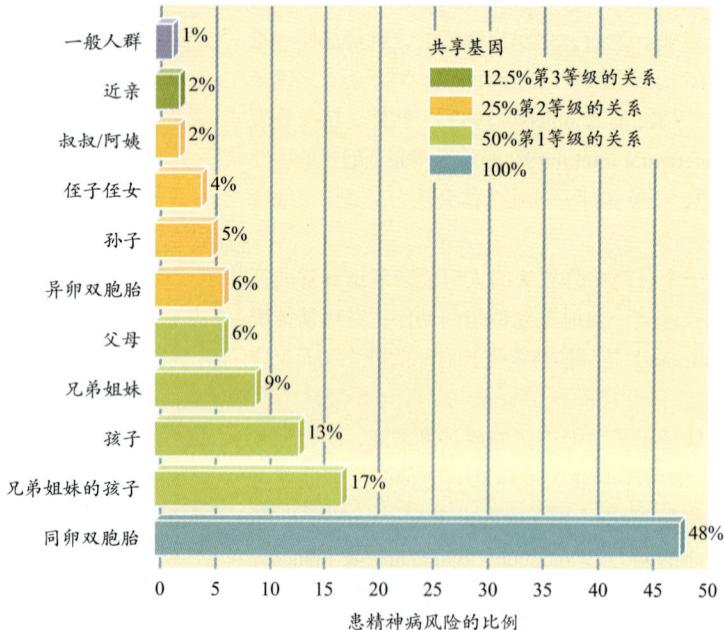

共享基因
- 12.5%第3等级的关系
- 25%第2等级的关系
- 50%第1等级的关系
- 100%

关系	患精神病风险的比例
一般人群	1%
近亲	2%
叔叔/阿姨	2%
侄子侄女	4%
孙子	5%
异卵双胞胎	6%
父母	6%
兄弟姐妹	9%
孩子	13%
兄弟姐妹的孩子	17%
同卵双胞胎	48%

患精神病风险的比例

图12.8 遗传对患精神分裂症风险的影响　亲缘　随着与有精神分裂症个体关系密切度的增加，个体患精神分裂症的风险也增加。

> 哪种家族关系的基因重叠率最低和最高？> 同卵双胞胎与非双胞胎兄弟姐妹的基因重叠是否存在区别？> 同卵双胞胎与非双胞胎兄弟姐妹之间患精神分裂症的风险有何不同？

脑结构异常　研究发现，精神分裂症个体的大脑结构存在异常。脑成像技术，如核磁共振扫描清楚地显示了精神分裂症患者大脑的脑室是扩大的（Rais & others，2012）。脑室是充满液体的大脑区域，脑室的扩大表明其他脑组织的恶化。与非精神分裂症个体相比，精神分裂症个体的额叶皮质（规划和决策的区域）区域更小，活动更少（Cotter & others，2002）。

不过，健康个体和那些患有精神分裂症的个体的大脑之间的差异仍然是比较小的（NIMH，2008）。对尸体解剖的微观研究表明，正常人与精神分裂症个体的大脑细胞分布及特征的差异很小。这些改变似乎是发生在出生前，因为其中没有神经胶质细胞，出生后的脑损伤是永久存在的。问题可能是发生在产前（如产前感染，A.S.Brown，2006），但在青少年期表现出具体的症状（Fatemi & Folsom，2009）。

神经递质调节问题　早期对精神分裂症的生物学解释主要关注的是精神分裂症与过量多巴胺分泌之间的关系。研究者在使用药物左旋多巴（增加多巴胺水平）治疗帕金森病时，最先发现了多巴胺和精神病症状之间的关系。除了缓解个体的帕金森症状，左旋多巴还使一些个体出现了混乱的想法（Janowsky、Addario & Risch，1987）。此外，减轻精神病症状的药物也会降低多巴胺的水平（Kapur，2003）。对多巴胺在数量、产生或吸收上的差异进行的研究表明，多巴胺在精神分裂症中发挥着重要作用（Brito-Melo & others，2012；Howes & others，2012）。

如前面的意识状态（第4章）和学习（第5章）部分所述，多巴胺是一种神经递质，能够帮助我们识别环境中的奖赏刺激，并感觉"良好"。如本书中人格（第10章）部分所描述的，多巴胺与外向和宜人性有关。这种与美好事物相关联的神经递质是如何在这种破坏性最大的心理障碍中发挥着至关重要的作用的呢？

要理解这个问题，可以将多巴胺看做是神经化学的信使，每当我们面临奖赏机会时，它就喊道，"嘿！这是很重要的！"试想一下，即便是面对生活中最小的细节，它也是频频发出声音（Kapur，2003）。这种想法十分夸张，个体仿佛听到他人在脑中这样说话。一些想法如"因为我没带伞，所以今天下雨了"在头脑中一闪而过，这些想法虽然不傻，但却像真实听到一样。Shitij Kapur（2003）认为幻觉、妄想和参照性思维可能都是个体在试图理解这种特别的感觉。

对于多巴胺解释精神分裂症的一个问题是，虽然抗精神病药物能在短时间内降低多巴胺水平，但是妄想信念却需要更长的时间才会消失。即使精神分裂症个体的多巴胺水平已经恢复平衡，但可能仍然坚持认为一个强大的组织成员正在监视着他的一举一动。如果是多巴胺导致了这些症状，那么，为什么在多巴胺已经被控制之后，症状还持续存在呢？Kapur认为，妄想作为一种解释图式，有助于个体理解一些随机和混乱的体验，这是多巴胺无法控制的。只有当这些图式不再发挥作用的时候，个体头脑中的一些怪异想法才会消失（Kapur，2003）。也就是说，随着时间的推移，个体经过不断地体验和治疗，最终可能会意识到，事实上没有阴谋。

心理因素　心理学家们曾认为精神分裂症源于个人的童年经历和与父母的关系。当代理论家大多已经放弃这样的解释，并开始认识到压力可能是导致这种疾病的原因。**素质－应激模型**认为生物遗传倾向和压力共同导致精神分裂症的出现（Meehl，1962）（素质

❝ 过量的多巴胺会使人们感觉到所有事情都很重要。❞

素质－应激模型
认为生物遗传倾向和压力共同导致精神分裂症的出现。

❝ 回想一下Moe Armstrong的经历，他在越南战争中压力极大时，开始出现精神分裂的症状。❞

是指"身体的易感性或是特定障碍的易感体质")。例如，当（如果）个人经历极端的压力时，遗传特征可能会导致精神分裂症的出现。

社会文化因素 关于精神分裂症的社会文化因素方面的研究发现了一个有趣的结果，即在发展中国家和发达国家中，精神分裂症的发展过程存在差异。具体而言，随着时间的推移，相比发达的工业化国家，精神分裂症患者在发展中国家更有可能显示出复发的迹象（Bhugra，2006；Jablensky，2000；Myers，2010）。然而，无论是症状、思想的混乱性，还是从事生产工作的能力，发展中国家的患者都比发达国家的患者要更好。

这种差异令人费解。一些专家认为，与发达国家相比，发展中国家可能更多地存在误诊，或将潜在危险忽视了（Burns，2009）。其他一些研究者通过文化信仰和习俗来更好地理解这些影响。例如，更发达的国家（如美国）对被诊断为精神分裂症的个体是否能够康复没有很强的信心（Luhrmann，2007）。此外，不同文化中，人们对这种症状的观点和反应也不同。在一些发展中国家收集的数据表明（例如，在印度的昌迪加尔），人们认为视觉幻觉与一些常见的宗教体验非常相似（Luhrmann，2007）。此外，在发展中国家，在个体被诊断为患有精神分裂症后，其家庭仍然负责照顾这些人的生活，并且在临近的社区中很多家人生活在一起，共同负责照顾这些亲人，因此生活负担不是很大（Hopper & Wanderling，2000）。文化影响精神分裂症的这一事实表明了文化背景在这种心理障碍中的作用。即使精神分裂症患者有一些共同的大脑特征，但由于所生活的文化不同，这些相似大脑的体验和反应也是不同的。

在发达国家，精神分裂症与贫穷紧密相关，但目前还不确定贫困经历是否会增加障碍出现的可能性（Luhrmann，2007）。拥有婚姻、温暖而支持性的友谊关系（Jablensky & others，1992；Wiersma & others，1998）、工作与精神分裂症患者状况的改善之间正相关（Rosen & Garety，2005）。这一研究至少表明，一些精神分裂症个体也能享受婚姻、工作和友谊（Drake，Levine，& Laska，2007；Fleischhaker & others，2005；Marshall & Rathbone，2006）。

试一试！

如果你从未见过患有精神分裂症个体，可以在线了解一下 Moe Armstrong，在优酷上可以搜索到他的很多演讲。

自我测试

1. 精神分裂症的阴性症状有_____。

　　A. 幻觉

　　B. 情感贫乏

　　C. 妄想

　　D. 紧张症

2. Joel 认为他有超人的力量，他很可能出现了____。

　　A. 幻觉

　　B. 妄想

　　C. 阴性症状

　　D. 参照性思维

3. 精神分裂症的生物原因是_____。

　　A. 身体的多巴胺调节出现问题

　　B. 大脑结构异常，如脑室扩大或较小的额叶皮质

　　C. A 和 B 都是

　　D. A 和 B 都不是

小应用！

4. 在精神病院实习期间，Tara 看见一个年轻人独自坐在一个角落里，就和他简短地谈了一会。他问她是否为政府工作，她告诉他不是。之后，她问了他几个问题，就走开了。之后，她告诉导师，让她感到困惑的不是自己和年轻人的对话内容，而是她感觉年轻人似乎完全心不在焉。Tara 注意到了精神分裂症的_____症状。

　　A. 阳性　　　　　　　　B. 阴性

　　C. 认知　　　　　　　　D. 基因

7 人格障碍

试想一下，你的人格——决定你就是你的这一特征，竟然成为你生活困扰的核心。这就是**人格障碍**，是个体在整个人格方面所出现的长期适应不良的认知行为模式。人格障碍相对比较普遍。美国一项有代表性的样本研究发现，15%的人有人格障碍（Grant & others，2004）。

在DSM-5中，关于人格障碍的修订是最受关注的。最大的变化就是在大五人格因素模型（见第10章）的框架下理解人格障碍。用大五人格因素来解释人格障碍的方法被称为维度取向。依据这种取向，人格障碍不再是一种人格类型，而是健康人格的一种极端表现。许多研究者都期望维度取向能够对人格障碍进行整合（Krueger & Eaton，2010；Miller & others，2012；Trull, Carpenter, & Widiger，2013；Widiger，2011；Widiger & Costa，2013）。有些研究者认为，从特质角度分析人格更好（Yalch, Thomas, & Hopwood，2012）。而有些研究者则认为这种改变毫无必要（Zimmerman & others，2011；Morgan & others，2013），并且对临床医生的用处也不大（Rottman & others，2011）。最后，这种变化没有被采纳。DSM-5列出了10种与之前版本相同的人格障碍类型（图12.9）。

在这里，我们将阐述两种最受研究者关注的人格障碍：反社会型人格障碍和边缘型人格障碍。两者都有非常严重的后果。反社会型人格障碍与犯罪行为和暴力有关；边缘型人格障碍与自残和自杀有关。

> **人格障碍** 个体在整个人格方面所出现的长期适应不良的认知行为模式。

人格障碍	描述
偏执型人格障碍	偏执、多疑、对他人极其不信任。患这种障碍的人对危险充满警戒，并有轻微的社会虐待倾向，还可能有社交孤立倾向。
分裂型人格障碍	对人际关系缺乏兴趣。患这种障碍的个体情感冷漠，他们通常会远离社交生活。
类似分裂型人格障碍	社会孤立、思维怪异。患这种障碍的人经常有复杂、奇特的信仰，并给生活事件和经历赋予特殊的意义。
反社会型人格障碍	善操控、虚伪、无道德观念。患这种障碍的人缺乏对别人的同情，以自我为中心，为了自己的利益利用别人。
边缘型人格障碍	情绪反复无常、自我形象不稳定。这类人易于出现情感波动和过度自责的情况，极度在意他人的评价，容易陷入自我否定中。
表演型人格障碍	寻求注意、引人注目、活泼轻浮。这类人在与人交往中常使用一种不恰当的方式表达个人魅力。
自恋型人格障碍	自我夸耀，过度在意他人的评价。患这种障碍的人认为自己有特权，并且比别人做得更好。他们在同情和理解他人情感方面存在缺陷。
回避型人格障碍	有社交障碍，容易体验到不胜任、焦虑和羞愧的感觉。这类人常感到自己不完美，并有社交退缩。他们对自己的行为有不切实际的高标准，回避目标设定、冒险行为或新的活动。
依赖型人格障碍	在情绪和生理需要方面都很依赖别人。患这种障碍的人认为他人有力量、有能力，而自己则像孩子一样无助。
强迫型人格障碍	严格遵守规则。这类人过度依赖道德准则，在日常生活中过于遵循秩序和规则。

图12.9 DSM-5中包含的10种人格障碍 对这些障碍的诊断要求：个体年龄在18岁以上，在诊断时要涉及认知、情感和行为等各个方面。注意，一些标签的注解可能有些令人困惑。分裂型人格障碍和类似分裂型人格障碍与精神分裂症不是一回事（虽然类似分裂型人格可能发展为精神分裂症）。强迫性人格障碍与强迫症也不是一回事。

反社会型人格障碍

反社会型人格障碍（ASPD）是一种心理障碍，其特征是无罪恶感、无责任感、违法、侵犯他人和欺骗。尽管这类个体表面上看起来可能很迷人，但反社会型人格障碍的个体不按规矩办事，而且经常出现犯罪和暴力行为。ASPD在男性中比女性中更常见，与犯罪行为、搞破坏、滥用药物和酗酒行为关系密切（Cale & Lilienfeld，2002）。

反社会型人格障碍的特点：

■ 不遵从社会规范和法律

■ 欺骗、说谎、使用别名、为个人利益和享乐欺骗他人

■ 冲动

■ 易怒和攻击性，易发生肢体冲突或对他人发起攻击

■ 漠视自身或他人的安全

■ 不负责任、经常中断工作；不付账单

■ 对给他人造成的痛苦毫无悔意、漠不关心，或将该行为合理化；伤害或虐待他人

通常来说，除非个体表现出明显的反社会行为，否则是不能将15岁之前的个体诊断为反社会型人格障碍的。

尽管ASPD与犯罪行为有关，但并不是所有的ASPD都会从事犯罪行为，也并非所有的罪犯都患有ASPD。一些ASPD个体也可以取得事业上的成功。在医生、神职人员、律师或任何其他职业中，都存在反社会人格的个体。不过，这些人往往会去侵犯他人，会去破坏规则，尽管他们可能从来没有被逮捕过。

ASPD的病因是什么呢？生物因素包括遗传、大脑和自主神经系统中存在的差异。下面，我们来了解一下这些因素。

ASPD受到基因遗传的影响（Nordstrom & others，2012）。与ASPD有关的某些遗传特征可能与睾丸激素相互作用（与攻击行为关系最密切的荷尔蒙），引起个体反社会行为的出现（Sjoberg & others，2008）。虽然儿童期受虐待的经历可能会使个体表现出ASPD的倾向，但有证据表明，个体是否表现出暴力行为，受到遗传因素的影响（Caspi & others，2002）。

关于大脑的作用，研究发现ASPD与大脑前额叶皮层的较低激活水平有关，并且这些个体的大脑更容易出现决策错误和学习问题（Raine & others，2000）。关于自主神经系统的研究发现，在厌恶情境中（如受到惩罚），ASPD个体的应激水平较低（Fung & others，2005），他们从事欺骗行为后仍能够保持冷静（Verschuere & others，2005）。对于那些成为反社会人格成年人的青少年和那些行为在成年期有所改善的青少年来说，自主神经系统是否被激活可能是一个关键的区别之处（Raine, Venables, & Williams，1990）。

精神变态者这一术语有时也指某些ASPD个体（Pham，2012）。精神变态者是冷酷的掠夺者，他们通过暴力得到想要的东西。精神变态者的例子如 John Wayne Gacy——谋杀了33个男孩和年轻男子的连环杀手，以及承认至少谋杀了30位年轻女性的 Ted Bundy。与正常个体相比，精神变态者的前额叶激活水平更低，并且，杏仁核结构以及与记忆相关的大脑结构海马区异常（Weber & others，2008）。最重要的是，这些大

脑差异在"失败的变态病"（因犯罪行为被逮捕的人）身上最明显（Yang & others，2005）。相比之下，"成功的变态病人"——从事反社会行为，但并没有被逮捕的人——在大脑结构和功能上有更好的控制能力。然而，成功的精神变态者们同样缺乏同情心，并更愿意采取不道德行为。他们通过欺骗他人来满足自己的生活。精神变态者在恐惧学习和理解他人的痛苦信息（如他人悲伤或恐惧的表情）方面存在缺陷（Dolan & Fullam，2006）。

治疗ASPD（包括精神变态者）的一个关键挑战是，他们反对甚至怀疑心理健康专家的能力。许多个体从未寻求过治疗，一些个体则因为入狱而中断治疗。

❝ 精神变态者的额叶功能可能会使他们无法被逮捕。**❞**

边缘型人格障碍

边缘型人格障碍（borderline personality disorder，BPD）是一种心理障碍，其特点是人际关系、自我形象和情绪的不稳定性。典型的特点是高度冲动性，这一特征始于成年早期，具有跨情境的一致性。BPD个体没有安全感，冲动，情绪化（Hooley，Cole，& Gironde，2012）。BPD与自我伤害行为，如自残（用锋利的利器割破身体，但没有自杀意图）和自杀相关（Soloff & others，1994）。

边缘型人格障碍的核心特征是情绪、自我意识和人际关系极度不稳定。BPD有如下四个关键特征（Trull & Brown，2013）：

- 情绪不稳定
- 自我评价不稳定，包括自我伤害的冲动行为和强烈的空虚感
- 负面的人际关系，特点是在极端理想化和极端的否定之间变来变去
- 自我伤害，包括反复的自杀行为、举动、威胁和自残行为等

BPD个体的情绪容易出现剧烈波动，对他人如何对待自己的态度非常敏感。他们经常感觉自己好像是一直坐在情绪的过山车上（Selby & others，2009），他们的亲人也要努力避免去惹恼他们。BPD个体将世界看做非黑即白，这也被称为分裂的思维方式。例如，他们要么将他人看做是没有任何积极品质的可恨敌人，要么就将他人视为亲密、理想化、毫无缺点的朋友。

边缘型人格障碍在女性中比男性中更为常见。边缘型人格障碍个体中，女性占75%（Korzekwa & others，2008；Oltmanns & Powers，2012）。

BPD的潜在原因非常复杂，主要包括生物因素和童年经历。大量研究发现了基因在BPD中的作用，并且其结果具有跨文化的一致性（Mulder，2012）。BPD的遗传率约为40%（Distel & others，2008）。

许多患有边缘型人格障碍的人在儿童期都有过性虐待、身体虐待和被忽视的经历（Al-Alem & Omar，2008；DeFruyt & De Clercq，2012）。然而，目前尚不清楚物质滥用是否也是主要原因之一（Trull & Widiger，2003）。儿童期受虐待经历可能与遗传因素共同作用，引起了BPD的发生。

与BPD有关的认知因素主要包括一系列不合理的信念（Leahy & McGinn，2012）。这些信念包括认为自己是无能的、生来就不被他人接受的以及别人是危险和充满敌意的（Arntz，2005）。BPD个体也表现出过度的警觉性：即一种长期处于警惕

边缘型人格障碍（BPD）是一种心理障碍，其特点是人际关系、自我形象和情绪的不稳定性。典型的行为是高度冲动性，这一特征始于成年早期，具有跨情境的一致性。

体验一下：
边缘型人格障碍

❝ 描述边缘型人格障碍的电影有：《致命吸引》《单身的白人妇女》和《迷恋》。这些电影对边缘型人格的描述是错误的，即将边缘型人格描述成更多地伤害别人而非自己。**❞**

❝ 这将是解释 BPD 的素质-应激模型。**❞**

状态、寻找环境中威胁信息的倾向（Sieswerda & others，2007）。

二十年前，专家还认为BPD是无法治愈的。然而，越来越多的证据表明，许多BPD个体的症状会随着时间而得到改善——在开始治疗的两年内就有近50%的人得到治愈（Gunderson，2008）。成功治疗的一个关键方面就是社交压力的降低，如离开有虐待行为的恋人或与治疗师建立信任的关系（Gunderson & others，2003）。

自我测试

1. ASPD 个体_____。
   A. 无法拥有成功的职业生涯
   B. 通常是女性
   C. 通常是男性
   D. 很少从事犯罪行为

2. BPD 患者_____。
   A. 很少关注别人如何对待自己
   B. 很少有愤怒或强烈的情绪问题
   C. 常常有自杀的想法或自我伤害的行为
   D. 对人和事有相对平衡的观点，而非将其看成非黑即白

3. 以下关于 BPD 的描述，哪个是错的？
   A. BPD 可能是由于遗传基因和童年经历共同作用引起的
   B. 近期的研究表明，BPD 个体能够积极地进行治疗

   C. BPD 的常见症状是冲动行为，如暴饮暴食和危险驾驶
   D. BPD 在男性中比在女性中更为常见

小应用！

4. 你的新朋友 Maureen 告诉你，她在 23 岁时被诊断出患有边缘型人格障碍。她认为情绪波动和不稳定的自尊是其性格的一部分，为此，她感到很绝望。她无助地问你，"我该如何改变呢？"下列哪个关于 Maureen 状况的陈述是准确的？
   A. Maureen 应该寻求治疗，努力改善与他人的关系，BPD 是可以治愈的
   B. Maureen 的担忧是合理的，因为像 BPD 那样的人格障碍是不太可能改变的
   C. Maureen 应该寻求治疗，不然她很有可能会出现犯罪行为
   D. Maureen 是正确的，因为 BPD 通常是由遗传因素造成的

8　与污名作斗争

给一个人贴上心理障碍的标签，这种事情似乎只会发生在别人身上（Baumann，2007）。事实上，心理障碍不只发生在他人身上，而是在所有人身上都可能发生，有时只是阶段不同。在对大约5770万美国成年人的诊断中发现，超过26%的18岁以上的美国人都患有心理疾病（Kessler & others，2005；NIMH，2008）。你自己或者你所认识的人可能都会经历心理障碍。通过图12.10可知，心理障碍在美国多么常见。

一项有争议的经典研究表明，心理障碍的标签是有"黏性"的，一旦人们被贴上了心理障碍的标签，就很难消除。David Rosenhan（1973）招募了八名成年人（包括一位全职妈妈、一位心理学研究生、一名儿科医生和几名精神科医生），这些人都没有心理障碍，研究者让他们去不同的医院看心理医生。这些"假患者"抱怨听到了"空"和"砰"的声音，除此之外都表现正常。八个人都表示有意离开医院，并且非常配合医院。然而，八个人都被贴上精神分裂症的标签，被留在医院3～52天。根本没有人质疑心理健康专家对他们的诊断，离开时所有人都被贴上了"心理障碍缓解"的标签。"精神分裂症"的标签粘在了假患者身上，并使得专家将其正常的

行为解释为不正常。很明显，一旦一个人被贴上心理障碍的标签，别人就会将其所有行为都视为不正常的。

心理障碍的标签会给一个人带来一系列的影响。这样的人还能成为一个好朋友、一位好家长、一个有能力的人吗？患有心理疾病的个体所面临的问题就是他人对其所患有的精神疾病所持有的消极态度（Phelan & Basow，2007）。污名是心理障碍个体及其家人和爱人所要面对的一大难题（Corrigan，2007；Hinshaw，2007）。对心理障碍的消极态度在许多文化中都很常见，文化规范及价值观影响了人们的态度（Abdullah & Brown，2011）。对于污名的恐惧会使得个体不愿寻求治疗，也不愿与家人和朋友谈论自己的问题。

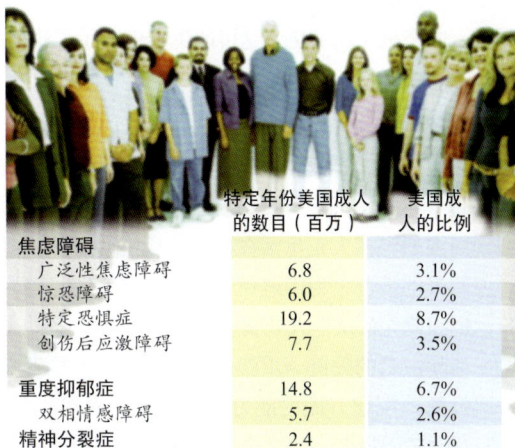

心理障碍	特定年份美国成人的数目（百万）	美国成人的比例
焦虑障碍		
广泛性焦虑障碍	6.8	3.1%
惊恐障碍	6.0	2.7%
特定恐惧症	19.2	8.7%
创伤后应激障碍	7.7	3.5%
重度抑郁症	14.8	6.7%
双相情感障碍	5.7	2.6%
精神分裂症	2.4	1.1%

图12.10　近12个月内，最常见心理障碍的发生率　如果将图中的数据加起来，你就会发现数据的总和高于文中所列出的数字。对此的解释是，人们经常被诊断为患有超过多种心理障碍。一个同时患有抑郁症和焦虑症的个体会分别被计入两种类别中。

污名的后果

心理障碍的污名会引发人们对正在艰难应对这些问题的个体的偏见和歧视，从而使本已困难的局面更加糟糕。在面对心理障碍的同时，还要与污名作斗争，这对心理障碍个体的身体健康产生了消极的影响。

偏见和歧视　心理障碍的标签之所以具有伤害性，是因为它们会导致消极的刻板印象，还会引发偏见。例如，"精神分裂症"的标签通常有消极的含义（如"可怕的"和"危险的"）。

一些心理障碍个体的极端有害行为会引发人们对这种心理障碍产生消极的刻板印象，认为心理障碍者都有暴力行为。例如，23岁的大学生——赵承熙于2007年4月在弗吉尼亚理工大学杀害了32名学生和教师，之后自杀。大量报道指出，赵承熙患有心理障碍，这可能加强了人们所持有的"心理障碍者是危险的"观念。然而，事实上，心理障碍患者（尤其是正在接受治疗者）与一般人一样，不太可能实施暴力行为。赵承熙既不能代表心理障碍个体，也不能代表弗吉尼亚理工大学的学生。

通常，心理障碍个体会意识到人们对其所持有的消极污名，甚至自己之前就持有这种消极的态度。寻找帮助可能意味着他要接受这种身份（Thornicroft & others，2009；Yen & others，2009）。甚至心理健康专家也对心理障碍者持有偏见（Nordt，Rossler，& Lauber，2006）。要减少偏见，需要不断提高相关的知识，并知道神经生物学和遗传会影响到心理障碍。研究表明，了解到基因会影响这些障碍的发生，有助于减少人们的偏见（WonPat-Borja & others，2012）。

歧视，或对心理障碍群体的偏见是污名中最令人担心的方面。在工作场所，歧视心理障碍者是违法的。1990年的《美国残疾人法案》（ADA）规定，当心理障碍者的情况并不妨碍其正常工作功能时，拒绝其工作或升职是违法的（Cleveland，Barnes-Farrell，& Ratz，1997）。一个人的外貌和行为可能是不正常的或是使人不愉快的，但只要其能够完成所要求的工作内容，就不能阻碍其就业或升职。

身体健康　与心理健康的人相比，心理障碍个体更可能患有身体疾病，并且死亡率会高出2倍（Gittelman，2008；Kumar，2004）。他们也更可能出现肥胖、吸烟、饮酒过度，并养成不爱运动的生活方式（Kim & others，2007；Lindwall & others，2007；Mykletun & others，2007；Osborn，Nazareth，& King，2006）。

你可能会认为这些身体健康问题无需担心。如果精神分裂症个体想抽烟，为什么要阻止他们呢？其实这样的想法不利于帮助那些有心理障碍的个体。研究表明，健康促进项目同样适用于患有严重心理障碍的人

（Addington & others，1998；Chafetz & others，2008）。如果我们不承认对心理障碍患者的身体健康干预措施会给其带来的积极生活变化，这可能也恰恰揭示了我们的偏见。

战胜污名

我们如何才能战胜心理障碍的污名呢?改变人们对心理障碍个体的态度所遇到的一个障碍就是，人们的态度常常是"看不见的"。也就是说，有时我们并没有发觉所认识的某个人可能患有心理障碍。我们可能没有意识到，周围的许多人正生活在心理障碍的阴影下，他们因为担心被指责，所以没有表现出来。因此，污名会导致进退两难的情况：为了避免公众知晓其心理障碍，那些正在与心理障碍作斗争的个体会尽量不让人们知道其体验，也因此无法从他人处获得许多宝贵的经验（Jensen & Wadkins，2007）。

消除污名的关键一步就是，避免将心理障碍个体视为另类。相反，要承认他们的优势力量——他们在面对障碍及解决问题方面的能力以及取得的成就。通过创设积极的环境，我们鼓励更多的个体成为自信的"公开的"心理障碍患者，并为他人做出积极的榜样。

20世纪80年代，当年轻的大学生Milton Greek进入俄亥俄大学时，他有一个雄心勃勃的目标——"发现人们应该遵循的心理密码，创建世界和平"（Carey，2011）。人们都觉得他想法奇怪。大四时，Milton婚姻失败，并认为自己某一天遇到了上帝，而后几天又遇到了耶稣。虽然他一直是一名无神论者，但他的妄想症却带有独特的宗教色彩。他相信世界末日终将发生，而他自己则是反基督者。他听到其他人没有听到的声音，看到其他人没有看到的东西。Milton最终被诊断为精神分裂症，开始服药，并逐渐回归到正常生活中。读研究生期间，一切似乎都在好转，他停止服用药物。他在和一个亲密朋友聊天时说道，"当她使用'幻觉'这个词时，我知道这是真的。"（Carey，2011）

现在，49岁的Milton是一个婚姻幸福的电脑程序员。他需要药物控制症状，似乎又找到了人生的新使命。他通过分享自己的精神分裂症的故事来影响他人。在一小群患有其他严重精神疾病的人中，Milton已经"走出来"，并揭示了其战胜污名的经历，为那些正经历着痛苦的心理障碍个体提供了希望，也帮助了那些对其经历感兴趣的心理学家们更好地对这一群体进行研究。

阅读本章之后，你会发现很多可敬的人们正在与心理障碍作斗争。被诊断为心理障碍者并未减损他们的成就。相反，因其所面临的挑战，他们的成就显得更为惊人。

自我测试

1. 在最近的一年中，18岁及以上的美国人中，患有心理障碍者的比例接近于：_____。
   A. 15%　　B. 26%　　C. 40%　　D. 46%

2. 对心理障碍者的污名会影响_____。
   A. 心理障碍患者的身体健康状况
   B. 心理障碍患者的心理健康状况
   C. 他人对心理障碍患者的态度和行为
   D. 上述所有

3. 给心理障碍者贴标签会导致哪些伤害？
   A. 刻板印象　　　　　　B. 歧视
   C. 偏见　　　　　　　　D. 上述所有

小应用！

4. 毕业后，Liliana在一个调查公司获得了数据输入的工作。在第二次面试期间，她询问人力资源经理，工作健康补贴是否包括处方药保险，因为她正在服用抗焦虑障碍的药物。关于Liliana的询问，下列哪种表述最合适？

A. 人力资源经理应该告诉招聘委员会，避免聘用 Liliana，因为她患有心理障碍

B. 如果只是因为 Liliana 有心理障碍而拒绝雇佣她，那么公司就是违法的

C. Liliana 不应该问这个问题，因为她不会被雇佣的

D. 公司必须给 Liliana 提供这份工作，否则就会被起诉

总 结

❶ 定义和解释异常行为

异常行为是不正常的、适应不良的，或在相当长的时间内令人感到痛苦的行为。关于心理障碍的理论取向认为，引起心理障碍的原因包括生物因素、心理因素、社会文化因素和生物心理社会模式。

心理障碍的生物学取向将心理障碍归结于器质性的、生物化学的和遗传的因素。心理取向包括行为、社会认知和特质观点。社会文化取向关注个体生活的社会环境，包括婚姻、社会经济地位、种族、性别文化因素。生物心理社会取向认为生物、心理和社会因素之间的相互作用是正常行为和异常行为产生的重要原因。

对障碍进行分类为交流提供了便利，使得临床医生能够更好地诊断疾病，帮助人们进行适当的治疗。《精神障碍的诊断与统计手册》（DSM）是临床医生用于诊断心理障碍的分类系统。一些心理学家认为，DSM延续了心理障碍的医学模式，将日常问题视为心理障碍，而忽视了个体的积极力量。

❷ 焦虑障碍及其相关障碍

焦虑障碍的特点是不切实际的过度焦虑。广泛性焦虑障碍是无法明确指出原因的高度焦虑。惊恐障碍是指个体出现突发的恐惧感。

特定恐惧症指的是对特定的对象（如蛇）或情境（如飞行）有着不合理的、无法抗拒的、持续性的恐惧。社交焦虑障碍指对自己可能在社交场合做出令人羞愧或尴尬行为的强烈恐惧。强迫症的特征是引起焦虑的想法无法停止，并且会使个体做出重复性、固定

的行为，以去阻止或引起一些特定的状况。创伤后应激障碍（PTSD）是一种焦虑障碍，出现于人们在面对超出其应对能力的创伤性事件之后。症状包括闪回、回避情绪体验、情感麻木和过度的警觉。研究表明，各种经历、心理和遗传因素都与这些疾病有关。

❸ 情感和情绪障碍

抑郁症的个体会体验到严重的抑郁和沮丧情绪，如嗜睡和绝望等特点。对抑郁症的生物学解释关注遗传、神经生理异常和神经递质调节方面的因素。心理学解释关注行为和认知视角。社会文化解释强调社会经济、种族因素以及性别的影响。

双相情感障碍个体的特点是极端的情绪波动，会偶尔或多次出现躁狂发作，进入过度兴奋、不切实际的乐观状态之中。大多数患有双相情感障碍的个体会体验到多个周期的躁狂发作期与抑郁发作期。与抑郁症相比，遗传对双相情感障碍的预测力更高，生物过程也是影响双相情感障碍的一个原因。

重度抑郁症和其他心理障碍都会使得个体想要结束生命。理论家们提出了解释自杀的生物、心理和社会文化原因。

❹ 进食障碍

神经性厌食症的特点是极低的体重和饥饿感。完美主义和强迫性思维都与该障碍有关。神经性暴食症是一种进食障碍，个体通过进食-催吐的进食模式来保持体重。相比之下，狂食症是指没有催吐的暴食情况。

神经性厌食症和神经性暴食症在女性中更为常见，但狂食症没有性别差异。虽然曾经认为社会文化

因素是进食障碍的主要原因，但最近的证据指出，生物因素也起作用。

❺ 分离性障碍

分离性失忆症是一种由多种心理压力所导致的极端的记忆缺失。分离性身份障碍，之前也称为多重人格障碍，指个体身上通常有至少两种典型性格或身份，这一障碍较为少见。

❻ 精神分裂症

精神分裂症是一种严重的心理疾病，其特征是高度无序的思维过程。精神分裂症的阳性症状是指某些特征只出现在精神分裂症个体的身上，在健康人身上则没有这些特征，如幻觉和妄想。精神分裂症的阴性症状是指某些特征在健康人身上存在，但在精神分裂症个体身上则缺少，如情感贫乏，缺少计划、实施和参与目标导向行为的能力。

生物因素（遗传、大脑结构异常和神经递质——尤其是多巴胺的调节中存在问题），心理因素（素质-应激模型）和社会文化因素都可能引起精神分裂症。心理和社会文化因素在引起精神分裂症中不是单独发挥作用，而是共同产生影响。

❼ 人格障碍

人格障碍是指个体在整个人格方面所出现的长期适应不良的认知行为模式。两种常见的类型是反社会型人格障碍（ASPD）和边缘型人格障碍（BPD）。

反社会型人格障碍的特点是无罪恶感、无责任感、违法、侵犯他人和欺骗。有这种障碍的人常常出现犯罪和暴力行为。精神变态者——通过暴力得到自己想要的东西——就是反社会型人格障碍个体。

边缘型人格障碍是一种心理障碍，其特点是人际关系、自我形象和情绪的不稳定性。典型的行为是高度冲动性，这一特征始于成年早期，具有跨情境的一致性。这种疾病与自我伤害行为相关，如割破身体和自杀。

影响ASPD的生物因素包括遗传、大脑和自主神经系统中存在的差异。BPD的潜在原因非常复杂，主要包括生物因素、认知因素和童年经历。

❽ 与污名作斗争

污名是心理障碍个体及其家人所要面对的一大难题。对于污名的恐惧会使得个体不愿寻求治疗，也不愿与家人和朋友谈论自己的问题。此外，心理障碍的污名会引发人们对正在艰难应对这些问题的个体的偏见和歧视。在面对心理障碍的同时，还要与污名作斗争，这对心理障碍个体的身体健康产生了消极的影响。我们要承认他们的优势力量和成就，以帮助他们对抗心理障碍的污名。

关键术语

多选题：

1. 由于某种耻辱的标记，人们对一个人产生回避或消极的行为，这种标记被称为：_____。
   A. 毁容
   B. 羞愧
   C. 污名
   D. 偏见

2. 一种无法控制的、没有具体原因的恐惧和担心的感觉被称为_____。
   A. 强迫症
   B. 广泛性焦虑障碍
   C. 社交焦虑障碍
   D. 惊恐障碍

3. 创伤后应激障碍的一个特征是_____。
   A. 惊恐发作
   B. 反应过激
   C. 不断担心各种各样的事情
   D. 极端恐惧特定的对象或地方

4. 以下都是情绪障碍，除了_____。
   A. 广泛性焦虑障碍
   B. 破坏性情绪失调障碍
   C. 重度抑郁症
   D. 双相情感障碍

5. 重度抑郁症的诊断标准包括抑郁发作和抑郁特征，并且必须持续至少_____。
   A. 一个星期
   B. 两周
   C. 两个月
   D. 两年

6. 不断处于抑郁之中，是下列哪个选项的特点？
   A. 灾难性思维
   B. 低迷的应对风格
   C. 双相情感障碍
   D. 习得性无助

7. 暴食后又进行催吐的进食障碍是_____。
   A. 厌食症
   B. 神经性暴食症
   C. 神经性厌食症
   D. 强迫性进食障碍

8. 分离性障碍个体有时会出现意外的出走，这是____。
   A. 分离障碍
   B. 分离性人格障碍
   C. 分离性身份障碍
   D. 分离性失忆症

9. 正常功能的缺失，反映的是精神分裂症的_____症状，而异常功能的出现反映的是精神分裂症的_____症状。
   A. 认知，行为
   B. 行为；认知
   C. 阳性，阴性
   D. 阴性，阳性

10. 反社会型人格障碍的特点是_____，而边缘型人格障碍的特点是_____。
    A. 避免冲动行为；避免身体攻击
    B. 避免身体攻击；避免冲动行为
    C. 自我伤害倾向；对他人有暴力行为
    D. 对他人有暴力行为；自我伤害倾向

小应用！

11. 什么是素质－应激模型？在本章中，该模型主要应用于对精神分裂症的解释。试着将该模型应用到对进食障碍和焦虑障碍的解释中。

识别社交媒体上的求救信号

试想一下，你在Facebook上看到一位朋友发了条"想放弃生命"的信息。这是Facebook上一个日常的焦虑案例，还是一件正在发展中的严重事件呢？

专家对社交媒体上透露出需要心理帮助迹象的信息进行了研究（Norcross & others，2013）。一项研究考察了200名大学生最新的Facebook状态，结果发现，25％的大学生表现出抑郁症状（Moreno & others，2011）。在察觉到有些用户所表达的是真实的严重危机后，Facebook给用户提供了一项服务，即在发现可能有自杀念头的帖子时，将其上报。一经核实，Facebook就会将这一链接发送到国家预防自杀生命热线和在线咨询师那里。然而，即使有这样的资源，朋友和父母可能还是不知道如何从日常生活事件中区分出个体的真正需要。

一位母亲看到18岁的女儿在Facebook上的帖子："我刚刚做了一件愚蠢的事，妈妈，帮帮我！"母亲请求附近的亲戚去看望女儿，结果发现她的女儿确实服药过量，还好，这个女孩被及时送到急救室（Hoffman，2012）。威斯康星大学的一位宿舍指导员对自己提出一个要求，就是关注所在楼层学生的Facebook主页。她会定期查看每个学生的Facebook状态的更新，她解释说："如果他们在Facebook上说了一些令人担忧的事情，他们知道这是公开的，他们希望有人回应。"（Hoffman，2012）

社交媒体是我们思想和情感的直接发泄途径，也是了解朋友需要的一种方式。糟糕的一天结束后，人们通常会将情绪发泄到Facebook上。但是当这些糟糕的情绪越堆积越多时，当事者就需要去寻求帮助了，不仅是从朋友和家人那里获得帮助，也要寻求专业心理健康机构的帮助。

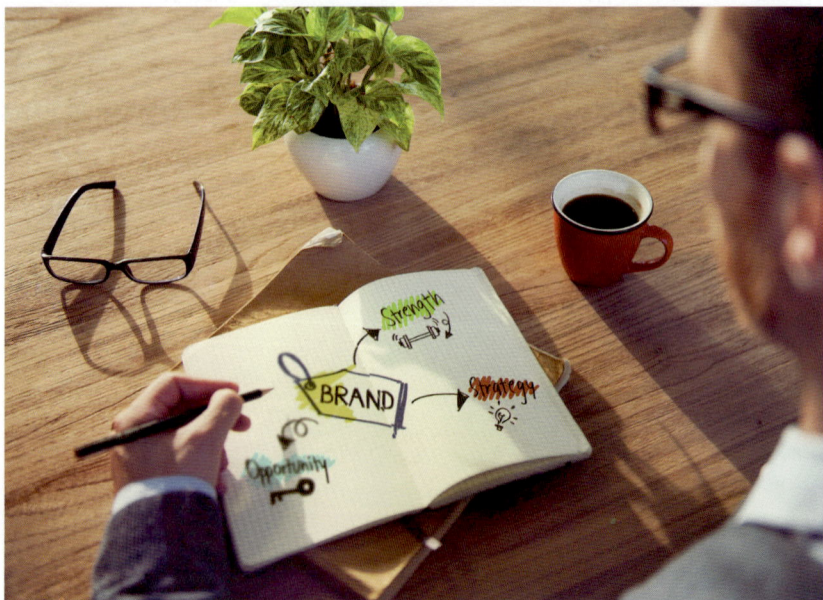

预览

为帮助人们缓解心理痛苦，心理学发展提供了各种治疗方法。这一章的主题就是介绍不同形式的心理疗法。这些疗法都意在改善有心理障碍个体的生活质量。我们将从生理、心理、社会文化的取向介绍这些疗法，并考察不同疗法的有效性、适用性及影响其效果的因素。

1 生物疗法

生物疗法（也称生物医学疗法，biological therapies）是通过改变身体机能以缓解或消除心理障碍症状的治疗方法。生物疗法最常见的一种形式就是药物治疗。相比之下，电休克治疗以及外科手术的应用没有这样广泛。由于具有药剂师的资格，精神病医生在治疗过程中可以用药。家庭医生也可以用药治疗心理障碍。然而，心理学专家由于没有接受药剂师训练，在美国的大多数州中，心理学专家在治疗中无权开药。

药物治疗

尽管人们长久以来一直用药剂和草药缓解情绪困扰的症状，但直到20世纪，药物治疗才开始革命性地应用到精神卫生保健方面。精神治疗药物主要应用于三类病症之中：焦虑症、情绪障碍和精神分裂症。在本节中，你会了解治疗这些疾病的药物——抗焦虑药、抗抑郁药和抗精神病药物的效果。

> 你是否因心理问题服用过处方药？看看该药物的描述，这一处方是否适合你？

抗焦虑药物 抗焦虑药物（antianxiety drugs）通常被称为镇静剂。这些药物能够使人平静、降低兴奋性，从而缓解焦虑。苯二氮卓类药物是抗焦虑药，能够最大程度地缓解焦虑症状，不过，这些药物也可能使人上瘾。焦虑时，有些神经递质会变得过度活跃，苯二氮卓类药物通过与这些神经递质的受体部分结合而发挥作用（Diaper& others，2012）。最常用的处方类药物包括阿普唑仑、安定和利眠宁（Bernardy & others，2012）。非苯丁螺环酮，或丁螺环酮常用于治疗广泛性焦虑症（Reinhold & others，2011）。

苯二氮卓类药物的起效相对较快，能在几个小时内生效。相比之下，病人必须坚持每日服用丁螺环酮，直到两到三周后，才会感觉到效果。苯二氮卓类药物的副作用为嗜睡、失去平衡、疲劳和智力衰退（Fields，2013）。当个体驾驶汽车或操作机器时，这些副作用十分危险。当一个人首次服用该药时，这种副作用更为明显。母亲怀孕期间服用此药会导致胎儿异常（Hudak & others，2012）。此外，苯二氮与酒精和其他药物——包括麻醉药、抗组胺药、镇静剂、肌肉松弛药及一些止痛处方药物的结合——可能引起抑郁等问题（Dellosso & Lader，2012）。

为什么抗焦虑药物的使用这样广泛呢？许多人在生活中经历着压力、焦虑的情绪，或者两者都有。为帮助人们更好地面对这些问题，家庭医生和精神科医生在治疗时会给人们开这些药物。抗焦虑药物只能暂时缓解症状。有时人们可能滥用这些药物并上瘾（Lader，2012；Marazziti，Carlini，& Dell'osso，2012）。

抗抑郁药物 抗抑郁药物（antidepressant drugs）是调节情绪的药物。抗抑郁药物主要包括三类，分别是三环抗抑郁剂，如阿米替林；单胺氧化酶（MAO）抑制剂，如苯乙肼；以及选择性5-羟色胺再摄取抑制剂，如百忧解。这些抗抑郁药物都是通过对大脑

生物疗法 通过改变身体机能以缓解或消除心理障碍症状的治疗方法。

抗焦虑药物 通常被称为镇静剂。这些药物能够使人平静，降低兴奋性，从而缓解焦虑。

抗抑郁药物 调节情绪的药物。

神经递质的影响，帮助个体缓解抑郁情绪的。通过不同的方式，这些药物都让抑郁者的大脑增加或保持重要的神经递质，特别是血清素水平和肾上腺素水平。

三环抗抑郁剂之所以这样命名，是因为它含有三环状分子结构，这种分子结构能够增加某些神经递质的水平，特别是去甲肾上腺素和血清素的水平（Taurines & others，2011）。你可能还记得之前的内容，低5-羟色胺含量会引起消极情绪（第10章）和攻击性行为（第11章）。三环抗抑郁剂能缓解大约60% ~ 70%的抑郁症个体的症状。三环抗抑郁剂通常需要2 ~ 4个星期的时间才能起到情绪改善的效果。副作用可能包括烦躁、虚弱、颤抖、嗜睡、记忆困难。最近一项元分析对过去30年中的研究进行分析后发现，较之新的抗抑郁药物，之前的抗抑郁药物（如三环类抗抑郁药）能更有效地缓解抑郁症状（Undurraga & Baldessarini，2012）。

四环类抗抑郁药与三环抗抑郁剂类似，其结构是四环状分子结构。四环类抗抑郁药也被称为去甲肾上腺素和特异5-羟色胺的抗抑郁药，或羟色胺再摄取抑制剂（NaSSAs）。这些药物对去甲肾上腺素和5-羟色胺有一定的作用，能提高大脑内这些神经递质的水平。最近的一项分析发现，四环瑞美隆（mertazapine）比其他抗抑郁药物对抑郁的治疗效果更好（Cipriani & others，2010）。

> 正如其名字所指出的，这些药物会抑制5-羟色胺的重新摄取。

> 文拉法辛也是一种常用的抗抑郁药物，能阻碍5-羟色胺和去甲肾上腺素的重新摄取，因此被称为甲肾上腺素和5-羟色胺再摄取抑制剂，或SNRI。

单胺氧化酶能降低神经递质5-羟色胺和去甲肾上腺素的水平，单胺氧化酶抑制剂通过阻断单胺氧化酶的活性而起作用（Meyer，2012）。科学家认为，单胺氧化酶抑制剂阻断了这些神经递质的传递，使其停留在附近区域中，进而起到了调节情绪的作用。因为可能存在一些危害，单胺氧化酶的应用范围不如三环抗抑郁剂。然而，有些服用三环素得不到改善的个体却对单胺氧化酶抑制剂有反应。单胺氧化酶抑制剂在与某些食物和药物一起服用时，可能变得极其危险（Nishida & others，2009）。奶酪和其他含酒精饮料的发酵食品（如红酒）可能与抑制剂发生反应，使血压升高，长此以往甚至会导致中风。

近年来，精神病学家越来越多地使用一种被称为选择性5-羟色胺再摄取抑制剂（SSRIs）的抗抑郁药。SSRIs主要通过阻碍大脑中5-羟色胺的重新摄取而发挥作用（Fooladi，Bell，& Davis，2012）。图13.1显示了这个过程。

百忧解（氟西汀）、帕罗西汀（帕若西汀）和左洛复（舍曲林）是三种广泛使用的SSRIs处方药。由于能有效治疗抑郁症状，且副作用相对较小，这些处方药的使用越来越多。尽管如此，它们还是有一些副作用。在突然停止服药时，使用者会出现如失眠、焦虑、头痛、性功能受损的状况和严重的戒断症状（Kurose & others，2012）。

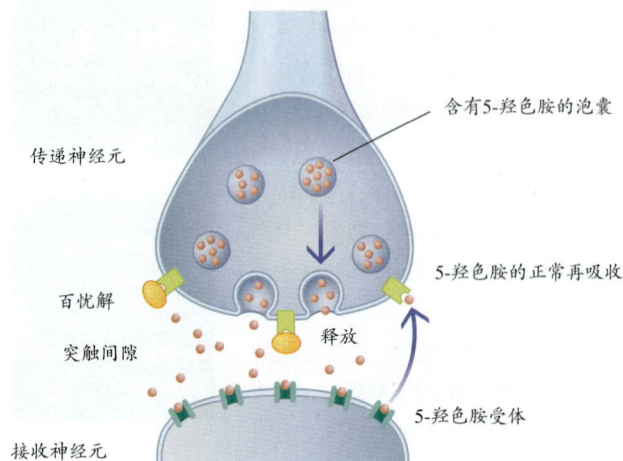

图13.1　百忧解如何起作用？ 传递神经元分泌5-羟色胺，5-羟色胺沿着突触间隙传递，并与接收神经元的受体部位结合。传递神经元通常会重新吸收突触间隙中的过量5-羟色胺。抗抑郁药百忧解阻碍传递神经元重新摄取5-羟色胺，并将过量的5-羟色胺留在突触间隙中。过量的5-羟色胺被传递到接收神经元中并在大脑中循环。结果，抑郁个体5-羟色胺不足的症状得以缓解。

含有5-羟色胺的泡囊
传递神经元
5-羟色胺的正常再吸收
百忧解
突触间隙
释放
5-羟色胺受体
接收神经元

美国最近的一项大型研究显示，在1988年到2008年之间，各年龄段中服用抗抑郁药的人数增长了近400%，2008年时的数据表明，在12岁及以上年龄的个体中，服用抗抑郁药的人占11%（Pratt，Brody，& Gu，2011）。在这项研究中，超过60%的人报告显示，服用抗抑郁药物的时间为两年或更久，14%的人服用时间为10年或更久。

除了对治疗情绪障碍有效外，抗抑郁药物常常也对一些焦虑症状及一些饮食和睡眠障碍有效（Bernardy & others，2012；Wu & others，2012）。抗抑郁药逐渐被用来治疗其他常见问题，如慢性疼痛。由于可推荐用于适用症状之外的疾病，这种处方药被称为"适用症外"药物。事实上，在2005年，美国服用抗抑郁药物的人中，有不到一半的人使用的是这类处方药（Olfson & Marcus，2009）。

锂（lithium）被广泛用于治疗双相情感障碍。锂是元素周期表中最轻的元素。如果你曾经使用过锂电池（或者是 Nirvana或Evanescence的粉丝），你就会知道锂在治疗心理障碍之外也有很多用途。医生必须严格监测血液中循环的锂含量，因为其有效的剂量也正接近中毒水平。锂治疗可能会引起肾脏和甲状腺的并发症，以及体重的增加（Bauer & others，2007）。研究认为，锂通过对去甲肾上腺素和5-羟色胺的影响而起到稳定情绪的作用，但其作用的确切机制尚不清楚（Ago & others，2012）。锂的有效性取决于个体是否持续用药。一些个体可能会因锂疗法所导致的体重增加而感到苦恼，不再用药，而另一些人则在身体好转时就可以停止用药。

是否使用抗抑郁药治疗抑郁症儿童仍有争议。要阅读更多相关内容，请看"挑战你的思维"部分。

抗精神病药 抗精神病药（antipsychotic drugs）是一种强效药物，能有效地减少焦虑行为、降低紧张情绪、消除幻觉、改善社会行为，并帮助个体、尤其是精神分裂症患者形成更好的睡眠习惯（Guo & others，2012）。在20世纪50年代研发出抗精神病药物之前，此类药物很少应用于缓解精神疾病的痛苦之中。

安定药是使用最广泛的抗精神病类药物（Garver，2006）。足够剂量的安定药能够缓解精神分裂症状（Nasrallah & others，2009）。对于安定发挥效力的解释是，这种药物能够阻断大脑中多巴胺的活动（Zhai，Miller，& Sammis，2012）。

抗精神病药不能从根本上治愈精神分裂症，它们只能减轻其症状。如果停药的话，精神分裂症患者的症状就会复发。抗精神病药大大缩短了病人的住院时间。然而，这些人在回归社会团体后（因为药物缓解了病人的症状），还是会面临许多社会困难。在没有症状的情况下，许多人仍然认为要减轻症状应继续服用适量药物，他们也纠结于自己

实验鼠的康复

经 CartoonStock 的许可使用，www.CartoonStock.com.

> 如果个体对锂元素有反应，则可以诊断其患有双相情感障碍。

锂 是元素周期表中最轻的元素，广泛应用于双相情感障碍的治疗中。

抗精神病药 是一种强效的药物，能有效地减少焦虑行为、降低紧张情绪、消除幻觉、改善社会行为，并帮助个体尤其是精神分裂症患者形成更好的睡眠习惯。

> 回顾 12 章的内容可知，精神分裂症患者在调节神经递质多巴胺方面存在障碍，这种神经递质与个体的奖赏体验有关。

抗抑郁药会增加年轻人的自杀风险吗？

2000年，12岁的优等生、艺术家、音乐家Caitlin McIntosh，用鞋带上吊自杀。Caitlin一直在与抑郁症作斗争，她在自杀前不久开始服用抗抑郁药。像Caitlin这样的悲剧引起了家长和心理健康专业人士的深切关注。这种用来缓解抑郁的处方药物是否会导致儿童产生自杀倾向呢？

为回应公众的不安，美国食品药品管理局于2004年对儿童使用抗抑郁药物的临床实验情况进行了调查（Hammad，2004）。结果发现，在以往的这些研究中，并未发现有自杀企图的用药儿童，并且抗抑郁剂组和安慰剂组在自杀念头和行为的评分上没有显著差异。然而，家长或医生却指出，服用抗抑郁药组的儿童提到自杀念头的几率是安慰剂组儿童的两倍（这样的事件几率在抗抑郁药组为4%，在安慰剂组为2%）。基于这种差异，美国食品药品管理局对处方抗抑郁药的使用予以最严厉的"黑盒子"警告，称抗抑郁药可能与儿童及青少年的自杀想法和行为有关（FDA，2004）。这一警告引起广泛关注，起到了一定的效果：在2004年3月到2005年6月之间，相比前一年同一时间段，抗抑郁药物的使用数量下降了20%（Rosack，2007）。

自从"黑盒子"警告出现后，许多研究表明，未发现青少年中服用抗抑郁药与自杀想法或行为之间的关系（Gibbons & others，2012a，2012b；Sharmila，2012）。一些观察人士指出，在警告生效后的几个月里，青少年的自杀率在过去十年一直稳定下降的情况下增加了（Bridge &

others，2008；Gibbons & others，2007）。从一年一度的全国青年调查数据分析中发现，青少年中的抑郁个体人数、不良行为的个体数量以及非法药物的使用量都在增加，但相比于几年前这些数据的水平，警告后的几年中，这些数据的平均数有所下降。这样的结果可能表明，"黑盒子"警告对抑郁症青少年起到了意想不到的结果。

也许最令人不安的是，并没有强有力的证据表明，抑郁的青少年在警告之后开始接受心理治疗（Busch & others，2010）。这些发现非常令人失望，因为药物治疗可能不是治疗抑郁儿童的首选方法。许多患有抑郁症的儿童和青少年只对心理治疗反应良好（Morris，2012）。

这场争论凸显了我们在这本书中所探讨的问题。当实际的案例与科学数据相悖时，我们该如何取舍？给儿童用药时需要特别注意吗？怎么样才能平衡药物治疗的利弊？这场由自杀式悲剧所引发的辩论，最终使得专业人士们开始改变有关抑郁症青年治疗的想法和做法。

你如何认为？

■ 你所知道的人中，有人服用抗抑郁药吗？如果有，你知道其消极的副作用吗？有哪些积极的副作用呢？这些副作用的实质是什么？

■ 针对抑郁症青年在"黑盒子"警告生效后所出现的学业及其他方面的变化，还有哪些其他事件可以予以解释？

的这些做法，因为安定药物有严重的副作用，甚至可能引发中风。这些药物在阻断多巴胺活动而进行治疗的同时，也可能会导致愉悦感的缺乏（Kapur，2003）。

精神病药物的另一个潜在的副作用是迟发性运动障碍，这是一种神经障碍，特征是面部肌肉、舌头、嘴部的不自主随意运动以及脖子、胳膊和腿的过度抽搐。在那些服用抗精神病药物的精神分裂症患者中，高达20%的人出现这些症状。在第12章中提到，运动障碍是精神分裂症的阳性症状，在没有服用抗精神病药物的精神病患者身上也可能出现迟发性运动障碍（Chouinard，2006）。

一种称为非典型抗精神病药物的新型抗精神病药物在20世纪90年代出现，这种药物似乎能影响多巴胺和5-羟色胺的水平（Germann，Kurylo，& Han，2012）。其中使用最广泛的两种药物是氯氮平和利培酮，这两种药都能减轻精神分裂症症状，并且没有副作

> 利培酮还可以用于治疗儿童、自闭症患者和老年痴呆患者的攻击性行为及自我伤害行为。

用（Covell & others，2012；Nielsen & others，2012）。

增强抗精神病药物有效性的策略包括：长期小剂量服用，而不是初始剂量就很大；药物治疗与心理治疗结合使用。在进行药物治疗的同时，精神分裂症患者还需要进行职业、家庭和社会技能方面的培训（Tungpunkom，Maayan，& Soares-Weiser，2012）。

图13.2列出了治疗各种心理疾病的药物、有效性和副作用。注意，针对有些焦虑症，如广场恐惧症，抗焦虑药可以代替MAO抑制剂（抗抑郁药）。

心理障碍	药物	有效性	副作用
日常焦虑和焦虑症状			
日常焦虑	抗焦虑药物；抗抑郁药物	短期内有效改善症状	抗焦虑药物：服用时间越长，越无力，且可能成瘾 抗抑郁药成瘾：见下面的抑郁症
广泛性焦虑障碍	抗焦虑药物	不是很有效	服用时间越长，越无力，且可能成瘾
惊恐障碍	抗焦虑药物	大约一半的人会有所改善	服用时间越长，越无力，且可能成瘾
广场恐惧症	三环类药物和MAO抑制剂	多数改善	三环抗抑郁药：坐立不安，昏厥和颤抖 MAO抑制剂：中毒
特定的恐惧症	抗焦虑药物	不是很有效	服用时间越长，越无力，且可能成瘾
情绪障碍			
抑郁症	三环类药物，MAO抑制剂，SSRI药物	多数显示有中度的改善	三环抗抑郁药：心脏问题、躁狂、迷乱、记忆丧失、疲劳 MAO抑制剂：中毒 SSRI药物：恶心，紧张，失眠，在少数情况下，会产生自杀的念头
双相情感障碍	锂	大多数显示有明显改善	中毒
精神分裂症疾病			
精神分裂症	抗精神病药物；非典型抗精神病药物	多数表明，有部分改善	抗精神病药：不规则的心跳、低血压，不受控制的坐立不安、迟发性运动障碍和面部僵硬 非典型抗精神病药物：比抗精神病药物的副作用要小很多，但可能对白血细胞有毒性作用

图13.2 心理疾病的药物治疗 该图总结了治疗各种心理疾病的药物类型。

电休克疗法

电休克疗法（electroconvulsive therapy，ECT）通常也称为"休克疗法"，类似于大脑中癫痫的自然发作，通过诱发大脑中的癫痫发作而达到治疗的目的。自古以来，就有通过引发癫痫来治疗心理疾病的做法。希波克拉底——古希腊医生之父，首次发现了疟疾引起的惊厥有时能治愈那些被认为是疯子的个体（Endler，1988）。在希波克拉底之后，许多医生也指出，头部外伤、癫痫和惊厥发热有时会起到治疗心理问题的效果。

在20世纪早期，医生通过为人体注入过量的胰岛素及其他手段诱导癫痫发作，进而达到治疗精神分裂症的目的。1937年，主治癫痫的意大利神经学家Ugo Cerletti开发了一

> **电休克治疗（ECT）**
> 也称为休克疗法，一种治疗方法，有时通过诱发癫痫发作而治疗抑郁症。

种利用电击诱发癫痫发作的程序。他与同事发明了一种快速、有效的诱发癫痫发作的方法，并在精神病院广泛使用。不幸的是，在早些年中，由于使用时不加选择，有时候医生甚至将ECT用于惩罚病人，正如在书籍和电影《飞越疯人院》中所呈现的那样。

如今，医生主要用ECT治疗严重的抑郁症。每年有多达10万人接受ECT治疗，主要都是用于治疗抑郁症（Mayo Founda-tion，2006）。值得庆幸的是，如今的ECT应用与其早期的用法之间已经差别迥异。将2个电极放置在个体的头部，就会引起一股小电流持续作用一秒钟或更短时间。电流刺激诱发癫痫发作，大约持续1分钟。ECT是主要针对药物治疗或心理治疗没有效果的患者，并且实施起来没有不适感（Gallegos & others，2012）。在电击之前，为病人注入麻醉剂和肌肉松弛剂，这种药物可以使个体在手术过程中入睡，最大限度地减少痉挛和物理伤害的风险。渐渐地，ECT只应用于大脑的右侧。个体在清醒之后的短时间内不会记得这个手术。最近的一项研究使用功能磁共振成像法对ECT前后的大脑进行扫描，发现该技术减少或削弱了前额叶皮层中的连接（Perrin & others，2012）。

一项关于ECT的分析发现，ECT与认知治疗或药物治疗同样有效，在这三种治疗方法中，均约有4/5的个体表现出明显的改善（Seligman，1995）。与其他两种治疗方法不同的是，ECT能快速地缓解个体所产生的情绪（Merkl，Heuser，& Bajbouj，2009；Popeo，2009）。ECT对有自杀风险的急性抑郁症个体特别有效（Kellner & others，2006）。

ECT的使用仍然存在争议。其潜在的的副作用仍然是争论和矛盾的源头（Crowley & others，2008）。这些可能的影响包括记忆丧失及其他一些认知障碍，并且这种影响通常比一般药物的副作用更严重（caverzas & others，2008）。一些经过ECT治疗的个体出现了长时间和严重的记忆丧失（Choi & others，2011）。不过，如果只有一侧大脑接受刺激，那么这种副作用通常会降低。尽管存有潜在的问题，但一些精神病学家认为，对某些人来说，这种介入性治疗可以改善其生活质量，甚至能拯救其生命（Huuhka & others，2012；Martinez-Amoros & others，2012）。

最近，医生通过对大脑进行精准定位，进而实现对特定区域的电刺激，以达到治疗抑郁症或者其他疾病的目的（Luigjes & others，2012）。在脑部深层刺激术中，医生在大脑中植入电极，电极发出信号，改变大脑的电路。脑部深层刺激术可用于治疗顽固性抑郁症和强迫性神经官能症（Chabardès & others，2012）。例如，对伏隔核（大脑的奖赏通路的一部分）进行的脑部深层刺激术对治疗严重的抑郁症有很好的疗效（Bewernick & others，2012）。

精神外科

精神外科（psychosurgery）是一种生物疗法，效果具有不可逆性，通过移除或破坏脑组织，促进个体的适应。

1930年，外科医生Antonio Egas Moniz发明了一种新的脑外科手术。将手术器械插入大脑中转动，切断连接大脑额叶中和下丘脑的纤维。额叶在高级思维过程中很重要，而下丘脑对情绪反应起着关键作用。通过切断这些结构之间的连接，Moniz认为可以缓解严重的精神疾病症状。1949年，Moniz因为这项手术获得了诺贝尔奖。然而，尽管一些病人经过手术得以治愈，但是很多病人的大脑在手术过程中却遭到了破坏，成为植物人。Moniz自己也认为，该手术应该谨慎使用，并且只有在万不得已的情况下才使用。

精神外科 一种生物疗法，效果具有不可逆性，通过移除或破坏脑组织，促进个体的适应。

❝ 1939 年，Moniz 的前病人对其枪击，致其瘫痪，Moniz 随后退休。❞

在听说Moniz的工作之后，美国医生和神经学家Walter Freeman成为了前额叶切断术的拥护者（Freeman提出前额叶切断术这一术语代指Moniz的手术）。Freeman及其同事James Walts在美国完成了第一个前额叶切断手术（El-Hai，2005）。Freeman开发了新的技术，在手术中使用类似冰锥的设备，手术只需要短短几分钟。在整个20世纪五六十年代，Freeman出尽风头，搭乘露营用的巡回车横跨全美国，示范手术过程，并把这辆车称为"脑前额叶切断车"（El-Hai，2005）。从20世纪30年代到60年代，成千上万的病人进行了前额叶脑切断术。这些数字不仅说明了Freeman具有非凡的说服力，也表明了那些患有严重心理疾病的病人对传统医疗的绝望（Lerner，2005）。

然而，随后的研究却发现，前额叶切断术并不能有效提高患者的生命质量，反而致使其脑部受到相当大的损害（Landis & Erlick，1950；Mettler，1952），很多接受前额叶切断术的患者遭受到永久性的严重脑损伤（Whitaker，2002）。由于类似病例的增加，相关的伦理问题出现，后来，精神病医院只有经过道德委员会的同意才能实施前额叶切断术。ECT、前额叶切断术只能用于惩罚和控制。

到了20世纪50年代，药物治疗已经逐渐取代前额叶切断术（Juckel & others，2009）。20世纪70年代末，新规定将这些程序列为实验性质，并且为患者建立了保障措施。目前，外科手术更为精确（Heller & others，2006；Kopell，Machado，& Rezai，2006），而且只对杏仁核或边缘系统的其他部分有很少的损伤（Fountas & Smith，2007）。

今天，精神外科手术仍然很少使用，而且只能作为万不得已的手段，且在实施时需要格外谨慎（Ruck，2003）。精神科医生和心理学家已经认识到，科学只有在极端情况下才可以对大脑进行干预（Pressman，1998）。

> 就这些大脑结构的功能而言，应把杏仁核而非额叶作为切断目标。

自我测试

1. 哪些药物可用于治疗精神分裂？哪些药物可用于治疗焦虑？

   A. 苯二氮卓类；安定药

   B. 安定药；苯二氮平类药物

   C. MAO 抑制剂；三环抗抑郁药

   D. 三环抗抑郁药；MAO 抑制剂

2. 非典型抗精神病药物如何发挥作用？

   A. 增加突触前神经递质的释放

   B. 作为多巴胺的拮抗剂

   C. 阻碍 5 - 羟色胺的再摄取

   D. 抑制分解去甲肾上腺素的酶

3. 关于电休克疗法的正确说法是_____。

   A. 它比药物更有效

   B. 需要几周才能看到结果

   C. 副作用比那些药物更严重

   D. 感觉很痛苦

小应用！

4. Serena 多次经历长期的消极情绪。她被自己的痛苦深深地困扰着，感觉生活没有乐趣。然而，在其他时候，她却感觉好极了。抗抑郁药物没有缓解她的症状。最后，精神医生给她开了一种不同的药物。这种药不仅让她摆脱了消极情绪，也使的情绪更稳定。下列哪一项描述了 Serena 的状况？

   A. Serena 有抑郁症，药物是一种 MAO 抑制剂

   B. Serene 有焦虑症，药品是苯二氮卓类

   C. Serene 有双相情感障碍，药物是锂

   D. Serene 是饮食失调，药物是 SSRI

2 心理治疗

心理学家和其他心理健康专业人员虽然不能使用药物治疗，但却可以进行**心理治疗**（psychotherapy），这是一种非医学方法，可以帮助个体识别并克服心理障碍。精神科医生和其他医生既可以单独采用心理治疗，也可以结合生物治疗一同使用（Davidson，2009）。在许多情况下，心理治疗和药物治疗的结合都是比较理想的治疗方法（Nolen-Hoeksema，2011）。不幸的是，处方药物的产量近年来急剧增加，但接受心理治疗的人数却呈下降趋势。最近的一项研究表明，在接受抗抑郁药物治疗个体中，接受心理治疗的人数从1996年的32%下降到了2005年的不到20%（Olfson & Marcus，2009）。

心理治疗师采用许多策略来缓解心理障碍的症状，例如谈话、解释、倾听、赞赏和示范等（Prochaska & Norcross，2010）。虽然大多数心理疗法是面对面进行，但许多当代治疗师与来访者是通过电子邮件或短信进行沟通（Berger，Hohl，& Caspar，2009；Wangberg，Gammon，& Spitznogle，2007）。

各种心理健康专业人士都在从事心理治疗的实践工作（图13.3）。美国的各个州通过对从业授权和认证的立法，来保证对心理治疗从业人员的控制。虽然不同州之间的法规有所不同，但所有法律都强调相关从业人员必

> **心理治疗** 一种非医学方法，可以帮助个体识别并克服心理障碍。

专业类型	学位	本科以上的教育经历	训练要求
临床心理学家	哲学博士或心理学博士	5～7年	需要临床和研究方面的培训。包括一年在精神病院或心理健康机构的实习。一些大学已经开发出许多心理学博士课程，相对于研究经历，这些课程更强调临床实践。心理学博士生不仅要与临床心理学博士学习相同时间的课程，并且还需要一年的实习。
精神病学家	医学博士	7～9年	四年的医学院学习，同时必须作为精神科住院医师，在精神病医院实习。精神科住院医师在进行心理治疗和生物医学治疗时需要督导的监督。
咨询心理学家	文科硕士、哲学博士、心理学博士或教育学博士	3～7年	类似于临床心理学家，但强调心理咨询和治疗。一些咨询心理学家专门从事职业咨询。一些心理咨询师需在心理学或教育学研究生中完成心理学或教育学硕士学位，或其他的哲学博士或教育博士学位。
学校心理学家	文科硕士、哲学博士、心理学博士、教育学博士	3～7年	教育学和心理学研究生学历。强调心理测评及对学生在校问题进行心理咨询实践的经历。有硕士或博士水平的学习经历。
社会工作者	外科硕士、博士、社会福利工作博士	2～5年	社会工作专业的研究生毕业，需要在心理健康机构进行特定的临床培训。
精神科护士	注册护士、文科硕士、博士	0～5年	学校护理专业的研究生毕业，特别需要学习对医院和心理健康机构中心理障碍个体的护理。
职业治疗师	理学学士、文科硕士、博士	0～5年	关注生理或心理上有缺陷个体的职业培训。强调帮助个体回归工作之中。
牧师辅导员	无需哲学博士学位或神学博士学位	0～5年	需要有牧师背景和心理学学习经历，专业牧师应在心理健康机构有实习经历。
顾问	文科硕士、教育学硕士	2年	心理学院或教育学院研究生毕业，需要有咨询技术方面的专门训练。

图13.3 心理健康专业人员的主要类型 为了帮助有心理障碍的个体，已经展开大量针对不同层次水平的专业人员的培训。

须进行心理健康专业培训，并通过正式考试对申请人进行技能评估。尽管有着职业的特殊性，心理治疗师们都使用各种技术来帮助求助者减轻痛苦。本节着重于介绍四种主要的心理治疗方法：精神动力学疗法，人本主义疗法、行为疗法和认知疗法。

精神动力学疗法

精神动力学疗法（psychodynamic therapies）强调潜意识的重要性、治疗师的解释以及早期童年经历对个体问题的影响。精神动力学疗法的目标是帮助个人洞察到其问题根源的无意识冲突。精神动力学疗法的许多方法都源于弗洛伊德的精神分析人格理论。如今，有一些精神动力学治疗师仍使用弗洛伊德的技术，但有些治疗师则不再使用（Brusset，2012；Wolson，2012）。

精神分析　精神分析（psychoanalysis）是弗洛伊德用于分析个体无意识思想的治疗技术。弗洛伊德认为，一个人的当前问题可以追溯到童年的经历，其中还包括许多无意识的性冲突。只有通过大量的询问、探究和分析，弗洛伊德才能将来访者的人格碎片整合到一起，并帮助个体了解这些早期经历是如何影响其当前行为的。精神分析的目标是将无意识冲突带到意识中来，从而让来访者洞察到自己的核心问题，并将个体从无意识的影响中释放出来。为了进入无意识的神秘世界，精神分析治疗师使用自由联想、解释、释梦、移情分析和阻抗分析等治疗技术。

自由联想（free association）是指鼓励个体大声说出任何想法，不管这些想法是多么微不足道或令人尴尬。当弗洛伊德发现个体对某些自发的想法存在阻抗时，他就会继续探究。他认为，问题的关键可能就潜藏在这一阻抗点下面。弗洛伊德指出，在人们自由表达时，会流露心中最深处的想法和感情。宣泄是指通过重温紧张和冲突的情境，释放个体的紧张情绪。

解释（interpretation）在精神分析中起着重要的作用。解释意味着精神分析师不看重病人言行的表面意义，而是探究其冲突的根源，治疗师在个人的言行中寻找象征性的、隐藏的内容。有时，治疗师会指出个体言行中所蕴含的可能的意思。

梦的解析（dream analysis）是对个体的梦境进行解释的精神分析技术。精神分析学家认为，梦包含了有关无意识思想、愿望和冲突的信息（Freud，1899/1911）。从这个角度来看，梦为我们的潜意识提供了一个表达愿望的出口，这是一个心灵的剧院，我们最深和最隐秘的欲望都在其中演绎（Meghnagi，2011）。根据弗洛伊德的理论，每一个梦，甚至是噩梦都包含着一个隐藏的、伪装的愿望。噩梦可能表达了惩罚的欲望或纯粹的恐惧，只是伪装成噩梦的形式。

弗洛伊德认为梦可以分为显性内容和隐性内容。显性内容指的是有意识、能够记住的梦。如果你醒来记得自己在梦中回到了六年级的时候，你的老师正在因你不交作业责备你，这就是梦的显性内容。隐性内容是指梦的显性内容中所象征的、无意识的、隐藏的方面。为了了解你的梦，心理医生可能会让你自由联想。当提到六年级或老师时，你会想到什么？根据弗洛伊德的观点，梦的隐性含义是锁在潜意识里的。精神分析学家的目标是通过对显性梦境的自由联想来揭开这些隐含的内容。分析师通过分析显性内容，来解释其中所隐含的无意识的愿望和需要，特别是那些关于性和攻击性的欲望。对于不同

精神动力学疗法
一种治疗方法，强调潜意识的重要性、治疗师的解释以及早期童年经历对个体问题的影响。

精神分析　弗洛伊德用于分析个体无意识思想的治疗技术。

自由联想　精神分析技术，是指鼓励个体大声说出任何想法，不管这些想法是多么微不足道或令人尴尬。

解释　精神分析学家寻找来访者谈话中隐含的象征性的意义，并进行治疗。

梦的解析　是对个体的梦境进行解释的精神分析技术。

> 做梦的人'知道'这个梦意味着什么，但是梦的这层含义隐藏在个体的潜意识里。

做梦者来说，梦中的象征符号可能有不同的含义。弗洛伊德（1911/1899）认为，梦的象征符号所代表的意义取决于个体。

弗洛伊德认为，**移情**（transference）是治疗师与来访者的关系中一种必然和必要的方面。移情是精神分析的术语，是指来访者将自己生活中的一些重要关系在咨询师身上再现或重温。例如，在与咨询师的交流中，来访者可能会将分析师视为父母或爱人。这种与生活中重要人物的互动模式，也可以用于治疗之中（faimberg，2012）。

阻抗（resistance）是精神分析术语，用于描述来访者阻止咨询师理解其个人问题的无意识防御策略。阻抗之所以产生，是因为对于来访者来说，将冲突带入意识之中是非常痛苦的。通过阻抗分析，个人可以不必面对其问题背后所隐藏的可怕的真相（Scharff，2012）。迟到或取消咨询、与分析师争辩或是胡乱报告自由联想的结果，都是阻抗的表现。分析师的一个主要目标就是突破阻抗。

当代精神动力学疗法　自一个世纪前出现至今，精神动力学疗法已经有了很大的变化。尽管如此，许多当代精神动力学治疗师仍在探讨有关早期童年经历的无意识思想对来访者当前问题的影响，以帮助人们洞察自己的情绪负担和所压抑的冲突（Leuzinger-Bohleber & Teising，2012；Werbart, Forsstrom, & Jeanneau，2012）。不过，当代精神分析学家更关注个体的意识及当前关系的重要性，并不太强调性的因素（Wallerstein，2012）。此外，今天的来访者很少像弗洛伊德的时代一样躺在沙发上（见上页图），或像早期心理治疗规定的那样，一周见医生几次。相反，他们坐在舒适的椅子上，与治疗师面对面，并且一般是每周见一次面。

正如Heinz Kohut（1977）所提倡的，一些当代心理动力治疗师（Caston，2011；Stern，2012）重视社会环境中的自我。Kohut认为，与依恋对象，如父母的早期社会关系至关重要。随着年龄的增长，这些关系逐渐内化，并成为个体自我意识形成的基础。Kohut（1977）认为，治疗师的工作就是用治疗师提供的健康的关系取代不健康的童年关系。从Kohut的角度来看，治疗师需要运用移情和理解的方式与来访者进行互动。移情和理解也是人本主义疗法所关注的，接下来我们将看看人本主义疗法。

人本主义疗法

人本主义疗法（humanistic therapies）的潜在哲学类似于一个比喻，即如果给一棵橡树子提供适当的条件，它会以积极的方式发展，自然成长为一棵橡树（Schneider，2002）。人本主义疗法鼓励来访者了解自我及进行个人成长。人本疗法的独特性在于强调人的自我修复能力。与精神动力学疗法不同，人本主义疗法强调意识而非无意识思想，强调现在而非过去，强调成长和自我实现，而非疾病。

来访者中心疗法（又称罗氏疗法或非指导性疗法）（client-centered therapy）是由罗杰斯提出的一种人本主义疗法（1961，1980），其中治疗师提供温暖、支持性的氛围以改善来访者的自我概念，并鼓励来访者洞察自己的问题。与心理动力疗法强调分析和解释相比，来访者中心疗法更多的是强调来访者的自我反省（Hill，2000）。在以来访者为中心的治疗中，治疗师的目的不是为了解开潜意识或更深层次的秘密，而是帮助来访者识别和理解自己的真正感情（Hazler，2007）。实现这一目标的一种方法就是积极倾听和

移情　精神分析术语，是指来访者将自己生活中的一些重要关系在咨询师身上再现或重温。

阻抗　精神分析术语，用于描述来访者阻止咨询师理解其个人问题的无意识防御策略。

人本主义疗法　一种心理治疗方法，其独特性在于强调人的自我修复能力，鼓励来访者理解自我及进行个人成长。

来访者中心疗法　也称为罗氏疗法或非指导性疗法，由罗杰斯提出的一种人本主义疗法，治疗师提供温暖、支持性的氛围以改善来访者的自我概念，并鼓励来访者洞察自己的问题。

反思性语言（reflective speech）——一种治疗师将来访者自身感受反馈给来访者的技术。例如，当一个女人在描述丈夫因酒后驾车出现事故而逝去的痛苦时，治疗师通过观察到她的声音和面部表情，可能会指出，"听起来你很生气"，以帮助她辨别自己的情绪。

在罗杰斯的治疗中，治疗师必须与来访者建立真实的关系，不是作为医生诊断疾病，而是作为一个个体，与另外一个个体建立联系。事实上，在谈到那些他试图帮助的个体时，罗杰斯用的是"来访者"一词，本质上是"人"，而非"病人"。

罗杰斯认为，我们每个人生来就有潜力成为全面发展的人，但我们生活的世界却认定我们只有符合某些条件，才是有价值的。也就是说，只有我们符合一定的标准，他人才认为我们有价值，我们也将这一标准应用到自己身上。每个人需要他人的积极关注，但是这种积极关注往往带有附加条件。罗杰斯指出，每个人都需要三个基本要素来发挥全部潜能：无条件的积极关注、共情和真诚。让我们来看一下这三个条件，这三个条件都体现在人本主义疗法中。

为了使个体从价值条件中解脱出来，治疗师需要对来访者予以无条件的积极关注，即创建温馨、关爱的环境，不要否定来访者的为人。罗杰斯认为，无条件积极关注提供了个人成长和自我接纳的背景，正如土壤、水和阳光为橡树子提供了成为橡树的环境。罗杰斯认为治疗师的作用是非定向的，即他/她不能给来访者任何特别的提示。治疗师只是在那里认真倾听来访者的问题，鼓励其积极地关注自我，独立地进行自我评价，并做出决定。

除了无条件的积极关注，罗杰斯还强调共情和真诚的重要性。通过共情，治疗师努力地站在来访者的角度，感受来访者的情感。真诚，是要求治疗师使来访者清楚地知道治疗师的感情。真诚与无条件的积极关注同时存在。无论来访者如何，治疗师都应为来访者提供无条件的积极关注，但同时，治疗师也要表达真实的情感。

治疗师要会区分个体的行为和个体本身。虽然治疗师应一直承认个体是一个有价值的人，但可以对其行为进行负面的评价："你是个很好的人，但你的行动却不是。"罗杰斯将他对人性的积极观点扩展为他的心理治疗观。他相信治疗师通过与来访者的真诚互动，可以帮助来访者有效地改善症状。

行为疗法

精神动力学疗法和人本主义疗法有时被称为领悟疗法，因为他们都将自我觉知作为获得心理健康的路径。行为疗法所采取的是不同的途径。行为治疗师认为领悟和自我觉知并不能帮助个体发展出更适应的行为模式。相反，行为治疗师为人们提供行为导向的策略，以帮助改变其行为（Trull & Prinstein，2013）。具体来说，**行为疗法**（behavior therapies）基于行为和社会认知理论，使用学习原则来减少或消除不良行为。行为治疗师认为，个体虽然可以意识到自己为何抑郁，但却仍感到抑郁。因此，行为疗法意在努力消除抑郁症状或行为，而非让个体领悟或意识到自己为何抑郁（Miltenberger，2012）。

行为疗法虽然最初几乎完全是基于学习理论中的经典性和操作性条件反射

试一试！

要亲身体验罗氏疗法，请登录 www.viddler.cpm/v/2b20cab0，观看视频，视频中卡尔·罗杰斯对其方法进行了描述，视频中还包括罗杰斯与来访者的咨询谈话。

"试想一下，你正处于治疗师的位置上，你要对来访者予以积极的关注，还要真诚。想象一下，你的来访者谈到了对孩子的伤害。你能做到对来访者予以无条件的积极关注吗？"

反思性语言 一种治疗师将来访者自身感受反馈给来访者的技术。

行为疗法 基于行为和社会认知理论，使用学习原则来减少或消除不良行为。

原理，但它逐渐变得更为多元化（Bankoff & others，2012；Harned & others，2012）。随着社会认知理论的普及，行为主义治疗逐渐将观察学习、认知因素和自我指导并入到自己的治疗中来（Freedy & others，2012）。通过自我指导，治疗师试图改变人们的自我言语。

经典条件反射技术　经典条件反射的各种技术可用于治疗恐惧症。其中，**系统脱敏**（systematic desensitization）是一种行为疗法，治疗师教给来访者运用深度放松的方式，逐渐接近焦虑情境，直到消除对该情境的焦虑感。

图13.4显示了系统脱敏的过程。脱敏是指通过真实或想象的方式将个体暴露在其所恐惧的情境下（Donahue，Odlaug，& Grant，2011）。脱敏是基于经典条件反射过程的消退原理。消退过程中，条件刺激在无条件刺激不出现的情境下出现，进而导致条件反射的降低。

通过第5章的内容，我们知道，厌恶条件反射就是将不良行为与厌恶条件重复配对，以此减少该行为的出现。通过厌恶条件反射，人们可以学会减少一些不良行为，如吸烟、暴饮暴食和酗酒。在厌恶条件反射中，常用的厌恶刺激包括电击、致呕物质和口头侮辱等（Sommer & others，2006）。图13.5阐明了厌恶条件反射作用的基本原理。

操作性条件反射技术　操作性条件反射治疗方法的基本理念是，正如不良行为能够习得一样，这些行为也可以被移除。治疗时要仔细分析个体所处的环境，以确定需要改变的因素。尤其重要的是，要改变个体行为的结果，使得健康、适应性的替代行为能够得到正性强化。

如第5章中所描述的，应用行为分析建立了行为与奖励之间的正性强化关系，使得个体做出适当的行为，并且避免不恰当的行为。例如，一位强迫症患者总是做强迫性检查（obsessive-compulsive disorder，OCD），他每次离开家时都需要检查十次门有没有锁。如果不完成这些检查，他就会非常焦虑，认为会发生可怕的事情。注意，每当他完成了检查，并且没有什么可怕的事情发生，他的焦虑就被移除了。他的这一强迫行为被焦虑的移除所强化。这样的检查，就是一种回避学习。基于操作性条件反射的治疗通过停止这种行为来消除这种回避。具体来说，就是在不重复检查门锁的情况下，让个体体验到灾难未出

1　考试前一个月
2　考试前两个星期
3　考试前一周
4　考试前五天
5　考试前四天
6　考试前三天
7　考试前两天
8　在考试的前一天
9　考试的前一天晚上
10　考试的日子
11　考场大门未开前
12　等待分发试卷
13　考卷就在眼前
14　考试中的答题过程

图13.4　考试焦虑的系统脱敏过程　在这个过程中，个体从她最不担心的情境开始（考试前一个月），逐渐经过各级情境，最后进入最担心的情境（在考试当天答题）。在每一步中，个体都用深度放松和成功的视觉形象来取代恐惧。

心理调查

厌恶条件反射建立之前

无条件刺激 → 无条件反射
致呕药物 → 恶心

厌恶刺激中

中性刺激 + 无条件刺激 → 无条件反射
酒精 + 致呕药物 → 恶心

厌恶刺激之后

条件刺激 → 条件反射
酒精 → 恶心

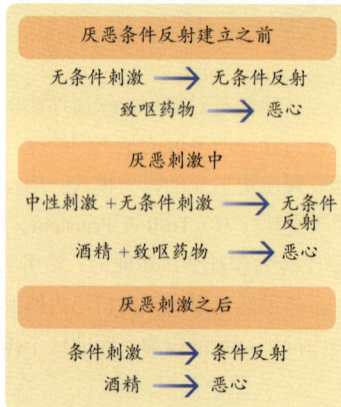

图13.5　经典性条件作用：厌恶条件反射建立的基础　该图呈现的是经典性条件反射如何引起对酒精的厌恶反应。记住，缩写US（无条件刺激），UR（无条件反应），CS（条件刺激）和CR（条件反应）。＞什么是条件刺激？＞在厌恶疗法之前，酒精对个体有何影响？这种影响是习得的吗？＞个体的动机对厌恶条件反射有何作用？

> **系统脱敏**　是一种行为疗法，治疗教师给来访者运用深度放松的方式，逐渐接近焦虑情境，直到消除对该情境的焦虑感。

现这一后果，同时对其进行放松训练，这样也有助于个体移除强迫性检查行为。的确，行为治疗能够有效治疗强迫症（Bonchek，2009）。

行为疗法不强调领悟和自我觉知，这一点可能让你觉得有些惊讶。然而，正是由于不强调这些目标，所以行为治疗方法对认知能力有限、有发育障碍的成人及儿童特别有效。应用行为分析可以用于治疗有自伤行为（如撞头）的自闭症患者（LeBlanc & Gillis，2012）。

认知疗法

认知疗法（cognitive therapies）强调认知或思维是心理问题的主要根源，该方法试图通过改变认知来改变个体的情绪和行为。认知重建（cognitive restructuring）是指改变造成不良行为或情绪的思维模式，这也是认知疗法的中心思想。

与精神分析疗法关注深层的无意识思想不同，认知疗法更多地关注外显的症状和个体的思维，更少关注问题的起源。与人本主义疗法相比，认知疗法更强调体系结构和分析，并强调基于特定认知技巧进行治疗。

认知治疗师引导个体识别自己的非理性信念和自我挫败想法。然后，引导来访者挑战这些想法，并使用更积极的思维方式。认知疗法的基本假设是，人类能够控制自己的感受，个体对某些事情的感受取决于如何看待这件事情。在这一部分，我们将了解认知疗法的三种主要类型：Albert Ellis的理性情绪行为疗法，Aaron Beck的认知疗法和认知行为疗法。

理性情绪疗法 理性情绪疗法（rational-emotive behavior therapy，REBT）由Albert Ellis（1913–2007）创建，他认为，个体的心理障碍是由于其不合理信念和自我挫败信念引起的。Ellis认为，我们对生活事件的情绪反应是由不合理信念以及无法控制自己情绪的预期造成的（1962，1996，2000，2002，2005）。作为一位态度坚决的治疗师，Ellis在其治疗实践中强烈抨击这些不合理的信念。

Ellis（2000，2002）认为，很多人都对自己有三大基本需求，他称之为"必须化要求"：（1）我必须表现良好，并且赢得他人的认可；（2）其他人必须友好公平地对待我；（3）我的生活状况决不能令人失望，应该充满乐趣。一旦人们把自己的重大愿望转变成要求，就会经常产生不正常的、夸张的信念，如"因为我表现不好，所以我一定是一个没有能力的人"。

REBT的目标是让个体通过对这些信念进行理性思考，进而消除自我挫败的信念（Sava & others，2009）。来访者通常会与自己的不合理信念进行对抗，特别是那些"必须"的信念，之后，才能将其转化为现实、符合逻辑的想法。家庭作业会使得来访者有机会进行新的自我对话，不以灾难性的方式看待生活，并体验到积极的结果。Ellis认为，成功的治疗结果就是来访者能够直面现实，即生活中就是会不时 地出现艰难和糟糕的事情。

Beck的认知疗法 Aaron Beck（b. 1921）提出了一种不同的认知疗法，用于治疗心理问题，尤其是抑郁症（1976，1993）。Beck的基本假设是，心理问题，如抑郁，之所以产生，是因为人们对自己、对所生活的世界和未来持有的想法不合理（2005，

认知疗法 强调认知或思维是心理问题的主要根源，该方法试图通过改变认知来改变个体的情绪和行为。

理性情绪疗法 Ellis提出的疗法，认为个体的心理障碍是由于其不合理信念和自我挫败信念引起的，治疗师的目标是引导来访者通过合理信念消除这些信念。

❝ Elli 认为，我们的想法决定了我们的情绪反应，我们有能力去拒绝痛苦。你如何认为？❞

体验一下：
广场恐惧症的虚拟治疗

寻求治疗？这里也许有个应用软件适合你

尽管当代许多治疗师与来访者通过邮件或者短信进行沟通（Berger，Hohl，& Caspar，2009；Wangberg，Gammon，& Spitznogle，2007），但这些都只是科技改变心理干预的一种方式。研究人员正在开发和研究用于治疗的智能手机应用程序（Carey，2012）。这样的应用软件旨在改变个体的思想和行为，并提供即时反馈。治疗应用软件可能意味着，数百万人将通过手机屏幕接受如何管理情绪以及改变想法的建议和策略。目前，Ipad上的艺术治疗应用软件已经可以使用了。

虽然便携性稍差，但网络治疗或电子治疗也开始提供在线治疗帮助（Klein & others，2010；Murphy，Mitchell，& Hallett，2011；Postel，de Haan，& de Jong，2010）。然而，心理健康专家们对于电子治疗网站仍有很多争议（Emmelkamp，2011）。一方面，许多这样的网站并不提供有关治疗师的资格证书等最基本的信息（Norcross & others，2013）。另一方面，因为网络治疗实施起来有一定距离，这些网站通常会排除那些有自杀想法的个体。此外，保密性是治疗关系的一个重要方面，但网站并不能完全保证做到这一点。然而，那些不愿或

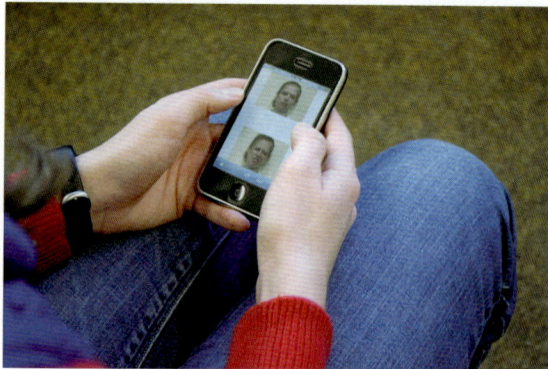

不能进行面对面治疗的人可能更倾向于在网上获得帮助（Norcross &others，2013；Van Voorhees & others，2009）。

虽然电子治疗程序可能代表了未来的潮流，但许多专业人士仍然认为，人与人的接触是心理治疗的重要因素。精神病学家Andrew Garber警告说，"作为人类，我们要搞清楚自己在世界上的位置，应该在一个有意义的关系情境中进行叙事"（Carey，2012）。换句话说，技术可能永远不会取代人类谈话的力量。

2006）。与Ellis一样，Beck认为，心理治疗的目标应该是帮助人们识别和丢弃自我挫败的认知。

在Beck疗法的初始阶段，来访者要学会将自己的思维模式与情绪反应联系起来。Beck认为，情绪是认知的结果。通过改变认知，人们就可以改变自己的情绪。不幸的是，引发情绪的想法出现的速度如此之快，个体甚至根本没有意识到。因此，治疗的第一个目标是将这些自动化思维带入到意识之中，以求改变。治疗师帮助来访者识别自己的想法，并记录下这些想法的内容和情绪反应。

在治疗师的帮助下，来访者能够意识到自己思维中存在的逻辑错误，并对这些自动化思维的准确性提出挑战。思维中的逻辑错误会致使个体遵循错误的信念（Carson，Butcher，& Mineka，1996）如下：

> **❝** 最近一次让你感到沮丧的事情是什么？你对这一事件或情境有什么想法？**❞**

- 将世界视为是有害的，而忽略相反的证据。例如，虽然朋友刚刚告诉一位年轻女子，别人是多么真诚地喜欢她，这位年轻女子依然觉得自己毫无价值。

- 对少数的特例进行笼统的概括。例如，一位男子仅仅因为一个人不再与他约会，就觉得自己无用。
- 放大不良事件的重要性。例如，将被爱恋的对象拒绝视为世界末日。
- 深陷在绝对化思维中。例如，夸大别人的温和批评意见，并把其作为自己无用的证据。

图13.6描述了一些最常用的认知治疗技术。

试一试！

Beck 研究所的网站上包括最新的认知疗法，包括 Beck 本人的各种视频。查看网站 www.beckinstitute.org/。

认知疗法技术	描述	举例
挑战特定意义	探究来访者谈话中所包含的意义，并请来访者考虑备选方案。	当来访者说到，配偶的离开会毁了自己时，询问来访者，这种离开将如何毁了他，以及他可以如何避免这样的结果。
追问证据	系统地研究来访者信念和主张中的证据。	当来访者说她的生活不能没有配偶时，与其探讨她结婚之前没有配偶时是如何生活的。
重新归因	帮助来访者合理地分配事件责任。	当来访者说儿子的学业失败一定是自己的错时，探讨其他的可能性，比如学校的质量。
探讨选择和备选方案	帮助来访者找到替代不合理选择的备选选项。	如果来访者选择离开学校，探讨找家庭教师或半工半读是否是不错的选择。
去灾难化	帮助来访者评估自己是否高估了某些困难。	如果来访者认为，考试失败就意味着他或她必须放弃医学院的梦想，质疑这是否是一个必然的结果。
幻想的后果	探讨担心情境的真实性：如果是不切实际的，帮助来访者认识到这一点；如果是真实的，帮助来访者制定有效的应对策略。	来访者认为，如果要求老板加薪，就可能出现"分崩离析"的场面，使用角色扮演的方式模拟该情境，并找到提出请求的有效策略。
分析优势和劣势	探讨问题的优点和缺点，扩展看问题的视角。	如果来访者说自己"生来就悲观，并且会一直如此"，对持有这一想法及持有其他想法的优缺点进行讨论。
将逆境转变优势	探讨将困难情境转化为机会的途径。	如果来访者刚刚失业，探讨这是否是其重返学校的好机会。
找到联系	帮助来访者看到不同的想法或观点之间的联系。	指出来访者对妻子出差的愤怒与害怕独处之间的联系。
评分	要求来访者对自己的情绪或想法进行评分，以更好地了解其状况。	如果来访者说自己总是摆脱不了某种情绪，请她对该情绪的等级进行评分，从0（根本不存在）到100（极其不舒服）。
停止思考	教给来访者停止一连串负面想法的方法。	教给焦虑的来访者在焦虑想法开始滚雪球前，设想一个停止信号或铃声信号。
分散注意力	帮助来访者暂时把注意力从消极的想法或情绪，转到良性或积极想法和情绪上。	当感到焦虑时，数200个数。
给扭曲的思想贴上标签	给特定类型的扭曲思想贴上标签，帮助来访者与之保持更多的距离。	使来访者记录一天之内出现"非好即坏"想法的次数，所谓非好即坏的想法，就是将事情视为要么完美，要么彻底失败。

图13.6 认知疗法技术 认知治疗师用来帮助改变人们思维方式的策略。

Ellis和Beck的认知疗法既有差异，也有相似之处。Ellis的理性情绪行为疗法的指导性、说服力和对抗性较强；相反，Beck的认知疗法要求治疗师与来访者之间有更多的开放式对话。Beck疗法中对话的目的是帮助来访者反思个体的问题，并发现自己的错误。Beck也鼓励来访者更多地了解自己，并尝试揭示出自己所持有的错误信念。Ellis的疗法是极力改变非理性信念，而Beck的疗法则是让来访者认识到这些错误信念有助于思维的推进，而这些思维又进一步影响情绪。一项研究表明，Ellis的理性情绪行为疗法、Beck的认知疗法在治疗抑郁症方面比药物治疗效果更好（Sava & others，2009）。

认知行为疗法　认知行为疗法（cognitive-behavior therapy）是强调减少自我挫败思想的认知疗法与强调行为改变的行为疗法的结合（Reaven & others，2012；Safi r，Wallach，& Bar-Zvi，2012）。认知行为疗法的一个重要方面就是自我效能感，阿尔伯特·班杜拉（Albert Bandura）提出这一概念，即个体可以掌控某些情境，并产生积极结果的信念（1997，2001，2008，2010a，2010b）。班杜拉认为，自我效能是治疗成功的关键。在治疗的每一步，来访者通过告诉自己一些信息，增强信心，类似的信息如"我要掌管自己的问题"、"我能做到"和"我能提高"。当来访者获得信心、并采取良好行为时，这些成功就成为其内在动机。此后，个体会坚持（相当大的努力）自己解决个人的问题，因为其已经看到自我效能感所产生的积极效果。

> **认知行为疗法**　认知疗法和行为疗法的结合，其目标是促进来访者自我效能感的发展。

自我指导法，旨在教个体学会改变自己行为的认知行为技巧（Sharf，2012）。使用自我指导技术，认知行为治疗师帮助来访者改变自我言语。治疗师会给出积极表达的例子，这些陈述能够强化自我言语，来访者通过重复这些表达，以采取积极措施应对压力或实现目标。治疗师还鼓励来访者通过角色扮演练习这些表达，并强化这些新获得的技能。

使用认知疗法治疗心理疾病　认知疗法成功地治愈了一些焦虑障碍、情绪障碍、精神分裂症和人格障碍的个体（Britton & others，2012；Forman & others，2012；O'Donnell & others，2012）。很多时候，认知疗法与药物治疗的结合使用对于心理疾病的治疗非常有效（Soomro，2012）。

认知疗法能有效治疗的一种焦虑障碍就是惊恐障碍（Nations & others，2011）。认知模型认为，惊恐的根源是个体对无害的生理或心理事件予以灾难性的错误解读。在认知治疗中，治疗师鼓励来访者接触真实的恐慌情境，以检验自己对恐慌情境的灾难性误解。个体可能会认为，自己一旦进入到这种情境中就会死去或发疯，而实际上却并非如此。认知疗法在治疗创伤后应激障碍方面尤为有效，治疗师鼓励来访者重温创伤性经历，在这样的过程中，来访者能够发现由这些经历所引起的灾难性认知（Forbes & others，2012）。此外，认知疗法也能够成功地治疗广泛性焦虑障碍、特定的恐惧症及强迫症（Donegan & Dugas，2012）。

> 66 认知疗法没有药物疗法的副作用。99

认知疗法最早应用于抑郁的治疗中。大量研究表明，在抑郁症的治疗中，认知疗法与药物治疗的效果一样好，有时甚至会优于药物治疗（Sado & others，2009；Sava & others，2009）。一些研究也表明，经认知疗法治愈的患者比接受药物治疗的患者更加不易复发（Jarrett & others，2001）。

近年来，应用认知疗法治疗精神分裂症也取得了相当大的进展。虽然认知疗法不能替代药物治疗，但它确实能够有效地减少精神分裂症的一些症状，如妄想和冲动行为（Christopher Frueh & others，2009）。认知疗法对治疗人格障碍也很有效（McMain & Pos，2007），主要在于改变个体的核心信念并减少自动化的消极思维。

至此，我们已经介绍了生物疗法和心理疗法。对于四种心理治疗：精神动力学疗法、人本主义疗法、行为疗法和认知疗法的比较，请见图13.7。

	问题原因	治疗重点	疗法的本质和技术
精神动力学疗法	来访者的问题是深藏的、未发现的无意识冲突。	与来访者共同寻找与发现潜在的无意识冲突。	精神分析，包括自由联想、梦的解析、阻抗和移情；治疗师的大量释义。
人本主义疗法	来访者没有得到全面的最优化发展。	个体不断意识到自己内在的发展潜力。	来访者中心疗法，包括无条件的积极关注、真诚、共情、积极倾听；强调自我欣赏。
行为疗法	来访者已经习得了不良的行为模式。	通过环境或认知过程的改变，来习得适应性的行为模式。	观察行为并控制条件；针对具体的行为提出具体的建议；基于经典性条件反射和操作性条件反射进行治疗。
认知疗法	来访者要发现不合理的思维。	通过改变认知从而改变情绪和行为。	与来访者交谈，旨在让他/她改变非理性和自我挫败的信念。

图 13.7 不同治疗的比较 不同的疗法以非常不同的方式解决相同的问题。许多治疗师根据来访者及其问题选择适宜的方法。

疗法的整合

多达50%的治疗师认为，自己并非坚持某种特定的方法。相反，他们认为自己使用的是"整合"或"折中"的治疗方法。**整合疗法**（integrative therapy），是指治疗师判断出哪种特定方法对来访者的效果最佳，进而整合不同疗法中的特定技术进行治疗（Clarkin，2012；Prochaska & Norcross，2010）。整合疗法的特点是对各种方法持开放态度，综合使用不同疗法。例如，治疗师可能使用行为疗法来治疗有惊恐障碍的个体，而使用认知疗法来治疗重度抑郁症患者。

由于来访者的问题不同，治疗师针对每个案例采取最佳的方法，而不是采用"一刀切"的程序。有时，为治疗某个特定的心理障碍，治疗师需要用上所有的方法（Kozaric-Kovacic，2008）。例如，边缘型人格障碍（见第12章）的症状包括情绪不稳定、易冲动和自我伤害行为。针对这种疾病的治疗方法叫做辩证行为疗法（dialectical behavior therapy），或DBT（Bedics & others，2012）。与精神动力学一样，DBT认为早期童年经历对边缘性人格障碍的发展很重要。然而，DBT会采用多种技术，包括家庭作业、认知干预、密集的个体治疗及与其他有障碍个体的小组活动。小组活动中主要进行正念训练以及情绪和人际关系技能训练。

另一种整合的方法就是心理治疗与药物治疗的结合（Schneier & others，2012）。认知疗法和药物疗法的结合能有效治疗焦虑和抑郁障碍（Dunner，2001）、饮食障碍（Wilson，Grilo，Vitousek，2007）和精神分裂症（Rector & Beck，2001）。这种整合疗法需要由精神科医生和临床心理学家共同组成的心理健康团队来实施。

整合疗法的优点是能够有效、系统地使用各种治疗方法（Prochaska & Norcross，2010）。然而，令人担心的是，整合疗法也会导致一些治疗师在使用治疗技术时，缺乏系统性且比较盲目。因此，一些治疗师认为，整合疗法与一些狭隘、教条的方法一样糟糕（Lazarus，Beutler，& Norcross，1992）。

整合疗法 治疗师判断出哪种特定方法对来访者的效果最佳，进而整合不同疗法中的特定技术进行治疗。

生活的小·奇迹对我来说太大了。

由 CartoonStock 授权使用，www.CartoonStock.com

" 在美国的大多数地区，心理医生无权开药。 "

" 整合治疗的普及对以后的心理咨询师培训意味着什么？ "

整合疗法在概念上与12章所描述的治疗异常行为的生物心理社会医学模式比较相似。也就是说，许多治疗师认为，异常行为由生物学、心理学和社会学等多种因素引起。许多单一的治疗方法都集中于个体的某一个方面，例如，药物疗法专注于生物因素，而认知疗法关注心理因素。整合治疗从更广泛的视角看待个体问题，这种广度也是社会文化治疗方法所关注的，我们在下一主题中会对此进行介绍。

自我测试

1. 通常用于治疗惊恐障碍的行为治疗技术是_____。
   - A. 厌恶条件反射
   - B. 自我指导
   - C. 系统脱敏
   - D. 对抗性条件作用
2. 专注于早期童年经历对人们当前关系影响的心理治疗方法是_____。
   - A. 以来访者为中心的治疗
   - B. 精神动力学疗法
   - C. 认知疗法
   - D. 理性情绪行为疗法
3. 无条件积极关注的疗法核心是_____。
   - A. 心理治疗
   - B. 认知疗法
   - C. 辩证行为疗法
   - D. 以来访者为中心的治疗

小应用！

4. Cara 已经学了一些心理学课程。当她去找治疗师寻求帮助，以缓和自己与母亲的关系时，她以为治疗师会让自己躺在沙发上，谈论童年经历。然而，令 Cara 感到惊讶的是，开始治疗时，治疗师只是让她谈论自己的感觉，并很少给予反馈。有时，治疗师会与 Cara 谈论她的想法和信仰，并给她留家庭作业。有时，治疗师会问及 Cara 有关梦想和童年的经历。Cara 的治疗方法是：_____。
   - A. 认知行为
   - B. 人本主义
   - C. 精神动力学
   - D. 整合疗法

3　社会文化方法与心理治疗

在心理障碍的治疗中，生物疗法能够改变身体，行为疗法能够改变行为，而认知疗法则改变想法。本节重点介绍治疗心理疾病的社会文化方法。

这些方法认为，个体作为关系系统的一部分，必然会受到社会和文化因素的影响。我们首先介绍一些常用的社会文化方法，然后会探讨各种文化视角下的治疗。

团体治疗

患有同一种心理问题的个体可能会通过观察他人如何处理类似问题，而受到启发。反过来，帮助他人也可以提高个体的能力感和效能感。社会文化方法以**团体治疗**（group therapy）著称，这是一种治疗心理障碍的社会文化方法，将患有同一种心理障碍的个体集中在一起，通常由心理健康专家带领小组活动。

团体治疗的倡导者指出，个体治疗将来访者排除在正常的关系情境——如家庭、婚姻或同伴团体关系之外，认为这些关系会导致许多心理问题的发展，可能也是成功治疗的关

> **团体治疗**　是一种治疗心理障碍的社会文化方法，将患有同一种心理障碍的个体集中在一起，通常由心理健康专家带领小组活动。

体验一下：
使用足球进行治疗

键。团体治疗通过将重要群体关系带入治疗中，可能比个体治疗更成功。

团体治疗可以采取许多不同的形式，包括精神动力学、人本主义、行为和认知治疗，再加上上述心理治疗中未包括的一些方法（Corey，2012；Simon & Sliwka，2012；Tasca & others，2011）。以下六种特征使得团体治疗成为有吸引力的治疗方法（Yalom & Leszcz，2006）：

这种治疗团体也是一个群体，因此，第11章中所描述的信息性和规范性的社会影响力也适用于该群体。

- **信息性** 个体从团体带领者或其他小组成员那里接收到有关个体问题的信息。
- **普遍性** 许多人都体验到了一些可怕且难以接受的冲动。在这个群体中，个体会观察到其他人也有同样痛苦和难受的感觉。
- **利他主义** 小组成员彼此提供建议和情感支持，并且学习互相分享。
- **积极的家庭群体** 通常，治疗组就像家庭一样（在家庭治疗中，群体就是家庭），带领者就像家长，而其他成员则代表了兄弟姐妹。在这个新家庭中，旧伤口不断愈合，而新的、更积极的家庭关系将建立。
- **发展社会技能** 来自同伴的反馈可以纠正个人人际交往技巧方面的不足。当其他小组成员告知个体具备自我为中心的特点时，个体会看到自己在这一方面存在的问题。而在一对一的治疗中，个体可能不相信治疗师。
- **学习人际沟通** 小组可以成为个体实践新行为和新关系的练习场地。例如，一个充满敌意的个体可能会发现，自己可以通过减少攻击行为与他人更好地相处。

家庭和夫妻治疗

与家庭成员及重要他人的关系是人类生活的一个重要组成部分。然而，有时这些至关重要的关系也需要局外人的帮助。**家庭治疗**（family therapy）是在家庭成员之间展开的一种团体治疗（Wagenaar & Baars，2012）。**夫妻治疗**（couples therapy）是一种团体治疗，主要针对关系中出现问题的已婚或未婚伴侣。这些方法强调，个体出现心理问题，可能是家庭或夫妻关系出现问题的结果（O'Leary，Heyman，& Jongsma，2012）。

家庭治疗中通常使用以下四种技术：

家庭治疗 在家庭成员之间展开的一种团体治疗。

夫妻治疗 一种团体治疗，主要针对关系中出现问题的已婚或未婚伴侣。

- **认可** 治疗师对每位家庭成员的感受和想法都予以理解和接受，表达出对该个体的认可。治疗师要发现每位家庭成员身上的一些优点，并表达出来。
- **重新定义** 治疗师帮助家庭重新定义什么样的问题为家庭问题，而非个人问题。例如，将不良少年的问题重新定义为家庭成员都有责任的问题，例如，父母缺乏对男孩的关注或婚姻冲突。
- **改变结构** 家庭治疗师试图在家庭中重组结构。在母亲-儿子的关系中，治疗师可能会建议父亲成为更主要的纪律实施者，从而减轻一些母亲的负担。改变结构的一些做法非常简单，例如，建议父母共同找到一种令人感到满意的相处方式，如每周外出约会一次，共享安静的晚餐。
- **理清关系** 在一些家庭中，当两位成员存在冲突但却刻意掩饰时，其他某位成员可能就会成为这种关系的替罪羊。例如，一位患有神经性厌食症女孩的父母虽然声称其婚姻状况非常良好，但却发现彼此在如何处理孩子的问题上有着微妙的冲突。治疗师会试图将问题解决的焦点从孩子身上转移到夫妻间的冲突上。

夫妻治疗与家庭治疗相似。已婚和未婚者之间的冲突经常包括沟通不畅的问题，有些甚至已经完全没有沟通。因此，治疗师要试图改善两人的沟通情况（Meneses & Greenberg，2011），帮助他们互相理解，共同解决问题。夫妻治疗所涉及的问题包括酗酒、嫉妒、各种性问题、不忠、性别角色、双职工家庭、离婚、再婚和再婚家庭的特殊问题等（Sandberg & Knestel，2011）。

自助支持团体

自助支持团体是一种志愿组织，个体定期聚在一起讨论共同关心的话题。小组不是由专业治疗师而是由准专业人员领导，或是一群有共同兴趣的个体组成。准专业人员接受过专业人员的训练，能够提供一些心理健康服务，但没有进行过正规的心理健康培训。准专业人员可能个人也有一些障碍，例如，一位化学医药顾问可能正处于药物成瘾的恢复过程中。团体领导者和成员互相提供支持，帮助有问题的个体。

自助团体在美国的心理健康治疗中起着关键性的作用（Norcross &others，2013）。2002年的一项调查显示，在美国，已有近7500个这样的团体，有超过100万名成员（goldstrom & others，2006）。除了帮助那些需要帮助的人，这些群体因为资源共享，费用相对比较低廉，因此也能帮助到那些不太容易得到帮助的人，比如受教育程度低或收入低的个体。

"那正是我们所要谈论的，Bob，你不能在 Vera 提出了一个困难问题时就简单地装死。"

经 CartoonStock 授权许可使用，www.CartoonStock.com

自助支持团体为成员提供了社会共享和情感释放的空间。自助支持团体能为个体提供社会支持、角色示范和解决问题的具体策略，这些都增加了其有效性。一位被强奸的女性可能不会相信一位男治疗师的话——"随着时间的推移，你会把破碎的生命片段拼凑在一起"。然而，同样的消息若是来自另一个强奸受害者，则更为可信，因为她们可能经历过同样的愤怒、恐惧和被侵犯的情绪。

自助支持团体有很多种，如可卡因滥用者团体、节食者团体、受虐待儿童幸存者团体，以及各种疾病患者的团体（心脏病、癌症、糖尿病等）。匿名戒酒协会（Alcoholics Anonymous，AA）是最著名的自助团体之一。心理健康专家经常向与酒精作斗争的来访者推荐AA(Kaskutas & others,2009)。一些研究表明了AA的积极作用，但有些研究则未发现其有效性（kaskutas，2009）。最近的一项研究发现，AA通过帮助个体在社交环境中控制住不饮酒，来提高其自我效能感，从而降低饮酒频率，促进社会关系的积极改变和灵性/宗教性的发展，减少负面影响（Kelly，2012）。

> **社会感染和群体思维等问题也会在支持小组中出现**（见第 11 章）。

对于那些倾向于从有相似经历的个体处获取信息和帮助的人来说，自助支持小组可以帮助他们减小压力、发生改变。然而，任何一种团体治疗都有一种可能性，即负性情绪会通过团体进行传播，尤其是随着时间的推移，成员的状态发生恶化时更是如此，比如癌症晚期患者。团体带领者应对这些消极情绪的传播保持敏感性，并将这种影响降低到最小程度。

除了面对面的团体，众多的在线支持小组也开始出现（Norcross & others，2013）。在线支持团体既有优点（Ellis & others，2011），也有缺点。在没有受过训练的专业人士的指导下，成员可能因缺乏专业知识而无法提供最佳的建议。提倡厌食的"支持厌食症"（或"支持安娜"）网站，就是在线支持小组存在潜在负面影响的一个例子（Bardone-Cone & Cass，2006）。

社区心理卫生

社区心理卫生运动诞生于20世纪60年代。当时的社会认识到，将有心理障碍和有残疾的人锁起来是不人道和不合适的。一些精神机构中的恶劣条件也触发了该运动的发起。社区心理卫生运动背后的中心思想是，有障碍的个体应该留在社会和家庭中，并接受社区心理卫生中心的治疗。这一运动也考虑到了经济上的问题，大体上来说，社区治疗比机构治疗更便宜些。因此，随着1963年《社区心理卫生法》的通过，大量有心理障碍的个体从精神病院转移到社区机构中去，这一过程被称为"去机构化"。虽然其最初的目的是更有效地帮助心理有障碍的个体，但去机构化过程也使得无家可归率上升。社区心理卫生服务的成功取决于个体所处社区拥有的资源和承诺状况。

社区心理卫生的工作包括培训教师、牧师、家庭医生、护士及其他能为社区成员提供咨询或工作坊的个体，这些个体主要从事有关压力应对、减少药物滥用、自信心建立等方面的工作（a. Lim &others，2012）。社区心理卫生认为，治疗心理障碍的最好方法是事先预防（FeinsteinRichter，& Foster，2012；Thota &others，2012）。

社区心理卫生的一个明确目标就是帮助那些弱势群体（如那些生活在贫困中的人）过上更快乐、更丰富的生活（Cook & Kilmer，2012；Simning & others，2012）。其中一个重要目标就是赋权（empowerment）——帮助个体发展生存技能，并掌控自己的生活。所有的社区心理健康计划都依赖于地方、州和联邦政府的财政支持。

> 你愿意支付多少税收来支持社区心理卫生的活动？

文化视角

本章前面所讨论的心理治疗——精神动力学、人本主义、行为主义和认知主义，都关注个体。这一关注点与西方文化（如美国）中的个体需求相一致，即强调个体而非群体（家庭、社区或民族）。然而，这些疗法可能对生活在集体文化下的个体不怎么有效，因为这种文化更重视群体（Sue & other，2013）。一些心理学家认为，家庭治疗可能对那些文化中重视家庭价值感的个体更有效，如拉丁美洲和亚洲文化（Guo，2005）。研究表明，如果治疗师能够根据文化背景和宗教/精神取向调整自己与治疗者之间的关系，治疗效果就会提高（Norcross，2011）。

如果你将心理治疗看作是人与人之间的谈话，你就会认同文化对心理治疗过程有着深远而复杂的影响。纵观之前我们对于心理学的探索，你会发现，文化在语言表达方式、人们的交谈模式，以及我们所谈论的事情中起着重要的影响。将心理治疗的谈话置于文化框架中是非常复杂的。不同文化可能在一些方面有很大的不同，例如，与老年人谈论个人问题或谈论个人情感是否得体（Asnaani & Hofmann，2012；Naeem & others，2009）。影响治疗的一些文化因素包括社会经济地位、种族、性别、原出生国、当前的文化、宗教信仰和传统（Farren，Snee，& McElroy，2012；Joutsenniemi & others，2012）。

跨文化能力（cross-cultural competence）既包括成熟的治疗师对治疗中可能出现的文化问题的感知，也包括来访者对治疗师能力的感知（Asnaani & Hofmann，2012）。跨文化能力的主要特征就是尊重文化中的信仰和行为，并找到特定治疗方法与文化目标及价值观之间的平衡。要阅读更多关于这个问题的内容，请看交叉研究部分。

跨文化能力 治疗师对自己解决治疗过程中文化问题的能力的评估，以及来访者对这些能力的感知。

> 当治疗师面对存在文化敏感性的来访者时，一个关键点就是不要立即看到文化所施加给个体的诸多影响。每个人都应被看做是特定的个体。

临床与文化心理学：认知行为疗法在不同信仰体系中如何发挥作用？

所有的治疗方法都是为了帮助人们在心理上更健康，并过上更好的生活。心理健康的个体是什么样的？是什么让人类的生活丰富多彩？对许多人来说，答案就是文化，特别是宗教信仰。如何使文化和宗教价值观与心理治疗的观点保持一致，这一点是很重要的，特别是西方心理治疗的观点在世界各地广泛传播的今天。

认知行为疗法（CBT）引导个人质疑其信念的正确性和思想的合理性。认知行为疗法认为，改变人们对自己生活经历的思考方式，会使个体感知到对自己情绪和反应的控制感。然而，我们的一些信念根植于所处的文化世界观，如文化信念和宗教信仰中。治疗中，来访者可能会认为治疗师之所以努力改变自己的这些信念，是因为其对自己有所偏见（asnaani & Hofmann，2012）。随着CBT方法的普及，研究开始探讨CBT是否或如何适应不同的文化。

文化和宗教在如何与CBT的价值保持一致上存在差异。例如，调查印度的大学生，很多人觉得CBT的目标与个人、文化以及宗教信仰有冲突（Scorzelli & Reinke-Scorzelli，1994）。这些学生认为，CBT所强调的，通过治疗更好地掌控自己生活的价值观，与其文化和宗教信仰是相冲突的，这些文化和宗教信仰所强调的是超自然的力量能决定个人命运，并且个体的生活应该符合家庭和社会的期望。同样，在巴基斯坦的一项研究发现，学生认为

自信、与年长者谈论私人感情，以及掌控自己的感情及对生活的选择，与其宗教价值观相悖（Naeem & others，2009）。相比之下，在泰国的研究表明，佛教徒认为CBT的目标与其精神价值特别一致。佛教认为，痛苦来源于有意识的思考，因此，CBT强调改变思想这一观点，正适合于佛教徒的观念模式（Reinke-Scorzelli & Scorzelli，2001）。

如果来访者的文化及宗教信仰与CBT的价值存在冲突，那么治疗师该如何使用CBT呢？Anu Asnaani 和 Stefan Hofmann提到了一位有心理障碍的牙买加女人的案例研究。这位信仰虔诚的女人发现，家人和朋友认为她进行心理治疗是很奇怪的事情。他们认为，她需要心理治疗是因为信仰不坚定。她为什么需要治疗呢？他们坚持认为，她应该更坚定地信仰上帝并祷告。为了解决这种冲突，治疗师建议她尝试将治疗作为精神需要救赎的一种表现。通过这种方式，女人将治疗视为有意义的精神目标。当CBT治疗过程的一部分与其强烈的宗教信仰相结合时，她逐渐意识到，痊愈不仅是靠祷告和信仰支持，还需要治疗。

- ■ 什么使得一个人心理健康？
- ■ 你的文化背景如何影响你的回答？

> " 当治疗师与你的种族背景、性别或宗教信仰不同时，你愿意接受他的治疗吗？ "

种族　许多少数民族个体更喜欢与父母、朋友和亲戚，而非心理健康专业人员讨论问题（Sue & others，2013）。那么，当治疗师和来访者具有相同的种族背景时，治疗的效果是否更好？研究人员发现，当治疗师和来访者之间的种族相同，以及在治疗中关注到种族特殊性时，来访者就不太可能在早期放弃治疗，并且在很多情况下会有更好的治疗效果（Jackson & Greene，2000）。对种族特殊性的关注包括使用特定文化的问候语和安排（例如，为华裔提供茶而不是咖啡），提供灵活的治疗时间，并雇佣双文化/双语工作人员（Nystul，1999）。

然而，即便治疗师和来访者来自不同的种族背景，只要治疗师具有良好的临床技能和文化敏感性，治疗也是有效的（Akhtar，2006）。跨文化能力高的心理咨询师对来访者的文化群体有很好的了解，知道社会政治对来访者的影响，并拥有与不同文化群体一起

工作的能力（Austad，2009）。

性别　男女性别角色变化的一个副作用就是需要重新评估心理治疗的目标（Gilbert & Kearney，2006；Nolen-Hoeksema，2011）。传统上，心理治疗的目标一直都是建立来访者的自主性或自我决定。然而，一般来说，男性比女性更加重视自主性和自我决定，而女性生活中则更多关注与他人的关系和联结。因此，一些心理学家认为，治疗的目标应该关注与他人的关系和联系，特别是对女性而言更是如此，或者就是既强调自主性/自我决定，也强调与他人的关系和联系（Notman & Nadelson，2002）。

女性主义治疗师认为，传统的心理治疗仍存在相当大的性别偏见，并没有充分解决女性的具体问题。因此，一些非传统的疗法已经出现，目的是帮助来访者摆脱传统性别角色的刻板印象。在改善来访者生活方面，女性主义治疗师的目标与其他治疗师没有什么不同。然而，女性主义治疗师认为，为实现心理健康的目的，女性必须警惕偏见和歧视的可能性（Herlihy & McCollum，2007）。

自我测试

1. 家庭治疗师试图改变家庭成员之间的关系，利用的是什么技术：_____。
   A. 重新定义　　　　　B. 改变结构
   C. 理清关系　　　　　D. 认可

2. 准专业人员是_____。
   A. 可以帮助治疗师进行治疗的人
   B. 没有执照的治疗师
   C. 治疗团体的带领者
   D. 接受过帮助别人的训练，但没有进行过正规的咨询师培训

3. 去机构化是_____。
   A. 囚犯从监狱系统中释放
   B. 心理健康来访者从机构转移到社区机构

C. 某人承认治疗与其个人意愿相悖的过程
D. 允许某个有心理障碍的个体停止治疗

小应用！

4. Frank 是一位正与抑郁症作抗争的亚裔美国人。当他告诉朋友自己准备去接受心理治疗时，他坦率地提到他希望治疗师是亚裔美国人。朋友回答说这是有偏见的，他应该接纳不同背景的治疗师。根据研究发现，如果真的想让治疗成功，Frank 应该选择什么？
   A. 坚持寻找亚裔美国籍的治疗师，因为只有当治疗师和他同种族时，他才能从咨询中受益
   B. Frank 可以接受任何背景的治疗师
   C. Frank 应该接受一位理解他文化背景的治疗师
   D. Frank 应该找一位不同种族的治疗师，这会促使他的思考不具局限性

4　心理治疗的有效性

个体能够通过治疗变得更好吗？一些方法是否比其他的方法更有效？我们如何得知治疗是否有效？在过去的几十年里，大量的研究都围绕这些问题展开（Kazdin，2007）。

心理治疗有效性研究

大量的研究都发现了心理治疗的有效性（Beck，2005；Butler & others，2006；Lambert，2001；Luborsky& others，2002）。研究者已经进行了数百个研究，验证了心理治疗的作用。用于分析这些不同研究结果的研究就

是元分析，研究人员对许多不同的研究结果进行了综合分析。

图13.8对众多的研究和文献进行总结，在这些研究中，来访者被随机分配到没有治疗的对照组、安慰剂对照组或心理治疗组中（Lambert，2001）。可以看到，有些未接受治疗的个体的状况也有所改善。这些病例告诉我们，一些心理症状可能会有所改善，尽管其中可能寻求了朋友、家庭或神职人员的帮助。安慰剂对照组中的个体表现好于未接受治疗的对照组，这可能是因为，该组中的个体与治疗师保持着关系，他们有被帮助的预期，或者在研究过程中得到了安慰和支持。然而，到目前为止，最好的结果还是接受心理治疗。

正在考虑接受心理治疗的个体可能不仅想知道心理治疗是否有效，而且还想知道哪一种形式最有效。类似的情况就像《爱丽丝漫游记》里的渡渡鸟。作为比赛的裁判，渡渡鸟决定，"每个人都赢了，并且都能获奖。"许多有关心理治疗的研究都支持渡渡鸟假说——都"赢"和都能获"奖"。也就是说，尽管研究证实了心理治疗的有效性，但并未发现某个特定的疗法比其他疗法更好（Hubble & Miller，2004；Lambert，2001；Luborsky & others，2002；Wampold，2001；Wampold & others，2011）。

然而，研究已经表明，某些疗法可能比其他疗法更好地治疗一些特定的心理障碍（Gould，Coulson，& Howard，2012）。例如，最近的一项关于儿童焦虑障碍的元分析发现，对于患有焦虑障碍的个体来说，个体治疗以及针对特定焦虑障碍的心理治疗效果更好，而父母参与治疗并未给治疗结果带来任何帮助（S. Reynolds & others，2012）。这种"特定疗法针对特定障碍最起作用"的想法导致了**以证据为本的实践**（evidence-based practice）的出现。这种相对较新的治疗方法将现有的研究与关注来访者特征、文化及其偏好的临床经验技巧进行整合（美国心理协会，"以证据为本的实践"的总统任务团队，2006）。从这个角度来看，治疗方法的选择取决于哪种治疗方法的效果最佳（Norcross，2011）。

治疗需要多长时间才会有效果？在一项研究中，在每周一次的治疗之前，来访者都对其症状、人际关系以及生活质量进行评价（Anderson & Lambert，2001）。图13.9显示，三分之一的人在第十次会话中有所改善，50%的人在第20次会话中有所改善，70%的人在第45次会话中有所改善。总之，治疗至少需要六个月甚至更长时间才会起效果。

心理治疗对健康的益处

通常，心理治疗的目标是缓解心理症状。能将个体从心理障碍的负面影响中解脱出来的治疗就被认为是有效的。那么，心理治疗除了影响个体的心理健康外，还能影响其身体健康吗？

例如，被确诊为癌症会给个体造成很大的压力。心理治疗能帮助患者减小这种压力、提高其应对疾病的能力吗？一项新的研究表明，治疗确实有这样的积极影响。一项研究显示，团体认知疗法能促进前列腺癌患者的压力管理技能，并有效地提高他们的生

心理调查

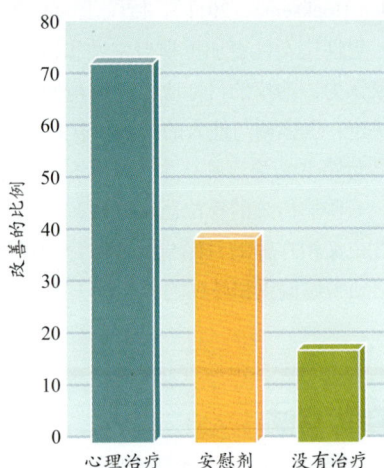

图13.8 **心理治疗的效果** 一项研究综述表明，超过70%的个体在接受治疗后都有所改善。反之，接受安慰剂治疗的个体中，低于40%的人有所改善，没有接受治疗的对照组中有20%的人有所改善（Lambert，2001）。为什么没有接受治疗的个体也有改善呢？这些结果能使我们对治疗的有效性做出因果解释吗？为什么能或为什么不能？

以证据为本的实践
将现有的研究与关注来访者特征、文化及其偏好的临床经验技巧进行整合的治疗方法。

活质量（Penedo & others，2006）。另一项研究发现，个体认知行为疗法能够缓解接受化疗的癌症患者的症状（Sikorskii & others，2006）。

心理治疗也可能对身体健康有益。例如，抑郁症与冠心病有关（Linke & others，2009）。心理治疗能减少抑郁的可能性，相应地也能降低心脏病发作的风险（K. W. Davidson & others，2006）。一项研究综述还揭示，心理治疗对健康行为和身体疾病，如吸烟、慢性疼痛、慢性疲劳综合征和哮喘等疾病，都有积极的作用（Eells，2000）。

心理治疗甚至是预防心理和身体健康问题的途径之一。在一项研究中（Smit & others，2006），将等待接受治疗保健的个体分为两组，一组像往常一样接受身体健康治疗，另一组则在此基础上加了一个简短的心理治疗（简单的认知行为治疗）。简短的心理治疗包括一本自助手册、情绪管理指导以及与心理预防工作者的六次简短电话交谈。结果，心理治疗组的抑郁总体评分显著低于另一组，这种治疗的性价比非常高。将简短的心理治疗作为定期身体检查的一部分，具有心理和经济上的优势。

最后，虽然心理治疗的目的通常是缓解不良的症状，但它能提升心理健康水平吗？这个问题很重要，因为心理症状（大多数心理治疗的目标）和心理健康不是同一个概念。正如没有严重身体疾病的人不一定是身体健康的人，一个没有表现出心理症状的个体并不表示其心理状态十分健康。研究发现，心理健康状况不佳更容易使个体旧病复发或出现问题（Ryff & Singer，1998；Ryff，Singer，& Love，2004；Thunedborg，Black，& Bech，1995）。研究也表明，那些症状得到缓解的个体，幸福感水平也有所提高，并且不易复发（Fava，2006；Ruini & Fava，2004）。

最近，治疗师提出一种旨在提高幸福感的新的治疗方法。**幸福感疗法**（well-being therapy，WBT）是一种鼓励来访者关注积极方面的短期的、以问题为中心的指导性疗法（Fava，2006；Ruini & Fava，2009）。WBT的第一步是认识个体生活的积极方面。最初的家庭作业就是要求来访者监控自己的幸福感水平，并记录幸福时刻。治疗师鼓励来访者记录微小的幸福，如美丽的春日、与朋友的轻松聊天以及早晨咖啡的美妙滋味。然后，来访者要确定在这些时刻产生的相关想法和感觉。WBT就是学会发现并品味积极的经验，提升并颂扬生命中的美好时刻。WBT能有效提升幸福感，也可以让个体从精神障碍中逐渐得以恢复（Fava，Ruini，& Belaise，2007；Ruini & Fava，2009；Ruini & others，2006）。

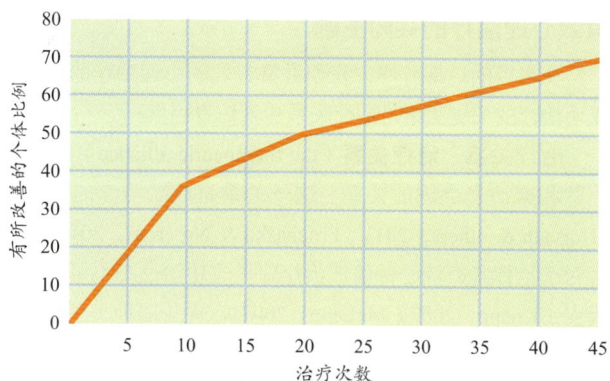

图 13.9　治疗次数及改善效果　在一项研究中，来访者在每次治疗前都对自己的心理健康状态进行评分（基本症状、人际关系、生活质量）（Anderson & Lambert，2001）。心理治疗结果显示，大约三分之一的个体第十次治疗后出现了好转，50% 的人在第 20 次后有所改善，70% 的人在第 45 次治疗之后才会有所改善。

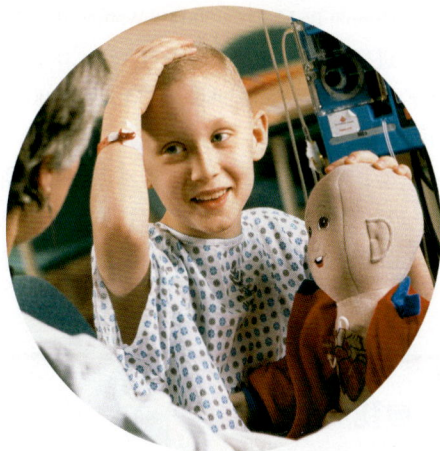

❝ 问题在于，那些症状得以治疗的个体，是否还能继续享受丰富的工作、生活，并与伴侣和亲密朋友间保持良好的关系 ❞

幸福感疗法　是一种鼓励来访者关注积极方面的短期的、以问题为中心的指导性疗法。

有效心理治疗的共同主题

在最后的这部分中，我们看看有效的心理治疗的共同点。成功治疗的关键因素是治疗关系和来访者因素。

治疗关系　　**治疗关系**（the therapeutic alliance）指的是治疗师和来访者之间的关系。这一关系是成功治疗的重要因素（Horvath & others，2011；Prochaska & Norcross，2010）。来访者对于治疗师有信心并信任治疗师是成功治疗必不可少的有效因素（Knapp，2007；McLeod，2007）。无论哪种类型的治疗，治疗关系的质量都是有效治疗的一个重要因素（Norcross，2011）。

来访者因素　　关于治疗效果研究的所有元分析都发现，预测治疗效果的一个主要因素是来访者自身。事实上，来访者的参与质量是治疗效果的主要决定因素（McKay，Imel，& Wampold，2006；Wampold，2001）。即使来访者是由于自身的软弱才来寻求治疗，但是个体的力量、能力、技能和动机在成功治疗中占有很大比重（Hubble & Miller，2004；Wampold & Brown，2005）。在一项对许多治疗效果的研究进行的综述文章中，研究人员指出，"数据已经相当充分地表明，不是治疗让来访者发生改变，而是来访者使治疗发挥效果"（Hubble & Miller，2004，p. 347）。治疗只是一种催化剂，使个体将自身的优势发挥出来，以更好地应对生活。

> **治疗关系**　治疗师和来访者的关系是治疗成功的重要因素。

生活十分复杂，充满了各种潜在的陷阱。我们每个人都时常需要帮助，而心理治疗是促进身体和心理成长的一种方式，并使我们成为自己所能做到的最好的人。心理治疗与其他任何一种人际关系一样复杂，但也有潜在的回报——通过与另一个人建立有意义的关系联结，个体的生活发生了积极的改变（Joseph & Linley，2004）。

自我测试

1. 在下面的疗法中，最有效的是_____。

   A. 心理治疗　　　　　B. 认知疗法

   C. 人本主义治疗　　　D. 这些疗法都同样有效

2. 在不同类型的治疗中，_____与成功的结果有关。

   A. 理论取向　　　　　B. 治疗关系

   C. 认可　　　　　　　D. 认知重建

3. 在以证据为本的实践中，在特定案例中使用哪种疗法主要取决于_____。

   A. 治疗师的资格

   B. 来访者的偏好

   C. 证明各种治疗方法有效性的研究

   D. 与来访者关系最亲密者的帮助

小应用！

4. 为治疗抑郁症，Drake 已经接受了两个月的认知行为疗法。虽然不再抑郁，但他发现自己并不像想象中那样快乐。他对任何事情都没有热情。给 Drake 最好的建议是什么？

   A. 生活是困难的；你已经不再抑郁了，这是多么幸福的事情

   B. 找到一种提升幸福感的疗法，而不仅仅是治疗你的症状

   C. 你很可能还是很抑郁。你应该坚持认知行为疗法

   D. 你应该去看精神动力学的治疗师，也许他／她会帮助你治疗那些阻碍你快乐的无意识冲突

❶ 生物疗法

生物疗法包括药物治疗、电休克疗法（ECT）以及外科手术。心理治疗的药物主要分为三大类：抗焦虑药、抗抑郁药和抗精神病药物。

巴比妥类药物是最常用的抗焦虑药。抗抑郁药物能够调节情绪，主要包括三种类型，主要有三环抗抑郁剂、MAO抑制剂和SSRI药物。锂可用于治疗双相情感障碍。抗精神病药物能够治疗严重的精神疾病，特别是精神分裂症。

当其他的干预措施都不好用时，实践工作者会使用电休克疗法，通过诱发大脑中的癫痫发作而治疗严重的抑郁症。医生还通过脑部深层刺激术治疗一些抑郁症，医生运用该技术对精确的大脑部位进行电刺激。外科手术通过破坏脑组织进行治疗，效果具有不可逆性。虽然当今已经很少使用，不过现在的前额叶切断术已经更为精确。

❷ 心理治疗

心理治疗是心理健康专业人士所使用的一种程序，用于帮助个体识别、定义和克服心理障碍。弗洛伊德的精神分析理论认为，心理障碍源于未发现的无意识冲突，这种冲突起源于早期的家庭经历。治疗师所使用的自由联想、梦的解释、移情分析和阻抗分析都是理解来访者无意识冲突的途径。虽然心理治疗已经发生了很大改变，但许多当代精神动力学治疗师仍然认为，探索早期的家庭经历能够为了解来访者的当前问题提供线索。

在人本主义疗法中，分析师鼓励来访者了解自己并进行个人成长。罗杰斯所提出以来访者为中心的治疗，是一种人本主义疗法，包括积极倾听、反思性语言、无条件的积极关注、共情和真诚。

行为主义疗法运用学习的原则来减少或消除不良行为。该疗法基于人格的行为与社会认知理论。行为疗法意在消除症状或行为，而非帮助个体洞察自己的问题。

系统脱敏疗法和厌恶条件反射是基于经典性条件作用的两种主要的行为治疗技术。在系统脱敏中，治疗师教给来访者运用深度放松的方式，逐渐接近焦虑情境，直到消除对该情境的焦虑感。厌恶条件反射就是将不良行为与厌恶条件重复配对以减少该行为的出现。

在操作性条件反射的行为治疗方法中，治疗师要仔细分析个体所处的环境，以确定需要改变的因素。应用行为分析是操作性条件反射用于改变行为的一种应用程序。它的主要目标是将不良行为替换为适应良好的行为。

认知疗法强调个体的认知（思想）是异常行为的根源。认知疗法试图通过改变认知来改变人的情绪和行为。认知疗法的三种主要形式是Ellis的理性情绪行为疗法（REBT），Beck的认知疗法和认知行为疗法。

Ellis的方法的基本观点是，心理障碍是由个体的信念，特别是非理性信念引起的。Beck的认知治疗指出，治疗师应协助和引导来访者意识到自己思维中存在的逻辑错误，并对这些思维的准确性提出挑战。认知行为疗法结合了认知和行为治疗的技术，强调自我效能感和自我指导。

❸ 社会文化方法与心理治疗

团体疗法强调，关系是成功治疗的关键。家庭治疗是在家庭成员之间展开的一种团体治疗。四种常用的家庭治疗技术包括：认可、重新定义、改变结构和理清关系。夫妻治疗是一种针对关系中出现问题的已婚或未婚伴侣进行的团体治疗。

自助支持团体是一种志愿组织，组织成员定期聚在一起讨论共同关心的话题。小组不是由专业治疗师领导。

当人们意识到心理健康医疗系统并没有很好地帮助那些贫穷和正规精神疾病治疗机构之外的个体时，社区心理卫生运动诞生。社区心理卫生运动的主要目标就是赋权。

在个体主义文化中，传统的关注个体的心理疗法有可能取得成功，但在集体主义文化中，个体中心的心理疗法可能无法奏效。当治疗师和来访者之间的种族相同时，治疗的效果更好。然而，只要治疗师具有良好的临床技能和文化敏感性，治疗也能起到好的作用。

心理治疗对于自主的强调可能会带来一个问题，因为许多女性更关注关系中的联结。女性主义治疗师强调，女性要意识到传统性别角色和刻板印象对其生活的影响。

多达50%的治疗师认为自己使用的是"整合"或"折中"的治疗方法。整合疗法是指治疗师判断出哪种特定方法对来访者的效果最佳，进而整合不同疗法中的特定技术进行治疗。

❹ 心理治疗的有效性

元分析发现，心理治疗能成功地治疗心理疾病。研究也表明，心理疗法也有助于个体应对严重的身体疾病。以证据为本的实践将现有的研究与关注来访者特征、文化及其偏好的临床经验技巧进行整合。心理治疗既可以直接缓解个体的身体症状，也可以通过治疗与身体疾病有关的心理问题，降低某种疾病的风险。

简短的心理治疗可能是一种避免严重疾病发生的有效且划算的方式。心理治疗也可以增进幸福感。幸福感水平提高之后，个体疾病复发的可能性会降低。

治疗关系指的是治疗师和来访者之间的关系。这一关系是成功治疗的重要因素。另一个影响治疗是否成功的重要因素就是来访者自己。

关键术语

生物疗法，p.457
抗焦虑药物，p.457
抑抑郁药物，p.457
锂，p.459
抗精神病药，p.459
电休克疗法（ECT），p.461
精神外科，p.462
心理治疗，p.464
精神动力学疗法，p.465
精神分析，p.465
自由联想，p.465

解释，p.465
梦的解析，p.465
移情，p.466
阻抗，p.466
人本主义疗法，p.466
来访者中心疗法，p.466
反思性语言，p.467
行为疗法，p.467
系统脱敏，p.468
认知疗法，p.469
理性情绪疗法，p.469

认知行为疗法，p.472
整合疗法，p.473
团体治疗，p.474
家庭治疗，p.475
夫妻治疗，p.475
跨文化能力，p.477
以证据为本的实践，p.480
幸福感疗法，p.481
治疗关系，p.482

自我测试

多选题：

1. 百忧解是哪种药物：_____。

　A. 苯二氮卓类药物

　B. 选择性 5- 羟色胺再摄取抑制剂

　C. 安定剂

　D. 三环抗抑郁剂

2. 在用了各种治疗药物而未见效果后，sharon 去看一位新医生。医生告诉她，许多经典的研究表明，电休克疗法能有效地治疗_____。

　A. 癫痫　　　　　　　　B. 惊恐发作障碍

C. 精神分裂症　　　　　　D. 抑郁症

3. 一位来访者在每次犯烟瘾时都掐拧自己，她使用的是什么技术：_____。
   A. 消退　　　　　　　　B. 系统脱敏疗法
   C. 厌恶条件反射　　　　D. 认知重建

4. 宣泄是一个用于描述_____的术语。
   A. 来访者抵抗治疗师的建议
   B. 来访者将与父母的冲突转移到治疗师身上
   C. 个体通过重温某种情绪发生的情境，释放个体的情绪
   D. 将不可接受的动机重新定向为社会可接受的形式的过程

5. 治疗过程中的移情有一些优点，原因是_____。
   A. 它提供了一个重建困难关系的机会
   B. 它能减少焦虑
   C. 它能增加冲突
   D. 它能产生阻抗

6. 根据弗洛伊德的梦的解释，一个人梦境所暗含的内容或意义称为_____。
   A. 迟钝的梦　　　　　　B. 潜意识
   C. 隐性梦境　　　　　　D. 显性梦境

7. 认知行为疗法试图通过_____引起个体的改变。

A. 将无意识带到意识中
B. 帮助来访者移除某种行为，并重新学习新的特定行为
C. 帮助来访者发展自我意识和自我认同
D. 请来访者放弃非理性信念

8. 心理治疗要经过多久才会出现效果：_____。
   A. 一周　　　　　　　　B. 三个月
   C. 六个月　　　　　　　D. 一年

9. 帮助一个家庭了解到他们之间的问题不是由单独某位家庭成员的错误造成的，这是_____。
   A. 重新定义　　　　　　B. 改变结构
   C. 理清关系　　　　　　D. 认可

10. 自助支持小组_____。
    A. 没有对国家心理健康发挥重要作用
    B. 依靠社区的资源
    C. 相对昂贵
    D. 主要服务于那些也能从别处接受到帮助的个体

小应用!

11. 比较和对比精神动力学疗法、人本主义疗法和认知行为疗法。举例说明不同疗法分别适用于哪种类型的个体和问题。

健康心理学

整个村庄的人都要减肥吗？

受日益严重的肥胖问题的困扰，美国社区领导者开始采取措施帮助市民提高运动意愿、进行健康饮食并减轻体重（Ockene & others，2012；Wieland & others，2012）。一些地区通过教会和其他组织建立社区减肥俱乐部（Yeary & others，2012）。佛罗里达州的莱克兰小镇发起了一个"把赘肉甩出去"的跳舞活动，并且奖励减肥行为（R. Brown，2012）。加利福尼亚州的一个美国原住民的儿童看护中心开始自己搭建菜园，给孩子吃自己种植和照料的新鲜蔬菜（Sripada，2012）。密西西比州埃尔南多小镇的牧师强烈反对在教会的社交活动中吃炸鸡（Hauser，2012）。世界其他地方的社区也开始一起努力对抗肥胖。为了减少肥胖以及对城市环境的影响，比利时根特市议会议员宣称他们的社区成为正式的素食主义者社区（一周至少一天）（Mason，2009）。

拥有健康的生活方式不仅是个人的选择，有时也是整个社区的选择。显然，我们的身体健康受到了环境、行为、动机、思想和情感等心理科学核心因素的影响。

预览

本章的重点是健康心理学，该领域致力于促进健康行为习惯的形成以及理解健康和疾病背后的心理过程。在对该领域进行界定之后，我们将探讨心理学家对于人们进行健康生活改变的研究，以及进行积极改变所需的资源。接下来，我们将研究压力与应对的心理，并在心理学的视角下思考如何在以下四个关键领域做出明智的决策：体育活动、饮食、吸烟或戒烟的决定、性。总体来说，这一章（和本书）关注的是心理学在塑造美好生活中的作用。

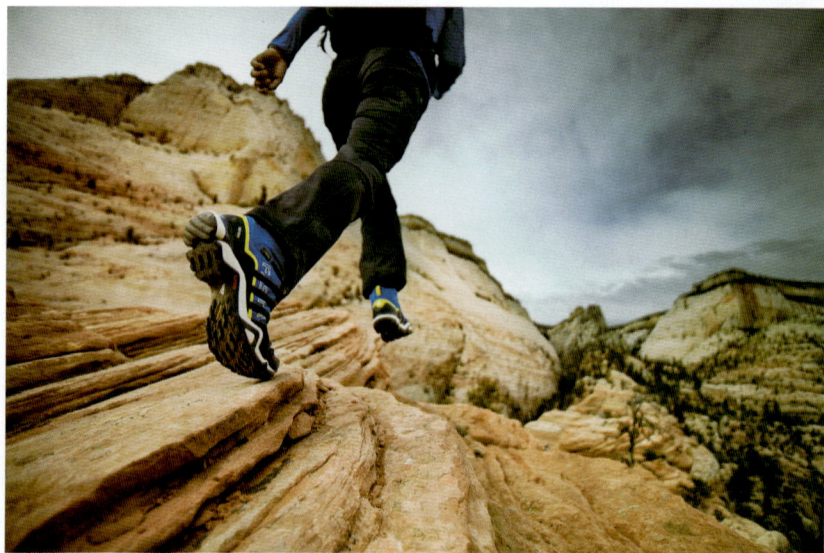

1 健康心理学和行为医学

健康心理学（health psychology）强调心理学在建立和维护健康以及预防和治疗疾病方面的作用。健康心理学认为，生活方式的选择、行为以及心理特征对健康起着重要作用（Acevedo，2012；Koenig，King，& Carson，2012；Marks，2013；S. E. Taylor，2012）。与健康心理学相关的学科——**行为医学**（behavioral medicine）是强调发展及整合行为和生物医学的知识，以促进健康和减少疾病的交叉学科领域。健康心理学和行为医学的关注点有重叠之处：健康心理学主要侧重于行为、社会和认知因素（Pbert & others，2012；Rhodes & Mark，2012；Sheffer & others，2012），而行为医学关注行为、社会和生物因素（Hamer，2012；McBride & others，2012；Parada & others，2012）。

与健康心理学和行为医学有关的领域包括健康促进（health promotion）和公共卫生（public health）领域（Fafard，2012；Muntaner & others，2012）。健康促进是指帮助人们改变其生活方式以实现最佳健康状况，并获得在身体、情感、社会适应性、精神、智力及身心健康方面的平衡。健康促进不仅是企业人力资源部门的目标，也是国家和城市卫生部门的目标，有时还是社会工作者和其他助人行业团体的目标。公共卫生主要研究大型群体的健康和疾病状况，并为政策制定者提供指导（Khubchandani & Simmons，2012）。公共卫生专家需要确定公共卫生的关注点，明确优先事项，并设计促进公众健康的措施。公共卫生的一个重要目标是确保所有人均有机会获得高性价比的医疗保健和健康促进服务（O'Donnell，2012；Stav & others，2012）。

健康促进或公共卫生的一项工作就是制作引人注目的公共服务广告和小册子，提醒公众注意相关的健康问题。如果你注意到高速公路上"不系安全带开罚单"的标志或者近日在电视上看到反对吸烟的广告，你就明白健康促进和公共卫生是关于什么的了。

> **健康心理学** 是心理学的一个分支，强调心理学在建立和维护健康以及预防和治疗疾病方面的作用。

> **行为医学** 是一个强调发展及整合行为和生物医学的知识，以促进健康和减少疾病的交叉学科领域；与健康心理学有很多重叠的地方，有些时候甚至难以区分。

生物心理社会模型

健康心理学家和行为医学研究人员的兴趣非常广泛（Accordini & others，2012；Ferdinand& others，2012）。我们在第12章关于心理障碍的研究中提到的生物心理社会模式，也适用于健康心理学，因为健康心理学也整合了有关健康的生物、心理和社会因素（Friedman & Ryff，2012；Shimizu& others，2012）。

例如，压力是心理学研究的重点（Manne，2013）。对于大脑和行为的研究（本书的第2章）证实了压力对自主神经系统的影响。此外，个人的意识状态（第4章）及其特定的思维方式（第7章）会影响压力体验。压力事件也会影响我们的情绪（第9章），而情绪既是心理活动，也是生理活动。人格也可能与压力相关（第10章），并影响我们的健康。最后，社会情境（第11章）也影响个体的压力体验及其应对压力的能力。

心理与身体的联系

生物心理社会学认为，个体的诸多不同方面是紧密交织在一起的。第1章中，我们介绍了身体和思想的紧密联系。一位健康心理学家在心脏病发作后，遗憾地指出其在场的同事们均未想起询问他是否有心脏病的家族遗传史，这显然是所有医生会最先问到的问题。虽然大脑影响身体内部所发生的事情，但这不是唯一的因素。即使我们认为心理过程影响健康和引发疾病，但我们也必须明白，其他因素有时也会引发疾病的出现，甚至影响到那些健康的人。

虽然了解心理如何影响身体健康非常重要，但认识到身体也可能会影响心理同样重要。健康心理学和行为医学不仅关注心理状态如何影响健康，而且还研究健康与疾病如何影响人的心理体验，如认知能力、压力以及应对方式（Dedert & others，2012；Lutwak & Dill，2012）。感觉心力疲惫的个体可能并没有意识到，这种疲劳感正是疾病的初始阶段。反过来，身体健康也是心理健康的重要来源。

自我测试

1. 健康心理学家认为_____是健康的关键因素。
   A. 心理特征　　　　B. 生活方式
   C. 行为　　　　　　D. 以上所有
2. 根据本节内容，健康心理学与_____有重合。
   A. 哲学　　　　　　B. 行为医学
   C. 神经科学　　　　D. 行为主义
3. 压力体验取决于_____。
   A. 个人的意识状态
   B. 个人的性格
   C. 个人所处的社会情境
   D. 以上所有

小应用！

4. Anastasia 想在这个学期的所有科目中都得 A。为了在学业上更突出，她决定每晚只睡三小时，并且喝很多咖啡、不去健身房。每天晚上她都学习将近 12 个小时。期末考试的时候，Anastasia 非常疲惫，以至于在一场考试中睡着了，在另一场考试中，她也由于无法集中注意力而失败。下列哪个是最好的解释？
   A. Anastasia 可能没有她所宣称的那样努力学习
   B. Anastasia 忘了身体会影响大脑的功能
   C. Anastasia 这学期选了太多难度大的课程
   D. Anastasia 给自己设定的目标太高了

---

2 做出积极的生活改变

健康心理学的任务之一是帮助个体找到并采取那些能有效改善其行为的生活方式（Griffin & others，2012；S. E.Taylor，2012）。**健康行为**——影响身体健康的行为——包括采用健康的方法来应对压力、锻炼、正确饮食、刷牙、对乳房和睾丸进行检查、不抽烟、适量饮酒（或没有）以及安全的性生活。在了解健康心理学家所指出的健康行为改变的最佳方式前，我们先了解一下健康行为改变的过程。

行为改变的理论模型

在许多情况下，改变行为首先需要改变态度。心理学家一直在试图获悉如何通过改变态度进而改变行为。

许多理论模型已经发现了一些影响健康行为有效改变的因素。例如，**理性行为理论**（theory of reasoned action）认为，有效的改变需要个体对自己的行为制定特定的计划，对新行为持有积极的态度，并认识到其所在的社会群体也对新行为持有积极的态度（Ajzen，2012a，2012b；Ajzen & Albarracin，2007；Ajzen & Fishbein，1980，2005）。例如，如果你想戒烟，那么当你有明确的戒烟目的、对此感觉很好、并相信你的朋友会支持你时，你的戒烟计划更容易成功。Icek Ajzen（发音"I-zen"）对理性行为理论稍作修改，他认为，并非所有的行为都在我们的控制之内。**计划行动理论**（theory of planned behavior）涵盖了理性行动理论的基本思想，但是增加了

健康行为　影响身体健康的行为。

理性行为理论　一种理论模型，认为有效的改变需要个体对自己的行为制定特定的计划，对新行为持有积极的态度，并认识到其所在的社会群体也对新行为持有积极的态度。

计划行动理论　一种理论模型，包括理性行为理论的基本思想，但是增加了人们掌控结果的观点。

个体对结果的控制感这一观点（Ajzen，2002，2012a，2012b）。

理性行为理论及其延伸的理论——计划行为理论，能够准确地预测个体能否成功表现出某种健康行为（Ajzen & Manstead，2007），包括癌症筛查（Ross& others，2007）、艾滋病毒预防（Kalichman，2007）、预防青少年吸烟及吸食大麻、预防大学生的过度饮酒（Elliott& Ainsworth，2012；Guo & others，2007；Lac & others，2009）、锻炼（Plotnikoff & others，2011）、健康的饮食（Dunn & others，2011；White & others，2012），以及避免大学生赌博（H. S. Lee，2012）。

> 稍后我们将看到，个体的控制感对生活的很多方面都具有重要的意义。

阶段改变理论模型

阶段改变理论模型描述了个体放弃坏习惯、采取健康生活方式的过程。模型将行为改变分解成五个步骤，认为真正的改变不是一夜之间的重大决定，即使是新年前夜也不会如此（Norcross，Krebs，& Prochaska，2011；Prochaska，DiClemente，& Norcross，1992；Prochaska，Norcross，& DiClemente，1994）（图14.1）。相反，改变是循序渐进的过程，每个阶段都有特定的问题和挑战。这些阶段是：

- 意向前期
- 意向期
- 准备期/决定期
- 行动期/意志力期
- 维持期

> 你最近进行了有关健康生活的改变吗？当我们处于这些阶段中时，问问自己这些情况是否符合你的经验。

> **阶段改变理论模型** 个体放弃坏习惯、采取健康生活方式的5个步骤。

意向前期 意向前期阶段，个体还没有真正考虑改变。他们甚至可能没有意识到自己的行为存在问题。那些饮酒过量但没有意识到饮酒会影响其工作的人可能正处在意向前期阶段。在该阶段，提高人们对问题的意识至关重要。

阶段	描述	举例
意向前期 1	个体尚未做好改变的准备，也没有意识到自己所遇到的问题需要改变。	超重的人没有意识到自己的体重问题。
意向期 2	个体承认自己有问题，但并不准备开始改变。	超重的人知道自己的体重有问题，但还没有确定是否要减肥。
准备期/决定期 3	个体准备采取行动。	超重的人开始思考选择哪些减肥的方案。
行动期/意志力期 4	个体做出承诺要改变行为，并制定计划。	超重的人开始调整饮食，并实施锻炼计划。
维持期 5	随着时间的推移，个体能够坚持行为的改变。	在长达6个月的时间里，超重的人都坚持节食和锻炼计划。

图 14.1 应用于减肥行为的阶段改变理论模型 阶段变化模式适用于包括减肥在内的许多不同的健康行为。

一位吸烟的女人在怀孕后，戒烟意识提高了。一个因为酒驾而被叫停的个体不得不重新看待喝酒这件事。同样，超重的人在看到自己在家庭聚会照片中的样子，或是发现自己所点的麦当劳套餐中包括一个巨无霸汉堡、大薯条和大杯巧克力奶昔时（其热量超过2000卡路里，这可是成人一天所需摄入的热量），这些个体才承认自己的体重确实有问题。如果你看过Morgan Spurlock的纪录片《超大号的我》，你可能已经意识到快餐对身体健康的危害。Spurlock在一个月里顿顿都在麦当劳进餐。拍摄到最后阶段时，他的体重从185磅增加到210磅，感觉非常难受，甚至无法等到最后结束就要停止拍摄。

在意向前期，人们常见的反应是否认自己的行为有问题，并且对此进行防御，声称"我没有喝/吸烟/吃那么多。"然而，在开始记录卡路里后，超重的人才发现自己的确吃了"那么多"。

意向期　在意向期，个体承认自己出了问题，但可能没有做好进行改变的准备。顾名思义，该阶段的个体正在思考着积极的变化。他们可能会重新评估自己及这些行为对其生活的影响。他们开始想要放弃坏习惯。例如，怎么样才能在朋友们要抽烟小歇或出去喝酒时避开他们呢？或者怎样才能自己准备健康午餐而非去汽车餐厅？个体开始在短期的有害行为与行为改变的长远好处之间进行权衡。我们在第5章指出，当及时行乐在召唤时，追求未来的回报就变得很困难。虽然变瘦是一件好事，但是减肥是需要时间的，而且这个热巧克力圣代又近在眼前，看起来还那么好吃。

准备期/决定期　在准备期/决定期，个人开始准备采取行动。此时，自我信念，特别是"坚持到底"的信念是非常重要的。该阶段的一个重要因素就是个体是否真的觉得自己已经准备好要开始改变。

在准备/决定阶段，个人开始思考如何具体地应对新的挑战。例如，他们开始探索戒烟、戒酒的最好方法或者打算制定锻炼计划。一些吸烟者可能会考虑尝试一下尼古丁贴片或参与戒烟支持小组。想要减肥的人可能会考虑去健身房或者把闹钟设置为早上6点钟起来跑步。

行动期/意志力期　在行动期/意志力期，个人承诺在行动上要进行真正的改变，并且制定有效的计划。这个阶段的一个重要挑战就是找到支持新的健康行为模式的方法。一种方法是强化或奖励新行为。戒烟的人可能会去关注自己戒烟后吃到的食物有多么的美味。成功的节食者可能会去购买新的、较小尺寸的衣服来奖励自己。承认、享受和庆祝取得的成就可以激励这些行为。

另一个支持新行为的来源就是个人的社交网络（S. E.Taylor，2012）。朋友、家人和支持小组成员通过鼓励的话语和行动来帮助个体（Antonucci，Birditt，& Ajrouch，2013；Manne，2013）。家庭成员也可与个体同时加入戒烟的行列，或一起参与身体锻炼和健康饮食的活动。

最后，个体可能开始关注哪些行为可以替代不健康的行为。他们可能会加入不饮酒的组织，如舞蹈俱乐部或社区剧组，而不是去泡酒吧。换句话说，有效的改变也包括抵制诱惑。

❝ 如果经常与吸烟者在一起，你能戒烟吗？如果经常参加聚会，你能做到不酗酒吗？❞

维护期　在维护阶段，个体已经成功抵制诱惑，并坚持追求健康的行为。他们能够预测诱惑情境，并避免或积极准备如何应对这些情境。一位戒烟者知道，在和朋友聚餐后会吸烟，因此，他们出门之前就在思想上做好准备抵制这种诱惑。成功的节食者可能会在冰箱上贴上增强自我意识感的照片。

在某种程度上，维护阶段的个体可能会发现，自己不再需要刻意同不健康的行为冲动做斗争。超越（transcendence）意味着他们不再需要有意识地维护健康的生活方式；相反，这种生活方式已成为他们的一部分。如今，他们是不吸烟者、健康饮食者或坚定的跑步爱好者。

复发　维护阶段中的一个挑战是避免**复发**，即回到之前的不健康模式。复发是改变中常见的情况，这很令人沮丧。然而，大多数最终成功改变的人在首次尝试时都是失败的。他们会重新尝试、失败、再尝试，最终通过五阶段的多次循环，形成稳定、健康的生活方式。因此，那些不断尝试改变的人们认为复发是正常的（Prochaska & Norcross，2010；Prochaska，Norcross，& DiClemente，1994）。

> **复发**　回到之前的不健康模式。

如果你曾经试过通过节食、实施锻炼计划或者戒烟等方式，来养成更健康的生活方式，你就可能知道复发的感觉有多糟糕。然而，这并不意味着你就是一个失败者，永远都无法达到目标。相反，当出现复发时，你就有机会思考是什么导致了复发，想出策略来防止未来再次发生。例如，成功的节食者不会让一次在甜甜圈店里的堕落而毁掉这一周（Phelan & others，2003）。

> **❝** 复发是改变过程中正常的一部分。这一原则对戒毒者有何启示？**❞**

对阶段改变理论模型的评估　阶段改变理论模型已成功地应用到许多行为中，具体包括吸烟（C. L.Kohler & others，2008；Schumann & others，2006）、运动（Lippke & Plotnikoff，2006）、安全性行为（Arden & Armitage，2008；Naar-King & others，2006）、药品的使用与滥用（DiClemente，2006；Migneault，Adams，& Read，2005；Walker & others，2006）、减肥（MacQueen，Brynes，& Frost，2002）以及重回工作岗位（Lam & others，2010）.

尽管对不同行为都起到了一定的效果，但关于阶段改变理论模型仍存在一些争议（Brug & others，2004；Joseph，Breslin，& Skinner，1999）。一些批评人士质疑各阶段之间是否是相互排斥的，以及个体能否按阶段的顺序进行改变（Littrell & Girvin，2002）。批评家也指出，该模型更多涉及态度的改变而非行为的改变（West，2005）。积极的一面是，最近的研究证据表明，阶段改变理论模型可以很好地捕捉到人们积极改变人生的方法（Lippke & others，2009；Schuz & others，2009）。最近一项关于39项研究、包含超过8000名来访者心理治疗的元分析研究发现，阶段改变理论模型能够有效地预测心理治疗的效果（Norcross，Krebs，& Prochaska，2011）。

专家们认为，该模型可以成为治疗师帮助来访者建立健康行为模式的工具。有时，该模型可以为寻求改变的人们提供有效的语言来理解改变过程、减少不确定性，并为艰难的改变过程提供切合实际的期望（Hodgins，2005；Schuz & others，2009）。

"韦恩，你有过想完全改变的想法吗？"

经 CartoonStock，www.Cartoon Stock.com. 授权使用

3　有效改变生活的资源

　　做出积极的改变来提高健康水平非常具有挑战性。幸运的是，有各种心理、社会和文化资源可以帮助我们养成更健康的生活方式。在本节中，我们将介绍一些方法，这些方法有助于我们实现有效的改变并最终过上更健康的生活。

动机

　　回顾第9章，动机是指"为什么"行动。个体只有当找到正确的理由进行改变时，才拥有改变自我的动机。只有你想要去做的时候，改变的效果才最好。一项针对降低儿童青少年肥胖率的干预方案的分析发现，那些自愿加入的人比被要求加入的同伴更可能减肥成功（Stice，Shaw，& Marti，2006）.

　　在第9章中，自我决定理论指出了内在学习动机（因为想要做而去做某事）与外在动机（为了外部奖励而做某事）的区别。研究表明，当个体感觉情境更可控、更自主和更有能力时，其各种健康行为也更多，如通过饮食控制糖尿病（Bhattacharya，2012）、戒烟（Deci & Ryan，2012）以及常规的锻炼身体（Fortier & others，2012）。如果人们对新年计划的实施具有较高的自我效能感和自主感，那么他们的计划更有可能成功（Koestner & others，2006）。

计划和目标的设定也是有效改变的关键因素。研究人员发现，在应对生活改变遇到的挑战时，那些有具体策略或**执行意图**的个体更容易成功（Armitage，2006；Prestwich& others，2012）。此外，设置短期、可实现的目标能够让个体体验到在自我改变过程中的小小成就感（R. F. Kushner，2007）。新手运动者在镜子里看到自己新练成的肱二头肌时就会很兴奋。这些情感满意度有助于激励人们继续努力实现健康目标（Finch & others，2005）。最近的元分析研究显示，执行意图有助于人们将健康的食物纳入饮食之中，但是对于减少不健康的饮食习惯则不那么有效（Adriaanse & others，2011）。

要享受努力改变带来的回报，这也意味着我们必须监视自己的目标进度。如果看过"最大的输家"（The Biggest Loser），你就会知道，对于想减肥的人来说，站在体重秤上是一件多么可怕的事情。然而，无论追求什么目标，获得进展的反馈都是非常重要的。如果个体发现自己没有达到期望的目标，那么她就需要确定进一步努力的方向。另一方面，当她发现自己做得很好时，也可以激励自己今后继续发展下去。

> **"** 无论是好消息还是坏消息，要想真正有所改变，信息是非常重要的。**"**

社会关系

多项研究表明，即便不是最重要的，社会关系也是预测健康的关键变量（Norman & others，2012）。一项具有里程碑意义的研究发现，社会孤立者吸烟的死亡率是一般吸烟者的6倍（House，Landis，& Umberson，1988）。另一项包括1234名心脏病患者的研究也表明，独自生活者心脏病复发的概率要比非独居者多出两倍（Case & others，1992年）。孤独感与身体健康问题（例如心血管疾病）（Hawkley & Cacioppo，2012a，2012b；Momtaz & others，2012）和心理健康问题（如抑郁）（Aylaz & others，2012）有关，长期孤独感会导致过早的死亡（Luo & others，2012）。和他人建立关系对生存至关重要。社会关系使得我们能够获得社会支持，这使我们的生活更有意义（Antonucci，Birditt，& Ajrouch，2013）。

社会支持是指个体从他人那里获取的信息与回应，表明个体被爱、被关心、被尊敬、被重视，以及处于沟通网络和相互义务之中。社会支持有三种类型（S. E. Taylor，2012）。

- ■ **实物支持** 家人和朋友为处于困境中的个体提供实物与服务，例如，为失去挚爱的人准备食物。
- ■ **信息支持** 通过提出具体建议来帮助他人应对压力。当注意到同事在超负荷工作时，朋友给他提供一些管理时间和分配任务的建议。
- ■ **情感支持** 在压力之下的个体经常会情绪化，并且变得抑郁、焦虑，或丧失自尊心。朋友和家人可以安抚遇到压力的人，让他/她感受到自己是有价值和被爱的。当个体知道别人在关心自己时，他们就能更好地应对压力。

社交分享是人们在困难时获得支持的一种方法，即寻求其他有共鸣或乐意倾听者的帮助。努力改变生活的个体可能需要加入一个面临同样问题的群体。在线支持小组也可以进行社交分享。

有时，社交分享并不一定需要社会化的方式才能进行。James Pennebaker及其同事们（Pennebaker，1997a，1997 b，2004）认为，在连续2～3天中，每天花20分钟的时间写下痛苦的生活事件，能起到改善健康、减少疾病、提高免疫系统功能及提高疫苗反应的作用。通常，写下创伤事件在短期内会增加个体的痛苦，但从长期来看，则有益于身心健康（Baddeley & Pennebaker，2011；Frattaroli，2006；Pennebaker & Chung，2007，2011；Smyth，1998）。大多数的研究都以大学生为被试，让他们写下自己最痛苦的生活事件，研究结果表明，任何个体都可以从写下消极生活事件中

执行意图 个体在生活改变过程中遇到挑战时所使用的具体应对策略。

社会支持 指个体从他人那里获取的信息与回应，表明个体被爱、被关心、被尊敬、被重视，以及处于沟通网络和相互义务之中。

健康与跨文化心理学：文化如何影响社会支持的意义？

很难再找到其他任何因素能像社会网络和朋友一样重要，能够给个体在需要之时提供帮助，这对人类生存具有关键意义。然而，许多研究尚未确定处于压力之中的个体所感知到的同情和鼓励水平与其生理、心理功能之间的关系（Bolger & Amarel，2007）。我们该如何理解这种研究？

研究人员认为，接受社会支持对不同的人来说可能有不同的意义。一方面，有人表示，在压力之下接受支持和鼓励可能会给个体带来被真心关照的感觉。在这个意义上，得到帮助可能确实是有帮助的。然而，接受他人的帮助也可能会使个体感觉到自己的无能：为什么我不能自己处理这个问题？那么，什么时候以及对于哪些人来说，社会支持会有情感成本呢？文化是影响该问题的一个因素。

Jiyoung Park及其同事（2012）提出，西方文化非常重视个体的独立性，该文化中的个体认为，从其他人那里获得支持可能带来情感成本，如担心自己过于需要他人或是没有能力。在这种文化背景下，接受支持被视为会威胁个体的独立意识（Uchida & others，2008）。与之相反，东亚文化中强调人与人之间的依存性，提供和接受别人的帮助都是认同文化价值观的重要途径。在这种文化背景下，接受别人的帮助不是没有能力或失败的表现，而是标志着个体成为了群体中受人尊敬的一员。基于西方与东方文化的不同，Park及其同事们假设：在东亚文化中，个体的健康与感到的情感支持之间的关系是正向相关的。

为了检验该假设，研究者们调查了超过1000名日本和美国成年人。被试完成了关于压力、所接受到的情绪支持，以及心理和身体健康方面的问卷。最终结果支持了研究人员的假设。对日本人来说，感知到的情感支持和健康

之间是显著正相关的，但对美国人来说则不是（J. Park & others，2012）。有趣的是，对于日本的被试来说，当个体处于高压力状态中时，其感知到的情感支持水平越高，其健康水平越好。这些结果可能表明，在相互依存的文化中，他人的支持是很重要的，当然，这并不表明人们在社会群体中可以提出无理要求（Uchida & others，2008）。

该研究对西方人有何启示？Park及其同事们认为，美国人可能更愿意接受一些不影响其应对能力的比较微妙的帮助。对于西方人来说，只有当个体认为不会妨碍其自我效能感和独立意识时，接受帮助才会付出较小的情感代价。研究人员把社会支持比作保险政策：当事情进展顺利时，知道我们有一个社会支持网络，能够让我们感觉安心，即使我们有时并不真的需要依靠这种支持，但该网络的存在也能促进我们的健康和幸福感。

■ 你通常如何以及向谁提供支持？

■ 当你遇到困难时，别人帮助了你，你会有何感受？

获益。后续研究发现，写下生活目标和非常积极的生活经历有益于健康（Burton & King，2004，2008；King，2002）。如果你想试试这个简单的干预措施，请见图14.2。

获得他人的支持固然重要，但给予支持也有好处。一项针对423名老年夫妇进行长达五年的追踪研究揭示了为什么帮助他人对身体健康有好处（S. L. Brown & others，2003）。研究开始时，研究者询问这些夫妇在过去的一年给予或接收到的情感或实际帮助的水平。五年后，那些报告帮助过别人的夫妇，其死亡的概率会小一半。该发现的一个可能原因是，帮助别人可能会降低应激激素的输出，能够改善心血管健康并增强免疫系统

（Hackett & others，2012；Hawkley & Cacioppo，2012a，2012b）。

拥有许多不同的社会关系在困难时期显得尤其重要（Hawkley & Cacioppo，2012a，2012b；S. E. Taylor，2012）。拥有多样化社会网络的人——例如，与伴侣有密切关系；与家人、朋友、邻居和同事的沟通；属于某个社会和宗教群体，这些人比拥有较少类型的社会关系的人寿命更长（Vogt & others，1992）。一项研究调查了拥有不同社会关系对人们患普通感冒易感性的影响（S. Cohen & others，1998）。人们报告自己在12种社会关系中的参与程度，然后，研究者让被试使用含有感冒病毒的滴鼻液，并监控其感冒的情况。拥有更多样的社会关系的人比那些缺乏社会网络的人，感冒的可能性更小。

虽然这些结果表明了社会关系对健康的重要作用，但关于社会支持与健康关系的研究结果却并不总是非常明确的。想了解更多关于这个问题的信息，请阅读交叉研究部分。

> 道德原则强调被试的知情同意权，这意味着他们是同意注射感冒病毒的。"

找一个安静的地方写作。

选择一个主题进行写作。

围绕这个话题至少花20分钟进行写作。

写作的时候，不要关心语法或拼写；只是写下与你所经历的事件有关的情感、思想和感觉。

如果你觉得写下消极的事件感觉不好，那么试着写下最积极的生活经历、关心你的人，或者是值得感恩的事情。

图 14.2 利用写作的力量 尝试这个简单的练习，了解写作对健康的益处。

宗教信仰

宗教信仰与维持健康的生活方式以及健康的身体都有密切的关系（Koenig，2012a，2012b；Koenig，King，& Carson，2012）。许多宗教都反对过度，提倡适度。实际上，每周参加宗教活动与一些健康行为有关，包括不吸烟、服用维生素、经常散步、系安全带、坚持锻炼、安稳的睡眠、适量饮酒甚至不饮酒（Haber，Koenig，& Jacob，2011；T. D. Hill & others，2006）。许多研究已经发现，有宗教信仰的个体更长寿，生活也更健康（Campbell，Yoon，& Johnstone，2009；Koenig，2012b；Krause，2006；McCullough & Willoughby，2009）。

参与宗教活动也有利于健康，因为这种关系能带来社会支持（George，2009；S. E. Taylor，2012）。参加信仰团体可以让人们在需要之时进入到温暖的人群中。该团体会为成员去看医生时提供交通工具；在个体遇到困难时，与其保持联系；或者只是在主日崇拜时，简单地彼此依偎。宗教活动中的社会关系可以预防焦虑和抑郁，并有助于预防孤立和孤独感（Dein，Cook，& Koenig，2012；Rosmarin，Krumrei，& Andersson，2009；Ross & others，2009a）。

宗教信仰和精神生活对健康很重要，原因就是其提供了人生的意义感，并能够缓冲压力性生活事件的负面影响（C. L. Park，2012）。宗教信仰使个体能够保持希望，并朝着积极的生活努力。研究表明，一些将宗教作为应对策略的艾滋病患者，比预期活的时间更长，这些人从参加宗教活动中受益，如祈祷和参加教堂礼拜（Ironson & others，2001），此外，在艾滋病毒检测阳性后，个体对于灵性和精神生活的追求，也使得疾病的发展比正常状况减缓四年（Ironson，Stuetzle，& Fletcher，2006）。信仰也可以帮助个体避免在工作中过度疲劳（Murray-Swank & others，2006），并有助于人们很好地应对生活中的困难，而非感到不知所措（Mascaro & Rosen，2006）。相信生活是有意义的信念，可以帮助人们维持乐观进取的态度，从更广阔的视角来看待生活中遇到的各种麻烦（C. L. Park，2012）。

> 这些结论如何应用到没有宗教信仰的个体身上？"

人格特征

人格特质是自我改变工具箱中强有力的工具。在这里，我们将对与健康有关的性格特征进行介绍。

责任心　第10章中提到，有责任心的个体的特点是负责任的、可靠的；他们喜欢周密安排并确保任务得以完成。责任心不是最有吸引力的特征，但对于身体健康、健康的生活方式和长寿来说，该特征却是大五人格特征中最重要的一个（Roberts & others，2009）。各种研究表明，有责任心的人往往会去做有利于健康的事情，比如锻炼身体、避免饮酒和吸烟、系安全带、监测血压及检查烟雾探测器（D. B. O'Connor & others，2009；Rush，Becker，& Curry，2009；Turiano & others，2012）。研究也表明，有责任心的人比缺乏责任心的人死亡的概率更低（Fry & Debats，2009；Iwassa & others，2008，2009；Kern & Friedman，2008；Wilson & others，2004）。

个人控制感　另一个与采取正确方式获得长久且健康生活方式有关的人格特征就是个人控制感，在第10章中，我们称之为内部控制点（Baumeister & Alquist，2009；K. W. Griffin & others，2012）。控制感能够减少困难时期的压力（S. E. Taylor，2012；Thompson，2001），并获得应对生活困难的问题解决策略。具有较强个人控制感的个体可能如此推理，"如果现在戒烟，我就不会发展为肺癌。"

个人控制感会降低常见的慢性疾病风险，如癌症和心血管疾病（Sturmer，Hasselbach，& Amelang，2006）。此外，与责任心一样，个人控制感也有助于人们远离损害健康的高风险生活方式。一项对那些从东德移居到西德的失业移民进行的研究发现（Mittag & Schwarzer，1993），除非意识到了个人控制感（如测量题目"当我陷入困境时，我可以依靠自己的能力来有效地处理这一问题"），否则很多个体都会开始酗酒。总体来看，个人控制感与情绪健康、成功应对压力事件、健康行为改变、健康状况有关（Hughes，Berg，& Wiebe，2012；Little，Snyder，& Wehmeyer，2006；Sproesser & others，2011；Stanton，Revenson，& Tennen，2007；S. E. Taylor，2012）。

自我效能感　回想一下自我效能感的概念，自我效能感是指个体相信自己能掌控情境，并获得积极结果的信念。阿尔伯特·班杜拉（1997、2001、2010b，1997a）和其他人的研究已经表明，自我效能感在很多情况下都能够影响行为，包括个体问题的解决到健康的饮食行为。自我效能感影响了个体是否会尝试养成健康习惯、花多少精力应对压力、在困难面前坚持多久，以及体验到多少压力。

研究表明，自我效能感与各种成功的积极生活改变有关，其中包括坚持新年计划（Norcross，Mrykalo，& Blagys，2002）、减肥成功（Byrne，Barry，& Petry，2012）、定期锻炼（Lippke & Plotnikoff，2006）、戒烟（Berndt & others，2012）、减少药物滥用（Goldsmith & others，2012）、安全的性行为（Buhi & others，2011），以及坚持健康的生活方式（Axelsson & others，2012）。最近的证据表明，自我效能感与心脏衰竭后的心血管功能密切相关，高自我效能感的个体不仅心脏衰竭后二次入院的概率更低，活得时间也更长（Maeda & others，2012；Sarkar，Ali，& Whooley，2009）。在解决问题时，自我效能感使个体持有"能做"的态度，并更有助于个体找到解决方案。

> **❝**低控制感的个体可能会觉得无论发生什么事，都是命中注定或是（好的或坏的）运气决定的。**❞**

> **❝**第12章中，我们研究了习得性无助在大萧条中的作用。习得性无助意味着个体不相信自己能掌控人生的结局。**❞**

积极思考的力量有多强大？

研究表明，心理因素在健康、疾病和死亡率中起着重要作用。这一结果确实让人兴奋，因为它让我们感觉到自己是可以控制身体健康的。然而，尽管这些研究结果非常确定，但这些因素并不是永久的心理良方。当科学家发现一些心理因素与重要健康结果之间的关系时，大众媒体就会对此大肆宣扬，好像这些因素就是引发某种疾病的原因。这些研究有时会导致个体的自我谴责：似乎一个人之所以生病或死亡，是由其自我效能感或乐观水平低引起的。

一个令人信服的例子就是关于乳腺癌对抗中"战斗意志"的研究。这一项研究发表在30年前，研究对69名接受乳腺癌手术的妇女进行了3个月的访谈（Greer，Morris，& Pettingale，1979）。基于这些访谈，研究人员将患癌妇女分类为拒绝、战斗意志、安静放弃或无助。然后，研究人员对这些妇女进行追踪研究，看其癌症在5年后是否有复发。后续研究结果表明，拒绝或者有战斗意志的妇女，癌症不太可能复发。这项研究得出的结论是女性乳腺癌患者应采取战斗意志的态度来对待所患的癌症。"要对付乳腺癌，就必须采取战斗意志"这一观点仍然是治疗该疾病的重要的干预措施（Coyne & Tennen，2010）。

至关重要的是，这些研究结果仅仅是基于一个较小样本的单一研究得出的，并无法经受时间的考验。后续研究，尤其是采集更大样本的研究中，并未发现战斗意志和乳腺癌结果之间的任何联系（Petticrew，Bell，& Hunter，2002；Phillips & others，2008；Watson & others，2005）。战斗意志并不能提高女性战胜癌症的几率，这一现实情况似乎令人失望，但很多人在听到这个消息后却感到欣慰。一位专家说，"一些乳腺癌复发的女性因为不能始终保持战斗意志或积极的态度，而处于持续的罪恶感或自责之中，这些调查结果可能有助于这些女性摆脱这些念头"（Dobson，2005，p. 865）。研究普遍认为，当认为战斗意志是癌症存活率的关键，这就增加了个体在面临艰难生活时的心理负担。

这一结论是否意味着社会心理变量对疾病是没有作用的呢？当然不是。一项研究发现，在诊断初期缺乏战斗意志表明了患有乳腺癌妇女的无助感，而这通常能预测其癌症的不良结局（Watson & others，2005）。然而，诊断初期个体的无助感，会给专家提供更多有关治疗的信息，有助于其长期康复。确实，在影响治疗效果的众多复杂因素中，具有这一特征（很高兴如此）的个体，其死亡或复发情况都会很少，尤其是当病情在早期发现时更是如此（Coyne & Tennen，2010）。专业人员还基于有关的心理特点信息巩固个体的行为，帮助个体坚持治疗和取得最佳的结果。

人们以不同的方式应对危及生命的疾病诊断。2001年，20岁的荷兰游泳运动员Maarten van der Weijden被确诊为白血病，但他却在2008年赢得奥运金牌。关于这一诊断，他说道："我……只是将自己交给医生。你总是听到这样的故事，你要积极地思考，你要为生存而战。然而，这对于病人来说是很大的负担。从未有研究证明你可以用积极思维或抗争治愈癌症"（引用Coyne，Tennen，& Ranchor，2010，p. 40）。

你如何认为？

- 1979年的研究中发现战斗精神、拒绝与好的治疗结果有关。你觉得人们为什么会将战斗意志，而非拒绝作为关键的干预呢？
- 如果你所爱的人被诊断患有癌症，此处的研究报告将如何影响你为他/她提供的支持？

在本书的前面，我们已经检验了安慰剂效应，即虽然没有药物效力，但仍表现出了良好的治疗效果。安慰剂效应源于个人对治疗有效性的相信。你真的能减掉10磅吗？也许是或者不是，但"相信自己可以"就是一种安慰剂效应。自我效能感就是相信自己的力量。

> 文化如何影响自我效能感和个人控制在健康中的作用呢？

乐观 乐观是与积极功能和适应有关的因素。研究人员发现,乐观与采取积极的措施来保护健康相关,而悲观与损害健康的行为相关(Carver,Scheier,& Segerstrom,2010;Ramirez-Maestre,Esteve,& Lopez,2012)。Martin Seligman(1990)认为,乐观就是人们对不良事件发生原因的解释。乐观主义者认为不良事件是由外部、不稳定以及具体的原因引起的,而悲观主义者认为这些事件由内部、稳定以及多种原因引起。研究发现了对生活事件的乐观解读与积极结果(如更好的生活质量)之间的关系(Jowsey & others,2012;Reivich & Gillham,2002)。

其他研究人员将乐观定义为对未来更有可能发生好事而非坏事的预期。这一观点主要关注的是人们如何追求自己的目标和价值观。在面对不幸遭遇时,乐观主义者会继续努力直到达到目标,而悲观主义者则选择放弃。

大量研究显示,与悲观主义者相比,乐观主义者通常能更有效地工作,且身心更健康(Boehm & Kubzansky,2012;Tindle &others,2012)。乐观能促进免疫系统功能更有效地发挥作用,并有助于个体拥有更健康的身体状况(O'Donovon & others,2009;Segerstrom & Sephton,2010)。乐观是青少年和成年人对抗绝望的有力工具,能够减少自杀的想法(Ayub,2009;Hirsch,Conner,& Duberstein,2007;Nauta & others,2012)。最近一项有关百岁老人(活到100岁或更长岁数)的研究表明,与同龄人相比,那些健康状况更好的个体乐观水平高于悲观水平(Tigani & others,2012)。

想想我们上面所提到的特征——责任心、个人控制感、自我效能感和乐观主义——及其与健康的关系,你所要记住的重要一点就是,这些品质是可以培养的。研究表明,即便是最为稳定的责任心品质也是可以不断发展的,尤其在年轻的时候。

有趣的是,研究结果指出,不同人格特征与良好健康结果之间的关系,有时会给正在与疾病搏斗的个体增加负担。关于这个问题,请见525页的"挑战你的思维"部分。

自我测试

1. 以下都是强大的自我改变工具,除了_____。
   - A. 民族文化遗产
   - B. 宗教信仰
   - C. 人格特质
   - D. 动机

2. 社会支持的好处包括以下所有,除了_____。
   - A. 信息
   - B. 切实的帮助
   - C. 情感支持
   - D. 对受害者的指责

3. 据 Seligman 说,乐观主义者解释不良事件的原因是_____。
   - A. 外部的
   - B. 内部的
   - C. 全面的
   - D. 稳定的

小应用!

4. Daniel 最近被诊断为患有糖尿病。为控制病情,医生为他制定了新的饮食计划。下列哪一情形最有助于 Daniel 坚持新的饮食计划?
   - A. Daniel 喜欢吃垃圾食品,并且不愿意遵循饮食计划,但他的妈妈和阿姨都是糖尿病患者,两个人都迫使他遵循医生的建议
   - B. Daniel 总是难以坚持做对自己有好处的事情,虽然他说希望自己的人生更加有条理
   - C. Clark 是 Daniel 的室友,他弟弟也患有糖尿病,Clark 告诉了 Danie 关于弟弟是如何应对该疾病的方法及其所遵循的饮食方案
   - D. Daniel 个性悲观,并且总预期事情会变得糟糕

4　为了更健康的心理（与身体）：控制压力

如果你能做一件改变自己行为的事情，你会选择做什么呢？这一改变是否与你每日面对的压力有关？也许你希望能不再面对每天的压力挑战。让我们看一下长期处于压力中可能会出现的问题，以及管理压力的更好方法。

压力及其阶段

如第2章所述，压力就是对环境压力源的反应，这些环境和事件会威胁到个体并使个体的应对能力承受巨大压力。Hans Selye（1974、1983）是压力研究的创始人，强调身体对压力源的反应，认为压力对身体尤其有害。基于对有不同问题的患者的观察，如亲人死亡、财产损失、因贪污被逮捕等，Selye认为，多种环境事件或刺激都会引发相同的压力症状表现：食欲不振、肌肉无力及对世界的兴趣降低。

一般适应综合征（general adaptation syndrome，GAS），Selye将其定义为身体对外界各种刺激所做出的常见的生理反应（图14.3）。一般适应综合征包括三个阶段：警觉、抵抗和衰竭。Selye的模型有助于我们了解压力与健康之间的关系。

> 结婚、生宝宝、大学毕业，这些积极的生活事件也会产生压力，因为这些事件也是重大的生活变动。

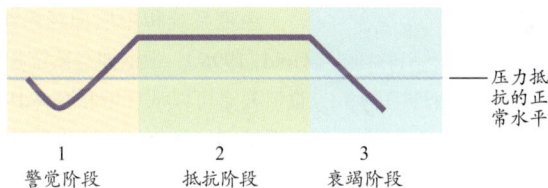

图 14.3　Selye 的一般适应综合征　一般适应综合征（GAS）描述了个体压力反应的三个阶段：（1）警觉，身体调动资源；（2）抵抗，身体努力应对压力源；（3）衰竭，抵抗失败

在警觉阶段，身体对应激源的第一反应就是暂时的休克状态，在该阶段中，个体对疾病的抵抗力和应激水平都低于正常范围。在设法应付压力最初影响的过程中，身体会在短时间内释放影响免疫系统功能及身体自然防御网络的激素。在这段时间，个人容易感染疾病和受伤。

Selye认为，在一般适应综合征的抵抗阶段中，全身的腺体都开始分泌能保护个体的激素。虽然内分泌和交感神经系统活动没有警觉阶段那么高，但它们仍然在升高。在抵抗阶段，人体的免疫系统以惊人的效率进行防御。同样，当身体严重受伤时，降低发炎的激素分泌会升高。

如果身体全力抵抗压力的努力以失败告终，而压力依然存在的话，那么，个体就会进入衰竭期。此时，衰竭要付出一定的代价——个体可能会感到疲惫、崩溃、容易生病。严重的可能会导致难以挽回的伤害，如心脏病发作，甚至是死亡。

在Selye的一般适应综合征模型中，发挥最大作用的身体系统就是人体的**下丘脑-垂体-肾上腺轴（HPA轴）**。HPA 轴是下丘脑（大脑的边缘系统的一部分）、垂体腺（分泌系统的主腺体）和肾上腺（位于每个肾脏顶部的内分泌系统腺体）之间发生的一系列复杂的相互作用。HPA 轴调节各种身体加工过程，包括消化、免疫系统的反应、情绪和能量消耗。腺轴也控制着人体对压力事件的反应，我们下面着重对此进行探讨。

当大脑检测到环境中的威胁时，它就会给下丘脑传递信号，促使其释放促肾上腺皮质激素释放素（CRH）。反过来，CRH会刺激脑下垂体分泌另一种激素，这种激素又会导致肾上腺激素释放皮质醇。皮质醇就是"压力荷尔蒙"，会促使细胞开始生产糖、脂肪和蛋白质，进而使得身体可以快速采取行动。皮质醇也会抑制免疫系统。

一般适应综合征（GAS） Selye 将其定义为身体对外界各种刺激所做出的常见的生理反应。

下丘脑-垂体-肾上腺轴（HPA 轴） HPA 轴是丘脑、垂体腺和肾上腺之间发生的一系列的复杂的相互作用，调节各种身体加工过程，包括消化、免疫系统的反应、情绪和能量消耗。

在第2章，我们区分了急性应激和慢性应激。急性应激有时具有适应性的功能，能够刺激急性应激皮质醇的释放，以避免不良的后果。通常，一旦身体处理了特定的压力源，皮质醇水平就会恢复正常。然而，在慢性应激下，HPA轴则会长期保持激活状态。

HPA轴的活动存在个体差异。这些差异既有基因的原因，也可能由特定的压力经验引起（Boersma & others，2012）。关于老鼠和人类行为的研究已经表明，产前压力会影响HPA轴的发展（Green & others，2011；O'Connor & others，2012；Peters& others，2012）。当HPA处于长期激活的状态时，身体的各种系统都会受到不良的影响。

压力与免疫系统

长期的压力会对身体，特别是免疫系统产生严重影响。研究者对免疫系统和压力之间关系的兴趣催生了一个新的科学研究领域——**心理神经免疫学**，探讨心理因素（如态度和情感）、神经系统和免疫系统之间的联系（Cho& others，2012；Lamkin & others，2012；Stowell，Robles，& Kane，2013）。

❝ 回忆第5章的内容，免疫系统能够通过经典性条件反射进行学习。❞

免疫系统和中枢神经系统接收、识别和集成外部信号的模式很相似（Sternberg & Gold，1996）。中枢神经系统和免疫系统都既拥有"感觉"要素也拥有"运动"要素，"感觉"要素可以从环境和身体其他部位接收信息，而"运动"要素则执行适当的行为。两个系统间依靠化学介质进行信息传递。中枢神经系统和免疫系统共享的一种重要激素就是促肾上腺皮质激素（CRH），正如我们上面看到的，这种由下丘脑所分泌的激素，在压力与免疫反应之间建立了关联。

压力严重地影响免疫系统（Broadbent & Koschwanez，2012；Haroon，Raison，& Miller，2012）。急性应激（突发的、应激的、与重大生活事件有关的压力）可以引起免疫系统的变化。例如，对相对健康的艾滋病毒感染者和癌症患者来说，急性应激与更为糟糕的免疫系统运行有关（McIntosh & Rosselli，2012；Pant & Ramaswamy，2009）。除了急性应激，慢性应激（持久的压力因素）也与日益下滑的免疫系统反应有关（Pervanidou & Chrousos，2012）。许多情况都会引起这种结果，具体包括因居住在受损核反应堆附近而引发的担心、亲密关系的失败（离婚、分居和婚姻紧张）、与家人和朋友的负面关系、长期护理生病的家庭成员的重担（Friedman & others，2012；Gouin & others，2012）。

> **心理神经免疫学** 一个新的科学研究领域，探讨心理因素（如态度和情感）、神经系统和免疫系统之间的联系。

研究人员希望确定心理因素、大脑和免疫系统之间的精确关系（DeWitt & others，2012；Facciabene，Motz，& Coukos，2012）。对于易于引发疾病的因素的初步假设包括：

- 压力经历降低了免疫系统的有效性，让人更容易感染疾病。
- 压力直接促成疾病的发生。
- 压力经历可以激活休眠的病毒，降低个体应对疾病的能力。

这些假设为治疗那些最具挑战性的疾病提供了线索，其中包括艾滋病和癌症（Hill，Rosenbloom，& Nowak，2012；Vigano & others，2012）。

❝ 第4章中提到的冥想是应对压力的有效方法，并且对免疫系统有益。❞

Sheldon Cohen及其同事们进行了许多有关压力、情感、社会支持影响传染性疾病的免疫和易感性的研究（Cohen & Janicki-Deverts，2009；Cohen & Lemay，2007；S. Cohen & others，2009，2012；Sneed & others，2012）。在Cohen及其同事（1998）的一项研究中，276名成人被试在接触感冒病毒之后，被隔离了5天。图14.4显示出了戏剧性的结果。

被试在进行这项研究之前，生活中所经历的重大压力的时间越长，他们就越容易感冒。Cohen据此得出结论，压力会引发免疫系统和激素的变化，并使得个体更易于被病毒传染。这些发现表明，当处于压力之中时，我们应比平时更好地照顾自己（S. Cohen & others，2009，2012）。

压力与心血管疾病

我们有理由相信，压力会增加个体得心血管病的风险（Emery，Anderson，& Goodwin，2013；Hollander & others，2012）。长期的情绪压力与高血压、心脏病和早期死亡有关（Schulz，2007）。显然，严重的精神压力会导致肾上腺素激增，使得血液更迅速地凝结成块，而凝血是心脏病发作的一个主要因素（Strike & others，2006）。情绪压力还通过其他方式引发心血管疾病。有重大生活变化（如配偶死亡和失去工作）的个体得心血管疾病和过早死亡的发生率都会增加（Mostofsky & others，2012；S. E. Taylor，2012）。长期处于压力（如工作压力大或长时间孤独）之中的个体，更有可能吸烟、暴饮暴食及不爱锻炼，这些行为都与心血管疾病有关（Steptoe & Kivimaki，2012；Zimmerman，2012）。

如同性格特征中的控制感或自我效能感有助于个体减轻压力一样，其他一些性格特征可能会增加压力，引发心血管疾病。特别是没有耐心或容易生气的个体，罹患心血管疾病的风险更高（Ohira & others，2012）。

20世纪50年代末，加州的两位心脏病学家——Meyer Friedman和Ray Rosenman发现，候诊室椅子的前面边缘处总是很容易破旧。这两位心脏病学家也注意到，他们的心脏病患者似乎总是比较急躁，这些人一般会准时到达，匆忙离开。由于对这种现象很感兴趣，他们进行了一项包括3000名35～59岁健康男性的长达8年的研究，以发现哪些行为特征更容易引起心脏病（Friedman & Rosenman，1974）。8年期间，一组男性罹患心脏病或其他形式心脏病的人数比例是其他男人的两倍。经过对死亡男性的尸体解剖发现，这一组个体的冠状动脉的阻塞状况比其他男性更严重。

Friedman和Rosenman将那些得了冠状动脉疾病的男性的共同性格特征描述为**A型行为模式**。他们有相同的特征——过于强调竞争、工作拼命、缺乏耐心、有敌意，这些特征都与心脏疾病的高发病率有关。Friedman和Rosenman认为：行为健康的那一组人，他们往往轻松随和，是**B型行为模式**。

进一步研究A型行为与冠心病之间的关系发现，这种联系并不像Friedman和Rosenman所认为的那样紧密（Suls & Swain，1998；R. B. Williams，2001，2002）。然而，研究人员发现，某些A型行为的因素与冠心病风险联系更密切（Spielberger，2004）。A型行为组成部分中与其最有关联的就是敌意（Ohira & others，2012）。那些内心存有敌意的个体，比那些很少生气的个体更有可能罹患心脏病（Eng & others，2003；K. A. Matthews & others，2004）。这样的个体被称为"热反应堆"，因为他们对压力表现出强烈的生理反应：心跳和呼吸加快、肌肉紧张。一项研究发现，相比吸烟、饮酒、高卡路里或者高水平低密度脂蛋白胆固醇的摄入，敌意可以更好地预测老年人的冠心病（Niaura & others，2002）。

后来又增加了**D型行为模式**，该组群体的特征表现为：经常哀伤、体验消极情绪

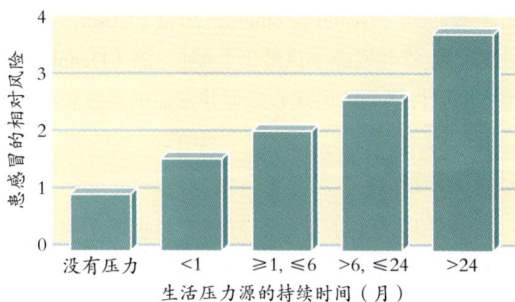

图14.4 压力和患感冒的风险　Cohen与同事的研究（1998）发现，个人生活压力的持续时间越长，他们越有可能患感冒。对感冒概率的评分是四点计分（0 = 最低；4 = 最高）

纵轴：患感冒的相对风险
横轴：生活压力源的持续时间（月）
没有压力　<1　≥1, ≤6　>6, ≤24　>24

A型行为模式　一组群体的特征——过度强调竞争，干活拼命，缺乏耐心，有敌意，这些都与心脏疾病的高发病率有关。

B型行为模式　一组群体的特征——包括轻松和随和——都与心脏疾病的低发病率有关。

D型行为模式　一组群体的特征——包括经常哀伤、体验消极情绪、社交退缩——都与心血管并发症有关。

和社交退缩（Beutel & others，2012；Cosci，2012；Molloy & others，2012）。即使对抑郁进行控制后，D型个体出现心血管并发症的风险仍会增加3倍（Denollet & Conraads，2011）。最近的一项元分析还发现，患有心血管疾病的D型性格个体出现心血管并发症的风险更高，并且生活的质量更低（O'Dell & others，2011）。

压力与癌症

既然压力与不良生活习惯（如吸烟）有关，那么压力与癌症风险有关也就不足为奇了（Nezu & others，2013）。压力会引起运动生理的变化，具体包括自主神经系统、内分泌系统和免疫系统。如果免疫系统不妥协的话，就会阻碍癌症的发展并减缓其恶化。然而，研究发现，压力对生理的影响还包括抑制细胞的免疫反应（Hayakawa，2012）。癌症患者血液中的自然杀伤细胞（NK-cell）的活性会降低（Rosental & others，2012）。自然杀伤细胞活性的降低与恶性肿瘤的进一步发展有关，而且癌症患者生存的时间长短与自然杀伤细胞的活性也有关（Buchser & others，2012）。

因此，压力显然不仅影响免疫系统功能和心血管健康，也影响罹患癌症的风险。鉴于这些关系，理解人们有效处理压力环境的心理过程，成为健康心理学的一个至关重要的话题（Stowell，Robles，& Kane，2013）。

认知评价与压力应对

哪些事情会让你感觉压力过大？很多事情都可能带来压力，比如丢失了无可替代的课堂笔记、朋友向你大吼大叫、考试不及格或经历车祸。

> " 让我们面对压力！只关注压力的负面影响也会带来压力。"

认知评价 是指个体对某一生活事件是否具有危害性、威胁性和挑战性的解释，以及确定自己是否拥有有效处理该事件的资源。

应对 是一种解决问题的方式，其中包括管理复杂的状况、努力去解决生活中的问题，以及寻求掌控或减轻压力的途径。

体验一下： 压力和应对

尽管每个人的身体对压力的反应是相同的，但并不是每一个人都将同一件事情视为压力源。一件事情是否会让你感觉"压力过大"，取决于你如何评价这件事情（Rogers & Maytan，2012）。例如，您可能认为即将到来的面试很有压力，而你的室友则认为这是一个具有挑战性的机会——一个可以展现自己的机会。你可能认为论文评分为D是一个毁灭性的打击；而你的室友在面对同样的评分时，则认为要激励自己更加努力地学习。因此，在某种程度上，什么是压力取决于一个人如何思考该事件（Schroder & others，2012；Visser & others，2012）。

认知评价的步骤 **认知评价**是指个体对某一生活事件是否具有危害性、威胁性和挑战性的解释，以及确定自己是否拥有有效处理该事件的资源。本质上，**应对**是一种解决问题的方式，其中包括管理复杂的状况、努力去解决生活中的问题，以及寻求掌控或减轻压力的途径。

Richard Lazarus提出了认知评价对压力和应对的重要性（1993、2000）。Lazarus认为，人们对事件的评价分为两个步骤：初级评价和二级评价。在初级评价阶段，个人判断事件是否已经造成损害或损失，未来需要克服的一些危险、威胁或挑战。Lazarus认为，把压力视为可以克服的挑战而非一种威胁，就是一个很好的减少压力的策略。想要理解Lazarus关于初级评价阶段的概念，可以思考下面关于两个学生的例子，两个人的心理学课程的期中考试成绩都是不及格。Sam因为分数低，感到压力很大，并认为余下的学期难以度过。相比之下，Pam则没有被这一打击和未来失败的威胁所打倒。她认为低分数是一个挑战，并且自己可以解决和克服。

在二级评价阶段，个体评估自身的资源，并确定如何有效地处理该事件。该评价之所以称为二级评价，是因为其取决于初级评价的结果，以及将该事件评估为有害、威胁或挑战的程度。Sam也许拥有一些有用的资源，可以应对期中考试成绩很低的状况，但他认为压力情境是有害且充满威胁的，因此他并没有很好地评估和利用这些资源。相比之下，Pam则评估了自己可以用于提高成绩的资源，包括向老师询问怎样学习来提高她的考试成绩、管理时间并规划出更多的学习时间、向成绩优异的同学请教等。

应对的类型 研究发现有两种类型的应对策略。**以问题为中心的应对策略**是直接面对问题并试图解决问题的认知策略。例如，如果你发现一门课学起来有困难，你可以去校园学习技能中心，注册一个如何更有效学习的项目。如此，你直面问题并试图采取行动解决。以问题为中心的应对策略可能包括提出目标和执行意图，以及前面所介绍的解决问题步骤。

以情绪为中心的应对策略是用于应对个体的情绪压力的策略——尽力去管理情绪反应，而非解决根本问题。如果您所采用的是以情绪为中心的应对策略，你可能会避免去上觉得困难的课程。反之，你可能会告诉自己这门课程不重要，否认自己在学习时遇到困难，跟朋友一起开这门课的玩笑，或期盼自己可以学得更好。

在某些情况下，以情绪为中心的应对策略对处理生活中的问题是有益的。否认是一种主要的心理防御机制，在现实生活中，在面对死亡时，否认机制可以适当地帮助人们调控感情的洪流。例如，一项研究发现，在爱人去世后，那些将注意力从负面情绪转移到其他方面的个体，其健康问题较少，并且朋友评价的适应状况也更好。相比之下，那些未使用该策略的个体，情况会更糟糕一些（Coifman & others，2007）。否认也使得个体能够推迟一段时间再去应对压力，这也可以避免该事件所带来的巨大的破坏性影响。然而，在其他情况下，以情绪为中心的应对策略则可能会出现问题。当你的约会对象与别人订婚时，如果你仍否认他/她不再爱你这一事实，你将难以继续正常的生活。

许多人成功地使用以问题为中心和以情绪为中心的应对策略来适应压力情境。例如，在一项研究中，98%的被试报告自己在遇到有压力的情境时，会同时使用以问题为中心和以情绪为中心的应对策略（Folkman & Lazarus，1980）。不过，从长远看，以问题为中心的应对策略比以情绪为中心的应对策略效果要好（Nagase & others，2009）。

成功的应对策略

当个体成功地应对压力情境时，压力就会大大降低。有效的应对与个人控制、健康的免疫系统、个人资源和积极情绪有关。

在解决问题时，多种应对策略往往比单一策略更有效（Folkman & Moskowitz，2004）。那些经历过压力生活事件或一系列困难事情的个体，即使在经历一些不好的事情时，也更可能积极地去解决问题并不断利用各种机会去创造积极的经验。积极情绪有助于个体树立大局意识、制定多种可能的解决方案，并提出有创意的想法。

乐观对于有效应对起着重要作用（Z. E. Taylor & others，2012）。例如，Lisa Aspinwall发现，乐观的人更有可能注意并记住威胁自身健康的相关信息，而悲观主义者则不会

> 在问题没有解决办法的情况下（如因爱人逝去而哀伤不已），情绪中心的应对策略可能具有适当的效果。然而，事实上，明智的做法是把重点放在好的感觉上，并接受当下的状况。

以问题为中心的应对策略 直接面对问题并试图解决问题的认知策略。

以情绪为中心的应对策略 用于应对个体的情绪压力的策略——尽力去管理情绪反应，而非解决根本问题。

（Aspinwall，1998；2011；Aspinwall，Leaf，& Leachman，2009；Aspinwall & Pengchit，2012）。Aspinwall将乐观视为一种资源，具有该种特质的个体会建设性地接触一些可能具有潜在危险的信息。乐观主义者比他人更有可能寻求基因检测，以了解疾病发生的风险（Aspinwall & others，2012）。乐观主义者从积极的方面看待生活，例如，当乐观主义者发现自己最喜欢的消遣活动——晒日光浴可能会增加皮肤癌的风险时，他们会非常重视这一信息，但并不会吓到他们。相比之下，悲观主义者生活在一片荒凉的世界中，并且不愿听到更多的坏消息。

在困难时期让人仍继续努力的另一种人格特质是**坚持力**。坚持力的具体特征为：有承诺感、控制感而非疏离感、无力感，将困难视为挑战而非威胁（Maddi & others，2006）。例如，篮球比赛中，某一队的比分落后2分，一位篮球运动员在最后几秒钟时大喊道，"教练！把球给我！"他所表现出的就是坚持力。许多人在这样的高压时刻可能会选择逃避。

坚持力、压力与疾病三者之间的关系是芝加哥压力研究项目的重点内容，该项目对32～65岁的男性高管进行了历时5年的研究（Kobasa，Maddi，& Kahn，1982；Maddi，1998）。在5年中，大多数高管都经历过一些压力事件，如离婚、转岗、好朋友的死亡、不如意的工作表现评估，以及向讨厌的老板汇报工作等。图14.5呈现了坚持力如何有助于这些个体远离与压力有关的疾病（Kobasa & others，1986）。

其他研究人员也发现了坚持力对疾病和健康的支持性作用（Hystad，Eid，& Brevik，2011；M. K. Taylor & others，2012）。关于坚持力的研究表明，是多种因素而非某单一因素缓解了压力对个体的影响并保持了他们的健康（Maddi，1998，2008）。

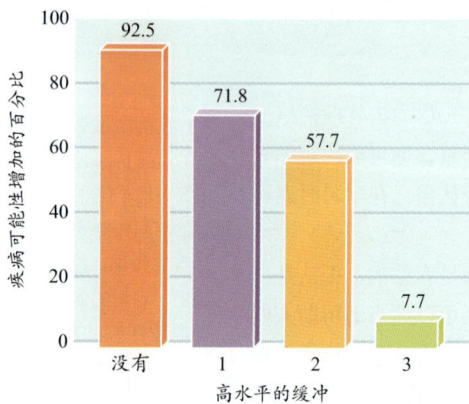

图14.5 高压力下的企业高管的疾病状况 一项有关高压力的企业高管的研究发现，如果三种缓冲（坚持力、运动和社会支持）中的一种处于低水平的话，个体出现重大疾病的概率就非常高。多年的研究表明，拥有1种、2种以及3种高水平的缓冲，降低了被试在当年罹患某种重大疾病的可能性。

压力管理方案

"避免压力"也许是一个不错的建议，但是，生活中总是充满各种潜在的压力。有时，只是检查电子邮件或接听一个电话就会产生压力。

由于很多人在压力调节方面都存在困难，心理学家开发了一项压力管理技术（Artemiadis & others，2012；Pollard，2012）。**压力管理方案**教会个体如何评价压力事件，发展应对技能，并在实际生活中运用这些技能。一些压力管理方案会传授一系列处理压力的技术；另一些方案则关注一个特定的技巧，例如放松或自信心训练。

一些工作坊通常会教授一些压力管理方案，这一现象在工作场合中也越来越普遍了（Jensen & others，2012；S. E. Taylor，2012）。许多组织意识到，与压力有关的疾病会提高生产力的成本，因此，这些组织越来越热衷于帮助员工识别和应对压力情境。一些大学同样开始在学生中展开压力管理方案的培训。

压力管理方案有效果吗？在一项研究中，研究人员将患有高血压的男性和女性随机分为三组（血压高于140/90）（Linden，Lenz，& Con，2001）。其中第一组接受

坚持力 是一种人格特质，具体特征为：有承诺感、控制感而非疏离感、无力感，将困难视为挑战而非威胁。

压力管理方案 教会个体如何评价压力事件，发展应对技能，并在实际生活中运用这些技能。

每人10个小时的个体压力管理训练；第二组在一段时间之后接受压力管理训练；第三组（对照组）没有接受这种培训。接受压力管理训练的两组人员的血压明显降低。对照组的血压没有明显变化。另外，前两组在血压降低的同时，也报告了心理压力的降低和应对愤怒能力的提高（Linden，Lenz，& Con，2001）。

有效地应对压力对于生理和心理健康很重要（Cox & others，2012；Xanthopoulos & Daniel，2013）。不过，还有其他更多的事情可以促进我们的健康。健康的生活——建立健康的生活习惯、确定并改变不利于健康的行为——能够帮助我们避免压力所带来的破坏性影响（Emery，Anderson，& Goodwin，2013）。正如生物心理社会学的观点所预测的，健康生活在某一方面的改变，可以泛化到其他领域中。

"院长，你必须参加压力管理研讨会，我再说一遍，别无选择。"

经 CartoonStock 授权许可使用，www.CartoonStock.com.

自我测试

1. Selye 用于描述身体对外界各种刺激所做出的常见反应的术语是_____。

   A. 疲劳综合征   B. A 型行为模式

   C. B 型行为模式   D. 一般适应综合征

2. 某种性格特点是承诺感和控制感，同时将问题视为挑战而非威胁，这种性格是_____。

   A. 自我效能感   B. 自我决定

   C. 坚持力   D. 自信

3. 处理困难的情况，努力解决生活的问题，试图控制或减轻压力的关键方面是_____。

   A. 应对   B. 认知评价

   C. 初级评价   D. 二级评价

小应用！

4. 除了上课，Bonnie 还做了两份兼职工作、帮助妹妹照顾两个孩子。Bonnie 的成就动机很强，她争取所有课程都得 A。因为活动很多，所以她总是匆匆忙忙，同时做多件事情，但她告诉别人，自己喜欢忙碌的生活。哪一个选项能最好地评估 Bonnie 是否是 A 型行为模式，以及是否有罹患心血管疾病的风险？

A. Bonnie 的忙碌状态和成功导向表明她是 A 型并且有心血管疾病的风险

B. 虽然 Bonnie 可能有压力，但描述中没有提到敌意，她不是 A 型行为模式或有罹患心血管疾病的风险

C. Bonnie 是一个"热反应堆"，因此有心血管疾病的风险

D. Bonnie 是 A 型，但她享受生活，这意味着她没有心血管疾病的风险

5 为了更健康的身体（与心理）：你的行为决定你的生活

我们无法回避压力，控制压力对健康的心灵和身体都至关重要。同样重要的是，在下面四个生活领域中做出明智的行为选择，这些健康的习惯对身心都有利。下面，我们会探讨锻炼身体、健康饮食、戒烟和安全性行为的益处。

进行身体活动

想象一下，曾经，人们要是想换电视频道，不得不起身走几步才能旋转按钮。以前，人们要想找到资料，不能在网上用谷歌搜索，而是得亲自去图书馆搜寻卡片目录。随着日常任务变得越来越容易，我们也变得越来越不爱动，缺乏运动带来了严重的健康问题（Acevedo，2012）。

任何消耗体力的活动都是一种健康的生活方式。这包括简单的爬楼梯而非乘坐电梯、去上课时步行或骑自行车而非开车，或者起来跳舞而非坐在酒吧里。一项关于老年人的研究显示，老年人在日常活动中消耗的能量越多，时间越长，越有可能长寿（Manini & others，2006）。

除了长寿，身体运动也会有其他的积极效果，包括降低心血管疾病和癌症的发病概率（Eheman & others，2012；Emery，Anderson，& Goodwin，2013）、有助于体重超重者减轻体重（Stehr & von Lengerke，2012）、改善认知功能（Etnier & Labban，2012）、积极地应对压力（Hamer，2012）、提升自尊和自我形象（Ginis，Bassett，& Conlin，2012）。体育锻炼也可以降低焦虑（Petruzzello，2012）和抑郁（Herring & others，2012），就连猪也能得益于运动。图14.6呈现了猪进行身体运动的积极作用。锻炼身体就像给健康的银行账户投资——活动增强了身体健康，使我们有能力积极应对生活中潜在的压力困扰。

运动是一种特殊类型的身体活动。**运动**的目标是促进健康的结构化活动。虽然运动旨在加强或改善肌肉、骨骼的灵活性，对健康很重要，但许多健康专家更强调**有氧运动**的好处，比如持续的慢跑、游泳或者骑自行车，这些运动都可以刺激心脏和肺部的功能。

一项研究发现，运动关系着中老年人的生死（Blair & others，1989）。超过10000名男性和女性被试被分成低健康水平、中等健康水平和高健康水平三组（Blair & others，1989）。这些被试接受为期8年的研究。如图14.7所示，在长达8年的研究中，久坐的被试（低健

图14.6 慢跑的猪实验 慢跑的猪实验明显地揭示了运动对健康的影响。在一项调查中，一组猪每周大约要进行100英里的跑步（Bloor & White，1983）。然后研究人员压缩了供应猪心脏血液流量的动脉管道。慢跑猪的心脏血液供应找到了其他的替代路径，有42%受到威胁的心脏组织被抢救回来，而对照组的非慢跑猪中，只有17%被抢救回来。

运动 意在促进健康的结构化活动。

有氧运动 包括一些持续的运动——慢跑、游泳或者骑自行车——这些运动可以刺激心脏和肺部的功能。

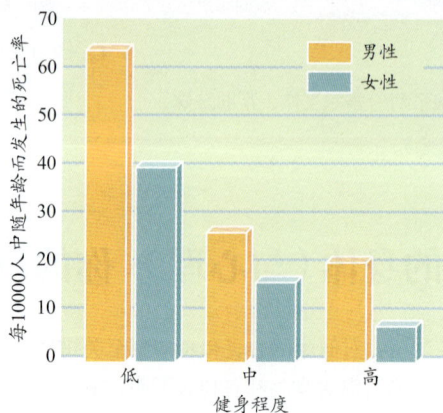

心理调查

图14.7 身体健康状态与死亡率 该图表介绍了关于10000多名男性和女性被试长达8年的纵向研究的结果（Blair & others，1989）。横轴或X轴是被试的健康程度和性别。纵轴或Y轴是死亡率。>哪组死亡率最高和最低？>比较男性和女性的结果，生理性别对于死亡率有什么影响？>这是一个相关性研究，因此无法推论因果关系。哪个第三变量（见第1章）能够解释该结果？

康水平）的死亡率是中等健康者的两倍以上，是高健康水平者的死亡率的三倍。身体健康对男性和女性都有积极的作用。此外，另一项研究显示，通过平板运动试验进行测试的60岁及以上的个体中，那些身体素质排在后5位的人，比那些排在前5位的人在12年中死亡的可能性要高出四倍（Sui & others，2007）。这项研究还显示，在这12年中，体重超重但身体健康的老年人比体重正常但不健康的同龄人死亡的风险要低（Sui& others，2007）。此外，纵向研究发现，那些72岁时还经常保持锻炼的男性比久坐不动的同龄人活到90岁的概率高30%（Yates &others，2008）。

　　健康专家建议，成年人最好每天都坚持进行至少30分钟的适度身体活动，而儿童每天则最好锻炼60分钟。很多专家都指出，锻炼能够使个体将心率提高到最大心率的60%。然而目前，只有大约五分之一的成年人的活动状态处于这个建议的水平。图14.8对中等身体活动与激烈活动进行了比较。研究表明，适度和激烈的活动都有益于身体和心理健康，并能够提高生活品质（Focht，2012）。

　　增加身体活动所带来的令人欣喜的回报就是体重的减轻。研究人员多次发现，最有效的减肥方法就是定期运动（Stehr & von Lengerke，2012）。另一种战胜体重问题的方法是改变饮食。

中等活动	激烈活动
快走（3-4英里/小时）	快走上坡或负重走路
适度的游泳	游泳、快速踩水
骑自行车游玩或出行（≤10英里/小时）	快速骑自行车或赛车（>10英里/小时）
球拍运动，乒乓球	球拍运动，网球单打，壁球
健身锻炼，普通的健美操	健身锻炼，通过楼梯测力计和滑雪机进行锻炼
自己推车或拿着球杆打高尔夫	在练习场打高尔夫
划独木舟，悠闲的（2.0-3.9英里/小时）	划独木舟，快速（≥4英里/小时）
家庭清扫，大扫除	移动家具
修剪草坪，机动割草机	修剪草坪，手动割草机
家具维修，粉刷	修补工程

图14.8　适度和剧烈的体育活动　成年人每天最低应当进行30分钟的适度运动。如果我们"打打气"做30分钟的激烈活动，还可以获益更多。

健康饮食

　　美国人最大的健康风险是超重或肥胖。美国疾病控制和预防中心（CDC）将体重范围超过专家所界定的健康体重水平的个体定义为"超重"和"肥胖"（CDC，2012c）。近年来，超重或肥胖者的比例一直以惊人的速度增加。而在1960年，只有不到50%的美国成年人超重或肥胖，这一数字从1960年到1980年间变化不大。然而，如图14.9所示，从2009年到2010年，69%的美国成年人超重或肥胖，有35%是肥胖级别（Flegal & others，2012）。在相关的研究中，女性超重或肥胖的可能性比男性小（64%：74%）。与非拉丁裔白人、非裔美国人、拉丁裔成年女性和男性相比，非裔美国女性和拉丁裔男性的超重或肥胖率最高（82%），而非拉丁裔白人女性（59.5%）是超重或肥胖最少的群体。

支持健康生活方式的环境

法国食品——特色美味奶酪、浓重的酱汁和奶油糕点——是这个星球上最丰富的菜系之一。然而法国人的肥胖率只有11.5%，在世界经济合作与发展组织的一份报告中排名28（OECD，2012年）。相比之下，美国排名第一，肥胖人口接近34%。造成这种差距的一部分原因可能是食物的构成不同（Rozin & others，2003），但另一个因素是人们购买食物的方式也不一样。在美国，人们主要开车购物，而在法国，人们更有可能步行或骑自行车去购物（Ferrières，2004）。

在美国，缺乏运动的主要障碍是因为很多城市没有提供步行或骑自行车的条件。积极生活的倡导者指出，生活太便捷、人们太依赖汽车和司机，城市设计师创造了一个致胖（促进肥胖）的环境，这影响了人们进行健康的活动（Henderson，2008；Lydon & others，2011）。荷兰和丹麦等国在城市规划时都采取一些策略促进步行和骑自行车，减少汽车的使用。在荷兰，年龄超过60岁的人中60%的出行都骑自行车（Henderson，2008）。

环境能够提高人们的体育活动水平。例如，一项准实验研究验证了物理环境的变化对体育活动的影响。这项研究主要针对一个城市社区进行研究，该社区对园林路（自行车道和步道）进行改造，使其与行人的人行道连在一起。研究人员计算了在该社区附近两年之中坚持每天进行两小时户外体育活动的人数。相比其他两个类似的街区，该社区附近的小道上步行和骑自行车的人更多（Fitzhugh，Bassett，& Evans，2010）。良好的体育活动环境特征也与健康有关。在一项长达5年的研究中发现，住在公园附近、绿树成荫的街道旁、有散步之处的老年人，其寿命更长（Takano，Nakamura，& Watanabe，2002）。

城市设计的其他方面可以影响肥胖率，包括获得营养的食物（Lydon & others，2011）和公认的安全社区（Eisenstein & others，2011）。人类行为研究通过揭示环境因素如何影响健康的生活方式，对公共政策的制定产生了有意义的影响。

心理调查

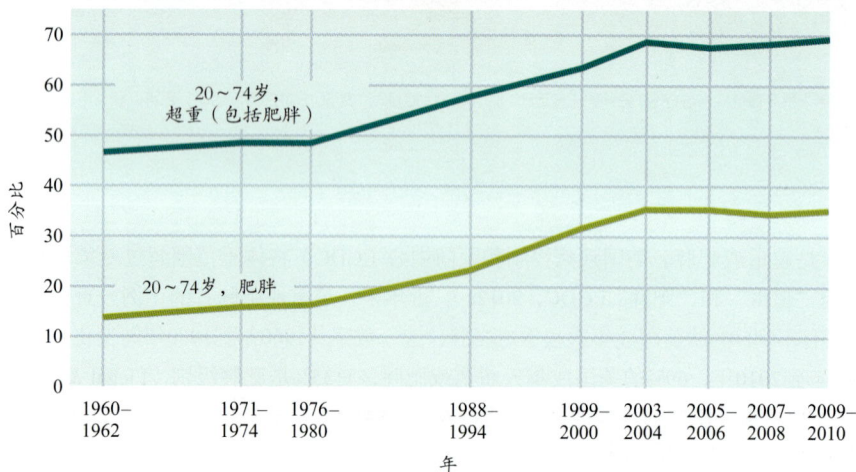

图 14.9 1960–2010年间，美国20～74岁成年人体重超重或肥胖的百分比变化 今天，超重或肥胖已经成为美国人身体健康的最大威胁。在这个图中，竖轴或Y轴显示了超重或肥胖的个体比例，横轴或者X轴显示了这些值所处的年份。>想想这些线上的数据点，时间与超重/肥胖是正相关还是负相关？为什么？>在X轴上找到你的出生年份，在你的一生中，美国人的体重有变化吗？>体重在哪些年间的上升幅度最大？哪些因素可以解释这种变化？

定期锻炼是减肥的一种好方法。另一个选择就是健康的饮食（Corsica & Perri，2013；Nicklas & others，2012）。正确的饮食意味着合理地选择最有助于健康的营养食物。尽管我们似乎有无数的食物可供选择，但许多人吃的东西并不健康。我们摄入了太多的糖，但缺少富含维生素、矿物质和纤维的食物，如水果，蔬菜和谷物。我们吃的快餐太多，饮食不均衡，这些都增加了脂肪和胆固醇的摄入量，而这两者都会引发长期的健康问题（Barnes &Kimbro、2012）。

健康的饮食意味着无论就餐还是零食，都要食用美味、健康的食品。健康饮食不仅仅是为了减肥，也为了形成终身的健康饮食习惯。合理的营养计划能够实现健康的目标。平衡饮食不仅提供更多的能量，而且也可以降低血压、减少患癌症的风险（Eguchi & others，2012；Eheman & others，2012）。最近的两项研究发现，总计超过1.1万美国成人所摄入的红肉量都是过度的，这增加了心血管疾病和癌症的罹患率（Pan & others，2012年）。

减肥和选择健康食物是很困难的，尤其是刚刚开始的时候。很多减肥广告承诺无需努力，不会让你感觉到饥饿，吃的食物也不会有实际的变化。这些承诺是不现实的。改变一直以来的饮食行为是很困难的，但这并不意味我们要悲观放弃。相反，面对具有挑战性的任务时，积极的期望和自我效能感是很重要的。

美国国家体重控制注册中心正在对那些成功减肥40磅并保持2年以上的人们进行研究。对这些成功减肥者的研究能够为我们了解如何减肥提供一些重要的技巧（L. G. Ogden & others，2012；Raynor & others，2005）。成功的减肥者能够坚持一致的养生法则，即便是在周末或是假期也是如此（Gorin & others，2004）。对大约2000名美国成年人进行的研究发现，每天锻炼30分钟、计划饮食、每天称重，这些都是成功减肥者的主要策略（Kruger，Blanck，& Gillespie，2006）。

事实是，保持体重是一个需要长期坚持的过程。此外，减肥者保持体重的时间越长，他/她就越不可能再次反弹（McGuire & others，1999）。最近的研究也表明，不购买垃圾食品这一小的变化就可以影响饮食和体重（Rozin & others，2011）。

> **❝** 一个关键的做法是吃早餐，尤其是吃全谷物类食品。**❞**

> **❝** 所以，不要买垃圾食品。如果周围没有垃圾食品，你就不会吃它。**❞**

戒烟

另一个与健康有关的目标是戒烟。大量研究指出了吸烟以及被动吸烟的危害（美国癌症协会，2012）。例如，吸烟者中，癌症死亡率为30%，心脏病死亡率为21%，而慢性肺病死亡率占82%。每年多达9000人由于吸入二手烟而死于肺癌。吸烟者的子女患呼吸道和中耳疾病的风险很高（Accordini & others，2012；Bisgaard，Jensen，& Bonnelykke，2012）。

现如今，吸烟的人数比过去有所减少，几乎一半曾经吸烟的成年人已经戒烟。2010年，美国有19.3%的成年人吸烟，男性吸烟的比率（21.5%）高于女性（17.3%）（美国疾病预防控制中心，2012a）。40年前，男性吸烟的比率高达50%，虽然这一数字表明吸烟人数已经大幅下降，但吸烟者仍然很多。

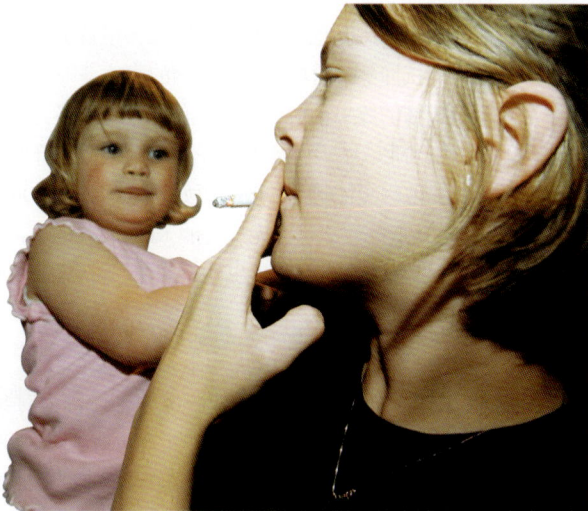

戒烟有很多好处。图14.10显示，当个体戒烟时，其罹患肺癌的风险会随着时间而下降。毫无疑问，大多数吸烟者想戒烟，但是尼古丁上瘾让戒烟成为一项挑战。尼古丁——香烟中的活性药物，是一种兴奋剂，它能增强吸烟者的能量和警觉性，提高愉悦性，增强体验感。此外，尼古丁还能刺激神经介质，产生镇静或缓解疼痛的效果（Johnstone & others，2006）。

研究发现，戒烟很困难，尤其是在戒烟的早期阶段（McCarthy & others，2006）。戒烟的方法有很多种（Cahill，Stead，& Lancaster，2012；Sachs & others，2012；Tahiri & others，2012），具体包括以下3个方面。

■ **突然戒烟** 一些成功的戒烟者并没有发生生活方式的重大改变。他们一旦决定要放弃，就会马上着手去做。该方法对轻度吸烟者比对重度吸烟者更有效。

■ **使用尼古丁替代物** 尼古丁口香糖、尼古丁贴片、尼古丁吸入器和尼古丁喷雾的工作原理都是通过摄入少量的尼古丁来降低戒烟的强度（Larzelere &Williams，2012）。尼古丁口香糖无需处方就可以购买，当个体有吸烟的冲动时就可服用。尼古丁贴片是一种非处方胶垫，能释放稳定剂量的尼古丁。在使用8～12周的时间内，剂量逐渐减少。通常剂量是每小时一到两次，并随着需要的减少逐渐降低。喷雾通常可以使用3～6个月。尼古丁替代品的成功率非常鼓舞人心，提高了戒烟及保持无烟状态的几率。

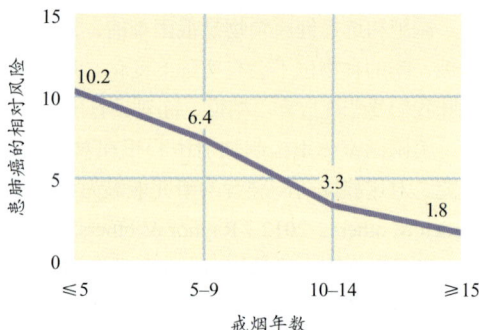

图 **14.10** **致命的肺癌风险与戒烟的年数** 一项研究对43000多名男性吸烟者与60,0000多名几乎从未吸烟的女性进行比较（Enstrom，1999）。为了达到比较的目的，将零点设为从不吸烟的男性得肺癌的风险。随着时间的推移，曾经吸烟的人得肺癌的风险相对下降，但即使在15年后，风险仍高于不吸烟者。

■ **寻求治疗的帮助** 一些吸烟者可以寻求专业的帮助进行戒烟。帮助吸烟者戒烟的治疗包括处方药物，如抗抑郁药，以及教会吸烟者一些行为治疗技术。安非他酮缓释制剂、抗抑郁药物耐烟盼，都能帮助吸烟者在减少尼古丁的摄入后，控制对它的渴求。耐烟盼能够通过抑制多巴胺、5-羟色胺和去甲肾上腺素的吸收，调节大脑中的神经递质水平。吸烟者在食用12个月的抗抑郁药耐烟盼后，戒烟的成功率平均达到21%（Paluck &others，2006），该结果与个体使用尼古丁替代物的效果相似。最近，伐伦克林（名为Chantix的商品）被批准用于帮助吸烟者戒烟。这种药物能部分阻断尼古丁受体，在减少欲望的同时也降低了吸烟的快感。在与咨询/心理疗法相结合时，伐伦克林比安非他酮缓释制剂的效果更好（Garrison & Dugan，2009）。

没有哪一种戒烟的方法是万无一失的（Fant & others，2009）。通常情况下，多种方法的结合是最好的策略。此外，就如阶段改变理论模型所指出的，戒烟通常需要多次尝试。

安全的性行为

令人满意的性体验是幸福生活的一部分。性行为对身体健康也有重要的影响。在第9章，我们探讨了意外怀孕以及有助于预防青少年怀孕的教育方法。这里，我们看看性的另一个方面——保护自己不得性传染病（性病）。不发生性行为，人们自然可以避免意外怀孕和性传染病。然而，即使对于那些以禁欲为目标的人来说，防止意外怀孕和拥有性病知识也是很重要的，因为正如阶段改变理论模型所指出的，我们并非总能达到目标。

防止性传染病 性传染病（STI）是一种主要通过性行为——如阴道性交、口交和肛交——得以传播的传染病。性传染病影响大约六分之一的成年人（美国疾病预防控制中心，2012d）。一些性传染病是由细菌引起的，如淋病和梅毒，而另一些则是由病毒引起的，如生殖器疱疹和艾滋病。性传染病是一个重要的健康问题，因为这些疾病可以影响个体未来的生育能力、患癌症的风险，以及寿命的长短。

在过去的几十年中，没有哪一种性传染病比艾滋病对性行为的影响更大（Campbell，2009）。**获得性免疫缺陷综合征（AIDS）** 是由人类免疫缺陷病毒（HIV）引起的性传染病，能够破坏人体的免疫系统。如果不进行治疗，大多数感染艾滋病的个体都会因为细菌入侵而引起正常的免疫系统被摧毁。自该疾病出现以来，美国已有619,400例艾滋病患者死亡，其中2009年一年之中，就有超过17000名个体死于艾滋病（美国疾病预防控制中心，2012b）。据报道，2010年，美国新增的艾滋病毒感染者超过47000名。

最近，随着药物疗法的不断发展，艾滋病被视为一种慢性疾病而非马上宣告死亡的疾病。然而，不同个体对治疗的反应不同，而且长期进行对抗艾滋病的鸡尾酒药物疗法也确实是一个挑战。鸡尾酒药物疗法也被称为高活性抗逆转录病毒疗法（HAART），虽然美国食品药品监督管理局已经批准了首个"一天一片药"治疗艾滋病的方案，但一般来说该疗法需要每天服用6～22粒药丸（Onen & others，2009）。

由于教育的普及和药物疗法的改善，在美国因感染艾滋病而死亡的人数已经开始下降（美国疾病预防控制中心，2012b）。据保守估计，在现有的治疗方法下，艾滋病毒阳性的个体的预期寿命大约只有十年。即使在这个治疗方法不断发展的年代，艾滋病仍然是无法治愈的。重要的是，据估计，多达一半的HIV阳性个体并未进行治疗，五分之一的个体并不知道自己已经感染了病毒（美国疾病预防控制中心，2012b）。全球范围内的艾滋病感染率仍然高得惊人。2010年进行的一项最新估计表明，全球大约有3400万艾滋病毒感染者。数据显示，艾滋病毒感染者从1990年的800万增加到2000年的2700万（联合国艾滋病规划署，2012）。

所有性行为活跃的个体都是感染艾滋病毒和其他性传染病的高风险人群。100%安全的性行为只有禁欲，但许多人都做不到这一点。感官活动，如拥抱、抚摸、相互的自慰（没有体液的接触），都没有发展为性传染病的风险。性活动，包括阴茎进入阴道、肛交以及口交都是高风险的行为，只有采用适当的保护才可以使风险降低。

根据你自己的性经历，你可能会发现，我们很难准确地估计伴侣潜在的风险及其是否带有艾滋病毒的状况。使用乳胶避孕套来保护自己免受感染永远是最明智的选择。正确使用乳胶避孕套有助于阻止许多性传染病的传播。避孕套能有效预防淋病、梅毒、衣原体感染和艾滋病。研究表明，避孕套的使用也大大降低了男性将宫颈人乳头瘤病毒（HPV）传染给其女性伴侣的风险，其中某些类型的病毒可导致子宫颈癌（Miksis，2008）。虽然避孕套对于疱疹传播的预防比对其他性传染病的预防效果要差，但坚持使用避孕套仍可以降低男性和女性疱疹感染的风险（Stanaway & others，2012）。

研究表明，如果人们觉得使用避孕套会降低性欲的感受的话，那么不妨将使用避孕套作为前戏的感官体验的一部分，如此也会使性过程更为安全（Scott-Sheldon & Johnson，2006）。Dolores Albarracin及其同事在分析艾滋病预防项目（包括超过350个干预组和100个对照组）的基础上，提出了关于影响行为的最佳方法的一些重要建议（Albarracin，Durantini，& Earl，2006；Albarracin & others，2005，2008；Durantini & Albarracin，2009，2012）。研究发现，相对来说，恐惧策略不是那么有效，而强调主动的技巧学习（例如，使用避孕套的角色扮演）、自我效能感、对使用避孕套持积极态度等方面对多数群体更为有效。

性传染病（STI） 是一种主要通过性行为——如阴道性交、口交和肛交——得以传播的传染病。

获得性免疫缺陷综合征（AIDS） 是由人类免疫缺陷病毒（HIV）引起的性传染病，能够破坏人体的免疫系统。

❝ 那些认为使用避孕套很不方便的个体应该好好考虑一下：使用安全套和感染淋病、艾滋病毒，哪种更不方便。❞

自我测试

1. 有规律的身体活动，尤其是锻炼与以下所有都有关，除了_____。
   A. 减肥
   B. 提高自尊
   C. 降低抑郁的发生率
   D. 中年和老年人过早死亡

2. 大多数美国人现在面临的最大的健康风险是____。
   A. 心脏病　　　　　B. 癌症
   C. 超重和肥胖　　　D. 压力

3. 通常，最好的戒烟方法是_____。
   A. 突然戒烟
   B. 使用尼古丁贴片
   C. 结合使用多种方法
   D. 向医生寻求帮助

小应用！

4. J.C. 和 Veronica 正在所在的大学中开展一项促进学生健康意识的活动。今年，他们的目标是明智的性选择。下面哪个活动是最有希望取得效果的策略？
   A. 他们应该强调对疾病的恐惧，将其作为使用避孕套的动力
   B. 他们应该把重点放在促进非危险的性活动上，将避孕套的使用色情化，并且教学生有技巧、有效地使用避孕套，提醒学生，即使他们不打算做爱，安全也很重要
   C. 他们应该只关注那些已经有了性行为的学生
   D. 他们应该鼓励学生，在做爱之前，要问问伴侣有多少性伴侣

6　心理学与美好的生活

通过上述关于健康心理学的讨论，我们已经明白心理和身体方面是如何交织在一起、相互影响的。健康心理学表明了心理学不同领域之间的相互作用。

作为一个人，你既是物理实体，也有心理过程，这些都反映在最复杂的身体器官——大脑之中。每时每刻，身体和心灵都同时存在并相互影响。大脑和心灵使你能够阅读这本书，研究测试、听讲座、坠入爱河、与朋友分享、帮助他人，照顾你的大脑和心灵是一件有意义的人生使命。

之前，我们将心理学定义为研究行为和心理过程的科学，广义上可以理解为我们所做的事情、我们的思维和感觉。想一下视觉的心理维度。在研究人类的视觉系统时，我们考察了这些神奇的感觉器官的作用过程，我们的眼睛能够看到颜色、光、暗、形状和深度。我们探究了大脑接受信息并将其转变成知觉的方式——颜色、形状和光线的模式如何被感知为一朵花、一个秋日、一个日落。我们发现人类的视觉系统通常是相同的。因此，你知道人眼的组成部分并且知道你所看到的事物与其他人相同。

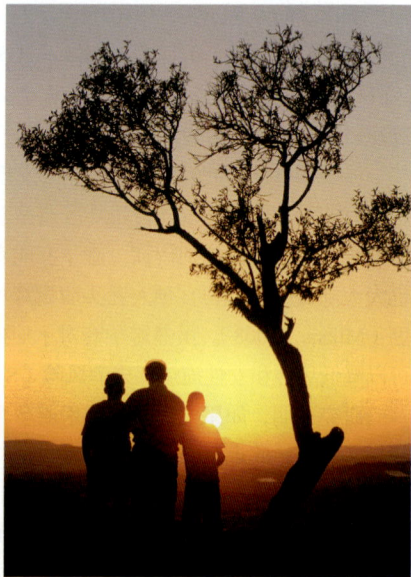

只是观看并感知日落这一看似简单的经历，在人类生活情境中就复杂得令人震惊。

然而，当我们把这些景象放入到个人的生命之中时，即便是看似简单的对日落的视觉感知也变得惊人的复杂。蜜月期、爱情破裂之后，抑或是刚刚为人父母时，处在这些不同的时期你看到夕阳时的第一感觉一样吗？即使是最普通的时刻，在进入个人生命的背景之中时，这些景象也会呈现出非凡和迷人的一面。

这种魅力就是心理科学研究的主要动机。人类总是在思考未知的行为、思想和情感。我们为什么做这些事？我们怎样想的以及感觉如何？在本书中，我们介绍了心理学家们在这门年轻学科的发展过程中所感兴趣的各种主题。

在这本心理学导论即将进入尾声之时，想想心理学对现在的你来说意味着什么，对于未来的你又有何意义。无论你是否继续学习心理学课程，这本书都有助于你更好地探索未来的自己和周围的世界。这本书中描述了现实生活中的人类体验——英雄主义、弱点、欢乐、痛苦等等——这些都是心理学所要与你分享的时刻。充分利用你所了解的心理学，做最好的自己，拥有美好的生活。

试一试！

翻到这本书的目录部分。你觉得哪个章节或主题最有趣？去学校的图书馆寻找与该专题有关的期刊（你可以寻求图书管理员的帮助）。浏览最新的研究问题。该领域中的科学家最近都在研究哪些专题？如果本书中所描述的一些研究看起来很有趣，你不妨在线搜索一下。用谷歌"学术"搜索作者并查看原始文章。作者得出什么结论了？你学到了什么？

总　结

❶ 健康心理学和行为医学

健康心理学强调影响人类健康的生物、心理和社会因素。行为医学与健康心理学密切相关，行为医学强调将医学和行为知识相结合，以减少疾病并促进健康。通过考察生物、心理和社会变量与健康及疾病之间的相互关系，行为医学提出了生物心理社会模型。压力就是生物、心理与社会因素共同作用的一个例子。

健康心理学和行为医学将身心关系带到了最前沿的研究之中。这些研究取向考察了身心的相互作用关系——身体如何影响心理状态以及心理如何影响身体健康。

❷ 做出积极的生活改变

理性行为理论表明，当我们有改变的意图时，行为就会发生改变，如果我们愿意改变，并且相信周围的其他人也支持这种改变，那么我们就更有可能实现改变的意愿。计划行为理论不仅涵盖了理性行动理论的基本思想，同时也增加了个体对结果的控制感这一观点。

阶段改变理论模型认为个体的行为改变包括五个步骤：意向前期、意向期、准备期/决定期、行动期/意志力期和维持期。每个阶段都有不同的挑战。复发是改变过程中很自然的现象。

❸ 有效改变生活的资源

动机是维持行为变化的一个重要组成部分。当人们出于内部动机（因为想要做而去做某事）而非外在动机（为了外部奖励而做某事）去做某些事情时，改变更可能发生。执行意图是个人计划进行改变的具体方式。

社会关系与健康和生存密切相关。社会支持是指他人在个体需要帮助时所提供的帮助，包括切实的实物支持、信息或者情感支持。社会支持与压力的作用及应对之间的关系密切。

宗教信仰能促进健康。两者之间关系密切的一个原因是，宗教往往反对无节制的生活并且提倡健康的行为。此外，参与宗教活动会使个体融入某个社会群体，宗教为个体在困难时期提供了一个可以依赖的有意义的系统。

与积极的健康行为有关的性格特征包括责任心、个人控制感、自我效能感和乐观。有责任心的个人更可能采取健康的行为方式并且更长寿。个人控制感与更好的压力应对有关。自我效能感是个体相信自己有能力掌握情境、并获得积极结果的信念。乐观主义是指特定的解释风格和对未来持有积极期待的倾向。研究表明，这两种类型的乐观都与健康结果正相关。

❹ 为了更健康的心理（和身体）：控制压力

压力是对环境压力源的反应，这些环境和事件会威胁到个体并使个体的应对能力承受巨大压力。Selye提出了压力应对的一般适应综合征（GAS）概念，它由三个阶段组成：警觉、抵抗和衰竭。

慢性应激会影响身体的自然抗病能力。压力还与心血管疾病和癌症有关。

想打破压力习惯，需要记住压力就是我们如何思考生活中所发生的事件的产物。控制我们对事物的评价，将潜在的威胁事件视为挑战。坚持力使得个体能够在遇到压力时仍然继续努力。

A型行为模式，尤其是敌意这一因素，使得个体在面对困难情境中会表现出愤怒的情绪。这种敌意会导致不良的健康状况。对D型行为模式的研究越来越多，个体表现为经常的哀伤、体验消极情绪和社交退缩；研究发现这种模式与高发的心血管问题有关。当个体无法管理压力时，为其提供压力管理方案是一种较好的解决办法。

❺ 为了更健康的身体（与心理）：你的行为决定你的生活

锻炼有许多心理和身体的好处。提高个体活动水平的建议包括：在个体的日常生活中开始做出小小的改变，并保持下去。

超重和肥胖是今天的美国人所面对的最大的健康风险。健康饮食这一点能在很大程度上避免肥胖，这意味着在生活中要选择有营养的食物，并保持健康的饮食习惯，而不仅仅是节食。健康饮食和运动的结合是减肥的最好方法。

尽管吸烟会导致癌症已广为人知，但是一些人仍然抽烟。戒烟的方法包括突然戒烟、使用尼古丁的替代物、寻求治疗。戒烟很困难，通常需要一次又一次的尝试。多种方法的结合是戒烟的最佳策略。

安全的性行为是健康心理学家所关注的另一种健康行为。避孕套能够防止意外怀孕和性疾病的传播。当个体将避孕套作为性活动的一部分、促进避孕套的使用技巧、具有较高的自我效能，并对避孕套持积极的态度时，避孕套的使用效果最成功。

❻ 心理学和美好的生活

心理学关乎你的一切。本书旨在呈现心理学与健康的关系，并帮助你了解新的科学研究与现实生活之间的诸多密切联系。

关键术语

多项选择

1. 如果你正在试图改变不良的行为，最可能付出精力并努力的阶段是_____。

   A. 准备期　　　　　　B. 意向期

   C. 行动期　　　　　　D. 维持期

2. 那些有较高自我效能感的个体，最不可能_____。

   A. 在面对困难之时继续努力

   B. 努力应对压力

   C. 在具有挑战性的情境中经历较小的压力

   D. 认为自己无法掌控情境

3. 当人们长期处于高压力之中时，一种明显的生理模式就会出现。Selye 称该模式为_____。

   A. 交互应激反应（TSR）

   B. 双因素压力理论

   C. 一般适应综合征（GAS）

   D. 慢性应激反应（CSR）

4. 当老鼠第一次进入一个过度拥挤的笼子里时，它可能处于一般适应综合征的_____阶段。

   A. 警觉　　　　　　　B. 抵抗

   C. 衰竭　　　　　　　D. 以上都不是

5. 无数的研究支持这一观点，即_____是预测健康的最重要变量。

   A. 人生目标　　　　　B. 社会关系

   C. 保持安全的性关系　D. 独立性

6. 宗教信仰与健康有关，因为它与以下所有选项有关，除了_____。

   A. 社会支持的增加　　B. 良好的道德品行

   C. 人生的意义感　　　D. 自我节制

7. 研究发现，A 型行为中的_____与冠状动脉疾病最相关。

   A. 神经质　　　　　　B. 悲观

   C. 责任心　　　　　　D. 敌意

8. 根据文本，吸烟导致以下所有，除了_____。

   A. 增加了儿童中耳炎疾病的风险

   B. 死于癌症

   C. 死于心脏病

   D. 死于事故

9. 尝试使用突然戒烟的戒烟方式是指_____。

   A. 将不愉快的后果（如一直吸烟，直到觉得恶心为止）与不良行为（吸烟）配对

   B. 吃抗精神病药物

   C. 只是尝试停止吸烟，不作任何重大生活方式的改变

   D. 使用尼古丁替代品

10. 美国青少年的怀孕率在发达国家中最高，可能的原因是_____。

    A. 相比于其他发达国家中的青少年，美国青少年使用避孕的方法失败率更高

    B. 与其他发达国家青少年相比，美国青少年通过学校项目学习到了更多的性知识

    C. 美国青少年在性方面比其他发达国家的青少年更活跃

    D. 与其他国家相比，美国的综合性教育更少，避孕套的使用率更低，且更不容易购买到避孕套

小应用！

11. Cory 想要进行更多的身体锻炼。根据阶段改变理论模型，为 Cory 设计一个计划以实现其目标。

附录 A 遨游神经系统和大脑

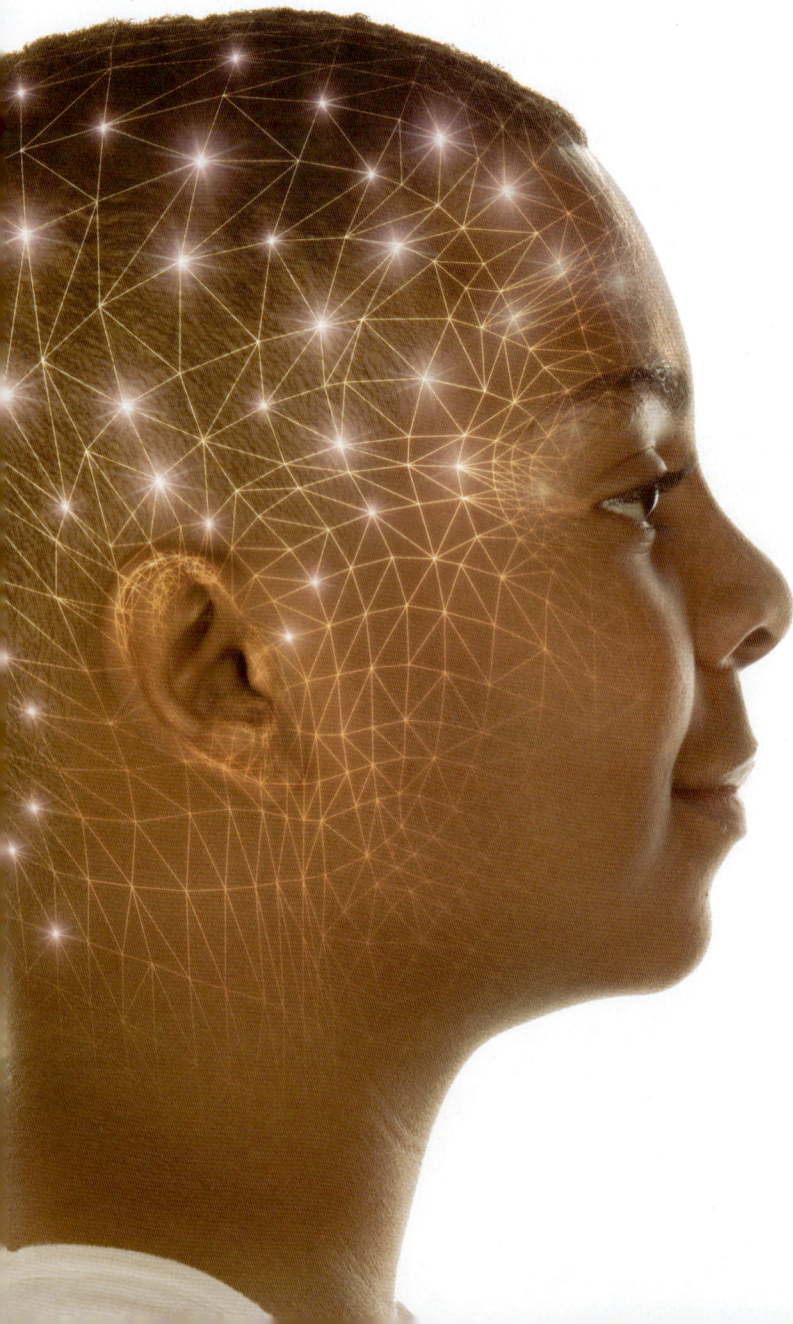

1 神经元和突触

识别神经元和突触，并描述其是如何进行信息交流的

神经元由细胞体、树突和轴突组成。树突接收从其他神经元传来的信息，是神经元的分支。轴突是向其他细胞发送信息的单向过程。一些轴突被髓鞘（脂肪层）包围，髓鞘能加速神经冲动沿轴突传输的速度。当神经元"发射"时，它沿着轴突发送电脉冲，这被称为动作电位。脉冲到达轴突终端纽，促使神经递质分子释放到突触（两个神经元之间的间隙）之中。神经元通过神经递质提供的化学信号彼此联系。神经递质可以引起接收神经元膜性质的改变，允许某些带电粒子（离子）进入或离开神经元。带正电荷的离子［例如钠离子（Na+）］的进入将引起接收神经元的电荷（电位）的改变，使其更可能发动（产生动作电位）。

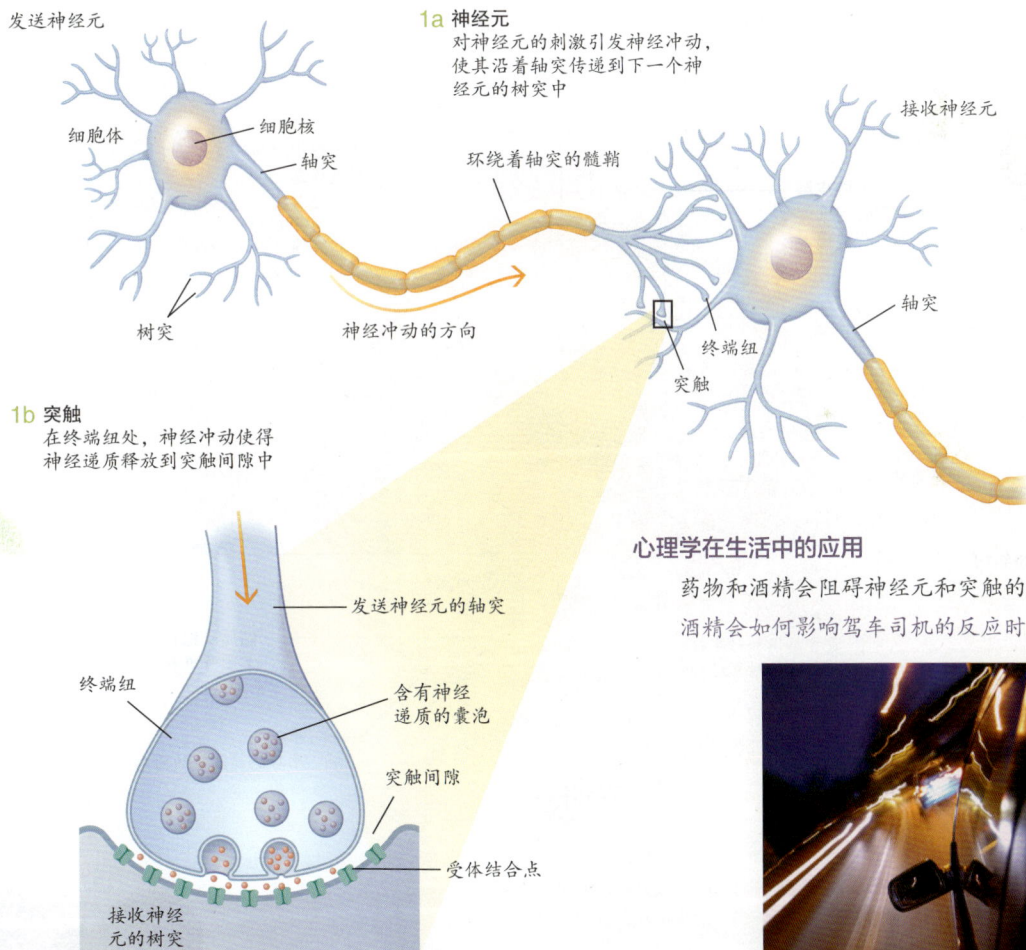

发送神经元

1a 神经元
对神经元的刺激引发神经冲动，使其沿着轴突传递到下一个神经元的树突中

接收神经元

细胞体　细胞核

轴突

环绕着轴突的髓鞘

树突

神经冲动的方向

终端纽

突触

轴突

1b 突触
在终端纽处，神经冲动使得神经递质释放到突触间隙中

发送神经元的轴突

终端纽

含有神经递质的囊泡

突触间隙

受体结合点

接收神经元的树突

心理学在生活中的应用

药物和酒精会阻碍神经元和突触的信息传递
酒精会如何影响驾车司机的反应时间？

2 人类脑的结构和功能

识别大脑的关键结构和功能

脑干结构　位于大脑中心，负责许多对生存有重要影响的功能。**髓质**：负责一些对于生存至关重要的反射，包括呼吸、咳嗽、呕吐和心率。**桥脑**：负责睡眠和觉醒。**小脑**：负责运动协调和平衡；对视觉和听觉刺激的注意。**网状结构**：负责唤醒、注意和睡眠模式；也负责一些固定的模式，如姿势和运动。**丘脑**：负责将听觉、视觉和体感（身体感觉）信息传递到大脑皮质中。

网状结构　包括与动机、情感和记忆有关的多个结构。**下丘脑**：控制自主神经系统和内分泌系统；掌管饮食、饮酒、性行为和情绪表达。**海马**：在学习和记忆中起特殊作用。**杏仁核**：恐惧和焦虑。负责对生存所必需的对象进行辨别。

大脑皮质　是大脑的外层，掌管高级脑功能，包括思维、意识、学习、记忆、感知和语言。

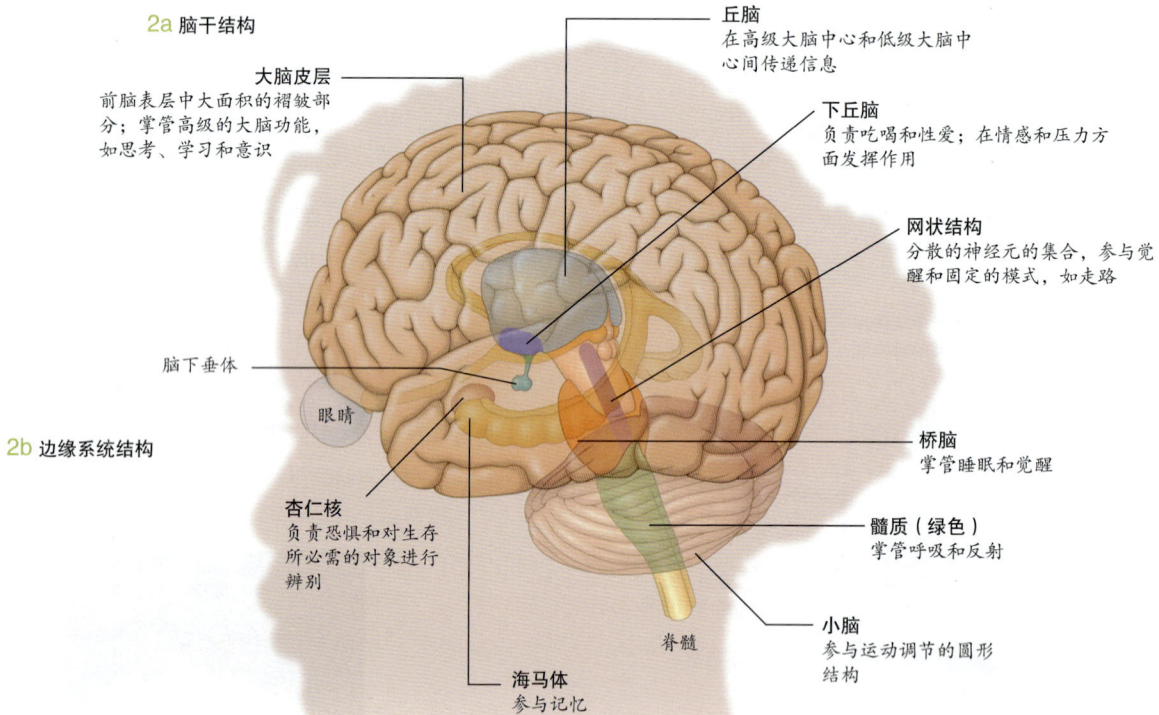

2a 脑干结构

大脑皮层
前脑表层中大面积的褶皱部分；掌管高级的大脑功能，如思考、学习和意识

丘脑
在高级大脑中心和低级大脑中心间传递信息

下丘脑
负责吃喝和性爱；在情感和压力方面发挥作用

网状结构
分散的神经元的集合，参与觉醒和固定的模式，如走路

脑下垂体

眼睛

2b 边缘系统结构

杏仁核
负责恐惧和对生存所必需的对象进行辨别

桥脑
掌管睡眠和觉醒

髓质（绿色）
掌管呼吸和反射

脊髓

小脑
参与运动调节的圆形结构

海马体
参与记忆

2c 脑功能

心理学在生活中的应用

下丘脑监管三项愉快的活动——吃、喝和性爱——以及情感、压力和奖赏。性吸引和性行为的动机也集中在下丘脑中，但是会通过向外的辐射来与其他脑域建立连接。

影响人类性需求的关键因素是什么？

3 大脑皮层的脑叶和联合区

识别四个大脑皮层叶的位置，并描述其主要功能

大脑皮层分为四个脑叶。**枕叶**位于皮层的后部区域，负责视力。**顶叶**负责身体感觉，位于枕叶和中央沟之间。**中央沟**后面的区域被称为**躯体感觉皮质**，因为它的主要目标是负责身体的触觉感知。**颞叶**负责听力，位于额叶后方和侧裂下方。**额叶**是从中央沟向前延伸的区域。

中央沟附近的额叶区域被称为运动皮质，因为它掌管随意运动。**前额皮质**（前额区域）涉及更高功能，包括认知、记忆、行动计划和情绪方面。**联合区**主要不是负责感觉和运动；相反，它将各种感觉和运动输入建立联结，从而产生更高级的心理功能，例如感知、学习、记忆、思维和说话。

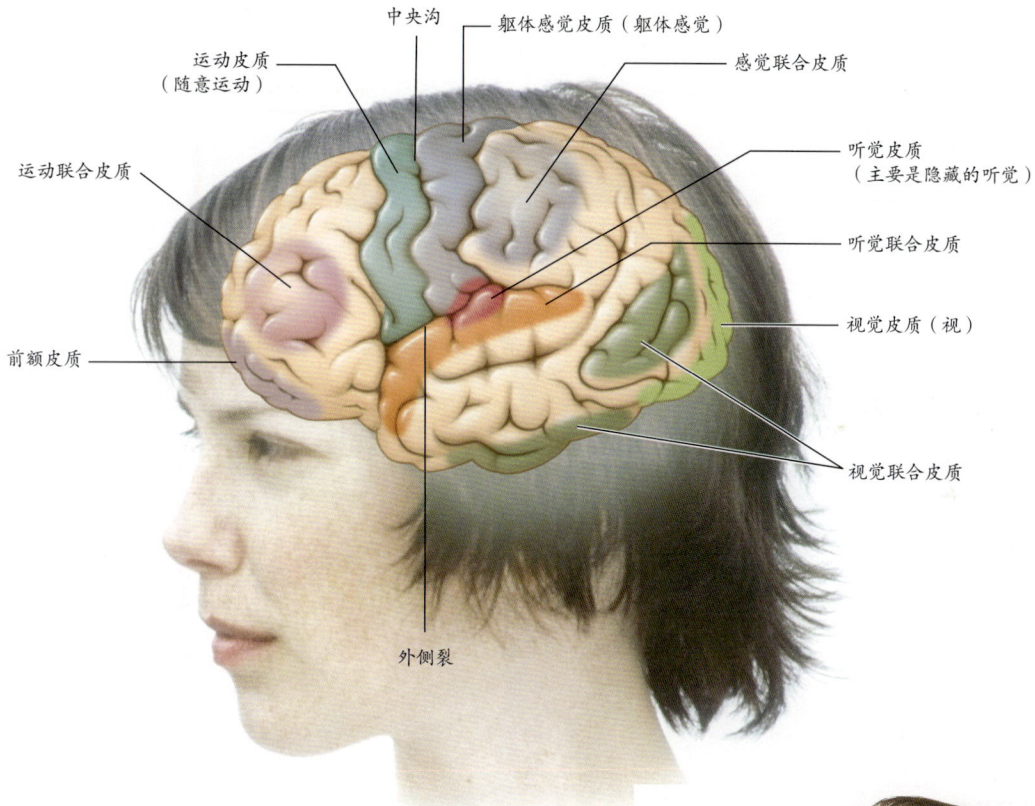

运动皮质
（随意运动）

中央沟

躯体感觉皮质（躯体感觉）

感觉联合皮质

运动联合皮质

听觉皮质
（主要是隐藏的听觉）

听觉联合皮质

前额皮质

视觉皮质（视）

视觉联合皮质

外侧裂

心理学在生活中的应用

当这个女孩看到蜘蛛时，关于恐惧的信息通过两个途径进行传递。直接途径（虚线箭头）将信息从视觉丘脑快速传递到杏仁核中。

还有哪些其他非生物因素影响恐惧情绪呢？

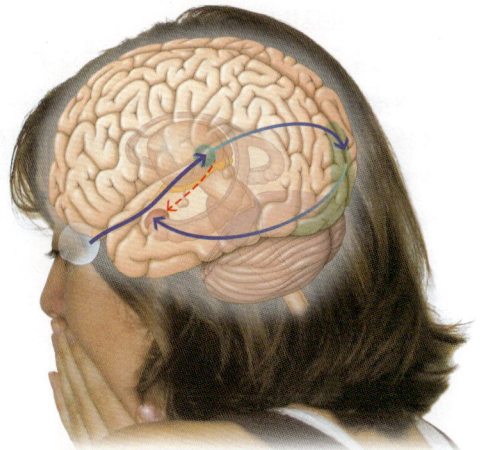

4 中枢和外周神经系统

自主神经系统的交感或副交感神经系统被激活时，身体发生的变化

中枢神经系统由大脑和脊髓组成。**外周神经系统**由除大脑和脊髓外的其他神经组成。外周神经系统包括两个部分：躯体神经系统和**自主神经系统**。躯体神经系统由神经纤维组成，神经纤维将信息从脑和脊髓传递到骨骼肌中，以控制身体运动，并通过脊髓将信息从感觉受体发送回大脑中。自主神经系统控制内部器官的腺体和肌肉，例如心脏、消化系统、肺和唾液腺等。

自主神经系统由两个部分组成：**交感神经系统**和**副交感神经系统**。**交感神经系统**负责唤醒身体的动作和运动，也参与压力的体验。它还能激活肾上腺，将肾上腺素释放到血液中。副交感神经系统使身体恢复平静，并负责能量的维持和补充。

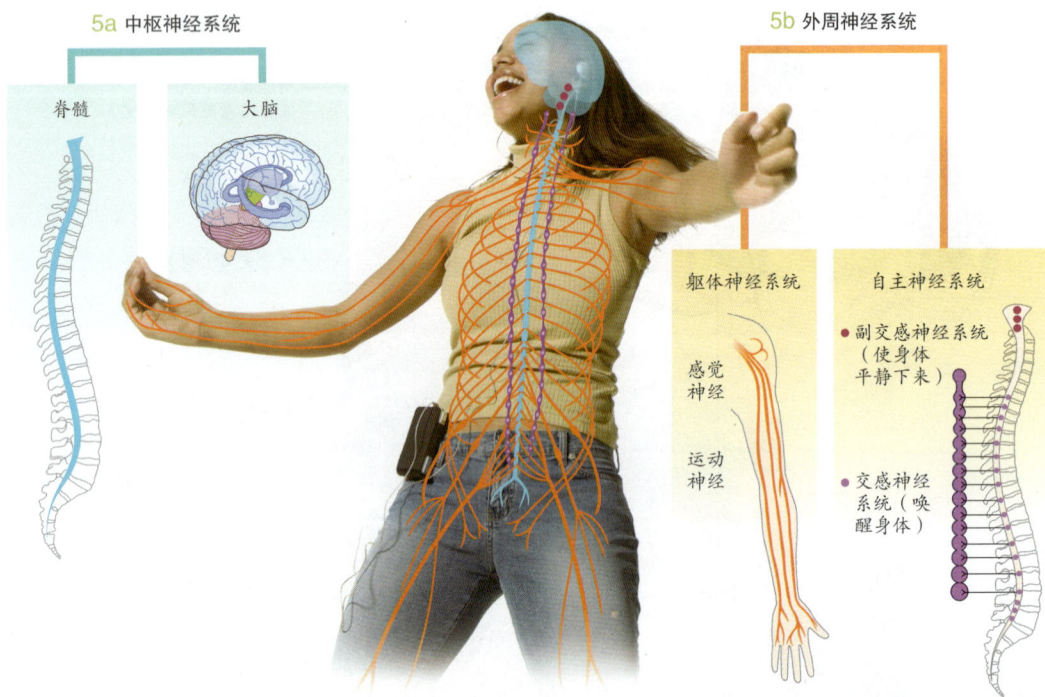

心理学在生活中的应用

想象一下，你正在请法官驳回违章停车传票。当你即将进入法庭时，你最后看了一眼所做的笔记，以记住自己打算陈述的内容。您的周围神经系统将笔记上的标记内容传输至中枢神经系统。当你正在记忆关键内容，并计划如何与法官保持友好关系时，你的中枢神经系统对这些标记进行处理，将它们转化为词语。

你在第一次约会时，盘子里的意大利面溅了出来，此时，你的中枢神经系统和周围神经系统会做出哪些反应？

5 大脑皮层的脑叶和联合区

识别四个大脑皮层叶的位置，并描述其主要功能

大脑皮层分为四个脑叶。**枕叶**位于皮层的后部区域，负责视力。**顶叶**负责身体感觉，位于枕叶和中央沟之间。**中央沟**后面的区域被称为躯体感觉皮质，因为它的主要目标是负责身体的触觉感知。**颞叶**负责听力，位于额叶后方和侧裂下方。**额叶**是从中央沟向前延伸的区域。

中央沟附近的额叶区域被称为运动皮质，因为它掌管随意运动。**前额皮质**（前额区域）涉及更高功能，包括认知、记忆、行动计划和情绪方面。**联合区**主要不是负责感觉和运动；相反，它将各种感觉和运动输入建立联结，从而产生更高级的心理功能，例如感知、学习、记忆、思维和说话。

6a 交感神经系统		6b 副交感神经系统
增加		减少
扩大		缩小
增加		减少
加快		减慢
加快		减慢
增加；应激激素释放		减少；应激激素停止分泌
减少		增加

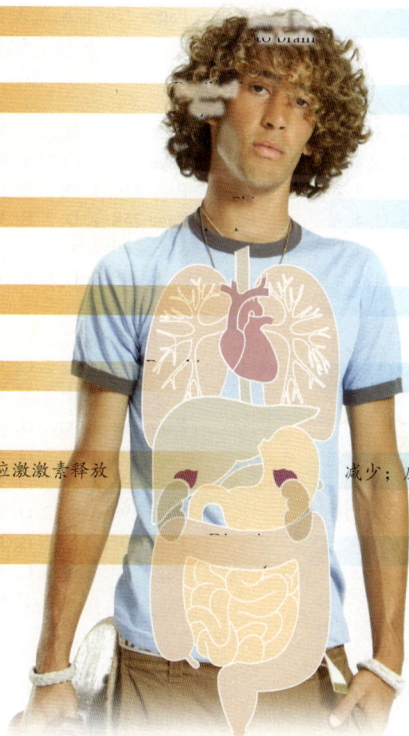

心理学在生活中的应用

想象一下，下夜班后，你步行到一个很远的停车场。你听到灌木丛里有沙沙的声音。交感神经系统唤醒你的身体——心跳加速和压力激素释放。当你发现沙沙声只是风声时，你的副交感神经系统会使你的身体平静，你的心跳减慢，压力激素停止分泌。

"战斗或逃跑"反应对于早期的人类祖先具有适应性的作用，那么什么方式对于现代社会是有用的呢？

附录 B　自我测试答案

第 1 章
Page 8: 1. A; 2. C; 3. B; 4. B
Page 13: 1. C; 2. D; 3. D; 4. C
Page 16: 1. D; 2. D; 3. B; 4. B
Page 26: 1. B; 2. B; 3. B; 4. A
Page 30: 1. C; 2. B; 3. A; 4. A
Page 33: 1. C; 2. D; 3. B; 4. B
Page 37: 1. A; 2. A; 3. B; 4. A; 5. B; 6. D;
　　　7. D; 8. D; 9. B; 10. A

第 2 章
Page 43: 1. B; 2. D; 3. C; 4. A
Page 52: 1. D; 2. D; 3. A; 4. B
Page 65: 1. B; 2. C; 3. B; 4. C
Page 67: 1. A; 2. C; 3. D; 4. C
Page 70: 1. B; 2. C; 3. A; 4. B
Page 75: 1. C; 2. C; 3. C; 4. A
Page 77: 1. B; 2. B; 3. B; 4. B; 5. B; 6. A;
　　　7. D; 8. D; 9. C; 10. B

第 3 章
Page 89: 1. C; 2. B; 3. A; 4. D
Page 99: 1. D; 2. A; 3. A; 4. B
Page 105: 1. A; 2. C; 3. B; 4. B
Page 113: 1. B; 2. B; 3. B; 4. B
Page 115: 1. B; 2. C; 3. C; 4. D; 5. C; 6. A;
　　　7. B; 8. B; 9. C; 10. B

第 4 章
Page 123: 1. B; 2. A; 3. C; 4. B
Page 135: 1. D; 2. B; 3. B; 4. B
Page 146: 1. D; 2. D; 3. A; 4. C
Page 149: 1. A; 2. D; 3. D; 4. C
Page 151: 1. B; 2. D; 3. A; 4. C
Pages 154: 1. A; 2. B; 3. C; 4. B; 5. B;
　　　6. D; 7. D; 8. D; 9. C; 10. D

第 5 章
Page 158: 1. A; 2. C; 3. C; 4. C
Page 165: 1. B; 2. A; 3. D; 4. B
Page 175: 1. D; 2. B; 3. D; 4. A
Page 177: 1. B; 2. C; 3. B; 4. A
Page 181: 1. C; 2. B; 3. A; 4. A
Page 185: 1. D; 2. C; 3. B; 4. B
Page 187: 1. B; 2. C; 3. A; 4. C; 5. A; 6. C;

7. A; 8. B; 9. D; 10. B

第 6 章
Page 191: 1. D; 2. B; 3. A; 4. A
Page 194: 1. C; 2. D; 3. C; 4. B
Page 207: 1. D; 2. A; 3. B; 4. B
Page 216: 1. C; 2. A; 3. D; 4. B
Page 220: 1. B; 2. D; 3. B; 4. B
Page 224: 1. D; 2. A; 3. B; 4. A
Pages 226: 1. A; 2. A; 3. B; 4. D; 5. A;
　　　6. C; 7. C; 8. A; 9. B; 10. A

第 7 章
Page 231: 1. D; 2. C; 3. D; 4. C
Page 240: 1. C; 2. A; 3. B; 4. D
Page 250: 1. D; 2. B; 3. C; 4. A
Page 258: 1. D; 2. B; 3. B; 4. B
Page 260: 1. A; 2. A; 3. C; 4. A; 5. D; 6. B;
　　　7. C; 8. B; 9. B; 10. A

第 8 章
Page 267: 1. A; 2. C; 3. C; 4. D
Page 277: 1. B; 2. A; 3. B; 4. C
Page 284: 1. A; 2. B; 3. C; 4. B
Page 293: 1. B; 2. D; 3. C; 4. C
Page 296: 1. B; 2. D; 3. B; 4. A
Page 299: 1. C; 2. D; 3. B; 4. C
Page 301: 1. B; 2. B; 3. C; 4. C
Page 304: 1. A; 2. C; 3. D; 4. A; 5. C;
　　　6. D; 7. C; 8. A; 9. D; 10. A

第 9 章
Page 309: 1. D; 2. B; 3. D; 4. B
Page 319: 1. C; 2. A; 3. D; 4. D
Page 325: 1. C; 2. C; 3. C; 4. C
Page 335: 1. B; 2. B; 3. A; 4. D
Page 337: 1. A; 2. C; 3. A; 4. A
Page 340: 1. D; 2. C; 3. D; 4. C; 5. D; 6. C;
　　　7. B; 8. A; 9. B; 10. D

第 10 章
Page 349: 1. D; 2. C; 3. D; 4. C
Page 352: 1. B; 2. C; 3. B; 4. D
Page 358: 1. B; 2. D; 3. D; 4. B
Page 360: 1. B; 2. D; 3. C; 4. A

Page 365: 1. B; 2. C; 3. A; 4. B
Page 369: 1. B; 2. C; 3. D; 4. C
Page 374: 1. B; 2. A; 3. D; 4. B
Page 377: 1. A; 2. B; 3. C; 4. D; 5. B; 6. B;
　　　7. D; 8. B; 9. A; 10. D

第 11 章
Page 387: 1. D; 2. A; 3. C; 4. B
Page 394: 1. D; 2. C; 3. A; 4. C
Page 404: 1. B; 2. B; 3. C; 4. C
Page 409: 1. C; 2. C; 3. D; 4. B
Page 412: 1. C; 2. C; 3. D; 4. B
Page 415: 1. C; 2. B; 3. B; 4. A; 5. B; 6. D;
　　　7. D; 8. C; 9. C; 10. C

第 12 章
Page 422: 1. A; 2. C; 3. B; 4. A
Page 429: 1. D; 2. C; 3. B; 4. C
Page 436: 1. A; 2. D; 3. A; 4. C
Page 439: 1. D; 2. A; 3. C; 4. B
Page 441: 1. B; 2. C; 3. D; 4. C
Page 446: 1. B; 2. B; 3. C; 4. B
Page 450: 1. C; 2. C; 3. D; 4. A
Page 452: 1. B; 2. D; 3. D; 4. B
Page 455: 1. C; 2. D; 3. B; 4. A; 5. B; 6. B;
　　　7. B; 8. D; 9. D; 10. D

第 13 章
Page 463: 1. B; 2. C; 3. C; 4. C
Page 474: 1. C; 2. B; 3. D; 4. D
Page 479: 1. B; 2. D; 3. B; 4. C
Page 482: 1. D; 2. B; 3. C; 4. B
Page 484: 1. B; 2. D; 3. C; 4. C; 5. A; 6. C;
　　　7. B; 8. C; 9. A; 10. B

第 14 章
Page 488: 1. D; 2. B; 3. D; 4. B
Page 492: 1. D; 2. B; 3. B; 4. A
Page 498: 1. A; 2. D; 3. A; 4. C
Page 505: 1. D; 2. C; 3. A; 4. B
Page 512: 1. D; 2. C; 3. C; 4. B
Page 515: 1. C; 2. D; 3. C; 4. A; 5. B; 6. B;
　　　7. D; 8. D; 9. C; 10. D